Karl Ludvigsen

Mercedes Benz Renn- und Sportwagen

Einbandgestaltung: Andreas Pflaum
Titelbild: Archiv Autor

Eine Haftung des Autors oder des Verlages
und seiner Beauftragten für Personen-, Sach- und
Vermögensschäden sind ausgeschlossen.

ISBN: 3-613-01953-1

1. Auflage 1999

Redaktion: Halwart Schrader
Innengestaltung: Viktor Stern
Gesamtherstellung: Fotolito LONGO, I-39100 Bozen
Printed in Italy

Karl Ludvigsen

Mercedes Benz Renn- und Sportwagen

Vom Blitzen-Benz zum McLaren-Mercedes: Die Geschichte der Silberpfeile

Deutsche Bearbeitung von Halwart Schrader

Motor buch Verlag

Inhalt

Einleitung

Es war am Donnerstag, den 19. April 1934, als sich Alfred Neubauer in Berlin mit seinem Kollegen von der Auto Union traf, um mit ihm den Kalender der anstehenden Rennsaison abzustimmen. Genau eine Woche später überreichte Neubauer seinem Chef Wilhelm Kissel ein Protokoll über dieses Treffen.
Inzwischen hatte das erste Rennen bereits stattgefunden. Am 22. April war Achille Varzi am Lenkrad eines Alfa Romeo Tipo B auf der Strecke von Alessandria als Sieger abgewunken worden. Und am Dienstag, den 24. April kam im Borgess Hospital zu Kalamazoo, Michigan/USA, der Autor dieses Buches zur Welt – pünktlich zu Beginn einer neuen Rennsaison, die einen dramatischen Verlauf nehmen sollte.
Schon sehr früh nahmen die Rennaktivitäten von Mercedes-Benz mein lebhaftes Interesse in Anspruch. Eine erste Gelegenheit, das Werk zu besichtigen, hatte ich 1958 als Soldat der US Army, und in den frühen siebziger Jahren begann ich mit eingehenden Recherchen zur Renngeschichte dieses Unternehmens.
Nachdem die Fahrzeuge und Motoren dieser Firma seit mehr als hundert Jahren bedeutende Beiträge zur Motorsportgeschichte geleistet haben, ist es an der Zeit, diese Verdienste einmal in aller Ausführlichkeit zu dokumentieren. Daraus wurde ein Buch, das sich mit der Rennhistorie der Fahrzeuge von Daimler, Mercedes, Benz und Mercedes-Benz gründlich auseinandersetzt. Es beschreibt, wie diese Fahrzeuge entstanden sind, wie sie beschaffen waren, welche Männer sie gebaut und gefahren haben, wie sie ihre Erfolge errangen oder ihre Niederlagen erlitten. Das Buch beleuchtet auch einen Teil der Unternehmensgeschichte des Hauses Daimler-Benz, weil das zum besseren Verständnis der Geschehnisse und Zusammenhänge notwendig ist; gleichwohl ist dies keine Firmenpublikation.
Auch werden nicht sämtliche Rennen im Detail beschrieben; dies hätte den Rahmen des Buches schnell gesprengt. Doch es wird viel über die Fahrer gesagt, denen Daimler und Benz und die Daimler-Benz AG ihre zahlreichen großartigen Erfolge zu verdanken haben.
Bei der Auswahl der Fahrzeuge, die es zu beschreiben galt, habe ich mich auf jene konzentriert, mit denen Rennen und Rallyes sowie Rekorde gefahren wurden. In den meisten Fällen sind es reinrassige Rennwagen, ansonsten mehr oder weniger modifizierte Serienfahrzeuge. Eine genaue Abgrenzung ist nicht in allen Fällen möglich.
Ich habe mit Gottlieb Daimlers ersten in Wettbewerben erschienenen Fahrzeugen begonnen, nicht mit jenen Daimler-Motoren, die in französischen Automobilen bereits zuvor Furore gemacht hatten, wenn deren Verdienste auch hohe Anerkennung verdienen. Wobei anzumerken wäre, daß der erste Mercedes aus dem Jahre 1901 sowohl ein normaler Straßenwagen als auch ein Rennwagen war, dementsprechend findet er in diesem Buch seine Würdigung.
Die in den zwanziger Jahren vom Modell 24/100/140 abgeleiteten Kompressorwagen bis hin zum S und SSK waren zuerst reine Tourenfahrzeuge. Sie wurden dann immer raffinierter und leistungsstärker, und mit solchen speziellen Straßenwagen beteiligte man sich in den dreißiger Jahren auch am Kraftfahrt-Geländesport, wie es so schön hieß.
Serienwagen mit betont sportlicher Charakteristik wie der 300 SL, der auch in privater Hand oft genug für Schlagzeilen in der Motorpresse sorgte, habe ich in aller Ausführlichkeit abgehandelt. Muß ich erwähnen, daß ich ebenfalls einen Flügeltürer besaß? In den Händen Wolfgang Seidels hatte dieser Wagen so manche Rennstrecke in Europa befahren.
Auch der C111 mit Wankel-Motor findet in diesem Buch seinen gebührenden Platz, obwohl er kein Rennwagen war. Aber er stellte ein Hochleistungsfahrzeug dar und taugte auch für eine Reihe von Rekorden jenseits der 400-km/h-Grenze.
Serienfahrzeuge wie den 450 SLC und den 190E 2.3-16 habe ich berücksichtigt, weil ihre zu Wettbewerbszwecken präparierten Derivate sowohl vom Werk als auch von privaten Teams in Rennen und Rallyes eingesetzt wurden. Eine direkte Linie führt zu Rennsportmodellen wie den C291, eines der ungewöhnlichsten Fahrzeuge, das wohl je entstanden ist.
Wie schon in der ersten Auflage dieses Buches der C111 erwähnt wurde, so fand in der zweiten auch der C112 Eingang, ein Exote und in seiner Art ebenfalls ein „rollendes Labor" wie der C111. Der Wagen wurde kaum je gefahren, geschweige denn auf einer Rennstrecke bewegt. Aber er bündelte in sich alle Erfahrungen des Rennwagenbaus und nahm manches vorweg, was bei der Entstehung späterer Straßenfahrzeuge der besonders schnellen Kategorie Realisierung fand. Auch der CLK-GTR von 1998/99 basierte in mancher Hinsicht auf dem C112.
Die partnerschaftliche Zusammenlegung starker Potentiale begann mit der Sauber-Liaison und nahm dann mit Penske und McLaren größere Dimensionen an. Welche Bedeutung solche Partnerschaften gewinnen können, habe ich in dem Kapitel über das Projekt 500I darzustellen versucht. Es schildert die Entstehung des Indianapolis-Motors, mit dem Mercedes-Benz 1994 jenes weltberühmte 500-Meilen-Rennen gewann.
Die Partner und ihre Geschicke spielten in den letzten Jahren eine zunehmend wichtige Rolle für die Daimler-Benz AG. So hat sich auch die Firma AMG zu einem Faktor entwickelt, ohne den die rennsportlichen Aktivitäten unter dem Mercedesstern niemals eine solche Ausprägung erfahren hätten. Und mit Ilmors CART-Motor, mit welchem 1997 die amerikanische Meisterschaft gewonnen wurde, erfuhr eine weitere zukunftsträchtige Partnerschaft ihre Festigung.
Einen besseren Höhepunkt als die Formel-1-Weltmeisterschaft durch Mika Häkkinen als Fahrer und McLaren-Mercedes als Konstrukteure im Jahre 1998 hätte ich mir als Abschluß für dieses Buch nicht wünschen können. Ich freue mich, daß ich die Chance hatte, alle Einzelheiten hierzu erfahren zu dürfen, um diese Story in mein Buch einbeziehen zu können.
Das Volumen des Stoffs, mit dem ich mich auseinanderzusetzen hatte, birgt auch ein Risiko: Es können sich Fehler einschleichen. Es kann Mißdeutungen von Fakten geben, Unklarheiten bei ihrer Interpretation oder bei der Übersetzung. Ich

kann nur hoffen, daß der kundige Leser und Kenner der Mercedes-Benz-Renngeschichte sie entdeckt und entschuldigt. Anhand der Matrix am Ende des Buches lassen sich zumindest Irrtümer technischer Natur entdecken, sofern die Angaben im Lauftext von den dort aufgeführten abweichen.
Darüber hinaus sollte kein Autor oder Historiker glauben, er sei allwissend. Auch ich habe nur versuchen können, all das über Renn- und Sportwagen von Mercedes-Benz zusammenzutragen, zu erklären und zu interpretieren, wie es sich im Laufe der Zeit abgespielt hat und wie es sich manches Jahrzehnte später darstellte. So fand ich es weniger wichtig, meine persönlichen Eindrücke von einer Fahrt mit dem W196 auf der Untertürkheimer Versuchsstrecke darzulegen als vielmehr diejenigen Profis zu Wort kommen zu lassen, die 1954/55 mit diesem Wagen Rennerfolge errangen. Wie man den Wagen in seiner Zeit beurteilte, ist viel interessanter als mein persönliches Erlebnis mit ihm. Deshalb habe ich auch, so oft es ging, Konstrukteure, Fahrer und andere Persönlichkeiten zu Wort kommen lassen, die mit den einzelnen Fahrzeugen in Verbindung zu bringen waren. Zitate und autobiographische Angaben vermitteln sicher ein lebendiges und zeitauthentisches Bild von jenen Menschen und ihren Konstruktionen.
Es sei an dieser Stelle ein Zitat von Rudolf Caracciola eingefügt, der einst über einen Rennwagen sagte: „Die Techniker, die dieses Fahrzeug konstruierten, blieben anonym. Was auch immer sie bauten – es war die Firma, und jedermann hatte daran seinen Anteil. Es wäre unfair, wollte man den Beitrag eines Einzelnen herausstellen. Zurückhaltung und Bescheidenheit waren es stets, die das gesamte Unternehmen kennzeichneten."
In Caracciolas Definition verhalte ich mich „unfair", indem ich Namen Einzelner nenne und ihre besonderen Beiträge sehr wohl herausstelle. Denn mir ging es darum, die individuell zuzuordnende Leistung einzelner Männer zu beschreiben. Und vieles an ihren Arbeiten kann man nur verstehen, wenn man sie selbst zu Wort kommen läßt. Wobei es sein mag, daß ich viele Namen unerwähnt ließ, hierfür bitte ich um Entschuldigung.
Der Leser wird feststellen, daß mir für die Dokumentation in diesem Buch mitunter ausführliches Quellenmaterial zur Verfügung stand, das nicht allgemein zugänglich ist. Aber es war kein Geheimmaterial, und in manchen Fällen war es auch nicht ganz so vollständig, wie ich es mir gewünscht hätte. Es hat mich manchmal regelrecht frustriert, daß in einer Zeit, in der die Renntechnologie immer interessanter wird, der Zugang zu manchen Informationen besonders schwierig ist.
Ich möchte mich aber keineswegs beklagen, denn es gibt so hervorragende Publikationen wie Racecar Engineering und Race Tech, deren Mitarbeiter außerordentlich gut zu recherchieren pflegen und auch meine Arbeit hervorragend unterstützten. Im krassen Gegensatz hierzu erfuhr man in früheren Zeiten außerordentlich wenig über Rennwagenkonstruktionen. In den dreißiger Jahren wurde über Forschungs- und Entwicklungsarbeiten kaum etwas veröffentlicht.
Mit monolithischer Standfestigkeit gab sich der Mythos Mercedes-Benz einst als Superlativ der Perfektion. Ein Blick hinter die Kulissen aber macht deutlich, wie sehr man oft um die Lösung bestimmter Probleme rang, mit welchen Schwierigkeiten man zu kämpfen hatte, und wie sehr alles vom Geschick, vom Können und von der Opferbereitschaft einzelner Männer abhing. Vor allem für die Ära Uhlenhaut kann man dies sagen. Aber auch in heutiger Zeit kommt es auf all diese Eigenschaften an, sonst wäre beispielsweise die AMG nicht in der Lage, innerhalb kürzester Zeit einen vollständig neuen Rennwagen auf die Räder zu stellen.
Viele Momente hatten eine schicksalsschwere Bedeutung. Etwa der 9. Juli 1939, als mitten in der bisher so gut verlaufenen Saison die Rennabteilung das Mercedes-Benz-Team in Reims zurückzog. Erst Jahrzehnte später wurden die Gründe hierfür bekannt. Dann der Fall C291: Wieder einmal wurde dem Mercedes-Benz-Rennsport eine schwerwiegende Zäsur erteilt. Eine erfolgversprechende Neukonstruktion durfte nur für die Dauer einer einzigen Saison auf die Piste.
1997 gab es eine weitere Parallele zu 1939: Der V10-Motor FO110F erfüllte die in ihn gesetzten Erwartungen nicht – ungelöster Schmierprobleme wegen. Aber er bildete die Grundlage für den G-Motor, mit dem 1998 die Weltmeisterschaft errungen wurde...
Wie ein Refrain zieht sich ein Thema durch sämtliche Aufzeichnungen, die der Motorsportgeschichte der Stuttgarter gewidmet sind: der große Aufwand, den das Werk stets betrieb. Denis Jenkinson, Stirling Moss' Beifahrer in der 1955er Mille Miglia, drückte es so aus: „Wir haben all unserer Kraft in dieses Rennen gelegt und uns viel Mühe gegeben – aber was ist das schon angesichts des ungeheuren Potentials, mit dem das Werk sich auf eine solche Veranstaltung vorbereitet." Daraus erwuchs den Fahrern eine enorme Verpflichtung, ihr Bestes zu geben – und noch ein bißchen mehr.
Als Juan Manuel Fangio 1955 in Buenos Aires gegen die Hitze und ein paar starke Rivalen ankämpfte, fühlte er die gleiche Verpflichtung: „Es wäre sehr viel leichter gewesen, einen Boxenstopp einzulegen (um sich ablösen zu lassen), aber Mercedes-Benz hatte in Argentinien soeben ein neues Werk errichtet, und da kam es darauf an, daß ich für die Marke den Sieg herausfuhr – dazu fühlte ich mich verpflichtet!"
John Fitch äußerte sich im gleichen Sinne, als er 1952 mit Mercedes-Benz in Mexiko war. „Ich war dabei, weil Mercedes-Benz großes Vertrauen in mich gesetzt hatte, und das wollte ich rechtfertigen. Schließlich hatte man mir den zuverlässigsten und schnellsten Wagen in die Hand gegeben. Hätte ich versagt, wäre es allein meine Schuld gewesen."
Eine Erfahrung, die ich schon 1970/71 machen durfte, wiederholte sich 1992-94 und auch 1998 – es war die gleiche, von der John Fitch gesprochen hatte. Mir stand praktisch jede Tür offen und das beste Material zur Verfügung, das ich mir nur wünschen konnte, und man vertraute mir, daß ich daraus das Beste machen würde.

Es war mir eine Ehre und ein Vergnügen, dieses Vertrauen in seiner ganzen Tiefe in Anspruch nehmen zu dürfen. Ich kann nur hoffen, daß die Freude, mit der ich die Arbeit auf mich nahm, und die Faszination des Stoffes sich auch auf meine Leser überträgt.

Anerkennungen

Die Dokumentation zu diesem Buch basieren in der Hauptsache auf zweierlei Material. Zum einen sind es die zeitgenössischen Unterlagen aus den Archiven in Stuttgart und Mannheim, die ich einsehen durfte, zum anderen waren da die vielen persönlichen Aufzeichnungen all jener, die an der Entstehung und an den Erfolgen der beschriebenen Fahrzeuge beteiligt waren.
Als ich 1970 und 1971 mit der Recherche zu meinem Buch begann, war ich angenehm überrascht, welche Materialfülle in Untertürkheim vorhanden war. Ich hatte gehört, daß die meisten Unterlagen über die Vorkriegszeit verlorengegangen seien – zum Glück entsprach dies keineswegs den Tatsachen. Ich durfte mich glücklich schätzen, auf Einladung von Daimler-Benz das gesamte Archivmaterial durcharbeiten zu dürfen. Es war für mich eine faszinierende Aufgabe, die vermeintlich trockene Materie der Rennabteilungs-Protokolle mit Leben zu erfüllen.
Allen, die mich im Archiv des Hauses Daimler-Benz dabei unterstützten, gilt mein Dank, in erster Linie dem allzeit hilfsbereiten Historiker Stanislav Peschel und seinem Chef, Max-Gerrit von Pein. Herr Peschel hat so manches Mosaik für mich zusammengesetzt, zum Beispiel das vom Kompressor am M165 von 1939, wobei er auf Unterlagen über einen anderen interessanten Lader stieß, der nicht verwendet wurde.
Walter Stiebling und H. Hülsen vom Museumsarchiv waren mir 1970/71 sehr behilflich. Erwähnen möchte ich auch die Unterstützung durch den Pressechef Artur Keser und seine Nachfolger Günther Molter und Uwe Brodbeck, ferner durch Leo Levine, A. B. Shuman und Steve Rossi von Mercedes-Benz North America. Hilfreich waren auch Dirk-Henning Strassl von der Presseabteilung sowie Rodolfo Mailander, Wolfgang Riecke und Sarah Hoskins. Als Repräsentant der Mercedes-Benz Motorsport verdient Norbert Haug besondere Erwähnung; Martin Geers und Wolfgang Schattling versorgten mich mit viel wertvollem Material.
Auch andere Mitarbeiter halfen mir beim Recherchieren und Zusammentragen historischer Unterlagen, so Manfred Lorscheidt, dem ich 1958 zum ersten Mal begegnete und der mir Aufschluß über Details des M196 mit seinem Z-Antrieb gab, oder Josef Müller, der schon 1936 an der Konstruktion von Grand-Prix-Wagen mitarbeitete und mir interessante Einzelheiten über die De-Dion-Achse verriet sowie mir Blaupausen vom DAB V12 zugänglich machte.
Hans Liebold informierte mich über alles im Zusammenhang mit dem C111 bis hin zum C111-IV und dem nicht realisierten Projekt C111-V. Hermann Hiereth und seine Kollegen Gert Withalm, Willi Müller und Hans-Jürgen Butenschön von der neuen Sportabteilung gaben mir ihr Wissen über die Aktivitäten in den frühen neunziger Jahren weiter.
So wie einst Alfred Neubauer, so war es Rüdiger Faul in den siebziger und achtziger Jahren, die den sportlichen Geist bei Mercedes-Benz am Leben hielten. Die Einblicke, die er mir gewährte, waren besonders wertvoll, und auch Harald Leschkes Informationen über den C112 waren für mich sehr instruktiv.
Große Hilfe wurde mir auch von Seiten der Herren Werner Breitschwerdt, Karl Bunz, Marcus Graf Clary, John Evans, Bernd Harling, Karl Hoehl, Karl Kling, Hans-Peter Kollmeier, Baron von Korff, Heinz Lamm, Robert Neary, Kurt Obländer, Rudolf Uhlenhaut, Helmut Werner und Dieter Zetsche zuteil. Besonderer Dank gebührt Jürgen Hubbert. Wie sagte er so treffend zu seinen Mechanikern nach dem CLK-Pech in Le Mans 1998: „Ich habe das alles schon einmal erlebt…“ Kein anderer Manager bei Daimler-Benz hat das motorsportliche Engagement über einen so langen Zeitraum mitgetragen und all seine Kraft in den Dienst dieser Sache gestellt wie er.
Aber auch viele meiner Freunde und Kollegen trugen dazu bei, daß dieses Buch entstehen konnte. Zu ihnen zählt Dean Batchelor, dem ich verdanke, daß die Urversion in englischer Sprache bei Bond/Parkhurst Books erscheinen konnte. Dean weilt nicht mehr unter uns, was ich sehr bedaure. Jon Thompson gab damals redaktionelle Schützenhilfe. Peter Helck half mir, das Kapitel über den Blitzen-Benz und Ralph de Palmas „Grey Ghost“ zu schreiben. Mit ihrer Hilfe, so glaube ich, haben wir überhaupt erst den Zugang zu den Geschehnissen jener Zeit gefunden. Edward Eves half mir bei der Geschichte über die Grand-Prix-Wagen von 1914.
Lew Schafer nahm sich die Zeit, mir die Geschichte seines 1923er Mercedes zu erzählen, und Hubertus Graf Dönhoff zeigte mir seinen 1939er Rekord-Mercedes. Als ich ihn gemeinsam mit Walter Gotschke besuchte, standen Motor und Chassis in seinem Eßzimmer...
Die Bekanntschaft mit Mario Illien und Paul Morgan kam zustande, als sie gerade ihre Firma Ilmor gegründet hatten. Gemeinsam mit Kevin Walter erklärten sie mir die Einzelheiten des 500I-Motors, der 1994 die 500 Meilen von Indianapolis gewonnen hatte. Mario und Paul baten mich später, über ihre Aktivitäten ein Buch zu schreiben – viel von dieser Substanz fand hier ihren Niederschlag. Paul Ray half mir bei der korrekten Darstellung der Ilmor-Mercedes-Verbindung, und eine Menge wertvollen Text- und Bildmaterials zu diesem Thema bekam ich von Line Page und ihrer Nachfolgerin Natasha Spreckley.
Offene Türen fand ich auch bei AMG, wo ich mich in aller Ausführlichkeit über die C-Klasse-Rennwagen, über den CLK-GTR und über den CLK-LM informieren konnte. Mark Scott und Hans-Jürgen Mattheis führten mich herum, Domin-

gos Piedale und Patricia Herzog versorgten mich mit allen Informationen. Erhard Melcher gab mir jede Auskunft über die AMG-Motorenentwicklung, Helmut Barth führte mich in die „Serienproduktion" des CLK-GTR ein. Besonderen Dank schulde ich Hans-Werner Aufrecht für seine unermüdliche Hilfe.
Bei der Aufzeichnung der Geschichte über Sauber half mir dankenswerterweise Ian Bamsey. Wertvolle Informationen erhielt er damals von Leo Ress, der auch großenteils für die Konstruktion jener Fahrzeuge zuständig war.
Thomas Bleicher vom gleichnamigen Verlag in Gerlingen bei Stuttgart brachte die erste Auflage meines Buches in deutscher Sprache auf den Weg, ebenso die erweiterte und überarbeitete zweite Auflage. Ich freue mich sehr, daß die nunmehr dritte Auflage beim Motorbuch Verlag Stuttgart erscheinen darf, wofür ich der Geschäftsführerin Frau Dr. Patricia Scholten sehr verbunden bin. Ich darf mich in diesem Zusammenhang auch bei meinem Freund Halwart Schrader bedanken, auf dessen Initiative hin mein Buch Eingang auf dem deutschen Markt fand und der sich gemeinsam mit seinem Kollegen Stefan Knittel um die Übersetzung der Texte in die deutsche Sprache kümmerte.
Paola Arrighi und Inga Pone haben sich um die Beschaffung und die Aufbereitung des jüngsten Materials verdient gemacht, ebenso Paul Parker von der Ludvigsen Library. Meine Kollegen von der Ludvigsen Association tolerierten nicht nur über längere Zeiträume meine Abwesenheit, sondern liehen mir obendrein ihren Apricot XEM-1-Computer und ihre WordPerfect 5.1 Software.
Last but not least möchte ich weitere Mitarbeiter nennen, die mir ebenfalls bei diesem Buch halfen und denen ich daher sehr zu Dank verpflichtet bin: Vicente Alvarez, Jesse Alexander, Vic Berris, Charles L. Betts jr., James Bradley, Mark Patrick und der Automotive History Collection der Detroit Public Library, Henry Austin Clark jr., Donald Davidson, René Dreyfus, Hugo Emde, John Fitch, Walter Gotschke, Mike Hall, G. L. Hartner, Van Wyk Hewlett, Max Hoffman, Jaan Jaakson, Edward Jurist, Federico B. Kirbus, Dan Luginbuhl, Charles Lytle, Richard Merritt, Tom Mix, William A. Moore, Jochen Neerpasch, Jan P. Norbye, Stanley Nowak, Yu Ohkawa, John Peckham, Cyril Posthumus, Mauri Salo, Shell Oil Company und Quentin Spurring. Allen sei herzlich gedankt.
Ich möchte auch meine Frau Annette erwähnen, die mit viel Verständnis meine Arbeit stets gefördert hat. Nur durch ihre Liebe und ihre enthusiastische Unterstützung war es mir möglich, dieses Buch auf den Weg zu bringen.

Karl E. Ludvigsen
Islington, London, England
Im Dezember 1998

„Mein Vater setzte seine ganze Hoffnung auf Maybach. Er wußte, daß dieser „Poet der Technologie" – von den Franzosen wurde er bald „König der Konstrukteure" genannt – in der Lage sein würde, alle seine Vorstellungen zu verwirklichen. Diese beiden Männer – der eine lieferte die Anregungen, der andere setzte sie in die Realität um – verbanden eine Freundschaft und gemeinsame Interessen gleich einer Symbiose."
Guy Jellinek-Mercédès

Der Mercedes wird geboren

Man schrieb noch das vorige Jahrhundert. Es war eine andere Zeit, eine andere Epoche menschlichen Denkens. Deutschland hatte sich zu einem mächtigen Kaiserreich entwickelt, dessen Höhepunkt 1898 noch nicht erreicht war. Berlin war Hauptstadt und sollte eine internationale Metropole werden. Am 24. Mai jenen Jahres war von alledem indessen nicht viel zu spüren. Ein paar Neugierige hatten sich eingefunden, um die Abfahrt von dreizehn schnaufenden und wackelnden, pferdelosen Kutschen mitzuerleben. Es handelte sich um den Start zum ersten Automobilisten-Wettbewerb im Kaiserreich.
Die Wagen ratterten die ausgefahrene Hauptstraße in Richtung Potsdam davon. Dieses Städtchen war als Wendepunkt ausersehen worden, von wo aus die Rückfahrt anzutreten war. Potsdam war auch die Residenz eines der ersten deutschen Förderer der Motorisierung – Kaiser Wilhelm II.
Die 54 Kilometer lange Ausfahrt war noch aus einem anderen Grund ein historisches Ereignis, denn erstmalig waren hier Fahrzeuge von Daimler und Benz am Start. Für die Zukunft ließ sich daraus freilich noch nichts ableiten, denn für den Sieg kamen sie nicht in Frage. Diese Ehre fiel einem Humber-Dreirad zu, das mit einem Vorsprung von neun Minuten vor einem Daimler-Viersitzer ins Ziel kam. Die Wagen von Benz plazierten sich als Vierte und Fünfte.
Der Daimler legte die Strecke auf der Potsdamer Chaussee mit einer Durchschnittsgeschwindigkeit von 23,6 km/h zurück. Vierzehn Jahre später begann man ein wenig weiter westlich mit dem Bau einer vierspurigen Schnellstraße. Und genau neununddreißig Jahre und sechs Tage nach dem allerersten Rennen in Deutschland siegte ein Wagen der Daimler-Benz AG in einem Rennen über 154 Kilometer auf eben dieser neuen Bahn. Der Schnitt des Siegers bei diesem Rennen des Jahres 1937 betrug 261,6 km/h, eine Rekordmarke, die erst 1958 überboten werden sollte.
Bei den ersten an jenem motorsportlichen Ereignis von 1898 teilnehmenden Fahrzeugen der Firmen Daimler und Benz handelte es sich um gewöhnliche Personenwagen, keineswegs um spezielle Rennfahrzeuge. Wagen dieser Art existierten noch nicht, wenn sich eine Entwicklung in diese Richtung auch bereits abzeichnete. Frankreich war damals die führende Nation auf dem Gebiet der Motorisierung. Die französischen Enthusiasten trachteten danach, jede Gelegenheit zu einem sportlichen Vergleich zu nutzen, und da viele reiche Leute, die in der Lage waren, sich dieses neue „Spielzeug" leisten zu können, das Winterhalbjahr im sonnigen Süden verbrachten, lag es nahe, dort auch die ersten Rennen zu veranstalten. In Nizza wurden schon 1897 eine ganze Reihe von Wertungsfahrten und Sprintrennen ausgetragen. Schon damals gab es kritische Stimmen, die auf den drohenden Professionalismus in dieser Sportart hinwiesen, die eigentlich als ein privates Vergnügen, bestenfalls als öffentliche Kuriositätenschau, entstanden war. Aber der Wert der Publicity solcher Veranstaltungen, die Werbewirksamkeit für diese neuartigen Geräte, wurde bald entdeckt.
Der Qualitätsmaßstab für einen Motorwagen waren die damit errungenen Erfolge. Bald tauchten die ersten Gerüchte über spezielle, leichtgewichtige Wagen und aufgebohrte Zylinder auf, Maßnahmen, die damals nur von den Herstellern selbst vorgenommen werden konnten. Weshalb man auch einen ungerechten Vorteil der Werksfahrzeuge gegenüber privaten Wagen stark verurteilte. Anstrengungen auf diesem Gebiet hatte man von Karl Benz übrigens nicht zu erwarten. Dieser Automobilpionier verwendete seine ganze Schaffenskraft auf die Motorisierung des Verkehrs und hielt nichts von einem sportlichen Einsatz seiner Fahrzeuge. Benz war gerade 35 Jahre alt, als am Silvester-Abend des Jahres 1879 sein Zweitakt-Versuchsmotor zum ersten Mal funktionierte. 1882 gründete er in Mannheim die Firma „Benz & Co. Rheinische Gasmotoren-Fabrik", wo er sich sowohl mit Stationärmotoren als auch mit Experimenten für einen Kraftwagen befaßte. Die ersten Benz-Wagen, die man ab 1886 in den Straßen Mannheims sehen konnte, waren noch Produkte aus dem Dampfmaschinenbau und der Feinmechanik, jedoch versehen mit Ideen und Errungenschaften des Benzschen Erfindergeistes. Das Interesse galt zu jener Zeit weniger den technischen Details, als vielmehr der Tatsache, daß solche Fahrzeuge überhaupt funktionierten. Ein Wagen, der von einem einzigen Mann bedient und gesteuert werden konnte, war ja noch ein höchst ungewöhnlicher Anblick.
Als seine Fahrzeuge zufriedenstellend liefen, wandte sich Benz sogleich ihrer Verfeinerung zu. Änderungen und Verbesserungen an Details sollten eine baldige Produktionsaufnahme von Motorfahrzeugen ermöglichen. Er wollte innerhalb kurzer Zeit sogar mit einem Programm verschiedener Aufbauten aufwarten können und unternahm deshalb keine großen Anstrengungen, die schon bewährten technischen Grundlagen weiterzuentwickeln.
An der Meinung Karl Benz' über Rennwagen änderte sich auch in der Folgezeit kaum etwas. Im Jahre 1901 erklärte er, daß er dadurch sogar den Fortschritt des Automobils gefährdet sähe: „Diese seit neuem immer weiter um sich greifende Leidenschaft, andere im Geschwindigkeitswettstreit zu überbieten um sich schließlich noch mit schnellen Eisenbahnzügen zu messen, gefährdet nicht nur mit Mutwillen das Leben der Fahrer, sondern auch das der übrigen Verkehrsteilnehmer." Den Standpunkt seiner Firma erläuterte Benz im gleichen Jahr: „Anstatt an Rennen teilzunehmen, die keinen Gewinn an Erfahrung bringen, sondern vielmehr nur Schäden anrichten, werden wir weiterhin Wert legen auf die Herstellung solider und zuverlässiger Tourenwagen."
Karl Benz war der Meinung, daß eine Geschwindigkeit von 50 Stundenkilo-

Der 16 PS-Zweizylinder wurde 1900 in verbesserter Ausführung vorgestellt. Auf dem Frontteil war ein System von Wasserrohren, versehen mit dünnen Kühlrippen, angebracht worden. Dadurch ließ sich die Kondensierung des verdampften Kühlwassers erheblich verbessern.

Benz Rennwagen 1899. Am Steuer dieses Zweizylinder-Modells ist Eugen Benz zu sehen, der sich im Gegensatz zu seinem Vater für höhere Geschwindigkeiten begeistern konnte. Neben ihm sitzt der bekannte Verleger und Automobil-Enthusiast Gustav Braunbeck.

Rechts- Konsul Emil Jellinek, der Österreichische Geschäftsmann, dem die Daimler-Motoren-Gesellschaft ihre ersten großen Sport- und Export-Erfolge zu verdanken hatte. Er war es auch, der 1900 den Wagen aus Bad Cannstatt den Namen Mercedes gab.

Oben: Der Kurbeltrieb des Daimler-Phönix-Motors; auffällig ist dabei das 60 cm große Schwungrad.

Für die Rennwoche in Nizza im Jahre 1900 ließ Jellinek bei der D. M. G. diesen Daimler-Phönix-Rennwagen anfertigen. Er war vom gleichnamigen Tourenmodell abgeleitet, wies aber einen kürzeren Radstand auf.

Wilhelm Maybach, der großartige Konstrukteur, der alle frühen Daimler- und Mercedes-Wagen und -Motoren schuf.

Hier ist die untere Hälfte des Motors von 1900 zu sehen; der Vierzylinder hatte einen Hubraum von 5507 ccm und leistete 28 PS bei 800 U/min.

metern auf den damaligen Straßen mehr als ausreichend sei. In Anbetracht der Mischung aus Fußgängern, Radfahrern, Reitern, Kutschen und Pferdefuhrwerken, die damals die Straßen bevölkerten, schien diese Ansicht mehr als gerechtfertigt. Höhere Geschwindigkeiten, so meinte Benz, seien nur auf speziell gebauten Autostraßen vertretbar. Seine beiden Söhne hingegen, Eugen und Richard, waren der Ansicht, daß die Autos mit ihrem Namen eine Chance erhalten sollten, ihre Überlegenheit bei den publikumswirksamen Rennen von Stadt zu Stadt unter Beweis zu stellen. Auf diese Weise verließen schließlich doch einige speziell präparierte Wagen die Tore des Mannheimer Werks.

Wie die meisten dieser Rennwagen des ausgehenden 19. Jahrhunderts, war auch der Benz von 1899 nach einem „Zwei-Etagen-Prinzip" gebaut. Ein rechteckiger Stahlrahmen trug den Aufbau und den Motor; die ganze Anordnung befand sich recht hoch über dem Boden, bis zu 75 cm. Darüber waren die Fahrer untergebracht. Sie saßen auf der Motorabdeckung und hatten beide Zugriff zur zentral stehenden Lenksäule mit allen Bedienungshebeln. Im Heck, über den Hinterrädern, war der Benz-„Contra-Motor" eingebaut, ein längsliegender Boxermotor.

Wie auch bei früheren Benz-Einzylindern lag die Kurbelwelle des Zweizylinders frei, geschmiert durch eine Tropfölung. Zu jener Zeit begann man, die unhandlichen Oberflächenvergaser durch die neuen Spritzvergasertypen zu ersetzen. Die Auslaßventile wurden mechanisch gesteuert, während der Einlaß nach wie vor gegen leichten Federdruck durch die Ansaugbewegung des abwärtsgehenden Kolbens automatisch geöffnet wurde. Das Kühlwasser floß von zwei seitlich angebrachten Behältern zu den Kühlmänteln um die Zylinder. Durch Lüftungsschlitze an der Motorabdeckung sollten den Wassertanks Luft zugeführt werden, jedoch basierte das System hauptsächlich auf der Verdampfung des Wassers, und Versuche, das Kühlmittel durch Kondensation in einem Röhrensystem auf dem Motorkasten zurückzugewinnen, funktionierten nicht. Man hoffte, die Luft würde auch quer zur Fahrtrichtung hindurchströmen.
Es war natürlich nur eine Frage der Zeit, wann diese Kühlung wieder mit Frischwasser versorgt werden mußte. Deshalb modernisierte man 1900 den „Rennwagen" mit einer Wasserpumpe, die das Kühlmittel im Umlauf hielt und es durch verrippte, V-förmig an der Vorderseite des Wagens aneinandergereihte Kühlröhren pumpte, eine Anordnung nach französischem Vorbild. Dadurch wurde der Aktionsradius des Fahrzeugs erhöht und die Möglichkeit zur Leistungssteigerung geschaffen. Normalerweise wies der Benz-Boxermotor die Abmessungen 110 × 120 mm für Zylinderbohrung und Kolbenhub auf, damit ergab sich ein Hubraum von 2280 ccm. Ursprünglich leistete er 8 PS bei 750 U/min, doch bei der Rennausführung von 1900/01 kam man bereits auf 16 Pferdestärken.
Der Motor trieb über einen Flachriemen das vor ihm angebrachte Vierganggetriebe an. Man wählte den Riemenantrieb wegen seiner Nebenwirkung als Antriebsstoßdämpfer. Das Getriebe gab die Kraft direkt an eine querliegende Zwischenwelle weiter, auf der die Ritzel für den Kettenantrieb zu den Hinterrädern angebracht waren. Diese ganze Maschinerie bewegte sich im „Keller" des Fahrzeugs, unter den Bodenbrettern. Die starren Achsen waren mit geraden Rohren an den Rahmen geschraubt, wobei die Verbindung flexibel blieb. Gefedert wurden die Achsen durch dünne Blattfedern, hinten halbelliptisch und vorne vollelliptisch ausgeführt. Ein Zahnrad an der Unterseite der Lenksäule griff in zwei Zahnstangen ein, die die Bewegungen der geteilten Hebellenkung auf die Vorderräder übertrugen.
Die Benz-Renner liefen auf kräftigen Holzspeichenrädern. Die Hinterräder (Durchmesser 108 cm) trugen den größeren Teil des Fahrzeuggewichts und wiesen eine versetzte Doppelreihe von Speichen auf. Die Vorderräder waren mit nur 87 cm Durchmesser kleiner gehalten. Für den normalen Straßengebrauch hatte man auch Lampen angebracht, die jedoch für den Renneinsatz demontierbar waren. Die geschwungenen Kotflügel hingegen wurden nicht entfernt. Ausgestattet mit Luftreifen, die mit 90 mm vorne und 120 mm hinten schon verhältnismäßig breit waren, sowie mit einem Radstand von 1900 mm und einer Spurbreite von 1250 mm geriet der Zweizylinder-Benz zu einem sehr erfolgreichen Wagen in Deutschland, hauptsächlich bei Fahrten von mittlerer Distanz, bis etwa 150 Kilometer.
Für ein Kurzstreckenrennen in Frankfurt im Sommer des Jahres 1900 kam aus dem Hause Benz jedoch ein sehr spezieller Rennwagen. Georg Diehl, ein sehr talentierter Mann, der seit 1899 die Konstruktionsabteilung bei Benz leitete, zeichnete für dieses Fahrzeug verantwortlich. Der neue Renner basierte auf dem vorhergehenden Chassis, man versah die Räder indessen mit noch breiteren Reifen und fügte zusätzlich zu den Nabenbremsen an den Hinterrädern noch Klotzbremsen an, die auf die Reifen wirkten. Zum ersten Mal wurde auch die Lenksäule nach hinten geneigt und die Lenkgriffe wichen einem Steuerrad. Unter der hinteren Abdeckung gab es genug Platz für einen Vierzylinder-Boxermotor, der wieder in Längsrichtung eingebaut wurde. Die Leistungsausbeute belief sich auf 20 PS, ein normaler Wert für einen 5,4-Liter-Motor (Bohrung-Hub-Verhältnis quadratisch: 120 × 120 mm). Die notwendige zusätzliche Kühlung ermöglichte ein verbessertes Röhrensystem an der Frontseite des Wagens. Der 25jährige Chefmechaniker Mathias Bender steuerte diesen allerersten Boxer-Vierzylinder in jenem Rennen zum Sieg. Seine Durchschnittsgeschwindigkeit lag mit knapp 48 km/h gerade noch innerhalb der vom Hause Benz gezogenen „Grenze der Vernunft".
Die Wagen von Daimler waren zu jener Zeit auch nicht schneller als die von Benz. Von Daimler gebaute Motoren siegten bei Autorennen jedoch schon seit 1894, also schon seit den ersten Anfängen dieser Sportart. Gottlieb Daimler war eigentlich auch mehr Motorenbauer als Automobilhersteller im Sinne eines Karl Benz. 1889 schloß er mit Peugeot und Panhard & Levassor Lizenzverträge ab, die diesen Firmen die Verwendung seiner fortschrittlichen Motorenkonstruktionen gestatteten. Diese hochdrehenden Aggregate, deren Drehzahlgrenze bei 900 U/min gegenüber den 250 Umdrehungen herkömmlicher Motoren lag, baute er in Cannstatt, einem Vorort nordöstlich von Stuttgart, bereits seit 1882.
Im Jahre 1890 wurde die Daimler-Motoren-Gesellschaft gegründet, deren Aufgabe die Herstellung von Einbaumotoren für Automobile, Eisenbahn-Triebwagen, Boote und für die Industrie sein sollte, außerdem wollte man das Projekt eines eigenen Automobils vorantreiben. Daimlers erstes Motorfahrzeug war im Jahre 1885 ein Zweirad mit Holzrahmen gewesen, das er zu Erprobungszwecken von Cannstatt nach Untertürkheim und zurück gefahren hatte. Bei all seinen Versuchen hatte Daimler seit 1869 Wilhelm Maybach zur Seite gestanden, der zwölf Jahre lang sein Schüler war und ein ungewöhnliches Geschick als Konstrukteur und Techniker vorweisen konnte.
Daimler-Motoren waren es, die in den Panhard & Levassor-Wagen gegen Ende des Jahrhunderts von Erfolg zu Erfolg fuhren und damit der französischen Automobilbranche zu ihrer anfänglichen Führungsposition verhalfen. Die Weiterentwicklung dieser Konstruktionen durch Daimler und Maybach war jedoch ins Stocken geraten. Die Finanziers der neuen Firma hatten kein Interesse an weiteren Versuchs- und Entwicklungsarbeiten, sie wollten mit der erfolgreichen Produktion schnell Geld verdienen. Die Probleme konnten erst 1895 überwunden werden, als die Machtverhältnisse in der Daimler-Motoren-Gesellschaft endgültig geklärt waren: Wilhelm Maybach wurde zum Technischen Direktor ernannt und Daimler fungierte als Fachberater der Geschäftsleitung und bekleidete den Posten eines „General-Inspekteurs". Diese Männer, die ihr ganzes Leben der Technik und der Forschung auf diesem Gebiet verschrieben hatten, wiesen nur wenig Gespür für die Erfordernisse des im Entstehen begriffenen Automobilmarktes auf. Sie bauten weiterhin ihre zwar zuverlässigen, aber in ihrem Äußeren nicht mehr ganz zeitgemäßen Wagen.
Auf der anderen Seite des Geschehens, nämlich in den Kreisen der wohlhabenden ersten Abnehmer von Motorwagen bewegte sich Emil Jellinek. Er hatte sich erste berufliche Erfahrungen im Konsulatsdienst der österreichisch-ungarischen Monarchie verschafft und verband dies in der Folgezeit mit einem großen Aufstieg als Repräsentant einer französischen Versicherungsgesellschaft. So spielte sich sein Leben zwischen mondänen Orten wie Baden bei Wien und Nizza an der Côte d'Azur ab.
Jellinek suchte im Alter von 43 Jahren nach einer neuen Herausforderung, als er im Jahre 1896 eines Tages in einer deutschen Zeitschrift auf eine Werbeanzeige für Daimler-Motoren aufmerksam wurde. Daraufhin besuchte er das Cannstatter Werk und bestellte umgehend einen Daimler-Wagen. Das Doppel-Phaeton sollte man ihm nach Nizza liefern. Doch wurde der temperamentvolle Jellinek mit diesem 6-PS-Wagen nicht so recht glücklich; er lief zwar ohne jedes Problem, war aber nur 25 Stundenkilometer schnell. So schrieb er Anfang 1897 nach Cannstatt und bestellte ein Auto, das mindestens 40 km/h erreichen sollte. Die Wichtigkeit seines Auftrages unterstrich er mit weiteren vier Bestellungen.
Diese Forderung überraschte Daimler und Maybach, aber die damit verbundene Großbestellung erschien verlockend. So bauten sie einen Wagen, der 42 km/h erreichte und dabei immer noch mit dem herkömmlichen Zweizylinder-

Heckmotor auskam. Doch damit weckten sie bei Jellinek die Vermutung, daß es durchaus noch schneller gehen könnte. Er orderte daraufhin den Bau von weiteren sechs Wagen durch die D.M.G. und bestand dabei auf der Verwendung eines Vierzylindermotors, der vorne eingebaut werden sollte – wie bei den erfolgreichen Panhard.

Auf diese Weise entstanden 1898 die ersten Vierzylinder, genannt Daimler-Phönix. Bei den ersten Modellen handelte es sich noch um extrem hoch bauende Vehikel mit runder Motorhaube und kreisförmigen Kühlern, sie wiesen eine Motorleistung bis zu 24 PS auf. In der Rennwoche von Nizza im März 1899 konnten sich die Daimler-Phönix-Wagen bei den Wertungsfahrten gut plazieren, jedoch gab es weder bei den Geschwindigkeitsprüfungen noch bei dem La Turbie- Bergrennen für sie einen Sieg zu verzeichnen. Jellinek kündigte daraufhin an, daß es im kommenden Jahr ganz anders laufen würde. Er beauftragte sogleich die D.M.G., ihm für das nächste Rennen in Nizza einen völlig neuen Wagen zu bauen, mit dem ihm der Sieg sicher sei.

Dem eigensinnigen und freiheitsliebenden Gottlieb Daimler war es nicht mehr vergönnt, diese neue Schöpfung fertiggestellt zu sehen. Im Sommer 1899 verschlechterte sich sein Gesundheitszustand zusehends; er nahm zwar weiterhin an den Vorgängen im Werk teil, indem er sich laufend von seinen Söhnen Paul und Adolf berichten ließ. Daimler starb jedoch am 6. März 1900 – gerade als der erste richtige Rennwagen, der seinen Namen trug, zusammengebaut wurde.

Für die Rennwoche des Jahres 1900 hatte man die Vierzylindermotoren auf 28 PS bringen können. Es handelte sich um einen stehend eingebauten Reihenmotor mit den Zylinderabmessungen 106 × 156 mm, woraus sich ein Gesamthubraum von 5507 cm ergab. Er wies immer noch Schnüffelventile auf der Einlaßseite auf, die Auslaßventile indessen wurden von Nocken gesteuert. Mit 28 PS bei 800 U/min lag man acht Pferdestärken über der Leistung der annähernd gleichgroßen Benz-Aggregate. Eine mit Leder belegte Konuskupplung stellte den Kraftschluß zu dem verwendeten Vierganggetriebe her. Über ein Differential wurde die Kraft an die Zwischenwellen gegeben, die mittels Kettenräder und Ketten die Hinterräder einzeln antrieben.

Erwähnenswert sind auch die 1900 erstmalig verwendeten Vorder- und Hinterräder annähernd gleicher Dimension, 910 × 90 mm vorne und 920 × 120 mm hinten. Bei dem kompakten Daimler-Phoenix-Zweisitzer ergab sich nun ein Radstand von 2075 mm bei einer Spur von 1280 mm. Er fiel etwas niedriger als im Vorjahr aus und sah schon sehr rennmäßig aus. Der Kühler war rechteckig und befand sich zwischen den vorderen Rahmenenden. Der Wagen konnte entweder als Zweisitzer eingesetzt werden oder mittels aufschraubbarer Notsitze im Heck auch als Viersitzer. Für Nizza versah man das Fahrzeug mit einer Übersetzung, die eine Höchstgeschwindigkeit von 80 km/h zuließ, womit sich das Tempo bei den Daimler-Wagen in drei Jahren annähernd verdreifacht hatte.

Die Rennbeteiligung wurde diesmal von der Daimler-Motoren-Gesellschaft sehr ernstgenommen, weshalb man den Rennwagen dem Werkmeister Wilhelm Bauer anvertraute, dessen Fahrkünste wie seine Fähigkeiten als Mechaniker bekannt waren. Bauer war gut vertraut mit der Fahrtechnik des Rennwagens, doch am 30. März verfehlte er die erste Biegung auf der La Turbie-Bergstrecke und prallte frontal an die Begrenzungsmauer. Sowohl Bauer als auch sein Beifahrer Hermann Braun trugen schwere Verletzungen davon, Bauer verstarb am Tag danach.

Auch die Daimler-Phönix-Wagen, die vier Tage zuvor beim Straßenrennen in Nizza an den Start gegangen waren, erwiesen sich im Rennverlauf als schwer manövrierbar und konnten zu keiner Zeit zur Spitzengruppe aufschließen. Zweifellos war der Daimler von 1900 ein ziemlich frontlastiges Fahrzeug; allein der Motor wog fast 300 kg und weiter vorne befand sich noch der riesige Kühler. Besonders auf losem Straßenbelag war es nicht leicht, mit den Vorderrädern Spur zu halten, ganz im Gegenteil zu den hecklastigen Benz-Vierzylindern. Für den gerade erst aufblühenden Motorsport war es genau wie für die bisherigen Anstrengungen des Hauses Daimler ein schwerer Schlag, als man mit Wilhelm Bauer das erste Todesopfer zu beklagen hatte. Ein Schatten fiel natürlich auch auf den Daimler-Phönix, denn es wurde allgemein angenommen, daß die Ursache für Bauers Todessturz in der Konstruktion des Wagens zu suchen war. Nach Meinung der D.M.G. lag die Verantwortung jedoch bei Jellinek, der ein derart gefährliches, schnelles Auto gefordert hatte; Jellinek wiederum sah den Schuldigen in der Cannstatter Mannschaft, der es nicht gelungen war, eine bessere Konstruktion auf die Beine zu stellen. Doch der aufbrausende Konsul beschloß von seinen deutschen Geschäftspartnern noch eine ganze Menge mehr zu verlangen.

Am 2. April 1900 begann Emil Jellinek seine Hoffnungen und Forderungen zu formulieren. Er handelte einen Vertrag aus, der ihn ermächtigte, Fahrzeuge, die bei der D.M.G. gefertigt wurden, zu verkaufen. Eine Klausel in der Abmachung sagte aus, daß „ein neuer Motor gebaut werden soll, der den Namen Daimler-Mercedes tragen wird". Dieser Zusatz war der Name einer der Töchter Jellineks. Er verlangte einen Motor mit mindestens 35 PS, der in ein niedrigeres, längeres und breiteres Chassis eingebaut werden sollte. Dieses Mal belief sich sein Auftrag auf nicht weniger als 36 Wagen, womit er Maybach einen Anreiz bieten wollte, diesen Auftrag auch pünktlich bis zum 15. Oktober zu erfüllen.

Dies waren die Voraussetzungen, die zum ersten Automobil mit dem Namen Mercedes führten. Die ersten Probeläufe wurden erst am 22. November durchgeführt, mit einigen Wochen Verzug; aber schon am 22. Dezember konnte der erste Wagen für Jellinek nach Nizza verfrachtet werden. Bereits bei den ersten Wettbewerben des Jahres 1901 in Pau in Südfrankreich war der Mercedes am Start. Obwohl er eigentlich gar kein Rennwagen war, bedeutete das Erscheinen dieses Automobils einen bedeutenden Schritt in die Zukunft des Motorfahrzeugs, zugleich stellte er die Ausgangsbasis aller kettengetriebenen D.M.G.-Rennwagen der Folgezeit dar. Er verdient somit eine eingehende Würdigung.

Angestachelt von Jellineks ungeduldigen Briefen und den Ermahnungen seiner Vorgesetzten in Cannstatt hatte sich Wilhelm Maybach an eine völlige Überarbeitung des bisherigen Konzepts gemacht. Jede Änderung zog umfangreiche Arbeiten nach sich und führte zugleich zu immer neuen Verbesserungen. Dies wirkte sich natürlich auf die benötigte Zeit aus und es dauerte dadurch vergleichsweise genau so lang, den Wagen zu ändern, wie die Erstellung einer grundlegenden Neukonstruktion.

Bei der zweisitzigen Wettbewerbsausführung des neuen Wagens behielt man die Räder mit zwölf Holzspeichen bei, doch die Chassisdimensionen hatte man stark verändert. Der neue Radstand war auf 2330 mm und die Spur auf 1400 mm angewachsen. Das verlängerte Chassis bewirkte eine Entlastung der Vorderachse, denn der Motor war weiter nach hinten gerückt worden und auch tiefer eingebaut. Die Motorhaube war nun sehr viel niedriger geworden und bildete in ihrer kantigen Form das Vorbild für alle künftigen Wagen mit Frontmotor.

Maybach hatte als Material für die Hauptlager ein neues Leichtmetall vorgesehen. Erfunden von Ludwig Mach, stellte es eine Aluminium-Legierung mit einer Beigabe von 5 Prozent Magnesium dar, es wurde Magnalium genannt. In den ersten Konstruktionsentwürfen war auch von Partinium die Rede, einer Legierung aus Frankreich, die aus Aluminium mit 7,5 Prozent Kupfer, 2 Prozent Zink und je 1 Prozent Silikon und Eisen bestand. Aluminium wurde auch für das horizontal geteilte Kurbelgehäuse verwendet. Die Zylinder fertigte man paarweise aus Grauguß, an die Stelle der abnehmbaren Köpfe wie beim Daimler-Phoenix traten angegossene Zylinderköpfe. Die Pleuel (im H-Profil) und die mit zwei Ringen versehenen Kolben bestanden aus Stahlguß. Das Gewicht der kompletten Maschine betrug 210 kg, was angesichts einer Leistungsausbeute von 35 PS bei 1000 U/min nicht zuviel war. Die Zylinderabmessungen waren auf 116 × 140 mm festgelegt, wodurch sich ein Hubraum von 5973 ccm ergab. Bei dem fest verschweißten Zylinderkopf

Rechts: Konstruktionszeichnung für den Mercedes-Rennwagen von 1901. Der Vierzylindermotor hatte nun auch mechanisch gesteuerte Einlaßventile bekommen.

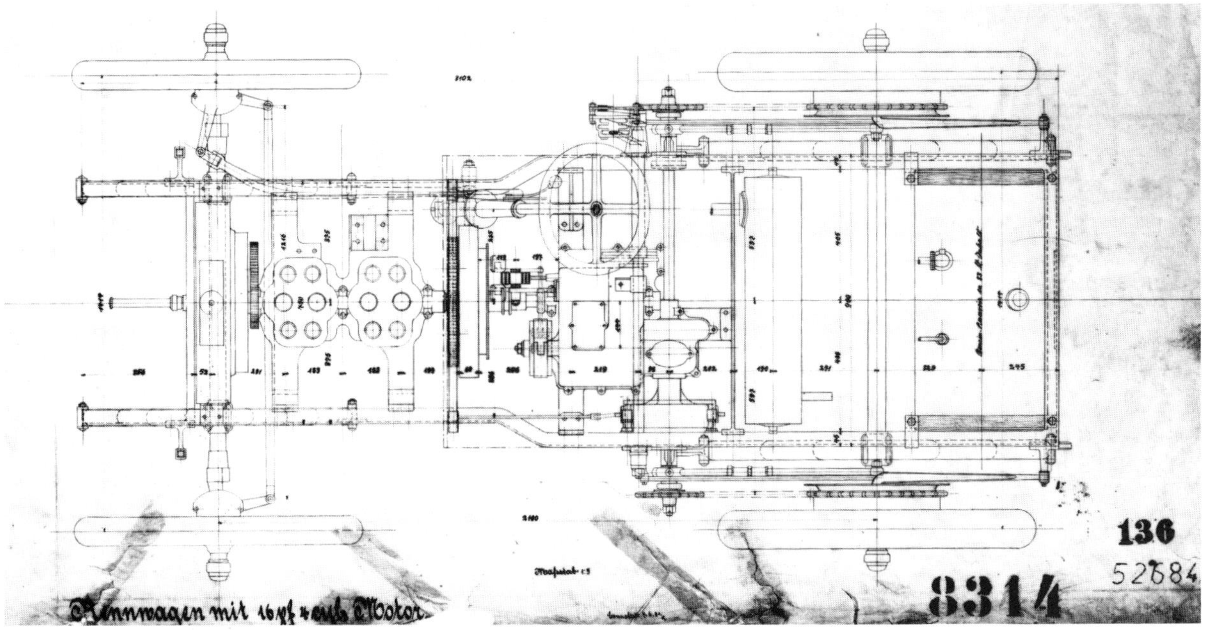

1901 war in Nizza ein recht moderner Mercedes am Start. Die Vorder- und Hinterräder waren nunmehr gleichgroß, die Motorhaube war wesentlich niedriger geworden. Die Motorleistung betrug 35 PS.

handelte es sich um einen T-Kopf, bei dem die Ventile beiderseits stehend angeordnet waren, links die Einlaßventile mit einem Durchmesser von 53 mm, rechts die 51 mm großen Einlaßventile. Maybach machte erneut Motorenbau-Geschichte, indem er hier erstmals von gemischtgesteuerten Ventilen abging und beide Ventilreihen durch eigene Nockenwellen steuerte. Ein offenlaufender Zahnradabtrieb an der Schwungscheibenseite der dreifach gelagerten Kurbelwelle diente als Antrieb der ebenfalls nicht verkapselten Nockenwellen zu beiden Seiten des Kurbelhauses. Die mechanische Steuerung der Einlaßseite brachte eine Verringerung der Motorengeräusche und einen runderen Leerlauf sowie gutes Beschleunigungsvermögen aus niedrigen Drehzahlen und damit eine ausgeglichene Motorencharakteristik, die für diese Zeit schon fast unheimlich wirkte.

Die Kanäle wurden an den Zylinderpaaren zusammengefaßt, pro Einlaßflansch wurde ein Vergaser angebracht. Ein Zufuhrregler ermöglichte es zusammen mit dem Gashebel am Lenkrad die Drehzahl im Bereich zwischen 300 und 1000 U/min zu steuern. Von der Mitte der rechtsseitigen Nockenwelle (Auslaß) wurde mit einem Zahnradsatz der Niederspannungszündmagnet und die Wasserpumpe angetrieben; diese pumpte das Kühlwasser direkt in die Ummantelung des Zylinderkopfs. Ein weiterer Radsatz am vorderen Ende dieser Nockenwelle trieb außerdem einen kleinen Ventilator hinter dem Kühler.

Die Kühler der Daimler-Phönix-Wagen waren aus einer Vielzahl kleiner Röhrchen zusammengefügt worden, die den Durchsatz von Kühlluft durch den Wasservorrat ermöglichten. Maybach hatte erkannt, daß man die Wirksamkeit des Kühlers noch vergrößern konnte, wenn man den Luftdurchsatz erhöhte. Dies ermöglichte er durch die Verwendung von rechteckigen Rohren (Querschnitt 5 × 5 mm), die man enger zusammensetzen konnte. Die Mercedes-Kühler von 1901 ließ er aus genau 8070 Röhrchen zusammenlöten, darüber war ein kleiner Vorratsbehälter angebracht. Für diesen Kühler benötigte man nur neun Liter Wasser, genau halb soviel, wie beim Daimler-Phönix. Alle anderen Wagen waren zu dieser Zeit noch mit den herkömmlichen Kühlern mit Rohrschlangen ausgestattet, beispielsweise der Benz-Vierzylinder von 1900.

Maybach beabsichtigte auch, jegliche Kupplungsprobleme ein für alle Mal zu beseitigen, indem er hier eine vollkommen neue Konstruktion verwendete. Seine Federbandkupplung bestand aus einer aus Federstahl gewickelten Schraubenfeder, die – auf einer kleinen Trommel (∅ 15 cm) angebracht – auf die Getriebewelle gesteckt wurde. Die Feder war innerhalb des Schwungrades angeordnet und daran befestigt. Zur Kupplungsbetätigung wurde mittels eines konisch geschliffenen Nockens die Spannung der Feder reguliert. Falls die Kupplung zu rutschen drohte, verstärkte sich der Zugriff der Feder automatisch. Zu Anfang fand Maybachs Idee wenig Gegenliebe bei Jellinek, denn dieser wollte den Motor völlig auskuppeln können, um bei Bergabfahrten das Fahrzeug rollen zu lassen. Aber das bedeutete für Maybach nur eine weitere technische Herausforderung. Er koppelte den Drehzahlregler mit dem Kupplungsmechanismus, und auf diese Weise fiel die Drehzahl auf Leerlauftouren, sobald man das Kupplungspedal trat. Das Einlegen der vier Vorwärtsgänge und auch des Rückwärtsganges geschah mit einem einzigen Hebel, der in einer ebenen Schaltkulisse bewegt wurde – eine weitere Neuentwicklung, die an diesem bemerkenswerten Auto zu finden war.

Während Firmen wie Panhard ihre Motoren noch immer unter Verwendung von Hilfsrahmen in das Chassis stellten, ließ sich Maybach eine neue Fahrgestellform einfallen. Er führte die vorderen Rahmenrohre in Höhe der Pedalerie enger zusammen und befestigte den Motor direkt auf den Längsträgern. Diese bestanden aus 4 mm starkem Stahlblech und waren als C-Profile gefertigt. Anstelle der bisherigen Falz-Methode wandte man bei der Herstellung dieser Profile bei der Daimler Motoren-Gesellschaft erstmals das Preßverfahren an, das wesentlich bessere Möglichkeiten zur Anpassung der

Rahmenteile an verschiedene Belastungskräfte, wie sie auftraten, ergab. Aufgrund der Erfahrungen mit dem Daimler-Phönix war Maybach besorgt um ein ausgewogenes Fahrverhalten und konstruierte eine verbesserte, leichtgängige Lenkung. Er verwendete ein Schnecken-Lenkgetriebe und neigte die Lenksäule, die zugleich auch weiter nach hinten versetzt wurde. Die Lenkachsen wurden sehr viel weiter nach außen gerückt und fanden direkt an den Radnaben Platz. Damit konnte man eine Übertragung der Fahrbahnstöße stark vermindern.
Auch die Bremsanlage wurde zur Gänze überarbeitet. Die Außenbandbremsen, wie sie beim Daimler-Phönix an der Zwischenwelle angeordnet waren, wurden durch große Trommelbremsen an den hinteren Kettenrädern ersetzt. Die Betätigung erfolgte durch einen Handhebel, der auf ein Gestänge wirkte. Als Fußbremse wurde eine Kardanbremse eingebaut.
Dies alles waren völlig neue Details, die im Automobilbau Maßstäbe setzen sollten. Der erste Mercedes war für den motorsportlichen Saisonauftakt des Jahres 1901 vorbereitet worden und wurde mit der Bahn von Cannstatt nach Paris gebracht. Dort traten bei den ersten Probefahrten Probleme mit dem Antrieb auf, doch das konnte rechtzeitig bis zum Rennen in Pau im Februar behoben werden. Bei diesem Lauf gab es indessen Kupplungsdefekte, auch der Schalthebel lockerte sich. Mißgeschicke in Pau sollten übrigens für Mercedes bis 1939 an der Tagesordnung bleiben – irgendwie hatte man bei diesem Rennen auch in der Folgezeit stets Probleme...
Bei der Rennwoche in Nizza im März fuhr Werkspilot Wilhelm Werner einen der noch recht unfertig wirkenden Mercedes in allen Wettbewerben: Straßenrennen, Bergrennen, Sprintprüfungen über Meile und Kilometer bei stehendem und fliegendem Start. Werner gewann fast alle Rennen und wurde lediglich von den Dampfwagen auf den Kurzstrecken geschlagen, wo sie noch immer ihre Vorteile ausspielen konnten. Den fliegenden Kilometer schaffte Werner mit einer Endgeschwindigkeit von 86,5 km/h.
Die Erfolge in Nizza brachten den nötigen Aufwind für Jellineks Verkaufsaktivitäten. Der Motorsport-Historiker Gerald Rose berichtet: „Das regte die anderen Konstrukteure zu ernsthaften Überlegungen an, da sie in den außergewöhnlichen Fortschritten der Cannstatter Firma eine Bedrohung ihrer Vormachtsstellung sahen." Das Spektakel in Nizza war jedoch nur eine kleine Veranstaltung, das Teilnehmerfeld bot kaum einen repräsentativen Querschnitt. Auch hatte die Leistung des Mercedes noch weiter unter jener der großen Rennwagen von Panhard, Mors oder Napier gelegen. Man konnte eigentlich noch nicht von einer Herausforderung aus Cannstatt sprechen, die ergab sich erst bei der Fernfahrt Paris – Berlin, bei der Werner nur einen 14. Platz zu erreichen vermochte.
Der 1901 in einer kleinen Serie produzierte 35-PS-Mercedes stellte die Ausgangsbasis für den 40-PS-Rennwagen von 1902 dar. Die äußeren Abmessungen des Motors wurden beibehalten, der Block jedoch aufgebohrt, er wies einen Hubraum von 6560 ccm (118 × 150 mm) auf. Die Pleuel waren um 10 mm auf 290 mm verlängert worden. Den T-förmigen Zylinderkopf hatte man beibehalten, die Nockenwellen allerdings verkapselt. Die Antriebsmechanismen der Nebenaggregate blieben unverändert, lediglich der Kühlerventilator war weggefallen. Hier realisierte Maybach eine Idee, die eine ganze Generation von Motorenkonstrukteuren übernehmen sollte. Er gestaltete die Speichen des im Durchmesser 60 cm großen Schwungrades als Schaufelbleche und ließ sie dem Kühler Kühlluft zuführen, indem er den ganzen Motorraum mit Abdeck- und Leitblechen versah. So kam auch die vollkommene Blechabdeckung der Wagenunterseite zustande. Möglich wurde diese Anordnung durch die Verwendung der Federbandkupplung, die mit sehr geringen Abmessungen auskam. Der Bienenwabenkühler behielt seine kantige Form, aber man benötigte jetzt nicht mehr als sieben Liter Kühlwasser. Auch konnte man durch das neue Schwungrad das Gewicht weiter senken. Ein einzelner Vergaser mit zugehörigem Ansaugkrümmer trat an die Stelle der Zweifachanlage; eine Vorwärmvorrichtung wurde hinzugefügt, um die Zerstäuberwirkung der Luftdüse am Maybach-Vergaser zu verbessern.
Um der höheren PS-Leistung entsprechen zu können, wurde eine zusätzliche Fußbremse eingebaut, die als Bandbremse auf die Zwischenwelle des Kettenantriebs wirkte und am Differentialgehäuse gelagert war. Alle vier Bremsen – die beiden 30-cm-Trommeln und die Bandbremsen von 24 und 20 cm Durchmesser – wurden mit Spritzwasser aus einem Vorratstank gekühlt, das mit der Betätigung des Bremsmechanismus auf die Reibflächen tropfte. Trotz des auf

Der französische Konstrukteur Marius Barbarou baute 1903 bei Benz einen sehr fortschrittlichen Rennwagen, der mit Kardanantrieb und einer Schwingachse ausgestattet war. Er ist hier bei dem unheilvollen Rennen Paris-Madrid in voller Fahrt zu sehen.

2450 mm angewachsenen Radstands konnte das ganze Fahrzeug für den Renneinsatz erneut abgemagert werden. Das gab dem nunmehr 942 kg „leichten“ Mercedes eine gute Chance, gegenüber den schweren Konkurrenten mit oftmals mehr als 15 Liter Hubraum zu bestehen, außerdem durfte man ihn als absolut zuverlässig bezeichnen. Seine Höchstgeschwindigkeit wurde von William K. Vanderbilt in Ablis, Frankreich, mit 111,8 km/h ermittelt.

Für Jellinek und Maybach bedeutete das Jahr 1902 eine Saison der Planung und Vorbereitung im Hinblick auf größere Dinge, die man im nächsten Jahr vorhatte. Nach dem Rennen im Mai auf dem Circuit du Nord kaufte Jellinek den siegreichen Panhard und ließ ihn zwecks genauer Untersuchung nach Cannstatt bringen. Vier 40-PS-Mercedes fanden sich vier Wochen später am Start des Rennens Paris-Wien ein. Graf Zborowskis Wagen wies einen neuen Kühler auf, der bereits auf weitere Neuentwicklungen hindeutete. Mit einem Schnitt von 61,3 km/h belegte Zborowski den zweiten Rang bei diesem 1000-Kilometer-Rennen. Ein anderer Teilnehmer, der Brite S.F. Edge, äußerte sich über das problemlose Fahrverhalten des Mercedes und fügte hinzu: „Vom sportlichen Standpunkt aus betrachtet, hätte bei diesem Rennen der Sieg zweifellos dem Mercedes gebührt, aber durch einen technischen Vorteil ging dieser an ein französisches Fahrzeug, wie all die Jahre vorher. Alle, die wir an diesem Rennen teilgenommen haben, wissen, daß Graf Zborowski durch seine bravuröse Fahrt und seine erzielte Geschwindigkeit der wahre Sieger dieses Rennens ist, zudem hat er ja die schnellste Zeit gefahren.“

Ohne den Einfluß eines Mannes wie Jellinek, der dem Unternehmen zwar nicht angehörte, dennoch alle seine fortschrittlichen Ideen und Konstruktionsvorschläge einbringen konnte, nahm die Entwicklung bei Benz einen anderen Verlauf. Karl Benz schien sich mit der Ablehnung von motorsportlichen Aktivitäten zu Anfang des neuen Jahrhunderts selbst ins Abseits zu manövrieren. Er gestattete Georg Diehl (der einmal unter Maybach bei der D.M.G. gearbeitet hatte) und Fritz Erle nur wenige zaghafte Neuerungen. Und so war es Benz nicht möglich, mit den Erfolgen von Mercedes gleichzuziehen.

Über diese Haltung kam es innerhalb der Firma Benz & Cie. AG bald zu einem Streit zwischen Karl Benz und seinem Partner Julius Ganß, dessen Absicht es war, die Firma mit neuen Entwicklungen wieder auf ein höheres Niveau zu bringen. Ganß warb im Oktober 1902 von der französischen Firma Albert Clément den damals 26jährigen Konstrukteur Marius Barbarou ab, der zusammen mit einem ausgewählten Mitarbeiterstab bei Benz eine separate Entwicklungsabteilung betreuen sollte. Diese wurde von Ganß beauftragt, eine neue Modellreihe moderner Benz-Wagen zu schaffen.

Während des Winters arbeitete Barbarou an seinen neuen Konstruktionen. Die Wagen wiesen Zweizylinder-Frontmotoren und Kardanantrieb auf. Die Parallel-Zweizylinder waren noch immer mit automatischen Einlaßventilen ausgestattet, und das Chassis war aus Holz, verstärkt durch Armierungen aus Stahlblech. Für einige nationale Rennen im Jahre 1903 wurden spezielle Sportversionen vorbereitet, die mit ihren 1,5 Liter-Motoren (90 × 120 mm) auf 14 PS kamen. Um diese Wagen und auch andere Versionen mit Diehls Vierzylinder in Barbarous Chassis wurden innerhalb des Werks heftige Diskussionen geführt – mit der Folge, daß Karl Benz 1903 seinem Unternehmen den Rücken kehrte. Allerdings kehrte er ein Jahr später als technischer Berater wieder zurück. Inzwischen hatte Barbarou von Ganß freie Hand in der Entwicklung von Rennwagen bekommen.

Seit 1901 waren die Rennwagen in Europa in vier Gewichtsklassen eingeteilt, wobei die Obergrenze 1902 fixiert wurde:

A = 650 bis 1000 kg
B = 400 bis 650 kg
C = 250 bis 400 kg
D = bis 250 kg.

Marius Barbarou beschloß, einen möglichst leistungsstarken Benz für die Klasse B zu bauen, was ihm schließlich beinahe auch gelang. Sein neuer Vierzylinder geriet zu einem Musterbeispiel des Leichtbaus, und durch die leicht überquadratische Auslegung des Bohrung-Hub-Verhältnisses (160 × 140 mm) gelang es ihm, den großen 11260-ccm-Motor auch relativ kompakt zu halten. Das Gewicht des Aggregats betrug 250 kg, das war nur wenig mehr als die halb so große Mercedes-Maschine wog. Die paarweise gegossenen Zylinder bekamen Kühlmäntel aus Aluminium aufgeschraubt; aus dem gleichen Material war das zweiteilige Kurbelgehäuse gefertigt. Auch der Benz-Motor hatte nun einen T-Zylinderkopf mit mechanisch gesteuerten Ventilen. Auf der Auslaßseite waren einzelne Kanäle angeordnet, die Einlässe hingegen paarweise zusammengefaßt und über einen nach unten gerichteten Ansaugkrümmer mit dem Vergaser verbunden. Jeder Zylinder hatte zwei Zündkerzen, die jeweils oberhalb der Ventile saßen. Den Zündstrom lieferte wieder ein Niederspannungsmagnet, was einen deutlichen Rückschritt gegenüber der von Benz entwickelten Hochspannungsanlage bedeutete. Barbarou verwendete eine Konuskupplung mit Metallbelag, um die Kraft auf ein Dreiganggetriebe zu übertragen, bei welchem der dritte Gang direkt übersetzt war. Von dort aus führte die Antriebswelle in einem Hüllrohr nach hinten zu einem recht großen Differentialgehäuse, parallel hierzu verliefen die Schwingarme. In den Achsrohren bewegten sich die Antriebswellen zu den Hinterradnaben. Lange Halbelliptikfedern wurden vorne und hinten verwendet.

Barbarous gutes Gespür für feine Details ließ sich aus der Bauweise des Chassis ablesen. Die Seitenholme aus gepreßten U-Profilen hatte er durch drei rohrförmige Querträger versteift, zwei davon befanden sich in der Mitte, wo auch das Getriebe an ihnen befestigt war, einer ganz vorne unmittelbar hinter dem Kühler. Der Radstand des 60-PS-Renners betrug 2760 mm, die Spur maß 1320 mm. Ein Manko aber war das Gesamtgewicht des Wagens, denn mit 750 kg war er um einiges zu schwer, um in der Klasse B startberechtigt zu sein.

Barbarou selbst fuhr den sehr niedrig ausgefallenen Benz in seinem einzigen Einsatz, dem Rennen von Paris nach Madrid im Mai 1903. Er entfernte zu diesem Zweck nicht einmal die Lampenhalter, denn er mußte ja ohnehin in der schweren Klasse starten. Bei der Abnahme wurde das Wagengewicht mit 782 kg ermittelt – damit war der Benz der zweitleichteste Wagen unter den 52 Startern seiner Klasse. Beim Etappenziel Bordeaux erschien Barbarou auf dem 28. Platz in seiner Klasse und auf dem 46. Gesamtrang. Die Fahrt ging indessen nicht weiter: Dieses unfallträchtige Rennen, das einen Schlußstrich unter die Ära der großen Städte-Rennen ziehen sollte, ging hier vorzeitig zu Ende.

Später im Jahr vermochte Barbarou doch noch zu beweisen, daß es möglich war, den Benz für die ursprünglich beabsichtigte Klasse zu präparieren. Für ein Sprintrennen in Huy, Belgien, montierte er die Sitze auf ein stark abgemagertes Fahrgestell, installierte einen winzigen Benzintank und verzichtete fast völlig auf eine Karossierung. Diese Maßnahmen brachten das Gewicht unter Nutzung der erlaubten 7-kg-Toleranz auf das vorgeschriebene Klassenlimit.

In Huy wurde für den von seinem Konstrukteur gesteuerten Benz eine Geschwindigkeit von 119,8 km/h ermittelt, womit er um 2 km/h schneller war als der gleichstarke Mercedes, der in der schweren Klasse von Baron de Caters an den Start gebracht worden war. Der Benz lief dem Mercedes auch bei einem Bergrennen davon, doch blieb es für den Rest der Saison bei diesen zwei Erfolgen gegenüber dem direkten Konkurrenten. Barbarou setzte seinen Wagen zwar noch bei Kurzstreckenrennen in Dublin, Frankfurt und Spa ein sowie bei dem an Bedeutung zunehmenden Semmering-Bergrennen. Mit diesen Auftritten schloß der Franzose seine Aufgabe in Mannheim ab und kehrte in seine Heimat zurück, wo er sich bei Delaunay-Belleville ansiedelte. Benz-Wagen wurden nun wieder von den eigenen Leuten weiterentwickelt, die aber noch lange von den Arbeiten Barbarous profitieren konnten.

Im Mercedes-Werk werden die Autos nicht nur gebaut, sie werden dort auch entworfen, und wie wir alle wissen, sind diese Konstruktionen in aller Welt zum Vorbild geworden.
Allgemeine Automobil-Zeitung

Die Gordon-Bennett-Rennen und die ersten Großen Preise

Erfreut und zugleich angespornt durch ihre Rennerfolge während der Saison des Jahres 1902, waren die Techniker der Daimler-Motoren-Gesellschaft bereits im Oktober und November eifrig damit beschäftigt, die Fahrzeuge für 1903 vorzubereiten. Diese Wagen sollten nun endlich auch den besten französischen Erzeugnissen zumindest ebenbürtig sein. Bisher hatte es ja ausschließlich an der reinen Motorleistung gemangelt. Und erneut sollte es sich zeigen, daß Maybach und sein Team in der Lage waren, ein Projekt mit vollem Einsatz in die Tat umzusetzen, sobald ihnen dazu freie Bahn gegeben wurde. Diesmal sollte es ihnen gelingen, mit dem Rennwagen von 1903 das endgültige Vorbild für alle weiteren Konstruktionen im internationalen Rennsport der ersten Dekade im 20. Jahrhundert zu schaffen.
Die Frontansicht des neuen Rennwagens erhielt nun ihre für lange Zeit charakteristisch bleibende Form mit dem dachförmigen Kühler-Oberteil und der entsprechenden Motorhauben-Gestaltung.
Die Wirkung des Kühlers wurde erneut verbessert, indem man die 10 cm langen Röhrchen mit feinen Riefen versah; auf diese Weise war man in der Lage, mit der gleichen Kühlergröße einen Motor mit annähernd doppelt so viel Hubraum zu kühlen. Das Chassis hatte man geringfügig verlängert (2750 mm) und zugleich die Spur um einige Zentimeter schmaler ausgelegt (1410 mm). Der Rahmen aus Preßstahl-Profilen und die wassergekühlte Bremsanlage (der Tank befand sich unter dem rechten Längsholm) wurden im Prinzip unverändert beibehalten. Und kaum hatten sie die Schaltung in der H-förmigen Kulisse eingeführt, wollten Maybach und seine Mitarbeiter schon wieder darauf verzichten. Einige der Wagen erhielten einen Steuernocken im Getriebe, der eine geradlinige Schaltbewegung des Ganghebels erlaubte, außerdem baute man versuchsweise eine Reibungskupplung ein. Beide Neuerungen wurden jedoch bald als unnütz erkannt. Die Lenkung wurde erneut völlig neu gestaltet, die Radnabensteuerung wich einer neuartigen Vorderachse im Doppel-T-Profil mit zurückversetzten Elliott-Achsschenkeln. Beides waren sehr ungewöhnliche Details für die damalige Zeit.
Maybach ging auch in der Motorenkonstruktion wieder einen Schritt weiter und löste den seitenventiligen T-Kopf durch zwei Neuentwicklungen ab. Beide Motoren wiesen obenhängende Einlaßventile und seitlich stehende Auslaßventile auf; diese wechselgesteuerte Bauweise wurde für die nächsten sechs Jahre richtungsweisend. Obwohl die kleinere Maschine die Typenbezeichnung 60 PS trug, leistete sie 65 Pferdestärken bei 1100 U/min. Das Verdichtungsverhältnis betrug 4,5:1 und die Abmessungen für Bohrung und Hub beliefen sich auf 140 × 151 mm, wodurch sich ein Gesamthubraum von 9293 ccm ergab. In dieser Ausführung sollte der neue Motor hauptsächlich in der Serienproduktion verwendet werden, während die größere Version nur für den Renneinsatz gedacht war. Das 90-PS-Aggregat war überquadratisch ausgelegt, um die Bauhöhe in Grenzen zu halten. Bei 170 × 140 mm kam man auf 12 700 ccm. Der Motor vertrug Drehzahlen bis zu 1200 U/min.
Die Motoren hatten auch weiterhin zwei Nockenwellen, wobei die rechtsseitige nun zur Steuerung der Abreißzündung diente, deren Unterbrecher in die Brennräume ragten und über Stoßstangen bewegt wurden. Zusätzlich zur Niederspannungs-Magnetzündung baute man auch ein Hochspannungssystem mit normalen Zündkerzen ein.
Die Einführung der neuartigen ioe-Ventilanordnung (engl.: inlet over exhaust), bei der das Einlaßventil fast direkt über den Kolben gerückt war, schien den Konstrukteuren noch nicht ideal. Diese Motorenfanatiker gingen noch einen Schritt weiter und gaben ihrer Maschine zusätzliche Schnüffelventile, von denen man annahm, sie würden einen besseren Gasstrom ermöglichen als die mechanisch gesteuerten Ventile.
Die Ansaugöffnung bestand aus zwei konzentrischen Ringspalten, in deren Zentrum sich die kurze Führung für das Ventil befand. Verbunden waren die Ringe durch sechs sternförmig angeordnete Stege. Dieses Gebilde war aus einer Stahlscheibe mit einem Durchmesser von 106 mm gefräst und wurde in eine Vertiefung oben am Verbrennungsraum eingesetzt. Das zugehörige Ventil setzte sich aus einem zentralen Teller, der den inneren Ringspalt verschloß und einem Außenring, der genau in den zweiten Spalt paßte, zusammen. Die Verbindung wurde auch hier am Ventil durch sechs Stege bewerkstelligt. Einfach dargestellt, könnte man von einem normalen Ventil mit zusätzlichen Einström-Öffnungen sprechen. Der Schaft war ziemlich kurz, da die Ventilfeder direkt auf der Rückseite der eingesetzten Stahlscheibe saß. Die Federn, durch die das Gemisch einfloß, waren von den Alu-Ansauggehäusen umschlossen, die an jedem Zylinderpaar auf den Köpfen verschraubt waren. Aus diesen Gehäusen ragten die Ventilschäfte ein kleines Stück heraus, um mit den Kipphebeln in Kontakt zu kommen.
Bis zum Jahre 1908 verwendete die D. M. G. diese Ventile für alle Rennmotoren. Sie erforderten eine peinlich genaue Bearbeitung der Ventilsitze, um gute Passung und Dichtheit zu gewährleisten. Die Einbaumaße mußten mit den thermischen Belastungen und Materialspannungen in Einklang gebracht werden, denn beim Betrieb konnten sich diese Werte wieder ändern. Es darf als beredtes Zeugnis der Handwerkskunst der Mercedes-Monteure gelten, daß dieses System während der ganzen Zeit einwandfrei funktionierte.
An einigen Motoren konnte man den Ventilhub bei laufender Maschine beeinflussen, an den Kipphebelenden ließen sich zu diesem Zweck die Stoßstangen ein- und ausschrauben. Das dazugehörige Steuergestänge war am Motorblock befestigt und ließ sich vom Lenkrad aus bedienen. Eine Zufuhrdrossel am Vergaser begrenzte die Höchstdrehzahl auf 1200 U/min.
Die Steuerzeiten für den 60-PS-Motor lauteten: Einlaß öffnet 11 Grad nach

Rechts: Einer der ersten Profi-Rennfahrer der Geschichte, Camille Jenatzy aus Belgien. Er fuhr zwischen 1903 und 1910 große Erfolge auf Mercedes-Rennwagen heraus.

Unten: Der erste große internationale Sieg für Mercedes. Jenatzy gewann 1903 die Gordon-Bennett-Trophäe.

Fliegenden Kilometer, was für den 60-PS-Mercedes eine respektable Höchstgeschwindigkeit bedeutete. Doch dieser Erfolg wurde von dem tragischen Unfall des Grafen Eliot Zborowski überschattet. Nur wenige Meter von der Erinnerungstafel an Bauers Sturz im Jahre 1900 entfernt, prallte er wie jener frontal an die Begrenzungsmauer. Diesmal sprach man von einer Manipulation am Wagen oder von einem Fahrfehler.

Jellinek zog eine Verwendung des 60-PS-Typs für das Rennen von Paris nach Madrid vor, obwohl in Cannstatt mittlerweile auch sechs Wagen der 90-PS-Ausführung bereitstanden. Vom Chassis her waren beide Wagen in ihrem Äußeren identisch, der stärkere Typ wies indessen eine weitere zurückversetzte Sitzposition und eine flacher angestellte Lenksäule auf.

Jellinek sollte mit seiner Wahl Recht behalten, denn am Ende der ersten Etappe (die dann auch die einzige bleiben sollte) lagen beide 60-PS-Wagen vor dem größeren Mercedes, der bei seinem ersten Einsatz noch nicht perfekt lief, obwohl er schon sehr hohe Geschwindigkeiten erreicht hatte. Charles Jarrots Beifahrer berichtete, wie sie von einem 90er eingeholt worden waren: „Noch nie habe ich so ein schnelles Fahrzeug gesehen! Es überholte uns und

OT / Auslaß öffnet 45 Grad vor UT, Einlaß schließt 11 Grad nach UT / Auslaß schließt 6 Grad nach OT.

Am Renn-Mercedes von 1903 gab es einen vereinfachten Steigstromvergaser, bei dem die Ansaugluft nach wie vor durch die Auspuffhitze vorgewärmt wurde, indem man eine Heizleitung zwischen den Zylinderpaaren herüberführte. Der Gasdruck im Auspuff wurde für die Kraftstoff-Förderung und für die Ölzuleitung zu den Schaugläsern am Armaturenbrett verwendet. Wasserpumpe und Zündmagnet wanderten an die rechte Motorseite.

Die Firma Christian Auer in Cannstatt fertigte den bewährten Sprintrenneraufbau an, der aus einer simplen Plattform mit draufgesetztem Kübelsitz, einer Spritzwand und einer Motorhaube aus Aluminium bestand. Einige Wagen der 60-PS-Version standen für die traditionelle Rennwoche von Nizza zur Verfügung, wo sie unter der gestrengen Aufsicht Emil Jellineks an den Start gingen. Hermann Braun erzielte mit 117,6 km/h den Bestwert über den

verschwand in einer mächtigen Staubwolke.“ Aber sie sahen das Auto schon bald wieder, nämlich an einem Kontrollpunkt: „Wir näherten uns dem Wagen, als dieser sich zu unserem großen Schrecken plötzlich aufzulösen begann. Die Hinterachse war gebrochen und dadurch krachte das Chassis zu Boden, wobei es alle möglichen Teile davonriß, die in der Gegend herumflogen.“

Am 10. Juni wurde um halb drei Uhr morgens die Karriere des 90-PS-Mercedes und die gesamte Tätigkeit der D. M. G. mit einem Schlag gewaltsam unterbrochen. Ein Brand verwüstete die Fabrikanlagen in Cannstatt und zerstörte die Produktionseinrichtungen wie auch alle vorhandenen Fahrzeuge. Der geplante Umzug in größere Betriebsgebäude in Untertürkheim auf der anderen Seite des Neckar, am nordöstlichen Ende von Stuttgart, mußte nun in aller Eile bewerkstelligt werden, um wenigstens Anfang 1904 wieder weiterarbeiten zu können. Untertürkheim wurde damit für alle

Mit dem Mercedes von 1903 setzte Wilhelm Maybach einen Meilenstein. Die Konstruktionsprinzipien wurden für lange Zeit zur Ausgangsbasis neuer Wagen.

Zukunft die Heimat und Kommandozentrale der Daimler- und später der Daimler-Benz-Aktivitäten.

Als das Feuer die vielversprechenden 90-PS-Wagen vernichtete, stand das nächste große Rennen der Saison um die Gordon-Bennett-Trophäe unmittelbar bevor. Diese Veranstaltung war Ende 1899 ins Leben gerufen worden, als der Herausgeber des New York Herald, James Gordon-Bennett, dem Automobile Club de France einen Wanderpokal stiftete und Anregungen über den Wertungsmodus gab. Dies führte zu dem jährlich ausgetragenen Wettbewerb, bei dem jede Teilnehmernation mit drei Wagen an den Start gehen durfte, nachdem diese vorher durch Abstimmungen oder aber durch Ausscheidungsläufe ermittelt worden waren. Der Grundgedanke und auch der Ablauf der Gordon-Bennett-Rennen entsprachen ziemlich genau der traditionellen Segelregatta um den America-Cup. Jeder teilnehmende Wagen mußte in allen seinen Komponenten in dem vertretenen Land entstanden sein. Diese Vorschrift wurde derart genau eingehalten, daß die für 1903 gemeldeten Mercedes ihre Michelin-Reifen gegen deutsche Continental-Produkte austauschen mußten. Die Michelins waren zwar deutsche Lizenzprodukte, aber die Schlauchventile waren französischen Ursprungs! Schließlich waren 1903 dann doch Mercedes-Wagen am Start, unter größten Anstrengungen waren sie in letzter Minute fertig geworden. Das Entscheidungsrennen fand diesmal in Irland statt, weil ein britischer Napier im Jahr zuvor den Sieg davongetragen hatte. Da aber in England selbst Straßenrennen verboten waren, mußte man auf die Grüne Insel ausweichen.

Um überhaupt eine deutsche Abordnung nach Irland entsenden zu können, blieb Emil Jellinek und der D. M. G. nichts anderes übrig, als einige 60-PS-Wagen von Privatleuten zurückzukaufen, um sie dann für den Renneinsatz abzuändern. Baron Pierre de Caters, der von vorneherein die Ansicht vertreten hatte, daß auch der kleinere Wagen für den Einsatz durchaus geeignet sei, saß am Steuer eines dieser repatriierten Werksautos. Ein weiteres Fahrzeug lieh man von dem amerikanischen Enthusiasten Clarence Gray Dinsmore aus, dessen Chauffeur Wilhelm Werner vom verantwortlichen deutschen Automobilclub allerdings nicht als „Herrenfahrer“ akzeptiert wurde. Somit hielt man ihn auch nicht für würdig, die deutsche Nation in diesem wichtigen Rennen zu vertreten. Gegen den Belgier Camille Jenatzy hatte man indessen nichts einzuwenden und so vertraute man ihm Dinsmores Wagen an. Wie auch der andere Rennwagen wurde dieser weiß lackiert – in den Gordon-Bennett-Rennen wurde die Tradition der landestypischen Rennfarben geboren. Jenatzy, ein verbissener und stets spektakulär agierender Fahrer, gewann dieses Rennen an jenem kühlen und wolkigen 2. Juni mit einer Durchschnittsgeschwindigkeit von 79,7 km/h. Dies bedeutete den ersten großen internationalen Erfolg sowohl für Deutschland als auch für Mercedes. Die beiden

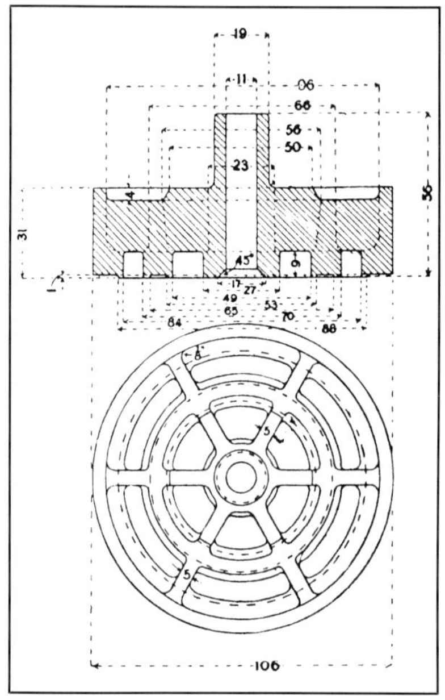

Links: Diese Zeichnung vom Sitz eines Einlaßventils am Motor des Mercedes 60 PS läßt erkennen, wie Maybach die ringförmige Ventilführung konzipiert hatte. Das Ventil deckt die ringförmig angeordneten Einlaßöffnungen voll ab; der Ventilschaft füllt die mittlere Bohrung aus.

Unten: Der Rennwagen für die Saison 1904 ähnelte sehr stark seinem Vorgänger. Er erreichte indessen eine Spitzenleistung von knapp über 100 PS.

Links: Der 90-PS-Mercedes von 1903 stellte ein zuverlässiges Fahrzeug dar; hier ist er in der einsitzigen Gordon-Bennett-Version zu sehen.

Unten: Mit diesem 90-PS-Mercedes durchfuhr Baron de Caters 1904 den Kilometer bei fliegendem Start mit einer Geschwindigkeit von 156,5 km/h. Dies bedeutete den absoluten Geschwindigkeits-Weltrekord für Landfahrzeuge.

Unten: Das selbe Fahrzeug noch einmal von hinten. Deutlich sichtbar sind die vielen Handöler im Cockpit.

Rechts: Otto Salzer am Steuer des 120-PS-Mercedes von 1906.

Links: H. L. Bowden fuhr 1905 mit seinem zweimotorigen 60-PS-Mercedes in Daytona 176,6 km/h schnell.

Unten: Der Prototyp des 120-PS-Rennwagens, der später an den Sultan von Jahore verkauft wurde.

Unten: Ein 80-PS-Mercedes, wie er 1907 beim Kaiserpreis-Rennen im Taunus eingesetzt wurde.

anderen Mercedes waren erneut mit gebrochenen Hinterachsen ausgeschieden, ein Schicksal, das Jenatzy auf dem rauhen und sehr kurvenreichen irischen Kurs erspart geblieben war. Die wesentlich bessere Handlichkeit im Vergleich mit den größeren Wagen geriet dem 60-PS-Mercedes in Irland zum Vorteil, eine Tatsache, die Jenatzy gut zu nutzen wußte. Ein anderer Teilnehmer, Charles Jarrott, hatte eingehend Gelegenheit, Jenatzys Fahrstil zu studieren: „Die Straße wies eine Kurve nach der anderen auf, doch Jenatzy fuhr absolut Vollgas. Er schleuderte halsbrecherisch um die Ecken und verfehlte einige Begrenzungsmauern nur um Haaresbreite, denn es waren überall deutliche Schleifspuren zu erkennen. Ich konnte mir nicht vorstellen, daß er mit dieser riskanten Fahrweise sehr weit kommen würde.“ Aber Jenatzy hielt nicht nur die ganze Distanz durch, sondern besiegte auch die gesamte Konkurrenz, womit er dem Namen Mercedes eine neue Reputation verschaffte. Denn spätestens von diesem Zeitpunkt an war mit dieser Marke sowohl im Rennsport als auch im technischen Wettstreit zu rechnen ...

Die D. M. G. verwendete nun alle ihre Anstrengungen auf das Ziel, möglichst bald wieder mit der Herstellung von Automobilen und Motoren beginnen zu können. Aus diesem Grund wurden auch an den Rennwagen für 1904 kaum Änderungen durchgeführt; man beabsichtigte, den 90-PS-Wagen nun erstmals voll einzusetzen. Für das Gordon-Bennett-Rennen wurde der Hubraum des Motors auf 11972 ccm vermindert, indem man die Zylinderbohrung von 170 auf 165 mm reduzierte. Die bisherigen Erfahrungen mit der Maschine und kleine Verbesserungen am Schmiersystem erlaubten etwas höhere Drehzahlen, was zu einer leichten Anhebung der Leistungsausbeute führte. Die Angaben beliefen sich nun auf mindestens 98 PS bei 1150 U/min, wobei man aber auch schon auf 105 PS bei 1380 Umdrehungen gekommen war.

Das Chassis unterzog man ebenfalls nur geringfügigen Änderungen. Die gemeinsame Achse für Schalt- und Handbremshebel wanderte weiter nach vorne, und die verkürzte Lenksäule bekam in ihrem unteren Drittel ein stärkeres Hüllrohr. Es ist auch anzunehmen, daß Wilhelm Maybach sich eingehend mit Verbesserungen an der Hinterachse befaßt hatte. Während des Jahres 1904 nahmen zwei private Besitzer von 90-PS-Renner große Anstrengungen auf sich, um die mögliche Höchstgeschwindigkeit des kraftstrotzenden Mercedes zu ermitteln. Es handelte sich dabei um Wiliam K. Vanderbilt

Die Prinz-Heinrich-Fahrt 1908 gewann Fritz Erle mit einem 30/60-PS-Benz. Im vorhergehenden Jahr fuhr er auch die Targa Florio mit, doch dort konnte er keinen Erfolg verbuchen.

Unten: dieser 1907er Grand-Prix-Mercedes diente 1908 als Trainingswagen in Dieppe.

und Pierre de Caters. Vanderbilt führte seine ersten Versuche auf der Strandpiste von Daytona, Florida, durch. Im Februar erreichte er dort über den fliegenden Kilometer 148,7 km/h. Dies war gleichzeitig die höchste bisher erzielte Geschwindigkeit eines Automobils, aber wie so oft bei solchen Unternehmungen, fehlte die internationale Anerkennung durch die Sportbehörden. Unter deren Aufsicht wagte de Caters im Juli einen Versuch in Ostende in Belgien. Sein Bestwert von 156,5 km/h wurde folglich als Weltrekord anerkannt, was Mercedes den einzigen Eintrag in der Liste des absoluten Geschwindigkeitsweltrekords für Automobile einbrachte. Der Mercedes blieb auch weiterhin ein überlegener Wagen, wenngleich der Weltrekord noch vor Jahresende durch einen Gobron-Brillié auf über 160 km/h geschraubt und bald darauf von einem Darracq überboten wurde.

Vanderbilt hatte für die Rekordwoche in Daytona 1905 einen 90-PS-Mercedes entsprechend abgewandelt. Die Sitze waren nun direkt auf dem Wagenboden befestigt, der Fahrer streckte seine Beine flach nach vorne. Die Lenkung war ebenfalls sehr flach eingebaut und der Motor mit einer niedrigen, windschnittigen Abdeckung versehen worden. Anstelle der üblichen

Mit einer überragenden Leistung konnte Christian Lautenschlager den Großen Preis von Frankreich 1908 für sich entscheiden.

Oben: Willy Pöge lief bei diesem Rennen auf Platz Fünf ein.

Links: Die Mercedes-Mannschaft vor dem Rennen in Dieppe; Lautenschlager (35), Salzer (19) und Pöge (2).

Antriebskettenräder mit 30 Zähnen baute Vanderbilt solche mit 32 Zähnen ein, doch damit konnte der Motor nicht mehr ausdrehen – Vanderbilt blieb sogar noch unter seinen Werten vom Vorjahr. Ebenfalls im Jahre 1905 fand sich ein sehr eigenwilliger Mercedes in Daytona ein, mit dem Herbert L. Bowden in den Mittelpunkt des Interesses rückte. Er hatte das Chassis eines 60-PS-Mercedes verlängern lassen, um einen zweiten Motor unterbringen zu können. Mit diesem „Flying Dutchman II" getauften Vehikel erreichte Bowden auch tatsächlich einen neuen Bestwert, doch die 176,6 km/h fanden erneut keine Anerkennung durch den Automobile Club de France, dem die Aufsicht über solche Rekordversuche oblag. Es dauerte übrigens noch bis zum Jahr 1927, ehe Rekordfahrten auf dem Strand von Daytona Anerkennung fanden.

Der 90-PS-Mercedes war aber in erster Linie als Rennwagen gedacht, nicht als Rekordfahrzeug. Doch gerade seine wichtigste Aufgabe in der Saison 1904 mißlang: die Verteidigung des Gordon-Bennett-Pokals. Emil Jellinek hatte nichts unversucht gelassen, dem deutschen Team die bestmöglichen Voraussetzungen für einen neuerlichen Erfolg zu schaffen. Er gab dazu auch in Wiener-Neustadt, dem seit Juni 1902 ebenfalls zur D.M.G. gehörenden Werk, drei 90-PS-Rennwagen in Auftrag. Diese Fahrzeuge sollten als zusätzliches Team ins Rennen geschickt werden, lackiert in den österreichischen Farben Schwarz und Gelb. Jellinek riskierte damit sogar eine Verletzung des Reglements, denn bei diesen Fahrzeugen handelte es sich lediglich um in Österreich montierte Wagen, deren Teile fast alle aus der Untertürkheimer Fertigung stammten. Für einen der beiden deutschen Daimler (als dritter Vertreter war ein Opel-Darracq gemeldet) wurde Baron de Caters als Pilot engagiert. Die Vertragsbedingungen, wie sie zur damaligen Zeit zwischen den wohlhabenden Sportsmännern, der D.M.G. und dem unternehmungslustigen und manchmal auch zynischen Jellinek ausgehandelt wurden, sind einer näheren Betrachtung wert. Für den Fall, daß de Caters mit dem 90-PS-Mercedes das Rennen gewinnen sollte, sollte er einen Mercedes seiner Wahl als Siegesprämie erhalten. Für einen zweiten Platz wollte man ihm einen 40-PS-Mercedes geben, als Drittem stand ihm ein Rabatt von 25 Prozent auf jedes Mercedes-Modell seiner Wahl bereit. Auch wenn er das Rennen nicht beendete, stand ihm zumindest ein 18-PS-Mercedes als Startprämie zu. Der

Baron wurde schließlich Dritter und nutzte die 25prozentige Vergünstigung für den Ankauf eines 40-PS-Modells.
Der Profi-Rennfahrer Jenatzy kam diesmal nicht über den zweiten Rang hinaus. Er steuerte den zweiten Mercedes im deutschen Team, dessen Eigner Clarence Dinsmore war. Die unter österreichischer Flagge gestarteten Wagen liefen auf den Plätzen Fünf und Elf ein, der dritte Wagen war ausgefallen. Und obwohl Jenatzy den weitaus schnellsten Mercedes zur Verfügung hatte, gelang es ihm nicht, den kleineren Richard-Brasier einzuholen. Die Franzosen hatten bei diesem Wagen erstmals Stoßdämpfer eingesetzt, die ihm zu einer weit überlegenen Straßenlage verhalfen: sie ließen einen krassen Unterschied zu den oftmals wild schwingenden Konkurrenzfahrwerken erkennen. Bei Mercedes hatte man lediglich kleine Gummipuffer an den Blattfedern befestigt, da diese beim vollen Einfedern heftig an den Rahmen anschlugen.
Mit wesentlich größerem Erfolg, allerdings auch gegen schwächere Konkurrenten, beteiligten sich einige Mercedes-90-PS-Piloten an dem im September stattfindenden Semmering-Rennen. Südwestlich vor den Toren Wiens gelegen, diente diese 10 Kilometer lange Steilpaßstrecke schon seit 1899 als bevorzugter Austragungsort für automobilsportliche Vergleichskämpfe. Für die Fahrzeuge der D. M. G. fand sich hier ein idealer Ort für eindrucksvolle Demonstrationen. 1904 steuerte Hermann Braun einen der in Österreich montierten 90-PS-Renner in neuer Rekordzeit auf die Paßhöhe.
Die Techniker der D. M. G. mußten nun ihre Kraft auf zwei Firmen verteilen, denn beide Betriebe sollten weiter wachsen. Der Großbrand in Cannstatt hatte zusätzliche Probleme aufgeworfen. Ende 1903 war schließlich auch noch ein Mitbegründer der Firma, Max von Duttenhofer, verstorben und sein Nachfolger im Vorsitz des Aufsichtsrates, Wilhelm Lorenz zollte den großartigen Leistungen und Fähigkeiten eines Wilhelm Maybach deutlich weniger Respekt.
So kam es auch, daß Wilhelm Maybach 1904 von jeglicher Entwicklungsarbeit ausgeschlossen wurde. Er wurde nur noch bei der Beratung über zukünftige Konstruktionsideen hinzugezogen, aber selbst hier mußte er bald feststellen, daß er über vieles nicht informiert wurde. Nach außen hin jedoch war er nach wie vor für alle entwicklungspolitischen Entscheidungen in der D. M. G. zuständig. Doch hatte Maybach nun kaum mehr die Möglichkeit, auf die Weiterentwicklung der Rennwagen der Jahre 1904 bis 1906 Einfluß zu nehmen, obwohl sie alle auf seinem 90-PS-Modell von 1903 basierten. Er wollte die Wiedererlangung seiner alten Position im Jahre 1906 erzwingen, indem er mit seinem Ausscheiden aus der Firma drohte. Sein Ultimatum wurde abgelehnt mit der Folge, daß Wilhelm Maybach am 1. April 1907 Untertürkheim verließ.
In der Öffentlichkeit erfuhr man nichts über die Unruhe innerhalb der D. M. G. So wurde zu Anfang des Jahres 1905 wie gewöhnlich der Mercedes-Rennwagen für die kommende Saison vorgestellt. Die äußerlich sichtbaren Änderungen beschränkten sich auf die nunmehr ganz herumgezogenen Karosserieschürzen, die nun auch das Gestell für die beiden Kübelsitze mit einbezogen. Der Ganghebel war jetzt nach innen gewandert, nur die Handbremse befand sich noch außerhalb der Verkleidung. Hinten auf die Rahmenenden hatte man einen runden Benzintank gesetzt und damit den unten eingehängten eckigen Behälter abgelöst. Der Wassertank für die Bremsenkühlung wurde beibehalten. Die Kettenräder für den Hinterradantrieb waren auf 36 Zähne angewachsen und man verzichtete diesmal auf Bohrungen zur Gewichtsverminderung. Angetrieben wurde der 1905er Gordon-Bennett-Mercedes von einer vergrößerten Version des bewährten Vierzylinders, der mit den Abmessungen 175 × 146 mm für Bohrung und Hub nunmehr auf 14 065 ccm kam. Es handelte sich jetzt um eine 120-PS-Maschine, die mit gemäßigten Drehzahlen – knapp über 1000 U/min – arbeiten sollte. Der Ansaugkrümmer war nicht mehr nach unten gerichtet, sondern führte fast horizontal nach außen zum dadurch wesentlich höher angebrachten Vergaser. Die rechte Nockenwelle steuerte neben dem Abreißmechanismus der Zündanlage mittels Stoßstangen und Kipphebel auch die Einlaßventile. Die Auslaßventile wurden weiterhin direkt von der linken Nockenwelle bewegt, welche auch Wasserpumpe und Magnet antrieb.
Als die Wagen im Juli zur Endausscheidung um die Gordon-Bennett-Trophäe in Frankreich eintrafen – drei Wagen aus Deutschland und erneut drei zusätzliche aus Österreich –, unterschieden sie sich doch recht deutlich von dem vorgestellten Prototyp, der inzwischen an den Sultan von Jahore verkauft worden war. Der Radstand betrug jetzt stattliche 2920 mm, wodurch es möglich wurde, den Kraftstofftank direkt über der Hinterachse anzubringen. Einen zusätzlichen Querträger hatte man vor dem Kühler eingebaut, versehen mit elf Bohrungen, um das Durchströmen von Kühlluft zu ermöglichen. Aus dem linken Seitenteil der Motorhaube ragten zwei kurze Auspuffkrümmer. Die österreichischen Wagen wiesen an den Blechen der Abdeckung Ausbuchtungen auf. Die Kettenräder hatte man wieder verkleinert, um sie der neuen Getriebeabstufung anzupassen. Ein in seinen Abmessungen kompakter gehaltenes Vierganggetriebe mit leicht versetzter Zwischenwelle und vor allem einem direkten vierten Gang löste den alten, schnellaufenden Antrieb mit den wassergekühlten Bandbremsen ab. Jede der beiden Antriebswellen bekam nunmehr eine eigene Bremse zugeordnet.
Das leichtere Antriebssystem trug erheblich dazu bei, daß der leistungsstarke Mercedes noch innerhalb des Gewichtslimits der schweren Klasse (1000 kg) blieb. Die Wagen hatten indessen noch mit einigen Problemen zu kämpfen; nach wie vor gab es keine Stoßdämpfer, beim Training in Frankreich erwiesen sich die Rennreifen als nicht haltbar genug und schließlich fielen auch vereinzelt die eingesetzten Schnüffelventile des komplizierten Einlaßmechanismus aus. Während des Rennens riß bei einem der österreichischen Wagen ein Ventil, wodurch er ausfiel. Bei jedem Reifenwechselstop entfernten die Monteure von Continental behutsam die alten Decken und verloren dadurch sehr viel Zeit; die Franzosen schnitten den Gummi einfach mit einem Messer auf und konnten dadurch ihre Bereifung wesentlich schneller wechseln. Dies war einer der Gründe, warum kein Mercedes in der Spitzengruppe auftauchte. Lediglich die Ränge Fünf, Sieben und Zehn konnten sie in diesem

Man erkennt, daß die Pleuel bei diesem 17,3-Liter-Motor des Grand-Prix-Wagens von 1908 in einem leichten Winkel zur Senkrechten auf der Kurbelwelle stehen.

Dies war der größte Motor, den die Daimler Motoren Gesellschaft je für einen Rennwagen – eingesetzt in Sprint- und Bergrennen – gebaut hatte.

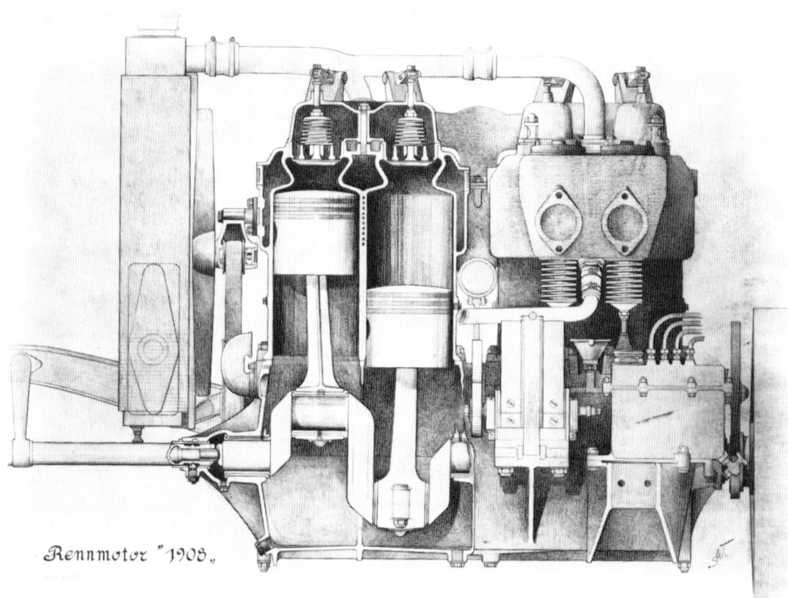

Jahr belegen. Diese Resultate ließen sich auch beim Vanderbilt-Cup im Oktober auf Long Island bei New York nicht verbessern, hier fielen sogar alle vier an den Start gebrachten 120-PS-Mercedes aus. Die Ergebnisse des Gordon-Bennett-Rennens wurden von *Autocar* zurückhaltend kommentiert: „Man erhielt die Bestätigung, daß der Einsatz einer großen Streitmacht nicht immer gleich zum Erfolg führen muß."

Als die Gordon-Bennett-Rennen im Jahre 1906 eingestellt wurden, bedauerte man nicht so sehr den sportlichen Verlust als vielmehr den Wegfall eines Nationenwettstreits. Doch der fand bald wieder eine neue Belebung, und Mercedes-Fahrzeuge sollten dabei eine wesentliche Rolle spielen.

Noch während der Saison 1906 wurden einige weitere Versuche bei der Verwendung verschiedener Auspuffanlagen angestellt. Ein Teil der Wagen wies auch bei den Ardennen-Läufen und beim Vanderbilt-Cup die durch die Motorhaube ragenden Stummel-Auspuffe auf. Beim Großen Preis von Frankreich wurden erstmals einzelne Auspuffkrümmer verwendet, die unter der Motorhaube nach unten bis zum Rahmenträger führten, denn das dortige Reglement ließ keine waagrecht nach außen ragenden Rohrstummel mehr zu.

Nahezu unverändert, mit Ausnahme eines leicht verlängerten Kolbenhubs (175 × 150 mm, was 14432 ccm ergab), nahmen drei Mercedes am 1906 erstmals ausgeschriebenen französischen Grand Prix teil. Am Ende des Rennens lagen nicht weniger als neun italienische und französische Fahrzeuge vor dem ersten deutschen Wagen. Es war nun offensichtlich geworden, daß firmeninterne Zwistigkeiten der D. M. G. sich letztlich doch auf die technische Weiterentwicklung der Mercedes-Rennwagen auswirkten.

Bei Benz in Mannheim hatte man einige Jahre zuvor eine ähnliche Vertrauenskrise überwinden müssen. Im Jahre 1905 beschäftigte sich eine geeinte Benz-Mannschaft mit der Verbesserung der in Produktion befindlichen Modelle und so ganz nebenbei auch mit einigen Rennfahrzeugen. 1907 erreichte die von Georg Diehl geführte Konstruktionsabteilung den Höhepunkt ihres Schaffens. Fritz Erle, der jetzt 31 war und schon seit 13 Jahren der Firma Benz angehörte, bekam die Leitung der Rennabteilung übertragen. Ihm zur Seite standen zwei junge Konstrukteure: Louis de Groulart (27), der mit Barbarou nach Mannheim gekommen war, und ein gewisser Hans Nibel, der es mit seinen 27 Jahren schon zum stellvertretenden Leiter der Konstruktionsabteilung gebracht hatte. Ein erfahrener Mann kam später noch hinzu, der 30jährige Victor Héméry. Er hatte seine Karriere bei den vielseitigen Brüdern Bollée begonnen, mit denen er fünf Jahre zusammenarbeitete, bevor er für weitere sechs Jahre in die Versuchsabteilung von Darracq ging. Darüberhinaus konnte Héméry auch auf eine Reihe von Rennerfolgen zurückblicken.

Man entschloß sich bei Benz, den Wettstreit mit dem Erzrivalen in Untertürkheim wieder aufzunehmen und machte sich deshalb Gedanken über einen neuen Hochleistungswagen für die Modellreihe 1906. Nach dem Vorbild der D. M. G. verwendete man ebenfalls einen wechselgesteuerten Vierzylindermotor, der jedoch nur eine Nockenwelle aufwies. Der Benz 38/60 leistete knapp über 60 PS bei einem Hubraum von 8920 ccm (140 × 145 mm). Eine mit Lederbelägen versehene Konuskopplung übertrug die Kraft an ein Viergang-Getriebe mit direkt übersetzter vierter Fahrstufe. Die Hinterräder wurden wieder von beidseitigen Ketten angetrieben. Mit einem zweisitzigen Rennwagenaufbau und gänzlich verschaltem Unterboden traten drei dieser neuen Benz-Modelle im April 1907 in Sizilien zur Targa Florio an. Alle drei überstanden das mörderische Rennen, wobei Fritz Erle auf Rang 15 kam. Gegen Ende des Jahres verlängerte man den Hub um 10 mm, womit man den Zylinderinhalt auf 9845 ccm brachte und die Leistung auf 70 PS bei 1300 U/min steigerte. In dieser Ausführung fanden die schnellen Benz-Wagen die besondere Vorliebe des Prinzen Heinrich, der inzwischen einen Wettbewerb für Tourenwagen ins Leben gerufen hatte.

Im Jahre 1907 ließ Heinrichs Bruder, der deutsche Monarch Wilhelm II., das Kaiserpreis-Rennen ausschreiben. Dabei wurde eine ganze Anzahl von Reglementierungen erlassen, zum Beispiel setzte man die Größe der Motoren auf höchstens acht Liter fest und schrieb ein Mindestgewicht von 1175 kg vor. Fritz Erle bereitete für dieses Rennen drei auf den Targa-Florio-Wagen basierende Fahrzeuge vor. Er versuchte seine Chancen mit zwei verschiedenen Motordimensionen zu erhöhen: Zwei Wagen hatten einen kurzhubigen Motor mit 145 × 120 mm und einer die Abmessungen 130 × 140 mm.

Es wurden auch drei Mercedes an den Start des Kaiserpreis-Rennens gebracht, deren Motoren auf Maybachs 60-PS-Typ von 1903 basierten und nun 80 PS bei 1300 U/min leisteten. Doch in jenen Junitagen versagten die Erzeugnisse der Firmen Daimler und Benz vor den Augen des Kaisers. Bereits in der Vorentscheidung waren zwei Benz auf der Strecke geblieben, der dritte schied nach der zweiten von vier Runden aus. Von den Mercedes konnten zwei das Rennen zwar beenden, aber sie kamen über einen 9. und 14. Platz nicht hinaus. Dies war in der Tat eine schwache Vorstellung deutscher Ingenieurskunst. Es gab hierfür Gründe: Benz befand sich gerade in einer Aufbauphase, und bei Mercedes war die technische Weiterentwicklung vorübergehend ins Stocken geraten. Den Konstrukteuren beider Firmen war keineswegs entgangen, daß sowohl der siegreiche Fiat als auch der zweitplazierte Pipe halbkugelförmige Verbrennungsräume und zwei schräghängende Ventile pro Zylinder aufwiesen. In Mannheim wie in Untertürkheim zog man daraus naheliegende Schlüsse.

Bei Daimler waren bereits einige Entscheidungen im Hinblick auf neue Entwicklungsrichtungen gefallen. Adolf Daimler, einer der vier Söhne Gottlieb Daimlers, leitete die Produktion in Untertürkheim und sein Bruder Paul wurde 1907 zum Nachfolger Maybachs in der Konstruktionsabteilung ernannt. Im Alter von 27 Jahren hatte er 1897 eine Stelle als technischer Zeichner in der D. M. G. angetreten, 1902 war er technischer Direktor der Fabrik in Wiener-Neustadt geworden. Doch schon drei Jahre später wurde er wieder zurück nach Untertürkheim beordert, um an den internen Machtkämpfen beteiligt zu werden. Kritiker innerhalb der Firma und auch einige Außenstehende hatten Bedenken, ob es Paul Daimler gelingen würde, in die Fußstapfen des großen Automobil-Pioniers zu treten.

Schon 1905 hatte sich die D. M. G. mit der Entwicklung eines Sechszylindermotors beschäftigt, angeregt durch die Erfolge von Napier in England. Paul Daimler entwarf einen Sechszylinder-Rennmotor, der die Grunddimensionen 140 × 140 mm für Bohrung und Hub aufwies und damit auf einen Hubraum von 12920 ccm kam. Er verwendete drei paarweise gegossene Zylinderblöcke und behielt das von Maybach eingeführte Steuerungssystem bei, jedoch rückte er den Einlaß wieder weiter nach außen, wodurch beide Ventile wie beim Daimler-Phönix in einer Art Vorkammer senkrecht übereinander lagen. Die einzelne Nockenwelle auf der linken Motorseite wurde durch Zahnräder von der Kurbelwelle angetrieben, wobei es sich hier um verdoppelte Radsätze an der Wellenmitte handelte, genau zwischen den mittleren beiden der vier Kurbelwellenlager. Die altbewährte Abreißzündung konnte auch hier wieder eingebaut werden, zumal einflußreiche D. M. G.-Kunden wie Emil Jellinek nach wie vor auf diesem Zündsystem bestanden. Auf der rechten Motorseite hatte man sechs runde Inspektionsdeckel eingebaut, durch die man an die Pleuellager gelangen konnte. Der Vergaser war wieder mit einer Vorwärmeinrichtung der Ansaugluft versehen und versorgte die Zylinder über einen kompliziert gewundenen Ansaugkrümmer.

Paul Daimlers Motor kam indessen nicht zum Einsatz. Dafür aber lieferte er einige wertvolle Anregungen für einen 1907 eingeführten Serien-Sechszylinder und bildete darüberhinaus die Ausgangsbasis für die Rennmotoren der nächsten Grand-Prix-Wagen aus Untertürkheim. Diese für den Großen Preis von Frankreich 1907 vorbereiteten Wagen hatten zwar noch immer Aggregate mit vier Zylindern unter der Haube, aber es handelte sich dabei um solche mit je zwei Zylinderpaaren des Versuchs-Sechszylinders. In seinen Abmessungen (175 × 150 mm) glich dieser Motor seinem Vorgänger von 1906, er hatte

Oben: *Nicht weniger als acht Mercedes-Rennwagen der Typen 130 und 150 PS stehen hier beisammen. Die Fahrzeuge wurden ab 1909 von zahlreichen Privatteams eingesetzt, aber offensichtlich in Untertürkheim betreut.*

der die Wagen maximal 30 Liter Kraftstoff für 100 Kilometer konsumieren durften. Weder die Konstruktion noch die Rennresultate wurden durch dieses Reglement entscheidend beeinflußt. Otto Salzer lag mit seinem Mercedes nach der ersten Runde an vierter Stelle, er wurde dann jedoch langsamer und fiel kurze Zeit später aus. Nur einer der drei Mercedes blieb im Rennen und konnte schließlich den zehnten Platz belegen. Bei dem Fahrer, einem Franzosen, handelte es sich um einen Mann, der kurze Zeit später wertvolle Informationen über die Konstruktionen der D. M. G. an die Konkurrenz in Mannheim weitergeben konnte: Victor Héméry.

Der britische Autofabrikant D. M. Weigel schrieb nach dem Rennen über die Mercedes-Rennwagen: „Meinen Eindrücken nach – bestätigt von der Zeitnahme – waren die Mercedes die schnellsten Wagen im Teilnehmerfeld. Jenatzys großartiger Rundenrekord lieferte hierfür den Beweis. Aber anscheinend waren die Wagen zu leicht gebaut oder die Firma Mercedes war auf dieses Rennen nicht gut vorbereitet.“ Ein weiterer Ausfallgrund lag vermutlich am zu mageren Kraftstoffgemisch, das man diesmal zur Einhaltung des Verbrauchslimits verwendet hatte. Paul Daimler und die D. M. G.

Rechts ein 150-PS-Mercedes als Straßensportwagen. Theodor Dreher und einige weitere wohlhabende Kunden ließen sich die Boliden im Werk umrüsten.

einen Hubraum von 14432 ccm. Die Auspuffanlage war ebenfalls neu; sie bestand aus vier Krümmern, die unten am Chassisholm in einen gemeinsamen Topf mündeten – die ganze Anlage befand sich aber hier noch unter der Motorhaube.

Am Fahrwerk führte Paul Daimler eine ganze Reihe von Änderungen durch, um es dem nunmehr 120 PS leistenden Motor anzupassen. Der Radstand wurde erneut verkürzt und die Spur etwas verbreitert, außerdem setzte man das ganze Chassis tiefer. Dennoch blieb der Mercedes noch immer der hochbeinigste Wagen unter seinen Konkurrenten. Die Vorderachse hatte man wesentlich stärker gekrümmt, die Blattfedern flacher eingebaut. Zum ersten Mal verwendete man an den Wagen Reibscheiben-Stoßdämpfer. Weiterhin wurden die Rahmen-Längsträger über der Vorderachse gekröpft und der Kühler tiefer gesetzt, dadurch konnte auch die Höhe der Motorhaube verringert werden. Das Cockpit blieb fast unverändert, lediglich die Hebelwerke von Handbremse und Schaltung wurden abgedeckt. Der Benzintank war nunmehr dreieckig gestaltet, denn dadurch wurde die Befestigung von Reserverädern vereinfacht. Die Holzspeichenräder bekamen abnehmbare Felgen, die mittels acht Bolzen angeschraubt wurden.

Obwohl es für 1907 kein Gewichtslimit mehr gab, blieb der Mercedes mit 1040 kg erfreulich leicht. Ab jetzt fuhr man nach einer Verbrauchsformel, bei

mußten sich etwas einfallen lassen, um zum nächstjährigen Rennen wieder besser dazustehen.

Der Große Preis des französischen Automobilclubs (ACF) war mittlerweile zum wichtigsten Ereignis der internationalen Motorsport-Szene avanciert, er sollte auch 1908 wieder auf dem Kurs bei Dieppe an der Atlantikküste stattfinden. An dieser Stelle soll die Tatsache Erwähnung finden, daß die meisten Rennmotoren jener Zeit – also auch die Maschinen von Daimler und Benz – größer dimensionierte Bohrungen im Vergleich zum Kolbenhub aufwiesen. Die Konstrukteure waren einhellig der Meinung, daß die Motorleistung in einem direkten Zusammenhang mit der Kolbenfläche, also dem Zylinderdurchmesser, und der Zylinderzahl stand. Die Zylinderbohrungen erreichten Werte von nahezu 180 mm, was angesichts der Gußeisen-Kolben als bemerkenswert angesehen werden darf. Kolbenhub und Kurbelwellendrehzahl galten in jener Zeit als zweitrangig, hier lagen die Grenzen bei der Materialqualität und dem Entwicklungsstand in der Schmiertechnik. Gerade die Drehzahlen blieben relativ gering, solange die Kolbengröße beliebig zu wählen war.

Diese Entwicklung fand im Juli 1907 ein Ende, als man daran ging, das Reglement für den Grand Prix von 1908 auszuarbeiten. Die Funktionäre des ACF gedachten die Motorleistung der Rennwagen in Grenzen zu halten und führten deshalb ein Limit für den Zylinderdurchmesser ein. Für die hauptsächlich verwendeten Vierzylinder dachte man an eine Beschränkung auf 160 mm, aus Deutschland kam ein Gegenvorschlag mit 135 mm. Festgelegt wurde schließlich der aus England vorgeschlagene Wert von 155 mm. Zusätzlich wurde ein Minimalgewicht von 1100 kg vorgeschrieben. Diese Regeln führten nun zur vermehrten Anwendung höherer Drehzahlen und Kolbengeschwindigkeiten, womit die Literleistung deutlich über die 10 PS/1-Barriere hinaus anwuchs.

Daimler und seine Mitarbeiter setzten die Zylinderbohrung ihrer Motoren auf 154,7 mm fest und wählten einen 180-mm-Hub, womit die neue Maschine auf einen Hubraum von 12780 ccm kam. Im Aufbau glich die Maschine wieder den Maybach-Entwicklungen mit zwei untenliegenden Nockenwellen und erstmals gab es nun auch einzelne Auspuffkanäle. Wegen des niedrigen Öldrucks und der noch vorherrschenden Schleuderschmierung war man gezwungen, die Höchstdrehzahl auf nicht mehr als 1600 U/min zu fixieren; seine beste Leistung von 135 PS erreichte der Motor bei 1400 Umdrehungen. Um die Temperaturen unter der Haube nicht unnötig zu erhöhen, verlegte man die Auspuffanlage komplett nach außen.

Gleich nachdem der erste Motor fertiggestellt war, baute man ihn zu Testzwecken in einen Vorjahreswagen ein. Schritt für Schritt wurde dieser Versuchswagen weiteren Detailänderungen unterzogen. Das vordere Achsrohr änderte man leicht ab, verringerte die Räder im Durchmesser und montierte breitere Reifen. Die Tankform wurde erneut überarbeitet und das Lenkgetriebe wanderte zugunsten einer weiter abgesenkten Lenksäule ein Stück nach vorn.

Der Dreieckskurs bei Dieppe wurde am 1. März 1908 für Rennfahrzeuge gesperrt, jedoch hatte die Mercedes-Mannschaft vorher schon ausgiebig mit ihrem „Testträger" trainiert. Die gewonnenen Erfahrungen führten zu einer Reihe weiterer Verbesserungen. So wurde der Radstand um mehr als 15 cm auf 2690 mm verkürzt. Zum ersten Mal wurden auch bei Mercedes jetzt die Seitenteile der Karosserie genügend weit hochgezogen, um den Fahrern mehr Schutz zu bieten. Immerhin erreichten die Wagen in Dieppe schon Geschwindigkeiten von über 160 km/h. Ebenfalls geschützt wurden die Reibungs-Stoßdämpfer, die man jetzt mit einer Hülle versah. Die Kraftstoff-Leitungen montierte man nun außen an der Karosserie, damit man sie besser kontrollieren und schnell auswechseln konnte. Der Motorraum war auch weiterhin von allen Seiten verkleidet, denn noch immer verwendete man die Schwungscheibe als Kühlventilator, obwohl jetzt auch wieder ein Propeller direkt hinter dem Kühler zu finden war.

Eine andere Neuheit stellten die 1908 allgemein verwendeten Michelin-Räder dar, bei denen man zum Abnehmen der Felge nurmehr eine einzige Mutter lösen mußte. Mercedes fertigte die stählernen Felgenringe aus 5-mm-Material und hatte damit im Rennen keine Probleme, ganz im Gegensatz zu vielen Konkurrenten, die eine Stärke von 2,5 mm für ausreichend gehalten hatten. Ebenfalls erheblich weniger Schwierigkeiten hatte das deutsche Team mit Reifenschäden. Dies rührte zum einen von dem außerordentlich hohen Reifendruck von 7 atü und zum anderen von der ungestümen Fahrweise von Christian Lautenschlager her. Der bisherige Daimler-Versuchsfahrer stieg im Alter von 31 Jahren mit einem Schlag zur Rennfahrer-Elite auf, als er den französischen Grand Prix des Jahres 1908 gewann.

Die Werkswagen von Mercedes stellten zu diesem Zeitpunkt den Entwicklungshöhepunkt der ersten Generation klassischer Rennwagen dar. Trotz ihrer 1120 kg erwiesen sie sich als erstaunlich kompakt und handlich. Der Antrieb auf die Hinterräder geschah noch immer mittels Rollenketten, während bereits an 19 der teilnehmenden Fahrzeuge diese Antriebsart einer Kardanwelle Platz gemacht hatte. Die geringeren ungefederten Massen und das Fehlen eines Aufstellmoments an der starren Kettenantriebsachse wurde 1908 noch als großer Vorteil gegenüber der kardangetriebenen Schwingachse angesehen. Nach wie vor hielt man diese Antriebsart als für besser geeignet, ein schon bei niedrigen Drehzahlen zur Verfügung stehendes hohes Drehmoment auf die Antriebsräder zu übertragen.

Bei den Buchmachern waren die weißen Wagen aus Untertürkheim diesmal nicht favorisiert. Die Wetten lauteten 8:1, denn in den letzten Jahren hatte Mercedes hier keinen besonderen Erfolg vorweisen können. Gleich zu Anfang des Rennens klärte Otto Salzer die aktuellen Verhältnisse, indem er bereits in der ersten Runde absolute Bestzeit fuhr und einen Schnitt von 124,8 km/h erreichte. Im weiteren Verlauf erwies sich Hémérys Benz als der härteste Konkurrent der Mercedes-Equipe, denn viele der französischen und italienischen Wagen waren durch Reifenschäden zurückgefallen. Lautenschlager setzte sich an die Spitze und beendete das Rennen als Sieger, und Willy Pöge, ein Elektroartikelfabrikant, fuhr den dritten Mercedes auf Platz Fünf. Christian Lautenschlager, der schon seit 1899 der D. M. G. angehörte, kommentierte seinen Sieg mit den Worten, die für die Zukunft der Mercedes-Renneinsätze bestimmend werden sollten: „Ich bin überglücklich über den großen Triumph, den dieser Sieg meiner Firma einbrachte. Diesen Erfolg haben wir uns wirklich verdient, denn die Wagen waren über einen langen Zeitraum hinweg gründlich erprobt worden. Die Vorbereitungsarbeiten wurden mit großer Sorgfalt verrichtet und beanspruchten sehr viel Zeitaufwand. Alles funktionierte hervorragend, abgesehen von einigen Reifenpannen." Es handelte sich genau um drei solcher Zwangsstops, denn Lautenschlager mußte sich mit großer Vorsicht in die beiden letzten Runden begeben, weil es in den Boxen keinen einzigen Ersatzreifen mehr gab ...

Wie es damals allgemein der Brauch war, finanzierten die Automobilfirmen einen Teil des Aufwandes für den Motorsport, indem sie Werkswagen an bevorzugte Freunde des Hauses verkauften, die ihrerseits Berufsrennfahrer engagierten und die Wagen zu allen wichtigen Rennen an den Start brachten. Für die Motoren dieser besonderen Kundschaft stellte Paul Daimler Spezialzylinder bereit, die die größte früher verwendete Bohrung von 175 mm aufwiesen. Dafür mußte man allerdings die Zylinderabstände ändern und auch die Pleuelschäfte leicht abwinkeln. Diese 17330-ccm-Motoren stellten die hubraumstärksten Aggregate dar, die von der D. M. G. jemals für Rennzwecke gebaut wurden. Ihre Leistung wurde mit 150 PS angegeben. Ein mit einer solchen Maschine ausgerüsteter Ex-Grand-Prix-Wagen bezwang im Herbst 1908 den Semmering in 7:23,6 Minuten; im Vergleich hierzu hatte der unveränderte Werkswagen 7:31,0 Minuten benötigt. Otto Salzer verbesserte mit diesem Fahrzeug im folgenden Jahr seine eigene Bestzeit auf 7:07,0 Minuten. Einer dieser Wagen – er wurde interessanterweise „180-PS-Mercedes" genannt – wurde 1910 von Camille Jenatzy am Ende seiner Laufbahn bei verschiedenen Sprintrennen eingesetzt. Ohne Änderung der Übersetzung erreichte er in Ostende die Höchstgeschwindigkeit 172 km/h. Nach diesem Erfolg konnte sich der rotbärtige Belgier zusammen mit dem altgedienten Renner beruhigt und zufrieden aus dem Rennsport zurückziehen.

Derartige Privateinsätze ehemaliger Werkswagen wurden bald darauf von der D. M. G. kräftig unterstützt, denn man hatte gemeinsam mit Benz und 15 anderen wichtigen Werken einen Vertrag unterschrieben, in dem man sich auf einen Rückzug von allen wichtigen Rennen des Jahres 1909 geeinigt hatte. Als Folge boykottierten alle früheren Teilnehmer 1909 den französischen Grand Prix, der daraufhin abgesagt werden mußte. Für einen Vertragsbruch hatte man untereinander eine hohe Geldstrafe beschlossen, und die deutschen Firmen hielten sich auch bis 1912 an die Abmachung. Wie auch ein halbes Jahrhundert später, hinderte ein solcher Pakt die Unterzeichnerfirmen indessen nicht daran, eine Anzahl hochkarätiger Rennwagen für private Interessenten zu bauen ...

Daimler hatte für diese Zwecke 1911 in Gestalt des neuen 37/90-PS-Serienwagens eine günstige Ausgangsbasis geschaffen. Er wurde von einem 9570-ccm-Vierzylinder (130 × 180 mm) angetrieben, der Doppelzündung sowie drei Ventile pro Zylinder aufwies. Die beiden Auslaß- und das einzelne Einlaßventil wurden weiterhin über Stoßstangen und Kipphebel bewegt. Der

Antrieb für die linksseitig angeordnete Nockenwelle ging wie bei Daimlers Sechszylinder-Prototyp von der Kurbelwellenmitte aus. Die Zylinder waren auch hier wieder paarweise gegossen. Bei einer ganzen Modellreihe sportlicher Tourenwagen gelangte dieser 90-PS-Motor zum Einbau. In einer leistungsgesteigerten Ausführung setzte man diese Maschine in verschiedene Rennwagen ein, die allesamt auf den Wagen des Jahres 1908 basierten. Diese hervorragend gelungenen „Zwitter" errangen in den USA eine ganze Reihe von Erfolgen, wobei Spencer Wishart und Ralph de Palma ihre Wagen mit spitz zulaufenden Kühlverkleidungen versehen hatten. 1912 und 1914 gewann de Palma mit einem solchen Mercedes den Vanderbilt-Cup. Ein ähnlicher Wagen, allerdings mit Drahtspeichenrädern und entfernter Kühlerverkleidung sowie einer Vorderachse von 1907er Werkswagen wurde 1913 von der D. M. G. beim Großen Preis auf dem Sarthe-Kurs an den Start gebracht, wo er auf den achten Rang kam.

Beim Rennwagen mit dem 37/90-PS-Motor verwendete man auch den Kühler aus dem Serienbau, der übrigens zum ersten Mal mit dem berühmten Mercedes-Stern versehen war. Eine weitere Änderung in der äußeren Erscheinung

1911 stattete man einige 1908er GP-Chassis mit modifizierten 37/90-PS-Serienmotoren aus. Einen solchen Wagen mit einer Bugverkleidung fuhr Ralph de Palma in den USA.

Mit Speichenrädern versehen, startete Leon Elskamp mit diesem Mercedes 1913 beim Sarthe-Grand-Prix.

der Untertürkheimer Wagen hatte es 1910 in Form eines Spitzkühlers gegeben, den einige Serienwagen verwendeten. Ebenfalls hielt der Wellenantrieb bei Mercedes Einzug in den Serienbau und auch Charles Knights Schiebermotor gab sein Debüt. Mehrere Wagen dieses Typs wurden von dem belgischen D. M. G.-Repräsentanten Theodor Pilette präpariert und bei verschiedenen Rennen eingesetzt. Den Anstoß hierzu hatte ihm Camille Jenatzy gegeben, der mehr und mehr die Rolle Emil Jellineks als Berater bei den Motorsportplänen der Firma Daimler übernahm.

Pilette besaß die Kühnheit, 1913 einen Mercedes 16/45 mit Knight-Schiebermotor für Indianapolis zu melden. Der Wagen mit dem 4084-ccm-Vierzylinder war der hubraumschwächste Teilnehmer – er vermochte sich gerade noch als letzter für den Start zu qualifizieren. In einem Rennen ohne Boxenaufenthalt – eine große Seltenheit in jenen Tagen – kam Pilette auf einen Benzinverbrauch von 11,8 Liter und einen Ölverbrauch von 3,93 Liter auf 100 km (was als außerordentlich gering galt). Pilette brachte es fertig, im Rennen stets den fünften Platz zu halten. Mit dieser Vorstellung konnte eine ganze Reihe amerikanischer Hersteller von den Vorzügen des Schiebermotors überzeugt werden, worauf sie sich ebenfalls zur Übernahme einer Lizenz entschlossen.

Der großartige Sieg 1908 in Dieppe hatte der Daimler-Motoren-Gesellschaft auf der Bühne der großen internationalen Rennveranstaltungen einen festen Platz zugewiesen. Jetzt hatte man den Beweis, daß Paul Daimler ein fähiger Nachfolger Wilhelm Maybachs war. Doch bekanntlich ist Ruhm vergänglich und die französischen Konstrukteure machten alsbald enorme Fortschritte, während Mercedes auf der Stelle trat. Und zur gleichen Zeit hatte eine tatkräftige Mannschaft bei Benz in Mannheim einen sensationellen Wagen entstehen lassen, der für die nächsten acht Jahre zum schnellsten Automobil der Welt avancieren sollte.

„Ich beglückwünsche den wagemutigen Yankee zu seinem in der Tat bemerkenswerten Erfolg in einem deutschen Wagen."
Kaiser Wilhelm II.

Der Blitzen-Benz

„Zu jener Zeit befand sich Benz stark unter französischem Einfluß", charakterisierte Alfred Neubauer in späteren Jahren die Epoche in der Geschichte der Mannheimer Firma, die mit der Verpflichtung von Marius Barbarou begonnen hatte und mit dem Wirken eines ehrgeizigen und talentierten Victor Hémery ihre Fortsetzung fand. Dieser Hémery hatte es sich zur Aufgabe gemacht, einen Grand-Prix-Siegerwagen zu bauen, den er später zum schnellsten Wagen der Welt weiterentwickeln wollte. Gemeinsam mit den Technikern bei Benz konnte er 1910 beide Ziele verwirklichen. Auf dem Weg zu diesen Spitzenleistungen war auch der Blitzen-Benz gebaut worden, der zu einem der faszinierendsten Wagen in der Geschichte des Automobils werden sollte. Und er sollte auch der berühmteste Benz-Rennwagen werden, wobei er vor allem durch seine Einsätze in den USA ungeheure Popularität erlangte.

Die Geschäftsleitung des Hauses Benz beabsichtigte durch die Rückkehr zum Motorsport die einstige Bedeutung in der internationalen Automobilwelt wiederzuerlangen. Dies bedingte einen großen Aufwand beim Bau und der Vorbereitung der Werkswagen für den französischen Grand Prix des Jahres 1908. Die kleine Gruppe der bei anderen Werken abgeworbenen Techniker stellte für die Mannheimer Firma den Gegenwert einer mehrjährigen eigenen Rennerfahrung dar. Durch diese fähigen Leute war man bei Benz in der Lage, den von Daimler errungenen Vorsprung nun innerhalb kürzester Zeit aufzuholen. Hémery hatte 1907 seine Stellung als Werksfahrer bei Mercedes zugunsten eines wesentlich erweiterten Aufgabengebiets bei Benz aufgegeben, außerdem vermochte er seinen früheren Darracq-Kollegen René Hanriot zu überreden, 1908 ebenfalls für Benz zu fahren.

Fritz Erle, ein gebürtiger Mannheimer, war mit Benz-Wagen schon seit 1901 sehr erfolgreich unterwegs gewesen; jetzt trug er die Verantwortung für die gesamten Rennaktivitäten des Hauses. Zusammen mit seinen Fahrern spielte er die entscheidende Rolle beim Zustandekommen des neuen Rennwagens. Die technische Entwicklung war nach wie vor Angelegenheit des Konstrukteurs Georg Diehl, unter dessen Leitung Hans Nibel und der Belgier Louis de Groulart am Rennwagenprojekt arbeiteten. De Groulart stammte aus Lüttich und hatte in Frankreich bei Serpollet und Albert Clément gearbeitet, von wo aus er 1903 gemeinsam mit Barbarou zu Benz nach Mannheim ging. Es gelang ihm sehr schnell, sich bei Benz Respekt zu verschaffen; man achtete ihn als einen erstklassigen Motorenkonstrukteur. Und wenn es überhaupt je möglich ist, einem einzigen Mann den Erfolg einer komplexen technischen Schöpfung zuzuschreiben, dann gebührt diese Ehre in Bezug auf die Zuverlässigkeit und die überlegene Leistung der Benz-Vierzylinder-Rennmotoren ihrem Konstrukteur Louis de Groulart.

Der Grand-Prix-Wagen war in seinen Grundzügen nach bewährten Prinzipien gebaut. Wie beim Mercedes wurde auch hier ein Rahmen aus Preßstahlprofilen verwendet, dessen Längsträger an einem Ende nach oben über die Achse gekröpft waren. Nur wurde beim Benz die Hinterachse untergehängt und die Vorderachse an geraden Holmen befestigt – umgekehrt wie beim Mercedes. Diese U-Profile waren nach herkömmlicher Art durch Traversen versteift. Eine rohrförmige Traverse befand sich an den hinteren Federschäkeln, vier massive Motoraufnahmen bildeten eine Verstärkung und ein weiteres Profilstück war unter dem Kühler befestigt, im Gewicht vermindert durch große Bohrungen. Die hintere Rahmenkröpfung ermöglichte den Einbau einer stabilen Hinterachse, bestehend aus einem geschmiedeten Doppel-T-Profil und durch zwei gezogene Schwingarme geführt. Die Vorderachse war ein kunstvolles Schmiedestück, wobei die Radaufnahmen – kräftige Elliot-Achsschenkel – in festen Halterungen verankert waren. In der Mitte mußte der Achskörper etwas durchgebogen werden, um nicht der Andrehkurbel im Weg zu stehen. Eine lange Schubstange verband das an der rechten Seite befestigte Lenkgetriebe mit der elegant gebogenen Spurstange. Alle Einzelteile wurden dabei mit höchster Präzision angefertigt und so kam es auch, daß es niemals zu einem Schaden am Fahrwerk kam. Immerhin wurde diese Konstruktion innerhalb der nächsten 15 Jahre nicht mehr wesentlich geändert und sie erwies sich auch bei Geschwindigkeiten bis zu 240 km/h als durchaus einsatztauglich. Verkürzte, recht schmal gehaltene Blattfedern fanden rundum Verwendung und in der ersten Ausführung der Werkswagen von 1908 waren Reibungsstoßdämpfer mit Scherenarmen eingebaut. Diese wurden jedoch vor dem Großen Preis von Frankreich gegen simple Federbandstoßdämpfer ausgewechselt. Durch eine Verstellschraube ließ sich die Spannung des Bandes, das auf eine kleine, am Rahmen befestigte Reibtrommel wirkte, vergrößern, wodurch – theoretisch – die Dämpferwirkung erhöht wurde. Die Oberfläche des Bandes reichte indessen nicht aus, um eine länger andauernde Wirkung zu gewährleisten oder eine Feineinstellung zu ermöglichen.

Nur an einem einzigen Wagen, und zwar dem von Hémery gefahrenen, waren diese Dämpfer symmetrisch angeordnet, das heißt, jeweils an den Außenseiten der Rahmenholme. An den anderen beiden Fahrzeugen waren sie einmal außen und einmal innen montiert, um der Spurstange mehr Raum zu geben. Bei Hémerys Wagen handelte es sich um das erste im März 1908 fertiggestellte Exemplar. Die Motorhaube war hier noch etwas länger und wies 18 Lüftungsschlitze anstelle der späteren 16 auf. An allen folgenden Wagen wurden auch die Sitze und der Benzintank etwas weiter nach vorne gerückt, womit man die Abmessungen der verkürzten Haube ausglich. Die Motoraufhängung war bei allen Wagen gleich. Die Räder entsprachen dem damaligen Rennwagenstandard: zwölfspeichige Holzräder mit aufgeschraubten Felgenringen; die Abmessungen betrugen 875 × 105 vorne und 935 × 135 hinten.

Noch vor dem Grand Prix montierte man Michelin-Felgenringe und tauschte die Hinterräder gegen eine kleinere Ausführung mit 805 mm Durchmesser aus, welche aber mit 145 mm breiten Reifen versehen wurden. Mit steigender Motorleistung kamen an den Antriebsrädern immer griffigere Reifenprofile zur Anwendung, die oftmals sogar noch durch stählerne Noppen verstärkt wurden, um auf losem Straßenbelag die Traktion zu verbessern.
Die Hinterradreifen mußten auch weiterhin die gesamte Bremskraft aufnehmen. Die in den Antriebskettenrädern eingelassenen Trommelbremsen wurden gemeinsam durch ein einzelnes Bremsseil mit dem Handhebel an der rechten Wagenseite betätigt, auf diese Weise wurde ein gewisser Bremsausgleich erreicht, der beide Bremsen gleichmäßig ziehen ließ. An den am Rahmen gelagerten Antriebszwischenwellen befanden sich Außenbandbremsen. Die an den beiden Enden angebrachten Bremsen wurden durch zwei getrennte Fußhebel betätigt. Besonders versierte Fahrer nutzten diese Einrichtung, indem sie ein durchdrehendes Rad einzeln abbremsten und dadurch die Wirkung eines Sperrdifferentials erreichten. Und natürlich ließen sich auch die langen Drifts in den Kurven, die für einen Rennfahrer des Jahres 1908 unentbehrlich waren und äußerst spektakulär aussahen, dadurch einleiten.
Mittels einer Auswahl von Kettenrädern zwischen 27 und 34 Zähnen an den Antriebswellen konnte man die Endübersetzung dem jeweiligen Einsatzzweck anpassen. Die Zahnkränze an den Hinterrädern wiesen 34 Zähne auf. Das Übersetzungsverhältnis zwischen Differential und Getriebe betrug meistens 26:29, das Vierganggetriebe selbst wies keinen direkten Gang auf.
Der Schalthebel befand sich an der rechten Außenseite des Cockpits an einer gemeinsamen Befestigung mit dem Handbremshebel. Die beiden Bremspedale, deutlich mit der Aufschrift „Bremse" markiert, waren rechts und links von Kupplungs- (ebenfalls beschriftet) und Gaspedal angeordnet. Das Lenkrad wies vier stabile Speichen auf, wobei auf einer der Kurzschlußknopf für den Zündmagneten saß.
Für dieses perfekte, aber bisher nicht als außergewöhnlich zu bezeichnende Auto hatte Louis de Groulart einen ganz besonderen Motor gebaut, wobei ihm Héméry und Erle tatkräftig zur Seite gestanden hatten. Die paarweise in Grauguß gefertigten Zylinder mit angegossenen Köpfen stellten, für sich allein betrachtet, zwar auch nichts Ungewöhnliches dar. Jedoch die Details waren perfektioniert worden. Es gab Inspektionsdeckel an den Kühlmänteln, das Kühlwasser trat auf der rechten Motorseite, genau unterhalb des Zündkerzensitzes, ein und floß auf der linken Seite unten zwischen den Zylindern wieder ab, womit es genau den Hitzzonen im Motor entgegenwirkte.

Benz beteiligte sich ebenfalls am französischen Grand Prix des Jahres 1908. Hier ist Victor Héméry beim Reifenwechsel zu sehen.

Die Ventile waren allesamt hängend im Zylinderkopf angeordnet, Einlaß rechts und Auslaß links. Letztere wiesen einen direkt nach außen gerichteten Auspuffkanal auf; die Ansaugkanäle waren an jedem Block zusammengefaßt und gabelten sich zwischen den Auslässen, um quer nach hinten zu den Einlaßventilen zu führen. Diese waren nach dem Napier-Maybach-Prinzip wieder dreifach geführt und in eigenen Gehäusen untergebracht, die durch eingeschraubte Deckel über den Ventilfedern festgehalten wurden. Die einzige Kühlung der Einlaßventile kam über das angesaugte Kraftstoff-Luft-Gemisch zustande. Diese Art des Wärmetausches wirkte sich offenbar auch auf die Gemischqualität aus, denn keiner der Benz-Motoren wies eine Anwärmvorrichtung für die Ansaugluft auf, wie sie bei den D. M. G.-Aggregaten zu finden waren. Beim Vergaser handelte es sich um ein Steigstrom-Instrument mit Kolbenschieber, er versorgte die Zylinder über einen kurzen, zweiteiligen Ansaugkrümmer. Darüber ragten die vier einzelnen Auspuffrohre nach außen, sie führten nach einer starken Krümmung direkt nach unten zu einem Sammelrohr. Fritz Erle entschloß sich, seinen Wagen hier etwas abzuändern: Er ließ die vier Auspuffkrümmer durch die Motorhaube nach außen ragen und verlegte die ganze Anlage an die Außenseite des Rahmens – vielleicht hatte er die ebenfalls für den Grand Prix vorbereiteten Mercedes-Werkswagen gesehen. Darauf deutet auch eine weitere Modifikation hin, denn er verwendete keinen runden Benzintank, sondern einen dreieckigen.
Die hängenden Ventile wurden über Stoßstangen und Kipphebel von einer rechts in der oberen Kurbelgehäusehälfte untergebrachten Nockenwelle gesteuert. Diese wurde über Zahnräder an der Motorstirnseite von der Kurbelwelle angetrieben. Es wurden Rollenstößel verwendet, die zusammen mit den Rückholfedern außerhalb des Gehäuses in separaten Hüllrohren verkapselt waren. An manchen Motoren wurden vorgespannte Federn auch an den überlangen Kipphebeln verwendet. Am Nockenwellenantrieb griffen die Zahnräder für den Antrieb der beiden Bosch-D4-Magneten für die Doppelzündung sowie der Wasserpumpe ein. Diese war etwas ungewöhnlich, denn es handelte sich noch um eine Zahnradpumpe, während Zentrifugalpumpen zu dieser Zeit schon allgemein gebräuchlich waren. Eine sehr kleine Zahnradpumpe für den Ölkreislauf wurde mittels Welle und Kegelrad vom Ende der Nockenwelle angetrieben. Mechanische Ölpumpen waren damals noch sehr selten im Motorenbau anzutreffen. Mit einem Flachriemen wurde ein kleiner Ventilator hinter dem Kühler betätigt. Es handelte sich um einen Wabenkühler, der eine Kopie der Mercedes-Entwicklung von 1903 darstellte.

Der französische Konstrukteur Louis de Groulart zeichnete ab 1907 bei Benz für die Rennwagen verantwortlich. Ausgehend vom Grand-Prix-Motor schuf er 1909 diesen 200-PS-Vierzylinder. Das 21500-ccm-Aggregat sollte später das schnellste Fahrzeug der Welt, den Blitzen-Benz, antreiben.

Dieser Motor hielt sich selbstverständlich an das Reglement von 1908 und wies eine Zylinderbohrung von 154,9 mm auf. Nachdem die Hublänge freigestellt war, hatte de Groulart keine Skrupel, diese mit 200 mm zu bemessen, damit hatte er den hubraumstärksten Motor für dieses Rennen gebaut: Er kam auf 15095 ccm!
Die Kurbelwelle lief in drei Weißmetallagern, die Pleuelschäfte waren wie üblich im Doppel-T-Profil gehalten und die dünnwandigen Kolben bestanden aus Gußeisen. Der ungeheuer lange Hub und die dabei entstehenden hohen Kolbengeschwindigkeiten stellten ein großes Wagnis dar, vor allem wegen fehlender Schmierung der Zylinderwandungen, auf die andere Rennmotorenkonstrukteure, vor allem bei der D.M.G., großen Wert legten. Mit einem Verdichtungsverhältnis von 4,8:1 leistete die Maschine 158 PS bei 1500 U/min, kurzzeitig konnte sie bis 1600 U/min gedreht werden. Damit übertraf Benz die Konkurrenz aus Untertürkheim. Der Radstand war mit 2770 mm länger als der des Mercedes, die Spurbreite hingegen mit 1320 mm geringer. Der rennfertige Wagen war außerdem fast 10 kg leichter als der Mercedes.
Héméry erprobte seinen neuen Wettbewerbswagen auf ganz besondere Art und Weise. Er nahm am 19. Mai am Rennen von St. Petersburg nach Moskau teil, das 700 Kilometer lang über schlechteste Straßen führte. Diese „Testfahrt“ beendete er als Sieger und sein Schnitt von 82,7 km/h spricht Bände. Um auch auf dem Kurs von Dieppe trainieren zu können, waren die Wagen nicht rechtzeitig fertig geworden, dennoch waren sie perfekt vorbereitet, als das Rennen begann. Die Benz-Mannschaft brachte als einziges Team alle drei Wagen ins Ziel. In den Augen aller aufmerksamen Beobachter war dabei Héméry der moralische Sieger dieses Grand Prix. Nachdem die starken Konkurrenten von Fiat und Brasier etwas zurückgefallen waren, konnte Héméry in der vierten von zehn Runden die Führung übernehmen. Im ersten Umlauf fuhr er mit 37:55 min seine schnellste Rundenzeit und war damit zwar nicht so schnell wie Salzer (36:31 min) auf Mercedes, aber immer noch besser als der spätere Sieger Lautenschlager. Dieser überholte den Franzosen in der fünften Runde, doch Héméry lag nach sieben Runden und somit fast fünf Stunden Renndauer nur 51 Sekunden zurück! Dann aber flog ihm ein hochgeschleuederter Stein an die Fahrerbrille und zerschlug das Glas, wobei Héméry eine Verletzung davontrug. Ein Boxenstop und diese Behinderung ließen keine Aufholjagd mehr zu. Er behielt seinen zweiten Platz, Hanriot und Erle wurden mit den beiden anderen Benz-Wagen Dritter und Siebter.
Auch am Semmering und beim US-Grand Prix in Savannah gelang es dem Benz-Team nicht, einen weiteren Sieg zu erringen. In Amerika wurde Héméry wieder Zweiter, Hanriot Vierter. Fritz Erle hatte auch dort seinen

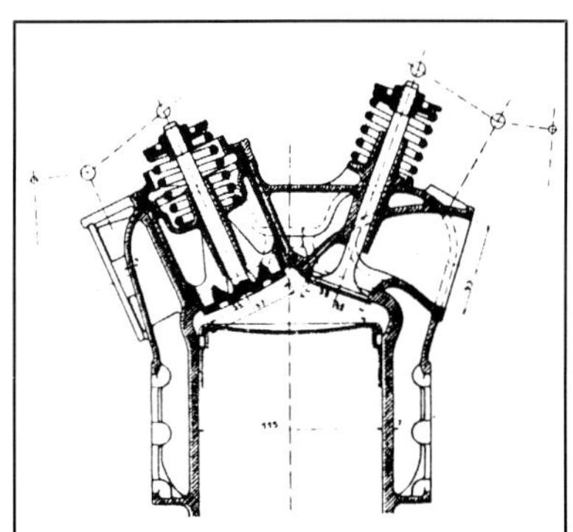

Links: Skizze der bei Benz ebenfalls verwendeten kombinierten Steuerung des Einlaßventils.

speziellen Wagen mit der außenliegenden Auspuffanlage eingesetzt, er fiel aber aus, denn von einem Reifen hatte sich die Lauffläche gelöst, was zu einem leichten Unfall führte.
Die Saison war eigentlich nicht ganz so erfolgreich verlaufen, wie man es aufgrund der Anstrengungen erwartet hatte. Alle weiteren Vorhaben in dieser Richtung waren für die Firma Benz & Cie. durch den Boykott der gesamten Autoindustrie bei allen internationalen Rennen unterbunden. Nach all dem bisherigen Aufwand wollte man bei Benz das Motorsport-Engagement dennoch nicht gleich wieder aufgeben. Man mußte sich zwar anpassen,

aber es fanden sich andere Wege, das vorhandene Material sinnvoll einzusetzen. Gegen Ende des Jahres 1908 hatte Benz neue Werksanlagen bezogen, in Waldorf, am westlichen Stadtrand von Mannheim. Die Fabrik in der Waldhofstraße diente nun ausschließlich dem Stationärmotorenbau. 1910 rückte Georg Diehl in den Vorstand der Firma auf, Hans Nibel trat an seine Stelle als Leiter der Entwicklungsabteilung. Ein Jahr später wurde auch Friedrich Nallinger, damals 48 Jahre alt, in den Vorstand aufgenommen, ein Mann, der seit 1904 bei der D. M. G. beschäftigt gewesen war. 1912 wurde er technischer Direktor bei Benz. In diesen Posten sollte nach dem 1. Weltkrieg Hans Nibel hineinwachsen, der 1917 auch in den Vorstand berufen wurde.
Nicht nur diese beiden Männer hatten einen großen Einfluß auf die weitere Sportbeteiligung der Firma, auch die neu gegründete Benz Auto Import Company in New York war sehr stark daran interessiert. Der dortige Geschäftsführer Jesse Froehlich vertraute auf die Werbewirksamkeit der Rennbeteiligungen und setzte alles daran, Benz-Rennwagen bei wichtigen amerikanischen Veranstaltungen an den Start zu bringen, möglichst mit den jeweiligen Spitzenfahrern am Steuer. Er vereinbarte mit der Werksleitung in Mannheim, daß einer der Werkswagen (es handelte sich wahrscheinlich um Hanriots Fahrzeug) nach dem Savannah-Grand-Prix 1908 in den USA verbleiben sollte. Für die Rekordwoche von Daytona im März 1909 wurde der Wagen länger übersetzt und kam damit auf 183,4 km/h (in Dieppe wurden 162,9 km/h gemessen). Ein weiterer Werkswagen, diesmal handelte es sich um Hémérys Wagen, wurde im Sommer 1909 über den Veranstaltungsmanager Ernest R. Moross für den Einsatz Barney Oldfields nach USA geschafft. Oldfield, eine schillernde Gestalt in der amerikanischen Rennszene, fuhr mit diesem Wagen die ersten Rekorde bis zu einer Distanz von 25 Meilen auf der gerade fertiggewordenen Bahn von Indianapolis. Dies war am 19. August. Drei Tage später machte in Deutschland ein anderer Benz seine ersten Probefahrten, ein Wagen, der Barney Oldfield später zu weiterer Berühmtheit verhelfen sollte.
Victor Héméry hatte ein besonderes Augenmerk auf die Leistungen des Benz-Rennwagens jenseits des Atlantik gerichtet, denn er galt ja noch immer als der offizielle Weltrekordhalter. Seine mit einem speziellen Darracq V8 im Jahre 1905 erreichte Spitzengeschwindigkeit von 176,5 km/h war jedoch schon lange nicht mehr der absolute Bestwert. 1906 mußte er sich mit dem Darracq in Daytona geschlagen geben – Fred Marriots Stanley-Dampfwagen erreichte sagenhafte 205,4 km/h, aber da auch diese Fahrt in Europa nicht anerkannt wurde, war zumindest offiziell die 200 km/h-Barriere noch nicht erreicht. Anfang 1909 schließlich erhielt Héméry die Erlaubnis der Firma Benz, einen Wagen zu bauen, mit dem er diese Geschwindigkeit erreichen würde. Damit wäre er dann wieder der uneingeschränkt schnellste Mann der Welt. Man war sich darüber einig, daß man mit dem Grand-Prix-Wagen bereits eine vorzügliche Ausgangsbasis besaß, denn dieser war schon sehr nahe an das gesteckte Ziel herangekommen. Um aber noch schneller zu sein, würde man einen stärkeren Motor brauchen. In de Groulart hatte man genau den richtigen Mann, eine solche Maschine zu bauen.
Dieser weitete die Bohrung auf 185 mm aus und kam somit auf 21500 ccm Hubraum. Dieser gigantische Vierzylinder sollte der hubraumstärkste Motor, den sowohl Benz als auch Daimler oder die später verbundenen Firmen je für ein Auto bauten, bleiben. Den nötigen Platz für die großen Zylinder fand man, indem man sie in der Längsrichtung gegenüber der vorherigen Zylindermitte versetzte. Die neuen Kolben gerieten auch etwas höher, wodurch die Verdichtung auf 5,8:1 anstieg. Verstärkt mittels angegossener Längsrippen unterhalb der Kühlmäntel, wurden die Zylinderpaare mit jeweils zwölf Bolzen auf dem Kurbelgehäuse verankert. Jenes mußte sich ebenfalls einige Änderungen gefallen lassen, da man nun den Einbau zweier zusätzlicher Hauptlager für nötig hielt. An der rechten Seite setzte man in das Gehäuse ein zusätzliches Ölreservoir ein. Der Hauptöltank hinter dem Motor wurde um weitere 20 Liter Fassungsvermögen vergrößert. Der Kraftstofftank hingegen war bei Sprintrennen wesentlich kleiner gehalten, er faßte nur 72 Liter, gegenüber 150 Liter in der Grand-Prix-Version.
Damit man auch diesen Motorengiganten noch mit einer Andrehkurbel starten konnte, behielt man eine Besonderheit des ursprünglichen Rennmotors bei. Man konnte nämlich die Nockenwelle axial verschieben, wodurch die Stößel auf einem anderen Nocken zu laufen kamen. Das bewirkte, daß die Ventile nicht mehr ganz geschlossen wurden. Durch den somit verminderten Kompressionsdruck konnte man die Maschine wesentlich leichter ankurbeln. Das Ganze wurde durch einen kleinen Knebelgriff unter dem Kühler gesteuert. Am Ventiltrieb wurden natürlich auch einige Änderungen vorgenommen. Die Kipphebel der Einlaßventile hatte de Groulart im Doppel-T-Profil gehalten, und die Auslaß-Kipphebel waren zusätzlich mit Erleichterungsbohrungen versehen. Es wurden kräftige Ventilfedern verwendet, gewickelt aus Vierkantstahl der Dimension 5 × 5 mm. Der Außendurchmesser betrug 50 mm und die Einbauhöhe der Federn maß unter Spannung 60 mm. Zusammen mit der verstärkten Lagerung gestatteten alle diese Änderungen auch für den größten Benzmotor eine unveränderte Höchstdrehzahl von 1650 U/min. Er gab bei 1500 Umdrehungen 184 PS ab, was aber noch durch einige Feinarbeiten auf schließlich 200 PS bei 1600 U/min gesteigert wurde. Dabei wog auch dieser Motor nicht mehr als 407 kg.
Im Sommer 1909 konnte der erste Motor dieser Art fertiggestellt werden. Man baute ihn sofort in ein gewöhnliches Rennfahrgestell ein, um erste Probefahrten auf dem Werksgelände durchführen zu können. Am 22. August kam er dann zum ersten Mal zum Wettbewerbseinsatz. Bei diesem Kurzstreckenrennen in Frankfurt überzeugte er allerdings noch nicht so recht. Fritz Erle brachte den Wagen dann auch zum Semmering, wo er aber von zwei älteren, wechselgesteuerten Mercedes-Rennwagen deutlich distanziert wurde. Einen Monat später, im Oktober, brachte Victor Héméry den großen Benz bei einer Beschleunigungsprüfung in Brüssel an den Start. Hier zeigte er sich der Konkurrenz deutlich überlegen und fuhr mit 31,3 sec für den Stehenden Kilometer einen neuen Rekord. Das gab dem nun schon recht ungeduldig gewordenen Héméry den erwarteten Auftrieb – jetzt konnte er sich für den Angriff auf den absoluten Geschwindigkeitsweltrekord vorbereiten.
Die legendäre Brooklands-Bahn mit ihrer berühmten Steilkurve war gerade erst eröffnet worden und für Héméry schien diese südlich Londons gelegene Strecke genau der richtige Ort für sein Vorhaben zu sein. Er traf dort am 8. November ein, ohne daß er bis dahin viel trainiert hatte. Sein Wagen wurde von den Anwesenden als „Grand-Prix-Typ" bezeichnet. Er wies zu diesem Zeitpunkt noch nicht die spätere schmale Karosserie auf. Doch über sein gewaltiges Leistungspotential gab es bald keinen Zweifel mehr. Autocar schrieb: „Mit Sicherheit haben wir in Brooklands noch nie einen Wagen mit einer derart erstaunlichen Beschleunigung erlebt."
Héméry gab sich die größte Mühe, diese Beschleunigungskraft auch in neue Rekorde umzusetzen, was ihm glänzend gelang. Mit stehendem Start durchfuhr er einen Kilometer in 31,326 sec und eine Meile in 41,268 sec, womit er die bisher von Darracq gehaltenen Bestwerte übertraf. Über einen Kilometer mit fliegendem Start kam er auf 202,7 km/h. Jetzt hatte er erstmals in Europa die 200-Kilometer-Marke erreicht und sogar noch überschritten. In der Steilkurve war der Benz nicht leicht zu halten, so daß Héméry bei der Fliegenden Meile lediglich auf 186,5 km/h kam. Er unterbrach seine Rekordversuche, um die Übersetzung zu ändern. Gleichzeitig verlegte man auch die Meßstrecke. Als jedoch die Arbeiten abgeschlossen waren, verhinderte der Einbruch der Dunkelheit einen neuerlichen Start. Auch am folgenden Tag nahm Héméry die Fahrten nicht wieder auf. Er wußte, daß man in einer anderen Abteilung des Werks mit einer speziell für Rekordversuche entwikkelten Karosserievariante beschäftigt war und wollte seine weiteren Versuche bis zum Abschluß dieser Arbeiten aufschieben. Außerdem war es ihm klar geworden, daß man mit den erreichten Geschwindigkeiten an die Grenzen herkömmlicher Bahnen vorgestoßen war. Für die kommenden Versuche

Der ursprünglich nur als Rekordwagen gedachte 200-PS-Benz wurde 1910 auch werksseitig in Gaillon/Frankreich bei einem Rundstreckenrennen eingesetzt. 1912 wurde dieses Fahrzeug in Mannheim umgebaut und die konventionelle Karosserie mit dem großflächigen Kühler wurde durch einen zweiten Blitzen-Benz-Aufbau ersetzt. Auch dieser nunmehr mit Drahtspeichenrädern ausgestattete Wagen lief ausschließlich in den USA.

würde das Benz-Team gezwungen sein, sich auf andere Pisten zu begeben. In Daytona zum Beispiel schien es durchaus möglich zu sein, den überstarken Wagen voll auszufahren.
Ende 1909 war der Wagen fertig umgebaut. Mit seiner neuen Karosserie war er eindeutig das attraktivste Automobil seiner Zeit. Der Aufbau glich in seiner glattflächigen, schlanken Form einem schnellen Flugzeug. Der Benz sollte jedoch noch schneller als jedes damalige Flugzeug sein! Erst zehn Jahre später sollte seine Leistung von einem Luftfahrzeug überboten werden; auf dem Boden behielt der Benz sogar seinen Titel sogar noch zwei Jahre länger.
Erle und Héméry bauten die Karosserie so eng es nur gerade ging. Die Motorhaube lag so knapp auf, daß man drei Ausbeulungen anbringen mußte,

Oben: Der 200-PS-Benz in seiner Rekordwagen-Ausführung. Bei seinen Einsätzen in Amerika wies der Wagen eine Auspuffanlage mit nach unten gerichteten Krümmern und einem Schalldämpfer auf.

Die charakteristische Frontansicht des Blitzen-Benz mit dem extrem schmalen Kühler und dem schnabelförmig nach vorne gezogenen Wasserbehälter.

um den vorderen Auslaß-Kipphebeln genügend Bewegungsraum zu geben. Den schmalen Vorderwagen schloß ein völlig neu geformter Kühler ab, der dem Auto seine charakteristische Frontansicht verlieh. Der hohe, schmale Kühlerkern befand sich in einer Messing-Maske, deren oberen Abschluß ein spitz nach vorn gezogener Wasserkasten bildete. Dieser „Vogelschnabel" verhalf dem Wagen zu einem aggressiven Aussehen. Natürlich war die Kühlkapazität stark gemindert, aber das Fahrzeug war ohnehin nur für Kurzstreckenrennen und Rekordversuche gedacht.
Das Chassis des Wagens blieb bis auf das Heckteil unverändert; dieses wurde etwas verkürzt, da man kleinere Federn einbaute, die zugleich den Wagen niedriger machten. Darüber lief die Karosserie in einem kurzen Spitzheck aus. Das enge Cockpit bot nach wie vor zwei Insassen Platz, die jedoch seitlich versetzt untergebracht waren. Schaltung und Handbremse fanden sich außerhalb der Karosserie, ebenso die voluminöse Auspuffanlage. An der Vorderachse wurden kleine Verkleidungsbleche angebracht, und es kamen erstmals Drahtspeichenräder zum Einsatz, wobei die relativ dicken Speichen noch sehr weit auseinanderstanden. Die Räder waren mit einer Sechskantmutter befestigt und nicht mit einer Schnellverschluß-Flügelmutter. Das Fahrzeuggewicht war nun mittlerweile auf 1450 kg angewachsen.
Anfang Januar 1910 war der Wagen auf dem Weg nach New York. Zuvor hatte man ihn ausgiebig auf den Straßen rund um Mannheim erprobt. Der Benz-Importeur Froehlich hatte mittlerweile Anlaß zu einigen Spekulationen über die voraussichtlichen Einsätze des Wagens gegeben; Gerüchten zufolge hatte er großes mit dem „Super-Benz" vor. Als sicher galt ein Vergleichsrennen gegen Ralph de Palma, der mit seinem Fiat auf vielen amerikanischen Rennstrecken Rekordhalter war. Bei diesem Einsatz sollte George Robertson am Steuer des Benz sitzen. Doch Mitte Januar kam die Sensationsmeldung, daß Ernie Moross seinen Grand-Prix-Benz „in Zahlung gegeben" und noch weitere 6000 Dollar aufbezahlt habe, um den neuen Benz zu bekommen. Dies bedeutete, daß Barney Oldfield den Wagen steuern würde. Der neue Besitzer gab dem Fahrzeug den Namen „Lightning Benz".
Wie schon so viele groß angekündigte Sensationsveranstaltungen, fiel auch der große Zweikampf von Daytona ins Wasser. Da aber sowohl das Publikum als auch die Zeitnehmer anwesend waren, entschloß sich Oldfield, einen

Weltrekordversuch zu unternehmen. Daß es sich dabei wirklich um einen „Versuch" handelte, also ohne jede spezielle Vorbereitung, versicherte Oldfield später, als er meinte, er habe den Benz bei dieser Fahrt bei weitem nicht ausgefahren. An diesem 16. März übertraf er den Rekord von Marriotts Stanley-Dampfwagen, indem er die Fliegende Meile in 27,33 sec durchfuhr, was einer Höchstgeschwindigkeit von 211,97 km/h entsprach. Beim Fliegenden Kilometer hatte er 211,09 km/h erreicht. Zusammen mit den Resultaten von Brooklands war damit der Lightning-Benz eindeutig das schnellste Automobil der Welt. Doch die A.I.A.C.R. (Association Internationale des Automobile Clubs Reconnus), die Vorläuferin der FIA als Aufsichtsgremium im internationalen Motorsport, hatte soeben eine neue Regelung bezüglich der Anerkennung von Weltrekorden verabschiedet. Danach mußten die kurzen Distanzen auch in der Gegenrichtung durchfahren werden und als offizieller Wert wurde der Durchschnitt aus beiden Läufen anerkannt. So war also Oldfields einfache Fahrt ungültig, dennoch war sie unbestreitbar schneller als alle bisherigen Versuche.

Barney Oldfield vermochte mit seinem Benz aus dem neuerworbenen Ruhm Kapital zu schlagen. In einer Art Wanderzirkus traten die berühmten Akteure in einer von Moross organisierten Show auf und führten dabei gestellte Rennläufe gegen Teamkameraden in einem Knox oder Darracq durch. Anfänglich war der weiße Benz mit der Startnummer 19 und der Aufschrift „Lightning Benz" dekoriert. Der Automobil-Historiker Charles Lytle ist der Meinung, daß Oldfields damaliger „Sparringspartner" Ben Kerscher den Namen während der Saison in „Blitzen-Benz" abänderte. Das klang für amerikanische Ohren so richtig „teutonisch", ein Image, das man durch das Aufmalen des kaiserlichen Wappens auf den Wagen noch zu unterstreichen wußte. Dieser Name jedenfalls ist untrennbar verbunden mit einem der legendärsten Fahrzeuge im amerikanischen Autorennsport.

Oldfield wurde gegen Ende des Jahres 1910 von der AAA (American Automobile Association) ausgeschlossen und verlegte seine Aktivitäten deshalb kurzfristig nach Mexiko. Er fuhr stets mit der 34:34-Übersetzung seiner Rekordfahrt und wählte für die jeweiligen Strecken nur immer einen Gang, mit dem er dann die ganze Renndauer fuhr; den Rest besorgte das enorme Drehmoment des Benz-Motors. Aus Mexiko kam der Wagen mit einem zerschlagenen Kolben, gebrochenem Pleuel und einem Zylinderriß zurück, was angesichts der beschränkten Kühlerleistung eigentlich nicht weiter verwunderlich war. Moross ließ alles instandsetzen und verpflichtete Bob Burman als neuen Fahrer für die Saison 1911. Sehr zum Ärger des ausgebooteten Oldfield, der genau wußte, daß bei seiner Rekordfahrt der Benz immer noch Reserven gehabt hatte,brachte Burman den Blitzen-Benz wieder nach Daytona. Der frühere Buick-Werksfahrer erreichte am 23. April (seinem 27. Geburtstag) 225,65 km/h über den Fliegenden Kilometer und 227,51 km/h bei der Fliegenden Meile. Dieses Tempo war zu diesem Zeitpunkt fast doppelt so hoch wie das eines Flugzeuges und auch höher als das jedes Schienenfahrzeuges (Rekord 1903: 210 km/h). Die zeitgenössische Presse fand den richtigen Vergleich: „Nur eine Gewehrkugel ist noch schneller!"

Die Zuschauer an der Strandpiste von Daytona waren wie vom Donner gerührt, als der Benz vorbeibrauste. Sie verglichen den Auspufflärm mit dem einer 195-mm-Haubitze. Dies lag gar nicht einmal so fern, denn pro Kurbelwellenumdrehung, also alle 137 cm der Wegstrecke, explodierten Fünfeinhalb Liter Kraftstoff-Luft-Gemisch. Die Zuschauer, die den Blitzen-Benz bei den Vorführungen in Aktion erlebt hatten, vergaßen den gewaltigen Auspuffschlag ihr ganzes Leben lang nicht mehr. Oldfield und Burman erzählten später oftmals in eindrucksvoller Weise von ihrem „nervenzerschmetternden" Zwei-Meilen-Abenteuer auf der Sandpiste. Die Aussagen scheinen heute stark übertrieben, aber wir können uns das Verhalten eines derartigen Monsters im Jahre 1911 nicht mehr recht vorstellen. Abgesehen von der schiffsdieselähnlichen Maschine konnten diese Fahrzeuge auch keine Straßenlage aufweisen, die nur im geringsten mit heutigen Verhältnissen zu vergleichen wäre. Die Federung war bei den hohen Geschwindigkeiten fast wirkungslos, ganz zu schweigen von den schmalen Reifen. Außerdem saß ja der Fahrer auch völlig ungeschützt im Cockpit, es gab weder einen Windabweiser noch eine Scheibe, bei 240 km/h hatte der Fahrer nur seine primitive Schutzbrille vor den Augen. Es gehörte schon einiges an Mut und Kraft dazu, diese Boliden über den Sand zu jagen.

Nach seinen großartigen Rekordfahrten erschien der Blitzen-Benz für den Rest der Saison 1911 in neuer Kriegsbemalung. Er sollte wieder auf den Jahrmärkten herumgereicht werden und hatte dazu breite Zierlinien und einen riesigen Reichsadler aufgemalt bekommen. Ernie Moross fungierte in diesem Jahr als Veranstalter der Rennen in Indianapolis und er räumte Bob Burman die Möglichkeit ein, dort einige Rekorde über kürzere Distanzen am Tag vor dem ersten 500-Meilenrennen zu fahren. Der Benz entsprach nämlich nicht dem Reglement für das Hauptrennen (Hubraumgrenze 600 cu. in. = 9832 ccm). Man fuhr deshalb am Tag vorher mehrere eindrucksvolle Zeiten auf Distanzen wie „Quarter-Mile" und „Half-Mile" (Viertel- und halbe Meile), wobei die Rekorde bis 1915 bestehen blieben. Im selben Jahr (1911) beteiligte man sich auch mehrmals an Aschenbahn-Rennen. Dazu wurde am Wagenheck ein Ausgleichsgewicht untergehängt, um den hinteren Rädern des Blitzen-Benz auf dem lockeren Bahnbelag zu besserer Traktion zu verhelfen. Während seiner Karriere wurde der Blitzen-Benz auch einmal zurück ins Werk nach Mannheim gebracht, das war Ende 1911 oder Anfang 1912. Er sollte dort wieder komplett instandgesetzt werden. Jean Frey erinnert sich an diese vorübergehende Heimkehr in die Versuchsabteilung bei Benz und an das besondere Interesse, das Fritz Erle für die Reifen entwikkelte. Er ließ die amerikanischen Pneus, vermutlich spezielle Bahnreifen von Firestone, abnehmen und untersuchen. Das „winkelige" Profil erschien ihm „komisch" und so schnitt er einen Reifen auf und fand einige zusätzliche Gewebeeinlagen vor, eine Reifenverstärkung, die damals in Europa noch völlig unbekannt war.

Im Jahre 1912 sollte sich der Bestand an Blitzen-Benz-Rennwagen in den USA verdoppeln. Ende 1911 waren Moross, Burman und ein Vertreter der Benz Auto Import Company nach Mannheim gereist, um sich nach der Möglichkeit eines noch stärkeren Rennwagens zu erkundigen. Sie stellten sich einen 300-PS-Typ vor, der ihren Rennveranstaltungen neue Anziehungskraft geben sollte. Bei Benz teilte man den Amerikanern jedoch mit, daß man die Rennaktivitäten stark einschränken würde, da man zusammen mit anderen deutschen Firmen den Boykott des französischen Grand Prix auch 1912 aufrechterhalten wollte.

Benz wollte sich nun etwas auf den Lorbeeren ausruhen, denn man hatte nun ansehnlichen Ruhm erworben, was zum großen Teil den amerikanischen Unternehmungen zu verdanken war. Denn auch die Grand-Prix-Wagen von Benz waren inzwischen recht erfolgreich unterwegs gewesen. Eddi Hearne war einer der Fahrer in der Saison 1910, in der beim Grand Prix der USA in Savannah zwei Benz einen Doppelsieg errangen. 1911 bekam Erwin Bergdoll aus Philadelphia einen neuen Benz geliefert und siegte damit prompt in Fairmont Park. Hearne war diesmal in Savannah Zweiter geworden.

In Europa gab es nun ebenfalls einige 21-Liter-Benz mit dem Motor des Blitzen-Benz, denn schon bald nach der Verschiffung des Oldfield-Wagens nach Amerika hatte man einen weiteren Motor in ein vorhandenes Chassis eingebaut. Die hinteren Rahmenausläufer waren an diesem Wagen nicht ganz so kurz ausgefallen. Die vorderen Federschäkel, die die Blattfeder stets direkt am Rahmen hielten, wurden nun an abgebogenen Hörnern eingehängt; diese Änderung wurde an allen weiteren 200-PS-Benz beibehalten. Der Wagen wurde mit einem Grand-Prix-Aufbau versehen, auch hier ragten die gewaltigen Auspuffrohre wieder durch die Haube nach außen und es wurde ein dreieckiger Aufsatztank verwendet. Die Räder wiesen keine abnehmbaren Felgen auf, sie waren vorne mit 870 × 90 und hinten mit 880 × 180 bereift.

Im September 1910 fuhren Fritz Erle und Jean Frey den Wagen nach Gaillon

Oben: Das 200-PS-Benz-Chassis wurde in mehreren Exemplaren gebaut und mit verschiedenen Aufbauten versehen.

Oben: Hier wird die Länge des Chassis deutlich; der Benz war in allen Ausmaßen recht eindrucksvoll geraten.

Rechts: Die charakteristische Auspuffanlage war bei allen 200-PS-Typen gleich. Die Stummelrohre wurden nur versuchsweise verwendet.

Unten: Ein 200-PS-Benz mit einem wuchtigen Aufbau als viersitziger Tourer.

in Frankreich, auf halbem Weg zwischen Paris und dem Ärmelkanal gelegen. Dort gab es am 2. Oktober ein Sprintrennen über einen Kilometer, wobei die Strecke eine Steigung von 9 Prozent aufwies. Nach einem Anlaufweg von 800 Meter durchfuhr der Benz die Meßstrecke in 23,0 sek, was einer Durchschnittsgeschwindigkeit von 156,5 km/h entsprach und zugleich den Sieg einbrachte.

Gleich nach seiner Rückkehr aus Frankreich begann Erle an Verbesserungen der Karosserie zu arbeiten. Er zog die Seitenteile am Cockpit höher, um die Unterbringung der Fahrer etwas bequemer zu gestalten, denn auf der Fahrt von Mannheim nach Paris hatte die nahezu offene Karosserie den Insassen kaum Schutz bieten können. Ein zusätzlicher Aufbau im Stile des Blitzen-Benz war ebenfalls angefertigt worden. Auf dem Chassis mit Verkleidungen auf den vorderen Rahmenhörnern sowie Vorder- und Hinterachse konnten beide Karosserien wahlweise verwendet werden. Abgesehen von dem charakteristischen Kühler wich die nachgemachte Karosserie in vielen Details vom ersten Blitzen-Benz ab. In Deutschland verwendete man nur kurze Stummelrohre am Auspuff, im Gegensatz zur vollständigen Auspuffanlage des „amerikanischen“ Wagens. Die Trennlinie des oberen Motorhaubendeckels verlief nicht über dem Auspuff, sondern zwischen den Rohren, was das Öffnen nicht gerade erleichterte. Die rechtsseitige Motorhaubenklappe war verkleinert worden, und an der Verbindungskante des Karosseriehecks mit dem Rahmen verlief nun eine zwei Zentimeter breite Sicke. Anstelle der Wölbung in der Motorhaube über dem ersten Auslaß-Kipphebel wurde nun einfach ein Loch ausgespart. Für den Fahrer war durch einen tieferen Ausschnitt im rechten

Seitenteil die Bewegungsfreiheit verbessert worden und der Beifahrersitz war zum ersten Mal um etwa 15 cm nach hinten versetzt eingebaut. Das Spitzheck hatte man nun auch in der Vertikalen symmetrisch geformt, es war auch um 30 Zentimeter länger geworden.

Für damalige Verhältnisse sah diese Karosserie in der Tat äußerst windschnittig aus. Um sich Klarheit über die tatsächliche Wirkung zu verschaffen, verlud man den Wagen und brachte ihn noch einmal nach Gaillon. Man fuhr hier wieder auf dem gleichen Meßabschnitt, doch die erzielten 165 km/h stellten keinen allzu großen Unterschied zu den vorher gemessenen Werten dar. Man hatte von einer Karosserie mit derart geringem Luftwiderstand eigentlich mehr erwartet. Fritz Erle setzte den Wagen 1911/12 noch bei verschiedenen Rennen ein, wobei er je nach Anforderung die Karosserie wechselte, ohne jedoch noch länger von dem erhofften großen Wirkungsunterschied überzeugt zu sein.

Im Verlauf des Jahres 1912 entschloß sich die Firma Benz, dem Ansuchen von Moross und Burman doch nachzukommen und bauten einen weiteren Wagen für Amerika. Sie nahmen den vorhandenen Nachbau mit der schmalen Karosserie und versahen das Fahrzeug auf ausdrücklichen Wunsch der Auftraggeber mit Speichenrädern. Ebenfalls ausgewechselt wurden die Hebelmechanismen für Handbremse und Schaltung; die neue, leichtere Ausführung ohne Ratschen wurde wieder entfernt. Selbstverständlich wurde auch die komplette Auspuffanlage angebaut.

Bob Burman fuhr auch in der Saison 1912 mit dem Blitzen-Benz wieder einige Rekorde. Es ist nicht mehr zu ermitteln, wann genau der zweite Wagen eintraf, jedenfalls nahm er am 7. September am Rennen auf dem Brooklyn Brighton Beach teil. Er verbesserte dort den alten Streckenrekord des „Original"-Blitzen-Benz. Beide Wagen waren erstmals am 30. September in St. Louis gemeinsam am Start, wobei man den neuen hochtrabend als „Jumbo-Benz" ankündigte, obwohl er den gleichen Motor wie der andere Wagen unter der Haube hatte. Vor Weihnachten schließlich brachten Burman und Moross ihr Benz-Duo nach San Diego in Kalifornien, wo sie auf der Strandpiste einige Rekordversuche fahren sollten. Am 23. benötigte Bob Burman 28 sek für die Meile, das entsprach einem Tempo von 208 km/h. Bei einem erneuten Versuch am nächsten Tag fing der Wagen plötzlich Feuer und geistesgegenwärtig benutzte Burman den Atlantik als Feuerlöscher... Es war nirgends zu erfahren, um welches Fahrzeug es sich dabei gehandelt hatte, aber man durfte annehmen, daß es der ältere Wagen war. Auf jeden Fall wurde der Schaden wieder behoben, mit einem Aufwand von 4000 Dollar.

Beim ersten 500-Meilen-Rennen von Indianapolis im Jahre 1911 war Ernie Moross sowohl Bewerber (zwei Benz, die schließlich ausfielen) als auch Funktionär gewesen. Er wurde jedoch von der Veranstaltungsgesellschaft entlassen und brachte auch seine Beziehungen zum nationalen Rennsport unter der Federführung der AAA in Gefahr, als er seine Jahrmarkts-Shows mit den Rennwagen fortsetzte. Burman fuhr hingegen weiterhin in den offiziellen Rennen, wobei er mit Moross eine spezielle Vereinbarung getroffen hatte, wonach sein Benz offiziell einem anderen Sponsor gehörte. Mittlerweile hatte Moross den neuen Wagen korrekterweise als „Blitzen-Benz II" bezeichnet, aber ohne jeden Skrupel Burmans Rekordmarke von Daytona ebenfalls auf das Heck gemalt. Mit nicht weniger als acht Rennwagen und dem ruhmreichen Teddy Tetzlaff als Starpilot marschierten Moross und seine Truppe im August 1914 in Salt Lake City, Utah, ein. Bill Rishel, ein dort ansässiger Rennsport-Fanatiker, benutzte diese Gelegenheit, seinen lange gehegten Plan in die Tat umzusetzen. Er hatte schon seit einiger Zeit versucht, den Salzsee bei Bonneville als geeignetes Gelände für Rekordfahrten populär zu machen. Gemeinsam mit einigen Freunden konnte er Moross für seinen Plan gewinnen, und es wurde ein Sonderzug zusammengestellt, der einige der Rennwagen sowie 150 Zuschauer zu dem Salzsee hinaus brachte.

Rishel erzählte später, wie man dort die Zeitnahme handhabte: „Es war keine elektrische Zeitnahme vorhanden, deshalb hatten viele der Zuschauer eigene Stoppuhren mitgenommen. An beiden Enden der Meßstrecke (eine Meile) wurden Männer mit Flaggen postiert; die offizielle Zeitnahme-Kommission setzten wir genau in die Mitte, damit sie die beiden Signalposten gut sehen konnten." Obwohl der Blitzen-Benz II auf den Probefahrten bereits 250 km/h erreicht hatte, kam er bei den Wertungsläufen nur sehr knapp über die alten Bestwerte von Burman hinaus, er fuhr 229,85 km/h. Einige Zuschauer jedoch waren absolut davon überzeugt, daß Tetzlaff die Traumgrenze von 3 Meilen pro Minute erreicht hatte, dafür wäre eine Geschwindigkeit von 288 km/h nötig gewesen...

Der zweite Blitzen-Benz soll später der Truppe von Ralph „Pappy" Hankinson, einem Dirt-Track-Veranstalter, angehört haben. Es hieß jedenfalls, er habe ihn noch 1917 besessen, bevor ihn dann 1919 ein Karnevals-Verein bei der Auflösung der Hankinson-Truppe übernahm. Von dort an aber verliert sich die Spur dieses Benz-Rennwagens – im Gegensatz zum Schicksal des ersten Blitzen-Benz.

Wie einige seiner Kollegen, beschäftigte sich auch Bob Burman ab 1914 mit dem Bau eigener Rennwagen. Zwei davon fuhren noch im gleichen Jahr in Indianapolis. Er kümmerte sich nebenher aber auch noch um den Umbau des altgedienten Benz. Er gehörte zu dieser Zeit einem Bankier in Indianapolis mit Namen Stoughton Fletcher, der ihn jedoch im Oktober 1915 an Harry Harkness verkaufte. Am 2. November stand er dann als „Burman Special" am Start eines Vergleichsrennens gegen Ralph de Palma und seinem Sunbeam, der Austragungsort war Sheepshead Bay im Staate New York.

Abgesehen von seinem charakteristischen Kühler und den übergroßen Auspuffrohren war der nach wie vor ungeschlagene Rekordwagen nicht mehr zu erkennen. Er rollte jetzt auf Drahtspeichenrädern mit einer engen Bespeichung und Zentralverschlußflügelmuttern. Scherendämpfer waren an die Stelle der Federband-Stoßdämpfer getreten und zwischen den vorderen Rahmenenden war ein Verstärkungsrohr eingefügt worden. Neue Antriebskettenräder hatte man angefertigt, wobei auf Erleichterungsbohrungen verzichtet worden war. Eine neue Karosserie war ebenfalls entstanden, Burman hatte die Sitze für sich und seinen Beifahrer Eric Schroeder versetzt untergebracht und eine Auswölbung vor dem Cockpit als Windschutz vorgesehen. Das Heck war wesentlich länger geworden und mehr abgerundet. Der Wagen sah recht geglückt aus, obwohl er in Sheepshead Bay noch ohne Lackierung antrat. Das Fahrverhalten indessen überzeugte keineswegs (was es eigentlich nie getan hatte), und man mußte sich dem Sunbeam geschlagen geben. Auf diese Weise hatte Ralph de Palma das eigentlich schon für 1910 als Debüt des Benz in Amerika vorgesehene Rennen doch noch für sich entscheiden können...

Burman kam bei einem Unfall mit einem Peugeot im April 1916 ums Leben. Der Wagen, der ihm zu seinen bedeutendsten Erfolgen verholfen hatte, fand nun seinen Weg nach Europa zurück – er wurde nach England gebracht. Dort tauchte er Ostern 1922 wieder auf, er war von Major R. F. Cooper zu einem Rennen in Brooklands gemeldet worden. Am Steuer saß Baron Louis Vorow Zborowski, der Sohn des 1903 an der Turbie mit einem Mercedes verunglückten Eliot Zborowski. Inzwischen war die Motorabdeckung des Benz geändert worden und es fand auch ein neuer Kühler Verwendung, der ebenfalls sehr schmal und hoch gehalten war, aber nicht mehr dem Original entsprach. Zborowski fuhr mit dem Burman-Benz nur wenige Rennen, denn er erkannte seine Problematik auf der holprigen Betonbahn in Brooklands. Sein bestes Resultat waren 172 km/h, was zu dieser Zeit in Brooklands keine bemerkenswerte Leistung mehr darstellte. 1923 zerlegte Zborowski den Wagen, um die Antriebsteile für sein neues Projekt, den Higham Special zu verwenden, der von einem Liberty V12-Zylinder-Flugmotor angetrieben werden sollte. Doch auch dieses letzte Bestandteil des einstigen schnellsten Fahrzeugs der Welt sollte nicht mehr lange halten. Als Zborowski zum ersten Fahrversuch des Higham Special starten wollte, zerbarst das Getriebe. In Mannheim konnte noch einmal Ersatz beschafft werden, aber damit war zugleich die Geschichte des Blitzen-Benz beendet.

Ein anderer 200-PS-Benz hatte in England eine ganze Reihe von Erfolgen erzielen können. L. G. „Cupid" Hornsted fuhr 1912 einen von H. A. Arkwright gemeldeten ehemaligen Grand-Prix-Benz zu Siegen in Brooklands und einigen Sprintrennen. Hornsted war ein mutiger und überlegter Fahrer, der Brooklands wie seine Westentasche kannte. Er hatte durch die Erfolge mit dem alten Benz-Rennwagen auf sich aufmerksam gemacht und fuhr nun in

der mit Zentralverschlußnaben waren an die Stelle der in Deutschland bevorzugten Holzspeichenräder getreten.
Wahrscheinlich handelte es sich hier um das Chassis aus einem Wagen, den Fritz Erle im Oktober 1912 in Gaillon und im Mai 1913 in Lyon gefahren hatte. Doch unter Hornsted sollte dieser Wagen dem Hause Benz seinen größten, offiziellen anerkannten Erfolg bringen. Im Dezember fuhr er einen neuen Bestwert über den Stehenden Kilometer, wobei der Schnitt aus den beiden verlangten Wertungsfahrten 30,405 sek betrug, was 118,66 km/h entsprach. Damit hatte er Hémérys alten Rekord auf der einfachen Strecke überboten. Im Januar 1914 konnte er auch dessen Leistung über die Stehende Meile übertreffen, als er ein Tempo von 140,53 km/h erzielte. Im gleichen

Oben. Bob Burman mit dem Original-Blitzen-Benz 1915 in Shepsted Bay/USA.

Rechts. Dieser Blitzen-Benz wurde nach dem Ersten Weltkrieg in Mannheim rekonstruiert.

Unten links. Mit diesem 200-PS-Benz fuhr Colonel Hornsted 1913/14 in Brooklands. Unten rechts der in den dreißiger Jahren rekonstruierte Blitzen-Benz des Werksmuseums.

seiner Eigenschaft als englischer Benz-Repräsentant nach Mannheim, um sich nach einem neuen, stärkeren Rennwagen zu erkundigen. Die Geschäftsleitung willigte ein, ihm einen 200-PS-Wagen zur Verfügung zu stellen, worauf Hornsted gleich einige Änderungswünsche vormerken ließ. Bei seinem 150-PS-Motor hatte er wiederholt Schwierigkeiten mit den Ringventilen zu verzeichnen gehabt und deshalb bevorzugte er bei dem neuen Motor herkömmliche Einlaßventile. Darüberhinaus schlug er eine Versteifung am Kolbenboden zur Abstützung des Bolzenauges vor – ein Detail, das später bei den Benz-Flugmotoren Einzug hielt. Da er sowohl Renneinsätze als auch einen Angriff auf den Stunden-Weltrekord beabsichtigte, wurde sein Benz mit einem normalen, breiten Kühler versehen. Die Auspuffanlage fiel recht ungewöhnlich aus, denn der Topf wurde halbhoch angebracht und das Endrohr verlief knapp unterhalb des Cockpitausschnitts nach hinten. Als der dunkelblau lackierte Wagen im November 1913 erstmals in Brooklands erschien, waren noch weitere Details zu vermerken. Die Sitzanordnung war trotz eines angebauten Spitzhecks parallel geblieben; neue Handhebel wurden verwendet – die Handbremse ohne Ratsche; eine Rohrstrebe verband die Rahmenholme an der Wagenfront und Rudge-Whitworth-Drahtspeichenrä-

Monat fuhr Hornsted auch die ersten offiziell anerkannten Rekorde über 5 Meilen und 10 Meilen, wobei er auf 186,77 und 181,12 km/h kam. Am 24. Juni 1914 schließlich wurde „Cupid" mit seinem Benz der erste offizielle Weltrekordhalter über die Fliegende Meile, womit er auch den absoluten Geschwindigkeitsweltrekord für Automobile errungen hatte. Der Mittelwert aus beiden Fahrten ergab 29,01 sek und damit eine Geschwindigkeit von 199,71 km/h. Hornsted verlor über diesen Triumph sein eigentliches Ziel nicht aus den Augen, den Rekord über eine Stunde Fahrt auf der Brooklandsbahn zu erringen. Bei seinem nächsten Versuch aber mußte er bereits nach 80 Kilometer Fahrt wegen Reifenschadens aufgeben. Bei seinen Renneinsätzen hatte Hornsted die fünf Kilometer lange Strecke mit 181 km/h umrundet, wobei aber der Rundenrekord auf 190,8 km/h stand, gefahren von dem gleichen Sunbeam V12, der später in Sheepshead Bay einen weiteren Benz besiegen sollte.
Nachdem Hornsteds Benz nach Mannheim zurückgebracht worden war, setzte man ihn auf der Rückreise im Juli 1914, unmittelbar vor Ausbruch des 1. Weltkrieges, in Ostende noch einmal bei den Beschleunigungsprüfungen ein. Der Wagen wurde anschließend in Erles Versuchsabteilung unterge-

bracht, wo sich bereits ein weiterer oder vielleicht sogar zwei 200-PS-Benz befanden. Bei einem handelte es sich um ein Fahrzeug mit breitem Kühler, Holzspeichenrädern, vollständiger Auspuffanlage und der vormaligen Wechselkarosserie von Fritz Erles 1910/11 gefahrenen Wagen, den man später zum Blitzen-Benz II gemacht hatte. Dieser Rennwagen war hauptsächlich von Franz Hörner, ein von Héméry und Erle geförderter Nachwuchsfahrer, gefahren worden. In Sprint- und Bergrennen in Rußland, Italien, Spanien und Österreich-Ungarn war dieser Wagen gelaufen, wobei er in St. Petersburg einmal sogar auf 202 km/h gekommen war.

Laut Fritz Erle sind fünf 200-PS-Benz mit kurzem Radstand gebaut worden. Das letzte Chassis dieser Reihe war anfangs vermutlich mit einem Sportwagenaufbau ausgestattet worden, denn ein derartiges Fahrzeug war vor und auch nach dem Krieg, versehen mit einigen Modifikationen, im Einsatz zu sehen gewesen. Ein sechster Wagen mit 21,5-Liter-Motor hatte indessen einen Radstand von 3200 mm aufzuweisen (gegenüber 2771 mm) und wurde in Paris als viersitziger Tourer karossiert. In den späten zwanziger Jahren setzte man diesen Wagen mit großem Erfolg in Brooklands ein, wo er unzählige Klassensiege verbuchte und auf eine Höchstgeschwindigkeit von 185 km/h kam. Dieser Benz ist bis heute in England geblieben und wurde zwischenzeitlich von seinem Besitzer C. Eric Milner einer gründlichen Restaurierung unterzogen.

Nach dem Ende des Krieges machten sich die Benz-Leute daran, aus vorhandenem Material gebrauchsfähige 200-PS-Wagen zusammenzubauen. Bis 1921 stellten sie zwei eindrucksvolle Fahrzeuge fertig. Eines davon basierte auf dem Chassis des Hornsted-Wagens und war im Aufbau dem ehemaligen Blitzen-Benz II nachempfunden. Man behielt die Rudge-Drahtspeichenräder bei, deckte jedoch die Speichen vollkommen ab, ebenso verwendete man das halbhoch angebaute Auspuffsystem. Den schmalen Kühler hatte man geändert, er wies jetzt einen neuen Wasserkasten auf, der besser mit der Kühlermaske harmonierte und nicht wie eine Hakennase nach vorne ragte. Falls der Original-Blitzen-Benz auf seinem Weg von den USA nach England tatsächlich über Mannheim gekommen war, so könnte dies dessen Umbaukühler gewesen sein. Auch die versetzte Sitzanordnung und das Spitzheck waren dem zweiten Blitzen-Benz nachempfunden, in der Motorabdeckung befanden sich jedoch auf beiden Seiten rechteckige, herausnehmbare Deckel.

Der zweite Wagen war Hörners Kurzstreckenrennwagen mit dem großen Kühler. Hier wurden die herkömmlichen Holzspeichenräder mit abnehmbaren Felgen beibehalten, nur die Bereifung hatte man geringfügig geändert. An beiden Wagen wurde die Leitung der Kurbelgehäuseentlüftung neu verlegt, das Rohr ragte nun auf der linken Seite durch die Motorhaube und verlief am Rahmen entlang nach hinten. Diesmal wurden keine Reichsadler mehr aufgemalt, an den Cockpitseiten brachte man lediglich die Aufschrift „Benz“ an.

Der nachgebaute Blitzen-Benz wurde 1922 nach Brooklands gebracht, wo er als Werkswagen von Horace V. Barlow gefahren wurde und auf Anhieb das erste Rennen gewann, das Lightning Short Handicap im August. Leider kam es nicht zu einem Aufeinandertreffen mit dem Ex-Burman-Wagen, den Graf Zborowski in einem anderen Lauf ebenfalls zum Sieg steuerte. Beide Wagen waren jedoch am 30. September beim „100 MPH“-Kurzstrecken-Handicap-Rennen am Start. Captain John Duff saß diesmal am Steuer des Werkswagens und kam in seiner schnellsten Runde auf 184,21 km/h. Doch plötzlich hatte er Probleme mit den Bremsen – der Benz raste hoch in die Steilkurve und geriet über den Rand hinaus. Beim nachfolgenden Absturz streifte der Wagen einen Telefonmast und wurde fast vollständig demoliert. Der Benz wurde in Stücke gerissen, und der Motorjournalist William Boddy kann sich erinnern, daß Duffs Beifahrer von dem herausgeschleuderten Benzintank getroffen wurde. Das Wrack des Benz wurde sofort zurück nach Mannheim transportiert.

Trotz seines altmodisch anmutenden Äußeren konnte der zweite Benz-Werkswagen in den zwanziger Jahren noch mehrere Erfolge einheimsen. Er wurde in Mannheim mit dem Kosenamen „Großmutter“ belegt, während der Stromlinienwagen „Magerer Josef“ genannt wurde. Die „Großmutter“ zeigte sich bei Sprintrennen in Deutschland und Holland von ihrer besten Seite; Franz Hörner, der einzige Fahrer, der beide Wagen fahren durfte, setzte sie bis 1923 ein.

Als es am 24. September 1922 an den Start zum Semmering-Bergrennen ging, fühlte sich Hörner gesundheitlich nicht auf der Höhe. So beauftragte man einen jungen, 24jährigen Techniker, der erst vor kurzem zu Benz gekommen war, mit den Abstimmungs- und Vorbereitungsarbeiten des Wagens. Dieser junge Mann – es war Fritz Nallinger – hoffte insgeheim, daß Hörner auf einen Start verzichten würde, denn er rechnete sich dabei Chancen aus, selbst zum Zuge zu kommen. Hörner erholte sich jedoch und fuhr den Benz zum Sieg. Er benötigte 7:35 min für die Strecke, was jedoch keinen neuen Rekord bedeutete, es war sogar langsamer als Erles Zeit von 1909 – aber es war der einzige Sieg eines Benz in den Annalen des Semmering-Rennens.

Hörner und sein Wagen waren sogar noch bis 1933 im Einsatz, sie traten bei Werbeveranstaltungen der Daimler-Benz AG als Attraktionen auf. Zu diesem Zweck hatte man dem Wagen eine spezielle Auspuffanlage verpaßt. An jedem der vier kurzen Rohrstummel war eine Abzweigung angebracht worden, von wo aus ein Auspuffkrümmer nach unten zu einer herkömmlichen Anlage mit Auspufftopf und Endrohr führte. Mittels einer Klappe konnte man nun die Auspuffströmung entweder mit ohrenbetäubendem Lärm durch die Rohrstummel leiten oder aber durch das leisere Auspuffsystem – je nachdem wie es der jeweilige Show-Auftritt erforderte...

1935 wurden bei Daimler-Benz Vorbereitungen zur Feier des fünfzigjährigen Jubiläums des Automobilbaues getroffen. Die Firmenleitung wollte zu diesem Zweck aus den noch vorhandenen Teilen des 200 PS-Benz ein repräsentatives Ausstellungsstück zur Verfügung haben. So entstand ein weiterer Blitzen-Benz-Nachbau, nämlich der, der heute im Werksmuseum zu besichtigen ist. Hierbei wurden Teile von Hörners Wagen verwendet, vermutlich auch solche von dem verbliebenen Zweisitzer-Sportwagen. So handelt es sich bei allen vier montierten Reifen der Größe 820 × 120 in Wirklichkeit um ehemalige Vorderreifen; die Nabenverschlüsse mit der Benz-Inschrift wurden nur an dem Sportwagen verwendet. Aluminium-Abdeckungen verstecken die Holzspeichenräder. Von dem Brooklands-Unfallwagen stammt der Kühler und wahrscheinlich auch das Karosseriemittelteil. Die Motorabdeckung und das Heck sind neu angefertigt worden, denn wie auch die verkleideten Auspuffstummel sahen diese Komponenten bei den Einsatzwagen anders aus. Die Handhebel weisen keinen Ratschenmechanismus auf, sie könnten deshalb auch vom Unfallwagen stammen, bei dem man diese Konstruktion aus dem Jahre 1911 wieder eingebaut hatte.

Dieser schmale, große Wagen im Daimler-Benz-Museum stellt den Repräsentanten der französischen Einflußperiode bei Benz dar. Was ist indessen aus den französischen Konstrukteuren geworden? De Groulart ging im April 1911 zurück nach Frankreich, wo er sich Lorraine-Dietrich anschloß. Als diese Firma ihr Werksteam zum Großen Preis von Frankreich des Jahres 1912 vorstellte, erwiesen sich die Wagen als annähernd originalgetreue Kopien der 1908er Benz-Rennwagen. Die Fahrer waren Héméry, Hanriot und Franz Heim, allesamt ehemalige Benz-Leute. Am 27. November 1912 brachte Victor Héméry einen dieser Wagen nach Brooklands und fuhr neue Weltrekorde über eine, zwei und sechs Stunden. Auf diese Weise war die Zusammenarbeit zwischen dem experimentierfreudigen Hause Benz und seinen schaffensfrohen französischen Freunden für beide Seiten sehr fruchtbar geworden...

„Im Grunde stehen die Deutschen auch nicht über anderen Nationen, wenn es um Bestleistungen geht, aber sie stehen einzigartig da, wenn es sich darum handelt, eine Sache mit der größtmöglichen Genauigkeit anzugehen. Sie scheuen keine Entbehrungen und sind in der Lage, eine unendliche Geduld aufzubringen. Der Rennsport gilt bei ihnen als reine Männersache, deshalb gibt es in ihren Fahrerlagern auch keine Frauen oder Fahrerfamilien. Für sie gleichen diese Unternehmungen mehr einem Feldzug."
H. Massac Buist

Motoren mit obenliegender Nockenwelle

Wilhelm Maybach hatte, als er Untertürkheim verließ, interessante Dinge hinterlassen. Einige davon waren noch aus dem ehrgeizigen Wettstreit mit seinem Nachfolger Paul Daimler entstanden. Dieser zollte den hervorragenden Entwicklungen seines großen Kollegen jede Hochachtung. Maybach hatte die obenliegende Nockenwelle eingeführt und war in der Anwendung schon sehr weit fortgeschritten. Paul Daimler wußte diese Erbschaft folgerichtig zu verwenden und führte dadurch die Daimler-Motoren-Gesellschaft im Jahre 1914 zu einem überzeugenden Sieg in einem Grand-Prix-Rennen, das von vielen als eines der größten Rennen überhaupt bezeichnet wurde.

Eine wichtige Rolle bei dieser neuen Konstruktion der Mercedes-Motoren spielte ein Russe. Boris Loutzky war als 37jähriger im Jahre 1902 nach Cannstatt gekommen, um im Auftrag der russischen Marine an der Konzeption und Konstruktion eines größeren Schiffsmotors mitzuarbeiten. Loutzky hatte in Deutschland studiert und war seit 1888 mit Entwürfen und Verbesserungsvorschlägen an Verbrennungsmotoren beschäftigt. In Nürnberg war er 1896 an der Entwicklung eines stehenden Einzylinders beteiligt gewesen, bei dem die Ventile direkt von den im Zylinderkopf untergebrachten Nocken gesteuert wurden, wobei die Nocken durch eine Welle von der Kurbelwelle aus angetrieben wurden.

Maybach und die D. M. G. willigten in Loutzkys Vorschläge ein, einen Sechszylindermotor mit einer Leistung von 300 PS zu bauen. Ein Aggregat, das die fünffache Leistung pro Zylinder aller bisherigen Motoren abgeben sollte. Man unterwarf sich dabei auch Loutzkys Bedingung, einen besonderen Brennraum zu gestalten. Das Einlaßventil sollte zentral im Kopf hängen, das Auslaßventil auf der linken Seite dazu in einem Winkel von 70 Grad stehen. Zwischen deren Schäfte ordnete Wilhelm Maybach eine einzelne Nockenwelle an. Sie öffnete die Ventile über Kipphebel, die an beiden Enden mit Rollen versehen waren. Man entschloß sich, die Nockenwelle mittels einer auf der Motorstirnseite angebrachten senkrecht stehenden Welle anzutreiben, die Ankoppelung erfolgte durch zwei Schneckenradsätze. Bevor dieser Prototyp-Motor nach Russland geschickt wurde, ermittelte man seine Leistung mit 272 PS bei 550 U/min. Für Maybach war dies eine neue und wichtige Erfahrung mit einer Art der Ventilsteuerung, die für die Zukunft vielversprechende Möglichkeiten eröffnete.

Einige Jahre später, als Maybach von der D. M. G. etwas zur Seite gedrängt worden war, erlaubt man ihm, an der Entwicklung des Sechszylinder-Projekts für 1905 mitzuwirken, das auch später in Rennwagen Verwendung finden sollte. Er entwarf einen Reihen-Sechszylinder, der wieder die Maybach-typischen Merkmale aufwies: fortschrittlich, durchdacht und wirkungsvoll. Auch hier wurde seine Vorliebe für große Kolbendurchmesser deutlich: die Abmessungen betrugen 140 × 120 mm für Bohrung und Hub, womit er auf einen Hubraum von 11080 ccm kam. Seine Höchstleistung erreichte der Motor mit 106 PS bei 1400 U/min. Er konnte auch mit 1500 Umdrehungen gefahren werden und wog 350 kg. Bei Maybachs Konstruktion wurde der breite und flache Brennraum der seitengesteuerten Motoren beibehalten, denn die nunmehr hängenden Ventile waren nicht über dem Kolben, sondern links und rechts davon angeordnet; man könnte sagen, es handelte sich um einen andersherum angeordneten T-Kopf. Außergewöhnlich große Schraubenfedern schlossen die Ventile. Geöffnet wurden sie von einer obenliegenden Nockenwelle mittels Rollenkipphebel. Pro Zylinder waren zwei Zündkerzen vorgesehen, jeweils in der Nähe der beiden Ventile eingeschraubt. Maybach verwendete zwei Zündmagneten. „Da dieser Wagen mit größter Sorgfalt berechnet und konstruiert ist, erhoffe ich mir gute Resultate, und das auch ohne Abreißzündung", schrieb er an Emil Jellinek, der die neuen Hochspannungs-Zündsysteme immer noch für nicht genügend zuverlässig hielt.

Zu jener Zeit ließ der Vorstand der D. M. G. kaum eine Gelegenheit aus, Maybachs Position zu schwächen. Die Herren äußerten deshalb Jellinek gegenüber ihre „beträchtlichen Zweifel" an der Zündanlage des Motors und vor allem an der ungewöhnlichen Position der Nockenwelle.

An der Motorstirnseite fanden sich neben der Nockenwellenantriebswelle, erstmals als Königswelle mit Kegel- und Tellerrädern ausgeführt, auch die Antriebe für die Nebenaggregate. Ebenfalls durch Kegelradsätze wurden die vor dem Motor liegenden Magnete getrieben. Eine weitere Welle setzte von der Mitte der Königswelle den Kühlventilator und die Wasserpumpe in Bewegung. Ein zusätzliches Kegelrad griff am Magnetantrieb ein und steuerte zwei Zahnrad-Ölpumpen, die für einen zuverlässigen Ölkreislauf sorgten. Maybach hatte diesmal auf ein weiterentwickeltes Schmiersystem großen Wert gelegt. Aber nicht nur die Verwendung von zwei Ölpumpen war ungewöhnlich, sondern vielmehr noch die siebenfache Lagerung der Kurbelwelle.

Die Sackzylinder standen in gleichmäßigen Abständen zueinander und waren einzeln gefertigt, nicht wie bisher paarweise. Die Zylinderkopfgestaltung war absolut symmetrisch gehalten. Der Aufbau war in einer für D. M. G. neuartigen Weise konstruiert. Die Zylinderbuchsen waren aus Stahl gedreht und wurden in die aus Kühlmantel und Zylinderkopf bestehenden Gußstücke von unten eingeschraubt. Ein zentral angeordneter Vergaser versorgte über einen Ansaugkollektor die einzelnen Kanäle, die sechs Auspuffkrümmer führten gerade nach unten in einen gemeinsamen Auspufftopf.

Es deuten verschiedene Einzelheiten darauf hin, daß Maybachs Motor mehr im Versuchsbetrieb lief als Paul Daimlers Gegenstück. So verschwanden zum Beispiel die anfangs verwendeten Rollen an der Kontaktfläche der Kipphebel mit den Ventilschäften, und an der Ölwanne war im Lauf der Entwicklungszeit die Anzahl der angegossenen Kühlrippen verringert worden. Jedoch waren diese Entwicklungsfortschritte vorerst nicht von Bedeutung, da nicht Maybach, sondern Daimler die technische Zukunft der D. M. G. bestimmten sollte.

Im Herbst 1906 baute man zwei dieser Motoren in Rennwagen-Fahrgestelle ein. Sie nahmen im großen und ganzen das Aussehen der 1907er Grand-Prix-Wagen vorweg und waren ungewöhnlich niedrig. An der Motorhaube befanden sich Lüftungsschlitze, da ja der Ventilator aus der Schwungscheibe an die Kühlerrückseite gewandert war. Es wurde berichtet, daß mit diesen Wagen das Werksteam am Semmering gewesen sei, wo es durch Hermann Braun den vierten Mercedes-Erfolg in unmittelbarer Folge gegeben habe.

Als sich Anfang 1907 die Wege Maybachs und der D.M.G. trennten, bedeutete dies auch das Ende seines Sechszylinders, an dem nun kein Interesse mehr bestand. Zugleich begann man allerorten über seinen Nachfolger zu diskutieren. Emil Jellinek schrieb darüber einem befreundeten Bankier: „Sie haben nun diesem Paul Daimler die Leitung der Konstruktion übertragen. Der Mann ist zwar nicht ohne Talent, aber er kann eben kein ganzes Auto entwerfen, denn es fehlen ihm Voraussetzungen wie sie Maybach hatte – ein sicheres Gestaltungsgefühl und ein Gespür für das, was der Käufer will." In bezug auf die Wagen aus der Serienfertigung mag Jellinek zwar recht gehabt haben, aber sowohl 1908 als auch 1914 bewies Daimler seine hervorragenden Fähigkeiten bei der Rennwagenentwicklung.

An dieser Stelle müssen wir einen Abstecher auf das Gebiet der Flugmotoren unternehmen. Schon im Jahre 1888 war ein Daimler-Motor „in die Luft gegangen"; er diente als Lenkantrieb für ein Luftschiff. Die D. M. G. belieferte eine ganze Reihe von Luftschiffbauern, darunter auch Graf Zeppelin, und so war es naheliegend, daß man auch bei der Flugzeugindustrie seit ihren Anfängen im Jahre 1906 beteiligt war. 1908 hatte man einen Flugmotor mit 60 PS entwickelt, hierbei handelte es sich um einen Reihenvierzylinder mit stoßstangenbetätigten hängenden Ventilen. 1911 steigerte man seine Leistung auf 70 PS und baute auch einen Sechszylinder mit königswellengetriebener, obenliegender Nockenwelle.

Außerhalb der D. M. G. hatte man Maybachs Konzept einer obenliegenden Nockenwelle bereits erfolgreich angewendet und die anfänglichen Bedenken in Untertürkheim waren deshalb gegenstandslos. Bereits 1906 hatte die Firma Gaggenau (sie wurde später von Benz übernommen) bei ihren kleineren Wagen derartige Motoren eingebaut. Am Start des Großen Preises von Frankreich im Jahre 1908 fanden sich ebenfalls zwei ohc-motorisierte Wagen, der französische Clément-Bayard und der englische Weigel. Die Prinz-Heinrich-Fahrt 1910 wurde zu einer Angelegenheit der Austro-Daimler-Wagen – diese viersitzigen Tourer wiesen vierzylindrige 5410 ccm-ohc-Motoren auf, die schräghängende Ventile besaßen und 86 PS bei 1900 U/min abgaben, was in Anbetracht des Zylinderinhalts als eine außergewöhnliche Leistung galt. Der Konstrukteur dieser Motoren war Ferdinand Porsche.

In jenen Jahren des Experimentierens und Probierens verbanden sich mit der neuen Anordnung der Nockenwelle einige grundlegende Änderungen in der Ventilanordnung und damit auch der Brennraumgestaltung. Beim ersten Sechszylinder-Flugmotor von Mercedes hingen die beiden Ventile pro Zylinder in einem Winkel von 30 Grad und die Kipphebel waren wie bei Maybachs Sechszylinder teilverkapselt. Das Leistungsgewicht indessen kam nicht auf

Maybachs gigantischer 11-Liter-Sechszylinder aus dem Jahre 1906 sollte die neue Waffe der D. M. G. auf den Rennpisten werden. Doch die beiden Rennwagen, die man mit dem 105-PS-Motor versehen hatte, waren nur ein einziges Mal, 1906 am Semmering, am Start.

Die großen Ventile ragten hier nicht direkt in den Verbrennungsraum, sie hingen vielmehr in zusätzlichen Angüssen daneben. Es handelte sich sozusagen um einen umgedrehten T-Zylinderkopf.

den guten Wert eines Automotors, denn bei dem Flug-Aggregat verwendete man gußeiserne Zylinder.
Die D.M.G., Benz und andere Motorenhersteller erhielten 1912 einen gehörigen Ansporn in Gestalt des Kaiserpreises. Diese Auszeichnung sollte dem besten deutschen Flugmotor verliehen werden, wobei geringer Kraftstoffverbrauch und ein günstiges Leistungsgewicht eine große Rolle spielten. Später hieß es, daß man durch diesen Wettbewerb dem deutschen Flugmotorenbau zu seinem beispiellosen Aufstieg verholfen habe. Im Januar 1913 wurden die Ergebnisse bekanntgegeben. Den Sieg trug die Firma Benz mit einem Stoßstangen-Vierzylinder davon, der sich aber später in der Luft als nicht besonders erfolgreich erweisen sollte. Daimler-Motoren rangierten auf den Plätzen Zwei und Vier.
Der höher bewertete der beiden Daimler-Motoren war der einzige Sechszylinder unter den ersten fünf Bewerbern. Er wog lediglich 176 kg, wobei sich das niedrige Gewicht des 7250-ccm-Aggregats aus der besonderen Fertigung der Zylinder ergab. Sie wurden aus einfachen Stahlbuchsen gedreht, an die man auch die Kanäle für Einlaß und Auslaß anschweißte. Die Kühlmäntel aus dünnem Stahlblech wurden jeweils um ein Zylinderpaar geformt und ebenfalls angeschweißt. Als besondere Neuheit galten dabei die Stahlzylinder, denn auch der Kaiserpreis-Benz-Motor hatte die angefügten Kühlmäntel, nur daß sie bei ihm gußeiserne Zylinder umhüllten. Stahlbüchsen hatte man in Amerika schon 1903 bei Charles Manlys Fünfzylinder-Sternmotor eingesetzt, und auch in Europa bei Adler, Panhard sowie Palous & Beuse verwendet, wenn auch ohne jeden Erfolg. Erst bei der D.M.G. funktionierte diese Konstruktion und konnte dort Maybachs Zylinderform von 1906 ablösen.
Paul Daimler und seine Konstrukteure hatten sich für stählerne Zylinder nicht nur wegen ihres geringeren Gewichts, sondern auch wegen der größeren Belastbarkeit entschieden. Sie waren der Ansicht, daß Gußzylinder den erwünschten höheren Arbeitsdrücken nicht mehr gewachsen seien. Mit Werten über 8 atü für den Mitteldruck des Verbrennungsvorgangs wollte man die in letzter Zeit immer weiter gewachsenen Zylinderabmessungen zurückschrauben und dafür eine Leistungssteigerung über eine effizientere Gemischverbrennung herbeiführen. Der mit der Bezeichnung DF 80 versehene Sechszylinder von 1913 gab bei 1400 U/min 90,5 PS ab. Er wurde zum Vorbild einer ganzen Reihe erfolgreicher Daimler-Flugmotoren im 1. Weltkrieg und darüber hinaus auch der Gegenstücke von NAG, Benz und BMW. Der Einfluß setzte sich gar noch bis zu späteren Rolls-Royce-Aggregaten und dem amerikanischen Liberty-Motor fort, denn deren Vorgänger von Packard und Hall-Scott waren praktisch direkte Abkömmlinge des Daimler-Vorbilds. Außerdem fand sich eine Version dieses großartigen Motors natürlich auch in einem Rennwagen wieder.
Nach 1912 gab es seitens der Industrie keinerlei Boykott-Abmachungen gegen die Clubs mehr, die eine Rückkehr von Mercedes ins nationale und internationale Sportgeschehen verhindert hätten. Für 1913 plante man somit ein halboffizielles Werksteam. Bei Daimler baute man neue Rennwagen, die von dem Belgier Theodor Pilette eingesetzt werden sollten. Als dieser seine Nennungen für den französischen Grand Prix abgab, wurde ihm jedoch ein Start verweigert, da nach dem Reglement nur das Herstellerwerk zu einer Nennung berechtigt war. Die Veranstalter des Sarthe Grand Prix im August hingegen waren weniger kleinlich und ließen Pilettes vier weiße Mercedes an den Start.
Ein belgischer Landsmann des Teamchefs fuhr den bereits erwähnten Wagen mit dem Chassis des 1908er Werkswagens und einem speziell präparierten Serienmotor aus dem Typ 37/90. Die anderen drei Wagen wiesen neue Fahrgestelle auf, wobei aber auch hier noch das Rahmenvorderteil gekröpft war. Das Profil des Vorderachsträgers war nicht mehr so tief ausgeformt und die verwendeten Abdeckungen hatte man nunmehr aus Holz gefertigt. Die beiden Längsholme des Rahmens verliefen nicht mehr völlig parallel, sondern waren in Richtung nach vorne einwärts gebogen. Mit ihren Spitzkühlern und der klaren Linienführung in der Karosserie boten die neuen Mercedes-Rennwagen einen äußerst sportlichen und aggressiv wirkenden Anblick.
Pilette hatte auf dem althergebrachten Kettenantrieb bestanden. Mit den seitlich oder am Heck aufgeschnallten Reserverädern wirkten die Renner eigentlich etwas altmodisch. Als Antriebsaggregat diente bei zwei der neuen Wagen der DF 80-Sechszylinder-Flugmotor. Für den Einbau in Flugzeuge hatte es sich als sehr vorteilhaft erwiesen, alle Nebenantriebe und Zusatzaggregate auf der vorderen Seite, also der Antriebsseite anzuordnen. Im Auto saß der Motor genau andersherum, deshalb befand sich nun die Königswelle am hinteren Ende. Die Auspuffkrümmer eines jeden Zylinderpaares wurden noch innerhalb der Motorhaube zusammengeführt und so ragten drei Rohre aus dem Seitenteil, die am Wagenboden in einen gemeinsamen Auspufftopf mündeten.
Am erfolgreichsten sollte der dritte Wagen sein. Auch dieser von Pilette selbst gesteuerte Wagen wies einen Flugmotor auf. Es handelte sich dabei um den Typ G 4F, der nun ebenfalls mit einer obenliegenden Nockenwelle ausgestattet worden war und damit 100 PS bei 1350 U/min abgab. Er besaß einen Hubraum von 9230 ccm (140 × 150 mm) und wog 183 kg. Auf dem nebelverhangenen Sarthe-Kurs lag Pilette mit diesem Wagen auf Platz Zwei, bevor er kurz vor Schluß wegen eines Reifenschadens einen Rang einbüßte und sich somit hinter zwei Delage plazierte. Salzer und Lautenschlager belegten mit den Sechszylindern die Plätze Vier und Sechs.
Die Drehzahlgrenze der Sechszylinder lag bei der Verwendung im Flugzeug bei 1400 U/min, bei manchen Renneinsätzen auf der Straße wurden sie jedoch höher gedreht und begannen dabei erheblich zu vibrieren. Dieses Schütteln trat in besonderer Weise auf dem Hochgeschwindigkeitskurs in Indianapolis auf, wo Ralph de Palma 1914 einen dieser Sechszylinder-Wagen einsetzen wollte. Bei den Qualifikationsläufen empfanden sowohl de Palma als auch Eddie Pullen, der den Wagen kurz gefahren hatte, die Vibrationen als gefährlich. Um durch eventuell am Fahrzeug entstehende Schäden weder den Piloten noch die anderen Teilnehmer zu gefährden, wurde das Fehlen des Mercedes im Hauptrennen „von offizieller Seite entschuldigt" – die Funktionäre hatten einen Start untersagt. De Palma brachte daraufhin den Wagen in die Versuchsabteilung bei Packard, wo er als Berater fungierte. Dort ergab sich für die anwesenden Ingenieure die einmalige Gelegenheit, einen genauen Blick auf den neuesten Stand der D.M.G.-Flugmotorentechnik werfen zu können. Nebenbei wurde der Wagen für de Palma einsatzfähig gemacht.
Mittlerweile hatte es Paul Daimler verstanden, folgerichtig auf den Erfahrungen der Saison aufzubauen, was ihn zu enormen Erfolgen führen sollte. Am 4. Juli 1914 fanden sich in Lyon nicht weniger als fünf Mercedes-Rennwagen am Start zum Großen Preis von Frankreich ein, dies war die höchstzulässige Zahl von Startern eines Teams, denn bei allen Wagen handelte es sich um Werksnennungen. Dieses Mal gab es also keine Zweifel über eine Starterlaubnis. Doch kaum ein Franzose sah in diesem Aufgebot eine ernste Gefahr für die schnellen Peugeot, die als optimal sowohl in der Motorleistung als auch in der Straßenlage galten. Mit ihren sensationellen Motoren – vier Ventile pro Zylinder, gesteuert von zwei obenliegenden Nockenwellen – hatte Peugeot neue Maßstäbe gesetzt. In Lyon war nun noch ein weiteres Detail hinzugekommen: eine Vierrad-Bremsanlage.
Es hatte diesmal einige Monate gedauert, bis man das endgültige Reglement für den Grand Prix 1914 festgelegt hatte. Erst im September 1913 war zu erfahren, daß das Gewicht der Wagen höchstens 1100 kg betragen durfte, außerdem war erstmals der Hubraum begrenzt, nämlich auf 4500 ccm. Das war genau ein Liter weniger, als die bisher kleinsten D.M.G.-Rennmotoren aufwiesen, das favorisierte eindeutig Firmen wie Sunbeam, Peugeot und Vauxhall, die ohnehin besser in der Voiturette-Klasse aktiv gewesen waren und auch kleinere Aggregate gebaut hatten. Paul Daimler und seine Leute hatten bald erkannt, daß sie die Drehzahlen ihres Motors nahezu verdoppeln mußten, um überhaupt Aussicht auf Erfolg zu haben.

Paul Daimler, Sohn des Firmengründers, wurde als Nachfolger Wilhelm Maybachs im Jahre 1907 Konstruktions-Chef bei der Daimler-Motoren-Gesellschaft.

Unten: Das Mercedes-Werksteam für den Sarthe-Grand-Prix 1913. Von links, Leon Elskamp mit dem 37/90-Serienmotor, Lautenschlager und Salzer mit den DF 80-Sechszylindern, Pilette mit dem G4 F-Flugzeug-Vierzylinder.

Motor M 93654 auch keinerlei Schwierigkeiten zu verzeichnen. Die Entscheidung, welche Kolben man im Einsatz verwenden sollte, überließ man den Fahrern (von denen drei als Chefmonteure im Motorenbau tätig waren), die sich für die herkömmliche Kolbenart entschieden. Es dürfte wahrscheinlich auch der Initiative einiger Fahrer zuzuschreiben sein, daß es Unterschiede bei der Anordnung der Kolbenringe gab. An einigen Motoren gab es einen bronzenen Dichtring unterhalb des Kolbenbolzens, an anderen deren zwei. Zwei eiserne Ringe fanden sich über dem Bolzen, dessen Buchse von einer im Gesenk des Pleuels angebrachten Ölleitung versorgt wurde.
In der Konzeption der Schmierung war man einem vollständigen Druckumlaufsystem einen großen Schritt näher gekommen. Die Ausführung 1914 wies eine ganze Batterie von Kolbenpumpen auf, die – von einer Querwelle hinter der Ölwanne angetrieben – nur die untere Hälfte des Motors versorgte. Eine einzelne Pumpe führte den Haupt- und Pleuellagern Schmierstoff zu und das mit einem Druck von nicht mehr als 2 atü. Eine andere pumpte das Öl vom vorderen Teil der Wanne ins hintere Reservoir; die Umlaufmenge belief sich auf vier Liter. Eine dritte Pumpe förderte aus dem Vorratstank im Cockpit

Die neuen Vierzylinder waren zwar von Daimlers Automobiltechnikern entworfen, aber in der Flugmotoren-Abteilung montiert worden, da man dort mit den einzelnen Komponenten größere Erfahrung hatte. In jedem Detail dieser Neukonstruktion konnte man die Auslegung auf die ungewöhnlich hohe Drehzahl von 3500 U/min erkennen. Die Kurbelwelle lief in fünf Hauptlagern, jedes dieser Weißmetall-Gleitlager wies einen Durchmesser von 46 mm auf. Die Lagerschalen waren in die untere Kurbelhaushälfte eingesetzt und die Lagerböcke mittels langer Bolzen durch die obere Gehäusehälfte festgezogen. Für jede Kurbelkröpfung hatte man symmetrische Kurbelwangen verwendet, und dem Pleuelzapfen gegenüber saßen kleine, runde Gegengewichte. Diese ganze Anordnung zeigte die große Aufmerksamkeit, die man erstmalig der Kurbelwellenwuchtung geschenkt hatte. Jedoch erwiesen sich die Wellen als noch nicht genügend haltbar, erst als man sie aus einem speziellen Stahl (Aquila von der österreichischen Firma Danner) fertigte, liefen sie auch gefahrlos 3500 Umdrehungen. Die Pleuel waren ebenfalls gleitgelagert, die geteilten Bronzeschalen mit Weißmetall ausgegossen. Der Pleuelfuß war vierfach verschraubt und saß auf einem Hubzapfen von 48 mm Durchmesser.
Wie auch bei den Flugmotoren, waren die Kolben aus Gußeisen. Bei der Ausschreibung zum Kaiserpreismotor 1913 hatte ein Hersteller erstmals Aluminiumkolben verwendet, aber man hatte ihn von einer Wettbewerbsteilnahme ausgeschlossen, mit der Begründung, daß ein Metall mit einem derart niedrigen Schmelzpunkt die anfallenden Verbrennungstemperaturen nicht überstehen könnte. Dies hatte jedoch Mercedes nicht daran hindern können, für die Rennmotoren alternativ Alu-Kolben zu erproben; man hatte mit dem (12 Liter) frisches Öl zur Druckpumpe. Paul Daimler behielt die Anordnung der Königswelle am hinteren Motorende – auf der Abtriebsseite wie bei den Flugmotoren – bei, er hoffte dadurch Verwindungen im Kurbeltrieb unterbinden zu können. Lediglich die Wasserpumpe, von einer senkrecht stehenden Welle angetrieben, saß vorne am Motor. Diese Auslegung der Nebenantriebe wurde bei Mercedes für lange Zeit beibehalten.
Eine Besonderheit des 1914er Aggregats war die Übersetzung der Radsätze für den Antrieb der Königswelle, denn diese lief schneller als die Kurbelwelle, um das sich aufbauende Lastendrehmoment gering zu halten. Zwei zusätzliche Kegelradsätze trieben die links und rechts angebauten Zündmagneten. Am M 93654 wurden wieder einzeln stehende Zylinder verwendet, denn diese waren leichter herzustellen (bei einem Schaden muß nicht das ganze Paar ausgetauscht werden) und bei den gleichmäßigen Zylinderabständen der fünffach gelagerten Kurbelwelle auch besser angebracht. Die gedrehten Stahlbüchsen wurden einzeln von unten in den Zylinderkopf eingeschraubt. Um diese Anordnung wurden die Kühlmäntel herumgelegt und angeschweißt. Die Kanalanordnung war auch hier wieder symmetrisch, jeweils 39 mm im Durchmesser und mit je zwei Ventilen (43 mm) sowohl für den Einlaß als auch für den Auslaß ausgestattet.
Die Verwendung von vier Ventilen pro Zylinder beim neuen Mercedes-Rennmotor war eindeutig auf die großartigen Erfolge des Peugeot zurückzuführen. Es hatte bisher auch noch keinen vierventiligen Flugmotor gegeben, zumindest nicht aus der Sindelfinger Fabrik. In Deutschland wie auch in Frankreich hatte es aber schon Vorläufer gegeben, beispielsweise die Motoren der Benz-Wagen für die Prinz-Heinrich-Fahrt des Jahres 1910. Am

Mercedes-Motor betätigte je ein gegabelter Kipphebel beide Einlaßventile, die Auslaßventile hingegen wiesen einzelne Kipphebel auf, die Nockenwelle war aus diesem Grund mit drei Nocken pro Zylinder versehen. Die Steuerzeiten wurden wie folgt angegeben: Einlaß öffnet im OT, schließt 35 Grad nach UT; Auslaß öffnet 50 Grad vor UT, schließt 9 Grad nach OT. Die hohlgebohrte (Öltransport) Welle lief in fünf sehr breiten Bronze-Gleitlagern im Steuergehäuse, welches die Zylinderköpfe verband und auch die Kipphebel verkapselte.
Wie schon in dem für „Bodeneinsätze„ verwendeten Flugzeugaggregat des Vorjahres wurde die gesamte Steueranordnung von einem – vom übrigen Ölkreislauf getrennten – Verlust-Schmiersystem versorgt. Der Beifahrer betätigte einen im Fußraum des Cockpits untergebrachten Pumpkolben, womit die nötige Menge Öl über ein Gewirr von Leitungen zu den Kipphebelgehäusen, dem Nockenwellenantrieb und an die Zylinderwände gelangte. Besonderes Augenmerk wurde auf die Schmierung des Ventiltriebs gelegt; innerhalb der Kipphebelgehäuse waren die Ölbohrungen noch weiter verzweigt und sogar mit Druckventilen versehen.
Im Cockpit gab es einen Hebel, mit dem man die Ölversorgung mittels Fußpumpe auch auf besonders wichtige Stellen am Chassis ausdehnen konnte, zum Beispiel zum Lenkgetriebe und zur Hinterachse. Trotz aller Regeleinrichtungen wurde im Renneinsatz jedoch sehr viel Öl verbraucht; Fahrer und Mechaniker fuhren nach wie vor nach dem Motto, „wer gut schmiert, der gut fährt“. So stieß denn der Mercedes auf dem Kurs von Lyon auch regelmäßig blaue Wolken aus dem Auspuff und in den letzten Runden während des Zweikampfes mit dem Peugeot hüllte der führende Mercedes seinen Verfolger völlig in einen Ölnebel. Die Wagen waren in der Hauptsache für dieses wichtige Rennen gebaut worden, deshalb wurde nach einem errungenen Erfolg nicht mehr nach den Ursachen eines hohen Ölverbrauchs gefragt.
Angesichts dieser Ölspritzerei war es sehr natürlich, daß der Motor mit genügend Zündkerzen ausgestattet war. Unterhalb der beiden Einlaßkanäle waren pro Zylinder deren zwei eingeschraubt, genau gegenüber am Auslaß befand sich eine dritte Kerze, und dort hätte man sogar noch eine vierte unterbringen können. Die Zündsysteme waren je nach Motorseite getrennt,

Oben: Die beiden Seitenansichten des neuen Mercedes-ohc-Vierzylinder. Die mit dieser Maschine ausgestatteten Rennwagen errangen 1914 beim französischen Grand Prix einen sensationellen Dreifachsieg (Lautenschlager-Wagner-Salzer).

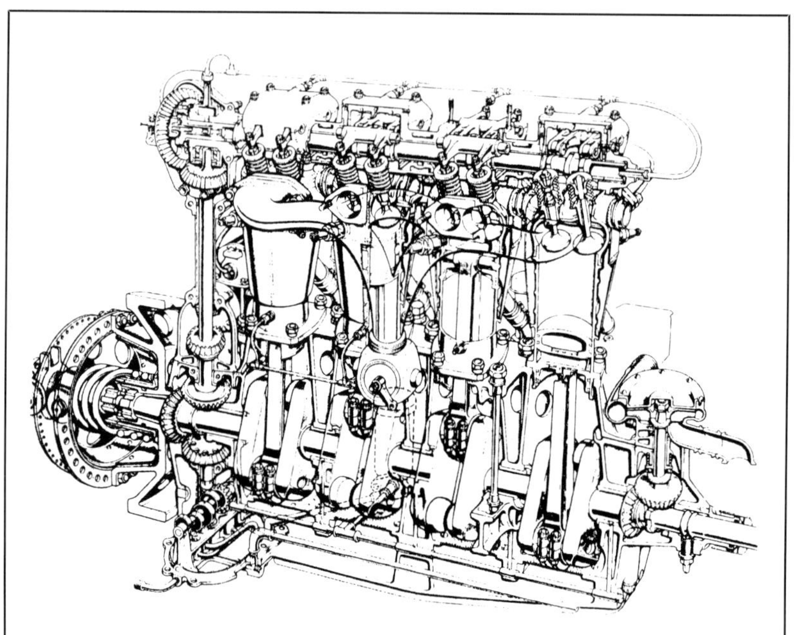

Rechts: Schnittzeichnung des Grand-Prix-Motors von 1914. Deutlich erkennt man hier die Königswelle zur Nockenwelle und die Neben-Antriebe. Die äußerst stabil ausgelegte Kurbelwelle ist in einem mehrfach versteiften Kurbelhaus untergebracht.

der eine Magnet versorgte die doppelten Kerzen und der andere lieferte dafür zweifachen Strom an die einzeln stehende. Daheim in Deutschland hatte man diese Anlage an einer Steilauffahrt erprobt und dabei festgestellt, daß die Kerzen den Anforderungen zunächst nicht gewachsen waren. Daraufhin fertigte man bei Eisemann eine neuartige Zündkerzenausführung, den Isolator mit Glimmer gefüllt und Elektroden aus Platin. Mit dieser Kerze war nun auch bei hohen Drehzahlen ein gleichmäßiger und starker Zündfunke gewährleistet.
Die Gemischversorgung übernahm ein Kolbenschieber-Vergaser, der als Steigstrominstrument über einen einfach gegabelten Ansaugkrümmer die vier Doppelkanäle belieferte. Der Krümmer war aus Kupfer gefertigt und wies zwischen den beiden Seitenarmen ein dickes Ausgleichsrohr auf. Eine vom Getriebe aus bewegte Luftpumpe baute im Kraftstofftank einen Druck auf und ermöglichte somit einen steten Benzinfluß. Am Armaturenbrett gab es noch eine zusätzliche Handpumpe zum Einspritzen des nötigen Zusatztreibstoffes für den Anlaßvorgang. Zur Schwimmerkammer am Vergaser führten zwei getrennte Benzinleitungen, um dadurch im Falle einer Beschädigung doppelte Sicherheit zu bieten. Auf der gegenüberliegenden Motorseite war der waagrecht nach außen gerichtete Auspuffkrümmer abgedeckt worden und mündete in ein langes, bis zum Wagenheck reichendes Rohr. Dieses war nicht abgebogen und führte in der Höhe der Auslaßkanäle, also in Schulterhöhe der Cockpitinsassen, nach hinten.
Die Typenbezeichnung M 93654 war wie alle Nummern bis zum Jahre 1927 eine Zahlenkombination aus den Dimensionen des Motors – 93 × 165 mm (4483 ccm) – und der Zahl der Zylinder, in diesem Falle vier. Am Motor Nummer 1005 nahm man eine Leistungsmessung vor, man betrieb ihn dabei mit einem Gemisch aus Benzin und Benzol. Die Höchstleistung wurde mit 105,5 PS bei 3100 U/min erreicht; bei 2000 Umdrehungen gab das Aggregat 81 PS ab und erreichte ein Drehmoment von 28,9 kpm. Der effektive Mitteldruck betrug dabei 8 atü. Christian Lautenschlager sagte: „Der Klang dieser Maschine ist für mich die schönste Musik, die ich jemals gehört habe. Bei 3500 Touren werden die Vibrationen jedoch höllisch." Er meinte, daß der Motor seines Siegerwagen in Lyon als einziger diesen Vibrationspunkt aufwies.
Die berühmte Federbandkupplung wich an diesem Wagen einer Neukonstruktion, der Doppelkonuskupplung. Eine starke Schraubenfeder drückte zwei mit Belagmaterial versehene konische Scheiben auseinander und in die Reibfläche an der Schwungscheibe und deren Abdeckung, der Kupplungsglocke. Ausgerückt wurde diese Kupplung durch Keile, die sich in einem Rollenkranz befanden und die Konuse wieder gegeneinander bewegte. Dieses System brachte eine große Reibfläche auf einem relativ kleinen Trommeldurchmesser, wodurch man den Motor tiefer in das Fahrgestellt des Wagens setzen konnte, wenngleich die ganze Anordnung auch etwas mehr Längenausdehnung beanspruchte.
Hauptsächlich Pilette zuliebe wäre Mercedes 1914 beinahe die letzte Firma gewesen, die bei ihren Rennwagen den Kettenantrieb beibehielt. Um den belgischen Mercedes-Importeur zufriedenzustellen, aber auch, weil er wußte, daß damit eine Gewichtsersparnis verbunden war, hatte sich Paul Daimler zuerst für diese Antriebsart entschieden. Der Kardanantrieb war in Frankreich schon fast allgemein gebräuchlich und wurde auch im Sport eingesetzt. Otto Salzer verwies auf die erfolgreichen Peugeot-Rennwagen des Vorjahres, die einen sehr leichtgewichtigen und kompakten Wellenantrieb hatten. Daimler fragte daraufhin nach dem exakten Gewicht des Mercedesantriebs und mußte umgehend seine Meinung ändern. Am nächsten Tag verkündete er: „Wir werden jetzt doch einen Wagen mit Wellentrieb bauen."
Die Achskonstruktion wurde dabei unverändert von den Mercedes-Serienmodellen übernommen, wo sie schon seit 1908 ihren Dienst versahen. Die Welle hatte nur ein einziges Kreuzgelenk, welches sich am Getriebeausgang befand; sie lief in einem Schubrohr, das starr mit der Hinterachse verbunden war und somit als Schwinge arbeitete. Vorn war dieses Rohr am Rahmen mit einem Kugelgelenk befestigt. Die Schub- und Aufstellkräfte wurden von einer kräftigen Quertraverse abgefangen, die an ihren Enden gegabelt war, um mit den Rahmenholmen eine stabile Verbindung einzugehen. Dies zusammen mit den Stützstreben zur Hinterachse stammte ohne Änderung aus dem Personenwagenbau.
Es erschien selbstverständlich, daß die D.M.G. weder für ihre Serienprodukte noch für ihre Rennwagen auf eine herkömmliche Hinterachskonstruktion zurückgreifen würde. Im Antriebsgehäuse befanden sich zwei Kegelräder, eines am Ende der Antriebswelle und eines genau gegenüber nach dem dazwischengeschalteten Differential-Radsatz. Jedes Rad wurde über eine Halbwelle mittels eines Kegelrades einzeln angetrieben. Bei den Rennwagen waren diese Tellerräder nicht mit den Halbwellen verschraubt, sondern sie waren fest angegossen. Diese Antriebsart, welche an frühen Rumpler-Konstruktionen ebenso wie an der Tatra-Schwingachsern zu finden war, erlaubte eine versetzte Anordnung der Halbachsen. An den 1914er Rennwagen hatte man einen positiven Sturz von 1′40″ an allen vier Rädern eingestellt, dies sollte bei Straßenunebenheiten und Achsverwindungen einen Ausgleich bringen. Bei dieser Achsbauart wirkte auf die Kegelräder des Differentials nur etwa ein Drittel des üblichen Drehmoments ein, jedoch bewegten sie sich mit der dreifachen Geschwindigkeit, was natürlich besondere Ansprüche an das Schmiermittel stellte.
Am Rahmen wurde die Hinterachse durch die beiden Halbelliptikfedern gehalten, die mittels Schäkel am erstmals bei einem Mercedes auch hinten gekröpften Rahmen eingehängt waren. In anderen Details blieb das Fahrwerk gegenüber dem Vorjahr unverändert, lediglich die Reibungsstoßdämpfer wichen einer neuen Anordnung. Zwei lange Hebel übertrugen dabei die Fahrbahnstöße senkrecht nach oben über Reibscheiben auf eine Schraubenfeder; der Betätigungsmechanismus war mit einer Lederhülle vor Straßenschmutz geschützt. An den Hinterrädern befanden sich verrippte Bremstrommeln mit einem Durchmesser von 340 mm; die schmalen Bremsbacken wurden über ein Ausgleichsgestänge mit einem Seil an dem außen angebrachten Handhebel betätigt. Während des Rennens wurde von diesen „Verzögerern" reger Gebrauch gemacht, denn als Fußbremse fand auch weiterhin eine Bandbremse Verwendung. Die abnehmbaren Drahtspeichenräder waren mit den zu dieser Zeit weit verbreiteten Continental-Reifen aus weißem Gummi versehen, vorne in der Größe 815 × 105 und hinten 820 × 135. Das Vierganggetriebe war unter den Bodenbrettern etwas nach hinten gerückt, der Schalthebel samt Kulisse saß innerhalb des Cockpits an der rechten Seitenwand. Die geradverzahnten Getrieberäder wurden beim Schaltvorgang verschoben. Für den großen Preis von Frankreich standen die Antriebsübersetzungen 2,7 und 3,0 zur Verfügung, wobei wahrscheinlich nicht alle fünf Wagen die gleiche Übersetzung eingebaut hatten. Lautenschlager berichtete, er habe auf der langen abschüssigen Geraden 190 km/h erreicht, dies hätte bei der kürzeren Übersetzung (3,0) eine Motordrehzahl von 3750 U/min bedeutet. Es dürfte kaum möglich gewesen sein, daß man den Motor derart überdrehen konnte, somit erscheint die längere Übersetzung glaubhafter, denn damit wäre Lautenschlager lediglich auf 3370 U/min gekommen. Schon lange vor dem Rennen hatte man durch ausführliche Versuche die geeignete Übersetzung für den Kurs von Lyon ermittelt. Auf der kurvigen Strecke mit der einzigen, aber dafür äußerst schnellen Geraden wäre sogar ein fünfter Gang angebracht gewesen. Diese Modifikation hielt man indessen für zu aufwendig und so wurde der dritte Gang relativ lang ausgelegt, die Abstufung der Übersetzungen betrug 1,20 für den dritten Gang, 1,50 für den zweiten und 3,0 für den ersten.
Als ihre Konzeption endgültig festgelegt war, ging die Arbeit an den Wagen zügig voran. Die Pläne für das Fahrgestell wurden am 24. Februar abgesegnet, die für den Aufbau eine Woche später. Die Karosserie blieb im wesentlichen gleich, nur das Heck wurde verlängert und spitz ausgeformt, die

Links: Es war 1914 noch allgemein üblich, selbst die Grand-Prix-Renner auf eigener Achse zu den Rennen zu überführen. Hier sieht man die Mercedes-Mannschaft vor der Abfahrt nach Lyon.

Rechts: Otto Salzer fährt buchstäblich mit Volldampf dahin. Sein Motor verbrannte sehr viel Öl, was zu starker Rauchentwicklung aus dem Auspuff führte.

Links: Max Sailer am Steuer eines Trainingswagens. Die ersten beiden fertiggestellten Fahrzeuge wiesen einen etwas kürzeren Radstand, ein ausgeformtes Spitzheck und nur ein Halteband an der Kühlerhaube auf.

Links: Christian Lautenschlager, der spätere Sieger dreht einsam an der Spitze des Feldes seine Runden.

Unten: Louis Wagner bei einem Boxenstop. Nach dem Reglement mußten die Fahrer selbst an den Fahrzeugen arbeiten.

Reserveräder wurden in einer Aussparung untergebracht. Die Motorhaube wies keine Lüftungsschlitze auf und wurde durch Schnapper und einen Lederriemen gehalten. Das Auspuffrohr war am Cockpit mit Asbest umwickelt, um den Beifahrer vor Verbrennungen zu bewahren. Zwei Wagen in dieser Ausführung standen rechtzeitig zur Verfügung, um in Lyon im Training mitfahren zu können, bevor die Straßen Anfang April für Rennwagen gesperrt wurden.
Nach Abschluß dieser Fahrversuche wurden die Wagen noch einigen grundlegenden Änderungen unterzogen. Verglichen mit den Rennern von 1908 war der Radstand mit 2870 mm erheblich angewachsen. Er wurde nun wieder um 25 mm verkürzt, indem man die Hinterachse an den Federn entlang nach vorne rückte und auch die Antriebswelle änderte. Die Spurbreite blieb mit 1330 mm vorne und 1350 mm hinten erhalten. Das Spitzheck fiel wieder weg, vermutlich aus Gewichtsgründen; bei der Abnahme kam man mit 1080 kg schon nahe an das vorgeschriebene Limit. Die Schnappverschlüsse an der Motorhaube wurden ebenfalls demontiert und an ihrer Stelle ein zweiter Lederriemen hinzugefügt. Die Seitenteile wurden nun doch mit Lüftungsschlitzen versehen; Lautenschlagers Wagen hatte solche auf der ganzen Länge, während die anderen Wagen auf der rechten Seite eine kleine Klappe aufwiesen. Vermutlich konnte man hier beim Anlassen die Vergaserschwimmerkammer fluten.
Viele Einzelheiten an diesen Wagen wiesen auf eine eingehende und spezielle Vorbereitung durch erfahrene Monteure hin. Zwischen den Sitzen und dem Kraftstofftank befand sich ein abgeteiltes Fach, wo der Wagenheber und der Hammer für die Radverschlüsse untergebracht waren. Daneben gab es eine Thermosflache, aus der die Besatzung während der Fahrt durch einen Gummischlauch ein erfrischendes Getränkt saugen konnte. Lautenschlager war darüber nicht ganz glücklich, denn seine Flasche zerbrach aufgrund der Holperei des Wagens im Rennen. Am Armaturenbrett war eine Leiste mit Metallstreifen befestigt, die eine nach der andern vom Beifahrer umgebogen wurden – der Rundenzähler. Für den Großteil dieser Vorbereitungsarbeiten war ein begabter Techniker verantwortlich, der es zum Erstaunen der etablierten Rennfahrer sogar soweit brachte, einen dieser Wagen im Rennen selbst zu fahren. Dieser selbstbewußte Bursche war der zu diesem Zeitpunkt 31 Jahre alte Max Sailer. Er war in Esslingen geboren und hatte schon zwischen 1902 und 1905 bei der D. M. G. gearbeitet, bevor er zu Dixi nach Eisenach ging. Im Oktober 1910 war er zu Daimler zurückgekehrt, er sollte während der nächsten zwanzig Jahre eine wichtige Rolle bei den Rennaktivitäten von Mercedes und Mercedes-Benz spielen.
In dem siebenstündigen Rennen erwiesen sich die Mercedes ihren Gegnern

Oben: Um die Haarnadelkurve fährt Lautenschlager dem Sieg in Lyon entgegen. Das Rennen hatte für ihn 7 Stunden, 8 Minuten und 18,4 Sekunden gedauert. Er hatte die 752 Kilometer mit einem Schnitt von 105,6 km/h bewältigt.

Rechts: Der siegreichen Rennmannschaft wurde im Werk ein würdiger Empfang bereitet, Lorbeer für Mann und Maschine.

schon allein wegen ihrer Beharrlichkeit als überlegen. Vor dem Rennen hatte ihnen kein Mensch eine Chance gegen die Peugeot zugestanden, aber am Ende hatten die Wagen aus Deutschland ihre 32 Konkurrenten von einem Dutzend verschiedener Hersteller hinter sich gelassen. Mit Lautenschlager, Wagner und Salzer errang Mercedes bei diesem letzten motorsportlichen Großereignis vor dem bald darauf ausbrechenden Weltkrieg einen glorriosen Dreifach-Sieg. Doch auch für Mercedes war der Verlauf des Rennens keineswegs ohne Spannung und Dramatik gewesen. Schon vor dem Start hatte an Pilettes Wagen das Getriebe gestreikt. Es konnte zwar repariert werden, hielt aber nur drei Runden lang. Max Sailer kannte sich mit den Praktiken beim Grand Prix noch nicht recht aus und vermochte seine Position schlecht einzuschätzen, da man ja noch paarweise in 30-Sekunden-Abständen an den Start ging. Er fuhr jedenfalls so schnell es nur ging, wobei er einen der neuen Fiat gleich zu Anfang abhängte und das Rennen fünf Runden lang anführte. In der sechsten gaben die Pleuellager den Geist auf und kurz darauf natürlich auch die Pleuel selbst. Es hatte zuerst den Anschein, als sei Sailer beauftragt gewesen, ein hohes Tempo vorzulegen, jedoch gab es damals noch keine Teamorder dieser Art, solche Praktiken wurden erst zwölf Jahre später Wirklichkeit. Dafür hatte man sich aber bei den Boxenarbeiten einiges einfallen lassen. Um eventuellen Verwechslungen vorzubeugen, waren die Kannen für Treibstoff, Öl und Kühlwasser markiert. Zur Hälfte des Rennens wurde ein Boxenstop für jeden Wagen anberaumt, man wechselte dabei auch vorsorglich die Reifen aus. Dies gefiel dem alten Kämpen Louis Wagner überhaupt nicht, voller Wut verhinderte er einen Tausch seiner Hinterreifen. Als er 1903 das Rennen von Paris nach Madrid bestritt, wurde nur bei Reifenschäden gehalten – das war indessen sehr häufig der Fall gewesen...
Nach dem Rennen wurden die Vorderräder wieder mit Kotflügeln versehen und die erfolgreichen Wagen auf der Straße nach Untertürkheim zurückgefahren, wo man der Mannschaft einen festlichen Empfang vorbereitet hatte. Ein anderes Fahrzeug, vermutlich ein Reservewagen, wurde nach England gebracht, um zu Reklamezwecken auf Ausstellungen gezeigt zu werden. Die D.M.G. war hierbei anscheinend etwas zu sorglos ans Werk gegangen, denn die politischen Veränderungen ließen keine Werbekampagne mehr zu, und der Wagen konnte auch nicht mehr heimgeholt werden. Der berühmte Konstrukteur W.O. Bentley berichtete später dazu folgende: „Ich wußte darüber Bescheid und erzählte meinem Vorgesetzten im Marine-Ministerium, Commander Wilfred Briggs, von diesem Mercedes. Wir fuhren daraufhin sofort nach Long Acre und bargen den Wagen, bevor er in unbefugte Hände geriet. Den Motor schickten wir nach Derby zu Rolls-Royce, wo man ihn auf dem Prüfstand erprobte, anschließend zerlegte und genau untersuchte. Es ist

Oben: Der Lautenschlager-Wagen aus dem Werksmuseum weist ein modifiziertes Heckteil auf.

Links: Mit einem umgebauten 1914er Grand-Prix-Wagen (andere Ventile, Vierrad-Bremsen) gewann Graf Giulio Masetti 1922 in Sizilien die Targa Florio.

Links: Max Sailers 28/95 PS-Sechszylinder-Mercedes wurde vor seinem Einsatz bei der Targa Florio des Jahres 1921 ausführlich auf dem Fabrikgelände in Untertürkheim getestet.

Oben: Die Ausgangsbasis zu dem Targa-Wagen stellte das Chassis der schwerfälligen 28/95-PS-Limousinen dar. Sailer war es gelungen, einen einsatzfähigen Sportwagen daraus zu entwickeln, mit dem er schließlich in Sizilien einen souveränen zweiten Rang belegen konnte.

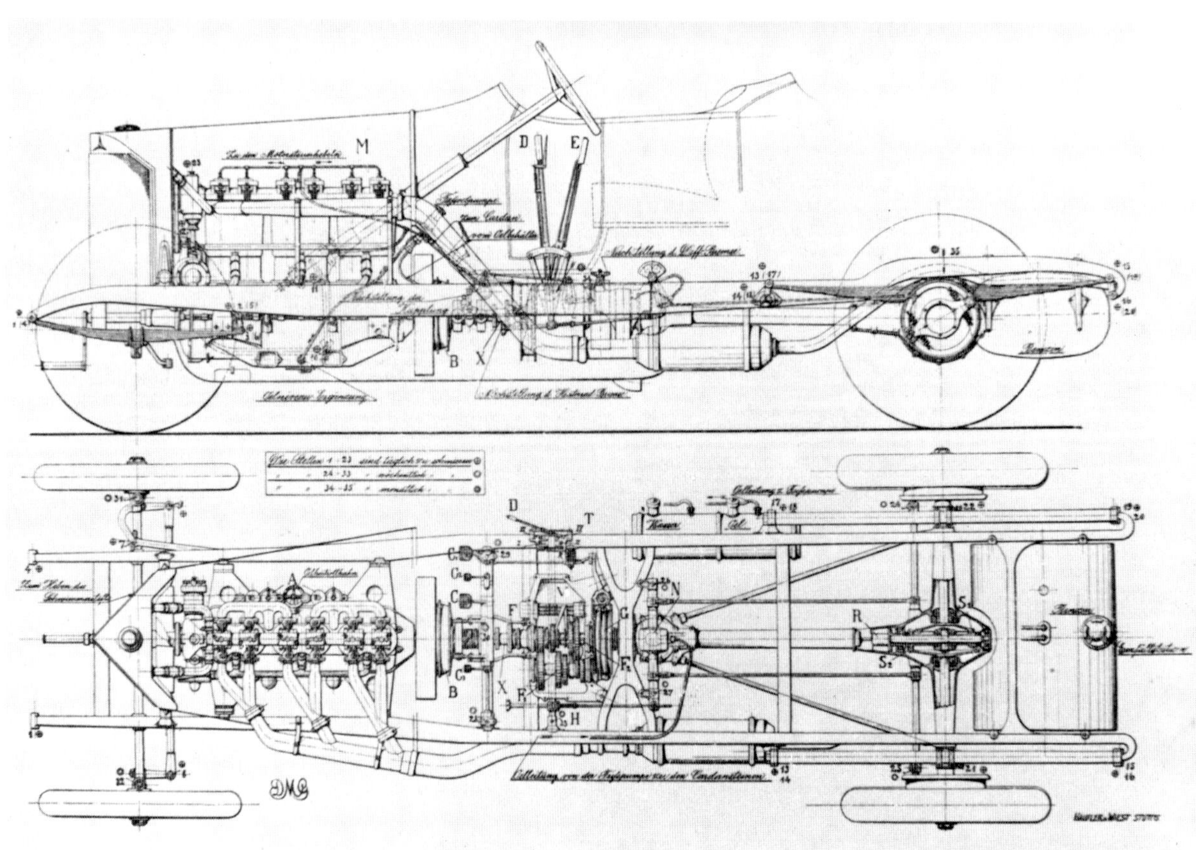

Mit seiner obenliegenden Nockenwelle, dem freistehenden Ventiltrieb und paarweise angeordneten Zylindern entsprach der Motor des 28/95 PS genau dem DF80 Flugmotor. Die bereits 1914 konstruierte Hinterachse mit zwei Kegelrädern findet sich auch im 18/100 PS Rennwagen.

heute allgemein bekannt, daß alle Rolls-Royce-Flugmotoren des Ersten Weltkriegs mehr oder weniger direkt auf diesem Aggregat basierten." Bentley gestand, daß er von diesem Mercedes-Motor stark beeindruckt war und er übernahm nach seinem Vorbild auch den Ventiltrieb für den ersten Wagen seines Namens.

Einer der zurückgeführten Wagen wurde am 25. Juli, gerade zwei Wochen vor dem Inkrafttreten der britischen Seeblockade, wieder auf die Reise geschickt. Ralph de Palma hatte ihn erworben und siegte damit sofort bei seinem ersten Einsatz am 21. August in Elgin, Illinois. Er blieb bis ins Jahr 1916 damit erfolgreich und gewann 1915 auch die 500 Meilen von Indianapolis, womit er dort den einzigen Sieg in der Geschichte dieses berühmten Rennens für Mercedes errungen hatte. Die Standfestigkeit des Kurbeltriebs konnte er bei dieser Gelegenheit eindrucksvoll demonstrieren, denn er fuhr in den letzten drei Runden mit einer gebrochenen Pleuelstange und zwei Löchern im Kurbelgehäuse. De Palma hatte seinen Wagen wieder mit einem Spitzheck versehen und es entstand dadurch ein gewisser Anklang an den Blitzen-Benz. In den Kühlerverschluß hatte er ein Thermometer geschraubt und auf Anraten der Packard-Leute den Mercedes-Vergaser gegen ein amerikanisches Instrument mit automatischer Luftregulierung ausgetauscht. Es hieß, daß man dadurch einen weicheren Lauf bei niedrigen Drehzahlen erreichen könne und der Vergaser auch besser für die amerikanischen Treibstoffe geeignet sei.

Ein weiteres klassisches Rennen wurde ebenfalls von einem dieser standfesten Wagen gewonnen, es handelte sich dabei um die Targa Florio des Jahres 1922. Drei Mercedes waren insgesamt am Start, zwei Werkswagen für Lautenschlager und Salzer sowie ein rot lackierter Privatwagen. Dieser gehörte dem Grafen Giulio Masetti aus Florenz, der das Rennen auch gewann. Alle drei Wagen wiesen inzwischen Vierradbremsen auf. Neue geschmiedete Kolben aus einer Legierung, bestehend aus 86 Prozent Magnesium und 13,5 Prozent Kupfer, trugen zusammen mit größeren Ventilen zu einer Steigerung der Drehzahl auf gut 4000 U/min bei. Masetti hatte auch die vorjährige Targa gewonnen und war aus diesem Grund bei der D.M.G. auf Wohlwollen gestoßen. In einem knappen und mit mehreren Rekordrunden verbundenen Zweikampf hatte er damals Sailer auf einem Mercedes 28/95 besiegt. Mit seinem Fiat-Grand-Prix-Wagen aus dem Jahre 1914 hatte Masetti dabei große Mühe, gegen den Seriensportwagen zu bestehen. Dieser Typ 28/95 war keiner der berühmten Renner aus Untertürkheim, vielmehr ein bescheidener Anfang und nach dem Krieg auch ein nützliches Verbindungsglied zwischen erfolgreichen Vorgängern und mutigen zukünftigen Projekten.

Der 28/95 war als Nachfolgemodell des großen 37/90-Vierzylinder-Wagens gedacht; er basierte auf den von Flugzeugaggregaten abgeleiteten Sechszylindern des 1913er Rennwagens. Bis auf die nötigen Änderungen an den Halterungen am Kurbelhaus war der 7250-ccm-ohc-Motor mit dem DF 80-Flugmotor identisch. 1914 war daraus ein neuer Serienwagen entstanden, der auch die gleichen Antriebselemente wie der Grand-Prix-Wagen aufwies. Nur sehr wenige Exemplare wurden noch vor Kriegsausbruch fertiggestellt. Es scheint erwähnenswert, daß bei diesem als Luxusmodell im Mercedes-Programm gedachten Wagen laut Handbuch nicht weniger als 23 Schmierstellen täglich versorgt werden mußten. Beim wöchentlichen Wartungsdienst waren es dann noch zehn mehr – der Chauffeur der Vorkriegsjahre war in der Tat mehr als nur ein Fahrer.

1918 änderte man den Motorentyp M 10546, um ihn serientauglicher zu gestalten. Die Zylinder standen paarweise und waren nun wieder gegossen anstatt einzeln aus Stahl gedreht. Die aufgeschweißten Kühlmäntel wurden beibehalten. Auf jedem Zylinderpaar befand sich ein eigener Ventildeckel aus Aluminium, der nun den ganzen Ventiltrieb einkapselte. Die zwei Pallas-Steigstromvergaser versorgten den Motor nach wie vor über je einen dreiarmigen Ansaugkrümmer, hinzu kam nun noch ein Ausgleichsrohr. Der Typ 28/95 kam nie weit über das durch Vibration gesetzte Drehzahllimit seiner Vorfahren aus der Luftfahrt hinaus, denn die Kurbelwelle war etwas „unterernährt" und wies auch nur vier Hauptlager auf. Die Höchstleistung eines mit Benzin betriebenen Motors betrug 99 PS bei 1800 U/min, mit einem Drehmomentmaximum von 43,5 kpm bei 1400 Umdrehungen. Bei Verwendung von Benzol verringerte sich die Leistung um 6 PS.

Das von Mercedes gelieferte Chassis des 28/95 wurde in den meisten Fällen mit behäbigen Limousinen-Aufbauten versehen, doch Paul Daimler und Max Sailer entwickelten auch eine Sportversion. Sie verkürzten zu diesem Zweck den Radstand von 3372 mm auf 3063 mm und beließen die Spur bei 1351 mm. Den Kühler setzte man tiefer und auch weiter zurück hinter eine durchgebogene Quertraverse; durch die Verwendung eines kleineren, tiefer im Spitzkühler untergebrachten Ventilators wurde es möglich, den Abstand zum Motor zu verkürzen. Dieser blieb bis auf die Verwendung neuer Vergaser unverändert.

Indem man die Lenksäule flacher einbaute, konnte man auch die Sitzposition tieferlegen. Ebenfalls neu am 28/95 war der Einbau einer Vierradbremsanlage, diese konnte wahlweise mit dem Handhebel oder mit dem Pedal bedient werden, ein zweites Pedal war für die beibehaltene Kardanbremse vorgesehen.

Die Fähigkeiten Max Sailers zeigten sich am Beispiel des 28/95 recht deutlich. Er hatte den Wagen selbst umgebaut, fuhr ihn nach Sizilien und bestritt dort am 29. Mai 1921 ein erfolgreiches Rennen. In dieser Zeit war es für einen Deutschen sehr schwierig, eine Auslandsreise zu unternehmen, außerdem glich bereits die Anfahrt in bezug auf die Strapazen einem Renntag auf dem gefürchteten sizilianischen Rennkurs. Der Historiker W. F. Bradley bezeichnete Sailer als „den verwegensten, härtesten und zugleich erfahrensten deutschen Fahrer seiner Zeit". Und er wiederholte bei der Targa Florio seinen Auftritt von Lyon: Wieder lag er in der ersten der vier langen Runden in Führung. Masetti hatte in den folgenden zwei Umläufen die Nase vorne, doch Sailer war nur eine einzige Minute hinter ihm als es in die letzte Runde ging. Masettis kompakter Fiat behielt schließlich den hauchdünnen Vorsprung auf der alles fordernden Strecke. Beide Fahrer und ihre Wagen hatten ihr Bestes gegeben; die mit 58,2 km/h sehr niedrige Schnittgeschwindigkeit läßt dabei die Härte des Madonie-Kurses erahnen. Sailers ehrenhafter zweiter Platz stellte für die Mannschaft in Untertürkheim einen gehörigen Ansporn für die Zukunft dar. Mit einem reichen Schatz an Erfahrungen kehrte man noch für zwei weitere Einsätze zur Targa Florio zurück, wobei man erneut erfolgreich abschneiden konnte. Die späteren Erfolge basierten aber auch auf ganz neuen Konstruktionen, die eine enorme Steigerung der Leistung mit sich brachten. Dieser technologische Fortschritt war nicht zuletzt auch der Hilfe des 28/95 zu verdanken, mit dem die gloriose Renngeschichte der nächsten zwanzig Jahre ihren Anfang genommen hatte.

„Christian Werner verlieh dem Mercedes-Team erst den richtigen Glanz ...“
Motor Age

Kompressorwagen aus Stuttgart

Am 9. November 1918 begann für Deutschland ein neuer, wenn auch nicht unbedingt besserer Zeitabschnitt. Die Monarchie hatte ihre Existenz eingebüßt, der Kaiser war nach Holland ins Exil geflohen. Zwei Tage später ging der Erste Weltkrieg zu Ende und mit Friedensschluß wurden an Deutschland eine Reihe harter Bedingungen gestellt. Neue Strömungen wie Kommunismus und Nationalismus begannen das politische Klima zu beeinflussen. Wie die Offiziere, deren Bekenntnis zu preußischer Zucht und Ordnung den Krieg überdauert hatte, bildeten auch die Ingenieure eine eigene Elite, die, gegen äußere Einflüsse immun, gute wie schlechte Zeiten meisterte. Bei der Daimler-Motoren-Gesellschaft hatte Paul Daimler als klassischer Vertreter seiner Zunft seine verantwortungsvolle Position behalten, er war technischer Direktor und Vorstandsmitglied geblieben.

Daimler trug einen stolzen Schnauzbart und war wohlbeleibt, was damals als ein äußeres Zeichen des Erfolgs angesehen wurde. Er teilte sich die Führung der D. M. G. mit dem Verkaufschef Ernst Berge; beide zeichneten dem Aufsichtsrat gegenüber verantwortlich, dessen Vorsitzender Alfred von Kaulla war. Man hatte auch weiterhin Interesse am Rennsport, sah aber vorerst große Schwierigkeiten in dieser Richtung. Engländer und Franzosen hatten beschlossen, 1919 und 1920 keine größeren Motorsport-Veranstaltungen durchzuführen. Deutsche und österreichische Teilnehmer sollten darüber hinaus noch bis 1924 von der Teilnahme am französischen Grand Prix ausgeschlossen sein und auch von anderen wichtigen Rennen jener Jahre in Frankreich und Belgien. Dennoch befaßte sich die D. M. G. mit sportlichen Aufgaben. Man begab sich in weite Ferne um Ruhm und Ehre zu erlangen. So gewann Daimler 1924 auch eines der ältesten und härtesten Rennen Europas.

Wie schon 1913 und 1914 kamen viele der neuen Ideen für den Rennwagenbau aus der Luft – genauer gesagt: aus dem Flugmotorenbau. Die Zeit der berühmten Daimler-Flugmotoren galt zwar als beendet, denn solche Unternehmungen waren von den Siegermächten untersagt worden. Aber deshalb waren die Techniken und die gewonnenen Erfahrungen nicht verloren.

Um den Flugzeugen der deutschen Luftwaffe größere Flughöhen zu ermöglichen, hatte man sich 1915 erstmals mit aufgeladenen Motoren beschäftigt. Damals wurden Versuche mit Kolbenkompressoren und Flügelzellenverdichtern angestellt, sie wiesen jedoch noch viele Probleme auf und wurden deshalb 1918 durch Roots-Gebläse ersetzt. Mit diesem Kompressor wurden sowohl Flugmotoren als auch U-Boot-Aggregate ausgestattet.

„Paul Daimler ließ sich über alle Schwierigkeiten stets von den jeweiligen Abteilungsleitern informieren“ schrieb Richard von Frankenberg, „er leitete die Konstruktionen von seinem Chefsessel aus und begab sich nur sehr selten in das Zeichenbüro oder die Versuchsabteilung“. Der Leiter der Versuchsabteilung, Walter Schwerdtfeger, kam eines Tages zu Daimler, um ihm über neue Schwierigkeiten im Kompressorprogramm zu berichten. Dieser zögerte nicht lange und nahm Fahrermantel, Kappe und Brille, um den Versuchswagen persönlich zu erproben. Immer wieder pflegte er selbst zum Lenkrad zu greifen und führte auch den ersten Prototyp eines aufgeladenen Serienwagens dem Verkaufsleiter Ernst Berge vor.

Sein Ansehen als hochqualifizierter Konstrukteur hatte Paul Daimler mit der Einführung des Mercedes-Knight-Schiebermotors im Jahre 1909 aufs Spiel gesetzt. Man hatte dabei herkömmliche Wege verlassen. Im Krieg gab es dann eine Reihe von Problemen mit minderwertigen Schmierstoffen, und der Mercedes-Stern schien deshalb nicht mehr ganz so glanzvoll. Daimler befaßte sich aus diesem Grund mit dem Versuch der Leistungssteigerung durch Kompressoren um das Image wieder aufzupolieren. Ende 1919 lief der erste Motor mit einem kleinen Roots-Gebläse, das noch ein Stahlgehäuse aufwies und nur 10000 U/min drehte. Die Versuche mit diesem und einem zweiten Motor waren nicht gerade ermunternd verlaufen, die Schieberzylinder erwärmten sich am Auslaßschlitz zu stark und gingen fest, wobei sie auch noch die Schiebersteuerung zerstörten. Man mußte erkennen, daß der Knight-Motor die D. M. G. nicht in die Zukunft führen konnte. Aus diesem Grunde entwarf man eine neue Baureihe kleinerer Vierzylinder-ohc-Motoren, deren erster Vertreter Ende 1921 als 10/40 mit einem 2600-ccm-Aggregat (80 × 130 mm) präsentiert wurde. Man lehnte sich bei der Ausführung stark an die Konstruktion der Flugmotoren an, was im Hinblick auf die Serienfertigung vielleicht unklug erschien, denn die vier Zylinder waren von einem gemeinsamen Kühlmantel umschlossen. Das Kurbelgehäuse war aus Aluminium und beherbergte drei Kurbelwellenlager sowie einen Königswellenantrieb zur obenliegenden Nockenwelle.

Bevor der Wagen 1922 in Produktion ging, wurde aus dem 10/40 ein 10/40/65, denn man hatte ihm einen Kompressor beigegeben, der die Motorleistung kurzzeitig von 40 auf 65 PS zu steigern vermochte. Die erste Zahl der Typenbezeichnung wies die Steuer-PS-Leistung aus. Zum Ende des Jahres kam ein 6/25/40-PS-Mercedes hinzu, dessen 1568-ccm-Motor (68 × 108 mm) der erste von Anfang an auf Kompressorbetrieb ausgerichtete Motor der D. M. G. war. Auch er wies einen kleinen Roots-Verdichter auf, der vertikal an der Motor-Stirnseite angebracht war und über einen Kegelradsatz unter Zwischenschaltung einer Mehrscheibenkupplung von der Kurbelwelle angetrieben wurde. Diese Kupplung griff nur dann ein, wenn man das Gaspedal ganz niederdrückte, ansonsten lief der Lader nicht mit und brachte deshalb auch keine Auswirkungen auf den Kraftstoffverbrauch mit sich. Wie bei allen vorangegangenen D. M. G.-Versuchen und auch bei den Kompressormotoren anderer Firmen pumpte der Lader zusätzliche Luft in den Vergaser und dann

in den Brennraum. Diese Anordnung wurde in Untertürkheim zur traditionellen Bauweise, man machte sich auch in der Zukunft kaum Gedanken über eine Änderung des Schemas.
Diese Neukonstruktionen standen im Mittelpunkt, als man sich in der D. M. G.-Firmenleitung wieder für den Rennsport zu interessieren begann. Max Sailers Sieg bei der Targa Florio im Mai 1921 hatte auch die Direktoren zu einer Rückkehr in die Rennszene für 1922 angespornt. Zugleich stellte man erfreut fest, daß die Voiturette-Klasse, die Kategorie der leichteren Rennwagen, nunmehr eindeutig auf das Hubraumlimit von 1500 ccm festgelegt war und daß diese Wagen in Italien und England eine Anzahl von Startmöglichkeiten hatten. Man war sich bald darüber im klaren, daß man mit den aufgeladenen Motoren gute Ausgangspositionen inne hatte. So erging noch vor Jahresende der Auftrag an die Konstruktionsabteilung, die Maschine des 6/25/40-PS-Mercedes, intern mit der Bezeichnung M 68084 versehen, zu einem 1,5-Liter-Rennmotor weiterzuentwickeln. Otto Schilling, der 1912 zur D. M. G. gekommen war und am Bau des Grand-Prix-Wagens von 1914 beteiligt gewesen war, sollte über einen Zeitraum von 45 Jahren Daimlers führender Motorenkonstrukteur bleiben. Er hatte sich zum Ziel gesetzt, aus dem Motor die „höchstmögliche" Leistung herauszuholen, wie er ausführte.
Der Unterbau des Motors blieb gleich, lediglich das Bohrung-Hub-Verhältnis wurde mit 65 × 113 mm (1499 ccm) neu festgelegt. Die verschweißte Zylinderkonstruktion blieb ebenfalls erhalten. Neue Wege ging man bei diesem nunmehr mit M 65134 bezeichneten Motor in der Gestaltung des Zylinderkopfes, denn er wies erstmals zwei obenliegende Nockenwellen auf. Diese wurden wieder mittels einer Königswelle angetrieben, die an ihrem Ende mit Schneckenrädern versehen war, um über Querwellen die beiden Nockenwellen zu bewegen. Eine weitere Querwelle am Kurbelhaus trieb rechts den Zündmagnet und links die Wasserpumpe an. Die weiter unten angebrachten Ölpumpen wurden wieder von einem zusätzlichen Kegelrad am Zentraltrieb bewegt. Ebenso wie diese Anordnung wurde auch das Vierventil-Prinzip vom 1914er Motor übernommen; die Ventile hingen dabei in einem sehr spitzen Winkel zueinander. Bei der Konstruktion der Ventilstößel griff man übrigens auf ein Detail der Hispano-Suiza-Flugmotoren zurück. Die Stößel wurden in die hohlen Ventilschäfte eingeschraubt und wiesen eine abgeflachte Spitze auf. Sobald das Ventilspiel eingestellt war, wurden sie mit einer Kontermutter festgehalten. Dieses Konzept wurde später auch von vielen anderen Firmen übernommen, wie Alfa Romeo, Ferrari, Lancia und Maserati. Die D. M. G. hatte als erster die Eignung dieser Konstruktion für den Rennbetrieb erkannt.
Eine wichtige Verbesserung gegenüber dem Rennmotor von 1914 war die neue Zündkerzenanordnung. Je eine einzelne Kerze wurde von oben in das Zentrum des Verbrennungsraumes eingeschraubt, was durch die Verwendung von zwei Nockenwellen nun leicht möglich war. Otto Schilling sagte dazu, daß die Kerzen „nun bestens gekühlt wurden, indem der Fahrtwind über sie hinwegblasen konnte". An der Motorstirnseite fand sich der Kegelradantrieb (mit 2,2-facher Übersetzung) zum senkrecht stehenden Kompressor. Anstelle der noch nicht ganz ausgereiften Mehrscheibenkupplung ordnete man hier wieder eine Konuskupplung an. Der durch das Roots-Gebläse erzeugte Luftstrom wirkte bei diesen ersten Konstruktionen noch keineswegs direkt. Zuerst kam ein Schaltventil, das den normalen Ansaugweg blockierte, dann wurde der erzeugte Druck an den hermetisch angedichteten Vergaser weitergegeben und schließlich gelangte das vorverdichtete Gemisch über den verzweigten Ansaugkrümmer in die Brennräume.
Viele Jahre später, nämlich 1948, wurde ein solcher 1,5-Liter-Motor auf dem Prüfstand getestet. Dabei ergaben sich interessante Aufschlüsse über die Leistungsdaten. Ohne Kompressor leistete der 1,5-Liter-Rennmotor 54 PS bei 4000 U/min, der mittlere Kolbendruck erreichte bei 3000 Umdrehungen mit 8,7 at seinen Höchstwert. Bei eingekuppeltem Kompressor drückte dieser das Gemisch mit einem Ladedruck von 0,42 at in die Brennräume und steigerte dadurch den Mitteldruck auf 10,8 at bei einer Drehzahl von 3500 U/min. Die Leistung erhöhte sich bei 4000 Umdrehungen auf 72 PS und sogar auf 79 PS bei der festgelegten Höchstdrehzahl des Motors von 4500 U/min (kurzzeitig konnte man sogar auf 5000 U/min drehen). Die führenden Saugmotoren der Konkurrenz, etwa des Fiat Vierzylinders vom Typ 403, kamen auf einen in etwa gleichen Leistungsverlauf wie der Mercedes mit ausgekuppeltem Kompressor, aber jene Motoren reagierten wesentlich besser auf das

Der erste Mercedes-Kompressorwagen war der 1,5 Liter 6/25/40 PS, hier in der Sportausführung von 1924. Am Steuer sitzt Rudolf Caracciola, der mit diesem Wagen seine ersten Mercedes-Erfolge erringen konnte.

Gaspedal als das Laderaggregat. Dieser Punkt sollte 1923 in den USA noch stark an Bedeutung gewinnen.

Zur Targa Florio 1922 wurde der vielversprechende Motor in ein Fahrgestell gesetzt, das dem vorhandenen Leistungspotential nicht ganz entsprach. Achsen und Aufhängungen glichen im großen und ganzen denen des 6/25/40-PS-Serienwagens, auch die schmale Spur von 1194 mm. Den Radstand hatte man um nahezu 30 cm auf 3100 mm verlängert, was sich im Nachhinein als nicht besonders glücklich erweisen sollte. Der Rahmen selbst war neu angefertigt worden, aber die hintere Aufhängung mit Cantilever-Federn und Schubrohr blieb vom Serienmodell erhalten. Trommelbremsen wurden an den Vorderrädern hinzugefügt und die hinteren Bremsen vergrößert. Zwei Wagen wurden mit 765 × 105 bereiften Drahtspeichenrädern und provisorischen Kotflügeln versehen und auf die Reise nach Sizilien geschickt. An der Auswahl der Fahrer sah man, daß die D.M.G. dem Einsatz der nagelneuen Wagen noch nicht allzu große Bedeutung beigemessen hatte. Einen dieser Wagen fuhr der Italiener Fernando Minoia, der schon 1921 einen privaten 28/95-PS-Mercedes pilotiert hatte, den zweiten bekam Paul Scheef anvertraut, ein Angestellter in

Oben: Mit dem 1,5 Liter-Kompressorwagen beteiligte sich die D. M. G. 1922 an der Targa Florio. Im Bild Paul Scheef mit der Startnummer 12.

Rechts: Mit den 1,5 Liter-Wagen wurden später verschiedene Karosserie-Experimente durchgeführt.

Rechts: Mit dem 1,5-Liter-Vierzylinder wurde bei Mercedes eine neue Ära im Rennmotorenbau eingeleitet. Die vier Stahlzylinder waren mit den Köpfen verschweißt und in einem gemeinsamen Kühlmantel untergebracht. Zwei obenliegende Nockenwellen betätigten je vier Ventile pro Zylinder. Ein Kompressor bewirkte die Verdichtung der Ansaugluft.

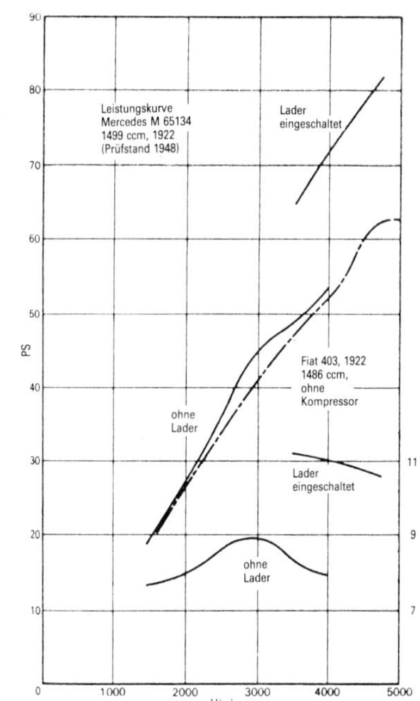

Oben: Auf dem Leistungsdiagramm sind die Leistungsdaten des 1,5-Liter-Mercedes-Rennmotors mit jenen des zeitgenössischen Fiat-Aggregats (1486 ccm, Vierzylinder) verglichen. Diese Messungen wurden 1948 durchgeführt.

Untertürkheim, der damit sein einziges größeres Rennen bestritt. Die Fahrer-Asse der Werksmannschaft bevorzugten stärkere Kaliber, um damit ihre Chancen auf einen Gesamtsieg zu sichern. Wie bereits erwähnt, hatte man für Lautenschlager, Salzer und Masetti die Grand-Prix-Wagen von 1914 umgebaut. Ein Sechszylinder vom Typ 28/95 PS, ein Wagen, wie ihn Sailer im Vorjahr gefahren hatte, wurde für Christian Werner bereitgestellt. Werner, ein hochgewachsener, schlanker und zäher Bursche, war 1911 zur D. M. G. als Mechaniker und Chauffeur gekommen. Mit 29 Jahren arbeitete er jetzt als Fahrmeister und hatte die Chance erhalten zu zeigen, ob er aus dem gleichen Holz geschnitzt war wie die anderen Werksfahrer. Auch Max Sailer war erneut mit von der Partie, er steuerte wieder einen 28/95-PS-Sechszylinder, der diesmal aber um die Hälfte mehr Leistung hatte und zwar durch ein Ladegebläse. Auf diese Weise wurde ein ehemaliger Flugmotor mit einem ebenfalls aus der Luftfahrt stammenden Nebenaggregat verbunden, womit sich der Kreis schloß. Der Kompressor am Sechszylinder war vertikal an der linken hinteren Motorseite montiert und wurde über Zahnräder von der Kurbelwelle angetrieben. Auch bei dieser Anordnung verwendete man wieder eine Mehrscheibenkupplung, um den Kraftschluß herzustellen. Die Druckleitung vom Kompressor zum Vergaser verlief in zwei an der Ölwanne angegossenen Kanälen, die von dort aus senkrecht nach oben zu den beiden rechtsseitig montierten Mercedes-Steigstrom-Vergasern führten. Dieser Motor gab etwa 140 PS ab und wurde in einen Wagen installiert, der mit seinem hochgelegten Auspuff schon einen sehr viel sportlicheren Eindruck als das Ausgangsmodell vermittelte. Mit einer Gesamtzeit von 7 Stunden, 12 Minuten und 8 Sekunden war Salzer am 2. April zwar um eine Viertelstunde schneller als im Vorjahr, konnte sich aber nur als Sechster plazieren. Nach dem siegreichen Masetti war er der schnellste Mercedes-Fahrer. Der neue Mann Christian Werner war taktisch sehr klug gefahren und brauchte mit seinem Saugmotor-Wagen nur vier Minuten länger, womit er auf Platz acht einlief.

Bei der D. M. G. hatte man diesen Einsatz keineswegs auf die leichte Schulter genommen. W. F. Bradley erzählte darüber folgendes: „Eine Woche vor dem Start befanden sich nicht weniger als 20 Mercedes-Fahrer und Mechaniker auf dem Kurs. Palermo schien von der deutschen Automobilindustrie in Besitz genommen zu sein." An den Boxen gab es keine Arbeitseinteilung, die bei dem teilweise chaotischen Rennverlauf der Targa auch nicht einzuhalten gewesen wäre. Jeder der Mercedes-Fahrer versuchte seine Abfertigung lautstark selbst zu dirigieren. Bradley sah die großen weißen Wagen nicht wie viele seiner Zeitgenossen als „hochentwickelte Maschinen, die mit Feingefühl behandelt werden mußten", sondern als wilde Bestien, deren Temperament nur von den „hünenhaften Teutonen, die am Steuer saßen, zu bändigen war...".

Die Rennen um die Targa Florio in den Jahren 1921 und 1922 bedeuteten für den altgedienten 28/95-PS-Sechszylinder den Höhepunkt seiner Karriere. Für den neuerlichen Erfolg war ihm durch den Kompressor buchstäblich neues Leben eingehaucht worden. Die niedertourigen Motoren waren in den Händen von Privatfahrern noch bis etwa 1925 für einige Erfolge gut, meist jedoch liefen sie dabei ohne Aufladung. Eine Kompressor-Version nach dem Vorbild des Werkswagens wurde vom holländischen Mercedes-Vertreter Theo Wiemann aus Den Haag sehr erfolgreich bei verschiedenen Sprintrennen gefahren. Sogar eine stromlinienförmige Karosserie wurde angefertigt, damit hätte man den 28/95-PS-Mercedes bestimmt noch weiterhin erfolgreich einsetzen können. Doch die Zukunft war bereits zugunsten des dohc-Vierzylinders bestimmt worden.

Die 1,5-Liter-Renner stellten die ersten Exemplare einer neuen Generation von Mercedes-Rennwagen dar, wenn ihr Debüt in Sizilien auch noch nicht recht glücklich verlaufen war. Minoia mußte aufgeben, Scheef war mit einem Hund zusammengeprallt, langsamer geworden und zurückgefallen. Seine Fahrzeit betrug 7:52:46,4 Stunden, das bedeutete den dritten Platz in der Voituretten-Klasse und den 20. Gesamtrang. Für das im September anberaumte Eröffnungsrennen auf der Bahn von Monza hatte man drei Wagen für die 1500-ccm-Klasse gemeldet, sie blieben jedoch dem Start fern. Als Grund wurde das Kompressorverbot angegeben. Es hing wahrscheinlich auch mit einer Serie von wilden Streiks in Untertürkheim zusammen, die nicht nur Produktion und Auslieferung beeinträchtigten, sondern sich auch auf das Rennprogramm der Firma auswirkten. Die beiden Targa-Wagen wurden auch später nicht mehr im Rennen eingesetzt. Eines der Fahrgestelle wurde 1922 für Versuchsaufbauten nach aerodynamischen Gesichtspunkten verwendet. Dabei wurden lange Heckteile und Radverkleidungen erprobt; einen Renneinsatz erlebte das Fahrzeug jedoch nicht mehr.

Im Jahre 1922 erlangte bei Grand-Prix-Rennen zum ersten Mal eine Hubraumbeschränkung auf zwei Liter Gültigkeit. 1923 wurde in Indianapolis diese Formel für das 500-Meilen-Rennen ebenfalls eingeführt, und dort waren auch Wagen aus Deutschland willkommen. Da auch einige Rennen in Italien gefahren werden durften, entschied sich die Firmenleitung der D. M. G. für den Bau von neuen Rennwagen der 2000-ccm-Klasse. Trotz der immer noch aufflackernden Streiks konnte man bei Mercedes hoffnungsvoll in die Zukunft blicken, denn ein soeben mit Russland geschlossener Freundschaftsvertrag der Reichsregierung versprach neue Absatzmöglichkeiten. Auch für die USA hatte man einen großangelegten Werbefeldzug in Vorbereitung; die Teilnahme in Indianapolis sollte hierfür als Startschuß dienen.

Der Indy-Mercedes wurde mit einer niedrigen Karosserie sowie einem abgeschrägten Spitzheck versehen und sollte damit Furore machen. Im Vorjahr wäre ihm das sicher auch gelungen, aber für 1923 sah das Reglement erstmals keine Beifahrer mehr vor, was an einigen der von Harry Miller gebauten Wagen zu pfeilschlanken Karossen führte. Dabei war keineswegs eine Fehlinformation die Ursache für einen nachteiligen Aufbau beim Mercedes gewesen, denn das andere Team aus Europa – Bugatti – brachte ebenfalls sehr windschnittige Einsitzer an den Start. Man hatte bei Daimler den zweiten Sitzplatz beibehalten, weil man die Mitnahme eines Mechanikers immer noch als Sicherheitsfaktor ansah. In dieser Ansicht wurde man durch einen Zwischenfall bestärkt, der sich bei den abschließenden Tests vor der Verladung der Wagen ereignet hatte. Max Sailer war bereits mit der Vorhut in Bremen und erfuhr davon später durch Richard Lang. Lang hatte 1921 einige Rennen gefahren und war nun Vorstandsmitglied und zugleich Betriebsleiter. Ihm oblag die Überwachung der abschließenden Arbeiten an den Indianapolis-Wagen: „Nach dem Unfall von Krauss entschieden wir uns augenblicklich, die Wagen wieder mit zwei Mann zu besetzen, was mir ja eigentlich schon immer lieber gewesen wäre. Krauss hat einige Prellungen abbekommen und will nun nur noch den Beifahrer spielen. Der Unfall war aber nicht allzu schlimm, wir haben den Wagen inzwischen wieder in Ordnung gebracht. Krauss sagte, daß einige Reiter auf ihn zugekommen seien und deren Pferde scheuten, als Ihr Neffe mit seinem Wagen ebenfalls näherkam. Er mußte ausweichen und im selben Moment blieb das Gaspedal hängen, er konnte den Motor nicht sofort abstellen und knallte deshalb an einen Telegraphenmasten. Dabei wurde die Vorderachse verbogen, ein Rad brach und einige andere Dinge zersplitterten." Dies war der Anfang einiger aufregender Wochen für Jakob Krauss, der als Chefmonteur in der Versuchsabteilung gemeinsam mit Walter Schwerdtfeder und dem Projektleiter Karl Schopper schon 1919 am ersten Kompressor-Mercedes mitgewirkt hatte. Diesmal war er als Ersatzfahrer für Indianapolis vorgesehen und sollte sich dort mit dem Nummer-1-Piloten abwechseln, doch nun saß er als „Fahrer-Mechaniker" neben Christian Lautenschlager und sollte im Gefahrenfall die Zündung für ihn ausschalten.

Für die Indy-Wagen hatte man bei Daimler einen neuen Rahmen gebaut, die Längsholme waren dabei wieder im U-Profil aus Stahlblech angefertigt. Am Heck waren sie nach innen gebogen und mit einer Rohrtraverse an den Befestigungspunkten für die Federschäkel verbunden. Die anderen beiden Traversen waren wie gewohnt vor und hinter dem Getriebe angebracht, die hintere hatte man wieder mit Auslegern zur Verstärkung versehen; sie sah von oben wie ein K aus. Der Motor war an vier Befestigungspunkten des Alu-Kurbelhauses starr mit dem Rahmen verschraubt und bot dadurch die nötige Versteifung des vorderen Rahmenabschnitts. Die Doppelkonuskupplung, diesmal mit einem Durchmesser von 240 mm, wurde auch weiterhin verwendet. Das neue Getriebe war erstaunlich kompakt geraten. Die Hinterachse hingegen wartete mit einem vergrößerten Differentialgehäuse auf, in seiner Konstruktion war es jedoch nicht geändert worden. Laut Max Sailer fuhr man im Rennen mit einer Übersetzung von 3,5:1, womit der Motor auf den Geraden 4400 U/min drehte. Mit Dayton-Rennreifen der Größe 4½×29 entsprach dies einer Geschwindigkeit von 191 km/h.

Die Fahrwerkdetails waren in gewohnter Art und Weise ausgeführt. Rundum hatte man die Räder mit halbelliptischen Blattfedern am Rahmen befestigt. Sie bestanden aus jeweils sechs Stahlbändern, vorne 838 mm lang und 42 mm breit, hinten 1040 mm lang und 50 mm breit. Ebenfalls an allen vier Rädern waren verkapselte Reibungsstoßdämpfer angebracht, die jeweils über einen einzigen Hebelarm wirkten. Der Vorderachskörper und die vorderen Rahmenenden waren wieder in bewährter D. M. G.-Manier mit Holzverkleidungen versehen. Obgleich sie mit einem Radstand von 2730 mm die bisher kürzesten Mercedes-Rennwagen nach dem Krieg waren, wogen die kompakteren Miller fast 200 kg weniger.

Otto Schilling war an der von Paul Daimler geleiteten Neukonstruktion des

Rechts: Zusätzlich zu den Kompressor-Rennwagen entsandte man 1922 noch einmal Max Sailer mit seinem 28/95 Sechszylinder zur Targa Florio. Um den Wagen gruppierten sich hier die wichtigsten D. M. G.-Techniker. Von links: Dürrwächter, Daimler, Scheib, Merkle, Heeß, Schopper, Günther, Renz, Schwerdtfeger (mit Brille) Scheerer, Bauer, Sailer (am Steuer), Rieger, Krauss und Linck. Otto Schilling ist nicht zu sehen, er spielte den Fotographen.

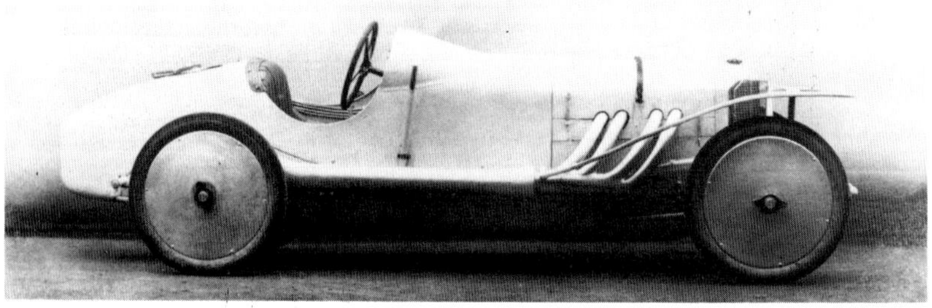

Oben und rechts: Mit diesem Zweiliter-Kompressorwagen beteiligte sich die D. M. G. 1923 am 500 Meilenrennen von Indianapolis. Max Sailer wurde dabei Achter und Christian Werner Elfter.

Zweiliter-Rennmotors beteiligt. Wie beim Vorgänger wurde ein Serienmodell als Grundlage genommen, in diesem Falle der 10/40/65-PS-Typ. Die Zylinderabmessungen wurden von 80 × 130 mm auf 70 × 129 mm verringert, womit man auf einen Hubraum von 1989 ccm kam. Trotz der seit langem abgeschafften Beschränkung des Kolbendurchmessers blieben die Konstrukteure noch immer bei der langhubigen Auslegung ihrer Rennmotoren.

Die bei der Targa Florio gewonnenen Erkenntnisse ließen eine neuerliche Anwendung des dohc-Vierventil-Konzepts sinnvoll erscheinen. Der ganze Aufbau wurde dabei unverändert übernommen, jedoch lagen diesmal die Ansaugkanäle auf der linken Motorseite und der Auspuff rechts. Dies war überraschend, denn dafür gab es kein Vorbild unter den bisherigen Rennwagen. Die Ventile maßen 34 mm im Durchmesser und waren am Schaft mit 11 mm äußerst stabil gehalten; sie hingen in einem Winkel von 50 Grad zueinander. Die Ventilführungen bestanden aus Bronze und wurden von oben eingeschraubt, zum Auswechseln der Ventile mußte man die Führungen entfernen. Um die Spieleinstellung der Ventile zu fixieren, hatte man dünne Stahlplättchen unter die Ventilstößel gelegt, die – von den Ventilfedern angedrückt und in Rillen an den Ventilschäften fixiert – die zylindrischen Stößel in Position hielten. Man trieb diesen relativ großen Aufwand nur, um diesbezügliche Hispano-Patente zu umgehen. Die Nocken waren 14 mm breit, der Grundkreis jedoch war auf nur 5 mm Breite abgedreht. Eine Bohrung auf dieser schmalen Seite ließ Öl aus der hohlen Welle auf die

Oben: Für die Saison 1924 erhielt der zuverlässige 1989-ccm-Vierzylinder eine neue Karosserie. Mit diesem Fahrzeug siegte Salzer beim Ecco-Homo-Bergrennen bei Prag.

Links: Otto Salzer und Beifahrer August Grupp fuhren einen der Ex-Indy-Wagen 1923 bei verschiedenen nationalen Rennen in Deutschland.

Mit einem neuen Roots-Gebläse leistete der M 7294 126 bis 150 PS.

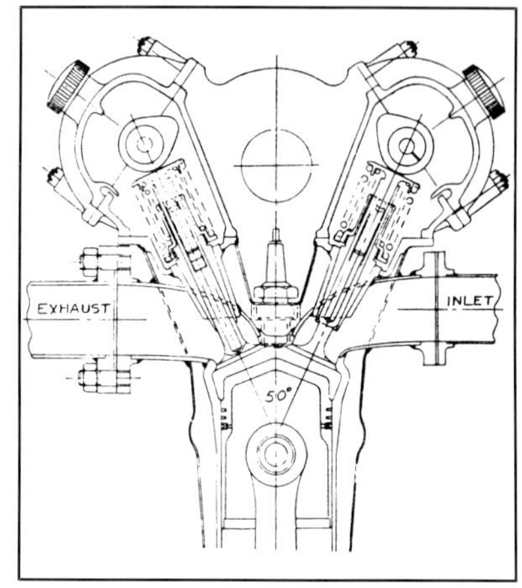

Porsche führte auch am Zylinderkopf zahlreiche Änderungen durch.

Oben: Der neue Chefkonstrukteur in Untertürkheim, Ferdinand Porsche, überarbeitete den Zweiliter-Motor. Das Ergebnis war 1924 ein neuerlicher Sieg bei der Targa Florio.

Rechts: Targa-Wagen der Werksfahrer Werner, Lautenschlager und Neubauer waren 1924 rot lackiert.

Links: Das Chassis war gegenüber der Indy-Ausführung kaum verändert worden, man beließ den Radstand auf 2730 mm und führte nur Detailverbesserungen und Verstärkungen aus.

Oben: Am Boden des Cockpits kann man den ovalen Getriebedeckel erkennen. Der Beifahrer bediente neben den Absperrhähnen für Öl und Benzin auch zwei Zusatz-Handpumpen.

Kontaktflächen treten. Sowohl die Ölsteigleitungen als auch die Rücklaufbohrungen waren Teil des stählernen Zylinderblocks, auf den die Alu-Nockenwellengehäuse aufgeschraubt wurden.
Der Kompressor mit seinen 130 mm langen Drehflügeln folgte gewohnten D. M. G.-Konstruktionsprinzipien. Die Mehrscheibenkupplung hatte sich nun durchgesetzt; die am Kurbelwellenstumpf befestigten hauchdünnen Stahlscheiben trieben Reibscheiben aus Messing an. Oben auf einer der Rotorachsen des Kompressors war eine Zentrifugal-Benzinpumpe mit vier Flügeln befestigt. Wenn der Kompressor nicht arbeitete, lief der Kraftstoff einfach durch das Instrument und einen vorgeschalteten Filter, bei eingekuppeltem Lader wurde auch die Benzinpumpe angetrieben. Diese förderte nun den Kraftstoff mit höherem Druck zur Schwimmerkammer, damit der Benzinfluß im Mischrohr mit der verstärkten Luftzufuhr im Einklang blieb. Zwei kleine Ölzylinder fanden sich ebenfalls auf dem Deckel des Roots-Gebläses. Die nur leicht gewölbten Kolben ragten weit in den dachförmigen Brennraum, der einen größeren Durchmesser als die Zylinderbohrung aufwies, um Platz für die vier Ventile und die zentral sitzende 18-mm-Zündkerze zu schaffen. Die wurde durch zwei Bohrungen am Pleuelauge, durch die Schleuderöl aus der unteren Motorhälfte eindringen konnte, geschmiert. Am Pleuelfuß war eine Öltasche angebracht, die den Schmierstoff für das Rollenlager von einem Spritzblech in der Ölwanne förderte. Sechs Spritzdüsen an der rechten Seite des Kurbelhauses versorgten diese Tröge wie auch die Spritzbleche und führten den Hauptlagern Drucköl zu. Eine absolute Neuheit am Indy-Wagen stellte ein zylindrischer Ölkühler aus Messing dar, der an der rechten Seite der Ölwanne befestigt war. Doch noch in der Entwicklungszeit erwiesen sich die Gleitlager der Kurbelwelle als zu schwach und wurden umgehend durch Rollenlager ersetzt, wobei man aber hier bei den Hauptlagern auf Besonderheiten wie am Pleuelfuß verzichtete. Das mittlere Lager stellte jedoch noch immer ein Problem dar, denn hierfür benötigte man einen geteilten äußeren Lagerring. Aus diesem Grund wurden bis zur letzten Minute Versuche mit einem Gleitlager angestellt. Als schon einige Fahrzeuge auf dem Weg in die USA waren, berichtete Richard Lang am 30. April seine letzten Erkenntnisse an Max Sailer: „Gestern probierten wir den Versuchsmotor in einem Chassis aus. Er hielt vier Stunden, dann ging das Mittellager fest. Das bedeutet, daß

Hier handelt es sich wieder um einen Trainingswagen für die Targa Florio. Drei Monate vor dem Rennen im April hatte man damit die Strecke schon ausgiebig befahren.

Vollschaftkolben waren aus Aluminium und in einigen Motoren offensichtlich auch aus Magnesium gefertigt. Drei 2-mm-Kompressionsringe befanden sich über dem Kolbenbolzen und ein Ölabstreifring darunter. Am Bolzenauge waren Sitzringe aus gehärtetem Stahl eingegossen, welche als Gleitlager für den 17 mm starken Kolbenbolzen dienten. Dieser war konisch gedreht und konnte nur von einer Seite eingeschoben werden; gesichert wurde er durch eine Madenschraube. Das Verdichtungsverhältnis betrug 7,5:1.
An der Kurbelwelle des M 7294 hatte man erstmals die Verwendung von Wälzlagern vorgesehen, um damit Drehzahlen über 4500 ohne Risiko erreichen zu können. Ursprünglich hatte man die drei 54-mm-Hauptlager in ihrer Form als Gleitlager belassen und nur die Pleuel auf Rollen laufen lassen wollen. Die Pleuelfüße waren deshalb nicht teilbar, dafür wurde die Kurbelwelle jetzt aus Einzelheiten zusammengebaut und an jeder Kurbelkröpfung verschraubt. Der Innendurchmesser der Pleuellager betrug nunmehr 65 mm. Diese Konstruktion ergänzte man noch durch eine erstaunliche und ziemlich aufwendige Vorrichtung, die man eine „Interimslösung“ nannte. Jede Lagerrolle trug an einem Ende ein winziges Zahnrad, das in eine Verzahnung auf dem Kurbelzapfen eingriff und dadurch die Rolle zu einer kontinuierlichen Drehbewegung zwang!
Die Pleuel selbst maßen von Augenmitte zu Augenmitte 250 mm, die Schäfte waren wieder im Doppel-T-Profil geschmiedet. Das Kolbenbolzenlager das Gleitlager auch nicht zuverlässig ist. Enttäuscht, aber um eine Erfahrung reicher beschlossen wir am Abend, wieder ein Wälzlager einzubauen. Diesmal aber mit einem Stahlkäfig anstatt einem aus Bronze. Heute abend werden wir einen weiteren Ausdauer-Versuch beginnen, und wenn dann das Rollenlager seinen Geist aufgegeben hat, uns zu einer endgültigen Entscheidung durchringen. Die Ventile und Stößel sind in Ordnung und die Motorleistung war sehr zufriedenstellend, sie belief sich auf 95 PS an der Hinterachse.“
Diese letzten Entwicklungsschritte wurden durch Veränderungen in der Konstruktionsleitung leider beeinträchtigt. Ende 1922 hatte Paul Daimler die D. M. G. verlassen und war zu Horch nach Zwickau gegangen. Ferdinand Porsche, der 1905 bei Austro-Daimler schon einmal Paul Daimlers Nachfolger geworden war, folgte ihm 1923 nun ein weiteresmal nach. Offiziell wurde er erst am 30. April in Untertürkheim angestellt, doch er hielt sich bereits vorher dort auf und kam gerade rechtzeitig zu den Vorbereitungsarbeiten des wohl aufwendigsten Rennvorhabens, das Mercedes je begonnen hatte. Einer der Beteiligten meinte später einmal lakonisch: „Das hat unserer Firma einen Haufen Geld gekostet.“
Porsche konnte zu den letzten Motorenabstimmungen noch einen Beitrag leisten. Richard Lang berichtete darüber an Max Sailer: „Wir hatten im Vergaser eine kleinere Hauptdüse verwendet und erreichten dadurch eine gewisse Kraftstoffersparnis. Jedoch vergrößerte sich dadurch auch das Risiko

Rechts: Christian Lautenschlager auf der staubigen Piste in Sizilien.

Unten: Geschäftiges Treiben am Mercedes-Depot; Karl Sailer wechselt die Reifen während Christian Werner für einen Moment ausspannen kann.

Unten: Porsche konnte mit dem Ergebnis mehr als zufrieden sein. Die ersten von ihm bearbeiteten Mercedes-Rennwagen siegten auf Anhieb. Dem siegreichen Team ist die Anstrengung noch deutlich anzumerken. Links von Porsche Christian Werner, rechts sein Beifahrer Karl Sailer, ein Neffe Max Sailers.

Oben: Vorbei an der begeisterten Menge steuern Werner/Sailer das Ziel an. Sie gewannen neben der Targa-Wertung zusätzlich auch die Coppa Florio.

Links: Ein neuer Mann im Untertürkheimer Team war Alfred Neubauer, der seinem früheren Chef Ferdinand Porsche von Austro-Daimler zu Mercedes gefolgt war.

durchgebrannter Kolben. So müssen wir wohl bei einem etwas fetteren Gemisch bleiben und vermeiden dadurch den absoluten Höchstwert auf dem Diagramm" (womit er den Verbrennungsdruck ansprach). Er ging auch auf Riefen an der Kolbenkante ein: „Dies ist laut Porsches Erfahrungen auf unverdampftes Benzin im Brennraum zurückzuführen, welches den Schmierfilm wegwäscht und den hohen Verbrennungsdruck wie eine Lötlampe auf diese reibungsgefährdeten Stellen wirken läßt." Lang schloß seinen Bericht: „Die zahlreichen außenliegenden Leitungen wie Ölröhrchen und Druckkanäle vom Kompressor erwiesen sich als ziemlich bruchanfällig. Es ist deshalb absolut notwendig, alles noch einmal zu verstärken. Im Beisein von Dr. Porsche trug ich Herrn Direktor Berge meine Befürchtungen vor und berichtete ihm über die nach wie vor zahlreich vorhandenen Unsicherheitsfaktoren. Er legte die letzte Entscheidung hierüber in die Hände der Techniker."

Der Einsatz wurde keineswegs abgeblasen, das Rennen gefahren. Otto Weber, Chefmonteur aus dem Motorenversuch, vollbrachte wahre Wunder, als er bei allen bereits in Amerika befindlichen Wagen das mittlere Hauptlager gegen ein Rollenlager austauschte. Insgesamt hatte man vier Wagen mitgenommen, einer davon sollte als Ersatz- und Trainingswagen dienen. Werner war bei den Qualifikationsrennen der schnellste im Team, er kam auf 153,1 km/h und sicherte sich damit den 15. Startplatz. Zwei Plätze dahinter fand sich Lautenschlager ein, der 149,9 km/h gefahren war; Sailer war mit 145,6 km/h Zwanzigster. Tommy Miltons HCS Special (Fabrikat Miller), der spätere Siegerwagen, lief mit 174 km/h auch im Training bereits am besten. Fünf Wagen waren schneller als 160 km/h gefahren und Sailer hatte in einer Runde gezeigt, daß auch die Mercedes dazu in der Lage waren. Außerdem sollten sich die Fahrzeuge aus Untertürkheim im Unterschied zu manchen Konkurrenten als sehr zuverlässig erweisen. Die Handhabung der Wagen war hingegen nicht ganz unproblematisch. Der englische Rennfahrer Raymond Mays (er fuhr vier Jahre später einen gleichartigen Mercedes) schilderte dies folgendermaßen: „Der Lader setzte nur bei ganz durchgedrücktem Gaspedal ein, was zur Folge hatte, daß man den Leistungsverlauf nicht über einen kontinuierlichen Bereich hinweg beeinflussen konnte." Dieser Umstand hatte sich 1922 auf dem lockeren Belag in Sizilien nicht so sehr bemerkbar gemacht, dafür gab es aber nun auf der harten und rutschigen Bahn von Indianapolis ernste Schwierigkeiten.

Als sich die weißen Renner aus Deutschland auf die Strecke begaben, um ihre Qualifikationsrunden zu fahren, ging ein für den amerikanischen Mittelwesten typischer Platzregen nieder. Sailer, der sich zurück zu den Boxen, der berühmten „Gasoline Alley", begeben wollte, hatte dabei ein eindrucksvolles Erlebnis: „Als ich nach der Kurve wieder auf die Gerade kam, gab ich vorsichtig Gas, wobei der Wagen plötzlich heftig ins Schleudern kam. Ich konnte ihn nicht mehr abfangen, denn die Nässe und das Öl auf der Bahn waren rutschiger als eine Schneedecke!" Der Wagen krachte rückwärts an eine Begrenzungsmauer, beide Insassen wurden herausgeschleudert. Sailers altbewährter Beifahrer Hans Rieger wurde dabei so schwer verletzt, daß er am Renntag nicht mehr einsatzfähig war. Sailer und sein Neffe Karl steuerten schließlich den Ersatzwagen, Christian Werner fuhr alleine.

In der 14. Runde des Rennens gab es erneut Ärger. Sailer beobachtete den Vorgang: „Lautenschlager kam mit etwa 100 km/h in die Südkurve, er drehte etwas zu früh auf, und der Wagen schmierte auf dem glitschigen Belag weg. Er drehte sich mehrere Male und krachte frontal in die Mauer." Der Fahrer trug einige Verletzungen davon und konnte nicht mehr als Auswechselfahrer eingesetzt werden; sein Beifahrer, der vom Pech verfolgte Jakob Krauss, wurde ebenfalls verletzt. In dem gesamten Rennen gab es von 24 Startern nur noch drei Fahrzeuge, die ohne Probleme über die Runden gekommen waren...

„Den Mercedes-Wagen wurde großes Interesse entgegengebracht," schrieb die Zeitschrift Motor Age. „Es schien keine Vorurteile einheimischer Teilnehmer gegen sie zu geben, auch dann nicht, als man ihnen eine gute Siegeschance einräumte. Viel diskutiert wurde über den außergewöhnlichen Lärm, den diese deutschen Wagen machten." Nach einigen Boxenstops dauerte es manchmal ungewöhnlich lange, bis man das Getöse wieder vernehmen konnte, denn oft mußte ein beträchtliches Stück geschoben werden, bevor die Motoren ansprangen. Nach 200 Meilen lag Werner an dritter Stelle und Sailer unmittelbar dahinter, doch ein undichtes Ventil verlangsamte von da an Werners Fahrt. Am Ziel belegten Max und Karl Sailer Rang Acht, womit sie den besten Bugatti geschlagen hatten; Werner wurde noch Elfter.

Die beiden Unfallwagen wurden anschließend in Amerika verkauft. Einer davon fuhr 1924 wieder in Indianapolis, unter der Bezeichnung „Schmidt Special" kam er auf den 15. Platz. Versehen mit anderen Motoren, sah man ihn auch später noch öfter am Start. Die anderen beiden Wagen wurden mit zurück nach Deutschland genommen. Hier war inzwischen eine wahrhaft galoppierende Inflation ausgebrochen. Frankreich hatte das Ruhrgebiet besetzt und damit der ohnehin schon schwer angeschlagenen Wirtschaft einen weiteren Stoß versetzt. Bald sah sich die D.M.G. wie viele andere Betriebe gezwungen, eigene Geldscheine zu drucken; es wurde nur noch in Millionen und Milliarden gerechnet. Der Höhepunkt war am 20. November 1923 erreicht, als 1 US-Dollar mehr als vier Billionen Mark kostete.

Trotz dieser nicht gerade ermunternden Umstände beabsichtigte man im September in Monza an den Start zu gehen. Dazu hatte Max Sailer nach dem anstrengenden Indy-Abenteuer eine Liste von anstehenden Verbesserungsvorschlägen ausgearbeitet.

„1. Der Ölspritzerei muß Einhalt geboten werden. Nach einigen Runden sahen wir aus, als ob wir von Kopf bis Fuß im Öl gebadet hätten. Unsere eigene Sicherheit mußte darunter leiden, denn weder hatten wir ausreichende Sicht durch verschmierte Brillengläser, noch konnten wir das Lenkrad richtig festhalten.
2. Eine breitere Spur am Fahrgestell.
3. Wenn schon Einsitzer erlaubt sind, dann sollten diese auch gebaut werden.
4. Federnde Lenkradspeichen, damit die Hände und Unterarme nicht ständig den Schlägen ausgesetzt sind.
5. Großen Wert sollte man auch auf einen tiefen und gut gepolsterten Fahrersitz legen, denn anders ist kaum möglich, 500 Meilen durchzustehen. Nach diesem Rennen waren wir Fahrer total erschöpft.
6. Geringeres Gewicht."

Noch bevor Porsche nach Stuttgart gekommen war, hatte man ein Indy-Fahrgestell mit einer außergewöhnlich glattflächigen, strömungsgünstig geformten Karosserie versehen. Die hinteren Federn waren abgedeckt und auch die Auspuffanlage fast völlig mit einbezogen. Doch weder die Karosserie noch die Abdeckungsscheiben auf den Rädern kamen indessen zum Einsatz. Nur ein ganz nach aerodynamischen Gesichtspunkten gestalteter Benz war in Monza am Start – jedoch kein einziger Mercedes. Es hieß, die D.M.G. habe ihre Nennung zurückgezogen, weil man das Verhalten Italiens bei der Ruhrbesetzung mißbilligte.

In dem Rennen in Indianapolis hatten die neuen Zweiliter-Motoren ihre Leistung unter Beweis gestellt, für den Kompressorbetrieb aber schienen sie noch nicht standfest genug zu sein. Ferdinand Porsche machte sich darauf an die Arbeit, jedes Detail zu untersuchen und führte selbst viele Probefahrten durch. Zur gleichen Zeit wurden die Wagen auch bei Bergrennen an der Solitude und in Prag (Ecce Homo) erfolgreich eingesetzt, gesteuert von Otto Salzer und dem stämmigen Neuling Otto Merz. Salzers Siegerwagen des Jahres 1924 in Prag hatte eine abgerundete Motorhaube und eine kreisrunde Kühlermaske, danach wurde diese neue Karosserievariante aber nie wieder verwendet.

Porsche führte am gesamten M 7294-Aggregat Detailänderungen durch, bis nur noch die Grundmaße und der Ventildurchmesser erhalten blieben. Schon die Ventilschäfte waren nicht mehr die alten, sie maßen nun 12 mm im

Durchmesser. Die Auslaßventile waren bis hinunter zum Ventilteller hohlgebohrt und mit Quecksilber gefüllt, um die anfallende Hitze schneller an die Führungen abführen zu können. Es handelte sich dabei vermutlich um die erste Anwendung der Innenkühlung bei einem Ventil eines Rennmotors. Die Fixierung des Ventilspiels an den Stößeln wurde erneut vereinfacht: Anstatt mit einer konischen Haltescheibe wurde nun die äußere der beiden Ventilfedern am unteren Federteller und an der Unterseite des Stößels festgeklemmt, wodurch man eine Drehbewegung desselben verhinderte. Das Ventilspiel ließ sich durch feine Unterlegplättchen regulieren. Neue und besser verschraubte Gehäusedeckel an den Nebenantrieben machten die Motorrückseite öldichter. Die Ölzufuhr zu den Nockenwellen und zum Kompressor geschah mittels

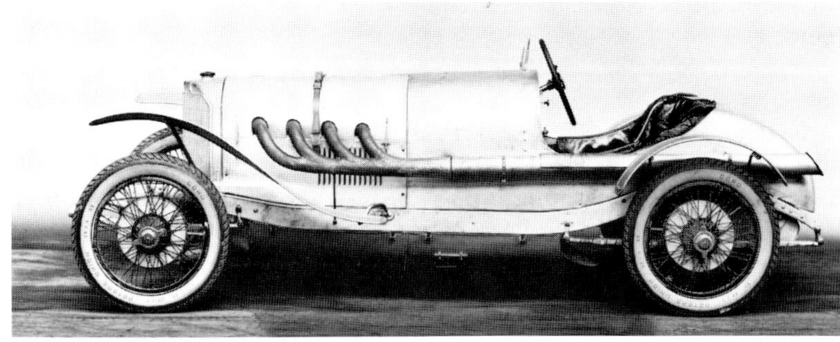

Oben: Salzers Spezial-Renner. Bei diesem Wagen handelte es sich um ein Targa-Chassis mit einem 4,5-Liter-Grand-Prix-Motor von 1914, den man mit einem Kompressor versehen hatte. Charakteristisch war der links angebrachte Auspuff.

Links: Semmering 1924. Das Foto zeigt die Fahrer Werner, Salzer, Neubauer.

Oben: Otto Salzer konnte am Semmering zwar seinen alten Rekord unterbieten, mußte sich jedoch von Christian Werner im Zweiliter-Rennwagen geschlagen geben.

Die Targa-Florio-Autos wurden später noch bei zahlreichen Rennen eingesetzt. Links: Solitude 1925.

außenliegender Schmierleitungen, auch die Anordnung von Spritzdüsen zur Kurbelwelle wurde aufgegeben. Mit einem enormen Aufwand an Entwicklungsarbeit (Otto Schilling) vermochte man auch die Wälzlagerung zu perfektionieren. Verbessert wurde ebenfalls die Kurbelgehäuseentlüftung, den Ölkühler ließ man wieder weg. Auch in strömungstechnischer Hinsicht wurde der M 7294 komplett überarbeitet; die gesamte Abstimmung sollte den Kompressorbetrieb erheblich verbessern. Als erste Maßnahme wurde die Verdichtung um 40 Prozent zurückgenommen und auf 4,5:1 fixiert. Dies wurde durch die Verwendung eines neuen, wesentlich größeren Roots-Gebläses mehr als wettgemacht, dieses lief nun mit 1,78-facher Kurbelwellendrehzahl und erzeugte einen Ladedruck von 0,7 at. Dieser wurde an einen 44,5-mm-Steigstromvergaser weitergegeben, der eine zusätzliche äußere Luftdüse aufwies. Anstelle der bisherigen, vom Kompressor angetriebenen Benzinpumpe verwendete man ein Autovac-System.
Die Steuerzeiten lauteten bei korrektem Betriebs-Ventilspiel (Einlaß 0,15, Auslaß 0,20 mm) folgendermaßen: Einlaß öffnet 20 Grad vor OT, schließt 50 Grad nach UT; Auslaß öffnet 45 Grad vor UT, schließt 20 Grad nach OT. Die maximale Vorzündung belief sich auf 12 Grad. In seiner ersten Ausführung, so wie er 1924 bei der Targa Florio zum Einsatz kam, leistete der überarbeitete Motor 67,5 PS ohne Kompressor, aufgeladen 126 PS bei 4500 U/min. Kurzzeitig konnte man auf 4800 Touren überdrehen, doch bei 5000 war die Gefahr eines Pleuelschadens gegeben. Bis Ende 1924 konnte man die Leistung des M 7294 sogar auf 150 PS bei 4800 Umdrehungen steigern und hatte damit einen respektablen Wert erreicht; es war dies im übrigen der letzte Vierzylinder-Grand-Prix-Motor bis zur Zeit nach dem Zweiten Weltkrieg.
Der Zweiliter-Mercedes trat indessen nur ein einziges Mal gegen die Grand-Prix-Elite jener Tage an. Vor diesem Ereignis hatte er am 27. April 1924 bereits einen grandiosen Sieg bei der Targa Florio errungen. Hierbei wurde ein neues Fahrgestell verwendet, das zumindest vorne dem des Indy-Wagens entsprach. Am Heck wurden die Rahmenholme wieder gerade geführt, damit man die unentbehrlichen Reserveräder mitnehmen konnte. Der Radstand blieb unverändert, lediglich die Spur hatte man vernünftigerweise wieder verbreitert. Der Aufbau orientierte sich an den Vorgängermodellen; als einzige Neuheit durfte die erstmalig verwendete kleine Windschutzscheibe gelten, die sich auf Grund zahlreicher kleiner Mißgeschicke bei früheren Rennen als dringend erforderlich erwiesen hatte.
Die Vorbereitung zu diesem Rennen erreichte bei der D. M. G. diesmal wieder den hohen Standard von 1914. Schon im Januar 1924 hatte man zu Testzwecken zwei Wagen nach Sizilien geschickt. Dort zeigte sich, daß die Zündkerzen zum Verölen neigten, auch änderte man die Hinterachsübersetzung. Die Wagen erreichten nun lediglich eine Höchstgeschwindigkeit von 120 km/h, den ersten drei (indirekten) Gänge gab man die Übersetzungsstufen 2,42/1,60/1,22:1. Im Rennen selbst kam Christian Werner mit dem ersten Mercedes als Dritter vom Start weg, er schien während der ganzen Renndauer ruhig und entspannt zu fahren. Sowohl seinen Wagen als auch seine Gegner beherrschte er mit schlafwandlerischer Sicherheit. Er gewann beide Siegestrophäen, die Targa und die Coppa Florio. Lautenschlager konnte lediglich den zehnten Rang belegen, während auf Platz 15 ein neues Team-Mitglied einlief. Dieser 33jährige Fahrer war Ferdinand Porsche von Austro-Daimler zur D. M. G. gefolgt, wo er am 1. Juli 1923 unter Vertrag genommen wurde: Sein Name war Alfred Neubauer.
Die wirtschaftliche Situation in Deutschland hatte sich inzwischen wieder verbessert. Im September des Jahres 1924 waren die einzelnen Mitglieder der Mercedes-Fahrermannschaft außergewöhnlich aktiv. Man bestritt einige Bergrennen in Deutschland und Österreich, führte in Monza Tests mit einem neuen Achtzylinder-Wagen durch und fuhr in Spanien einen Grand Prix. Max Sailer hatte sich mit Giulio Masetti und den zwei Vierzylinder-Rennern nach San Sebastian begeben um auf dem dortigen 11 km langen Lasarte-Kurs gegen die etablierten internationalen Grand-Prix-Teams anzutreten. Zwar waren Alfa Romeo und Fiat zu diesem Rennen über 620 Kilometer nicht erschienen, dafür aber waren Delage, Bugatti, Diatto, Schmidt und Sunbeam am Start. Der Wagen aus England wurde allgemein als der Schnellste in dieser Saison angesehen; er wies als einziger neben dem Mercedes einen Kompressor auf.
Am Renntag goß es in Strömen. Die Strecke mit ihrer schmalen Fahrbahn und den zahlreichen Kurven stand förmlich unter Wasser. Sailer ließ an seinen Fahrzeugen den rechten vorderen Kotflügel nicht für das Rennen abnehmen und hatte dadurch wenigstens einen behelfsmäßigen Spritzschutz. Den weißen Wagen aus Deutschland galt wie stets die ungeteilte Aufmerksamkeit des Publikums, vor allem wegen ihres einzigartigen Geräusches. Es handelte sich dabei um einen harten und durchdringenden Ton, der durch das schrille Heulen des Laders noch verstärkt wurde, ebenso wie durch das trichterförmige Auspuffende. Die Leistungsentfaltung entsprach dabei durchaus der Lärmentwicklung, Masetti überholte gleich in der ersten Runde den Delage V 12 und setzte sich an die Spitze. Sailer kam auf der rutschigen Fahrbahn allerdings ins Schleudern und geriet von der Strecke, doch der italienische Graf hielt unangefochten die Führung. Nach einer Distanz von 265 km kam er ans Depot, um aufzutanken und Kerzen zu wechseln. Nach einer weiteren Runde blieb an seinem Wagen ein Seilzug der vorderen Bremse hängen, was den Wagen ins Schleudern brachte und seinen Ausfall bewirkte. Bis zu diesem Zeitpunkt hatte Masetti in eindrucksvoller Art und Weise den Beweis erbracht, daß der Mercedes-Vierzylinder trotz seines etwas überholten Äußeren ein der Konkurrenz ebenbürtiger G. P.-Wagen war.
Einige Wochen zuvor hatte Mercedes seinen traditionellen Angriff auf den Bergrekord am Semmering unternommen. Unter den Fahrern befand sich auch wieder Otto Salzer, der hier seit langem als Publikumsliebling galt. Seine alte Bestzeit von 7:07 min aus dem Jahre 1909 besaß noch immer Gültigkeit, und um ihm auch diesmal wieder zum Sieg zu verhelfen, hatte Porsche einen speziellen Wagen vorbereitet. In ein Targa-Florio-Chassis hatte man einen auf dem Grand-Prix-Aggregat von 1914 basierenden Motor installiert. Der Aufbau war kaum modifiziert, nur das Kurbelgehäuse war neu angefertigt worden, damit sich der Antrieb für einen Kompressor unterbringen ließ. Beim Training am Samstag ging der Lader allerdings fest, und es war kein gleichwertiger Ersatz vorhanden. Deshalb griff man auf einen Kompressor aus einem Serien-Mercedes zurück. Mit Müh und Not wurde der Wagen eine Stunde vor dem Start fetig. Salzer unterbot dann seinen Rekord zwar um zwei Sekunden, Christian Werner aber war mit dem Zweiliter noch schneller gewesen. Mit seiner Siegerzeit war er erstmals unter die Sieben-Minuten-Grenze gekommen.
Salzers Fahrzeug war durch seinen auf der linken Seite angebrachten Auspuff leicht von den übrigen Mercedes-Rennwagen zu unterscheiden, er wurde jedoch nur bei Sprints und Bergrennen eingesetzt. Wie der 200-PS-Benz wurde auch dieser Wagen mit dem Namen „Großmutter" bedacht. Doch er verhielt sich keineswegs großmütterlich, als Alfred Rosenberger ihn von 1927 bis 1930 bei unzähligen Veranstaltungen an den Start brachte. Rosenberger war ein erfolgreicher Geschäftsmann aus Pforzheim, der leidenschaftlich gern Autorennen fuhr. Dabei gelang ihm das Kunststück, am Lenkrad sämtlicher Mercedes- und Benz-Rennwagen der zwanziger Jahre je einmal gesessen zu haben. Auf den kleinen Mercedes-Sportwagen hatte er begonnen, die 1924 in einer Serie von 25 Stück mit dem 1,5-Liter-Doppelnockenwellen-Triebwerk entstanden waren. Diese schnellen und attraktiven Zweisitzer liefen sowohl in der Sportwagen- als auch in der Rennwagenkategorie. Vom gleichen Typ war auch jener erste Mercedes, den ein blutjunger und hochtalentierter Bursche damals im Renneinsatz fuhr. Er war am 30. Januar 1901 in Remagen zur Welt gekommen und hatte sich vorgenommen, für die D. M. G. unbedingt Rennen gewinnen zu wollen – wenn man ihn nur lassen würde. Seine große Chance sollte er 1926 erhalten. Der Name dieses jungen Mannes war Rudolf Caracciola.

„Willy Walb war ein leidenschaftlicher Befürworter des Tropfenwagens, wie alle, die ihn jemals gefahren haben. Er vermochte keinen einzigen Nachteil an ihm zu finden, wenn man einmal davon absieht, daß man ab einer gewissen Geschwindigkeit den hinter dem Fahrer untergebrachten Motor nicht mehr hören konnte."
Josef Ganz

Der Benz-Tropfenwagen

Der Eindecker, der über der neuerbauten Fabrik am Zusammenfluß von Rhein und Neckar kreiste, sah eigentlich mehr wie ein überlebensgroßer Falke als ein Flugzeug aus. Viele Leute liefen aus den Hallen und Büros ins Freie, um nach dem Störenfried zu sehen, als das Flugzeug plötzlich zur Landung auf der nahen Wiese ansetzte und bald danach vor dem Fabriktor ausrollte. Man schrieb den 25. Juli 1913 und Hellmuth Hirth war mit seiner Albatross, einem Nachbau der berühmten Rumpler-Taube, von Berlin nach Mannheim geflogen, um bei Benz die Einsatztauglichkeit des Kaiserpreis-Flugmotors eindrucksvoll unter Beweis zu stellen. Der damals erst 27 Jahre alte Hirth war bereits ein bekannter Flieger und hatte bis vor kurzem eng mit Edmund Rumpler zusammengearbeitet. Die Namen Benz, Hirth und Rumpler sowie die zu jener Zeit noch in ihren Anfängen steckende Fliegerei sollten zehn Jahre später mit einem außerordentlichen Rennwagen in Zusammenhang gebracht werden. Dieser Benz-Tropfenwagen stellte wesentlich mehr als nur einen Versuchsballon dar, bei ihm wurde zum ersten Mal versucht, die Konstruktion von Rennfahrzeugen durch wissenschaftliche Erkenntnisse einen gehörigen Schritt voran zu bringen. Der große Durchbruch sollte ihm jedoch – wie so vielen ambitionierten Konstruktionen vor und nach ihm – versagt bleiben.

Dieser Benz, bei dem man den Motor erstmals hinter dem Fahrer eingebaut hatte, war als Vorläufer einer ganzen Modellreihe von heckmotorigen Benz-Personenwagen gedacht. Das Schicksal machte ihn jedoch zum Endpunkt einer anderen Entwicklung. Während der Kriegsjahre leitete Friedrich Nallinger die Konstruktion und Entwicklung bei der Firma Benz. Ab 1917 verlagerte sich die Verantwortung als Chefkonstrukteur zunehmend in die Hände Hans Nibels, der sich nun neben Lkw- und Dieselmotor-Projekten auch mit Personenwagen befaßte. Nibels engste Mitarbeiter waren der Motorenspezialist Robert Staffin und Max Wagner, der für die Fahrgestellkonstruktion zuständig war.

Arthur Berger wurde schon vor 1914 von Nallinger zum Chef der aufstrebenden Flugmotoren-Abteilung gemacht, wo nun neben den Sechszylindern auch schon V8- und V12-Aggregate entstanden. In seiner Eigenschaft als Versuchsleiter arbeitete damals auch Fritz Erle mit Berger zusammen, nach dem Krieg jedoch verließ er Mannheim und übernahm die Benz-Service-Werkstätten in Berlin. Seinen Platz nahm ein Mannheimer Ingenieur namens Willy Walb ein, der als 24jähriger am 5. Oktober 1914 in Bergers Flugmotorenabteilung eingetreten war und den Ruf genoß, ein Perfektionist unter den Perfektionisten bei Benz zu sein.

Dies war also die Mannschaft, die von der Firmenleitung mit der Schaffung eines neuen Pesonenwagen-Programms beauftragt wurde. Und dies zu einem Zeitpunkt, als Deutschland am Rande des wirtschaftlichen Ruins stand und kaum jemand einen Gedanken an neue Autos verschwendete. Doch die Arbeit ging weiter. Als im Jahre 1921 dem staunenden Publikum der Berliner Automobil-Ausstellung ein völlig neuartiger Wagen vorgeführt wurde, stellte diese Konstruktion für die meisten dieser Ingenieure, welche an der Spitze der Branche standen, indessen keine allzu große Sensation mehr dar. Was Rumpler hier verwirklicht hatte, war auch in anderen Konstruktionsabteilungen im Gespräch oder gar in der Vorbereitung. Auf Edmund Rumplers Ausstellungsstand konnte man ein Chassis, eine offene Version und die Limousinen-Ausführung seiner „Tropfen-Auto" genannten Konstruktion bewundern. In den Zeitungen war zu lesen: „Hier wurden zum ersten Mal seit zehn Jahren grundlegende Wandlungen in der Konstruktion des Automobils gezeigt." Diese Wagen zogen eine immense Aufmerksamkeit auf sich und sie fanden trotz ihres ungewöhnlichen Anblicks allgemein Beifall.

Nicht nur Rumpler selbst war über die gute Kritik erfreut, auch bei Benz fühlte man sich bestärkt, denn man hatte sich mit den Gedanken dieses Mannes inzwischen anfreunden können. Er hatte es in idealer Weise verstanden, seine Erfahrungen als Automobil-Techniker, die er sich bei Adler in Frankfurt erworben hatte, mit seinen Erfahrungen als Luftfahrt-Pionier zu paaren. Mit dem Lizenzbau der legendären „Taube" des Österreichers Igo Etrich hatte Rumpler die erste deutsche Flugzeugfabrik aufgebaut, wandte sich aber nun mit dem Tropfenwagen wieder dem Landfahrzeug zu. Der Wagen stellte in seiner Zeit nicht nur ein Diskussionsobjekt ersten Ranges dar, sondern wurde bald als Meilenstein in den verschiedensten Bereichen der Kfz-Technik erkannt. Er wies eine zentrale Fahrgastzelle, eine nach strömungstechnischen Gesichtspunkten gestaltete Karosserie, einen Heckmotor (heute würde es genauer Mittelmotor heißen, da sich das Aggregat vor der Hinterachse befand) und eine unabhängige Hinterradaufhängung in Gestalt einer Schwingachse auf.

Als erfahrener Erfinder hatte der in Berlin ansässige Rumpler schon bei Beginn seiner Arbeiten, also bereits im Jahre 1915, Patente über einzelne Konstruktionsdetails eingereicht, vor allem bezüglich der Schwingachse. Genau wie bei den starrachsigen Rennwagen der DMG aus den Jahren 1914 bis 1924 befanden sich auch bei Rumpler zwei Ritzel und Zahnkranz-Ringe im Differentialgehäuse. Dadurch konnten die Halbachsen sich unabhängig voneinander bewegen; den Drehpunkt bildeten die Antriebsritzel an der Hauptwelle, die nach wie vor starr gehalten sein konnte und kein hinteres Kreuzgelenk benötigte. Die Führung der Schwingachsen übernahmen Nuten am Differentialgehäuse, in denen die Hüllrohre liefen, verstrebt durch schräg angeordnete Spurstangen.

Bei Benz war man daran interessiert, einige Konstruktionsprinzipien Rumplers zu übernehmen, und es kam darüber zu einem vorläufigen Abkommen.

Rechts: Zu Anfang der zwanziger Jahre entstanden bei Benz verschiedene Rennwagen-Versionen auf der Basis von Serienwagen. Hier ein 10/30-PS-Vierzylinder 1922, am Steuer Franz Hörner.

Unten ein Rennwagen mit dem Chassis des 200-PS-Benz und einem Sechszylinder-Motor aus dem Typ 27/70.

Links der Prototyp des Benz-Tropfenwagens mit vorderer Schwingachse.

Links: An der tiefen Sitzposition und dem kleineren Kühler ist der Prototyp ebenfalls zu erkennen.

Unten: Der Rumpler diente als Vorbild für den Benz-Tropfenwagen. Hier der offene Tourer.

Unten: Zeichnung des Rumpler-Chassis.

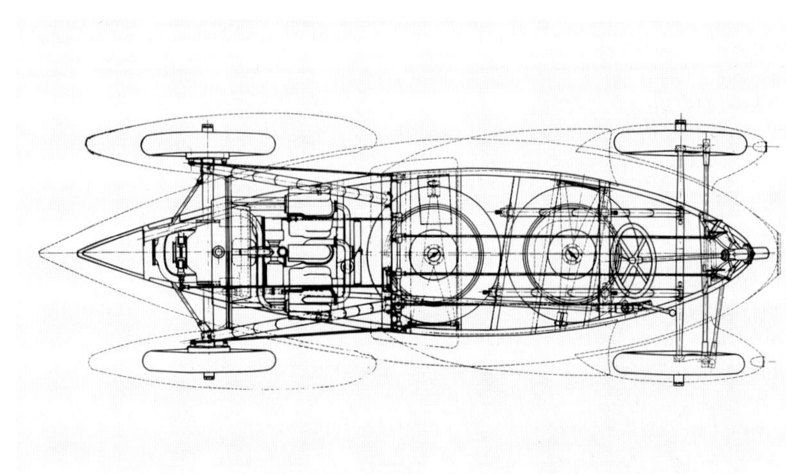

Rumpler schickte daraufhin einen Tropfenwagen mit Tourer-Aufbau für weitergehende Versuche nach Mannheim. Der ursprünglich eingebaute Motor wurde durch einen seitengesteuerten 10/30-PS-Benz ersetzt, der mit einem Hubraum von 2610 ccm auf 34 PS bei 2250 U/min kam. Max Wagner und seine Mitarbeiter waren daraufhin auf den Straßen in und um Mannheim unterwegs, um eventuelle Schwächen des Wagens ausfindig zu machen.
Inzwischen hatte man im Vorstand der Firma Benz die Erkenntnis gewonnen, daß die Einführung einer Heckmotor-Modellreihe durch den Einsatz eines gleichartigen Rennwagens eine gute werbliche Unterstützung bekäme. Man dachte dabei an einen Wagen nach dem Reglement der Zweiliter-Grand-Prix-Formel von 1922. Doch Wagner konnte vorerst nicht viel Positives über den Wagen berichten, als Nibel und Nallinger sich nach den Ergebnissen der Testfahrten erkundigten. Es gab Probleme mit dem Chassis des Rumpler-Wagens, besonders mit der Führung der Schwingachse. Auf jeden Fall entschloß sich die Firma Benz daraufhin, keine Lizenzverträge mit Rumpler abzuschließen, sondern selbst die vollständige Neukonstruktion eines Heckmotorwagens vorzunehmen.
Trotz einer prekären Lage in der Zeit der Inflation, einiger Arbeitsniederlegungen und der nach wie vor zur Tagesordnung zählenden Materialknappheit ging die Arbeit am Rennwagen zügig voran. Das ursprünglich gesteckte Ziel ließ sich indessen nicht erreichen, denn für das Eröffnungsrennen von Monza im Herbst 1922 konnte Benz noch keinen Wagen bereitstellen. Zwar war der erste Wagen schon fertig, doch Walb und seine Leute hatten das Fahrzeug als untauglich und stark verbesserungsbedürftig befunden. Äußerlich wirkte das Auto perfekt und mit der eleganten, schlanken Karosserie schien es den Idealvorstellungen eines Rennwagens nahezukommen. Es hatte in der Tat den Namen „Tropfenwagen“ verdient, jedoch waren nun an die Stelle der Rumpler-Konstruktion Benz-eigene Komponenten getreten. Das Fahrzeug wurde mit der internen Bezeichnung ‚RH‘ versehen (vermutlich: Rennwagen Heckmotor).
Der Benz-RH-Prototyp unterschied sich in vielen Details von jenen Wagen, die 1923 in Monza an den Start gingen. Er hatte breitere Felgen und außenliegende Bremsen an allen vier Rädern, wie sie auch Rumplers Wagen aufgewiesen hatte. Abweichend davon hatte der Benz auch vorne eine geteilte Achse und somit auch hier Einzelradaufhängung. Die Karosserie wies einen stärker abgerundeten Querschnitt auf und die Nase fiel steiler ab. Vor dem Volant war eine flache und stark gekrümmte Scheibe angebracht, durch die der sehr tief sitzende Fahrer nach vorne schauen konnte; der Beifahrersitz war fast völlig abgedeckt. Der über die Karosserie herausragende Kühler sowie das Auspuffrohr waren am ersten Wagen noch relativ klein gehalten.
Einige der darauf folgenden Änderungen bedeuteten Verbesserungen, bei den meisten jedoch handelte es sich um Kompromisse zugunsten der besonderen Anforderungen im Renneinsatz. Die Reifenbreite wurde auf 765 × 105 verringert, der Radstand betrug nach wie vor 2780 mm. Der RH hatte deutlich unterschiedliche Spurbreiten, mit 1400 mm vorne und 1245 mm hinten. Am ganzen Wagen war jedes nur erdenkliche Teil im Gewicht verringert worden, sogar Vorderachskörper, Schalthebel, Schaltkulisse und Gaspedal hatte man durchbohrt. Das Leergewicht betrug nurmehr 750 kg – damit hatten sich die Leichtbau-Spezialisten wohl selbst übertroffen. Die den Konturen der Karosserie folgenden Längsholme des Rahmens waren geradezu mit Erleichterungsbohrungen übersät, ebenso die drei Quertraversen am vorderen Teil des Wagens und die einzelne Strebe am äußersten Ende hinter dem Motor. Zusätzliche Verstärkung erhielt das Chassis durch die an vier Aufhängungspunkten verschraubte Motor-Getriebe-Einheit.
Man war hier wieder zu einer starren Vorderachse zurückgekehrt, diese verlief oberhalb des Rahmens und war an zwei Auslegefedern befestigt; die notwendige Führung wurde durch paarweise längs angeordnete Spurstangen gewährleistet. Auf dem Rohrgestell, das auch den Kraftstoffbehälter trug, war das Schneckenlenkgetriebe befestigt. Eine Schubstange übertrug von dort die Lenkbewegung an das linke Vorderrad und die damit verbundene Zugstange an das rechte Rad.
Edmund Rumpler und seine Patent-Anwälte kosteten Max Wagner einige schlaflose Nächte. Da Benz ja keinen Lizensvertrag abgeschlossen hatte, war man nun gezwungen die Hinterachse auf eine Weise zu ändern, die das Rumpler-Patent nicht verletzte. Dabei kam man sogar auf einige sinnvolle Verbesserungen. Das herkömmliche Differential wurde am Rahmen befestigt und die beiden Antriebs-Halbachsen mit Kreuzgelenken an die Antriebszahnräder gekuppelt. Diese Gelenke wurden genau wie am Getriebeausgang mit einer als Kugelgelenk fungierenden Abdeckung versehen. Die Hüllrohre wiesen am inneren Ende gegabelte Streben auf, die mit dem inneren Kreuzgelenk auf einer Linie drehbar gelagert waren. Die Schwingungsbewegung der Achsen verlief entlang einer schrägen Linie, wie dies auch beim Rumpler-Wagen der Fall war. Der Vorteil der Benz-Konstruktion lag in der Vereinfachung der Befestigung, die jedoch einen höheren Schwingen-Drehpunkt erbrachte, da die Anlenkpunkte weiter vom Mittelpunkt entfernt waren. Fünfblättrige Auslegefedern fanden auch hier Verwendung; sie waren an den Hüllrohren der Halbachsen genau in der Mitte angelenkt und schräg eingebaut. Die inneren Enden hatten einen am Motorgehäuse angegossenen Befestigungspunkt, in der Mitte lagen die Federn auf dem Rahmenträger auf. Stoßdämpfer hatte man hinten nicht vorgesehen, da man der Meinung war, daß bei der Schwingachsanordnung die Reifen die Stöße von Straßenunebenheiten in ausreichender Weise abdämpfen würden. Die Reibungs-Stoßdämpfer an der Vorderachse bestanden zu Anfang noch aus alten Federband-Typen, wurden aber bis Monza gegen modernere Mehrscheiben-Konstruktionen ausgetauscht.
Edmund Rumpler hatte bereits in seinen Patentschriften die Möglichkeit von nach innen gerückten Bremstrommeln erwähnt. Sie sollten dort innerhalb der Achsrohre direkt auf Ring-Zahnkränze im Differential wirken. Als sie den RH-Prototyp überarbeiteten, gingen Max Wagner und seine Fahrwerksspezialisten bei Benz auch dieses Vorhaben an. Durch die neue Anordnung der Bremsen verringerten sich die ungefederten Massen an den Rädern. Man blieb jedoch bei konventionellen Trommelbremsen, die man am Differential-Ausgang anbrachte; ihr Durchmesser war für damalige Verhältnisse nicht groß, doch die Trommeln waren verrippt und belüftet. Alle vier Bremsen wurden nun gemeinsam über das Bremspedal betätigt. Sämtliche Steuerungsorgane, also die Gestänge für Bremsen, Gas und Kupplung sowie das Schaltgestänge wurden durch kräftige Aluminiumstäbe auf Gelenkverbindungen vor der Motorhalterung übertragen.
Das Antriebsaggregat basierte nur in den Grundzügen auf dem Serienmotor. Im Unterschied zu den aufgeladenen Mercedes-Maschinen hatte man ihn in allen Details speziell auf den Renneinsatz zugeschnitten. Der Vorläufer des eigentlichen RH-Motors war bereits 1921 gelaufen. Am 24. und 25. September jenes Jahres hatten die Eröffnungsrennen der Avus in Berlin stattgefunden, an denen Benz mit mehreren Wagen beteiligt war. Franz Hörner hatte eine Langheck-Version des 10/30-PS-Serienwagens mit großem Erfolg eingesetzt. Willy Walb hatte einen ähnlichen Wagen gefahren, der jedoch auf dem 6/18 PS basierte. Der ohc-Vierzylinder mit 1570 ccm (68 × 108 mm) Hubraum stammte ursprünglich von der Süddeutschen Automobilfabrik (SAF) in Gaggenau, die 1910 in den Besitz von Benz übergegangen war. 1918 hatte Benz den fortschrittlichen Königswellen-Motor für den 6/18 PS übernommen. Für Walbs Avus-Wagen hatte man das Serienaggregat mit einem Vierventil-Kopf versehen, womit man die Leistung auf 45 PS bei 3000 U/min zu steigern vermochte. Für den RH-Motor griffen Robert Staffins Leute ebenfalls auf ein Vierventiler-Konzept zurück, und der daraus entstehende Sechszylinder wich auch sonst nicht allzu weit vom 6/18-PS-Vorbild ab. Die Dimensionen von 65 × 100 mm für Bohrung und Hub ergaben einen Gesamt-Hubraum von 1997 ccm. Mit symmetrisch im 90-Grad-Winkel hängenden Ventilen erreichte man einen dachförmigen Verbrennungsraum, an dessen Spitze die zentralsit-

zende Beru-Kerze eingeschraubt wurde. Zwei obenliegende Nockenwellen öffneten mittels leichtgewichtiger Gabel-Kipphebel die Ventile, der ganze Ventilmechanismus befand sich in aufgeschraubten Aluminium-Gehäusen auf den einzeln stehenden Stahl-Zylindern. An der Rückseite des Motors bildete ein Stirnradsatz den Nockenwellenantrieb, den man aus Platzgründen dem ansonsten allgemein verwendeten Wellentrieb vorgezogen hatte. Der Zündmagnet auf der linken Seite wurde mit einem zusätzlichen Zahnrad angetrieben. Die große Wasserpumpe saß auf der anderen Motorseite und wurde über ein Zwischengetriebe von der Kurbelwelle angetrieben.

Die zusammengesetzten Stahlzylinder mit aufgeschweißtem Kühlmantel wurden wieder nach dem Vorbild des Kaiserpreis-Flugmotors von 1912 angefertigt, das Kühlsystem selbst hatte man jedoch stark verbessert. Das abgekühlte Wasser trat oben am angeschweißten Zylinderkopf auf der Auslaßseite ein und floß gegenüber beim Einlaß wieder aus. Rechts unten verband eine Leitung alle sechs Zylinder, wodurch ein gleichmäßiges Wasserniveau erreicht wurde, hier befand sich auch der Ablaßhahn. Ebenfalls auf der rechten Seite befand sich die Auspuffanlage, bei der alle Krümmer in ein einzelnes Rohr mündeten, das außen an der Karosserie entlang nach hinten führte. Auf der linken Seite versorgte je ein dreiarmiger Ansaugkrümmer eine Zylindergruppe. Das Gemisch bereitete jeweils ein 42-mm-Zenith-Vergaser auf. Die beiden Ansaugsysteme waren durch eine dünne Ausgleichsleitung miteinander verbunden. Bei Benz hatte man während des Krieges nicht mit der Motoraufladung experimentiert und hielt diese Vorrichtung auch für den Grand-Prix-Wagen nicht für erforderlich.

In den Kriegsjahren hatte der Flugzeugtechniker Hirth eine eigene Firma gegründet, den Versuchsbau Helmuth Hirth in Cannstatt. Er befaßte sich dort mit Flugmotor-Versuchen, und 1917 hatte er ein Aggregat mit Leichtmetall-Kolben zusammengebaut. Der Vorgänger der heutigen Firma Mahle wurde bald zum ausgesprochenen Kolbenspezialisten, und so stellte Hirth auch für den neuen Benz-Rennmotor spezielle Kolben aus Magnesium-Legierungen her. Man kam damit auf eine für das Jahr 1922 relativ geringe Verdichtung von 5,8:1. Hirth fertigte aber auch die Kurbelwelle für den Benz, die vollständig zerlegbar ausgeführt wurde, damit man sowohl für die sieben Hauptlager als auch für die Lagerung der einteiligen Pleuel Rollenlager verwenden konnte. In dem aus Aluminium gefertigten Kurbelhaus hatte man Vertiefungen angebracht, in denen die Muttern für die fest verschraubten Lagerböcke Platz fanden. Die mit Gegengewichten versehene Kurbelwelle wurde mit niedrigem Druck, dafür aber einer hohen Durchflußmenge geschmiert. Die Ölpumpe saß dabei an der Stirnseite des Motors, wo sich auch der Drehzahlmesser-Antrieb und die Benzinpumpe befanden.

Kaum eine der zahlreichen ungewöhnlichen Komponenten des Mittelmotor-Benz stand derart im Blickfeld wie die spektakuläre Kühler-Konstruktion. Die Lage hoch hinter dem Motor war an sich nicht ungewöhnlich, das entsprach der Praxis bei den Kampfflugzeugen im Ersten Weltkrieg. Rumpler hatte bei seinem Wagen den Kühler mit in die Karosserie einbezogen, beim Benz jedoch ragte er vollständig aus dem Rumpf heraus. Gegenüber dem Prototyp hatte man die Kühlfläche des flachen und gekrümmten Kühlers um 30 Prozent vergrößert. Das Wasser floß durch die einzelnen Kühlplatten nach außen. Das erhitzte Wasser kam vom Motor in den tropfenförmig gestalteten Tank, von wo aus es in die Kühlelemente floß und dann wieder in die Mitte zurückkehrte, um von der Pumpe zurück zum Motor befördert zu werden.

Die Dauerleistung des Motors belief sich auf 80 PS bei 4500 Umdrehungen, kurzzeitig waren auch 90 PS bei 5000 U/min möglich, wobei die Drehzahlgrenze bei 5400 U/min lag. Im Jahre 1923 waren dies in Anbetracht der ebenfalls kompressorlosen Konkurrenten mit 100 und mehr PS keine hervorstechenden Daten. Die aufgeladenen Motoren leisteten ja noch beträchtlich mehr. Die Kraft wurde beim Benz mittels einer Konuskupplung auf das zwischen Motor und Differential liegende Dreiganggetriebe übertragen. Der dritte Gang war direkt übersetzt und die Abstufungen für den ersten und zweiten betrugen 3,7 und 2,0. Die Übersetzungsverhältnisse schienen indessen besser für Sprintrennen als für große Straßenrennen geeignet zu sein. Der Schalthebel wurde in einer Kulisse bewegt, die eine Sperre für den Rückwärtsgang aufwies.

Die Sitze waren versetzt angeordnet, wobei der Beifahrer etwas weiter hinten plaziert war. Obwohl man die Cockpit-Abdeckungen nicht mehr so hoch nach oben wie beim ersten Wagen gezogen hatte, war die Besatzung immer noch weitaus besser geschützt und saß wesentlich tiefer als bei allen anderen Rennwagen dieser Zeit. Der Karosseriebug war etwas höher geworden, da hier ein 130 Liter fassender Tank Platz finden mußte, der nun durch einen abgedeckten Schraubverschluß anstelle der eingelassenen Klappe befüllt wurde. Auf der linken Seite fand sich eine kleine Einstiegstür, ein an Grand-Prix-Wagen selten zu findendes Detail.

Für den Großen Preis von Europa am 9. September 1923 in Monza hatte Benz drei weiße Tropfenwagen fertiggestellt. Und sie waren in diesem relativ schwach besetzten Startfeld hochwillkommen. Die einzigen erwähnenswerten Konkurrenten bildeten die seit neuestem mit Kompressor versehenen Fiat-Achtzylinder und der noch nicht aufgeladene Miller aus Amerika. Als Fahrer standen dem Benz-Team Franz Hörner und Willy Walb zur Verfügung, zu denen sich noch Fernando Minoia gesellte. Als Schüler des großen Felice Nazzaro fuhr dieser Mann bereits seit 1904 in den verschiedensten Rennen und mit den unterschiedlichsten Wagen. Auch den französischen Grand Prix von 1908 hatte er bestritten und im Vorjahr (1922) einen Kompressor-Mercedes bei der Targa Florio bewegt.

Die Streckenführung von Monza bestand zu jener Zeit noch aus einer Kombination von abgesperrten öffentlichen Straßen und einer neu gebauten Steilkurve. Das Training für das 800 km lange Rennen wurde bereits im August aufgenommen. Am Renntag selbst sollte sich dann die leistungsmäßige Überlegenheit der Fiat und Miller mit aller Deutlichkeit erweisen, denn schon in den ersten Runden fuhren diese Wagen auf mehereren Streckenabschnitten Geschwindigkeiten von annähernd 160 km/h. Mit dem ersten Benz folgte ihnen Minoia, hinter ihm Hörner und die Wagen von Voisin und Rolland-Pilain. Willy Walb war schon früh mit Motorschaden ausgeschieden. Die Wagen aus Mannheim mußten sich der überlegenen Konkurrenz geschlagen geben, doch nach einem langen und harten Rennen hatten sie ihre Positionen halten können. Minoia hatte als Viertplazierter einen Schnitt von 136,5 km/h gefahren und der auch im Ziel noch hinter ihm liegende Franz Hörner war 128,2 Stundenkilometer schnell gewesen. Das Benz-Team hatte wirklich allen Grund, stolz zu sein, da es sich hier um den ersten Auftritt eines völlig neuartigen Wagens gehandelt hatte. Max Wagner bekam vom Veranstalter in Monza einen Ehrenpreis überreicht, für seinen Beitrag zu dem außergewöhnlichsten Rennwagen im Teilnehmerfeld.

Die Wirtschaftskrise in Deutschland vereitelte alle weiteren Rennpläne der Firma Benz, und im Mai 1924 nahm ein entscheidender Umbruch Einfluß auf alle weiteren Pläne der Mannheimer Firma. Es handelte sich dabei vorerst um eher interne Angelegenheiten als um irgendwelche Veränderungen an der äußeren Erscheinung: man schloß mit der Daimler-Motoren-Gesellschaft ein „Abkommen über gemeinsame Interessen".

Die eigentliche Fusion der beiden Firmen fand erst zwei Jahre später statt, aber bereits zu diesem Zeitpunkt wurden sowohl der Aufsichtsrat als auch der Vorstand gemeinsam beschickt. Und auch die Programme beider Unternehmen wurden bereinigt, um unnötige interne Konkurrenz zu unterbinden. Im gesamten Vertragswerk schien im übrigen Stuttgart die Oberhand gegenüber Mannheim zu gewinnen.

Die Vermeidung von Konkurrenz unter den beiden Firmen wirkte sich naturgemäß auch auf die Rennsport-Aktivitäten aus. Zu diesem Zeitpunkt im Jahre 1924 wirkte bei der DMG noch der große Targa-Florio-Triumph nach, und Ferdinand Porsche (der ja jetzt auch in der Firmenleitung bei Benz saß) war bereits mit Arbeiten an einem neuen Rennmotor beschäftigt. Von diesem

Kompressor-Achtzylinder für die Zweiliter-Formel erwartete man sich sehr viel, und so war es mehr als naheliegend, daß man im Rennprogramm Mercedes die Priorität einräumte.
Aus diesen Gründen tauchte der Benz-Mittelmotor-Rennwagen kein weiteres Mal bei internationalen Rennen auf. Er wurde in Deutschland nur noch bei einigen kleineren Veranstaltungen in seiner ursprünglichen Form eingesetzt. Die zukünftige Rangordnung aber sollte sich am 18. Mai 1924 beim Solitude-Rennen bereits deutlich abzeichnen. Dort belegte Franz Hörner mit dem Benz den dritten Platz, der altgediente Werksfahrer mußte sich bei seinem letzten Rennen von zwei Kompressor-Mercedes geschlagen geben. Ende des Jahres begann man mit dem Umbau des RH in einen Zweiliter-Sportwagen. Gerade in dieser Klasse sollte er noch mehr Aufsehen erregen als er dies in seiner Form als Grand-Prix-Wagen vermocht hatte.
An den Antriebskomponenten wurde lediglich das Ausgleichsrohr der Ansaugleitung verändert, da man nun einen dritten Vergaser anbaute. Dieser sollte zur Erleichterung des Startvorgangs dienen, ebenso wie ein Dynastarter, den man an den Wasserpumpenantrieb ankoppelte. Von den insgesamt vier gebauten RH-Exemplaren wurde eines – vermutlich sogar zwei – unter Beibehaltung der bisherigen Kühlerkonstruktion zum Sportwagen verwandelt. Es wurden Kotflügel angebaut, die längs über den Rädern verliefen und ziemlich hoch an der Karosserie saßen, wodurch hier die Bezeichnung „Flügel" sehr treffend war. Die Frontpartie hatte man umgestaltet, damit man zwei Scheinwerfer einbauen und in einem Stauraum das Reserverad unterbringen konnte. Der Tank rückte damit ganz nach hinten und fand in einem neuen Heckteil Platz. Es wurden kleinere Räder der Dimension 29 × 4,00 verwendet, und hinter den Vorderrädern hatte man längs an der Karosserie zwei weitere Spritzbleche angebracht. Durch diese Anordnung konnte man wie beim Rumpler-Wagen die geschwungenen Kotflügel und den damit verbundenen hohen Luftwiderstand vermeiden: aerodynamischer Spritzschutz 1924. Diese Konstruktion fand zu ihrer Zeit einige Nachahmer, von denen jedoch keiner im Aussehen mit dem bizarren Benz-RH konkurrieren konnte. In der Sportwagenversion wies er sogar eine kleinere Seitentür als der Grand-Prix-Wagen auf.
Im Juli 1924 bestritt Willy Walb mit dem umgebauten Benz den ersten

Rechts: Für den Benz-RH wurde ein neuer Motor konstruiert – 1997 ccm, 6 Zylinder, dohc. Über dem Motor der ungewöhnliche Kühler.

Oben: In der endgültigen Ausführung wies der Tropfenwagen vorne wieder eine Starrachse auf.

Unten: Chassis des Benz-RH. Vorne war der Kraftstofftank montiert, das Getriebe saß noch vor der Hinterachse. Die Rahmen-Längsträger waren so weit wie möglich mit Erleichterungsbohrungen versehen.

Wettbewerb; er gewann in Königstuhl das dortige Bergrennen. Im Mai des darauffolgenden Jahres fuhr Adolf Rosenberger seinen ersten erfolgreichen Einsatz in einem Benz; er siegte auf dem neueröffneten 22 km langen Kurs der Solitude bei dem für die Sportwagenklasse ausgeschriebenen Rennen und fuhr auch den ersten dortigen Rundenrekord. Im August war Walb wiederum in Freiburg erfolgreich, er gewann dort nicht nur die Sprintprüfung, sondern auch das Schauinsland-Bergrennen.

Die übrigen Fahrgestelle des RH-Typs wurden zu Spezialwagen umgebaut, die zwar in der Sportwagen-Kategorie starteten, jedoch nicht mit allen Details der anderen Wagen ausgestattet waren. Das neue Frontteil führte zu einem wesentlich weiter ausgeschnittenen Cockpit, wobei auch die Tür endgültig wegfiel. Der Kühler wurde bei diesen Fahrzeugen in einem kreisrunden Ausschnitt im Bug untergebracht. Es gab weder Scheibe noch Windabweiser und die Wagen sahen in ihrem Aufbau nicht gerade harmonisch aus. Sie aber waren es, die ihrem glorreichen Nachfahren des kommenden Jahrzehnts am meisten ähnelten. Gemeint ist der Auto-Union-Grand-Prix-Wagen.

Adolf Rosenberger fuhr auch diese Version des Benz-RH zu beachtlichen Erfolgen. So siegte er beispielsweise beim Herkules-Bergrennen in Kassel am 25. Mai 1925 in neuer Rekordzeit. Ein zusätzlicher Mann im Team war der Benz-Anhänger Carl Hermann Tigler, ein Privatfahrer, der in den Jahren 1924/25 ebenfalls einige Erfolge mit dem Benz-Mittelmotorwagen erringen konnte. Als Opel am 30. Mai 1925 seine neue Einfahrbahn in Rüsselsheim eröffnete, wurden dort auch einige Rennläufe abgehalten; hier setzte Tigler mit einem Schnitt von 127 km/h über zehn Runden eine Bestmarke. Im weiteren Verlauf der Saison erwiesen sich die Benz-Renner von Walb und Tigler dem aufgeladenen 1,5-Liter-Mercedes als knapp überlegen, dem Zweiliter-Wagen konnten sie jedoch nicht das Wasser reichen. Bei einem Sprintrennen in Baden-Baden erreichte Walb mit seinem RH die höchste mit diesem Wagen jemals gefahrene Geschwindigkeit: 168 km/h.

Die Werkseinsätze des Benz-Tropfenwagens wurden Ende 1925 beendet. Doch Willy Walb sollte das Steuer dieses Fahrzeugs noch nicht ganz aus der Hand legen. Fünf Jahre später präparierte das Werk für ihn noch einmal einen Wagen, denn er sollte Josef Ganz, dem angesehenen Ingenieur und Herausgeber der Fachzeitschrift ‚Motor Kritik', die Qualitäten dieser Kon-

Oben: Im August 1923 führte Benz in Monza Testfahrten für den einen Monat später stattfindenden Großen Preis von Europa durch.

Oben ein Benz-RH beim Training in der alten Steilkurve in Monza.

Links: Hörner, Walb und Minoia fuhren in Monza für Benz.

Rechts: Fahrer und Beifahrer saßen im RH-Cockpit sehr eng. Die Erleichterungsmaßnahmen erstreckten sich bei den Rennwagen sogar auf die Felgen.

struktion vorführen. Ganz war von den Vorzügen des Benz-RH bereits überzeugt, er wollte mit dieser Fahrt lediglich seiner Forderung nach Heckmotor und Schwingachsen im Serienbau Nachdruck verleihen. Fahren sollte er ihn indessen nicht selbst.
Ganz berichtete über seine Eindrücke auf dem Beifahrersitz neben Willy Walb: „Wir fuhren eine 150-Grad-Kehre mit etwa 100 km/h an, Walb bremste derart stark, daß es die Steinchen nur so aufwirbelte, doch der Wagen wich nicht um einen Millimeter von seiner Linie. Trotz seiner starren Vorderachse und der im Grenzbereich festzustellenden leichten Aufschaukel-Tendenz fährt sich der Wagen wesentlich leichter als jeder andere den ich kenne."
Ganz hatte darüberhinaus die Gelegenheit, die Gefühle des Renn-Beifahrers nachzuvollziehen: „Man sitzt direkt an dem heißen Wasserrohr, das die Kühlflüssigkeit vom Motor nach vorne zum Kühler führt. Dieses läßt einem warm werden, bis der Schweiß in Strömen rinnt. Das Fahrverhalten ist hingegen ungewohnt für einen Rennwagen, nur hie und da kommt ein Stoß bis in den Sitz durch. Es gibt kein ständiges Schütteln und Schlagen. Bei hohem Tempo verspürt man lediglich einige Vibrationen."

Als Ganz diese Impressionen über ein Auto, das inzwischen zum Museumsstück geworden war, niederschrieb, hatte die gerade erst vier Jahre alte Daimler-Benz AG solche Konstruktionsideen schon nahezu vollkommen verdrängt. Die drei Millionen Reichsmark, die das gesamte RH-Projekt verschlungen hatte, waren seit langem abgeschrieben und wie es schien auch vergessen. Zwei der Beteiligten aus Mannheim waren in der Zwischenzeit jedoch zu führenden Ingenieuren in der neuen Firma aufgestiegen: Hans Nibel und Max Wagner. Als diese beiden im Jahre 1934 den Mercedes-Benz-Sportwagen mit der Typenbezeichnung 150 vorstellten, bewiesen sie, daß sie nichts vergessen hatten. Dieser Typ 150 stellte in der Tat einen direkten Abkömmling des Benz-Tropfenwagens dar. Der Motor war wieder vor der Hinterachse eingebaut, welche als Schwingachse ausgebildet war. Es gab ein ungewöhnliches Kühlsystem, auch die Karosserie war wieder sehr rundlich geraten, wies Kühlschlitze und auch ein Spitzheck auf. Die vordere Schwingachse mit ihren doppelten Querblattfedern und die Schraubenfedern an der Hinterachse wurden auch beim Limousinentyp 130 übernommen. Dieser Wagen war einige Zeit vorher erschienen und wies ebenfalls einen Heckmo-

Der Benz-Heckmotor-Rennwagen war aerodynamisch sehr gut gestaltet, er konnte mit seinen 90 PS gut mit den stärkeren Wagen mithalten.

Links: 1924 wurde der Benz-RH auch in einer Sportwagen-Ausführung gebaut; auffallend ist der dreigeteilte vordere Kotflügel.

Um 1925 wurde zumindest eines der RH-Modelle mit einem vorn montierten Kühler ausgestattet und damit in Sprint- und Bergrennen eingesetzt. Dieser Wagen – inspiriert durch Adolf Rosenberger – nahm das Auto-Union-Konzept vorweg. Anfang der dreißiger Jahre standen diese Fahrzeuge auf einer Ausstellung.

tor auf, diesmal aber hinter der Achse eingebaut. Auch das Vierganggetriebe und der Zentralrohrrahmen stammten von jener Heckmotor-Limousine.
Im Gegensatz zu den anderen Mercedes-Vierzylindern, die in den frühen dreißiger Jahren verwendet wurden und seitlich stehende Ventile aufwiesen, gab es für den 150er wieder eine obenliegende Nockenwelle. Die Dimensionen für Bohrung und Hub beliefen sich auf 72 × 92 mm, womit sich ein Hubraum von 1498 ccm ergab. Bei einer Verdichtung von 7,1:1 leistete der Motor 55 PS bei 4500 U/min. Der Kühler befand sich im Wagenheck über dem Getriebe und bestand aus einem Doppelblock, durch den mittels eines abgedeckten und mit Leitblechen versehenen Ventilators Kühlluft geblasen wurde. Die Bleche waren so angebracht, daß ein zusätzlicher Luftstrom auch den Vergaser erreichte. Das von Max Wagner entworfene Chassis wurde 1934/35 in kleinen Stückzahlen gebaut und mit zwei verschiedenen Aufbauten geliefert. Bei einem handelte es sich um eine im Werk Sindelfingen angefertigte zweisitzige Roadster-Karosserie mit ausgeschnittenen Türen und zwei seitlichen Reserverädern. Der Wagen wog 975 kg trocken. Die Scheinwerfer wurden freistehend zwischen Rumpf und Kotflügel montiert, wodurch die Frontpartie nach den Worten von Josef Ganz „aufgebrochen wirkte und ohne ersichtlichen Grund eine gute Stromform verhinderte“. Er vermutete, daß die schlechte aerodynamische Durchgestaltung auch der Grund für eine Luftzuführung mit einem Gebläse war. Ganz gestand jedoch auch ein, daß der Wagen, „im allgemeinen, was die Gewichtsverteilung, die Radaufhängungen, die Federung und auch die Rahmenkonstruktion betraf, als perfekt zu bezeichnen ist“.
Mit 998 kg nur unwesentlich schwerer war das Coupé auf Basis des Typ 150. Es hatte nur an der Front und in den Türen Fenster, der Blick nach hinten war lediglich durch eine Vertiefung im Dach möglich. Die abgerundete kompakte Wagenfront war aerodynamisch sauberer gezeichnet und die Heckabdeckung mit zwei dichten Reihen von Lüftungsschlitzen versehen. Das Coupé war auch für den Wettbewerbseinsatz vorgesehen. Unter den zahlreichen Mercedes, die 1934 für die 2000-Kilometer-Deutschlandfahrt vorbereitet wurden, fanden sich deshalb auch einige der Sportwagen vom Typ 150. Vier Fahrer errangen mit diesen Wagen Goldmedaillen, davon wurde ein Coupé von Walter Gärtner und einem gewissen „H. Lang“ gesteuert. Bei letzterem handelte es sich um einen Motoren-Mechaniker, der erst seit einem Jahr bei Daimler-Benz arbeitete. Es sollte dies der erste erfolgreiche Einsatz mit einem vierrädrigen Fahrzeug für Hermann Lang sein.
Eines der 150er Coupés holte auch auf internationaler Ebene sportlichen Lorbeer; im August 1934 erhielt Hans-Joachim Bernet bei der Fernfahrt Lüttich-Rom-Lüttich mit diesem Wagen einen Sonderpreis. Er führte auf der Rückkehr von Rom das Gesamtfeld bis Pisa an und erreichte das Ziel ohne Strafpunkte, außerdem war er der bestplazierte Teilnehmer in einem geschlossenen Wagen.
Diese speziellen Mercedes-Sportwagen wurden zwar zu ihrer Zeit von den Kompressor-Fahrzeugen stark in den Schatten gestellt, doch die Mittelmotor-Wagen (damals fälschlicherweise stets als Heckmotor-Wagen bezeichnet) errangen ohne viel Aufhebens ebenfalls einige schöne Erfolge. Sie boten ein gelungenes Beispiel dafür, daß es Daimler-Benz auch verstand, kleinere Wagen in hervorragender Ausführung zu bauen. Daß sowohl der Benz RH als auch der Mercedes-Benz 150 nicht in jeder Hinsicht perfekte Automobile waren, steht ohne Zweifel fest, aber ebenso feststeht, daß beide Wagen Meilensteine auf dem Weg zu späteren Renn- und Sportwagen darstellen.

Oben: Der Mercedes-Benz 150 H ist als direkter Nachfolger zum Tropfenwagen zu sehen. Mit der Coupé-Ausführung wurden 1934/35 auch Langstrecken-Fahrten absolviert. In der Karosseriegestaltung fand dieser seltene Wagen einen berühmten Nachfolger. Unten die charakteristische Heckansicht mit dem Schacht für den Rückspiegel in der Mitte.

Rechts: Der Mercedes 150 H in der bekannten Roadster-Ausführung, Berlin 1935.

„Ich muß sagen, daß es sich bei diesem Motor um eine Meisterleistung seiner Zeit handelte. Wenn er die nötigen Drehzahlen erreicht hatte, um seine wirkliche Kraft zu entfalten, ließ er sich wunderbar fahren. Bis an die Drehzahlgrenze entwickelte er keine Vibrationen und lief absolut ruhig. Über den Rest des Wagens kann ich indessen nicht so lobend berichten."
Raymond Mays

Porsches Achtzylinder

Zum ersten Mal waren die Rennwagen nicht auf eigener Achse zu einem Rennen geschickt worden. Alfred Neubauer und Christian Werner hatten sich ihre Köpfe über einen schnellen Transporter zerbrochen und dabei ein Personenwagen-Chassis für ihre Zwecke zurechtgemacht. Vom Aufbau blieb dabei nur die vordere Partie mit Motorhaube und Cockpit erhalten, dahinter wurde eine einfache Fahrerbank montiert und auf dem nackten Rahmen Auffahrtsschienen für einen Rennwagen geschraubt. Da man die Spur des Transporters nicht verbreitert hatte, mußten diese Schienen über die Hinterräder gewölbt werden. Der Anblick des Fahrzeugs konnte nicht gerade als gelungen bezeichnet werden.

Am 2. September 1924 schritt Ferdinand Porsche nervös die Boxengasse des Autodroms von Monza auf und ab und wartete auf die verspätete Ankunft der Mannschaft aus Untertürkheim. Es war dies der erste Trainingstag zum Großen Preis von Italien, und das Fiat-Team drehte bereits eifrig eine Runde nach der anderen. Porsches neuer Mercedes-Rennwagen war gerade erst fertig geworden, man hatte noch gar keine Testfahrten unternehmen können. Es war deshalb wirklich keine Zeit zu verlieren.

Nach einer Reihe von Reifenpannen unterwegs kam der Tansporter endlich an. Sofort wurde der weiße Zweisitzer abgeladen. Da stand er nun, ein reinrassiger Kompressor-Rennwagen: der Zweiliter-Grand-Prix-Mercedes. Es war der erste Achtzylinder der D.M.G. und der erste Wagen, den Ferdinand Porsche für diese Firma konstruiert hatte. Er konnte es kaum erwarten, den Wagen laufen zu lassen und befahl: „Wir beginnen gleich mit ein paar Runden; ich möchte sehen, auf welche Zeiten wir kommen." Werner setzte sich ans Steuer und der Motor wurde angekurbelt. Der mit seinem geraden Kühler ziemlich grimmig dreinschauende Wagen donnerte davon. Er absolvierte jedoch nur eine einzige Runde und kam dann wieder zur Box zurück, wobei aus den Schlitzen in der Motorhaube Dampfwolken quollen. Eine bereits bekannte Schwäche hatte sich also doch stärker ausgewirkt, als ursprünglich angenommen. Porsche wollte bei seinem neuen Motor den Ladedruck wesentlich erhöhen und hatte aus diesem Grunde die Zylinderköpfe aus Bronze gießen lassen, um eine bessere Wärmeableitung zu erreichen. Jedoch hatte sich der Guß bereits bei Prüfstandsläufen als leicht porös erwiesen, was sich nun beim ersten Fahrversuch bös bemerkbar machte. Es war augenscheinlich, daß dadurch die Mercedes nicht einsatzfähig waren und Porsche teilte dem Veranstalter mit, daß er am 7. September keinen der vier gemeldeten Wagen an den Start bringen könne. Damit brachte er die Leute in arge Verlegenheit, denn Fiat hatte ebenfalls sein Fernbleiben angedeutet, da einige Fahrer wegen noch nicht verheilter Unfallverletzungen nicht antreten konnten. Es blieb nun keine andere Wahl, als das Rennen auf einen späteren Termin zu verlegen; man setzte nunmehr den 19. Oktober fest.

So machte sich die Mannschaft aus Deutschland noch am selben Tag wieder auf den Weg nach Untertürkheim, um einen neuen Wagen vorzubereiten. Dabei verwendete man nun wieder die altbewährten Stahlzylinder mit aufgeschweißten Wassermänteln. Es war schon sehr kühl und neblig, als im Oktober das Team erneut über die Alpen reiste. Der unerschütterliche Christian Werner und der schnelle Giulio Masetti – die zwei Targa-Sieger von Mercedes – sollten auch in Monza wieder am Start sein. Der dritte Wagen wurde Alfred Neubauer anvertraut, den vierten steuerte Graf Louis Zborowski. Er hatte 1922 in Brooklands den Blitzen-Benz gefahren und sah sich nun am Steuer eines Werks-Mercedes am Ziel seiner Träume. Als Ersatzleute wurden der stämmige Otto Merz und der 23jährige Neuling aus Remagen, Rudolf Caracciola, mitgenommen.

Während der Trainingsläufe verbrachte der junge Caracciola die meiste Zeit am Rande der Strecke: „An den Wagen gab es so viele Probleme, daß sogar die Stammfahrer kaum Gelegenheit zum Trainieren hatten." In einer Regenfahrt hatte Neubauer auch mit der Strecke seine Probleme „Wir kamen aus der Lesmo-Steilkurve und befanden uns schon auf der Geraden, als der Wagen plötzlich hinten wegschmierte. Er ging nach rechts, dann nach links und schleuderte immer heftiger ... bevor ich irgendwie eingreifen konnte, war es zu spät – wir drehten uns." Der Wagen krachte an eine Böschung, Neubauer und sein Beifahrer Hemminger blieben unverletzt, doch der Wagen war so schwer beschädigt, daß er nicht mehr instandgesetzt werden konnte.

Die Mercedes-Motoren sprangen nur mit großer Mühe an, so daß man hinter dem Armaturenbrett einen kleinen mit Äther gefüllten Behälter befestigte, von wo aus die leicht verdampfende Flüssigkeit beim Ankurbeln in die Vergaser geleitet wurde. Doch auch das half nicht viel: Als um 10 Uhr das Feld gestartet wurde, sprang Werners Wagen erst nach einigen Versuchen an. Zborowski mußte gar im vierten Gang angeschoben werden, denn die Kupplung trennte nicht.

Das Fiat-Team war auch jetzt nicht erschienen und so gab es auf diesem über 60 Runden (596,8 km) führenden Rennen eigentlich nur noch einen einzigen ernsthaften Konkurrenten, nämlich Alfa Romeo. Der frühere Alfa-Fahrer Masetti jagte diesmal die schnellen P2-Achtzylinder am Steuer eines Mercedes. In der ersten Runde lag er dabei an zweiter Stelle, fiel aber dann auf Rang Vier zurück. Neubauer war um einiges zurück, hinter ihm kam Werner, der jedoch immer mehr an Boden gutmachen konnte, bis er in der 17. Runde zu einem Wechsel der Zündkerzen die Boxen anlaufen mußte. Neubauer hielt kurz darauf aus demselben Grunde an und übergab seinen Wagen an Merz. Weitere Kerzen-Stops sollten noch folgen. Giulio Masetti mußte seine Verfolgungsjagd nach 43 Runden mit einer gebrochenen Benzinleitung aufgeben. Zborowski gelang trotz einer nach wie vor nicht wirksamen Kupplung ein

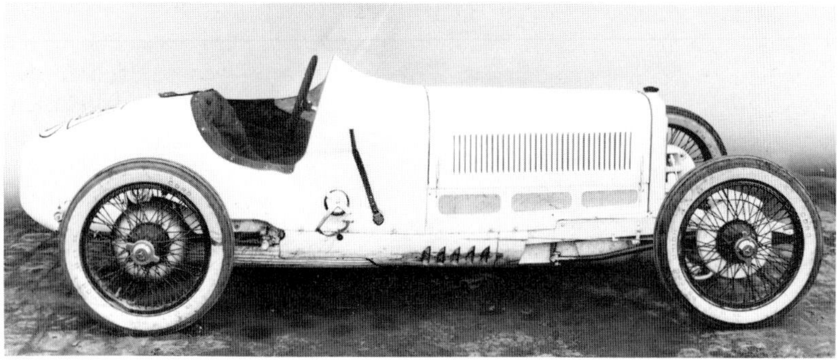

Oben: Der neue Mercedes-Zweiliter für die Saison 1924. In der abgebildeten Ausführung kam er allerdings nicht zum Einsatz.

Oben: Die endgültige und erheblich verbesserte Version des Achtzylinder-Rennwagens, wie sie im Oktober 1924 in Monza gefahren wurde.

Links: Christian Werner drehte am 2. September die ersten Proberunden in Monza (der Wagen hat nur einen Mercedes-Stern an der Kühlermaske), doch zahlreiche Probleme zwangen zum Abbruch des Unternehmens.

Unten: Werner und Neubauer hatten die Idee zum Bau eines Renntransporters; dieser umgebaute Tourenwagen war erstmals 1924 in Monza zu sehen.

Boxenhalt, jedoch konnte er seinen 44. Umlauf nicht mehr beenden. Er geriet in der Lesmo-Kurve von der Fahrbahn ab und fand den Tod, als sein Fahrzeug an einem Baum zerschellte. Wie schon sein Vater, mußte auch er sein Leben am Steuer eines Mercedes-Rennwagen lassen.
Die Nachricht von Zborowskis tödlichem Unfall erreichte die Boxen genau in jenem Augenblick, als Antonio Ascaris Alfa als Erster abgewunken wurde. Anstatt das Rennen noch über die verbleibende kurze Distanz fortzusetzen, hielt Max Sailer die beiden anderen Mercedes sofort an. Dies war das Ergebnis des einzigen bedeutenderen Renneinsatzes des Zweiliter-Achtzylinder-Mercedes.
Es war klar ersichtlich, daß Monza nicht gerade die günstigste Voraussetzung für die Einführung eines wichtigen neuen Rennwagens dargestellt hatte. Über die Todesursache des allseits beliebten Grafen Zborowski gab es über drei Tage hinweg eine Reihe von Verhören und Untersuchungen. Zuerst wurde vermutet, daß – genau wie bei Masettis Unfall mit dem Vierzylinder-Rennwagen drei Wochen zuvor in San Sebastian – ein Seilzug der Vorderradbremsen verklemmt gewesen sei. Die D.M.G. führte Beweise an, daß dies nicht der Fall gewesen sei, und als offizielle Unfallursache wurde dann ein Ausrutscher auf einem Ölfleck angegeben. Caracciola schrieb hingegen in seinen Erinnerungen von einem platten Reifen, kurz nach einem Wechsel desselben an der Box.
Nach diesem Todessturz und Neubauers Trainingsunfall schrieb man dem Achtzylinder-Mercedes ein problematisches Fahrverhalten zu, ein Urteil, das durch das weitere Fernbleiben des Teams nur bestärkt wurde. Für die Saison 1925 wäre der Wagen bei allen Grands Prix startberechtigt gewesen, und, auf einen Hubraum von 1,5 Liter verkleinert, wäre eine weitere Teilnahme auch in den Jahren 1926/27 möglich gewesen. Im Ausland wertete man das Verhalten der Untertürkheimer als Eingeständnis eines Fehlers in der Konstruktion, ohne daß man jedoch die wirtschaftliche Lage im damaligen Deutschland in Betracht zog. Genau zu dieser Zeit vollzog sich nämlich die Annäherung zwischen Daimler und Benz, wenngleich sie erst zum Teil wirksam wurde.
Der Brite Raymond Mays hatte sich in jener Zeit schon einen guten Ruf als Kurvenspezialist bei Bergrennen wie auch bei Straßenrennen erworben und fuhr einen dieser Mercedes-Rennwagen 1927 auf einer privaten Teststrecke. Er berichtete über seine Eindrücke: „Eine Federung schien überhaupt nicht vorhanden zu sein, der Wagen lag völlig starr auf der Straße. Ich bremste die nächste Kurve an und hielt das Lenkrad fest in der Hand. So schnell, daß ich gar nicht reagieren konnte, brach plötzlich das Heck aus und der Wagen rutschte mit voller Breitseite in den Straßengraben!“ Mays bezeichnete das Fahrverhalten des Wagens als „erschreckend“. Er erzählte weiter: „Meine Ansichten kamen natürlich auch den deutschen Mechanikern zu Ohren. Nach der Überwindung einiger Verständigungsschwierigkeiten erfuhr ich schließlich, daß diese Achtzylinder-Wagen eigentlich nie als besonders kurvenfreudig gegolten hatten.“ Nach einem Rennen in Brooklands, bei dem Mays eine Spitzengeschwindigkeit von über 200 km/h erreicht hatte, wobei der Wagen mehrere Male von der Piste abhob, ermahnte ihn Henry Segrave: „Ray, du kannst froh sein, daß du noch lebst; höre auf meinen Rat und fahr diesen Wagen kein weiteres Mal.“ Was Mays auch nicht tat.
Die Grundlagen für dieses glücklose Automobil waren bereits im Jahre 1922 geschaffen worden. Paul Daimler veranlaßte damals den Bau eines Einzylinder-Testmotors, aus dem parallel zum Indy-Vierzylinder ein Zweiliter-Achtzylinder-Aggregat entstehen sollte. Porsche übernahm das Projekt in einem nicht sehr weit fortgeschrittenen Stadium, und es gedieh erst unter seiner Leitung richtig. Es war jedoch bei weitem nicht seine einzige Aufgabe und auch nicht die wichtigste. Otto Schilling war an der praktischen Ausführung der Konstruktion, welche nun mit dem Namen M 218 versehen worden war, beteiligt. Es handelte sich dabei um ein gewaltig leistungsfähiges Aggregat, dessen Potential nur zum Teil ausgeschöpft wurde. In der eigentlichen Einsatzversion, die noch einmal überarbeitet worden war, verwendete man bei Daimler wie auch bei den Haupt-Konkurrenten Alfa Romeo und Fiat zusammengesetzte Stahlzylinder. Jedoch blieb man im Unterschied zu den anderen Firmen auch weiterhin dem Vierventil-Prinzip treu, das sich bei den Vorgängern in der Reihe der D.M.G.-Rennmotoren schon so glänzend bewährt hatte und für hochaufgeladene Kompressormaschinen in der Tat gut geeignet war. Die vier natriumgefüllten Ventile hingen schräg im Zylinderkopf und bildeten einen dachförmigen Verbrennungsraum. Sie wurden mittels zweier obenliegender Nockenwellen über gegabelte Kipphebel bewegt. Ein Stirnradsatz an der Motorrückseite trieb die Nockenwellen und über ein zusätzlich in der Mitte zwischen den Wellen laufendes Zahnrad auch den Zündmagnet an. Dieser versorgte die zentral in jedem Brennraum sitzende Zündkerze mit dem nötigen Funken. In einem auf die Zylinder-plus-Kopf-Einheit (Sackzylinder) aufgeschraubten Leichtmetallgehäuse waren die Nokkenwellenlager und die Kipphebelböcke eingegossen.
Die engstehenden Einzelzylinder und ihre aufgeschweißten Köpfe wurden von einem gemeinsamen Stahlgehäuse umgeben. Diese Konstruktion dürfte sehr aufwendig gewesen sein, besonders, wenn man an die kurze Vorbereitungszeit vor dem neu angesetzten Rennen in Monza denkt. Eine aufrecht an der Vorderseite des Motors montierte Wasserpumpe (entsprechend dem Vierzylinder GP-Wagen von 1914) förderte das Kühlwasser zu einer unterhalb des Einlasses angebrachten Verteilerleitung. Abgeleitet wurde das erwärmte Kühlmittel sowohl durch ein Sammlerrohr über dem Zylinderkopf als auch durch einen Abflußkanal an der Stirnseite der Kopfpartie. Die Zylinder wiesen an ihren unteren Enden ziemlich schmale Flansch-Angüsse auf, welche mit einer ganzen Serie von Zugankern am oberen Teil des Leichtmetall-Kurbelgehäuses verschraubt wurden. Diese Zuganker ragten durch das ganze Gehäuse hindurch nach unten und waren auf der Unterseite der Ölwanne im Durchmesser verringert und mit kleineren Muttern verschraubt. Dies hielt nicht nur das ganze Motorgehäuse zusammen, die 18 Zuganker trugen auch die unteren Enden der Kurbelwellen-Lagersitze.
Porsche wandte das ganze Spektrum des damaligen Entwicklungsstandes an und versah sowohl die Kurbelwelle als auch die Pleuel mit Rollenlagern. Im Unterschied zum Vierzylinder-Typ verwendete man dabei geteilte Lager-Außenringe, womit man die Kurbelwelle aus einem Stück fertigen konnte. Mit der projektierten Motordrehzahl von 8000 U/min lag man 25 Prozent über dem bisherigen Erfahrungsbereich; diese Drehzahlgrenze wurde in der Praxis auch nahezu erreicht. Zum ersten Mal wurde bei einem D.M.G.-Motor auch ein vollständiges Druckumlauf-Schmiersystem verwendet. Die Druck- und Saugpumpen waren am hinteren Ende der Ölwanne montiert, die in der Mitte ein rechteckiges Sammelbecken aufwies. Das abgetropfte Öl wurde von dort aus zurück zu dem an der linken Seite des Motors eingebauten 25-Liter-Tank gepumpt. Der Einfüllstutzen zu diesem Behälter schaute hinter dem Kühler aus dem Seitenteil der Motorhaube hervor. Die Unterseite des Öltanks ragte in den Fahrtwind und war mit einigen Kühlröhren versehen, durch die die Luft strömen konnte. Mit relativ niedrigem Druck gelangte das Öl als erstes zu den Hauptlagern, von dort tropfte es auf Schleuderringe an der Kurbelwelle, die es an die Pleuellager förderten.
Als Verbindungsmann fungierte bei der Entwicklung des M 218 und insbesondere des wälzgelagerten Kurbeltriebes zwischen dem Konstruktionsbüro und der Versuchsabteilung ein gewisser Wunibald Kamm. Dieser Ingenieur sollte später noch auf einem anderen Gebiet von sich reden machen (siehe Kapitel 12). Porsche hatte dem jungen Mann „weitgehende Freiheit“ bei seiner Aufgabe eingeräumt. Kamm kümmerte sich intensiv um die gesamte Konstruktion des Achtzylinder-Motors und besonders um die Perfektionierung der Kompressor-Aufladung, wobei er eine Verdoppelung des bisher verwendeten Ladedrucks ins Auge gefaßt hatte. Ausgehend von einem zur Zeit der Konzeption des Motors (1922) üblichen Druck von 0,2 at dachte Kamm an eine Steigerung auf 0,98 at. Dies war ein ungewöhnlich hoher Wert im Vergleich zur allgemeinen Praxis. Ein Roots-Gebläse in ansehnlicher Größe

wurde horizontal am hinteren Ende des Motors angebracht und von den vorhandenen Antriebs-Zahnrädern des Nockenwelletriebs bewegt. Das Ladegehäuse war wieder reichlich verrippt, was sowohl zur Verstärkung als auch zur Wärmeableitung beitrug. Die Lager der Drehflügel wurden von der Druckschmierung des Motors mitversorgt.
Porsche wich mit dem M 218 in zweifacher Hinsicht von bisherigen Praktiken in Untertürkheim ab. Erstens sah er den Lader in dauerndem Eingriff vor, wodurch die problematische Rutschkupplung überflüssig wurde, und zweitens setzte er den riesigen Steigstrom-Vergaser auf die Ansaugseite des Kompressors. Der Lader drückte somit das höher verdichtete Kraftstoff-Luft-Gemisch über einen einfachen Krümmer in die Einlaßkanäle. An dessen Enden waren zwei Überdruckventile angebracht, die ein Zurückschlagen in den Kompressor im Falle einer Fehlzündung verhindern sollten. Porsche ging damit von Paul Daimlers Druckvergaser-Anordnung ab und verwendete, wie auch Sunbeam und Duesenberg im Jahre 1924, einen Saugvergaser.
In der Art und Weise seiner Leistungsabgabe stand der Mercedes-Motor einzigartig da, lediglich der Delage V12 und einige wenige Miller-Motoren übertrafen seine Höchstleistung innerhalb der bis 1925 gültigen Zweiliter-Formel. Der Delage mit seinen kleineren Zylindereinheiten erreichte ein vergleichbar hohes Drehzahlniveau. Interessant erscheint die Gegenüberstellung der wichtigsten Konkurrenten mit Achtzylinder-Aggregaten:

Porsche hatte mit dem M 218-Achtzylinder einen völlig neuen Rennmotor geschaffen. Eine Reihe mißlicher Umstände stand dem erwarteten Erfolg entgegen.

Typ		Abmessungen	Verdichtung	Ladedruck	Leistung
Miller 122	1925	59,6 × 88,9 mm	7,0	1,12 at	203 PS, 5800 U/min
Fiat 405 A	1924	60,0 × 87,5 mm	6,2	0,60 at	146 PS, 5500 U/min
Duesenberg	1925	60,3 × 86,9 mm	6,7	0,84 at	150 PS, 6000 U/min
Alfa Romeo P 2	1925	61,0 × 85,0 mm	6,0	0,75 at	155 PS, 5500 U/min
Mercedes M 218	1924	61,7 × 82,8 mm	5,0	0,98 at	170 PS, 7000 U/min

Das Chassis des Zweiliter-Grand-Prix-Wagens von 1924; der Tank befand sich unter dem Wagenboden und erstreckte sich bis zur Hinterachse.

In dieser nach dem Kolbendurchmesser geordneten Spitzengruppe der zeitgenössischen Rennmotoren weist der M 218 den kürzesten Hub und die bei weitem höchste Drehzahl auf. Lediglich der mit einem Schleuder-Lader versehene Miller gab eine höhere Leistung ab. In der Praxis sollte die Bevorzugung eines hohen Drehzahlniveaus indessen nicht den gewünschten Erfolg bringen. In den unteren Drehzahlbereichen war die Motorleistung sehr gering und als eine Auswirkung davon ließ sich der Motor nur unter großen Schwierigkeiten starten. Raymond Mays berichtete von seinen eigenen Erfahrungen: „Ich beobachtete den Drehzahlmesser ganz genau. Unmittelbar nach der ersten Zündung beim Anlaßvorgang trieben die Mechaniker die Tourenzahl des kalten Motors auf 6000 Umdrehungen. Ich konnte später selbst feststellen, daß es bei kaltem Motor so gut wie unmöglich war, den Motor bei niedrigeren Drehzahlen rund laufen zu lassen." Bei seinen ersten Probefahrten im Jahre 1927 stellte Mays fest, daß „es sogar mit warmem Motor in dieser Hinsicht Probleme gab, denn wenn die Tourenzahl auch nur ein klein wenig abfiel, drohte die Maschine sofort abzusterben."

Durch das eingebaute Dreigang-Getriebe erwuchs ein zusätzlicher Nachteil. Wie Mays schilderte, „war die Beschleunigung unglaublich lahm, was sich auch mit der kürzest möglichen Hinterachs-Übersetzung nur kaum änderte. Unter 5000 Umdrehungen gab der Motor so gut wie keine verwertbare Leistung ab. In Brooklands kam ich im dritten Gang auf 7400 U/min. Bei hohen Drehzahlen, also 7000 und darüber, lief die Maschine indessen wunderbar weich und entwickelte eine gewaltige Leistung." Es dauerte jedoch insgesamt zu lange, bis diese Drehzahlen erreicht wurden, was auch andere Fahrer des Mercedes-Achtzylinder bestätigten.
Zum schlechten Leistungsverlauf in den unteren Drehzahlbereichen trugen verschiedene Faktoren bei. Die Steuerzeiten waren aller Wahrscheinlichkeit nach zu sehr auf eine maximale Leistungsabgabe zugeschnitten, was sich natürlich auf den kontinuierlichen Drehmomentverlauf ungünstig auswirkte. Die für eine hohe Funktionssicherheit des Laders auch bei Spitzendrehzahlen benötigten Laufspiele verschlechterten Gemischdurchsatz und Ladedruck bei niedrigen Drehzahlen. Außerdem beanspruchte der stets im Eingriff befindli-

che Kompressor-Antrieb einen gewissen Teil der Gesamtleistung, das Verhältnis verschlechterte sich dabei mit sinkender Drehzahl. Dem hohen Ladedruck stellte Porsche eine geringe Verdichtung gegenüber, dies jedoch bewirkte einen weiteren Leistungsabfall im unteren Drehzahlbereich.
Die Probleme mit dem Antrieb sind auf den Abschlußbericht Max Sailers über den Indianapolis-Einsatz zurückzuführen. Hierin vertrat dieser die Ansicht, daß drei Vorwärtsgänge bei folgenden Rennwagen-Projekten ausreichend seien. Die Empfehlungen wurden auch tatsächlich angenommen, obwohl es sich bei dem neuen Wagen um eine völlig anders geartete Konstruktion handelte. Im gesamten Antriebssystem waren darüberhinaus einige neue Details zu finden. Es wurde beispielsweise eine Mehrscheiben-Kupplung verwendet, die sich nunmehr an der Motorrückseite befand. Der Schalthebel für das Getriebe wurde direkt auf das Gehäuse montiert, die Schaltvorgänge wurden also nicht mehr mit einem Gestänge übertragen. Die offene Schaltkulisse blieb jedoch erhalten. Am Getriebeausgang wurde die Kraft mit einem Kreuzgelenk an die Antriebswelle übertragen. Diese lief wieder in einem stabilen Schubrohr, das sich an seinem vorderen Ende mit dem als Kugelgelenk ausgebildeten Gehäuse am Getriebe beziehungsweise dessen Halterung abstützte. Die Hinterachse war wieder an halbelliptischen Blattfedern aufgehängt, die diesmal an der Außenseite des stark nach oben gebogenen Rahmenhecks montiert waren. Eine Traverse über dem Vorderteil der Antriebswelle nahm die Querwelle zum Handbremshebel sowie die Ausgleichshebel der Brems-Seilzüge auf. Die Bremstrommeln an allen vier Rädern waren mit nunmehr annähernd 50 cm Durchmesser wesentlich vergrößert worden.
Am vorderen Ende des Rahmens war nur eine sanfte Kröpfung vorgesehen, womit auch der zur Verfügung stehende Federweg stark eingeschränkt wurde. Die Blattfederpakete waren jedoch diesmal relativ lang geraten und wurden durch Ausschnitte im Achskörper hindurchgeführt, anstatt auf ihm angeschraubt zu sein. Diese Konstruktion erleichterte die Sturz-Einstellung der Vorderräder insofern, als man nun die Radnaben an den Achsschenkelbolzen versetzte und nicht die Achse nach den Federaufnahmen abwinkelte. Das Lenkgetriebe der Spindellenkung wurde ziemlich weit vorne am rechten Rahmenholm montiert. Von deren langen Lenkhebel führte eine Schubstange schräg nach oben zeigend nach vorne zur rechten Spurstange. Diese Umlenk-Methode übertrug sämtliche Federungsbewegungen bis zum Steuerrad. Nur eineinhalb Umdrehungen genügten von Lenkanschlag zu Lenkanschlag.
Der Motor war bei diesem Wagen ungewöhnlich weit in die Mitte gerückt, die Stirnseite lag auf einer Linie mit dem Ende der Vorderräder. Porsche schlug auch mit der Unterbringung des Benzintanks völlig neue Wege ein: Der 95-Liter-Behälter wanderte auf die Rahmen-Unterseite, er erstreckte sich unter den Sitzen bis fast zur Hinterachse. Der Tank wies einen abgerundeten Boden auf, womit er an die nach wie vor angebrachten Verkleidungsbleche angepaßt wurde. Oben hatte er eine tiefe Einbuchtung für die Antriebswelle. Der Einfüllstutzen befand sich auf der rechten Seite des Cockpits. Auf diese Weise wurde das Hauptgewicht des Fahrzeugs um die Wagenmitte konzentriert. Nach Porsches Ansicht verhinderte ein tiefer und zentral angeordneter Fahrzeugschwerpunkt am ehesten das Ausbrechen der Wagenfront oder des Hecks in den Kurven. Im Zusammenspiel mit dem damaligen Stand der Fahrgestelltechnik jedoch wirkte sich diese Auslegung beim Mercedes dergestalt aus, daß der Wagen, wenn er ins Driften geriet, vehement über alle vier Räder wegrutschte. Dies geschah so schnell und unkontrollierbar, daß es den wenigsten Fahrern gelang, den Wagen in solcher Situation abzufangen. Außerdem schlug natürlich bei einem tiefen Schwerpunkt die Federung wesentlich leichter durch.
Der Mercedes wog 780 kg (Trockengewicht), wovon 51,3 Prozent des Gewichts auf der Vorderachse lasteten. Die ungewöhnliche Plazierung des Kraftstoff-Reservoirs entsprang Porsches Bemühen, den Einfluß der sich während des Rennens verringernden Benzinmenge auf die Achslastverteilung möglichst geringzuhalten.
Die Abmessungen des Chassis waren mit dem Radstand von 2600 mm und einer Spurbreite von 1360 mm ebenfalls verändert worden. An allen vier Rädern verwendete man nun wieder konventionelle Reibungsstoßdämpfer. Als man die Rennwagen im Werk für den Monza-Einsatz präparierte, zog man Continental-Reifen der Dimension 29 × 4 auf; nach der Ankunft in Italien wechselte man diese jedoch gegen wesentlich größere Pirelli-Pneus aus. Mit Hinterreifen der Abmessungen 31 × 6 und Vorderreifen der Größe 29 × 5 konnte man die Gesamtübersetzung etwas günstiger gestalten, außerdem wiesen die italienischen Reifen eine bessere Profilgestaltung auf.
Der erste Wagen der Zweiliter-Achtzylinder-Reihe war mit einem unansehnlichen, flachen Kühler versehen worden. Die Monza-Wagen indessen bekamen ein neues Frontdesign, denn man hatte die Kühler leicht abgerundet, wobei man am Wasserbehälter nun auf jeder Seite einen Mercedes-Stern angebracht hatte. Die Motorhaube und die Abdeckung der Wagenunterseite waren mit zahlreichen Luftschlitzen versehen. Als weiteres charakteristisches Merkmal fanden sich an diesen Wagen stark aufgewölbte Verkleidungsbleche über dem Armaturenbrett, die Fahrer und Beifahrer Schutz bieten sollten.
Mehr als ein halbes Jahr war seit dem Drama in Monza vergangen, als im Juli 1925 Christian Werner mit einem der Achtzylinder in Münchens Forstenrieder Park zu einem Sprint-Rennen antrat. Er konnte dort den Tagessieg erringen. Im August erschien er in Freiburg, wo man um die schnellste Zeit über den Fliegenden Kilometer mit einem Anlauf von 1,3 km kämpfte. Der Achtzylinder-Mercedes erwies sich auch hier mit einer Geschwindigkeit von 167,9 km/h als der schnellste Konkurrent. Im Jahr darauf kam Werner auf 173,1 km/h und 1927 sogar auf 183,9 km/h.
Im Jahre 1925 wurde zum ersten Mal das Schauinsland-Bergrennen bei Freiburg ausgetragen; mit einer Zeit von 11:31,8 min hieß auch hier der Sieger Christian Werner auf Mercedes. Dies gab dem gewissenhaften Chefmonteur einigen Auftrieb: Er holte sich von Ferdinand Porsche die Erlaubnis ein, einen der Achtzylinder-Rennwagen nach seinen eigenen Ideen umgestalten zu dürfen. Er wollte sich einen speziellen Kurzstrecken- und Bergrennwagen bauen. Werner begann an der Frontpartie, indem er einen anderen Kühler einbaute, der höher und wie in den früheren Rennwagen wieder stark gepfeilt ausfiel. Die Motorhaube war ebenfalls höher geworden, die Cockpitabdeckung wieder flach ausgeführt. Zum Schutz des Fahrers brachte er eine kleine Scheibe – wie bei den Targa-Wagen – an. Das Aussehen geriet noch altmodischer, als Werner den Benzintank gegen einen am Heck montierten Behälter austauschte. Zusammen mit allen anderen Modifikationen erwiesen sich diese Arbeiten Werners jedoch als sehr erfolgreich, denn bei seinem nächsten Start am Schauinsland im Jahre 1926 unterbot er seinen eigenen Rekord um mehr als eine Minute (10:24,2 min). Im darauffolgenden Jahr war er etwas langsamer und mußte sich einem neuen Gegner geschlagen geben – dem größeren Wagen von Mercedes-Benz.
1926/27 fuhr Werner seinen Wagen und auch andere Achtzylinder bei verschiedenen nationalen Rennen in Deutschland. Er gewann das Bergrennen in Kniebis und auch seine Klasse beim Nürburgring-Eröffnungsrennen am 19. Juni 1927. Adolf Rosenberger war mit diesem Wagentyp ebenfalls erfolgreich unterwegs, er gewann das Herkules-Bergrennen in Kassel, wo er den mit einem Benz-RH gehaltenen Rekord zu unterbieten vermochte. Und er siegte am Klausenpaß. Die D. M. G. folgte 1926 Werners Beispiel und baute einen weiteren ehemaligen Grand Prix-Wagen um. Man schnallte hier auch Ersatzräder auf, beließ aber den Benzintank an seiner ursprünglichen Stelle.
Diese kleinen Unternehmungen stellten lediglich Beiwerk zu wesentlich weitreichenderen Vorgängen dar. Die im Mai 1924 vereinbarte Zusammenarbeit der Firmen Daimler und Benz nahm nun konkrete Formen an. Die Untersuchungen über die zu erreichenden Vorteile sowie die damit verbundenen Entscheidungen führte Wilhelm Diesel durch. So wurde als erstes der

Karosseriebau der beiden Firmen im ehemaligen Flugmotorenwerk der D. M. G. in Sindelfingen zusammengefaßt. Die Händler-Organisationen wurden zusammengelegt und es erschienen Werbeanzeigen, die erstmals die Verbindung veranschaulichten, denn die beiden großen Namen waren hier bereits vereint worden: „Mercedes-Benz". Die Programme wurden gestrafft und Modelländerungen durchgeführt.
Benz stand von Anfang an auf einem schwächeren Posten. Das änderte sich auch 1926 nicht wesentlich, als der gemeinsame Vorstand den Gedanken einer endgültigen Fusion in Erwägung zog. Diese kam schließlich am 29. Juni 1926 zustande, und aus den beiden deutschen Traditions-Unternehmen wurde die „Daimler-Benz-Aktiengesellschaft". Die bisherige Firmenpolitik wurde beibehalten, dazu gehörten auch die rennsportlichen Aktivitäten, die Wilhelm Kissel sehr hoch einschätzte. Es ergaben sich keine einschneidenden Änderungen gegenüber den vorherigen Programmen.
Eines der ersten wichtigen Rennen nach der Fusion der beiden vormaligen Konkurrenten stellte der Große Preis von Deutschland dar, der in diesem Jahr erstmals zur Austragung gelangen sollte. Es wurde vom Automobil-Club AVUS bekannt. Durch verbindende Kehren an beiden Enden verwandelte man die Straße in einen 19,5 km langen Rennkurs für den Großen Preis von Deutschland. Hier mußten die Wagen nur zweimal pro Runde abbremsen und beschleunigen, dazwischen lagen lange Geraden mit ebenem Straßenbelag. Damit war die Strecke wie geschaffen für die Eigenheiten des Achtzylinder-Mercedes.
Ein Zweiliter-Sportwagen mußte nach dem Reglement vier Sitzplätze aufweisen, und bei den Mercedes ging es schon bei zwei Mann recht eng zu. Aber hier gab es einen Ausweg. Porsches Unterflur-Anordnung des Benzintanks machte es relativ einfach, einen „Fortsatz" an das Wagenheck anzubauen. Darin brachte man zwei Sitzgelegenheiten sowie Fußraum für zwei Personen unter; laut Alfred Neubauer handelte es sich dabei jedoch um reine „Staffage". Weitere Zugeständnisse an das Sportwagen-Reglement bestanden aus einer Ratsche für die Handbremse und einem Zahnradantrieb von der Einlaßnockenwelle für einen kleinen Kühlventilator. Es wurden auch neue Kühler angebracht, die jedoch nicht höher als die ursprüngliche Ausführung waren, dafür jedoch wieder stärker gepfeilt, so wie bei der bereits klassisch

Links: Alfred Neubauer fuhr ebenfalls einen Achtzylinder in Monza.

Unten: Christian Werner steuerte den Wagen Nummer 12. Das dritte Fahrzeug vertraute man Graf Louis Zborowski an.

von Deutschland, dem AvD veranstaltet, welcher seit einem Jahr der A. I. A. C. R., dem internationalen Automobilverband, angehörte. In der Hoffnung, wesentlich mehr Teilnehmer als nur die Vertreter der laufenden 1,5-Liter-Formel an den Start zu bringen, ließ der AvD Wagen bis zu einem Hubraum von 3,0 Liter zu. Für die Wagen mit 1,5 und 2 Liter Hubraum wurden getrennte Wertungen durchgeführt. Im gegenseitigen Einvernehmen zwischen dem AvD und der D. M. G. hatte man auch eine Startmöglichkeit für Sportwagen eingeschlossen. Wobei jedoch der Begriff Sportwagen zu jener Zeit lediglich eine bestimmte Anzahl von Sitzplätzen im Wagen, gestaffelt je nach Motor-Größe ausdrückte.
Das Rennen fand am 11. Juli 1926 statt. Es wurde auf jenem Torso der vierspurigen Schnellverkehrsstraße in Berlin abgehalten, deren Erbauung auf ein Dekret von Kaiser Wilhelm im Jahre 1907 zurückging. Die Bauarbeiten hatten erst 1912 begonnen und waren 1920 wieder aufgenommen worden. Mit privater finanzieller Unterstützung entstand südwestlich von Berlin in Richtung Potsdam schließlich eine gebührenpflichtige Straße, welche 1921 mit einer Gesamtlänge von knapp zehn Kilometern eröffnet wurde. Der Name war im Gegensatz zur Strecke sehr lang, er lautete: „Automobil-Verkehrs- und Übungs-Straße". Sie wurde in Deutschland bald durch die Abkürzung gewordene Mercedes-Form. Ein Dämpfer-Einsatz im Auspuffendrohr, Kotflügel an den Vorderrädern (sie wurden beim Rennen entfernt) und farbige Streifen auf der weißen Motorhaube vervollständigten das Erscheinungsbild der Mercedes-Sportwagen.
Ein zur gleichen Zeit in Spanien stattfindendes Rennen zwang das Mercedes-Team, seine Streitmacht zu teilen. Auf der Avus sollten der erfahrene und stets sehr schnelle Adolf Rosenberger sowie der in Monza nicht zum Zuge gekommene Ersatzmann Rudolf Caracciola an den Start gehen. Unter den 44 anderen Teilnehmern gab es einige sehr ernsthafte Anwärter für einen Sieg. Im Training hatten sich sowohl zwei 1,5-Liter-Talbot als auch ein bewährter Dreiliter-NAG sowie Fernando Minoia mit einem neuen Grand-Prix-Wagen von OM den Mercedes als ebenbürtig erwiesen.
Als um zwei Uhr nachmittags die Flagge fiel, lagen 390 Kilometer und fast drei Stunden aufreibendes Renngeschehen vor den Teilnehmern. Von seinem Startplatz in der Mitte der ersten Reihe aus schoß Caracciolas Mercedes als erster weg... er blieb jedoch gleich wieder stehen. Wie schon so oft, war der Motor abgestorben. Die anderen Wagen fuhren zu beiden Seiten an Caracciolas stillstehendem Fahrzeug vorbei, als sein Beifahrer Eugen Salzer hinaussprang und den Wagen anzuschieben versuchte. Rosenberger hatte sich mit

Links: Größere Erfolge konnte der Achtzylinder-Wagen in der Sportwagen-Kategorie erzielen, dazu mußte allerdings die Karosserie zur Unterbringung von vier Personen (Reglement) abgeändert werden.

Unten: Rudi Caracciola und Eugen Salzer siegten 1926 mit diesem Wagen auf der Avus, wo beim Großen Preis von Deutschland auch Sportwagen zugelassen waren.

Oben: Trotz der Cockpit-Verkleidung befand sich der Schalthebel noch immer außen.

Caracciola/Salzer bei der Ehrenrunde.

Max Sailer, Ferdinand Porsche und Alfred Neubauer hatten diesen großen Triumph ihres ersten Achtzylinder-Rennwagens miterlebt. Neubauer hatte sich inzwischen mit seinem Schicksal abgefunden und eingesehen, daß er nicht das Zeug zum Spitzenfahrer mitbrachte. Caracciolas heldenhafter Einzelkampf regten aber einige Gedanken in ihm an, er meinte, „ein Rennfahrer ist während des Rennens der einsamste Mensch auf der Welt“. Neubauer überlegte, auf welche Art und Weise er dem Fahrer dringend benötigte Informationen zukommen lassen könnte, wodurch er immer in Kontakt mit der „Außenwelt“ bleiben könnte. Weder bei Mercedes noch bei Benz hatte es bisher derartige Vorkehrungen gegeben. Im Indianapolis-Bericht von 1923 schrieb ein Mitglied der D. M. G.-Mannschaft: „Die Team-Organisation der Amerikaner zeigte sich der unsrigen hoch überlegen. Sie überließen die Einteilung der Boxenhalte nicht den einzelnen Fahrern, sie wurden der Reihe nach durch Signaltafeln hereingerufen. Die Grundlage dazu bildete ein genau ausgearbeiteter Plan über den zu erwartenden Rennverlauf unter Einbeziehung möglicher Defekte am Fahrzeug.“ Demgegenüber richtete sich die Arbeit in den Mercedes-Boxen mehr nach dem Ansehen des jeweiligen

Oben: Mit höherem Kühler und hinten aufgesetztem Benzintank präsentierte sich dieser spezielle, von Christian Werner modifizierte Bergrenn-Mercedes mit Porsche-Achtzylindermotor. Werner (am Lenkrad) war mit diesem Auto am Kniebis und in Freiburg recht erfolgreich.

Links: Im Werk wurde ebenfalls einer der Wagen umgebaut, äußerlich blieb er jedoch fast unverändert. Otto Merz und Eugen Salzer gingen 1926 damit beim Solitude-Bergrennen an den Start.

seinem Mercedes an die Spitze gesetzt, das Augenmerk von mehr als 200000 anwesenden Zuschauern richtete sich jedoch auf seinen am anderen Ende des Teilnehmerfeldes befindlichen Team-Kameraden. Der Äther-Behälter am Wagen, der zu Rosenbergers schnellem Start beigetragen hatte, ließ ihn das Rennen auch vorzeitig beenden. Der Behälter war eingerissen und die betäubenden Gase strömten ins Cockpit und zwangen Rosenberger, sich weit in den Frischluftstrom hinauszulehnen. In der Nordkurve verlor er dabei die Herrschaft über sein Fahrzeug und rutschte von der inzwischen regennassen Fahrbahn direkt in das Zeitnehmer-Häuschen. Drei Personen, die sich in dem gefährlich nahe am Streckenrand stehenden Häuschen befanden, wurden dabei getötet. Die beiden schnellen Talbot kamen ebenfalls von der Strecke ab und auch Minoia fiel nach einer Rekordrunde aus.
Rudi Caracciola legte einen Boxenstop zum Nachtanken und Kerzenwechsel ein und fuhr danach auf der abgetrockneten Strecke um einiges schneller. Er wußte zu diesem Zeitpunkt nicht, an welcher Position er lag und fuhr einfach, so gut er konnte. Er mußte bereits gegen ein Nachlassen seiner Kräfte ankämpfen, als er von Max Sailer durch wilde Gesten aus der Box angefeuert wurde. Trotz seines Gefühls, daß es ja doch nichts nütze, fuhr er mit vollem Einsatz weiter und überquerte die Ziellinie schließlich der Erschöpfung nahe. Es fiel ihm und Salzer sehr schwer zu glauben, daß sie soeben den ersten Großen Preis von Deutschland mit einer Durchschnittsgeschwindigkeit von 135 km/h gewonnen hatten. Auf der Avus wurden erst 1931 wieder Rennveranstaltungen erlaubt, denn die Berliner Behörden waren durch die Vielzahl der schweren Stürze beunruhigt.

Fahrers und dessen Überzeugungskraft. Es nahte jedoch nun eine neue Ära des Automobilsports und damit betraten auch neue Fahrer-Persönlichkeiten das Geschehen. Neubauer setzte sich mit diesen jungen Leuten zusammen, um ein System auszuarbeiten, das es gestattete, den Fahrer genau über seine augenblickliche Position im Rennen zu unterrichten. Es sollte der Rückstand auf den Vordermann, die gefahrene Geschwindigkeit und auch die noch zu fahrende Strecke angezeigt werden können. Willy Walb war ebenfalls in der Daimler-Benz Mannschaft vertreten und erwies sich bei diesen Vorbereitungsarbeiten als besonders hilfreich. Neubauer kümmerte sich auch um die Gestaltung und Funktion von Depots und Boxen sowie um die Verpflichtung und Einteilung der Wagenbesatzungen. Er faßte all diese Maßnahmen in einer für die zukünftigen Aktivitäten des Mercedes-Benz-Rennteams zum Dreh- und Angelpunkt werdenden Formulierung zusammen: „Ich sah, daß mein hauptsächliches Talent nicht in der aktiven Rennfahrerei lag, sondern vielmehr in der Organisation, der Planung und der Leitung der einzelnen Einsätze.“
Am 12. September 1926 konnte man auf der Solitude erstmalig Alfred Neubauer mit seinen Flaggen und Signaltafeln an der Mercedes-Benz-Box agieren sehen: „Zum ersten Mal wurden die Fahrer wie an unsichtbaren Fäden durch das Rennen geführt.“ Der Erfolg ließ nicht auf sich warten. Nach einer Distanz von 460 Kilometern fuhr Otto Merz mit dem Mercedes als Sieger der Rennwagen-Kategorie durch das Ziel. Bei dem Wagen handelte es sich wieder um den vieldiskutierten und angeblich nicht so ganz geglückten Zweiliter-Achtzylinder.

„Es schien mir schon einige Zeit vergangen zu sein, seit ich den Mercedes zum letzten Mal sah; als ich jedoch auf die Gerade einschwenkte, vernahm ich das Heulen seines Laders hinter mir. Ich trat das Gaspedal voll durch, so gut es eben ging, aber das nützte gar nichts. Da tauchte schon die lange weiße Motorhaube mit dem silbernen Stern auf, ich sah Caracciola mit seiner Schirmmütze und geradeaus gerichtetem Blick. Nur für eine oder zwei Sekunden waren wir nebeneinander, dann zog er davon...“
Sir Henry (‚Tim‘) Birkin

Vom Typ K zum SSKL

Ein zweiter Platz in Le Mans bedeutete für viele Automobil-Firmen ein erstrebenswertes Ergebnis, ein solcher Erfolg stärkte bei vielen das Selbstbewußtsein. Allein die Tatsache, daß die Wagen hier 24 Stunden Dauerbelastung durchhielten, konnte bei dem damaligen Stand der Technik in der Werbung weidlich ausgeschlachtet werden. Doch das Bild veränderte sich, als 1931 ein Mercedes auf dem zweiten Platz einlief. Dem Namen Mercedes haftete aus den zwanziger und frühen dreißiger Jahren ein derart fabelhafter sportlicher Ruf an, daß ein zweiter Rang in Le Mans nicht den allgemeinen Erwartungen entsprach. Die Mille Miglia, die Tourist Trophy, der Große Preis von Deutschland, der Große Preis von Irland, das Eifelrennen, der Argentinische Grand Prix, die 24 Stunden von Spa – das waren lediglich die wichtigsten Rennen, die in den letzten Jahren von den Mercedes-Kompressor-Sechszylindern gewonnen wurden. Diese Wagen führten die neu geformte Daimler-Benz AG zu neuem Ruhm, wie er der D. M. G. und Benz für einige Zeit versagt geblieben war. Viele Jahre waren seit den Rennen um den Großen Preis von Frankreich in den Jahren 1908 und 1914, seit Daytona 1914 und seit der Targa Florio von 1924 vergangen. Außerhalb Deutschlands schien man allmählich zu vergessen, daß die Wagen mit den Namen Mercedes und Benz einst die Sieger aller großen Rennen waren. Doch da kamen völlig überraschend neue Rennwagen ins Gespräch: der Typ K, der S oder SS, der SSK und schließlich der SSKL.

Der Vorstand der Daimler-Motoren-Gesellschaft hatte einen neuen Tourenwagen der oberen Kategorie in Auftrag gegeben, doch es war ein Rennwagen, den der Konstrukteur Porsche ablieferte. Damit war der Anfang zu einer großartigen Modellreihe gemacht.

Als Porsche im Sommer 1923 seine Stellung in Stuttgart antrat, war eine seiner ersten Aufgaben die Entwicklung einer neuen Sechszylinder-Modellpalette. Man beabsichtigte damit die Ablösung des in Ehren ergrauten 28/95-PS-Typs. In jener Zeit ging man solche Projekte mit großem Eifer an, und es galt keineswegs als ungewöhnlich, daß die ersten Prototypen bereits Anfang 1924 liefen. Einen solchen Wagen nahm Max Sailer auf die „Erkundungs-Expedition“ nach Sizilien mit.

Im Herbst des gleichen Jahres konnte man der Öffentlichkeit die ersten Mercedes-Serienwagen mit Kompressoraufladung präsentieren. Der kleinste in der Reihe war der Typ 15/70/100 PS, der indessen weder zu kommerziellem noch zu sportlichem Erfolg führte. Die Typenangabe entsprach hier wieder der bekannten Aufschlüsselung nach Steuer-PS, Motorleistung ohne Kompressor und Höchstleistung mit eingeschaltetem Lader. Der Sechszylindermotor hatte die Abmessungen 80 × 130 mm für Bohrung und Hub und kam damit auf einen Hubraum von 3920 ccm. Dies war nicht gerade viel für einen Wagen, der je nach Aufbau bis zu 2,5 Tonnen auf die Waage bringen konnte. Die D. M. G. setzte diesen Wagentyp nur bei einigen Zuverlässigkeitsfahrten ein, denn mehr konnte man von dem trägen Fahrzeug nicht verlangen. Das Modell wurde denn auch bald wieder aus dem Programm gestrichen.

Am Anfang war auch der nächstgrößere Typ nicht gerade mit überschäumendem Temperament gesegnet. Der 24/100/140 PS Sechszylinder wies die Dimensionen des alten 28/95 PS auf (94 × 150 mm) und hatte einen Hubraum von 6242 ccm, er wog noch mehr als der kleinere Wagen und besaß einen wahrhaft enormen Radstand von 3750 mm. Beide Wagen waren wie beim Targa-Florio-Wagen von 1922 hinten mit halbelliptischen Auslegefedern ausgestattet. Vorne war der Rahmen nach oben gekröpft und die Vorderachse ruhte auf halbelliptischen Blattfedern. Die Bremsanlage bestand aus vier großen seilzugbetätigten Trommelbremsen; an den Hinterrädern waren pro Trommel vier Bremsbacken angeordnet, wobei das eine Paar von der Fußbremse und das andere von der Handbremse betätigt wurde. Wesentlich interessanter war natürlich das Antriebsaggregat, das sehr deutlich die Handschrift des Konstrukteurs erkennen ließ. Porsche hatte hier indessen auch einige der bewährten D. M. G.-Details wieder übernommen, eines davon war die Königswellen-getriebene obenliegende Nockenwelle. Der Antrieb befand sich wieder am hinteren Ende des Motors und war leicht nach rechts versetzt montiert. Der vom Fahrer zuschaltbare Kompressorantrieb fand ebenfalls wieder Verwendung.

Von seinen Arbeiten bei Austro-Daimler übernahm Porsche für den neuen Mercedes eine andere und bereits erfolgreich verwendete Zylinderbauweise. Die für Flug- und Rennmotoren gut geeigneten zusammengesetzten Zylinderkonstruktionen wurden damit aufgegeben, denn für die Serienproduktion wären sie viel zu aufwendig gewesen. Der einteilige Zylinderkopf bestand aus Grauguß, der Zylinderblock war ebenfalls aus einem Stück gegossen und reichte vom Zylinderkopf bis zur Kurbelwellen-Mitte. Für die Fertigung verwendete man Silumin, eine Aluminium-Legierung mit einem 13prozentigen Silikon-Gehalt. Diese leichteste aller erhältlichen Legierungen wurde beim Gießvorgang noch auf bessere Stabilität und Wärmeleitfähigkeit hin behandelt. Die notwendigen Zylinderlaufbüchsen aus Grauguß wurden in die Bohrungen im Block eingepreßt und mit einem Bund oben fixiert. Man tastete sich sehr zaghaft zur Verwendung von Aluminium-Kolben vor, indem man Alu-Kolbenkerne verwendete, die man aber mit einem stählernen Schaft versah. Mit Madenschrauben wurden die Kolbenbolzen im Kolben gesichert. Die langen Pleuelstangen wurden aus Chrom-Nickel-Stahl geschmiedet, hatten einen runden Schaft und einen teilbaren Fuß. Sie liefen auf Weißmetallagern und wiesen im Pleuelauge Grauguß-Buchsen auf. Die einteilig geschmiedete Stahlkurbelwelle drehte sich in vier Gleitlagern, die ebenfalls mit Weißmetall ausgegossen waren.

Mit der Sportversion Typ S des großen Kompressor-Sechszylinder-Mercedes begann ein neues Kapitel der motorsportlichen Aktivitäten bei Daimler-Benz. Der Wagen war wesentlich niedriger geworden, die Motorhaube schloß so knapp wie möglich über dem Ventildeckel ab. Der nun mit zwei Vergasern versehene Motor war auch erheblich in der Leistung gesteigert worden.

Unten: Das Chassis des Mercedes K. Der offiziell 24/100/140 K (K = kurzes Chassis) bezeichnete Wagen war von Ferdinand Porsche konstruiert worden und stellte die Ausgangsbasis zu den erfolgreichen Sportwagen der Jahre 1926–33 dar.

Das Schmiersystem am 24/100/140-PS-Mercedes stellte ebenfalls eine Abkehr von alten Konstruktionen dar. Eine Zahnradpumpe saugte durch ein Sieb in der Ölwanne den Schmierstoff an und pumpte ihn zu einem im Motorblock eingebauten Filter. Von dort lief das Öl zur Pumpe zurück und wurde über ein Verteilersystem in die einzelnen Schmierleitungen gedrückt. Zu den Hauptlagern führten jeweils direkte Zuleitungen, das abtropfende Öl gelangte dann auf die Schleuderringe auf der Kurbelwelle und an die Pleuellager. Im hohlgebohrten Pleuelschaft stieg es auch zum Kolbenbolzen auf. Eine weitere Steigleitung führte durch den hintersten der vier Nockenwellen-Lagerböcke in die hohle Nockenwelle, von wo aus das Öl durch kleine Bohrungen zu den Lagern gelangte und auch die Nocken selbst versorgte. Vom Zylinderkopf lief das Öl in speziellen Rücklaufbohrungen im Gehäuse zurück, wobei auch eine Seitenleitung zum Kompressor führte.
Als dieser Motor konzipiert wurde, stieß Porsche bei der D.M.G. weitgehend auf Ablehnung, weil er das alte Frischöl-System mit der Handpumpe zugunsten eines geschlossen Ölkreislaufs verlassen wollte. Nach seinen Erfahrungen in Indianapolis sprach sich jedoch auch Max Sailer beim 24/100/140 PS für dieses System aus, denn mit einem Pumpenkreislauf konnte man einen zuverlässigeren Öl-Nachschub erreichen. Am hinteren Ende des Zylinderblocks wurde ein Vorratstank angebaut, und ein kleiner Regulierkolben steuerte den Zufluß zur Ölpumpe. Pro 1000 km liefen aus diesem Behälter etwas mehr als 8 Liter nach.
Die flachen Verbrennungsräume im Zylinderkopf wurden durch zwei geradehängende und schräg versetzte Ventile gebildet. Die Auslaßventile der nebeneinanderstehenden Zylinder waren dabei enger zusammengerückt als die Einlaßventile. Die Zündkerze befand sich auf der linken Seite, in der Nähe des Einlaßventils. Auf Grund der Verwendung eines gußeisernen Zylinderkopfes sparte man zusätzlich eingesetzte Ventilführungen und Ven-

tilsitzringe ein. Die Ventile wurden von verdoppelten Schraubenfedern geschlossen, wobei diese konisch gehalten waren und somit oben einen kleineren Durchmesser aufwiesen als unten. Wie an Porsches Zweiliter-Achtzylinder fand man auch am Sechsliter-Sechszylinder Schlepphebel zwischen den Nocken und den Ventilkappen. Die Kontaktflächen waren dabei versetzt angeordnet, womit man den Ventilhub gegenüber dem Nockenhub vergrößerte und dadurch Raum für eine Spiel-Einstellschraube bekam. Kurze Achsen in den seitlichen Vertiefungen des Zylinderkopfs hielten die Schlepphebel. Diese reichten quer hinüber zu ihren Ventilen, so waren die Hebel für die Einlaßventile rechts angelenkt und jene für die Einlaßventile auf der linken Seite. Die verschiedensten Ausführungen von Schlepphebeln wurden in der ganzen Rennmotoren-Entwicklung bei Mercedes bis 1954 beibehalten.

Die einzelnen Auslaßkanäle am 24/100/140-PS-Motor wurden in einem waagrechten Gußeisen-Krümmer zusammengeführt. Der Ansaugkrümmer auf der anderen Seite des Motors (links) war zu annähernd zwei Dritteln am Zylinderkopf eingegossen und hinter einer Abdeckplatte verborgen, welche angeschraubt wurde und in der Mitte die Halterung für den Vergaser trug. Es handelte sich damals um einen allgemeinen Brauch, die Motoren von außen sehr aufgeräumt erscheinen zu lassen. Aus diesem Grund fanden sich auch alle Nebenaggregate beim 24/100/140 PS auf der rechten Seite unter einem voluminösen Alu-Deckel. Dort lagen nacheinander die Wasserpumpe, die Lichtmaschine und der Zündmagnet. Die Zündkabel wurden durch den Zylinderblock geführt, und zwar durch eine Passage zwischen dem zweiten und dritten Zylinder. Ein weiterer Quertunnel befand sich zwischen dem vierten und fünften Zylinder, hier wurde dem Vergaser Ansaugluft für den kompressorlosen Betrieb zugeführt. Die trockene und vorgewärmte Luft kam aus einem Sammelraum unterhalb des Auspuffkrümmers, dessen Verrippung die ihn umstreichende Luft anwärmte. Aus dem Sammelgefäß bezog auch der Kompressor die für die Gemischbildung notwendige Luft. Der Lader saß an der Motor-Stirnseite und war in herkömmlicher D. M. G.-Manier vertikal montiert. Auf der Ansaugseite des Laders befand sich ein Dämpfergehäuse, womit man den schrillen Lärm des Kompressors etwas verringern wollte. Die beiden Drehflügel des Roots-Gebläses liefen auf Kugellagern, oben war es ein einreihiges und unten ein doppelreihiges Lager. Die vorverdichtete Luft wurde in einem längsverrippten Kanal zum Vergaser gepreßt.

Wie bei den meisten seiner direkten Nachfolger wurde auch am 24/100/140-PS-Motor der Lader als unmäßig hohe Belastung des gesamten Aggregates angesehen. In der Bedienungsanleitung der Wagen hieß es: „Die hauptsächliche Aufgabe des Kompressors liegt darin, dem Wagen beim Anfahren und auf Steigungen zusätzlich Kraft zu geben, indem die Motorleistung erhöht wird. Darüberhinaus kann man mit dem Kompressor länger im höheren Gang fahren und es können dadurch auch höhere Durchschnittsgeschwindigkeiten erzielt werden." Es war durchaus möglich, den Lader mehr oder weniger ständig zu benutzen, jedoch mußten dann Zündkerzen mit höherem Wärmewert verwendet werden. Als Kraftstoff empfahl sich Benzol oder eine Benzin-Benzol-Mischung.

Ein Kegelradsatz an der Motorstirnseite trieb beim 24/100/140-PS-Typ den Kompressor mit 2,6facher Kurbelwellen-Drehzahl. Das Antriebsrad wurde durch eine dazwischengeschaltete Mehrscheiben-Kupplung kraftschlüssig gemacht. Auf der Rückseite des Andruck-Lagers fand sich eine ungewöhnliche Konstruktion, nämlich eine weitere Reibungs-Kupplung, die die Drehflügel sofort abbremste, wenn der Kompressor ausgeschaltet wurde. Die Steuer-Kupplung wurde mit zwei gekoppelten Winkelhebeln an ihrer Vorderseite betätigt. Die Steuerbewegung wurde durch eine massive Zugstange übertragen, in deren Mitte auch die Vergaser-Luftklappe angeschlossen war, die bei eingeschaltetem Kompressor den Ansaugweg durch das Motorgehäuse verschloß und damit den Druckaufbau ermöglichte. Die Zugstange wurde durch eine Hebelverbindung mit dem Gaspedal gesteuert. An jenem befand sich eine Rolle, die die Hebelumlenkung des Kompressorgestänges bei ganz durchgedrücktem Pedal in Gang setzte.

Der D. M. G.-Vergaser war speziell für den Kompressor-Betrieb ausgestattet und wies ein Überdruckventil auf, das im Falle eines Zurückschlagens des Motors geöffnet wurde. Die Unterdruck-gesteuerte „Automat"-Luftregulierung wurde beibehalten. Der Ladeluft-Zutritt wurde über zwei Kraftstoffdüsen versorgt, eine reguläre Hauptdüse und eine Zusatzdüse, die, durch einen Nocken am Gasgestänge gesteuert, die Wirkung einer Beschleunigerpumpe erbrachte. Die Autovac-Benzinpumpe wurde ebenfalls mit Druckluft aus dem Kompressor versorgt, damit die Benzinförderung zur unter Druck stehenden Schwimmerkammer stets gewährleistet wurde. Im Autovac-System war es nicht möglich, aus dem Benzintank weiter zu fördern, deshalb wurde das Vorratsgefäß durch den Druck geleert; die Menge reichte in etwa für eine Fahrstrecke von 15 Kilometern – das war weit mehr als die meisten Fahrer mit eingeschaltetem Kompressor zurücklegten.

Entsprechend dem bisherigen D. M. G.-Code erhielt das Aggregat die Bezeichnung M 9456. Es war 4,7:1 verdichtet und der Kompressor lieferte einen Ladedruck von 0,42 at. Wie schon aus der Typ-Angabe hervorgeht, wurden vom Werk 100 PS im Saugbetrieb und 140 PS mit Kompressor angegeben, dieser Wert wurde bei einer Drehzahl von 3100 U/min erreicht. Es ist nun interessant, wie verläßlich diese Angaben zu jener Zeit waren; eine werksunabhängige Versuchsreihe bot hier einen guten Einblick. Bei General Motors in den USA war man an der Kompressor-Technologie interessiert und führte aus diesem Grund mit einem 15/70/100-PS-Mercedes-Motor einige Tests durch. Dieser kleinere Sechszylinder entwickelte nach amerikanischen Berichten als Saugmotor 70 PS bei 2400 U/min sowie 103 PS bei 2900 U/min mit eingeschaltetem Lader. Daraus ist ersichtlich, daß die Werksangaben zutrafen, wenngleich sie im Zweifelsfalle eher tiefgestapelt waren.

Am 24/100/140 PS-Motor zeigte sich eine gelungene Bemessung des erzeugten Ladedruckes. Wenn an einem Motor alle Faktoren, einschließlich der Kolbenoberfläche, erhalten bleiben, steht die Leistungsausbeute in direktem Zusammenhang mit einer möglichen Erhöhung des Saugrohr-Unterdrucks, den der herabgehende Kolben bei geöffnetem Ventil im Ansaugweg erzeugt. Dieser Wert entsprach dem Druck von einer Atmosphäre. Daß nun der durch den Kompressor erzeugte zusätzliche Druck sich direkt proportional auf die Leistungssteigerung auswirken konnte, darf als Beweis einer geglückten Abstimmung angesehen werden. Das Druck-Verhältnis zwischen Saugmotor und aufgeladenem Motor lautete 1,0 at gegen 1,42 at (Gesamtdruck), was in der Leistung dem realen PS-Unterschied von 100 zu 140 PS ziemlich genau entsprach.

Eine Mehrscheibenkupplung mit Reibbelägen an Stelle der Metall-Reibscheiben übertrug die Kraft des M 9456, sie wurde mit einer starken Schraubenfeder angedrückt. Das Kurbelhaus war hinten länger ausgeformt, unter dieser Abdeckung befanden sich die schwergewichtige Schwungscheibe und darin eingebaut die Kupplung. Direkt angeschraubt war an dieser Stelle das Getriebe. Auf diese Weise wurde der jeweilige Kupplungsdruck beim Betätigen derselben nicht auf die Kurbelwelle übertragen, sondern auf die Getriebe-Eingangswelle. Das Getriebe selbst wies vier Vorwärtsgänge auf, wobei die Zahnräder geradverzahnt und nicht ständig im Eingriff waren. Der direkt übersetzte vierte Gang wurde mit einer Schaltklaue eingelegt. Durch ein Verschieben der Stirnräder auf der Hauptwelle wurden die anderen Übersetzungsstufen geschaltet. Dieses System verlangte ein sehr genaues Angleichen der Drehzahlen von Motor und Getriebe, um einigermaßen geräuschlos schalten zu können. In dieser Hinsicht gab es gerade am 24/100/140 PS und seinen Nachfolgern mehr Probleme als sonst üblich. Die Abstufungen der Gänge waren folgendermaßen festgelegt: 1. Gang 3,82:1; 2. Gang 2,225:1; 3. Gang 1,44:1; 4. Gang 1:1. Die Ölversorgung des Getriebes übernahm eine Tauch- und Schleuderschmierung. Die Schaltung war bei rechtsgesteuerten Wagen samt Kulisse auf einem Ausleger an die rechte Außenseite

Links: Beim Eröffnungsrennen auf dem Nürburgring am 18. Juni 1927 war neben den Werkswagen vom Typ S (Caracciola Nr. 1, Rosenberger Nr. 2) auch ein Typ K (Privatfahrer Mosch Nr. 3) zu sehen.

Oben: Nach einem dramatischen Rennverlauf wird Christian Werner als Sieger des Großen Preises von Deutschland 1928 auf dem Nürburgring abgewunken.

Oben: Start zum Großen Preis von Deutschland 1928. Caracciola, Merz, Werner und Rosenberger fahren hier den Typ SS mit dem Siebenliter-Motor.

Rechts: Reifenwechsel am Wagen von Otto Merz. Zur besseren Unterscheidung der Team-Mitglieder hatte man auf der Motorhaube einen Farbstreifen aufgemalt und auch die Kotflügel unterschiedlich lackiert.

Oben: Der Motor M06. Rechts daneben: Nach 5 Stunden und 37 Minuten gewann Rudolf Caracciola die 1929er Tourist Trophy auf dem Ards-Rundkurs bei Belfast. Das Rennen lief nach einer Handicapformel, und nur das strahlende Gesicht Neubauers verriet Caracciola, daß er gesiegt hatte.

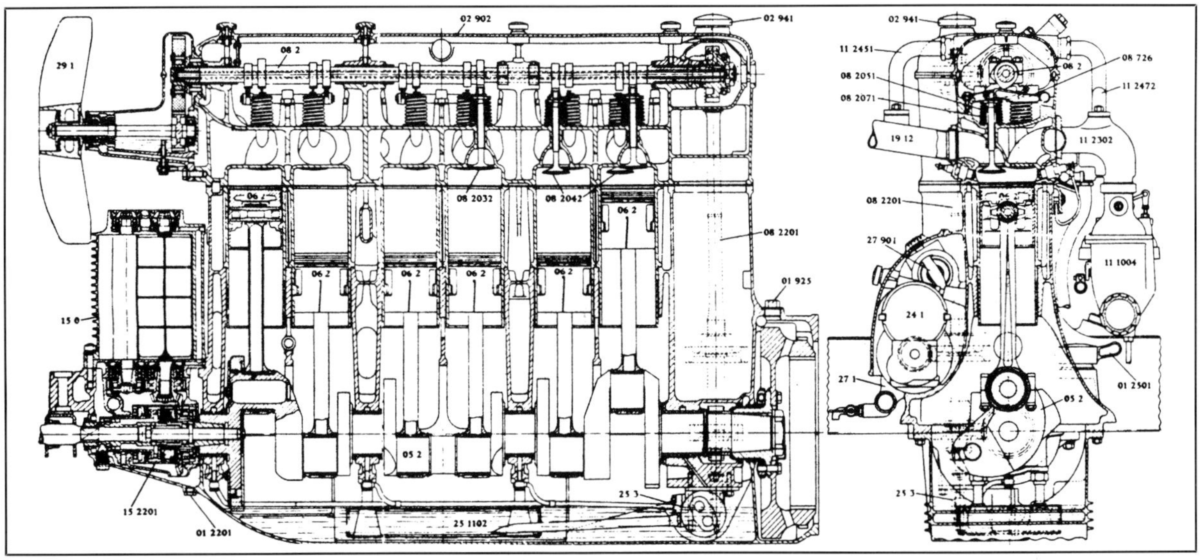

Der von Porsche konstruierte Sechszylindermotor in seiner endgültigen Ausführung. Dieses mit der Bezeichnung M 06 versehene Aggregat wies einen Hubraum von 7069 ccm (100 × 150 mm) auf und leistete je nach Auslegung und Kompressorgröße 225 bis 300 PS bei 3300 U/min. Aus der Schnittzeichnung ist der Aufbau gut zu erkennen.

verlegt worden. Bei Linkslenkung befand sich der Schalthebel in der Mitte, direkt auf dem Getriebedeckel montiert.

Der Motor-Getriebe-Block war mit seinen drei Befestigungspunkten, einer an der Frontseite und zwei auf der Höhe der Kupplung, stabil genug am Rahmen angeschraubt, um Aufstell- oder Schubkräfte des Achsantriebs aushalten zu können. Innerhalb des glockenförmigen Angusses am Getriebe befand sich das großzügig dimensionierte Kreuzgelenk der Antriebswelle, dessen Gelenkbolzen in den stählernen Gabeln auf Blei-Bronze-Lagern liefen. Geschmiert wurden diese aus dem Ölvorrat des Hinterachsgetriebes, das Schmiermittel gelangte dabei durch die hohle Antriebswelle zum Gelenk und wurde durch das Schubrohr wieder zurückgeleitet. Das Differentialgehäuse war zusammen mit den Achsrohren aus einem Stück gefertigt. Die Radnaben waren bei dieser Banjo-Achskonstruktion vollständig der gefederten Masse hinzugefügt; sie waren direkt an den Achsrohren befestigt, welche wieder mit Verstärkungsstreben am Schubrohr zusätzlich abgestützt waren.

Ferdinand Porsche und seine Konstrukteurs-Mannschaft der D. M. G. führten den Mercedes-Stern auf dem Spitzkühler des 24/100/140-PS-Mercedes zu neuem Ruhm. Die Wagen waren eigentlich nicht als Rennwagen und auch nicht einmal als sportliche Fahrzeuge gedacht, jedoch verhalfen die zahlreichen überlegenen Konstruktionsdetails schon Mitte 1925 zu ersten Erfolgen bei Kurzstreckenrennen und Zuverlässigkeitsfahrten. In jenem Sommer konnte auch Rudolf Caracciola sein großes Talent erstmals richtig unter Beweis stellen, als er bei der Robert-Batschari-Fahrt Sailer, Neubauer, Walb und Fritz Nallinger junior auf die Plätze verwies. Im Jahr darauf wurde einer dieser ersten 24/100/140-PS-Mercedes in Genf auf dem Fliegenden Kilometer gestoppt, der Wagen erreichte dabei eine Spitzengeschwindigkeit von 146,9 km/h.

Der Kompressor-Sechszylinder war in einer Zeit wirtschaftlicher Unsicherheit in Deutschland entstanden. Noch bevor die Namen Mercedes und Benz fest verbunden wurden, erkor man den 24/100/140-PS-Typ zum Spitzenmodell des gemeinsamen Verkaufsprogramms. Diese Stellung innerhalb der Modellauswahl wurde 1926 bekräftigt und der Wagen bekam ein verändertes Fahrgestell. An der Hinterachse wurden die Auslegefedern zugunsten herkömmlich montierter Blattfedern wieder aufgegeben. Die Kühlleistung wurde verbessert, indem man einen Ventilator mit sechs anstelle von vier Flügeln verwendete und bei manchen Wagen sogar Leitbleche einbaute. Außerdem wurden die Auspuffgase nun über drei große, durch die Haube ragende Krümmer nach unten in ein gemeinsames Rohr geführt. Der lange Radstand wurde auch weiterhin beibehalten, doch es war nun alternativ eine kürzere Version erhältlich. Dabei wurde der Rahmen hinter der Haupt-Traverse gekürzt und der nunmehr mit der Bezeichnung „K“ versehene Wagen hatte einen Radstand von 3400 mm. Die Sportsmänner in Untertürkheim versahen dieses Chassis mit einem offenen Viersitzer-Aufbau, der weit nach hinten geschwungene Kotflügel und eine Vertiefung am Heck zur Aufnahme der Reserve-

Räder angefügt bekam. Die lange Motorhaube wies erneut eine große Anzahl Lüftungsschlitze auf und die Cockpit-Abdeckung war wieder sanft ansteigend geformt. Die flache Windschutzscheibe war zweigeteilt, es ließen sich sowohl beide Hälften einzeln als auch die gesamte Scheibe nach vorne umklappen. Auf diese Weise war nun eine Sportwagen-Version des 24/100/140 K entstanden, die mit ihren noch immer imposanten Ausmaßen und einer Bodenfreiheit von 23 cm mehr einem Ackergaul als einem Rennpferd glich.
Während des Jahres 1926 führte die Motoren-Abteilung einige Änderungen an der Maschine aus, die zuerst im Wettbewerbseinsatz erprobt wurden, um dann schließlich 1927 in die Serienproduktion übernommen zu werden. Mit neuen Kolben, die aber nach wie vor einen Stahlschaft besaßen, wurde das Verdichtungsverhältnis auf 5,0:1 angehoben. Auf der rechten Motorseite wurden zusätzliche Zündkerzen in den Zylinderkopf geschraubt, da man das Zündsystem auf Doppelzündung umstellen wollte. Eine neue Apparatur von Bosch sah für die linke Seite weiterhin eine Magnetzündung vor, rechts wurde jedoch eine mit einem Verteiler ausgestattete Spulenzündung verwendet. Auf der rechten Motorseite lagen die Kerzen in der Auslaßzone, weshalb man hier einen höheren Wärmewert benötigte. Die Ventilgrößen wurden auf 50 mm erweitert und der Ventilhub maß nun 10 mm. Am Kompressor wurde nichts verändert, aber der Motor leistete nun 110 PS bei 2800 U/min beziehungsweise 160 PS bei 3000 U/min mit eingeschaltetem Lader. Dies stellte eine sehr willkommene Leistungssteigerung dar, vor allem, wenn man das Gewicht des

Rechts: Eine Anzahl wohlhabender Privatfahrer setzte in den zwanziger und dreißiger Jahren die Kompressor-Mercedes bei Rennen aller Art ein. Hier ein „abgespeckter" SS bei einer Bergwertung.

Rechts: Ein mit Caracciolas Wagen identischer SS wurde in der 1929er TT von Otto Merz gefahren. Nachdem er den linken vorderen Kotflügel ramponiert hatte, riß ihn der bärenstarke Merz einfach ab. Da der Wagen nach dem Reglement nun nicht mehr dem "Straßenzustand" entsprach, wurde seine Teilnahme nicht weiter gewertet.

Unten der Mercedes SS, Radstand 3400 mm.

Unten der Mercedes SSK, Radstand 2950 mm.

Links das verkürzte Chassis des Siebenliter-Wagens vom Typ SS, der dadurch zum SSK (K = kurz) wurde.

Unten: Carlos Zatuszek auf einem SSK beim Herbstpreis von Argentinien 1931.

Oben: Großer Preis von Italien, Monza 1929. Die drei Mercedes von links: Federico Caflisch im SS, August Momberger-SSK und Adolf Rosenberger mit dem Ex-Salzer-Wagen von 1924 („Großmutter“).

Rechts: Bergrennen Königsaal 1930. Caracciola gewann mit dem SSK, der hier in der Sportwagen-Klasse lief.

Fahrzeugs von 2000 kg in Betracht zog. Zur Anpassung der Gesamtübersetzung an verschiedene Einsatzzwecke standen drei verschiedene Hinterachsübersetzungen zur Auswahl: 3,00, 3,28 und 3,50. Als mögliche Höchstgeschwindigkeit wurden vom Werk 152 km/h genannt, was sich bei einem Sprint im Juli 1926 in Freiburg als sehr genaue Angabe entpuppte, denn dort kam man mit 153,4 km/h kaum schneller voran.
Ruhm und Erfolge waren auch für die Verkaufstätigkeit auf Export-Märkten unabdingbar, deshalb waren auch Wettbewerbseinsätze in solchen Ländern gern gesehen. Einen der ersten internationalen Starts des speziell präparierten 24/100/140-K-Mercedes hatte man für Ende Juli 1926 in San Sebastian in Spanien vorgesehen. Bei diesem 12-Stunden-Rennen belegten die drei weißen Renner die ersten drei Ränge in ihrer Wertungsklasse, den Gesamtsieg indessen holte sich ein Wagen mit nur 1100 ccm Hubraum. Die Mercedes-Mannschaft wurde von einer unglücklichen Serie von Reifenschäden heimgesucht. Der hochbeinige Typ K wurde auch weiterhin vom Werksteam eingesetzt und erfreute sich zunehmender Beliebtheit bei Privatfahrern.
Um wirklich konkurrenzfähig zu bleiben, mußte man sich aber etwas einfallen lassen. Ein speziell auf rennsportliche Erfordernisse zugeschnittener Wagen schien dabei unumgänglich zu sein. Es war diesmal nicht so selbstverständlich, daß man sich sofort an eine Neukonstruktion machen würde. Denn trotz des großen finanziellen Aufwands in einer wirtschaftlich schwierigen Zeit hatten die Wagen, die sowohl bei Benz als auch bei Mercedes für die Zweiliter-Formel entstanden waren, bei weitem nicht den erhofften Erfolg gebracht. Die neue 1,5-Liter-Formel hätte nun wieder völlig neue Wagen erfordert. Die wirtschaftliche Lage in Deutschland befand sich zwar 1926/27 in einem großen Aufschwung, aber der Aufsichtsrat des vereinigten Automobilkonzerns zögerte diesmal, einen nicht unbeträchtlichen Teil der Erträge für neue Rennsport-Unternehmungen auszugeben. Bei diesen Entscheidungen zeigte vor allem die Mannheimer Seite eine ablehnende Haltung. Der Automobilhistoriker K. B. Hopfinger schreibt darüber: „Gemessen an der Kapitalkraft ihres ehemaligen Unternehmens hatten die Benz-Aufsichtsräte im neuen Gesamtgremium eine untergeordnete Position. Aber dennoch gelang es ihnen, jeden Vorschlag aus den Reihen der Mercedes-Leute zu Fall zu bringen. In Wirklichkeit waren es die Benz-Aufsichtsräte, die es zu verhindern wußten, daß vor dem Jahr 1934 wieder Rennwagen gebaut wurden."
Da man nun schon keine Rennwagen bauen durfte, setzte man in dieser von je her rennbegeisterten Firma alles daran, das Beste aus dem vorhandenen Material zu machen. Auf der von Ferdinand Porsche geschaffenen gesunden Basis baute man in den folgenden Jahren hervorragende Sportgeräte auf. Die Arbeiten begannen Anfang 1927 mit einer grundlegenden Überarbeitung des 24/100/140 K, um ihn für Wettbewerbs-Einsätze besser tauglich zu machen. Es galt dabei auf die Verwendbarkeit im Serienbau Rücksicht zu nehmen, denn der aufgeladene Sechszylinder war inzwischen zu einem wichtigen Modell im Daimler-Benz-Programm geworden. Außer diesen Wagen fanden sich da noch die schon leicht veraltet wirkenden, seitengesteuerten Sechszylinder der Typen „Stuttgart" und „Mannheim" und ab 1928 der ebenfalls mit stehenden Ventilen versehen Reihenachtzylinder im „Nürburg". Parallel zu dem nun offiziell als Typ „K" bezeichneten alten Modell wurde nun der überarbeitete Wagen als Typ „S" (Sport-Modell) in das Programm eingereiht. Der Typ S war, so gut es nur ging, zu einem einsatzfähigen Wettbewerbsgerät umkonstruiert worden. Die Chassis-Abmessungen wurden unverändert vom K-Typ übernommen, das Fahrgestell war jedoch um einiges tiefergesetzt worden. Die Kröpfungen der Rahmenholme waren aus diesem Grunde viel stärker ausgeprägt, speziell an der Hinterachse waren die Holme sehr weit aufgewölbt worden. Die Federn waren nun unter der Achse durchgeführt, anstatt oben befestigt. Die Vorderachse und die Lenkung blieben unverändert. In der Draufsicht blieb die Rahmenkonstruktion ebenfalls gleich, die Längsholme verliefen parallel bis zur Motorraum-Rückwand und waren von da ab bis zur vorderen Federaufnahme nach innen gebogen. An beiden Enden des

Oben: Klausenpaß 1930. Sieger wurde Caracciola auf Mercedes SSK.

Rechts: Mercedes SSK mit Erleichterungsbohrungen am Rahmen, SSK „L" 1931.

Rahmens wurden Querrohre eingefügt; am Heck fand sich noch eine weitere Traverse, an der der Kraftstofftank eingehängt wurde. Wie auch die Verstärkung am Cockpitboden, waren die Traversen mit Erleichterungsbohrungen versehen. Die Bodenfreiheit maß nun nur noch 152 mm, und die gesamte Karosserie-Linie war nicht höher, als es der Motor erforderte. Dieser war um weitere 30 cm nach hinten gerückt worden, denn dadurch ließ sich die Einbauhöhe verringern und außerdem gestaltete sich die Gewichtsverteilung noch günstiger. Der Kühler wanderte ebenfalls weiter zurück, jedoch nicht ganz so weit, denn er sollte lediglich zwischen den Rahmenholmen Platz finden. Der Antrieb für den Kühlventilator wurde mit einem Zwischenrad an der Nockenwelle tiefergesetzt, er selbst saß nun auf einer Verlängerung vor dem Kompressor.

Das verkürzte Schubrohr wurde am Differential-Anschluß weiter verstärkt. Die Achsrohre waren umgestaltet worden, denn die langen Stützstreben zum Rahmen sollten wegfallen. Sie waren nun wesentlich breiter und zu den Enden hin verjüngt. Der Kraftstofftank lag so nahe an der Hinterachse, daß man ihn in der Mitte mit einer Aussparung versehen mußte, um Platz für das Differential zu schaffen. Für die Hinterachse gab es andere Übersetzungsstufen, mit den Abstufungen 2,50, 2,76 und 3,09 waren nun sechs verschiedene Antriebsübersetzungen lieferbar. Die Getriebeabstufung wurde enger gehalten: 1. Gang 3,15:1, 2. Gang 1,81:1, 3. Gang 1,36:1, 4. Gang 1,0:1. Die Schaltung wies nun keine offene Kulisse mehr auf, der Schalthebel saß auf einem neuen Getriebedeckel, er war leicht nach hinten gebogen und griff über ein Kugelgelenk ein. Zusammen mit den Änderungen an der Hinterachse wurden auch die Bremsen überarbeitet. Die Anordnung von zwei Bremsbacken-Sätzen, getrennt nach Fuß- und Handbremse, hatte sich nicht bewährt, weshalb man nun zu einer konventionellen Auslegung zurückgriff. Die Handbremse war dabei einfach an das hintere Bremsgestänge angekoppelt. An einigen Wagen vom Typ S wurde auch eine von Bosch entwickelte Unterdruck-Pumpe verwendet, um die Pedalkraft an der Fußbremse zu verstärken. Ein Handrad am Boden löste dabei die Bremse sofort wieder. Die Bremsen in den stark verrippten Gußeisen-Trommeln waren ungewöhnlich aufgebaut. Die Trommeln selbst waren innen mit einem Kupferbelag versehen, der Korrosion verhindern sollte und zugleich eine gute Wärmeableitung

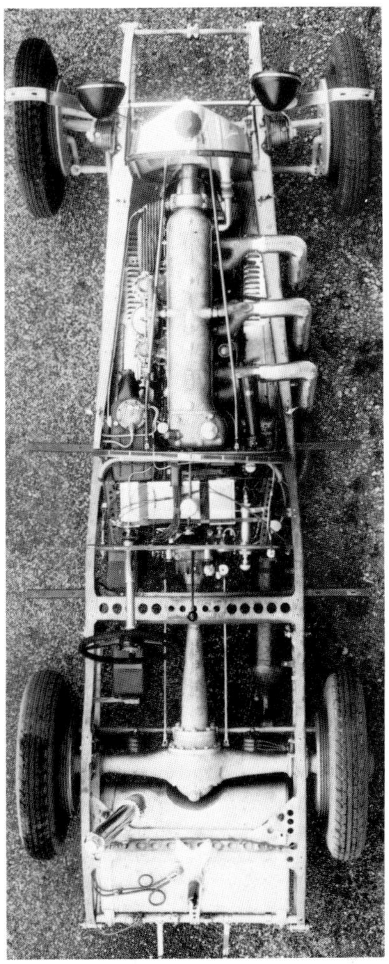

Oben: Das Chassis aus der Vogelperspektive. Hier wird deutlich, wie weit der SSK gegenüber den Vorgänger-Modellen verkürzt worden war.

Blick in das Cockpit des Mercedes-Rennsportwagens für die Saison 1931. Der SSKL genannte Werkswagen für Caracciola war durch die überall sichtbaren Bohrungen um 125 kg leichter gemacht worden.

Unten: Chassis eines nachträglich zur Leichtbau-Version umgebauten SSK; die Rahmen-Längsholme blieben zwischen Kühler und Motorraum-Rückwand massiv.

ermöglichte. Es handelte sich hier um die von Porsche stets bevorzugten Innenbandbremsen, die so montiert waren, daß die Drehbewegung des Rades direkt auf das bewegliche Ende des Bandes wirkte. Dadurch ergab sich ein gewisser Selbstverstärkungs- oder Servo-Effekt. Der aufgenietete Belag wirkte bis auf 20 Grad auf die gesamte Trommelfläche. Lediglich der bewegliche Teil des Bremsbandes, der etwa 130 Grad umfaßte, war auf der Rückseite mit einer Verstärkungsrippe versehen. Wie bei den meisten Mercedes seit 1901 wurden diese Bremsen über einen Spannhebel betätigt.

Die Stoßdämpfer am Typ S waren bei seinen ersten Rennauftritten im Jahre 1927 wieder solche federbelastete und über eine Druckstange betätigte Reibungdämpfer, wie sie schon an den Grand-Prix-Siegerwagen von 1908 und 1914 sowie am 28/95-PS-Typ in Sizilien verwendet worden waren. Beim Serienmodell des S-Typs verwendete man an der Vorderachse hydraulische Houdaille-Dämpfer und hinten Scheren-Reibungsdämpfer, die innen an den Rahmenholmen befestigt waren.

Im selben Jahr lief auch ein umfangreiches Entwicklungsprogramm an, in dessen Verlauf der Sechszylinder-Motor in seinem Inneren so umfassend überarbeitet wurde, daß man ihn am Ende sogar mit einer neuen Typenbezeichnung versah, M 06. Die Numerierung läßt erkennen, daß es sich dabei um eines der ersten Projekte der Entwicklungsabteilung nach der Gründung der Daimler-Benz AG handelte. Der Hub blieb mit 150 mm erhalten, die Bohrung erweiterte man auf 98 mm und kam damit auf einen Hubraum von 6789 ccm. Diese Maßnahme schloß die Weiterverwendung von eingepreßten Laufbuchsen im Zylinderblock aus. Man verwendete deshalb nasse Laufbüchsen, die frei im Motorblock standen; sie waren oben und unten (wo sie tief eingesetzt wurden) durch einen Bund befestigt. Der Zylinderkopf mit zwei Kerzen pro Brennraum wurde mit einigen Änderungen vom Typ K übernommen. Auf der linken Motorseite wurde eine neue Abdeckplatte für die Ansaugleitungen angebracht, denn es sollten nunmehr zwei Vergaser – wie bei 28/95-PS-Typ – Verwendung finden. Die Ansaugluft für den kompressorlosen Betrieb kam aus einem T-Rohr zwischen den Vergasern, das an seiner Mündung eine Abdeckkappe besaß. Die Ansaugluft war beim M 06 nicht mehr vorgewärmt, die Verdampfung wurde lediglich durch eine über den Ventildeckel gelegte Heizleitung auf den Ansaugkrümmer erleichtert. Der Kompressor lief mit der 2,8fachen Kurbelwellen-Drehzahl und lieferte einen Ladedruck von 0,49 at. Die Motorleistung betrug 120 PS bei 2800 U/min und stieg bei eingeschaltetem Kompressor auf 180 PS bei 3000 U/min. Die vom Werk für den Sporteinsatz vorbereiteten Fahrzeuge wiesen eine erhöhte Verdichtung auf und wurden mit Benzol-Gemisch betrieben, sie leisteten bis 220 PS. Damit konnten sie einige eindrucksvolle Siege feiern, als sie im Juni und Juli 1927 auf einer neuentstandenen Rennstrecke auftauchten. Dieser neue Kurs in Deutschland, Nürburgring genannt, wurde in den folgenden Jahren zu einem der wichtigsten Motorsport-Schauplätze in Europa.

Der wirtschaftliche Aufschwung in der zweiten Hälfte der zwanziger Jahre hatte in Deutschland nicht alle Landstriche erreicht. Die Gegend um das Städtchen Adenau in der Eifel gehörte nach wie vor zu den ärmeren Gebieten im Reich. Der Landrat Dr. Creutz kam 1924 auf den Gedanken, daß man durch die Errichtung einer Rennstrecke rund um die Nürburg der Gegend einige Attraktivität verleihen könnte. In Adenau wurde ein Ortsclub des ADAC gegründet, und man konnte auch die finanzielle Unterstützung des preußischen Staates gewinnen. Im April 1925 wurden schließlich die Arbeiten aufgenommen. Es entstanden im Grunde genommen zwei Rennstrecken, die 7,6 km lange Südschleife und die 22,7 km lange Nordschleife, welche durch die Start- und Ziel-Schleife miteinander verbunden waren.

Die Holzschalungen für die Beton-Tribünen waren noch zu sehen, die schwierige Strecke noch nicht überall asphaltiert, als um 10.23 Uhr des 19. Juni 1927 die Flagge zum ersten Rennen auf dem Nürburgring fiel. Vor den Teilnehmern lagen zwölf Runden auf dem Gesamtkurs. In der ersten Startreihe befanden sich zwei Mercedes S und ein K-Modell, das neben den neuen Wagen etwas zu groß geraten schien; jene waren mit einem Trockengewicht von 1940 kg auch leichter. Das Rennen weihte nicht nur eine neue Strecke ein, es markierte auch den Beginn einer neuen Epoche im deutschen Sportgeschehen und speziell bei Mercedes-Benz. Der Sieger hieß Caracciola vor Rosenberger im zweiten S-Mercedes.

Einen Monat später kehrte die Truppe zurück, um diesmal um den Großen Preis von Deutschland anzutreten. Hier war Otto Merz erfolgreich, Werner und Walb belegten die Plätze Zwei und Drei. Bei diesem Rennen hatte man die weißen Wagen erstmalig mit breiten farbigen Streifen über der Haube versehen, damit man sie von den Boxen aus eindeutig identifizieren konnte. Im August gelang es mit dem Typ S, in Freiburg die Rekordzeiten des Achtzylinder-Wagens zu unterbieten und einen Monat später gewann Rosenberger mit dem S in 7:02.8 min die Sportwagen-Klasse am Semmering. Caracciola erreichte bei einem Beschleunigungs-Rennen in Antwerpen sensationelle 208 km/h. Damit bestand nun kein Zweifel mehr, daß der Mercedes S trotz seiner Tourenwagen-Abstammung zu einem überaus erfolgreichen Rennwagen herangereift war.

Das Prinzip der nassen Zylinderlaufbüchsen hatte sich inzwischen bewährt, so daß man daran ging, den M 06 für 1928 weiter zu verbessern. Zuerst wurde er um weitere 2 mm aufgebohrt, womit man nun auf 7069 ccm kam. Dann kamen endlich Voll-Aluminiumkolben zum Einsatz, sie waren mit Ölrücklaufschlitzen versehen. Neue Pleuel wurden ebenfalls verwendet; man behielt den runden Schaft bei, verschraubte jedoch den Pleuelfuß nun mit vier Schrauben. Der Kolbenbolzen wurde nicht mehr mit Madenschrauben im Kolben fixiert.

An der langen Kurbelwelle des Sechszylinders waren wiederholt Schwingungen im Bereich von 1300 bis 1500 Umdrehungen aufgetreten, dies wollte man nun mit einem Auswuchtgewicht abdämpfen. Dazu befestigte man auf die nunmehr vollrund ausgeführte Hubscheibe zwischen dem vorderen Hauptlager und dem ersten Hubzapfen einen Auswuchtring. Früher hatte es ähnliche Konstruktionen schon bei Lanchester und Rolls-Royce gegeben, wo eine „fliegende Schwungscheibe" auf der Kurbelwelle durch gegenseitige Reibung in Bewegung gesetzt wurde. Der Dämpferring bei Mercedes war jedoch fest montiert.

Das Schmiersystem hatte man nicht geändert, lediglich der Frischöl-Nachschub war nun auf 15 Liter pro 1000 km einreguliert worden. Bei hoher Belastung des Motors war dies genau richtig, jedoch neigten die Zündkerzen bei normalen Fahrbedingungen sehr schnell zum Verölen. Im Renneinsatz war lediglich die Unterbringung der zusätzlich benötigten Ölmenge problematisch. Aus diesem Grund hatten die Fahrzeuge für besonders schnelle oder über lange Distanzen führende Rennen einen zweiten Öleinfüllstutzen an der Cockpitabdeckung; dieser führte zu einem an der Motorraumwand angebrachten Zusatztank.

Die Trennkupplung am Kompressor bestand aus 22 Reibpaaren (Stahlplatten) am Antrieb und acht Paar kleinerer Scheiben zur Abbremsung. Der Lader selbst wurde unverändert übernommen, nur die Druckleitung zu den Vergasern war stärker verrippt. Die Ventile hatte man auf 52 mm vergrößert.

Dies war nun die letzte offizielle Version des M 06, er wurde 1928 in die Wagen mit den legendären Namen SS und SSK eingebaut. Zwei Ausführungen waren erhältlich. 4,7:1 verdichtet betrug die Saugmotor-Leistung 140 PS, mit 5,2 Verdichtung stieg dieser Wert auf 160 PS bei 2800 U/min. Die gleichlautende Angabe für den aufgeladenen Motor von 200 PS bei 3000 U/min wurde bei der höheren Verdichtung in Wirklichkeit weit übertroffen.

Für die Sportwagen-Klasse, in der der Mercedes angesichts des Hubraums einen viersitzigen Aufbau tragen mußte, verwendete man das bewährte S-Chassis. Beim Siegerwagen des Grand Prix 1928 auf dem Nürburgring, gefahren von Caracciola/Werner, handelte es sich um ebendieses Modell; man hatte an allen vier Rädern kleine Schutzbleche angebaut und verwendete das

Links: Caracciolas SSKL nach seinem Sieg beim Großen Preis von Deutschland am 19. Juli 1931.

Unten: 1932 bekam Hans Stuck einen im Werk vorbereiteten SSKL zur Verfügung. Er siegte damit bei zahlreichen internationalen Bergrennen.

Oben: Rudolf Caracciola gewann 1931 mit dem SSKL die Mille Miglia. 1635 Kilometer bewältigte er in einer Zeit von 16 Stunden und 10 Minuten.

Rechts: Auf dem Werkshof bei Daimler-Benz sind hier einige zur Leichtbau-Version umgebaute SSK zu sehen.

Oben: Für das Avusrennen 1932 versah Freiherr von Koenig-Fachsenfeld Manfred von Brauchitschs Mercedes SSK „L“ mit dieser Stromlinien-Karosserie.

Oben: Der Rennwagen erwies sich als recht problematisch; Brauchitsch konnte trotzdem den Sieg auf der Avus erringen.

Rechts: Mit knappem Vorsprung vor Caracciola – diesmal auf Alfa Romeo – kam der Stromlinienwagen ins Ziel.

Unten: Obwohl die bei Mercedes-Benz entstandene Karosserie dieses SSKL dem Design von Koenig-Fachsenfeld folgte, fiel das Heck sehr steil ab.

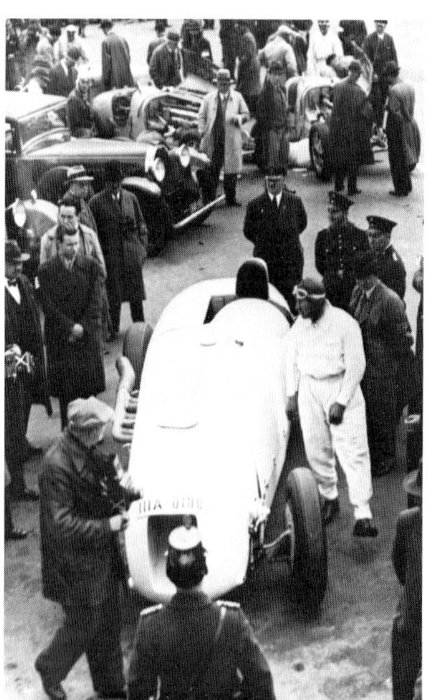

Nach einer Nachtfahrt kam Merz gerade noch rechtzeitig zum Training nach Berlin. Der Wagen war in letzter Minute fertig geworden.

Siebenliter-Aggregat. Aus diesem Grund und natürlich aus verkaufspolitischen Erwägungen wurde der Wagen mit einer neuen Bezeichnung versehen: er hieß Typ SS.
Es wurden eine ganze Anzahl von Wagen des S-Typs als offene Tourenwagen an Privatkunden verkauft. Dieses Fahrzeug sah zwar extrem sportlich aus, bot den Insassen aber sehr wenig Platz. Deshalb wurde beim SS die Karosserielinie wieder etwas höher gelegt, diese Änderung war sehr leicht am Kühler zu erkennen. Anstelle des aus sieben Teilen zusammengesetzten Kühlerkerns gab es beim SS – wie schon vorher beim Typ K – wieder einen achtteiligen Spitzkühler. Das Fahrgestell war fast identisch mit dem des S-Typs, lediglich die Spurbreite wurde mit 1420 mm etwas knapper gehalten. Außerdem verzichtete man auf die Erleichterungsbohrungen in den hinteren Quertraver-

sen. Die wirklichen SS-Typen, und nicht die umgebauten Vormodelle, wurden in erster Linie als schnelle Tourenwagen für eine interessierte und finanzkräftige Kundschaft gebaut und waren nicht für den Sporteinsatz gedacht. Diese Aufgabe erfüllten die mit dem größeren Motor versehenen S-Modelle wesentlich besser. Wagen dieses Typs wurden nun auch verstärkt von Privatfahrern eingesetzt und hefteten Ruhm und Ehren an den stolzen Mercedes-Stern, der übrigens bei den Rennwagen nicht auf dem Kühlerverschluß angebracht war.

Mit einer grandiosen Regenfahrt beendete Caraciola 1929 die Tourist Trophy als Sieger und 1931, als das Werk bereits alle Rennaktivitäten eingestellt hatte, gewannen Privatteams die 24 Stunden von Spa und wurden Le Mans Zweiter. Die Rennversionen, bestehend aus dem Fahrgestell des Typs S und dem SS-Motor, brachten 50 kg weniger auf die Waage und hatten frisierte Motoren. Für die Leistungssteigerung hatte man zwei neue Kompressoren mit wesentlich größeren Drehflügeln geschaffen, womit sich der Ladedruck auf 0,70 bzw. 0,83 at erhöhte. Allein die neue Renn-Nockenwelle brachte eine Normalleistung von 170 PS bei 3200 Umdrehungen und eine Kompressor-Leistung von 225 PS bei 3300 U/min. Mit dem Einsatz des ersten neuen Laders kam man auf 275 PS. Der größte Kompressor war nur für die Verwendung in Werkswagen geplant, der mit dem Kosenamen „Elefant" versehene Lader verhalf jedoch später einem noch schnelleren Rennwagen zu entsprechender Leistung: dem SSK.

In Deutschland waren damals Bergrennen außerordentlich beliebt. So ging man Mitte 1928 bei Daimler-Benz daran, einen speziell dafür geeigneten Wagen vorzubereiten. Man verwendete dazu ein Fahrgestell des S-Typs und verkürzte dies vor der Hinterachskröpfung, womit man auf einen Radstand von 2950 mm kam. Technisch gesehen, handelte es sich dabei um die kurze Ausführung des S, so daß die Bezeichnung SK zutreffender gewesen wäre. In Anbetracht des verwendeten Siebenliter-Motors nannte man den Wagen jedoch SSK. Für die Zuschauer am 29. Juli 1928 am Gabelbach war es indessen lediglich ein fuchterregender, schneller Mercedes ohne Kotflügel, den der nette Junge aus Remagen in neuer Rekordzeit den Berg hinaufjagte. In Freiburg dann war dieselbe Kombination um fünf Prozent schneller als im Jahr davor, und am Semmering fuhr Caracciola sogar sensationelle 6:40,3 min.

Über den Winter wurde eine kleine Serie von SSK-Versionen gebaut, insgesamt 31 Exemplare. Der 1928 eingestellte S war auf 149 Stück gekommen, vom SS fertigte man bis Herbst 1929 114 Stück. Der SSK war als „Serienwagen" auch primär für den Wettbewerbseinsatz gedacht. Er erhielt an der Vorderachse hydraulische Houdaille-Stoßdämpfer mit stark verrippten Gehäusen und wurde mit einem noch enger gestuften Getriebe ausgestattet. Die Gangabstufungen sahen nun folgendermaßen aus: 1. Gang 2,75:1, 2. Gang 1,50:1, 3. Gang 1,20:1, 4. Gang 1,0:1. Wie der SS fuhr auch der SSK auf 20-Zoll-Drahtspeichenrädern mit 6,50er oder 7,00er Reifen.

Für den Einsatz bei Kurzstreckenrennen hauchte man dem bewährten M 06-Sechszylinder im 1700 kg schweren SSK noch mehr Leistung ein. Die Motoren-Abteilung unter Albert Heeß hatte 1929 bei Verwendung des großen Laders („Elefant") mehr als 300 PS bei 3300 U/min erzielt. Das Verhältnis zwischen Saugrohrdruck und dem gesamten Füllungsdruck bei Laderbetrieb von 1:1,83 ließ rechnerisch auf eine Spitzenleistung von 309 PS schließen, was schließlich durch Prüfstandsmessungen mit 310 PS mehr als bestätigt wurde. Die Verdichtung des Motors richtete sich nach der verwendeten Kraftstoffart und variierte zwischen 5,75 und etwa 6,0:1. Die firmeninterne Typenbezeichnung 27/300 ließ darauf schließen, daß die Wagen, zumindest bei Bergrennen, mit fest angekuppeltem Lader liefen. Am Kurbeltrieb hatte man ebenfalls Änderungen durchgeführt, man verwendete nun Pleuelschäfte mit einem Doppel-T-Profil und verstärkten Lagern. In seiner besten Ausführung konnte man den großvolumigen Sechszylinder mit auf 3500 Umdrehungen fahren, wobei kurzzeitig in der Hitze des Gefechts auch 4000 U/min möglich waren, wobei die Nadel des Drehzahlmessers schon anstieß. Bei einigen Wagen wurden die Kupplungen mit Stahl-Reibscheiben verstärkt. Die in Monza und auf der Avus eingesetzten Motoren wiesen sechs kurze Auspuff-Stummel auf, die schräg nach hinten ins Freie führten.

Caracciola durfte 1929 seine Auslandsstarts frei wählen. Er entschloß sich, zum ersten Rennen in den Straßen Monte-Carlos einen SSK mitzunehmen. Wie viele andere Grand-Prix-Rennen jener Jahre zwischen 1928 und 1933 wurde auch dieser Lauf nicht nach dem immer noch gültigen, wenn auch als überholt angesehenen Reglement der AIACR durchgeführt. Noch vor der Hälfte der Distanz hatte der respektlose junge Mann aus Deutschland die Führung an sich reißen können, er war jedoch zum Nachtanken gezwungen und verlor dadurch seine Position. Immerhin wurde er aber noch Dritter. Beim Großen Preis von Deutschland lag er wieder an der Spitze, mußte aber mit Pleuelschaden aufgeben. In Argentinien hatte ein ausgewanderter Osteuropäer namens Carlos Zatuszek ein erfolgreiches Jahr mit seinem SSK, den er als Nachfolger zu seinem vorhergehenden Sechszylinder gekauft hatte. Und 1930 errang Caracciola die Berg-Europameisterschaft, wie übrigens auch im Jahr darauf. Er fuhr aus diesem Grund auch auf den britischen Inseln, wo er den irischen Grand Prix und das traditionsreiche Shelsley-Walsh-Bergrennen mit dem SSK bestritt. In Irland fiel ihm durch die Handicap-Wertung der Gesamtsieg zu und in Wales gewann er die Sportwagenklasse. In derselben Kategorie siegte er auch am Semmering. Es war wieder einmal ein erfolgreiches Jahr für den jungen Fahrer und für das beste Pferd im Mercedes-Stall, den SSK gewesen.

Von den Auswirkungen des Börsenkrachs 1929 in der New Yorker Wall Street war kein Land und kein Unternehmen verschont geblieben. Von Direktor Wilhelm Kissel erhielt Caracciola die Mitteilung, daß man nicht mehr in der Lage sei, seinen Fahrervertrag zu verlängern. Alfred Neubauer schaltete sich ein und erreichte die Genehmigung zur Errichtung eines kleinen Privatteams für seinen Schützling Caracciola, das aus dem Beifahrer Wilhelm Sebastian und dem Mechaniker Willy Zimmer bestehen sollte. Das Werk würde dem Team Erfolgs-Prämien zahlen und räumte ihm einen großzügigen Preisnachlaß auf den anzukaufenden SSK ein – einem indessen sehr speziellen SSK.

Ferdinand Porsche hatte inzwischen mit den von ihm geschaffenen Wagen nichts mehr zu tun. In seiner eigenwilligen Art hatte er im Verlauf einer hektischen Vorstandssitzung im Oktober 1928 seinen Posten bei der Daimler-Benz AG niedergelegt. Er verließ Stuttgart und vermietete seine dortige Villa an seinen Nachfolger. Hans Nibel kam aus Mannhcim, wo er im Benz-Werk hauptsächlich mit den Entwicklungen auf dem Diesel- und Lkw-Sektor beschäftigt gewesen war. Hans Nibel setzte natürlich auch einige weitere Mitglieder der ehemaligen Benz-Mannschaft für verantwortungsvolle Tätigkeiten in seinem neuen Arbeitsbereich ein, davon seien in der Hauptsache Max Wagner und Fritz Nallinger genannt. Diese beiden wurden nun damit betraut, für Caracciolas einsamen Feldzug das bestmögliche Material bereitzustellen. Wagner behandelte zunächst einmal das vorhandene Chassis mit der gleichen Methode, die er schon beim Benz-Tropfenwagen angewandt hatte. Er brachte, wo nur eben möglich, Bohrungen zur Gewichtsverminderung an. Die Seitenholme des Rahmens waren mit verschieden großen Bohrungen übersät, lediglich zwischen Motorraumrückwand und Kühler blieben sie unberührt. Zusätzlich waren die Profilkanten der Holme verschmälert worden. Die hinteren Quertraversen, die Knotenbleche und die Tankhalterung waren ebenfalls durchbohrt worden. Auch die Hebel und Pedale, sogar die Versteifungsrippen an den Bremstrommeln wurden solchen Erleichterungsmaßnahmen unterzogen. Insgesamt konnte man 125 kg des Gesamtgewichts einsparen und hatte damit eine Leichtbau-Version des SSK geschaffen, die man folgerichtig mit der Bezeichnung SSKL versah.

Caracciola wußte gut mit dem Wagen umzugehen. Er eröffnete die Saison mit einem Sieg bei der Mille Miglia, das Avusrennen vermochte er ebenso für sich zu entscheiden wie die beiden Rennen auf dem Nürburgring. Das Eifelrennen und den verregneten Großen Preis gewann er gegen eine starke Bugatti-Konkurrenz. Bei diesem Rennen kam übrigens zum erstenmal der von Wilhelm Sebastian und Willy Walb erdachte Renn-Wagenheber zum Einsatz.

Die „SSKL-Behandlung“ verlängerte bei einigen SSK die aktive Rennlaufbahn, als sie 1931 umgebaut wurden. Am Ende der Saison löste man allerdings das Einmann-Werksteam auf, woraufhin Caracciola ein Angebot von Alfa Romeo annahm. Der erfahrene und begeisterte Privatfahrer Hans Stuck sprang hier in die Bresche, indem er einen im Werk vorbereiteten „privaten“ SSKL an den Start brachte. Anfang 1932 fuhr er damit sehr erfolgreich bei Rennen in Argentinien und Brasilien, wo er mit 206,5 km/h sogar einen nationalen Geschwindigkeitsrekord fuhr. Beim Großen Preis der Tschechoslowakei in Brünn belegte er den zweiten Rang und gewann darüberhinaus alle wichtigen Bergrennen.

In den Jahren 1932 und 1933 fand die Renn-Karriere des SSKL ihren Höhepunkt und zugleich ihren Abschluß. Und ein neuer Mann wurde mit den Mercedes-Rennwagen in Verbindung gebracht – der aus einer angesehenen Offiziersfamilie stammende Manfred von Brauchitsch. Seine eigene Offizierslaufbahn hatte er nach einem schweren Motorradunfall beendet, wonach er sich entschloß, Rennfahrer zu werden. Ein Onkel hatte ihm 1929 einen Mercedes SS gekauft, 1930 tauschte er den Wagen gegen einen SSK ein, den er schließlich 1931 zum SSKL modifizieren ließ. Als die Saison 1932 begann, war er gerade 26 Jahre alt. Es schien unwahrscheinlich, daß am 22. Mai beim Avusrennen ein deutscher Fahrer mit einem einheimischen Wagen Caracciolas Vorjahreserfolg wiederholen könnte. In Berlin wurde in diesem Jahr eine neuerstarkte Streitmacht ausländischer Teams erwartet. Stuck hielt sich noch in Südamerika auf und wurde erst unmittelbar vor Rennbeginn zurückerwartet. Der einzige aussichtsreiche Teilnehmer aus deutscher Sicht war somit Manfred von Brauchitsch. Und so war er es, dem der Freiherr Reinhard von Koenig-Fachsenfeld sein Vorhaben, den SSKL mit einer kompromißlosen Stromlinienkarosserie zu versehen antrug.

„Um ehrlich zu sein“, erzählte der Vorkämpfer aerodynamischer Karosserien, „zögerte er ein wenig, als ich ihn in meine Pläne einweihte. Vielleicht schwirrte ihm der Kopf von all den Berechnungen, Formeln und Darstellungen, die ich zur Untermauerung meines Anliegens vor ihm ausgebreitet hatte. Aber seine Entscheidung kam dann ziemlich schnell – Neubauer hatte noch einmal mit ihm gesprochen.“

Koenig-Fachsenfeld hatte bereits mehrere Automobile mit strömungsgünstigen Aufbauten versehen, doch hier handelte es sich um sein erstes großes Rennwagen-Projekt. In Berlin wurde der Wagen unter dem Namen „Zeppelin auf Rädern“ bekannt. An sich war Koenig-Fachsenfelds Aufbau recht einfach gehalten: ein vollkommen rundes Frontteil mit dem Kühllufteinlaß, ein vollverkleideter, runder Karosseriekörper mit einbezogener Bodenwanne, ein spitz auslaufendes Heck mit verkleideten Hinterradfedern und Kopfstütze sowie Abdeckungen über den Einfüllstutzen für Wasser und Öl. Die Räder ließ er freistehend. Neubauer zeigte sich besorgt über die zu erwartende mangelhafte Kühlung des Hinterachsgetriebes. Doch Koenig-Fachsenfeld beruhigte ihn, indem er ihm eine eingelassene Luftzuführung zeigte, die schließlich noch die Öltemperatur im Differential-Gehäuse um zehn Grad gegenüber dem bisherigen Wert senkte.

Die Karosserie stellte in großer Eile Vetter in Cannstatt her. Der Wagen wurde gerade rechtzeitig fertig, um zum Trainingsbeginn nach Berlin gefahren zu werden – auf eigener Achse! Dort hatte man noch mit einer ganzen Reihe von Schwierigkeiten zu kämpfen. „Von anfänglicher Motorüberhitzung bis zu einer schlechten Straßenlage war die Karosserie die Ursache von nicht enden wollenden Problemen,“ gab der Konstrukteur zu. Die Trainingszeiten waren demzufolge kaum erwähnenswert. V. Brauchitsch hätte am liebsten den ganzen Kram hingeschmissen. Er nahm indessen das Rennen auf und war natürlich am Anfang der 15 Runden nicht im Vorderfeld zu finden. Das Tempo wurde in den ersten Runden von René Dreyfus in einem von zwei Achtzylindermotoren getriebenen Maserati bestimmt, er schraubte dabei den Rundenrekord auf 210 km/h. Bis zur sechsten Runde mußten jedoch bereits einige der anfangs so überlegenen Ausländer ausscheiden. Das Rennen entwickelte sich nun zu einem Zweikampf zwischen dem Starfahrer Rudolf Caracciola auf einem Alfa Romeo und dem Neuling von Brauchitsch auf jenem ungewöhnlichen neuen Mercedes-Benz. In den Kehren an beiden Enden des Kurses lagen ihre Geschwindigkeiten zwischen 100 und 125 km/h gleich – aber nur so lange, bis Manfred von Brauchitsch auf der Zielgeraden das Gaspedal durchdrückte und dem Alfa davoneilte. Sein Gesamtdurchschnitt hatte 194,2 km/h betragen, das war genau um 8,6 Stundenkilometer schneller als Caracciolas Schnitt im Vorjahr auf einem unverkleideten SSKL.

Laut Koenig-Fachsenfeld war Manfred von Brauchitschs privater SSKL 270 PS stark. Sein Wagen wies den für ein hartes Rennen über lange Distanzen besser geeigneten 0,7 at-Kompressor auf. Es hieß, daß Caracciolas Standard-SSKL 1931 auf der Avus 209,1 km/h erreicht habe und diese Geschwindigkeit mit der Stromlinienkarosserie auf 230 Stundenkilometer angestiegen war. Der Luftwiderstand an Brauchitsch Wagen war gegenüber der Normal-Ausführung demnach um 25 Prozent gesenkt worden.

Diese Ereignisse blieben auch in Untertürkheim nicht ohne Folgen. Bei ihrer Rückkehr zum Renngeschehen wollte die Daimler-Benz AG nun auch auf strömungsgünstig karossierte Fahrzeuge zurückgreifen. Für das Avusrennen 1933 beabsichtigte man selbst einen solchen Wagen zu bauen. Es entstand ein Versuchsmodell im Maßstab 1:10 mit verschiedenen Formen der Verkleidung; man beschäftigte sich auch mit verkleideten Rädern, ließ diese Idee aber am Einsatzfahrzeug wieder fallen. Auch diesmal befand man sich wieder unter Zeitdruck. Nachdem sich Caracciola bei seinem Unfall in Monaco ernsthafte Verletzungen zugezogen hatte, verpflichtete man den verläßlichen alten Kämpen Otto Merz. Dieser hatte zwar seine Laufbahn schon beinahe beendet, war jedoch in Untertürkheim nach wie vor sehr gerne gesehen. So konnte man ihm auch seine Bitte, mit einem letzten Einsatz bei einem großen Rennen auf deutschem Boden seiner Karriere einen würdigen Abschluß zu geben, nicht verwehren.

Von Brauchitschs Wagen wurde ebenfalls noch einmal aufgemöbelt und mit verstärkten Rädern sowie Abdeckscheiben in den Hinterrädern versehen. Für Manfred von Brauchitsch verlief das Rennen nicht so erfolgreich wie im Vorjahr. Bereits nach zwei Runden mußte er an die Box, nachdem sich am rechten Hinterreifen der Protektor gelöst hatte. Dies wiederholte sich noch weitere vier Mal, weshalb er über einen sechsten Rang nicht hinauskam. Zwei Bugatti vom Typ 54 fuhren hier in Berlin einen Doppelerfolg heraus, es handelte sich dabei um den einzigen größeren Erfolg dieses etwas unglücklichen Modells. Der Schnitt des Siegers betrug 208,4 km/h.

Otto Merz war nicht am Start erschienen. Sein Wagen war so spät fertiggeworden, daß Merz ihn noch in der Nacht nach Berlin steuern mußte, damit er rechtzeitig zum Training an der Avus war. Der Wagen hatte natürlich keine Beleuchtungsanlage, aber angesichts einer Vollmondnacht wagte Merz die riskante Fahrt. Er kam ohne Zwischenfälle in Berlin an. Am Nachmittag des ersten Trainingstages probierte er eine neue Ideallinie auf einem holprigen Streckenabschnitt, der seine kräftigen Arme zu ganzem Zupacken zwang. Trotz eines drohenden Wolkenbruchs wollte er nicht auf die heranzuschaffenden Regenreifen mit feinerem Profil warten. Der Kompressormotor entwikkelte seinen berühmten Auspuffdonner, als Merz die Gerade entlangschoß – plötzlich klang er leiser, war gleich darauf ganz still. Es wurde ein Sturz gemeldet. Ein Mechaniker fuhr die Strecke ab, kam kurz darauf zurück und berichtete Neubauer: „Er liegt ganz ruhig da, der Otto, als ob er schläft... Wollen Sie ihn noch einmal sehen?“ Nein – Neubauer mochte ihn nicht mehr sehen.

„Es liegt nun an jenen, denen das Ansehen Deutschlands etwas bedeutet, die Regierung bei diesem Vorhaben zu unterstützen, dem deutschen Motorsport, deutschen Konstruktionen und deutscher Handwerksarbeit zu neuen Ehren zu verhelfen."
Wilhelm Kissel

Die 750-kg-Rennformel

Im Jahre 1932 befand sich Deutschland in einer akuten Krisensituation. Die Belegschaft bei Daimler-Benz wurde auf die Hälfte des Standes von 1928 reduziert, Millionen in ganz Deutschland waren arbeitslos. Vier krisengeschüttelte Automobil-Hersteller schlossen sich um die Mitte des Jahres zu einem starken Konzern zusammen, der Auto Union. Mit leerem Geldbeutel und angeschlagenem Selbstvertrauen waren die Deutschen empfänglich für die Ankündigungen der Nationalsozialisten. Die NSDAP kam am 30. Januar 1933 an die Macht, Adolf Hitler wurde Reichskanzler.
Die AIACR hatte während dieser unsicheren Zeiten ein neues Reglement für die Grand-Prix-Formel ausgearbeitet, das von 1934 bis Ende 1936 Gültigkeit haben sollte. Es wurde am 12. Oktober 1932 praktisch als Fortsetzung der bisherigen „Freien Formel" angekündigt, man hatte lediglich das Trockengewicht (hier: ohne Kraftstoff, Öl und Kühlmittel sowie ohne Reifen) auf maximal 750 kg festgelegt. Damit waren bereits eingesetzte Wagen wie der Alfa P3 oder der Bugatti 51 klar im Vorteil; man wollte „Monster" wie die zweimotorigen Alfa und Maserati, deren Geschwindigkeiten in nicht mehr beherrschbare Bereiche vorgedrungen waren, ausschließen. Man legte außerdem die Karosseriebreite auf mindestens 85 cm und die Mindestdistanz der Rennen auf 500 km fest. Für die deutschen Firmen war dieses neue Grand Prix-Reglement lediglich von theoretischer Bedeutung. Es hieß lediglich für Mercedes-Benz, daß der SSKL nun nicht mehr auf die Jagd nach den kleinen schnellen Wagen gehen konnte, er wog schließlich mehr als das Doppelte des geforderten Maximums. Wenn man je wieder ins Renngeschehen zurückkehren würde, müßte man einen völlig neuen Wagen auf die Räder stellen. An ein solches Vorhaben hatte man so nebenher schon mehrere Male gedacht. Während der Annäherung der beiden Firmen Daimler und Benz hatte Max Wagner beispielsweise bereits einmal einen Wagen mit dem Fahrgestell nach Benz-RH-Vorbild, jedoch mit Frontmotor, gebaut. Bei diesem Aggregat handelte es sich um einen aufgeladenen Zweiliter-Sechszylinder. Man hatte auch einmal am Ende der Laufbahn Porsches bei Mercedes eine ähnliche Konzeption ausgearbeitet, die indessen nicht verwirklicht wurde. Man dachte dabei ebenfalls an eine hintere Schwingachse und einen Heckmotor; der 3,2 Liter-dohc-Achtzylinder sollte direkt an die Hinterachse angeblockt werden. Der Konstrukteur Otto Schilling hatte an der Planung für diesen Motor mitgewirkt. 1930 bekam er den Auftrag, einen V-16-Zylinder zu entwerfen, der mit den Abmessungen 70 × 82 mm auf 5060 ccm kommen und dabei eine Leistung von 350 PS abgeben sollte. Doch auch hier blieb es bei einer Konstruktionsidee, es gab keinerlei Möglichkeiten zur Verwirklichung des Konzepts.
Alfred Neubauer, einem der größten Rennsport-Enthusiasten im Werk, gelang es während dieser ganzen Zeit, das Interesse beim Vorstand aufrechtzuerhalten. Zumindest beim wichtigsten Mann der Firma, dem Vorstandsvorsitzenden Wilhelm Kissel, hatte er immer Erfolg gehabt. Dieser hatte dem Aufsichtsrat der Daimler-Benz AG zwar versichert, daß alle Rennsport-Programme eingestellt würden, zugleich aber hatte er Neubauer die stillschweigende Unterstützung von Caracciola und Stuck in den Jahren 1931 und 1932 ermöglicht.
Die traditionellen Geldgeber im Motorsport, die Mineralöl- und Zubehörfirmen, waren jetzt auch nicht mehr in der Lage, neue Vorhaben zu unterstützen. Wilhelm Kissel berichtete dem Aufsichtsratsvorsitzenden Emil Georg von Stauss, daß die Automobilclubs in Deutschland daran dächten, mit einer Spendenaktion den Bau eines neuen Rennwagens zu finanzieren. Er befürchtete eine ungute Rivalität zwischen den beiden großen Vereinigungen, dem AvD und dem ADAC, und er informierte aus diesem Grunde den ADAC-Präsidenten Ewald Kroth über die zu erwartenden Kosten. Er sagte, daß ein erfolgversprechender Einsatz den Aufwand von mindestens einer Million Reichsmark erforderte.
Noch im März 1933 kündigte die Daimler-Benz AG ihre Rückkehr zum Rennsport an; als Grund gab man die wichtige Werbewirksamkeit an. Der mit der Machtübernahme Hitlers entstandene Optimismus in Kreisen der deutschen Wirtschaft mag dazu den Ausschlag gegeben haben. Die Angst vor einer eventuellen Verstaatlichung der Industrien war gewichen, und man zeigte sich allgemein erfreut über weitere Unterstützungszusagen der neuen Machthaber. Die Gewerkschaften wurden aufgelöst, die Produktion für Aufrüstungspläne angekurbelt und die Kreditpolitik wesentlich großzügiger gestaltet. Erst später sollten die Automobilfirmen von der Bedrohung durch einen Staatsbetrieb, nämlich dem Volkswagenwerk, erfahren. Hindernisse wie Produktionsbeschränkungen und Planwirtschaft waren noch weit entfernt. 1933 sah man einer vielversprechenden Zukunft entgegen.
Als Kontaktmann für Daimler-Benz zur neuen Regierung fungierte Jakob Werlin, Leiter der Münchner Mercedes-Niederlassung. Werlins persönlicher Kontakt zum Reichskanzler war bei der Erlangung staatlicher Finanzhilfen ausschlaggebend. Es wurde vereinbart, daß das Verkehrsministerium für den Bau und Einsatz eines deutschen Rennwagens jährlich 450 000 Reichsmark beisteuern sollte, zusätzlich winkten für Plazierungen unter den ersten Drei pro Rennen Preisgelder von 20 000, 10 000 oder 5000 Reichsmark, je nach Erfolg. Hier wollte jedoch ein Neuling mit guten Verbindungen ebenfalls teilhaben. Unterstützt wurde diese Forderung durch eine wichtige Persönlichkeit: Ferdinand Porsche. Er war es auch, der auf die Verkaufszahlen der neu geschaffenen Auto Union hinwies. Daran erinnerte sich Neubauer: „Jeder wollte alles für sich alleine haben. Doch schließlich entschied der Ministerialdirektor Brandenburg wie weiland König Salomon: Jede Firma bekommt die

Im Februar 1934 konnte die Rennabteilung mit sichtlichem Stolz der Direktion der Daimler-Benz AG den neuen Grand-Prix-Wagen präsentieren. Bei dem W 25 genannten Fahrzeug handelte es sich um eine Neukonstruktion; man hatte einen 3,4 Liter großen Achtzylinder-Kompressormotor und ein Vollschwingachs-Fahrgestell entworfen.

Rechts: Der Technische Direktor der Daimler-Benz AG, Dr. Ing. h. c. Hans Nibel, erklärt den neuen deutschen Rennwagen dem Reichskanzler. Rechts daneben ist Alfred Neubauer, der alte und neue Mercedes-Rennleiter, zu sehen.

Links: Manfred von Brauchitsch führte im Mai 1934 ausgiebige Probefahrten auf der Avus durch. Für die Teilnahme im Rennen war man jedoch noch nicht ganz gerüstet.

Rechts: So präsentierte sich der Mercedes W 25 beim Eifelrennen 1934. Um auf das Abnahmegewicht von 750 kg zu kommen, hatte man die weiße Lackierung entfernen müssen. Die blanke Alu-Karosserie regte zu der zukünftigen Namensgebung „Silberpfeil“ an.

Hälfte.“ Dies war nun nicht einmal ein Viertel dessen, was Kissel als erforderlichen Mindestbetrag veranschlagt hatte.
In der Realität sollte es lediglich ein Zehntel des jährlichen Gesamtaufwands von Mercedes-Benz ausmachen. Es war jedoch so etwas wie ein Anstoß, und den hatte man ja schließlich gebraucht. Die Entscheidung kam gerade noch zur rechten Zeit, denn es war in Anbetracht der herannahenden Saison 1934 bereits höchste Eile geboten. Daimler-Benz war sich darüber im Klaren, daß man wahrscheinlich bei den ersten Rennen in Monaco und Tripolis noch nicht fertig sein würde. Als Probeläufe für den am 1. Juli in Montlhéry stattfindenden Französischen Grand Prix betrachtete man deshalb die Rennen auf Avus und Nürburgring. In Frankreich gedachte die Mercedes-Mannschaft 1934 ihren Sieg im Jahre 1914 zu wiederholen – ein neuerlicher Erfolg wäre dabei mehr als erwünscht gewesen.
Auf den Konstrukteuren in Untertürkheim lastete in mehrfacher Hinsicht eine schwere Bürde. Sie waren wie schon so viele Male vorher in Zeitdruck und mußten die inzwischen sehr hochgesteckten Erwartungen erfüllen. Aber die Zeiten hatten sich stark gewandelt. Es hatte sich das Verhältnis zur Konkurrenz geändert, Mercedes war in den vorangegangenen Jahren nicht mehr so absolut überlegen gewesen. Als Direktor des Hauptkonstruktionsbüros zeichnete sich Hans Nibel für diesen vorrangigen Auftrag verantwortlich. Unter seiner Leitung kümmerte sich Max Wagner um die Fahrgestell-Entwicklung. Albert Heeß war für das Antriebsaggregat zuständig, wobei ihm der versierte Motorenfachmann Otto Schilling zur Seite stand. Als weitere erfahrene Konstrukteure waren diesem Stab noch die Herren Köhler und Stahl zugeteilt. Die Versuchsabteilung hatte die Aufgabe, die Konstruktionspläne in die Realität umzusetzen. Hier wurden die Teilefertigung organisiert, die Montage durchgeführt und die Probefahrten sowie die einzelnen Versuche bewerkstelligt. Die Leitung dieser Abteilung oblag Fritz Nallinger, der schon bei Benz zwar eine gewisse Förderung durch Hans Nibel erfahren, jedoch vergebens auf einen Rennfahrer-Einsatz, wie zum Beispiel mit dem 200-PS-Benz am Semmering, gehofft hatte. Georg Scheerer kümmerte sich in diesem Team um den Motoren-Versuch; er war schon bei den ersten Kompressor-Versuchen der D. M. G. beteiligt gewesen. Für die Montage der Motoren war Otto Weber zuständig, für das Chassis Jakob Krauss; beide waren schon beim Indianapolis-Einsatz im Jahre 1923 dabei gewesen. Als Technischer Direktor hatte Max Sailer an den Vorbereitungen und Einsätzen des Rennteams, das unter der Leitung von Alfred Neubauer stand, großes persönliches Interesse.
Die deutsche Automobiltechnik schritt zu jener Zeit gewaltig voran. Daimler-Benz leistete hierzu einen wertvollen Beitrag mit dem neuen Typ 380, der im Februar 1933 vorgestellt wurde. Es handelte sich dabei um einen Personenwagen mit aufgeladenem Reihen-Achtzylindermotor und Einzelradaufhängung an allen vier Rädern. Vorne verwendete man dazu doppelte Dreieckslenker, hinten eine Schwingachs-Konstruktion. Die Auslegung des 380 wurde als Grundlage auch bei der Entwicklung des W 25 berücksichtigt. Die Bezeichnung ‚W‘ rührt übrigens aus der Projektnummer des Konstruktionsbüros her: ‚W‘ für komplette Fahrzeuge, ‚M‘ für Motoren.
„Wenn es schon erlaubt ist, mit Einsitzern an den Start zu gehen, dann baut doch auch einen einsitzigen Rennwagen.“ Dieser Ausspruch Max Sailers von 1923 wurde diesmal beherzigt. Man ordnete bei dem Rennwagen den Fahrersitz genau in der Mitte an und baute ihn auch so tief wie möglich in das Chassis ein. Dies führte zu einem völlig neuartigen Detail am W 25, nämlich dem von der Motorrückseite direkt an die Hinterachse versetzten Getriebe. Im Prinzip ähnelte diese Bauweise den ersten Mercedes-Automobilen und den Benz-Rennwagen mit 150 und 200 PS, wobei man hier natürlich keine Ketten zum Antrieb der Räder verwendete, sondern in Schwingachsrohren laufende Antriebswellen. In dem vertikal geteilten Getriebegehäuse lag die Eingangswelle unter der Schaltwelle, die wiederum direkt in das Differential mündete. Die nunmehr mit Motordrehzahl laufende Kardanwelle lag dabei um 9 cm tiefer als bisher. Damit man die Abmessungen des Getriebes so kompakt wie möglich halten konnte, verwendete man wieder eine reine Schubrad-Schaltung, Schaltklauen zum Wechsel der Gänge waren damals in einem Renngetriebe noch höchst ungewöhnlich. Die Fahrer berichten, daß man zwar recht schnell hinaufschalten konnte, beim Herunterschalten jedoch konzentriertes Doppelkuppeln unerläßlich war. Gerade bei ungestümen Piloten mußten die Zahnräder im Getriebe von hoher Qualität sein, denn es war nicht selten der Fall, daß schon nach einem Rennen die Getrieberäder ausgewechselt werden mußten. Es waren natürlich vielerlei Übersetzungsmöglichkeiten vorgesehen. Eine typische Abstufung lautete: 2,00 für den ersten Gang, 1,37 für den Zweiten, 1,14 für den Dritten, und 0,80 für den Vierten. Die Gesamt-Übersetzung belief sich dabei auf 4,44:1. Für enge, kurvige Strecken, wie beispielsweise in Monaco, änderte man die Abstufung von drittem und viertem Gang auf 1,25 und 1,14.
Der Getriebe-Differential-Block war an zwei Quertraversen befestigt. Die beiden Rohre (Durchmesser 50 bzw. 75 mm) verliefen unterhalb der Halbachsen. Die Achsrohre waren am Differentialgehäuse auf massiven Flanschen gelagert, die alle Achsbewegungen und Drehmoment-Kräfte aufnahmen. Unterhalb der Halbachsen waren an beiden Seiten 38 cm lange Querblattfedern am Rahmen befestigt, die mit Schäkeln direkt an den Radnaben angebracht waren. Unten an der Feder befand sich ein Stab, der auf einen Gummipuffer am Rahmen führte und auf diese Weise den Gesamt-Federweg auf 60 mm begrenzte.
Eine weitere Rohr-Traverse an der Chassis-Front nahm die gesamte Vorderradaufhängung sowie die Lenkung auf. Dieses Bauteil war aus einem Rundstahl abgedreht worden, sowohl die Lenkhebel als auch die Befestigung am Rahmen waren angeschellt. Die Wandungsstärke variierte je nach der an den bestimmten Stellen zu erwartenden Belastung. An den Enden dieses Rohr-Profils war jeweils ein kleineres Rohr eingeschoben, an welchem die geschmiedeten Querlenker befestigt waren. Diese verliefen parallel, waren aber verschieden lang, der obere maß 130 mm, der untere 140 mm. Sie waren mit dem 110 mm langen und 11 mm dicken Achsschenkelbolzen verbunden. Dieser war genügend tief in der Bremsankerplatte eingesetzt, um die Lenkungsdrehachse nur 45 mm von der Mitte der Reifenaufstandsfläche entfernt anzuordnen. Der untere Querlenker wies zwei Verlängerungen zur Fahrzeugmitte hin auf. Ein Arm reichte zu dem innen am Rahmen angebrachten Stoßdämpfer, die Hebelübersetzung machte hierbei ein Verhältnis von 2:3 aus. Der andere Ausleger reichte schräg nach oben und wirkte auf die im inneren Rohr untergebrachte Schraubenfeder, das Hebelverhältnis betrug hier 2:1. Zwischen der Feder und dem Hebelarm befand sich ein Gummipuffer, der mit Stahlplättchen festgehalten wurde; er begrenzte die Federwege in beiden Richtungen, sowohl beim Ein- als auch bei Ausfedern. Für beide Bewegungsrichtungen standen nur etwa je 25 mm zur Verfügung, wobei sich die Wege bei ganz zusammengedrücktem Gummi noch um 10 mm nach oben und 5 mm nach unten vergrößerten. Die Druckstange zur horizontalen Feder war in einer Gleitbuchse festgehalten und die Feder selbst wurde am anderen Ende mit einem Bolzen im Rohrgehäuse befestigt. Der Bolzen lag in Gummibuchsen, wodurch dem ganzen Federsystem ein zusätzliches Spiel ermöglicht wurde. Bereits am SSK-Modell hatte man die Federn an der Vorderachse in den Schäkeln auf Gummibuchsen gelagert, damit das Aufschaukeln des Chassis gemildert werden konnte und vor allem keine Schläge der Federung mehr direkt an die Lenkung weitergegeben wurden. Durch die gefürchteten Lenkradstöße wurde schon viel Unheil angerichtet, so kugelte Christian Werner hierdurch einmal sein Schultergelenk aus. Eine dreigeteilte Spurstange wurde von einem langen, an der rechten Chassis-Seite verlaufenden Lenkhebel bewegt. Das Lenkgetriebe befand sich an einer Halterung an der Kupplungsglocke. Um die Räder von Anschlag zu Anschlag zu bringen, benötigte man 2 ¼ Lenkrad-Umdrehungen. Dieses war zuerst fest auf der Lenksäule montiert, wurde aber noch im Verlauf der ersten Saison mit einem

Schnellverschluß abnehmbar (zum leichteren Ein- und Aussteigen) gestaltet. Am Rahmen selbst war alles beim alten geblieben. Er bestand aus zwei Längsträgern im aufgestellten U-Profil. Diese waren 50 mm breit und vorne 75 mm hoch, hinten 150 mm. Die Seitenteile hatte man durchweg mit Erleichterungsbohrungen versehen, am Heckteil auch die Ober- und Unterseite. Zusätzliche Querversteifungen fanden sich wie immer in Gestalt einer Traverse auf Höhe der Motorraum-Rückwand und der hinteren Motorhalterungen. Großzügig durchbohrte Winkelprofile aus Aluminiumblech hielten das Armaturenbrett und natürlich alle Karosseriebleche.

Zum ersten Mal wurden hier bei einem Daimler-Benz-Rennwagen hydraulische Bremsen verwendet. Die Trommeln maßen 400 mm im Durchmesser und waren 50 mm breit. Die Bremsbacken wurden von einem Bremszylinder pro Trommel angedrückt und besaßen eine automatische Nachstellvorrichtung mit einem durch ein Langloch geführten Zapfen. Die Bremsbacken waren aus Aluguß gefertigt, ebenso wie die Trommeln, bei welchen jedoch das Material noch gehärtet war. In die Trommeln wurden 5 mm starke Schleifringe eingesetzt, die um 1,6 mm überstanden. Die Trommel wurde dabei auf 280 Grad erwärmt und der eisgekühlte Bremsring eingepaßt. Eine mechanische, auf die Hinterräder wirkende Handbremse gab es ebenfalls. Der Hebel dafür befand sich am ersten Wagen noch rechts an der Cockpit-Außenseite; diese sehr altmodisch anmutende Befestigung wurde jedoch noch vor dem ersten Rennen abgeändert.

Rechts: Blick ins Cockpit des W 25. An Instrumenten sind vorhanden (von links): Öl-Thermometer, Wasser-Thermometer, Benzin-Anzeige, Drehzahlmesser.

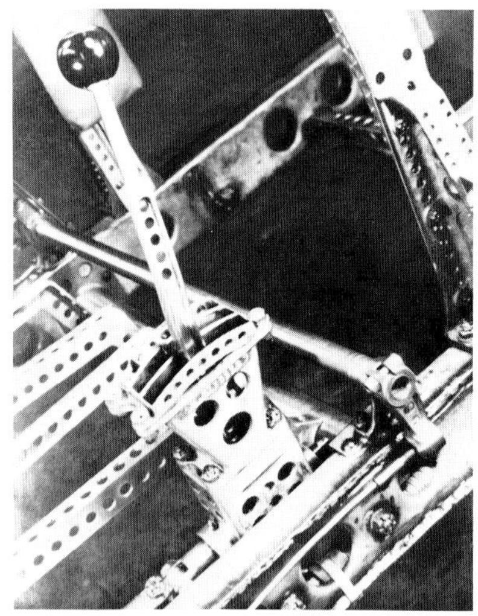

Links: Durch die Vorgabe der 750-kg-Formel war beim Bau der neuen Grand-Prix-Wagen Gewichtssparen das oberste Gebot. Jedes kleine Profil wurde mit Bohrungen versehen.

Links: Der Ausdruck Ergonomie war zwar noch unbekannt, bei den Werks-Rennwagen wurde jedes Cockpit jedoch genau nach den Erfordernissen des jeweiligen Fahrers angemessen. Hier im Bild ist der junge Hermann Lang zu sehen, der 1934 als Rennmechaniker arbeitete und später selbst zum Steuer greifen durfte, und zwar nicht nur zur Probe…

Als Stoßdämpfer fanden wieder Reibscheibendämpfer Verwendung, diesmal aus Daimler-Benz-eigener Fertigung. Ein Mechaniker konnte hier die Vorspannung genau einstellen. Dazu wurde an einem Hebelarm eine Stange befestigt, an welcher sich im Abstand von einem halben Meter ein Gegengewicht befand. Der Dämpfer wurde soweit angezogen, daß das Gewicht gehalten wurde. Für den Nürburgring stellte man beispielsweise die Dämpfer an der Vorderachse auf 10 kg hinten auf 15 kg ein.

Die Motorenkonstrukteure um Albert Heeß wußten ziemlich genau, welche Motorleistung ein konkurrenzfähiges Fahrzeug in der Saison 1934 besitzen mußte, denn man war im Besitz eines interessanten Studienobjekts. Rudi Caracciola hatte sich bekanntlich 1932 dem Alfa Romeo-Team angeschlossen, die roten Renner aus Italien hatten sich in jenen Jahren als absolut überlegen erwiesen. Man sah in ihnen folglich auch für die zukünftigen Rennen die stärksten Widersacher. Caracciola hatte 1932 den Typ P3 gefahren, einen 215 PS-Achtzylinder, für die Saison 1933 kaufte er einen dieser Wagen für sein neues Privatteam. Er verunglückte in Monaco und fiel daraufhin für den Rest des Jahres wegen einer schweren Beinverletzung aus. Daimler-Benz kaufte den Unfallwagen auf, setzte ihn wieder instand und verwendete den Alfa als Übungsfahrzeug für zukünftige Fahrer. Er diente darüber hinaus auch als Maßstab zu eigenen Entwicklungsfortschritten.

Für den neuen Mercedes-Achtzylindermotor, den Typ M 25 A setzte man sich 280 PS als Ziel. Zur Bestimmung der dafür notwendigen Motor-Dimensionen

Links oben: Die Radaufhängung an der Vorderachse. Die Feder liegt dabei längs im Achsrohr verborgen.
Rechts oben: Montage des Motors in den Rahmen; das Aggregat hängt tief zwischen den Längsholmen.

Links: Mit zahlreichen Meßuhren zur Ermittlung von Druckverhältnissen am Gehäuse und an den Lagern bestücktes Viergang-Transaxle des W 25.

Rechts: Caracciola beim Großen Preis von Deutschland am 15. Juli 1934 auf dem Nürburgring.

Oben: Luigi Fagioli, der neue Werksfahrer bei Mercedes, siegte in Pescara. Allerdings gehörte der Wagen Nr. 28 Caracciola: Das Foto gibt Rätsel auf...

Rechts: Mit vollem Schwung geht Fagioli beim Training in Pescara die enge Kurve an, gleich wird das Heck des W 25 ausbrechen... Caracciola nahm übrigens nicht am Training teil, sondern fuhr die Strecke nur im Tourenwagen ab.

Boxenhalt am Nürburgring. Man pflegte alle vier Räder auszuwechseln. Bei den damaligen Rennen über mehr als 500 Kilometer fiel die Entscheidung oftmals an den Boxen. Reifenwechsel und Nachtanken war unumgänglich. Man konnte nur durch eine gute Taktik und eine schnelle Abfertigung die Position im Rennen halten.

Oben: Im Training ging es an den Boxen meist nicht so hektisch zu; hier wird der Ölvorrat kontrolliert und Kühlwasser aufgefüllt.

Rechts: Monza 1934. Fagioli in Caracciolas Wagen liegt vor Varzi (Alfa Romeo) und Nuvolari (Maserati). Nachdem er den führenden Stuck auf Auto Union überholt hatte, wurde er als Sieger abgewunken.

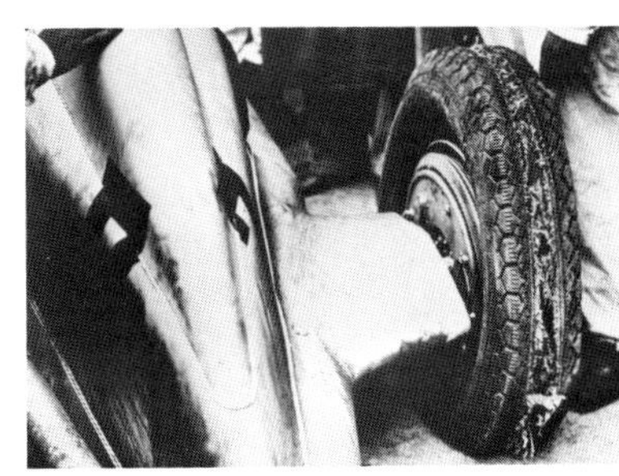

Oben: Die Reifen waren den durch die neuen leistungsfähigen Grand-Prix-Wagen entstandenen Belastungen oftmals nicht gewachsen.

ging man vom alten Zweiliter-Achtzylinder aus. Bei gleichbleibender Literleistung von 85 PS/l, ermittelte man damit für den M 25 A einen Hubraum von 3,3 Litern. Mit den Maßen 78 × 88 mm für Bohrung und Hub kam man schließlich exakt auf 3360 ccm. Während die Konstruktionsarbeiten vorangingen, bereitete Otto Schilling mit seinen Leuten einen Einzylinder-Testmotor vor. Man verwendete hierfür einen Roots-Kompressor aus einem Mercedes-Serienwagen von 1922, der die verdichtete Luft an einen aus dem SSK stammenden Steigstrom-Vergaser abgab. Die Bauweise des Aggregats hielt sich an bewährte Muster. Die aus Stahl geschmiedeten Zylinder wurden tief in das Kurbelhaus eingeführt, die Einlaß- und Auslaßkanäle, die Angüsse für die Ventilführungen sowie alle Wassermäntel hatte man an den einzelnen Sackzylindern angeschweißt. Die gesamte Anordnung war in zwei Viererblocks geteilt; beim Zweilitermotor hatten alle acht Zylinder einen gemeinsamen Wassermantel aufgewiesen. Pro Zylinder fanden wieder vier Ventile Verwendung, sie hingen in einem Winkel von 60 Grad zueinander, wobei der Durchmesser der Ventilteller jeweils 34 mm betrug. Die gegabelten Kipphebel wurden ebenfalls vom M 218 übernommen, sie waren jeweils rechts von der Nockenwelle gelagert. Die Nocken an den beiden Nockenwellen waren am Grundkreis wieder schmäler gehalten. Die Steuerzeiten ergaben Öffnungszeiten von jeweils 250 Grad sowohl für den Einlaß als auch für den Auslaß, die Überschneidung im OT betrug dabei 45 Grad. Die Auslaßventile wiesen hohle Schäfte auf, welche oben mit einer Schraubkappe verschlossen waren. Die Schäfte waren mit Sodasalz gefüllt, dieses schmolz bei Erwärmung und führte auf diese Weise die Wärme gleichmäßig an die Ventilführungen ab. Die Führungen aus Bronze wurden von oben in den Zylinderkopf eingepaßt, sie hielten die Ventile in den angegossenen Köpfen fest. Für jedes Ventil verwendete man eine doppelte Schraubenfeder.

Der Antrieb der beiden obenliegenden Nockenwellen erfolgte wiederum durch einen Stirnradsatz an der Motorrückseite. Ein Zwischenrad an der rechten Seite trieb den Zündmagneten an, der bis ins Cockpit ragte. Der Zündstrom wurde auf die jeweils zentral im Brennraum angeordnete 18-mm-Kerze geleitet. Am Armaturenbrett konnte man mit einem Drehknopf den Zündzeitpunkt verstellen, um den Anlaßvorgang, der auch im Jahre 1934 noch mit einer Handkurbel vorgenommen wurde, zu erleichtern. Am selben Antrieb griffen auch die Zahnräder für die Druck- und Saugpumpen des Schmiersystems ein. Eine Querwelle an der Motorstirnseite besorgte den Antrieb der an der linken Seite untergebrachten Wasserpumpe, die das Kühlmittel unterhalb der Auslaßpassagen in den Block pumpte. Auf der rechten Seite befand sich die Kraftstoffpumpe. Es handelte sich hierbei um eine Dreikolben-Pumpe von Junkers, die ursprünglich für die Verwendung an Flugzeugtriebwerken vorgesehen war. Die Förderleistung wurde dabei durch eine Zusatzleitung vom Kompressor verstärkt. Auch der Lader selbst wurde über einen Kegelradsatz am vorderen Kurbelwellenende angetrieben; er drehte sich mit zweifacher Kurbelwellen-Drehzahl und kam damit auf die in Untertürkheim stets für sinnvoll gehaltenen 10 000 bis 11 000 U/min. Der Roots-Kompressor am M 25 A wies einen Drehflügel-Durchmesser von 106 mm auf, ihre Länge betrug 210 mm. Er sog über ein ovales, nach vorne durch den Kühlerblock ragendes Rohr die Frischluft an. Die verdichtete Luft wurde über eine stark verrippte Druckleitung zu den beiden Steigstrom-Vergasern geleitet. Der Lader lief stets mit, war jedoch nicht starr mit dem

Oben: Mit dieser offenen Version des Rekordwagens begab sich Caracciola Dezember 1934 auf der Avus noch einmal auf Rekordjagd.

Rechts: Für verschiedene Rekordversuche auf der neuen Betonpiste von Gyon (Ungarn) hatte man bei Mercedes 1934 diesen speziell karossierten W 25 geschaffen, den Rudi Caracciola „Renn-Limousine“ taufte.

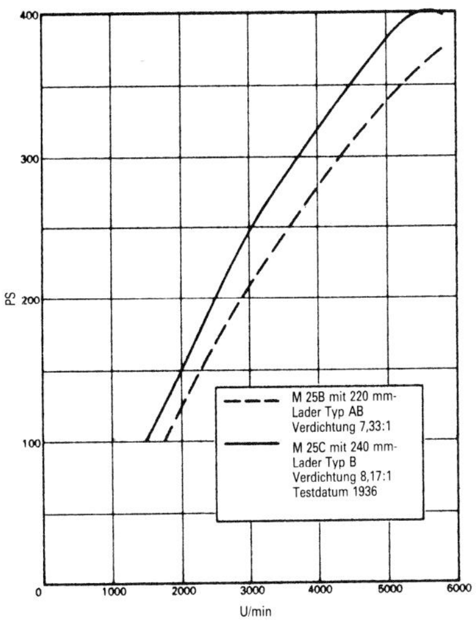

Rechts: Das 3990-ccm-Aggregat des Typs M 25B mit vergrößertem Lader, wie es für die Saison 1935 zur Verfügung stand. Hier die Auspuffseite mit dem dreifachen Kurbelgehäuse-Entlüfter.

Kurbeltrieb verbunden, denn es war eine mit Druckfedern versehene Kupplung dazwischengeschaltet. Um das Ansprechen des Laders besser beeinflussen zu können, hatte man an das Gasgestänge ein Ventil in der Druckleitung angekoppelt, wo beim Gaswegnehmen der Druck entweichen konnte. Die beiden Vergaser wiesen je zwei Mischrohre auf, in denen sich jeweils eine unterdruckgesteuerte Luftdüse befand. Auf die Größe dieser Düsen wurde bei den Abstimmungsarbeiten viel Gewicht gelegt. Man konnte dadurch die Übergänge beim Beschleunigen und Gaswegnehmen beeinflussen und etwaige Drehzahllöcher ausgleichen. Für diese Aufgaben standen auch verschiedene Kupfer-Einlaßrohre zur Verfügung. Die Auswahl der Durchmesser reichte dabei von 26 bis 34 mm, in Abstufungen von jeweils 2 mm. Die weiten Rohre brachten eine bessere Höchstgeschwindigkeit, die engeren eine bessere Beschleunigung durch einen verbesserten Drehmoment-Verlauf. Rennmechaniker wie zum Beispiel Karl Bunz können sich lebhaft an die oft schmerzvollen Arbeiten an den heißen Motoren erinnern, wenn es galt, die Krümmer bei Probe- und Trainingsfahrten wieder und immer wieder auszuwechseln.

Das Hauptstück des Motorblocks stellte das massive Kurbelhaus dar. Das Alu-Gehäuse deckte ein Drittel der Zylinderlänge ab und reichte bis weit über die Kurbelwellenlagerung hinunter. Die fünf Hauptlagerböcke waren im Gehäuse eingegossen und wurden unten mit geschmiedeten Leichtmetall-Kappen verschraubt. Sowohl die Kurbelwellen- als auch die Pleuellager waren als teilbare Rollenlager ausgeführt. Die Rollen liefen dabei auf gehärteten Gleitflächen auf der einteiligen Kurbelwelle und ihre Lagerkäfige bestanden aus zwei Hälften. Die Durchmesser von Kurbel- und Hubzapfen betrugen 63 und 53 mm, nur das vorderste Kurbelwellenlager hatte einen Innendurchmesser von 52 mm. Das Schmiersystem hatte man fast unverändert vom M 06 übernommen. Mit relativ niedrigem Druck gelangte das Öl an die Hauptlager, von wo aus es über Schleuderringe an der Kurbelwelle zu den Pleuellagern befördert wurde. Der teilbare Pleuelfuß war mit vier Bolzen verschraubt, zusätzlich wurden bei späteren Motoren an der Trennfläche Verzahnungen eingefräst. Hier waren doppelreihige Rollenlager angeordnet, wobei je 17 Rollen der Abmessungen 8 × 8 mm Verwendung fanden. Wie alle anderen eingebauten Lager wurden diese bei SKF für Daimler-Benz angefertigt. Der Pleuelschaft war nun wieder im Doppel-T-Profil gehalten und die Länge (Mittenabstand) betrug 161 mm. Der Kolbenbolzen war schwimmend in einer Buchse im Pleuelauge gelagert, wurde durch beidseitig eingeschobene Alu-Pilze gesichert und mit Schleuderöl von der Kurbelwelle versorgt. Die Kolben (es handelte sich diesmal um Aluminium-Vollschaftkolben) wurden nach den Anforderungen von Hans Nibel bei Mahle gefertigt. Diese Firma hatte inzwischen den Betrieb von Hellmuth Hirth übernommen.

Der 114 kg schwere Motor war nun endlich wieder ein reinrassiges Rennaggregat. Mit einer Einscheiben-Trockenkupplung wurde die Kraft auf die Antriebswelle übertragen. Über den Beinen des Fahrers, genauer gesagt unter der Cockpitabdeckung, befand sich der Öltank. Die Einfüllstutzen für Motorenöl und Kühlwasser befanden sich beide unter dem Motorraumdeckel. Dieser war genau wie die Seitenteile mit zahlreichen Lüftungsschlitzen versehen. Die Radaufhängungen waren sowohl vorne als auch hinten verkleidet, und ein kleiner, mit senkrechten Stäben versehener Grill bildete den vorderen Abschluß der Karosserie. Das Heckteil lief harmonisch spitz zu. Die Karosserielinie des sehr schlank gehaltenen Aufbaus sah damit sehr elegant aus und nahm eigentlich das typische Aussehen der Rennwagen späterer Generationen vorweg.

In den nächsten Jahren versuchten viele Konkurrenten den Mercedes nachzuahmen. Es gelang kaum einem, denn Daimler-Benz war bis 1939 den übrigen Firmen weit voraus. Mitte Februar 1934 wurde der erste M 25 A-Motor in das erste W 25-Chassis eingebaut. Der Wagen hatte einen Radstand von 2720 mm, die Spurbreite betrug vorne 1470 mm, hinten 1420 mm. An diesem Wagen war noch keine Kopfstütze für den Fahrer angebracht, und das Heck war mit dem integrierten Kraftstofftank insgesamt länger. Am Ende des Monats wurde der weiß lackierte Wagen nach Monza gebracht. Dort sollten von nun an alle Frühjahrs-Testfahrten der Daimler-Benz-Rennmannschaft stattfinden; bot doch die dortige Szenerie eine willkommene Abwechslung zum winterlichen Stuttgart. Manfred von Brauchitsch fuhr den Wagen für ein paar Runden, bis er wegen eines Defekts am Lader anhalten mußte. Nach der Reparatur setzte er die Probefahrten fort, wurde dann aber erneut zu einem unfreiwilligen Halt gezwungen. Er war vermutlich auf Grund eines Reifenschadens von der Strecke abgekommen. Der Wagen mußte in Stuttgart wieder instandgesetzt werden und kam im März erneut nach Monza. Diesmal wurde er auch auf einem Autobahnabschnitt zwischen Mailand und Varese gefahren.

Etwa zur gleichen Zeit, genauer gesagt am 10. März, begann man mit dem zweiten fertiggestellten M 25 A-Aggregat eine umfangreiche Serie von Prüfstandsmessungen, dabei sollte auch die Standfestigkeit getestet werden. Wie bei all diesen Versuchen bis zum Jahr 1937 ließ man dabei die Auspuffanlage weg, denn dadurch konnte man den Motor wesentlich schneller vom Prüfstand weg in einen Wagen einbauen. Außerdem hatte man auf diese Weise einen direkten Einblick auf die Auslaßventile, wobei man Verfärbungen durch Überhitzung sofort erkennen konnte.

Schon zu Beginn hatte der Motor das erwartete Leistungsniveau überschritten. Bei Verwendung von Benzol-Treibstoff gab dieses zweite montierte Aggregat 325 PS bei 5500 U/min ab. Die Laderwirkung und die Kraftabgabe geschah mit einer derartigen Vehemenz, daß beispielsweise der erfahrene Motorradrennfahrer Ernst Henne bei Versuchsfahrten auf dem Nürburgring die Kontrolle über das Fahrzeug verlor und nach einem Dreher mit beschädigtem Heckteil an die Box zurückkehrte. Am dritten fertiggestellten Motor nahm man die Leistung etwas zurück und begnügte sich mit 302 PS bei 5500 U/min. Man führte mit diesem Aggregat drei Tage lang Prüfstandsversuche durch, die Drehzahlen erreichten dabei stets Spitzenwerte zwischen 5000 und 6000 Umdrehungen, auch ein Dauertest mit 15 Minuten Vollast wurde unternommen. Nach diesen Torturen war schließlich die Leistung auf 240 PS abgesunken. Als zuverlässigen Mittelwert gab man für den M 25 A 314 PS bei 5800 U/min an. Dabei wurde ein Kraftstoffgemisch aus Benzin und Benzol verwendet (Bi-Bo 50:50), das man bei Daimler-Benz als 2B-Gemisch bezeichnete. Mit einer neuen Mischung von Esso, die mit der Bezeichnung W. W., versehen war, stieg die Leistung bei gleicher Drehzahl sprunghaft auf 354 PS an. Die Zusammensetzung bestand hier aus 86,0% Methyl-Alkohol, 4,4% Nitro-Benzol, 8,8% Azeton und 0,8% Äther.

Nach Abschluß der Versuchsarbeiten wurden im April und Anfang Mai die Einsatzwagen für 1934 vorbereitet. Diese Fahrzeuge wiesen jetzt auch das abgeänderte Heckteil mit vollumschlossenem Kraftstofftank und einbezogener Kopfstütze auf. Es stand nun die Frage nach dem ersten Rennauftritt zur Diskussion. Auf Grund der staatlichen Finanzbeteiligung war dies nicht allein Sache der Daimler-Benz AG. Alfred Neubauer nahm deshalb am 19. April in Berlin zusammen mit einem Vertreter der Auto Union an einer Besprechung mit NSKK-Chef Hühnlein über die Rennaktivitäten in der beginnenden Saison teil. Es wurde ein detaillierter Einsatzplan für beide Teams ausgearbeitet. Darin erschien eine Teilnahme der Daimler-Benz AG auf der Avus sowie beim Belgischen Grand Prix als „fraglich". Das Mercedes-Team erschien bei beiden Rennen auch wirklich nicht am Start. Wie geplant, beteiligte man sich an acht Rennen; Mercedes beendete die Hälfte davon mit einem Sieg und verzeichnete außerdem einen Erfolg bei einem Bergrennen.

Die verantwortlichen Stellen der Reichsregierung hatten ein gewichtiges Interesse an den Grand-Prix-Aktivitäten der beiden deutschen Rennmannschaften. Wie für die meisten anderen Lebensbereiche hatten die Nationalsozialisten auch für den Motorsport eine eigene Organisation aufgebaut. Diese nannte sich „National sozialistisches Kraftfahr-Korps" (NSKK) und wurde von einem alten Mitkämpfer Adolf Hitlers aus den Anfangsjahren der Partei in München geführt. Dieser Obergruppenführer und Major Adolf Hühnlein wurde zum wichtigsten Mann bei allen Motorsport-Aktivitäten in Deutschland und war auch für Auslandsstarts zuständig. Doch auch seine unangreifbare Machtstellung verhinderte nicht so manche spöttische Bemerkung über seine Organisation: „NSKK – Nur Säufer, keine Kämpfer".

Daimler-Benz hatte bis zuletzt gehofft, für das Ende Mai stattfindende Avusrennen gerüstet zu sein. Man hatte auf der Avus auch schon einige Probefahrten unternommen. Am Donnerstag vor dem Rennen saß Rudi Caracciola um 6.10 Uhr zum erstenmal in einem W 25. Seit seinem Unfall in Monaco hatte er voller Ungeduld auf diesen Augenblick gewartet. Und er war trotz der nach wie vor quälenden Schmerzen in seinem rechten Bein schneller als v. Brauchitsch und Luigi Fagioli. Der 36jährige Fagioli hatte bisher Grand-Prix-Rennen für Alfa Romeo und Maserati bestritten und war als erfahrener Mann im neuen Mercedes-Team höchst willkommen. Jedoch entschied man sich am Morgen des Renntages anders. Mercedes war noch nicht einsatzbereit.

Auf der Avus war man nach der „Freien Formel" gefahren, doch beim Eifelrennen am 3. Juni galten schon die neuen Grand-Prix-Regeln. Dazu mußten die Wagen zum ersten Mal bei der Abnahme auf die Waage gestellt werden. Es hatte Max Wagner einige Mühe gekostet, den Mercedes auf das vorgeschriebene Gewichtslimit zu bekommen, er ging mit seinen „Abspeck"-Methoden noch weiter als beim Benz RH. Sogar die Radnaben an der Vorderachse waren zwischen den Radlager-Aufnahmen mit Bohrungen versehen worden. Über alle Einzelteile und Komponenten hatte man Buch geführt, was die angewandten Gewichtssparmaßnahmen betraf. Die Aufstellung über die Lenkung ergab nach einer Bearbeitung aller 14 Einzelteile eine Gewichtserpsarnis von insgesamt 1,4 kg. Dies alles sollte indessen noch nicht ausreichen: Die Wagen am Nürburgring ließen unmißverständlich ein Übergewicht von einem Kilogramm erkennen. Einige noch in letzter Minute durchgeführte Änderungen, wie etwa ein zusätzliches Leitblech auf der rechten Seite der Cockpitabdeckung, das Kühlluft auf die Kupplung leiten sollte, hatte zusätzliches Gewicht gebracht. Die Techniker waren nun nicht mehr in der Lage, irgendwelche Bohrungen anzubringen, womit die Lösung des Problems einzig und allein in den Händen Alfred Neubauers lag. Und dieser hatte tatsächlich eine Idee: er befahl den Mechanikern, mit Sandpapier die Karosserie vollständig abzuschleifen um damit jeden Rest der weißen Lackierung zu entfernen. Die beiden Wagen von Fagioli und v. Brauchitsch machten daraufhin einen noch finstereren und bedrohlicheren Eindruck, als sie die Abnahme durchliefen und schließlich in matt scheinendem rohem Aluminium zur Startaufstellung erschienen. Jedoch sollte dies nun für die Zukunft das gewohnte Erscheinungsbild der Mercedes-Benz-Rennwagen bleiben; sie wurden später auch Silber lackiert. Dies führte zu der legendären Bezeichnung „Silberpfeile", die nicht von der Werbeabteilung in Untertürkheim erfunden wurde, sondern von der deutschen Presse in den dreißiger Jahren geboren wurde. Dieses erste Rennen konnte Manfred von Brauchitsch siegreich beenden.

Bei ihrem ersten Auslandsstart versagten die Wagen noch, aber Fagioli steuerte in der Folgezeit drei neuerliche Siege bei. Er gewann die Coppa Acerbo in Pescara und die Großen Preise von Italien und Spanien. Dazu hatte es jedoch einiger Nachhilfe seitens der Hauptkonstruktionsabteilung bedurft.

Bei seinem ersten Auftreten in der internationalen Renn-Szene hatte der Mercedes W 25 einen überwältigenden Eindruck hinterlassen. Der Berichterstatter der englischen Zeitschrift *Motor* meinte: „Die Stromlinienkarosserie, der fürchterliche Auspufflärm und das Geheul des Kompressors, sowie die beeindruckende Beschleunigung, stellten eine große Überraschung für alle Welt dar." Der Auspuffklang erinnerte an den früheren Zweilitermotor; der Reporter von *Autocar* bezeichnete den „brüllenden Mercedes als das lauteste Automobil der Welt." Für die meisten Schlagzeilen jedoch sorgte der kühne Neuling im Grand-Prix-Geschehen, die Auto Union. Entgegen allen Gesetzmäßigkeiten und bisherigen Gewohnheiten brachte die einzigartige Neukonstruktion aus Sachsen von Anfang an Erfolge, und es gelang jenen Autos, Mercedes 1934 mehrmals zu schlagen. Konstruiert hatte den Wagen Ferdinand Porsches neueröffnetes Konstruktionsbüro, dort war inzwischen auch Alfred Rosenberger gelandet. Gebaut wurde der Wagen bei der Auto Union, für den Einsatz von Wilhelm Sebastian vorbereitet. Das Team leitete Willy Walb. Gefahren wurde der Auto-Union-Rennwagen von Hans Stuck. Alle diese Männer hatten vorher mit Daimler-Benz zu tun gehabt. Zu einem Teil war die zeitweilige Überlegenheit wohl dem um 1000 ccm größeren Hubraum zuzuschreiben. Während der ganzen Gültigkeitsdauer der 750-kg-Formel wiesen die Wagen der Auto Union einen Hubraum-Vorteil auf, manchmal bis zu 1,5 Liter. Dennoch erreichte Daimler-Benz, wo man größere Erfahrung mit aufgeladenen Motoren hatte, indessen oft höhere PS-Zahlen.

Während der laufenden Saison 1934 entwarfen und bauten Heeß und Schilling mit großer Eile das M 25 B-Aggregat. Die Abmessungen betrugen 82 × 94,5 mm für Bohrung und Hub, womit man auf nunmehr 3990 ccm kam. Der Lader wurde ebenfalls vergrößert, die Drehflügel waren auf eine Länge von 240 mm angewachsen. Mit diesen Maßnahmen erhöhte sich das Motorgewicht auf 207 kg. Die neuen Zylinderblöcke mit den größeren Kolben kamen noch zum Ende der Saison zum Einsatz, wodurch sich durch die vergrößerte Bohrung der Zwischentyp M 25 AB ergab, der einen Hubraum von 3710 ccm (82 × 88 mm) aufwies und einen 220-mm-Lader bekam. Dieser Motor wurde

Rechts: Vorbereitung zum Rennen in Monaco 1935. Luigi Fagioli eröffnete hier mit einem Mercedes-Sieg die Grand-Prix-Saison.

Rechts unten: Ein W 25 mit verkleinertem Kühlergrill beim Avusrennen 1935. Unten: Monteure wechseln die Warmlaufkerzen gegen Rennkerzen aus. Am feinen Reifenprofil ist zu erkennen, daß die Szene von der Avus stammt, denn dort wurden solche speziellen Hochgeschwindigkeitsreifen verwendet.

indessen nur vereinzelt eingesetzt. Er leistete bei den gleichen 5800 Umdrehungen 348 PS, bei Verwendung des hochalkoholischen WW-Gemischs steigerte sich dies auf 398 PS.

Nach dem Ende der Rennsaison 1934 wurde wieder über Rekordversuche gesprochen. Seit den Zeiten des 200-PS-Benz, mit dem sich Victor Héméry nach Brooklands begeben hatte, hatte man bei Daimler-Benz kein Interesse an solchen Unternehmungen mehr gezeigt. Die Situation hatte sich zu diesem Zeitpunkt jedoch gewandelt. Von staatlicher Seite bekundete man großes Interesse an derart spektakulärem Unterfangen, und da auch die Auto Union mitmachte, schickten sich nun die Wagen mit dem Mercedes-Stern wieder zu Rekordfahrten an.

Auf den Vorschlag von Ernst Henne hin verfrachtete man zwei Fahrzeuge nach Ungarn, wo sich in Gyon bei Budapest eine neugebaute Betonbahn befand. Als Antriebsaggregat hatte man die neueste M 25B-Maschine mit 35,5 mm großen Ventilen vorgesehen, sie leistete 430 PS (mit 2B-Gemisch kam man nur auf 370 PS, bei Rekordfahrten wurde jedoch ausschließlich

Links: Im Training zum Avusrennen 1935 testete Rudolf Caracciola seine „Rennlimousine“ mit geschlossener Kuppel, doch für das Rennen bevorzugte er einen offenen Wagen. Im ersten Durchlauf führte er, kurz vor dem Ende mußte er jedoch aufgeben. Das Coupé fuhr dann Hanns Geier, der im ersten Durchlauf einen Reifen wechseln mußte und im Finale Probleme mit dem Vergaser bekam...

Unten: Die „Renn-Limousine“ in der Avus-Ausführung mit Vorderradbremsen und Lüftungsschlitzen in der Motorhaube.

WW-Kraftstoff verwendet). Der normale W 25 mußte nach kurzer Zeit jedoch mit beschädigtem Lader beiseite gestellt werden, der speziell vorbereitete, geschlossene Wagen zeigte jedoch gute Resultate. Das Fahrzeug hatte eine aufklappbare Kabinenabdeckung für das Cockpit bekommen, außerdem wies die Motorhaube keine Luftschlitze auf, und der Kühlerausschnitt an der Wagenfront war verkleinert worden. Die Vorderradbremsen hatte man auch entfernt. Caracciola fuhr mit der „Rennlimousine“ 314,54 km/h und 316,62 km/h – das waren neue Bestleistungen in der Klasse C (3000 bis 5000 ccm) über einen Kilometer und eine Meile mit fliegendem Start. Auf der Meile mit stehendem Start kam er auf 188,66 km/h, womit er den von der Auto Union erreichten Wert übertraf und einen neuen Weltrekord erringen konnte. Noch im Dezember fuhr Caracciola auf der Avus mit einem offenen Wagen, dem man eine größere Cockpitverkleidung angebaut hatte, einen neuen Rekord über 5 Kilometer mit fliegendem Start, er erreichte dabei 311,38 km/h.

In Berlin hatte man auch den neuen M 25 B-Motor in seiner Grand-Prix-Ausführung getestet, die den Techniker noch einiges Kopfzerbrechen bereitete. Das WW-Kraftstoffgemisch brachte bei den aufgeladenen Motoren einen enormen Leistungszuwachs, denn der hohe Alkoholanteil sorgte für zusätzliche Innenkühlung. Aber der Verbrauch stieg damit auf das Doppelte des Benzin-Benzol-Gemischs an; man kam auf über 100 l/100 km. Im Winter führte man Versuche mit den beiden Kraftstoffsorten und auch weiteren Mischungen durch, dabei ermittelte man ein günstigeres Rezept, das man mit der Bezeichnung XM versah: 40% Methyl-Alkohol, 24% Äthyl-Alkohol, 32% Benzol und 4% Super-Benzin.

Um mit der ansteigenden Motorleistung Schritt zu halten, führte man auch am Getriebe einige Änderungen durch. Für die 1935er Wagen fertigte man verstärkte Getrieberäder und Differential-Radsätze an. Das Gehäuse bekam einen stabileren Stirndeckel. Eine schwerere Kupplungsscheibe befand sich ebenfalls in Erprobung. Die Fahrgestelle der Vorjahreswagen wurden überarbeitet, zusätzlich baute man vier neue Chassis. Dadurch war es nun möglich, drei Einsatzfahrzeuge und einen Ersatzwagen im Werk vorzubereiten, während gleichzeitig die gleiche Zahl von Wagen auf den Rennstrecken unterwegs war.

Ende Februar 1935 führte man wieder Versuchsfahrten in Monza durch. Man wollte dabei zwei der Hauptprobleme am W 25 genau untersuchen. Es handelte sich um die harten Schläge, wie sie von Fahrbahnunebenheiten an die Lenkung weitergegeben wurden, sowie um das unterschiedliche Ansprechen der Bremsen. Man einigte sich darauf, an den Hinterrädern eine etwas stärkere Bremswirkung vorzusehen und verbreiterte aus diesem Grunde Trommeln und Bremsbacken auf 65 mm. Diese Modifikation führte man

indessen vorerst nur an einem Wagen aus, Caracciola fuhr dieses Fahrzeug im Mai in Monaco. Alle diese Änderungen an den Rennwagen wurden inzwischen nicht mehr unter der Leitung von Hans Nibel durchgeführt – dieser fortschrittlich denkende und überall anerkannte Ingenieur war am 25. November 1934 im Alter von 54 Jahren nach einem Schlaganfall gestorben. Anfang 1935 übernahm Max Sailer Nibels Position und wurde auch zum stellvertretenden Vorstandsmitglied der Daimler-Benz AG ernannt.
Bei den ersten beiden Einsätzen in der Saison 1935 hatte man nur die für die Rennen vorgesehenen drei Wagen mit dem M 25 B-Aggregat versehen, die Trainingswagen wiesen noch den M 25 A-Motor auf. In Monaco war Mercedes siegreich, und man hatte mit der neuen Kraftstoffmischung einen Verbrauchswert von 75 l/100 km ermitteln können. Mit dem 240 mm großen Lader, der sich schon in Gyon nicht bewährt hatte, gab es noch immer Probleme, denn die Drehflügel waren nicht sehr stabil. Man griff daher wieder auf das 220 mm Instrument zurück. Ein weiteres Problem zeigte sich im Ansaugweg des Kompressors, denn durch den Lufteinlaß gelangten auch Sand und Schmutz in den Lader. Um dem abzuhelfen, konstruierte man einen besonderen Luftfilter. Die beiden konischen Einlaßöffnungen versah man mit einem Trichter, der die anfliegenden Partikel in einen Auffangbehälter leitete, von wo aus sie an der Wagenunterseite ins Freie fielen. Diese hinter dem Grill sichtbare Konstruktion gab es ab Sommer 1935.
Bei den ersten Rennen des Jahres 1935 wurde der M 25 A zusätzlich einge-

Oben: Start zum Eifelrennen 1935. Manfred von Brauchitsch kam als erster weg, gefolgt von Stuck und Varzi (Auto Union) sowie Caracciola und Fagioli (Mercedes).

Links: Deutscher Bergpreis 1934 am Schauinsland; Caracciola am Start der 12 km langen Bergstrecke.

setzt. Er stand den Nachwuchsfahrern Hermann Lang und Hanns Geier zur Verfügung, die von der Stammmannschaft als „Rekruten“ bezeichnet wurden. Auf der Avus fuhr Geier den geschlossenen Wagen, der nun inzwischen mit Vorderbremsen, einer normalen Motorhaube und einer etwas niedrigeren Kanzel ausgestattet war. Den verkleinerten Kühlergrill wiesen beim Avusrennen auch die beiden offenen Wagen von Caracciola und Fagioli – dem Sieger des Rennens – auf.
Während man bei den Rennen die A- und B-Aggregate verwendete, wurde in der Konstruktionsabteilung aber schon an einem M 25 C gearbeitet. Man verwendete hier den gleichen Zylinderblock wie am Vorgänger, baute jedoch eine andere Kurbelwelle mit vergrößertem Kolbenhub ein. Mit den Abmessungen 82 × 102 mm für Bohrung und Hub hatte der Motor nun einen Hubraum von 4310 ccm. Die Pleuellänge war auf 168 mm angewachsen und der Durchmesser der Hubzapfen betrug 59 mm. Mit dieser langhubigen Auslegung waren einer Vergrößerung der Ventile Grenzen gesetzt, jedoch verbesserte sich dadurch der Drehmomentverlauf ganz erheblich und dies war in den Gefechten mit der Auto Union-Konkurrenz von enormer Bedeutung. Die Rotorlänge des Laders wurde auf 255 mm vergrößert, womit die Leistung erneut anstieg. Gebaut wurden von diesem Aggregat allerdings nur vier Exemplare, womit sich die Gesamtzahl der M 25-Motoren auf 22 erhöhte. Im Verlauf der Saison 1935 spielte der M 25 C nur eine untergeordnete Rolle, die Rennwagen verbuchten jedoch eine stattliche Zahl von Erfolgen. Mercedes gewann fünf Große Preise, und Caracciola konnte den Europameistertitel erringen. Neun Rennen wurden insgesamt gewonnen, dabei gab es fünfmal einen Doppelsieg und in San Sebastian sogar einen dreifachen Erfolg zu verzeichnen.
1935 wurde erstmalig ein ZF-Sperrdifferential verwendet, das ein Durchdrehen der Hinterräder verhinderte. In der Motorenabteilung stattete man versuchsweise einen M 25 B-Motor auch mit einer zerlegbaren Hirth-Kurbelwelle aus. Diese Konstruktion stammte von der Firma Hirth in Stuttgart-Zuffenhausen, einer Nachfolgefirma von Hellmuth Hirths früherem Unternehmen. Eine patentierte Anordnung von Verzahnungen gestattete die Demontage der Welle an den Lagerzapfen. Dadurch wurden teilbare Lager und Pleuelfüße überflüssig, die für die Wälzlager nicht als ideal angesehen wurden. Zu einem dieser komplett umgebauten Motoren schuf man noch zwei Ersatzwellen. Bis zum Ende der Saison standen dann schließlich sechs M 25 B zur Verfügung. Während man weiter an der Hirth-Welle arbeitete, war die einteilige Kurbelwelle mit den teilbaren Rollenlagern dazu weiterhin parallel im Einsatz. Auch mit dem M 25 C-Aggregat beschäftigte man sich noch; man sah es zunächst als Antrieb für Versuchs- und Trainingsfahrzeuge vor. Anstelle des 255-mm-Laders war man aber zu dem ausreichenden 240-mm-Instrument zurückgekehrt.
Nach eingehenden Versuchen im Winter 1935/36 änderte man bei Daimler-Benz die bisher sowohl für Prüfstandsläufe als auch für den Renneinsatz vorgesehene Kraftstoffmischung ein weiteres Mal. Es entstand nun eine Kombination aus WW und XW unter Hinzugabe von 5% Nitro-Benzol und 10% Azeton. Damit erbrachte der M 25 C bei einer Verdichtung von 8,17:1 eine Leistung von 402 PS bei 5500 U/min. Das maximale Drehmoment belief sich auf 59,9 kpm bei 3000 U/min. Der Kompressor erzeugte einen Ladedruck von 1,1 atü, und das Kraftstoff-Luft-Gemisch wurde durch 34 mm große Einlaßkrümmer in die Brennräume gedrückt. Ein zweiter M 25 C kam bei einer auf 8,52:1 erhöhten Verdichtung über den Leistungs-Bestwert nicht hinaus, erzeugte mit 60,8 kpm jedoch ein höheres Drehmoment. Bei diesem Wert wurde ein mittlerer Nutzdruck von 17,8 at gemessen, dies entsprach ungefähr dem M 25 A, war aber schlechter als beim M 25 B mit den im Verhältnis größeren Ventilen.
Im Jahre 1935 wurden die Rennaktivitäten in Untertürkheim wieder mit dem gewohnten Aufwand betrieben. Diesmal war der Einsatz sogar noch um einiges größer als bei früheren derartigen Unternehmungen. Seit 1914 hatte man bei Daimler diesbezügliche Anstrengungen nicht mehr so zielstrebig und überaus erfolgreich angepackt. Es waren alle erdenklichen Voraussetzungen für optimale Einsätze geschaffen worden, und die Beteiligten wußten sie zu nutzen. Doch einige Konkurrenten hatten den Untertürkheimern Sorgen bereitet. Das war das Auto Union-Team und auch Alfa Romeo, wo man nicht nur einen neuen Wagen mit Einzelradaufhängung vorweisen konnte, sondern auch einen Fahrer wie Tazio Nuvolari und die hervorragende Einsatzleitung der Scuderia Ferrari. Dieser Kombination war es nämlich 1935 gelungen, die Deutschen in ihrem eigenen Grand Prix zu besiegen. Schon seit 1934 hatte die Daimler-Benz AG einen neuen Motor auf dem Zeichenbrett gehabt, den V-12-Zylinder mit der Typenbezeichnung ‚D‘. Die Kurbelwelle dieses Aggregats wies einen Hub von 88 mm auf, es konnten Zylinderblöcke der A- und B-Typen verwendet werden. Man beabsichtigte um diesen Motor auch ein neues Chassis zu erstellen, es sollte niedriger, kürzer und leichter werden. Dies alles sollte 1936 zu neuerlichen Erfolgen führen. Aber die neue Konzeption sollte sich als Fehlschlag erweisen . . .

Caracciola beim Eifelrennen 1935, sein zweiter von insgesamt sieben Siegen in diesem Jahr. Auf diesem Bild sieht man deutlich, daß der W 25 keineswegs kleiner als seine Nachfolger war, ein Eindruck, der auf manchen anderen Fotos entstehen könnte.

„Die Firmenleitung entschloß sich 1936, die Rennabteilung zu modernisieren. Zu dieser Zeit lag die Arbeit noch in den Händen altgedienter Männer, doch es wurde nun entschieden, die Aufgaben einem Ingenieur zu übertragen und die Wahl fiel dabei auf mich. So nahm ich zwei Rennwagen mit zum Nürburgring, um den Umgang mit einem Rennwagen kennenzulernen und auch gleich herauszufinden, was an ihnen falsch sein könnte."
Rudolf Uhlenhaut

Es bleibt beim Achtzylinder

Die Grundlagen für die Erfolge in der Saison 1937 waren wohl in den Erkenntnissen aus den Mißerfolgen des Vorjahres zu suchen. 1936 konnte man bei Mercedes in der Tat von einer Niederlage sprechen, die Rennen wurden zur Angelegenheit von Auto Union und Alfa Romeo. Die Wagen aus Stuttgart vermochten lediglich zwei Erfolge zu verbuchen. Bei vier Rennen blieben sie dem Start fern, da man bei Daimler-Benz erkannt hatte, daß man nicht mehr ganz mithalten konnte. Der damit erreichte Tiefpunkt knüpfte an die Saison 1924 an, als der erste Achtzylinder nicht den erwarteten Erfolg bringen konnte. Doch das Jahr 1937 zeitigte wieder eine ermutigende Serie von Erfolgen, als Mercedes von fünf Großen Preisen vier gewann und fünf Rennen insgesamt als Sieger beendete. Dabei kam es wieder zu zwei Dreifach-Siegen, womit man die neuerliche Überlegenheit eindrucksvoll demonstrieren konnte. Rudi Caracciola gelang es auch, die Europameisterschaft zurückzugewinnen. Der überlegene Fahrer war jedoch wiederum Bernd Rosemeyer, der auf Auto Union nicht weniger als fünf Rennen für sich entscheiden konnte. Er und Tazio Nuvolari hatten im Vorjahr hauptsächlich zu den Niederlagen der Untertürkheimer Mannschaft beigetragen, beide verhinderten auch 1937 die uneingeschränkte Vorherrschaft von Mercedes. In diesem Jahr lief die 750-kg-Formel aus und Mercedes lieferte mit seinen letzten Motoren, die bis zu 600 PS zu leisten im Stande waren, den Höhepunkt dieser Epoche – bis heute hatte kein Grand-Prix-Fahrer mehr PS zur Verfügung.

Das Jahr 1935 hatte zweifellos überragende Erfolge gebracht, gegen eine starke und vielfältige Konkurrenz war dies vielleicht die beste Saison für Mercedes-Benz gewesen. Die eingesetzten Wagen erschienen, gemessen an den Vorgängern bei Daimler und Benz, noch immer relativ konventionell, aber sie waren nun in ihrer zweiten Saison wirklich als ausgereift zu bezeichnen. Mit Rudi Caracciola und Luigi Fagioli hatte man zwei Spitzen-Fahrer im Team. Aber Alfa Romeo und Maserati, die von den deutschen Teams überrascht worden waren, als diese die Möglichkeiten des neuen Reglements schon zu Beginn besser auszuschöpfen wußten, hatten 1935 neue und schnellere Wagen vorgestellt. Und dann gab es ein kometenhaft aufsteigendes, junges Fahrertalent, nämlich Bernd Rosemeyer. Aus diesen Gründen sah man sich bei Daimler-Benz gezwungen, für 1936 einige tiefgreifende Verbesserungen am Material durchzuführen.

Ursprünglich beabsichtigte man eine „SSK-Version" des W 25 zu bauen, einen Wagen, der niedriger, kürzer und vor allem leichter sein sollte. Man wollte einen wesentlich größeren und stärkeren Motor in dieses Fahrzeug einbauen können, ohne mit dem Gewichtslimit in Konflikt zu kommen. Die Konstrukteure um Albert Heeß dachten dabei an einen V-12-Zylinder-Motor mit einem Zylinderwinkel von 60 Grad, bei dem man sich nahe an die Konzeption des M 25-Achtzylinders halten wollte. Den ersten Motor aus der Typenreihe ‚D' versah man mit der Bezeichnung DAB, da man für Bohrung und Hub die Abmessungen des M 25 AB verwendete: 82 × 88 mm. Man erwartete für das 5577 ccm-Aggregat eine Leistungsabgabe zwischen 516 PS bei 5800 U/min und 598 PS (mit 2 B bzw. WW-Gemisch).

Im Spätsommer 1935 hatte man bei Daimler den ersten DAB-Zwölfzylinder fertiggestellt und war mit dem Ergebnis zunächst gar nicht zufrieden. Dies bezog sich weniger auf das Leistungspotential als vielmehr auf das Gewicht, denn das Aggregat wog nicht weniger als 300 kg, das waren fast zwei Zentner mehr als die schwerste Ausführung der Achtzylinder-Reihe. Man baute den Zwölfzylinder in ein W 25-Fahrgestell ein und mußte dabei feststellen, daß sich die beim Achtzylinder ausgezeichnet bewährte Stahl-Zylinderkonstruktion beim V-Motor als unpraktisch erwies, denn gerade sie trug den Hauptanteil an dem hohen Gesamtgewicht. Daraufhin wurde die Weiterentwicklung des DAB V-12 etwas verlangsamt. 1936 führte man Prüfstandsversuche durch, wobei man auf 570 PS bei 5500 U/min kam und damit die Erwartungen der Konstrukteure in etwa erreichte. Innerhalb der nächsten zwei Jahre sollte dieser Motor ein außergewöhnliches Fahrzeug auf eine nie wieder erreichte Spitzengeschwindigkeit auf einer normalen Autobahn bringen. Doch dies brachte die Techniker bei ihrem Bemühen, den Rennwagen für 1936 zu einer größeren Motorleistung zu verhelfen, auch nicht weiter.

Man ging nun zum nächsten Buchstaben im Alphabet über und entschloß sich im September 1935, einen Typ ‚E' zu bauen. Die vollständige Bezeichnung dieses Aggregats lautete indessen nicht folgerichtig M 25 E, sondern man entschied sich für ‚ME 25'.

Schon Ende November hatte der Stab um Albert Hees die Planungsarbeiten abgeschlossen. Man hatte den Achtzylinder innerhalb seiner Grenzen, das heißt, mit einem Zylinder-Mittenabstand von 95 mm, auf das Höchstmögliche vergrößert. Die untere Hälfte des Motors blieb unverändert, man hatte hier mit einer Verlängerung des Hubs bereits vorher alle Möglichkeiten ausgeschöpft. Die Zylinderbohrung wurde jedoch noch einmal um 4 mm erweitert, somit kam man mit den Dimensionen 86 × 102 mm auf 4740 ccm. Die Zylinder wurden in ihrer Gesamtheit, also mit dem aufgeschweißten Kopf völlig neu angefertigt, dabei vergrößerte man den Durchmesser der Ventilteller auf 37 mm. Wie schon vorher gab man auch hier wieder den Einlaßventilen einen um 15% vergrößerten Hub, um dadurch den nicht vorhandenen Größenunterschied zu den Auslaßventilen auszugleichen. Die Steuerzeiten wurden überarbeitet, man blieb jedoch bei relativ „zahmen" Werten, um einen günstigen Drehmomentverlauf beizubehalten. Auf der Einlaßseite wurden die Zeiten gegenüber dem mit zu kleinen Ventilen bestückten M 25 C zurückgenommen:

	ME 25	M 25C
Einlaß öffnet	20° vor OT	40° vor OT
Einlaß schließt	35° nach UT	20° nach UT
Auslaß öffnet	27° vor UT	28° vor UT
Auslaß schließt	10° nach OT	6° nach UT

(Angaben bei kaltem Motor mit normalem Betriebs-Ventilspiel)
Für den neuen Motor wurde auch ein neuer Kompressor gebaut, wobei man zum erstenmal in der Entwicklungsreihe des M 25 den Durchmesser der Drehflügel vergrößerte, und zwar auf 125 mm. Es standen beide Rotorlängen, 240 und 255 mm, zur Verfügung, den kleineren zog man schließlich als Standardausrüstung vor. Das verwendete Material war nach wie vor Stahl, wenngleich auch schon laufend Versuche mit Leichtmetall-Drehflügeln angestellt wurden. Die Einlaßkrümmer vom Vergaser zum Zylinderkopf waren auf 36 mm erweitert worden.

Es sollten vorerst sechs neue Motoren und sechs zusätzliche Reserve-Kurbelwellen bereitgestellt werden. Die Teilefertigung war am 20. Januar 1936 abgeschlossen, am 15. Februar konnte man den ersten Motor auf den Prüfstand montieren. Die Zeit war schon weit vorangeschritten, und man ging damit ein großes Wagnis ein, denn falls sich noch irgendwelche Probleme ergeben sollten, würde man den Saisonbeginn unweigerlich verpassen. Doch

Oben: Mercedes hatte während der Gültigkeitsdauer der 750-kg-Grand-Prix-Formel zwei Rennwagen vorgestellt. Im Bild ist die letzte Ausführung des W 125 von 1937 zu sehen.

Oben: Bevor dieser kurze Wagen 1936 eingesetzt wurde, wurde die kleine, ovale Kühleröffnung vergrößert und hinter die linke Öffnung ein Ölkühler gesetzt. Unter den Auswölbungen im Heckbereich verbarg sich die neue De-Dion-Hinterachse.

Rechts: Training am Nürburgring. Manfred von Brauchitsch berichtet Neubauer über die aufgetretenen Probleme. In seinem Wagen ist das ME 25-Aggregat eingebaut (Krümmeranlage für Druck-Vergaser).

es blieb der Rennmannschaft der Daimler-Benz AG nichts anderes übrig, wollte man wieder konkurrenzfähig sein. Auf jeden Fall überholte man alle verfügbaren M 25 B- und M 25 C-Aggregate, um im Notfall darauf zurückgreifen zu können, außerdem wurde die Stückzahl der neuen ME 25 noch auf zehn Exemplare erhöht. Motoren vom Typ 25 C verwendete man auch für die Testfahrten des ersten der vier neuen Rennwagen, die unter der Bezeichnung „Modell 1936" oder besser gesagt „Kurzer Wagen" entstanden waren. Im Oktober 1935 hatte man bereits zwei Chassis fertiggestellt und die beiden anderen in Arbeit. Max Wagner, der mit seiner Statur und seinem breiten Gesicht eigentlich mehr an einen Ringer erinnerte, hatte wiederum die Verantwortung über den Fahrgestellbau. Sein Vorgesetzter war nach wie vor Max Sailer, dem nun mit Fritz Nallinger ein vergleichsweise jugendlicher Stellvertreter zur Seite stand. Als Verbindungsmann und technischer Assistent wurde Alfred Neubauers Sportabteilung ein altbewährter Untertürkheimer Mitarbeiter zugeteilt: der frühere Rennbeifahrer Jakob Krauss.

Der 1936er Wagen wies eine ganze Reihe von Änderungen auf. Der Radstand war um 26 cm auf 2460 mm verkürzt worden, wobei die Spur mit 1470 mm vorne und 1420 mm hinten beibehalten wurde. Die bisherige Antriebskonzeption war dabei einer vollständigen Neukonstruktion gewichen, an der man bereits seit dem Winter 1934/35 gearbeitet hatte. Die Antriebswelle konnte dabei noch wesentlich niedriger untergebracht werden, da man die Getriebewellen quer unter dem Differential angeordnet hatte. Die beiden Wellen lagen wieder übereinander, jedoch unterhalb vom Radsatz des Ausgleichsgetriebes, damit hatte man vor der Hinterachse mehr Platz für den nunmehr näher herangerückten Fahrersitz schaffen können. Die Antriebswelle traf dabei in der Mitte der Eingangswelle (unten) auf das Getriebegehäuse, die Bewegung wurde mittels eines Kegelradsatzes umgelenkt. An dieser Stelle konnte durch eine Variation in den Verzahnungen eine Abweichung von der normalerweise 1:1 lautenden Übertragung erreicht werden. Die Gänge (4 Vorwärts, 1 Rückwärts) wurden nach wie vor durch ein Verschieben der Zahnräder auf der Schaltwelle eingelegt. Und von der Mitte der oberen Welle aus übertrug ein Stirnradsatz die Antriebsbewegung auf das Differential. Diese Zahnräder ermöglichten die Änderung der Gesamtübersetzung, die sich normalerweise auf 3,69:1 belief. Das Ausgleichsgetriebe selbst stand in mehreren Varianten zur Verfügung, dabei gab es eine Totalsperrung, bei der die Ausgleichswirkung ganz aufgehoben war und natürlich auch das selbstsperrende ZF-Differential.

Man wollte natürlich auch Genaueres über den zu erwartenden Kraftverlust durch das zusätzlich eingeführte Zahnradpaar und die Umlenkung in Erfahrung bringen. Im November 1935 führte man zu diesem Zweck einige Vergleichsuntersuchungen durch. Dabei ermittelte man, daß der Übertragungsbereich je nach Übersetzung bei beiden Hinterachsen zwischen 92 und 96 Prozent schwankte. Die neue Konstruktion lag hier nur um 1 bis 1,5 Prozent ungünstiger als die bisherige Anordnung. Bei den ersten Probefahrten zeigte sich an der neuen Getriebe-Differential-Kombination außerdem eine leichte Überhitzungsneigung. Daraufhin ordnete man Luftleitbleche an und vergrößerte auch den Ölinhalt in den Gehäusen, dieser hatte ursprünglich nur die Hälfte der vorher verwendeten Menge ausgemacht. In Monza erwies sich außerdem das Getriebegehäuse als zu schwach, um die erhöhten Drehmomentkräfte aufnehmen zu können.

Die massiven Anlenkpunkte für die Schwingachsen wurden nun nicht mehr an dem ohnehin schon arg strapazierten Hinterachsgehäuse untergebracht. Der „kurze" Wagen bekam eine völlig neue Hinterradaufhängung. Zum Ende der Saison 1935 hin hatte es sich nämlich als zunehmend schwieriger erwiesen, den laufenden PS-Zuwachs auch auf den Boden zu bringen. Hier wirkte sich der verkürzte Radstand positiv aus, da nun mehr Gewicht auf den Hinterrädern lastete. Doch der Leistungszuwachs brachte ein weiteres Problem mit sich. Wenn einmal das Wagenheck in einer Kurve ausbrach, war es kaum mehr möglich, das Fahrzeug abzufangen. Von den zum Teil dafür verantwortlichen Schwingachsen ließ man deshalb wieder ab. Und man setzte hier das bestens bewährte Prinzip einer starren Achse erneut ein. Doch diese „Starrachse" wies einen Unterschied zu den bisherigen Konstruktionen auf. Ältere Daimler- und Benz-Mitarbeiter erkannten hier eine Ähnlichkeit zu den an den frühen Grand-Prix-Wagen von 1908, dem Mercedes von 1913 und auch am Blitzen-Benz verwendeten Achskonstruktionen. Die durch einen starren Achskörper miteinander verbundenen Räder wurden diesmal natürlich nicht von Ketten angetrieben, sondern über Halbwellen vom Differential, die an beiden Enden mit Kreuzgelenken versehen waren. Die starre Verbindung zweier einzeln aufgehängter Räder wurde hier praktisch neu erfunden und die Konstruktion eine Generation später mit der Bezeichnung De Dion-Achse belegt. Der Achskörper bestand aus einem starken Stahlrohr, dessen Enden nach innen gebogen und an den Radnaben befestigt waren, während das gerade Mittelstück an einer kugelförmigen Aufnahme am hinteren Rahmenausläufer gelagert war. An dieser Stelle wurden die Bremskräfte und der Anfahrschub abgefangen; für die Zugkräfte bei der Vorwärtsbewegung des Fahrzeugs benötigte man jedoch noch einen weiteren Anlenkpunkt. Man brachte deshalb an der Rückseite des Differentialgehäuses einen zentralen Steg an, wo an beiden Seiten gummibelegte Rollen, die am Achsrohr befestigt waren, entlangglitten.

Unter der Anleitung von Dr. Maruhn, einem erstklassigen Theoretiker, der einer eigenen Forschungsabteilung in Untertürkheim vorstand, wurde eine Prüfvorrichtung für diese Rollen zusammengebaut. Unter mittlerer Belastung hielt die erste Version der Rolle nicht mehr als zwölf Minuten. Und auch bei den Testfahrten im Dezember in Monza waren sie ein wunder Punkt geblieben. Man schlug vor, den Gummibelag zu armieren, die Rollen zu vergrößern und den Steg von der Wärmeentwicklung des Differentialgehäuses abzuschirmen. Während der laufenden Saison 1936 kam man von dieser Anordnung wieder ab und brachte am Gehäuse eine schlitzförmige Gleitbahn an. In der Vertiefung befand sich ein Bronze-Klotz, der über eine Kugel mit dem Achsrohr verbunden war. Die viertelelliptischen Blattfedern wurden zusammen mit den Reibungsstoßdämpfern beibehalten, die an einem sehr leichtgewichtigen Rahmen aus Kastenprofilen befestigt waren, wie er auch schon beim Vorgängermodell Verwendung gefunden hatte. Die Vorderachskonstruktion mit ihrem rohrförmigen Achskörper wurde nahezu unverändert übernommen. Und auch die großen Trommelbremsen, an denen man 1935 Belüftungsöffnungen angebracht hatte, wurden weiterverwendet. An den hinteren Bremsen brachte man zur besseren Kühlung grobmaschige Schutzgitter über den Öffnungen an, außerdem wurden die Kühlrippen an den Trommeln enger gestellt. An jeder Bremse wurden zwei verschiedene Bremsbelagarten, je nach der auftretenden Belastung der beiden Backen verwendet (Jurid B1/2A und Spezial).

Den um einiges tiefergelegten Wagen versah man mit einer komplett neuen Karosserie, die nun einen annähernd kreisförmigen Querschnitt aufwies. Das Heck war schmaler und sowohl die vorderen Radaufhängungen als auch die neue Hinterachskonstruktion hatte man vollständig verkleidet. In den Vorderachs-Verkleidungen wurden zwei kleine Öffnungen angebracht, wobei der linke Grill 1936 vergrößert wurde und einen Ölkühler beherbergte. Dieses Instrument bewährte sich hervorragend, und so baute man in diesem Jahr auch die vorhandenen 1935er Wagen dahingehend um. Die Auspuffanordnung wurde ebenfalls geändert, das Rohr war nun ganz unten an der Karosserie angebracht und verlief unter der Hinterachse hindurch nach hinten. Die Vorjahreswagen standen wie stets als Trainings- und Reservefahrzeuge zur Verfügung, doch diesmal gab es noch einen weiteren Grund zu ihrer Weiterverwendung. Das Cockpit der neuen Wagen war so eng geworden, daß Manfred von Brauchitsch nur noch mit Mühe hineinpaßte. Alfred Neubauer bemerkte: „In einem Wagen, der bis aufs Gramm dem Gewichtslimit entsprechend kalkuliert ist, sind Reserven für einen Umbau wegen eines überlangen Fahrers natürlich nicht mehr gegeben." Man bot v. Brauchitsch deshalb einen überarbeiteten 1935er Wagen an, er zwängte sich jedoch in das neue Modell. Nur beim Eifelrennen zog dieser Fahrer den „bequemeren“ Rennwagen vor. Nach den ersten Probefahrten wollte man noch einige Modifikationen durchführen, um den Fahrern besseren Schutz vor dem Fahrtwind zu bieten. Aus diesem Grund brachte man eines der Fahrzeuge zur Ermittlung von Luftwiderstands-Verhältnissen nach Friedrichshafen, wo man im Windkanal der Zeppelin-Werft entsprechende Versuche durchführen konnte. In Monza hatten sich außerdem Kühlungsprobleme gezeigt, weshalb sowohl der Ausschnitt des Kühlergrills als auch der Wasserkühler selbst vergrößert werden mußten. In das Vorratsgefäß wurde ein Überdruck-Ventil eingesetzt, das verhindern sollte, daß vom Motor zurückfließendes kochendes Wasser den Deckel des Einfüllstutzen aufdrückte. Der Stutzen selbst wurde nach hinten versetzt, um auch beim Beschleunigungsvorgang des Wagens eine Wasseransammlung an dieser Stelle zu vermeiden.

Bei all diesen Erprobungsvorgängen hatte man noch den M 25C verwendet. Erst Ende Februar begann man mit den ersten Prüfstandsläufen des ME 25-Aggregats. Auf einer der beiden Leistungsbremsen in Georg Scheerers Abteilung absolvierte man einen ersten Dauerversuch. Die erste Leistungsangabe belief sich auf 430 PS, mit korrigierten Einstellwerten wurden schließlich 449 PS bei 5000 U/min erreicht. Bei einer Verdichtung von 8,65:1 und der Verwendung des 255 mm-Laders kam man im Sommer 1936 auf den absoluten Bestwert des ME 25, nämlich 473 PS bei 5800 U/min. Im Renneinsatz verwendete man indessen den kleineren Lader und eine mit 8,17:1 etwas zurückgenommene Verdichtung, die Standard-Daten lauteten deshalb 433 PS bei 5800 U/min und ein maximales Drehmoment von 64,2 mkp bei 3000 Umdrehungen. Der Ladedruck war dabei jedoch schon auf ganze 2 Atmosphären angestiegen. Damit hatte man nun ein ausgezeichnetes Antriebsaggregat zur Verfügung, dessen Gewicht sogar unter dem des 211 kg schweren M 25 C gehalten werden konnte.

Wie in jedem Jahr wurde auch die Grand-Prix-Saison 1936 mit dem Großen Preis von Monaco eröffnet. Den Zuschauern bot sich das gewohnte Bild, es schien keine aufregenden Neuigkeiten gegenüber dem Vorjahr zu geben. Lediglich die Spitzenpositionen in der Startaufstellung hatten sich geändert: die Mercedes-Rennwagen standen in den vorderen Reihen. Die Auto Union hatte ihre Favoritenrolle eingebüßt. Auf der regennassen Strecke spielte Caracciola sein ganzes Können aus, er „trug“ den Wagen förmlich um den Kurs und bestätigte mit dem Sieg seinen Ruf als Regenmeister. Die meisten seiner Teamkollegen wurden in eine Massenkarambolage an der berüchtigten Hafenschikane verwickelt.

Erst beim Rennen im Mai auf der schnellen, heißen Piste von Tripolis hatten die Mercedes-Piloten die nächste Gelegenheit, den „kurzen“ Wagen mit dem ME 25-Motor eingehend kennenzulernen. Im Vergleich zu einem mit gleichem Motor bestückten Vorjahreswagen ließ sich feststellen, daß beide eine Spitze von 280 km/h liefen. Caracciola beklagte sich über ein Wegschmieren über die Vorderräder (Untersteuerungstendenz), was man aber durch ein Auswechseln des Sperrdifferentials gegen ein solches von ZF beheben konnte. Die Modifikation führte man aber nur an diesem einen Wagen durch.

Links: Das Mercedes-Team beim Großen Preis der Schweiz in Bern 1936. Der linke Seitengrill ist an allen Wagen vergrößert, da man dort einen Ölkühler eingebaut hatte.

Unten: Zum Vergleich die Ausführung 1937. Der Ölkühler sitzt nun auf der rechten Seite, links wird dem Saugvergaser die nötige Luft zugeführt.

Oben: Großer Preis von Deutschland 1936. Von Brauchitsch nimmt das Rennen nach einem Boxenstopp wieder auf, doch mußte sich Mercedes hier den Wagen der Auto Union eindeutig geschlagen geben.

Oben: Cockpit des W 125. Das Lenkrad ist mittels Schnellverschluß befestigt.

Rechts: W 125/37 mit abgenommener Frontmaske. Man sieht die neukonstruierte Vorderachse sowie den Sauggaser versetzt hinter dem Kühler.

Unten: Heck des W 125, das gegenüber dem des W 25 wesentlich kürzer geworden ist.

Links: Ein zu Ausstellungszwecken vorbereitetes W 125-Chassis. Der Radstand ist gegenüber dem W 25 um 34 cm verkürzt worden, Vorder- und Hinterachse wurden neu konstruiert. Der M 125 stellt erstmals ein Kompressor-Aggregat mit Saugvergaser-Anordnung dar.

Rechts: Die Kolben des neuen 5660-ccm-Motors wiesen eine starke Überhöhung auf (Verdichtung 8,9:1) und trugen vier Ringe über dem Kolbenbolzen.

Oben: Die neue Vorderachse, nun mit wesentlich längeren Dreiecks-Querlenkern und senkrecht stehender Schraubenfeder. Vor dem Achsträgerrohr ist ein Öldruck-Stoßdämpfer zu sehen. Die Bremstrommeln hatte man zur besseren Kühlung etwas weiter vom Rad entfernt.

Rechts: Die De Dion-Hinterachse des W 125. Das Achsrohr ist in der Mitte durch Manschetten beweglich gehalten, wobei das Mittelteil mit einem Gleitschuh am Differentialgehäuse befestigt ist. Auffallend ist die leichtgewichtige Auslegung der Längsschwingen, die vorne am Rahmen mit einem Kugelgelenk montiert sind. Längs am Rahmen befinden sich die Torsions-Federstäbe.

Mit der Straßenlage ihrer Wagen waren die Fahrer generell nicht sehr zufrieden; ein wunder Punkt blieb nach wie vor die Lenkung. Sämtliche Fahrbahnstöße wurden mit unverminderter Härte auf das Lenkrad übertragen.

Das Rennen in Nordafrika erbrachte wie jenes in Monaco keine definitiven Aufschlüsse. Im Training war einer der 255-mm-Lader ausgefallen, weshalb man an allen Wagen den kleineren 240-mm-Typ verwendete. Im Rennen hatte der Franzose Louis Chiron – ein guter Freund von Caratsch und neuer Mann im Team – Probleme mit dem Gasgestänge und fiel weit zurück. Und der bedauernswerte Manfred von Brauchitsch mußte seinen Wagen neben der Strecke abstellen, weil die Benzinzufuhr streikte. Dieses Übel war während der Versuchsfahrten in Monza zwar schon einmal aufgetreten, aber anscheinend hatte man sich nicht weiter darum gekümmert. Fagioli und Caracciola hatten mit nahezu wirkungslos gewordenen Vorderradbremsen zu kämpfen (die Bremsleitungen hatten wegen der Verlegung des Hauptbremszylinders auf die rechte hintere Motorhalterung völlig neu installiert werden müssen), konnten aber dennoch die Ränge Drei und Vier belegen.

Die Mercedes-Fahrer hatten während des Rennens eine gewisse Seitenwindempfindlichkeit ihrer Wagen feststellen können. Jakob Krauss, der das Fahrverhalten der Wagen an verschiedenen Abschnitten der Strecke studiert hatte, kam zu dem Schluß, daß die Auto Union-Wagen in den Kurven noch immer überlegen seien. Neubauer meinte dazu im Nachhinein: „Vielleicht wäre das lange Chassis für schnelle Strecken doch besser gewesen." Bei dem zweiten Rennen in Nordafrika gab es dennoch einen Sieg zu verzeichnen, als der führende Bernd Rosemeyer von der Strecke abkam und sein Auto Union ausbrannte. Dies sollte indessen der letzte Sieg für Caracciola und den 1936er Mercedes gewesen sein.

In Barcelona erwies sich Nuvolari auf Alfa Romeo nach spannenden Zweikämpfen als der Schnellere. Auf diesem Stadtkurs machte sich besonders unangenehm bemerkbar, daß die Mercedes-Wagen zum Aufschaukeln neigten; auch beim nachfolgenden Eifelrennen zeigte sich dieses Phänomen. Bis auf zwei Wagen fielen alle Mercedes aus und diese lagen weit hinten im Feld. Es hatte Motorschäden gegeben, wie auch beim nächsten Rennen in Budapest, wo alle Mercedes liegenblieben. Durch die harten Beanspruchungen

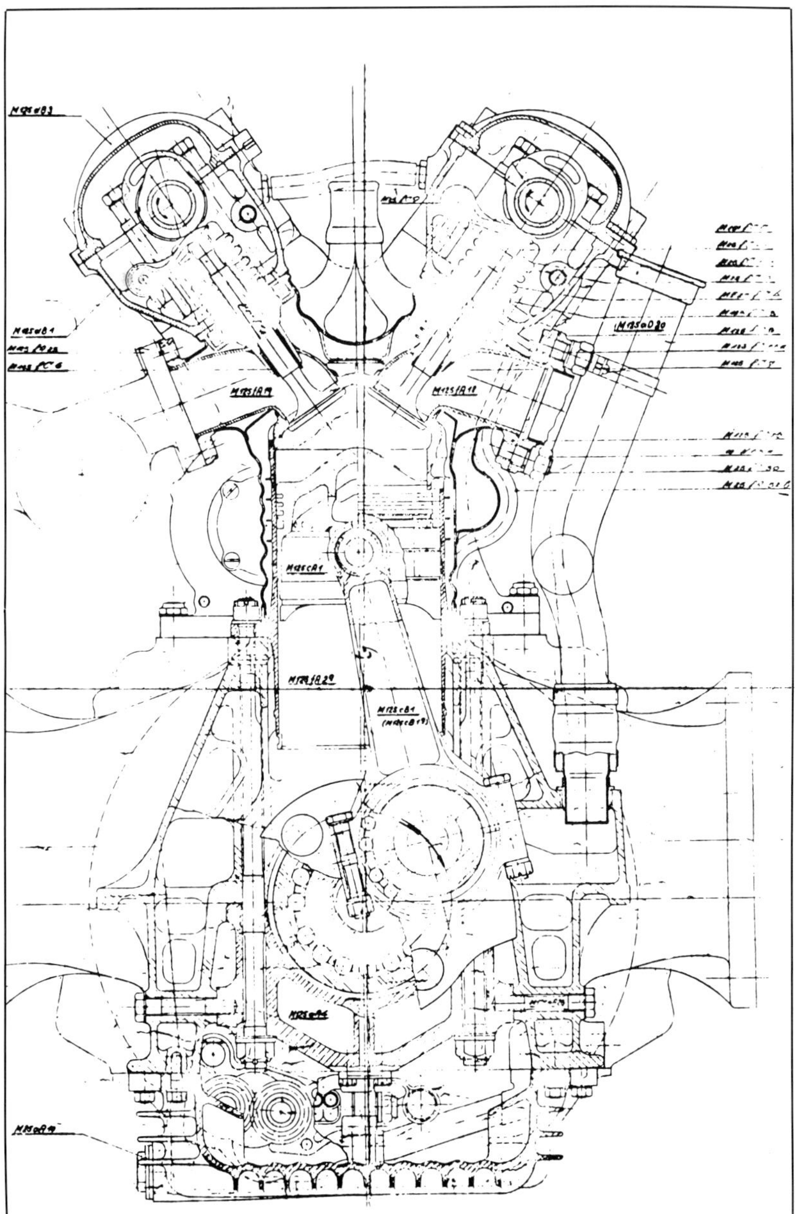

Oben: Ein W 125 auf der Leistungsbremse, dem damals neuentwickelten Trommel-Prüfstand.

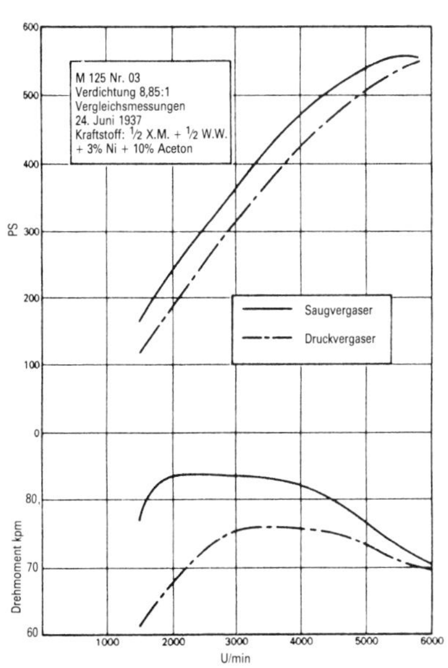

Links außen: Schnittbild des M 125-Aggregats mit voll rollengelagertem Kurbeltrieb. Daneben das zugehörige Leistungsdiagramm.

hatte der neue Motor seine Schwachstellen gezeigt: die Zylinder des vorderen Blocks hatten den Leistungszuwachs nicht verkraften können und neigten zur Rißbildung. Hier wurde nun das Material verstärkt und für das wichtigste Rennen des Jahres, den Ende Juli stattfindenden Großen Preis von Deutschland, fertigte man neue Zylinder an.
Kurz vor den Rennen versah man einige Motoren mit den 255-mm-Ladern anstelle der kleineren Typen, von denen zwei nicht lange hielten. Pech auf der ganzen Linie: Chiron stürzte und nur ein einziger Mercedes lahmte durchs Ziel – als Sechstplazierter.
Nach einer derartigen Serie von Mißerfolgen hätte wohl jede Sportmannschaft eine Denkpause eingelegt und über notwendige Konsequenzen diskutiert. Genau dies geschah auch bei Daimler-Benz. Seit Anbeginn der Rennaktivitäten hatte sich die Art der Organisation bei Mercedes zwar glänzend bewährt, die Anforderungen und Dimensionen des Grand-Prix-Sports der dreißiger Jahre indessen erforderten neue Strategien.
Zwischen der Teamleitung Alfred Neubauers und den Ingenieuren der Konstruktionsabteilung wurde daher 1936 eine neue, eigenständige Abteilung errichtet: Daimler-Benz etablierte eine dem Versuch angegliederte Rennabteilung.
Mit der Leitung der Rennabteilung betraute man einen freundlichen jungen Mann, der dreißig Jahre zählte und erst seit fünf Jahren dem Hause angehörte. Er entstammte der Ehe einer Engländerin und eines Deutschen und war als Vergaserspezialist direkt von der Ingenieurschule zur Daimler-Benz-Versuchsabteilung gekommen. Mit dem Motorsport hatte er bisher wenig zu tun gehabt. 1933 war er im Siegerteam bei der Mannschaftswertung der 2000-Kilometer-Fahrt; gefahren wurde damals mit Wagen des Typs 200. Ein Jahr später errang er mit einem 500 K bei der gleichen Veranstaltung eine Goldmedaille; damals war auch Hermann Lang mit einem Heckmotorwagen vom Typ 150 H am Start. Der junge Mann, dessen Erscheinen zweifellos einen Wendepunkt in der Mercedes-Renngeschichte bedeutete, hieß Rudolf Uhlenhaut.
„Bis zu diesem Zeitpunkt hatte ich an einem neuen Auto gearbeitet, der zum ersten Großserienwagen von Mercedes-Benz werden sollte. Dies war der 170. Da dieses Auto ein großer Erfolg wurde, hielt man mich wohl für fähig, auch Aufgaben des Rennsports lösen zu können", sagte Uhlenhaut über seine Berufung. Er unterstand direkt dem Leiter der Versuchsabteilung, Fritz Nallinger, und es wurden ihm für die Konstruktion Jakob Krauss sowie für Tests und Prüfvorgänge Georg Scheerer zur Seite gestellt. Uhlenhauts neue Mannschaft war verantwortlich für den Bau, für die Vorbereitung und Versuchsfahrten der Rennwagen, die anschließend Alfred Neubauers Sportabteilung für den Einsatz übergeben wurden. Die Konstruktion der Fahrzeuge war nach wie vor Angelegenheit des Hauptkonstruktionsbüros unter der Leitung von Max Wagner und Albert Heeß. Die Teilefertigung blieb auch weiterhin den zuständigen Abteilungen der Produktion überlassen – Anweisungen und Vorschriften jedoch kamen ab Mitte 1936 in zunehmendem Umfang von der Rennabteilung.
Ihre Feuertaufe hatte die gerade erst entstandene Rennabteilung schon im August 1936 auf dem Nürburgring zu bestehen. Vom 10. bis zum 15. August wurden auf dem herausfordernden Eifelkurs Testfahrten abgehalten. Daimler-Benz hatte hierfür eigens die Rennen in Montenero und Pescara abgesagt; man wollte sich in aller Ruhe auf den Großen Preis der Schweiz am 23. August vorbereiten. Darüber hinaus wollten die Untertürkheimer, wie Nallinger sagte, „eine klare Entscheidung fällen, ob ein weiterer Einsatz unserer Wagen in dieser Saison nach erfolgversprechend sein könnte".
Für die Tests hatte man drei Fahrzeuge vorbereitet. Eines war ein überarbeiteter Vorjahreswagen, die beiden anderen neue 1936er Modelle. Die zur Verfügung stehenden Fahrer von Brauchitsch und Caracciola wählten auf dem langen Kurs des Nürburgrings einen Streckenabschnitt aus, von dem sie glaubten, er würde die Fehler des Rennwagens am schnellsten zutage treten lassen. Uhlenhaut notierte: „Die Fahrer beanstandeten hauptsächlich folgende Punkte: 1. Vibrieren und Stöße in der Lenkung; 2. starkes Ruckeln und Holpern des Wagens bei weitgehend entleertem Tank; 3. schweres Nachlassen der Fahrwerksstabilität während des Rennverlaufs."
„Die Beobachtungen in der unebenen, weil ansteigenden Kurve an der Hedwigshöhe ergaben, daß an allen Wagen die Vorderräder deutlich von der Fahrbahn abhoben und alle vier Räder heftig vibrierten, wobei dies mehr für die neuen als für den alten Wagen zutraf. Mit der Schwingachse war das Heck deutlich unruhiger. Am neuen Wagen haftete die Hinterachse hingegen gut auf dem Boden."
Die Versuche wurden am ersten Tag in der Anwesenheit von Max Sailer durchgeführt, der auch seinen neuen Personenwagen-Konstrukteur, Hans Gustav Röhr, mitgebracht hatte. Dieser begabte Ingenieur sollte noch einige Bewegung in die Suche nach dem neuen Rennwagenkonzept bringen, bevor er innerhalb eines knappen Jahres an den Folgen einer Lungenentzündung verstarb. Er und Sailer waren aber schon wieder abgereist, als die Testmannschaft begann, das erste der zahlreichen mit der vorderen Aufhängung des W 25 verbundenen Probleme in Angriff zu nehmen.
Wie bereits erwähnt, war die gesamte Vorderachsanordnung mit ihren Schraubenfedern und Schwingarmen am Rahmenquerträger montiert, wo sie nach allen Richtungen den erforderlichen Spielraum hatte, lediglich durch eine Gummilagerung auf der inneren Seite begrenzt. Wenn man nun über längere Zeit hinweg immer wieder scharf bremste, so ergaben die Untersuchungen, wurden die Gummiblöcke durch die starken Bremskräfte gedehnt, woraus schließlich die zermürbenden Vibrationen resultierten. Die Gummiblöcke konnte man zwar beim Einbau stärker zusammenpressen oder auch eine härtere Stufe des Materials wählen, um den Kräften entgegenzuwirken, jedoch verstärkten sich dadurch die Schläge, die von Fahrbahnunebenheiten an das Lenkrad übertragen wurden. Und dies war ebenfalls einer der Hauptkritikpunkte der Fahrer gewesen.
Zu Anfang der Versuchsfahrten hatte man folgende Federhärten (gemessen am Rad) gewählt: 66 kp/cm / 102 kp/cm vorne und hinten am Typ 1935 sowie 30 kp/cm/ 62 kp/cm beziehungsweise 32 kp/cm / 121 kp/cm für die neuen Wagen. Am zweiten Tag begann man die Abstimmung zu variieren, vorne bewegte man sich dabei zwischen den Werten 25 und 45 kp/cm. Auch die hinteren Federn wurden öfters ausgetauscht. Außerdem probierte man die verschiedensten Kombinationen von Reifen aus, montierte verschiedene Stoßdämpfer, modifizierte deren Einstellung, verwendete andere Vorspannungen bei den Gummilagern und änderte sogar die Gewichtsverteilung im Wagen ab, indem man vorne am Rahmen ein 60 kg schweres Bleigewicht befestigte.
Während der Versuche am zweiten Tag wurden auch einige Runden um den gesamten Kurs gefahren. Als am Morgen des dritten Tages schließlich der Kompressor an Caracciolas Wagen ausfiel, erklärte dieser, daß er nach der nunmehr 25. Änderung an seinem Wagen ihn für das Rennen in Bern als tauglich ansehe. Er und v. Brauchitsch durften daraufhin abreisen. Sie legten eine wohlverdiente Ruhepause ein und ließen zwei einsatzfähige Rennwagen, die Mechanikertruppe, Rudolf Uhlenhaut und den Nürburgring zurück. Dies sollte nicht ohne Folgen bleiben. Der junge Ingenieur, der jede Gelegenheit wahrnahm, die unterschiedlichsten Autos zu testen, entschloß sich nämlich, die verwaist dastehenden Grand-Prix-Wagen selbst einmal auszuprobieren.
„Nachdem ich einige Kilometer gefahren hatte, stellte ich fest, daß ein Rennwagen einem normalen Personenwagen sehr ähnlich ist. Es gibt eigentlich keine großen Unterschiede, jedenfalls nichts Sensationelles."
Er strapazierte die Autos nicht lange. Dann aber machte er sich an die Arbeit und veranlaßte, daß noch einmal 23 Detailänderungen am Fahrwerk in Angriff genommen wurden. Selbstzufrieden konnte er schließlich feststellen: „Ich kannte mich jetzt mit Rennwagen aus und wußte auch, welche Fehler die beiden Fahrzeuge noch aufwiesen." Seine besondere Aufmerksamkeit hatte der Flatterdämpfung durch die Gummielemente gegolten, wobei er darauf

hinwies, daß die Aufhängung dem Bremsmoment in gleichem Maße gewachsen sein muß wie beim Typ 500 aus der Serienproduktion. Seinen Verdacht sah er bestätigt, daß die Sturzveränderung der Vorderräder, hervorgerufen durch das Lenkungssystem, größer war als der zu Verfügung stehende Federweg. Dadurch waren auch alle Änderungen an Federn und Dämpfern sowie Achsschenkelbolzen nur von untergeordneter Bedeutung gewesen.
Uhlenhaut hatte auch erkannt, daß bei Verwendung einer Feder, die weicher als 66 kp/cm war – und das galt für alle ursprünglich zur Verfügung stehenden Varianten – die Vorderräder sehr schnell anschlugen, wenn man die Dämpfer nicht ganz anzog. Das ständige Durchschlagen der Federung, so fand er heraus, war auch der Hauptgrund für das Hüpfen des Vorderwagens gewesen. „In Zukunft müssen wir uns um wesentlich größere Federwege kümmern", schrieb Uhlenhaut in seinem Bericht.
Die neue Hinterachskonstruktion hatte sich gegenüber der vorher verwendeten Einzelradaufhängung sowohl in der Straßenlage als auch in den Anfahrreaktionen als weit überlegen erwiesen. Doch am Grenzbereich in den Kurven traten „fürchterliche Vibrationen" auf, deren Ursachen in der Eigenverwindung des starren Achsrohres lagen. Man schweißte daraufhin Verstärkungsstreben ein und versteifte das Rahmenheck. Man befaßte sich auch mit den Drehschwingungen um die Fahrzeug-Hochachse (Giermoment). Gerade diesem technischen Aspekt schenkte man zu jener Zeit bei Daimler-Benz große Aufmerksamkeit, wobei man auch herausfand, daß hier eine hohe Schwerpunktlage am Fahrzeug nicht allein verantwortlich ist. Hans Röhr äußerte sich dabei über die Verkürzung des Radstands des 1936er Rennwagens: „Die gewonnenen Erfahrungen haben uns gezeigt, daß es sich hierbei um eine unkluge Entscheidung handelte. Die Schleuderneigung hatte der Wagen bereits vorher und dabei hatte es schon Schwierigkeiten bereitet, die Kurven sauber zu durchfahren. Zweifellos nahm die Kurvenwilligkeit des Fahrzeugs mit einem vergrößerten Giermoment noch weiter ab." Nallinger erklärte: „Durch das Anbringen des Ballastgewichts an der Vorderachse hat man die Fahrzeugmassen dezentralisiert und dadurch die Drehneigung nur noch verstärkt." Man wurde sich schnell einig über die einzuschlagende Richtung bei den nötigen Verbesserungen. Es mußte das richtige Verhältnis einer vernünftigen Radstandslänge zum Giermoment in der Massenverteilung des Fahrzeugs gefunden werden.
Doch auch diese weitreichenden Erkenntnisse über die Problematik der Wagen trugen nicht zu entscheidenden Verbesserungen bei, die beispielsweise zu einem Erfolg im Großen Preis der Schweiz hätte führen können. An

Oben: Zündkerzenwechsel am M 125 nach dem Warmlaufen.
Darunter: Lagebesprechung mit Neubauer, Uhlenhaut, von Brauchitsch und Caracciola.

Links: Großer Preis von Deutschland 1937. Lang macht mit diesem zu spät ausgeführten Reifenwechsel die Chancen auf einen Dreifach-Sieg für Mercedes zunichte. Er wurde Vierter, Rosemeyer ging als Sieger durchs Ziel.

Rechts: Kurz nach dem Start auf dem Nürburgring lag Lang an der Spitze, es sollte sich ein packendes Duell mit dem hier noch an dritter Stelle liegenden Rosemeyer entwickeln.

Unten: Zwei Wochen später fuhr man in Monaco. Das Ergebnis war diesmal umgekehrt – endlich einmal konnte Manfred von Brauchitsch einen Sieg vor Caracciola landen.

Unten: Coppa Acerbo in Pescara, weitere acht Tage später. Von Brauchitsch jagte Rosemeyer auf der winkeligen Strecke.

Fagiolis Wagen riß ein Pleuel ab, bei Caracciola brach die rechte Hälfte des Hinterachsrohrs und v. Brauchitschs Wagen wurde überhitzt, als ein herumfliegendes Zeitungsblatt den Kühllufteintritt abdeckte (gegen solche Gefahren war man bei Daimler-Benz erst 19 Jahre später gewappnet). Lediglich Hermann Lang überstand die Distanz und beendete das Rennen an vierter Stelle. Dabei hatte Caracciola vom Start weg in Führung gelegen und konnte diese Position lange halten – bis Rosemeyer an ihm vorbeischoß. „Die Fahrer erklärten sich im großen und ganzen zufrieden mit dem Fahrverhalten der Wagen, das galt sowohl bei leeren als auch bei vollen Tanks“, notierte Uhlenhaut. Er sah sich darüber hinaus veranlaßt, folgendes Resümee zu ziehen: „In diesem Rennen war es klar ersichtlich, daß die Leistung des Auto Union-Wagens im mittleren und oberen Geschwindigkeitsbereich unseren Fahrzeugen weit überlegen ist. Um nur annähernd mithalten zu können, sind unsere Fahrer gezwungen, die Motoren einer konstanten Überbelastung auszusetzen. Sie versuchen dabei in den Kurven in etwa das gut zu machen, was sie auf den Geraden verlieren. Ein weiterer Renneinsatz des E-Motors erscheint aus diesen Gründen sinnlos.“ Die Firmenleitung stimmte darin mit dem jungen Ingenieur überein und so wurden die Nennungen für den Großen Preis von Italien, dem letzten großen Rennen zum Abschluß der europäischen Saison zurückgezogen.

Schon seit man den DAB V12-Zylinder wegen seines Übergewichts beiseite gestellt hatte, war es die dringlichste Aufgabe für Albert Heeß' Büro gewesen, die Suche nach einer möglichen Leistungsverbesserung voranzutreiben. Man hatte sich dabei den V16 Zylinder Auto Union zum Vorbild genommen und war gerade mit der Konzeption des M 151 beschäftigt, der ebenfalls 16 Zylinder aufweisen sollte. Nicht nur in der Dimensionierung orientierte man sich an der Konkurrenz (75 × 87 mm, 6010 ccm) sondern auch in der Konstruktion besann man sich auf die Prinzipien Ferdinand Porsches, indem man Guß-Laufbüchsen in einem Leichtmetallgehäuse vorsah. Dieser neue Motor existierte nur auf den Zeichenbrettern, als Fritz Nallinger am 14. August 1936 seine Forderungen und Vorschläge für die nächstjährigen Rennwagen formulierte: „Wir benötigen so bald wie möglich einen konkurrenzfähigen Wagen für die Saison 1937. Hierfür gilt es folgende Hauptpunkte zu beachten: Der Rahmen muß verwindungssteifer werden, dies läßt sich am besten durch die Verwendung von Ovalrohren erreichen. Die Vorderradaufhängung muß größere Federwege aufweisen, man sollte dabei auch eventuell progressiv wirkende Federn einsetzen. Für die Hinterachsaufhängung sollte man zwar die bisherige Konstruktion beibehalten, jedoch sollte die Führung der Achse dabei nach vorne versetzt werden. Der Radstand muß wieder länger werden. Als neue Antriebsquelle wird uns der gerade im Entwurfsstadium befindliche Motor nicht rechtzeitig zur Verfügung stehen. Aus diesem Grunde sollte man überlegen, ob es nicht möglich wäre, das vorhandene Aggregat durch eine Steigerung der Drehzahlen leistungsfähiger zu machen. Außerdem würde man durch eine Anpassung der Getriebeübersetzungen eine bessere Beschleunigung erreichen."

Nallinger sollte recht behalten. Noch bis Dezember gab man die Hoffnung nicht auf, aber die Rennabteilung bekam den M 151 nicht mehr. Statt dessen kümmerte man sich dort um eine Überarbeitung des vorhandenen Motors, wobei der Leistungszuwachs nicht durch eine Erhöhung der Drehzahlen, sondern vielmehr durch eine nochmalige Hubraumvergrößerung und eine Verbesserung der Laderwirkung erzielt wurde.

Die Konstruktion des neuen Fahrgestells, versehen mit der Typenbezeichnung W 125, ging zügig voran. Max Wagner hielt sich dabei genau an Nallingers Vorschläge, dessen Idee des Ovalrohrrahmens von der erfolgreichen Anwendung bei der 170 V-Serienlimousine herrührte. Für die parallel verlaufenden Seitenholme verwendete man 14 cm hohe Rohre, die durch vier runde, 10 cm dicke Querträger verbunden wurden. Diese Traversen fanden sich ganz vorne, unter den Knien des Fahrers, und zwei im Heck; die fünfte Querversteifung wurde wie immer von der hinteren Motoraufnahme gebildet. Als Material für diese Rahmenrohre verwendete man Chrom-Nickel-Molybdän-Stahl mit einer Wandstärke von 1,5 mm. Der komplette Rahmen mit allen Halterungen wog 52 kg. Die Verwindungssteifigkeit konnte dabei gegenüber der früheren Konstruktion wesentlich erhöht werden. Unter der Einwirkung einer Kraft von 300 mkp verwand sich der Rahmen nur um 15 mm von der Längsachse, beim W 25 waren es 24 mm gewesen.

Im Oktober wurden am neugestalteten Hinterachsrohr Materialversuche durchgeführt, um die mögliche Beanspruchung feststellen zu können. Die Räder wurden nun durch lange Schwingarme geführt, die vorne am Rahmen, auf der Höhe der mittleren Traverse, gelagert waren. Diese Schwingarme konnten mit dem Achsträger keine starre Einheit bilden, da sich sonst die Federbewegung eines Rades auf das andere übertragen hätte. Aus diesem Grunde wurde der rohrförmige Achskörper in drei Teile unterteilt. Am Mittelteil befanden sich zwei Manschetten, in die die Außenteile eingesteckt wurden und sich auf Bronzebuchsen frei drehen konnten. Parallele Längslenker als Schwingen hätten diese bewegliche Lagerung überflüssig gemacht, was man auch in Max Wagners Abteilung wußte. Patente wurden auf beide Ausführungen erteilt. Im Rennbetrieb blieb man jedoch bei den einzelnen Schwingen, denn sie zeigten sich robuster und natürlich auch leichter im Gewicht. Ursprünglich waren sie aus Stahlprofilen gefertigt. An Caracciolas Wagen für das Eifelrennen 1937 verwendete man erstmals Dural der Dürener Metallwerke, womit man 1,5 kg einsparen konnte. Das Material hielt die Beanspruchung über eine Distanz von 750 Kilometern auf dem Nürburgring durch und so entschloß man sich, es auch in Zukunft zu verwenden. Völlig neu war die Verwendung eines von Ferdinand Porsche beim Erzrivalen Auto Union erstmals mit Erfolg eingesetzten Federungssystems. Man verwendete nun auch bei Mercedes Torsions-Federstäbe, sie waren 18 mm breit, wurden längs liegend in den Rahmenholmen untergebracht und über eine Hebelumlenkung mit den Rädern verbunden. Sie reichten nach vorne bis zur Anlenkung der Schwingarme. Der Federweg wurde bei den Hinterrädern auf jeweils 90 mm nach oben und unten erweitert. Als Stoßdämpfer waren sowohl Reibscheiben als auch hydraulische Kolbendämpfer vorgesehen, letztere hatte man bereits versuchsweise an den 1936er Wagen eingesetzt. Auch die Dämpfer wurden mit Hebeln am Rad angelenkt.

An der Vorderachse blieb es bei den doppelten Querlenkern in Dreiecksform, lediglich die Länge war auf das Doppelte angewachsen, der obere Arm maß nun 25 cm, der untere 30 cm. Hier wurde ebenfalls der Federweg vergrößert, es standen 75 mm positiver Federweg beim Einfedern und 70 mm negativer Weg beim Ausfedern zur Verfügung. Eine kurze Schraubenfeder war zwischen dem unteren Querlenker und einer Verlängerung an der Rahmentraverse angebracht. Innen waren die Querlenker an einem senkrechten Zapfen befestigt, der durch das Chassisrohr führte und in Bronze-Buchsen gelagert war. Unterhalb dieses Zapfens verlief ein Ausleger vom unteren Lenker nach innen und war an der Quertraverse in Gummibuchsen befestigt. Diese Anordnung erlaubte ein gewisses Spiel der Vorderräder in horizontaler Richtung, welches durch die Buchsen abgefangen wurde. Jedoch war durch die wesentlich stärker ausgeführten Querlenker die Vorderachse auch den auftretenden Bremsmomenten besser gewachsen. Der für die Rennabteilung typische Einfallsreichtum dokumentierte sich bei der Anbringung der Stoßdämpfer, man verwendete nach wie vor sowohl Reibscheibendämpfer als auch hydraulische. Ein Arm des Dämpfers war direkt am inneren Anlenkpunkt an den oberen Querlenker angeschlossen, der andere Hebelarm befand sich an der unteren Befestigung des senkrechten Zapfens. Der Dämpfer wirkte somit unmittelbar auf den als Schwinghebel dienenden Querlenker ein, womit die größtmögliche Nutzung der Dämpferwirkung gegeben war. Das Lenkgetriebe hatte man auch hier wieder wie beim W 25 hinter dem Motor untergebracht und die ganze Lenkanordnung war nahezu unverändert geblieben. Man verwendete anstelle der oft ausgeschlagenen Winkelhebel nunmehr eine dreiteilige Spurstange, um die Räder zu verbinden. Dabei paßte man die Anordnung der äußeren Gelenke der Länge der Querlenker an, wodurch man den Sturzwechsel der Vorderräder beim Lenkeinschlag verringerte. Ein wichtiger Punkt in der Arbeit der Rennabteilung war auch die Verbesserung der Bremsanlage. Die vorhandenen Bremsen hatten sich wiederholt als zu schwach und unzuverlässig erwiesen, die Lebensdauer der Beläge konnte man ebenfalls nicht in den Griff bekommen. Die Frankfurter Alfred Teves GmbH (Ate) als Lizenznehmer von Britisch Lockheed führte eine wichtige Verbesserung in Gestalt einer Duplex-Betätigung für Vorder- und Hinterbremsen durch. Die Bremsbacken wurden wieder aus Alu-Guß gefertigt, und man baute auch wieder eine automatische Nachstellvorrichtung ein. Durch die Verwendung von zwei Hauptbremszylindern, getrennt für Vorder- und Hinterachse, konnte man die gewünschte unterschiedliche Bremskraft leichter einstellen. Der Durchmesser der Bremstrommeln blieb erhalten, sie wurden jedoch auf 72 mm verbreitert. Die Verrippung wurde feiner und an den Vorderrädern vergrößerte man den Abstand zwischen Rad und Bremse, wodurch die Belüftung verbessert werden konnte.

Ende 1936 bekam die Rennabteilung einen Bremsenprüfstand, den man sogleich zur Ermittlung einer neuen Konstruktion der Bremstrommeln heranzog. Man sah die Verwendung einer Trommel aus Silumin mit einem eingegossenen Stahl-Laufring als besonders vielversprechend an und verzichtete auf eine aufgespritzte Stahlfläche oder eine vernickelte Bremsfläche. So waren die Trommeln, die 1937 zum Einsatz gelangten, nicht ungewöhnlich. Man hatte jedoch bei mehreren Gelegenheiten Probleme mit blockierenden Vorderradbremsen. Dies trat bei Duplex-Bremsen wegen ihrer selbsttätigen Andruck-Verstärkung des öfteren auf. Besonders verärgert war man über diese Schwächen beim Vanderbilt Cup. Rudolf Uhlenhaut sandte daraufhin eine Probe der Jurid-BA-Bremsbeläge zu Lockheed nach England. Nach verschiedenen Versuchen meldete man aus England große Unterschiede zu den dort verwendeten Mintex-NMT-Belägen. Die Jurid-Beläge besaßen einen niedrigeren Reibungswert und wiesen oft ein sehr unterschiedliches Verhalten auf. Man nahm sich das in der Rennabteilung zu Herzen und untersuchte ganze Serien von Belägen, damit man sich einen Überblick über die Schwankungen in der Verzögerungsleistung bilden konnte.

Am 1. Februar 1937 stand das erste Fahrgestell vom Typ W 125 bereit, für erste Fahrversuche baute man indessen noch ein ME 25-Aggregat ein. Innerhalb der nächsten vierzehn Tage begab man sich zu diesem Zweck nach Monza, wo Caracciola, Uhlenhaut und Hermann Lang sich am Steuer abwechselten. Lang, der erfolgreiche 27jährige Motorradrennfahrer aus Cannstatt, war erst zwei Jahre zuvor als Monteur an Fagiolis Wagen verpflichtet worden. Man begann die Testreihen mit hydraulischen Stoßdämpfern, denn Uhlenhaut war der Meinung, daß diese im Verlauf eines Rennens wesentlich besser den Belastungen standhalten könnten, als die einer Ver-

Links: Obwohl beim Rennen in Brünn (1937) Caracciola vor v. Brauchitsch liegt, kehrte sich die Reihenfolge am Ende um: Der Sieger auf dem W 125 hieß Rudolf Caracciola.

Unten: Rudi Caracciola in Bern, wo er auf regennasser Fahrbahn sehr vorsichtig mit den 500 Pferdestärken umzugehen wußte.

schmutzung durch Öl oder Straßenstaub ausgesetzten Reibscheiben. Die Verbesserungen an der Straßenlage waren sofort zu erkennen und mit der endgültigen Abstimmung kam man gut voran. Jedoch traten an der Hinterachse beunruhigende Nickschwingungen auf, die sich beim Beschleunigen, sogar in höheren Geschwindigkeitsbereichen bemerkbar machten. Zuerst schien es, als ob es hier keine Verbesserungsmöglichkeit gäbe. Die Berichte von Neubauer aus Monza klangen nicht gerade optimistisch, und so fuhr Max Sailer zusammen mit Max Wagner selbst nach Italien, um nach dem Rechten zu sehen. Schließlich glaubten Uhlenhaut und Krauss eine Lösung gefunden zu haben. Sie bauten zusätzlich zu den hydraulischen Stoßdämpfern an der Hinterachse Reibscheiben an. Sie waren der Ansicht, daß durch diese Dämpfer das vermeintlich verzögerte Ansprechen der hydraulischen Instrumente ausgeglichen sein würde. Damit hatte man das Nachschwingen beim Beschleunigen aus schnellen Kurven zwar unterbinden können, nach langsamen Kurven und beim Anfahren aus der Boxengasse jedoch blieb das Wagenheck nach wie vor unruhig. Der zusätzliche Einbau von Reibungsstoßdämpfern am W 125 schlug sich in einem Auftrag an die Konstruktionsabteilung über die Konzeption wesentlich größerer Ausführungen dieser Bauteile nieder. Man wies dabei auf die Tatsache hin, daß die Torsionsstab-Federung keine Eigendämpfung wie etwa die vorher verwendeten Blattfedern aufweisen konnte. Aus ähnlichen Gründen fügte man auch an der Vorderachse zusätzliche Reibscheiben an. Die Federhärten wurden endgültig auf 31 kp/cm an der Vorderachse und auf 37 kp/cm an der Hinterachse festgelegt. Diese Werte machten nunmehr weniger als die Hälfte der Federraten am 1935er Auto aus, und selbstverständlich wurde in der Konstruktionsauslegung darauf geachtet, daß kein Durchschlagen der Federung mehr möglich sein würde. Doch ein anderes Problem des W 25 ließ sich auch am neuen Wagen noch nicht vollständig ausmerzen: die Schläge auf die Lenkung. Man konnte sie zwar verringern, aber nach wie vor kamen harte Fahrbahnstöße bis ins Lenkrad durch. Wenn man die Gummibuchsen am inneren Ausleger des unteren Querträgers stärker anzog, verstärkte sich der Effekt sogar noch, und wenn man dort zuviel Spiel vorsah, wurde die Lenkung „teigig". Man experimentierte mit der Form, der Härte und der Vorspannung der Gummis, um auf eine Kompromißlösung zu kommen.

In Monza wurde auch eine andere Neuerung ausprobiert. Es handelte sich dabei um ein neues Getriebe, bei dem alle Zahnräder im ständigen Eingriff waren und der Kraftschluß über eine Klauenkupplung hergestellt wurde. Die Konstruktionsabteilung beharrte jedoch auf der Verwendung der Schubrad-Anordnung, denn es gab dabei geringere Antriebsverluste und außerdem blieben die Abmessungen kompakter. Uhlenhaut war da anderer Meinung; er sagte, daß es unerheblich sei, welche Antriebsverluste entstünden, wenn ein Fahrer durch einen Schaltfehler einen Getrieberadsatz zerstörte. Und das konnte ja bei einem Schubradgetriebe des öfteren geschehen. Das neue System war ebenfalls wieder mit querlaufenden Wellen im gemeinsamen Differential-Getriebe-Gehäuse an der Hinterachse untergebracht worden. In Monza gab es dabei kaum etwas zu beanstanden, doch als man im April mit einem neuen Getriebe verschiedene Testfahrten unternahm, sprangen oftmals die Gänge heraus. Die Schaltklauen wurden daraufhin untersucht, und es stellte sich heraus, daß die Abschrägung an der Verzahnung nicht das geforderte Verhältnis von 1:20 aufwies. Diese Nachlässigkeit führte zu einer ernsthaften Rüge in Gestalt eines Mängelberichts. Es handelte sich dabei weder um die erste noch um die letzte kritische Äußerung der Rennabteilung gegenüber der Produktion.

Das erste Antriebsgehäuse für den W 125 bestand noch aus Silumin, womit man auf ein Gewicht von 72 kg kam; durch die Verwendung von Magnesium konnte man später jedoch 5 kg einsparen. Die Räder wurden über Halbwellen angetrieben, die außen mit einem Kreuzgelenk montiert waren. Innen waren sie auf verzahnte Differentialwellen aufgeschoben, wo sie auf der gut geschmierten Gleitfläche seitlichen Spielraum hatten. Die Kardanwellen für den neuen Wagen mußten überarbeitet werden, wobei man auch auf die Materialstärke einging.

Die nötigen Testfahrten, bei denen auch eine verstärkte Kupplung erprobt wurde, hatten nicht mehr in Monza stattgefunden, sondern auf einer gut geeigneten neuen Piste in Deutschland. Man benützte dazu auf der im Bau befindlichen Reichs-Autobahn Frankfurt – Basel die nach Süden führende Spur auf der Höhe von Bruchsal. Dieses Streckenstück, das nur etwa 65 km von Stuttgart entfernt war, diente nun als Versuchsbahn für viele Tests. Uhlenhaut und Lang führten im November 1936 hier die ersten Versuche mit der verstärkten Kupplung durch. Sie fuhren dabei nicht weniger als 20 rennmäßige Starts und kuppelten jeweils bei 5000 U/min ein. Die Hinterachse schlug dauernd durch, die Kupplungswirkung ließ jedoch nicht nach, nur der Reibbelag fing bald an zu stinken. Diese Autobahnfahrten benutzte man darüber hinaus auch für Strömungsversuche an der Karosserie der Rennwagen. Der Luftwiderstands-Beiwert der vom W 25 abgeleiteten Karosserie des W 125 belief sich auf 0,599. Uhlenhaut versuchte das Cockpit besser zu verkleiden, um die Fahrer besser schützen zu können. In dem großen Cockpit-Ausschnitt sah er die Ursache für die „verkrampfte Haltung unserer Fahrer im Gegensatz zur Sitzposition im Auto Union". Die Karosserie für den W 125 wurde im Sindelfinger Werk aus 0,7 bis 0,8 mm starkem Dural-K-Alublech getrieben. Die für Beschädigungen leichter anfällige Kühlermaske wurde aus Aluminium-Blech mit einer Materialstärke von 1,0 mm gefertigt. Die vollständige Karosserie-Hülle wog nur 30,5 kg.

Das Trockengewicht des ersten W 125 betrug 803,6 kg, dabei war jedoch noch das ME 25-Aggregat eingebaut. Das Abnahme-Gewicht ohne Reifen konnte man mit 728 kg bequem unterschreiten. Jedoch war ein Einsatz dieser Ausführung nicht vorgesehen, und Ende Februar stand mit dem Motortyp F auch das neue Antriebsaggregat zur Verfügung. Äußerlich glich dieses wieder seinen Vorläufern, es war jedoch länger geraten. Um die erweiterte Zylinderbohrung unterbringen zu können, hatte man den Zylinder-Mittenabstand auf 104 mm vergrößern müssen. Mit den neuen Abmessungen von 94 × 102 mm für Bohrung und Hub näherte man sich wieder den Motordimensionen aus der Zeit des 24/100/140-PS-Typs, wenngleich man mit dem Hubraum von 5660 ccm noch nicht an den SSK heranreichte.

Die auf 39 mm vergrößerten Ventile wiesen einen weiteren Sitzwinkel auf, sie hingen nun in einem Winkel von 70 Grad zueinander im Zylinderkopf. Die Ventilschäfte waren nach wie vor hohl ausgeführt, denn man füllte sie auch hier aus Kühlungsgründen wieder mit Soda oder Quecksilber. Im Unterschied zu früheren Ausführungen waren die Schäfte mit festen Kappen ausgestattet, die Füllung wurde am Ventilteller eingegeben und versiegelt. Diese Konzeption stammte aus der parallel verlaufenden und größtenteils unter der Leitung von Fritz Nallinger stehenden Flugmotoren-Entwicklung bei Daimler-Benz. Die Steuerzeiten waren vor allem einlaßseitig länger geworden: Einlaß öffnete bei 15° vor OT, Auslaß öffnete bei 30° vor UT, Einlaß schloß bei 42° nach UT, Auslaß schloß bei 3° nach OT. Die Konstruktion der Zylinder beließ man unverändert, man zog jedoch die beim ME 25 aufgetretenen Schwächen in Betracht. Die Verdichtung wurde auf 8,9:1 erhöht, zum Ende der Saison ging man sogar auf 9,4:1. In der oberen Hälfte des Motors hielt man sich im großen und ganzen an das Vorbild der M 25-Reihe. Jedoch wurden einige Verbesserungen im Detail vorgenommen. Man hielt sich dabei an die am 4. September 1936 von Georg Scheerer aufgestellte „Wunschliste". So hatte man zum Beispiel die Befestigungsschrauben für die Deckel der Nockengehäuse von der Mitte an den Rand versetzt, nachdem gerade hier wiederholt Ölnebel registriert worden war. Dies war in Tripolis 1936 sogar die Ursache für eine Sichtbehinderung der Fahrer gewesen.

Scheerer hatte auch stärkere Pleuel gefordert, die nun Teil eines überarbeiteten Kurbeltriebs wurden. Man dachte dabei auch wieder an die Verwendung einer zusammengesetzten Hirth-Welle. Eine derartige Welle ließ man im November 1936 zwölf Stunden lang in einem ME 25 auf dem Prüfstand

laufen. Erst nach weiteren 450 km Autobahn-Testfahrten konnte man den Bruch einer einzelnen Verbindungsschraube feststellen. Die Firma Hirth wurde daraufhin mit der Lieferung von sechs Kurbelwellen komplett mit Pleueln für die mit neuen Hauptlagern ausgestatteten Motoren beauftragt. Dennoch sollten die Hirth-Wellen nicht zu einem Renneinsatz gelangen. Ein Grund hierfür war die geringere Verdrehfestigkeit gegenüber der einteiligen Welle, der Unterschied belief sich immerhin auf 13 Prozent.
Die Abmessungen im Kurbelbetrieb glichen wiederum denen des ME 25, natürlich mit Ausnahme des Hubzapfen-Abstands. Man sah sowohl eine Ausführung mit fünf Hauptlagern als auch eine mit neun Lagerstellen vor. Mit Erstaunen stellte man fest, daß der Gewichtsunterschied lediglich 500 g ausmachte. Das Kurbelgehäuse war nämlich schwerer, die Welle aber leichter als bei der Fünflager-Version. Selbstverständlich entschied man sich daraufhin am M 125 neun Kurbelwellenlager zu verwenden. Im April 1937 sah man sich während der abschließenden Testfahrten in Monza zu einer letzten Änderung an der Kurbelwelle gezwungen, als am Lagersitz eines Pleuellagers Risse auftraten. Man vergrößerte den Durchmesser der Hubzapfen auf nunmehr 66 mm und verstärkte auch die Kurbelwangen. Doch diese Kurbelwellen standen der Rennabteilung nicht vor Anfang Juli zur Verfügung. Schon vorher hatte man die Lagerung des Pleuelfußes verbreitert und mit einem doppelreihigen Rollenlager versehen, wobei die Rollen 8 mm im Durchmesser maßen und 10 mm breit waren. An der Kurbelwelle verwendete man einreihige Hauptlager mit 10 mm starken Rollen, die je nach Lagerbreite bis zu 18 mm maßen. Den anfangs 24 mm starken Kolbenbolzen vergrößerte man im Verlauf der Saison um 1 mm. Die großen geschmiedeten Mahle-Leichtmetallkolben wogen exakt 500 g. Und das Gesamtgewicht dieses mächtigen Motors, komplett mit Druckvergasern und dem 250-mm-Lader, betrug 223 kg.
Bezüglich einer hohen Leistungsausbeute hatte man schon seit den im September 1936 von Georg Scheerer durchgeführten Kompressor-Versuchen keine Bedenken mehr. Scheerer hatte eine neuartige Saugvergaser-Anordnung ausprobiert. Dieses System, bei dem der Lader von dem vor ihm sitzenden Vergaser mit dem Kraftstoff-Luft-Gemisch versorgt wird und dieses direkt in die Einlaßkanäle drückt, war bei Alfa Romeo und Auto Union von vorneherein angewendet worden. In Untertürkheim indessen war man stets beim Druckvergaser-Prinzip geblieben, denn man konnte sich noch gut an die schlechten Beschleunigungseigenschaften des Zweiliter-Achtzylinders erinnern, bei dem Ferdinand Porsche das Saugprinzip vorgesehen hatte. Und man hatte natürlich eine weitreichende Erfahrungszeit mit diesem Konzept vorzuweisen. Scheerers Versuche hatten nun jedoch unbestreitbare Vorteile erbracht. Er hatte seine Vergleiche mit einem Motor vom Typ M 25B durchgeführt, der mit einem 220-mm-Lader aus dem AB-Typ ausgestattet worden war. Eineinhalb Stunden nach den Prüfstandsläufen mit Saugvergasern („nasse“ Kompressoraufladung) führte er Vergleichsmessungen mit dem nunmehr in den Ursprungszustand („trockener“ Lader) zurückversetzten Motor durch. Der Ladedruck an der Druckvergaser-Version betrug 0,38 at, bei der Saugvergaser-Anordnung erreichte man 0,65 at. Der Leistungszuwachs betrug schon bei 2000 U/min stolze 17 Prozent. Scheerer führte die Ursache für die bessere Leistungsausbeute auf das durch den Treibstoffdurchfluß möglich gewordene geringere Laufspiel des Laders zurück.
Der unermüdliche Motorenspezialist ging in seinen Versuchen noch einen Schritt weiter, indem er einen Motor der letzten ME 25-Ausführung ebenfalls umbaute. Er ordnete dabei zwei 54 mm-Solex-Vergaser vor dem Kompressor an. In dieser Konzeption stellte der Versuchsmotor das Vorbild für den M 125 dar. Im Teillastbereich war der Zuwachs drastisch: er belief sich auf 32 Prozent bei einer Drehzahl von 2000 U/min. Doch auch bei 5800 Umdrehungen stiegen die Angaben noch um 11 Prozent, die Spitzenleistung betrug 488 PS bei 5500 U/min. Große Beachtung wurde dabei der Abstimmung geschenkt, denn die größere PS-Leistung sollte nicht zulasten eines verschlechterten Ansprechens auf Drehzahländerungen gehen. Ausgehend von den erreichten Ergebnissen versprach sich Georg Scheerer für den hubraumstärkeren M 125 eine zu erwartende Leistungsabgabe von 585 PS, mit Alkoholtreibstoff sollten es sogar 597 PS werden. Die Vermutungen sollten sich auch tatsächlich bestätigen, jedoch war der Weg dahin nicht so einfach, wie man zunächst glaubte.
Eine Leistungsmessung des ersten auf den Prüfstand gebrachten M 125 hatte Mitte Februar in der Tat 580 PS bei 5800 U/min ergeben. Außerdem lagen die Werte im mittleren Drehzahlbereich sogar noch günstiger als vermutet. Zur selben Zeit jedoch trafen beunruhigende Neuigkeiten von den Fahrversuchen in Monza ein. Der auf Saugvergaser umgestellte ME 25 im neuen Fahrgestell reagierte sehr unwillig auf die Gaspedalbewegungen. Besonders bemerkbar machte sich dieses Verhalten bei den Schaltvorgängen, wozu Max Sailer folgendes bemerkte: „Wenn man nach dem Hinaufschalten wieder aufs Gas geht, dauert es eine ganze Weile, bis der Motor die vergrößerte Menge des Druckgemisches annimmt. Er zieht dann jedoch gewaltig an.“
Im März hatte man endlich den ersten M 125 im W 125-Fahrgestell zur Verfügung, wobei hier schon die Gemischaufbereitung einigen Verbesserungen unterzogen worden war. Auf dem Prüfstand war man mit dem Verhalten des Aggregats sehr zufrieden gewesen, auf der Strecke jedoch lagen die Dinge anders, ja es wurde sogar eine Verschlechterung festgestellt. Der anwesende

Oben: Der überstarke W 125 erforderte einiges Fahrkönnen. Zu dem in der Saison 1937 perfekt abgestimmten Fahrwerk kam ein Motor, der auf dem Prüfstand bereits weit über 600 PS leistete.

Rechts: Start in Donington zum letzten Rennen nach der 750-kg-Formel.

Vergaser-Techniker von der Firma Solex, Ingenieur Wandschneider, mußte dies mit großem Bedauern zur Kenntnis nehmen. Erst bei drastisch verringertem Querschnitt der Vergaser-Mischrohre sprach der Motor einigermaßen sauber auf die Vollgas-Stellung an. Ein kurzer Zwischengasstoß beim Herunterschalten ließ sich jedoch damit auch nicht ermöglichen. Es blieb nach diesen enttäuschend verlaufenen Tests nichts anderes übrig, als zu Beginn der Saison wieder auf das bewährte Druckvergaser-Prinzip zurückzugreifen. Mit der anderen Lader-Anordnung mußte man erst Erfahrungen sammeln, um einen zuverlässigen Einsatz gewährleisten zu können.

Dieser Rückschritt brachte in bezug auf die Höchstleistung nur einen geringschätzigen Verlust von 5 bis 10 PS, dafür fehlte es aber bei niedrigeren Drehzahlen um einiges am Drehmoment. Im Juni 1937 führte man an einem Rennaggregat erneut Vergleichsmessungen zwischen beiden Aufladungssystemen durch und kam dabei auf die folgenden Werte:

	Motor-drehzahl	Ladedruck (im Einlaß-kanal)	Leistung	Dreh-moment
Druckvergaser	3000 U/min	0,44 at	316 PS	76 mkp
	5800 U/min	0,94 at	550 PS	69 mkp
Saugvergaser	3000 U/min	0,72 at	361 PS	87 mkp
	5800 U/min	0,79 at	556 PS	70 mkp

Bei der Druckvergaser-Anordnung kamen Einlaßkrümmer mit einem Durchmesser von 39 mm zum Einsatz.

Auf der Suche nach einem besser funktionierenden Saugvergaser griff die Konstruktionsabteilung nun auf die Konstruktion M 218 zurück. Man erinnerte sich an den Vergaser des Zweiliter-Achtzylinders, der den unterdruckgesteuerten Luftschieber eingebaut hatte. Bei der Konstruktion des neuen Vergasers hielt man sich an dessen Vorbild und schuf ein Instrument mit zwei 62-mm-Mischkammern und 48-mm-Luftschiebern. Vom Lader zu den Einlaßkanälen führte ein zweiteiliges Sammlerrohr, das für die hinteren Zylinder einen engeren Durchlaß als für die vorderen aufwieß – 57 mm bzw. 70 mm. Doch ein Problem an der Versorgung der einzelnen Zylinder bereitete den Technikern am M 125 noch Sorgen. Die beiden letzten Zylinder wiesen nämlich stets nasse Zündkerzen auf. Man verwendete aus diesem Grund dort auch solche mit einem niedrigeren Wärmewert (420) als an den anderen Zylindern, wo normalerweise Bosch 450er eingesetzt wurden. Scheerer erkannte, daß das Gemisch, bis es zu den letzten beiden Zylindern gelangte, sich bereits wieder zu verflüssigen begann. Er baute deshalb an dieser Stelle eine Rücklaufleitung an, die den übrigbleibenden Kraftstoff zurück in den Kompressor fließen ließ. Das Laufspiel des Laders konnte auf diese Weise auch weiter verringert werden.

Das Eifelrennen hatte für Mercedes schon öfters als erster Einsatztest neuer Konstruktionen gedient. So war am 13. Juni 1937 das Premierenrennen für den W 125 mit einem Saugvergaser-Kompressormotor. Nur ein einziger Wagen war mit diesem System ausgerüstet, und dieser wurde von dem Neuling in der Mercedes Mannschaft, Christian Kautz, gefahren. Er belegte am Ende damit den neunten Rang. Die Beobachter erwarteten von diesem jungen Mann keine Wunderdinge, und so war es ihnen auch entgangen, daß nur Überhitzungsprobleme des Motors ihn von einer wesentlich besseren Plazierung abgehalten hatten. Die an diesen Aggregaten schon im Versuch vereinzelt aufgetretenen Schwierigkeiten wurden bei Testfahren auf der Autobahn und auf dem Nürburgring später durch eine Vergrößerung des Kühlergrills behoben.

Für den am 5. Juli in New York stattfindenden Vanderbilt-Cup bekam ein weiterer neuer Mann im Mercedes-Team einen Saugvergaser-Typ anvertraut. Der talentierte Engländer Dick Seaman hatte für Mercedes in Tripolis bei seinem ersten Einsatz einen siebten Rang herausgefahren und wurde dann in New York Zweiter. Durch die neue Vergaseranordnung war das Überdruckventil am Einlaßkrümmer weggefallen und damit auch der charakteristische Heulton beim Gaswegnehmen. Seaman war darüber gar nicht unglücklich: „Ich empfand dies sowieso als äußerst lästig.“

Die andere Gruppe der zweigeteilten Rennmannschaft hatte zum gleichzeitig stattfindenden Großen Preis von Belgien ebenfalls alle nötigen Umrüstteile der Saugvergaser-Version mitgenommen, ohne sie jedoch beim Rennen einzusetzen. Seamans Erfolg in den USA hatte die Untertürkheimer dazu bewogen, für den Großen Preis am 25. Juli auf dem Nürburgring alle Wagen mit Saugvergasern auszustatten. Bei diesem wichtigsten Rennen des Jahres sahen alle Beteiligten nun die wohlverdienten Früchte ihrer Arbeit. Über ein Jahr hatte man nun an der Neuentwicklung eines der Konkurrenz wieder überlegenen Wagens gearbeitet, dabei hatte es diesesmal eines großen Aufwandes an langen und komplizierten Entwicklungs- und Testreihen bedurft. Man hatte buchstäblich Tausende von Versuchs-Kilometern auf dem Weg zu einem neuen Erfolgskonzept zurückgelegt. Am Nürburgring kamen von fünf gestarteten Mercedes vier ins Ziel, zwei davon an der Spitze des Feldes.

Zu Saisonbeginn in Tripolis, wo der Sieger zum erstenmal Hermann Lang geheißen hatte, wogen die Wagen bei der Abnahme 744 kg. Im Juni jedoch hatten sie 8 kg Übergewicht. Aus diesem Grund wurden die beabsichtigten Verstärkungen am vorderen Ende des Rahmens nicht angebracht, darüber hinaus Gewichtseinsparungen an den Bremsen, Stoßdämpfern und Fahrersitzen durchgeführt. Die Lenkhebel an den Vorderrädern fertigte man nunmehr ebenfalls aus Dural. Bei Gewichtsproblemen wandte man sich stets zuerst den Bremstrommeln und den Stoßdämpfern zu. Zu dem geforderten Abnahmegewicht kamen noch 14 Liter Öl, 240 Liter Kraftstoff sowie die Kühlflüssigkeit und Reifen der Dimensionen 5,25 × 19 vorne und 7,00 × 19 hinten. Für extrem schnelle Kurse standen auch Hinterräder mit 22 Zoll Durchmesser zur Verfügung. Das Startgewicht des Wagens belief sich damit auf 1020 kg. In den Chassis-Abmessungen glich der W 125 seinem Vorgänger, er hatte einen Radstand von 2800 mm und die Spur war vorne mit 1470 mm breiter als hinten (1410 mm).

Wie üblich standen für den Renneinsatz verschiedene Übersetzungen am Differential und auch in der Getriebeabstufung zur Verfügung. So wurden zum Beispiel bei den Testfahrten in Monza folgende Übersetzungen eingebaut: die Gesamtübersetzung an der Hinterachse betrug 3,43:1, die Getriebeabstufungen lautete 2,13/1,37/1,18 und 0,94:1. Damit ergaben sich für die einzelnen Gänge bei 5500 U/min Geschwindigkeiten von 141/219/254 und 318 km/h. Die längste Übersetzung für die Grand-Prix-Wagen wurde auf der Avus verwendet, wo man bei 5500 U/min im vierten Gang 338 km/h erreichen konnte.

Der Doppelsieg auf dem Nürburgring stellte den Auftakt zu einer triumphalen Erfolgsserie für Mercedes dar. Schon beim nächsten Grand Prix in Monte Carlo gab es einen Dreifach-Sieg, gefolgt von einem zweiten Platz in Pescara. In Bern belegte das Mercedes-Team erneut die ersten drei Plätze, in Livorno die ersten zwei sowie den ersten, zweiten und vierten Rang auf dem Masaryk-Ring bei Brünn. Wie in jedem Jahr, gehörte der letzte Sieg in der Saison der Auto Union, aber Mercedes stand mit einem zweiten und einem dritten Platz nicht nach. In diesem letzten Jahr der 750-kg-Formel hatte sich von der zweiten Hälfte an der Mercedes W 125 mit aller Deutlichkeit als bester Rennwagen der Welt über die Konkurrenz hinausheben können. Man hatte mit der PS-Ausbeute neue Maßstäbe gesetzt, die Auto Union und Alfa Romeo konnten hier mit 520 und 432 PS nicht mehr mithalten. Die letzten M 125-Aggregate aus Scheerers Motorenabteilung hatten auf den Prüfständen zwischen 550 und 575 PS geleistet, mit Alkohol-Gemisch waren es sogar 580 bis 610 PS gewesen. Diese Kraft konnte nur im zweiten Gang – vorausgesetzt, es wurde ein langer erster verwendet – bei Vollgas ganz auf den Boden gebracht werden. Mit dem in der Tat beeindruckenden Leistungsvermögen der Achtzylinder hatte Mercedes-Benz wieder einmal unter Beweis gestellt, daß man auf dem Gebiet des Automobilsports zu hohen Leistungen fähig war, wenn auch die Firma schon ein gewisses Alter vorzuweisen hatte...

„Und wieder zog sich die Straße zu einem schmalen weißen Band zusammen, die Unterführungen schienen nur kleine schwarze Löcher zu sein. Bei der Geschwindigkeit, mit der ich sie durchfuhr, mußte ich sehr exakt lenken. Doch noch bevor das Gehirn überhaupt die notwendige Handlung erkannt hatte, war der Wagen bereits vorbeigerast."
Rudolf Caracciola

Mercedes Rekordwagen

Die Auto Union hatte mit der Rekordfahrerei begonnen. Diese Sparte des Motorsports war bisher eigentlich Briten, Franzosen, Italienern und auch Amerikanern vorbehalten. In den ersten vier Jahrzehnten organisierter automobilistischer Wettkämpfe erschienen überraschend wenig deutsche Namen, weder Wagen noch Fahrer, in den Rekordlisten. Zwar hatten Mercedes und Benz jeweils ihre Höhepunkte in diesem Geschehen zu verzeichnen gehabt, das war jedoch lange her und schon weitgehend in Vergessenheit geraten. Und nun war da im Jahre 1934 ein vollkommener Neuling, nicht nur im Sportgeschehen, sondern auch in der Automobilbranche allgemein, ins Blickfeld getreten. Die Auto Union hatte in diesem Jahr einen der höchstangesehenen Bestwerte, nämlich den Stunden-Weltrekord, verbessern können. Man hatte dafür den neuen Grand Prix-Wagen eingesetzt und konnte noch vor der öffentlichen Vorstellung des künftigen Konkurrenten aus Untertürkheim einen aufsehenerregenden Erfolg vorweisen. Damit hatte die Auto Union den Zweikampf eröffnet.

Ende 1934 verschob Rudolf Caracciola jedoch das Gleichgewicht wieder zugunsten des etablierten Mercedes-Teams, als er in Gyon in Ungarn und auf der Avus einige Rekorde fuhr. Bei den Machthabern des Dritten Reiches betrachtete man den Wettstreit mit großem Wohlwollen, denn man war daran interessiert, auf allen Gebieten der Welt zu zeigen, daß mit dem neuerstarkten Deutschen Reich eine Großmacht auf den Plan getreten war, mit der von nun an zu rechnen war. In diese Zeit fielen auch die umstrittenen Olympischen Spiele von Berlin (1936) und die Erringung des Höchstgeschwindigkeitsweltrekords für Flugzeuge. Dieser wurde am 11. November 1937 von einer Messerschmitt Bf 109 errungen, die von einem Daimler-Benz-Motor angetrieben wurde.

Wie auch alle anderen Bereiche des Motorsports, waren die Rekordfahrten Angelegenheit des NSKK unter der Leitung von Korpsführer Hühnlein. In Hitlers totalitärem Staat war an die Stelle der traditionellen Renn-Veranstalter, der Automobilclubs, eine neue, ebenfalls Hühnlein unterstellte Organisation getreten. Diese Oberste Nationale Sportbehörde (ONS) wurde 1936 vom internationalen Verband A.I.A.C.R. als Veranstalter und Aufsicht von Rekordversuchen anerkannt. Am Anfang konnte die ONS lediglich Verwaltungsaufgaben erfüllen, denn es gab innerhalb Deutschlands keine Möglichkeit, Geschwindigkeitsweltrekorde zu fahren. 1937 fand zwar auf der Avus das schnellste Rennen der Welt statt, aber auf dieser Strecke konnte man keine Rekordversuche abhalten, da sie ein Gefälle von drei Prozent aufwies und die erlaubte Toleranz von einem Prozent überschritt. Doch dann kam man auf die gerade entstehenden Autobahnen; diese vierspurigen Schnellstraßen galten als neue europäische Meisterwerke in ihrer Anlage und Linienführung. Hühnlein hieß den Gedanken an Geschwindigkeitsweltrekorde als würdige Eröffnung auf diesen Betonbahnen willkommen: Man würde wieder einmal die Nachbarn in Europa in Erstaunen versetzen und ein wenig einschüchtern können...

Die Herausforderung, auf den Autobahnen Geschwindigkeitsweltrekorde zu fahren, wurde von den Technikern angenommen. Diese Leute, die sich zumeist noch gut an den Blitzen-Benz erinnern konnten oder an diesem Unternehmen sogar beteiligt gewesen waren, sahen hierin eine neue große Aufgabe. Wie auch damals wurden die hohen Geschwindigkeiten mit einem auf den Grand-Prix-Sport zurückgehenden Motor erreicht. Der DAB V12 sollte jenen Mercedes-Benz antreiben, der die höchste jemals in Europa gefahrene Geschwindigkeit erreichte. Der Zwölfzylinder war mit 300 kg für einen Grand-Prix-Wagen der 750 kg-Formel zu schwer geraten, für Rekordfahrten schien er jedoch das nötige Potential zu besitzen. Im Hubraum kam ihm 1937 der M 125-Achtzylinder nahe, doch die Leistung von zum Schluß über 700 PS blieb unterreicht. Der DAB war damit der stärkste jemals von Daimler-Benz gebaute Automobilmotor. In den Abmessungen blieb man bei 82 × 88 mm für Bohrung und Hub und damit bei 5577 ccm. Es gab keine Gelegenheit, wo man in der Klasse C hätte starten müssen, und deshalb unterblieb auch eine 4980-ccm-Version, bei der man heruntergebüchste Zylinder des A-Typs verwendet hätte (77,5 × 88 mm).

Für den DAB hatte man die geschmiedeten Stahlzylinder aus dem M 25 B verwendet. Im aufgeschweißten Kopf hingen vier Ventile mit je 35,5 mm Durchmesser in einem Winkel von 60 Grad. Derselbe Winkel wurde auch beim Abstand der beiden Zylinderreihen verwendet, welche aus je zwei Dreierblöcken bestanden. Am Ventiltrieb wurde nichts geändert. Die Alu-Nockengehäuse trugen wieder je vier Nockenwellenlager und mit den durchgehenden Stehbolzen wurden die Zylinderblöcke auf dem Kurbelgehäuse befestigt. An der Motorrückseite mußte natürlich der Stirnradantrieb entsprechend geändert werden, denn nun waren ja vier Nockenwellen anzutreiben. Die Antriebe für Zündmagnet und Drehzahlmesser wurden ebenfalls hier abgenommen. Das geradseitige Kurbelgehäuse aus Aluminium nahm die Zylinderblöcke auf und reichte nach unten 89 mm über die Kurbelwellenmitte hinaus. Die unteren Kappen an den sieben Hauptlager-Sitzen waren sowohl querverschraubt als auch mit zwei senkrechten Bolzen versehen. Der Hauptlager-Durchmesser wurde mit 63 mm von den A- und B-Versionen des M 25 übernommen, lediglich das vordere Lager war etwas kleiner. Die Hubzapfen waren gegenüber den Achtzylindern um 2 mm auf nunmehr 55 mm vergrößert worden. Sie waren 59 mm breit und trugen eine für Rennmotoren mit V-Zylinderabstand ungewöhnliche Pleuelanordnung. Wie bei den gleichzeitig entstandenen Daimler-Benz-Flugmotoren hatte man beim DAB Doppelpleuel vorgesehen. Die Zylinder waren einander gegenüber angebracht, ohne

Im Jahre 1936 präsentierte Mercedes einen extra für Rekordfahrten gebauten Stromlinienwagen. Das Chassis basierte auf dem des Grand-Prix-Wagens. Bei dem Antriebsaggregat handelte es sich um den ursprünglich als Ablösung des Achtzylinders gedachten DAB V12 mit 5577 ccm Hubraum.

Unten: Schnittzeichnung des V12, dessen Zylinderreihen von den M 25-Achtzylindern übernommen worden waren.

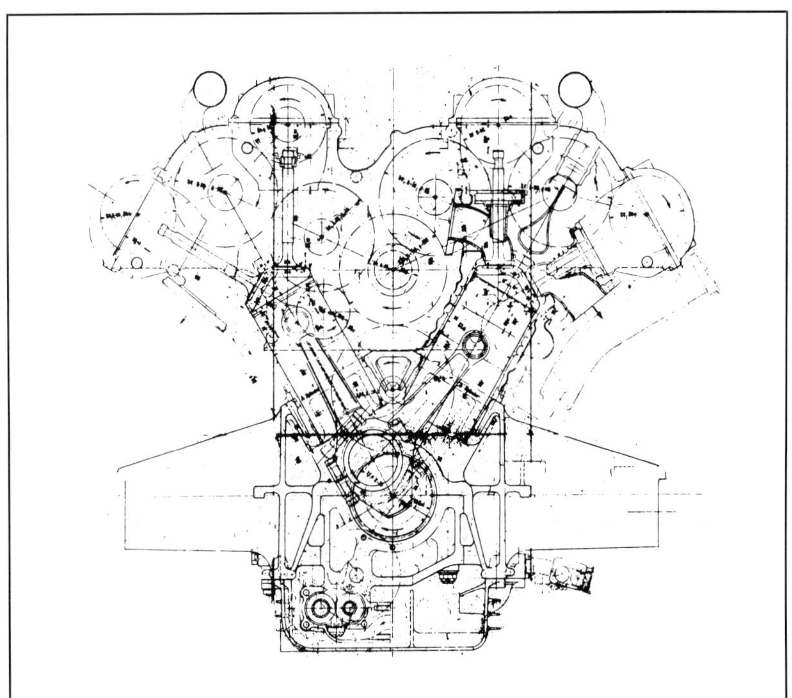

wie allgemein üblich seitlich versetzt zu sein. Für die linke Zylinderreihe wurden herkömmliche Pleuel mit einem doppelreihigen Rollenlager (8-mm-Rollen) verwendet. Die Kolben in der rechten Zylinderreihe wurden mit speziellen Pleueln bewegt. Diese hatten einen gegabelten Fuß, der über den Fuß des anderen Pleuels gesteckt wurde und beidseitig davon auf jeweils einem Rollenlager lief. Beide Pleuel wiesen einen Augen-Mittenabstand von 171 mm auf; die Pleuelfüße waren an den Teilflächen fein verzahnt und mit jeweils vier Bolzen verschraubt.
Die Ölpumpen befanden sich im rechten hinteren Eck der tiefverrippten Wanne und wurden über einen Zahnradsatz angetrieben. Ein Kegelrad-Paar an der Motorstirnseite trieb die Graetzin-Benzinpumpe mit ihrem Daimler-Benz-Druckregler an und auch die links davon sitzende Wasserpumpe. Über ein gegabeltes Verteilerrohr wurde das Kühlwasser von oben in die Zylinderblöcke geleitet. Eine hohle Welle als Verlängerung der Kurbelwelle trieb die beiden Kompressoren an, die über Kegelräder im Eingriff standen und in einem Drehzahlverhältnis von 2:1 zueinander liefen. An der Antriebswelle liefen mehrere starke Schraubenfedern auf, die als Ruckdämpfer bei Drehzahlwechseln fungierten. Die beiden Roots-Gebläse standen ebenfalls im V zueinander, das rechte war entsprechend der Zylinderreihe um 30 Grad geneigt, das linke jedoch um 32,5 Grad, um mehr Platz für die Anbringung zu haben. Durch die gemeinsam angetriebenen Kegelräder drehten sich die Lader gegeneinander. Dieser Effekt war jedoch erwünscht, da sie die eingesaugte und verdichtete Luft in eine in der Mitte liegende gemeinsame Druckleitung abgaben. Pro Zylinderreihe wurde ein Daimler-Benz-Doppel-

Rechts: Der DAB V12 mit den charakteristischen vier Druckrohren auf den beiden Doppelvergasern.

Unten: Stirnseite des DAB-Aggregats mit den V-förmig zueinander stehenden Kompressoren.

Unten: Die Montage der Rohkarosse in ihrer zweiten Ausführung mit integrierten hinteren Radabdeckungen (1937). Die große Kühleröffnung läßt auf einen Avus-Wagen schließen.

Unten: Hinterachsanordnung des Rekordwagens. Die De Dion-Achse wurde hier mit einem nach hinten reichenden Gestänge verankert, außerdem hatte man zwei querliegende Auslegerfedern angeordnet.

vergaser verwendet. Die Drehflügel-Auslegung wurde von den Achtzylindertypen beibehalten, für den geplanten Fünfliter-DA-Typ hätte man eine Rotorlänge von 160 mm vorgesehen gehabt, am DAB verwendete man 180 mm lange Drehflügel.

Für die ersten Versuchsfahrten hatte man den Zwölfzylinder in ein normales W 25-Chassis eingebaut; dies bereitete keine großen Schwierigkeiten, zumal man auch an diesem Aggregat wieder die hinteren Motorhalterungen als Ausleger am Kurbelhaus angegossen hatte. Während einer Probefahrt auf einem neuen Autobahnteilstück bei Echterdingen, südlich von Stuttgart, wurde der neue Motor durch Überdrehen schwer beschädigt. Da man ursprünglich an den Bau von zehn Aggregaten gedacht hatte, waren glücklicherweise genügend Ersatzteile vorhanden, so daß man lediglich Zeit benötigte, um einen neuen Motor zusammenzustellen. Man wollte unbedingt noch im Jahre 1936 einige Rekorde in der Klasse B – das heißt in der Hubraumklasse von 5000 bis 8000 ccm – brechen, denn damit hätte man den nachteili-

gen Eindruck in der Öffentlichkeit über eine verunglückte Rennsaison wenigstens etwas korrigieren können.
Im September hatte Willy Zimmers Monteursmannschaft einen weiteren DAB V12 fertiggestellt. Mitte Oktober konnte Georg Scheerer seine Prüfstandsversuche als abgeschlossen melden und folgende Daten übermitteln: Das Verdichtungsverhältnis betrug 9:1. Die Höchstleistung hatte er mit 616 PS bei 5800 U/min ermittelt. Der Ladedruck belief sich am Kompressorausgang auf 1,28 at und 1,05 at an den am weitesten entfernten Einlaßventilen. Erstaunliche Werte hatte man für den Drehmomentverlauf erreicht: In einem Bereich von 3000 bis 5000 U/min kam man auf 87 mkp und mehr. Bei all diesen Messungen wurde Alkohol-Treibstoff verwendet, denn bei den Rekordfahrten zählte nur die Höchstleistung und nicht der exzessive Kraftstoffverbrauch.
Für den Rekordwagen wählte man ein normales Grand-Prix-Wagen-Chassis aus der abgelaufenen Saison und versah es mit einer vollständig geschlossenen Stromlinien-Karosserie. Ohne Treibstoff kam das Fahrzeug damit auf ein Gewicht von 1026 kg, wobei die Gewichtsverteilung mit 51 Prozent auf den Hinterräder und 49 Prozent auf den vorderen gut gelungen war. Man beabsichtigte, Weltrekorde in der Klasse B über Distanzen von zehn Kilometern bis zu einer Stunde zu erringen. Der Antrieb wurde so übersetzt, daß man in den einzelnen Gängen bei 5500 Touren auf Geschwindigkeiten von 155/242/298 und 368 km/h kam. Dabei waren Hinterräder der Dimension 7,00 × 22 vorgesehen. Mit 19-Zoll-Rädern und einem zusätzlichen Zahn an der Übersetzung des vierten Ganges konnte man über die kürzeren Distanzen 387 km/h erreichen, das jedoch nur bei einer riskanteren Drehzahl von 6000 U/min.
Die größte Neuerung am ganzen Wagen war zweifellos die Karosserie. Bis zu jener Zeit hatte es noch kaum einen Wagen gegeben, bei dem die Räder voll in eine flache Stromlinienkarosserie mit einbezogen waren. Bei keinem der vorausgegangenen Versuche war das Fahrzeug indessen fertiggestellt, geschweige denn mit hohen Geschwindigkeiten gefahren worden. Der absolute Geschwindigkeitsweltrekord befand sich damals in den Händen von Malcolm Campbell, der in seinem Wagen mit verkleideten, aber freistehenden Rädern 484,6 km/h gefahren war. Erst Ende 1937 begannen George Eyston und John Cobb ihre Weltrekord-Zweikämpfe auf dem Salzsee in Bonneville mit Vollstromlinien-Karosserien. Bei diesen Entwicklungen stellte der Mercedes-Rekordwagen von 1936 in der Tat einen gewaltigen Fortschritt dar.
Im Windkanal der Zeppelin-Werft in Friedrichshafen, wo auch vorher schon einige Versuche in der Aerodynamik an Automobilen durchgeführt worden waren, untersuchte man am 1. und 2. Oktober die neue Karosserie. Das Fahrzeug wurde unter der Aufsicht von Ing. Schirmer an vier 2 mm starken Stahldrähten aufgehängt und mit einer Windgeschwindigkeit von 155 km/h angeblasen. Zu diesem Zeitpunkt wies die Karosserie indessen noch nicht die völlig geschlossene Form auf, denn die Oberseiten der Hinterräder ragten noch aus der hinten abfallenden Karosserie heraus. In dieser Ausführung wies der Wagen eine Stirnfläche von 1,43 m^2 und einen Luftwiderstands-Beiwert c_w 0,235 auf. Dazu hatte man auch eine gewölbte Windschutzscheibe verwendet, denn die vorher bei den Probefahrten aufgebaute gerade, nach hinten geneigte Scheibe hatte den c_w-Wert auf 0,252 verschlechtert. Erstaunlich geringe Auswirkungen hingegen erbrachte die alternative Verwendung von Abdeckungen für die Vorderräder. Die gesamte Wagenunterseite war ebenfalls verkleidet; die Abwärme vom Kühler sollte nach hinten oben austreten, genau vor dem Cockpit. Bei den Versuchen ergab sich, daß man die Kopfstütze mit der Mittelflosse um etwa eine Handbreit erhöhen und die Hinterräder doch einschließen sollte. Ebenfalls errechnete man den zu erwartenden Auftrieb an den Vorderrädern und kam dabei auf einen Wert von 217 kg bei einer Geschwindigkeit von 360 km/h, dies machte bereits die Hälfte der ganzen Vorderachs-Belastung aus.
„Falls es bei 360 km/h Probleme mit der Lenkung gibt, werden wir ein Bleigewicht einsetzen müssen," bemerkte Uhlenhaut dazu. Trotz des erhöhten Luftwiderstandes wurde das Cockpit bei den ersten Versuchen am 26. Oktober mit der geraden Scheibe bestückt. Diesmal war das ausersehene Autobahn-Teilstück offiziell von der ONS abgesperrt worden. Man benützte die Fahrbahn in Richtung Darmstadt, die von Frankfurt aus direkt am Flughafen vorbeiführte. Am Ende der Strecke hatte man eine Wendemöglichkeit geschaffen um – nach internationaler Vorschrift – die Zeit für Hin- und Rückfahrt stoppen zu können. Caracciola benötigte jeweils drei Kilometer Anfahrweg, und so richtete man die Meßabschnitte entsprechend danach ein.
Für die ersten drei Fahrten hatte man sowohl die seitlichen Verkleidungen für die Vorderräder als auch die Abdeckungen über den Hinterrädern weggelassen. Es traten hierbei Getriebe-Probleme auf, denn der vierte Gang sprang mehrere Male heraus. Für den vierten Versuch befestigte man schließlich Alu-Scheiben in den Rädern und brachte die Verkleidungen an. Damit erzielte Caracciola 357,2 km/h auf einen Kilometer und 362,0 km/h auf eine Meile, jeweils mit fliegendem Start. Schließlich montierte man noch die Abdeckungen für die Hinterräder und startete um 9.00 Uhr einen fünften Versuch. Das Ergebnis waren neue Rekorde in der Klasse B mit 364,3 km/h für den Kilometer und 366,8 km/h für die Meile. Damit war Caracciola auf einer normalen Verkehrsstraße fast genauso schnell gefahren wie der Weltrekordhalter des Jahres 1929 (Henry Segrave auf Napier: 372,5 km/h) auf der Sandpiste von Daytona. Man führte noch einen weiteren Rekordversuch durch und konnte dabei mit 340,5 km/h einen neuen Bestwert auch über 5 Kilometer aufstellen. Bei der Rückkunft des Wagens wurde er einigen Ausbesserungen unterzogen, da plötzlich auftretende Windböen beim vierten Start die Karosserie am Bug teilweise eingedrückt hatten. Das Getriebe wurde zerlegt und am Motor führte man Wartungsarbeiten durch. Doch an eine Fortsetzung der Rekordversuche war an diesem wie auch am folgenden Tag wegen auftretender Seitenwinde nicht mehr zu denken.
Am 11. November zog der Tross aus Untertürkheim erneut zur Autobahn Frankfurt-Darmstadt. Man hatte inzwischen das DAB-Aggregat zerlegt gehabt und Ventilschäden aufgrund des Überdrehens beim Herausspringen des vierten Ganges behoben. Außerdem hatte man die Motorleistung etwas zurückgenommen – auf 570 PS bei 5800 U/min –, um die Maschine für Rekordversuche über längere Distanzen standfester zu machen. Der erste Versuch wurde mit einem geschlossenen Cockpit unternommen, das sehr große Ähnlichkeit zu einer Flugzeugkanzel aufwies. Caracciola empfand diese jedoch als „unangenehm", und so wurde sie wieder entfernt. Man führte drei weitere Fahrten durch, damit sich Caracciola mit der Strecke vertraut machen konnte und auch, um zu Kontrollzwecken einige Luftaufnahmen anfertigen zu können. Auf der fünften Fahrt konnte Caracciola indessen gleich drei neue Rekorde auf einmal erringen: 334 km/h über 5 Meilen, 331,8 km/h über 10 Kilometer und 333,4 km/h über 10 Meilen. Letztere Bestleistung stellte über den Klassenrekord hinaus auch einen neuen Weltrekord dar.
Das Wetter verschlechterte sich, deshalb war an eine Fortsetzung des Unternehmens nicht zu denken. Am nächsten Tag hatte man die Übersetzung gewechselt und auch die 22-Zoll-Räder gegen 19zöllige getauscht, denn Caracciola beabsichtigte, seine zwei Jahre alte Bestmarke über die Meile mit stehendem Start zu verbessern. Es fiel ihm trotz der etwas zu kurz geratenen Endübersetzung leicht, auf eine Spitzengeschwindigkeit von 307,5 km/h zu kommen. Die, für die Anerkennung als neuer Weltrekord notwendige Fahrt in der Gegenrichtung konnte er jedoch wegen eines beim Ausrollen beschädigten Kompressors nicht mehr antreten. Damit war die Jagd nach Rekorden für das Daimler-Benz-Team in diesem Jahr zu Ende gegangen.
Auf der Rückfahrt während des 10-Meilen-Versuchs war erneut der vierte Gang herausgesprungen, wodurch die Drehzahl hochschnellte und wieder einige Ventile „auf den Warzen aufsaßen" – wie dies im Jargon der Monteure genannt wurde. Man hatte nämlich in die Kolbenböden kleine Kuppen

eingearbeitet, die bei einem eventuellen Kontakt mit dem Ventilteller größere Beschädigungen verhindern sollten. Es wurde dabei zwar das Ventil verbogen, was natürlich einen Leistungsabfall zur Folge hatte, aber nicht der Kolben, womit der Motor nach wie vor gut funktionsfähig blieb. Diesen oft vermeidbaren Beschädigungen des kostbaren Materials wollte Uhlenhaut auf andere Weise für immer entgehen. Er machte im Oktober 1936 den Vorschlag, einen Drehzahlbegrenzer anzubringen, der in der Primärwicklung des Magnets den Zündstrom unterbricht.

Einige neue Erfahrungen mit den hochdrehenden Mercedes-Motoren konnte man zu Beginn der Saison 1937 auch auf der Avus in Berlin sammeln. Aufgrund von Umbau-Maßnahmen hatte dort im Jahr zuvor kein Rennen stattgefunden. Man hatte eine Zufahrtsstraße zum nahegelegenen Ausstellungszentrum errichtet und als Ausgleich den Rennkurs mit einer Steilkurve versehen. Diese überhöhte Kurve war zu einer gewaltigen Attraktion geworden. Man hatte sie an einem 20 Meter hohen Erdwall entlanggeführt. Sie ersetzte damit die alte, flache Nordkurve; ihr Radius betrug an der Basis 100 Meter. Die Gesamtbreite der Fahrbahn betrug 22 Meter, wovon allein 12 Meter in einem Winkel von 43 Grad überhöht waren. Die Schräge verlief kontinuierlich, so daß die Wagen unten und oben fahren konnten. Die Fahrbahn war aus Klinkersteinen zusammengefügt worden, von denen es hieß, daß sie rutschsicher seien. Ende März 1937 war das Bauwerk fertig geworden, und die Fahrbahnoberfläche sowie die Trennfugen erwiesen sich als mustergültig ausgeführt. Am 28. April konnten die Mercedes-Fahrer zum ersten mal „Maß nehmen“. Für die zweitägigen Probefahrten standen ein Vorjahres-Grand-Prix-Wagen und ein neuer Stromlinienwagen in der Art des Rekordfahrzeuges, ebenfalls mit dem DAB V 12, zur Verfügung. Dieser Wagen sollte beim Avusrennen als „Hauptwaffe“ zum Einsatz kommen, was auch durch die Ausschreibung nach der „Freien Formel“, nach der das Gewichtslimit keine Gültigkeit hatte, möglich war. Zusätzlich beabsichtigte man, am 30. Mai noch zwei herkömmliche W 125 einzusetzen.

Die Karosserie des Avus-Wagens war vom Rekordwagen abgeleitet, wies aber doch einige Modifikationen auf. Die Linie der Motorhaube und Seitenteile war niedriger geworden, wodurch auch die Räder mit deutlicher gewölbten Abdeckungen versehen werden mußten. Die hinteren Radkastendeckel

Den ersten vollverkleideten Rennwagenaufbau testete Mercedes-Benz Ende April 1937 auf der Avus auf einem 1936er Chassis. Man verglich die Resultate mit denen einen konventionellen Monoposto.

waren nun nicht mehr aufgesetzt, sondern vielmehr Teil der Karosserie geworden. Die deutlicher ausgeprägte Frontpartie wurde mit einem kleinen Kühlergrill versehen und die seitlichen Radabdeckungen hatte man oben mit Scharnieren versehen, damit man sie beim Radwechsel nur hochzuklappen brauchte. Mit den Lüftungsschlitzen auf der Motorhaube und in den Seitenteilen sah der Wagen in der Tat sehr ungewöhnlich aus. George Monkhouse, der als Berichterstatter am Ort des Geschehens war, beschrieb den Stromlinien-Mercedes als „fantastisches Zukunftsautomobil".
In jenen späten Apriltagen gab es jedoch noch einiges zu tun. Caracciola und v. Brauchitsch beschwerten sich über die schwergängige Lenkung in der Steilkurve, doch sie gewöhnten sich bald an den geringen Nachlauf-Winkel von 9 Grad. Man benötigte auch eine Kühlluft-Zuführung auf die Auspuffrohre, um die auf das Cockpit einwirkende Hitze so gering wie möglich zu halten. Die Fahrer verlangten außerdem noch einen von innen zu betätigenden Mechanismus zum Öffnen der Cockpitabdeckung.
Wie stets bei den ersten Versuchsfahrten mit einem neuen Rennwagen, legte man großen Wert auf Caracciolas Urteil. Er bescheinigte dem Stromlinienwagen eine gute Straßenlage, beklagte sich aber über die Hitze im Cockpit. Doch es gab noch einige andere Probleme bei diesen Testfahrten zu verzeichnen. Im Besonderen ging es dabei um den hohen Reifenverschleiß, wovon vor allem der linke Hinterreifen, also der kurveninnere Pneu betroffen war. Am zweiten Tag beeinträchtigten Seitenwinde das Fahrverhalten des Wagens, woraufhin Caracciola sich besorgt erkundigte: „Was habt ihr denn mit dem Wagen gemacht? Er liegt nicht mehr richtig." Doch das größte Problem schien die Auto Union zu sein. Das Team aus Sachsen hatte einen seiner Sechzehnzylinder-Rennwagen ebenfalls mit einer aerodynamisch gestalteten Karosserie versehen und war damit auf Anhieb schneller als die Untertürkheimer. Darüber hinaus schien der Reifenverschleiß bei diesem Fahrzeug geringer zu sein. Mit den neuesten Reifen von Continental und einer Tankfül-

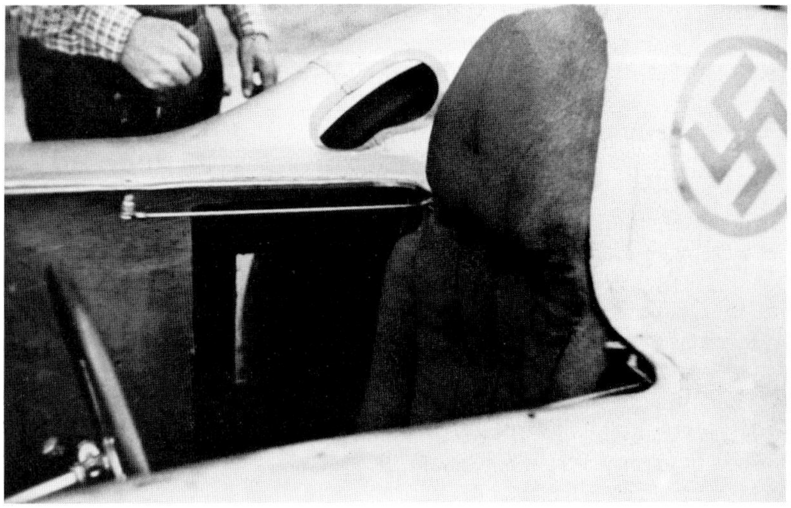

Oben: Aufgrund der auf der Avus zu erwartenden hohen Reifenbeanspruchung hatte man bei den Stromlinienwagen Sichtfenster zu den Hinterrädern eingebaut, eines unten an der Cockpit-Seitenwand und das andere oben an der Radabdeckung.
Links: Der „Silberpfeil" beim Training in der Avus-Steilkurve.

Unten: Noch einmal der Versuchswagen mit der seitlichen Auspuff-Öffnung und Abdeckscheiben an den Hinterrädern.

lung mit Alkohol-Treibstoff begab sich v. Brauchitsch zu einem abschließenden Höchstgeschwindigkeitstest auf den Kurs. Er erreichte einen Rundenschnitt von 278 km/h, aber nach vier Runden waren die Reifen nicht mehr brauchbar.
Jakob Krauss überwachte die Testfahrten, wobei ihn der um einiges schwerer gewordene Stromlinienwagen – er wog mit dem eingebauten Wagenheber-System nun schon 1127 kg – zu neuen Überlegungen anregte. Man wollte alle Möglichkeiten ausschöpfen und änderte deshalb die vorgesehene Fahrzeugauswahl noch einmal ab. Da für das Avusrennen die 750-kg-Formel keine Gültigkeit hatte, konnte man hier auch verschiedene andere Wagen, wie eben die Stromlinientypen, an den Start bringen. Den erprobten vollverkleideten Wagen mit dem DAB V12-Zylinder sollte Manfred Brauchitsch fahren, für Dick Seaman bereitete man einen Grand-Prix-Wagen vom Typ W 125 vor. Die anderen Mitglieder der Streitmacht wurden indessen mit ganz speziellen Fahrzeugen ausgestattet. Für Carracciola baute man ein neues Fahrgestell nach dem Vorbild des W 125, jedoch mit verlängerten Front- und Heckpartien, um die Stromlinienkarosse aufnehmen zu können. Der mit einem Achtzylindermotor versehene Wagen war allerdings um 150 kg schwerer als der normale Grand-prix-Typ. Die ungewöhnlichste Kombination wurde für den Schweizer Geoffredo Zehender vorbereitet; man hatte in ein vorhandenes 1936er Chassis einen Zwölfzylinder eingebaut und die Rennwagen-Karosserie beibehalten. Leider schied dieses interessante Fahrzeug schon im Training mit Motorschaden aus. Hermann Lang schließlich bekam ebenfalls einen vollverkleideten Wagen, der jedoch auf einem umgebauten Fahrgestell aus dem Vorjahr basierte und ebenfalls von einem M 125-Achtzylinder angetrieben wurde.
Lang saß bei den offiziellen Trainingsläufen zum erstenmal in einem derartigen Wagen. Er befuhr auch zum erstenmal den umgebauten Avus-Kurs. Bei einem kleinen Zwischenfall kam er mit dem Schrecken davon: „An einer Bodenwelle stieg der Wagen plötzlich vorne hoch – er bekam Auftrieb. Als ich keine Straße mehr sah, durchfuhr es mich wie ein Blitz: nur jetzt nicht am Lenkrad drehen, sonst setzen beim Niedergehen des Vordergestells die Vorderräder falsch auf und ich fliege unweigerlich hinaus! In diesem Augenblick fuhr ich auf vollen Touren mit etwa 380 km/h. Es ging jedoch alles gut

Oben: Avusrennen 1937. Von Brauchitsch (Mercedes V12), Fagioli (Auto Union-Stromlinienwagen), Lang (Mercedes Achtzylinder) und Hasse (Auto-Union-GP) fahren zum Start des zweiten Vorlaufs.

Links: Caracciola im vollverkleideten W 125 in der Avus-Steilkurve.

ab, aber ich gebe dennoch zu, daß mir die Sache etwas in die Knochen fuhr."
Langs Wagen war so übersetzt, daß er bei 5500 Umdrehungen des Motors auf folgende Geschwindigkeiten in den einzelnen Gängen kam: 155/241/297/368 km/h. Seamans offener Grand-Prix-Wagen war auf etwa 340 km/h übersetzt; er berichtete von seinen ersten Eindrücken: „Vom fahrerischen Standpunkt aus betrachtet, ist das hier eine ziemlich langweilige Angelegenheit. Man rast mit Vollgas die beiden zehn Kilometer langen Geraden entlang; obwohl die erzielten Geschwindigkeiten zwar furchterregend erscheinen mögen, gewöhnt man sich sehr schnell daran. Und in den beiden Kurven wird dann geschlichen, als ob man Stiefel aus Papier angezogen hätte." Dies geschah, um die Reifen zu schonen. Man hatte ausgerechnet, daß es möglich sein müßte, die Vorläufe mit sieben Runden und das Hauptrennen mit acht Umläufen ohne Reifenwechsel zu überstehen. Dazu mußten die Fahrer jedoch äußerst sachte zu Werke gehen. Dafür lockten aber auch ansehnliche Geldbeträge als Erfolgsprämien.
Die Auto Union-Wagen fuhren sowohl im Training als auch im Rennen die schnellsten Rundenzeiten, wobei jedoch offensichtlich Motoren und Reifen überbeansprucht wurden. Rosemeyer jedenfalls mußte nach einem haarsträubenden Zweikampf ausscheiden, und Caracciola konnte den ersten Vorlauf mit „genügsamen" 250,4 km/h siegreich beenden. Seaman wurde Vierter. Den zweiten Vorlauf gewann v. Brauchitsch, Lang war nach einem Reifenwechsel auf den dritten Rang zurückgefallen.
Für das Entscheidungsrennen hatte man sich innerhalb der Mercedes-Mannschaft eine spezielle Taktik erdacht. Rudi und Richard sollten voll fahren, ein Reifenstop wurde eingerechnet. Manfred und Hermann jedoch sollten verhalten fahren und damit ohne Boxenhalt ans Ziel kommen. Dieser Plan zerschlug sich indessen, denn Caracciola und auch v. Brauchitsch schieden vorzeitig mit Schäden an der Kraftübertragung aus. Hermann Lang, der die Steilkurve mit 180 Sachen durchfahren hatte, gewann dieses Rennen mit einem Gesamt-Durchschnitt von 261,7 km/h. Dies sollte bis ins Jahr 1958 die schnellste jemals bei einem Rundstreckenrennen erzielte Durchschnittsgeschwindigkeit bleiben. Der hochdotierte Siegespreis wurde im Fahrer-Team von Mercedes brüderlich aufgeteilt.
Das Rennen war zugleich auch ein wichtiger Einsatztest für das neue M 125-

Nach einigen Feinarbeiten an der Karosserie präsentierte sich so der Rekordwagen für Frankfurt 1937. Der DAB-Motor leistete inzwischen 736 PS, doch bei den ersten Versuchsfahrten gab es Probleme mit der Aerodynamik. Nach eilig ausgeführten Modifikationen erreichte Caracciola schließlich eine Spitzengeschwindigkeit von 397 km/h, doch Rosemeyer auf Auto Union war bereits über 400 km/h gefahren.

Aggregat, nunmehr Typ F, gewesen. Eine Maschine hatte, bevor sie in den Trainingswagen eingebaut wurde, 93 simulierte Avus-Runden auf dem Prüfstand absolviert. Caracciola sagte, er habe den Motor auf 6500 U/min gedreht; man konnte allerdings keinerlei Spuren an Kolben oder Ventile entdecken. Am Motor an Langs Wagen fanden sich indessen Kratzer auf den Kolben, die von aufstehenden Ventilen herrührten, also mußte dieser Motor mit mehr als 6500 U/min überdreht worden sein. An beiden Aggregaten fielen beschädigte Kegelräder des Kompressor-Antriebs auf, man fand dafür bald eine einleuchtende Erklärung. Bei einer Drehzahl von 5500 schluckte der Kompressor-Antrieb am M 125 ungefähr 130 PS. Bei zusätzlichen 1000 Umdrehungen hingegen stieg der Leistungsbedarf auf 170 bis fast 200 PS an, womit natürlich die Wellen und Kegelräder überbeansprucht wurden. Aufgrund dieser Feststellung gab Georg Scheerer folgende Empfehlung an die Fahrer: „Es ist ratsam, den Motor nicht höher als 5800 U/min drehen zu lassen. Höhere Drehzahlen können nur für kurze Zeit gestattet werden, sei es beim Überholen eines Konkurrenten oder in der letzten Runde des Rennens.“

Auf der Avus waren die beiden Zwölfzylinder-Motoren noch mit der altbewährten Druckvergaser-Anordnung gelaufen, jedoch beabsichtigte man, die ermutigenden Erkenntnisse mit dem Saugprinzip auch am DAB anzuwenden. Die ersten Versuche Anfang 1937 hatten zwar den erwarteten Drehmoment-Zuwachs im unteren und mittleren Drehzahlbereich gebracht, jedoch fiel die Leistung über 4000 U/min rapide ab. Man kam nur auf knapp 500 PS bei 5500 U/min. Untersuchungen ergaben schließlich einen zu geringen Vergaser-Querschnitt. Es lag nahe, größere Instrumente zu verwenden, aber bei anschließenden Tests in Monza zeigte sich ein ungünstiger Einfluß auf die Drehmomentkurve. Bei Vollgasstellung der Gasschieber war der Einlaßquerschnitt so groß geworden, daß sich der Unterdruck an den Düsen verringerte und deshalb die Benzinzufuhr nachließ. Mit einem derart abgemagerten Gemisch begann der Motor zu stottern und im schlimmsten Fall riskierte man damit durchgebrannte Kolbenböden.

Georg Scheerer sah sich nun gezwungen, einen ungewöhnlichen Weg zu einer besseren Gemischaufbereitung einzuschlagen. An jeden der beiden Roots-Lader brachte er einen horizontalen 58 mm-Solex-Vergaser und zusätzlich jeweils einen weiteren Lufteinlaß an, dessen Öffnung durch einen Kolbenschieber verschlossen wurde. An diesem Einlaß fanden sich noch zwei weitere Kraftstoffdüsen, die aus der Vergaser-Schwimmerkammer versorgt und gemeinsam mit der Öffnung des Gasschiebers freigegeben wurden. Diese Konstruktion stellte nichts anderes als einen zusätzlichen Vergaser dar, wenn auch ein sehr einfaches Instrument, wie man es sonst hauptsächlich an Motorrädern sowie an den ersten Daimler-Flugmotoren finden konnte. Es handelte sich um eine Art Schiebervergaser. Dieses Instrument hätte jedoch wieder die gleichen Probleme wie vorher aufgeworfen, wenn Scheerer hier nicht einen gänzlich anderen Steuermechanismus erdacht hätte. Der Zusatzvergaser wurde vom Ladedruck gesteuert. Wenn der durch den Kompressor aufgebaute Ladedruck in den Einlaßkrümmer einen bestimmten Wert hatte, wurde der Schieber stufenweise geöffnet, so daß der 38 mm weite Einlaß bei maximalem Ladedruck vollständig offen war. Am Einlaßkrümmer war eine kleine Kammer angebracht, in der ein Steuerkolben für die beiden Zusatzvergaser durch den herrschenden Druck bewegt wurde. Ein wichtiges Detail in der Anordnung dieses Steuermechanismus ist in der Art und Weise seiner Unterbringung zu erkennen. Der kleine Zylinder saß mit seiner Rückseite an der Zwischenkammer zwischen einem Vergaser und dessen Lader, so konnte der Steuerkolben auf den Druckunterschied zwischen Ein- und Auslaß des Laders reagieren. Damit funktionierte die Zusatzluftdosierung auch bei plötzlichem Vollgas im Teillastbereich. Es blieb nun noch die Frage nach ausreichender Versorgung der beiden Kraftstoffdüsen durch die Schwimmerkammer zu klären. Der „Zusatzschiebervergaser“ ließ natürlich den Unterdruck in den beiden Vergasern geringer werden. Scheerer ließ deshalb in geringem Maße den vom Kompressor erzeugten Druck auch auf die Schwimmerkammer wirken, so konnte auch bei niedrigem Unterdruck in den Mischrohren der Vergaser ein gleichmäßiger Kraftstofffluß gewährleistet werden. Vom M 125 übernahm man auch hier am Zwölfzylinder das System der Rückleitung verflüssigten Kraftstoffs aus den Einlaßkrümmern, den man in Rohrstücke zwischen Vergaser und Lader einspritzte. Alle diese Konstruktionen stellten revolutionäre, neue Ideen im Konzept der aufgeladenen Otto-Motoren dar, sie wurden auch für die nachfolgenden Entwicklungen von ausschlaggebender Bedeutung. An den völlig neu konstruierten Aggregate der Jahre 1938 und 1939 konnte man diese Details wiederfinden und sie brachten erhebliche Gewinne, sowohl in der Leistung als auch an Drehmoment.

Korpsführer Hühnlein und die ONS beschlossen, 1937 eine internationale Rekordwoche zu veranstalten. Auf einem 25 Kilometer langen Teilstück der Autobahn Frankfurt-Darmstadt sollten zwischen dem 25. und 31. Oktober Rekordversuche über Distanzen bis 10 Meilen stattfinden. Mercedes bereitete für dieses Ereignis neue Fahrzeuge vor, um damit Caracciola eine Verteidigung sowie ein Verbessern seiner Rekordmarken zu ermöglichen. Für diesen Zweck war der DAB-V12 mit der Motornummer 3 präpariert worden, und am 14. Oktober hatte man die Prüfstandstests abgeschlossen. Die Steuerzeiten für das 9,17:1 verdichtete Aggregat lauteten:

Einlaß öffnet 14 Grad vor OT, Auslaß öffnet 33 Grad vor UT,
Einlaß schließt 44 Grad nach UT, Auslaß schließt 3 Grad nach OT.

Mit den zwei Solex-Vergasern und der Verwendung von Alkohol-Treibstoff betrug die Höchstleistung 679 PS bei 5800 U/min. Durch die Anwendung des Saugvergaser-Prinzips hatte man also eine mehr als zehnprozentige Leistungssteigerung erreicht. Bei niedrigeren Drehzahlen gestaltete sich der Leistungszuwachs noch wesentlich drastischer: Bei 1500 U/min konnte man eine Verbesserung um ganz 40,5 Prozent verzeichnen. Mit den Zusatzvergasern ließen sich die Werte ab einer Drehzahl von 4000 U/min verbessern. Der Ladedruck stieg von 1,10 auf 1,28 at und die Motorleistung wuchs auf 736 PS an. Das maximale Drehmoment von 100 mkp blieb im Bereich von 3000 bis 4000 U/min erhalten. Bei diesen Angaben handelte es sich um die höchsten jemals auf den Prüfständen der Daimler-Benz-Rennabteilung ermittelten Leistungen. Der Versuch, die entsprechenden Daten auch bei einer Drehzahl von 6000 U/min zu ermitteln, schlug fehl. Man vermochte lediglich „Erschütterungen an der Leistungsbremse“ zu notieren...

Die Prüfstände wurden am 19. Oktober noch einmal bis an die Grenze ihrer Belastbarkeit beansprucht, als man einen speziell vorbereiteten M 125-Achtzylinder erprobte. Auf Grund der großen Bedeutung, die man seitens der Daimler-Benz-Firmenleitung der Rekordwoche beimaß, entschied man sich für die Bereitstellung eines Achtzylinders als Ersatzmotor für die Rekordversuche. Es handelte sich bei diesem Aggregat um die Fabriknummer 9, den letzten gebauten M 125, der in Donington in Langs Wagen eingebaut war. Zusätzlich zu dem normalerweise verwendeten Daimler-Benz-Vergaser brachte man am 225-mm-Lader noch ein Solex-Instrument mit 58 mm Durchlaß an. Dieser Vergaser wurde wie beim DAB über den Ladedruck gesteuert. Mit Alkohol-Treibstoff und einem Verdichtungsverhältnis von 8,9:1 leistete der Achtzylinder ohne Zusatzvergaser 592 PS bei 5800 U/min, der Ladedruck betrug dabei 0,92 at und der Antrieb des Laders schluckte 136 PS. Durch den Zusatzvergaser stieg der Ladedruck auf 0,96 at und die Motorleistung auf 646 PS. Damit hatte man 17 Tage nach Beendigung der Rennlaufbahn des M 125 dessen absolute Höchstleistung erreicht.

Während der ganzen Entwicklungszeit konnte Scheerer nur Vermutungen über das Einsatzverhalten seiner Zusatzvergaser-Anordnung anstellen, doch er war sich seiner Sache in Bezug auf die Erfordernisse bei den Rekordversuchen einigermaßen sicher. Auch die gesamte Konstruktion des neuen Rekordwagens für 1937, die unter der Leitung des Ingenieurs Stahl stand, bedeutete streckenweise reine Experimentierarbeit. Das Chassis war an sich bekannt, es handelte sich um die Grand-Prix-Ausführung von 1937, doch die immens wichtige Hülle, die Stromlinien-Karosserie, war neu gestaltet wor-

den. Nach einer Besprechung am 31. August faßte Max Sailer das Konzept wie folgt zusammen: „Die Form des 1936er Wagens bleibt erhalten, jedoch wird er um 220 mm schmaler und um 100 bis 120 mm niedriger werden. Wir hoffen, den hervorragenden Luftwiderstands-Beiwert von 0,175c_w mit einer wesentlich verkleinerten Stirnfläche wieder zu erreichen. Damit ließen sich dann wesentlich höhere Geschwindigkeiten als im Vorjahr erzielen."
Dieses schwierige Ziel, die Idealvorstellung eines jeden Automobil-Aerodynamikers, die Stirnfläche zu verringern ohne den c_w-Wert zu verschlechtern, wurde indessen nicht erreicht. Die Gestaltung der neuen Karosserie wurde im Windkanal des Forschungsinstituts für Kraftfahrwesen und Fahrzeugmotoren Stuttgart (FKFS) an einem Modell im Maßstab 1:4 untersucht. Das Institut stand unter der Leitung von Wunibald Kamm, der früher bei der D.M.G. beschäftigt gewesen war und auch am Zweiliter-Grand-Prix-Wagen mitgearbeitet hatte. Das Institut war nur einige Schritte vom Westtor der Daimler-

Links außen: Caracciola auf einer Probefahrt mit dem Stromlinienwagen.

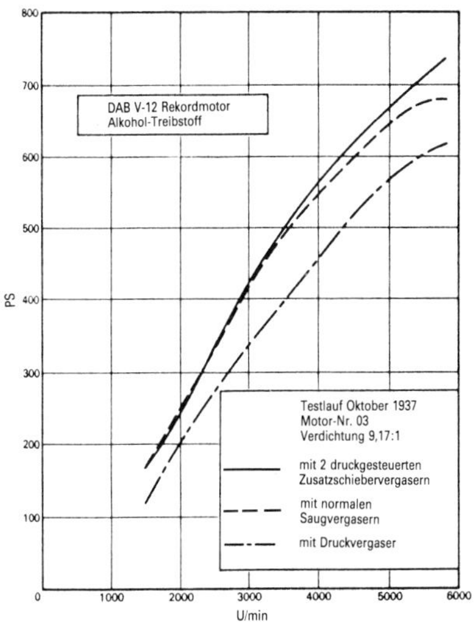

Leistungsdiagramm des DAB V12-Rekordmotors.

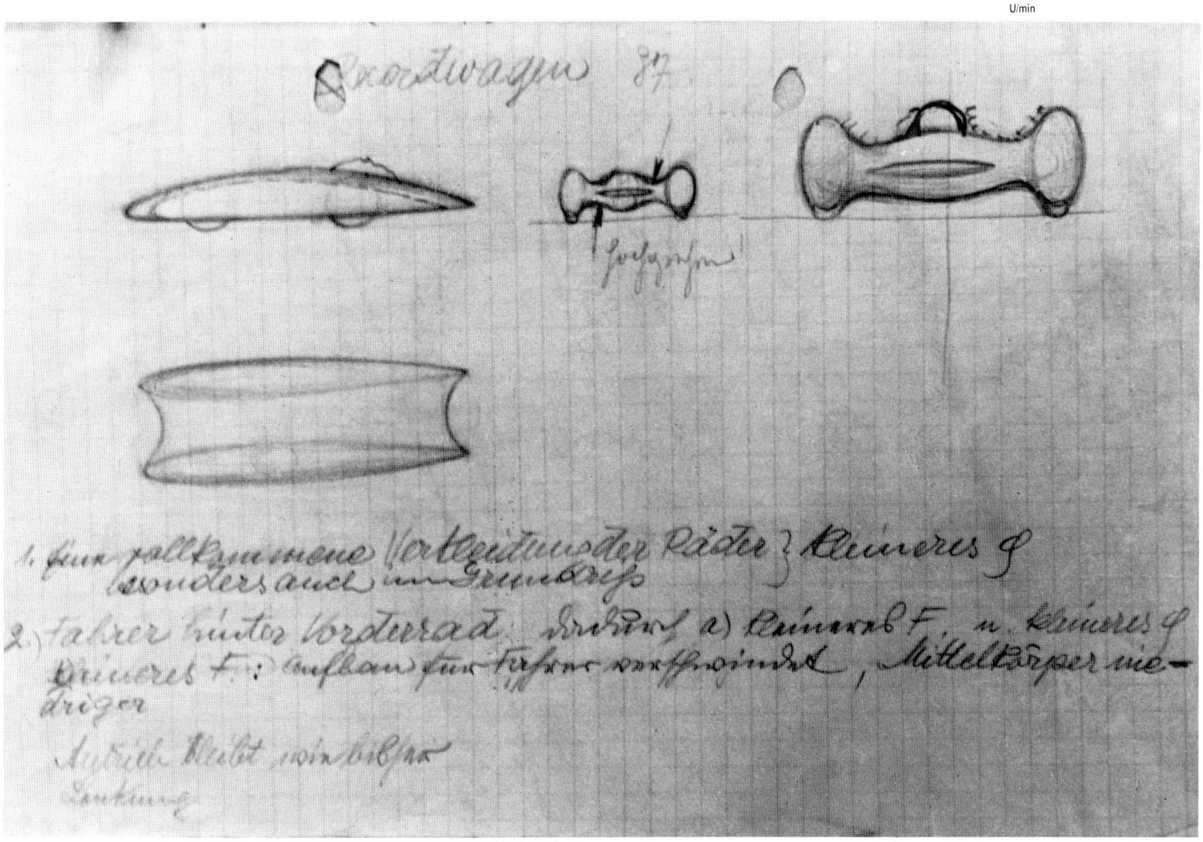

Skizzen zu einem Doppelrumpf-Rekordwagen, 1937 von Rudolf Uhlenhaut zu Papier gebracht. Es ging ihm um die größtmögliche Verkleidung der Räder.

Rechts: Der neue Rekordwagen für 1938. Mit diesem Wagen wollte die Mercedes-Mannschaft im Januar 1938 nun endlich die 400 km/h-Marke überschreiten. Auffällig ist das erneut verlängerte Heckteil mit der Abrißkante.

Links: Durch die Umstellung auf Verdampfungs-Kühlung konnte man den Lufteinlaß an der Frontseite erheblich verkleinern, durch die nur noch die Ansaugluft für den Vergaser einströmen mußte.

Unten: Rudolf Caracciola fuhr am 28. Januar 1938 auf dem fliegenden Kilometer 432,3 km/h, was bis heute die höchste jemals auf einer öffentlichen Straße (Autobahn Frankfurt – Darmstadt) erreichte Geschwindigkeit blieb.

Rechts: Vor dem Motor befand sich der Eiskasten und über den Ladern das Vorratsgefäß der Kühlanlage.

Links: Der Zwölfzylinder war beim Rekordwagen genau in der Mitte eingebaut und nicht schräg versetzt.

Benz-Werksanlage entfernt. Die Gesamt-Stirnfläche sollte am neuen Wagen 1,38 m^2 ausmachen; am Modell 1936 hatte sie mit den vollkommen verkeideten Hinterrädern 1,94 m^2 betragen. Mit einer Länge von 5380 mm war die Karosserie um 2 cm verlängert worden, damit hatte sich der c_w-Wert aber auf 0,185 verschlechtert. Als man die Länge der Karosserie endgültig auf 5800 mm festgelegt hatte, kam man auf einen etwas besseren c_w-Wert von 0,181. Die Räder wurden auch seitlich vollkommen abgedeckt und die Karosserieschale auf Hochglanz poliert; mit diesem glatten und perfekt gestalteten Wagen trat Mercedes gut vorbereitet zur Rekordwoche an. Mit der eingebauten Gesamtübersetzung sollten im vierten Gang bei 5500 U/min 387 km/h und bei 6000 U/min 422 km/h erreichbar sein.
Fünf Lastwagen aus Untertürkheim hatten sich auf den Weg nach Frankfurt gemacht, wo sie auf dem als Fahrerlager ausgewiesenen Parkplatz eintrafen. Man hatte den neuerlich erstarkten W 125 für die Sprint-Rekorde mit stehendem Start mitgebracht und natürliche den Stromlinienwagen. Doch die Woche sollte Bernd Rosemeyer gehören, dessen vollverkleideter Auto Union sich als absolut überlegen erwies. Am Montag unternahmen Caracciola und Lang die ersten Probefahrten mit dem neuen Mercedes-Rekordwagen. Wie der Motorrad-Rekordfahrer Eric Fernihough berichtete, hatte dabei mehrmals die Frontpartie des Wagens vom Boden abgehoben. Man lud das Fahrzeug daraufhin wieder auf und die Lastwagen fuhren zurück nach Stuttgart, wo man sich im Werk sofort an eine Abänderung der Karosserie-Nase machte. Außerdem befestigte man am Vorderwagen einen Bleiballast von 90 kg. Am Donnerstag, den 28. Oktober stand der in großer Eile überarbeitete Wagen wieder am Start auf der Frankfurter Autobahn. Caracciola erzielte damit eine Höchstgeschwindigkeit von 397 km/h, Rosemeyer war jedoch schon auf 406 km/h gekommen. Man baute nun den speziell präparierten Achtzylinder in die Stromlinien-Karosserie ein, um damit die Sprintrekorde zu fahren, doch auch hier konnte man keine Erfolge erringen.
Neben der Karosserie hatte auch der DAB-Zwölfzylinder einigen Ärger bereitet. Nach sieben Hin- und Rückfahrten am Montag war ein Kolben durchgebrannt, ein weiterer „schmolz“ nach zwei Versuchen am Donnerstag. Im Dezember unterzog man daraufhin den DAB in der Rennabteilung erneut einer genauen Betrachtung. Man versuchte vor allem die Kraftstoffzufuhr zu verbessern. Dazu änderte man an den Zusatzvergasern die Position der Kraftstoffdüsen und vergrößerte ihren Querschnitt. Die Druckversorgung der Schwimmerkammer wurde ebenfalls überarbeitet. Bei einem anschließenden Prüfstandslauf mit 36 Sekunden Vollgas brachen einige Kolbenbolzen, so daß man diese ebenfalls verstärken mußte (+ 0,5 mm am Außendurchmesser/ + 1 mm innen). Die Kolbenböden versah man zur Absicherung gegen weiteres Durchbrennen auf der Oberfläche mit einer Nickelschicht. Eine Verstärkung erfuhren auch die Antriebsräder am Kompressortrieb. Mit einer anderen Testreihe ermittelte man das günstigste Kolbenspiel und die beste Form der Einlaßkrümmer. Als eine der wichtigsten Neuerungen wurde ein vollkommen anderes Kühlsystem eingebaut.
Diese ganze Betriebsamkeit um die Weihnachtszeit hatte natürlich einen besonderen Grund. Die ONS hatte zwar beschlossen, außerhalb der Rekordwoche im Oktober keine Rekordversuche mehr zuzulassen. Doch durch die guten Beziehungen Jakob Werlins zur Reichskanzlei wurde schließlich Mercedes an einem Termin im Januar die Gelegenheit zur Rehabilitation gegeben. Diesmal mußte der Wagen schnell und zuverlässig laufen. Einen Vorteil in der aerodynamischen Gestaltung erwartete man durch den Verzicht auf den herkömmlichen Kühllufteinlaß, womit auch der Luftwiderstand verringert werden konnte. Die Versuche in der FKFS zeigten eine Verbesserung des c_w-Werts auf 0,157. Diese erfreulichen Ergebnisse führten zu dem bereits am Prüfstand erprobten Umbau auf Eis-Kühlung. Man montierte einen normalen W 125-Kühler an einem Kasten, in dem sich Eisbrocken und etwas Wasser befanden. Durch ein Gitter am Boden des Kastens wurde eine ungestörte Zirkulation des Wassers ermöglicht, womit man eine mehr als ausreichende Kühlung für einen Rekordversuch zur Verfügung hatte. Der Kasten wog gefüllt 100 kg und wurde auf zwei Auslegern vor dem Hauptrahmen im Karosseriebug untergebracht. An der Vorderfront der Karosserie hatte man außerdem zwei kleine Öffnungen für die notwendige Vergaserluft angebracht.
Die endgültige Gestaltung der Karosserie hatte man in einer ungewöhnlich-langwierigen Versuchsreihe im Windkanal der Deutschen Versuchsanstalt für Luftfahrt (DVL) in Berlin-Adlershof ermittelt. Diesmal hatte man dazu kein Modell verwendet, sondern den Wagen selbst insgesamt 52 Einzelmessungen unterzogen. Daraufhin wurde die Vorderpartie zwischen den Radabdeckungen flacher gestaltet, eine abgerundete Glaskanzel eingebaut und das Heck erneut verlängert. Der Wagen war nunmehr 6250 mm lang und 1850 mm breit, wobei die Verkleidungen für die seitlichen Auspuff-Austritte noch nicht einbezogen waren. Der Mercedes-Rekordwagen für 1938 sah nicht nur gut aus, er war es auch. An der Vorderachse verwendete man 6,25 × 22 Zoll große Reifen, hinten griff man die Dimension 7,00 × 24 auf. Das Trockengewicht des Fahrzeugs belief sich auf 1185 kg.
Am Morgen des 28. Januar 1938 war der Himmel zwar wolkenverhangen, aber es lag kein Schnee, die Wetterstation auf dem nahen Flughafen sagte keine Beeinträchtigung des Hochgeschwindigkeits-Versuchs voraus. Erst am Vorabend war das Fahrzeug fertiggestellt und in großer Eile nach Frankfurt transportiert worden. Alfred Neubauer und Rudolf Caracciola waren schon um fünf Uhr früh an der Strecke, Caracciola beschloß jedoch, erst einmal das Abtauen des morgendlichen Reifs abzuwarten. Vier Stunden später saßen die Beteiligten wieder im Frankfurter Park-Hotel und nahmen ein feierliches Frühstück ein. Es gab in der Tat einen Grund zum Feiern. Kurz nach acht Uhr hatte Caracciola eine erste Probefahrt unternommen, sofort nach seiner Rückkehr zum Startpunkt hatte man die letzten Vorbereitungen zur umgehenden Durchführung des eigentlichen Rekordversuches getroffen. Nur wenig später ging Caracciola erneut auf die Strecke: „Der Wagen lag wunderbar auf der Straße – das konnte ich schon auf der Probefahrt erfreut feststellen. Er fuhr sich ganz anders als der Wagen vom letzten Jahr.“ Die Zuschauer erschraken über den gewaltigen Auspuffdonner aus den seitlichen Sammlerrohren, als der silberne Wagen vorbeijagte. Der Durchschnitt für die Läufe in beiden Richtungen betrug 432,3 km/h auf dem fliegenden Kilometer und 432,0 km/h auf der fliegenden Meile, damit hatte Daimler-Benz eine wahrhaft sensationelle Geschwindigkeit erreicht und einen grandiosen Erfolg errungen.
Die Auto Union hatte sich auf eine Erwiderung ebenfalls sehr gut vorbereitet, ihre Mannschaft begab sich unmittelbar nach der Konkurrenz an den Start. Wie erwartet, hatte der Wind aufgefrischt. Die Luftbewegungen an der Strecke waren stark unterschiedlich, da am Rand der Autobahn Baumbestand und freie Flächen wechselten. An einer solchen Lichtung wurde Bernd Rosemeyers Wagen von einem Seitenwind erfaßt, worauf jener die Kontrolle über das Fahrzeug verlor. Der Wagen kam ins Schleudern und flog auf die seitliche Böschung. Rosemeyer fand dabei den Tod. Mit ihm hatte Deutschland einen seiner beliebtesten Sportler verloren, und aus diesem Grund wich auch die anfängliche allgemeine Begeisterung über die Rekordjagden.
Der große Mercedes-Rekordwagen wurde nur noch ein einziges Mal eingesetzt. Zwischen Dessau und Bitterfeld südwestlich von Berlin war ein Teilstück der im Bau befindlichen Autobahn extra nach den Erfordernissen der Weltrekord-Versuche gestaltet worden. Hier war auf einer Strecke von zehn Kilometer auch der Mittelstreifen betoniert, so daß man nach Entfernen der Begrenzungszäune eine fast 100 Meter breite Bahn zur Verfügung hatte. Diese Maßnahmen waren für ein besonders ehrgeiziges Projekt unternommen worden, das jedoch noch im Planungsstadium steckte. Im Februar 1939 war das Mercedes-Team für einige neuerliche Rekordversuche an diese Strecke gekommen. Dazu hatte man in den Wagen von 1938 einen Dreiliter-V12-Motor aus dem 1938er Grand-Prix-Wagen eingebaut, gestartet wurde

diesmal in der Klasse D. Am 9. Februar kam Caracciola mit diesem Fahrzeug auf 398,06 km/h und 399,5 km/h für Kilometer und Meile mit fliegendem Start.

Für die Rekorde mit stehendem Start hatte man ein besonderes Fahrzeug vorbereitet, das auf dem Grand-Prix-Wagen von 1938 basierte, der einen dem W 125 sehr ähnlichen Rahmen aufwies. Es handelte sich dabei um das Chassis Nummer 11, das man noch leichter gemacht und mit einer im Heck untergebrachten Eiskühlanlage versehen hatte. Die Karosserung sah sehr elegant aus. Der Rumpf ähnelte dem des Rennwagens, die Räder waren mit Vollverkleidungen versehen worden, die mit flachen Übergängen eine Einheit mit dem Mittelteil bildeten. Ein kleiner, runder Lufteinlaß im Bug ließ die notwendige Luft zu den Vergasern einströmen. Am 8. Februar stand dieser Wagen mit Rudi Caracciola am Steuer ziemlich verlassen auf dem riesigen Beton-Areal, mit 175,05 km/h und 204,5 km/h erzielte er jedoch neue Weltrekorde für Kilometer und Meile in der Dreiliter-Kategorie. Sechs Tage später verbesserte Caracciola den Wert für den Kilometer mit stehendem Start noch auf 177,3 km/h, doch damit war die Rekordjagd zu Ende. Die Strecke Dessau-Bitterfeld sollte nun einem großen Ereignis vorbehalten bleiben, das jedoch nie stattfinden sollte.

Mit einem nach neuen Erkenntnissen stromlinienförmig verkleideten W 154 begab sich Daimler-Benz im Februar 1939 bei Dessau noch einmal auf Rekordjagd.

Bis auf seinen begrenzten Lenkeinschlag war dieser letzte Rekordwagen dem Ideal eines stromlinienförmigen Grand-Prix-Wagens sehr nahe gekommen. Seit man in der Rennabteilung bei Daimler-Benz mit den Arbeiten an Rekordwagen begonnen hatte, suchte man immer wieder nach Möglichkeiten, die gewonnenen Erkenntnisse über aerodynamische Verhältnisse auch auf die Rennwagen übertragen zu können. 1937 hatte man ein Modell des W 125 im Maßstab 1:5,3 im Windkanal des FKFS mit verschiedenen Radabdeckungen untersucht. Mit geschlossenen Verkleidungen wie am Dessau-Wagen ließ sich dabei der c_w-Wert von ursprünglich 0,599 auf 0,293 verringern. Versuchsweise brachte man solche Verschalungen an einem Rennwagen aus der Saison 1939 an, sie wurden an den Bremsankerplatten befestigt und wurden dadurch mit den Rädern bewegt. Es wurde ein Einsatz dieser Konstruktion für die Saison 1940 in Erwägung gezogen, doch diese Saison fand nie statt. Mit vollverkleideten Karosserien für Grand-Prix-Wagen hatte man sich inzwischen schon öfter ernsthaft befaßt. Schon auf dem schnellen Kurs von Tripolis hätte man 1937 gerne diesen Wagentyp eingesetzt, er ließ sich aber nicht unter das Gewichtslimit von 750 kg bringen. Im weiteren Verlauf dieses Jahres fertigte man verschiedene Modell-Studien eines vollverkleideten Fahrzeugs für 1938 an, die man im Windkanal vom FKFS unter-

Rechts: Ein Blick in die Werkstatt, wo in langwieriger Handarbeit die Karosseriebleche für den Rekordwagen aus Alu-Blech getrieben werden.

suchte. Am vielversprechendsten erschien dabei eine Konstruktion mit hohen Kotflügeln über den Hinterrädern und einer sehr flach auslaufenden Karosseriefront. Der Luftwiderstandsbeiwert war mit 0,184 sehr günstig und auch die Stirnfläche konnte mit 1,67 m^2 (umgerechnet auf die Originalgröße) gering gehalten werden.

Im Herbst 1937 wurde das Konzept für die neuen Wagen ausgearbeitet, wobei man sechs der geplanten 15 Chassis des Typs W 154 mit einem vollverkleideten Aufbau versehen wollte. Man ging sogar noch einen Schritt weiter und zog die Verwendung einer Luftstrom-Bremse in Betracht, die bei einer Formgebung der Karosserie streng nach aerodynamischen Gesichtspunkten sicherlich Vorteile gebracht hätte. An einem maßstäblich verkleinerten Modell baute man eine derartige Vorrichtung an und ließ die Wirkungsweise an der Universität Göttingen untersuchen. Dort gab es eine Forschungsgesellschaft für Aerodynamik unter der Leitung des Ingenieurs Schlör. Man fand heraus, daß sich bei Betätigung des Bremsflügels der Luftwiderstand des Fahrzeugs verdoppelte und dabei die Stabilität in der Straßenlage nicht beeinflußt wurde. Im Jahre 1938 wurden diese Erkenntnisse jedoch noch nicht in die Praxis umgesetzt, denn man hatte ganz andere Probleme. Erst 16 Jahre später griff man die Ideen erneut auf.

Caracciola fuhr mit dem Dreiliter-Rekordwagen zwei neue Weltrekorde in der entsprechenden Klasse. Mit stehendem Start erreichte er auf einem Kilometer 177,3 km/h und auf einer Meile 204,5 km/h. Auch bei diesem Wagen hatte man wieder eine Verdampfungs-Kühlanlage eingebaut und konnte deshalb den Lufteinlaß sehr klein halten.

Einige Komponenten aus den Rekord-Unternehmungen wurden 1939 für Kurzstrecken-Einsätze weiterverwendet, nämlich bei Bergrennen. Bis 1937 schrieb man diesen Rennen keine allzu große Bedeutung zu, es wurden hier stets mehr oder weniger unveränderte Grand-Prix-Wagen eingesetzt. Am Schauinsland bei Freiburg belegten Caracciola und Lang im Jahre 1937 mit einem normalen W 125 die Plätze Drei und Vier hinter Stuck und Rosemeyer auf den Auto Union-16-Zylinder, der mit doppelten Hinterrädern ausgestattet war. Im Jahr darauf wurde der Deutsche Bergpreis auf der Großglockner-Hochalpenstraße ausgetragen, und auch hier hieß der Sieger wieder Hans Stuck. Lang wurde Zweiter und v. Brauchitsch Dritter. Für die kurvenreiche Steilstrecke hatte Mercedes genauso wie die Konkurrenz anstelle der Dreiliter-Grand-Prix-Wagen auf die alten Rennwagen zurückgegriffen. Man verwendete den annähernd 600 PS starken W 125 aus dem Vorjahr und baute eine äußerst kurze Übersetzung ein, die in den einzelnen Gängen nur noch Geschwindigkeiten von 82/ 102/ 141/ 175 km/h ermöglichte. Als Folge davon hatten die Fahrer einige Mühe, das ungeheure Drehmoment auf den Boden zu bringen. Im Training hatte man an Langs Wagen den ladedruckgesteuerten Zusatzvergaser montiert, doch dies erwies sich als viel zu problematisch.

Im Mai 1938, vor dem Großglockner-Bergrennen, dachte man daran, einen Spezial-Bergrennwagen mit dem DAB-Zwölfzylinder zu bauen. Doch man gab dieses Vorhaben nach einigen Tagen wieder auf, als sich herausstellte, daß man um die Neuanfertigung einer Karosserie nicht herumkommen würde. Außerdem hätte die Gemischaufbereitung erneut Sorgen bereitet und man erkannte, daß mit diesem Aggregat zu viel Leistung für einen solchen Einsatz zustande gekommen wäre. Man entschied sich statt dessen die Fortschritte des Dreiliter-Zwölfzylinders abzuwarten.

1939 gab es zwei wichtige Bergrennen. Das eine fand im Juni auf der Wiener Höhenstraße statt, das andere im August am Großglockner. Uhlenhaut nahm zu den diesbezüglichen Projekten im März Stellung: „Da die Bergrennen in dieser Saison mehr in den Vordergrund gerückt sind, sollten wir dafür spezielle Wagen konstruieren, mit denen sich entsprechende Erfolge erzielen

Für das Bergrennen im August 1939 am Großglockner hatte man zwei der alten W 125 auf Verdampfungskühlung umgebaut. Die hier sichtbaren Zwillingräder an der Hinterachse verwendete man nur im Training.

Unten: Manfred von Brauchitsch im Drift am Großglockner. Sowohl er als auch Lang zogen für diesen Einsatz die 5,7-Liter-Achtzylinder vor; man hatte jedoch auch Dreiliter-Zwölfzylinder-Wagen vorbereitet.

lassen. Als Ziel gilt es, das Gewicht so gering wie möglich zu halten, wobei die Hauptlast auf der Hinterachse angeordnet sein muß." Nach diesen Forderungen baute man drei spezielle Fahrzeuge. Ein Wagen entstand aus dem Chassis des Dessau-Wagens und einem neuen Dreiliter-Motor, zwei andere wurden aus den vorhandenen W 125 zu speziellen Bergwagen umgebaut. Bei allen drei Fahrzeugen hatte man die vorderen Bremstrommeln verschmälert, die Auspuffrohre verkürzt und kleinere Kühlergrills angebracht. Vorne wurde nämlich keine einströmende Kühlluft mehr benötigt, da man aus Gewichtsgründen den Kühler im Heck eingebaut hatte. Zu Anfang dachte man an die Verwendung einer Eis-Kühlung, aber damit hätte sich am Großglockner ein zusätzliches Gewicht von 240 kg ergeben; allein das mitzuführende Eis wog 180 kg. Am 3. März jedoch fällte man die Entscheidung zugunsten einer speziellen Glykol-Kühlung, bei der das Kühlmittel nach und nach verdampfen sollte. Innerhalb von 25 Tagen hatte man eine solche Verdampfungs-Anlage entworfen, gebaut und auch schon auf dem Prüfstand erprobt. Man hatte dabei die Bedingungen am Großglockner simuliert und konnte eine zufriedenstellende Funktionsweise dieser so unkomplizierten Kühlanlage erkennen.

Das Kühlsystem trug zwar mit zusätzlichen 80 kg zum höheren Gesamtgewicht der Bergwagen bei, dennoch konnte man gegenüber der Grand-Prix-Version noch immer runde 75 kg einsparen, wobei 65,8 Prozent des Gewichts auf der Hinterachse lasteten. Mit diesem Dreiliter-Typ, ausgestattet mit zwillingsbereiften Hinterrädern, gewann Hermann Lang das Wiener Höhenstraßen-Rennen. Manfred v. Brauchitsch wurde mit dem umgebauten W 125 Dritter; an seinem Wagen trat eine starke Trampelneigung an der Hinterachse auf, die höher war als bei früheren Rennwagen. Diese Erscheinung schrieb man der erhöhten Belastung der Hinterachse zu, weshalb man auch an eine Verstärkung der hinteren Rahmenträger dachte. Die daraufhin angeschweißte Hilfsrahmen-Kosntruktion aus Rohrprofilen brachte dann nicht nur eine Verbesserung der Stabilität, es wurden damit auch sämtliche Schwingungen und Verwindungen vollkommen abgestellt. Man versah den Dreiliter-Typ ebenfalls mit diesem Hilfsrahmen und erreichte damit eine derart gelungene Verbesserung des Fahrverhaltens, daß auch der Trainingswagen zum Großen Preis von Deutschland des Jahres 1939 mit diesen Verstärkungen ausgestattet wurde. So hatte sich eine wertvolle Weiterentwicklung der Grand-Prix-Wagen aus den oft nicht ganz ernstgenommenen Bergrennen ergeben.

Die Wagen für das Großglockner-Rennen waren für eine Höchstgeschwindigkeit von lediglich 210 km/h ausgelegt. Die verdoppelten Hinterräder benutzte man nur im Training, denn auf der welligen Schotter-Fahrbahn brachten sie mit ihrer zusätzlichen Breite einige Schwierigkeiten für die Fahrer. Das Ausgleichsgetriebe bekam eine hunderprozentige Sperre, womit die Räder auf starren Durchtrieb ausgelegt waren. Sowohl Lang als auch v. Brauchitsch entschieden sich für den 5,6-Liter-Achtzylinder, mit dem sie auf dieser Strecke leichter zurechtkommen würden.

Am Renntag war die Strecke regennaß, und bis zur hochgelegenen Zielankunft mußten auch einige Nebelbänke durchfahren werden. Auf den zwölfeinhalb zu bewältigenden Kilometern war ein Höhenunterschied von 2400 m zu überwinden. Mit einem neuen Rekord im esten Lauf und einer sauberen Fahrt bei verschlechterten Bedingungen hieß der Sieger Hermann Lang, der damit die Deutsche Bergmeisterschaft gewinnen konnte und seiner erstaunlichen Kariere zusätzlichen Glanz verlieh. Der drängende Ehrgeiz von Manfred v. Brauchitsch wurde vom meisterlichen Können des jungen Lang in den Schatten gestellt; er wurde schließlich noch Vierter. Und die Daimler-Benz-Techniker hatten einmal mehr den Beweis erbracht, daß sie den Herausforderungen in allen Bereichen des Automobilsports gerecht zu werden vermochten und viele Erfolge verzeichnen konnten.

„Der absolute Weltrekord auf dem Wasser wie auf dem Land – das paßt in unsere Propaganda."
Adolf Hitler

T 80 – Fahrzeug der Superlative

Im Renngeschehen der zwanziger und dreißiger Jahre galt Hans Stuck als großartiger Außenseiter. Er stellte den Typ des Einzelkämpfers dar. Alle großen Teams zollten ihm wegen seines Könnens und eines makellosen Rufes großen Respekt. Seine Erscheinung im weißen Rennanzug war stets elegant, und viele liebten sein jungenhaftes Lachen, das zu seinem Markenzeichen wurde. Er nahm das Leben von der leichten Seite und die Züge der naiven, aber eigentlich nur unbefangenen Wesensart trugen zu seiner Beliebtheit nur bei. Im Alter von 35 Jahren – er saß nun schon seit elf Jahren am Steuer von Rennwagen – beschloß Stuck den Versuch zu wagen, schnellster Mann der Welt zu werden. Das war im Jahre 1936. Er war nach wie vor der Top-Fahrer der Auto Union, doch seine Position wurde durch den aufstrebenden Bernd Rosemeyer allmählich in Frage gestellt. Stuck hielt zu jener Zeit sieben verschiedene Welt-Bestleistungen, von denen er einige vor kurzem auf der Autobahn bei Frankfurt errungen hatte. Diese Rekordfahrten begannen ihn jetzt verstärkt zu interessieren, und er bewunderte die Aufmerksamkeit, die beispielsweise Malcolm Campbell bei seinem Weltrekord von über 480 km/h weltweit zuteil wurde. Hans Stuck war fest entschlossen, diesen Rekord nach Deutschland zu holen.

Alfred Neubauer veranschlagte den Aufwand für ein derartiges Unternehmen auf eine Million Reichsmark. Er sagte: „Nun, Stuck hatte natürlich keine Million, er hatte nicht einmal die Hälfte. Aber was er hatte, das waren seine ausgezeichneten Verbindungen." Da war zum Beispiel Ferdinand Porsche. Stuck hatte dessen Rennwagen schon bei Austro-Daimler und Daimler-Benz gefahren, auch der Auto Union-Grand-Prix-Wagen stammte von Porsche. Stuck hatte auch einen Beitrag zum Gründungskapital von Porsches Konstruktionsbüro in Stuttgart geleistet und als Fahrer bei der Auto Union demonstrierte er mit seinen guten Resultaten mit dem Sechzehnzylinder Porsches überlegenes Konzept.

Porsche selbst war über Stucks Vorschlag so begeistert, daß er für die Konstruktionsarbeiten an einem Weltrekordwagen keine Bezahlung verlangen wollte. Er sagte jedoch, daß die fehlende Motorleistung wohl das größte Problem darstellen würde. Campbells neue Ausführung des „Bluebird", mit der er auf 384,6 km/h gekommen war, wurde von einem 2500 PS starken Rolls-Royce-Flugmotor angetrieben. Porsche sagte, er würde mindestens die gleiche Leistung, besser noch 3000 PS für ein erfolgversprechendes Projekt benötigen. Zu jener Zeit gab es jedoch in Deutschland keine entsprechenden Aggregate; vorhandene Flugmotoren leisteten nicht einmal 1000 PS – das glaubte man jedenfalls

Schon 1936 hatte es in Fachkreisen einige Hinweise gegeben, wonach in Untertürkheim ein bemerkenswerter neuer Motor im Entstehen begriffen sei. Mit Arbeiten in einem flüssigkeitsgekühlten V12-Zylinder-Flugmotor hatte man bei Daimler-Benz bereits 1932 begonnen, hiermit war die alte Benz-Mannschaft von Arthur Berger und Hans Nibel beauftragt. Schon bald erreichten die ersten von ihnen entwickelten Prototypen mit Kompressoraufladung 800 PS, und Ende 1933 begannen die ehemaligen Diesel-Fachleute mit Versuchen für eine Benzin-Einspritzanlage an Flugmotoren.

Im Jahre 1934 legte das Reichs-Luftfahrtministerium ein neues Kennzeichnungssystem für Flugzeugmotoren fest. Demnach wurden die Aggregate von Daimler-Benz mit dem Kürzel DB versehen und die Typ-Nummern sollten von 600 bis 699 reichen. Der neu konstruierte Motor erhielt die Bezeichnung DB 600 und die Einspritzversion wurde DB 601 genannt. Erst 1937 sollte ein in ein Flugzeug eingebauter DB 600 am Start erscheinen, doch schon 1936 hatten Firmen wie Heinkel solche Aggregate zu Versuchszwecken bekommen. Der Typ 600 leistete zu diesem Zeitpunkt schon 1000 PS, während es der DB 601 auf 1300 PS brachte.

Hans Stuck benötigte für sein Vorhaben zwei solcher Motoren. Der Preis von 90 000 Reichsmark pro Stück spielte dabei keine große Rolle, denn die in ihrer Konstruktion geheimgehaltenen Antriebsaggregate waren schließlich im Auftrage des Reichs-Luftfahrtministeriums gebaut worden, und dort bestimmte man auch über ihre Verwendung. Campbells Rolls-Royce-Flugmotor war übrigens ebenfalls Eigentum der britischen Regierung. So gesehen, wäre ein ähnliches Vorhaben von anderen Interessenten in Deutschland bereits in der Empfangshalle des Ministeriums zum Scheitern verurteilt gewesen. Der Leiter des Beschaffungsamtes im Ministerium war Ernst Udet, der Fliegerheld aus dem ersten Weltkrieg. Und dieser Udet war ein alter Freund Hans Stucks. Beide waren in den zwanziger Jahren mit einer gemeinsamen Show durchs Land gereist, bei der sie sich Rennen zwischen Flugzeug und Automobil lieferten. Aus Stucks mit 100 km/h dahinrasendem Austro-Daimler pflegte dabei ein Akrobat auf eine aus Udets Klemm hängende Strickleiter zu klettern. Als sie sich jetzt in Berlin wieder trafen und Stucks Vorhaben besprachen, sagte Udet bereitwillig zu, Stuck zwei Motoren zur Verfügung zu stellen.

Es blieb noch ein kleines Problem zu lösen: Wo sollte das Projekt in die Tat umgesetzt werden? Als erstes wandte sich Stuck an seinen Arbeitgeber, die Auto Union. Dort war man jedoch schon mit dem unerwartet hohen Aufwand der Renneinsätze an die finanziellen Grenzen vorgestoßen und lehnte deshalb jede weitere Betätigung auf gar noch ungewöhnlicheren Gebieten ab. Daraufhin trug Hans Stuck seine Pläne zusammen mit den von Porsche und Udet erhaltenen Zusagen Generaldirektor Kissel bei Daimler-Benz vor. Und obwohl er auf den Rennstrecken inzwischen ein Konkurrent geworden war, brachte man Stuck in Untertürkheim immer noch die gleiche Sympathie wie früher entgegen. So hatte man auch 1935 schon einmal vergeblich versucht,

ihn für die eigene Mannschaft zurückzugewinnen. Jetzt, ein Jahr später, kam Stuck mit dem Ansinnen, für ihn das teuerste Automobil, das jemals erdacht wurde, zu bauen.
Wilhelm Kissel zog nach der ersten Besprechung alle möglichen Faktoren dieses Projektes in Betracht. Die Flugmotoren-Idee an sich war nicht neu. Einer der Schöpfer des Blitzen Benz-Rekordwagens, Hans Nibel, hatte vor seinem Tod noch von der Möglichkeit gesprochen, einen der starken Flugmotoren in einem Rekordwagen zu verwenden. Stuck war indessen der erste, der diesen Gedanken aufgriff und dazu die Planung von Porsche vorweisen konnte. Doch K. B. Hopfinger schrieb: „Kissel hegte Porsche gegenüber keine besonderen Sympathien; als dieser Chef-Konstrukteur war, hatte es wiederholt Meinungsverschiedenheiten zwischen den beiden gegeben.“ Max Wagner war der Meinung, daß man einen solchen Wagen bei Mercedes selbst bauen sollte. Er sagte: „Das wäre ja gelacht, wenn wir keinen Weltrekordwagen auf die Räder stellen könnten.“
In der Person Alfred Neubauers fand Stuck vollste Unterstützung, denn dieser war der Ansicht, daß ein „Sprinter“ wie Stuck, der bei Bergrennen und auf kurzen Strecken unschlagbar war, am besten für eine solche Aufgabe geeignet sei. Eine mögliche Alternative mochte Kissel gar nicht schmecken: „Wenn wir nein sagen, nimmt Stuck unsere beiden Motoren und geht zu einer anderen Firma...“ Für die Motoren waren zwar Udet und das RLM verantwortlich, aber man konnte dem Hersteller ein gewisses Interesse an ihrem Schicksal nicht verdenken. Porsche war zu einer guten Zusammenarbeit bereit, er hielt noch immer große Stücke auf Daimler-Benz und betrachtete sein Wirken als Mercedes-Chefkonstrukteur und Technischer Direktor als eine der interessantesten Aufgaben in seiner Laufbahn. Kissel entschied sich schließlich doch, dem Vorstand der Daimler-Benz AG die Verwirklichung des Projekts vorzuschlagen. Man erklärte sich einverstanden und akzeptierte auch Ferdinand Porsche als Konstrukteur. Neubauer meinte dazu: „Auf diese Weise schlugen wir zwei Fliegen mit einer Klappe. Wir behielten die Motoren in unserer Obhut – und konnten uns, wenn nötig, doch von dem phantastischen Unternehmen ein wenig distanzieren.“ Kissel setzte sich mit Porsche in Verbindung, um über den Einsatzplan des fertiggestellten Wagens unterrichtet zu werden. Am 21. Oktober berichtete er Stuck über ihre Beschlüsse: „Wie ich Ihnen bereits in unserem ersten Gespräch mitteilte, habe ich

Oben: Unter Prof. Wunibald Kamm, dem Leiter der F.K.F.S., entwickelte man diese Studie zu einem Weltrekordfahrzeug. Es war ein Entwurf, der unabhängig von Porsches T.80-Konzept entstand.

So weit war das ehrgeizige Projekt T 80 bis zum Kriegsausbruch 1939 gediehen – roll-, aber noch nicht fahrfähig. Der unvollendete Weltrekordwagen steht heute im Werksmuseum.

(respektive meine Firma) in einer Unterredung mit der Dr. Porsche GmbH festgehalten, daß Sie den Einsatz des Weltrekordwagens selbst finanzieren werden. Wir werden die Finanzierung beim Bau des Wagens bis hin zur Übergabe übernehmen. Wie Ihnen weiterhin bereits mitgeteilt wurde, wird das Unternehmen mit der gebotenen Sorgfalt ausgeführt. Wir sind zu dem Entschluß gekommen, zwar die anfallenden Kosten bis zur Fertigstellung des Wagens zu übernehmen, trotzdem sind wir gezwungen, uns nach möglichen Unterstützungen umzusehen. Die diesbezüglichen Bemühungen wurden bereits eingeleitet."

Kissel teilte Stuck ebenfalls mit, daß man Porsche bereits damit beauftragt habe, eine Vorstudie zu erstellen. Damit wollte man sich einen genaueren Überblick über den zu erwartenden Aufwand verschaffen, den ja nun die Firma Daimler-Benz zu tragen hatte. Die Techniker hatten schon mit einem regen Gedankenaustausch begonnen. Am 8. Oktober fragte das Porsche-Büro in der Stuttgarter Kronenstraße nach den wichtigsten Daten des geheimgehaltenen Motors bei Daimler-Benz an. Man teilte aus Untertürkheim mit, daß es sich um einen Motor mit Trockensumpfschmierung handelte, der ohne Starter 580 kg wog. Am 2. November übersandte man an Porsche eine Übersichtszeichnung des DB 601, wobei man die von ihm angeregten Änderungen an der Antriebswelle bereits berücksichtigt und die Wellen-Drehzahl auf 2700 U/min festgelegt hatte.

Auf eine Anfrage von Stuck über den möglichen Fertigstellungstermin antwortete Kissel, daß vor Oktober 1937 nicht mit fertigen Komponenten zu rechnen sein würde und daß er auf jeden Fall seinen Vertrag mit der Auto Union für die Saison 1937 verlängern sollte. Am 13. Januar bekam Stuck von Kissel eine förmliche Vereinbarung zugesandt, in dem er als einziger Fahrer bestätigt wurde und außerdem die Zusage Udets über die Freigabe von zwei Motoren noch einmal schriftlich festgehalten war. Auch Porsche hatte einen umfassenden Vertrag bekommen, damit war nun das Räderwerk für die jetzt zum nationalen Anliegen erklärte Höchstgeschwindigkeitsmaschinerie in Bewegung gesetzt worden.

Bei Daimler-Benz wie auch bei Porsche gab es während der nächsten Monate einige Fortschritte zu verzeichnen. Bei verschiedenen Versuchen mit höheren Ladedrücken und unterschiedlichen Kraftstoff-Zusammensetzungen kam man zu dem Ergebnis, daß es durchaus möglich war, die Leistung auf über 2000 PS zu steigern. Nach dieser Information nahm man bei Porsche eine Änderung im Konzept vor. Der Chefkonstrukteur Karl Rabe und der Spezialist für aerodynamische Berechnungen, Josef Mickl, sprachen sich für ein einmotoriges Fahrzeug aus, das – gemessen an den bisherigen Wagen – außergewöhnlich leicht und kompakt gehalten werden sollte. Am 22. März 1937 begann um viertel vor Zwölf eine Besprechung in Untertürkheim, bei der Porsche und seine Mitarbeiter ihr endgültiges Konzept ihren Kollegen bei Daimler-Benz Max Sailer und Max Wagner vorlegten. In allen Hauptabmessungen und in der Linienführung entsprachen die Entwürfe bereits dem tatsächlich gebauten Wagen. In der Reihenfolge der Porsche-Konstruktionen wurde das Rekordfahrzeug mit der Bezeichnung Typ 80 versehen. Porsche fügte bei dieser Gelegenheit hinzu, daß er bereits mit den Firmen Dunlop und Continental über die äußerst wichtige Frage der Reifen in Verhandlungen stünde. Er zeigte den Daimler-Benz Leuten ein Schaubild, das besagte, daß der Wagen die verlangte Geschwindigkeit von 550 km/h nach einem Anlauf von fünf Kilometern erreichen würde. Dazu wäre eine Leistung von 2200 PS bei 3500 U/min nötig gewesen. Um jedoch eine gewisse Reserve zu haben, wäre es besser, wenn 2500 PS zur Verfügung stünden. Er war der Meinung, daß der Motor dies gut bringen könnte. Porsche fragte nach weiteren Einbau-Details des Aggregates und hoffte, bald mit den ersten Prüfstandsläufen rechnen zu können. Zusammen mit seinen wichtigsten Mitarbeitern würde er dann die Erlaubnis des Reichsluftfahrt-Ministeriums bekommen, den Motor zu sehen und damit zu arbeiten.

Die Ingenieure bei Daimler-Benz befürworteten Porsches Konzept, sie wollten so bald wie möglich ein maßstabgetreues Modell für erste Windkanal-Versuche zur Verfügung haben. Porsche versicherte, daß die Karosserie keine Auftriebstendenzen aufweisen würde, ihre Form vielmehr sogar den Anpreßdruck auf die Antriebsachse und auf die Steuerung verstärken würde. Ein Mittel dazu, in jener Zeit sogar durch Patent geschützt, war ein verstellbarer Flügel über den hinteren Radkästen. In seiner letzten Ausführung wurde der nötige Anpreßdruck beim T 80 ähnlich wie an Fritz von Opels Raketenwagen aus dem Jahre 1928 aufgebaut, nämlich mit umgedrehten Tragflächen. Diese ragten jeweils 730 mm weit aus den Seitenteilen der Karosserie und waren in einem Anstellwinkel von 6 Grad nach unten geneigt. Sie waren so plaziert, daß der erhöhte Anpreßdruck genau auf den Fahrzeugschwerpunkt wirken konnte. Eine andere Vorrichtung, die man bei Porsche untersucht hatte, war die automatische Ausrichtung der Wagenfront. Dazu wurden an den Ecken des Karosseriebugs kleine Flossen montiert, die über ein Gestänge mit einem zentral sitzenden Leitwerk verbunden waren. Dieses reagierte auf Seitenwinde und auf Schlingern des Wagens und steuerte die Flossen, womit der Geradeauslauf des Fahrzeugs wieder stabilisiert wurde. Man ließ sich dieses System patentieren, wenngleich es am T 80 später nicht verwendet wurde.

Auch Wunibald Kamm hatte sich Gedanken über eine mögliche Gestaltung des Weltrekordwagens gemacht. Am 29. Juni 1939 schickte er zwei Fotos von einem Modell im Maßstab 1:5 an Daimler-Benz. Das Mittelteil ohne Flügel glich dem des T 80, am Bug hatte man einen tief herabgezogenen Windabweiser und am Heck ein verstellbares Höhenruder angebracht. Er hatte es im Windkanal untersucht. Kamm schrieb, daß man einen sehr niedrigen Luftwiderstand, eine „günstige Beziehung zwischen Auftriebs- und Seitenkräften," ermittelt habe. Max Sailer schrieb einen Vermerk auf Kamms Brief, daß er sich nicht ganz sicher sei, wie der Ausdruck „günstig" gemeint sei.

Nach dem Krieg sprach Max Wagner mit dem englischen Untersuchungsbeauftragten Cameron Earl über die Daten des T 80, dessen Luftwiderstandsbeiwert $c_w = 0{,}18$ betrug und die Stirnfläche zwischen 1,6 und 1,8 m^2 maß. Daraus ließ sich sehr gut erkennen, welche Anstrengungen Porsche unternommen hatte, den Wagen schmal und niedrig zu halten und die Karosserie so eng wie möglich über Motor und Räder zu führen. Die Unterseite war wieder vollkommen geschlossen, die zusammengelegten Öl- und Wasserkühler waren im Bug untergebracht und sollten beim fahrenden Wagen von der unter das Fahrzeug gedrückten Luft bestrichen werden. Von der Rückseite der Kühler strömte die Luft dann wieder ins Freie, genau wie bei den 1937er Avus-Wagen der Auto Union.

Als nächsten Schritt nahm sich die energische Porsche-Mannschaft der Fahrgestell-Konstruktion an. Am 21. Juni 1937 konnte Karl Rabe Sailer mitteilen, daß die ersten Pläne für die Anfertigung von verschiedenen Gußteilen bis zum 1. Juli fertiggestellt sein würden. Sailer antwortete, daß man, sofern möglich, alle Teile im Werk anfertigen wollte. Nur im Falle zu großer zusätzlicher Belastungen des normalen Produktionsablaufes würde man auch Aufträge außer Haus vergeben. Beide Firmen hatten gerade zu jener Zeit ein volles Programm; Porsche war unter anderem mit der Erprobung und Verbesserung der Volkswagen-Prototypen, die von Daimler-Benz gebaut worden waren, beschäftigt. Die inzwischen vielfältig gewordene Zusammenarbeit führte schließlich zu einem allgemeinen Beratungsvertrag zwischen der Daimler-Benz AG und der Porsche GmbH. Im Werk Untertürkheim wurden dem Porsche-Stab daraufhin die nötigen Räumlichkeiten zur Verfügung gestellt, um ihn näher am Geschehen und natürlich auch direkt am Objekt zu haben.

Die Leistungsfähigkeit des T 80-Motors wurde am 11. November 1937 recht eindrucksvoll unter Beweis gestellt. Eine mit dem DB 601 versehene Messerschmitt Bf 109 V13 flog einen neuen Geschwindigkeits-Weltrekord und erreichte dabei 610,4 km/h. Das speziell präparierte Aggregat mit erhöhtem Ladedruck gab dabei eine Leistung von 1650 PS ab. Inzwischen waren die Engländer am Boden nicht untätig geblieben, denn nur acht Tage später fuhr

George Eyston in Bonneville einen neuen absoluten Weltrekord für Landfahrzeuge. Sein „Thunderbolt" wurde von zwei Flugmotoren mit insgesamt 4600 PS auf eine Geschwindigkeit von 502,1 km/h beschleunigt, und die Möglichkeit einer weiteren Steigerung war dabei durchaus noch gegeben.
Anfang 1938 mußten die Arbeiten am T 80 etwas hinter dem Bau der völlig neuen Grand-Prix-Wagen zurückstehen. Doch im Spätsommer, gerade als die Einzelteile für den Rekordwagen aus der Fertigung kamen und zur Montage bereitgestellt wurden, erreichten Porsche sensationelle Meldungen aus Bonneville. Dort hatte sich nämlich ein gewaltiger Zweikampf um den absoluten Geschwindigkeitsweltrekord abgespielt. Den Anfang hatte George Eyston gemacht, indem er seinen eigenen Rekord auf 556,0 km/h verbesserte. Am 15. September kam John Cobb mit seinem neuen zweimotorigen Railton Mobil Special auf 563,6 km/h, was aber bereits am nächsten Tag von George Eyston mit 575,3 km/h übertroffen werden konnte. Damit war das ursprünglich für den T 80 vorgesehene Ziel von 550 Stundenkilometern bereits erheblich überschritten und Porsche war gezwungen, sich erneut ans Zeichenbrett zu setzen. Er überarbeitete seine Pläne und setzte das Ziel nun auf 600 km/h fest. Dazu würde der T 80 eine Beschleunigungsstrecke von sechs Kilometer und einen Brems- und Auslaufweg von 2250 Meter benötigen. Beide Werte erschienen, gemessen an den Verhältnissen in Bonneville, als äußerst knapp.
Porsche sprach von einem Leistungsbedarf von 3000 PS. Konnte Daimler-Benz dies gewährleisten? Die Antwort fiel positiv aus, man war in der Lage und auch willens, diese Anforderung zu erfüllen. Mit dem erst im Erprobungsstadium befindlichen DB 603 glaubte man das passende Aggregat parat zu haben. Man baute den dritten Prototypen, den DB 603-V3, Anfang 1939 in das T 80-Chassis ein. Es sollte dies der einzige jemals in dieses Fahrzeug eingebaute Motor bleiben.
Der 33 900 ccm (150 × 160 mm) große DB 601 war inzwischen zu einem ausgezeichneten Motor herangereift. Er räumte mit dem schlechten Ruf seines nicht sehr zuverlässigen Vorgängers, dem Vergaser-Typ DB 600, auf. Fritz Nallinger, der den betriebsamen Flugmotorenbau in Werk 60 leitete, beabsichtigte die Entwicklung mit dem DB 603 da noch einen Schritt voranzubringen. Sein Hubraum war auf 44 500 ccm vergrößert worden (Bohrung 162 mm, Hub 180 mm), im Konzept entsprach er jedoch seinem Vorgänger. Die zwölf Zylinder hingen in einem V-Winkel von 60 Grad zueinander nach unten, um den Einbau in ein Flugzeug zu erleichtern. Das Aggregat wurde auch so in den T 80 eingesetzt. Die beiden Zylinderbänke waren zusammen mit dem Kopf aus Silumin-Gamma-Legierung gegossen, in den Zylinderköpfen hingen je vier Ventile. Sehr dünnwandige trockene Stahl-Laufbüchsen wurden von unten (oder in diesem Falle von oben) in die Leichtmetall-Zylinder eingeschraubt. Dazu befand sich am oberen Ende der Laufbüchsen und der Zylinderwand ein feines Gewinde. Unten wurden die Büchsen mit einem Ring im Kurbelgehäuse (ebenfalls aus Silumin-Guß) verschraubt. Die geschmiedeten Alu-Kolben hatten einen vertieften Kolbenboden, womit die Verdichtung in der linken Zylinderreihe 7,5:1 und rechts 7,3:1 betrug. Am Kurbeltrieb ließ sich eine gewisse Ähnlichkeit zum Rennmotor M 25 erkennen. Die einteilige Kurbelwelle war geschmiedet und mit Gegengewichten versehen, sie lief in sieben Gleitlagern. Die mit einem Stahlring versehenen, teilbaren Blei-Bronze-Lager wurden in kreuzverschraubten Lagerböcken gehalten. Wie beim DAB V12-Zylinder verwendete man auch an den DB 600-Typen kombinierte Gabel- und Schwert-Pleuel. Die Rollenlager am Pleuelfuß ersetzte man am DB 603 durch Gleitlagerbüchsen. Die meisten Nebenantriebe waren an der Rückseite des Motors angeordnet, um den DB 603 so schmal wie möglich zu halten. Ein Stirnradsatz trieb die darüber angeordneten Königswellen zur Nockensteuerung an. Die Ventile wurden über gegabelte Schlepphebel je paarweise von einem Nocken bewegt. Ein weiterer Zahnradsatz trieb die Zwölfstempel-Einspritzpumpe von Bosch an, die zwischen den Zylinderbänken Platz gefunden hatte. Die Anordnung der anderen Nebenantriebe wurde aus Platzgründen beim T 80 verändert, so hatte man auch den Zündmagnet der Doppelzündungsanlage an anderer Stelle untergebracht.
Das Untersetzungsgetriebe, das am Flugmotor die Propeller-Drehzahl gegenüber der Kurbelwellen-Drehzahl um die Hälfte verringerte, wurde beim Rekordwagen nicht verwendet. Das Aggregat wurde in den T 80 mit dem Wellenstumpf nach hinten eingesetzt. Zusammen mit einer 73 kg schweren Schwungscheibe wog der eingebaute Motor 807 kg und lag damit um 225 kg über dem Gewicht des ursprünglich vorgesehenen DB 601. Das heiße Kühlmittel wurde an der Rückseite der Zylinderbänke abgeleitet und floß in den Rückführleitungen nach vorne zu den, über dem Motor angebrachten Dampf-Abscheidern. Der abgeblasene Dampf wurde dort in einem 20-Liter-Vorratsgefäß aufgefangen, das zwischen den Kühler und die Wasserpumpe geschaltet war.
Der Öltank mit einem Fassungsvermögen von 30 Litern war unter dem Fahrersitz, genau vor dem Motor, eingebaut. Diese Unterbringung geschah auf Veranlassung Nallingers, wobei man dabei die unlackierte, lediglich polierte Unterseite in den freien Luftstrom ragen ließ. Für die ersten Probefahrten ordnete er auch die Verwendung eines Dampf-Abscheiders im Ölkreislauf anstelle eines Ölkühlers an. Zum Anlassen des Motors war ein Preßluft-Starter vorgesehen. Vom Bug des Wagens aus wurde in einem Luftkanal die nötige Ansaugluft rechts am Cockpit vorbei dem Kompressor zugeleitet. In diese Luftführung hatte man eine Regulierungsklappe eingesetzt, die mit dem Benzinzufuhrsystem der Einspritzanlage gekoppelt war. Nallinger war mit der Kanalführung indessen nicht zufrieden, denn vor dem Eintritt am Lader machte die Leitung einen scharfen Knick. Er veranlaßte schließlich Mitte 1939 die Verbringung des Fahrzeugs ins Werk 60, wo man sich um eine bessere Führung der Luftzuleitung bemühen und, wenn nötig, weitere Klappen einbauen wollte. Die einzeln stehenden Auspuffkrümmer sollten leicht nach hinten geneigt montiert werden, damit man durch die ausgestoßenen Gase eventuell an Geschwindigkeit gewinnen könnte.
An den Längsseiten war der Motor an den üblichen Befestigungspunkten, die man auf den Rahmen abgestützt hatte, montiert. Am hinteren Ende ruhte er auf einer großen Leichtmetallplatte, die zugleich das Vorderteil der Kupplungsglocke bildete. Die Basis des T 80-Chassis bildete ein stabiler Leiterrahmen, dessen Längsträger aus breiten Ovalrohren bestanden. Über die Länge des Motors hatte man keine Traversen angeordnet, dafür war der Rahmen aber an Bug und Heck mit zahlreichen Querrohren verstrebt. Das Gewicht des nackten Rahmens belief sich auf 224 kg, komplett mit den seitlichen Auslegern zur Aufnahme der Karosserie wog er 240 kg. Im Heck waren die Längsträger nach unten abgekröpft und vorne nach oben, somit konnten die Aufhängungen auf der Höhe der Naben gehalten werden. Porsche und Rabe blieben den Schwinghebeln und querliegenden Torsionsstäben an der Vorderachse treu. Am Rahmen waren die Schwinghebel sehr breit gelagert, an den Rädern hatte man sie mit Kugelgelenken befestigt. An den rahmeninneren Enden der kurzen Hebel waren die Federstäbe befestigt, für jeden Hebel einer, also insgesamt vier Stäbe. Diese waren in der Mitte miteinander verbunden, dort konnte man auch Einstellungen der Anlenkhöhe und der Federhärte vornehmen. Eine Verlängerung nach vorn an den oberen Kurbellenkern war über ein Gestänge mit einem großen Reibungsstoßdämpfer verbunden, der im rechten Winkel zur Lagerung der Radaufhängung, aber am selben Gußstück, angeordnet war. Die Lenkarme an den Naben wurden über eine geteilte Spurstange mit dem in der Mitte angeordneten Lenkgetriebe verbunden. Man verwendete hier eine Segment-Lenkung. Der maximale Lenkausschlag betrug 9 Grad zu jeder Seite, womit sich ein Wendekreisdurchmesser von 64 Meter ergab. Das wäre beim Einparken schon sehr hinderlich gewesen. Die Lenkübersetzung betrug 30:1, und man benötigte von Anschlag zu Anschlag anderthalb Umdrehungen mit dem wirklich riesigen Lenkrad.
Porsches Mitarbeiter wollten möglichst viel Kraft auf den Boden bringen,

ohne daß dadurch die Reifen einer zu starken Belastung ausgesetzt würden. Aus diesem Grund entschied man sich für die Verwendung von vier angetriebenen Rädern im Heck des T 80. Diese wurden von einer abgeänderten Schwingachs-Konstruktion gefedert, wobei man über den ohnehin stark begrenzten Federweg nur eine sehr minimale Sturzänderung zuließ. An jedem Rad war ein Längslenker zur Abstützung der Brems- und Beschleunigungskräfte angebracht, beide waren in der Mitte am Rahmen abgestützt. Sie zeigten also von den Rädern aus gesehen in unterschiedliche Richtungen. Die Seitenführung der Räder übernahmen die Achsrohre, in denen die Antriebswellen untergebracht waren. Die Wellen wiesen an beiden Enden Kreuzgelenke auf, und die Hüllrohre waren an beweglichen Segmenten am Gehäuse des Ausgleichsgetriebes montiert. Eine zusätzliche Führung für die Hinterräder wurde durch die Hebelarme zu den Torsions-Federn erreicht, welche parallel zu den Achsrohren an den Radnaben befestigt waren. Sie waren mit den in separaten Rohren innerhalb der Längsholme untergebrachten Federstäben verbunden. Am hinteren Ende der Federgehäuse waren Reibscheiben-Stoßdämpfer angebracht, und an der vorderen Befestigung befand sich auch der Zentralpunkt der beiden Längslenker.

Das Antriebsgehäuse, das schräg nach unten zu den Achsen verlief, ähnelte dem Rücken eines prähistorischen Untiers. In den beiden Ausgleichsgetrieben befanden sich Sperr-Differentiale, die von 2,08:1 untersetzten Kegelrädern angetrieben wurden. Untereinander waren die beiden Antriebe mit einer starren Welle ohne jedes Zwischengetriebe verbunden. Der Ausgleich zwischen der höher liegenden Linie von Kupplung und Kurbelwelle wurde durch zwei Stirnräder hergestellt. Man ging an dieser Stelle von einer Übersetzung von 0,586:1 aus, sah aber einen Wechsel der Zahnräder je nach den günstigsten Bedingungen vor. Zusammen mit dem Kupplungsgehäuse wog die gesamte Antriebseinheit 273 kg. Es gab am Typ 80 kein Wechselgetriebe, denn Porsche war der Meinung, daß das gewaltige Drehmoment des DB 603 ausreichen würde, um das Fahrzeug zu beschleunigen. Zur Überbrückung der nötigen Strecke bis zum vollständigen Einrücken der Kupplung, das heißt, bis zum Erreichen der notwendigen Mindest-Drehzahl von 800 U/min– entsprechend 130 bis 150 km/h, je nach Übersetzung – sah man eine zusätzliche Kupplung vor. Diese „Wärmespeicher“ genannte Kupplung wies einen sehr großen Durchmesser auf, was man am großzügig dimensionierten Gehäuse erkennen konnte. Die drei angetriebenen Kupplungsscheiben waren auf beiden Seiten mit Asbest-Gewebe belegt. Sie arbeiteten in dem geschlossenen Gehäuse im Ölnebel, wodurch die auftretende Wärmeentwicklung teilweise abgeführt werden konnte. An dieser „Schleifkupplung“ ermöglichte die Anordnung von Fliehgewichten ein sanftes Einrücken. Verbunden damit war die hydraulische Betätigung der Haupt-Kupplung, deren Druckzylinder sich im selben Gehäuse befand. Wenn das gewünschte Verhältnis von Kurbelwellendrehzahl und Fahrzeuggeschwindigkeit erreicht war, stellte die 96 kg schwere Kupplung eine starre Antriebsverbindung her. Anfänglich hatte man eine Flüssigkeitskupplung vorgesehen, eine frühe Form einer Hydra-Matic, doch entschloß man sich dann für die Rutschkupplung.

Bei dieser Kupplungsanordnung hätte Hans Stuck das Gaspedal durchtreten können, ohne sich um eventuell durchdrehende Hinterräder kümmern zu müssen. Wenn die Hinterräder begonnen hätten, sich schneller zu drehen als die vorderen, hätte ein Regelmechanismus sofort die Kraftstoffzufuhr der Einspritzanlage gedrosselt. Zu diesem Zweck hatte man an Vorder- und Hinterrädern Kontrollvorrichtungen angebracht. Von der rechten vorderen Radnabe führte eine Antriebsspirale nach hinten zum Steuermechnismus, der rechts am Antriebsgehäuse montiert war. Dieser bestand, ähnlich wie die Achsantriebe, aus einem Differential-Radsatz. Eine Welle wurde von den Reibscheiben der Kupplung angetrieben und drehte sich so mit der Drehzahl der Hinterräder. Die andere Welle war mit der Antriebsspirale von den Vorderrädern verbunden. Die Abstimmung der Radsätze war so gewählt, daß

Links: Der Fahrerplatz des T 80 zwischen den riesigen 31-Zoll-Vorderrädern. Wie man sieht, war der Wagen bereits fertig zusammengebaut und mit allen Installationen versehen.

Unten: Als Antrieb des T 80 sollte ein Daimler-Benz-Flugmotor dienen. Die benötigten 3000 PS standen jedoch 1939 noch nicht zur Verfügung.

bei gleicher Drehzahl der beiden angetriebenen Wellen die äußeren Zahnräder in Ruhestellung blieben. Unter diesem Steuer-Radsatz war nun ein Fliehkraftregler angebracht, der bei einem Unterschied von mehr als fünf Umdrehungen zwischen Vorder- und Hinterachse sofort in Bewegung gesetzt wurde. Über ein Gestänge wurde daraufhin die Kraftstoffdosierung gedrosselt und damit die Drehzahl und Leistung des Motors verringert, womit auch ein Durchrutschen der Hinterräder eingestellt worden wäre. Dieses System hätte wahrscheinlich auf einen groben Fahrfehler nicht schnell genug reagieren können und es scheint fraglich, ob es in der Praxis überhaupt wirkungsvoll gewesen wäre. In seiner Konzeption jedoch stellte dieser Mechanismus eine wertvolle Hilfe für den Fahrer dar.

Da man dem T 80 nur etwa einen Kilometer Bremsweg zugestanden hatte, mußten Porsche und Daimler-Benz den Wagen mit wirkungsvollen Bremsen versehen. Der Durchmesser des Bremsrings in den feinverrippten Leichtmetall-Trommeln betrug 500 mm. In einer späteren Ausführung hatte man die Turbo-Belüftung von 1939er Rennwagen übernommen. Diese Bremstrommeln waren bereits gegossen worden, aber zur Bearbeitung kam es nicht mehr. In jeder Bremse waren vier Backen gesteuert, jede mit einem eigenen Hydraulikzylinder. Mit dieser Anordnung folgte man den Praktiken bei der Auto Union, denn eine derartige Unterteilung der Bremsbacken erlaubte eine bessere Anpassung an durch Hitze verformte Bremstrommeln. Natürlich ergaben sich an einem Fahrzeug mit sechs Rädern damit gewisse Probleme, denn man hatte es hier mit nicht weniger als 24 Radbremszylindern zu tun. Gesteuert wurden diese von drei Hauptbremszylindern, einem pro Achse. Im März 1939 bat Porsche um eine Erprobung der Bremsanlage auf dem Prüfstand. Er rechnete damit, das Fahrzeug aus einer Geschwindigkeit von 600 km/h nach 25 Sekunden zum Stehen zu bringen. „Das wird schwierig werden," lautete Max Sailers Bemerkung zu diesem Vorhaben.

Die Drahtspeichenräder mit der Rudge-Zentralverschlußnabe maßen 32 Zoll im Durchmesser, die Felgen des Typs 4,00 F trugen 7-Zoll-Continental-Reifen. Diese Pneus waren aus den für die Autobahnrekorde verwendeten Spezialreifen weiterentwickelt worden. Die Karkasse bestand aus 10 Gewebelagen aus ägyptischem Mako, die in einem Winkel von 32 Grad versetzt übereinandergelegt wurden und jeweils von einer 1,0 bis 1,2 mm dicken

Oben: Das Chassis mit den massiven Längsholmen; der Motor ist wie im Flugzeug mit hängenden Zylindern eingebaut.

Links: Auf das Chassis ist ein Rohrskelett aufgesetzt, das der Karosserie die wichtige Stabilität verleihen sollte.

Natur-Kautschuk-Schicht versehen waren. Auf die vorgeschriebenen 5,5 at aufgepumpt, hatte man Belastungstests bis 430 km/h und Schnellaufversuche bis 670 km/h durchgeführt.
Man hatte bei der Konzeption des T 80 vorgesehen, bei der Gewichtsverteilung 56 Prozent der Belastung auf den Hinterachsen anzuordnen, im fahrfertigen Zustand wollte man dies noch auf 60 Prozent erhöhen. Dieses Vorhaben konnte indessen nicht verwirklicht werden. Betriebsbereit, jedoch ohne Kraftstoff und bei abgenommener Karosserie, wog das Fahrzeug 2683 kg, wovon auf den beiden Hinterachsen nur 53,4 Prozent lasteten. Der Benzintank war am äußersten Ende des Rahmens untergebracht, aber auch das beeinflußte die Gewichtsverteilung nicht in dem gewünschten Maße. Das Gewicht der Karosserie wurde ebenfalls so gut wie möglich im Heck konzentriert, man verwendete für das gesamte Oberteil des Aufbaus ein Stahlrohrgerüst (124 kg), das mit Duralblechen der Dicke 0,3 bis 1,0 mm beplankt wurde. An vier Haupt-Befestigungspunkten lag diese Karosseriehälfte am Rahmen auf, zwei davon befanden sich im Bug und zwei an den Längsseiten hinter den Hinterrädern. Die Bodenwanne war seitlich an sechs Stellen verankert. Die komplette Karosserie wog 344 kg, so daß der T 80 insgesamt – ohne Fahrer und Benzin – 3024 kg auf die Waage brachte.

Der Rohrverlauf des Aufbaus ist exakt nach der Karosseriegestaltung gehalten. Seitlich, auf der Höhe des Motors, ist die stabile Halterung für die Seitenflosse zu erkennen.

Als der T 80 nun im Jahre 1939 seiner Fertigstellung entgegenging, war die Frage nach der gewünschten PS-Leistung noch immer offen. Mit einer Spezialversion des DB 601 hatte man einige aufsehenerregende Leistungen auf dem Flugzeugsektor vollbringen können und schloß daraus, daß die erhoffte Leistungssteigerung für die Erringung des absoluten Weltrekords für Landfahrzeuge durchaus im Bereich des Möglichen lag. Man hatte an den Flugzeughersteller Heinkel ein Aggregat mit einer zusätzlichen Methyl-Alkohol-Einspritzanlage geliefert, das laut Flug-Historiker William Green „so empfindlich war, daß es stets durch ein Technikerteam von Daimler-Benz betreut werden mußte." Dieser DB 601 ARJ ermöglichte der Heinkel He 100 am 30. März 1939 mit 746,4 km/h einen neuen Geschwindigkeitsweltrekord zu fliegen. Kaum einen Monat später konnte Flugkapitän Fritz Wendel mit einer Messerschmitt Me 209, die mit einem ähnlichen DB 601 V12-Zylinder ausgestattet war, den Rekord auf 755 km/h verbessern. Diese Leistung wurde als Weltrekord für Flugzeuge mit kolbengetriebenen Motoren erst nach Jahrzehnten übertroffen. Das Triebwerk hatte dabei 1550 PS bei Benzinbetrieb geleistet, und eine Minute lang konnte man mit der Methanol-Zusatzeinspritzung auf 2300 PS kommen. Bei gleicher spezifischer Leistungsausbeute mußte man demzufolge beim DB 603 knapp über 3000 PS erreichen können. Genau diese Leistung hätten die Erbauer des T 80 benötigt, um bei einer Drehzahl von 3200 U/min auf 600 km/h zu kommen. Jedoch war der DB 603 zu diesem Zeitpunkt noch nicht auf jenem Entwicklungsstand angelangt. Während des Krieges gaben die Einsatz-Versionen, versehen mit einem Zweistufen-Lader, eine Startleistung von 2830 PS bei 3000 U/min ab. 1939 war man aber erst bei 2800 PS und 2500 Umdrehungen angelangt – was nicht ausgereicht haben dürfte, um John Cobbs Weltrekord sicher zu übertreffen. Dieser war am 22. August mittlerweile auf 595 km/h hochgeschraubt worden.
Neben etlichen technischen Problemen galt bislang auch die Frage nach dem geeigneten Schauplatz für einen Weltrekordversuch noch als ungeklärt. Anfangs waren sich die Konstrukteure und Erbauer des Wagens einig, den Salzsee bei Bonneville im US-Bundesstaat Utah als erprobte Stätte für derartige Unternehmungen vorzuziehen. Doch 1938, als sich erste Gerüchte über das geheimgehaltene Vorhaben in Regierungskreisen Berlins verbreiteten und die internationalen Spannungen sich zu vermehren begannen, rückte der Gedanke einer Amerika-Expedition immer weiter in die Ferne. Stuck, dem es gelungen war, die Realisierung des Projekts zu organisieren, wollte sich nun auf keinen Fall daran hindern lassen, den T 80 auch einzusetzen. Aus diesem Grund sprach er in der Reichskanzlei in Berlin vor. Er wußte dabei sehr genau, an wen er sich in dieser Angelegenheit zu wenden hatte.
Adolf Hitler fuhr selbst keinen Wagen. Aber er liebte die Fahrten in seinen chauffeur-gesteuerten großen Mercedes-Modellen. Albert Speer erinnerte sich an Hitlers Bemerkung über einen seiner langjährigen Chauffeure: „Schreck war der beste Fahrer, den man sich vorstellen konnte, und mit dem Kompressor kamen wir auf Hunderfünfzig. Wir fuhren stets sehr schnell. Was hatten wir oft für einen Spaß, wenn wir die großen amerikanischen Wagen ärgern konnten. Wir blieben immer dicht hinter ihnen, bis sie versuchten, uns davonzufahren. Diese Amerikaner sind alter Kram, verglichen mit einem Mercedes."
Durch den Chauffeur Schreck war Stuck 1931 zum erstenmal mit Hitler zusammengetroffen. Zwei Jahre später suchte er ihn wieder auf, um ihn um die Unterstützung bei Porsches P-Wagen-Projekt, dem späteren Auto Union-Sechszehnzylinder, zu bitten. Er sprach jetzt ein weiteres Mal beim Führer vor und erzählte ihm von seinem kürzlich errungenen Stundenweltrekord für Motorboote. Und er sprach über seinen Plan, den absoluten Geschwindigkeitsweltrekord, sowohl auf dem Wasser als auch zu Lande mit Daimler-

Benz-Motoren zu erringen. Hitler klopfte dem blonden Hünen auf die Schulter und sagte ihm „jede Unterstützung" zu.
Der NSKK-Chef Hühnlein wurde ausschließend mit der Suche nach geeigneten Örtlichkeiten für den Einsatz des T 80 beauftragt. In seiner überheblichen Art verkündete er: „Es dürfte wohl selbstverständlich sein, daß ein deutscher Rekord auch auf deutschem Boden herausgefahren werden muß." Gemeinsam mit Fritz Todt, dem Leiter des Reichs-Arbeitsdienstes und Erbauer der Autobahnen besichtigte Hühnlein das immer weiter gedeihende Netz dieser Schnellverkehrslinien. Sei entdeckten dabei einen Streckenabschnitt nördlich von Leipzig, der über völlig ebenes, offenes Land führte und für das große Vorhaben sehr geeignet erschien. Auf diese Weise entstand der bereits erwähnte, über die gesamte Breite betonierte Teilabschnitt auf der Höhe von Dessau. Hier wurden Anfang 1939 die Rekorde mit dem Dreiliter-Wagen gefahren; gebaut war diese Bahn jedoch für den T 80. Aber auch diese Piste, die ohnehin bei den veranschlagten Geschwindigkeiten ein größeres Risiko als die weite Fläche des Salzsees darstellte, entsprach nicht ganz den Erwartungen. Erst nach Beginn der Bauarbeiten stellten die Planer nämlich fest, daß die Strecke den nordöstlichen Ausläufer einer der beiden größten Braunkohle-Gruben in Deutschland durchkreuzen würde. Da die Braunkohle den wichtigsten Rohstoff in Deutschlands Energieversorgung darstellte, nahm sie einen größeren Stellenwert als der Autobahnbau ein. So mußte man mit der Strecke ausweichen und die lange Gerade lief nun an beiden Enden in Kurven aus. Die Abmessungen waren zwar noch innerhalb der berechneten Beschleunigungs- und Bremswege geblieben, aber es war nun keine Reserve mehr vorhanden. Die Vorzeichen standen also nicht gerade günstig, jedoch ein fest entschlossener Herausforderer wie Hans Stuck ließ sich dadurch von seinem Vorhaben nicht mehr abbringen.
Die Vorbereitungen am Fahrzeug liefen weiter. Am 12. Oktober 1939 – der Krieg hatte schon begonnen – stellte man das fertige Chassis erstmals auf den Rollenprüfstand der Rennabteilung. Der DB 603-V3 wurde angeschleppt. Bei diesem Aggregat handelte es sich nicht um die speziell vorbereitete „Rennversion", sondern lediglich um einen Prototyp für die ersten Tests. Jakob Krauss, Leiter dieser Versuche erkannte, daß die Verbindung der Drosselklappe mit der Einspritzpumpe falsch angeordnet war, und er koppelte deshalb für die Versuchsdauer die Luftmengen-Regulierung direkt an das Gaspedal. Der Prüfstandslauf ergab, daß die Fliehgewichte in der Rutschkupplung sich nicht richtig bewegten: der Einkuppelvorgang erfolgte nicht so ruckfrei wie vorgesehen. Man baute die Kupplung aus und montierte die Anordnung auf einen Elektromotor, wo sie dann einwandfrei funktionierte.
Die kurzen Versuchsläufe hatte man mit den endgültig zum Einsatz kommenden Rad- und Reifenarten durchgeführt, eine Freigabe für den Rekordversuch war jedoch von Seiten der Hersteller noch nicht erfolgt. Auch am Aufbau war noch einiges zu tun. Die einzelnen Bleche waren noch nicht vollständig vernietet, und die Befestigungspunkte am Fahrgestell mußten noch angepaßt werden. Man hätte noch etwa einen Monat Zeit gebraucht, um den T 80 endgültig fertigzustellen. Bis dahin mußte man sich auch noch mit den ersten Probefahrten gedulden. Hans Stuck war inzwischen eine Benachrichtigung zugegangen, nach der er sich für die erste Fahrt bereithalten sollte.
Zu dieser Zeit, im Herbst 1939, herrschte allgemein Unklarheit über die Zukunft des Automobilsports in Europa. Die Rennsaison nahm in Italien ihren Fortgang, es gab ein weiteres Rennen in Tripolis und eine verkürzte Mille Miglia. Für 1940 hatte die ONS eine Rekordwoche in Dessau angesetzt, bei der der T 80 die Hauptattraktion bilden sollte. Doch gegen Ende des Jahres zeichnete es sich bereits deutlich ab, daß daraus nichts werden würde. Als Stuck in Untertürkheim eintraf, sagte man ihm, was zu diesem Zeitpunkt noch viele in Deutschland glaubten: „Der Krieg wird bis in drei Monaten vorbei sein. Dann können wir sofort weitermachen!" Doch aus den Monaten sollten Jahre werden...
Am 29. Februar 1940 wurde der DB603-V3 in das Werk 60 zurückgebracht, wo man ihn wieder zu seiner eigentlichen Bestimmung als Versuchs-Flugmotor zurückführte. Das Chassis wurde wieder zusammengebaut, damit der T 80 auf eigenen Rädern bewegt werden konnte und im Juni 1940 wurde er in die Box E der Fahrzeughalle in Untertürkheim gebracht.
Der T 80 konnte seine wirkliche Leistungsfähigkeit nie unter Beweis stellen. Deshalb wird es wohl für immer offenbleiben, ob Stuck damit den Rekord von John Cobb hätte überbieten können. Nachdem der englische Pelzgroßhändler im Jahre 1947 mit seinem Railton das zu erreichende Limit auf nunmehr 634,4 km/h gesetzt hatte, entschloß man sich bei Daimler-Benz, den T 80 nicht mehr wiederzubeleben. Man hatte eingesehen, daß die Bemühungen sinnlos geworden waren. Das „phantastische Unternehmen" war sowohl bei der Belegschaft als auch bei der Direktion nie auf die gleiche Gegenliebe gestoßen wie etwa die eigenen Renn-Projekte.
Die einzige Möglichkeit, das Potential der Konstruktion T 80 in Beziehung zu setzen, ergibt sich aus einem Vergleich der Daten mit seinem direkten Konkurrenten. Dies war ohne Zweifel der von Red Railton konstruierte Railton Mobil Special, der 1939 von zwei 12-Zylinder-Napier-Motoren angetrieben wurde:

	Mercedes-Benz T 80	Railton Mobil Special
Länge	8230 mm	8740 mm
Breite	1740 mm (3200 mm m. Flügel)	2440 mm
Höhe	1270 mm	1295 mm
Stirnfläche	1,7 m^2	2,8 m^2
Radstand	3550/4830 mm	4115 mm
Spur vorne	1300 mm	1675 mm
Spur hinten	1320/1180 mm	1070 mm
Reifengröße	7,00 × 31	7,00 × 32
Hubraum	44 500 ccm	2 × 23 995 ccm
Leistung	3000 PS (geplant) bei 3200 U/min	2860 PS bei 3300 U/min
Motor-Gewicht	870 kg	1425 kg
Fahrzeug-Gewicht (trocken)	2896 kg	2860 kg

Es ist erstaunlich, wie ähnlich beide Fahrzeuge in Bezug auf Größe, Leistung und Gewicht waren. Der T 80 wies eine deutlich kleinere Stirnfläche auf, und sein c_w-Wert dürfte ebenfalls günstiger ausgefallen sein. Hierzu trugen das geschlossene Kühlsystem und die ovale Grundform bei. Ein Wettstreit der beiden Fahrzeuge hätte ein gewaltiges Spektakel darstellen können. Die beiden Nationen zogen jedoch die Konfrontation auf den Schlachtfeldern einem Vergleich in Bonneville vor...
Das letzte Wort über den T 80 sprach ein Mann, der an seiner Entstehung nicht ganz unbeteiligt gewesen war: Alfred Neubauer. „Schade drum. Denn ich bin überzeugt: Hans Stuck und der T 80 hätten es bestimmt geschafft."

„Immer wenn ich Uhlenhaut nach einem Mercedes-Sieg beglückwünschte, entgegnete er, daß die Erklärung, warum ein Wagen ausgefallen ist, wichtiger sei."
George Monkhouse

Die Dreiliter-Formel

In den letzten Vorkriegsjahren sollte die Mercedes-Rennabteilung zum Mittelpunkt der stürmischen Entwicklung im Automobil-Rennsport werden. Ihre wichtige Rolle als Verbindungsglied zwischen der Entwicklungsabteilung und Alfred Neubauers Sportabteilung zeigte sich in der Wende von den Startverzichten zu Ende der Saison 1936 bis zur totalen Überlegenheit ein Jahr danach. Hier stand eine der größten Streitmachten aller Zeiten bereit, um jede Herausforderung auf sportlichem Sektor anzunehmen.
In den Jahren 1937 und 1938 war die Daimler-Benz AG mit einer Vielzahl verschiedener Rennaktivitäten beschäftigt. Für die Zuverlässigkeitsfahrten des NSKK bereitete man werksseitig verschiedene Serienwagen vor, und man baute neben den Grand-Prix-Wagen auch Bergrenn- und Rekord-Spezialfahrzeuge. Auch arbeitete man in Stuttgart an einem Wagen für die Erlangung des absoluten Geschwindigkeits-Weltrekords. Den Bau eines Fahrzeuges für ein Langstreckenrennen von Berlin nach Rom lehnte man mit der Begründung, dies würde eine „ungeheure" zusätzliche Belastung bedeuten, ab. Einige Zeit später baute man jedoch mit dem 1,5-Liter-Tripolis-Wagen gleich einen ganz neuen Rennwagen, der bestimmt einen größeren Aufwand erforderte als die Vorbereitung einiger spezieller Sportwagen für dieses Langstreckenrennen. Doch im Jahre 1937 galt nun das ganze Interesse und die ganze Tatkraft den durch die neue Grand-Prix-Formel veränderten Anforderungen.
Die internationale Automobilsport-Kommission AIACR hatte im September 1936 die Bestimmungen für die Rennwagen der Saisons 1938–40 bekanntgegeben. Zum erstenmal hatte man den Konstrukteuren die Wahl zwischen kleineren Kompressor-Motoren und großen Saugmotoren freigestellt. Entsprechend zu dem Hubraum der Motoren hatte man variable Mindestgewichte beschlossen, die Grenzen lagen zwischen 400 und 850 kg. Die Saugmotoren durften einen Hubraum zwischen 1000 und 4500 ccm besitzen und die Lader-Aggregate waren auf 666 bis 3000 ccm beschränkt. Die Regelung sah die Zulassung von verschieden großen Fahrzeugen auf der Basis einheitlicher Leistungs-Gewichtsverhältnisse vor, doch es sollte sich bald zeigen, daß sich fast alle Konstrukteure den hubraumstärksten Aggregaten beider Kategorien zuwenden würden. Die reiche Erfahrung auf dem Gebiet der aufgeladenen Motoren gebot Daimler-Benz, sich auf einen Dreiliter-Wagen zu konzentrieren. Schon Anfang 1937 entschied man sich für die Konstruktion eines V12-Zylinders mit einem Zylinderwinkel von 60 Grad. Die ersten Entwürfe des Teams um Albert Hess zeigten die gleichen stehenden, doppeltwirkenden Lader wie beim DAB V12.
Am 18. März wurden zwei vorläufige Entwürfe für den neuen Rennwagen des Jahres 1938 abgeschlossen, um sie auf der zwei Tage später stattfindenden Sitzung zur Diskussion stellen zu können. Auf beiden war ein auf einen Radstand von 2700 mm verkürztes W 125-Chassis zu erkennen, bei dem der Kraftstoffvorrat in zwei längs am Rahmen angebauten Tanks mitgeführt werden sollte. Ein Wagen hatte eine geradlinige Anordnung des Antriebs, beim anderen jedoch hatte man den Motor samt Antriebswelle schräg angeordnet, um 6,5 Grad versetzt. Die Antriebswelle war nicht mehr auf die Mitte des an der Hinterachse befindlichen Getriebes gerichtet, sie war weiter nach links gerückt. Durch diese Anordnung konnte man die Sitzposition des Fahrers wesentlich tiefer anordnen. Die Gewichtsverteilung bei beiden Konzepten ergab einen gewissen Unterschied; am konventionellen Entwurf war sie mit einem Verhältnis von 50:50 für Vorder- und Hinterachse genau ausgeglichen. Bei neuer Anordnung ergab sich indessen eine willkommene Mehrbelastung für die Hinterachse, das angenommene Verhältnis betrug 48,5:51,5.
Auf jener Sitzung im März wurde auch über den T 80 gesprochen, weshalb Ferdinand Porsche ebenfalls anwesend war. Bei dieser Gelegenheit erkundigte man sich nach der Meinung des Porsche-Teams über eine neue Rennwagen-Konstruktion. Auf dem Konferenztisch wurden daraufhin die Zeichnungen von zwei Porsche-Vorschlägen ausgebreitet. Auch bei diesen Entwürfen hatte man den V12-Motor einbezogen, jedoch war hier ein Einbau in das Heck des Fahrzeugs vorgesehen. Den Radstand hatte Porsche dabei auf 2800 mm festgelegt, die Hinterachse als Schwingachse ausgeführt und die Kraftstofftanks ebenfalls an der Seite angeordnet. Bei einem Entwurf hatte man nach Auto Union-Vorbild das Getriebe hinter das Differential gesetzt, wodurch sich eine Gewichtsverteilung von 42:58 ergab. Porsche selbst bevorzugte den zweiten Vorschlag, bei dem sich dieses Verhältnis auf den zivileren Wert von 44,5:55,5 belief, was sich durch eine kompaktere Lader-Anordnung und durch die Plazierung des Getriebes zwischen Motor und Hinterachse ergab. Von den beiden Mercedes-Entwürfen bevorzugte Porsche die Lösung mit dem versetzt eingebauten Antriebs-Komplex.
Voller Ungeduld erwarteten die Konstrukteure das Auslaufen der straffen 750-kg-Limitierung. Mit der neugewonnenen Freiheit in der Gewichtsauslegung der Wagen lag der Gedanke an die seit dem Avusrennen hoch eingeschätzten Vollstromlinien-Karosserien allen Beteiligten am Herzen. Man fertigte umgehend von beiden Entwürfen zwei Windkanalmodelle im Maßstab 1:4 an. am 21. Juni lagen die ersten Testergebnisse vor. Die noch mehrfach verbesserte Porsche-Form hatte sich zwar als strömungsgünstiger erwiesen, aber es mangelte ihr an der nötigen Stabilität. Es wurde deshalb beschlossen, den hauseigenen Entwurf noch einmal zu überarbeiten, um dem guten c_w-Wert der Porsche-Version näherzukommen.
Die Entwicklung des neuen Zwölfzylinder-Aggregates dauerte über den Sommer 1937 hinaus an. Im August machte Max Wagner den Vorschlag, aus

dem großen Achtzylinder eine Dreiliter-Variante abzuleiten, um mit diesem Reservemotor „gegen Überraschungen in den ersten Rennen der Saison 1938 gewappnet zu sein."
Man mußte jedoch bald erkennen, daß die erforderlichen Summen für eine solche „Versicherung" zu hoch gewesen wären. Eine genauere Überlegung war dagegen ein anderer Gedanke wert. Man sah in den unaufgeladenen 4,5-Liter-Saugmotoren eine nicht zu unterschätzende Konkurrenz, denn durch den wesentlich geringeren Benzinverbrauch würde man mit diesen Wagen voraussichtlich einen oder sogar mehrere Boxenaufenthalte einsparen können. Es wurde deshalb der Entschluß gefaßt, an das Konstruktionsbüro Porsche den Auftrag zur Entwicklung eines 4,5-Liter-Saugmotors zu vergeben. Dieses Aggregat sollte wahlweise in den neuen Rennwagen Verwendung finden können.
Am 1. November 1937 präsentierten Porsche und seine Mitarbeiter zwei aufsehenerregende Entwürfe. Die unterschiedlichen Konzepte basierten auf dem Kurbeltrieb des ebenfalls von Porsche stammenden Wanderer W24. Man hatte hier drei Zylinderreihen mit je acht Zylindern auf ein Kurbelgehäuse aufgesetzt, bei Abmessungen von 62 × 62 mm ergaben sich 4490 ccm Hubraum für diese 24-Zylinder-Aggregate. Es sollte eine Benzin-Einspritzung Verwendung finden; Bosch sollte dafür drei Achtstempel-Einspritzpumpen und auch die vier Sechszylinder-Zündmagneten liefern. Die Gaswechsel-Steuerung mit zwei Ventilen pro Zylinder war an dem einen Motor sehr konventionell ausgefallen. Dafür gab es aber am zweiten Entwurf eine sehr ungewöhnliche Lösung, hier hatte Porsche eine Kolbensteuerung entwickelt, bei der es sich um eine fortschrittliche Zweitakt-Konstruktion handelte. Mit einem Einzylinder-Prüfmotor führte man sowohl bei Daimler-Benz als auch bei Porsche verschiedene Testreihen durch. Anfang 1938 waren diese Versuche zwar noch nicht ganz abgeschlossen, man hatte jedoch schon bald erkennen müssen, daß eine Endleistung von etwa 305 PS nicht zu übertreffen sein würde. Man war der Ansicht, daß man mindestens 360 PS benötigen würde, um konkurrenzfähig zu sein. Da sich auch die ersten Prüfstandsläufe des aufgeladenen Dreiliter-Motors schon als sehr vielversprechend erwiesen hatten, beschloß man, das Saugmotor-Projekt einzustellen. Die Vorbereitungen beim Bau der Wagen indessen waren schon so weit gediehen, daß drei der neuen Chassis bereits für den Einbau eines Saugmotors entsprechend modifiziert worden waren.
Die Einspritzanlage zumindest wurde auch für den Dreiliter übernommen. Im Juni 1937 teilte Max Sailer den Porsche-Leuten mit, daß man beabsichtige, den aufgeladenen V12-Zylinder als Einspritzmotor zu bauen, ihn aber zugleich mit der Umbaumöglichkeit auf Vergaserbetrieb versehen werde. Die eindrucksvollen Fortschritte, die man im Werk 60 mit der Einspritzanlage am DB 601 verzeichnen konnte, sollten auch am neuen Rennmotor Anwendung finden. Alle Zwölfzylinderblöcke versah man an der Rückseite mit zwei Antriebswellen sowie oben auf dem Gehäuse mit den nötigen Vertiefungen, um die beiden Bosch-Sechsstempelpumpen anbringen zu können. Im weiteren Verlauf des Jahres führte man an einem Einzylinder-Prüfmotor die notwendigen Versuchsreihen durch, um die Ausführung und die endgültige Anordnung der Einspritzdüsen zu ermitteln. Der Testmotor erwies sich jedoch als derart anfällig, daß man gezwungen war, kurzfristig wieder auf Vergaser-Betrieb umzurüsten. Erst Ende 1938 befaßte man sich erneut mit dem Projekt der Einspritzer-Version, diesmal während der Vorbereitungen für den 1,5-Liter-V8-Motor. Man beabsichtigte, so schnell wie möglich auch wieder Versuche mit dem Zwölfzylinder durchzuführen. Doch man erreichte keine nennenswerten Verbesserungen und stellte die Versuche nun endgültig ein. 15 Jahre später sollte die Einspritzung an einem nicht aufgeladenen Mercedes-Benz-Motor endlich der richtigen Aufgabe zugeführt werden.

Links: Rudolf Uhlenhaut am Steuer des W 154 bei den ersten Tests im März 1938 in Monza.

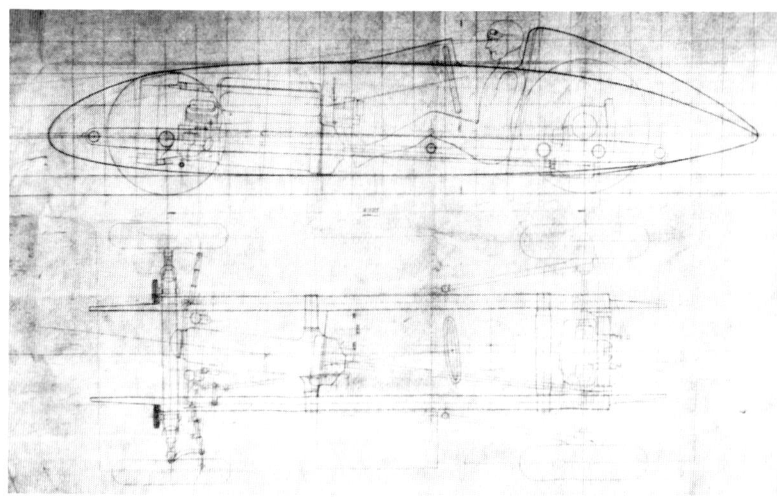

Unten: Die ersten Entwürfe für den Dreiliter-Wagen wurden im März 1937 angefertigt, dabei dachte man an eine Voll-Stromlinienkarosserie mit Seitentanks.

Keine wesentlichen Probleme gab es in Max Wagners Bereich, nämlich bei der Entwicklung eines geeigneten Fahrgestells für den mittlerweile mit der Typenbezeichnung W 154 versehenen Dreiliter-Grand-Prix-Wagen. In allen wesentlichen Teilen des Rahmens und der Aufhängungen entsprach das neue Chassis dem W 125. Die erste Skizzen dafür waren genau zu jener Zeit entstanden, als man den ersten W 125 in Monza probefuhr. Die Spurbreiten mit 1470 mm vorn und 1410 mm hinten waren unverändert geblieben, der Radstand maß 2730 mm. Der Rahmen mit seinen parallel laufenden Längsträgern aus Ovalrohren wurde mit höchster Genauigkeit gefertigt; er wurde zweimal genau vermessen, vor und nach dem Verschweißen. Gegen eventuelle Verwindungen wurden auf der Oberseite noch zusätzliche Versteifungsprofile aufgeschweißt, die man später wiederum mit Bohrungen zur Gewichtsverminderung versah. Diese von der hinteren Motorlagerung bis

zum Rahmenende reichenden Versteifungen gaben dem Rahmen eine um 30 Prozent höhere Festigkeit. Bei einem Vergleich verwand sich der W 154-Rahmen nur um ein Viertel so stark wie der des W 25 aus dem Jahre 1935.
Bei den ersten Testfahrten im März 1938 in Monza verwendete man an der Vorderachse unterschiedliche Lagerbuchsen, um das bessere Material zu ermitteln. An der linken Radaufhängung verwendete man solche aus Bronze, an der rechten aus gehärtetem Stahl. Die Stahlbuchsen zeigten nach 250 Kilometern auf der Rennstrecke und auf Autobahnen ein merklich geringeres Spiel. Die hydraulischen Stoßdämpfer mit ihren 45 mm großen Arbeitszylindern aus Siluminguß wurden beibehalten. Als zusätzliches Instrument baute man links neben dem Fahrersitz einen Verstellhebel für die hinteren Stoßdämpfer ein. Damit ließ sich die Dämpferwirkung härter einstellen, um den nach wie vor auftretenden Nickschwingungen entgegenzuwirken. Bei vollen Benzintanks wählte man die härteste Stufe, bei einer Verringerung des Gewichts wurden die Dämpfer weicher eingestellt. Die Vorderradaufhängung war ebenfalls vom W 125 übernommen worden, man hatte lediglich ganz auf hydraulische Dämpfer umgestellt. Die verwendeten Schraubenfedern wiesen eine Federhärte von 43 kp/cm auf. An der Hinterachse brachte man außen an den Rahmen-Längsholmen Torsionsstäbe an, die Stärke der Federstäbe betrug 18 mm und die Federhärte belief sich auf 37 kp/cm. Die Federhärte nahm mit zunehmendem Einfederweg um insgesamt 30 Prozent zu, da man den Anlenkwinkel des Federhebels verändert hatte. Zur weiteren Auswahl stand noch ein 19-mm-Federstab zur Verfügung, mit dem sich die Federhärte auf 45 kp/cm erhöhte.
Nachdem man sich entschlossen hatte, den Fahrer neben die Antriebswelle zu setzen, konnte man einen spektakulär niedrigen Wagen bauen, dessen Form ungewöhnlich und zugleich aufregend elegant geriet. Die Karosserie-Oberlinie, mit Ausnahme der lang auslaufenden Nackenstütze, lag noch unterhalb der Reifenoberkante – dies war vor und nach dem W 154 nie mehr erreicht worden. Mit dieser niedrigen Bauhöhe kam man dem Trend zur weicheren Federung sehr entgegen. Die Fahrer hatten kaum einen Anlaß zur Kritik. Als sie von den Testfahrten in Monza zurückkamen, waren sie voll des Lobes. Von Brauchitsch fand die Straßenlage außergewöhnlich, und Dick Seaman meinte: „Vom Besten! Er ist so niedrig wie der Delage und hört sich an wie ein halbes Dutzend ERA auf einmal. Die Straßenlage scheint noch besser als im Vorjahr zu sein, der Wagen ist gutmütig und droht in keiner Situation auszubrechen." Seamans Beurteilung wurde stets als verbindlich angesehen – Uhlenhaut traute nur ihm und Hermann Lang technische Aussagen zu, die er nicht selbst noch einmal überprüfen mußte.
Das Vorhaben, Viernocken-Bremsen und einen Bremskraftverstärker zu verwenden, wurde vom Vorstand aus Zeitgründen zurückgestellt. Anstelle dessen verbesserte man noch einmal die vorhandene Bremsanlage. Man ging dabei auf Bremsbacken aus Magnesium und zusätzlich erleichterte Bremstrommeln über. Die Bremskraftverteilung erforderte ebenfalls einige Korrekturen, denn durch den niedriger gewordenen Wagenkörper war die Gewichtsverlagerung bei einer Verzögerung des Wagens wesentlich geringer geworden. Dazu verschob man den Ausgleichsbalken der beiden Hauptbremszylinder um 2 mm zugunsten der hinteren Bremsen, doch das führte zu einer Überbeanspruchung und schließlich zur Rißbildung auf den Bremsflächen in den Hinterrad-Bremstrommeln. Darüber hinaus verringerte sich auch die gesamte Bremskraft, denn die Vorderradbremsen bekamen nun zu wenig Bremsdruck. Als Abhilfe fertigte man für die Hinterräder größere Trommeln an. Bei den Rennen in der Schweiz und Italien waren die Wagen von Caracciola und Seaman mit solchen 470 mm großen Trommeln ausgerüstet. In Monza kamen versuchsweise auch stärkere Bremstrommeln in der bisherigen Abmessung von 400 mm zum Einsatz, womit sich nun wieder eine hohe Bremskraft ohne Risiko anwenden ließ. Die Kraftverteilung zwischen Vorder- und Hinterachse konnte man damit je nach Anforderungen des Einsatzes abstimmen, ohne daß man auf die Haltbarkeit der Bremstrommeln achten mußte. Die Jurid-Bremsbeläge waren inzwischen auf eine Stärke von 10 mm angewachsen.
Das Getriebe mußte selbstverständlich umkonstruiert werden, um die versetzte Antriebswelle aufnehmen zu können. Dazu stellte man das Eingangs-Kegelrad ebenfalls schräg, außerdem fügte man bei dieser Gelegenheit eine fünfte Übersetzungsstufe hinzu. Bisher stand einer solchen Änderung stets das Gewichtslimit im Wege. Bei den Monza-Tests hatte es damit zunächst Probleme gegeben. Uhlenhaut sah daraufhin am Segment des Schaltautomaten Sperrklinken vor, damit man beim Herunterschalten nicht mehr versehentlich in den ersten Gang geraten konnte. Die länger gewordene Antriebswelle wies nun auch ein großes Schwungmoment auf und bereitete deshalb den Fahrern einige Schwierigkeiten. Zusammen mit der Kupplungsscheibe drehte sich die Welle noch mit unverminderter Geschwindigkeit nach dem Auskuppeln weiter, das war bei einem sauberen Hinaufschalten hinderlich. So waren die Fahrer gezwungen, wenn sie in Eile waren, die Gänge förmlich hineinzukrachen – und in Eile waren sie eigentlich immer. Man kam deshalb auf den Gedanken, für den zweiten, dritten und vierten Gang eine Synchronisierung einzubauen. Es wurde eine solche Konstruktion ausgeführt und auch eine Testanordnung aufgebaut, aber die Neuerung kam vor dem Kriege nicht mehr zum Einsatz.
Am 7. August fuhr man in Livorno um die Coppa Ciano. Auf dem winkeligen Kurs galt es einige äußerst langsame Kurven zu bewältigen, wo die Mercedes W 154 in der Drehzahl sogar auf unter 3000 U/min abfielen. Dabei war das Ansprechverhalten des Motors nur mehr unbefriedigend; auch eine andere Düsenbestückung in den Vergasern konnte da keine Verbesserung herbeiführen. Man sah sich also auf dem Saison-Kalender nach einer weiteren kurvenreichen Strecke um und fand sie in Gestalt des englischen Donington Park, wo im Oktober ein internationales Rennen stattfinden sollte. Um dafür besser gerüstet zu sein, gab die Rennabteilung die Konstruktion und Anfertigung eines klauengeschalteten ersten Ganges in Auftrag. Damit konnte man auch im Renneinsatz viel leichter in Fahrt auf den ersten Gang zurückschalten. Innerhalb dieser kurzen Zeitspanne hatte man diese neuen Getriebe zuerst für einen Trainingswagen und dann für die Einsatzfahrzeuge von Caracciola und v. Brauchitsch bereitstellen können.
Die Einscheiben-Trockenkupplung wurde nach bewährtem Muster gebaut. Sie war in eine schmale Schwungscheibe eingesetzt, ihre Reibfläche war bei einem Durchmesser der Antriebsscheibe von 50 cm insgesamt 20 cm breit. Das Betätigungsgestänge hatte man ebenfalls etwas geändert, damit am Kupplungspedal mehr Spiel zur Verfügung stand. Uhlenhaut hatte zuvor seinen üblichen Verschleißtest auf der Autobahn bei Echterdingen mit einer ganzen Serie von Vollgas-Starts durchgeführt. So war also das gesamte Chassis samt Antrieb und Getriebe mit viel Sorgfalt zusammengestellt worden. Man hatte sich dabei in der Hauptsache an bewährte Konstruktionen gehalten, irgendwelche sensationellen Details hatte Uhlenhaut vermieden.
Dies galt auch für den Motor, der nur in einigen wenigen Einzelheiten von den am M 125 (Rennmotoren-Serie F) erfolgreich angewandten Praktiken abwich. Einer dieser großen Achtzylinder diente im Dezember 1937 als Versuchsobjekt bei der Weiterentwicklung sowohl des DAB V12-Zylinders als auch des noch in den Anfangsstadien befindlichen Dreiliter-Zwölfzylinders. Letzterer bekam von der Konstruktionsabteilung die offizielle Typenbezeichnung M 154, bei den Monteuren in der Rennabteilung aber wurde er in der Serienreihenfolge als Ausführung H bezeichnet. Man probierte vier verschiedene Auspuffkrümmer durch und wählte dabei die Zusammenführung von jeweils einer Zylinderbank, also sechs Einzelrohre, in einen gemeinsamen Auspuff. Wiederholt traten in der Entwicklung im Jahre 1937 Kolbenschäden auf, man konnte daraus jedoch keine verbindlichen Rückschlüsse auf das geeignete Kolbenspiel ableiten, da man sich eventueller Unzulänglichkeiten im Schmiersystem ebenso bewußt war. In seinem Bemühen, den neuen Motor auf ein gutes Leistungsniveau zu bringen, erkannte Georg Scheerer,

daß man künftig nur noch Alkohol-Treibstoff verwenden dürfte. Schwierigkeiten gab es dabei jedoch mit der genauen Zusammensetzung des Verbrennungsgemisches, denn am Kerzengesicht ließ sich nur noch mit großer Mühe nach zu magerer oder zu fetter Einstellung unterscheiden. Um ein Durchbrennen der Kolben so weit wie möglich auszuschließen, übertrug Scheerer einen Großteil seiner am DAB vollzogenen Detailverbesserungen an der Gemischaufbereitung auch auf den M 154.
Eine ungewöhnliche, aber durchaus nutzbringende Informationsquelle stellte für Daimler-Benz ein englischer „Kleinwagen" dar. Die Stuttgarter hatten 1937 einen MG-Renn- und Rekordwagen angekauft. Es handelte sich dabei um den kompressorgeladenen 750-ccm-Vierzylinder, den der deutsche Fahrer Bobby Kohlrausch vom Werk in Abingdon zur Verfügung gestellt bekommen hatte. Während der Frankfurter Rekordwoche des Jahres 1936 hatte er mit dem EX 127 (Werks-Typennummer) in der Hubraumkategorie H mit 225 km/h einen neuen Weltrekord gefahren. Im Januar 1938 stellte man nun diesen Wagen in Untertürkheim auf den Prüfstand und ermittelte stolze 115 PS bei 7000 U/min, das entsprach einer Literleistung von 153,3 PS, umgerechnet auf einen Dreiliter-Motor ergab dies einen Wert von 460 PS. Erreicht wurde dieser gute Wert mit einem niedrigeren Verdichtungsverhältnis, nämlich 6,25:1 und einem höheren Ladedruck (1,75 at), als dies für den M 154 vorgesehen war. Diese Leistungsausbeute des MG stellte für die Mercedes-Techniker einen großen Ansporn dar.

Rechts und unten: Der W 154 in seiner endgültigen Ausführung für die Saison 1938. Das Dreiliter-Triebwerk war als V12-Zylinder ausgelegt. In der Chassis-Konstruktion blieb man bei den bewährten Elementen des Vorgänger-Modells W 125. Zu Anfang der Saison hatte man die Auspuffrohre noch innerhalb der Karosserie verlegt, und die Schwingarme wurden auch erst nach den ersten Rennen im Gewicht verringert.

Blick in das Cockpit des W 154: Der Hebel links neben dem Sitz diente zur Einstellung der Dämpferhärte an der Hinterachse.

Die Entscheidung, den Hubraum von 3000 ccm auf zwölf Zylindereinheiten aufzuteilen, führte wieder auf Einzelhubräume von 250 ccm, wie sie auch Porsches Achtzylinder 1924 aufgewiesen hatte. Damals war die Auslegung mit 61,7 × 82,8 mm ziemlich langhubig geraten, am M 154 näherte man sich mit den Zylinderdimensionen 67 × 70 mm schon einem quadratischen Hubverhältnis. Der Gesamthubraum betrug 2962 ccm.
An dem neuen V-Motor hatte man die Kombi-Pleuel zugunsten einer konventionellen Anordnung aufgegeben, dazu mußte man die linke Zylinderbank um 18 mm versetzen. Wie üblich waren die Zylinder einzeln und in Einheit mit dem dachförmig gestalteten Brennraum gefertigt. Sie waren am unteren Flansch jeweils in Dreiergruppen zusammengeschweißt. Zusammen mit den aufgeschweißten Kanälen und Wassermänteln wurden diese vier Gruppen einzeln in das Kurbelgehäuse eingesetzt und mit kurzen Zugankern verschraubt. Das tiefe Kurbelhaus schloß die Kurbelwelle ganz ein; diese lief in sieben Hauptlagern, deren Lagerböcke vertikal und horizontal verschraubt waren. Den unteren Abschluß bildete die eng verrippte Ölwanne. Die einteilig geschmiedete Kurbelwelle aus Stahl wies wieder die Schleuderringe für die Ölförderung auf, und damit war der notwendige Raum für Gegengewichte schon stark eingeschränkt. Die zwölf verwendeten Gegengewichte an den Kurbelwangen konnten keine vollkommene Auswuchtung mehr bieten. Der Durchmesser der Hauptlagerzapfen betrug 60 mm, mit der Ausnahme des Stirnlagers, welches nur 52 mm groß war. Die Stärke der Rollen in den Hauptlagern war wieder mit 10 mm angegeben. Die Hubzapfen maßen 54 mm und die 12 mm breiten Rollen hatten hier einen Durchmesser von 8 mm. Die aus Chrom-Nickel-Stahl geschmiedeten Pleuel waren am Fuß mit zwei Bolzen verschraubt und wiesen an der Trennfläche wieder eine feine Verzahnung auf. Der Mittenabstand von Pleuelauge zu Pleuelfuß betrug 155 mm. Mit diesen Pleueln im Doppel-T-Profil ließ sich die geplante Steigerung des Drehzahl-Niveaus relativ problemlos bewerkstelligen. Sie zeigten bis zu einer gewissen Grenze keine Anzeichen von Materialschwäche. 1938 zeigte sich

dann, daß es über 8000 U/min kritisch wurde. Auf dem Prüfstand hatte man bisher stets nur 8000 Umdrehungen erlaubt und niemals mehr. Es wirkten dabei zu hohe Kräfte auf die Pleuellager ein, denn die Hubzapfen zeigten in immer stärkerem Maße Rißbildungen. Während der ganzen Saison 1938 mußte man sich mit Problemen dieser Art herumschlagen, eine Lösung hatte man erst später parat.

Am hinteren Ende der Kurbelwelle war ein doppelreihiges Hauptlager angeordnet, denn hier saßen das Schwungrad und die Nebenantriebe. Eine Verzahnung an der Schwungscheiben-Nabe bildete den Antrieb für den Stirnradsatz zu den vier Nockenwellen und auch nach unten zu den Öl-Förder- und Rücklaufpumpen. In der laufenden Saison wurde die Förderpumpe geändert, da man für die Versorgung der Hauptlager und der Nockenwellenlager getrennte Schmierkreisläufe einführte. Im gleichen Jahr fügte man dem System auch eine zusätzliche Rücklaufpumpe an, die von der außen am Kurbelgehäuse laufenden, ursprünglich für die Einspritzpumpen vorgesehene Welle angetrieben wurde. Die rechtsseitig angeordnete Pumpe saugte das ablaufende Öl von den hinteren Kompressorlagern und von den diesseitigen Nockenwellengehäusen ab. Die andere Pumpe war für die linken Nokkengehäuse, das Sammelreservoir der Motor- und Lader-Entlüftungen und für das Abtropfbecken an der Kurbelgehäuse-Rückwand zuständig. In den Aluminiumgehäusen liefen die Nockenwellen in vier Lagern, sie bewegten die Ventile über gegabelte Schlepphebel und pro Ventil gab es zwei Schraubenfedern. Die Ventile hingen paarweise in einem Winkel von 60 Grad zueinander; der Durchmesser der Ventilteller betrug 30 mm, die Schäfte waren 11 mm stark. Eine 18 mm-Zündkerze saß zentral zwischen den Ventilpaaren.

Vom Zeitpunkt der ersten Probeläufe im Januar 1938 bis in den ersten Saisonabschnitt im Mai hatte man mit mangelnder Ausdrehfähigkeit zu kämpfen. Die Ventile neigten bei den erreichten höheren Drehzahlen zum Steckenbleiben, weshalb sie auch sehr leicht mit den Kolben in Berührung kamen. Den wesentlich größeren Kolben hatte man stärker aufgewölbte Böden gegeben, damit man auf ein Verdichtungsverhältnis von 7,8:1 gehen konnte. Man lag damit indessen noch unter dem Wert des M 125.

Am 7. Februar war es so weit, daß man mit den Leistungsmessungen auf dem Motorenprüfstand beginnen konnte. Mit einem Alkoholgemisch – das von nun an ausschließlich verwendet wurde – erreichte man ein maximales Drehmoment von 44,8 mkp bei 5000 U/min, die Höchstleistung stellte sich mit 427 PS bei 8000 U/min ein. Der Ladedruck belief sich bei 5000 Umdrehungen auf 1,3 at, dieser Wert blieb bis 8000 Touren erhalten. Nach diesem Versuchslauf wurde der Motor zerlegt, wobei man feststellen mußte, daß eine ganze Reihe von Ventilen auf den Kolben aufgeschlagen hatten, wobei sich an Nocken und Schlepphebeln erhebliche Verschleißspuren abzeichneten. Dabei hatte man den Motor nur für einen kurzen Augenblick um 300 U/min überdreht gehabt. Man dachte nun an die Verwendung zahmerer Nocken, anstelle des Typs M 154 dA-1 sollte in die Rennmotoren die Version M 154 dA-1a eingebaut werden. Die unterschiedlichen Steuerzeiten (Ventilspiel bei kaltem Motor 0,30 mm für den Einlaß und 0,60 mm für den Auslaß) lauteten folgendermaßen:

	M 154 dA-1		M 154 dA-1a	
	kalt	warm	kalt	warm
Einlaß öffnet	23°	28°	15°	20° vor OT
Einlaß schließt	53°	58°	45°	50° nach UT
Auslaß öffnet	28°	53°	20°	45° vor UT
Auslaß schließt	11,5°	33°	3,5°	25° nach OT

Zugleich hatte man auch breitere Nocken und Schlepphebel bereit, um den Verschleiß geringer zu halten. Das Aufschlagen der Ventile konnte zwar mit der neuen Nockenwelle unterbunden werden, doch war damit auch ein merklicher Leistungsschwund verbunden. Man hatte am 15. März schon einen Spitzenwert von 466 PS bei 8000 U/min verzeichnen können, kam aber erst im Juni wieder auf ein ähnliches Niveau, als man zur ersten Nockenform zurückgekehrt war. Es hatte sich als unvermeidlich erwiesen, ziemlich radikale Nockenformen zu wählen, also mußte man den Ventiltrieb entsprechend erleichtern, um die Drehzahlgrenze ausweiten zu können. Es wurden härtere Ventilfedern (Federhärte 13 kp/cm statt vorher 36 kp/cm) eingebaut, die Schmierung an den Nocken und Schlepphebeln wurde verbessert. Die Schlepphebel selbst waren jetzt wesentlich leichter, sie wurden aus Aluminium gefertigt und bekamen an der Kontaktfläche einen Gußeisen-Einsatz. Die Ventilfeder-Teller bestanden ebenfalls aus Aluminium. Widerwillig verringerte man auch die Überhöhung am Kolbenboden, doch damit wurde der Abstand zu den Ventilen und auch zur Zündkerze vergrößert und die Lebensdauer der Kolben verlängert. Uhlenhaut berichtete von einer Feststellung, die man während der ersten Probeläufe machen konnte: „Trotz eines sehr fetten Gemischs mußte nach einer ganz kurzen Vollgas-Belastung – weniger als 20 Sekunden – mit 7800 U/min wieder ein durchgebrannter Kolben hingenommen werden.“ Nach verschiedenen Zündkerzen-Tests im Mai 1938 gab Georg Scheerer einen abschließenden Bericht: „Kolben, die schon etwas angegriffen sind, werden trotz einer fetten Vergaser-Regulierung und hoher Kerzen-Wärmewerte unweigerlich ganz durchbrennen. Damit läßt sich nun sagen, daß die Kolben der schwächste Punkt an diesem Motor sind.“

Durch die Reduzierung der Kompressionshöhe der Kolben wurde natürlich auch die Verdichtung verringert, sie schwankte nun zwischen 5,9 und 6,2:1. Das Material der Kolben wurde verbessert, der Boden von 5 auf 6 mm verstärkt und am Kolbenhemd Versteifungsrippen eingegossen, die auch einer besseren Wärmeverteilung dienen sollten. Mit geringen Abstrichen an der Leistungsausbeute war der Motor damit für die Saison 1938 rennbereit.

An einer anderen Erscheinung hatten die Kolben ebenfalls großen Anteil. Der Ölverbrauch war bei den Testfahrten in Monza erstaunlich niedrig gewesen, unter 23 Liter auf 1000 Kilometer. Im ersten Rennen in Pau verbrauchten die Wagen dann schon mehr, nämlich umgerechnet 42 Liter auf 1000 Kilometer. Am 15. Mai in Tripolis notierte man einen unerklärlichen Unterschied bei den Verbrauchsmessungen von Caracciola, der im Rennen auf 23,8 Liter gekommen war und bei v. Brauchitsch, dessen Wert im Training bei 118 Liter lag. Bei Renndistanzen von 400 bis 500 Kilometer verbrauchten die Wagen im Durchschnitt 28 Liter Schmierstoff, weshalb man sich gezwungen sah, bei den Tankstops auch Öl nachzufüllen. Man baute aus diesem Grund an der rechten Karosserieseite auf der Höhe des Motors einen nach außen ragenden Einfüllstutzen mit einem Schnellverschluß an.

Von Anfang an hatte man die Kolben mit zwei Kompressionsringen und einem Ölabstreifer versehen gehabt. Den großen Ölverbrauch führte man auf hohe Verluste über die Entlüfter zurück, dafür hatte man auch Auffangbehälter und Rückführungspumpen angeordnet. Beim Großen Preis von Deutschland verwendete man einen dritten Kompressionsring, was sich aber auf den Ölverbrauch kaum auswirkte. Doch dies war bereits ein Schritt in die richtige Richtung. Bis zum Ende der Saison hatte man die Ölversorgung im Griff, zugleich jedoch auch eine neue Kolbenring-Anordnung parat, die dem hohen Verbrauch wieder ein Ende setzen sollte: zwei Kompressionsringe und ein Ölabstreifring über dem Kolbenbolzen und einen zusätzlichen Ölabstreifer unterhalb des Bolzenauges.

In der endgültigen Ausführung des M 154 war man von dem bisher bei allen aufgeladenen Rennmotoren aus Untertürkheim – außer dem 28/95 PS und dem M 218 – verwendeten Königswellenantrieb für den Kompressor abgewichen. Man hatte zwei getrennte Roots-Gebläse vorgesehen, deren Rotoren aus Stahl mit einer Breite von 106 mm und einer Länge von 150 mm in Magnesiumgehäusen liefen. Diese lagen vor dem Motor und wurden über Stirnräder mit 1,5-facher Geschwindigkeit von der Kurbelwelle angetrieben.

Wie an den frühen Kompressormotoren war zwischen den Antriebsrädern und dem Kurbelwellenstumpf ein Ruckdämpfer in Form von aufgesteckten Schraubenfedern vorhanden. Ein Schwingungsdämpfer für die Lader selbst wurde ebenfalls eingebaut. Es handelte sich dabei um einen Satz von 13 Reibscheiben, die auch auf den Antrieb wirkten. Damit ergaben sich jedoch in der laufenden Saison Schwierigkeiten, so daß man später wieder darauf verzichtete. Zur Ermittlung des für den Laderantrieb benötigten Leistungsanteils wurde der Kompressor-Prüfstand in der Rennabteilung herangezogen. Von der bei 8000 U/min anfallenden Höchstleistung beanspruchte der Antrieb der beiden Lader 160 PS. Man hatte versuchsweise auch einen Ladertyp mit 180 mm langen Drehflügeln angebaut, der jedoch nur im unteren Drehzahl-

Links ein W 154 aus der Vogelperspektive, am Verhältnis des Cockpitausschnitts zur Gesamtlänge der Karosserie läßt die Größe des Wagens erkennen.

Rechts: Der Motorraum im W 154 ist gut gefüllt, der relativ kompakte Zwölfzylinder wurde wegen der versetzten Antriebswelle schräg eingesetzt. Unten: Die Schnittzeichnung des M 154 läßt die enge Verwandschaft zum 5,7 Liter-DAB-Aggregat erkennen.

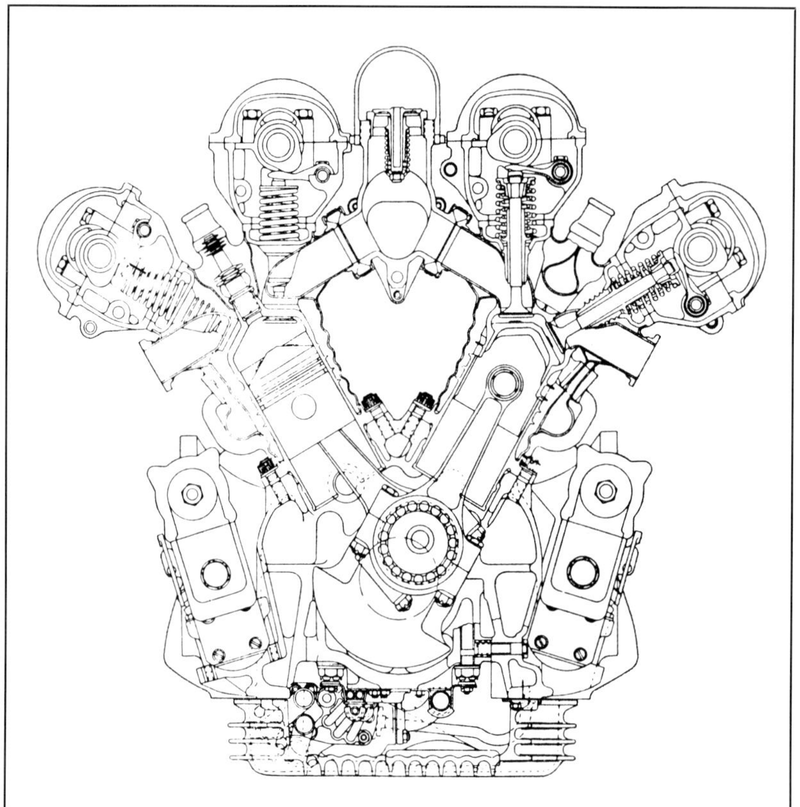

bereich einen Leistungszuwachs brachte, dafür aber erheblich mehr Leistung schluckte: 200 PS bereits bei 7300 Touren. Wie auch beim DAB V12-Zylinder bliesen beide Lader das Gemisch in eine gemeinsame Verteilerleitung, von wo aus die ovalen Einlaßkanäle über einzelne Rohre versorgt wurden. Die mit Erfolg bei den Motoren der Serie F angewendete Kraftstoffrückleitung wurde mit diesem Einlaßsystem kombiniert, womit man die Verwendung unterschiedlicher Zündkerzen überflüssig machen konnte. In der Gemischaufbereitung griff man ebenfalls auf erprobte Systeme zurück. Der Zusatzvergaser tauchte wieder auf, sollte aber einige Schwierigkeiten heraufbeschwören. Bei den ersten Versuchen hatte man noch zwei 58-mm-Solex-Horizontalvergaser, wie am DAB, verwendet; ein neuer Daimler-Benz-Doppelvergaser

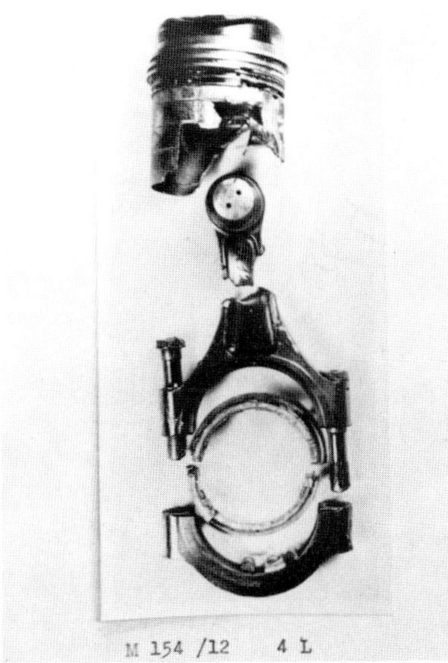

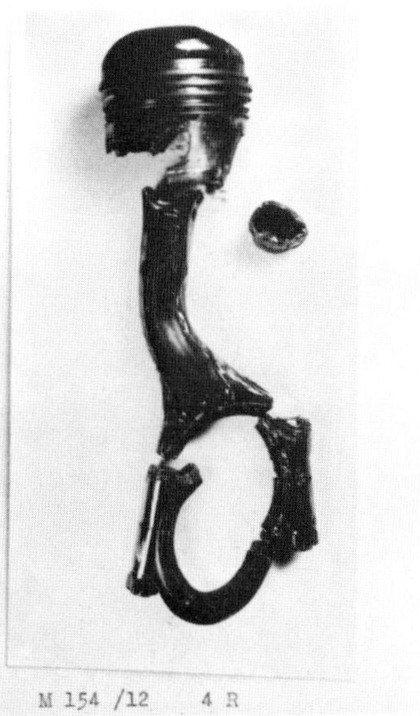

Oben: Im Verlauf der Saison erwies sich der neue Zwölfzylinder als sehr drehzahlempfindlich, die Pleuel hielten kaum Drehzahlen über 8000 U/min aus. Im Bild die beiden Pleuel aus den gegenüberliegenden Zylindern von Brauchitschs Pescara-Wagen.

Rechts: An den Kolben gab es ebenfalls Probleme. Zum einen schlugen des öfteren die Ventile auf dem Kolbenboden auf und zum anderen führten die beiden über dem Bolzen angeordneten Ölabstreifringe zu verhältnismäßig hohem Ölverbrauch.

befand sich jedoch in Vorbereitung. Dieser stand bei den Testfahrten in Monza, wo man zwar nur ein Chassis, aber zwei Motoren mitgenommen hatte, zur Verfügung.

In dem neuen Aluminiumgehäuse hatte die Entwicklungsabteilung alle Versuche aus dem DAB-Programm verwertet. Je eines der beiden Mischrohre versorgte einen Lader, dabei waren auch getrennte Schwimmerkammern angeordnet. Das alte Prinzip der Luftregulierung (Daimler-Automat) hatte man wieder angewendet, jedoch wurde die Klappe nun von kleinen Federn gesteuert, nicht mehr vom Ansaug-Unterdruck. In jedem Mischrohr waren drei Düsen angeordnet: Leerlaufdüse, Hauptdüse und Zusatzdüse. In der Mitte des Vergaser-Körpers befand sich ein zylindrischer Luftschieber, der auch wieder mit einer weiteren Kraftstoffdüse versehen war. Diesesmal handelte es sich aber nicht um einen Kolbenschieber, sondern um einen Drehschieber. Der „Zusatzschiebervergaser" wurde wieder von der Änderung des Ladedrucks gesteuert. Um trotz der langen Wege in diesem Vergaser einen ausreichenden Kraftstoffdruck an den weiten Düsenöffnungen zu gewährleisten, wurde das Überdruckventil an der Benzinpumpe bei Vollgas gesperrt. Dadurch konnten die Schwimmerkammern mit vollem Förderdruck versorgt werden und der Widerstand des Schwimmers und der Nadeldüse überwunden werden. Auf jeden Fall war die Kraftstoffversorgung gesichert.

Der aufwendige Vergaser zeigte während der ganzen Saison 1938 und auch bis Anfang 1939 ein einwandfreies und so gut wie störungsfreies Verhalten. Georg Scheerer führte 1938 einige Vergleichs-Untersuchungen mit und ohne die Zusatzvergaser-Vorrichtung durch und stellt dabei folgendes fest: „Bei einem fast unveränderten Kraftstoff-Verbrauch ist die Leistung und auch der Ladedruck etwas besser als ohne dieses Instrument."

Am letzten Tag der Testfahrten in Monza, am 29. März 1938, stand die endgültige Ausführung des neuen potentiellen Siegerwagens von Daimler-Benz fest. Die Wagen für das erste Rennen in Pau sollten mit diesem Testfahrzeug identisch sein. Bei den letzten Runden vereiste jedoch der Steuerkolben für den Zusatzvergaser; er blieb im Ansaugkrümmer hängen. Man betrachtete dies als Ausnahmeerscheinung, denn diese Panne trat kein weiteresmal auf. 16 Monate später war man jedoch klüger, denn dieser Vorfall sollte sich nachträglich als böses Omen erweisen.

Am Anfang der Saison des Jahres 1938 lag die Motorleistung des M 154 mit der „zahmen" Nockenwelle bei 425 bis 435 PS, die Verdichtung belief sich auf 6,0:1 und der Ladedruck auf 1,38 at. In Tripolis hatte Caracciola 438 PS bei 7800 U/min zur Verfügung. Mit der Rückkehr zu den fülligeren Nockenkurven erreichte man einen spürbaren Anstieg der Motorleistung, noch dazu, wenn man gleichzeitig die Verdichtung erhöhte. Schon bei 6,0:1 waren es 453 PS bei 8000 PS, bei 6,6:1 und einem Ladedruck von 1,45 at erreichte man den Saisonbestwert von 474 PS bei 8000 U/min. Dies waren die Daten für den Motor in Hermann Langs Wagen in Reims. Kein Wunder, daß Lang dort die schnellste Trainingszeit gefahren hatte und das Feld auch anführte. Er hatte jedoch nach einem Boxenhalt Schwierigkeiten mit dem Anspringen des Wagens – einem in dieser Saison immer wiederkehrenden Problem – und fiel schließlich später wegen eines Motorschadens ganz aus. In Reims verwendete man auch die längste Gesamtübersetzung der ganzen Saison, es ließen sich damit bei 7500 U/min folgende Geschwindigkeiten in den fünf Vorwärtsgängen erzielen: 99/150/216/240/281 km/h.

Da man inzwischen zugunsten einer ausreichenden Zuverlässigkeit der Motoren die Verdichtung auf höchstens 5,95:1 beschränkt hatte, lagen die Leistungsangaben am Ende der Saison nur knapp unter den Anfangswerten. Im Oktober in Donington standen den Mercedes-Fahrern 433 bis 444 PS zur Verfügung. Schon bevor man sich in diesem Rennen von Tazio Nuvolari geschlagen geben mußte, hatte man die Erkenntnis gewonnen, daß der noch einmal überarbeitete Dreiliter-Rennwagen der Auto Union in der Höchstgeschwindigkeit an den Mercedes herangekommen und ihm in der Beschleunigung sogar überlegen war.

Auch der Beginn der Rennsaison hatte für Daimler-Benz eine Niederlage gebracht. Man fühlte sich an Max Wagners Besorgnis um „Überraschungen" erinnert. Auf der kurvenreichen Strecke in Pau in Frankreich hatte René Dreyfus mit seinem unaufgeladenen V12-Zylinder Delahaye die neuen W 154 geschlagen und die gesamte Distanz von 509 Kilometer ohne einen einzigen Tankstopp zurückgelegt. Der Mercedes mußte zum Nachtanken einmal an die Box, Caracciola übergab seinen Wagen dabei an Lang. Beide Fahrer hatten Probleme mit dem dritten Gang und man war der Ansicht, daß die Schaltklauen gebrochen waren. Als der Wagen in der Rennabteilung im Werk überpüft wurde, schien alles in Ordnung – eine Erklärung wurde nie gefunden.

Rechts: Man war sich bewußt, daß der neue W 154 bei seinem Debüt in Pau am 10. März 1938 der Konkurrenz noch nicht gewachsen sein würde, und es gewann auch René Dreyfus auf einem V123 Delahaye, der hier beim Start dem 3-Liter Mercedes-Benz auf den Fersen ist.

Unten: Das erste große Rennen der Saison 1938 fand in Tripolis statt. Dazu wurden die Rennwagen in Genua auf einen Dampfer verladen.

Oben: In der gleichen Reihenfolge wie hier beim Start siegten die Mercedes W 154 in Tripolis: Lang, von Brauchitsch, Caracciola.

Links: Fahrer und Maschine in höchster Anspannung – Hermann Lang versucht in Reims den Rundenrückstand aufzuholen.

Zwischen dem Mißerfolg in Pau und den Nuvolari-Siegen in Monza und Donington lagen nicht weniger als sechs Siege des W 154. Lang, v. Brauchitsch, Caracciola und Seaman wechselten sich beim Gewinnen ab. Der Engländer Seaman konnte in dieser Saison seinen ersten Grand-Prix-Sieg verbuchen, nämlich beim Großen Preis von Deutschland auf dem Nürburgring. Die Hitze bei den im August stattfindenden Rennen in Italien stellte die Mannschaft von Daimler-Benz nicht vor allzu große Probleme, denn man hatte sich schon in der kalten Jahreszeit auf diese Einsätze vorbereitet. Der erste fertiggestellte W 154 wies eine runde Kühlergrill-Öffnung auf, dahinter lag ein 9,5 cm tiefer Kühler mit einer Anströmfläche von 1550 cm^2. Dies reichte bei mäßigen Temperaturen völlig aus, nicht jedoch an heißen Tagen. Man zog deshalb den Grill weiter in die Breite, vor allem in der unteren Hälfte, und stellte einen auf 2380 cm^2 vergrößerten Kühler dahinter. Im weiteren Verlauf der Saison wurde ein weiteresmal ein neuer Kühler, diesmal mit einer auf 14 cm vergrößerte Tiefe, eingebaut. Dieser war um 10 kg schwerer geraten, jedoch nur wenig wirkungsvoller. Unter dem Wasserkühler war stets ein separater Ölkühler angebracht. Während der Saison wurden dessen Abmessungen verdoppelt, und in Livorno montierte man einen zusätzlichen Kühler, damit man die Öltemperatur von 130 auf verträglichere 110 Grad senken konnte. Mit dieser Kühler-Auslegung gab sich die Rennabteilung jedoch noch nicht zufrieden. Im März hatte man in Monza ausgiebige Versuche mit Äthylen-Glykol als Kühlmittel unternommen, man verwendete es allein oder aber gemischt mit Wasser. Bei einem Siedepunkt von 197 Grad Celsius wurde der Bereich der Betriebstemperatur wesentlich erweitert, ohne daß man viel Kühlfüssigkeit durch Verdampfung verlor. In verschiedenen Mischungsverhältnissen, jeweils der Außentemperatur angepaßt, kam dieses Kühlmittel in der ganzen Saison 1939 zur Verwendung. In Bern mußte man 1938 den umgekehrten Weg gehen, denn beim Großen Preis der Schweiz am 21. August war es ziemlich kühl geworden, so daß man die großen Kühlerflächen teilweise sogar abdecken mußte.

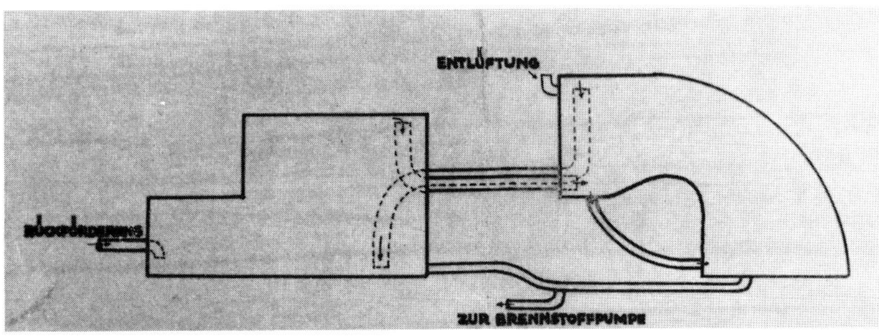

Oben: Schema der zweiteiligen Tankanlage am W 154, mit der man bis zu 400 Liter Kraftstoff mitführen konnte.

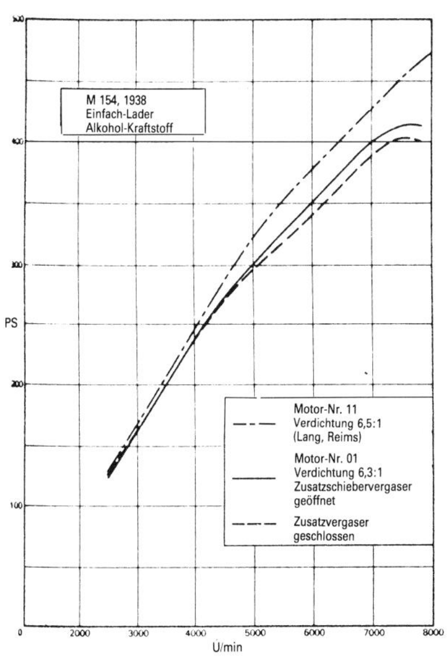

Rechts: Leistungsdiagramm des M 154 in verschiedener Auslegung.

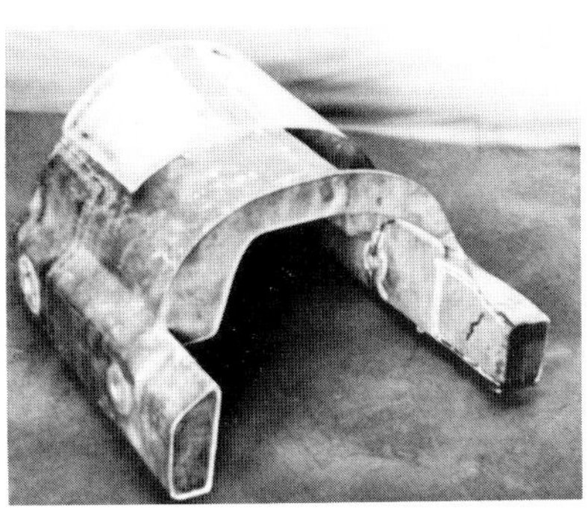

Rechts: Der Satteltank, der vor dem Armaturenbrett über den Fahrerfüßen untergebracht war. Hier die erste Ausführung mit einem Fassungsvermögen von 150 Litern.

Nach den Schäden am DAB-Rekordmotor hatte Uhlenhaut den Einbau eines Drehzahlbegrenzers vorgeschlagen. Diesen wollte man nun auch beim M 154 verwenden. Die ersten Einsatzversuche führte man damit im Training zum Großen Preis von Deutschland auf dem Nürburgring durch. Auf dem Rollenprüfstand in Untertürkheim, den man seit einiger Zeit zur Abstimmung der Rennwagen benutzen konnte, hatte man den Begrenzer so eingestellt, daß er die Zündung ab 7800 U/min unterbrach. Auf dem Nürburgring funktionierte er jedoch erst ab 7900 Umdrehungen und wich dann immer mehr ab, bis er schon bei 7000 U/min ausschaltete. Nach der Rückkehr ins Werk schaltete er bei einem erneuten Prüfstandslauf (ohne vorherige Eingriffe) plötzlich erst bei 7700 U/min ab. Man hatte sich von diesem Drehzahlbegrenzer noch nicht allzu viel versprochen, aber für den Renneinsatz schien er jedenfalls nicht tauglich.

Der Hauptgrund für die ausgiebigen Versuchsfahrten auf dem Nürburgring war die Suche nach der richtigen Form des Kraftstofftanks am W 154. Die Wagen hatten einen außerordentlich hohen Verbrauch. Man kam nur höchst selten unter 120 Liter pro 100 Kilometer, meistens liefen 125 bis 145 Liter Alkohol-Gemisch auf 100 Kilometer durch die Vergaser, wobei Caracciola stets der Sparsamste war. Wenn man nun von einem Maximalbedarf von 150 Liter ausging, benötigte ein Wagen in einem Rennen über 500 Kilometer annähernd 750 Liter Kraftstoff. Man konnte es sich nicht leisten, mehr als einen Tankstopp einzuplanen und deshalb mußte man eine Tankkapazität von 380 Liter vorsehen. Der gefüllte Tank stellte 22 Prozent des gesamten Startgewichts dar, und schon aus diesem Grund war es mehr als einleuchtend, daß man der Anordnung der Behälter einige Aufmerksamkeit schenken mußte.

Bei ihren Entwürfen für einen Stromlinienwagen hatte Max Wagners Planungsgruppe zwei längs in der Wagenmitte an den Rahmenrohren angebrachte Behälter vorgesehen. Im ersten Auftrag zum Bau der neuen Rennwagen, der am 31. August 1937 erteilt wurde, war von einem Fahzeug mit konventionellem Hecktank und einem zweiten mit Seitentanks die Rede. Beide sollten jedoch entgegen den ursprünglichen Entwürfen freistehende Räder aufweisen. Es war geplant, die Einsatzfahrzeuge mit den Seriennummern Drei bis Neun als offene Wagen und weitere fünf Wagen mit geschlossenen Stromlinienkarosserien zu bauen. Die Auto Union verwendete bei ihren neuen Wagen für 1938 Seitentanks, doch bei der Rennabteilung der DBAG war man vorerst noch nicht dafür. Es hieß, sie würden die Rundumsicht des Fahrers beeinträchtigen, ein Sicherheitsrisiko bei Aufprall-Unfällen darstellen und auch nicht vorteilhaft aussehen. Doch man mußte indessen den Kraftstoffvorrat irgendwie unterbringen. Schließlich fand wenigstens ein Teil der Gesamtmenge in der Wagenmitte Platz, jedoch nicht an den Seiten, sondern in einem sattelförmigen Behälter zwischen der Motorraum-Rückwand und dem Instrumentenbrett, also über den Beinen des Fahrers. Zwei starke Schlauchleitungen stellten die Verbindung zum Haupttank im Heck her. Das Fassungsvermögen variierte von Wagen zu Wagen um wenige Liter, es belief sich zumeist auf 150 Liter im vorderen Behälter und 250 Liter im Heck, womit

Links: Eindrucksvolle Demonstration des Aufwandes in der Rennabteilung. Es kamen sieben W 154 zum Nürburgring. Man führte hier vor dem Großen Preis von Deutschland umfangreiche Testreihen mit Vergasern und Tankanlagen durch.

Unten die Mercedes-Mannschaft 1938: Manfred von Brauchitsch, Richard Seaman, Hermann Lang und Rudolf Caracciola.

Oben: Drama an der Box. Von Brauchitsch mußte seine Siegeshoffnungen beim Großen Preis von Deutschland begraben, als sein Wagen Feuer fing.

Links: In Livorno ließ man wegen der großen Hitze die seitlichen Bleche am Motorraum weg und fügte rechts am Kühler noch einen zusätzlichen Ölkühler an.

Links: Start in Bern zum Großen Preis der Schweiz. Hier gab es erneut einen Dreifach-Sieg für Mercedes: Caracciola – Seaman – von Brauchitsch.

Unten: In Bern konnte Caracciola wieder einmal sein Können als „Regenmeister" ausspielen.

Oben: Caracciola umrundet eine gefährliche Hausecke in Pescara. Die lässige Routine, mit der dieser Meisterfahrer zu Werke ging, ist hier deutlich zu erkennen.

Links: Hermann Lang schießt in voller Fahrt dahin (Coppa Acerbo, Pescara). Diese Aufnahme vermittelt sehr gut den Eindruck von jenem bärenstarken Rennwagen, wie ihn der W 154 darstellte.

die Wagen insgesamt 390 Liter Kraftstoff mitführen konnten. Man achtete bei der Betankung darauf, daß der vordere Tank stets zuerst gefüllt wurde. Bei den ersten 1938er Wagen hatte man am Hecktank kleine Sichtfenster angebracht, damit die Mechaniker den Füllvorgang mit den Schnelltankanlagen besser unter Kontrolle hatten.
Diese Tankanordnung, die in Pau, Tripolis, Reims und auf dem Nürburgring bei allen Wagen Verwendung fand, brachte eine spürbare Änderung der Gewichtsverteilung am Wagen mit sich, wenn sich der Inhalt der Behälter verringerte. Die Fahrer schrieben dieser Tatsache auch das erneute Auftauchen der Nickschwingungen an der Hinterachse und das Durchdrehen des kurveninneren Rades beim Herausbeschleunigen zu. In der Rennabteilung wurden daraufhin versuchsweise neue Tanks eingebaut. Der vordere Behälter faßte dabei 225 Liter und der hintere, nun zwischen Fahrersitz und Hinterachse eingebaute Behälter, nahm 115 Liter Kraftstoff auf. Auf dem Nürburgring führte man nun Vergleichstests mit unterschiedlich bestückten Wagen durch, Uhlenhaut und die einheimischen Mitglieder der Fahrermannschaft wechselten sich am Steuer ab. Die Verwendung eines Hecktanks allein war schon vorher wegen der starken Ausbrechneigung des Hecks ausgeschlossen worden, obwohl sich dadurch eine gute Gewichtsverteilung ergeben hätte. Wenn man nur den Satteltank füllte, hatte man ein sehr neutrales Fahrverhalten, doch die weitgehend entlasteten Hinterräder neigten damit vermehrt zum Durchdrehen. Man füllte nun insgesamt 200 Liter ein, womit sich beim Standardmodell eine Verteilung von 75/125 und beim Versuchs-Modell 140/60 Liter ergab. Lang und v. Brauchitsch zogen dabei das Fahrverhalten des Wagens mit dem größeren Hecktank vor. Sie sagten, daß der Versuchswagen ziemlich unvermittelt mit dem Heck ausbrach. Caracciola störte dies nicht, er war der Meinung, man könne den Wagen leicht abfangen und wieder unter Kontrolle bringen.
Nach diesen Ergebnissen ging man daran, zwei Fahrzeuge – Seriennummern 1 und 14 – mit dem großen 225-Liter-Satteltank auszustatten, wobei man den großen Hecktank anfänglich beibehielt. An die Kraftstoff-Förderleitung wurde ein Zweiwege-Hahn montiert, damit man den vorderen Behälter zuerst leeren und damit die Gewichtsanordnung auf der Hinterachse möglichst lange beibehalten konnte. Die beiden Wagen wurden beim offiziellen Training auf dem Nürburgring eingesetzt. Der Wagen mit der Nummer 14 wurde anschließend als Reservefahrzeug zur Coppa Ciano in Livorno mitgenommen, man hatte jedoch inzwischen den Heckbehälter auf 170 Liter verkleinert. Den W 154 konnte man durch diese Änderungen auch äußerlich von den anderen Wagen unterscheiden, er war im Mittelteil breiter und hatte ein kürzeres Heck. Nachdem Caracciola an seinem Einsatzwagen im Training Probleme mit dem Motor gehabt hatte, übernahm er Nr. 14 für das Rennen. Er war von der Straßenlage des Wagens trotz seines Ausfalls so begeistert, daß er ihn nach dem Wechselturnus mit frischen Wagen aus der Rennabteilung gerne wieder fahren wollte. Dies war beim Großen Preis der Schweiz in Bern, wo Rudi das verregnete und höchst dramatische Rennen mit dem speziellen W 154 in überlegener Manier gewann. Hermann Lang hatte in diesem Rennen ebenfalls einen solchermaßen umgebauten Wagen gefahren, ließ sich aber von seinem früheren Urteil nicht abbringen und wollte für die nächsten Rennen wieder einen „normalen" Wagen haben.
In Monza war Lang der einzige im Team mit der alten Tank-Anordnung in seinem W 154. Er fiel mit einem unerklärlichen Lader-Defekt aus; man konnte nachher nur ein falsches Gewinde an der Gehäusehalterung entdekken. Caracciola vermochte sich noch mit Mühe auf den dritten Platz zu retten, nachdem ihm eine Auspuffdichtung durchgebrannt war. Auch die anderen beiden Teamkameraden mußten aufgeben. An v. Brauchitschs Wagen fiel zuerst eine Zündkerze aus, und im weiteren Verlauf hatte er einen Motorschaden größeren Ausmaßes zu verzeichnen. Eine Lagerschale war gebrochen, und die kleinen Partikel verstopften einen Filter in der Öl-Förderleitung zu den Nockenwellen, worauf eine Nockenwelle in den Lagern fraß. Seaman zwang ein gerissenes Pleuel zur Aufgabe. In der Coppa Acerbo, ausgetragen eine Woche später in Pescara, hatte man zwei Pleuelschäden zu verzeichnen. Die Schuld konnte man diesmal den Drehzahlmessern zuschreiben, in deren Antriebswellen Öl eingedrungen war, wodurch die Anzeige abgebremst wurde.
Zum Saisonausklang fuhren Seaman und v. Brauchitsch in Donington erneut Wagen mit den großen Satteltanks, doch in diesem Rennen konnte keiner von ihnen dem führenden Nuvolari auf Auto Union gefährlich werden. Hermann Lang kam noch vor seinen Kollegen ins Ziel, er hatte wieder einen Wagen mit der ursprünglichen Tank-Anordnung gefahren. Das andere System wurde von der Rennabteilung und von Caracciola bevorzugt; Lang, der schlaue und enorm talentierte Neuling im Team, blieb bei der gewohnten Ausführung.
Man versuchte bei den Wagen für die nächste Rennsaison beide Standpunkte unter einen Hut zu bringen und entschied sich für eine Verteilung von 185 Liter vorn und 235 Liter hinten. Diese Unterbringungsart von 420 Liter Kraftstoff wurde einheitlich für alle Wagen gewählt, wobei man nun die gleichzeitige Entleerung beider Tanks vorzog.
Ein Vergleich beider Anordnungen erscheint trotz der unterschiedlichen Gesamtkapazität interessant:

Belastung der Hinterräder am W 154 bei verschiedenen Tankinhalten:

Ausführung 1938 225 l/170 l			Ausführung 1939 185 l/235 l		
Inhalt:	leer	50,3 %	Inhalt:	leer	49,5 %
	140 l	55,7 %		100 l	52,2 %
	320 l	55,6 %		200 l	55,0 %
	375 l	55,8 %		300 l	56,8 %
				400 l	58,8 %

Somit hatte man bei der Verteilung der Kraftstoffmenge für die 1939er Wagen einen Kompromiß geschlossen, der sich jedoch mehr am Standpunkt Hermann Langs orientierte.
Neben den Tanks war das Gesamtgewicht des Fahrzeugs ein weiterer wichtiger Punkt für die Konstrukteure des Rennwagens nach der Dreiliter-Formel. Der Wagen war nämlich zu schwer geraten. In Reims wog der W 154 bei der Abnahme – die bei der die Einhaltung des vorgeschriebenen Mindestgewichts überprüft wurde – genauso viel wie der 4,5 Liter-Saugmotor-Talbot. Mit 975 kg waren diese beiden Boliden die schwergewichtigsten Vertreter im gesamten Teilnehmerfeld. Nur mit dem eingefüllten Getriebeöl, sonst aber trocken (nach den Vorschriften) wog der Konkurrent von der Auto Union, der Typ D, nur 893 kg. Damit lag er nur um 43 kg über dem geforderten Mindestgewicht. Im direkten Vergleich mit dem W 125 von 1937 ergab sich für den W 154 ein Mehrgewicht von 118 kg. Wie erklärte sich dieser Anstieg? Mit seinen 253 kg stellte der Motor den größten Brocken dar. Die verschweißte Stahl-Zylinderkonstruktion, die schon am DAB einiges an zusätzlichem Gewicht gebracht hatte, schlug auch am kleineren Zwölfzylinder mit Übergewicht zu Buche, der dadurch um 33 kg schwerer geriet als sein Vorgänger. Die Kraftstofftanks waren um 22 kg und die Karosserie um 18,5 kg schwerer. Das Getriebe hatte einen Vorwärtsgang mehr bekommen und das Gehäuse war nun aus Silumin anstatt Magnesium gefertigt, was ebenfalls wieder zusätzliche 17,5 kg einbrachte. Der Rahmen war steifer und damit auch um 15 kg schwerer geworden.
Im Mai begann man mit einem großangelegten Programm an Gewichtseinsparungen. Jedes Teil, jede Schraube und Mutter wurden dazu herangezogen. So wurden die neuen Kraftstofftanks nicht mehr unter das Karosserieblech gebaut, sondern ihre Oberfläche mit einbezogen. Die Auspuffrohre wurden aus der Vertiefung in der Bodenwanne herausgenommen (in Pau in Tripolis

hatte man solche vollverkleideten Wagen eingesetzt), womit man die Karosseriegestaltung noch weiter vereinfachen konnte. Die Motorabdeckung, das Karosserie-Mittelteil und die Bodenwanne wurden versuchsweise aus 1 mm starkem AM 503-Magnesiumblech gefertigt. Auch beim Getriebegehäuse griff man wieder auf Magnesium zurück, das Gewicht konnte man dadurch von 89 auf 82,5 kg verringern. Im Inneren des Getriebes legte man Hand an fünfzig verschiedene Einzelteile und vermochte damit weitere 2 kg einzusparen – ein Anzeichen für die aufgewandte Sorgfalt.
Am Ventiltrieb sollten wieder die früheren Nocken-Ausführungen mit dem schmäler gehaltenen Grundkreis verwendet werden. Zusätzlich wollte man noch Erleichterungsbohrungen anbringen. Am Chassis sollten Stoßdämpfer-Gehäuse und Kolben aus Magnesium gefertigt werden, aber dies bewährte sich in der Praxis nicht. Versuchsweise setzte man in der Saisonmitte im Training und auch im Rennen einen Rahmen ohne Versteifungs-Armierungen ein. Dieser war mit 58 kg um 12 kg gegenüber der Standardversion leichter geraten – dieser Rahmen hielt 1685 Rennkilometer. Die Bemühungen, das Gewicht des W 154 zu verringern, konnten jedoch kaum mit anderen Verbesserungen und Ergänzungen am Wagen schritthalten. Vergrößerte Bremsen an den Hinterrädern und ein Öltank mit zusätzlichem Fassungsvermögen glichen soeben eingespartes Gewicht wieder aus. Vor dem letzten Rennen der Saison wog der W 154 trocken sogar 980 kg und lag damit 230 kg über dem erlaubten Mindestgewicht. Öl und Kühlflüssigkeit schlugen mit 42 kg zu Buche, der Fahrer wog im Durchschnitt 90 kg (in voller Montur), und vollgetankt mit 375 Liter Alkohol-Treibstoff brachte es der Mercedes W 154 auf ein Startgewicht von 1325 kg.
Die Saison 1938 war für Daimler-Benz sehr erfolgreich verlaufen. Caracciola war es erneut gelungen, die Fahrer-Europameisterschaft zu erringen. In der zweiten Hälfte der Saison waren allerdings auch die Wagen der Auto Union wieder konkurrenzfähig geworden. Kein Geringerer als Tazio Nuvolari hatte den verwaisten Platz von Bernd Rosemeyer am Steuer der Auto Union-Rennwagen eingenommen. Daß der erneute Mercedes-Erfolg sich nur mit ungeheurem Aufwand hatte bewerkstelligen lassen, konnte man außerhalb der Daimler-Benz AG nicht ahnen. Und nur die unmittelbar Beteiligten wußten auch, daß man das anfangs erhoffte Leistungsniveau und den angestrebten technischen Standard, der zur sicheren Überlegenheit nötig war, bisher nicht vollständig erreicht hatte.

Auf der Rennstrecke im englischen Donington-Park klang am 22. Oktober die Saison 1938 aus. Hermann Lang ist hier beim Training zu sehen, sein Wagen droht nach der Mc-Lean-Kurve auszubrechen.

„Die Deutschen waren in der Konstruktion der Rennwagen absolut überlegen und auch in der Forschungs- und Entwicklungsarbeit, die damit verbunden war."
Maurice Olley

Hart erkämpfte Siege

Die nach dem Zweiten Weltkrieg nach Deutschland gekommenen Untersuchungskommissionen der Alliierten stellten mit Erstaunen fest, daß die deutsche Automobil-Industrie nur in geringem Umfang auf den bevorstehenden Konflikt vorbereitet worden war. In den Jahren 1938 und 1939 befaßten sich die Firmen noch mit ganz anderen Dingen als der allgemeinen Mobilisierung. Der englische Ingenieur Maurice Olley schrieb: „Im Gegenteil, es ist überraschend zu sehen, wie wenig dieser Industriezweig noch unmittelbar vor dem Krieg in die Vorbereitung einbezogen war." Die Automobil-Produktion war 1938 auf einen Höchststand emporgeschnellt, den man erst 1954 wieder erreichen konnte.
In Untertürkheim gab es keine Einschränkungen im Entwicklungsprogramm des W 154. Die Rennwagen sollten 1939 auf den Rennstrecken Europas Rundenzeiten herausfahren, die bis 1951 absolut unerreichbar bleiben sollten und erst 1955 übertroffen werden konnten – von einer neuen Daimler-Benz-Konstruktion.
Für die neue Saison wurden am Dreiliter-Mercedes wieder Maßnahmen zur Gewichtsverminderung durchgeführt, man blieb dabei jedoch im Rahmen des im Vorjahr als vernünftig angesehenen Ausmaßes. Die bisherigen Fahrgestelle fanden weiterhin Verwendung, man versah sie lediglich mit leichteren Verstärkungsarmierungen. Die Silumingehäuse wurden an den hinteren Stoßdämpfern beibehalten, der Durchmesser der Pumpzylinder wurde allerdings auf 50 mm erweitert. Die Kraftstofftanks wurden leichter und zugleich stabiler, indem man Leichtmetallbleche aus dem Flugzeugbau verwendete. Auch an der Karosserie machte man sich Erkenntnisse und Technologien aus dem Flugzeugbau zu eigen. Das Trockengewicht des W 154 bewegte sich in der Saison 1939 zwischen 898 und 918 kg, je nach verwendeten Reifen und Motorversionen. Der leichteste W 154, den man je gebaut hatte, stand am 7. März 1939 für die ersten Probefahrten in Monza zur Verfügung. Er wies die Chassis Nummer 10 auf, versehen mit dem Motor Nummer 15. Es war eine Hirth-Kurbelwelle mit ungeteilten Pleueln eingebaut und viele weitere, speziell erleichterte Motoren- und Chassisteile, womit man schließlich ein Gewicht von nur 855 kg erreicht hatte. Das Startgewicht mit Fahrer betrug (mit den größeren Tanks) 1313 kg. Man war damit bis auf 5 kg an das vorgeschriebene Limit herangekommen, wahrlich ein vielversprechender Auftakt für die Saison, wenngleich sich auch dieses „Idealgewicht" nicht über den ganzen Saisonverlauf hinweg halten ließ.
Ende 1938 hatte man noch einige spezielle Probleme in Angriff genommen. Eines davon blieb jedoch unlösbar. Die ätzenden Dämpfe des Treibstoffgemischs ließen allen auf der Startlinie oder in den Boxen Anwesenden die Augen tränen, besonders unangenehm trat dies beim Warmlaufen und beim Start selbst in Erscheinung. Man glaubte, daß das im Kraftstoff enthaltene Azeton dafür verantwortlich sei und versuchte, ohne es auszukommen. Dies führte aber zu keiner Besserung. Die anderen Rennteilnehmer glaubten, daß es sich bei diesen Dämpfen um eine Geheimwaffe handelte, über die die Wagen aus Stuttgart verfügten...
Die Sitzposition im W 154 war nicht nach dem Geschmack Rudi Caracciolas, dem die weite Entfernung zum Lenkrad mißfiel. Er bevorzugte es, mit stark angewinkelten Armen zu fahren. Ihm konnte geholfen werden. Im September 1938 in Monza war er zufrieden: den Boden seines Wagens hatte man um 25 mm tiefergelegt, der Windabweiser vor dem Cockpit und die Sitzpolsterung waren vergrößert worden. Er schlug darüberhinaus noch eine wirksamere Hitze-Abschirmung der Motorraumrückwand und ein leichter demontierbares Lenkrad vor. Caracciola und mit ihm auch allen anderen Fahrern lag gerade an letzterer Verbesserung sehr viel, denn im Falle eines Brandes wollte man das Cockpit möglichst schnell verlassen können. Uhlenhauts Anliegen einer möglichst umfassenden Cockpitabdeckung zum Schutz des Fahrers wurde schließlich am 1939er Modell des W 154 in annähernd idealer Weise erreicht. Durch den neuen Satteltank, der wieder ein integrales Karosserieteil darstellte, war die elegant schmale Linie um einige Zentimeter höher geworden, die Seitenteile am Cockpit ebenfalls, sie schlossen nun die Längslenker der Hinterachse fast ganz ein. In dieser Ausführung war der W 154 mit seinen fließenden Formen und den engstehenden Lüftungsschlitzen eigentlich der elegantere der beiden Wagen von 1938 und 1939, jedoch es fehlte ihm sowohl die ungewöhnlich flache Linie als auch die ausgefeilte Technik seines Vorgängers.
Optisch wie technisch aufsehenerregend war die drastisch verringerte Kühlluft-Eintrittsöffnung am neuen Modell. Man konnte den Luftwiderstand und zugleich das Gewicht vermindern, indem man kleinere Kühler verwendete. Ermöglicht wurde diese Neuerung durch umfangreiche Versuche in Zusammenarbeit mit der Stuttgarter Kühlerfirma Behr. Man hatte zu diesem Zweck vom 12. bis zum 20. Dezember 1938 auf dem Versuchsstand von Behr in Feuerbach ein Testfahrzeug montiert. Programmziel war die Beibehaltung der Wasserkühlungs-Kapazität bei gleichzeitiger Verdoppelung der wirksamen Ölkühlung. Bei Behr besaß man einen Rollenprüfstand, der mit einem großen Gebläse kombiniert war, dort wurden normalerweise die Kühlanlagen für neue Personenwagen-Modelle erprobt. Da diese Vorrichtung natürlich nicht für die Leistung eines W 154 ausgelegt war, heizte man die Flüssigkeiten für diese Versuche elektrisch vor. Man untersuchte neben allen während der Saison verwendeten Kühler-Varianten auch eine ganze Reihe neuer Anordnungen. Leitbleche hinter dem Kühler reduzierten dabei die Kühlwirkung um 15 Prozent, da ihnen nur sehr wenig Platz zur Unterbringung zur Verfügung stand. Auf diese Weise behinderten sie mehr den Abzug der erwärmten Luft,

Mercedes Grand-Prix-Rennwagen 1914. Mit diesen Fahrzeugen landeten Christian Lautenschlager, Louis Wagner und Otto Salzer einen grandiosen Dreifachsieg bei einem der spektakulärsten Rennen der Geschichte, dem Großen Preis von Frankreich, ausgetragen am 4. Juli 1914 bei Lyon. Der 4,5 Liter-Vierzylindermotor wies eine obenliegende Nockenwelle und vier Ventile pro Zylinder auf, er leistete 105 PS.

Mercedes SSK Sportwagen. Es ist dies der Typ 27/170/225 PS von 1928 mit dem 7069 ccm-Sechszylindermotor M 06 III. Das Kompressoraggregat gab bei eingeschaltetem Lader eine Höchstleistung von 225 PS bei 3300 U/min ab. Der SSK

PS-Monster war mit 228,1 km/h (Daytona 1911) für lange Jahre das schnellste Fahrzeug der Welt. Der Rekordwagen und die davon abgeleiteten Versionen des 21500 ccm-Vierzylinder-Benz durchlebten – vor allem in den USA – ein wechselvolles Schicksal. Das abgebildete Fahrzeug wurde aus vorhandenen Originalteilen im Jahre 1935 rekonstruiert.

Mercedes der Typen S, SS und SSK lief von 1927 bis 1933. Für die Konstruktion des großvolumigen Sechszylinder-ohc-Motors zeichnete Ferdinand Porsche verantwortlich. Den „Serienwagen" gingen stets spezielle Rennsportwagen voraus, die zu jener Zeit bei unzähligen Rennen siegten. Abgebildet ist ein SS aus dem Jahre 1928, ausgerüstet mit dem gleichen Aggregat.

zeichnung W 9856), auch Typ 26/130/180 PS genannt. Dies war die „Zivil"-Ausführung des Typ S (eigentlich 680 S). Der Wagen hatte einen 6,8 Liter großen Kompressor-Sechszylinder und wurde vorwiegend als großes Viersitzer-Cabriolet gebaut. Der abgebildete extravagante Zweisitzer wurde mit einer Sonderkarosserie bestückt. (Foto: Automobile Quarterly)

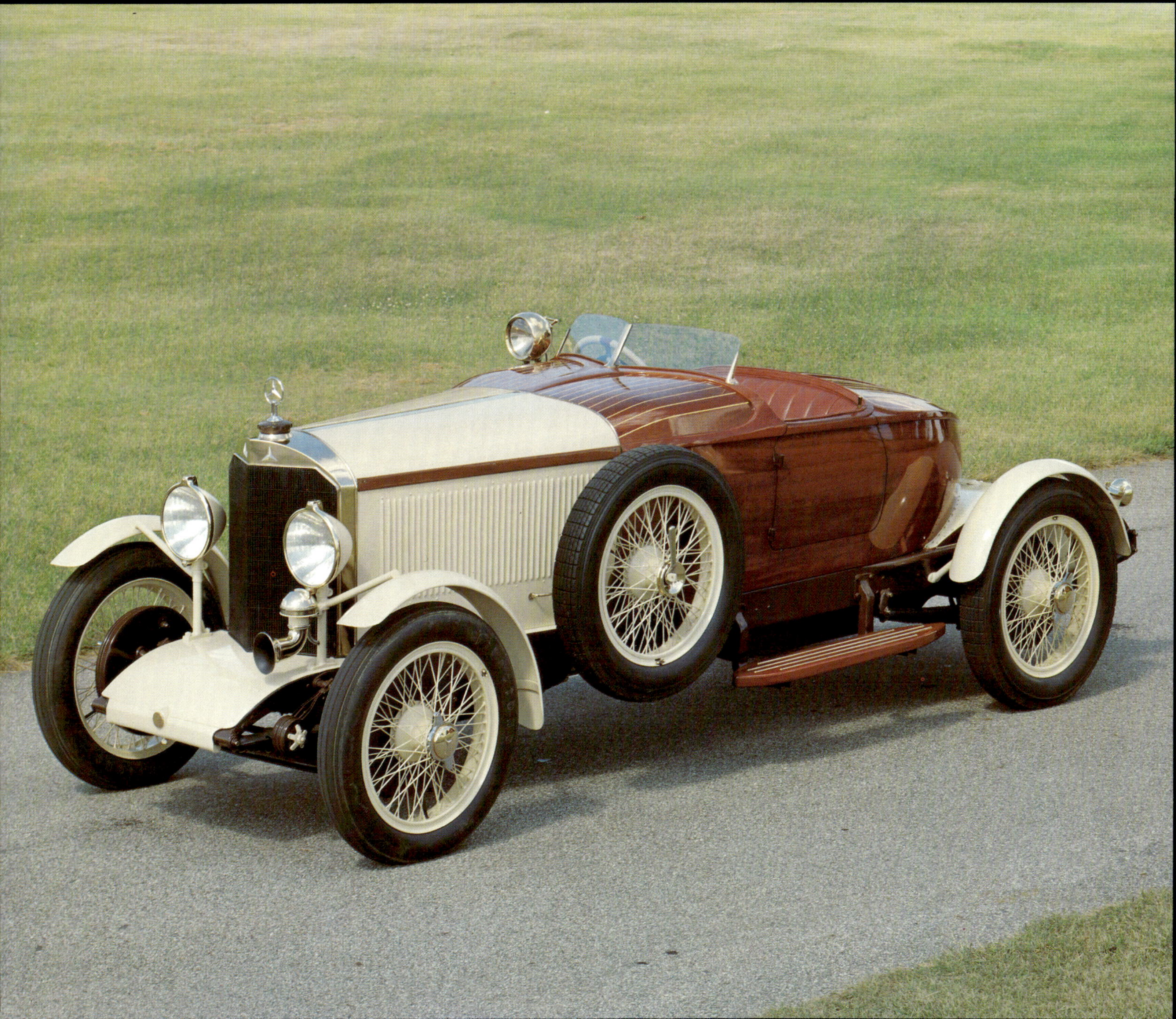

Mercedes Grand-Prix-Wagen W 25. In der ab 1934 gültigen 750 kg-Formel für Grand-Prix-Wagen sahen auch die Konstrukteure in Deutschland wieder eine Herausforderung. Nach langjähriger Unterbrechung entstand auch in Untertürkheim wieder ein reinrassiger Rennwagen. Man verwendete dazu ein neuartiges Schwingachs-Chassis und einen Reihenachtzylinder-Kompressormotor. In seiner ersten Ausführung leistete das 3360 ccm große Aggregat 314 PS. In der Folge wurde es auf über 4 Liter aufgebohrt und die Leistung stieg auf über 400 PS an. Schon im Premierenjahr war der W 25 sehr erfolgreich.

Der Typ W 125 löste 1937 den W 25 ab. Nach einigen Problemen mit der Weiterentwicklung des Vorgängertyps und angesichts der bedrohlich starken Konkurrenz des Auto Union-Sechzehnzylinders entschloß man sich bei Daimler-Benz zu einer Neukonstruktion. Man wich dabei nicht vom Achtzylinder-Konzept ab, doch der Motor wies nun einen Hubraum von 5660 ccm auf und nach langwierigen Entwicklungsprogrammen mit der Kompressor-Aufladung erreichte man Leistungen von 600 PS und darüber.

Links: Für die ab 1938 gültige Dreiliter-Formel entschied sich Daimler-Benz zur Verwendung eines V 12-Zylindermotors. Das aufwendige Aggregat – 4 obenliegende Nockenwellen, 48 Ventile, 19 Rollenlager an der Kurbelwelle – brachte den gewünschten Erfolg. Doch die hohen Drehzahlen bis zu 8000 U/min erwiesen sich allerdings als problematisch. Für die zweite Saison mußte sich der M 154 (Werksbezeichnung für den 2962 ccm V 12) einige Änderungen gefallen lassen.

Unten: Ein Mercedes W 154, der Dreiliter-Grand-Prix-Wagen von 1939, auf Probefahrt im Jahre 1980. Dieser Wagen war 1951 beim Großen Preis von Argentinien noch einmal im Einsatz gewesen (andere Frontpartie).

Mercedes 300 SL Rennsport-Coupé von 1952. Mit diesem Wagen kehrte Daimler-Benz 1952 wieder ins Renngeschehen zurück, man beteiligte sich bei Sportwagenrennen und prestigeträchtigen Ereignissen wie der Mille Miglia und den 24 Stunden von Le Mans. Einen großen Sieg errang Karl Kling mit seinem Beifahrer Hans Klenk bei der Carrera Panamericana in Mexiko. Hier ist der zweite Wagen des Teams abgebildet, den Hermann Lang und Erwin Grupp auf Rang Zwei steuerten.

förmig verkleideten Formel 1-Wagen waren Juan Manuel Fangio, Karl Kling und Hans Herrmann zum großen Mercedes-Comeback am 4. Juli 1954 in Reims angetreten. Die 2,5 Liter-Reihenachtzylinder wiesen eine desmodromische Ventilsteuerung und Benzineinspritzung auf, sie leisteten 257 PS bei 8250 U/min. Mit dieser Karosserie waren die Wagen fast 260 km/h schnell.

Nach den ersten beiden Rennen der Saison tauchten die neuen Mercedes Formel 1-Wagen auch in einer konventionellen Karosserie mit freistehenden Rädern auf. Die Unterschiede zwischen den Wagen waren sehr gering.

Mercedes W 196, 1955. In der neuen Saison traten die Mercedes-Rennwagen mit leistungsgesteigerten Motoren an, sie brachten es nun auf 290 PS. Ein neuer Mann im Team war der junge Engländer Stirling Moss, der hier beim Training zum Grand Prix von Monaco zu sehen ist. Die Weltmeisterschaft fiel in diesem Jahr erneut an Fangio, Moss war ihm knapp auf den Fersen.

Unten: Der Mercedes 300 SLR wies den Achtzylinder-Einspritzmotor aus dem Formel 1-Wagen auf, jedoch war dieser hier mit einem Hubraum von 2982 ccm am Start. Stirling Moos war der erfolgreichste Fahrer dieses Wagens, mit dem Daimler-Benz 1955 auch die Sportwagen-Weltmeisterschaft gewinnen konnte. Dazu trugen nicht zuletzt die überlegenen Siege Moss' in der Mille Miglia und der Targa Florio, den beiden italienischen Traditionsveranstaltungen, bei.

Gegenüberliegende Seite: Der W 196, der Mercedes-Silberpfeil 1954/55 im wohlverdienten Ruhestand im Werksmuseum in Untertürkheim. Mit diesen Wagen siegte das Mercedes-Team bei 11 von 14 Grand-Prix-Rennen – eine wahrhaft eindrucksvolle Bilanz.

8

8 TE

Links: Heckansicht des Flügeltürer-Mercedes 300 SL. Die saubere Linienführung des Wagens – den man auch mit Zentralverschlußrädern erhalten konnte – begeisterte Mercedes-Liebhaber auf Anhieb. (Foto: Automobile Quarterly)

Die Tradition der großen Mercedes-Sportwagen wurde ab 1954 durch den 300 SL fortgesetzt. Auch dieser Wagen wurde zuerst für den Wettbewerbs-Einsatz geschaffen und später auch als Straßen-Sportwagen zum Verkauf angeboten. Der „Flügeltürer" steht heute in der Gunst des Publikums in einer Reihe mit den Klassikern der zwanziger und dreißiger Jahre.

Ein klassischer Sportwagen höchster technischer und ästhetischer Vollendung war der Mercedes-Benz 500 K, gebaut von 1934 bis 1936 und als Langstrecken-Tourenfahrzeug hochqualifiziert.

Rechts: Im Dezember 1938 führte man bei der Kühlerfirma Behr in Stuttgart verschiedene Versuche zur Umgestaltung der Kühler und somit der Wagenfront am W 154 durch.

Oben: Der W 154 wurde für die Saison 1939 mit einer einfacheren und leichteren Karosserie versehen. Die neue Kühlermaske wurde durch die Verwendung anderer Kühler möglich.

Oben: Durch die endgültig festgelegte Verteilung der Kraftstoffmenge auf die beiden Tanks war durch deren Größe auch die Karosserieform noch einmal beinflußt worden.

Links: W 154 Ausführung 1939. An dieser Linienführung orientierten sich die Rennwagenbauer der nächsten zwanzig Jahre.

als daß sie die Strömung beschleunigt hätten. Der größte und schmalste Kühler aus den 1938er Wagen wurde schließlich als der effektivste ermittelt. Man verwendete diesen Typ auch an den neuen Wagen, wobei man das rechte Drittel als Ölkühler abteilte. Dabei rückte man den Kühler weiter nach vorn, um der Abluft bessere Austrittsmöglichkeiten zu schaffen. Eine ovale Öffnung im Zentrum ließ frische Luft auf den Vergaser strömen, und während der Saison fügte man noch einen kleinen Kühler hinzu, der den Kraftstoff vor dem Eintritt in die Schwimmerkammern leicht abkühlte.

An einem anderen Prüfstand wurde im Winter 1938/39 ebenfalls fleißig gearbeitet, es handelte sich dabei um den Bremsen-Prüfstand in Untertürkheim. Das Überhitzen verschiedener Stellen an den Bremstrommeln, das zu Beschädigungen geführt hatte, war noch immer nicht in einer befriedigenden – und gewichtsbewußten – Art und Weise gelöst worden. Die Solingener Firma Kronprinz, Lieferant der mit Dural-Felgen versehenen Drahtspeichenräder, hatte im April 1938 auf die im Flugzeugbau seit neuestem verwendeten flüssigkeitsgekühlten Trommelbremsen aufmerksam gemacht. Man interessierte sich zwar bei Daimler-Benz dafür, mußte aber bald erkennen, daß man dazu einen größeren Abstand zwischen Trommel und Rad – als beim W 154 möglich – benötigt hätte. Die schließlich von der Entwicklungsabteilung erdachte Lösung stellte eine der größten Neuerungen am W 154 für 1939 dar. Die Außenfläche der Bremstrommel war dabei so gestaltet, daß sie als Gebläse wirken konnte, mit axialer und radialer Luftführung. Dazu hatte man die Außenseite des eingesetzten stählernen Bremsringes mit dichtstehenden, senkrechten Leitblechen versehen, die gekrümmt waren und nach außen schräg abfielen. Auf diese Weise wurde die anströmende Luft an die Innenseite der Trommel geschaufelt. Diese Schaufelrad-Anordnung wurde später als Turbo-Kühlung bezeichnet.

Die neuen Bremstrommeln bewährten sich hervorragend. Da man jedoch bei Daimler-Benz sehr genau wußte, daß man nichts geschenkt bekommt, versuchte man die durch diese Kühlung absorbierte Leistung zu ermitteln. Es

stellte sich heraus, daß sich bei einer Rad-Drehzahl von 1600 U/min, was einer Geschwindigkeit von etwa 250 km/h entsprach, pro Bremstrommel ein Leistungsverlust von einer halben Pferdestärke ergab. Doch dies war die erreichte Verbesserung der Bremsanlage allemal wert. Auf den Magnesium-Bremsbacken verwendete man 1939 neue Beläge von Jurid mit der Bezeichnung P 1678. Sie waren besser im Verhalten, aber noch nicht völlig ohne Fading, wie man es sich in der Rennabteilung gewünscht hätte. Wäre die Rennerei noch über 1939 hinaus fortzusetzen gewesen, hätte man sich mit neuen Belägen mit metallischen Einlagen, genannt Emero 3 RT 7, beschäftigt, da hierüber gute Ergebnisse aus dem Flugzeugbau vorlagen.
Die Gesamtplanung für 1939 wurde am 1. September 1938 von Rudolf Uhlenhaut in einem Bericht zusammengefaßt. Er zog ein Resümee aus den Rennen der zu Ende gehenden Saison: „In der Beschleunigung und in der Höchstgeschwindigkeit ist unser Wagen den Konkurrenten von der Auto Union und Maserati – Alfa spielt zur Zeit keine Rolle – knapp überlegen. Unsere daraus resultierende Führungsposition verdanken wir jedoch mehr der größeren Zuverlässigkeit von Motor und Fahrgestell. Wir können mit Sicherheit annehmen, daß auch die Auto Union bald die nötige Zuverlässigkeit erreicht haben wird. Folglich müsen wir uns nun um weitere Möglichkeiten zur Leistungssteigerung an unseren Wagen kümmern." Die Auto Union sollte noch in diesem Monat in Monza eindrucksvoll beweisen, daß Uhlenhauts Thesen zutrafen.
Bei Daimler-Benz begann man umgehend mit Verbesserungen am Chassis, auch der Motor sollte überarbeitet werden. Die für 1938 konzipierte Höchstdrehzahl von 8200 U/min war in der Praxis nie erreicht worden, Uhlenhaut war jedoch der Meinung, daß ein Bereich von 8500 bis 8800 Touren wesentlich vorteilhafter wäre. Dabei würde es auch kaum eine Rolle spielen, wenn die Leistung von 8000 bis 8500 U/min nicht mehr ansteigen und vielleicht sogar leicht abfallen würde. Er mußte jedoch eingestehen, daß bei diesem Vorhaben bekannte Probleme im Wege standen: das betraf den Ventiltrieb und die Pleuel.
Von der Motorenserie H, dem M 154, hatte man insgesamt 19 Exemplare fertiggestellt. Für die Saison 1939 standen davon noch zehn zur Verfügung, ein Aggregat blieb der Rennabteilung zu Versuchszwecken vorbehalten. Man brauchte also einige zusätzliche Aggregate, zumal man ja auch schon an die Saison 1940 dachte. Es wurde demzufolge von der Firmenleitung der Daimler-Benz AG der Auftrag zu einer umfassenden Überarbeitung der Zwölfzylinder-Konstruktion erteilt, dabei sollten alle Unzulänglichkeiten und Nachteile, die sich 1938 ergeben hatten, behoben werden. Das neue Projekt lief bei Albert Heeß' Technikern unter der offiziellen Bezeichnung M 163, in der Motorenabteilung nannte man den neuen Typ Serie K.
Das neue Antriebsaggregat sollte alternativ zum M 154 in das Chassis eingebaut werden können; man verwendete in der Saison tatsächlich beide Versionen. An beiden Blöcken fanden sich dieselben Aufnahmen für die Lader, die gleichen Ventile, Ventiltriebe und Nebenaggregate. Die Abmessungen für Bohrung und Hub blieben ebenfalls unverändert. Der M 163 sah indessen zerklüfteter aus und war mit 275 kg auch schwerer geraten. Am 5. September 1938 erhielt Albert Hess von der Rennabteilung eine umfangreiche „Wunschliste". Bis auf wenige Ausnahmen, zum Beispiel bei der Befestigung der Auspuffkrümmer mit vier Bolzen anstatt der vorgeschlagenen drei, wurden alle Verbesserungsvorschläge ausgeführt. Durch eine vergrößerte Anzahl und stärkere Ausführung der Verschraubungen an Ventildeckeln, Steuergehäusen und Ölwanne sowie durch bessere Dichtungen wurde der vorher häufig beklagte Ölverlust eingedämmt. Den Motorblock hatte man dergestalt abgeändert, daß man die Ölwanne zu Inspektionszwecken abnehmen konnte, ohne die Kupplungs- und Laderantriebs-Gehäuse lockern zu müssen. Außerdem wurden die nicht benötigten Vorrichtungen zum Anbau der Einspritzpumpen weggelassen. Das Kurbelgehäuse war breiter geworden und nun auf beiden Seiten mit Entlüftern ausgestattet. Die Hauptlager-Dimensionierung blieb unverändert, nur die Querverschraubungen an den Lagerdeckeln hatte man verringert, die Schleuderringe auf den Kurbelwangen hingegen leicht vergrößert, um die Schmierung der Pleuellager zu verbessern. Die Pleuel selbst wurden um 3 mm verlängert, sie maßen nun 158 mm (Mittenabstand). Am vorderen Kurbelwellenende fanden sich neben den Laderantrieben rechts die Wasserpumpe und links die Kraftstoffpumpe (Graetzin ZE 500). Zwischen den Pumpen und den Antriebsgehäusen waren die beiden Ölrückförderpumpen angeordnet, die nach Wegfall der nicht benötigten Einspritzpumpen-Antriebe vom hinteren Motorende hierher versetzt worden waren. An allen Motoren für diese Saison wurden nun auch zwei Druckpumpen für die Schmierung von je zwei Nockenwellen verwendet.
Es wurden lediglich vier dieser Motoren aus der K-Reihe für den Einsatz fertig, ein fünfter wurde noch zusammengebaut und für einen sechsten hatte man die Mehrzahl der benötigten Teile parat. Die Pleuel erwiesen sich als besonders langwierig in der Beschaffung, man benötigte sechs Wochen zur Herstellung. Die Rennabteilung sah sich daher gezwungen, vorerst auf verschiedene Ausführungen der M 154-Pleuel zurückzugreifen. Da gab es Unterschiede in der Materialstärke, in der Verzahnung an den Trennflächen oder im Abstand der Bolzen am Pleuelfuß, alle waren jedoch aus dem gleichen Chrom-Nickel-Stahl der Legierung ECN 25f gefertigt. Als die neuen Pleuel Anfang Februar vom Werk 60 geliefert wurden, nahm man sie in der Rennabteilung kritisch unter die Lupe. Es wurden dabei „Unregelmäßigkeiten in der Fertigung" festgestellt, und ein ausführlicher Bericht landete daraufhin auf Max Sailers Schreibtisch. Dies hatte einen heftigen Widerspruch von Werk 60 zur Folge, wo man einige der „Unregelmäßigkeiten" als von der Konstruktionsabteilung im Sinne einer Zeitersparnis genehmigt erklärte. Andere Dinge schob man der Behandlung in der Rennabteilung zu und wies damit die Schuld von sich. Dieses Hin und Her schärfte bei allen Beteiligten das Bewußtsein, daß ein hohes Maß an Präzision bei allen Motorteilen und ganz besonders bei den stets kritischen Pleueln unerläßlich ist. Es wurden außerdem mehrere Pleuel-Sätze für die teilbaren Hirth-Kurbelwellen angefertigt, da man in der Saison 1939 erstmals ernsthafte Erprobungen damit in einem umgebauten M 154 durchführte. Als besonders vorteilhaft galt dabei der stabile und ungeteilte Sitz für die Hauptlager, mit dem auch eine weitere Drehzahlerhöhung möglich wurde. Die Pleuel waren sowohl leichter als auch stabiler. Bei Versuchen mit Druck- und Zug-Belastung verformte sich das Hirth-Pleuel am wenigsten, gefolgt von der Ausführung für den M 163 und an dritter Stelle das bisherige M 154-Pleuel.
Ziemlich unterschiedliche Resultate bei der Anwendung der Hirth-Kurbelwellen ließen auch 1939 keinen allgemeinen Einsatz zu. Die Welle Nummer 3 im Motor H-18 wurde beim Training am Großglockner und anschließend auf 580 Test-Kilometern auf dem Nürburgring verwendet, ohne daß sich irgendwelche Fehler bemerkbar gemacht hätten. Im Motor H-15 befand sich die Welle Nummer 1, damit wurde der 1939er Wagen bei seinen ersten Probefahrten in Monza angetrieben. Im weiteren Verlauf der Saison spulte man noch weitere 1625 km störungsfrei im Renneinsatz ab, dabei kam auch ein Sieg für Hermann Lang im belgischen Grand Prix heraus. Einen Monat später hatte man den Motor in den Reservewagen für den Großen Preis der Schweiz eingebaut, wo schließlich im Training ein Pleuel brach. Die Hirth-Welle Nummer 2 befand sich im Motor H-10 und wurde schon beim ersten Einsatz, dem Training zum Wiener Höhenstraßenrennen, beschädigt. Einige der Ausfälle der Hirth-Kurbelwellen führte man später auf die geringe Stabilität der Haltekanten am Lagersitz zurück. Die Käfige der Pleuellager bestanden an beiden Kurbelwellen aus Bondur oder Tordal (geschützte Markenbezeichnungen für verschiedene Leichtmetall-Legierungen). Deren Lebensdauer wurde zum einen vom Auftreten von Rissen im Material bestimmt, zum anderen jedoch vom Verschleiß zwischen dem Halteschild und dem daran stoßenden Lagerkäfig. „Die Haltbarkeit der Pleuellagerkäfige ist für die Laufzeit der Motoren zwischen zwei Generalüberholungen von ausschlagge-

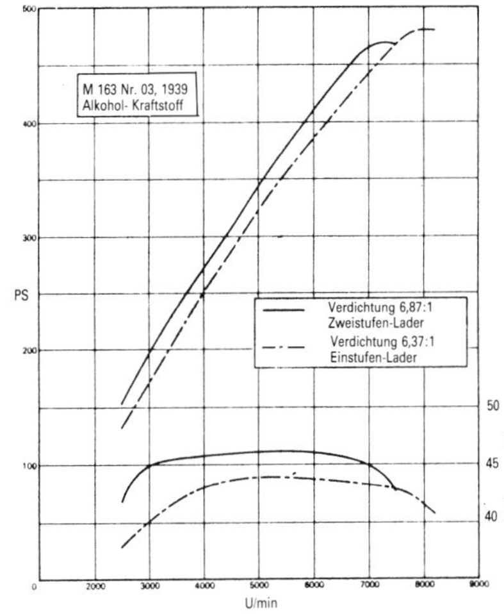

Links: Leistungsdiagramm des verbesserten Dreilitermotors M 163.

Unten: V12-Motor M 154, Serie H, mit zweistufigem Kompressor als Schaumodell mit seinem großen DBAG-Vergaser und der aufgesetzten Luftzuführung.

Oben: Der M 154 bekam 1939 ein neu angeordnetes Überdruckventil, das nunmehr direkt am Rohrverteiler über dem Lader saß.
Rechts: In der Saison gab es vermehrt Kolbenschäden zu beklagen; erst vernickelte Kolbenböden und eloxierte Hemden sorgten für Abhilfe.

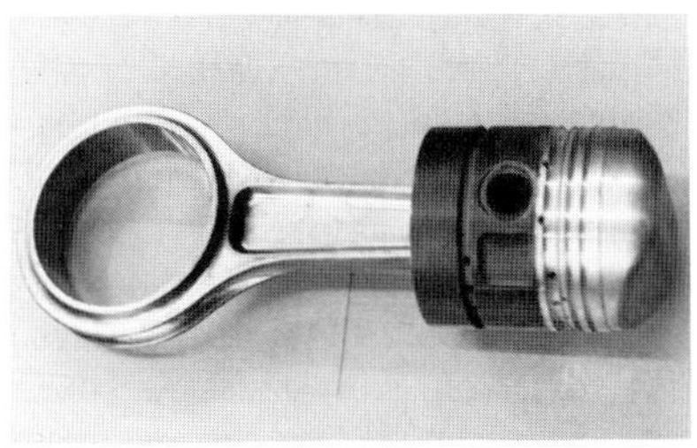

Rechts: Testvorrichtung zur Überprüfung der Pleuel-Belastbarkeit. Hier ist ein teilbares Pleuel montiert im Gegensatz zu jenem von der Hirth-Kurbelwelle im Bild darüber.

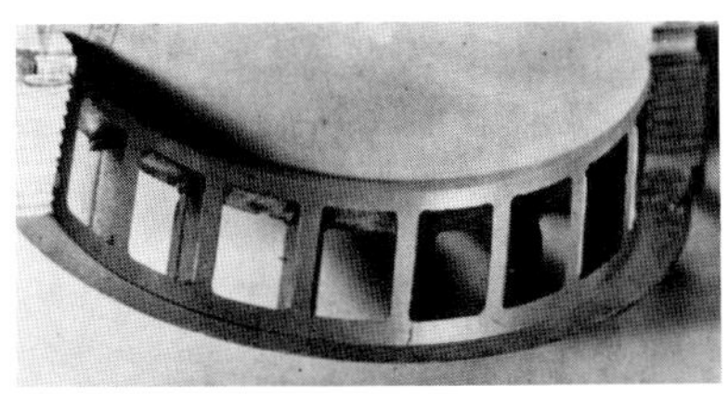

Links: Der Leichtmetall-Lagerkäfig der Pleuel-Rollenlager neigte immer wieder zu Rissen an der Außenseite.

bender Bedeutung," berichtete Uhlenhaut Ende 1939. Die Grenze seiner Verwendbarkeit wurde für jeden V12-Zylinder-Rennmotor bei 1000 km Fahrleistung gezogen.
Man setzte jedoch nach wie vor große Hoffnungen auf die Hirth-Konstruktion, da die Hubzapfen-Oberfläche kaum angegriffen wurde. Doch auch 1939 begrenzte dieses „Zerbröckeln" wieder die Lebensdauer der Hubzapfen und Lager. Ein Reißen der Lagerzapfen, das besonders an den doppelreihigen Rollenlagern (viertes und siebtes Lager) aufgetreten war, konnte durch die Verwendung abgedrehter Rollen, die nun tonnenförmig waren, eingeschränkt werden. Solche Rollen wollte man versuchsweise Ende 1939 in den Pleuellagern verwenden. Doch in der Zwischenzeit hatte man die gewünschte Standfestigkeit der Motoren auf andere Weise erreicht, indem man die Drehzahlgrenze auf 7200 U/min festlegte. Anstelle einer weiteren Erhöhung hatte man nun die Drehzahlen am V12 verringert. Erst als man bei den letzten beiden Rennen der Saison 1939 zu dieser Maßnahme gegriffen hatte, konnte der Dreiliter-V12 als völlig zuverlässig funktionierend bezeichnet werden.
Diese Begrenzung war in der Hauptsache durch den Kurbeltrieb bedingt, denn den Ventiltrieb hatte man im Winter 1938/39 eingehend untersucht. Versuche mit einer Stroboskoplampe hatten gezeigt, daß sogar bei Verwendung der stärksten Ventilfedern (44 kp/cm) der Kraftschluß zwischen Ventilschaft und Nocken bei 8000 U/min nach dem Ablaufen der Schließrampe am Nockenprofil verlorenging. Im Januar 1939 führte man mehrere Versuche mit verschiedenen Nockenformen durch und ging dabei vereinzelt auch auf 8200 U/min. Man begann mit der Nockenwelle des Typs M 154 dA-1 und verwendete auch die für den neuen 1,5-Liter-V8 vorgesehene Nockenform sowie jene des M 163. Man variierte dabei an allen Nockenwellen die Steuerzeiten und änderte die Schlepphebel ab. Interessant ist eine solche Versuchsabfolge mit laufend veränderten Steuerzeiten (kalter Motor):

E.ö.	22	47	47	35	35	28	28	28	35	35	35	35	26	°v.OT
E.s.	52	73	73	62	62	70	70	70	63	63	63	63	51	°n.UT
A.ö.	32	32	53	44	52	52	44	38	38	29	39	25	25	°v.UT
A.s.	13	13	32	35	25	25	35	23	23	17	10	11	11	°n.OT

Unschwer läßt sich allein daraus die ungeheure Arbeit erkennen, die Georg Scheerer und seine Leute bei dieser Versuchsreihe zu leisten hatten. Sie probierten 13 verschiedene Nockenprofile aus und benötigten dafür an einem Motor mit vier Nockenwellen nicht mehr als eine Woche Zeit. Für jede Nockenform wurde ein komplettes Leistungsdiagramm erstellt, der Kraftstoffverbrauch gemessen, der Ladedruck an zwei Stellen ermittelt – und dies alles in neun Intervallen in einem Bereich von 2500 bis 8000 U/min. Noch mit „dröhnenden Ohren" faßte Georg Scheerer sein Ergebnis zusammen und erstellte eine Empfehlung für die günstigste Nockenform. Dabei sollte ein wesentlich besserer Leistungsverlauf im unteren Drehzahlbereich mit stark geminderter Flatterneigung der Ventile kombiniert werden. Diese Vorschläge wurden mit geringfügigen Modifikationen in der 1939er-Serie übernommen:

	Vorschlag	Serie	
	(Motor kalt)	kalt	warm
E.ö.	35	35	40,5 °v.OT
E.s.	62	62	67,5 °n.UT
A.ö.	27	31	47 °v.UT
A.s.	14	18	31 °n.OT

An einem der ersten Motoren der K-Serie wurde versuchsweise eine verwirrende Kombination von Ventilen verwendet, über die man deshalb genau Buch führte. Anstelle der 11 mm starken Ventilschäfte war man nun auf 9 mm übergegangen. Einige Ventile waren vom Teller her mit Soda gefüllt, einige mit Quecksilber und einige mit Quecksilber vom Schaftende her. Die dünneren Schäfte bewährten sich nicht, so daß man auf die 11-mm-Schäfte zurückgreifen mußte, wobei hier nur die Auslaßventile mit Quecksilber gefüllt wurden. Die Ventilfeder-Teller wurden sowohl aus Stahl als auch aus Dural gefertigt.

Eine höchst willkommene Nebenwirkung der neuen Nocken war die Möglichkeit zu einer neuerlichen Anhebung des Verdichtungsverhältnisses, da man nun den Kolben nicht mehr so gefährlich nah an die Ventile rücken mußte. In den überarbeiteten H-Typen (M 154) ging man auf 6,35:1, bei einigen Exemplaren sogar auf 6,7. Noch höher lagen die Werte für die K-Typen (M 163) mit 6,86 und 7,16:1. Die Erhöhung der Verdichtung war eines der Ziele für die Saisonvorbereitungen 1939 gewesen, das man zur vollsten Zufriedenheit erreichte.

Ein weiteres Vorhaben war natürlich die erneute Leistungssteigerung gewesen. Dies wollte man mit einem neuen Kompressor erreichen, der einen geringen Leistungsbedarf aufweisen sollte. In der langen Geschichte aufgeladener Motoren bei Daimler-Benz war man nun durch Zufall auf einen gewissen Widerspruch gestoßen. Georg Scheerer beschrieb dies folgendermaßen: „Es ist eine alte Erfahrung, daß bei höheren Drehzahlen an Motoren mit den gleichen Ladern stets derjenige die höhere Leistungsausbeute zeigt, bei dem der Ladedruck geringer ist." Bei seiner bereits erwähnten Versuchsreihe konnte Scheerer dies zum Teil auf unterschiedliche Nockenwellen zurückführen. Auf jeden Fall gelang es an den 1939er Motoren mit den Ladern und den Nockenwellen zusammen eine Leistungssteigerung von 7 Prozent bei einem gleichzeitig um 10 Prozent verringerten Ladedruck zu erzielen. Man war bei Daimler-Benz bereits bei Werten für den Ladedruck angelangt, die von den meisten Fachleuten als ungeeignet und sogar als unmöglich (mit einem einstufigen Gebläse) erreichbar angesehen wurden. Mit 1,24 bis 1,38 at war man in der Tat an der Grenze des Leistungsvermögens der herkömmlichen Lader angelangt (die beiden Kompressoren am M 154 liefen parallel und hatten deshalb keine größere Wirkung als ein einzelnes Instrument).

Diese Ergebnisse waren nur durch die lange Erfahrung der Firma mit den Roots-Gebläsen möglich geworden; sie unterlagen dabei einer stetigen Weiterentwicklung und liefen mittlerweile mit 12 000 U/min. Dadurch ließen sich die hohen Spitzenwerte und auch vor allem der bereits bei einer Kurbelwellen-Drehzahl von 4000 U/min vorhandene Ladedruck von 1 at erreichen. Weitere Fortschritte in dieser Richtung waren freilich nicht mehr möglich. Die Versuche mit 180 mm langen Rotorflügeln hatten gezeigt, daß bei höheren Drücken kaum mehr ein Leistungszuwachs zu verzeichnen war, da der Leistungsbedarf des Laderantriebs gleichzeitig weiter angestiegen war. „Der Motor wurde dabei ohne großen Nutzen höher belastet, indem das Temperatur-Niveau anstieg," schloß Uhlenhaut aus den Ergebnissen. Man war sich darüber im Klaren, daß sich hier weitere Fortschritte nur mit einem zweistufigen Lader erzielen lassen würden. Bei dieser Anordnung drückt ein großes Gebläse verdichtete Luft (oder das zündfähige Gemisch) in ein kleineres, welches die noch weiter verdichtete Luftmenge an die Einlaßleitungen abgibt. Wenn vielleicht auch die erreichten Werte für den Ladedruck die bisherigen nicht überstiegen, so arbeitete doch jeder Lader bei dieser Doppelanordnung sehr viel wirtschaftlicher, denn der Leistungsaufwand lag unter dem eines Einzel-Laders.

Eine Aufladung durch mehrstufige Gebläse wurde in Deutschland bereits im Ersten Weltkrieg angewandt. Man hatte verschiedenen Flugmotoren mit Schleuder-Ladern (Zentrifugal-Verdichtern) versehen, jedoch waren weder Daimler noch Benz an diesen Versuchen beteiligt gewesen. In den dreißiger Jahren hatte man diese Techniken wieder aufleben lassen und stattete erneut Flugmotoren mit diesen Ladern aus. Diese Flugzeuge sollten in einem weiteren Weltkrieg Verwendung finden. Für die Erprobung eines Zweistufen-Systems am M 154 verpflichtete man die Firma Porsche, eine Versuchsanordnung zu entwickeln. Diese Abmachung hatte man bereits Mitte 1938 getroffen. Porsches Konstruktion – PKB (Porsche Konstruktions-Büro) Nr. R 108 – sah für die Rotoren des größeren Verdichters einen Durchmesser von 136 mm und eine Länge von 160 mm vor. Das zweite Gebläse sollte gleich lange, aber im Durchmesser auf 108 mm verkleinerte Drehflügel bekommen. Man änderte einen der 1938 verwendeten Doppelvergaser so ab, daß beide Mischrohre zum ersten Gebläse führten. Die ersten Versuche wurden bereits im November begonnen. Dazu hatte man die zweistufige Laderanordnung auf den M 154 mit der Nummer H-1 montiert, der vorher 430 PS geleistet hatte. Ausgestattet mit dem R 108-System, kam das Aggregat indessen nur auf 380 PS. Dafür lagen die Werte für den Bereich unterhalb von 5500 U/min wesentlich günstiger. Der erzeugte Ladedruck blieb mit 1,04 at ebenfalls weit unter dem Wert für die Einstufen-Kompressor-Version von 1,42 at. Doch obwohl der Druck an der früheren Version in einem Bereich von 3000 bis 5000 U/min höher war, gab die zweistufige Ausführung dort 12 Prozent mehr Leistung ab. Damit war die „alter Erfahrung" erneut bestätigt worden. Bis auf den Beginn des Drehzahlbandes blieb der Leistungsbedarf des Zweistufen-Gebläses stets geringer als beim Vorgänger:

Motor-Drehzahl	M 154 DBAG-Einstufenlader		M 154 Porsche R 108, zweistufig	
	Leistungsbedarf	Ladedruck	Leistungsbedarf	Ladedruck
2500 U/min	61 PS	0,86 at	65,5 PS	0,86 at
5000 U/min	124 PS	1,26 at	78,5 PS	0,96 at
7500 U/min	152 PS	1,39 at	84,0 PS	1,03 at

Bei der Höchstdrehzahl baute der Einfach-Kompressor einen um 34,7 Prozent höheren Ladedruck auf, beanspruchte aber auch 81 Prozent mehr Antriebsleistung. Die gewissenhaften Daimler-Benz-Forscher errechneten jedoch, daß die Porsche-Kompressor-Anordnung mit dem bei niedrigen Drehzahlen erbrachten Leistungszuwachs und dem geringeren Leistungsbedarf den entstehenden Unterschied in der Spitzenleistung des Motors nicht genügend ausgleichen könnte. Dies aber war wiederum einer anderen Ausführung bei den verwendeten Einlaßleitungen zuzuschreiben, denn am R 108 verengte sich der Durchmesser schneller als bei den ursprünglich am M 154 verwendeten Rohren. Dies nahm man bei der Konstruktion eines eigenen Daimler-Benz-Zweistufenladers zur Kenntnis. Trotz der nach wie vor fehlenden Spitzenleistung erschien die abgeänderte Ausführung sehr vielversprechend, weshalb man Albert Heeß' Abteilung grünes Licht für die Durchführung dieses neuen Projektes gab. Zur Vereinfachung der Herstellung hielt man den Durchmesser der Drehflügel mit 125 mm gleich groß und variierte nur die Länge mit 220 und 125 mm. Beide Lader liefen mit 1,25-facher Kurbelwellen-Drehzahl. Die ursprünglich genau übereinander liegenden Drehachsen in den Kompressorgehäusen wurden leicht versetzt angeordnet, um für das neue Leitungssystem mehr Platz zu schaffen. Das größere Gebläse für die erste Ladestufe befand sich dabei links, es wurde auf der Innenseite vom Vergaser mit dem Kraftstoff-Luft-Gemisch versorgt. Oben auf den beiden Magnesium-Gehäusen befand sich die Verbindungsleitung zwischen den beiden Ladern, jeweils zur Hälfte zusammen mit den verrippten Gehäusen gegossen. Der kleine Lader auf der linken Seite lieferte das verdichtete Gemisch in den Einlaßkrümmer, der an der Innenseite angeschlossen war. Dieser verlief hier wesentlich niedriger als bei den vorhergehenden Motoren, weshalb die einzelnen Zuleitungen nach oben gekrümmt werden mußten. Ein neuer Vergaser wurde ebenfalls verwendet. Es waren hier wiederum zwei horizontale Mischrohre vorhanden, die mit unterdruckgesteuerten Luftschiebern, diesmal nebeneinander stehend, ausgestattet waren. Die beiden Schwimmerkammern hatte man rechts und links am Vergaser montiert. Da ja nun beide Mischrohre einen einzelnen Kanal versorgten, konnte man bei der Düsenauswahl einen ganz bestimmten Abstimmungs-Modus anwenden. Zusätzlich zu den Leerlauf- und Hauptdüsen baute man in jedes Mischrohr zwei weitere Düsen ein, diese konnte man in ihrer Wirkung aufeinander abstimmen. So lief die Freigabe der vier Zusatzdüsen beispielsweise in der Einstellung für den belgischen Grand Prix folgendermaßen ab: Bei einer Winkelstellung des Gaspedals von 8 Grad öffnete Düse I rechts, danach I links bei 15 Grad und II rechts bei 18 Grad, die Düse II links kam bei einer Stellung von 20 Grad dazu. Durch diese Anordnung war eine vorübergehende Gemischabmagerung völlig unmöglich geworden.

Die Drehschieber-Drosselklappe für den Zuzsatzvergaser war weggefallen, das Funktionsprinzip aber hatte man beibehalten. Ein 32 mm weiter Einlaß auf der Vergaser-Oberseite reichte dabei auf den Ansaugstutzen hinunter. Ein herkömmlicher Drosselklappen-Flügel steuerte die Luftzufuhr und die eingespritzte Kraftstoffmenge aus den beiden Düsen. Wie schon zuvor wurde dieser wieder vom Ladedruck-Unterschied gesteuert. Die Kraftstoffversorgung überließ man nicht mehr den unter Druck gesetzten Schwimmerkammern, sondern schloß eine Abzweigung von der Druckleitung direkt an. Von der Benzinpumpe wurde der Kraftstoff hier mit einem Druck von fast 3,5 at befördert. Die Steuerung des Zusatzvergasers war an dem neuen Zweistufenlader-System etwas komplizierter geworden, da die Verlaufskurve des Ladedrucks wesentlich flacher war. An den Einfach-Kompressor-Aggregaten öffnete der Zusatzvergaser ab einem Ladedruck von 0,70 at und war bei 1,26 at ganz geöffnet, dies entsprach einem Drehzahlbereich von 5000 bis 6000 U/min, wobei der Höchstwert des Ladedrucks noch nicht erreicht war. Bei den Zweistufen-Kompressor-Motoren wurden die 1,26 at bereits bei einer Drehzahl von 4000 U/min erreicht, und bis zur Höchstdrehzahl stieg der Druck nur noch in geringem Umfang an. Aus diesem Grund mußte hier der Zusatzver-

Oben: Caracciola auf dem Straßenkurs von Reims, wo er einen seiner seltenen Unfälle zu verzeichnen hatte.
Links: Lang in Pau, wo er mit seinem Sieg den Grundstein zum Europameister-Titel des Jahres 1939 legte.

Unten: Heißes Gefecht zwischen zwei Mercedes und zwei Auto Union. Diese Szene wurde allerdings für Filmaufnahmen auf dem Nürburgring gestellt, die Renner fuhren hinter einem Kamerawagen her...

gaser schon im ersten Drehzahlabschnitt bis 4000 Umdrehungen ganz geöffnet werden.
Die besten Werte bei einem Zweistufen-Lader am Dreiliter-V12 wurden mit 0,84 at nach dem ersten Gebläse und 1,33 at nach dem zweiten gemessen. Mit den einzelnen Verdichtungsverhältnissen von 1,83:1 für den ersten und 1,26:1 für den zweiten Lader lag man damit schon wesentlich günstiger als bei einem einzelnen Kompressor, der hier nur auf 2,38:1 gekommen war. Die erforderliche Leistung zum Antrieb des Zweistufenladers war geringer und die Ausbeute der Motorleistung höher geworden. Die Höchstleistung von 470 bis 480 PS fiel nun statt bei 8000 U/min schon 500 Umdrehungen früher an. Über ein sehr breites Drehzahlband hinweg konnte man die Leistung Stufe für Stufe um 25 bis 30 PS anheben, wobei der spezifische Verbrauch (g/PS h) nahezu unverändert blieb.
Da man mit der Entwicklung des Zweistufenladers relativ spät begonnen hatte, standen für das erste Rennen in Pau noch keine derart umgerüsteten Motoren zur Verfügung. Trotzdem konnte sich die Mercedes-Mannschaft für die Niederlage im Vorjahr revanchieren: Lang und v. Brauchitsch landeten einen Doppelsieg. Beim Eifelrennen am 21. Mai auf dem Nürburgring sollten diese beiden Fahrer auch die neuen Motoren zur Verfügung haben, die Zeit reichte indessen nicht aus, und so wurde nur das Aggregat für Lang fertig. Den genauen Werdegang dieses Motors – H-17 – konnte man aus dem aufgestellten Zeitplan ersehen. Am 30. April war das Aggregat fertig zusammengebaut, am 4. Mai wurde es auf dem Prüfstand den üblichen Tests unterzogen, um danach wieder zerlegt und überprüft zu werden. Am 8. Mai stand es erneut auf dem Prüfstand und wurde einen Tag später von Willy Zimmer einsatzfertig an Lindenmaiers Montage-Abteilung übergeben. Am 21. Mai ermöglichte dieses Aggregat Hermann Lang, der sich auf dem Höhepunkt seines beträchtlichen Könnens befand, einen weiteren Sieg an seine Fahnen zu heften.
Lang siegte auch am 25. Juni in Belgien, wo außer ihm auch Caracciola und Seaman die neuen Motoren verwenden konnten. Der Jubel um die Plätze Eins und Drei für das Mercedes-Team wurde indessen von einem tragischen Unglücksfall überschattet. Der allseits beliebte Dick Seaman hatte sich mit seinem Wagen zweimal gedreht und war rückwärts an einen Baum geprallt. Der Wagen fing Feuer und es dauerte eine ganze Weile, bis der Fahrer befreit werden konnte. Seaman hatte dabei schwerste Verletzungen davongetragen, denen er am nächsten Tag erlag. Hermann Lang schrieb später über seinen Team-Kollegen: „Ich werde mich immer an ihn erinnern: er war sehr gütig, kühl und fair als Sportsmann, genau wie ich mir einen Engländer immer vorgestellt hatte.“ Seaman war seit Otto Merz das erste Todesopfer, das man im Team von Daimler-Benz zu beklagen hatte, und es blieb der einzige tragische Unfall in dieser Zeit des schärfsten Wettstreits auf den Rennpisten.
Alfred Neubauer brachte seine Truppe nach Reims zum französischen Grand Prix mit dem natürlichen Selbstvertrauen eines bisher in der Saison noch ungeschlagenen Siegesanwärters. Doch bei diesem Rennen am 9. Juli sah kein einziger Mercedes-Silberpfeil die karierte Flagge. Anstelle des Sieges-Champagners hatte man Schwerwiegenderes zu verdauen. Plötzlich waren die bereits bei den ersten Versuchen mit dem M 154 einmal aufgetretenen mysteriösen Kolbenschäden wieder da. Die Schuld dafür konnte man wohl kaum bei der Rennabteilung suchen, denn schon im Dezember hatte man

Oben: Von Brauchitsch mit Problemen in der Südkehre (Eifelrennen 1939).

Rechts: Mit von Brauchitschs zweitem Platz in Belgrad ging am 3. September 1939 die großartige Ära der Mercedes-Kompressor-Rennwagen zu Ende. Im Bild Hermann Lang.

Unten: Für den geplanten Indianapolis-Einsatz 1951 wollte man den W 154 zwecks besserer Kurvenhaftung mit Leitwerken ausstatten.

Unten: Mit leicht abgewandelter Kühlermaske traten W 154 zu ihren letzten Rennen 1951 in Argentinien an.

eigens für die Gestaltung eines stabilen Kolbenbodens eine ausführliche Testreihe durchgeführt. Man hatte den überhöhten Kolbenboden poliert oder mit verschiedenen Beschichtungen wie Kupfer, Nickel oder Silber versehen. Eine 0,8 mm dicke Silberschicht brachte die nötige Standfestigkeit für einen 24minütigen Dauerlauf mit 7500 U/min. Die endgültige Ausführung für die 1939er Motoren bestand aus einem galvanisch aufgetragenen Nickelschicht auf dem Kolbenboden.
In Reims hatte man aber nicht nur durchgebrannte Kolbenböden, sondern auch gebrochene Kolbenringe und Fress-Spuren an den Zylinderwandungen festgestellt. Man war darüber sehr beunruhigt, denn bis zum wichtigsten Rennen des Jahres, dem Großen Preis von Deutschland, blieben nur noch zwei Wochen Zeit. Dem augenscheinlichen Ölmangel an den oberen Kolbenringen begegnete man durch neue Kolben mit verschiedenen anderen Ring-Anordnungen, die einen besseren Transport des Schmiermittels bis in die oberen Zonen der Zylinderwandung gewährleisten sollten. Der Kraftstoffmischung fügte man zusätzlich noch 2 Prozent Motorenöl bei. Trotz dieser Anstrengungen hätte sich am Nürburgring um ein Haar die gleiche Katastrophe wie in Reims abgespielt. Das kühle, regnerische Wetter und das besondere Gefühl für Wagen und Strecke ließen Rudolf Caracciola als einzigen Mercedes-Fahrer problemlos über die Distanz kommen, er brachte den einzigen verbliebenen Wagen des Untertürkheimer Teams ins Ziel und gewann zugleich das Rennen. Aber auch die Auto Union war von technischen Problemen nicht verschont geblieben. Der französische Journalist Charles Faroux meinte dazu: „Von neun deutschen Wagen nur zwei im Ziel – da dürften wohl stichhaltige Erklärungen notwendig werden."
Fieberhaft auf der Suche nach einer Erklärung war auch und gerade Rudolf Uhlenhaut. Im Training und im Rennen waren die Motoren nicht nur schlecht sondern auch nur recht kurz gelaufen. Einen Hinweis auf die mögliche Ursache glaubte man aus verschiedenen kleinen Fehlern an den Motoren der Fahrer Lang und v. Brauchitsch ablesen zu können. An diesen brandneuen Aggregaten des Typs K war wiederholt der Steuerkolben des Zusatzvergasers auf der Vollastposition hängen geblieben. Über die Beobachtungen wurde in der Rennabteilung ein Bericht für Max Sailer verfaßt: „Als Folge davon wird andauernd – da der Gasschieber ganz geöffnet ist, also auch im Schiebebetrieb – eine große Menge Kraftstoff in den Motor eingespritzt. Dabei tritt der Kraftstoff mit dem vollen Druck der Benzinpumpe – 3 bis 4 at – aus den Düsen im Zusatzvergaser. Das Resultat sind verölte Kerzen und Zündaussetzer. Wenn man nun auch weiter hart fährt, wird der Schmierfilm an den Zylinderwandungen von dem unverbrannten Kraftstoff abgewaschen. Dadurch werden die Kolbenringe sehr schnell abgenützt, sie brechen und die Kolben fressen sich fest. Es kann mit Sicherheit angenommen werden, daß der Grund für die Ausfälle in Reims bei dem vorher erwähnten steckengebliebenen Kolben zu suchen ist."
Weitere Untersuchungen ergaben, daß nicht einmal der Steuerkolben festgegangen sein mußte. Der Zusatzvergaser wurde schon bei kurzen Gaspedal-Bewegungen ganz geöffnet und die zusätzliche Kraftstoffmenge konnte einströmen. So wurden beispielsweise beim Herunterschalten vor einer Kurve die Einlaßkanäle und auch die Einlässe der Lader gefüllt. Wenn nun der Fahrer nach dem Kurvenscheitelpunkt wieder beschleunigte – oder es zumindest versuchte –, war der Motor derart mit Kraftstoff überflutet, daß er aussetzte und blauer Rauch aus dem Auspuff kam, bevor er wieder anzog.
Uhlenhaut, Heeß und Scheerer wollten das Zusatzvergaser-Prinzip nicht aufgeben, schließlich hatte man 1937 damit am DAB V12 die Lebensdauer der Kolben verbessern und auch die Leistung steigern können. Sie probierten einen Verzögerungsmechanismus für die Steuerung des Zusatzvergasers, einen neuen Druckrohr-Krümmer, und eine Steuerung der Gemischzusammensetzung vom Armaturenbrett aus. Versuchsfahrten vom 10. bis 12. August auf dem Nürburgring zeigten, daß dies alles nur Halbheiten waren, denn ohne den Zusatzvergaser ließ sich eine makellose Gemischaufbereitung erreichen. Ein Leistungsverlust trat dabei nur über 7000 U/min auf und betrug bei 7500 U/min knapp 10 PS. Man konnte die Luftschieber und Hauptdüsen im Vergaser so abstimmen, daß man genug Kraftstoff für einen einwandfreien Motorlauf bekam. Bei der neu festgelegten Drehzahlgrenze von 7200 U/min war also der Zusatzvergaser eigentlich überflüssig.
Bei den letzten beiden Rennen der Saison 1939 wurden die Düsen im Zusatzvergaser wieder von den Schwimmerkammern anstatt direkt von der Benzinpumpe her versorgt. Die Hauptdüsen waren so gewählt, daß der Motor nicht mehr auf die Versorgung von dem Zusatzvergaser angewiesen war. An einigen Motoren funktionierte das problematische Instrument – oder der „verdammte Zusatzvergaser", wie Hermann Lang ihn nannte – überhaupt nicht mehr. In dieser Ausführung beherrschten die Mercedes W 154 den Großen Preis der Schweiz am 20. August, sie belegten sowohl beim Qualifikationslauf als auch beim Hauptrennen die ersten drei Plätze. Der Team-Neuling Hans Hugo Hartmann wurde mit einem Wagen mit Einfach-Lader Siebter.
Die Saison ging am 3. September mit einem Rennen in Belgrad zu Ende. An genau diesem Tag erklärte England den Krieg, nachdem die Kampfhandlungen mit Polen ihren Anfang genommen hatten. Die Daimler-Benz-Mannschaft trat mit zwei Fahrzeugen an, im Troß befand sich ein Tankwagen mit dem benötigten Alkohol-Gemisch. Das Rennen lief auf eine Demonstrationsfahrt in den Straßen der Stadt hinaus, mit einer Renn-Distanz von 140 Kilometer. Als weitere Teilnehmer waren zwei Auto Union und ein alter Bugatti am Start. Manfred v. Brauchitsch hatte gute Aussichten, das Rennen zu gewinnen, nach einem Dreher aber mußte er Nuvolari mit dem Auto Union passieren lassen. Die Saison war damit vorzeitig abgeschlossen worden und Ende des Jahres ernannte man Hermann Lang zum Europameister 1939.
Im Oktober machte man in der Untertürkheimer Rennabteilung eine Bestandsaufnahme. Es waren acht Motoren der Serie H und vier der Serie K vorhanden, außerdem besaß man noch acht komplette W 154-Chassis. „Die Fahrzeuge wurden in der Umgebung von Dresden und Breslau in Sicherheit gebracht, man stellte sie in kleinen Werkstätten, Bauernhöfen und Scheunen unter," schrieb Günther Molter später. Beim Zusammenbruch des Deutschen Reiches wurde dies sowjetisch besetztes Gebiet und Daimler-Benz konnte vorerst nicht mehr an das Material herankommen. Nach Kriegsende kam der inzwischen etwas abgemagerte Alfred Neubauer auf ein Gesuch des neuen Vorstandsvorsitzenden Wilhelm Haspel wieder ins Werk zurück. Er sollte bei der Organisation neuer Aufgabenbereiche behilflich sein: der Reparatur und Instandsetzung von Personen- und Lastwagen.
Im November 1947 führte Neubauer eine erste Inventur über noch vorhandenes Renn-Material durch. Es waren vier ziemlich vollständige Dreiliter-Motoren im Werk verblieben, zwei von jeder Serie. Weitere zwei Aggregate waren in halbfertigem Zustand vorhanden. Man hatte auch zwei W 154-Chassis zur Verfügung und kurze Zeit später hörte man von zwei Wagen, die auf einem Gebrauchtwagenplatz in Berlin stehen sollten. Die beiden Fahrzeuge wurden sofort gegen einen fabrikneuen Mercedes 170 V eingetauscht. Neubauer brachte sein ganzes Können auf, bettelte und schacherte um wenigstens einen Teil weiterer ausgelagerter Wagen zurückzubekommen.
Anfang September 1950 konnte man von den Hügeln am Nürburgring wieder das bekannte schrille Heulen zweier Mercedes-Rennwagen vernehmen. Es waren dies die abschließenden Trainingsvorbereitungen für die letzten beiden Rennen des W 154. Am 18. und 24. Februar 1951 ging in Buenos Aires in Argentinien nämlich noch einmal ein Werksteam von Daimler-Benz an den Start. Doch Hermann Lang, Juan Manuel Fangio und Karl Kling mußten sich beide Male geschlagen geben, sie vermochten gegen den wie entfesselt fahrenden José Froilan Gonzales nichts auszurichten, und der enge Kurs sowie die Hitze taten ein Übriges. Außerdem war der aufgeladene Zweiliter-Ferrari wesentlich besser für die Strecke geeignet als die Dreiliter-Mercedes.

Die Vorbereitungen seitens Daimler-Benz für diesen werbewirksamen Einsatz waren keineswegs nur mit halbem Herzen durchgeführt worden. Man hatte dafür eigens neue Kompressoren und Vergaser gebaut, die Karosserie-Front war ebenfalls neu gestaltet worden – sie wies nun einen schmaleren Lufteinlaß auf. „Doch aller Anfang ist schwer," erinnerte sich der Mechaniker Karl Bunz. Der Mannschaft gehörten weder Georg Scheerer noch Rudolf Uhlenhaut an, sie hatten andere Aufgabengebiete übertragen bekommen. Uhlenhaut war mit der Entwicklung neuer Personenwagen-Modelle beschäftigt. Die Leute, die die Rennwagen nach Argentinien begleiteten, waren noch nicht so perfekt aufeinander eingespielt, und es fehlte ihnen ein erfahrener Chef-Techniker. Es war einfach noch kein richtiges Team. Die Einsätze der Jahre 1938 und 1939 hatten in aller Deutlichkeit gezeigt, daß ein hochkompliziertes Gerät, wie es der W 154 darstellte, auf ein konzentriertes, intelligentes, erfahrenes und ehrgeiziges Team angewiesen ist. Ohne diese Mannschaft war der W 154 zwar ein attraktives und sehr schnelles Rennauto, aber nicht unbedingt ein potentieller Siegerwagen.

Diese Erfahrung mußte auch der Amerikaner Tommy Lee machen, als er 1947 und 1948 mit einem Mercedes W 154 in Indianapolis an den Start ging. Sein Wagen war in der Tschechoslowakei ausfindig gemacht worden, und Lee hatte ihn nach einem Umweg über England erwerben können. Bei keinem der beiden Rennen sah er jedoch die Zielflagge; 1947 schied er mit Kolbenschaden aus. Dies konnte er bis 1948 wieder reparieren, indem er aus Untertürkheim eine Reserve-Dreizylindereinheit und vier Pleuel bekam, die genau für den aus der Serie H stammenden Motor paßten. In diesem Jahr fiel er dann jedoch mit Problemen am Kühlsystem aus.

Ein Jahr später sah sich ein deutscher Besucher das Rennen in Indianapolis an: Alfred Neubauer. Es war damals nur einigen Insidern bekannt, daß sein Interesse an diesem berühmten Rennen gar nicht so neu war. Schon 1938 stand ein Daimler-Benz-Einsatz in Indianapolis zur Debatte, dies rührte damals aus dem relativ „schwachen" Programm in Europa her. Die Entsendung eines Mercedes-Teams zum ‚Indy 500' wäre nur eine logische Weiterführung des Engagements beim Vanderbilt Cup 1937 in New York gewesen, außerdem war man ja 15 Jahre zuvor ja schon einmal an den Start gegangen.

Die Planungsgrundlagen für die Unternehmung im Jahr 1938 bildeten die Eindrücke sowie das Zahlenmaterial und der Bericht Max Sailers aus dem Jahr 1923. Jakob Krauss beteiligte sich ebenfalls bei der Vorauskalkulation der nötigen Geschwindigkeiten auf den Geraden und in den beiden Kurven. Diese sollten mit etwa 180 km/h durchfahren werden, während man auf den langen Geraden auf 255 km/h bei 7500 U/min kommen wollte. Die Bedingungen des Rennens hätten bei einer Simulation auf dem Rollenprüfstand folgendermaßen ausgesehen: 18 sek Beschleunigung von 5300 U/min auf 7500 U/min, dann 6 sek Pause (Gas wegnehmen), erneutes Beschleunigen (10 sek) von 5300 auf 7500 U/min, nach der nächsten Pause wieder von neuem; und das vier Stunden lang.

Am 22. April 1938 wurden Reisevorbereitungen getroffen. Caracciola, v. Brauchitsch und Lang hatten bereits ihre Wagen und Motoren zugewiesen bekommen, ein weiteres komplettes Fahrzeug sollte als Reserve mitgenommen werden. Außerdem waren ein Ersatzmotor und ein Ersatzgetriebe, eine Hinterachse und je vier vordere und hintere Bremsen verpackt worden. Dem Reglement entsprechend, hatte man kleinere Öltanks angefertigt, auch die entsprechenden Continental-Reifen waren bestellt worden. Die Überfahrt von Bremerhaven aus war für den 11. Mai fest gebucht.

Doch noch vor Ende des Monats wurde alles abgeblasen. Man war sich wohl im Klaren über den gewaltigen Öldurst des M 154, der stets stark schwankte und sich auch nicht kurieren ließ. In Indianapolis aber durfte man nur eine begrenzte Menge an Öl mitführen, und ein Nachfüllen während des Rennens war nicht gestattet. Man rechnete daraufhin in der Rennabteilung verschiedene Möglichkeiten durch, kam aber zu dem Schluß, daß man mit dem Ölvorrat wahrscheinlich nicht auskommen würde. Erst später erhob sich der Verdacht, daß sich bei diesem Problem 1938 ein Mißverständnis eingeschlichen hatte, denn der mitgeführte Ölvorrat war 1938 – im Gegensatz zu 1937 – keineswegs beschränkt, nur Nachfüllen war nicht erlaubt. Die Durchschnittsgeschwindigkeit des Siegers betrug in diesem Jahr 188,6 km/h; in der Rennabteilung von Daimler-Benz hatte man den für einen Sieg notwendigen Schnitt auf 190 km/h kalkuliert gehabt.

Als Alfred Neubauer der Firmenleitung den Einsatzplan für die Saison 1939 vorlegte, hatte er zwar noch keine Beteiligung in Indianapolis festgelegt, sie aber zumindest „in Erwägung gezogen". Doch diesesmal nahmen diese Pläne keine konkrete Form an. Dafür kam Neubauer zehn Jahre später selbst an den Ort des Geschehens, um, wie er sagte, „einige Freunde zu besuchen". Nach dem Rennen verbrachte er noch weitere vier Stunden an der Strecke und maß zusammen mit Walter von Schönfeld alle wichtigen Entfernungen ab. Er schoß über 200 Fotos und nahm sogar eine Probe des Fahrbahnbelags mit, um ihn zuhause auf seine Zusammensetzung untersuchen zu lassen und die Reifen darauf abstimmen zu können. Die Rennaktivitäten von Daimler-Benz im Jahre 1951 sahen also nicht nur die beiden Läufe in Argentinien, sondern auch einen Einsatz in Indianapolis vor.

Gut versorgt mit dem von Neubauer zusammengetragenen Informationen wandten sich die Fahrgestell-Konstrukteure mit besonderem Interesse den vier Ecken des Kurses zu. „Wir wollten in den Kurven schneller als die Konkurrenz sein," erinnerte sich Karl Kling. Dies war der ausschlaggebende Punkt für eine deutliche Verbesserung der Rundenzeiten. Man entschloß sich, zu diesem Zweck die Aerodynamik zu Hilfe zu nehmen. Dabei wurde ein recht eigenwilliger Weg beschritten, denn man sah beiderseits neben dem Cockpit vertikale Leitwerke vor. Sie sollten knapp über die Kopfhöhe des Fahrers hinausragen und den Wagen dadurch bei höheren Geschwindigkeiten in der Bahn halten. Ein maßstäblich verkleinertes Modell dieser Konstruktion wurde im Windkanal erprobt, woraufhin man einen der Wagen mit den Flossen versah. Sie wurden so nah wie möglich an den Fahrzeugschwerpunkt herangerückt und waren auf Längsschienen montiert, damit eine nachträgliche Feinabstimmung möglich wurde. Außerdem waren sie um die Hochachse drehbar gelagert, damit sie beim Einfahren in die Kurven entsprechend angestellt und auf den Geraden wieder ausgerichtet werden konnten. Dieser Vorgang wurde hydraulisch gesteuert, der entsprechende Hebel befand sich auf der Höhe der Knie des Fahrers. Karl Kling führte einige Probefahrten durch und bezeichnete die Vorrichtung als erstaunlich wirksam.

Die Rückschläge in Buenos Aires zeigten jedoch in aller Deutlichkeit das für einen Rennwagen doch schon beträchtliche Alter und die Anfälligkeit des W 154. Am 12. April 1951 wurden schließlich die Indianapolis-Pläne von Fritz Nallinger, seit dem Krieg Technischer Direktor bei Daimler-Benz, formell ad acta gelegt. Bei dieser Entscheidung wurde indessen keineswegs von einer Niederlage gesprochen. Im Gegenteil, als Nallinger sich die Gründe des Mißerfolgs in Argentinien erklären ließ, meinte er, ob man sich in der Zukunft nicht vielleicht bei diesen Rennen mit einem Vierrad-Antrieb befassen sollte und ob es nicht denkbar wäre, daß der drehmomentstärkere W 125 ebenfalls besser geeignet sei. Mercedes sollte auch wirklich wieder nach Südamerika zurückkehren: vier Jahre später gewann ein neuer Rennwagen den Großen Preis von Argentinien. Und das letzte Wort über eine eventuelle Beteiligung in Indianapolis war auch nocht nicht gesprochen.

Der Einsatz im Jahre 1951 wäre deshalb so willkommen gewesen, weil man zu diesem Zeitpunkt noch die Teilnahme von Wagen aus der Vorkriegs-Grand-Prix-Formel gestattete. In Europa hatte man inzwischen andere Vorschriften, die aufgeladenen Motoren waren dabei auf einen Hubraum von 1500 ccm beschränkt. In den dreißiger Jahren fuhren solche Wagen in der Voiturette-Klasse, einer weiteren Kategorie für einsitzige Rennwagen, in der vor allem die Konstruktionen aus Italien und England große Erfolge feiern konnten. Auch Daimler-Benz hatte 1939 einen solchen Wagen gebaut, der in eindrucksvoller Art und Weise „kam, sah und siegte".

„Angesichts unseres zu schnell entwickelten und konstruierten Wagens und der geringen Zeit für Testfahrten konnten wir wirklich keine Hoffnungen auf einen Sieg hegen. Es hätte vollkommen genügt, mit ihm an den Start zu gehen, um damit unter Beweis zu stellen, daß Deutschland auch auf diesem Gebiet mithalten kann."
Hermann Lang

Die 1,5 Liter-Sensation

Die glanzvollsten Grand-Prix-Rennen der dreißiger Jahre fanden nicht in Monaco, in Monza oder am Nürburgring statt, sondern in Nordafrika, in der italienischen Kolonie Libyen auf dem Mellaha-Kurs bei Tripolis. Für die Renn-Mannschaften, besonders aus dem regnerischen Frankreich und dem nebligen Deutschland, stellte die Überfahrt auf dem Mittelmeer eine willkommene Abwechslung dar, sozusagen eine Vergnügungsreise aus dem winterlichen Europa in ein Paradies mit Sonne und Palmen. Nur wenn der Ghibli, der heiße salzige Wüstenwind blies und rote Sandkörnchen sowie winzige Stechmücken mitbrachte, wurde dieses exotische Land etwas ungemütlicher für die vornehmen Gäste. Zu Anfang des Jahrzehnts hatten die Italiener den direkt gegenüber auf der anderen Seite des Mittelmeers gelegenen Küstenstaat in Besitz genommen. Am 1. Januar 1934 wurde Libyen zur italienischen Kolonie erklärt und der bärtige Marschall Balbo zum Gouverneur ernannt. Er beaufsichtigte ein großangelegtes Arbeitsbeschaffungs-Programm und da eine seiner persönlichen Leidenschaften der Automobil-Rennsport war, lag es ihm daran, auch dafür etwas zu tun. Es existierte bereits eine alte Bahn vor der Hauptstadt Tripoli, in Richtung zur Oase Mellaha. Diese ließ Balbo völlig neu gestalten, und so entstand die 13 Kilometer lange Hochgeschwindigkeitspiste, die man 1934 einweihte. Die gesamte Anlage war hervorragend gelungen; die mit Natursteinen verkleideten Boxen wiesen eine Überdachung auf, die bis über den Vorplatz reichte. Man konnte also bequem im Schatten arbeiten. Ein besonderes Beispiel moderner Architektur boten die Tribünen, wo man die weiträumigen Anlagen mit einer freitragenden Dachkonstruktion aus Spannbeton versehen hatte. Die Fahrbahn war sehr breit und mit einer feinen Asphaltdecke überzogen, sie wurde jedoch etwas problematisch bei angewehtem Flugsand.

Die Fahrer kamen gemeinsam mit ihren Frauen stets ein paar Tage früher an, um sich an das Klima zu gewöhnen. Sie wurden zu Exkursionen an die Küste oder ins Landesinnere eingeladen und es wurde ihnen ein großartiges Programm geboten, wobei sich die offiziellen Vertretungen von Deutschland und Italien stets mächtig anstrengten. Besonders eindrucksvoll gestalteten sich die Siegesfeiern nach den Rennen. Sie fanden in einem Palast inmitten einer paradiesischen Parklandschaft statt, das Festmahl und der anschließende Ball schienen wie aus einem Märchen. Einige hundert Ashkaris, die einheimischen Garde-Soldaten, bewachten regungslos das Gelände mit beleuchteten Springbrunnen und angestrahlten Palmen. Die Gäste pflegten allesamt in eleganter Abendrobe zu erscheinen und auf weißen Marmorterrassen zu tanzen. Die Grand Prix-Piloten waren als Europas Sport-Idole an rauschende Feste gewöhnt, doch ein Empfang bei Marschall Balbo stellte jedes Jahr von neuem alles andere in den Schatten.

In Italien hatte die Person des Siegers von Tripoli eine besondere Bedeutung. Es wurde nämlich dort eine landesweite Grand-Prix-Lotterie veranstaltet. In den ersten Jahren war es hierbei mehrmals zu Bestechungs-Affären gekommen, bei denen man die Fahrer an den nicht unbeträchtlichen Einnahmen beteiligt hatte. Man ging dann aber dazu über, den Annahmeschluß bis unmittelbar vor den Start zu legen, wenn die Fahrer bereits alle in ihren Wagen saßen. Dadurch konnte man den Rennverlauf nicht mehr je nach den endgültigen Wettquoten beeinflussen. Im Jahre 1939 sollte das Rennen noch attraktiver werden, denn mittlerweile war Libyen voll in das aufstrebende Mussolini-Italien integriert worden und zahlreiche Regionen und Städte der stolzen Nation setzten Sonderpreise für diese Prestige-Veranstaltung aus.

Das Festival zu Ehren der Nation Italien schien zu einem grandiosen Ereignis zu werden. Es gab dabei nur ein einziges Problem: Den Sieger würden mit an Sicherheit grenzender Wahrscheinlichkeit die Deutschen stellen. Der letzte italienische Erfolg lag bereits fünf Jahre zurück und die Siegerwagen stammten in der Zwischenzeit dreimal von Mercedes und einmal von der Auto Union. Die Silberpfeile aus dem befreundeten Deutschen Reich holten nicht nur die Siege, sondern sie beherrschten auch die Rennen und belegten stets die ersten drei Plätze. Man wollte den italienischen Teams ebenfalls wieder eine Chance geben und nahm dafür 1938 die 1,5-Liter-Voituretten mit getrennter Wertung in das Programm mit auf. So war das Feld auf insgesamt 30 Teilnehmer angewachsen (15 Dreiliter-Wagen, 15 1,5 Liter). Den Sieg holte sich in der kleinen Kategorie Piero Taruffi auf einem Maserati. Diese neue Aussicht auf Erfolg veranlaßte die Alfa Romeo-Sportabteilung, gemeinsam mit der werksgesponsorten Scuderia Ferrari einen neuen Wagen zu bauen, den Reihenachtzylinder vom Typ 158, genannt Alfetta.

Schon 1938 war man in verschiedenen Kreisen der Ansicht, daß ein Hubraum von 1500 ccm gut für die nächste Grand Prix-Formel geeignet wäre. Es wurde vermutet, daß diese Regelung schon 1940, und nicht erst 1941 in Kraft treten würde. Man war jedoch höchst erstaunt, als der italienische Motorsportverband im September 1938 verkündete, daß alle Monoposto-Rennen der kommenden Saison nur noch mit Wagen der Voiturette-Kategorie ausgetragen werden sollten. Das erste Rennen nach dieser Regelung war der Grand Prix in Tripolis. Alfa Romeo besaß bereits ein aussichtsreiches Fahrzeug, und Maserati stellte für dieses Rennen einen neuen Wagen vor, den sechzehnventiligen, aufgeladenen Vierzylinder des Typs 4 CL. Und ein Wagen des Maserati-Teams trat mit jener „Geheimwaffe" an, die Daimler-Benz schon immer gern in Tripolis eingesetzt hätte: mit einem vollverkleideten Stromlinienaufbau.

Alfred Neubauer hatte beim Großen Preis von Italien am 11. September 1938 von dem Vorhaben der Italiener bereits gehört. Daimler-Benz hatte an jenem

Tag eine Niederlage hinnehmen müssen und Neubauers Stimmung wurde durch die von Italiens Verbands-Präsidenten „mit einem honigsüßen Lächeln“ überbrachte Neuigkeit nicht gerade aufgemuntert. Es war allgemein bekannt, daß die deutschen Teams keine solchen Wagen hatten, wenngleich deren Bau schon mehrmals vorgeschlagen worden war. Erst vor kurzem hatte Max Sailer auf eine erneute Anfrage Neubauers geantwortet: „Kein Interesse.“

Auf einer am 15. September eilends einberufenen Sitzung in Untertürkheim war Sailer nun doch sehr stark an einem 1500-ccm-Rennwagen interessiert. Er befragte die verantwortlichen Ingenieure, welcher Art ein solches Fahrzeug sein sollte und wie man mit der Entwicklung vorankommen könnte: „Wären wir in der Lage, bis Mai nächsten Jahres einen 1,5 Liter zu bauen?“ und erntete damit heftigen Protest. Sailer, ein Man mit 25 Jahren Renn-Erfahrung, stimmte die Techniker schließlich um und veranlaßte sie, sofort mit der Arbeit zu beginnen. Am 18. November folgte der offizielle Konstruktionsauftrag vom Vorstand der Daimler-Benz AG, darin war die Fertigstellung von drei Chassis des Typs W 165 und drei Motoren des Typs M 165 vorgesehen.

In einem beispiellosen Tempo erstellte man Daimler-Benz von September 1938 bis Mai 1939 einen völlig neuen Rennwagen, den 1,5 Liter W 165. Hier eine frühe Karosserie-Zeichnung, bei der die Erkenntnis aus den Kühlerversuchen am Dreiliter-Wagen noch nicht berücksichtigt waren, deshalb auch die höhere Frontmaske.

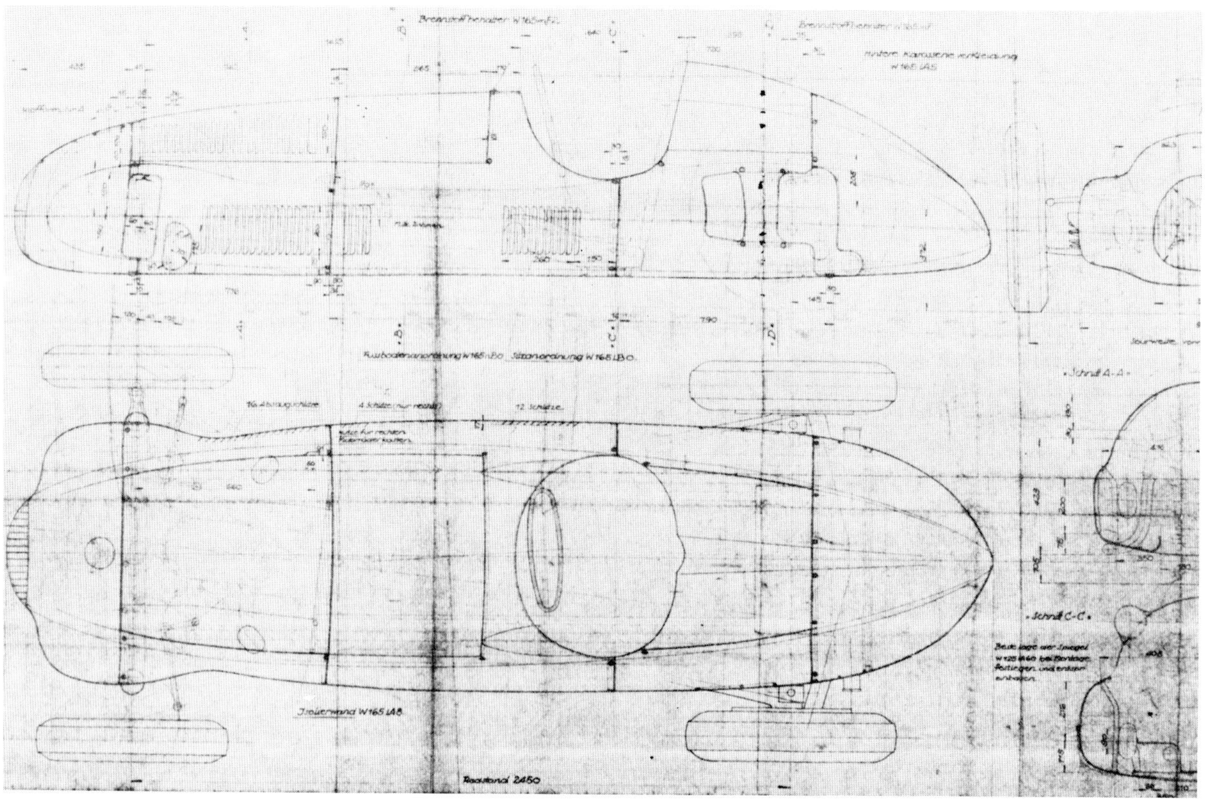

Fünf Monate später, Mitte Februar 1939 waren die Konstruktionszeichnungen für das neue Projekt fertiggestellt. In den Abteilungen von Heeß und Wagner hatten daran stets acht bis zehn Leute gearbeitet. Die wichtigen Zeichnungen für Gußteile oder Schmiedestücke hatte man schon vorher erstellt, damit hier genügend Zeit blieb, die geforderte Qualität bei der Fertigung einzuhalten. Die einzelnen Teile wurden zwar nach wie vor in der Rennabteilung bearbeitet, danach aber wurden sie in ein „Separee“ innerhalb der Abteilung geliefert, wo der erste W 165 allmählich Gestalt annahm. Für Tripolis baute man nur zwei Wagen, da es ja durchaus der Fall sein konnte, daß sich nach den Testfahrten und dem Rennen die Notwendigkeit zu größeren Änderungen ergeben würde. Gefahren werden sollten die Wagen vom Teamchef und vom derzeit erfolgreichsten Mann, also von Rudolf Caracciola und Hermann Lang.

Es stand von Anfang an außer Zweifel, daß man sich bei diesem ersten 1,5-Liter-Rennwagen seit dem Targa Florio-Wagen von 1922 mehr oder weniger an den bewährten Konstruktionen des Hauses orientieren würde. Man ging sogar soweit zu sagen, daß der neue Wagen nur dann eine Chance haben würde, wenn man soviel wie möglich auf erprobte Details zurückgriff. Aus diesem Zusammenhang erscheint es doch etwas überraschend, daß man die acht Zylinder in einem V-Winkel anordnete, anstatt zu dem bewährten Reihenmotor zurückzukehren, der von 1934 bis 1937 so glanzvolle Erfolge nach Stuttgart gebracht hatte. Die sehr gut gelungene Alfetta war jedoch auch ein Reihenachtzylinder und bei Daimler-Benz wollte man sich auf keinen Fall dem Vorwurf eines Plagiats aussetzen. Die kompakten Abmessungen der gewählten Motorbauart ließen sich indessen am besten mit den übrigen Komponenten des Wagens in Einklang bringen, außerdem ließen sich hier die am M 154 gesammelten Erfahrungen anwenden. Die Entscheidung fiel zugunsten eines V8-Blocks mit 90-Grad-Zylinderabstand, dem ersten Daimler-Benz V8.

Im Gegensatz zum Zwölfzylinder war hier die rechte Zylinderreihe um 18 mm weiter vorversetzt. Jede Kröpfung an der Kurbelwelle war um 90 Grad versetzt und mit zwei Gegengewichten versehen. Die Zapfendurchmesser betrugen 48 mm für die Hubzapfen und 55 mm für die fünf Hauptlagerzapfen, lediglich das vordere Hauptlager war wieder kleiner. Die Rollengröße an den Lagern betrug 10 × 14 mm (Breite × Durchmesser), das mittlere und hinterste Hauptlager waren doppelreihig ausgeführt, wobei die Rollen lediglich 10 mm breit waren. Die Pleuellager hatten Rollen der Größe 8 × 12 mm. An beiden Enden der aus Chrom-Nickel-Stahl geschmiedeten Kurbelwelle befanden sich Anschlüsse mit Hirth-Verzahnungen. Vorn war der Kompressor-Antrieb angekoppelt, der auch hier wieder mit einem Ruckdämpfer (Schraubenfedern) versehen war. Am hinteren Ende wurde auf diese Weise die Schwungscheibe befestigt. Bei Daimler-Benz war diese Bauart noch ungewöhnlich, doch die Auto Union hatte bisher keine schlechte Erfahrungen damit gemacht. Ein weiteres neuartiges Detail war das in die Kurbelwelle integrierte Antriebsrad für den Stirnradsatz zu den Nockenwellen. Der

Antrieb war gegenüber dem Zwölfzylinder etwas vereinfacht worden, man verwendete an den Nockenwellen größere Stirnräder. Durch die geringe Bauhöhe des Motors gab es keine Schwierigkeiten in der Karosseriegestaltung.
In Anbetracht des gedrängten Zeitplans sah man sich gezwungen, die Auslegung des Ventiltriebs unverändert vom M 154 zu übernehmen. Der Ventilwinkel war mit 56 Grad etwas enger gewählt, und die Ventile verkleinerte man um 2 auf nunmehr 28 mm. Die Auslaßventile waren wieder Quecksilbergekühlt. Auch die Bauweise der Zylinder blieb unverändert. Man setzte die vier Zylinder mit ihren aufgeschweißten Köpfen und Kanälen pro Zylinderbank auf einer gemeinsamen Grundplatte zusammen und schweißte den Wasser- (oder besser Glykol-) Mantel auf. Nachdem man auch die Hauptabmessungen der 250 ccm fassenden M 154-Zylinder beibehalten hatte, geriet die Zylinderbohrung am M 165 bei einem Einzelhubraum von 187 ccm relativ groß. Bei dem Maß von 64 mm für die Bohrung mußte man den Hub auf 58 mm festlegen, damit erhielt man ein überquadratisches Hubverhältnis und hatte einen für diese Zeit ungewöhnlichen Kurzhubmotor geschaffen. Wie bei

zylindrischen Auffangbehältern befand sich eine Abscheiderplatte, um so viel Öl wie möglich wieder aufzufangen. Die Entlüftungsröhren beider Behälter wurden zusammengeführt und traten rechts an der Unterseite des Wagens ins Freie.
Die geschmiedeten Mahle-Leichtmetallkolben hatte man mit zwei Kompressionsringen und einem Ölabstreifring oberhalb des 19 mm starken Kolbenbolzens und einem zusätzlichen Ölabstreifer darunter versehen. Die Pleuel waren in ihrer Formgebung an die bisherigen Ergebnisse der Konstruktionen von Albert Heeß angelehnt und wiesen einen Mittenabstand von 143 mm auf. Aufgrund der Erfahrungen mit dem M 154 wurde das Kurbelgehäuse in seinen Dimensionen recht großzügig bemessen, und es reichte an den Seiten weit hinunter, bis über den maximalen Drehkreis der Kurbelwelle und die querverschraubten Lagerdeckel. In der eng verrippten Ölwanne befanden sich am hinteren Ende die über Stirnräder angetriebenen Ölpumpen. Zwei Druckpumpen versorgten die Nockenwellen mit Schmierstoff, eine weitere die Kurbelwellenlager. Zwei Förderpumpen saugten das abtropfende Öl aus dem Kurbelgehäuse, den Entlüftern, dem Ventiltrieb, dem Gehäuse des Laderantriebs und von dem Wellendichtring an der Gehäuserückwand ab und führten es zurück zum Ölreservoir. Dieses befand sich zusammen mit einem Platten-Ölfilter an der rechten Seite des Rahmens und faßte 12 Liter.
Die Zeiteinteilung beim Bau des W 165 erlaubte eine Anwendung der bei den Versuchen mit der Firma Behr gewonnenen Erkenntnisse über die Kühleranordnung. Anfangs sollte der ovale Grill des W 154 Versuchswagens übernommen werden, man baute dann jedoch die längere Frontpartie mit dem flachen Kühlergrill ein, wie sie die 1939er Ausführung des W 154 bekommen hatte. Der Kühler wurde dabei sehr tief und ziemlich weit vorne eingebaut. Man versetzte den Einfüllstutzen mit dem Vorratsgefäß nach links, damit man die Luftzufuhr für den Vergaser über den Kühler hinweg leiten konnte. Wie auch am großen Wagen wurde der Ölkühler mit dem Motorkühler kombiniert.
Eine Besonderheit am W 165 war die leicht nach rechts versetzte Fahrerposition, der auch die Windschutzscheibe und die Rückspiegel angepaßt werden mußten. Dies war aufgrund der schlechteren Platzverhältnisse in diesem

Oben: Ein auffälliges Unterscheidungsmerkmal am 1,5 Liter ist die versetzte Anordnung der Sitzposition und damit auch der Windschutzscheibe mit den Spiegeln.

Rechts: Ein Vergleich zwischen W 154 und W 165, der 1,5 Liter (rechts) stellt praktisch die verkleinerte Ausgabe des W 154 dar.

allen anderen Daimler-Benz-Rennmotoren (eigentlich schon seit 1914) war auch hier wieder der Durchmesser des Verbrennungsraumes (über der Gleitzone des obersten Kolbenrings) etwas größer als die eigentliche Bohrung. Dadurch gab man der Gasströmung mehr Raum, hatte aber zugleich auch Schwierigkeiten, ein höheres Verdichtungsverhältnis zu erreichen. Man kam jedoch bei den 1495-ccm-Aggregaten auf den an sich recht guten Wert von 6,99:1. Durch die Platznot im Zylinderkopf mit seinen vier Ventilen mußte die 18-mm-Zündkerze etwas außerhalb der zentralen Position angeordnet werden. Der Zündmagnet wanderte von seiner angestammten Position hinter dem Motor nach oben in das Zylinder-V, denn hier war er dem Kraftstofftank nicht mehr im Wege. Ebenfalls dort, jedoch unterhalb der Druckrohre zu den einzelnen Zylindern, befanden sich zwei Kurbelgehäuse-Entlüfter. Platzprobleme verhinderte deren Unterbringung an den Außenseiten des Gehäuses, wie dies beim M 163 geschah, der parallel zum 1,5 Liter entstand. In den

kleineren Wagen notwendig geworden. Die Antriebseinheit war zwar hier auch um 6 Grad versetzt eingebaut, aber zwischen den Rahmenholmen war nurmehr 60 cm Zwischenraum, so daß man den Fahrersitz nicht mehr dazwischenklemmen konnte. Er wurde ebenfalls weiter nach vorne gerückt, womit ein Tiefersetzen zusätzlich erschwert wurde, denn Max Wagners Fahrwerks-Spezialisten waren bestrebt, den größten Teil des mitgeführten Kraftstoffs zwischen den Achsen unterzubringen. Man verteilte die Gesamtmenge von 245 Liter auf einen großen vorderen Satteltank und einen sehr schmal gehaltenen Heckbehälter. Auf diese Weise befand sich jenseits einer Linie von etwa 7 cm hinter den Bremstrommeln kein zusätzliches Gewicht mehr, das Heckteil des Wagens blieb vollkommen leer.
Man dachte auch an die in Tripolis zu erwartenden hohen Temperaturen und führte die Kraftstoffleitung über einen vor dem Hauptkühler montierten kleinen Röhrenkühler. Benzin- und Wasserpumpe befanden sich an der

gemäßigten Bereichen. Es war jedoch vorgesehen, den M 165 (intern Serie L genannt) bis auf 10000 U/min drehen zu lassen. Für die ersten Tests begnügte man sich jedenfalls noch mit 8000 U/min, wobei der 190 kg schwere V8 schon 256 PS entwickelte. Man setzte schließlich die Höchstdrehzahl erst einmal auf 7500 U/min fest, denn auch da leistete der Motor beachtenswerte 246 PS. Das maximale Drehmoment fiel indessen erst bei wesentlich höheren Drehzahlen als bei den bisherigen Daimler-Benz-Rennmotoren an, es belief sich bei 6000 U/min auf 24,5 mkg. Dies war den relativ großen Kanal-Querschnitten für Einlaß und Auslaß am 1,5 Liter zuzuschreiben. Zur gleichen Zeit kam der Alfa Romeo 158 nur auf knapp über 200 PS bei 7500 U/min.
Der Kraftschluß zwischen Motor und Antrieb wurde beim „kleinen Merce-

Oben: Hermann Lang auf der ersten Probefahrt mit dem 1,5-Liter-Rennwagen Anfang April in Hockenheim.

Unten: Start in Tripolis. Die Alfa- und Maserati-Meute jagt die beiden Debütanten aus Deutschland.

Links: Lang lag vom Start weg ungefährdet in Führung, keine der roten Voituretten aus Italien konnte den Anschluß halten.

Unten: Alfred Neubauer zeigt Lang spaßeshalber die schwarze Flagge, das Rennen ist für ihn zu Ende. Aber gewonnen hat er es auch…

Stirnseite des Motors, wo sie von Nebenwellen am Kompressorantrieb betätigt wurden, die dort in einem Winkel von jeweils 30 Grad rechts und links eingriffen. Die Wasserpumpe lief mit 0,7facher, die Benzinpumpe mit 0,33-facher Kurbelwellengeschwindigkeit.
An der Gemischversorgung des kleinen V8 ging man kein Risiko ein. Es blieb bei der einstufigen Aufladung, bei der man auch wie am ersten M 154-Zwölfzylinder zwei Roots-Gebläse parallel geschaltet hatte. Diese wurden von zwei einzelnen Solex-Horizontalvergasern versorgt und erzeugten einen Ladedruck von 1,4 at. Am Einlaßkrümmer, der sich in die acht einzelnen Rohre aufteilte, befand sich auch wieder ein Überdruckventil. Mit diesem Instrument wurde man in der Rennabteilung nie so recht glücklich, denn oftmals öffnete es viel zu früh und ließ den Ladedruck entweichen. Natürlich zog man dieses Risiko einem zu späten Reagieren bei einem etwaigen Zurückpatschen des Motors oder einer Fehlzündung vor. Die unter Druck austretenden Gase wurden durch die Lüftungsschlitze auf der rechten Seite der Motorhaube abgeleitet. Wenn die Mechaniker die Motoren warmlaufen ließen, achteten sie genau auf diese Stelle; war dort eine kurze Stichflamme zu sehen, wußten sie, daß sie zu schnell Gas gegeben hatten und der Motor noch nicht warm genug war.
Die Drehzahlen bewegten sich beim ersten Auftreten des Wagens noch in

des“ durch eine in der Schwungscheibe untergebrachte Einscheiben-Trockenkupplung hergestellt. Die mit englischen Halo-Mintex-Belägen versehene Scheibe wies eine 90 mm breite Reibfläche auf. Die Druckplatte der Kupplung war aus Grauguß und der Federteller aus DM 31-Dural gefertigt, dieser Werkstoff wurde in größtmöglichem Ausmaß an allen Wagen für die Saison 1939 verwendet. Die Federstärken der 12 Kupplungs-Andruckfedern betrugen 18 bis 26 kp/cm. Die Antriebswelle zum hinten eingebauten Getriebe verlief auch am W 165 wieder schräg und war links an der unteren Getriebewelle angeflanscht, die als Schaltwelle diente. Es wurden nunmehr alle fünf Vorwärtsgänge mittels Schaltklauen eingelegt. Am anderen Ende der Schaltwelle befand sich zusätzlich eine Ölpumpe zur Versorgung des gesamten Getriebe-Hinterachs-Komplexes. Das Differential wurde von einem Zahnrad in der Mitte der oberen Getriebewelle angetrieben, die Räder für den fünften und vierten Gang befanden sich links davon und jene für die Gänge Drei bis Eins – in dieser Reihenfolge – auf der rechten Seite. Die beiden Wagen für Tripolis wurden mit unterschiedlichen Endübersetzungen versehen. Langs Wagen war mehr auf Höchstgeschwindigkeit ausgelegt, Caracciolas auf Beschleunigungsvermögen. Eine Abstimmung ergab folgende Geschwindigkeiten in den Gängen: 90/155/184/234/272 km/h. Wie bei den anderen Mercedes-Rennwagen kam auch hier wieder ein Sperrdifferential von ZF zum Einsatz. Außerdem verwendete man tonnenförmige Kreuzgelenke für den Anschluß der Halbwellen, um dadurch einen Längenausgleich zu ermöglichen.
Bei der Konstruktion des Rahmens folgte man ebenfalls den bewährten Vorbildern. Für die als Oval-Rohre ausgeführten Längsholme verwendete man Chrom-Nickel-Molybdän-Stahl in einer Stärke von 1,7 mm; die Rohre waren 68 mm breit und 130 mm hoch. Der Motor diente mit seinen hinteren Halterungen wieder als Querversteifung, zusätzlich zu den fünf rohrförmigen Traversen mit Durchmessern von 68 bis 90 mm. Diese Rohre wurden voll in die Längsholme eingesteckt und zweifach verschweißt, dadurch erreichte man zusätzliche Stabilität. Der Rahmen des W 165 wurde zum verwindungssteifsten aller Mercedes-Vorkriegs-Rennwagen.
An der Hinterachs-Konstruktion wich man nicht vom Vorbild des W 154 ab, es blieb bei der Starrachse mit einem zentralen Schwingendrehpunkt und den als Schwingarmen ausgeführten Längslenkern, also dem De Dion-Prinzip. Die 100 cm langen Torsionsstäbe hatte man nun verkupfert, um sie dadurch besser gegen Korrosion schützen zu können. An den Tripolis-Wagen verwendete man mit 16,0 mm (Lang) und 15,5 mm (Caracciola) verschieden starke Federstäbe. An der Vorderachse führte man einige Änderungen gegenüber der Konstruktion am W 154 durch. Man behielt zwar die grundsätzliche Anordnung mit parallelen Dreieckslenkern bei, jedoch wurde der obere Schwinghebel neu gestaltet. Er war nun mit 215 mm kürzer geworden – der untere Hebel war mit 270 mm unverändert geblieben – und bestand aus zwei zusammengschraubten Doppel-T-Profilen. Am inneren Ende war ein hydraulischer Stoßdämpfer montiert, dessen Steuerkolben (35 mm) direkt über eine Druckstange vom oberen Schwinghebel bewegt wurde. Diese Konstruktion wurde möglich, indem man von einer weiteren Verwendung der Reibscheiben-Dämpfer absah; den Öldruck-Dämpfern vertraute man nun in bezug auf die Zuverlässigkeit voll und ganz. Die Dämpfer saßen innerhalb der Schraubenfedern, welche für Tripolis die Federhärte von 30 kp/cm aufwiesen.
Das in einem Leichtmetallgehäuse untergebrachte Schnecken-Lenkgetriebe war wieder am Kupplungsgehäuse montiert. Von dort führte eine Schubstange nach vorne zum linken Zwischenhebel an der dreiteiligen Spurstange. Für den Einsatz in Tripolis hatte man zwei verschieden lange Zwischenhebel bereitgestellt, womit eine unterschiedliche Lenkübersetzung möglich wurde. An Caracciolas Wagen war die Lenkung etwas direkter als an Langs Fahrzeug, doch berichtete man später aus der Rennabteilung, daß die Fahrer bei ihren Wagen in Nordafrika keinen Unterschied festgestellt hätten.
Die Räder waren gegenüber denen des W 154 verkleinert worden. Ihr Durchmesser betrug 17 Zoll, die Felgen waren vorn 82,5 mm und hinten 92 mm breit. Man verwendete Continental-Reifen der Dimensionen 5,00 × 17 und 6,00 × 17. Die ebenfalls turbogekühlten Bremstrommeln maßen 360 mm, es wurden 63,5 mm breite und 7 mm dicke Bremsbeläge auf die Backen gelegt. Sowohl zur Entlüftung als auch zur Gewichtseinsparung hatte man an jeder Trommel neun große Bohrungen angebracht.
Als Caracciola und Lang Anfang April 1939 den W 165 in Hockenheim das erstemal zu Gesicht bekamen, stand tatsächlich ein verkleinerter Grand Prix-Wagen vor ihnen. Der Radstand betrug 2450 mm, die Spur 1340 mm vorn und 1280 mm hinten. Am leeren Fahrzeug war das Gewicht von 718 kg gleichmäßig auf beide Achsen verteilt, nachdem es aber vollgetankt war und der Fahrer Platz genommen hatte, stieg das Gewicht auf 905 kg, wovon 53,3 Prozent auf der Hinterachse lasteten. Die gesamte Renn-Mannschaft bis hinauf zu Max Sailer war anwesend, als der neue Wagen in Hockenheim zu seinen ersten Proberunden bereitstand. Wie gewöhnlich saß Caraccola als erster am Steuer. Lang übernahm den Wagen nach einigen völlig problemlos absolvierten Runden. Beide waren überrascht und hoch erfreut über die eindrucksvolle Leistung der kleinen „Feuerwehr“. Man hatte bereits morgens um 7 Uhr mit den Probefahrten begonnen, und so konnten die Fahrer 500 Kilometer mit dem neuen Wagen abspulen. Man war dabei schon unter rennmäßigen Bedingungen gefahren – es gab kaum Probleme. Nachdem die Tests beendet waren, trat plötzlich Wilhelm Sebastian aus dem Gebüsch: der Auto Union-Einsatzleiter hatte eine Stoppuhr in der Hand. Der überraschte Neubauer schrie ihn an: „He, was hast Du hier verloren?“ Sein alter Freund antwortete: „Ich fürchte, ein ganzes Rennen, nämlich den Grand Prix in Tripolis.“
Sailer hatte der Nominierung des W 165 auf der Stelle zugestimmt, und sofort benachrichtigte man die ungeduldig wartenden Veranstalter. Am 11. April wurde die Startliste geschlossen, in der nun zwei Mercedes-Benz, sechs Alfa Romeo Alfetta, vier Werks-Maserati und 18 Maserati von Privat-Fahrern enthalten waren.
Als das Training am 4. Mai begann, wurde es sofort augenscheinlich, daß die schnellste Qualifikationszeit des Vorjahres mit 4:12,2 min bei weitem nicht mehr ausreichen würde. Trainingsschnellster war Lang mit 3:45,7 min, vor zwei Alfas innerhalb derselben zehn Sekunden und Caracciola mit 3:52,7 min. Am zweiten Trainingstag hatte der Wind nachgelassen, und so konnte Luigi Villoresi seinen Stromlinien-Maserati richtig ausfahren. Er kam auf eine Rundenzeit von 3:41,8 min, was einen Schnitt von 211,7 km/h bedeutete; damit durfte er das Rennen vom besten Startplatz aus in Angriff nehmen. Am folgenden Tag wurden noch Reifentests durchgeführt, wobei Lang mit 3:42,3 min recht nahe an Villoresis Bestwert herankam.
Caracciola war mit seinem zu kurz übersetzten Wagen natürlich gar nicht zufrieden, und er mußte auch die offensichtliche Bevorzugung Langs hinnehmen. Die für das Rennen ausgetüftelte Strategie sah vor, daß Lang schneller fahren und dadurch einen respektablen Vorsprung erarbeiten sollte. Er ging dabei das Risiko ein, den Motor überzubeanspruchen; außerdem zog man eingefahrene Reifen auf, die von vornherein eine bessere Bodenhaftung bringen sollten, jedoch einen Reifenwechsel während des Rennens erforderten. Caracciola hingegen sollte in einer etwas gemäßigteren Gangart den Kurs umrunden und nur einmal zum Nachtanken an die Boxen kommen. Erfolgsaussichten verband man mit beiden Fahr-Programmen. Die Stimmung im Team war aufs äußerste gespannt. Auf der einen Seite stand der neue Star, der vom Mechaniker zum Erfolgspiloten aufgestiegen war, ihm gegenüber der bisherige Fahrer Nummer Eins, dessen Name so italienisch klang und der sein Domizil inzwischen in der Schweiz aufgeschlagen hatte. Bei einer Besprechung vor dem Rennen kam klar zum Ausdruck, daß jeder von beiden hoffte, das Rennen auf seine Weise zu gewinnen. Max Sailer rückte die Dinge jedoch ins rechte Licht: „Sehen Sie, meine Herren, ich kann sehr gut verstehen, daß Sie beide gewinnen wollen, insbesondere in Anbetracht unserer hervorragen-

den Aussichten. Bitte, lassen Sie mich jedoch an ihren Verstand appellieren. Es geht hier um mehr als Ihren persönlichen Ruhm, nämlich um den Lohn für die monatelangen Anstrengungen unserer Konstrukteure und Monteure. Dies betrifft den Mercedes-Stern! Bitte verschleißen Sie die Wagen nicht in einem persönlichen Wettstreit." Darin willigten sie schließlich ein.

Am Renntag war es sehr heiß und der Ghibli strich durch die Palmen am Pistenrand. Wie immer schickte Marschall Balbo mit der Startflagge in der Hand das Feld ins Rennen, doch diesmal schien er, wie Neubauer sagte, auf „Spätzündung" gewesen zu sein. Lang hatte anstelle der Flagge die Start-Ampel beobachtet und konnte so dem Feld enteilen, er ließ auch seinen Team-Kameraden weit hinter sich. Nur zwei Alfettas waren ihm dicht auf den Fersen. Von seinem besten Startplatz aus war auch der vollverkleidete Maserati knapp hinter Lang, aber Villoresi brachte den dritten Gang nicht hinein und so fielen dieser und noch zwei weitere Wagen des neuen Typs 4 CL bereits in der ersten Runde aus. Nur ein einziger Maserati-Werkswagen beendete das Rennen; Piero Taruffi steuerte ihn auf Platz Vier. Giuseppe Farina hielt sich mit seiner Alfetta eine ganze Weile auf Platz Zwei und fuhr, was das Zeug hielt, aber der Abstand zu Lang vergrößerte sich zusehends. Der Plan der Untertürkheimer ging auf. Aber würde es auch weiter gutgehen?

Als Lang zum Nachtanken und Reifenwechsel an die Boxen kam, sah er zwar hoffnungsvolle, aber noch keineswegs übermütige Mienen bei der Mannschaft. Die Männer hatten schon zu viele Rennen vorübergehen sehen, als daß sie zu diesem Zeitpunkt bereits fest mit einem Sieg gerechnet hätten. Am Ziel änderte sich dies jedoch: „Die Mechaniker zogen mich aus dem Wagen, um mich im Triumphzug auf ihren Schultern zu tragen. Dabei hätten sie mir beinahe die Beine gebrochen," sagte Lang. Er hatte in der zweiten Hälfte des Rennens seinen Vorsprung halten können und war mit einem Schnitt von 197,8 km/h fast eine Runde vor Caracciola ins Ziel gekommen. Als Ergebnis einer meisterhaften Mannschaftsleistung hatte der Mercedes W 165 einen der überraschendsten Siege in der Geschichte des Rennsports errungen. Das Rennen in Tripolis wurde zur Legende.

Veranstalter und Funktionäre waren der Meinung, daß die kleinen silbernen Wagen bald bei den anderen Rennen der 1500-ccm-Klasse auftauchen würden. In Italien gab es da einen ganze Reihe von geeigneten Veranstaltungen, ebenso wäre auch das Rennen um die Nuffield-Trophy am 10. Juni in Donington in Frage gekommen. Die dortigen Veranstalter bemühten sich, einen W 165 für Dick Seaman an den Start zu bekommen, und Max Sailer dachte eigentlich daran, zwei Wagen zu entsenden. Aber Uhlenhaut sagte, daß die Zeit nicht ausreichen würde, um den Einsatz ordentlich vorzubereiten und mit einem einzelnen Wagen hätte man nicht genügend Aussichten auf einen Sieg. Außerdem wäre es auch zu einer Termin-Überschneidung mit dem aus politischen Gründen höher einzuschätzenden Wiener Höhenstraßenrennen gekommen. Alle weiteren Einsätze des W 165 für 1939 wurden vom Daimler-Benz-Vorstand abgelehnt, denn die Dreiliter-Wagen und ihre Weiterentwicklung schlugen mit ungeheuren Summen zu Buche. Der kleine V8 sollte deshalb als Versuchswagen für 1940 angesehen werden. Durch sein Entstehen hatte ja auch Daimler-Benz das bestehende Interesse an einer zukünftigen 1,5-Liter-Grand-Prix-Formel weiter verstärkt.

Zwei Wochen nach dem Erfolg in Tripolis führten Lang und Caracciola den kleinen Rennwagen dem Publikum auf dem Nürburgring vor, als sie vor dem Eifelrennen auf der Zielgeraden Aufstellung nahmen. Caracciolas Wagen wurde nach dem Rennen der Dreiliter-Wagen weiteren Tests unterzogen. Man legte dabei 340 Kilometer auf dem Ring zurück, ohne daß man nach Tripolis irgendwelche Änderungen an dem Fahrzeug durchgeführt hätte. Somit erwies sich der W 165 nicht nur als enorm leistungsfähig, sondern auch als sehr robust. Nach insgesamt 900 Kilometer Renn- und Testeinsatz konnte man an den Bremsbelägen einen Verschleiß von nur 2 mm feststellen, am zweiten Wagen war es gar nur 1 mm nach 700 Kilometern. Das Chassis wurde in der Tripolis-Ausführung als zuverlässig und einsatztauglich betrachtet, und nach Angaben der Rennabteilung waren „keine dringlichen Änderungen vonnöten".

Den nächsten ernsthaften Renneinsatz stellte man für 1940 in Tripolis in Aussicht. Als Vorbereitung dafür wurde am 29. Januar 1940 vom Vorstand der Auftrag zum Bau eines vierten Chassis sowie eines vierten und eines fünften Motors erteilt. Für zwei Wagen sollten vollverkleidete Karosserien angefertigt werden. Doch als das Ausmaß des bislang auf Europa beschränkten Krieges weiter zunahm, begannen sich ernsthafte Zweifel an der Zukunft des Motorsports breitzumachen. Am 26. März zog dann der Daimler-Benz-Vorstand die Genehmigung zum Bau weiterer Rennwagen zurück. Dazu ließ man verlauten: „Aufgrund der bekannten Verhandlungen über die Frage, ob überhaupt noch Rennen stattfinden werden, haben wir uns entschieden, vorerst das notwendige Material zur Durchführung dieses Auftrags nicht mehr zu beschaffen." Hingegen stimmte man dem Umbau eines der vorhandenen Fahrzeuge zu einem Stromlinienwagen zu.

Während der Jahre 1939 und 1940 hatten die Konstrukteure und Erbauer die Möglichkeiten zur Überarbeitung und Verbesserung des W 165 weidlich genutzt. Wie beim großen Wagen, war man auch hier mit der Bodenhaftung und dem Fahrverhalten nicht ganz zufrieden. Das bezog sich vor allem auf enge Kurven, wo sich der weit vorne untergebrachte Kraftstoffvorrat ungünstig auswirkte. Mit den sich entleerenden Tanks trat hier kaum eine Verbesserung ein; nützlicher erwiesen sich Ballastgewichte an den Antriebsrädern und ein höhergelegter Fahrzeugschwerpunkt. Die neuen Kraftstofftanks im Heck wurden vergrößert und einige Zentimeter weiter nach hinten gerückt. Dadurch konnte das Cockpit etwas vergrößert werden. Das Heckteil war nun wieder – bis auf einen kleinen Hohlraum in der End-Spitze – ganz mit Kraftstoff beladen. Den bisherigen Satteltank vor dem Cockpit ließ man jedoch unverändert, denn zum einen hatte man damit ausreichende Kapazitäten, zum anderen wollte man die Möglichkeit zu weiteren Experimenten aufrechterhalten. Mit dem vergrößerten Tank wurde nun auch am kleinen Wagen der Verstellmechanismus für die hinteren Stoßdämpfer im Cockpit eingebaut. Die Dämpfer selbst erhielten verrippte Gehäuse zur besseren Kühlung des Dämpferöls. Diese Stoßdämpfer wurden gleichzeitig auch an den Dreiliter-Wagen eingeführt. Die Auspuffrohre hatte man auf der Höhe dieser Dämpfer mit Asbest umwickelt, damit nicht zusätzliche Hitze auf sie abstrahlte.

Unter der Motorhaube hatte man ebenfalls einige Änderungen vorgesehen. Diese betrafen in der Hauptsache die bruchanfälligen Hubzapfen. „Trotz der niedrigen Drehzahlen von nicht mehr als 7500 U/min zeigen sich an den Hubzapfen an verschiedenen Stellen Risse, und sie reißen auch vereinzelt über die ganze Breite," meldete die Rennabteilung Ende 1939. Die Versuche auf der Pleuel-Testvorrichtung hatten gezeigt, daß man mit den vorhandenen Pleuellagern nicht weiterkommen konnte. Die Beschädigungen an der Gleitfläche ließen eine weitere Verwendung der tonnenförmigen Rollen im Lager nicht mehr ratsam erscheinen. Abhilfe hätte hier wahrscheinlich eine Hirth-Kurbelwelle und/oder kleinere Rollen in der Lagerung gebracht.

Als die beiden W 165 in Tripolis zum Einsatz kamen, hatte man im Werk die Entwicklungsarbeiten an einem Zweistufenlader für den V8-Motor so gut wie abgeschlossen. Er glich im Prinzip der Anordnung am V12-Zylinder, jedoch war der längere Primär-Lader diesmal auf der linken Seite untergebracht. Die Rotoren drehten sich mit 1,25facher Kurbelwellengeschwindigkeit; sie maßen 105 mm im Durchmesser und waren 165 und 95 mm lang. Am Verbindungsrohr zwischen den beiden Roots-Gebläsen hatte man ein zusätzliches Überdruckventil eingebaut, es ragte links vorne durch die Motorhaube. Ein neuer Daimler-Benz-Vergaser wurde für die neue Laderanordnung ebenfalls angefertigt, man verwendete dazu zwar das Gehäuse des Vergasers der Zwölfzylinder, aber es wurden alle Einzelteile dem neuen Verwendungszweck angepaßt. Der Anguß für den Zusatzvergaser war nach wie vor zu sehen, dieser

aber wurde am V8 nicht benötigt, weshalb man dieses Teil auch nicht bearbeitet hatte.
Das Frontteil der Karosserie direkt vor der Motorhaube hatte man etwas verändert, um einen besseren Zugang zum Vergaser zu ermöglichen. Wie schon bei den großen Motoren, wurde auch hier mit dem Zweistufenlader hauptsächlich die Leistung im unteren und mittleren Drehzahlbereich entscheidend verbessert. Am 1,5-Liter erreichte man eine zusätzliche Erhöhung des Ladedrucks. Bei 3300 U/min stieg dieser um 35 und bei 8000 U/min um 16 Prozent an, der höchste Druck in den Einlaßrohren belief sich auf 1,62 at. Die Leistung bei 7500 U/min erhöhte sich auf 263 PS, wobei man einen Spitzenwert von 278 PS bei 8250 U/min erreichen konnte. Die Drehmomentkurve zeigte bereits bei untersten Drehzahlen sehr gute Werte; maximal wurden 25,6 mkg bei 6000 U/min ermittelt. Die Steuerzeiten am M 165 mit Zweistufenlader übernahm man von den 1939er Zwölfzylindern, wodurch sich eine etwas kürzere Auslaß-Öffnungszeit als ursprünglich für den V8 geplant ergab.
Die stärkere Version erforderte auch ein verbessertes Kühlsystem. Man baute zu diesem Zweck einen tieferen und breiteren Kühler ein, dessen untere Enden Wölbungen an der Bodenwanne der Karosserie erforderten. Alle Modifikationen und Versuche wurden 1940 nur an einem der beiden vorhandenen Wagen ausgeführt, der andere wurde nur schrittweise überarbeitet und war zunächst nicht fahrbereit.
Ein Jahr später machte sich Rudolf Caracciola in Sorge um seine Zukunft als Rennfahrer von seinem Wohnsitz in Lugano auf den Weg nach Untertürkheim, um sich darüber mit Dr. Wilhelm Kissel, dem Vorstandsvorsitzenden der Daimler-Benz AG, zu unterhalten. Der höfliche Kissel mit seinem gepflegten Schnurrbart stellte für Caracciola einen „geliebten und respektierten väterlichen Freund dar, der seit 1927 zwar stets sehr streng, aber eben der Chef gewesen war“. Caracciola war nun gekommen, um den Freund um einen Gefallen zu bitten. Rudi hatte sich bereits einige Gedanken über die Chancen gemacht, die Erlaubnis zur Übernahme eines der 1,5-Liter zu erhalten. Dadurch wollte er für einen Neubeginn gerüstet sein. Kissel überlegte sich Caracciolas Ansinnen und teilte ihm am folgenden Tag mit, daß er es für einen guten Gedanken hielt. Er könne beide Wagen bekommen, einen als

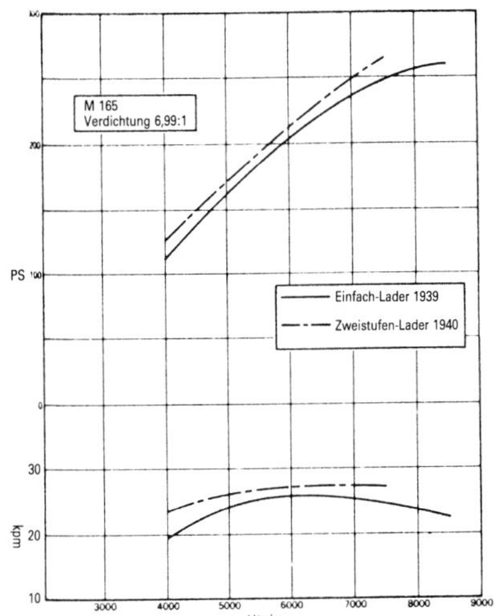

Oben: Leistungsvergleich des M 165 zu der für 1940 geplanten Version.

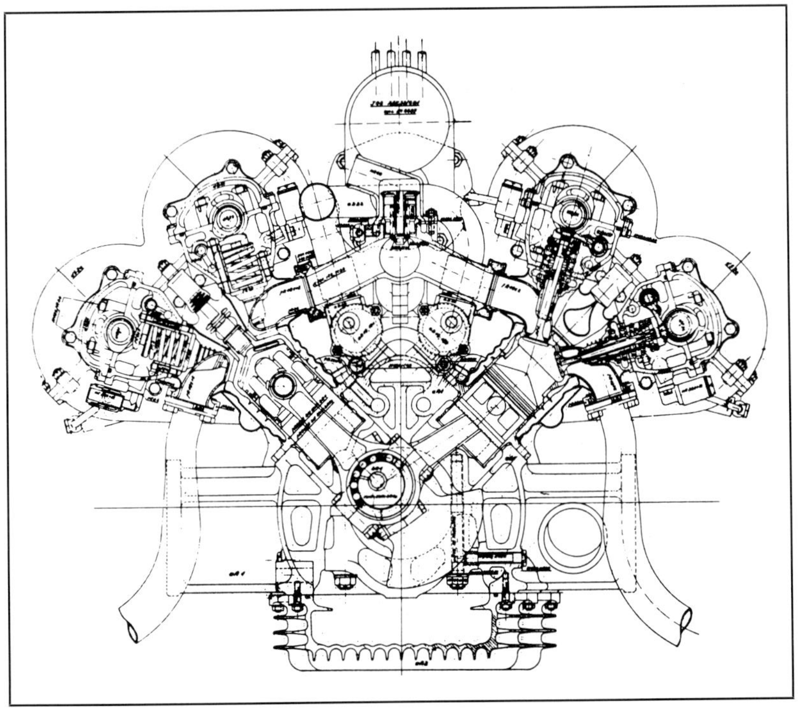

Links: Schnittzeichnung des 1495-ccm-V8-Aggregats. Im Verhältnis zum übrigen Motor nehmen die Zylinderköpfe gewaltige Ausmaße an. Der M 165 war der erste V8-Fahrzeugmotor von Daimler-Benz.

Unten: Motorraum von der linken Seite. Unter der Zylinderbank erkennt man das ovale Rahmenrohr.

Unten: Das komplizierte Gebilde des kleinen Achtzylinders. Der Größenunterschied der beiden in Reihe geschalteten Kompressoren ist gegenüber den Dreilitermotoren noch verstärkt worden. Die zwischen den Zylinderbänken herausragenden Rohre stammen von der Kurbelgehäuse-Entlüftung und vom Überdruckventil an den Druckrohren.

Einsatzwagen und den anderen als Ersatzreserve. Kissel fügte jedoch hinzu, daß er aufgrund der besonderen Umstände des Krieges weder die Wagen sofort auf den Weg bringen noch eine schriftliche Bestätigung der Vereinbarung geben könne.
Im Juli 1942 starb Kissel; sein Versprechen hatte er bis dahin noch nicht einlösen können. Seine Stellung als Vorstandsvorsitzender übernahm sein bisheriger Mitarbeiter, der damals 44jährige Wilhelm Haspel. Caracciola traf sich 1943 mit ihm in Zürich und erfuhr dabei, daß Haspel über Kissels Versprechen informiert war. Die Wagen standen zusammen mit einigen anderen an einem sicheren Ort bei Dresden, aber es gab noch immer keinen legalen Weg, sie in die Schweiz zu verfrachten. Caracciola schilderte den weiteren Verlauf der Dinge wie folgt: „Im Chaos und Durcheinander des zusammenbrechenden Deutschen Reiches Anfang 1945 war es ein paar treuen Mercedes-Leuten gelungen, einen Lastwagen zu organisieren. Sie holten die Wagen aus ihrem Versteck und transportierten sie, einer Anzahl von Hindernissen zum Trotz, quer durch Deutschland zur Schweizer Grenze. Da es keine Papiere gab, händigte man die Fahrzeuge der in schweizer Besitz befindlichen Mercedes-Benz-Importgesellschaft aus. Doch dort wurden sie von den Behörden umgehend als deutscher Besitz beschlagnahmt."
Ein Jahr später setzten Rudi und seine Frau Alice alle Hebel in Bewegung, um die Fahrzeuge freizubekommen und für sich sowie den Mechaniker Walz Ausreisegenehmigungen zu erhalten. Caracciola hatte eine Einladung zur Teilnahme am Indianapolis-Rennen für 1946 übersandt bekommen. Im März gelang es ihm endlich, nach Stuttgart zu reisen: „Ich fand dort nur einen großen Schutthaufen vor. Man hatte mit den Aufräumungsarbeiten begonnen, und alle Leute hatten Schaufeln in den Händen. Sie versuchten, die Trümmer beiseitezuschaffen." In der Tat: Viele Belegschaftsmitglieder halfen am Wiederaufbau ihres Werkes mit.
Gezielte Bombenangriffe der Alliierten hatten im September 1944 die Werksanlagen in Sindelfingen und Untertürkheim zu 85 Prozent in Schutt und Asche gelegt. Caracciolas früherer Leibmechaniker Walz und ein zweiter Rennmonteur kamen im April nach Zürich, und es gelang ihnen, unter Zuhilfenahme einiger ehemaliger Flugzeug-Materialien, den W 165 wieder zum Laufen zu bringen. Er funktionierte zufriedenstellend, gab aber bei weitem nicht seine volle Leistung ab. Man führte an einem Tag morgens um fünf Uhr auf einem von der Polizei abgesperrten Straßenstück in der Zürcher Innenstadt erstmals einen Fahrversuch durch. Doch in allerletzter Minute gab es ein behördliches Veto und so durfte der Wagen die Schweiz nicht verlassen.
Ein paar Jahre später kämpfte Caracciola vor einem Zürcher Gericht um seine Ansprüche an den Wagen, doch er verlor den Prozeß. 1950 wurden die Rennwagen schließlich gegen das höchste eingehende Gebot zum Verkauf ausgeschrieben. Die meisten Interessenten wandten sich erst einmal an Daimler-Benz, um nach einer eventuellen Untersützung bei der Wiederinstandsetzung anzufragen. Doch, wie nicht anders zu erwarten, lautete die Antwort, daß dies wertlose Überbleibsel aus vergangenen Tagen seien und daß das Werk keinerlei Interesse an einer Wiederinbetriebnahme habe. Am 15. Dezember wurden die eingelangten Gebote begutachtet, die höchste Summe hatte der Schweizer Mercedes-Benz-Importeur geboten. So gehörten die beiden Wagen zwar nicht mehr dem Werk, aber sie waren wenigstens in dessen Umgebung geblieben.
Der Gedanke an die nach wie vor verfügbaren 1,5-Liter-Renner ließ den ideenreichen Geist des größten Rennsport-Enthusiasten bei Daimler-Benz, Alfred Neubauer, nicht ruhen. Die Automobilclubs und Motorsport-Verbände waren 1948 in Deutschland wieder zugelassen worden. Neubauer hatte während dieser Zeit unablässig mit Freunden in aller Herren Länder korrespondiert, um stets auf dem neuesten Stand der Dinge im Sportgeschehen zu sein. Er hatte versucht, die Formel 3 mit 500-ccm-Wagen in Deutschland populär zu machen, um damit einen Neuanfang des Automobilrennsports zu

Im Juni 1951 wurde bei Daimler-Benz der Entschluß gefaßt, mit dem W 165 zur Formel 1 zurückzukehren. Es sollten deshalb fünf neue Wagen gebaut werden.

Der abgebildete Auftrag wurde jedoch im Herbst hinfällig, da die FIA der 1,5-Liter-Formel auslaufen ließ.

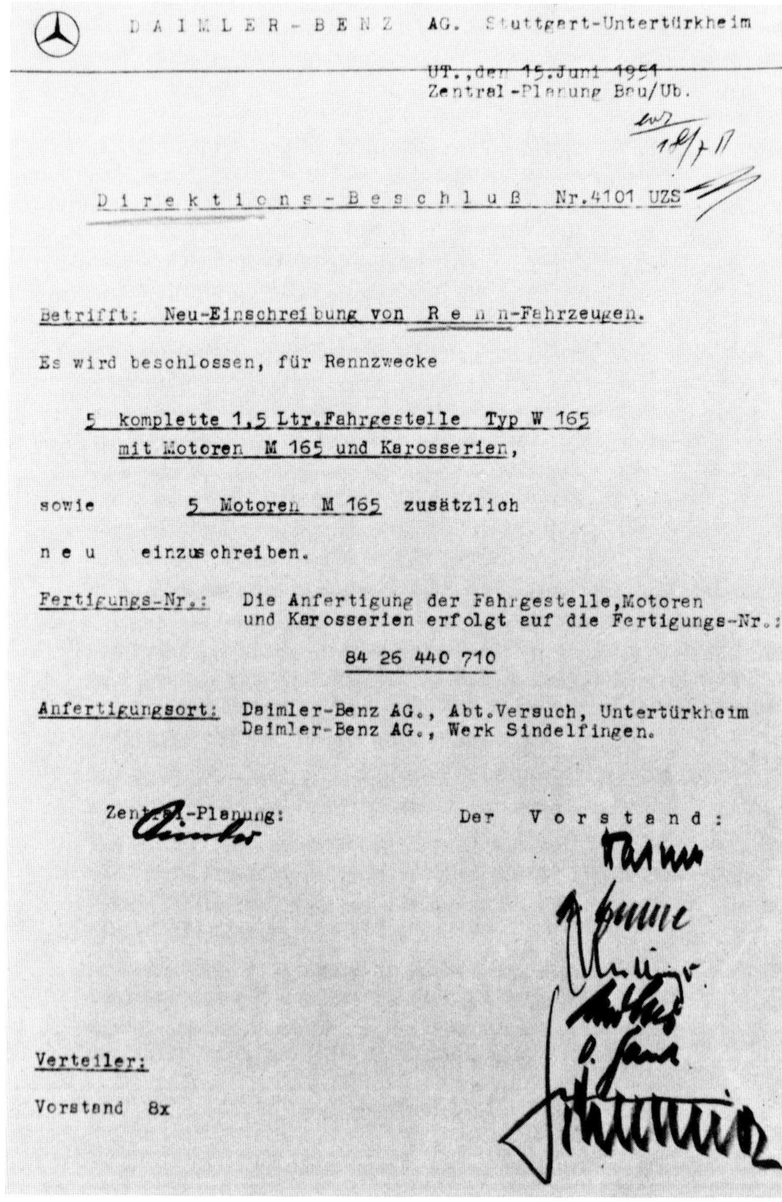
DAIMLER-BENZ AG. Stuttgart-Untertürkheim

UT., den 15. Juni 1951
Zentral-Planung Bau/Ub.

Direktions-Beschluß Nr. 4101 UZS

Betrifft: Neu-Einschreibung von Renn-Fahrzeugen.

Es wird beschlossen, für Rennzwecke

5 komplette 1,5 Ltr. Fahrgestelle Typ W 165
mit Motoren M 165 und Karosserien,

sowie 5 Motoren M 165 zusätzlich

n e u einzuschreiben.

Fertigungs-Nr.: Die Anfertigung der Fahrgestelle, Motoren und Karosserien erfolgt auf die Fertigungs-Nr.:

84 26 440 710

Anfertigungsort: Daimler-Benz AG., Abt. Versuch, Untertürkheim
Daimler-Benz AG., Werk Sindelfingen.

Zentral-Planung: Der Vorstand:

Verteiler:
Vorstand 8x

ermöglichen. Doch nun stand der prominente Rennleiter vor einer wesentlich reizvolleren Aufgabe.
Die 1,5-Liter-Formel hatte als neue Grand-Prix-Formel tatsächlich Gültigkeit erlangt, jedoch war sie gegenüber früheren Vorstellungen und damit auch den damaligen Erwartungen von Daimler-Benz in einigen Punkten geändert worden. Der nach dem Krieg neugegründete Automobil-Weltverband FIA (Fédération Internationale de l'Automobile) wählte den Franzosen Augustin Perouse zu seinem Präsidenten. Außerdem wurde eine eigene Motorsport-Kommission, die CSI (Commission Sportive Internationale) ins Leben gerufen, die in ihrer ersten Sitzung am 28. Februar 1946 über die neue Grand-Prix-Formel beriet. Um eine sofortige Wiederaufnahme der sportlichen Aktivitäten zu ermöglichen, dachte man sich eine Kombination aus zwei Klassen der Vorkriegszeit aus. Dabei sollten Wagen mit unaufgeladenen 4,5-Liter-Moto-

ren gegen 1,5-Liter-Kompressorwagen antreten. Diese Formel trat 1947 in Kraft und sollte bis 1951 Gültigkeit behalten.
Anfang 1951 war man intensiv mit den Vorbereitungen für die Rennen in Argentinien und der Planung für Indianapolis beschäftigt, so daß Neubauer kaum Zeit blieb, sich Gedanken über die weitere Verwendung der in der Schweiz befindlichen W 165 zu machen. Nachdem aber das Unternehmen Indianapolis abgeblasen wurde, reiste Neubauer am 27. Mai zum Großen Preis der Schweiz nach Bern und besuchte bei dieser Gelegenheit auch die Mercedes-Niederlassung in Zürich. Das Rennen hatte Juan Manuel Fangio mit einer überarbeiteten Alfetta für sich entscheiden können. Neubauer nahm von diesem Rennen den Eindruck mit nachhause, daß jede zukünftige Rennbeteiligung ohne die Dienste dieses hervorragenden Argentiniers aussichtslos sein dürfte. Bei diesen ersten Rennen nach dem Krieg haftete dem Alfa Romeo-Team in etwa der frühere Ruf von Daimler-Benz an; die Italiener galten als nahezu unbesiegbar. Im Juni wies Neubauer die Firmenleitung darauf hin, daß es keinen Sinn mehr habe, die Wagen bei den verbleibenden Rennen dieser Saison an den Start zu bringen. Die Zeit zur Vorbereitung wäre viel zu kurz gewesen und man hätte einen Mann wie Fangio wohl kaum für einen Teil der Saison verpflichten können. Doch galt es zu diesem Zeitpunkt als sicher, daß die Formel noch um einige Jahre weiterlaufen sollte. Neubauer verglich die zu erwartende Konkurrenz, wobei er auch den mit einigen Vorschußlorbeeren bedachten BRM V16 nicht ausschloß. Eine direkte Konfrontation erwartete er indessen zwischen dem W 165 und Alfa Romeos Alfetta, und er schloß seine Betrachtungen mit den Worten: „Ich bin der festen Ansicht, daß unser 1,5-Liter, entsprechend weiterentwickelt und mit Fangio am Steuer, die Alfas schlagen könnte."
Neubauers Überlegungen kamen am 15. Juni 1951 in einer Vorstandssitzung zur Sprache. Fritz Nallinger als Mitglied des Vorstands besprach die Angelegenheit mit Uhlenhaut und Neubauer, die beide zugegen waren, um ihre Ansichten selbst darzulegen. Als der Vorstands-Beschluß schließlich bekanntgegeben wurde, machte Neubauer in sein Notizbuch eine freudige Anmerkung: „Es werden Renn- und Sportwagen gebaut!"
Der Beschluß sah eine Wiederbelebung des W 165 als offizielles Projekt vor. Das bedeutete nicht nur die Instandsetzung der Wagen aus der Schweiz, sondern vielmehr den Aufbau eines neuen Teams mit brandneuen Wagen. Es sollten fünf W 165 gebaut werden und zusätzlich fünf weitere Motoren als Ersatzaggregate. Die Fertigung sollte in Sindelfingen und in der Untertürkheimer Versuchsabteilung durchgeführt werden. In voller Mannschaftsstärke reisten die Daimler-Benz-Techniker am 29. Juli zum Großen Preis von Deutschland zum Nürburgring, um sich einen Überblick über ihr neues Betätigungsfeld zu verschaffen. Dort wurden sie Zeugen eines mitreißenden Zweikampfs zwischen den Kompressor-Alfa und den Saugmotor-Ferrari; die Dramatik des Rennens erinnerte an die glanzvollen Duelle zwischen Mercedes-Benz und der Auto Union. Alberto Ascari gewann das Rennen mit seinem 4,5 Liter Ferrari V12-Zylinder, mit seiner Trainingsbestzeit war er am Tag zuvor schon nahe an Langs Bestmarke herangekommen, die seit dem Eifelrennen 1939 Bestand hatte. Am darauffolgenden Tag fand Fritz Nallinger bei seinen Mitarbeitern einen gedämpften Optimismus vor. Sie hatten nun selbst die Geschwindigkeit des neuen Ferrari erlebt und auch von der sagenhaften Beschleunigung der zwei BRM in Silverstone gehört. Alfred Neubauer sagte: „Alle anwesenden Herren waren der Ansicht, daß es keinen Sinn hätte, unseren alten W 165 noch einmal aufzulegen. Seine konstruktiven Voraussetzungen wären zwar in etwa mit den Konkurrenten gleichzusetzen gewesen, aber die erhoffte Überlegenheit ließe sich damit nicht erreichen." Der Vorstandsbeschluß über den Bau von weiteren W 165 war durch die offensichtliche Notwendigkeit einer Neukonstruktion überholt.
Auf Veranlassung Fritz Nallingers hatte sich eine kleine Gruppe innerhalb des zentralen Entwicklungsbüros schon mit der vorläufigen Konzeption eines aufgeladenen 1,5-Liter-Zwölfzylinders beschäftigt. Die Entscheidung für zwölf Zylinder beruhte auf einer Empfehlung der Rennabteilung aus dem Jahre 1939. Man wollte damals einen Prüfstands-Einzylinder mit 125 ccm bauen, der sowohl die Basis eines 1500-ccm-Zwölfzylinders als auch eines 300-ccm-Motors mit 24 Zylindern in vier Reihen, falls die Formel weitergelaufen wäre, hätte darstellen können. An dem 1951 vorgeschlagenen Wagen sollte auch die Möglichkeit eines Vierradantriebs geprüft werden.
Eine Entscheidung der CSI über die Fortdauer der bestehenden Grand-Prix-Formel wurde für Oktober erwartet. Ein völlig neugebauter Wagen wäre nicht vor Sommer 1952 einsatzfähig gewesen, und konkurrenzfähig hätte man ihn erst für die Saison 1953 gehabt. Aus diesem Grund wäre eine Weiterführung des bisherigen Reglements bis über 1953 hinaus notwendig gewesen, um den Einsatz überhaupt rechtfertigen zu können. Bis zu diesem Zeitpunkt wurde die Entwicklungsarbeit lediglich auf dem Papier fortgesetzt. Außerdem sah man aber auch einige Tests mit anderen Rennwagen vor, wobei nochmals der W 165 eine Rolle spielen sollte, gewissermaßen als Ausgangsbasis der Neukonstruktion. Zu diesem Zweck borgte man sich den Motor aus dem für Indianapolis vorbereiteten Wagen in Zürich aus. Dieser wurde im September auf den Prüfstand in Untertürkheim gestellt, die Tests wurden von einem jungen Ingenieur namens Heinz Lamm geleitet. Er ermittelte, daß das Aggregat mit der 1946 von Walz vorgenommenen Einstellung „zwar lief, aber keine erwähnenswerte Leistung brachte". Lamm entdeckte die alten Aufzeichnungen von Georg Scheerer und ließ für weitere Tests ein neues Sortiment an verschiedenen Vergaserdüsen bereitstellen. Am 9. Oktober gelang es dann, die Maschine wieder auf ihr früheres Leistungsniveau hochzudrehen. Lamm ermittelte 262 PS bei 7500 U/min, er beließ es bei dieser Höchstdrehzahl und konnte die Werte von 1940 zwischen 3000 und 6000 Umdrehungen sogar um knapp sechs PS übertreffen. Mit dieser Einstellung wurde das Aggregat in das mittlerweile ebenfalls aus Zürich entliehene Fahrgestell montiert und für einige Proberunden vorbereitet.
Die Piste am Nürburgring war zwar in all den Jahren etwas holpriger geworden und das Unkraut hatte auch stark gewuchert, aber all dies war an jenem historischen Augenblick vergessen, als Rudi Caracciola 1951 mit dem W 165 an diese Stätte unvergessener Triumphe zurückkehrte. Karl Kling, der neu zur Rennmannschaft gestoßen war, absolvierte ebenfalls einige Runden in dem kleinen Kompressor-Rennwagen. Verglichen mit den beim Großen Preis in diesem Jahr erzielten Rundenzeiten, waren die Schnitte nicht gerade konkurrenzfähig, aber es handelte sich bei diesen Runden auch nur um erste Übungsfahrten.
Man hatte indessen bei diesen Probefahrten bereits gewußt, daß diesen Wagen und auch der beabsichtigten Neukonstruktion durch den neuen CSI-Beschluß die Grundlage endgültig entzogen worden war. Das neue Reglement sah für 1954 die Zulassung von Hubräumen mit 2500 ccm ohne und 750 ccm mit Kompressor vor. Die bestehende Formel sollte bis dahin ihre Gültigkeit behalten. (In der Praxis wurde sie jedoch durch den Rückzug von Alfa Romeo und der Unsicherheit bei BRM hinfällig.) Daimler-Benz entschloß sich deshalb, mehr Gewicht auf einen neuen Sportwagen zu legen, und gleichzeitig begannen die ersten Überlegungen für einen neuen Grand-Prix-Wagen für die Saison 1954.
Einer der beiden W 165 kam schließlich wieder nach Stuttgart zurück. Er befindet sich heute im Werksmuseum und stand einige Male Freunden des Hauses oder Journalisten zu Probefahren zur Verfügung. Jeder, der einmal Gelegenheit hatte, den 1,5-Liter zu lenken, empfand ihn als einen wunderbaren, gut zu fahrenden Wagen. Laurence Pomeroy, der englische Rennsport-Fachmann, schrieb: „Es schien, als ob man ihn nach Belieben ungestraft vorwärts, seitwärts und wahrscheinlich sogar rückwärts bewegen könnte." Dies war der ausgewogene Charakter der Voiturette, mit der Daimler-Benz äußerst eindrucksvoll bewiesen hatte, daß man in Stuttgart neben den überlegenen großen Rennwagen genauso gut auch einen erfolgreichen kleinen Rennwagen zu bauen verstand.

womit man die Gußqualität im Inneren des Blocks gut kontrollieren konnte und darüberhinaus auch an Gewicht sparte. Verschlossen wurden die Seitenteile mit großen Blechdeckeln. Beim Entwurf hatte man Stabilität und Einfachheit, das niedrige Geräuschniveau und die begrenzten Verschleißwerte eines Gußblocks dem geringeren Gewicht von Aluminium vorgezogen. Der komplette Mercedes-300-Motor wog nicht weniger als 265 kg. Die geschmiedete Stahl-Kurbelwelle lief in sieben Hauptlagern, deren Lagerböcke von unten jeweils mit zwei Dehnschrauben befestigt waren. Die Kurbelzapfen maßen 60 mm und die Hubzapfen 52 mm im Durchmesser. Der Pleuelfuß war zwar ziemlich breit ausgeführt, und der Schaft wies wieder das charakteristische H-Profil auf; er war in seiner ganzen Länge durchbohrt, um den Kolbenbolzen mit Öl zu versorgen. Die Leichtmetall-Kolben wurden von Mahle geliefert, es handelte sich dabei um Autothermik-Vollschaftkolben. Sie waren mit drei Kompressions- und einem Ölabstreifring versehen und trugen auf dem Boden einen Dom zur Anpassung an die ungewöhnliche Brennraumform.

Eine lange Duplex-Kette trieb vom vorderen Kurbelwellenende aus die

Oben: Mercedes beteiligte sich 1952 wieder an der klassischen Langstreckenprüfung in Italien, der Mille Miglia. Dies war zugleich der erste Einsatz der neuen Sportcoupés.

Oben: Die 300 SL rollen durch die Straßen von Brescia zum Start des 1000-Meilen-Rennens.

Links: Karl Kling war nach 12 Stunden, 14 Minuten und 17 Sekunden wieder zurück in Brescia. Er hatte bis zum Wendepunkt in Rom geführt, mußte sich jedoch dann einem wesentlich stärkeren Ferrari geschlagen geben.

obenliegende Nockenwelle, auf der rechten Seite wurde damit zusätzlich ein Zwischenritzel angetrieben. Dieses saß auf einer kurzen Welle, welche wiederum über Spiralverzahnungen Zündverteiler und Ölpumpe bewegte. Schräg gegenüber saß ein Spannritzel, das von außen mittels einer Stellschraube angedrückt werden konnte. Außerdem hatte man an den drei Hauptlängen der Steuerkette kunststoffbeschichtete Führungsschienen zur weiteren Spannung angeordnet. Am Kurbelwellen- und Nockenwellenende waren Schwingungsdämpfer befestigt, der eine außerhalb des Motorgehäuses, der an der Nockenwelle jedoch innerhalb des Alu-Nockengehäuses. Die Nockenwelle war direkt auf der Aluminium-Gleitfläche der vier Lagerböcke gelagert, die mit den Lagerkappen am Zylinderkopf verschraubt waren. Mit den langen, an der linken Seite des Zylinderkopfs gelagerten Schlepphebeln griff man die von Porsche an den großen Mercedes-Sechszylindern verwendete Konstruktion wieder auf. Die zwei Ventile pro Zylinder hingen parallel nebeneinander (in Querrichtung) und senkrecht zur Unterkante des Zylinderkopfs. Dieser war jedoch schräg auf den Zylinderblock aufgesetzt, um 20 Grad nach rechts geneigt. Die Ventile bestanden aus gehärtetem Stahl, die

Hermann Lang, dessen steile Rennfahrer-Karriere durch den Ausbruch des Krieges jäh unterbrochen worden war, saß bei der Mille Miglia 1952 wieder am Steuer eines Mercedes-Werkswagens.

Schäfte der Auslaßventile waren 12 mm statt 9 mm dick, so daß sie hohlgebohrt und mit Sodasalz zur besseren Wärmeableitung gefüllt werden konnten. Die Ventil-Sitzringe aus Chromstahl waren verschieden tief eingesetzt, wodurch das Einlaßventil im Gegensatz zum Auslaß mit der Zylinderkante nicht eben abschloß. Die langen Ventilführungen waren aus Bronze, sie trugen als oberen Abschluß jeweils einen Gummidichtring. Doppelte Schraubenfedern hielten die Ventile.
Die Ein- und Auslaßkanäle befanden sich allesamt auf der rechten Kopfseite. Durch die Schrägstellung des Zylinderkopfs hingen die Ventile nun in einem Winkel von 20 Grad zur Senkrechten, wodurch sich in der Kombination mit einem steil nach unten führenden Ansaugkanal zwischen Ventilschaft und Kanalmitte ein sehr günstiger Winkel von 45 Grad ergab. Die Teller der Einlaßventile maßen 46,7 mm, jene am Auslaß 39,8 mm. Zwei Solex-Fallstromvergaser versorgten über einen gemeinsamen Ansaugkrümmer die sechs Zylinder. Der Hauptteil des Brennraums befand sich „bergauf" auf der linken Seite des Zylinders, wo gegenüber dem ebenfalls schrägen Dom auf dem Kolben eine Aussparung zu finden war. Die senkrecht eingeschraubten Zündkerzen ragten genau in diese Kammern. Der Kolben ließ nur eine sehr begrenzte Quetschkante am Zylinderkopf zu und leitete den Gasstrom zu dem eigentlichen Brennraum auf der linken Seite. Während sich das Einlaßventil genau über dem Kolben befand, war das Auslaßventil oberhalb dieser Ausbuchtung angebracht. Mit dem abgeschrägten Zylinderkopf und der ungewöhnlichen Brennraumgestaltung stellte der Motor des Mercedes 300 den Anfang einer neuen Reihe von Oberklasse-Modellen bei Daimler-Benz dar.
Wie die meisten Vorkriegs-Mercedes wies auch der neue Wagen eine Vorderachse mit doppelten Dreieckslenkern und Schraubenfedern auf. Hinten fand eine Schwingachse, in diesem Fall ebenfalls mit Schraubenfedern ausgerüstet, Verwendung. Abweichend von den früheren Konstruktionen waren rundum hydraulische Teleskop-Stoßdämpfer eingebaut. Im Detail verbessert und im Gewicht verringert, war die Vorderachse nach wie vor mit einem Querträger am Rahmen befestigt, wobei die Längsbewegung auch wieder mit innen eingebauten Gummibuchsen unter Kontrolle gehalten wurde. In gewisser Weise entsprach diese Anordnung jener am W 165, nur daß man nun innerhalb der Schraubenfedern die Stoßdämpfer montiert hatte. Ebenfalls neu war die Anbringung eines Drehstab-Querstabilisators, der ein Schlingern der Vorderachse verhinderte und damit wesentlich zur Verbesserung des Fahrverhaltens beitrug. Entwickelt hatte diese Vorrichtung Dr. Maruhn bei Daimler-Benz unmittelbar vor dem Krieg. Im Wagenheck war das Hinter-

Mit der Rückkehr von Daimler-Benz ins europäische Motorsport-Geschehen wurde auch Rudolf Caracciola wieder reaktiviert. Er hatte sich, nachdem sein Indianapolis-Projekt 1946 fehlgeschlagen war, in der Zwischenzeit nicht mehr um einen Rennwagen gekümmert.

achsgehäuse am Rahmen mit Gummi aufgehängt; zwei stabile Zapfen stellten jeweils 12 cm von der Mittellinie entfernt die Verbindung mit den Schwingachsgehäusen her. Die Aufhängung ähnelte stark der am Grand-Prix-Wagen W 25 verwendeten Konstruktion. Der zur Verfügung stehende Federweg war mit 85 mm beim Einfedern und 133 mm beim Ausfedern jedoch wesentlich großzügiger bemessen. Die großen Schraubenfedern auf den Achsen wurden durch längs am Rahmen montierte Torsionsstäbe ergänzt. Diese ließen sich mittels einer elektrisch gesteuerten Verdreheinrichtung den jeweiligen Belastungsverhältnissen am Wagenheck anpassen.
Der Mercedes 300 hatte einen Radstand von 3050 mm und wies einen sehr stabilen Rahmen aus Ovalrohr-Längsträgern auf. Diese liefen in der Mitte etwas enger zusammen (X-Rahmen) und waren mehrfach querversteift. Auf einem verkürzten Fahrgestell mit nur 2950 mm Radstand wurden auch etwas sportlicher wirkende Coupés und Cabriolets mit der Typenbezeichnung 300 S angeboten. Das Trockengewicht betrug bei allen Versionen 1725 kg.
An vielen Details konnte man die Herkunft der Dreihunderter aus der Rennwagen-Entwicklung erkennen, doch die Leistungsfähigkeit und vor allem auch das äußere Erscheinungsbild dieser Wagen regten kaum einen Gedanken an die rennsportliche Zukunft dieser Konstruktion. Es gab jedoch gar keine andere Wahl. Der Dreihunderter stellte 1951 die einzig mögliche Ausgangsbasis für ein neues Mercedes-Benz-Wettbewerbsfahrzeug dar. Entweder man nahm ihn, oder man ließ es ganz sein. Und so fanden bis auf

Oben: Start zum Sportwagen-Rennen am 18. Mai 1952 auf dem Bremgarten-Kurs bei Bern.

Links: Das Publikum in Bern jubelte, als Caracciola wie in alten Zeiten sofort die Führung übernahm, hinter ihm Karl Kling. Doch leider war der Bruderkampf der Mercedes-Fahrer nur von kurzer Dauer. An Caracciolas dunkelrotem 300 SL blockierten die Hinterradbremsen, er konnte den Wagen nicht mehr abfangen und prallte frontal an einen Baum. Nach diesem Unfall sagte Rudi dem Rennsport nach dreißig Jahren Lebewohl.

Rahmen und Karosserie alle Elemente aus dem Dreihunderter auch beim 300 SL Verwendung. Die Vorderachse wurde ohne einschneidende Änderung übernommen, man durchbohrte aus Gewichtsgründen lediglich die obere Feder- und Dämpferhalterung. Ebenso verfuhr man mit der Hinterachse; hier entfielen die Torsionsstäbe, und die Stoßdämpfer wurden hinter den Halbachsen anstatt auf ihnen befestigt.

Einen vorsichtigen Kompromiß mußte man bei der Konzeption der Spurbreite eingehen. Eine schmale Spur hielt die Stirnfläche klein, aber breitere Abmessungen halfen die großen und unerwünschten Sturzänderungen an den Hinterrädern zu verringern und wirkten dem Aufstellmoment der Schwingachse entgegen. So wurde also hinten zwischen beiden Rädern ein Abstand von 1445 mm eingehalten, vorne gab man dem Wagen jedoch eine schmalere Spurweite von 1340 mm, womit man das Verhältnis der früheren Rennwagen genau umkehrte, da man die Vorderräder hier ganz in die Karosserie mit

einbeziehen wollte. Den Radstand verkürzte man auf 2400 mm. Auch bei der Auswahl der Radgrößen war man zu einem Kompromiß gezwungen. Ein Durchmesser über 15 Zoll hätte niedrigere Reifentemperaturen und damit eine höhere Lebensdauer gebracht, darüber hinaus wäre auch die Verwendung großer Bremsen möglich gewesen. Wenn man jedoch die Größe beibehielt, konnte man an Rädern und Reifen Gewicht einsparen und auch die unerwünschten Effekte der Schwingachse keiner unnötigen Verstärkung aussetzen. Die Entscheidung fiel letztlich zugunsten der 15-Zoll-Räder.
Am ersten Wagen fanden noch Scheibenräder mit Radmuttern Verwendung, sie wurden jedoch schon bald gegen Räder mit Zentralverschlüssen ausgetauscht. Die Felgen aus Leichtmetall trugen Reifen der Dimension 6,70 × 15. Kein Teil am 300 SL war ausgefeilter und so speziell auf den Renneinsatz zugeschnitten wie die Bremsen. Der Durchmesser der Trommeln blieb mit 260 mm gegenüber dem Dreihunderter unverändert, nur die Belagbreite war auf 90 mm angewachsen. Vorn wurden die beiden Bremsbacken mit zwei Nocken angedrückt, hinten war es bei der Simplex-Anordnung geblieben. Auf die Aluguß-Bremsbacken waren englische Ferodo VG 95-Beläge aufgeklebt. Während des Krieges hatten Entwicklungen in England und Amerika zu neuen Produktions-Methoden geführt, die alle bisherigen Probleme mit Bremstrommeln ausschalteten. Beim Alfin-Prozeß wurde eine dünne Gußeisen-Schicht als Bremsfläche auf die Aluminiumtrommel aufgebracht, wobei die beiden Metalle eine molekulare Bindung eingingen. Nach einem amerikanischen Verfahren wurden diese Bremstrommeln für den 300 SL bei der Karl Schmidt GmbH in Lizenz gefertigt. Mit kleinen Bohrungen an der Trommelrückwand versuchte man eine Abführmöglichkeit für den Abrieb des Belages zu schaffen. Wie schon bei den Grand-Prix-Wagen, wurde auch hier die Peripherie der Trommel wieder mit engstehenden Rippen versehen, die zusammen mit den entsprechenden Schlitzen in den Rädern für die nötige Kühlung sorgten.
Zusammen mit dem Motor und den Antriebsteilen waren diese Komponenten für den Renneinsatz ziemlich gewichtig. Zum Ausgleich dazu mußte man, um die Erfolgsaussichten zu wahren, einen Rahmen und eine Karosserie von unübertroffener Leichtheit und Stabilität entwickeln. Und dies gelang perfekt. Die Lösung der Rahmenfrage lag in der Verwendung einer großen Anzahl von dünnen Stahlrohren, die man zu einem Gerüst verschweißte, das genauestens nach der benötigten Festigkeit und Verdreh-Steifigkeit berechnet war. Die Konstrukteure um Franz Roller schufen damit eines der besten Beispiele des Rohrrahmen-Konzepts, das zu dieser Zeit in den Köpfen vieler europäischer Ingenieure herumspukte. Nach vorangegangenen Experimenten vor dem Krieg hatte Aston Martin im Jahre 1948 einen Wagen mit einem Dreiecksrahmen aus Vierkant-Rohren vorgestellt. Zwei Jahre später folgte dann mit dem DB 2 ein Fahrzeug, das neue Maßstäbe in Design und Leistungsvermögen von Sport-Coupés setzte und den Gedanken über geschlossene Rennsportwagen neuen Auftrieb verlieh. Ähnlich eindrucksvoll traten auch die kleinen Cisitalia und der Jaguar C in Erscheinung; beide wiesen ebenfalls Gitterrohrrahmen auf. Weitere Einflüsse bei der Entscheidung zugunsten dieser Rahmenbauart stammten von kleinen Firmen in Deutschland wie etwa Veritas, die sich bereits erfolgreich damit befaßt hatten.
Nach dem Krieg hatte Rudolf Uhlenhaut zwei Jahre bei einer Techniker-Einheit der englischen Armee verbracht. In seiner freien Zeit hatte er dort einen kleinen Rennwagen mit Heckmotor entworfen, wobei er einen breiten Rohrrahmen verwendete, dessen Zentrum in einer stabilen Dreieckskonstruktion vor dem Cockpit zusammenlief. Genau dieses Zentrum in der Gitterkonstruktion tauchte auch am 300 SL wieder auf. In der gesamten Anordnung waren nur zwei stärkere Rohre enthalten. Eines davon befand sich vorne zwischen den Radaufhängungen, das andere verlief ebenfalls quer im Wagenheck, Federn und Stoßdämpfer waren an den beiden Enden montiert. Diese beiden Trägerrohre waren durch das komplizierte Gitterwerk des Rahmens miteinander verbunden, dessen einzelne Rohre so plaziert und bemessen waren, daß sie sich – zumindest theoretisch – nur auf Druck und Zug beanspruchen ließen. Die auf den Rahmen einwirkenden Kräfte wurden an der Wagenfront mit sternförmig zusammenlaufenden Rohren zur Motorraum-Rückwand hin abgefangen, wo sie eine Pyramide bildeten. Um den Fußraum war hinter dem Armaturenbrett ein doppelter und mehrfach verstrebter Ring aus dünnen Rohren angeordnet. Von dort führte wieder eine Anzahl von Rohrstreben nach hinten zum nächstwichtigen Versteifungsteil hinter den Sitzen. Hier führten weitere Rohre auf den Querträger der Hinterachse und weiter um den Tank herum (170 Liter Fassungsvermögen). Auf diesem Ausleger lagen auch die beiden Reserveräder. Einen Anhaltspunkt für die hervorragende Steifheit dieses Gitterrohrrahmens lieferte der Vergleich mit dem LeiterRohrrahmen des W 154. Beide Rahmen wiesen die gleiche Unempfindlichkeit gegen Verwindungen auf, doch der neue war nur 50 kg schwer gegenüber der Vorkriegskonstruktion, die in ihrer leichtesten Version immerhin noch 70 kg auf die Waage brachte. Mit dem Rahmen am W 194 ließ sich noch zusätzlich Gewicht sparen, denn die Karosserie war hier direkt aufgebaut, und es wurden keine Rahmenausleger benötigt. Um einen solchen Rahmen stabilzuhalten, ist es wichtig, ihn um die Fahrgastzelle sehr breit zu halten, dort, wo sich normalerweise die Türen befinden. Hierbei kam man auf die spektakulärste Neuerung des 300 SL – die Flügeltüren. Als man in Sindelfingen das neue Chassis mit einer möglichst glatten Aluminium-Haut versah, ergab es sich fast von selbst, daß man auf herkömmliche Türen verzichten würde. Statt dessen wählte man einen Einstieg, der buchstäblich durch das Dach führte.
Mit der Entscheidung, den W 194 als Coupé hauptsächlich für Langstreckenrennen zu bauen, folgte man den erfolgreichen Beispielen von Alfa Romeo und BMW, wo man schon 1940 mit Coupés bei der Mille Miglia an den Start gegangen war. Auch fuhr Porsche 1951 bei den 24 Stunden von Le Mans mit einem geschlossenen Wagen. Die Karosseriebauer um Karl Wilfert bemühten sich um glatte, abgerundete Formen an der unteren Hälfte der Karosserie; der Dachaufsatz wurde so schmal wie möglich gehalten. Damit vermochten sie die Stirnfläche mit 1,8 m^2 relativ gering zu halten: der c_w-Wert für den Luftwiderstand betrug 0,25. In dieser Hinsicht handelte es sich beim 300 SL mit Sicherheit um das windschlüpfrigste Fahrzeug unter den großen Sportwagen jener Zeit. Rudolf Uhlenhaut bemerkte dazu: „Die Messungen im Windkanal ergaben, daß die Karosserieform des 300 SL sehr gut gelungen ist und daß man sie kaum mehr verbessern könnte.“ An der Gestaltung ließ sich ein gewisser Einfluß der erfolgreichen Porsche-Coupés erkennen, und der Kühlergrill stammte vom Grand-Prix-Wagen aus dem Jahre 1939. Die beiden Seitenfenster waren jeweils in ein Blechteil, das bis in die Dachmitte reichte, eingebaut; der Türausschnitt war somit groß genug, um den FIA-Regeln zu entsprechen. Diese Reglements-Auslegung stammte von Alfred Neubauer: „Nirgendwo steht geschrieben, daß die Türen nur zur Seite aufgehen dürfen.“
Auf einem Entwurf vom Februar 1952 hatte man noch ein Stufe in der Karosserie zum leichteren Einsteigen vorgesehen, darauf verzichtete man jedoch später.
Für einen Wagen, der eigentlich nur für Renn-Einsätze gebaut wurde, war das Interieur des W 194 hervorragend gestaltet und von hoher Qualität. Man hatte bei Daimler-Benz erkannt, daß es für die Fahrer wesentlich angenehmer war, einige tausend Kilometer in einem gut eingerichteten Cockpit zu verbringen als in einem Gewirr von Rohren, Schläuchen und Schaltern wie in so vielen anderen Rennwagen. Man war auch der Meinung, daß ein aufgeräumt wirkendes Armaturenbrett einem Fahrer Auftrieb geben könnte. So waren die Konstrukteure in Sindelfingen unter keinen Umständen bereit, einen Wagen ohne jene Ausstattungs-Details, die eines Mercedes würdig waren, abzuliefern. Hoch über dem demontierbaren Vierspeichen-Lenkrad saßen Tacho und Drehzahlmesser, beide waren mit Abdeckungen zum Schutz vor Spiegelungen versehen. Etwas niedriger, zu beiden Seiten der Lenksäule,

befanden sich vier Zusatzinstrumente für Wassertemperatur, Benzindruck, Öl-Temperatur und -druck. Eine Kraftstoffanzeige war nicht vorgesehen. Zwischen den Schaltknöpfen in Armaturenbrettmitte befand sich auch eine Stoppuhr. Der lange, abgewinkelte Schalthebel ragte unter dem Armaturenbrett hervor und im linken Fußraum fand sich eine „Krückstock"-Handbremse. Die tiefen, geneigt eingebauten Sitze wiesen eine dünne, aber bequeme Polsterung mit kariertem Wollbezug auf.

Laurence Pomeroy beschrieb den Aufenthalt im Cockpit des 300 SL als „ungewöhnlich laut und heiß". Dies lag in der Hauptsache mit der Ableitung der Motorhitze durch den Kardantunnel, also über der Bodenplatte nach hinten, begründet. Wie bei den letzten Grand-Prix-Wagen war auch hier der Ölkühler am Wasserkühler angeschraubt, er befand sich am Hauptkühler rechts. Mit am eindrucksvollsten an diesem „Übergangs-Rennwagen" war die Art, wie die Konstrukteure den klobigen Motor unter der flachen Motorhaube eingebaut hatten, nämlich um 50 Grad nach links geneigt, wobei die Kurbelwellen-Linie rechts von der Fahrzeug-Mittellinie zu liegen kam. Dadurch brachte man den Schwerpunkt ziemlich genau in die Fahrzeugmitte, außerdem hatte der Fahrer damit mehr Fußraum, allerdings auf Kosten des Beifahrers. Die ersten Prototypen des W 194 wiesen große Aluminium-Ölwannen auf, da man die Naßsumpfschmierung des Dreihunderters beibehalten hatte. Es erwies sich indessen als unumgänglich, eine leichte Gewichtserhöhung und eine Verkomplizierung des Systems in Kauf zu nehmen, als man auf Trockensumpf umstellte. Man konnte dadurch die Öltemperatur in einem vertretbaren Rahmen halten und eine sichere Versorgung des Schmiersystems gewährleisten. Unterhalb der Druckpumpe montierte man an eine Rückförderpumpe, beide befanden sich in einem zylindrischen Gehäuse unterhalb der nunmehr wesentlich flacheren Ölwanne, die mit einem kleinen Auffangreservoir versehen wurde. Der Öltank befand sich im linken Kotflügel, hinter dem Rad.

Der geneigte Einbau des Motors erwies sich als sehr vorteilhaft für die Verlegung der Ansaugwege, gleichzeitig war aber ein Wechsel der Zündkerzen fast unmöglich geworden. In der Saison 1952 wurden deshalb neue Zylinderköpfe gegossen, wodurch die Zündkerzen vom Zylinderblock in den Kopf wanderten; sie ragten jetzt genau zwischen den Ventilen in die Brennräume.

Man fertigte in der Folge auch neue, spezielle M 194-Zylinderblöcke an, bei denen die Kerzenbohrung verschlossen und zugleich die seitliche Kammer des Brennraums verkleinert wurde, um die Verdichtung auf 8,0:1 anheben zu können. Dazu standen selbstverständlich auch neue Kolben zur Verfügung. Die Ventilgrößen blieben unverändert, jedoch wurde eine spezielle Renn-Nockenwelle mit veränderten Steuerzeiten eingebaut. Drei Solex-Fallstromvergaser sorgten für die Gemischaufbereitung, wobei jeder zwei Zylinder über einen kurzen Alu-Krümmer bediente. Zwei elektrische Benzinpumpen förderten den Kraftstoff, die Ansaugluft wurde durch einen Schacht vom Kühlergrill nach hinten geleitet.

Bei den esten eingesetzten Wagen war der Luftkasten nach oben offen und wurde von der geschlossenen Motorhaube abgedeckt, später versah man ihn jedoch mit einem eigenen Deckel, das zusätzliche Gewicht ließ sich noch verkraften. Im Gegensatz zu den Auswirkungen, wenn bei einem Boxenhalt ein Fremdkörper in diesen Kasten gelangt wäre! Mit der Verlegung der Auspuffrohre war man weniger glücklich, die langen Auslaßkanäle mündeten nämlich zwischen den Einlaßöffnungen ins Freie und dort war zu wenig Platz für einen normalen Krümmer, mit dem sich die sechs Kanäle zusammenfassen ließen. So führten jeweils zwei Kanäle in ein gemeinsames Rohr, wobei das vordere und mittlere knapp hinter dem Motor zusammenführten. Die nunmehr zwei Rohre reichten bis fast an den Wagenboden hinunter, wo sie kurz vor dem Schalldämpfertopf zusammenliefen. Vom Dämpfer aus führte ein Rohr bis an das hintere Ende des Wagens.

Die ersten Leistungsangaben für diesen Motor beliefen sich auf 171 PS bei 5200 U/min mit einem maximalen Drehmoment von 25,9 mkg bei 4200 U/min. Es ließen sich jedoch ohne Probleme auch höhere Drehzahlen erzielen. Der rote Bereich auf dem Drehzahlmesser begann erst bei 5800 U/min, aber man drehte manchmal noch einmal 600 Umdrehungen höher. In der Saison 1952 baute man auch einige spezielle Versionen dieses Motors, um damit besonderen Anforderungen gerecht zu werden. Daimler-Benz setzte sich damit nicht unnützen zusätzlichen Belastungen aus, denn die Konkurrenz war diesmal ungewöhnlich groß. Die Rennsportwagen von Jaguar, Ferrari, Talbot und Cunningham konnten allesamt Leistungsangaben von 200 PS und darüber vorweisen, und sie waren in mehreren Fällen zumindest genau so leicht wie man sich den 300 SL gewünscht hätte. Dieser war ursprünglich mit einem Trockengewicht von 800 kg veranschlagt, man kam jedoch bei rennfertigen Fahrzeugen auf 869 kg. Alfred Neubauer war von den Siegeschancen, die dieses Fahrzeug bieten sollte, gar nicht so sehr überzeugt.

Im November 1951 führte man mit einem fertig zusammengebauten W 194 auf dem Werksgelände und auf den Straßen rund um Untertürkheim erste Fahrversuche durch. Nicht lange danach äußerte Neubauer seine Bedenken über die Einsatztauglichkeit dieser Konstruktion. Er wies dabei auf den Leistungsrückstand hin und forderte einen Motor mit mindestens 200 PS. Er fürchtete auch, daß die Bremsen den Anforderungen bei der Mille Miglia und in Le Mans nicht gewachsen sein würden. Auch das Getriebe für den 300 SL war fast unverändert von den Serienwagen übernommen worden. Das Grauguß-Gehäuse hatte man beibehalten, lediglich eine Druckölpumpe hinzugefügt und das Profil der Zahnräder verändert, um sie dem höheren Drehmoment anzupassen. Neubauer bevorzugte hier ein Fünfganggetriebe, mit dem man auf den klassischen Straßenkursen besser zurechtkommen würde. Der Rennleiter ging sogar so weit, die Zuverlässigkeit der 15-Zoll-Reifen in Frage zu stellen. Erneut schlug er die Verwendung der Größe 16 Zoll vor und sagte: „Die Presse und die Öffentlichkeit in Deutschland erwarten Gesamtsiege von den mir unterstellten Mercedes-Sportwagen." Er glaubte, dazu nicht mit den notwendigen Mitteln unterstützt zu werden. Rudolf Uhlenhaut entgegnete, daß der W 194 bei den Langstreckenrennen gute Chancen haben dürfte, denn dort spielen neben der Zuverlässigkeit auch die Wetterverhältnisse und ein klein wenig Glück eine wichtige Rolle. Zu Neubauers Erstaunen hielt Uhlenhaut sogar einen Sieg über die Jaguar C nicht für ausgeschlossen. Uhlenhaut erklärte weiter: „Jeder andere Entwurf, der nicht auf unserem Dreihunderter basiert, hätte keine Chance zur Verwirklichung gehabt. Andere Konstruktionen stehen derzeit außer Frage, denn die Firma ist zu stark mit allen möglichen anderen Dingen belastet, so daß man nicht in der Lage ist, solche Projekte in Angriff zu nehmen."

Falls Neubauer seine Vorbehalte gegenüber der Konstruktion des 300 SL der Firmenleitung vorzutragen gedächte, warnte ihn Uhlenhaut, „wäre wahrscheinlich die einzige Folge davon die sofortige Schließung der Rennabteilung, denn es ist momentan unmöglich, ein anderes Programm durchzuführen". Neubauer wollte die Existenz der Rennabteilung nicht gefährden und entschloß sich, das Projekt, wie es ursprünglich gedacht war, fortzuführen. Er hoffte, daß die in seinen Augen unumgängliche Niederlage zu weiteren Verbesserungen am Fahrzeug und nicht zur Schließung der Rennabteilung führen würde.

Bei dem ersten Einsatz im Jahre 1952 hatten es Neubauer und seine Fahrer nicht mit einem Rennen zu tun, vielmehr nahm eine Werksmannschaft an einer Rallye, der klassischen Sternfahrt nach Monte Carlo, teil. Mit den Mercedes 220-Limousinen wurde dabei der Mannschaftspreis errungen. Im März führte man der Presse den ersten fertiggestellten 300 SL auf der Autobahn bei Heilbronn vor. Unmittelbar danach begann man mit den Trainingsvorbereitungen für die Mille Miglia. Karl Kling, Hermann Lang und Rudolf Caracciola fuhren die Strecke in Italien zuerst mit normalen Limousinen und dann mit den vorgesehenen Einsatzwagen mehrmals ab, um sie sich gut einzuprägen. Zwei Wochen vor dem Rennen mußte Klings Wagen noch schnell ins Werk zurück, weil nach einer kurzen Auseinandersetzung mit den landschaftlichen Gegebenheiten Italiens das Fahrzeug Beschädigungen am Heck aufwies. Im Rennen selbst, am 3. und 4. Mai, duellierte sich Kling mit Giovanni Bracco; der harte Zweikampf zwischen dem Mercedes 300 SL und dem Dreiliter-Ferrari dauerte die ganze Fahrt von Brescia nach Rom und zurück, an. Bei regnerischem Wetter führte Kling bis Rom, nachdem Bracco Reifenprobleme zu vermelden hatte. Doch dann büßte der Schwabe mehr als sechs Minuten ein, als sich eine festsitzende Zentralverschluß-Mutter nicht lösen ließ, während der auftrumpfende Italiener sein Ferrari-Coupé nach Norden jagte, einem sicheren Sieg entgegen. Mit einer „teuflischen, hysterischen und verrückten“ Fahrt war Bracco in die Rolle eines Bernd Rosemeyer geschlüpft, denn auch er hatte als Einzelkämpfer das Mercedes-Team besiegt. Seine Gesamtzeit betrug 12 Stunden, 9 Minuten und 45 Sekunden, Kling kam mit einem Abstand von 4:32 Minuten als Zweiter ins Ziel. Lang war schon auf dem ersten Streckenabschnitt ausgeschieden, er hatte einen Begrenzungsstein gestreift und dabei die Hinterachse angeschlagen. Caracciola fuhr einen Wagen mit etwas geringerer Motorleistung und belegte Rang Vier, mit 12:40:5 hatte er für die Strecke dreieinhalb Stunden weniger gebraucht als 1931 bei seiner Siegesfahrt mit dem SSK. Im Ziel lag zwischen Kling und Caracciola, ein Lancia Aurelia, gesteuert von einem früheren Team-Kameraden, Luigi Fagioli.

Zwei Wochen nach der Mille Miglia wurden die vier Autos (drei Einsatz- und ein Reservewagen) bei einem Sportwagenrennen in der Schweiz, das vor dem Grand Prix stattfand, an den Start gebracht. Die Fahrer saßen wieder in den selben Wagen, das Reservefahrzeug vertraute man Fritz Riess an. Dieser Wagen diente auch als Versuchsobjekt, man hatte für Bern die Türen etwas abgeändert. Bei der Mille Miglia hatten die Abnahme-Kommissare fieberhaft die FIA-Regeln durchforstet, aber sie konnten die Flügeltüren nicht ablehnen. Man befürchtete jedoch, daß es in Le Mans hier Schwierigkeiten geben könnte und deshalb hatte man die Tür-Ausschnitte ein Stück weiter herunter, bis in die Seitenteile der Karosserie, gezogen. Diese Anordnung war erstmals in Bern an Riess' Wagen zu sehen. Das Rennen brachte zwar einen Erfolg für Daimler-Benz, nur Rudolf Caracciola hatte indessen Pech. An seinem Wagen hatten vereinzelt die Hinterradbremsen eine Blockierneigung gezeigt, auch Kling hatte sein Problem damit in Italien gehabt. In Bern blockierten sie nun an Caracciolas Wagen und das dunkelrote Coûpê schoß auf einen Baum zu. Dies war Caracciolas dritter Unfall in seiner langen Karriere und sogar sein erster in einem Mercedes. Er konnte sich von seinen Verletzungen zwar wieder erholen, kehrte aber nicht mehr auf die Rennstrecken zurück. Kling, Lang und Riess belegten die ersten drei Ränge, nachdem der 4,1 Liter Ferrari, der sie im Training fast deklassiert hatte, am Start versagte.

Für das Rennen in Le Mans im Juni traf Daimler-Benz alle erdenklichen Vorkehrungen. Man hatte drei neue Wagen gebaut. Karl Kling teilte sich das Steuer mit seinem Freund und Mille-Miglia-Beifahrer Hans Klenk; die beiden sollten sich als eines der harmonischsten Teams in der ganzen Le-Mans-Geschichte erweisen. Hermann Lang und Fritz Riess fuhren den zweiten Wagen, den dritten vertraute man den Neulingen Theo Helfrich und Norbert Niedermayer an. Für das materialfressende 24-Stunden-Rennen hatte man die Motorleistung der 300 SL etwas gedrosselt, sie belief sich nun auf 166 PS bei 5100 U/min, das maximale Drehmoment von 25,3 mkg stellte sich bei 4200 U/min ein. Der Einfüllstutzen des Kraftstofftanks ragte nun durch das Heckfenster, die Scheinwerfer hatte man mit Schutzgittern versehen und an der Motorhaube zwei Lederriemen angebracht, um hier vor Überraschungen geschützt zu sein. Der Versuchswagen war ebenfalls mit nach Le Mans genommen worden. Ein neuartiges Detail an diesem Fahrzeug alarmierte die Konkurrenz, die ohnehin durch die Rückkehr von Daimler-Benz ins Sportgeschehen schon gehörig aufgeschreckt war: Man hatte diesen 300 SL mit einer Luftbremse auf dem Dach versehen. Deren Entwicklung hatte nichts mit den vor dem Krieg durchgeführten Windkanal-Versuchen zu tun; sie war auf einen Vorschlag Alfred Neubauers entstanden. Er dachte dabei an die kommenden Einsätze von stromlinienförmig karossierten Sport- und Rennsportwagen auf schnellen Strecken wie Reims und Le Mans und empfahl eine Luftbremse als Mittel zur Schonung der Radbremsen und Reifen. Neubauer erinnerte daran, daß man „die Gesetze der Aerodynamik sich bereits bei den Plänen für den Indianapolis-Einsatz 1951 zu Nutze machen wollte“. Er wies darauf hin, daß „bei den Sportwagen das 24-Stundenrennen von Le Mans in erster Linie die Vorteile einer solchen Luftbremse deutlich machen würde, denn dort betätigt man alle zwei Minuten die Bremsen, um die Geschwindigkeit von 260 auf 40 km/h zu verringern“. Man probierte die Anordnung im Training aus. Die große Luftklappe war dazu auf zwei Stützen auf dem hinteren Teil des Coupédachs befestigt; wenn sie flachlag, bot sie nur geringen Luftwiderstand. Durch ein Gestänge wurde die Klappe vom Fahrer betätigt, sie kippte dabei nach vorn und paßte sich mit der vorderen Kante genau der Dachwölbung an. Durch die auftreffende Luftströmung wurde das

Im Training zum 24-Stunden-Rennen von Le Mans tauchte Mercedes 1952 erstmals mit aerodynamischen Hilfsmitteln an den Rennwagen auf. Die Idee zu dieser Luft-Bremse stammte von Alfred Neubauer. Die moralische Wirkung auf die Konkurrenz war dabei fast größer als die tatsächliche. Aufgrund von Problemen mit den Haltepylons verzichtete man auf den Renneinsatz der Apparatur.

Blech angedrückt, bis es fast senkrecht stand. Wenn die Geschwindigkeit des Wagens stark vermindert war, konnte der Fahrer die Bremsklappe über das Gestänge wieder in die Ruheposition bringen.
Der Anblick der arbeitenden Luftklappe erzeugte überall Unruhe. Bob Dearborn berichtete darüber in *Road & Track:* „Der Wagen kam mit Vollgas die Gerade herunter, als der Fahrer vor aller Augen sich nach einem Hebel streckte. Und schon schnellte der Flügel hoch – der Wagen wurde abgebremst, als ob ihn eine riesige Hand gepackt hätte...zwischen 240 und 120 km/h lagen nur Sekunden-Bruchteile."
Die Anlage war sehr wirkungsvoll, wenngleich nicht in dem beschriebenen Umfang. Bei Geschwindigkeiten über 160 km/h ließ sich eine Bremsverzögerung von 1,9 m/sec^2 erzielen. Dies reichte aus, um den Wagen deutlich abzubremsen; aber auch um die Befestigung auf dem Dach bereits nach wenigen Bremsungen zu lockern. In dieser Ausführung kam die Luftbremse also noch nicht zu einem Wettbewerbs-Einsatz, aber man gedachte zu einem späteren Zeitpunkt damit wieder in Le Mans aufzutauchen.
Aus der ersten Bauserie hatte man einen weiteren Wagen als Ersatzfahrzeug mitgenommen, dieser wurde jedoch bei einem Trainingsunfall beschädigt. Das Ausmaß der Vorbereitungen und auch die Anzahl der aus Stuttgart eingetroffenen Wagen veranlaßten den Reporter Rodney Walkerly zu der Bemerkung: „Wenn Mercedes sich zur Teilnahme an einem Rennen entschieden hat, entschließt das Werk sich auch, die Sache mit der gebotenen Sorgfalt

Rechts: Le Mans, Samstag, 15.00 Uhr. Die Fahrer stehen bereit, um auf das Flaggenzeichen des Starters zu ihren Wagen zu spurten. Die drei Mercedes-Coupés wurden von den Mannschaften Kling/Klenk, Helfrich/Niedermayer und Lang/Rieß gesteuert.

Unten: Nächtlicher Boxenstop beim Trainingslauf zum 24-Stunden-Rennen in Le Mans. Ein hoher Grad an Reifenverschleiß beunruhigte die Crew.

anzugehen." Doch es sprachen zwei Faktoren gegen die vermeintlich perfekte Vorbereitung des Le-Mans-Einsatzes. Einmal erwies sich der Reifenverschleiß als wesentlich höher als vorher angenommen. Dies hatte zwar auf die Anzahl der eingeplanten Boxenstops keinen Einfluß, die Wagen wurden ohnehin nach jeweils 50 bis 53 Runden, also etwa nach 700 Kilometern, hereingewunken, um die Tanks zu füllen (Kraftstoffverbrauch 20 l/100 km). Aber die einzelnen Boxenaufenthalte wurden durch die zusätzlichen Reifenwechsel länger, wodurch auch der Zeitplan durcheinander geriet. So gab es am Continental-Depot bald lange Gesichter.
Auch die Bosch-Leute blieben vor einer Enttäuschung nicht verschont. Kling/Klenk hielten mit ihrem 300 SL bequem die zweite Position; vor ihnen lag ein Gordini, der kaum die gesamte Distanz durchstehen würde. Ein plötzlicher Lichtmaschinen-Defekt zwang sie aus dieser aussichtsreichen Position jedoch zur Aufgabe. Alfred Neubauer war über die Bemerkung, daß 1930 der

Mercedes von Caracciola/Werner aus dem gleichen Grund ausgeschieden war, nicht gerade sehr erfreut.
Nun lag der Talbot von Pierre Levegh an erster Stelle, bis ihn Ölverlust langsamer werden ließ und schließlich ein Pleuel riß. Helfrich und Niedermayer befanden sich knapp dahinter, aber sie mußten mit einer beschädigten Felge langsam um den ganzen Kurs bis zur Box fahren. Die Sieger hießen schließlich Hermann Lang und Fritz Riess. Der gefahrene Gesamtschnitt betrug für den Sieger 155,4 km/h, jedoch hatten fünf Ferrari und Gordini schnellere Rundenzeiten als der schnellste Mercedes erzielt; Kling war über 4:45,6 min nicht hinausgekommen. Leveghs Talbot hatte hier nicht mithalten können, dafür war der Franzose mit den Reifen schonender umgegangen.

Nach der Le Mans-Expedition wurden die Coupés in den „Operations-Saal" nach Untertürkheim zurückgebracht, wo man sie zunächst einer gründlichen Untersuchung unterzog. Als nächster Einsatz war das Sportwagenrennen auf dem Nürburgring am 2. August vorgesehen. Auf der schwierigen Strecke waren zwar nur 227 Kilometer zu absolvieren, dafür aber wurde harte Konkurrenz von Jaguar und Alfa Romeo erwartet. Für dieses Rennen brauchte man einen Wagen, der so leicht und so stark wie möglich war, wobei man diesmal auf Aerodynamik wenig Wert legte. Das Resultat war der 300 SL Roadster.
Dem allerersten Versuchs-Coupé hatte man zuerst das Dach abgeschnitten. Hierbei wurde die Dachpartie lediglich entlang der Karosserielinie abgetrennt, die unteren Türpartien blieben erhalten. Der Ausschnitt hinter den Sitzen wurde ausgefüllt, das Beifahrer-Abteil mit einem Alublech abgedeckt. Die Frontscheibe wurde ebenfalls entfernt, an ihre Stelle trat eine kleine Windschutzscheibe vor dem Lenkrad. Man entfernte bis auf die Öldruck-, Wassertemperatur- und Drehzahl-Anzeigen alle Instrumente und erhielt dadurch ein wesentlich leichteres und einfacher zu gestaltendes Armaturenbrett. Das Auspuffrohr führte nun nicht mehr am Wagenheck ins Freie, sondern ragte wie am Rekordwagen von 1936 durch das rechte Karosserie-Seitenteil. Diesen Wagen steuerte im Rennen Theo Helfrich. An dessen Le-Mans-Coupé wurden dieselben Änderungen durchgeführt, es war diesmal für Fritz Riess bestimmt. Hermann Lang fuhr wieder seinen Le-Mans-Wagen, aber auch im neuen Kleid. Karl Kling hingegen bekam einen ganz neuen Wagen, den man extra für dieses Rennen aufgebaut hatte. Dieser war mit einem Radstand von 2200 mm kürzer als die Vorgänger und konnte damit leichter und handlicher gehalten werden. Die Kühlergrill-Öffnung hatte zwar noch die gleiche Höhe wie bei den anderen Wagen, war jedoch schmaler geworden, womit man Strömungsverluste am Lufteintritt vermeiden konnte. Klings Wagen und ein weiterer 300 SL waren für die Klasse bis 8 Liter Hubraum gemeldet worden, denn hierfür hatte man einen aufgeladenen Dreiliter-Motor vorbereitet. Seine Bezeichnung lautete M 197, man hatte ihn mit einem einstufigen Roots-Kompressor versehen, der längs über dem Zylinderkopf montiert war, so daß die Rotoren praktisch übereinander lagen. Von der linken Seite wurde das Kraftstoff-Luft-Gemisch von drei Solex-Horizontalvergasern geliefert, rechts vom Lader wurde es in einem Druckrohr-Krümmer aus Aluguß in die Zylinder gedrückt. Am hinteren Ende des Krümmers befand sich wie gehabt ein Überdruckventil. Der Antrieb des Laders erfolgte über einen Stirnradsatz und eine kurze Zwischenwelle vom vorderen Ende der Nockenwelle her. Dadurch wurde der Kettenantrieb natürlich erheblichen zusätzlichen Belastungen ausgesetzt, man verstärkte ihn deshalb in den wichtigen Teilen und sorgte für eine zusätzliche Schmierung. Der Kompressor diente hauptsächlich zur Verbesserung des Gasdurchsatzes am Motor bei höeren Drehzahlen, womit man das Leistungsband erweiterte. Das maximale Drehmoment stieg dabei auf 28,8 mkg bei 4200 U/min, die Leistung belief sich nun auf 230 PS bei 6400 U/min.
Doch der offene 300 SL wußte offensichtlich mit diesen zusätzlichen 50 PS nichts anzufangen. Erstaunlicherweise waren weder Uhlenhaut noch Kling mit dem Kompressor-300 SL auf dem Ring schneller als mit dem Saugmotor-

Am Sonntagmorgen muß bei Mercedes alles wie am Schnürchen laufen. Der Wagen wird mit höchster Konzentration behandelt, denn es besteht nun die Aussicht auf einen Sieg, da Leveghs Talbot langsamer geworden ist. Tatsächlich heißen die Sieger nach 24 Stunden HermannLang/Fritz Rieß auf Mercedes 300 SL.

Wagen. Kling benötigte 10:24,8 min für eine Runde, und mit dem Kompressorwagen gar 10:25,1 min. Uhlenhaut gab dafür folgende Erklärung: „Es ist bekannt, daß bei einer normalen Schwingachse bei hohen Geschwindigkeiten in engen Kurven das kurveninnere Rad entlastet wird, so daß es zuweilen sogar von der Fahrbahn abhebt; als Grund dafür muß die erhöhte Lage des Schwingen-Drehpunkts angesehen werden." Diese Erscheinung wurde durch die vergrößerte Leistung des Ladermotors nur noch verstärkt, wodurch es schwieriger wurde, enge Kurven schnell und sauber zu durchfahren. Der dadurch entstandene Zeitverlust konnte zwar durch die bessere Beschleunigung nach den Kurven wieder wettgemacht werden, aber nicht über ein gewisses Maß hinaus. „Für die vorhandene Konstruktion reicht die Leistung des Saugmotor-300 SL gerade aus, um sie noch sicher auf den Boden zu bringen," schloß Uhlenhaut.

Auf dem Nürburgring traten schließlich alle vier 300 SL mit herkömmlichen Motoren an. Kling führte mit seinem Spezialwagen mit kurzem Chassis, bis er nach einem Leck an der Ölleitung auf seiner eigenen Ölspur ins Schleudern geriet. Er fiel auf den zweiten Platz zurück, direkt hinter ihm lagen Riess und Helfrich. Hermann Lang vervollständigte die Vierergruppe und gewann das Rennen. Das Team blieb noch eine Weile am Nürburgring und führte am Tag darauf verschiedene Testfahrten durch. Dabei bekam auch der Amerikaner John Fitch Gelegenheit zu einigen Proberunden; er hatte sich bereits in Le Mans nach den Chancen, sich dem Team anschließen zu dürfen, erkundigt. Genau an seinem 35. Geburtstag saß er nun am Steuer des Werks-300 SL: „Für einen Rennwagen war der Motor sehr gut vom Chassis isoliert, und der gedämpfte Ton machte den Eindruck, daß er – obwohl sehr deutlich und sauber im Klang – doch von weit her kam. Bemerkenswert war die Geschmeidigkeit des Motors – mehr wie ein Elektromotor als ein Hubkolben-Aggregat. Als ich ihn in den einzelnen Gängen jeweils bis an die Drehzahlgrenze von 5800 U/min ausdrehen ließ, verspürte ich ein deutliches Eintauchen des Hecks. Das Getriebe war die reinste Freude – der Schalthebel schien von selbst in die richtige Position zu fallen, wenn man ihn nur leicht anrührte."

Fitch fuhr in seiner enthusiastischen Beschreibung fort: „Ein Schatz! Trotz der ungewohnten Schwingachs-Konstruktion reagierte der Wagen recht gutmütig auf alle Kurskorrekturen. Das Bremspedal war allerdings sehr schwergängig, doch ein kurzer, heftiger Tritt genügte für eine ausreichende Verzögerung in der Südkurve. Ein Nachlassen der Bremsen war nicht zu erkennen, sie überstanden auch meine schlechteste Behandlung. Die Lenkung war leichtgängig und direkt. Wenn ein Detail charakteristisch für das Auto war, so die Lenkung und die dadurch erzielte Handlichkeit des leichten, aber sehr stabilen Fahrzeugs. Man hatte das Gefühl, daß hier alles aus einem Guß war, selbst auf der holprigen Beton-Fahrbahn, als der Wagen beim Bremsen einige Bocksprünge vollführte."

Alfred Neubauer war von John Fitchs Fahrtalent beeindruckt. Doch die Freude sollte von kurzer Dauer sein. Noch im selben Monat ließ der Vorstand der Daimler-Benz AG verlauten, daß man nun alles erreicht habe, was man sich mit den Sechszylinder-Sportwagen erhofft hatte und daß ihr Einsatz damit beendet sei. Das Hauptaugenmerk sollte nun den Vorbereitungen für das Grand-Prix-Programm gelten.

Für das am Nürburgring stattfindende Sportwagenrennen wollte man die Wagen so leicht wie möglich machen. Was lag da näher, als den 300 SL in einen Roadster zu verwandeln. Karl Kling sollte mit einer besonderen Ausführung des Wagens in der 8000-ccm-Klasse an den Start, nämlich mit dem hier zu Versuchsfahrten startenden Kompressor-300 SL (Erkennungszeichen: die Ausbeulung links auf der Motorhaube).

Einem letzten Einsatz konnte man jedoch nicht widerstehen. Der Daimler-Benz-Vertreter von Mexico City hatte sich schon seit einiger Zeit mit allem Nachdruck für eine Beteiligung bei der dritten Auflage der berühmten Carrera Panamericana, die am 19. November gestartet werden sollte, eingesetzt. Mit seiner aktiven Unterstützung waren in relativ kurzer Zeit die nötigen Vorkehrungen getroffen worden. Für die Teilnahme an diesem harten Wettbewerb, der in fünf Ganztages-Etappen über insgesamt 3130 Kilometer führte, wurde eine komplette 300 SL-Streitmacht aufgeboten. In Mexico trafen zwei 3,5-Tonnen-Lkw, 35 Mann Begleitpersonal und vier Rennwagen ein. Später meinte Neubauer, daß er im Falle einer Wiederholung dieses Einsatzes die Truppe am liebsten noch verdoppelt hätte. Karl Kling bekam wieder sein Le Mans-Coupé und seinen bewährten Beifahrer Hans Klenk; dieser Wagen hatte als einziger aus der zweiten Serie sein Dach behalten dürfen. Ein weiteres Coupé stand für Hermann Lang und seinen Mechaniker Erwin Grupp bereit. Man hatte diesen Wagen neu aufgebaut, wobei aber einige Teile aus Caracciolas Unfallwagen von Bern Verwendung fanden. An beiden Fahrzeugen war der Auspuff nun durch die rechte Kotflügelseite verlegt, und die 4 mm starken Plexiglas-Scheiben wurden mit neuen Gummis mit einer Chromleiste eingesetzt.

Die anderen beiden Mannschaften sollten offene Wagen steuern. Man hatte

diese mit einer über die Gesamtbreite reichenden Windschutzscheibe versehen sowie mit Haltegriffen für den Copiloten. John Fitch saß in Riess' Nürburgring-Auto und wurde von Eugen Geiger begleitet. Der vierte Wagen schließlich – es handelte sich um Langs Le Mans- und Nürburgring-Sieger – war zum Ersatz-Fahrzeug degradiert worden; der Journalist Günter Molter begleitete damit das Team auf den einzelnen Etappen.
Im Gegensatz zu den vorher bestrittenen Rennen gab es in Mexiko keine eigene Dreiliter-Kategorie. Dies hatte man bei Daimler-Benz genutzt und Zylinderblöcke präpariert, die man auf etwas mehr als 86 mm aufbohrte (das größtmögliche Maß), um einen Hubraum von 3,1 Litern zu erhalten. Mit den drei unveränderten Solex-Vergasern ließ sich dadurch eine spürbare Leistungsanhebung erreichen: 177 PS bei 5200 U/min mit einem maximalen Drehmoment von 26,4 mkg bei 4200 U/min.

Links: Nürburgring, Südkehre. Vier 300 SL-Roadster führen das Feld an (Kling, Lang, Rieß, Helfrich). Hermann Lang war schließlich der überglückliche Sieger des Rennens.

Es war Continental nicht möglich gewesen, in der zur Verfügung stehenden kurzen Zeit spezielle Reifen bereitzustellen. Auch konnte man in diesem Fall nicht auf vorhandene Erfahrungen zurückgreifen. So lieferte man 300 neue Serienreifen mit, einige mit dem dicken „Nürburgring-Profil" für kurvige, reifenmordende Strecken, die man in den Anfangsphasen des Rennens einsetzen wollte. Zur weiteren Auswahl stand das „Avus-Profil", das mit einer dünnen Protektor-Schicht besser für hohe Geschwindigkeiten geeignet war. Mit letzteren lag man genau richtig, die anderen Reifen hingegen sollten sich als verhängnisvoll erweisen...
In Mexiko war eine vielfältige und starke Konkurrenz am Start. Ferrari hatte drei neue 4,1 Liter Coupés entstandt, die von den besten Werksfahrern gebändigt wurden. Die flinken Gordini waren ebenfalls angetreten, Giovanni Bracco hatte eine neue Version seines immens erfolgreichen Dreiliter Ferrari-Coupés mitgebracht. Er sollte in Mexiko ähnliche Erfolge wie zuhause in Italien feiern können. Alfred Neubauer entschloß sich, Bracco und die anderen Ferrari-Teams auf den ersten drei Etappen bis Mexico City nicht in Zweikämpfe zu verwickeln, den Mercedes-Hauptangriff wollte er erst in den fünf Schluß-Etappen inszenieren. Doch schon auf dem ersten Streckenabschnitt von Tuxtla Gutierrez nach Oaxaca warteten die ersten Probleme für die Daimler-Benz-Equipe. Hermann Lang lief ein Hund in die Fahrbahn, wobei das Frontblech unterhalb des Kühlergrills arg in Mitleidenschaft gezo-

Unten: Fritz Rieß und Theo Helfrich kämpfen um Platz drei.

Oben: Hermann Lang beim Start zur Etappe Mexico City – Léon bei der Carrera Panamericana in Mexiko 1952; er wurde hinter Karl Kling Zweiter.

Rechts: Kling beim Boxenstop nach der Kollision mit dem Geier. Rechts am Wagen Kling, dahinter Klenk.

gen wurde und er gezwungen war, die Lenkung zu überprüfen. Karl Kling hatte 5400 Touren auf dem Drehzahlmesser und raste mit etwa 220 Stundenkilometern dahin, als ein Geier auf den Wagen zuflog, auf die Frontscheibe prallte, sie durchschlug und im Inneren des Wagens zerfetzt liegen blieb. Kling war schon etwas geschockt über diesen Vorfall: „Es tat einen Schlag, als ob eine Granate explodiert wäre." Sowohl Fitch als auch Kling hatten, bevor sie an das nächste Reifendepot kamen, mehrmals an der Strecke mit Schäden an der Bereifung anhalten müssen und Ersatzreifen aufgezogen. Kling war gar dreimal zu einem Stop gezwungen gewesen und lag doch am Ende dieser Etappe noch auf Rang Drei. Die beiden anderen Mercedes liefen, an siebenter und achter Stelle, liegend in das Tagesziel ein.
Von diesem Zeitpunkt an lief es immer besser für Mercedes. In Mexiko City lagen alle drei 300 SL direkt hinter dem großartig auftrumpfenden Bracco. In der dortigen Werkstatt von Prat Motors versah man die beiden Coupés mit der längeren Endübersetzung, wie sie in Fitchs Roadster schon von Beginn an Verwendung gefunden hatte. Das Rennen wurde schließlich auf der siebten Etappe entschieden. Bracco mußte mit einem beschädigten Differential aufgeben und Fitch/Geiger nahmen eine Korrektur an der Vorderachs-Spur unter Inanspruchnahme fremder Hilfe vor, wodurch sie sich die Disqualifikation einhandelten. Kling bewältigte den Rest der Strecke mit derart hohen Durchschnittsgeschwindigkeiten, daß Neubauer sich wünschte, er könnte ihm von einem Flugzeug aus signalisieren, die Geschwindigkeit zurückzunehmen. Doch es war fast aussichtslos, den rasenden silbernen Wagen mit der Nummer Vier auf dem Dach zu fassen zu kriegen. Klings Gesamtschnitt errechnete man im Ziel mit 164,7 km/h, der Zweitplazierte – Hermann Lang – war auf 159,7 km/h gekommen. Luigi Chinetti lief mit seinem Ferrari auf Rang Drei ein, sein Schnitt betrug 158,9 km/h. Das Team aus Deutschland hatte gegen alle Widrigkeiten auf ungewohntem Boden fern der Heimat einen vielbewunderten Erfolg errungen. Es war zugleich der bisher einzige Sieg einer Daimler-Benz-Werksmannschaft in der Neuen Welt.
John Fitch schrieb später darüber: „Die Wagen sahen ziemlich zerschunden aus. Die andauernd einwirkenden Sandkörnchen hatten die Lackierung an den meisten Stellen bis aufs blanke Metall abgeschliffen. Die Karosserie war durch Steinschläge zerbeult, aufgeprallte Vögel hatten ebenfalls deutliche Spuren hinterlassen. Und auch die abgeschleuderten Reifen-Protektoren hatten Schäden an der Aluminiumhaut markiert." Die Wagen hatten in den kommenden Monaten noch weitere Aufgaben zu erfüllen, ihre Einsatztage waren dennoch gezählt.

„Bei einer Vollgas-Beschleunigung aus den unebenen Haarnadelkurven stampfte der Wagen so fürchterlich, daß ich mich fragte, wie die Getrieberäder, die Wellen und Kardangelenke das überstehen würden. Meine anfängliche Verwunderung und das mitleidige Lächeln wichen jedoch bald einem gewissen Stolz über unsere Fahrzeuge, diese Gebilde aus den auf den Einsatzzweck abgestimmten Materialien, die in der Lage waren, uns mit erstaunlichen Geschwindigkeiten durch die wilde Landschaft zu tragen."
John Fitch

Traumwagen 300 SL

Die berühmte italienische Langstreckenprüfung, die Mille Miglia, war im Jahre 1955 eine reine Mercedes-Benz-Angelegenheit. Der neue Achtzylinder 300 SLR hatte dort gleich bei seinem ersten Auftreten einen Doppelsieg erringen können. Das ganze Interesse galt Stirling Moss, dem Sieger, und seinem Beifahrer Denis Jenkinson, natürlich auch dem Zweitplazierten – Juan Manuel Fangio. In diesem bemerkenswerten Jahr landete ein weiterer Mercedes auf dem fünften Rang, jedoch keiner der speziellen 300 SLR, sondern ein 300 SL Coupé aus der Serienfertigung. Es hatte für die 1585 Kilometer nur drei Minuten mehr als Alberto Ascari auf Lancia, der Sieger aus dem Vorjahr, benötigt. Der Wagen war von John Fitch gesteuert worden und belegte in der Wertung der GT-Klasse den ersten Rang. Zweiter in dieser Klasse wurde Olivier Gendebien, ebenfalls auf einem 300 SL Coupé. Bei beiden Fahrzeugen handelte es sich um reine Serienwagen, wie sie jeder begüterte Enthusiast bei Daimler-Benz kaufen konnte. Fitchs Klassenbestzeit betrug 11:29:21. Karl Kling hatte 1952 mit dem bestplazierten 300 SL unter wesentlich schlechteren Wetterverhältnissen, jedoch auch auf einer kürzeren Streckenführung, 45 Minuten länger gebraucht. Dies ist indessen kein stichhaltiger Beweis dafür, daß der 300 SL aus der Serienfertigung ein besseres Wettbewerbsfahrzeug als sein Vorgänger darstellte, der im Grunde als reines Renn-Instrument konzipiert war. Es läßt sich daraus vielmehr erkennen, daß man bei Daimler-Benz auf gar keinen Fall die Anforderungen an die Leistungsfähigkeit und Zuverlässigkeit bei der Konstruktion der Serienversion zurückschraubte. Der 300 SL stand somit in der besten Tradition des Hauses, er wurde sozusagen zum Nachfahren des SSK.

Bemerkenswert war die Tatsache, daß die Serienversion des 300 SL über die leistungsgesteigerte Maschine des für 1953 vorgesehenen Rennsportwagens verfügte. Diese zweite Ausführung des Wettbewerbs-300 SL war indessen nie realisiert worden. Im August 1952 hatte man beschlossen, die Sportaktivitäten nach der Saison einzustellen, doch im November wurde diese Entscheidung wieder aufgehoben. Man entwarf einen verbesserten 300 SL für die wichtigsten Rennen der Saison 1953. Die Spur des Wagens sollte verringert und damit eine schlankere Karosserie geschaffen werden, womit man die Stirnfläche um 9 Prozent hätte verkleinern können. Die Konstruktion der Hinterachse sollte mit abgesenkten Anlenkpunkten und direkt zu den Radnaben reichenden Schwingarmen abgeändert werden. Es wurde auch an die Verwendung von 16-Zoll-Rädern gedacht, und das gesamte Fahrzeug sollte erneut leichter gemacht werden. Die Verbesserungen an der Hinterachse sollte es dem 300 SL ermöglichen, mehr Leistung sicher auf den Boden zu bringen, man wollte auf diese Weise die diesbezüglichen Probleme am 1952er Auto beheben.

Bereits während der Saison hatte man am Motor eine weitere Leistungssteigerung vollziehen können, die Resultate hatten jedoch bei den Einsatzfahrzeugen noch keine Anwendung gefunden. Mit der Verwendung von Weber-Doppel-Horizontalvergasern war man auf einen spürbaren Leistungszuwachs gekommen: 186 PS bei 5800 U/min und 26,4 mkg bei 4200 U/min. Erneut verbesserte Resultate ließen sich durch die Kombination mit einem neuen Zylinderkopf erzielen, bei dem man Kanäle und Ventile vergrößert hatte. Einlaßseitig hatte man den Durchmesser der Ventilteller auf 49 mm und die Kanäle von 42 auf 44 mm erweitert. Die Auslaßkanäle waren mit 36 mm Durchmesser unverändert geblieben, man hatte jedoch hier größere Ventile mit 42,1 mm vorgesehen. Damit leistete der Sechszylinder nunmehr 201 PS und wies ein maximales Drehmoment von 27,8 mkg auf.

Die italienischen Weber-Vergaser stellten 1952 den neuesten und wirkungsvollsten Weg zur Gemischaufbereitung an einem kompressorlosen Sportmotor dar. Daimler-Benz sollte es jedoch gelingen, noch mehr Pferdestärken aus dem Dreiliter-Sechszylinder herauszuholen. Hierfür wendete man ein neues, von Daimler-Benz entwickeltes Ansaugsystem an: die direkte Benzin-Einspritzung.

Bei der Einführung der Einspritzung an Benzinmotoren spielte Daimler-Benz dieselbe führende Rolle, die man eine Generation zuvor bei der Anwendung der Kompressor-Aufladung innehatte. Wie schon damals, stammte das Prinzip aus dem Flugmotorenbau, und wieder hatte ein Weltkrieg den Anlaß zu einer rasanten Weiterentwicklung auf diesem Gebiet gegeben. Bevor das Konzept im Serienbau Anwendung finden konnte, wurde es ausgiebig im Renneinsatz getestet.

Schon im Herbst 1934 hatte man sich bei Daimler-Benz Gedanken über eine Vorrichtung zur direkten Einspritzung des Verbrennungs-Gemischs gemacht, die Anregung dazu stammte aus dem Reichs-Luftfahrt-Ministerium. Man hatte den Stuttgarter Technikern die vielversprechenden Ergebnisse einiger Versuchsreihen der Deutschen Luftfahrt-Forschungsgesellschaft in Berlin-Adlershof zur Verfügung gestellt. Dort hatten K. Schnauffer und seine Mitarbeiter bereits 1930 zusammen mit Ingenieuren der Robert Bosch GmbH an Prüf-Einzylindern gearbeitet; später war man dann auf einen Sechszylinder-Flugmotor übergegangen. Die Versuche mit umgebauten Diesel-Einspritzpumpen hatten ansehnliche Verbesserungen sowohl in der Leistungsausbeute als auch in der Wirtschaftlichkeit der Motoren erbracht.

In Untertürkheim wurden die Versuche mit dem Prüf-Einzylinder des DB 600 V12 aufgenommen, dieser hatte einen Hubraum von 2820 ccm (der Vollmotor 33 840 ccm). Die gewonnen Erkenntnisse wandte man beim Bau des DB 601 im Jahre 1935 an. Dort war an jedem Zylinder eine Einspritzdüse angebracht, die den Kraftstoff direkt auf den Kolbenboden spritzte, und zwar in einem bestimmten Winkel zur einströmenden Ansaugluft. Der damalige

Entwicklungs-Ingenieur Hans Scherenberg sagte dazu: „In den nächsten Jahren wurde die Leistungsbaute in verschiedenen Sprüngen erhöht. Man arbeitete dabei mit hohen Ladedrücken und ging dazu über, Methanol von vorne in den Lader einzuspritzen.“ Als 1937 der DB 601 für die Serienfertigung vorbereitet wurde, nahm der Daimler-Benz-Forschungs-Ingenieur Dr. Maruhn seine Versuche mit der Direkteinspritzung an einem anderen Prüf-Einzylinder auf. Dieser 420-ccm-Prüfstandsmotor (78 × 88 mm) war 1933 entstanden, um das Konzept des 1934er Grand-Prix-Achtzylinders zu erproben, er trug deshalb die Bezeichnung Mv 25. Man reaktivierte ihn nun, um verschiedene Einspritzdüsen-Anordnungen für den Dreiliter V12 der Saison 1938 auszuprobieren. Die Anstrengungen Maruhns wurden durch das Alter dieses Testobjekts und demzufolge mangelnden Zuverlässigkeit behindert, außerdem ließ sich der Einzylinder kaum auf die hohen Drehzahlen bringen, die man für den M 154 benötigt hatte. Doch die Forschungsarbeit wurde fortgeführt, Maruhn verwendete Einspritzdüsen sowohl von Bosch als von L'Orange und probierte auch die paarweise Verwendung pro Zylindereinheit. Da kein passender Kompressor für den Prüfmotor zur Verfügung stand, gab man diese Versuche Anfang 1938 auf und Maruhn konzentrierte sich fortan auf die Entwicklung einer Einspritzanlage für unaufgeladene Motoren.

Ein wichtiger Punkt bei der Erprobung des Einspritzsystems war die Verlagerung der Strahlrichtung weg von der Zündkerze. Maruhn fand heraus, daß man bei einem zu geringen Abstand einen niedrigeren Kerzen-Wärmewert

Alle Versionen des 300 SL-Coupés auf einen Blick: Ganz rechts die Ursprungsausführung 1952 als Sportwagen, daneben der Prototyp für die Saison 1953, dann der Serienwagen des Jahres 1954 und ganz links der 300 SLR 1955, eine Sonderausführung des Achtzylinder-Sportroadsters.

Links: Dieser Wagen (Chassisnummer 11) mit 16-Zoll-Reifen und seitlichen Lufteinlässen sollte für die Saison 1953 erstmals Benzindirekteinspritzung sowie ein mit dem Differential verblocktes Getriebe erhalten. Doch diese Arbeiten wurden zugunsten des W 196 für 1954 zurückgestellt.

Unten: 300 SL in Serienausführung. Der Wagen wurde bei seiner Vorstellung als Sensation betrachtet, denn gegenüber der Rennausführung hatte man kaum Kompromisse geschlossen. Die Kombination von Flügeltüren, Gitterrohrrahmen und Benzineinspritzung war ohne Beispiel.

Unten: Der Traumwagen 1954 bis heute – 215 PS stark und 250 Stundenkilometer schnell!

Für die Prüfstandsläufe hatte man eine 50:50-Mixtur aus Benzol- und Alkohol-Gemisch verwendet (XM + WW).
Da Maruhns Tests bis Mitte 1938 noch keine konkurrenzfähigen Leistungsdaten erbracht hatten, lehnte man die Verwendung einer Einspritzanlage am M 154 ab, ebenso wurde das Projekt eines unaufgeladenen Rennmotors ad acta gelegt. Das Thema Benzineinspritzung sollte jedoch im Verlauf des Jahres 1938 noch einige Male zur Sprache kommen. Im April wies Ing. Heinrich von der Firma Bosch eindringlich darauf hin, daß Fahrversuche mit einem in einen Rennwagen eingebauten Einspritzmotor unerläßlich seien und diese auf jeden Fall noch in diesem Sommer durchgeführt werden sollten. Man wollte sich Klarheit darüber verschaffen, ob es in der Pumpe zur Bildung von Dampfblasen kommen würde, die dann wahrscheinlich von den wesentlich höheren Motortemperaturen hervorgerufen worden wären. Daß es sich dabei um ein sehr dringliches Anliegen gehandelt hatte, ließ sich erkennen, als die beiden Bosch-Techniker Heinrich und Lippart verlauten ließen, daß sie nun in der Lage seien, eine Pumpe mit einem Drehzahlbereich bis 10 000 U/min für den M 165 bereitzustellen, falls man sich zur Verwendung einer Einspritzanlage an diesem 1,5-Liter-Motor entschließen sollte.
Die einzige Gelegenheit, bei der Daimler-Benz bereits vor dem Krieg der Verwendung einer Benzineinspritzung an einem Wettbewerbsfahrzeug zugestimmt hatte, war das Weltrekordwagen-Projekt T 80. Nach 1945 vollzog sich die weitere Entwicklung auf diesem Gebiet erst einmal in Bereichen von wesentlich geringeren Geschwindigkeiten. An dem seitengesteuerten Vierzylinder des 170 V wurden 1946 die Versuche mit der Benzineinspritzung wieder aufgenommen. Der vormalige Daimler-Benz Entwicklungsingenieur Hans Scherenberg wurde kurze Zeit später Chefingenieur bei der kleinen Firma Gutbrod in Plochingen. Dort brachte er in Zusammenarbeit mit Bosch die Benzineinspritzung im kleinen Gutbrod-Zweitaktmotor zur Serienreife. Sche-

Oben: Cockpit im Serien-300 SL. Zur Erleichterung des ohnehin nicht ganz einfachen Einstiegs konnte das Lenkrad nach unten geklappt werden.

Rechts: Ein 300 SL ohne Karosserie. Hier ist die Konstruktion des aus dünnen Stahlrohren zusammengeschweißten Gitterrohrrahmens sehr gut zu sehen.

wählen mußte, um einen sauberen Motorlauf zu erhalten. Diese Kerzen waren jedoch nicht für höhere Drehzahlbereiche zu verwenden. Eine Düse auf der Auslaßseite des Zylinders erwies sich als völlig ausreichend, die zweite auf der gegenüberliegenden Seite konnte weggelassen werden. Im Laufe der Versuchsreihen wurde auch die Länge des Saugrohres variiert, denn man wollte ein möglichst günstiges Drehmoment im mittleren Drehzahlbereich erzielen. Maruhn arbeitete mit jeweils drei verschiedenen Verdichtungsstufen, wobei sich mit verhältnismäßig hohen Werten kein großer Leistungszuwachs mehr erreichen ließ:

Verdichtungsverhältnis	mittlerer Kolbendruck	Literleistung
6,7:1	8,8 at bei 4100 U/min	49 PS bei 5550 U/min
8,3:1	11,3 at bei 4100 U/min	66 PS bei 5800 U/min
12,1:1	12,0 at bei 4150 U/min	68 PS bei 5800 U/min

renberg kehrte 1952 nach Untertürkheim zurück, wo er nun zum Direktor der zentralen Konstruktionsabteilung ernannt wurde.

Vor der endgültigen Anwendung einer Einspritzanlage am 300 SL unter der Leitung Fritz Nallingers hatte man bei Daimler-Benz also bereits breite Erkenntnisse auf diesem Gebiet gewonnen, man war bis zu diesem Zeitpunkt sogar ohne jede Konkurrenz geblieben. Heinz Lamm, der Ende 1951 den M 165 wieder zum Laufen gebracht hatte, leitete die Weiterentwicklung des 300 SL-Motors und seiner fortschrittlichen Variante, dem M 198 mit Benzineinspritzung. Die Unterbringung der Einspritzdüsen erwies sich als nicht allzu schwierig, denn durch die unterschiedlichen Zündkerzen-Positionen an den 300er-Motoren standen beim geneigt eingebauten 300 SL die früheren Kerzengewinde am Zylinderblock auf der unteren (linken) Seite zur Verfügung. Von dort aus wurde der Kraftstoff von der heißeren Seite der Brennkammer zur kühleren gespritzt, er kreuzte bei geöffnetem Ventil genau den Einlaßkanal und somit den Strom der Ansaugluft. Mit dieser Direkteinspritzung leistete der erste Versuchsmotor 1952 208 PS bei 5700 U/min und gab ein maximales Drehmoment von 28,4 mkg bei 4500 U/min ab, dieser Wert entsprach dabei ziemlich genau den Resultaten bei Kompressor-Betrieb. Bei Verwendung des zweiten Zylinderkopfs mit größeren Ventilen erzielte man dann 214 PS, womit in der Tat beträchtliche Verbesserungen für den Einsatz in den Renn-Coupés der Saison 1953 erzielt wurden.

An den Wagen für die neue Saison hatte man noch einige weitere Modifikationen vorgenommen. Im Windkanal konnte ermittelt werden, daß die Umleitung der Kühler-Abluft an das Wagenheck den Luftwiderstands-Beiwert um 20 Prozent verschlechterte. Man brachte deshalb an den Kotflügelseiten neue Luftschlitze an, durch die die warme Luft in eine Zone geringeren Drucks strömen konnte und der c_w-Wert nur um 5 Prozent beeinfluß wurde. Diese Änderung wurde zuerst an Karl Klings Le Mans/Mexiko-Wagen erprobt. Man befaßte sich außerdem erneut mit Maßnahmen zur Gewichtseinsparung. Die 300 SL-Rennwagen für die Saison 1953 wurden mit einer Karosserie aus Magnesium-Blech, mit einfacheren und dadurch leichteren Benzintanks sowie mit einem Getriebegehäuse und einem Zylinderblock aus Leichtmetall versehen. Zur Verbesserung der Bodenhaftung der Antriebsräder sollte noch mehr Gewicht auf die Hinterachse verlegt werden. Uhlenhauts erster Vorschlag hierzu war die Verkürzung des Radstands auf 2300 mm, er wollte Batterie und Öltank ins Heck verlegen und auch das Getriebe an die Hinterachse montieren. Dieses wurde mit einer Halteplatte aus Magnesium am Eingang des Differentials angeflanscht. Die Aufhängungspunkte der Schwingachskonstruktion wurden niedriger angeordnet und die Schwingarme direkt auf die Radnaben geführt. Die Anordnung ähnelte jener in der 180er Limousine, sie war jedoch schon erfolgreich an einem Renn-300 SL ausprobiert worden. Darüber hinaus dachte Uhlenhaut an eine Verwendung von 16-Zoll-Rädern, Verbesserung der Stoßdämpfer und an die Aufnahme von Versuchen mit Lockheed-Scheibenbremsen aus England. Er sagte: „Ich bin fest davon überzeugt, daß ein Sportwagen in dieser Ausführung 1953 gute Erfolgsaussichten haben dürfte.“ Man schrieb den 1. Dezember 1952, als es immer noch so aussah, als ob diese Wagen im kommenden Jahr zum Einsatz gelangen würden. Doch diese Pläne sollten nie Realität werden; das Programm wurde abgesagt. Die Entwicklung am 300 SL sollte zwar weiterlaufen, wurde jedoch verlangsamt und in eine andere Richtung gelenkt.

Im Jahre 1952 war Max Hoffman in New York zum ofiziellen US-Importeur für die Automobile der Marke Mercedes ernannt worden. Hoffmann interessierte sich für die Modelle 300, 180 und den in Vorbereitung befindlichen 220er, doch sein Hauptaugenmerk galt dem 300 SL. Für das Werk stellte dieses Auto nichts weiter als eine Art „Notbehelf“ dar. Es hatte die Möglichkeit zur Rückkehr ins Sportgeschehen aufgezeigt und war damit der Wegbereiter für zukünftige größere Aktivitäten in Gestalt des Grand-Prix-Wagens für die Saison 1954. Doch Hoffman sah das ganz anders. Er war der Meinung, daß Daimler-Benz mit viel Erfolg eine Straßenausführung des 300 SL verkaufen könnte und außerdem einen kleineren Sportwagen – den späteren 190 SL – auf den Markt bringen sollte. Er bekräftigte seine Ansichten mit einem Lieferauftrag über 1000 Exemplare des 300 SL, der sofort nach der Fertigstellung der Serienversion ausgeführt werden sollte. Bei Daimler-Benz war man – wie gewöhnlich – mit den verschiedensten Konstruktions- und Entwicklungsvorhaben völlig eingedeckt, doch man wollte die Herausforderung des neuen Konsul Jellinek annehmen. Im Januar 1954 stand der erste Prototyp des Serien-300 SL bereit.

Im Verlauf des Jahres 1953 hatte man Langs Mexiko-Coupé weitgehend umgestaltet und modifiziert, es diente als Versuchswagen für die Serien-Version. Man dachte dabei auch wieder an einen Wettberwerbswagen, falls diesbezüglich für 1954 eine Entscheidung fallen würde. Hinter den Radkästen wurden senkrechte Lüftungsschlitze angebracht, um die heiße Luft aus dem Motorraum abzuführen. Das Auspuff-Endstück ragte unter diesen Öffnungen an der rechten Seite ins Freie. Auch in den hinteren Kotflügeln fanden sich Lüftungsschlitze. Vor der Windschutzscheibe wurde ein Lufteinlaß für die Heizung und Belüftung des Innenraumes angebracht, die Ventilationsöffnungen im Dach über dem Heckfenster blieben nun im Gegensatz zu den früheren Klappenmechanismen stets geöffnet. Die Radkästen wurden vergrößert und die hinteren Kotflügel etwas mehr nach oben gewölbt, um damit Platz für die 16-Zoll-Räder und -Reifen zu schaffen. Die Bereifung stammte nun von Englebert, die 15-Zoll-Pneus hatte Continental geliefert. Die Rückleuchten wurden mit ihrem Gehäuse an die Rundungen des Wagenhecks angepaßt und an der neugestalteten Frontpartie fanden kleinere Scheinwerfer Platz. Eine flachere Motorhaube senkte sich nurmehr leicht nach vorne ab, das Frontblech zierte ein wesentlich größerer und eckig gewordener Grill. Dieser entsprach jedoch nur ungefähr der späteren, endgültigen Ausführung. Auf der Haube tauchten die charakteristischen länglichen Ausbuchtungen auf, unter denen sich der Ventildeckel sowie die Luftkammer der Einspritzanlage befanden. An diesem Wagen wurde auch erstmals ein neues Armaturenbrett verwendet, bei dem die beiden Hauptinstrumente von einer gemeinsamen Blende abgedeckt wurden und die Zeituhr eleganter in die Oberflächenform integriert war.

Die abschließenden Arbeiten an der Benzineinspritzung verliefen parallel zur Fertigstellung des Wagens. An dem Prototypen von 1953 wurde ein zusammengeschweißtes Aluminium-Ansaugrohrsystem verwendet, bei dem jeder Zylinder von einem einzelnen Ansaugrohr aus der gemeinsamen Luftkammer versorgt wurde. Die Luft trat auf der Vorderseite dieser Kammer durch ein Schieberventil ein, sie gelangte von einer Öffnung am Kühler hierher. Ein poliertes Trennblech aus Aluminium schirmte die Einlaßkrümmer von den Auspuffrohren ab, damit sie nicht zu heiß werden konnten; dadurch hätte die Dichte der Ansaugluft abgenommen, was einen Leistungsabfall des Motors zur Folge gehabt hätte.

Im Herbst 1953 wurde der umgebaute Wagen auf verschiedenen Strecken probegefahren. Bei Fahrversuchen für den bevorstehenden Grand-Prix-Einsatz verbesserte der 25jährige Team-Neuling Hans Herrmann mit einem 300 SL den bestehenden Rundenrekord für Motorräder auf der Solitude bei Stuttgart. In Monza lud man Juan Manuel Fangio, den Neubauer schon seit geraumer Zeit für sein 1954er Grand-Prix-Team zu gewinnen versuchte, zu einigen Proberunden im Coupé ein. Er erreichte dabei einen Rundenschnitt von 177,9 km/h, womit er zwar sehr schnell, aber nicht besser als die neuesten Dreiliter-Ferrari und Lancia war.

Ende November begannen die Überlegungen zu den Einsätzen bei der Mille Miglia, in Le Mans und der Carrera 1954, dabei sollten zuerst die Einspritzer-300 SL und später die Sportwagen-Versionen des Grand-Prix-Wagens an den Start gebracht werden. Doch Ende März 1954 wurden all diese Pläne zugunsten einer vollen Grand-Prix-Beteiligung fallengelassen. Zu jener Zeit waren die Sportwagen-Liebhaber rund um die Erde damit beschäftigt, Geldbeutel und Bankkonto einer genaueren Prüfung zu unterziehen, ob sie sich den begehrtesten Sportwagen des Jahrzehnts leisten konnten: den soeben angekündigten Serien-300 SL. Die Vorstellung geriet zu einer großen Überraschung. Die Weltpremiere des 300 SL und auch zugleich des 190 SL erfolgte auf der International Motor Sports Show, die vom 6. bis 14. Februar 1954 in New York stattfand. Die Bedeutung des Exportmarktes USA – gerade für diese Fahrzeuge – konnte nicht deutlich genug hervorgehoben werden, und so bot dieser Anlaß die beste Gelegenheit, die neuen Modelle vorzustellen. Es handelte sich indessen hierbei noch nicht um die endgültige Ausführung der Wagen, besonders an dem silbernen Flügeltüren-Coupé blieb noch einiges zu tun, bevor im Sommer 1954 die Produktion aufgenommen werden konnte.

Der in New York gezeigte 300 SL war auch auf den ersten Daimler-Benz-Pressefotos und Prospekten abgebildet. Er war gegenüber den Wettbewerbswagen einigen drastischen Änderungen unterzogen worden, ein Verdienst Karl Wilferts und seiner Karosserie-Spezialisten im Sindelfinger Werk. Es waren nur das Dach, die Fenster-Umrisse und die Grundgestalt des Heckteils unverändert geblieben. Der untere Türausschnitt war weiter nach vorne gezogen worden, das sah besser aus und ermöglichte auch einen leichteren Einstieg. Am ersten Wagen fand man einen Türöffner mit einer Vertiefung für den Fingerhebel, in der zweiten Version gab es einen Druckknopf und im Produktionsstadium verwendete man einen Ausklapphebel. Ein klappbarer Einsatz in den Seitenscheiben ermöglichte beim ersten Wagen einen Frischluftdurchsatz, bei den Serienmodellen gab es statt dessen vorne in den Türen kleine Ausstellfenster, außerdem waren die Seitenscheiben leicht herausnehmbar gestaltet. Am Ausstellungsfahrzeug wurden die Türen mit einer Strebe offengehalten, in der Serie verwendete man federbelastete Scharniere.

Die Innenausstattung war noch nicht bis ins Detail festgelegt. Es gab ein Dreispeichen-Lenkrad wie beim Porsche, und die Anzeigeinstrumente befanden sich in einer ovalen Konsole in der Mitte des Armaturenbretts. Die Schalter waren nebeneinander aufgereiht. Man führte schließlich ein verstellbares Zweispeichen-Lenkrad ein, das den Einstieg in den Wagen erleichtern sollte.

Der Prototyp und auch die ersten 55 Serienwagen besaßen noch den langen abgewinkelten Schalthebel, der unter dem Armaturenbrett herausragte. Anfang 1955 wurde dieser durch ein nach hinten verlegtes Gestänge ersetzt, das die Verwendung eines kurzen, geraden Schaltknüppels auf dem Kardantunnel erlaubte.

Der Gepäckraum war arg begrenzt, es stand hier nur das schmale Abteil hinter den Sitzen zu Verfügung, denn das Wagenheck war fast vollständig vom Reserverad, den Gehäusen der Benzinpumpe und des Einfüllstutzens sowie vom Kraftstofftank in Beschlag genommen. Dieser Behälter war mit einem Fassungsvermögen von 130 Liter sicherlich einer der größten jemals in einem Serienwagen verwendeten Benzintanks.

Die meisten Änderungen, vor allem formaler Art, wurden an der Wagenfront durchgeführt. Die Kotflügel wurden stärker betont, der Kühlergrill harmonischer in das Frontblech mit einbezogen. Das Markenzeichen des dreigezackten Mercedes-Sterns fand sich in der Mitte einer Querleiste; diese Form hatte man für den 1953er Wagen entwickelt, und es sollte das charakteristische Gesicht aller folgenden Mercedes-Sportwagen werden. Spritzschutzkanten wurden über die Radkästen gesetzt und harmonisch mit den seitlichen Lüftungsschlitzen in Einklang gebracht. Die meisten Karosserieteile wurden aus Stahlblech gefertigt, die Motor- und „Kofferraum“-Hauben sowie die Türen bestanden jedoch zumeist aus Aluminium. Und von den insgesamt 1400 produzierten 300 SL Coupés hatte man 29 sogar mit einer vollständigen Alu-Karosserie versehen. Diese Wagen stellten Sonderanfertigungen für wohlhabende Enthusiasten und am Sporteinsatz interessierte Kunden dar. Damit ließen sich 80 kg einsparen. Das Trockengewicht der Standard-Version belief sich auf 1260 kg, mit vollem Tank waren es etwa 1310 kg. Dabei lasteten auf den Hinterrädern 51 bis 52 Prozent des Gewichts.

Am Serien-300 SL wurde die Fahrgestell-Konstruktion des Rennwagens beibehalten, auch der Radstand blieb mit 2400 mm unverändert. Die Spurbreiten wurden gegenüber der Ausführung 1952 geringfügig verändert und auf 1240 mm vorne sowie 1435 mm hinten festgelegt. Der Rohrrahmen nahm etwas im Gewicht zu, denn einmal wurde er für die Serienfertigung etwas anders gestaltet und zum anderen fügte man insbesondere am Heck noch einige zusätzliche Rohre und Verstärkungen zur Aufnahme weiterer Ausrüstungsteile an. Das Rohrgerüst wog schließlich 82 kg. Die äußerst präzise Kugelumlauf-Lenkung der 300er-Limousine wurde auch weiterhin beibehalten; sie wirkte auf eine dreigeteilte Spurstangen-Anordnung und benötigte von Anschlag zu Anschlag nur zwei Lenkradumdrehungen. Die ersten 151 Wagen wiesen noch eine ZF-Schneckenlenkung auf. Ein Schlagen der Lenkung wurde durch einen hydraulischen Stoßdämpfer auf dem Mittelteil der Spurstangen-Konstruktion unterbunden.

Über das Fahrverhalten äußerte sich der Daimler-Benz-Ingenieur K. Müller folgendermaßen: „Wie es sich bei den Erfahrungen aus den Renneinsätzen schon oft gezeigt hat, läßt sich ein leicht übersteuerndes Fahrzeug leichter unter Kontrolle bringen als eines, das zum Untersteuern neigt. Bei letzterem werden die Vorderräder aus der Spur getragen, was in schnell gefahrenen Kurven zu wesentlich größeren Problemen führt. Durch die Verwendung einer Schwingachse und durch die Abstimmung der Federung zwischen Vorder- und Hinterachse sowie die Verwendung eines Querstabilisators an der Vorderachse kann man die Unter- oder Übersteuerneigung sehr deutlich beeinflussen. Beim 300 SL wurde hier in derselben Weise wie bei den Rennwagen vorgegangen, das heißt, man legte ihn als leichten Übersteuerer aus.“

Für den Wettbewerbseinsatz konnte man den Wagen mit härteren Federn an allen vier Rädern und mit straffer abgestimmten Stoßdämpfern bestellen. Eine dritte Variante in der Fahrwerksabstimmung gehörte zur Spezialausführung mit Alu-Karosse.

Bei seiner Vorstellung in New York war der 300 SL mit Dunlop-Racing-Pneus bereift, doch im Jahre 1954 machte sich Continental gemeinsam mit Daimler-Benz an die Entwicklung passender Reifen für diesen äußerst schnellen Straßensportwagen. Sowohl bei feuchter als auch bei trockener Witterung wurden auf der Autobahn Testfahrten durchgeführt, das Profil der Reifen war dabei von Rudolf Uhlenhauts Technikern in Handarbeit eingeschnitten worden, um das gewünschte Haftverhalten zu bekommen. Ausgeliefert wurden die Wagen schließlich mit Continental-Reifen der Größe 6,70 × 15, montiert auf 5½ Zoll breiten Felgen.

Mit der Bremsanlage hielt man sich sowohl in der Größe als auch in der Ausführung an die bewährte Konstruktion der Rennwagen. Auf den Alfin-Bremstrommeln wurde – aus produktionstechnischen Gründen – eine etwas gröbere Verrippung verwendet. An den für den Wettbewerbseinsatz vorgesehenen Wagen brachte man an der Rückwand der vorderen Bremstrommeln sechs vergrößerte Entlüftungsbohrungen an, die von nach außen gerichteten Hutzen abgedeckt waren und damit weiter zur verbesserten Bremsluft-Abfuhr beitragen konnten. Kombiniert mit diesen Bremsen waren Stahlscheibenräder (mit großen Durchbrüchen) mit einer Rudge-Zentralverschlußnabe, die sonst nur gegen Aufpreis erhältlich waren. Zwei Radbremszylinder mit einem Durchmesser von 29 mm bewegten in jeder Vorderrad-Bremstrommel zwei Bremsbacken. Bei den ersten 40 Fahrgestellen wurden hinten die gleichen Radbremszylinder verwendet, jedoch nur in Simplex-Anordnung; später wurde der Druckkolben-Durchmesser auf 27 mm verringert. Damit reduzierte man die Bremskraft an der Hinterachse. Damit einhergehend versuchte man auch den notwendigen Pedaldruck für die Bremsanlage zu vermindern. Aus diesem Grund gab man dem Wagen in der Serie einen sanft und progressiv wirkenden Unterdruck-Bremskraftverstärker. Anfangs handelte es sich hierbei um ein Gerät aus den USA mit der Bezeichnung „Treadle-Vac“, es wurde jedoch 1955 ab der Fahrgestell-Nummer 354 durch ein Ate T50 Unterdruck-Servo-Gerät ersetzt. Diese Bremskraftverstärker setzten zwar stets mit einer gewissen Verzögerung ein, doch jeder, der schon einmal gezwungen war, ohne diese Unterstützung den Wagen abzubremsen, begrüßte diese zusätzliche Hilfe.

Das Aggregat mit der Bezeichnung M 198, das den W 198 antrieb (wie der 300 SL nach dem Daimler-Benz-Typenverzeichnis genannt wurde), war im selben Winkel wie im 1952er Rennwagen nach links geneigt. In seiner endgültigen Form wies es einen aus Aluguß gefertigten Saugrohr-Krümmer mit sechs einzelnen 43 mm starken Rohren zu den Einlaßkanälen auf. Vor der rechten Vorderradaufhängung befand sich ein Luftfilter. Der Wasserkühler mit dem angebauten Ölkühler entsprach ebenfalls dem Vorbild aus den Rennwagen. Neu hinzugekommen war lediglich ein Kühlwasser-Vorratsgefäß im rechten hinteren Eck des Motorraums. Für die Einspritzpumpe wurde am 300er Block ein zusätzlicher Antrieb angebaut. Dazu fügte man am vorderen Kurbelwellenende, genau vor dem Antriebsritzel der Steuerkette, einen Satz von drei Stirnrädern ein, auf der linken Motorseite verlief vom letzten Zahnrad aus eine Zwischenwelle nach hinten und trieb die Bosch-Sechsstempel-Einspritzpumpe mit der halben Kurbelwellen-Drehzahl. Eine stabile Halterung am Motorblock nahm die Pumpe auf. Durch ein geschlossenes Fördersystem gelangte der Kraftstoff zur Einspritzpumpe, eine kleine Kolbenpumpe, die ebenfalls hier befestigt war, förderte das Benzin aus dem Tank, es durchfloß vor dem Eintritt in die Einspritzpumpe noch einen Kraftstoff-Feinstfilter. Die einzelnen Pumpkolben nahmen die notwendige Kraftstoffmenge auf und spritzten sie mit einem Druck von 40 bis 48 at in die Verbrennungsräume ein. Der nicht eingespritzte Kraftstoffrest floß über eine zweite Leitung zum Benzintank zurück. Eine elektrische Benzimpumpe am Tank konnte vom Fahrer zusätzlich betätigt werden, ihre Förderleitung verließ den Tank unterhalb der Hauptleitung, so daß man sie auch als Reserveschaltung benutzen konnte. Die elektrische Pumpe stellte darüber hinaus eine wertvolle Hilfe beim Anlassen des heißen Motors dar. Wie die Bosch-Techniker bereits 1938 befürchtet hatten, konnte es bei hohen Motortemperaturen zur Bildung von Dampfblasen in der Einspritzpumpe kommen. Wenn man nun vor dem

Oben: Der M 198, das 2996-ccm-Aggregat mit Benzineinspritzung. Die Sechsstempel-Bosch-Pumpe sitzt an der linken Motorseite, in eingebautem Zustand also unten, und wird über eine Welle von der Stirnseite aus angetrieben.

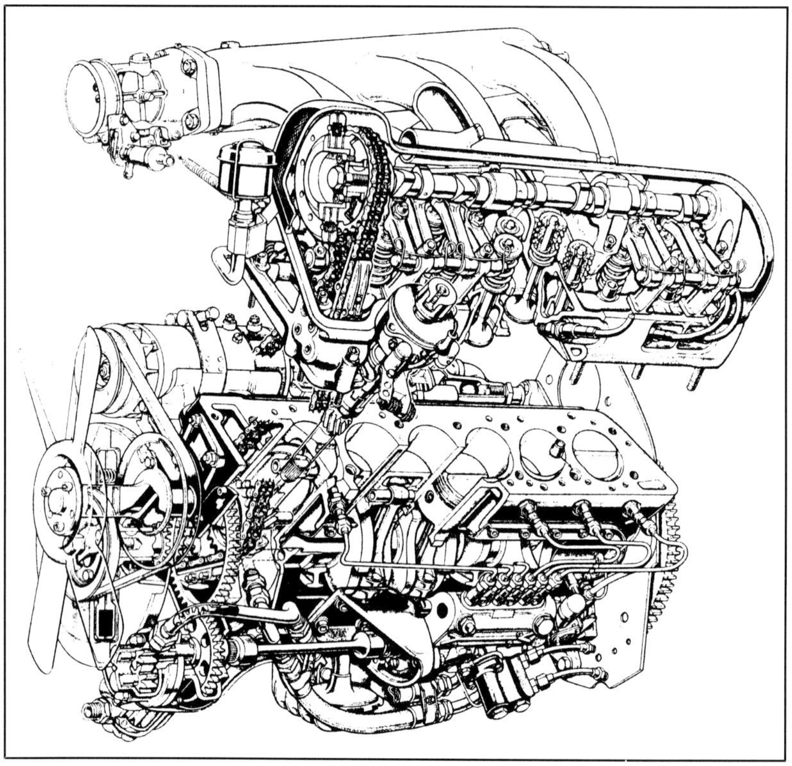

In der Motor-Schnittzeichnung wird die schräge Trennfläche zwischen Block und Zylinderkopf deutlich. Die Ventile (2 pro Zylinder) hängen parallel aber gegeneinander versetzt.

Unten: Der in der Automobilproduktion „Hochzeit“ genannte Vorgang, des Zusammenfügens von Chassis und Aufbau.

Anlassen die elektrische Pumpe einschaltete, wurden die Pumpkolben mit kühlem Kraftstoff versorgt und es wurden die Blasen herausgedrückt. Bei hohen Geschwindigkeiten und hohen Außentemperaturen ließ man die Zusatzpumpe dauernd mitlaufen.
Die in einer Reihe hintereinander stehenden Pumpkolben der Einspritzpumpe wurden über Rollenstößel von einer Nockenwelle gesteuert. Der Kraftstoff trat an der Seite des Pumpzylinders ein. An einer Seite waren die Pumpkolben auf der Oberkante abgeschrägt, diese Schräge verlief wie ein Gewindegang am Kolben entlang. Auf diese Weise konnte mit dem sich drehenden Kolben die Einspritzmenge variiert werden, denn sobald die Kolbenkante die Kraftstoffleistung freigab, begann der Fördervorgang. Je höher diese Kante im Verhältnis zur seitlichen Öffnung lag, desto größer wurde die bei diesem Einspritzhub geförderte Kraftstoffmenge. Wenn kein Kraftstoff benötigt wurde, lagen die Kante und die Eintrittsöffnung auf gleichem Niveau, so daß der Kraftstoff zwar einfließen konnte, jedoch schon aus dem Pumpzylinder wieder ablief, ohne von dem Kolbenhub beeinflußt worden zu sein. Der Kraftstoff wurde durch ein federbelastetes Einspritzven-

Von Privatfahrern wurde der leistungsfähige Serien-300 SL bei unzähligen Rennen auf der ganzen Welt zum Einsatz gebracht.
Rechts: Schwedischer Grand Prix 1955; ein Mercedes 300 SL vor einem Jaguar C-Type.

Oben: Willy Mairesse 1956 bei der Fernfahrt Lüttich – Rom – Lüttich, die er als Sieger beenden konnte.

Rechts: Der bekannte Automobil-Designer Paul Bracq 1958 nach einer Langstreckenfahrt mit seinem 300 SL. Bracq war damals in der Styling-Abteilung von Daimler-Benz tätig.

til in den Verbrennungsraum im Zylinderkopf geleitet, welches auch die Leitung nach jedem Hub des Pumpkolbens wieder abriegelte. Dieses Ventil konnte auch je nach der gewünschten Einspritzmenge justiert werden.
Das M 198 Aggregat diente als Versuchsträger für das Bosch-Einspritz-Steuerungssystem für die Verwendung am Viertaktmotor. Im Verlauf der Tests in den Jahren 1952 und 1953 wurden verschiedene Ausführungen des Luftschiebers durchprobiert, durch den die Ansaugluft vorn am Luftkasten eintreten konnte. Das Gaspedal war mit diesem Luftschieber verbunden, nicht mit der Einspritzpumpe. Dem Ventil fiel die Aufgabe zu, die angesaugte Luftmenge zu messen und den entsprechenden Wert an die Pumpensteuerung zu übermitteln, so daß von dort aus der entsprechende Mischungsanteil an Kraftstoff eingespritzt werden konnte. Dieses Ventil bestand aus einem Venturi-Rohr und einer Drosselklappe, wobei am Strömungsrohr noch eine Zusatzbohrung für den Leerlauf angebracht war. An der Drosselklappe wurden der Saugrohr-Unterdruck und die Strömungsgeschwindigkeit im Venturi-Rohr gemessen und als Drucksignal pneumatisch durch einen Schlauch auf eine Membran an der Einspritzpumpe übermittelt. Die Membran befand sich am Ende eines langen Gestells, mit dem an jedem Pumpenzylinder ein Steuerrad zur Regulierung der Stellung der Kolben und damit die Fördermenge bewegt werden konnte. In der Serienproduktion versah man den M 198 mit einer anderen Membran, die die Kraftstoff-Förderung auch in Abhängigkeit der Luftdichte zu steuern vermochte. Dies war vor allem bei Veränderungen der Außentemperatur sowie des Luftdrucks notwendig. Durch einen Hebel konnte man das Gemisch zum Starten auch anreichern.

Die Verbesserungen an der Leistungsausbeute, die man schon am Versuchsmotor des Jahres 1952 deutlich erkennen konnte, ließen sich in der Serienfertigung sogar noch leicht steigern. Ein spezieller Vorteil der Einspritzung war die Erzielung von hohen Verdichtungsverhältnissen auch unter Verwendung normalen Tankstellen-Benzins. Der normale Wert betrug 8,55:1, mit möglichen Abweichungen von zwei Zehnteln nach oben und unten. Am 6. November 1954 ermittelte man am 35. in diesem Jahr gebauten Motor die offizielle Leistungskurve. Bei einem Verdichtungsverhältnis von 8,7:1 leistete dieser 219 PS bei 5800 U/min, das maximale Drehmoment belief sich bei 5000 U/min auf 28,5 mkg. Die Drehzahlgrenze lag bei 6400 U/min, und man führte mit dem Motor einen Dauertest über eine Stunde durch, während der er bei 5750 U/min nicht von 217 PS abwich. Man betrachtete den Motor des 300 SL als drehfest bis 6000 Touren, was bei Mercedes für eine große Zuverlässigkeit stand. Vorausgesetzt, eine Versorgung mit den richtigen und auch sauberen Mengen an Kraftstoff, Luft, Öl sowie einem guten Zündfunken ist gewährleistet, würde das Aggregat praktisch ewig eine gleichbleibende hohe Leistung abgeben. Das heißt, es war für bisher unerreicht hohe Laufzeiten geeignet.

Eine große Rolle bei dieser Drehfestigkeit und der damit verbundenen Zuverlässigkeit spielte die Sorgfalt beim Zusammenbau und bei den Probeläufen der Motoren. Jedes einzelne Aggregat ließ man 24 Stunden lang auf dem Prüfstand einlaufen, sechs Stunden davon mit Vollgas. Anschließend wurde es noch einmal zerlegt, genau überprüft und wieder zusammengebaut, um noch einmal für acht Stunden auf dem Prüfstand in Untertürkheim zu laufen, bevor man die Motoren an die Montagebänder nach Sindelfingen brachte. Die angegebenen Leistungsdaten wurden mit der speziell für den M 198 entwickelten Nockenwelle ermittelt. Im 300 SL Coupé handelte es sich dabei um eine Sonderausstattung, denn normalerweise war hier die Nockenwelle der Mercedes-300-Limousine eingebaut. Der Ventilhub auf der Einlaßseite war mit 9,375 mm bei beiden Nockenwellen gleich, doch auslaßseitig betrug er bei der „Sportnockenwelle“ 8,4 statt 7,8 mm. Bei eingestelltem Betriebs-Ventilspiel ergaben sich an den verschiedenen Ausführungen der Mercedes-Sechszylinder folgende Steuerzeiten:

	300 S	300 SL Standard	300 SL Sport	
Einlaß öffnet	70	57	59	°vor OT
Einlaß schließt	112	99	97	°nach UT
Auslaß öffnet	61	55	74	°vor UT
Auslaß schließt	35	29	36	°nach OT

Kupplung und Getriebe wurden ebenfalls vom ursprünglichen Entwurf übernommen, auch das Getriebegehäuse aus Gußeisen behielt man bei. Die vier Vorwärtsgänge wurden mittels Schaltklauen eingelegt und die in Eingriff gebrachten Zahnräder durch bremsende Synchron-Konusse in ihrer Geschwindigkeit einander angeglichen. Die Lager der Getriebehauptwelle, auch die Nadellager des vorderen Lagers und des ersten Gangs, wurden durch die hohlgebohrte Welle mit Schmierstoff versorgt. Dazu verwendete man eine eigene Ölpumpe, die außen an der Schaltwelle saß. Bei den ersten 40 Coupés betrugen die Übersetzungsstufen der einzelnen Gänge 3,14/1,97/1,385/1,0:1. Danach wurde der erste Gang mit 3,34:1 länger ausgelegt.

Im Hinterachsgetriebe war serienmäßig ein Sperrdifferential von ZF eingebaut, die Achsübersetzungen betrugen 3,64 für Europa und 3,89 für die USA. Es waren auf Wunsch aber auch andere Endübersetzungen wie 4,11, 3,42 oder 3,25 erhältlich. Bei letzerwähnter Gesamtübersetzung kam der 300 SL auf folgende Geschwindigkeiten in den einzelnen Gängen: 70/120/173/248 km/h. Zusätzlich zu den verschiedenen Hinterachs-Übersetzungen waren auch verschiedene Getriebe-Abstufungen, je nach Einsatzanforderungen im Wettbewerbsbetrieb, erhältlich.

Den Männern in der Rennabteilung erschien der luxuriös ausgestattete Serien-300 SL als ein „Boudoir auf Rädern“ im Vergleich zu dem Rennwagen, aus dem er schließlich hervorgegangen war. Der 300 SL brachte sehr hohe Geschwindigkeiten aus rasanter Beschleunigung, ein ungewöhnliches Äußeres und neue technische Details. Er stellte aus diesem Grund eine echte Sensation in der ganzen Automobilszene dar. Selten hatte ein Wagen so weit über die Konkurrenz gestanden. Aus englischer Sicht stellte dies John Bolster in *Autosport* so dar: „Der Mercedes-Benz 300 SL ist ein Wagen mit einer wunderbaren äußeren Erscheinung, gepaart mit einer fast unglaublichen Leistungsfähigkeit. Seine Konstruktion und seine Fertigungsqualität sind geradezu erstklassig, das ganze Konzept stellt eine kompromißlose Verwirklichung aller neuen Ideen dar.“ Nach einem ersten Test des 300 SL war in *Road & Track* zu lesen: „Wenn ein komfortabler Innenraum mit einem bemerkenswert guten Fahrverhalten konform geht, mit geradezu unheimlicher Bodenhaftung der Räder, einer leichtgängigen und präzisen Lenkung und einer Leistung, die den besten bisher bekannten Wagen nahekommt und sie sogar noch zu übertreffen vermag, bleibt nur eines zu sagen: Der Sportwagen der Zukunft ist Wirklichkeit geworden!“ In Deutschland faßte H. U. Wieselmann seine Eindrücke über das neue Geschoß aus Untertürkheim in *Auto Motor und Sport* folgendermaßen zusammen: „Es ist ein gefährliches Auto – gefährlich in dem Sinne, daß eine Romanze bös enden kann oder eben wie ein wildes Tier, daß man zwar gezähmt hat, aber seinen Willen nicht brechen konnte. Unter den Sportwagen unserer Zeit ist der Mercedes 300 SL der kultivierteste und zugleich der faszinierendste – ein Traum von einem Automobil.“

Wieselmann sprach auch einen Punkt an, der zwar nicht zu einem direkten Streit der Meinungen führte, jedoch kurz nach der Vorstellung des Wagens lebhaft diskutiert wurde – sein Fahrverhalten. Unter leichter Belastung und mit der Standard-Fahrwerksabstimmung versehen, konnte ein plötzliches Übersteuern des Hecks den ungeübten Fahrer bös überraschen. Bei einem Fahrversuch auf einer Rennstrecke hieß es: „Der 300 SL hat die Angewohnheit, plötzlich und mit Vehemenz aus der Spur zu drängen.“ Andere Äußerungen lauteten: „Ein hinterhältiges und bösartig ausbrechendes Monster“ und „ein Auto, bei dem der Geschwindigkeitsbereich zwischen einer Kurve und einer Drehung sehr schmal ist.“ Es stimmte, daß man beim 300 SL zum sauberen Durchfahren einer Kurve in höheren Geschwindigkeiten sehr vorsichtig mit dem Gaspedal umgehen mußte. Doch die lange Erfolgsliste bei Wettbewerbseinsätzen zeigt deutlich genug, daß das Beherrschen dieser Technik keineswegs nur einer Handvoll begnadeter Könner vorbehalten war.

Von 1955 an stand Alfred Neubauers Sportabteilung auch jenen 300 SL-Privatfahrern mit Rat und Tat zur Verfügung, die sich ernsthaft mit Wettbewerbseinsätzen beschäftigten. Sogar noch nachdem Daimler-Benz Ende 1955 seine eigenen Aktivitäten eingestellt hatte, blieb ein Teil der Monteursmannschaft unter der Leitung von Karl Bunz mit Einsatzvorbereitungen und Wartungsarbeiten beschäftigt. Bei wichtigen Rennen wie etwa der Mille Miglia kümmerten sich erst Neubauer und später dann Karl Kling um die Privatfahrer, man versorgte sie mit Tips aus der eigenen Erfahrung und war bei organisatorischen Dingen behilflich. Wenn nötig, wurden für Rennen in Übersee auch „verkappte“ Werkswagen vorbereitet. Die herausragenden Resultate von Fitch und Gendebien bei der Mille Miglia 1955 rückten den 300 SL unmittelbar in den Blickpunkt der sportbegeisterten und wohlhabenden Privatfahrer. Olivier Gendebien, der belgische Herrenfahrer, hegte eine Vorliebe für Sportwagen; er gewann im Jahre 1955 auch die Fernfahrt Lüttich–Rom–Lüttich und absolvierte die Alpenfahrt strafpunktfrei. Die Tulpen-Rallye wurde von W. J. J. Tak ebenfalls mit einem 300 SL gewonnen. In der Saison 1955 wurden mit dem 300 SL unter anderem folgende Meisterschaften errungen: Europameisterschaft für Tourenwagen (Werner Engel), Fahrermeisterschaft der Sportwagenklasse in Italien (Armando Zampiero) und die Production Class D des Sports Car Club of America (Paul O'Shea).

Rechts: Die 1957 beim 300 SL-Roadster eingeführte Eingelenk-Pendelachse mit der in der Mitte liegenden Ausgleichsfeder.

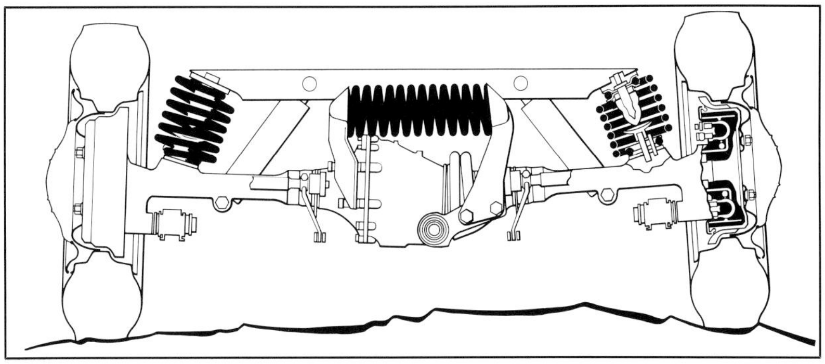

Unten: Die Duplex-Bremsen des 300 SL wurden ebenfalls wieder mit turbogekühlten Leichtmetall-Trommeln ausgestattet.

Unten: Phantom-Zeichnung des 300 SL-Roadsters. Der Rahmen wurde abgeändert, um den Einbau konventioneller Türen zu ermöglichen.

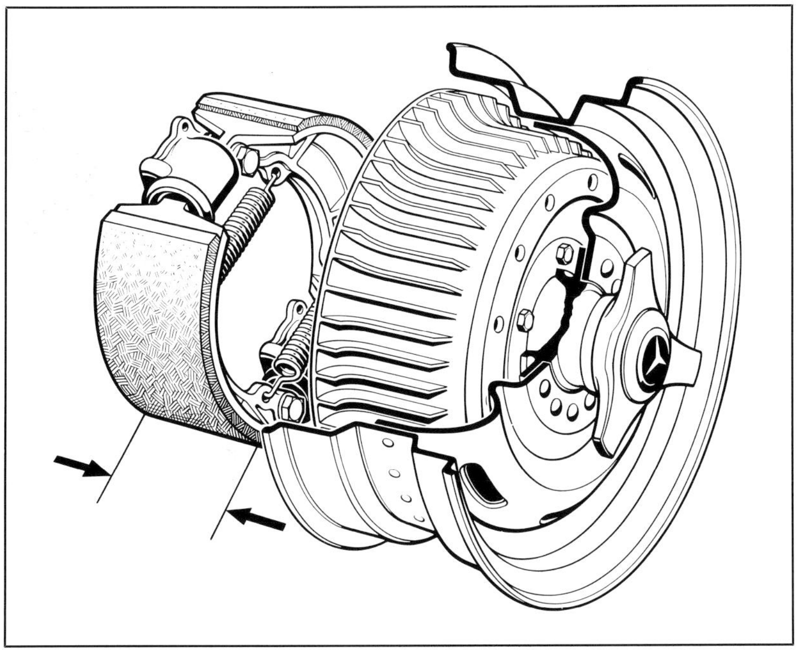

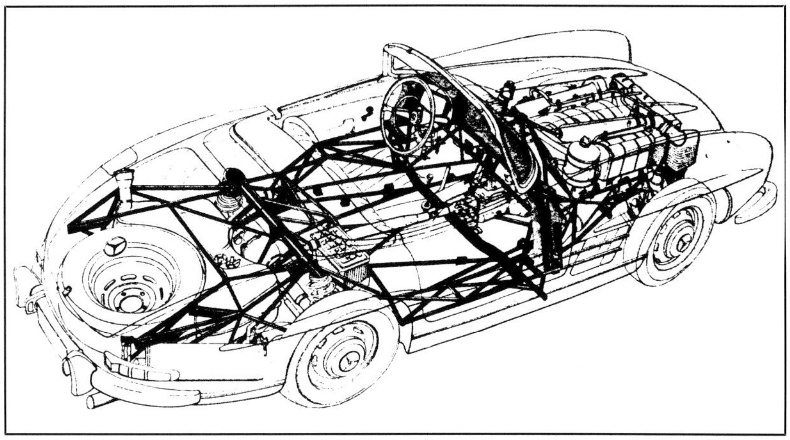

Das gestiegene Interesse in der GT-Kategorie in der Saison 1956 kam dem 300 SL sehr entgegen. Doch es hatte inzwischen keine Weiterentwicklung mehr stattgefunden, der inzwischen weiter verbesserte Ferrari 250 GT gewann Anschluß.

Die entscheidende Saison im Duell der beiden brillanten Fahrzeuge war 1956. Der Auftakt hätte nicht furioser ausfallen können, als der 28jährige Graf Wolfgang Berghe von Trips das gesamte Teilnehmerfeld der Mille Miglia anführte und in Pesaro, auf halbem Weg hinunter zur Ostküste Italiens die Spitzenreiter-Position endgültig inne hatte. Doch fast erwartungsgemäß endete seine Fahrt auf den verregneten Straßen bereits vor dem Wendepunkt in Rom. Die beste Plazierung eines SL war schließlich der sechste Gesamtrang des Fürsten Metternich, der damit genau hinter Gendebien lag – doch dieser war inzwischen zu Ferrari übergewechselt. Das eingespielte Team Walter Schock/Rolf Moll siegte dafür bei der Rallye Akropolis und in Sestrière; Stirling Moss belegte bei der Tour de France Rang Zwei, wobei vor und hinter dem 300 SL jeweils Ferrari-Coupés eingelaufen waren. Willy Mairesse wiederholte den Mercedes-Erfolg des Vorjahres bei der Fernfahrt Lüttich–Rom–Lüttich und in Amerika gewann Paul O'Shea erneut die SCCA Class D. Harry Carter wurde, ebenfalls auf einem 300 SL, Champion bei der SCCA Class C Serienwagenmeisterschaft 1957. In jener Saison gab es kaum weitere hervorragende Resultate bei wichtigen Rennen für den 300 SL. Es wären zwar noch einige Siege in Spanien und Venezuela zu erwähnen, doch so außergewöhnlich er nach wie vor als Straßensportwagen blieb, war der 300 SL im internationalen Sportgeschehen indessen nicht mehr erste Wahl.

Wie schnell war der 300 SL wirklich? Abweichend von den etwas zurückhaltenden Leistungsangaben des Werkes erreichte das Fahrzeug recht beachtliche Geschwindigkeiten, ein Anzeichen dafür, daß man den hohen Stand in der aerodynamischen Gestaltung aus dem Jahre 1952 hatte halten können. Am 6. Mai 1955 hatte Daimler-Benz die Möglichkeit erhalten, ein Teilstück der Autobahn nördlich Münchens für Höchstgeschwindigkeits-Messungen benützen zu können. Bei dem Wagen handelte es sich um John Fitchs Mille Miglia-Klassensieger. Man hatte den Motor zuvor ausgebaut und ihn nach eingehenden Untersuchungen für gut befunden, sogar die Bremsbeläge in den vier Bremstrommeln waren noch nicht einmal zur Hälfte abgenützt. Für die Versuchsfahrten hatte man eine besondere Hinterachse mit dem Übersetzungsverhältnis 3,09:1 vorbereitet, doch diese sollte sich doch als etwas zu kurz übersetzt erweisen, weshalb man besser auf die 3,25er Achse zurückgegriffen hätte. Ein Mitarbeiter Uhlenhauts namens Mischke erreichte den besten Wert über den Kilometer mit fliegendem Start, er erzielte 248,8 km/h. Ein weiteres Beispiel für die universellen Einsatzmöglichkeiten des 300 SL lieferten die beiden englischen Journalisten Gordon Wilkins und Wilson McComb noch am selben Tag. Sie benutzten den Sportwagen als schnelles Reisegefährt und fuhren die 400 km lange Strecke von München nach Frankfurt in 190 Minuten, womit sie eine Durchschnittsgeschwindigkeit von 126,3 km/h erreichten. Wilkins sagte: „Es mag ein oder zwei Wagen geben, mit denen dies ebenfalls möglich gewesen wäre. Aber ich kenne keinen, der diese Bequemlichkeit hätte aufweisen können und mit dem wir von einer Fahrt an der Leistungsgrenze gleichermaßen entspannt an unser Ziel gelangt wären."

Viele 300 SL-Besitzer führten private Geschwindigkeits-Tests durch. Ein für solche Zwecke bestens geeigneter Ort in den USA war der große Salzsee bei Bonneville im Staate Utah. William Scace aus Chicago und Albert Schmidt aus Cincinnati wandelten auf den Spuren eines Teddy Tetzlaff und des Blitzen Benz II, als sie 1955 ihre Coupés dorthin brachten. Sie beteiligten sich an den „Bonneville National Speed Trials", die von der südkalifornischen Zeitnehmer-Vereinigung abgehalten wurden. In diesem Jahr war Scace mit 217,6 km/h der Schnellere, doch 1956 war Schmidt mit einem Mittelwert aus zwei Fahrten in Gegenrichtung von 243,2 km/h besser. In den zwei darauffolgenden Jahren gelang es Schmidt nicht, diesen Wert zu übertreffen, doch 1959 trat er mit einer 6750 ccm großen Chrysler V8-Maschine in seinem Mercedes-Coupé an. In einer Richtung erreichte er damit 268 km/h, er fuhr dabei in der Rennsportwagen-Kategorie. In der GT-Klasse stellte J. A. „Gus" Stallings aus Arizona einen neuen Rekord auf; er war mit seinem serienmäßigen 300 SL auf 231,3 km/h gekommen. 1960 wurde die Marke auf 238,4 km/h verbessert. Gordon Worthington war aus Kalifornien angereist, um sich die Rekordversuche anzusehen, als er sich plötzlich entschloß, mit seinem 300 SL nur so aus Spaß selbst einen Versuch zu wagen. Stalling fuhr 1961 noch einmal, kam aber über 232,8 km/h nicht hinaus.

Nicht ganz so eindrucksvoll verlief das Auftreten einer neuen Version des 300 SL in Bonneville, des 300 SL-Roadsters. Bill Scace hatte 1958 einen solchen Wagen gekauft, und er kam mit der Hinterachsübersetzung von 3,25:1 bei 5900 U/min auf eine Geschwindigkeit von 231 km/h. Im Jahr darauf verwendete er die 3,42er Achse und verschiedene Reifengrößen, doch es ließ sich damit kein besseres Resultat erzielen. 1960 wollte er es dann mit Gewalt versuchen und trat mit einem Kompressor-Motor an, doch ein Kolbenschaden hielt ihn von weiteren Versuchen ab.

Die Produktion des 300 SL-Coupés lief 1956 aus. Es wurde von der Roadster-

Rechts: Mit der Cabriolet-Version, dem sogenannten „Roadster", wurde 1957 die 300 SL-Reihe fortgeführt. Der Wagen hatte eine neue Hinterachse bekommen und war bis 1962 nur noch in offener oder Hardtop-Ausführung zu bekommen.

Unten: Die Entwicklungsabteilung in Untertürkheim verlieh zwei speziellen 300 SLS Roadstern etwas mehr Power bei gleichzeitiger Gewichtsreduzierung; diese Autos nahmen in der Klasse D für modifizierte Serienwagen an der SCCA-Rennserie in den USA teil, die sie in der Saison 1957 anführten.

Version abgelöst, die im März 1957 auf dem Genfer Automobilsalon der Öffentlichkeit präsentiert und kurze Zeit später auf Band gelegt wurde. Für die Besitzer der sportlicheren Coupés wirkte der neue Wagen nun wirklich wie ein „rollendes Wohnzimmer“, er brachte bei vollem Tank fast 100 kg mehr auf die Waage, sein Gewicht schlug mit 1360 kg zu Buche. Der Radstand war unverändert geblieben, die Spurbreiten hatte man vorn auf 1400 mm und hinten auf 1450 mm erweitert. Vom Cockpit nach vorne war der Rohrrahmen im wesentlichen gleich geblieben, auch die Höhe des kräftigen Querträgers über der Hinterachs-Aufhängung hatte man nicht verringert. An allen anderen Punkten jedoch war das Gitterwerk niedriger und kompakter gestaltet worden. Die Seitenteile hatte man umgestaltet, um Platz für konventionelle Einstiegstüren zu schaffen. Der Benzintank wurde auf einen Inhalt von 100 Liter verkleinert und um das tiefer eingebaute Reserverad gelegt, damit ein wenig Platz für Gepäck entstand. Die tiefer angelenkte Schwingachskonstruktion, die bereits am nicht verwirklichten Renn-300 SL von 1953 vorgesehen war, fand beim Roadster Verwendung. Versuche mit dieser Hinterachs-Bauart waren schon im Jahre 1951 aufgenommen worden, als man an einen W 154 Grand-Prix-Wagen Vorbereitungen für die Konstruktion eines neuen, aufgeladenen 1,5 Liter traf. Als dieses Projekt eingestellt wurde, gab man zunächst auch die Aufhängungs-Neuentwicklung auf.

Die Ergebnisse der Versuche faßte Rudolf Uhlenhaut zusammen: „Eine Schwingachse mit einem tief angebrachten Anlenkpunkt hat einen niedrigeren liegenden Drehpunkt und auch längere Schwingarme, wobei die Querlenker die Ruckkräfte von den Antriebsrädern abfangen. Damit läßt sich ein sehr gutes Fahrverhalten erreichen, das dem der Doppelgelenkachse (normalerweise am W 154 verwendet) mindestens ebenbürtig, wenn nicht gar überlegen ist. Eine Schwingachse, die diese Anforderungen erfüllt, kann unter Verwendung der vorhandenen Halbachsen ohne tiefgreifende Änderungen produziert werden.“ Die Entwicklung dieser neuen Version der Schwingachse lief später weiter, zum einen für den 1954er Grand-Prix-Wagen und zum anderen für die 220er Limousine, die ebenfalls 1954 erscheinen sollte. Den 300 SL Roadster hatte man mit einer verstärkten Ausführung dieser Hinterachskonstruktion ausgestattet. Für beide Halbachsen verwendete man einen gemeinsamen Drehpunkt, den man etwas nach rechts gerückt hatte, um damit Platz für das Differentialgehäuse zu schaffen, das so gemeinsam mit der linken Achshälfte bewegt wurde. Der Antrieb auf die rechte Halbachse geschah über ein Kreuzgelenk und einen verschiebbaren Flansch, der sich frei auf Nadellagern bewegen konnte. Von jedem Rad führte ein Schräglenker als Abstützung nach vorn an den Rahmen.

Eine weitere Neuerung am 300 SL Roadster war die Verwendung einer dritten „ausgleichenden“ Schraubenfeder, die die steifen Schwingbewegungen der Hinterradfederung reduzieren sollte, ohne die Belastbarkeit zu verändern. Die eigentliche Verbesserung stellte jedoch die Verwendung weicherer Federn an den Rädern dar. Doch diese Änderung allein hätte die Aufhängung wiederum zu weich gemacht, um den beladenen Wagen komfortabel und sicher auf einer unebenen Fahrbahn zu halten, weshalb man jene Zusatzfeder einbaute. Diese wurde nur zusammengedrückt, wenn beide Halbachsen gleichzeitig einfederten, bei einfachen Drehbewegungen dämpfte sie nur nach der Seite hin. Die verschiedenen Kombinationen der drei Federn an der Hinterachse sowie der Vorderachs-Federn – ebenfalls drei, wenn man den Drehstab-Stabilisator einschloß – ließen eine Unmenge unterschiedlicher Fahrwerksabstimmungen zu.

Am 300 SL Roadster wurde serienmäßig bis zur Produktionseinstellung im Jahre 1962 die Sport-Nockenwelle eingebaut. Zuvor hatte man 1961 noch Dunlop-Scheibenbremsen an allen vier Rädern eingeführt. Mit wenigen Ausnahmen waren die 1858 gebauten Wagen nur für den normalen Gebrauch als sportlicher Reisewagen oder als luxuriöses Cabriolet gedacht, nicht für einen eventuellen Renneinsatz. Eine Ausnahme verdient jedoch Erwähnung. Es handelte sich dabei um eines der eindrucksvollsten Beispiele einer Rennvorbereitung seitens der Sportabteilung unter Alfred Neubauer und Karl Kling. Unmittelbar nach der Produktionsaufnahme des neuen Modells war Daimler-Benz sehr viel daran gelegen, durch Einsätze auf amerikanischen Rennstrecken für Publicity zu sorgen. Da die Serienfertigung gerade erst begonnen hatte, war der Sports Car Club of America nicht bereit, den Roadster schon 1957 als Wagen der Standard-Production-Kategorie anzuerkennen. Wenn er an den Start gehen sollte, dann zuerst in der Rennsport-Kategorie D, wo er auf andere Dreiliter-Wagen wie Maserati 300 S, Ferrari Monza oder Aston Martin DB 3S treffen würde. Daimler-Benz blieb nichts anderes übrig, als einen speziell präparierten 300 SL Roadster zu schaffen, um hier mithalten zu können. Man rang sich zu dem Entschluß durch, dem O'Shea/Tilp-Team für die Saison 1957 einen solchen Wagen zur Verfügung zu stellen. Man hielt ihn so leicht wie möglich, wofür man auch wie bei den 1952er Wagen die Aufnahmen der Vorderachsfedern vielfach durchbohrte. Auch unter der Motorhaube wurden einige wichtige Änderungen vorgenommen. Man verwendete zum Beispiel keinen Kühlventilator. An die Stelle des Saugrohrkrümmers aus Alugguß trat eine aus Alublechen zusammengeschweißte Konstruktion, die auch eine vereinfachte Ausführung des Luftmengen-Schiebers trug. Die Ansaugluft wurde über eine große Ausbuchtung hinter dem Kühler zum Krümmer geleitet. Die Auspuffanlage mündete mit zwei Endrohren durch das untere Karosserieblech an der rechten Seite, genau unter den Lüftungsschlitzen, ins Freie.

Der Wagen – verschiedentlich mit der Bezeichnung 300 SLS versehen – bekam eine speziell geformte Chockpitabdeckung mit einem Lüftungsschlitz vor dem Lenkrad. Schalter und Instrumente wurden beibehalten, aber die Sitze und natürlich auch das bekannte Vierspeichen-Rennlenkrad stammten aus dem Fundus der Rennabteilung. Es genügte also ein Blick in das Cockpit, um zu erkennen, daß es sich bei diesem eindrucksvollen Roadster um eine Sepezialanfertigung des Werks handelte. Die Ferrari und Maserati waren zwar schneller als dieser Wagen (wenn der Unterschied auch nicht allzu groß war), aber in bezug auf Standfestigkeit konnten sie oft nicht mithalten. Der 300 SLS tauchte bei allen größeren Rennen in den Vereinigten Staaten auf, und am Saisonende hatte Paul O'Shea damit so viele Punkte angehäuft, daß er die Sportwagenmeisterschaft in der Kategorie D mit der dreifachen Punktezahl seines Verfolgers Caroll Shelby auf Maserati gewinnen konnte. Dies war die letzte bedeutende Meisterschaft, die der 300 SL errang; er beendete seine Karriere genauso, wie er sie fünf Jahre zuvor begonnen hatte, nämlich als Rennsportwagen.

Aus dem Mercedes 300 SL war letzten Endes doch mehr geworden als nur ein Lückenbüßer, um die Zeit bis zur Fertigstellung der „richtigen“ Rennwagen zu überbrücken. Es waren kräftige, elegante, manchmal auch schwierige, jedoch immer großartig souveräne Automobile. Sie wußten bei allen Gelegenheiten zu glänzen.

„Bildlich ausgedrückt, entsprach der BRM einer Schreibmaschine, der Vierzylinder Ferrari einem russischen Dorfzählwerk mit Holzkugeln und die Wagen aus Untertürkheim einem Elektronengehirn."
Laurence Pomeroy

1954: Von A-Nocken und Z-Steuerung

Das Geschehen 1954 in Reims hätte sich auch schon 1940 so abspielen können. Alfred Neubauer wäre vielleicht noch nicht ganz so schwer gewesen, Rudolf Uhlenhaut hätte ein paar graue Haare weniger gehabt, statt Fritz Nallinger wäre Max Sailer dabei gewesen, Caracciola und Lang an Stelle von Fangio und Kling. Doch sonst wäre kaum etwas anders gewesen, weder die bekannten Gesichter der Monteure, die Renntransporter oder die gepflegten schwarzen Limousinen mit dem Stern auf dem Kühler noch die flachen silbernen Rennwagen mit ihren Stromlinien-Karosserien. Gerade diese hatte Daimler-Benz ja auch für die Saison 1940 vorgesehen gehabt.

Das Grand-Prix-Engagement des Hauses Daimler-Benz hatte in den dreißiger Jahren durch den großen Aufwand so starke Kräfte freigesetzt, daß eine Fortsetzung der Aktivitäten nach dem Krieg unausbleiblich schien. Im Verhältnis zur finanziellen und technischen Kapazität der Firma handelte es sich bei den Grand-Prix-Unternehmen der Jahre 1954/55 um den konzentriertesten und wohl mit dem meisten Ehrgeiz verbundenen Einsatz in der gesamten Firmengeschichte. Vorher hatte man sich am Rennsport beteiligt, um die technische Spitzenposition stets aufs Neue unter Beweis zu stellen oder um dem Verkauf der Serienwagen neue Gebiete zu erschließen. Doch nun galt es, eine Tradition weiterzuführen, jene der absoluten Überlegenheit.

Man hatte bald nach dem zweiten Weltkrieg beschlossen, daß man nur im Falle von reellen Siegeschancen zu den Grand Prix zurückkehren würde. Bevor wieder Rennmotoren in Untertürkheim ertönten, hatte Alfred Neubauer zu David Scott-Moncrieff gesagt: „Ich weiß nicht, wann wir zu den Grands Prix zurückkehren werden. Und wenn, dann würde ich es Ihnen nicht sagen. Aber in einer Sache können Sie absolut sicher sein. Es werden keine halben Sachen gemacht. Wir werden solange nicht fahren, bis wir Wagen haben, die siegen können und auch werden."

Der schicksalhafte Tag, dem alle Freunde des Hauses voller Ungeduld und alle Konkurrenten mit gemischten Gefühlen entgegen gesehen hatten, war nun endlich gekommen. In der französischen Champagne war der Dreieckskurs von Reims an jenem warmen Sommertag dazu ausersehen, das Comeback der Mercedes-Grand-Prix-Wagen zu erleben. Zwanzig Jahre vorher war die Ehre, den Premierenort für einen neuen deutschen Rennwagen darzustellen, ebenfalls einer französischen Strecke zugefallen: 1934 fuhren die W 25 ihren ersten Grand Prix in Montlhéry. Und vierzig Jahre zuvor wartete man in Lyon auf ein Team der neuen weißen Mercedes, denen man damals angesichts der starken Gegnerschaft aus den eigenen Reihen kaum eine Chance zubilligte. In dieser Hinsicht ließ sich die Ausgangslage von 1954 nicht mit früheren Ereignissen vergleichen, denn von den drei angetretenen Mercedes standen zwei in der ersten Startreihe. „Für mich gab es keinerlei Zweifel über den Ausgang des Rennens," erinnerte sich Juan Manuel Fangio, „ein Mercedes würde auf jeden Fall als erster die Ziellinie überfahren". Fangio hatte die Konkurrenz mit den Vierzylinder Ferrari, den Sechszylinder Gordini und Maserati schon in der ersten Stunde des Trainingstages entmutigt. Er hatte eine sensationelle Rekordrunde gefahren und dabei zum ersten Mal auf einem europäischen Straßenkurs die magische Grenze von 200 km/h erreicht. Sein Schnitt von 200,04 km/h blieb unangetastet.

Daimler-Benz hatte vier Exemplare der neuen Grand-Prix-Renner vom Typ W 196 nach Reims gebracht. Drei wurden eingesetzt, zwei konnten das Rennen beenden. Sie belegten so knapp hintereinander, wie es Fangio und Kling vermochten, die Plätze Eins und Zwei. Dabei hatten sie die Reste der zusammengebrochenen und waidwunden französischen und italienischen Streitmacht weit hinter sich lassen können. Die deutschen Konstruktionen mit ihren Stromlinienkarosserien, den innenliegenden Bremsen und rollengelagerten Einspritzer-Achtzylindern ohne Ventilfedern hatten bei ihrem ersten Auftritt für eine Niederlage der gesamten Konkurrenz gesorgt.

Der Auftritt lag indessen nicht am Anfang der Saison, sondern man war – wie man es 1951 hatte vermeiden wollen – mitten ins Geschehen eingetreten. Außerdem hätte man diesen Einsatz in Reims fast noch abgeblasen, wenn nicht einige in letzter Minute durchgeführte Änderungen an den Wagen einen Erfolg versprochen hätten. Bei ihrem nächsten Auftritt in England mußte die Mercedes-Mannschaft dann auch eine empfindliche Niederlage einstecken, was die Beobachter zu der Annahme verleitete, daß die neuen Silberpfeile nicht unfehlbar seien. Zu solchen Spekulationen bestand jedoch bei weitem kein Anlaß. 1954 und 1955 waren bei 13 Grand-Prix-Rennen insgesamt 42 Mercedes am Start, 27 davon sahen das Ziel. Zehnmal hieß der Sieger Mercedes und sechsmal handelte es sich dabei sogar um einen Doppelsieg. Ein erfolgreicheres Comeback ist schwer vorstellbar.

Erst Mitte 1953 war es möglich geworden, die nötigen Kapazitäten in den Entwicklungs- und Konstruktionsabteilungen für die Arbeiten am W 196 nutzbar zu machen. Mit den erfolgreichen Einsätzen der 300 SL Coupés im Jahre 1952 hatte man diesbezügliche Wünsche Wilhelm Haspels erfüllen können, der den Wiederaufbau von Daimler-Benz nach dem Kriege geleitet hatte. Am 6. Januar 1952 war Haspel gestorben und Fritz Könecke folgte ihm als Vorstandsvorsitzender. In jenem Jahr wurden die Vorstandsbeschlüsse über die Rennbeteiligung mehrmals geändert, weshalb auch die Zukunft des 300 SL ungewiß erschien. Schließlich wurde die Entscheidung zugunsten eines neuen Grand-Prix-Wagens gefällt, wobei parallel dazu ein davon abgeleiteter Sportwagen entstehen sollte. Als Direktor der Hauptkonstruktionsabteilung beaufsichtigte Hans Scherenberg den gesamten Entwicklungsvorgang.

Es wurden kleine Untergruppen errichtet, die sich ausschließlich mit speziellen Komponenten der neuen Rennwagen befassen sollten. Die Chassiskon-

struktion war Aufgabe von Ludwig Kraus, für die Motorenentwicklung war Hans Gassmann zuständig. Rudolf Uhlenhaut brachte seinen reichen Erfahrungsschatz ein und bildete innerhalb seiner Versuchsabteilung eine neue Rennabteilung. Deren Leitung wurde Walter Kostelezky übertragen, der schon 1939 bei den letzten Vorkriegsaktivitäten dabei gewesen war. Unter seinen Mitarbeitern fanden sich Heinz Lamm, der mit den Motorversuchen betraut werden sollte, sowie Hans Werner. In den beiden Einsatzjahren wuchs der Stab an Monteuren, Technikern und Ingenieuren auf 200 Mann an. Zusätzlich standen im Werk noch 300 geschickte Werkzeugmacher aus der Produktion bereit, um für die Teilefertigung des Rennwagens einzuspringen; dies hatte nun Vorrang gegenüber allen anderen Aufgaben.
Es blieb kaum Zeit, um sich mit grundlegenden Neuerungen in der Konstruktion zu beschäftigen. Deshalb griff man beim W 196 auch zum größten Teil auf erprobte Komponenten zurück. So befand sich auch am neuen Wagen der Motor vorn und das Getriebe hinten; es wurden Trommelbremsen verwendet sowie ein Antriebsaggregat mit verschweißten Stahlzylindern und rollengelagertem Kurbeltrieb. Intensiv beschäftigte man sich mit einer verbesserten Bodenhaftung in Kurven, weshalb man auch den Schwerpunkt des Fahrzeugs so tief wie möglich hielt.
Mit den Arbeiten am Motor wurde zuerst begonnen, schließlich handelte es sich hierbei um das wichtigste Teilstück des gesamten Konzepts. In den ersten Monaten des Jahres 1952 hatte man innerhalb der mit der Rennwagenkonstruktion betrauten Abteilung eine spezielle Motorengruppe eingerichtet; der Leiter dieses Teams war Hans Gassmann, ein erfindungsreicher und wißbegieriger Ingenieur von fünfzig Jahren. Sein erster Blick galt den neuen Formel-1-Bestimmungen für die Saison 1954. Bei aufgeladenen Motoren lag das Hubraumlimit nun bei 750 ccm, also der Hälfte der bisherigen Formel, und für Saugmotoren lag die Obergrenze bei 2500 ccm. Die Hubraumreduzierung vollzog sich in der Proportion 5:9, was nicht allzu drastisch war. In bezug auf die Kraftstoff-Auswahl gab es keinerlei Vorschriften. Schnell war man sich einig, daß man mit einer Kompressorausführung nicht mehr weit kommen würde. Ein solches Aggregat hätte, um konkurrenzfähig zu sein, ungefähr 260 PS leisten müssen. Damit wäre man auf die Leistungsebene des M 165 1,5 Liter gekommen, jenes Motors mit der höchsten Literleistung aller

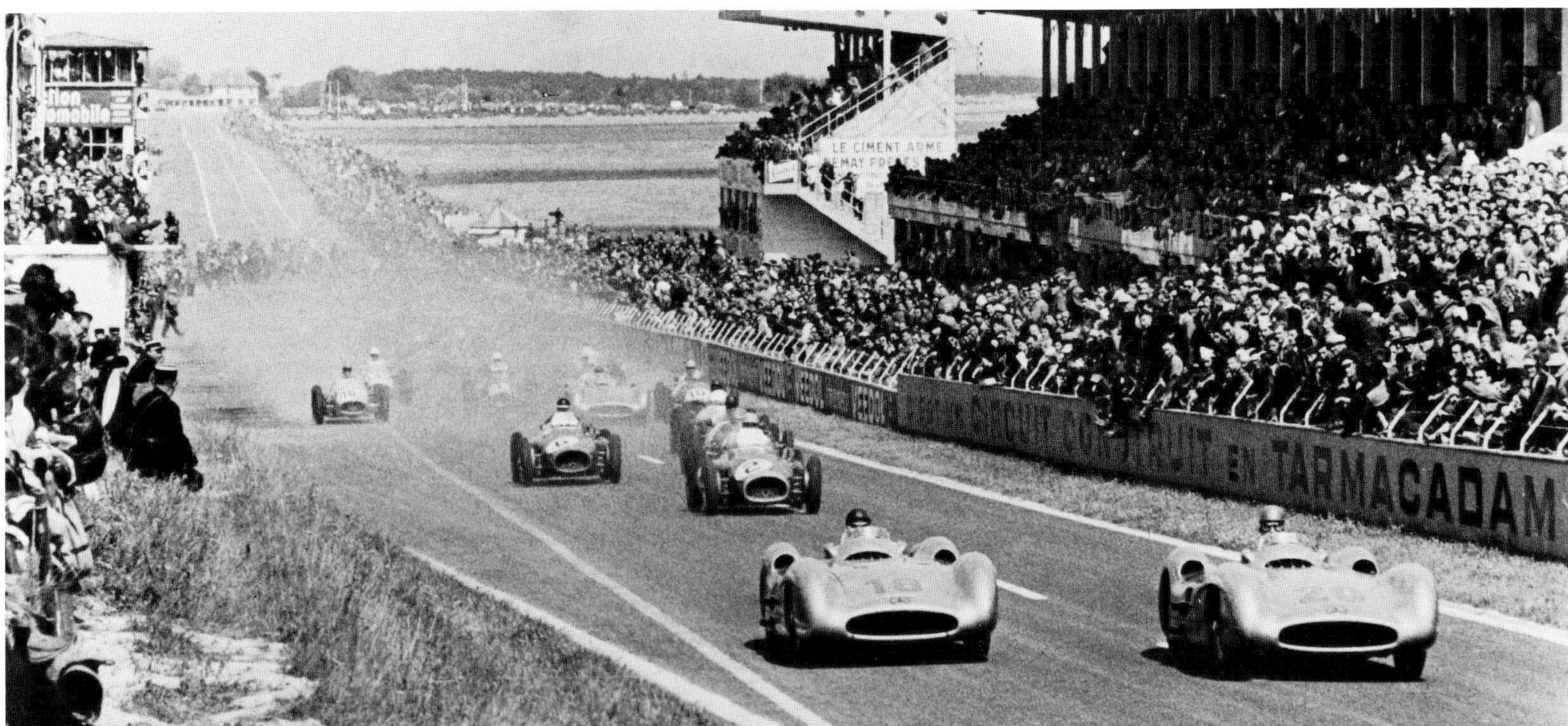

Oben: Am 4. Juli 1954 kehrten die silberfarbenen Mercedes-Rennwagen wieder zu den Grand-Prix-Rennen zurück. Das Comeback wurde auch sofort mit einem Doppelsieg (Fangio/Kling) bekräftigt.

Links: Karl Kling im neuen Grand-Prix-Mercedes, dem W 196.

jemals gebauten Mercedes-Kompressoraggregate. Der Gedanke, aus einem halb so großen Motor eine ebenso hohe, wenn nicht noch höhere Leistung herauszuquetschen, behagte den Konstrukteuren nicht sonderlich. Darüber hinaus hätte der aufgeladene Motor einen wesentlich schlechteren Drehmomentverlauf gezeigt und nach den Berechnungen des Teams wohl den dreifachen spezifischen Kraftstoffverbrauch aufgewiesen.

Die Aussichten für einen nicht aufgeladenen Motor erschienen vertrauenerweckender. In Neckarsulm holte man damals bereits 108 Liter-PS aus einem NSU-Motorradmotor; es handelte sich dabei um den „Rennmax"-Zweizylinder mit 250 ccm Hubraum. Er wies normale Vergaser auf und drehte bis 9000 U/min. Gassmann und seine Mitarbeiter glaubten, dies ebenfalls erreichen zu können. Mit Hilfe einer Einspritzanlage gedachte man diese Leistung sogar zu übertreffen und sprach von etwa 270 PS. Es blieb natürlich noch einiges zu tun, bis man zur Konkurrenz aufschließen konnte, wo man mittlerweile die Saugmotoren mit vier und sechs Zylindern aus der Formel 2 weiterentwikkelte. Denn diese wurde 1952 und 1953 praktisch als Übergangslösung bis zum Beginn der neuen Formel 1 benutzt.

wirkten hohe Verwindungskräfte auf die lange Kurbelwelle, so daß nicht einmal ein Schwingungsdämpfer damit fertig wurde. Der Mittelabtrieb mit Zahnrädern von der Kurbelwellenmitte aus erwies sich da als wesentlich vorteilhafter, weshalb man sich schließlich auch für diese Ausführung des Reihenachtzylinders entschied.

Nach dieser Richtschnur entstand nun ein Prüfstands-Einzylinder mit 310 ccm, der sich in den überwiegenden Details an bisherige Daimler-Benz Praktiken anlehnte. Auf den Stahlzylinder war wiederum der Brennraum aufgeschweißt, er trug vier Ventile, die in einem weiten Winkel zueinander hingen. Der dachförmige Verbrennungsraum war im Durchmesser am Bund etwas kleiner gehalten als die Zylinderbohrung. Wieder fanden Schraubenfedern an den Ventilen Verwendung, und auf die Ventilschäfte waren kleine Stößel aufgeschraubt. Eine neue Vorrichtung, die nicht nur am Prüfmotor, sondern voraussichtlich auch an den Einsatzaggregaten Verwendung finden sollte, war die Verstellmöglichkeit der Ventilsteuerzeiten am laufenden Motor.

Im Frühjahr 1952 wurde der Motor in diesem seinem Vorstadium in Betrieb

Einige der Erbauer des neuen Formel-1-Mercedes: Von links nach rechts Rudolf Uhlenhaut, Fritz Nallinger, Hans Scherenberg und Ludwig Kraus.

Seit 1923 war es das erstemal, daß man bei Daimler-Benz wieder einen Grand-Prix-Motor ohne Kompressor baute. Den ersten Schritt sollte wieder ein Prüfstands-Einzylinder darstellen – doch mit welchem Zylinderinhalt? Man mußte sich deshalb vorher über die Auslegung des neuen Motors klarwerden. Eine V12-Anordnung erschien verlockend, denn im Verhältnis zum Zylinderinhalt hätte man eine große Ventilfläche erhalten. Jedoch resultierte daraus auch ein hoher Fahrzeugschwerpunkt, falls man nicht mit einem sehr flachen Zylinderwinkel arbeitete. Wie es sich schon vor dem Krieg gezeigt hatte, kann ein solches Aggregat recht schwer und komplex werden. Hans Scherenberg berichtete: „Wir mußten deshalb nach einer Kompromißlösung suchen, und schließlich fiel die Entscheidung zugunsten eines Achtzylindermotors."

Man betraute eine Gruppe von Theoretikern mit der Berechnung der charakteristischen Vibrationsverhältnisse an verschiedenen Motortypen bei einer Drehzahl von 9000 Touren. Dabei wurden die Anordnungen V6, V8 und Reihenachtzylinder untersucht, wobei man bei letzterem den Abtrieb einmal am Kurbelwellenende und einmal in der Mitte vorsah. Der Reihenmotor erwies sich auch hinsichtlich der Unterbringung im Wagen als sehr günstig, er ließ sich nämlich stark geneigt einbauen, womit man den Schwerpunkt tiefersetzen konnte. Bei einem Antrieb vom hinteren Kurbelwellenende aus

gesetzt, womit man den ersten Schritt zum neuen Grand-Prix-Wagen absolviert hatte. Es sollten sich dabei aber schon bald einige der bereits an den vorausgegangenen Grand-Prix-Motoren aufgetretenen Symptome bei Drehzahlen über 8000 U/min bemerkbar machen: ein Abheben der Ventilstößel von der Nockenlaufbahn und bruchanfällige Ventilfedern. Dadurch wurde auch das Verdichtungsverhältnis beeinflußt. Für die Erzielung der notwendigen Leistung mußte der Motor ein sehr hohes Verdichtungsverhältnis aufweisen, das sogar annähernd doppelt so hoch war als beim M 154 von 1938. Es schien keinen Ausweg zu geben, dies in Zusammenhang mit den hohen Drehzahlen, die für die maximale Leistungsausbeute unumgänglich waren, zu erreichen. Außerdem sollte ja eine zusätzliche Drehzahlspanne ermöglicht werden, die Rudolf Uhlenhaut seinen Fahrern stets gerne zugestand.

Besonders Hans Gassmann war über dieses Dilemma beunruhigt. Als er sich am Abend des 20. Mai 1952 auf den Heimweg machte, hatte er keinen anderen Gedanken mehr. Am nächsten Morgen zog er in der Straßenbahn einen Briefumschlag aus seiner Tasche und fertigte darauf einige Skizzen an. Im Büro zeigte er dieses Stück Papier seinen Kollegen und fügte im Brustton der Überzeugung hinzu: „Das ist es, so werden wir es machen." Der berühmt gewordene Briefumschlag Gassmanns zeigte zwei Nocken pro Ventil. Einer öffnete das Ventil wie gewöhnlich, der andere schloß es mittels eines abge-

winkelten Kipphebels wieder. Dies war die Art einer völlig formschlüssig ablaufenden Ventilsteuerung, bei der die Verwendung der problematischen Ventilfedern überflüssig wurde. Um eine dichte Lage im Ventilsitz zu gewährleisten, blieb eine kleine Hilfsfeder erhalten. Die Anordnung wurde Zwangssteuerung oder abgekürzt „Z-Steuerung" genannt.
Gassmanns Geistesblitz wurde umgehend in detailierte Konstruktionszeichnungen umgesetzt. Eine Kopie mit genauer Beschreibung ging an die Daimler-Benz-Patentanwälte. Es sollte dafür gesorgt werden, daß diese bedeutende Entdeckung geschützt wurde. Doch schon bald flatterten den Technikern eine Menge von Abschriften bereits existierender Patente über Zwangs-Ventilsteuerungen auf den Tisch. Mit Überraschung nahmen sie zur Kenntnis, daß solche Konstruktionen nicht nur schon seit langem existierten, sondern daß sogar Rennwagen aus Untertürkheim gegen solchermaßen ausgestattete Fahrzeuge angetreten waren und sie besiegt hatten. Man erfuhr, daß es formschlüssige Ventilantriebe schon zu Anfang der Motorenentwicklung gegeben hatte. Ein besonderes Interesse hierfür herrschte damals in Frankreich, wo man bei Delage und Schneider im Jahre 1914 Fahrzeuge mit unterschiedlichen Zwangssteuerungen beim Großen Preis von Frankreich an den Start brachte. Man konnte damit zwar keine großen Erfolge verzeichnen, *The Automobile* vertrat die Ansicht: „Obwohl sich am siegreichen Fahrzeug (Mercedes) keine formschlüssig gesteuerten Ventile fanden, stellten sie bei diesem Rennen wohl den größten technischen Fortschritt dar, und es deutet alles auf eine Verwendung auf breiterer Basis in der Zukunft hin."
Der Artikel fuhr fort: „Die Vorzüge dieser Art der Ventilsteuerung sind die höhere Zahl der Umdrehungen, der wesentlich größere Sicherheitsfaktor und eine höhere Leistung." Dies waren exakt jene Ziele, die Daimler-Benz vier Jahrzehnte später im Auge hatte. Anfang der zwanziger Jahre war bei Bignan in Frankreich eine kleine Serie von Zweiliter-Wagen mit zwangsgesteuerten Ventilen aufgelegt worden; hier wurde erstmals der Begriff „Desmodromik" angewandt, dessen Ursprung aus dem Griechischen stammt.
Die Daimler-Benz-Entwicklung basierte auf keinem der früheren Vorbilder, man konnte deshalb zurecht von einer Wieder-Erfindung sprechen. Außerdem blieb es Daimler-Benz vorbehalten, mit dieser Konstruktion erstmals auch Erfolg im Rennsport zu haben. Bald nachdem er sich die Z-Steuerung ausgedacht hatte, erkannte Gassmann, daß man damit auch problemlos wesentlich größere und schwerere Ventile als im Test-Einzylinder steuern könnte. Man änderte daraufhin die Zylinderkopf-Auslegung von vier auf zwei Ventile ab, wodurch sich nun auch ein günstiger Halbkugel-Brennraum gestalten ließ. Mit diesem harmonischeren und weniger unterteilten Profil erreichte man geringere Wärme-Verluste und ein höheres nutzbares Verdichtungsverhältnis. Man baute eine spezielle Test-Vorrichtung für die Z-Steuerung, ein zylinderisches Gehäuse, in welchem die Nocken und Kipphebel für ein Ventil angeordnet waren. In der Versuchsabteilung hatte man hierfür spezielle Halterungen sowie entsprechende Testprogramme erdacht.
Am 4. November 1952 sollte die erste Testreihe beginnen. Unter den Beteiligten befand sich auch Manfred Lorscheidt, der 31jährige Chefzeichner in Gassmanns Gruppe. Er gab die Stimmung an diesem besonderen Tag wieder: „Wir waren dabei, das Gehäuse zusammenzubauen – wir hatten schon alle Befestigungen vorbereitet –, als Uhlenhaut hereinkam. Er nahm das Ding, schob einen Mechaniker an der Drehbank beiseite, öffnete die Spannbacken, klemmte die Welle fest, hielt das Gehäuse dabei in der Hand und sagte: ‚Gut, schaltet ein!' Das war typisch Uhlenhaut. Er hielt es fest und rief: ‚Gebt Gas!' Und das war er dann, der erste Probelauf der Daimler-Benz-Z-Steuerung. Wir waren fasziniert, daß das Ding tatsächlich lief! Das war unvergeßlich."
Die Testvorrichtung zeigte bald, daß trotz einiger Probleme, die noch zu lösen waren, die Z-Steuerung funktionierte, und zwar gut genug, daß sie Teil des neuen M 196-Motors wurde. Da der Radsatz zum Antrieb der Nocken-

Links: Die Versuchsanordnung zur Funktionskontrolle der Zwangs-Ventilsteuerung, der wiederentdeckten Desmodromik am neuen Grand-Prix-Achtzylinder von Mercedes.

Unten: Schnittmodell des W 196-Zylinderkopfs. Der Einlaßkanal ist senkrecht nach unten gerichtet und macht einen Bogen um den Ventilschaft. Links unter dem Ventil ist die Einspritzdüse angeordnet, sie konnte aber auch, je nach gewählter Einspritzart, am Einlaßkanal eingeschraubt werden.

Links: In der Karosseriegestaltung griff man die Gedanken von 1937 wieder auf und wählte eine geschlossene Stromlinienkarosse. Im Bild ein Versuchsmodell mit Abluft-Schlitzen über den Radkästen.

wellen von der Kurbelwellenmitte aus empor führte, wies das Aggregat insgesamt vier Nockenwellen auf. Auf den beiden Vierzylinderblöcken liefen je zwei Nockenwellen, die ihrerseits je vier Ventile bewegten. Die beidseitigen Wellen waren mit den Antriebs-Zahnrädern gekoppelt. Sie liefen jeweils in drei Lagern; außen war dies ein doppelreihiges Kugellager, die beiden anderen doppelreihige Rollenlager. Für die Anordnung der kompletten Z-Steuerung einer Nockenwelle wurde nochmals eine Testvorrichtung gebaut.
Ebenso fertigte man einen neuen Zylinder für den Prüfmotor an, der nun mit der Zwangssteuerung ausgestattet war. Da in dem stählernen Zylinderkopf keine gesonderten Ventilsitzringe eingesetzt zu werden brauchten, konnte man sehr große Ventile verwenden. Das Einlaßventil maß im Durchmesser 50 mm, hatte einen Schaft von 10 mm und hing in einem Winkel von 43 Grad zur vertikalen Achse. Das Auslaßventil wies einen 43 mm großen Teller und einen 12 mm starken Schaft auf, der hohlgebohrt und vom Teller aus zu zwei Drittel mit kühlendem Soda-Salz gefüllt war. Der Sitzwinkel betrug hier 45 Grad. Die Ventile waren im Verhältnis zu den Zylinderdimensionen von 76,0 × 68,8 mm für Bohrung und Hub (2496 ccm) außerordentlich groß ausgefallen.
Eine Besonderheit am Zylinderkopf war der steil abfallende Einlaßkanal, der fast aus der Senkrechten oben in den Kopf eintrat. Dies paßte genau zu dem um 53 Grad nach rechts geneigten Einbau des Motors und der Anbringung der verschiedenen Nebenaggregate. Wie auch verschiedene andere Einzelhei-

Die Schnittzeichnungen des M 196-Aggregats zeigen deutlich jedes Detail des 2496-ccm-Reihenachtzylinders. Wie beim 300 SL wurde auch im Formel-1-Wagen der Motor stark geneigt eingebaut (53° von der Senkrechten).

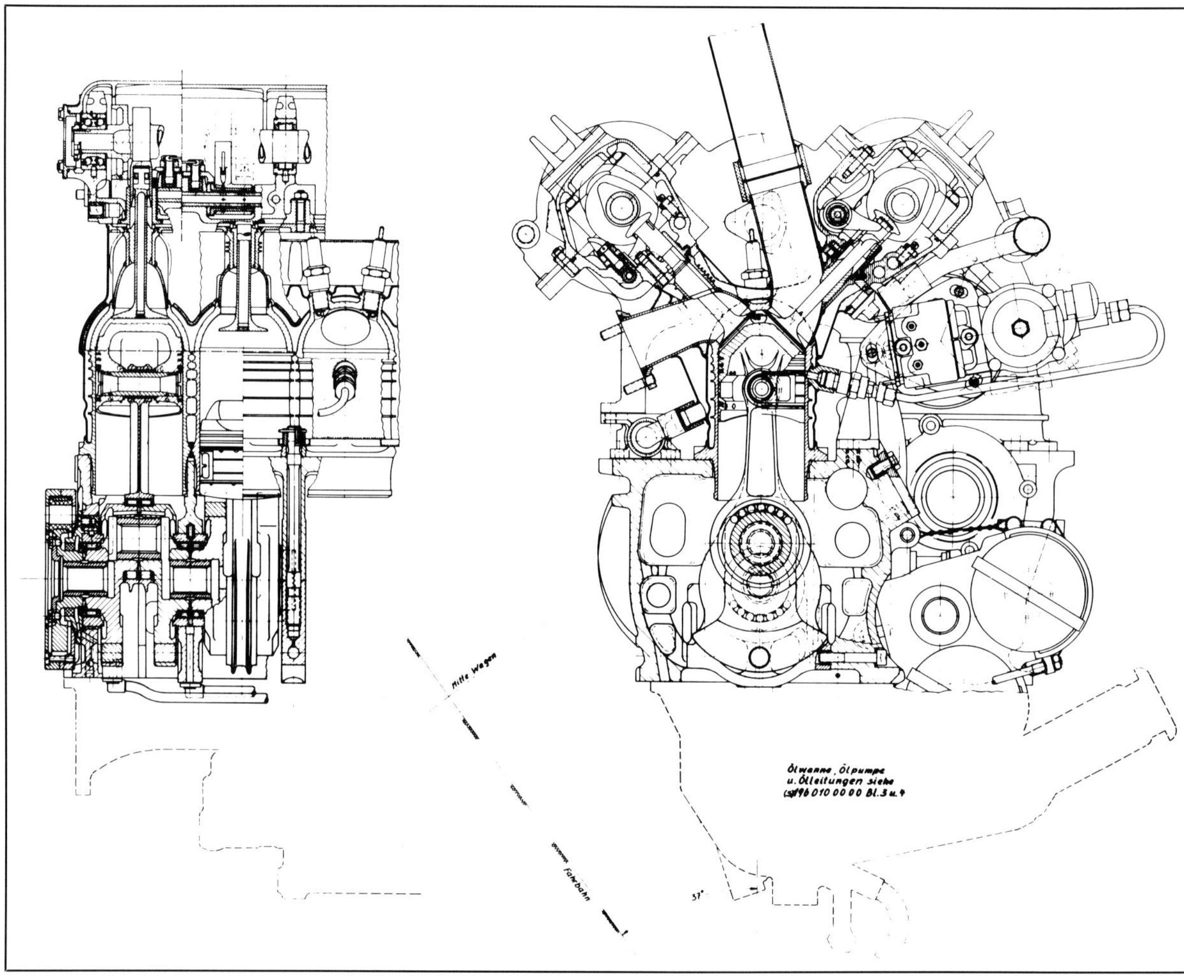

Unten: Kipphebelwelle mit drei Schließnocken für den Z-Antrieb. Links die erste getestete Version, ganz rechts die schließlich in Reims 1954 verwendete Ausführung.

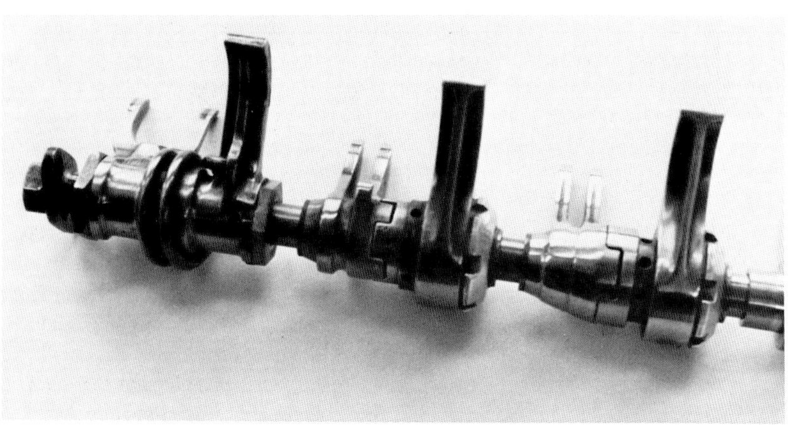

ten am Motor, erinnerte der senkrechte Einlaßkanal an die Konstruktion des Zweiliter-Sechszylinder-Veritas von Ernst Loof, mit dem Karl Kling einige Erfolge errungen hatte, bevor er für seinen eigentlichen Arbeitgeber wieder Rennen fahren konnte. Diese Kanalanordnung wurde von Gassmann und Lorscheidt gutgeheißen, denn die einströmende Ansaugluft wurde hier weiter vom Auslaßventil entfernt, weshalb sie sich nicht mehr unnötig aufheizen und an Dichte verlieren konnte.
An dem vorhandenen Prüfstands-Einzylinder wurde auch eine ganze Reihe anderer Details erprobt, zum Beispiel die günstigste Anordnung, Montage-Winkel, Ausführung und Strahlrichtung der Kraftstoff-Einspritzdüsen. Man untersuchte sowohl die Möglichkeiten der Unterbringung im Einlaßkanal als auch am Zylinder. Man entschied sich schließlich für eine Position in der Zylinderwand, knapp unter dem Einlaßventil, um 12,5 Grad nach oben gerichtet. Der Kraftstoff-Strahl trat aus einem 30 Grad-Konus unter einem

Druck von 85 at in den Zylinderkopf ein, die Einspritzdauer begann bei einem Kurbelwinkel von 30 Grad nach dem oberen Totpunkt und lief dann über 160 Grad. Als nächste Aufgabe stand die Ermittlung des richtigen Kraftstoffs zur Debatte. Esso hatte hierfür eine „Einkaufsliste“ mit 25 verschiedenen Gemischzusammensetzungen vorbereitet. Man wählte sieben Sorten aus und führte Versuche hinsichtlich der zu erzielenden Leistung, der Klopffestigkeit, des Verbrauchs und der möglichen Innenkühlung durch. Die beste Kombination aller geforderten Eigenschaften ergab sich mit dem Gemischtyp R. D. 1, bestehend aus 45 Prozent Benzol, 25 Prozent Methyl-Alkohol, 25 Prozent Hochoktan-Benzin (110/130 Oktan), 3 Prozent Azeton und 2 Prozent Nitro-Benzol. Die Klopffestigkeit bei einer Verdichtung von 12,5:1 wurde durch die Beigabe von zusätzlichen 0,03 Vol. Prozent Tetra-Äthyl-Blei verbessert. Man hatte auch verschiedene Zusammensetzungen mit Nitro-Methan untersucht, doch war die Leistungsausbeute damit geringer, denn aufgrund der höheren Klopfneigung konnte man bei weitem nicht soviel Vorzündung geben. Mit der einzigen Ausnahme der Rennen in Argentinien wurde 1955 in den W 196 stets R. D. 1 verwendet.

Über den Winter 1952/53 nahm der W 196 Schritt für Schritt Form an. Die Konstruktion der doppelten Vierzylinderblöcke war abgeschlossen, die Zylinderkopfpartie wurde mit 1,5 mm starkem Stahlblech verkleidet, bei den Kühlmänteln um die Zylinder beließ man es bei einer Materialstärke von 1 mm. Auf der Auslaßseite vergrößerte man die Wassermenge und ordnete ein dünnes Leitblech an, so daß die kühle Flüssigkeit direkt auf die Ventilsitze und die verrippten Führungsgehäuse leitete. Beim Zusammenbau der Zylinderblöcke ging man nach einem bestimmten Zeitplan vor. Zwischen den letzten beiden Schweißvorgängen erhitzte man das ganze Bauteil kurz auf 550 Grad Celsius um eventuelle Materialspannungen auszugleichen. Nach dem Zusammenbau trug man an der Innenseite der Kühlmäntel ein Anstrich aus Leinöl auf, den man durch Erwärmen fest werden ließ. Vollständig bearbeitet und noch ohne Nockenwellengehäuse wog ein solcher Block mit vier Zylindern 13,5 kg. Oben zwischen den Ventilen waren die Gewinde für je zwei 14-mm-Zündkerzen pro Zylinder vorgesehen. Bosch entwickelte für diese Motoren eine universell taugliche Kerze mit Silber-Mittelelektrode, die sich für alle Einsatzbedingungen gleichermaßen eignete; ihre offizielle Bezeichnung lautete W 290 T 17.

Bei Mahle hatte man eine besondere Fertigungsmethode für Kolben mit hoher Hitzebeständigkeit entwickelt, wobei diese auch einem Sinterprozeß unterzogen wurden. Diese Kolben erwiesen sich indessen als gar nicht einmal notwendig. Man verwendete statt dessen Vollschaftkolben aus der normalen geschmiedeten Mahle-Aluminium-Legierung, die einen hohen Dom auf dem Kolbenboden trugen. Das Gewicht eines Kolbens, komplett mit Ringen, Kolbenbolzen und Sicherungen, belief sich auf 475 g. Der Abstand der beiden

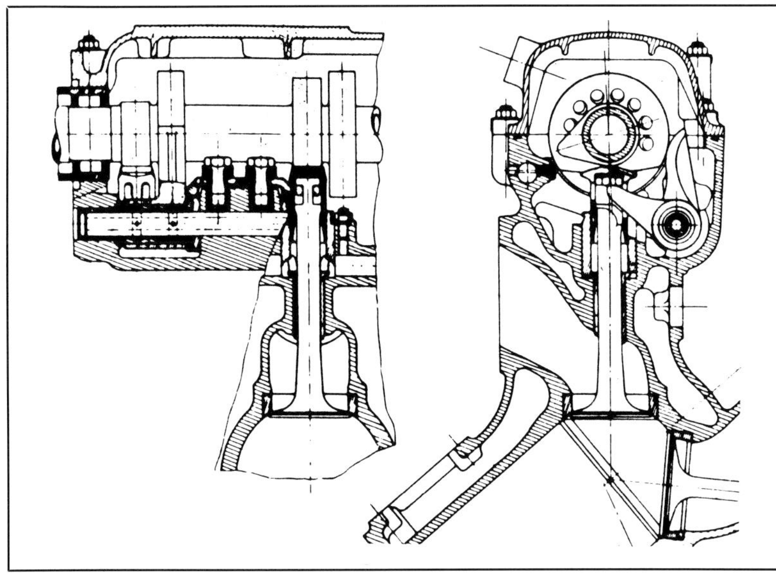

Oben: Hier ist der zwangsweise Schließmechanismus der Ventile im Detail zu sehen. Die Kipphebelachse sitzt rechts neben dem Ventil.

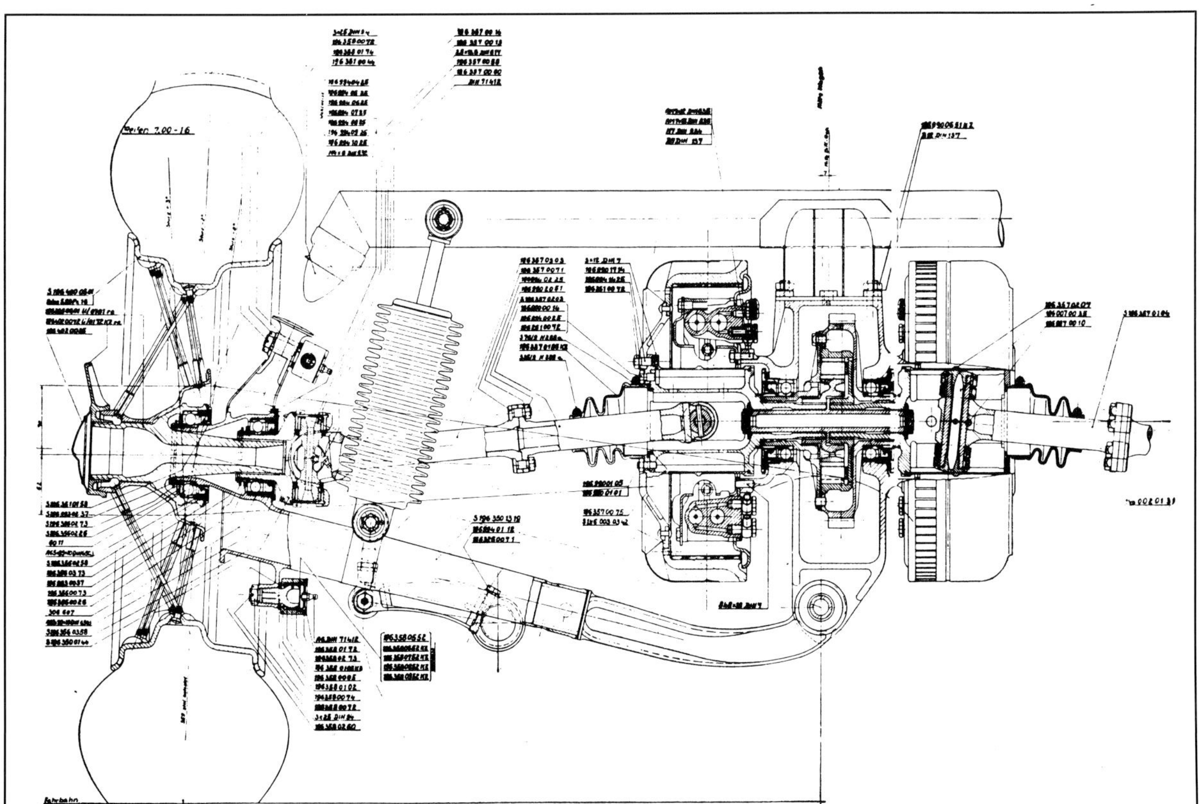

Links: Hinterradaufhängung des W 196 mit innenliegenden Bremstrommeln.

oberen Kompressionsringe wurde bewußt recht groß gehalten, damit auf jeden Fall sichergestellt war, daß keine heißen Gase am Spalt der Einspritzdüse vorbei nach unten gelangen konnten. Dadurch blieb über dem Bolzenauge jedoch nicht mehr genügend Raum für die Anbringung einer sicheren Nut für den Ölabstreifring. Man führte deshalb zwei glatte Ringe über und unter dem Bolzenauge ein, die mit ihrer Unterseite das Öl abschabten und in die darunterliegenden Bohrungen im Kolbenschaft drückten. Es wurde auch versucht, ohne den unteren Ring auszukommen, was jedoch zu einem beträchtlich höheren Ölverbrauch führte. Der durchschnittliche Verbrauch bei den Grand-Prix-Wagen des Jahres 1955 lag bei 21 Liter Castrol Racing SAE 20 auf 1000 Kilometer. In dem 40 Liter fassenden Öltank wurden vier Fünftel des gesamten Schmiermittelvorrats mitgeführt, wodurch man eine ansehnliche Öl-Reserve hatte.

In der unteren Hälfte des Motors hatte man sich nun endgültig voll und ganz für die bekannten Bauteile der Firma Hirth entschieden. Die zahlreichen Versuche mit den Acht- und Zwölfzylindern vor dem Krieg hatten zu diesem Entschluß geführt. Eine weitere Anregung stellten die mittlerweile bei Hirth gemachten Fortschritte dar, wie etwa die auch an Porsche und Veritas gelieferten rollengelagerten Kurbelwellen, die sich großartig bewährt hatten. Die einzelnen Abschnitte der Welle wurden nach wie vor mit Stirnverzahnungen zusammengefügt und durch einen massiven Bolzen mit Gegengewinde in den Lagerzapfen verschraubt. Anstelle von zwei Trennstellen an jeder Kurbelwange gab es jetzt nurmehr eine in der Mitte. Dadurch wurde die Anzahl der Einzelteile verringert und die Stabilität der jeweiligen Verbindungen wie auch der Abstand zwischen den Hubscheiben vergrößert. Es erschien ungewöhnlich, daß der Durchmesser der Hauptlager mit 51 mm kleiner als der der Pleuellager war. An den beiden Enden der Kurbelwelle sowie zu beiden Seiten des Mittelabtriebs waren einreihige Rollenlager vorgesehen. An den verbleibenden sechs Lagerstellen verwendete man doppelreihige Rollenlager mit der Rollengröße 7 × 7 mm, genau in dem Spalt zwischen den Rollenreihen lag die Trennfläche der Hirth-Verzahnung. Alle Kurbelwangen waren als Gegengewichte ausgeführt, wobei man durch das Einbringen von Bleistopfen die Auswuchtung verändern konnte.

Wie schon vor dem Krieg, wurden auch hier die Pleuellager wieder mit Öl von den Schleuderringen der Kurbelwangen versorgt. Um die Auflagefläche auf diesen Ölnuten zu vergrößern, wurde während der Entwicklung der Durchmesser der Hubzapfen von 52 auf 55 mm erweitert. Die Rollen waren 6,5 mm stark und liefen auch hier in zwei Reihen. Sie waren zuerst 9 mm lang, wurden dann aber auf 8,5 mm verkürzt, damit man den Lagerkäfig aus DM31-Dural stärker ausführen konnte. Als eine besondere Vorsichtsmaßnahme wurden diese Lagerkäfige aus Vollmaterial herausgedreht, denn so blieben sie auch bei einem eventuellen Bruch in der Form. Wenn man sie hingegen aus Stangen- oder Rohrmaterial drehte, das noch Restkräfte beinhaltete, welche bei einem Bruch das Material auseinanderfallen ließen, so wurde die Zerstörung nur noch verstärkt.

Die einteiligen geschmiedeten Stahlpleuel wiesen je zwei Versteifungsrippen über Pleuelauge und -fuß auf. Sowohl die Enden als auch der Pleuelschaft im Doppel-T-Profil waren verschliffen und poliert, um sie widerstandsfähiger zu machen. Der 21,5 mm starke Kolbenbolzen lief im Pleuelauge auf zuerst 2,5 mm, später 3,0 mm dicken Nadeln. An der Kurbelwelle waren schließlich noch an beiden Enden robuste Schwingungsdämpfer angebracht, sie bestanden aus jeweils zwölf in Gummi gebetteten Ausgleichsgewichten. Zusammen mit diesen sowie mit Pleuelstangen und allen Lagern wog der Kurbeltrieb 47 kg. Man hatte sich bei Daimler-Benz bewußt für einen schweren Kurbeltrieb entschieden, um eine möglichst große Zuverlässigkeit zu erreichen. Der Erfolg sollte den Ingenieuren recht geben. Ende 1955 war in einem technischen Bericht zu lesen: „Trotz einiger Probleme mit der Dauerzuverlässigkeit konnte kein Motorversagen auf Fehler an der Kurbelwelle zurückgeführt werden." Das komplette Bauteil wurde von Hirth einbaufertig angeliefert und dorthin schickte man die Wellen auch wieder zur Wartung oder Überholung. Nach jedem Rennen wurden neue Lagerrollen eingebaut und jedes Teil mikroskopisch nach Fehlern untersucht, die man sofort durch Nacharbeiten oder Austausch behob.

Die bewegten Teile wurden zur Gänze von einem tiefen Kurbelhaus aus Silumin eingeschlossen. Die Hauptlager an den beiden Enden wurden in verschraubten Deckeln gehalten, die selbst Teil des nach unten offenen Kurbelhauses waren. Bei dieser Konstruktion war die Verwendung der unten verschraubten Endkappen der Lagerböcke wieder aktuell geworden. Die Verschlußkappen für die anderen acht Hauptlager wurden von langen Stehbolzen gehalten, die von den Befestigungspunkten der Zylinderblöcke nach unten ragten. Damit hatte man wieder auf die Anordnung, wie sie schon am M218 von 1924 verwendet wurde, zurückgegriffen.

Als der erste Motor lief, war es mit bloßem Auge erkennbar, daß es an den Seitenwänden des Kurbelgehäuses, besonders zur Mitte hin, Vibrationen gab. Man ging dieser Erscheinung mit einer Stroboskoplampe auf die Spur und maß auch die Schwingungsamplitude, wobei man herausfand, daß es sich um eine Bewegung um 0,39 mm im Rhythmus der Kurbelwellenbewegung handelte. Eine Schwingung mit der halben Geschwindigkeit ließ sich ebenfalls beobachten, diese stammte von den Nockenwellen. Aus diesem Grund wählte man für die Kurbelhauswandung eine größere Materialstärke, und an der rechten Seite brachte man zwei sich kreuzende Verstärkungsrippen an. In der gleichen Art und Weise wurde auch der Ölsumpf verstärkt, der mit neun großen Dübeln am Kurbelhaus befestigt war, um auch damit die Stabilität zu erhöhen.

Man wollte beim Aufbau des Motors weitgehend Magnesium-Teile verwenden; ein Kurbelgehäuse aus diesem Material erwies sich jedoch als erschreckend unbeständig. Es brachte zwar eine Gewichtsersparnis von 35,6 auf 28,2 kg, aber bereits nach einem einzigen Rennen begann das Material an den Lagersitzen so zu fließen, daß umfangreiche Nacharbeiten notwendig wurden. Und dann blieb die Frage offen, ob man das Gehäuse überhaupt noch einmal verwenden konnte. Hier war sogar Daimler-Benz der Preis für eine Ersparnis von 7,4 kg zu hoch.

Am hinteren Kurbelgehäusedeckel befand sich ein Flansch für die Kupplungsglocke sowie ein Stützlager für die 20 mm starke Antriebswelle. Diese lief durch die Ölwanne und wurde von einem Stirnradpaar in der Kurbelwellenmitte angetrieben. Die Welle lief mit 0,89facher Kurbelwellendrehzahl, denn die Zahnräder brachten eine Untersetzung von 1,125:1. Von der Antriebswelle aus wurden die Kupplung sowie die Zwischenwelle zum hinten liegenden Getriebe konventionell mit Drehrichtung im Uhrzeigersinn angetrieben. Daraus folgt, daß sich die Kurbelwelle „rückwärts", also entgegen dem Uhrzeigersinn drehte, die Nockenwelle lief wieder andersherum. Die versetzte Anordnung von Antriebswelle und Kupplung erlaubten eine um 7,5 cm tiefergesetzte Unterbringung der schwereren Teile des Motors gegenüber der konventionellen Unterbringung des Antriebsstranges am Kurbelwellenende. Die Antriebsräder zu den Nockenwellen verliefen nicht im Zentrum des Motorgehäuses, sondern vielmehr an der linken (beim Einbau oberen) Seite, auf diese Weise konnten sie noch weitere Antriebsaufgaben übernehmen. Das erste Zahnrad trieb den Bosch-Doppelmagnet, das zweite die Wasserpumpe, das dritte die Achtstempel-Einspritzpumpe von Bosch und das vierte schließlich die Einlaßnockenwellen. Das einzige unbehelligte Zahnrad blieb das Zwischenrad zwischen den beiden Nockenwellenreihen.

Alle diese Räder liefen in einem gesonderten Leichtmetallgehäuse, das an den Nockenwellengehäusen befestigt war. Bei den ersten Probeläufen des Motors zeigte sich ein Spiel zwischen den Leichtmetallgehäusen und dem stählernen Zylinderblock. Man brachte deshalb lange Verstärkungsstreben von den Rädergehäusen zu den Nockenwellengehäusen an. Mitte 1954 wurden diese Streben in die Nockenwellengehäuse integriert. Zusätzlich hatte man Verstärkungsbleche nach unten geführt.

Ein kleiner, aber wichtiger Punkt in der Entwicklung war die geänderte Befestigung der Nockenwellengehäuse auf den Zylinderblöcken. Anfangs wurden die Gehäuse von einer großen Mutter auf einem Gewinde um die vier Ventilführungen gehalten. Wenn der Motor heiß wurde, dehnte sich jedoch das Magnesium des Gehäuses stärker aus als der Stahlblock, wodurch sich die Ventilführungsgehäuse verzogen, was zum Klemmen der Ventile führen konnte. Man wendete hier nun eine neue Befestigungsart an, die dem Magnesiumgehäuse einen gewissen Spielraum gab.

Das Prinzip der geteilten Schmierungsaufgaben, das bei den Rennmotoren der späten dreißiger Jahre notwendig gewesen war, fand sich auch in der Konstruktion des W 196 wieder. Das Öl wurde hier aus dem Tank mittels Förderpumpe zum Ölfilter im Kurbelgehäuse geleitet. An den Wagen mit freistehenden Rädern war der Ölbehälter ganz hinten im Fahrzeug untergebracht, weshalb man hier eine zusätzliche Druckpumpe, die vom Getriebe angetrieben wurde, einbaute. Vom Filter lief das Öl zu einer großen Druckpumpe für die Versorgung der Kurbelwellenlager und zu zwei kleineren Pumpen für die Lager der Ein- und Auslaßnockenwellen. Die kleinen Pum-

Oben: Auch an der Vorderachse hatte man die Bremsen nach innen versetzt; sie waren über Halbwellen mit den Radnaben verbunden.

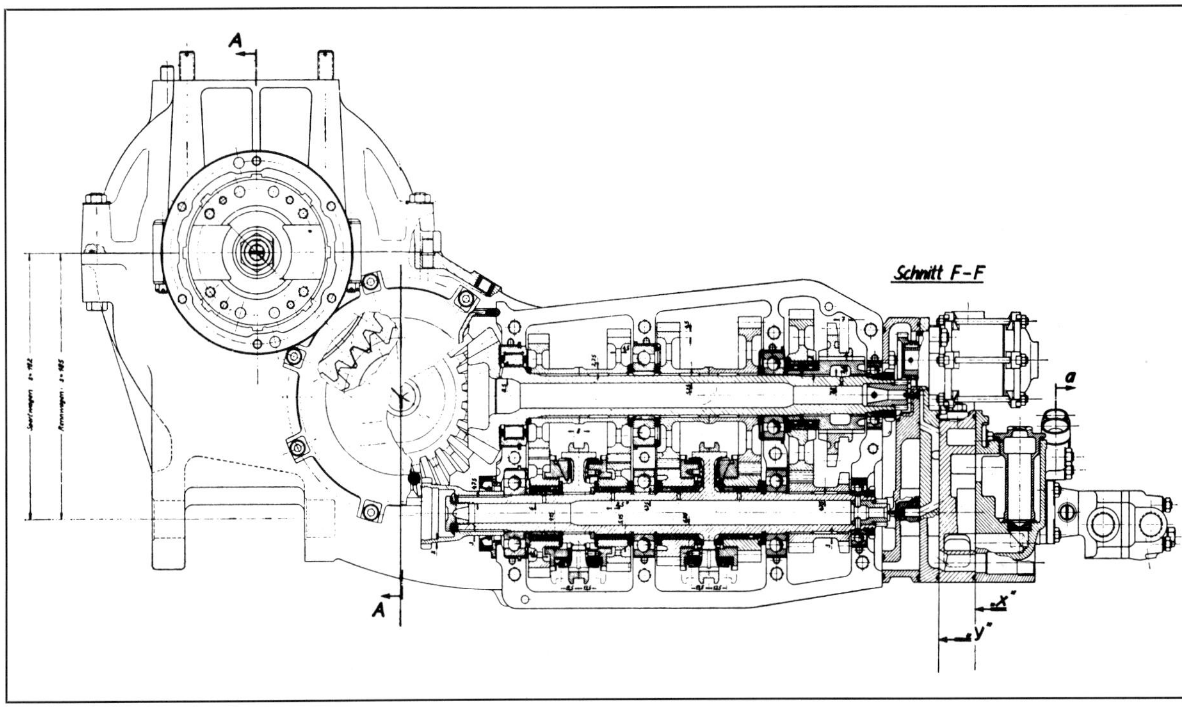

Eine ungewöhnliche Anordnung fand man für Differential und Getriebe. Letzteres wurde von der unter der Hinterachse laufenden Kardanwelle angetrieben und trieb seinerseits über Kegel- und Tellerrad das vorn darüber liegende Differential an.

pen saßen im Ölsumpf, wie auch die größere, die zweigeteilt war und auch die Rückförderung vom Boden des Ölsumpfs aus besorgte. In einer Einbuchtung an der Stirnseite vor dem Sumpfdeckel saß eine Fünfkolben-Rückförderpumpe, die das Öl von den vier einzelnen Nockenwellengehäusen sowie aus dem Antriebsschacht über einige der zahlreichen, außen am Motor verlaufendenÖlleitungen absaugte. Von dort aus wurde das Öl über einen Ölkühler zurück in den Behälter befördert, nur zur ständigen Benetzung der Nockenwellenräder blieb ein kleiner Vorrat im Schacht. Bei einer Motordrehzahl von 8000 U/min wurde der gesamte Vorrat des Motorenschmieröls einmal pro Minute umgewälzt.

Die ersten Prüfstandsversuche, die Heinz Lamm Ende 1953 mit dem fertiggestellten M 196-Aggregat durchführte, sollten Aufschlüsse über einige bisher ungelöste Probleme bringen. Dazu gehörten die Kurbelanordnung und die Zündfolge. Bei den theoretischen Berechnungen war man auf vier verschiedene Zünd-Reihenfolgen gekommen, die alle gleichermaßen vielversprechend erschienen. Letztlich entschied man sich für jene, die eine hohe Leistung auch auf Dauer gewährleisten könnte. In direktem Zusammenhang mit der Zündfolge stand auch die Gestaltung der Nockenwellen und der Ablauf der Steuerzeiten. Für die Versuche mit dem ersten Zündfolge-Muster – das man im übrigen später nicht verwendete – wurden vier verschiedene Einlaßnockenwellen und zwei für den Auslaß bereitgestellt. Auf Drängen Manfred Lorscheidts wurden die Vorteile der Zwangssteuerung mit großen Ventilhüben und hoher Beschleunigung, die einen maximalen Öffnungsquerschnitt bei minimaler Überschneidung brachten, auch genutzt. „So gibt es bei niedrigen Drehzahlen kein Zurückschwappen der Zylinderfüllung wegen zu großer Überschneidungen. Wir haben sehr steile und hohe Nockenformen, die eine gute Leistungsausbeute und dazu ein hohes Drehmoment bringen. Das war der ganze Trick," sagte Lorscheidt. Zuerst arbeitete man mit einem Ventilhub von 10 mm, schließlich ging man auf 12 mm für den Auslaß und 13 mm für den Einlaß über. Die endgültigen Steuerzeiten blieben während der ganzen Einsatzzeit unverändert. Sie lauteten:

Einlaß öffnet	20° vor OT	Auslaß öffnet	50° vor UT
Einlaß schließt	56° nach UT	Auslaß schließt	14° nach OT

Die Einlaßventile neigten anfänglich zu Verformungen, die sie den früheren Tulpenventilen ähnlich erscheinen ließen, dies wurde jedoch durch eine Verstärkung der Ventilteller unterbunden. Bei frühen Prüfstandsläufen hatte sich auch ein deutlicher Leitungsverlust nach 10 bis 15 Sekunden Vollgas bemerkbar gemacht. Mit neuen Einlaßventilen, die eine bessere Wärmeabfuhr gewährleisteten, wollte man hier Abhilfe schaffen, doch es zeigte sich, daß das Problem an ganz anderer Stelle lag. Die kurzen Stößel auf den Ventilschäften neigten dazu, in ihren Führungen festzugehen, hier ließ sich ganz einfach Abhilfe schaffen. Unter die hohlen Pilz-Stößel legte man Abstandsplättchen, die ein Spiel zwischen Nocken und Ventilschaft ermöglichten, die Distanzen betrugen 0,20 mm für den Einlaß und 0,38 mm für den Auslaß. Die direkt auf das Ventil wirkenden Öffnungsnocken nannte man bei Mercedes „A-Nocken". Die anderen Nocken, die über einen abgewinkelten Kipphebel, der an einer Nut am Ventilschaft eingriff, das Ventil wieder schlossen, nannte man „D-Nocken". In seiner ersten Ausführung bestand der Kipphebel an der D-Nocke aus zwei Teilen, die sich gegenseitig über kräftige Klauen in Bewegung setzten. Dazwischen war eine Druckfeder angeordnet, die das Ventil über Milimeter-Bruchteile des vorhandenen Spiels hinweg fest in seinen Sitz drückte. Auf den Testvorrichtungen brachen nun diese Federn immer wieder, ohne daß man eine Ursache dafür hätte finden können. Lorscheidt schlug daraufhin seinem Chef Gassmann vor: „Ich glaube, daß es auch ohne diese Federn funktioniert, denn beim Schließen der Ventile bleibt nur ein kleiner Spalt übrig, der sich durch den Gasdruck bestimmt von selbst schließt." Der einzige Einwand, daß der Motor ohne die Federn nur schwer anspringen würde, ließ sich bei den Versuchen mit dem Voll-Motor entkräften. Bei den ersten Einsätzen in der Saison wiesen die Motoren zwar noch die zweiteiligen Kipphebel auf, jedoch keine Zusatzfedern mehr.

An den Auslaßkanal-Öffnungen wurden Krümmerrohre mit einem Durchmesser von 47 mm montiert, diese liefen in zwei Auspuff-Sammlerrohre mit einer Stärke von 65 mm zusammen. Man vereinigte dazu die inneren vier Zylinder und ebenso die vier äußeren zu einem weiteren Strang. Auf der Einlaßseite gab es gekrümmte, jeweils 235 mm lange Saugrohre, die von einer gemeinsamen Luftkammer, ähnlich wie beim 300 SL, versorgt wurden. Schon im ersten Stadium der Motorenentwicklung wurde diese Luftkammer jedoch erheblich vergrößert. Die Ansaugluft trat durch ein Magnesium-Drosselklappengehäuse mit einer Öffnungsweite von 65 mm ein. Hier gab es wiederholt Schwierigkeiten mit der Lagerung der Drosselklappe und dem Steuermechanismus; diese Einheit funktionierte erst 1955 zufriedenstellend. 257 PS bei 8250 U/min entwickelte der M 196 bei seinem ersten Auftreten in der Saison 1954. Diese Leistung stand im Einklang mit einem hervorragenden Drehmomentverlauf in unteren Drehzahlbereichen. Bei 6300 U/min gab der Motor noch 220 PS ab und zugleich sein höchstes Drehmoment von 25,2 mkg sowie den besten mittleren Kolbendruck von 12,6 at. In der normalen Ausführung wog der komplette Motor 204 kg, bei Verwendung des Magnesium-Kurbelhauses waren es 198 kg.

Mit einer Einscheiben-Trockenkupplung von 240 mm Durchmesser wurde die Kraft auf die Antriebseinheit übertragen. Die Kupplung war mit zehn Druckfedern versehen und in der Konstruktion mit jenen der Vorkriegs-Rennwagen identisch. Von der Kupplung führte unter dem Fahrersitz die Antriebs-Zwischenwelle auf das an der Hinterachse untergebrachte Getriebe. Die Hintereinander-Anordnung der Getriebewellen wie bei den vorherigen Mercedes-Rennwagen wurde hier nicht mehr aufgenommen. Statt dessen lagen diese in dem hinter der Achse links versetzt angebrachten Getriebe nun in Längsrichtung übereinander. Diese Unterbringung wählte man hauptsächlich wegen der riesigen, innen montierten Bremstrommeln. Die Hauptwelle lag unten und war über die Zahnradpaare der fünf Vorwärtsgänge mit der darüberliegenden Schaltwelle verbunden. Am vorderen Ende der Schaltwelle befand sich ein Kegelrad, mit dem die Kraft zur Mitte über ein rechts gegenüber angeordnetes Kegelrad übertragen wurde. Die Übersetzung von 1,643:1 an dieser Stelle wurde nie verändert. Von dieser kurzen Zwischenwelle aus wurde schließlich über einen Stirnradsatz das darüberliegende ZF-Sperrdifferential angetrieben. Hier konnte man durch ein Auswechseln der Stirnräder die Endübersetzung bestimmen; es standen neun Abstufungen von 2,167 bis 3,154:1 zur Verfügung.

Ein wichtiges Detail, ebenfalls von den letzten Vorkriegskonstruktionen übernommen, war der Wechsel der Schaltstufen auf der Hauptwelle anstatt auf der Schaltwelle. Dadurch wurden die rotierenden Massen an der Schaltwelle die bei jedem Schaltvorgang abgebremst und wieder beschleunigt wurde, möglichst gering gehalten. An sämtlichen Gängen – mit Ausnahme des Ersten – wurden die neuen und gut funktionierenden geteilten Synchronringe von Porsche verwendet. Für die einzelnen Gänge waren zahlreiche verschiedene Übersetzungen vorhanden, drei für den ersten, jeweils zwei für den zweiten und dritten, vier für den vierten und sogar sieben für den fünften Gang. Das Getriebe wurde mit einem eigenen System durch Druck- und Rücklaufpumpen aus dem Motorölvorrat geschmiert.

Am Wagenheck überdeckten die Bremstrommeln die inneren verschiebbaren Kreuzgelenke, die an den Halbwellen axiales Bewegungsspiel ermöglichten. Im Wagenbug waren die Bremstrommeln ebenfalls innen angeordnet, sie standen recht nahe beisammen und wurden mit Gelenkwellen von den Rädern aus bewegt. Diese Anordnung zeigte bereits recht deutlich die Möglichkeit eines Vierradantriebs auf, und tatsächlich hatte man so etwas schon bei den ersten Entwürfen des W 196 in Betracht gezogen. Ludwig Kraus dachte dabei an einen unkomplizierten Antrieb auf ein vorderes Differential, den man entweder direkt vom vorderen Kurbelwellenstumpf oder aber von der seitlichen Zwischenwelle abzweigen könnte. Diese Antriebsart wäre allerdings nur in einer einzigen Übersetzungsstufe wirksam gewesen. Man hätte hier beispielsweise eine dem ersten Gang entsprechende Übersetzung gewählt, womit man beim Start wesentliche Vorteile gehabt hätte. Bei den restlichen Getriebegängen hätte dann ein Freilauf den Kraftschluß zu den Vorderrädern unterbinden können. Oder man hätte den zusätzlichen Antrieb dem zweiten Gang entsprechend abgestimmt, wobei der Fahrer durch einen mit dem linken Fuß zu betätigenden Druckknopf den Frontantrieb eingekuppelt und damit aus langsamen Kurven eine wesentlich bessere Bodenhaftung des Wagens gehabt hätte. Doch die Traktion war am W 196 bereits mit dem Hinterradantrieb gut genug, so daß man keine dieser Überlegungen in die Tat umsetzte.

Im Juni 1953 war der Scheibenbremse ein erster Durchbruch gelungen, als sie einen beträchtlichen Beitrag zum zweiten Jaguar-Erfolg in Le Mans geleistet hatte. Doch die Erkenntnisse und Erfahrungen mit diesen Bremsen waren Daimler-Benz zu jenem Zeitpunkt noch nicht im gewünschten Umfang zugänglich. Außerdem war bereits die Entscheidung zugunsten der Verwendung von Trommelbremsen am W 196 gefallen. Die Ausführung dieser

Bremsen war indessen noch nicht festgelegt. Man probierte verschiedene Systeme mit zwei, drei oder vier gesteuerten Bremsbacken aus, sie alle erwiesen sich jedoch als recht anfällig, und die vor dem Krieg gemachten schlechten Erfahrungen mit blockierenden Bremsen gaben ein warnendes Beispiel. Die Chassis-Spezialisten um Ludwig Kraus beschäftigten sich daher mit einer Bremsenbauart, die Ferrari 1951 eingeführt hatte und bei der der Befestigungspunkt für die Bremsbacken genau in der Mitte angeordnet war. Dadurch waren diese kippbar gelagert und an jeder Backe ergab sich sowohl eine Anlauf- als auch eine Ablaufwirkung, wodurch der unkonventionelle Selbstverstärkungseffekt unerheblich wurde. An beiden Enden fanden sich automatische Nachstellvorrichtungen. Ebenfalls an beiden Enden waren die Radbremszylinder angeordnet, diese lagen parallel übereinander und betätigten jeweils eines der gegenüberstehenden Bremsbackenenden. Die Backen waren mit 9 cm so breit, daß man zwei Druckzylinder nebeneinander anbringen konnte. Auf diese Weise befanden sich in jeder Bremstrommel insgesamt acht Druckkolben. Um einen möglichst gleichmäßigen Verschleiß der Bremsbeläge zu erzielen, hatte man jeweils das erste Drittel der Bremsbacken mit einem relativ harten Energit-Belag versehen und auf die restliche Fläche weicheres Material aufgenietet, vorne von Textar, hinten von Ferodo. Der Innendurchmesser (Bremsring) der Trommeln betug vorn 350 und an der Hinterachse 275 mm. Man verwendete erneut die schon am 300 SL bewährte Alfin-Konstruktion und nahm die turbinenartige Anordnung der Kühlrippen

Als man bei Daimler-Benz 1952 mit der Planung eines neuen Grand-Prix-Wagens begann, beschloß man diesen in zwei Karosserie-Varianten zu bauen. Im März 1954 war als erstes die Stromlinienausführung des W 196 fertig geworden. Die äußerst elegante Linienführung hatte man vorher nur an einem Modell im Windkanal getestet.

von den 1939er Rennwagen wieder auf. Bei der Gestaltung der Trommeln wurde nicht mit Aluminium gespart, denn man wollte die anfallende Hitze möglichst gut ableiten können, die vorderen Trommeln wogen je 9,5 kg.
Diese Bremsen sowie auch alle Antriebskomponenten waren in ein Chassis aus 20 oder 25 mm starken Stahlrohren eingebaut. Dieser Gitterrohrrahmen stellte eine Weiterentwicklung des 300 SL-Chassis dar. Hier brauchte man indessen keine Rücksicht auf die Anordnung von Türen oder die Unterbringung eines Beifahrers zu nehmen, und deshalb war es Ludwig Kraus' Team möglich, eine perfekte Fachwerkkonstruktion an den Seitenteilen auszuführen. Man verwendete natürlich auch starke Querverstrebungen vor dem Cockpit und unten im Motorraum. Die Berechnungen der möglichen Einwirkungen auf den Rahmen begannen mit einer Betrachtung der maximalen Bremskraft an der Vorderachse und einem Belastungswert von 4 g, also dem Vierfachen des vorhandenen Eigengewichts. Weitere Belastungen für die Rohrstruktur stellten der vorgebaute Kühler und der hinten angefügte Benzintank dar, der mittels quer hindurchgeführter Rohre befestigt war. Das Ergebnis der Versuche war die Hälfte der Verwindung des Leiterrohrrahmens am W 154, der in etwa der gleichen Belastung ausgesetzt war. Der Wert war sogar noch um ein Drittel geringer als jener beim 300 SL, obwohl der Gitterrohrrahmen des W 196 noch geworden war: 36 kg.
Für die Aufhängung der Vorderräder griff man wieder zu doppelten Querlenkern, diesmal mit Kugelgelenken an der Radnabe befestigt. Die Arme der Dreiecks-Querlenker waren in dem selben C-Profil wie an den Vorkriegswagen ausgeführt, aber noch graziler geworden. Der obere Querlenker war 230 mm lang, der untere 310 mm. Innerhalb des hohlen Achsschenkels befand sich ein Gleichlaufgelenk, mit welchem die Bewegung des Rades über die Zwischenwelle an die innenliegende Bremstrommel übertragen wurde und umgekehrt natürlich auch die Bremswirkung an das Rad. Die Querlenker-Anordnung wies am inneren Befestigungspunkt kein Seitenspiel mehr auf, die Aufgabe der früheren Anschlaggummis wurde nun von einem hydraulischen Lenkungsdämpfer übernommen. Am unteren Querlenker verlief durch die innenseitige Lagerung eine Drehstabfeder. Diese befand sich in einem Hüllrohr mit einer Wandstärke von 1,75 mm, an welches der Querlenker fest montiert war und somit als Drehachse fungierte. Es bewegte sich auf Nadellagern. Das Rohr erstreckte sich noch etwas weiter nach vorn, wo die Verbindung zum Drehstab saß. Am anderen Ende verlief der Drehstab ein Stück weiter nach hinten, wo er schließlich am Rahmen verankert war. Die Verlängerung nach vorn diente hierbei als zusätzliche Möglichkeit zur Bereitstellung eines ausreichenden Federwegs. Es waren Federhärten von 10,9 bis 12,8 kg/cm vorgesehen. Zusätzlich hatte man auch wieder einen Drehstab-Querstabilisator angebracht, der die Federrate pro Rad auf 19,7 kg/cm für den Einfederweg erhöhte. Der untere Querlenker war darüber hinaus mit einem hydraulischen Teleskop-Stoßdämpfer verbunden, der an einem Grand-Prix-Wagen der Saison 1954 eine ungewohnte Neuerung darstellen sollte. Dieser begrenzte den Federweg des jeweiligen Vorderrades sowohl beim Ein- als auch beim Ausfedern auf 63,5 mm. Die Drehachse der Vorderradaufhängung lag dabei nur 35 mm über dem Boden.
Zum allseitigen Erstaunen der Fachwelt trat der W 196 mit einer Schwingachskonstruktion der Hinterachse zu einer Zeit an, in der alle anderen Konkurrenten zur De Dion-Hinterachse gegriffen hatten, wie sie schon 1936 in Untertürkheim wiederentdeckt worden war. Rudolf Uhlenhaut erläuterte dies dem amerikanischen Journalisten Jesse Alexander: „Als wir im Jahre 1953 die Wagen für die Saison 1954 konstruierten, stand uns nur sehr wenig Zeit zur Verfügung. Deshalb hielten wir uns auch an Konzeptionen, deren Verhaltensweisen uns bereits geläufig waren. Wir verwendeten die De Dion-Achse nicht mehr, denn sie hatte verschiedene Nachteile. Dafür entwarfen

Cockpit des ersten W 196, der ab März 1954 zu Versuchszwecken diente. Zusätzlich zu Drehzahlmesser, Öldruck-Manometer und Wasserthermometer (links) hatte man noch Kontroll-Instrumente für die Öltemperaturen in Motor und Getriebe sowie den Öldruck im Getriebe und die Zylinderkopf-Brennraumtemperatur angebracht. Interessant ist auch die Pedalanordnung im Fußraum, denn zwischen dem Gaspedal und den Hebeln für Bremse und Kupplung lagen sowohl der Kardantunnel als auch die Belüftungsleitung für die Hinterachse – man saß also mit weit gespreizten Beinen im Wagen.

wir eine neue Schwingachse mit einem niedrigen Drehpunkt, die sich schließlich als sehr erfolgreich erwies.“ Dieser Drehpunkt war als zentrale Befestigung für beide Achshälften unter dem Differential angeordnet, und dadurch lag er nur 175 mm über dem Boden.
Die gesamte hintere Aufhängung wurde äußerst leichtgewichtig gehalten, hierzu wandte man alle Erkenntnisse eines optimalen Leichtbaus an. Die Schwingachsen waren innen im Doppel-T-Profil gehalten und nach außen mit angeschweißten Rohrstücken verbunden. Zusätzlich waren an den Naben zwei Rohr-Streben mittels Kugelgelenken befestigt, die damit ein Watt-Gestänge bildeten und jedem Rad nur vertikale Bewegungen erlaubten. Damit ließ sich das Eigenlenk-Bestreben an den Hinterrädern reduzieren.
Bisher hatte man an allen drei Hinterachsausführungen noch keine gewichtssparendere Maßnahme zur sicheren Führung der Räder finden können. Den Sturz legte man an den Hinterrädern mit 3 Grad negativ (obere Radkante leicht nach innen geneigt) im Ruhezustand fest. Beim Einfedern konnte sich dieser Wert bis auf 8 Grad vergrößern, beim Ausfedern änderte sich der Sturz auf maximal 4 Grad positiv. Der Federweg war identisch mit dem der Vorderachse, wobei der obere Anschlag durch einen Gummipuffer am Rahmen begrenzt und die Dämpfung ebenfalls von einem Teleskop-Stoßdämpfer übernommen wurde. An der Hinterachse hatte man die Dämpfergehäuse mit engstehenden Kühlrippen versehen, um bei der fehlenden Kühlluftzufuhr auf diese Weise für eine Wärmeableitung zu sorgen. Mittels Anlenkhebeln waren die Schwingarme der Achskonstruktion mit längsliegenden Torsionsstäben verbunden, die Federhärten von 17,8 bis 20,8 kg/cm aufwiesen. Die Hebelanordnung war so gewählt, daß die Federwirkung progressiv anstieg, wenn sich das Rad nach oben bewegte.
An allen vier Enden des Fahrgestells verwendete man 16-Zoll-Drahtspeichenräder mit 5½ Zoll breiten Felgen, auf die man vorne Continental-Rennreifen der Größe 6,00 und hinten 7,00 montierte. Das kompakt gehaltene Lenkgetriebe der Daimler-Benz-Schneckenlenkung wurde auf der linken Vorderseite oben auf dem Rahmen angebracht, der nach unten ragende Pitman-Arm war dort mit dem rechten Zwischenhebel der dreiteiligen Spurstange verbunden. Diese weit nach vorn gerückte Unterbringung machte die Verwendung einer Schubstange überflüssig, aber sie verlangte eine sehr lange Lenkachse, die mit einem Kreuzgelenk hinter der Motorraumrückwand nach links abgeknickt wurde. Das Übersetzungsverhältnis an der Lenkung betrug 12,65:1.
Der Radstand des W 196 betrug 2350 mm, die Spurbreite vorne 1320 mm und hinten 1350 mm. Als Karl Kling Anfang Januar 1954 das erste Exemplar des neuen Wagens auf dem Werksgelände ohne Karosserie probefuhr, sahen die Anwesenden nur ein Gewirr aus Rohren und Leitungen, das man mit Rädern versehen hatte. Karl Kling, ein ebenso guter Techniker wie Fahrer, war mit der Ermittlung der günstigsten Achslastverteilung betraut worden. Man wollte vor allem einen zentralen Drehpunkt aus Gründen der Fahrzeug-Stabilität erzielen. Eine tiefe Schwerpunktlage hatte man bereits erreichen können, der Fahrzeugschwerpunkt lag 31 cm über dem Boden.
Unter den Entwürfen für die Karosseriegestaltung des neuen Rennwagens befand sich eine Version mit freistehenden Rädern, die jedoch weit ausladend gestaltet war, um alle Aufhängungsteile noch mit einzubeziehen. Dann gab es jedoch auch Pläne für einen nach aerodynamischen Gesichtspunkten vollverkleideten Wagen, dabei hatte man an diesbezügliche Versuche aus den Jahren 1937/38 angeschlossen. Alfred Neubauer hatte ausdrücklich empfohlen, mit einer solchen Karosserie in Reims anzutreten, und da diese schnelle Strecke ohnehin die Premiere der neuen Mercedes-Rennwagen erleben sollte, gab man bei den Vorbereitungen der Stromlinien-Ausführung zunächst den Vorrang.
Die Karosserie-Entwürfe setzte man in ein Modell im Maßstab 1:5 um und untersuchte dieses wiederum im Windkanal der Versuchsanstalt F. K. F. S. Der stark geneigte Einbau des Motors erlaubte eine sehr flache Motorhaube und eine insgesamt äußerst niedrige Karosserielinie. Wie bereits bei den Vorkriegs-Konstruktionen, wurden auch hier wieder die Radkästen hoch aufgewölbt; am Heck liefen diese Teile flossenähnlich nach hinten aus, womit sich eine gewisse Stabilisierung erreichen ließ. Die Erfahrungen mit dem 300 SL führten auch hier zu seitlichen Entlüftungsöffnungen hinter den Vorderrädern. Die Luft-Verwirbelungszone vor dem Cockpit wurde für einen Frischlufteinlaß genutzt, von dem aus den hinteren Bremsen über Schächte Kühlluft zugeführt wurde und auch ein kleiner Luftstrom auf den Fahrer gerichtet war.
Die Mannschaft um den Vorarbeiter Schüller fertigte schließlich die endgültige Karosserie aus Magnesiumblech an. Dieses Material wurde dazu gewalzt,

Karl Kling mit dem endgültigen Rennwagen bei Probefahrten in Hockenheim. Der Mercedes-Stern im Kühllufteinlaß war verschwunden, in die hinteren Radabdeckungen hatte man Belüftungshutzen eingesetzt, und die Cockpit-Abdeckung wurde mit einer niedrigen Windschutzscheibe versehen.

erwärmt und schließlich zur endgültigen Form mit Hammerschlägen über hölzerne Lehren getrieben.
Mitdem fertiggestellten Fahrzeug führte man keine Windkanal-Tests durch. Anfang März 1954 wurde nordwestlich von Stuttgart der erste Wagen an der Autobahn vom Transporter abgeladen. Man stellte das bei diesen Gelegenheiten stets mitgeführte Zelt auf und bereitete den ersten Straßeneinsatz des Stromlinien W 196 vor. Dann setzte sich Karl Kling ans Steuer und jagte den Wagen die Autobahn entlang in Richtung Leonberg und zurück, wobei sich zeigte, daß es keinerlei Probleme bei höheren Geschwindigkeiten gab.
Einige Tage nach der Pressevorstellung in Untertürkheim wurde der W 196 erneut auf einen Lastwagen verladen, der Rennmonteur Erwin Grupp brachte ihn diesmal nach Hockenheim. Dort sollten nun die ersten ausgedehnten Testfahrten mit Rolf Uhlenhaut, Karl Kling und dem Neuling im Team, Hans Herrmann, stattfinden. Ausgerechnet der junge Hans hatte das Pech, zu jenem Zeitpunkt im Wagen zu sitzen, als ein technischer Defekt den Wagen von der Strecke abkommen ließ – dies war zugleich einer der seltenen Fälle, bei denen ein W 196 beschädigt wurde.
In der letzten Juniwoche begab man sich erneut nach Hockenheim, wo noch einmal eingehende Tests durchgeführt wurden. An den darauffolgenden Tagen sollten die Wagen bereits auf den Weg nach Frankreich gebracht werden. Hier stand nun auch das erste Einspritzer-Aggregat zur Verfügung, und man konnte durch Verbrauchsmessungen im Vergleich zu den Ergebnissen aus Reims jetzt die endgültigen Abmessungen des Benzintanks bestimmen. Außerdem ergaben sich noch wichtige Aufschlüsse über die zu erwartende Abnutzung der Hinterreifen, wo man das „Monza"-Profil von Continental vorgesehen hatte. Schließlich wurde noch die Verteilung der Fahrzeuge bekanntgegeben: der erste W 196, sozusagen der Entwicklungs-Prototyp, sollte als Ersatzwagen dienen, die beiden Wagen mit den durchgetesteten Motoren sollten Fangio und Kling fahren; Hans Herrmann bekam indessen einen Wagen mit einer nicht erprobten Maschine.
Der Einspritzer-W 196 erwies sich als gleichschnell wie die Vergaser-Version, war jedoch überraschend „durstig". Statt des erwarteten Verbrauchs von 35 Liter auf 100 Kilometer kamen die Fahrer mit dem „nervösen Gasfuß" auf über 40 Liter. Bei einem Fassungsvermögen des Benzintanks von 195 Liter

Selbstverständlich hatte man die Rennabteilung auch 1954 wieder mit einem eigenen Fuhrpark ausgestattet. Wie schon in den dreißiger Jahren, gab es neben den Transport-Lkw's auch wieder einen speziellen Werkstatt-Wagen. In diesem L 6000 fand sich eine komplett ausgerüstete Schlosser-Werkstatt mit allem erdenklichen Werkzeug bis zur Schweißanlage.

Die Versuchsfahrten wurden im April und Mai weitergeführt, während sich in der Rennabteilung alles um die Montage der vier für Reims vorgesehenen Wagen drehte. Bei zwanzig Nürburgring-Runden kam es zu folgenden Rundenzeiten: 9:57,8 min für Kling, 9:58,8 für Herrmann und 10:00 für Uhlenhaut. Beim Großen Preis von 1953 hatte Ascari mit seinem Ferrari als einziger die Zehn-Minuten-Grenze unterbieten können, doch die 2,5 Liter-Ferrari von 1954 wurden bedeutend schneller eingeschätzt.
Mitte Juni, drei Wochen vor dem Großen Preis von Frankreich, fand sich die Mercedes-Mannschaft zu ersten Trainingsfahrten in Reims ein. Mit einigen Einschränkungen verliefen diese sehr zufriedenstellend. Da die Einspritzmotoren noch einigen abschließenden Tests unterzogen werden mußten, hatte man alle bisherigen Versuchsfahrten mit vier Weber-Doppelvergasern absolviert. Manfred Lorscheidt sagte dazu: „Wir wollten auf Nummer Sicher gehen, daß wir, falls es Probleme mit der Einspritzanlage geben sollte, sofort auf Vergaser überwechseln konnten. Wir wollten sozusagen auf zwei Beinen stehen." Neubauer jedenfalls sah noch keine zufriedenstellenden Resultate und dachte an eine Absage des Starts in Reims. Man entschloß sich dann doch anzutreten, auch unter dem Risiko einer Enttäuschung.
bedeutete dies einen Tankstopp nach 443 Kilometer, und das bei einem Rennen, das ohnehin nur über 497 Kilometer führte – so hatte sich das Neubauer natürlich nicht vorgestellt. Am Freitagnachmittag klappte Rudolf Uhlenhaut die Einstiegstür seines 300 SL-Coupés herunter und machte sich auf den Weg nach Stuttgart. Noch in der selben Nacht fertigte man dort Zusatztanks an, mit denen man an den Seitenwänden im Cockpit noch weitere 55 Liter Kraftstoff mitführen konnte. Am späten Samstagabend war das Coupé mit seiner wertvollen Fracht aus Stuttgart wieder zurück. Und als am nächsten Morgen die Wagen an den Boxen für das Rennen vorbereitet wurden, legte man letzte Hand an die Zusatztankbefestigung.
Als die beiden Stromlinienwagen von Fangio und Kling von den beiden ersten Startpositionen aus ihre Fahrt aufnahmen, schlugen sie ein neues Kapitel in der Geschichte der Grand-Prix-Rennen auf. Nachdem er mit 195,4 km/h einen neuen Rundenrekord gefahren hatte, mußte Hans Herrmann seinen Silberpfeil mit Kolbenschaden abstellen – dies kam allerdings nicht ganz unerwartet. Bei den folgenden Rennen 1954 und 1955 sollte es noch manch weitere Überraschung geben, aber eines änderte sich nie: Bei jedem Rennen stand ein W 196 in der ersten Startreihe.

„Ich war sehr aufgeregt, als ich endlich am Steuer saß. Der Wagen war wunderbar stromlinienförmig, und von den ersten Probefahrten an war ich sicher, daß ich den perfekten Rennwagen in Händen hatte, jenes sensationelle Gerät, von dem jeder Fahrer sein ganzes Leben lang träumt."
Juan Manuel Fangio

Grand-Prix-Sieger

Giuseppe Farina war der erste Fahrer, dem man einen Weltmeister-Titel verlieh. Das war im Jahre 1950. In jenem Jahr hatte die FIA beschlossen, ein neues Punktesystem einzuführen, das jenem Fahrer zum Titel verhelfen sollte, der die meisten Großen Preise in der Formel 1 gewinnen konnte. Dieser Titel war sowohl für Farina als auch für seinen Wagen, die Alfetta 158 von Alfa Romeo, ein großer Erfolg. Alfa war auch 1951 am Titelgewinn des ehemaligen Traktor-Mechanikers aus Balcarce in Argentinien beteiligt: Juan Manuel Fangio. Der erste Doppelerfolg gelang Alberto Ascari, der in den beiden Jahren 1952/53 mit der Formel 2 als Interimslösung auf Ferrari zweimal hintereinander Weltmeister werden konnte. Der rundliche Italiener, Sohn eines ebenfalls sehr erfolgreichen Rennfahrers, galt als der einzige Fahrer, den man zu dieser Zeit mit Fangio etwa gleichstellen konnte. Wie dieser mußte auch Ascari sich zu Beginn der Saison 1954 auf seinen neuen Wagen gedulden; in seinem Falle handelte es sich um einen Lancia. Der Argentinier durfte inzwischen mit einem Werks-Maserati vorlieb nehmen und gewann damit die beiden ersten Rennen in Buenos Aires und Spa. Er hatte nun auch in Reims gewonnen, wo Ascari erstmals in den ungewohnten Maserati gestiegen war.
Für Daimler-Benz war das Hauptziel des Grand-Prix-Engagements 1954 die Erringung eines Weltmeistertitels für Juan Manuel Fangio. Es war wichtig, daß ein Mercedes siegte, aber in diesem Fall war es noch wichtiger, daß Fangio am Steuer saß, damit er die nötigen Punkte für das Championat sammeln konnte. Dies war damals die einzige Möglichkeit für Daimler-Benz, in die Annalen aufgenommen zu werden, denn man konnte hier nur als Fahrzeughersteller des Siegerwagens aufscheinen. Die Marken-Weltmeisterschaft für Grand-Prix-Wagen wurde erst 1958 ins Leben gerufen.
Es war 1954 nicht vorgeschrieben, daß ein Fahrer im selben Auto, mit dem er an den Start ging, das Rennen auch beenden mußte. Für die Wertung zählte nichts anderes als die Plazierung des Fahrers beim Zieleinlauf. Aus diesem Grund hatten die anderen Fahrer im Mercedes-Team, Karl Kling und Hans Herrmann, den Auftrag, ihre Wagen gut im Feld zu halten und vor allem vorsichtig mit ihnen umzugehen, so daß sie entweder die Spitze übernehmen konnten, wenn Fangio etwas zustieße oder den eigenen Wagen ihm übergeben konnten, falls er mit einem Defekt an die Boxen kommen würde. Dieser Fall sollte indessen niemals eintreten. Fangio gewann die von ihm bestrittenen Rennen stets mit seinem eigenen W 196 oder er lag vor seinen Team-Kameraden. Wenn er einmal ausfiel, dann eliminierte dieser Schaden mit Sicherheit das ganze Team. Die Dienste, die er dabei für Daimler-Benz leistete, ließen eine Erinnerung an Bernd Rosemeyers Erfolgsreihe im Jahre 1937 für die Auto Union wach werden.
Aber nicht einmal ein Fangio vermochte beim Britischen Grand Prix in Silverstone zwei Wochen nach Reims gegen die Widrigkeiten zu bestehen. Der entstandene Zeitdruck und ein Mangel an Arbeitskräften hatte die Rennabteilung daran gehindert, die Wagen mit den offenen Karosserien mit freistehenden Rädern rechtzeitig fertigzustellen. Das Rennen in Silverstone führte über einen umgebauten Flugplatz mit flachen und schnellen Kurven. „Wir hätten viel lieber die offenen Karosserien mit nach Silverstone genommen, aber wir wurden damit nicht rechtzeitig fertig. Von vornherein hatten wir die Absicht, die Stromlinienkarosse nur für sehr schnelle Strecken wie Reims zu verwenden und die offene Karosserie für normale Kurse wie den Nürburgring," sagte Uhlenhaut später. In Reims waren die Stromlinienwagen zum Training mit der Querleiste und dem Mercedes-Stern im Kühlergrill erschienen, so wie sie entworfen worden waren. Im Rennen jedoch hatte man den Chromzierrat weggelassen, um die Kühlluftzufuhr zu verbessern. In Silverstone herrschte der weniger tropische Sommer Englands und so traten die Wagen hier ein einzigesmal mit diesen Verzierungen an. Fangio hatte mit der schnellsten Trainingszeit auf sich aufmerksam gemacht, er war als erster mit einem 2,5 Liter-Wagen über die 100-Meilen-Grenze hinausgekommen. Im Rennen selbst jedoch mußte er sich im verregneten Schlußabschnitt den Ferrari und Maserati geschlagen geben und mit dem vierten Rang begnügen. Kling wurde Siebenter.
Allerorten sah man die Stromlinienkarosserien als Ursache des Mißerfolgs an, noch dazu, da nun Mercedes als ihr eifrigster Verfechter diese Niederlage hinnehmen mußte. In Wahrheit war die Ursache bei den Reifen zu suchen. Dies war die Rückkehr von Continental zum Grand-Prix-Sport nach einer Abwesenheit von immerhin 15 Jahren. Schon Dunlop und Englebert hatten nicht an die außergewöhnlichen Vorzüge von Pirellis Rennreifen heranreichen können, und so konnte man von Continental auch kaum erwarten, daß die Hannoveraner sofort mit Spitzenprodukten auftreten würden. Die Kurvenhaftung hatte in Reims keine so wichtige Rolle gespielt als in Silverstone. Die Conti-Reifen waren schon im Trockenen nicht sehr vorteilhaft gewesen, auf nasser Fahrbahn war dies noch schlimmer geworden. Es schien deshalb fraglich, ob man mit den freistehenden Rädern um soviel hätte besser abschneiden können, zumal es zwischen den beiden Versionen nur einen überraschend geringen Gewichtsunterschied gab. Die freie Sicht auf die Vorderräder hätte Fangio hier überhaupt nicht geholfen. Hans Klenk, der bei der Continental Gummiwerke AG als Renn-Spezialist tätig war, fuhr mit der Absicht nach Hannover zurück, neue Reifen mit einem verbesserten Haftgrad zu entwickeln.
Die Ventil-Zwangssteuerung hatte in England ihren härtesten Test durchlaufen, als Fangio versuchte, sich an die Spitze zu kämpfen und dabei den Motor bis auf 9800 U/min drehte. In Reims hatte er 9350 Touren nicht überschritten.

Oben: Alternativ zur Stromlinienkarosserie hatte man für den W 196 auch eine Ausführung mit freistehenden Rädern vorgesehen. Hier ein Modell einer Übergangsform.

Rechts: Der erste offene W 196, wie er beim Großen Preis von Deutschland 1954 am Nürburgring zum Einsatz kam.

Links: Mercedes W 196, der 2,5-Liter-Formel-1-Rennwagen von 1954/55. Der Gitterrohrrahmen wies noch eine gewisse Ähnlichkeit mit dem des 300 SL auf.

Für Silverstone hatte man die Motoren mit dem neuen Schließkipphebel für die D-Nocken versehen, der den Wegfall der Hilfsfeder ausgleichen sollte. Die Kipphebel waren nun aus einem Stück gefertigt, wodurch sie leichter und stabiler wurden. Ein wichtiges Detail an der Konstruktion der Schließnocken war das nötige Spiel zwischen der D-Nocke und dem Ventilschaft. An den zweiteiligen Kipphebeln funktionierte dies über einen verstellbaren Gabelwinkel zwischen den beiden Hälften. An den neuen Kipphebeln stellte man dies Spiel durch Verschieben der Drehachse her, sie wurde durch eine exzentrische Buchse an der Lagerung näher an Ventil und Nocke herangebracht oder aber weiter entfernt. Am einen Ende der Buchse befand sich eine Sicherungsscheibe, die durch eine Verzahnung die Buchse in Position hielt.

Dies bewährte sich sehr gut, obwohl durch die Einstellung eines einzelnen Exzenters natürlich noch nicht alles getan war. Nach wie vor erforderte die Fertigung und Montage der Teile ein großes Maß an Präzision.

Nach der Rückkehr aus England fuhr Karl Kling den offenen W 196 zum ersten Mal zu Testzwecken auf dem Nürburgring. Die Karosserie war sehr knapp um den Gitterrohrrahmen des Fahrzeugs gebaut. Hinter dem Fahrersitz gab es eine Kopfstütze, deren aerodynamische Verlängerung bis ins Heck auslief. Der Kühlluft-Eintritt im Wagenbug glich mehr dem des 300 SL als dem ovalen Einlaß der W 196-Stromlinienversion. Zwei besonders lange Auspuffrohre ragten an den rechtsseitigen Lüftungsöffnungen nach außen, sie endeten vor dem Hinterrad und wiesen ein Abschirmblech zum Schutz des Reifens auf. Bei den ersten Probefahrten befand sich der Öltank noch links außen am Rahmen, also in diesem Fall außerhalb der Karosserie; bis zum ersten Einsatz wurde er aber in das Wagenheck verlegt.

Die Karosserien sollten nun beim nächsten Rennen, um den Großen Preis von Deutschland auf dem Nürburgring, verwendet werden, doch sie waren bis zum ersten Training am Freitag noch nicht fertig. Fangio und Hermann Lang, der in die Mannschaft zurückgekehrt war, fuhren deshalb vorerst noch die Stromlinienwagen. Am Samstag trafen dann die Fahrzeuge mit freistehenden Rädern ein, in manchen Details war noch ihre hastige Vorbereitung zu erkennen. Fangio fuhr auch hier die schnellste Trainingszeit, wobei er mit 9:50,1 Klings Bestwert von den Testfahrten im Frühjahr um acht Sekunden

unterbot. Dieser relativ geringe Unterschied zeigte erneut, wie wenig die verschiedenen Karossen ausmachten. Hans Herrmann bestätigte dies durch seine Plazierung in der zweiten Startreihe; er war mit seinem vollverkleideten Reims-Wagen auf 10:01,5 gekommen. Für dieses Rennen hielt Continental seine neuen „Nürburgring"-Reifen parat, es handelte sich dabei um dieselbe Profilgestaltung wie am Typ „Monza", jedoch mit einer Tiefe von 9,0 mm anstatt 6,5 mm. Die Vorderreifen wiesen proportional weniger Profiltiefe auf, etwa fünf Sechstel der Antriebsräder.
Bei diesem ereignisreichen und hochdramatischen Rennen sollten sich die Reifen als allen Ansprüchen gerecht erweisen. Der Sieger hieß wiederum Juan Manuel Fangio. Für einige Aufregung sorgte Karl Kling, der sich aus dem Hinterfeld nach vorne kämpfte, um Zeit für einen Tankstopp zu gewinnen, wobei er auch die schnellste Runde fuhr. Da er dabei leicht von der Piste abkam, mußte man an der Box auch einige Reparaturen vornehmen. Es gelang im jedoch noch Vierter zu werden. Bei seinem letzten Auftritt hatte der treue Kämpe Lang auf einem sicheren zweiten Platz gelegen, als er plötzlich einen Dreher fabrizierte und der Wagen daraufhin nicht mehr anspringen wollte. Nach dem Rennen auf dem Nürburgring, bei dem er sowohl im Training als auch im Rennen mit seinem Vierzylinder Ferrari hinter Fangio Zweiter wurde, sagte der blonde Engländer Mike Hawthorn: „Die Wagen aus Maranello sind bis jetzt von den technischen Wunderwerken aus Stuttgart noch nicht völlig deklassiert worden…"
Vor dem nächsten Auftritt in Bern hatte man in die Mercedes-Rennwagen eine weitere komplizierte Vorrichtung eingebaut, eine 1,7 kg schwere elektrische Benzinpumpe. Das gleiche Instrument hatte man auch am 300 SL verwendet, und es war für seine Arbeit eine kleine Batterie zur Stromversorgung notwendig. Eine große rote Kontrollampe am Armaturenbrett zeigte dem Fahrer an, ob die Pumpe in Betrieb war. Sie wirkte entweder zusätzlich zu den beiden mechanischen Benzinpumpen oder ohne diese. Eine der mechanischen Pumpen, ein kleines 8-mm-Instrument, pumpte den Kraftstoff aus dem Hecktank in einen Zwischenbehälter, der etwa 20 Liter faßte. Damit wurde gewährleistet, daß der Haupttank bis zum letzten Liter geleert werden konnte. Ende 1954 existierten verschiedene Versionen der Hecktanks mit einem Fassungsvermögen von 178 bis 245 Liter, die je nach Strecke und Benzinverbrauch eingebaut wurden. Das Gewicht der leeren Behälter schwankte dabei zwischen 17 und 22 kg. Vom Zwischentank aus förderte eine mechanische 14-mm-Benzinpumpe den Kraftstoff zur Bosch-Einspritzpumpe, die selbst ebenfalls eine eingebaute Pumpe aufwies.
Besonders bei alkoholhaltigen Kraftstoffgemischen war es wichtig, daß die Einspritzpumpe stets mit zusätzlichem R. D. 1 durchspült wurde, um sie kühl zu halten und Dampfblasenbildung zu unterbinden. Am Anfang verwendete man eine kleine Schleuderpumpe, die der Fahrer mit einer hölzernen Kurbel im Cockpit in Bewegung setzte und damit die Pumpzylinder freispülte, um den Motor problemlos anlassen zu können. Da dies jedoch eine sehr unzuverlässige Angelegenheit war, nahm man das zusätzliche Gewicht einer elektrischen Pumpe in Kauf. Ein Druckschalter in der Förderleitung schaltete die elektrische Pumpe aus, wenn der Förderdruck der mechanischen Pumpen 1,2 at erreicht hatte. Falls die mechanischen Pumpen aus irgend einem Grund versagt hätten, wäre automatisch die elektrische wieder eingeschaltet worden – doch dies trat in der gesamten Praxis nie auf. Die Pumpkapazität in diesem System belief sich auf das Doppelte der auch bei höchstem Verbrauch benötigten Menge, womit man hoffte in der Lage zu sein, der für den Motor gefährlichen Entwicklung von Dampfblasen in der Einspritzpumpe entgegenzuwirken.
Beim Großen Preis der Schweiz konnte Daimler-Benz einen weiteren Erfolg für Fangio verzeichnen. Drei Jahre vorher hatte sich bei Neubauer während dieses Rennens der Eindruck vertieft, daß es sich Mercedes nicht leisten könnte, ohne den großartigen Argentinier zum Rennsport zurückzukehren. Kling war schon in einem frühen Stadium des Rennens durch einen Dreher von der Strecke abgekommen, konnte jedoch den Wagen wieder starten. Er schied aber bald mit Motorschaden aus. Die Längsverbindung zwischen zwei Nockenwellen auf der einen Motorseite war defekt geworden. Dieses Detail wurde sofort umkonstruiert, und man hatte damit später keine Schwierigkeiten mehr. Hans Herrmann wurde Dritter, eine Runde hinter Fangio zurück. Alle drei hatten in Bern die offene Version des Mercedes W 196 gefahren.
Im September brachte man beide Karosserie-Ausführungen zum Großen Preis von Italien. Es hatte vorher keine Möglichkeiten gegeben, für die eine oder andere Karosserie eine eindeutige Entscheidung zu fällen. Bei den ersten Trainingsrunden in Monza zeigten sich die vollverkleideten Wagen um etwa zwei Sekunden pro Runde schneller, und so vertraute man Fangio und

Rudolf Uhlenhaut war inzwischen zum Leiter der Pkw-Entwicklung bei Daimler-Benz avanciert; seine Liebe galt noch immer den Rennwagen. Hier weilt er zu Testfahrten mit dem W 196 in Hockenheim, wo er sich auch stets wieder selbst ans Steuer setzte. Im Bild ist auch der Mercedes-Eiltransporter zu sehen, mit dem in dringenden Fällen ein Rennwagen zur Reparatur ins Werk zurückgebracht werden konnte.
Angetrieben wurde dieses besonders niedrig gehaltene Fahrzeug von dem Dreiliter-Einspritzmotor aus dem 300 SL. Die Höchstgeschwindigkeit belief sich auf 170 km/h!

Kling diesen Typ an. Hans Herrmann und Hermann Lang fochten ein Privatduell mit offenen Wagen aus, um zu sehen, wer das Rennen bestreiten würde. Der jüngere Fahrer behielt dabei die Oberhand, war jedoch nur um Sekunden-Bruchteile schneller gewesen.

Die Italiener boten all ihre Kräfte auf, um der deutschen „Invasion" zu begegnen. Man hatte erneut Alberto Ascari und den neuesten Ferrari zusammengespannt, und tatsächlich war es in dieser Kombination möglich, Fangio abzufangen und die Führung im Rennen zu übernehmen. Doch auch die Maserati von Luigi Villoresi und Stirling Moss zogen an dem silbernen Stromlinienwagen vorbei. Gegen Ende des Rennens war Moss als einziger Siegesaspirant übriggeblieben. Der hinter ihm liegende Fangio unternahm nun große Anstrengungen, um näher aufzuschließen, kam in einigen Kurven dabei jeweils leicht von der Fahrbahn ab, drehte aber den Motor nie über 9100 U/min. Und tatsächlich brach der Maserati kurz vor dem Ziel noch zusammen, während der Mercedes durchhielt. Fangio war zwar etwas überrascht über den neuerlichen Erfolg, zugleich aber auch ziemlich erleichtert. Er hatte sich damit seinen zweiten Weltmeister-Titel gesichert.

Ein Vergleich der Rundenzeiten der einzelnen Wagen in Monza zeigte in aller Deutlichkeit, daß das Fahrverhalten in den Kurven den wohl schwächsten Punkt des W 196 darstellte. Als die Strecke mit fortlaufender Renndauer zunehmend ölverschmierter wurde, konnte man in manchen Kurven einen Rückstand von bis zu einer Sekunde verzeichnen. Für die darauffolgende Woche hatte Daimler-Benz im Voraus die Strecke gemietet, um im Beisein von Ludwig Kraus und seinen Fahrgestell-Konstrukteuren eine Serie von Tests durchzuführen. Unter anderem plante man auch eine Probefahrt mit dem gerade fertiggestellten Achtzylinder-Sportwagentyp. Am Montag kümmerte man sich um die Reifen und um das allgemeine Fahrverhalten, wobei man auch den verlorenen Sekunden auf die Spur zu kommen versuchte. Und so einfach es klingen mag, schon durch die Verringerung des Reifen-Luftdrucks ließ sich der gesamte Rückstand aus den geringeren Kurvengeschwindigkeiten aufholen. Es lag somit auf der Hand, daß es an den Reifen noch einiges an Entwicklungsarbeit zu leisten galt.

Am Dienstag kümmerte man sich um die aerodynamischen Unterschiede der beiden Karosserie-Versionen, wobei man den Ausrollweg als Messungsgrundlage heranzog. Die Werte wurden jeweils aus Geschwindigkeiten von 120 und 170 km/h ermittelt. Die Stirnfläche beider Wagen wurden ebenfalls verglichen. Die Ergebnisse sahen folgendermaßen aus:

Karosserieversion	Stirnfläche A	Luftwiderstand c_w	$c_w \times A$
freistehende Räder	1,08 m^2	0,62	0,67
vollverkleidet	1,24 m^2	0,43	0,53

Mit den großen Belüftungsöffnungen für Motor, Reifen und Bremsen ergab sich für die Stromlinien-Karosserie ein höherer Luftwiderstands-Beiwert als man ursprünglich bei den Modellversuchen im Windkanal ermittelt hatte. Sie war damit jedoch immer noch um etwa 20 Prozent strömungsgünstiger als die offene Version. Die rechnerische Höchstgeschwindigkeit der beiden Wagen ließ sich durch die verschiedenen während der Saison 1954 verwendeten Übersetzungen nur in geringem Maße beeinflussen; sie belief sich auf knapp über 240 km/h beim offenen Wagen und 260 km/h für die Stromlinien-Ausführung.

In Monza erhielt man auch nochmals exakte Aufschlüsse über die Gewichtsverhältnisse am W 196 in seiner aktuellen Ausführung gegen Ende der Saison 1954. Der offene Wagen wog trocken 758 kg, der vollverkleidete nur 3 kg mehr. Mit den jeweiligen Füllmengen von 15 Liter Wasser, 28 Liter Öl und im Mittel 145 Liter Kraftstoff kamen noch etwa 155 kg hinzu. Wenn man nun noch 80 kg für den Fahrer addierte, kam man auf ein Einsatzgewicht von durchschnittlich 993 kg.

Beim nächsten Rennen, dem Großen Preis von Berlin Mitte September gab es keine Frage mehr zur Wahl der geeigneten Karosserie-Ausführung. Das Rennen sollte auf der Avus stattfinden, deren markante Nordkurve sich auf West-Berliner Territorium befindet. Die Gesamtlänge des Kurses war indessen durch die politischen Gegebenheiten in Mitleidenschaft gezogen worden, der südlichste Teil dieser ersten je gebauten Autobahn war abgetrennt, wodurch die Rundenlänge nurmehr 8,3 km betrug. Die drei vollverkleideten W 196 fanden keine ernstzunehmende Gegnerschaft vor, das Endresultat lautete deshalb: Kling, Fangio, Herrmann, wobei Kling laut Fangio „an diesem Tag nicht zu schlagen war". Bei dem Einsatz in diesem nicht zur Weltmeisterschaft gewerteten Rennen verwendete man spezielle „Avus"-Reifen von Continental. Diese wiesen an den Vorderrädern eine Profiltiefe von 3,5 mm und an den Hinterrädern 4,5 mm auf, was für die Dauer dieses 498 km langen Rennens genau ausreichte. Im Training hatte man auch versuchsweise Abdeckungen über den Radausschnitten der Hinterräder montiert, doch sah man von ihrer Verwendung im Rennen ab. Der Siegerschnitt betrug 213,5 km/h, und Fangio hatte mit 224,0 km/h die schnellste Runde gefahren. Keiner in der Mercedes-Mannschaft hatte seinen Motor über 8650 U/min gedreht.

Mit dieser eindrucksvollen Vorführung hatte man Erinnerungen an den gewaltigen Zweikampf zwischen den 600 PS starken Stromlinienwagen von Mercedes-Benz und der Auto Union wachgerufen, wenngleich man auch an die Leistungen von damals nicht mehr anschließen konnte. Die erste Saison des W 196 endete in der gleichen Weise wie damals beim W 154, nämlich mit einer enttäuschenden und zugleich überraschenden Niederlage. Die Beobachter sprachen einmütig vom Spanischen Grand Prix in Barcelona als einem „Debakel" für Daimler-Benz. Für die Theoretiker in Untertürkheim stellte der schnelle Kurs mit seinen sich verengenden Kurven eine willkommene Herausforderung dar. Man hatte nicht weniger als sechs Wagen nach Spanien gebracht, drei von jeder Ausführung. Es zeigte sich jedoch keine Version der anderen überlegen, und man entschloß sich daraufhin für die offene Karosserie mit den freistehenden Rädern. In Barcelona trat zum ersten Mal auch der langerwartete Lancia D 50 an; Ascaris kirschroter Wagen erwies sich in aller Deutlichkeit als der schnellste. Er führte das Feld mit einer Sekunde Vorsprung auf Fangio an. Kling und Herrmann lagen etwas weiter zurück und tauchten zu keinem Zeitpunkt des Rennens auf den vorderen Rängen auf. Fangio sagte, daß die silbernen Wagen „mehr als alle anderen beim Bremsen das verloren, was sie auf den Geraden gutmachen konnten". Die hohen Temperaturen, die sich durch herumfliegende Zeitungsfetzen, welche die Lufteinlässe verdeckten, noch erhöhten, trugen einiges zu den vorhandenen Problemen bei.

Das Kühlsystem des W 196 galt für alle Einsatzbedingungen als ausreichend dimensioniert, wenn nicht gar als zu wirksam. Die Größe des Kühlers war je nach Karosserieform etwas unterschiedlich, sie belief sich auf etwa 0,18 m^2 Fläche für den Wasserkühler und 0,07 m^2 für den Ölkühler auf der linken Seite. Behr hatte Daimler-Benz eine Aluminium-Konstruktion angeboten, die jedoch abgelehnt wurde, da sie im Renneinsatz noch unerprobt war. Die herkömmlichen Kühler wogen etwa 15 kg. Das weiter hinten im Motorraum angebrachte Vorratsgefäß diente hauptsächlich als Sammel- und Kondensations-Behälter für den im Kühler und Motor entstandenen Wasserdampf, es entsprach in der Wirkungsweise einem Ausdehnungsgefäß in einem geschlossenen Kühlerkreislauf. Es war sogar ein Thermostat eingebaut, das zur schnelleren Erwärmung des Motors beitrug und die Wassertemperatur bei kühleren Witterungsbedingungen konstant auf 85 Grad Celsius hielt. Am 24. Oktober in Barcelona war dies vermutlich das überflüssigste Teil am W 196. Der behinderte Kühlluftstrom führte an allen Wagen zu Überhitzungserscheinungen, wodurch sich auch die Bildung von Dampfblasen in der Einspritzpumpe kaum mehr verhindern ließ. Und genau dies war auch der Grund für Herrmanns Ausfall. Der Motor von Fangios Wagen wurde ebenfalls in Mitleidenschaft gezogen. Auch eine sichere Belüftung der Bremsen war nicht mehr gewährleistet, weshalb sie in ihrer Wirkung immer mehr nachließen. Am Ende lagen Fangio und Kling an dritter und fünfter Stelle.

Neubauer, Nallinger und Uhlenhaut waren nach diesem Rennen erschöpft und über das Resultat bestürzt. Das gesteckte Ziel, die Weltmeisterschaft, war zwar erreicht worden, doch so wie es nun aussah, würde es dabei auch bleiben...

Neubauer trat als erster in Aktion. Da er sich des nötigen Rückhalts bei der Firmenleitung sicher war, die auch 1955 für die Mercedes-Rennwagen eine Spitzenposition sehen wollte, zückte er unmittelbar nach dem Rennen in Barcelona wieder einmal sein berühmtes schwarzes Notizbüchlein. Er hielt Ausschau nach einem Fahrer, den man Fangio nahezu gleichrangig zur Seite stellen konnte. Als erstes dachte er dabei an Jean Behra, den Franzosen, der einigen Mut in seinem Gordini gezeigt hatte. Doch Maserati hatte sich bereits dessen Dienste gesichert. Sodann wurde Stirling Moss in Erwägung gezogen, ein erst 25 Jahre alter Engländer, der mit seinem halb-offiziellen Maserati schon zweimal ein Rennen vor Fangio geführt hatte. Am 4. November telegrafierte Neubauer eine Anfrage an Ken Gregory, Moss' Manager, ob Stirling für die Saison 1955 noch frei sei.

Moss sagte mit einigem Widerwillen zu, denn er wußte genau, daß er neben Fangio nur die Nummer Zwei sein würde, doch die Vertragsbedingungen waren „fantastisch". Bevor er unterschrieb, wollte er den Wagen jedoch erst einmal probefahren. Dies war eine der wenigen Gelegenheiten, bei denen ein Rennfahrer ein Mercedes-Rennwagen testen durfte, normalerweise war es genau umgekehrt, es wurde nämlich meist der Fahrer von Daimler-Benz getestet. Am 3. Dezember erhielt Moss in Hockenheim seine Chance, nachdem er in einem Serien-300 SL einige Aufwärmrunden absolviert hatte. Man hatte zu diesem Zweck einen offenen 1954er Wagen vorbereitet, der einen neuen Kühlergrill aufwies. Gekrümmte, senkrechte Gitterstäbe sollten dabei anfliegende Papierfetzen und ähnliche Fremdkörper abgleiten lassen. Nach der ersten Runde auf der feuchten Strecke sagte Moss zu Ken Gregory: „Der Wagen ist sehr schwer zu fahren. Er bricht leicht aus, neigt zum Übersteuern

Oben: Start zum Großen Preis der Schweiz 1954 in Bern, der spätere Sieger Juan Manuel Fangio liegt knapp in Front, neben ihm Gonzalez auf Ferrari.

Das Ventil der Zwangssteuerung mit der Haltekerbe für den Schließkipphebel, der daneben liegt, sowie die Nockenwelle mit der kleineren Steuernocke, die auf den Pilzstößel drückt, und der Schließnocke.

Links: Drei Wochen vorher, am 1. August, hatte Fangio bereits auf dem Nürburgring gesiegt.

Links: Beim Großen Preis von England mußte Mercedes eine Niederlage hinnehmen. Fangio kam aufgrund von Getriebeproblemen nicht über einen vierten Platz hinaus.

Unten: Das Avusrennen 1954 wurde für Daimler-Benz zu einem großen Triumph, denn hier konnten die Stromlinien-Mercedes ihren Geschwindigkeits-Vorteil ausspielen. Fangio, Kling und Hans Herrmann errangen einen Dreifach-Sieg.

Unten: Am 16. Januar 1955 begann mit dem Argentinischen Grand Prix die neue Rennsaison. In seinem Heimatland galt Fangio mit dem W 196 als sicherer Sieger.

Der Mercedes-Motor hatte nun gerade Saugrohr-Krümmer bekommen, die eine geänderte Motorhaube erforderten.

Oben: Als Verstärkung für den Weltmeister Fangio holte Mercedes für 1955 den englischen Spitzenfahrer Stirling Moss ins Team. Am 3. Dezember 1954 fuhr er den W 196 zum erstenmal in Hockenheim und zeigte sich begeistert. Der Wagen hat hier einen Versuchs-Grill.

Rechts: Karl Kling beim Großen Preis von Belgien 1955 in Spa, wo er sich mit dem Maserati-Fahrer Musso ein packendes Duell liefert, aber in der 22. Runde mit gebrochener Absaug-Ölleitung vom Zylinderkopf ausscheiden mußte.

Unten: Start zum Britischen Grand Prix in Aintree. Dieses Rennen endete mit dem größten Triumph der Mercedes-Renngeschichte. Vier W 196 waren am Start und vier W 196 liefen auf den ersten vier Plätzen ein: 1. Moss, 2. Fangio, 3. Kling, 4. Taruffi.

und muß sehr viel feinfühliger als der Maserati gefahren werden. Doch die Leistung ist hervorragend!" Karl Kling, ein großer Hockenheim-Spezialist, konnte erst auf der trockenen Strecke an Moss' Rundenzeiten auf nassem Kurs herankommen. Wie vor ihm Dick Seaman und die Grafen Zborowski, war mit Stirling Moss nun erneut ein Engländer in das Daimler-Team aufgenommen worden.

Bevor die Saison 1955 ihren Auftakt nahm, hatte man noch eine elegantere Lösung für einen abgeschirmten Kühlergrill gefunden. Man installierte ein Drahtgitter vor dem Kühllufteinlaß, dessen Rahmen oben mit Scharnieren befestigt war und das mittels einer Feder und dem Druck des Fahrtwindes in Position gehalten wurde. Wenn von der Box ein Signal zum Säubern des Grills gegeben wurde, zog der Fahrer einen Seilzug am Armaturenbrett, worauf die Feder losließ und das Drahtgitter vom Wind nach oben geklappt wurde. Waren die Fremdkörper weggeblasen, ließ der Fahrer das Seil wieder los und die Feder zog die Klappe wieder zu.

Als nach Abschluß der Rennen im Jahre 1954 wieder Ruhe in Untertürkheim eingekehrt war, nahmen sich Rudolf Uhlenhaut und Walter Kostelezky den W 196 noch einmal eingehend in bezug auf sein Kurvenverhalten vor. Sie fuhren den Wagen zu diesem Zweck auf den Schleuderkurs, einer völlig ebenen Betonfläche, auf der eine Anzahl von Radien markiert sind. Auf einem bestimmten Kreis versuchte der Fahrer dabei die höchstmögliche Kurvengeschwindigkeit zu erreichen, dadurch ließen sich die zu erreichenden Grenzen feststellen. Man versuchte auch, schnelle Wechsel von einem größeren Radius zu einem kleineren durchzuführen und umgekehrt. Laurence Pomeroy unterhielt sich über diese Versuche mit Uhlenhaut: „Auf der Schleuderplatte ließ sich eine Querbeschleunigung bis zu 0,7 g erreichen. Ein Wert, der den Fahrer innerhalb einer halben Stunde zur völligen Erschöpfung brachte. Als man im Cockpit Gurte und Stützten angebracht hatte, konnte man bald erkennen, daß die Wagen stark untersteuerten – dies war das genaue Gegenteil der bisherigen Erkenntnisse. Auf trockener Fahrbahn führte dies zu einem heftigen Gegenlenken im letzten Moment, und durch diese Reaktionsweise des Fahrers geriet der Wagen ins Trudeln oder er brach sogar mit dem Heck aus, was schließlich zum Eindruck der Übersteuerneigung geführt hatte." Zwei Problemkreise waren dadurch erhellt worden. Die Querbeschleunigung in den Kurven, wo sie ja nur verhältnismäßig kurz voll wirksam werden konnte, war mit 0,7 g nicht besonders groß. Dies lag in der Hauptsache an der Konstruktion und der Gummimischung der Reifen. Während der Monate November und Dezember beschäftigte sich daraufhin Continental mit der Entwicklung eines neuen Reifentyps, der mit verbesserter Haftung sowohl auf trockener als auch auf nasser Fahrbahn aufwarten sollte. Die Arbeiten gerieten so erfolgreich, daß die Rennabteilung dem Wagen 1955 in engen Kurven eine Querbeschleunigung von 1,0 g zuschrieb. In langgezogenen Kurven, ein für den Fahrer wichtigerer Faktor, betrug sie noch 0,8 g. Die Bremsverzögerung von 1,0 g wurde als normal angesehen.

Das zweite große Problem, das gesamte Fahrverhalten des Wagens und seine mangelnde Handlichkeit betreffend, lag im Verantwortungsbereich Uhlenhauts. Er sah, daß man innerhalb der vorhandenen Einstellbereiche von Feder- und Dämpferhärten und der Wirkungsweise des Querstabilisators eine durchaus zufriedenstellende Abstimmung des Fahrgestells erreichen konnte. Man vermochte mit der richtigen Fahrwerksabstimmung den W 196 leicht bis zur Grenze seiner Kurvenhaftung zu fahren. Hans Scherenberg faßte die Ergebnisse zusammen und sagte: „Wir haben erreicht, daß sich der Wagen bis in hohe Geschwindigkeiten neutral verhält und deshalb kaum eine Korrektur nötig wird; er übersteuert nur ganz zum Schluß, wenn er sich schon am Grenzbereich bewegt."

Größere Änderungen am Wagen waren Angelegenheit der Haupt-Konstruktionsabteilung, die mit ihren Planungen begann, als sie von Neubauer die Liste aller Grand Prix des Jahres 1955 erhalten hatte. Es zählte zu den Besonderheiten in der Karriere des W 196, daß er nie zweimal auf demselben Kurs fahren durfte. Daran hatten natürlich auch seine verspätete Premiere sowie die Absage verschiedener Veranstaltungen nach der Katastrophe von Le Mans Schuld. Er war zwar zweimal in Monza am Start, aber 1955 hatte man dort die Streckenführung durch Einbeziehung des Ovals mit überhöhten Kurven geändert.

In der ersten Ausführung für die Saison 1954 hatte man wie Ludwig Krauss erklärte, sich „für eine höhere Gewichtung zugunsten der schnelleren Strecken entschieden. Dies bildete die Grundlage zur allgemeinen Konzeption der damaligen Fahrzeuge." Man legte gesteigerten Wert auf eine hohe Leistungsausbeute des Motors und maß dem Leichtbau eine geringere Bedeutung zu., „Doch dann überraschte uns der Rennkalender der Saison 1955 mit einigen kurvenreichen Strecken," wie Kraus sich ausdrückte. Bei vier zur Weltmeisterschaft zählenden Grand Prix lag der zu erwartende Schnitt unter 150 km/h, 1954 traf dies nur für zwei der sechs Rennen zu. Den ersten Versuch zu einem leichteren und handlicheren Wagen mußte man unter starkem Zeitdruck realisieren: Der Argentinische Grand Prix sollte bereits am 16. Januar in Buenos Aires stattfinden. Der Hauptunterschied zu den früheren Wagen bestand in einem auf 2200 mm verkürzten Radstand, der auf Kosten der Cockpit-Ausmessungen um 150 mm unter dem bisherigen Wert lag. Das Trockengewicht verringerte sich dadurch auf 730 kg. Der in Südamerika unter Fangio erfolgreiche Wagen hatte ein später „mittellang" genanntes Chassis.

Stirling Moss wurde mit einem solchen Wagen in Spa und auch in Zandvoort Zweiter. „Die Einzelradaufhängung des Mercedes und die weiche Federung ließen ihn zu einem sehr bequemen Wagen werden," schrieb Moss später. „Das lange Chassis fuhr sich wie ein Lastwagen um den Kurs. Die Lenkung war nicht schwergängig, aber man merkte sehr deutlich, daß der Mercedes ein großes Auto war."

Einige Wagen mit dem langen Radstand wurden auch weiterhin eingesetzt. Fangio gewann damit in Spa und Kling fuhr dort wie in Monza gleichfalls ein solches Fahrzeug. Er fiel in beiden Rennen aus, und Neubauer sagte: „Er war wirklich ein Pechvogel." In Argentinien wies der W 196 auch erstmals einen neuen Saugrohr-Krümmer auf, den man schon an der langen Wölbung in der Motorhaube erkennen konnte. Die einzelnen Saugrohre waren nun nicht mehr gekrümmt, sondern sie ragten gerade nach oben und waren auf 226 mm verkürzt worden. Dies war nicht zur Erzielung eines besseren Füllungsgrades geschehen, denn hier wären gebogene Rohre günstiger gewesen. Vielmehr wollte man bei der im Versuch gewählten Anordnung bleiben, um damit die Bedingungen bei der Plazierung der Einspritzdüsen beizubehalten. Bei den Experimenten im Winter 1954/55 hatte man deren Anordnung sowie die Kanalgestaltung einigen Änderungen unterzogen, denn man wollte die Leistung weiterhin zu steigern versuchen. Die Einspritzdüsen selbst waren ebenfalls verbessert worden; sie zerstäubten das Kraftstoff-Luft-Gemisch jetzt noch feiner und gleichmäßiger. Die Kolbenböden hatte man neu gestaltet, um einen möglichst großen Teil des komprimierten Gases in der Mitte des Brennraums zu konzentrieren und dadurch weniger Verluste zwischen den Ventilen und der Kolbenkante zu haben. In einem abschließenden Bericht hieß es dazu: „Der Abstand zwischen den Zündkerzen und den Kolbenböden sollte nicht geringer als 7 mm werden, denn durchgebrannte Kolben können auch von einem auf zu engem Raum konzentrierten Verbrennungsvorgang herrühren."

Schließlich gelang es, die Leistung des M 196 auf 290 PS bei 8500 U/min anzuheben und ein durchhängendes Teilstück der Drehmomentkurve bei 5000 U/min aufzufüllen. Der spezifische Kraftstoffverbrauch wurde ebenfalls reduziert. Den höchsten Verbrauch hatte Fangio in Argentinien zu melden gehabt, er war dort auf 43 Liter pro 100 Kilometer gekommen. Speziell für dieses Rennen hatte man mit R. D. 1A ein Kraftstoffgemisch mit verbesserter Innenkühlwirkung zusammengestellt. Dabei war der Methanol-Anteil von 25 auf 35 Prozent erhöht und die Mengen an Benzin und Benzol um jeweils 5 Prozent verringert worden. Als eine der Vorsichtsmaßnahmen zur Vermei-

dung ähnlicher Vorfälle wie in Barcelona, hielt man dies jedoch später für unnötig und verwendete das R. D. 1A-Gemisch in Europa nicht mehr. Der normale Kraftstoffverbrauch in der Saison 1955 schwankte zwischen 33 (Kling beim Englischen Grand Prix, 3. Platz) und 27 Liter pro 100 Kilometer (Fangio bei seinem Sieg in Monza mit einem Stromlinienwagen).
Obwohl man den M 196 nie einem Dauertest unterzogen hatte, wußte man aus praktischer Erfahrung ziemlich genau über die Lebenserwartung der Motoren Bescheid. Darauf gründete man auch die Übersetzungs-Abstufungen und die jeweiligen Drehzahl-Empfehlungen, die man den Fahrern gab. Eine Dauerbelastung von 8000 U/min war für höchstens fünf Minuten erlaubt, bei der Nenndrehzahl 8500 U/min lag die Grenze bei 40 Sekunden. Der rote Bereich am Drehzahlmesser begann bei 8700 U/min, hier durfte man für etwa 20 Sekunden verweilen, und für kurzzeitige Drehzahlspitzen von nicht mehr als 3 Sekunden konnte man sogar auf 9000 U/min gehen. In keinem der letzten vier Rennen der Saison 1955 überschritt ein Fahrer 9250 Touren.
Zum Rennen in Monaco im Mai hatte man eine weitere Verbesserung an der Desmodromik vorgenommen. Mit nunmehr zwei exzentrischen Lagerbuchsen an der Achse des Schließkipphebels konnte das nötige Spiel an den D-Nocken wesentlich genauer eingestellt werden. Die innenliegende Buchse war um 0,2 mm nach innen abweichend und die äußere um ebenfalls 0,2 mm nach außen exzentrisch gehalten, dadurch ließ sich sowohl am Lagerbock als auch im Kipphebelauge ein Spiel einstellen. Die Achse konnte insgesamt also um 0,4 mm versetzt werden. Die Fixierung wurde mittels einer Stirnverzahnung und eines Abschlußplättchens vorgenommen. Die Feineinstellung bezog sich auf die An- und Ablaufwinkel der D-Nocke, sie lautete zwischen 0,025 und 0,050 mm. Mit zwei Markierungen, einmal ein Punkt, einmal deren zwei, wurde die genaue Position für minimales und maximales Spiel festgehalten. Manfred Lorscheidt sagte: „Bei dieser Einstellung wurde ein bislang unbekannter Grad an Präzision erreicht, über einen Bereich von einem halben Quadratmillimeter gab es 1800 verschiedene Möglichkeiten!“
Bei ihrem europäischen Debut in den winkeligen Straßen und auf der Uferpromenade von Monte Carlo saßen die verbesserten Mercedes-Motoren in neuen Fahrgestellen, in vorbildlicher Leichtbauweise gehalten. Die Bremsen der Vorderräder hatte man nach der „altmodischen“ Art wieder nach außen an die Räder verlegt, weshalb eine neuerliche Verkürzung des Radstands möglich wurde, er belief sich nun auf 2150 mm. Die Änderung der Bremsanlage wurde von Stirling Moss sehr begrüßt; er hatte einmal gesagt: „Die innenliegenden Bremsen sind zwar in ihrer Wirkung recht feinfühlig, aber bei einer Vollbremsung werden sie zu einem Ärgernis, denn Rauch und Gestank dringen ins Cockpit.“ Um überhaupt innerhalb des Felgenkranzes Platz zu finden, mußten die Trommeln in der Breite und im Durchmesser etwas verkleinert werden, die Maße betrugen nunmehr 75 und 330 mm. Das Gewicht verringerte sich dabei auf 6,8 kg, somit hatte man bei jeder Alfin-Trommel, komplett mit Kühlrippen und Leitblechen, eine Ersparnis von 27 Prozent erreicht.
Die Vermutung lag nahe, daß durch diese Maßnahme die Hitzebelastung für die Bremsen größer werden würde, doch zur Überraschung der Konstrukteure erwies sich die kleinere Trommel als stabiler, und sie führte auch zu einem geringeren Belagverschleiß. Dabei spielte es keine Rolle, ob sie innen oder außen montiert wurde.
Eine weitere Änderung an der Bremsanlage führte man auf Anregung des Team-Neulings Stirling Moss durch. Im Januar in Buenos-Aires war er mit der aufzuwendenden Pedalkraft für die Bremsen des W 196 nicht einverstanden gewesen und hatte dies auch Uhlenhaut mitgeteilt. Der tatendurstige Chefingenieur machte sich sofort an die Arbeit und baute in Moss' Wagen einen Unterdruck-Bremskraftverstärker aus einem argentinischen Chevy ein. Zurück in Deutschland, kümmerte er sich bei der Zulieferfirma Alfred Teves um eine leichtere und bessere Lösung. Bei Ate hatte man sich bereits seit einigen Monaten mit einem hydraulischen Bremskraftverstärker für leichte Nutzfahrzeuge beschäftigt. Man verwendete hier eine Zentrifugalpumpe, die die Bremsflüssigkeit im Kreislauf hielt und sie durch einen Vorratsbehälter und einen Kolben mit Ventil am Radbremszylinder pumpte. Wenn nun der Fahrer auf das Bremspedal trat, schloß sich das Ventil, es baute sich am Kolben ein Druck auf, der progressiv anstieg und schließlich die vom Pedal ausgehende Kraft 2,6fach verstärkte. Dieses Servosystem paßte man der Verwendung in allen Mercedes-Rennwagen der Saison 1955 an. Das Pumpengehäuse wurde aus Duraluminium gefertigt, womit sich das Gewicht von 1130 g auf 900 g mindern ließ. Die Pumpe wurde vom Getriebe angetrieben

Die strahlenden Sieger von Aintree: der Leiter der Pkw-Entwicklung Rudolf Uhlenhaut, Juan Manuel Fangio, Piero Taruffi, Stirling Moss, Karl Kling und Rennleiter Alfred Neubauer.

und schluckte etwa 0,5 PS. In den Druck-Kreislauf wurde ein federbelastetes Überdruckventil eingebaut, das die Entwicklung eines zu hohen Bremsdrucks, der zum Blockieren der Bremse führen würde, verhindern sollte. Wie gewöhnlich, hatte man auch bei diesem System wieder einmal an alles gedacht.
Trotz dieser zusätzlichen Komponente erreichten die Wagen mit dem kurzen Radstand in Monaco einen Bestwert in bezug auf das Trockengewicht, die leichtesten jemals gebauten W 196 wogen nur 640 kg. Durch die nach außen gerückten Bremsen hatte man auch die vordere Aufhängung wesentlich einfacher gestalten können. Am Prinzip wurde zwar nichts geändert, aber die Querlenker wurden auf 190 mm und 290 mm verkürzt, sie wurden mit 610 g und 1360 g auch spürbar leichter. Der senkrecht stehende und hohle Achsschenkel wog 1700 g; komplett mit dem Lenkhebel, der Bremsankerplatte mit Bremsbacken und Radbremszylinder kam man lediglich auf 5,1 kg.
Bei dem Rennen in Monaco saßen sowohl Fangio als auch Moss in den neuen kurzen Fahrzeugen. In Fangios Wagen hatte man den Motor etwas weiter nach vorn gerückt und damit auch den Fahrzeugschwerpunkt verändert, bei Moss' Fahrzeug entsprachen die Dimensionen den Wagen mit mittellangem Radstand. Beide funktionierten sehr gut, Fangios Auto vielleicht noch etwas besser. Im Rennen selbst war die Überlegenheit der beiden neuen Mercedes derartig augenfällig, daß sie bei der Hälfte der Distanz bereits eine halbe Runde vor der Konkurrenz lagen. Dabei war dieses Feld laut Mike Hawthorne „historisch ... eine schillernde Ansammlung von erstklassigen Wagen und einer Gruppe großartiger Fahrer, wie sie in dieser Art nie wieder zusammentreffen sollte."
Doch dann vermißte man plötzlich die silbernen Wagen. Als erster war André Simon, der anstelle des im Training verunglückten Hans Herrmann im Ersatzwagen saß, ausgeschieden. Danach hielt Fangio an, gefolgt von Moss. Manfred Lorscheidt meinte später dazu: „Es war fast wie bei Apollo 13. Eine Katastrophe! Ich konnte es einfach nicht glauben. Ein kleines Schräubchen im Ventiltrieb war abgerissen, ein Teil, das keinerlei Belastungen zu tragen hatte. Bei der Mille Miglia hatten wir mit genau dieser Konstruktion gewonnen. Doch an diesen drei Motoren fanden wir den Fall gleich achtmal vor. Es war immer wieder dieselbe Stelle, rechts vorne am ersten Auslaßventil." Die

Links: Der Große Preis von Italien am 11. September 1955 in Monza war das letzte Rennen der Mercedes-Formel-1-Wagen. Auf der Hochgeschwindigkeitspiste trat man noch einmal mit den vollverkleideten W 196 an. Wegen der geänderten Saugrohre mußte auch hier die Motorhaube mit einer zweiten Ausbuchtung und mit einem äußeren Lufteinlaß versehen werden.

In Monza hatte man Versuche mit neugestalteten Frontpartien an den Stromlinienwagen durchgeführt; hier Rudolf Uhlenhaut am Steuer eines dieser Wagen. Insgesamt gab es drei neue Versionen, von denen jedoch keine im Rennen Verwendung fand.

Schraube hielt das Abschlußplättchen auf dem stirnverzahnten Einstellmechanismus des Schließnocken-Spiels. Wenn sich diese Schraube löste, lief das Verschlußplättchen „Amok“, es schlug an die rotierenden Nocken und richtete überall Unheil an. Mit einem daraufhin überarbeiteten Plättchen und ebenso überdachter Verschraubung verschwand die Erscheinung ebenso plötzlich wie sie aufgetreten war.

Nach Monte Carlo führte man auch eine Änderung an den Einspritzleitungen von der Pumpe zu den Düsen durch. Sie waren alle mit 60 cm gleich lang gehalten und bestanden aus Phosphor-Bronze, womit sie normalerweise gegen Vibrationsschäden unempfindlich sein sollten, aber nichtsdestoweniger hatte man wiederholt Brüche zu verzeichnen gehabt. Auf dem Vibrations-Teststand der Rennabteilung wurde eine ganze Reihe verschiedener Materialien und Konstruktionen untersucht; man entschloß sich schließlich für Rohrleitungen aus Stahl. Diese wurden in Gummiauflagen befestigt und so spannungsfrei wie möglich montiert.

Walter Kostelezky hatte ein Schema für die Vorbereitungsarbeiten der Rennabteilung entwickelt, das eine eingehende Konzentration auf die jeweiligen Bedingungen der einzelnen Rennstrecken erlaubte. Den Anfang machte eine detaillierte Karte des Streckenverlaufs, wenn nötig durch spezielle Prüfungen vor Ort noch verbessert. Die Kurvengeschwindigkeiten und Bremswege wurden kalkuliert. Aus verschiedenen Faktoren errechnete man die erreichbare Höchstgeschwindigkeit, dazu zählten der Luft- und Rollwiderstand sowie die zur Verfügung stehende Beschleunigungsstrecke bei Schaltpunkten im Bereich von 8300 U/min bei einer Dauer des Schaltvorganges von 0,3 sec. Die auf diese Weise vorausberechneten Rundenzeiten wichen nicht selten nur um ein Prozent von den tatsächlich erreichten Werten ab.

Für den Großen Preis von Belgien, der am 5. Juni in Spa stattfand, hatte man die Berechnungen für einen W 196 in der Argentinien-Ausführung, wie ihn Moss dann auch auf Rang Zwei bringen sollte, ermittelt. Der zweite Gang sollte dabei nur an einer Stelle der Strecke, nämlich an der „La Source“-Haarnadelkurve kurz vor den Boxen, benutzt werden. Damit kam der Wagen mit 60 km/h aus der Kurve heraus und wurde anschließend von 4200 auf 8300 U/min hochgedreht, wo er schon fast 120 km/h erreichte. Im dritten Gang kam er dann auf 162 km/h, im vierten auf 210 km/h und im fünften Gang bei 8700 U/min, knapp über der Nenndrehzahl, schließlich auf eine Höchstgeschwindigkeit von 265 km/h. Ursprünglich dienten diese Berechnungen nur zur Bestimmung geeigneter Übersetzungsstufen in Getriebe und Hinterachse, doch die Fahrer maßen ihnen eine große Bedeutung zu, zumindest jene, die sich an die vorgegebenen Drehzahlwerte zu erinnern vermochten. Denn damit konnten sie von Uhlenhaut oder Kostelezky genau erfahren, ob sie schnell genug waren.

Nach den Erfahrungen in Monaco wandte die Rennabteilung eine neue Taktik an. Man ließ im Training mindestens einen Wagen die gesamte Renndistanz absolvieren, um zu sehen, ob es versteckte Fehler gab. In Spa verwendete man dazu einen neuen Wagen, der speziell für diesen schnellen Kurs gebaut war, im Rennen selbst aber nicht eingesetzt werden sollte. Es handelte sich dabei um ein Fahrzeug mit dem mittellangen Chassis, bei dem man jedoch die Vorderpartie etwas erleichtert hatte, indem man die Bremsen nach außen verlegte. Alle Fahrer des Teams und auch Rudolf Uhlenhaut sowie der Ersatzfahrer John Fitch spulten ihre Kilometer mit diesem Wagen ab. Fangio hatte sich indessen für einen „langen“ Wagen entschieden und fuhr damit einen unangefochtenen Sieg heraus.

Der holländische Grand Prix in Zandvoort wurde im Jahre 1955 von dem schrecklichen Unglück in Le Mans überschattet. Es war der erste dortige Weltmeisterschaftslauf, und wieder hießen die überlegenen Sieger Fangio und Moss. Der Argentinier hatte das kurze Chassis, der Brite das mittellange verwendet. Kling war in der Startaufstellung ebenfalls ganz vorn plaziert gewesen, er kam jedoch im Verlauf des Rennens von der Strecke ab und war zur Weiterfahrt nicht mehr in der Lage.

Zum britischen Grand Prix war Daimler-Benz mit fünf Wagen nach Aintree gekommen, vier davon sollten auch eingesetzt werden. Alle im Rennen gefahrenen Wagen wiesen außenliegende Bremstrommeln auf; Fangio und Moss verwendeten das kurze Chassis, Kling und der zum Team gestoßene bekannte italienische Rennfahrer Piero Taruffi fuhren die Typen mit mittellangem Fahrgestell. Der W 196 von Stirling Moss hatte eine einteilige, vorn angeschlagene Karosserie-Frontpartie. Moss siegte bei diesem Rennen ganz knapp vor Fangio; Kling und Taruffi folgten auf den Plätzen drei und vier – der erste und einzige Vierfach-Erfolg in der Grand-Prix-Renngeschichte von Daimler-Benz!

Piero Taruffi als ausgebildeter Kfz-Ingenieur interessierte sich stark für die Technik von Rennfahrzeugen. Er beschrieb seine Eindrücke im W 196, bei dem ihm als erstes die Sitzposition aufgefallen war: „Die Polsterung, die es in verschiedenen Ausführungen und Größen gab, ließ sich mit wenigen Handgriffen auswechseln, womit man sie genau der Statur des Fahrers anpassen konnte.“ Das Schaltschema empfand er, wie alle anderen Fahrer des W 196, als sehr gewöhnungsbedürftig. Zum Hinaufschalten schob man den Schaltstock nach vorn anstatt ihn zurückzuschieben. Die Kulisse und der Schalthebel entsprachen noch denen der letzten Vorkriegswagen und wiesen einen Druckknopf am Knauf zum Einlegen des ersten Ganges auf. „Ich versuchte mich daran zu gewöhnen,“ sagte Taruffi, „aber in der ersten Trainingsrunde geriet ich in den zweiten statt in den vierten Gang. Die Drehzahl schoß in die Höhe, und nur durch den desmodromischen Ventiltrieb wurde verhindert, daß die Ventile auf den Kolbenböden aufschlugen, so ließ sich ein Motorschaden gerade noch verhindern. Ich hielt an und berichtete Neubauer von meinem Fehler. Er sagte mir, ich solle mir darüber keine Sorgen machen, und als ich wieder in den Wagen kletterte, sagte er, ich könne den Wagen so hart hernehmen wie ich wollte – je härter ich führe, desto besser. Er fügte hinzu, wenn der Motor dabei kaputt gehen sollte, ein Ersatz schon bereitstünde.“

Wie auch die anderen Fahrer erfuhr Taruffi erst in Aintree von einer weiteren Neuerung am Wagen: „Sie erklärten uns, daß wir nach der Hälfte des Rennens, wenn der Kraftstoffvorrat zum Teil aufgebraucht sein würde, einen bestimmten Hebel umlegen sollten, der den negativen Sturz der Hinterräder wieder auf den ursprünglichen Wert bei voller Belatung einrichten würde.“

Die Idee einer solchen Vorrichtung war erstmals in Monaco aufgekeimt, wo man erkannt hatte, daß die Wagen mit halb gefüllten Tanks die beste Straßenlage besaßen. Denn dann erwies sich die Sturzeinstellung als optimal. Man wollte nun diese günstige Einstellung über einen längeren Zeitraum hinweg aufrechterhalten können und dachte sich zu diesem Zweck eine relativ einfache Verstellmöglichkeit für zwei verschiedene Federhärten aus. Die beiden hinteren Drehstabfedern verliefen am Rahmen entlang zu ihren vorderen Befestigungspunkten, wo sie mit einem kurzen Hebelarm in einem Abstand zum Rahmen gehalten wurden. In der Konstruktionsabteilung hatte man an dieser Stelle einen Regelmechanismus vorgesehen. Der kurze Abstandsarm wurde nun an eine kurze Schraubenfeder angelenkt, die man am Beginn des Rennens mit einem konischen Stift festdrückte. Diesen Druck übte ein kleiner Kolben am Ende eines Druckschlauches aus. Ludwig Kraus erklärte die Funktionsweise: „Der durch Öldruck in Position gehaltene Kolben ähnelte sehr stark dem eines Radbremszylinders, er wurde im Testlabor einen Tag lang erfolgreich einem Druck von 100 atü ausgesetzt. Der Druck konnte durch ein kleines Ventil abgebaut werden, das der Fahrer mit einem T-förmigen Griff betätigte. Das entsprechende Boxensignal war ein großes T auf einer Signaltafel.“ Die Schraubenfeder war nun nicht mehr blockiert und bewirkte eine Verringerung der Federrate der Drehstabfeder. Kraus fügte hinzu: „Die weiteren Änderungen der Radlast, die bei fortschreitender Entleerung der Tanks bis zum Schluß auftraten, waren so gering, daß sie nur noch geringen Einfluß auf das Fahrverhalten ausübten.“

Andere Firmen wie Lancia und Ferrari versuchten dem veränderten Fahrverhalten durch eine zentrale Anordnung der Tanks entgegenzuwirken. Genau dies hatte man bei Daimler-Benz schon bei den W 154 und W 165 ebenfalls versucht. Uhlenhaut meinte: „Die zentrale Anordnung der Tanks bei den damaligen Frontmotor-Rennwagen wies einen Nachteil auf, denn durch die geringere Belastung der Hinterräder neigten diese verstärkt zum Durchdrehen. Vom Start weg waren unsere Wagen stets schneller als die Ferrari, die eine Gewichtsverteilung von etwa 50:50 auf Vorder- und Hinterachse aufwiesen. Bei uns lagen am vollgetankten Wagen bis zu 60 Prozent des Gewichts auf der Hinterachse."

Ludwig Kraus führte zu diesem Thema ergänzend aus: „Der Unterschied im Fahrverhalten zwischen vollen und entleerten Tanks ließ sich nicht so einfach feststellen. Die Gewichtsverteilung schwankte zwar von 40:60 bis 47:53 recht erheblich, doch die Raktion des Fahrwerks war nicht so deutlich. Durch das Entlasten der Hinterräder verstärkte sich die Untersteuerungstendenz der Wagenfront, zugleich verringerte sich aber auch die Masse an der Drehachse; das heißt, die Zentrifugalkraft, die bei beladenem Heck wirksam werden konnte, nahm ab." Kraus und Uhlenhaut hatten bei den Entwürfen für den W 196 eine ausgewogene Gewichtsverteilung vorgesehen. Der Motor war weit vorne eingebaut, der Fahrer, das Getriebe und der Kraftstoffvorrat waren mehr dem Heck zugeordnet. Es wurde jedoch auch ein Versuchsfahrzeug gebaut, bei dem man die Vorzüge eines zentral angeordneten Schwerpunkts in der Fahrzeugmitte für bestimmte Kurse ermitteln wollte. „Wir fanden heraus, daß sich diese Ausführung wesentlich besser für Strecken mit vielen engen Kurven eignete, wie zum Beispiel Monte Carlo," erzählte Uhlenhaut und fügte hinzu: „der Wagen mit dem zentralen Schwerpunkt schien in schnellen Kurven ziemlich heikel zu reagieren; wenn er ausbrach, war er für den Fahrer wesentlich schwerer abzufangen."

All diese Gedanken führten zu weiteren Fahrversuchen anderthalb Wochen nach Aintree. Diese Testfahrten auf dem Nürburgring sollten ursprünglich als Vorbereitung für den Großen Preis von Deutschland dienen. Dieser war allerdings inzwischen abgesagt worden. Jedoch nahm man die Gelegenheit zu einigen praktischen Erprobungen wahr. Daimler-Benz brachte zwei offene Wagen mit außenliegenden Bremsen zum Ring, einen mit dem mittleren Fahrgestell einen mit kurzem Radstand. Von den vier Fahrern sollte jeder mit beiden Wagen die bestmögliche Zeit fahren. Das führte zu folgenden interessanten Resultaten:

	Radstand 2200 mm	Radstand 2150 mm
Fangio	9:38,8 min	5,5 sec schneller
Moss	9:41,2 min	5,5 sec schneller
Kling	9:47,0 min	2,0 sec langsamer
Uhlenhaut	9:51,8 min	3,8 sec langsamer

Es zeigten sich erstens die genaue Reihenfolge im Fahrkönnen, zweitens die Vorteile des kürzeren Wagens in den Händen der erfahrenen Leute, aber auch die Probleme der nicht ganz so guten Fahrer im Wagen mit zentralerem Schwerpunkt. Moss und Fangio unterstrichen jedoch, daß sie im kürzeren Wagen die ungleich höhere Kraftanstrengung für schnelle Zeiten nicht lange durchstehen könnten. Falls das Rennen stattgefunden hätte, wären folglich die Wagen mit mittellangem Radstand eingesetzt worden.

Eine ebenso große Herausforderung und nicht weniger verwirrend war der neue Kurs in Monza, das Hochgeschwindigkeits-Oval, das das alte, seit langem nicht mehr befahrene Oval ablöste. Beim Großen Preis von Italien, der am 11. September stattfand, sollte erstmals die neue Steilkurve in Zusammenhang mit dem bisherigen Straßenstück befahren werden. Zwei Wochen vor dem Rennen war die Rennabteilung zu Testfahrten anwesend; man hatte verschiedene Fahrzeuge mitgenommen. Darunter befand sich auch ein W 196 mit Stromlinienkarosserie, den man mit einer Luftbremse am Heck versehen hatte, eine ähnliche Vorrichtung, wie man sie in diesem Jahr an den Sportwagen ausprobiert hatte. Man gelangte zu dem Ergebnis, daß für den neuen Kurs von Monza Stromlinienwagen mit mittellangem Chassis und außenliegenden Bremsen am besten geeignet seien. Die Daimler-Benz-Mannschaft kehrte nach Stuttgart zurück und machte sich an den Bau zweier solcher Wagen. Als man am Donnerstag vor dem Rennen zum ersten offiziellen Training mit diesen Rennwagen antrat, mußte man feststellen, daß die Kurvenüberhöhung inzwischen mit einem neuen, ebenen Fahrbahnbelag überzogen worden war. Damit waren noch wesentlich höhere Geschwindigkeiten möglich, bei denen aber der leichte, mittellange Wagen ziemlich unruhig lag. Er schlingerte mit dem Heck, was man als „Korkenzieher"-Bewegung bezeichnete.

Der einzige mitgebrachte Stromlinien W 196 mit langem Radstand war nicht nur schneller, sondern lag auch viel besser. Man vertraute den Wagen Fangio an. Unterdessen machte man sich in Untertürkheim noch einmal an die Arbeit und versah ein zweites langes Chassis mit der Stromlinienkarosse eines 1954er Wagens. So unglaublich es klingen mag, aber noch am Samstagmittag traf dieser zweite Wagen in Monza ein. Man hatte ihn mit dem Spezial-Renntransporter mit 300 SL-Motor noch rechtzeitig heranschaffen können. Moss absolvierte damit ein letztes Zeittraining und belegte sofort einen Platz in der ersten Startreihe.

Juan Manuel Fangio gewann das Rennen in Monza zum drittenmal, während Stirling Moss zum zweitenmal auf der italienischen Strecke einen Ausfall zu verzeichnen hatte. Ein Kolbenschaden zwang ihn, genau wie vorher Hans Herrmann in Reims, zur Aufgabe. Dies war der einzige Fall, daß ein technischer Schaden an einem W 196 ein zweitesmal auftrat. Karl Kling mußte mit einem Defekt an der Kraftübertragung aufgeben, Pierro Taruffi jedoch erreichte den zweiten Platz und trug damit beim letzten Renneinsatz des W 196 zu einem Mercedes-Doppelsieg bei.

Seit dem 16. Juni 1955 waren diese Siege Resultate einer weitgehend flügellahm gewordenen Abteilung. Wenige Tage nach den tragischen Ereignissen von Le Mans hatte man bei Daimler-Benz eine Vorstandssitzung abgehalten, um über die zukünftigen Aktivitäten des Hauses auf dem Sport-Sektor zu beraten. Es wurde beschlossen, das Grand-Prix-Programm noch bis zum Saisonende weiterzuführen, danach die Weiterentwicklung der Monoposti jedoch einzustellen. Diese Entscheidung wurde kurz danach auch in der Öffentlichkeit bekannt. Die bereits laufenden Versuche mit technischen Neuerungen für die Saison 1956 wurden abgebrochen.

Am Ende des Jahres, als die Rennwagen in einer feierlichen Zeremonie mit Tüchern zugedeckt und in Pension geschickt wurden, entstand bei einigen Anwesenden der Eindruck, daß Mercedes bald wieder auf die Rennstrecken zurückkehren würde. Naheliegend war der Termin 1958. Nicht ganz so eindeutig war es jedoch ersichtlich, daß man im Hause Daimler-Benz noch immer Interesse für das große klassische Rennen hatte, an dem man sich nur einmal beteiligte, weitere Starts immer wieder in Erwägung gezogen aber niemals realisiert hatte: Indianapolis.

Mitte 1956 stellte man bei Daimler-Benz eine eingehende Betrachtung der möglichen Chancen in Indianapolis an. Die Formel sah zu dieser Zeit die Teilnahme von Wagen mit 4,5-Liter-Saugmotoren und 3,0-Liter-Kompressoraggregaten vor, es waren also noch die gleichen Vorschriften wie bei der letzten Grand-Prix-Formel vor dem Krieg. Der einzige moderne Monoposto im Daimler-Benz-Fundus, der mit einem entsprechenden Motor aufwarten konnte, war der Wagen, der Anfang 1955 für ein Rennen nach der freien Formel gebaut wurde. Er war am 30. Januar, zwei Wochen nach dem Grand Prix in Buenos Aires, zum Einsatz gelangt. Die Rennabteilung hatte für diesen einzigen Einsatz einen schnellen und einfachen Umbau vorgenommen. Man verwendete dazu die drei Reservewagen mit langem Chassis, die – nachdem Kling und Herrmann zwei davon im argentinischen Grand Prix gefahren hatten – allesamt mit einem Dreilitermotor, der für den 300 SLR entwickelt worden war, versehen wurden. An diesen Motoren war die Ein-

Links: Versuchsausführung jenes Wagens, mit dem man am 30. Januar in Buenos Aires zu einem formelfreien Rennen antrat. Es fand dabei der Dreiliter-Achtzylinder aus dem 300 SLR Verwendung, deshalb auch die zusätzliche Ausbuchtung in der Motorhaube.

Unten: Eine weitere Variante der Versuchsschnauzen am W 196, die man in Monza testete. Jedoch wurden noch im selben Monat (Oktober) alle Renn-Aktivitäten bei Daimler-Benz eingestellt, womit diese Versuche nicht mehr zur Auswertung gelangten.

spritzpumpe anders untergebracht, weshalb auch eine andere Auswölbung in der Motorhaube notwendig wurde. Die Hauben hatte man jedoch schon vorher angefertigt und hielt sie nun zum Tausch bereit. Die Dreiliter-Achtzylinder liefen mit R. D. 1-Gemisch und leisteten 309 PS bei 7400 U/min, sie ließen sich jedoch gefahrlos auf mehr als 8000 Touren überdrehen. Nur das Fahrwerk war diesem Leistungszuwachs nicht mehr ganz gewachsen. Wie dies schon einmal bei dem kompressorgeladenen 300 SL-Roadster auf dem Nürburgring der Fall gewesen war, so erwiesen sich auch die Dreiliter W 196 auf dem Buenos Aires Autodromo langsamer als die normalen Grand-Prix-Wagen. Im ersten der beiden Durchgänge schlug Farina, der für seinen Ferrari ebenfalls einen Dreilitermotor mitgebracht hatte, die beiden Mercedes-Fahrer Fangio und Moss. Zwischen den beiden Läufen wurden die Reifen gewechselt. Man tauschte das „Nürburgring"-Profil, das man wegen des befürchteten höheren Reifenverschleißes mit dem stärkeren Wagen zuerst gewählt hatte, gegen die Profilart „Monza" aus. Die blockierende Bremse an Moss' Wagen behandelte man mit einem Spritzer Öl in die Trommel. Dies funktionierte so gut, daß Stirling Moss den zweiten Durchgang gewann. Der in beiden Läufen als Zweiter ins Ziel gekommene Fangio trug indessen den Gesamtsieg davon, Moss wurde Zweiter und Kling Vierter. Die Wagen bei diesem ungewöhnlichen Rennen in Südamerika waren die wohl häßlichsten aller jemals an den Start gebrachten W 196. Die Karosserie sah mit all den Belüftungsöffnungen, Leitblechen und Schächten sehr zerklüftet aus. Doch dies war nötig, um der hochsommerlichen Hitze in Argentinien Herr zu werden.

Die Ingenieure Eberhard und Braun benützten die Leistungskurve eines dieser Motoren als Berechnungsgrundlage für die erzielbaren Geschwindigkeiten eines Dreiliter-Saugmotor-Mercedes in Indianapolis. Man ging dabei von der Verwendung einer Stromlinienkarosserie aus, mit der man auf ein Trockengewicht von 740 kg gekommen wäre. Durch den Gewichtsunterschied der beiden Motoren wären jedoch noch einmal 33 kg hinzugefügt worden. Für die Geraden in Indianapolis berechneten die Ingenieure eine Spitzengeschwindigkeit von 260 km/h, die Querbeschleunigung in den Kurven, so meinten sie, würde sich auf einen Wert von 1 g belaufen und die zugehörige Geschwindigkeit auf 218 km/h. Die Berechnungen basierten auf der Streckenskizze von 1935. Sie vertraten die Anschauung, daß man einen Rundenschnitt von 227,8 km/h erzielen könnte.

Der Bericht vom 18. Juni 1956 führte die neue Rekordrunde von Paul Russos Novi V8 auf, der (nach Daimler-Benz-Informationen) 234,5 km/h erreicht hatte. Aus dieser Geschwindigkeit leiteten Eberhard und Braun Vermutungen über das Leistungspotential des Novi ab. Sie gestanden ihm eine Höchstgeschwindigkeit von 290 km/h auf den Indy-Geraden zu, die Beschleunigung veranschlagten sie doppelt so hoch wie jene des geplanten Mercedes-Indianapolis-Wagens. Ausgehend von einem möglichen Gewichtsvorteil kam man zu folgenden Ergebnissen: Der W 196 würde entweder mit 20 Prozent an zusätzlicher Leistung und 31 Prozent weniger Gewicht oder mit einem um 11 Prozent geringeren Gewicht und einem vierzigprozentigen Leistungsplus das Leistungsniveau des Novi erreichen.

Das zweite Rezept lag bei Daimler-Benz im Bereich des Möglichen, und man hätte damit sicherlich einen Wagen geschaffen, der noch schneller als der Novi gewesen wäre. Man hätte dafür ja auch das ursprünglich geplante Vierradantriebskonzept wieder aufgreifen können. Doch gerade zu jener Zeit war man bei Daimler-Benz nicht mehr bereit, die zweifellos sehr umfangreichen Entwicklungsarbeiten auf sich zu nehmen. Einige Jahre später wurde einer der Stromlinien-Rennwagen an das Indianapolis Motor Speedway Museum übergeben. Die Besucher des 500-Meilen-Rennens fragen sich, was dieses Fahrzeug dort zu suchen habe, doch in Untertürkheim weiß man, warum er da steht. Auf seine Weise hat auch dieser Wagen zur Geschichte von Indianapolis beigetragen.

„Ich glaube, die wohl eindrucksvollste Erinnerung, die ich mir von den Mercedes-Rennwagen bewahrt habe, ist die Tatsache, daß sie wunderbar anpassungsfähig waren.“
Stirling Moss

Mercedes-Benz 300 SLR

Es war ein Automobil der krassen Gegensätze. Es war bis ins kleinste Detail erstklassig durchkonstruiert und zusammengebaut, und es war der erfolgreichste Rennsportwagen der Saison 1955. Sein Äußeres wirkte kraftstrotzend, doch eigentlich stellte er ein Musterbeispiel dafür dar, wie man durch immense Kleinarbeit aus begrenzt vorhandenem Material sehr viel machen kann. Obwohl einige Komponenten tatsächlich sehr feingliedrig wirkten, besaß der Wagen dennoch die Stabilität eines Panzerfahrzeugs. Der Mercedes-Benz 300 SLR war Hauptdarsteller in einigen der dramatischsten Rennen, die jemals stattgefunden haben, leider auch bei dem schwersten Unglück in der Geschichte des Motorsports.

Der unglücksselige Tag war der 11. Juni 1955. Abends kurz vor halb sieben kamen die Wagen zum ersten Tankstop an die Boxen. Um Punkt 16.00 Uhr waren sie zum 24-Stunden-Rennen von Le Mans gestartet. In der Boxengasse herrschte zu diesem Zeitpunkt ein heilloses Durcheinander zwischen den schnellen und langsamen Fahrzeugen. Als einer der 300 SL wie üblich mit 240 km/h vorbeischoß, streifte er einen Austin Healey, der gerade einem anderen Fahrzeug Platz gemacht hatte. Der Mercedes stieg steil in die Luft und wurde in die Zuschauerränge links gegenüber den Boxen katapultiert. Am Steuer des bis zur Unkenntlichkeit zerstörten silbernen Renners hatte Pierre Bouillon gesessen, ein 50jähriger Franzose, der unter dem Namen „Levegh“ Rennen fuhr. Daimler-Benz hatte Levegh als Anerkennung seiner großartigen Leistung bei den 24 Stunden von Le Mans im Jahre 1952 ins Team für 1955 aufgenommen. Damals hatte er mit seinem Talbot bis kurz vor Schluß geführt, bis er mit Motorschaden aufgeben mußte und so der Weg für einen Mercedes-Sieg frei war.

In den ungewissen Stunden nach dieser Tragödie versuchte man die bestmöglichen Entscheidungen zu treffen. Der Präsident der Veranstaltung, Charles Faroux, ließ das Rennen weiterlaufen, um ein Chaos beim Aufbruch der Zuschauer zu vermeiden. Als das Ausmaß der Katastrophe bekannt wurde, setzte sich die Mercedes-Teamleitung mit dem Daimler-Benz-Vorstand in Stuttgart in Verbindung und fragte an, ob man weiterfahren sollte oder nicht. In Le Mans war Artur Keser am Telefon, der sich in seinem zweiten Dienstjahr als Leiter der Daimler-Benz-Presseabteilung befand, aber schon ganz in das Rennteam aufgenommen war. Nun stand er einer Situation gegenüber, die dazu angetan war, die frühere Feindschaft zwischen der französischen und der deutschen Nation wieder aufleben zu lassen. Um 01.20 Uhr, als der 300 SLR von Fangio und Moss mit zwei Runden Vorsprung das Feld anführte, kam die Entscheidung, die Wagen aus dem Rennen zu nehmen. „Der Stolz von Konstrukteuren und Fahrern beugt sich dem zahlreichen französischen Familien in diesem tragischen Geschehen zugefügten großen Schmerz,“ sagte Fritz Nallinger. Noch vor zwei Uhr morgens waren der in Führung liegende Wagen sowie jener von Kling und Simon, der sich an dritter Stelle befand, an die Boxen beordert worden. Die röhrenden Auspuffklänge verstummten. Mercedes hatten sich aus dem Rennen zurückgezogen.

Die Katastrophe war genau nach dem Ende eines der aufregendsten Zweikämpfe in der Geschichte von Le Mans eingetreten. Bei diesem klassischen Rennen hatte es schon viele schnelle Jagden gegeben, aber das Duell zwischen Fangio auf dem 300 SLR und Mike Hawthorne auf dem Jaguar D-Type war ohne Beispiel. Hin und wieder vermochte auch der feurige Italiener Eugenio Castellotti mit einem neuen 4,4 Liter Ferrari einzugreifen. Nach einer Stunde des Schlagabtauschs bei höchsten Geschwindigkeiten hatten Fangio und Hawthorne den Ferrari abgeschüttelt, sie überholten sich gegenseitig ohne Unterlaß und kämpften unter Aufbietung ihres ganzen Könnens.

Der packende Zweikampf erinnerte an ähnliche Szenen zwischen den beiden 1953 in Reims. Hawthorne schrieb später darüber: „Wir hatten beide absolut nichts mehr in Reserve. Wenn wir um eine langsame Ecke, wie etwa in Mulsanne, bogen, konnte der Jaguar im ersten und zweiten Gang mit der Beschleunigung des Mercedes mithalten. Wenn Fangio bei seinem Fünfganggetriebe in den Dritten schaltete, konnte er vorbeiziehen, aber sobald ich im Vierten war, konnte ich aufschließen. Castellotti schlug uns jedoch im Abzug alle beide, der Ferrari hinterließ dabei lange schwarze Spuren verbrannten Gummis auf der Fahrbahn. In schnellen Kurven war der Mercedes mit seiner Einzelradaufhängung an der Hinterachse deutlich schneller als mein Jaguar. In langsamen Kurven war der Unterschied nicht sehr groß, aber in einer mittelschnellen Biegung, wie etwa am Maison Blanche, wo man über 160 km/h schnell ist, konnte Fangio einiges gewinnen.“ Über die Luftbremse berichtete Hawthorne: „Er konnte in etwa genauso spät bremsen wie ich mit den Scheibenbremsen am Jaguar.“

Die gestoppten Zeiten sagten jedoch das Gegenteil aus. Auf der Mulsanne-Geraden war der 3,5 Liter Jaguar um einiges schneller als der Mercedes. Hawthorne kam auf 290 bis 300 km/h, Fangio war stets um mindestens 10 km/h langsamer. Der 300 SLR durfte in Le Mans höchstens auf 7500 U/min gedreht werden, wobei er in den einzelnen Gängen folgende Geschwindigkeit erreichte: 99/122/166/221/286 km/h. Er war damit zwar sehr schnell, aber 1955 nicht mehr der schnellste Rennsportwagen, und er gewann die Sportwagen-Weltmeisterschaft mit einem bemerkenswert geringen Punktevorsprung.

Fangio konnte mit dem 300 SLR zwei Rennen gewinnen; beide waren kürzere Prüfungen mit hohem firmenpolitischem Wert für Daimler-Benz: das Eifelrennen am 29. Mai auf dem Nürburgring und den schwedischen Grand Prix am 8. August. Bei beiden gab es indessen keine Punkte für die Sportwagen-Weltmeisterschaft. Knapp hinter Fangio war jeweils ein Brite ins Ziel gekommen, dessen legendäre Karriere sehr stark mit der des 300 SLR verknüpft

Links: Mercedes-Testtage in Hockenheim im März 1955. Anschließend wurden die drei 300 SLR nach Italien verfrachtet, wo sie auf der Mille-Miglia-Strecke im Training eingesetzt wurden.

Links: Dieser Prototyp des 300 SLR wurde gemeinsam mit den Grand-Prix-Wagen nach Monza mitgenommen, wo man ihn im September 1954 testete. Man darf ihn als den leichtesten W 196-S bezeichnen, der je gebaut wurde.

Unten: Die Mille-Miglia-Wagen von Fangio und Kling hatten umlaufende Windschutzscheiben und abgedeckte Beifahrersitze. Beide Fahrer bestritten das Rennen solo.

Nur für die Mille Miglia gab man den 300 SLR richtige zweisitzige Cockpits mit zwei Kopfstützen und umlaufender yFrontscheibe. Diesen Wagen fuhr Hans Herrmann.

Im „Kofferraum" der Mille-Miglia-Wagen wurden zwei Ersatzräder untergebracht. Die beiden Kopfstützen hatte man auf dem Deckel festgenietet, dieser wurde mit den hinter den Sitzen befestigten Alu-Hauben nach oben geklappt. Den Handgriff zum Öffnen des Deckels bildete übrigens das verchromte „D" auf dem Heck.

war. Am Steuer des Grand-Prix-Wagen war Fangio der anerkannte Meister, aber der 300 SLR war die Angelegenheit von Stirling Crawford Moss.
Zur Erringung der Weltmeisterschaft trugen aber auch die guten Plazierungen anderer Fahrer bei. Fangios zweite Plätze bei der Mille Miglia und zusammen mit Kling bei der Tourist Trophy und der Targa Florio hielt die schärfsten Rivalen von den wertvollen Punkterängen fern. Man muß natürlich auch die Beifahrer des jungen Engländers lobend erwähnen, Denis Jenkinson bei der Mille Miglia, John Fitch bei der TT und Peter Collins in Sizilien. Aber es war Moss, der diese drei klassischen Rennen von Beginn an beherrschte und sie alle drei mit einem Sieg beendete. Die Robustheit des 300 SLR war dabei der wichtigste Faktor, seine für einen Rennwagen ungewöhnliche Ausdauer stieß überall auf ungläubiges Staunen.
Die Mille Miglia wurde am 1. Mai gestartet. Schon seit Februar hatte Daimler-Benz eine Reihe von Testwagen über die wichtigsten Streckenabschnitte gehetzt. Ende März, Anfang April hatte man dazu drei 300 SLR nach Italien gebracht, dabei handelte es sich um reine Trainingsfahrzeuge. Für das Rennen selbst wurden vier nagelneue Wagen bereitgestellt. Der 300 SLR überstand alle Torturen, sowohl die seines Fahrers als auch jene der Mille Miglia. Das reichte vom Überfahren der Randsteine bis zu harten Landungen nach mit Vollgas genommenen Kuppen und Unebenheiten. Am Start hatten die Bremsen eine Belagstärke von 7 mm, nach den Resultaten der vorangegangenen Tests war dies mehr als genug für die gesamte Distanz. Nach dem Ende des Rennens von Brescia nach Rom und zurück fühlten sich die Bremsen zwar merklich anders an, aber sie funktionierten noch recht gut. Nachher stellte sich heraus, daß sich absolut kein Belagmaterial mehr auf den Bremsbacken befunden hatte und das Aluminium schon weit abgeschliffen war. Die selbsttätig wirkenden Nachsteller hatten die Bremsbacken auch weiterhin genau auf die Reibfläche angedrückt.
Moss führte in seinem Wagen einen Kraftstoffvorrat von 265 Liter mit, damit mußte er bei einem Verbrauch von 28 Liter pro 100 Kilometer einmal noch nachfassen. Sein Mille-Miglia-Sieg war der erste Erfolg für einen britischen Fahrer und der dritte für einen deutschen Wagen bei diesem Rennen; zwei davon fielen auf Mercedes-Benz. Moss hatte 10 Stunden und 17 Minuten für die Bewältigung der 1585 Kilometer benötigt, er war dabei auf einen Gesamtschnitt von 156,3 km/h gekommen. Er hatte die bestehende Bestzeit, die auf einer etwas kürzeren Strecke gefahren worden war, um eine halbe Stunde unterbieten können. „Ich glaube, wir haben da einen ganz schönen Rekord aufgestellt," sagte Moss danach zu Jenkinson, „es sieht so aus, als ob da sobald niemand heranreichen wird. Es kann sein, daß es in den nächsten zwanzig Jahren keine so völlig regenfreie Mille Miglia mehr geben wird".
Zwei Jahre später gab es doch noch einmal ein Rennen ohne Regen, doch bei dieser zugleich letzten Mille Miglia blieb Moss' Rekord unberührt, und er steht nun für alle Zeit.
Die Tourist Trophy 1955 war ein Hochgeschwindigkeits-Balanceakt auf dem schmalen und sehr kurvenreichen Dundrod-Kurs in Nordirland. Noch in der Nacht vor dem Rennen bat Moss um eine geänderte Getriebeabstufung, denn er wollte den ersten Gang, den man normalerweise nur am Start brauchte, auch in der sehr engen Haarnadelkurve verwenden können. Sein Wagen war damit auf eine Höchstgeschwindigkeit von nur 253 km/h übersetzt, doch er gewann das Rennen und erzielte auf der Distanz von 1017 Kilometer einen Schnitt von 142,1 km/h. Zur Mitte des Rennens überließ Moss kurz John Fitch das Steuer, er gewann schließlich trotz eines beschädigten rechten Hinterreifens, dessen Fetzen an die Magnesium-Karosserie anschlugen und einen weniger robusten Wagen wahrscheinlich zur Aufgabe gezwungen hätten.
Doch dies alles war ein Kinderspiel gegen die Art und Weise wie Moss und Co. ihre 300 SLR auf der Targa Florio zerpflückten. In der vierten Runde auf der 72 km langen Bergstraße in Sizilien geriet Stirling vom vorgeschriebenen Weg ab – und fuhr eine Böschung hinunter, um erst auf einem Felsbrocken zum Halten zu kommen. Die Antriebsräder drehten sich frei in der Luft. Ein Dutzend Zuschauer hoben den Wagen herunter und schoben ihn auf die Strecke zurück. Das Chassis war verbogen, und die Maschine brauchte auf dem Weg zu den Boxen fast zehn Liter Wasser. Collins löste Moss ab und fuhr was das Zeug hielt, auch er hatte eine Begegnung mit der Streckenbegrenzung. Er und Moss, der im letzten Abschnitt noch einmal das Steuer übernahm, brachten den arg mitgenommen aussehenden Mercedes schließlich wieder auf Platz Eins.
„Trotz der Bemühungen von Stirling und mir, den Wagen zu Schrott zu fahren," sagte Collins danach, „indem wir über Abgründe und Mauern fuhren und nur so dahinflogen, gelang es dem 300 SLR, das gesamte Rennen zu überstehen." John Fitch hatte mit seinem Wagen einen ähnlichen Test durchgeführt: „Die Ausdauer des 300 SLR war schier unglaublich. Wie es hier auf der Targa vorgeführt wurde, widersteht er den schlimmsten Mißhandlungen und funktioniert danach noch immer einwandfrei. Dieses hochentwickelte Sportgerät ist wie ein Panzer gebaut, dabei reaktionsschnell wie eine Dschungelkatze – in der Tat eine fabelhafte Leistung auf dem Gebiet der Automobilkonstruktion."
Der 300 SLR stellte die gelungenste Kombination dar, die man sich als Rennsport-Wagen vorstellen konnte. In ihm zeigten sich die Erfahrung aus der Zeit des 300 SL und die fortschrittlichen Konstruktionsideen aus dem W 196. Intern in Untertürkheim hieß das Fahrzeug W 196-S, und der Wagen war genau das, was sich Alfred Neubauer für die Sportwagenrennen in der Saison 1951 vorgestellt hatte: wesentlich mehr Leistung als beim 300 SL, ein Fünfganggetriebe, bessere Bremsen, 16-Zoll-Räder und eine höhere Spitzengeschwindigkeit. Der 300 SLR unterschied sich in allen Einzelheiten vom 300 SL, doch in der Gestaltung und im Konzept kam er diesem sehr nah. Es schien schon sehr mutig, wenn nicht gar riskant, einen Dreiliter-Wagen gegen den 3,5 Liter Jaguar, der in Le Mans immer schwer zu schlagen war, und gegen die gar bis 4,9 Liter reichenden Ferrari antreten zu lassen. Der Unterschied war im Jahr 1954 jedoch kaum spürbar, noch weniger sogar in der Saison 1955. Ausgehend von den Erfolgen des 300 SL in der Saison 1952 stellte der SLR die logische Weiterentwicklung dar. In ihm wurde das konzentrierte Bemühen, das Dreiliteraggregat leistungsmäßig voll auszuschöpfen, deutlich. In dieser Hinsicht gelang es schließlich, mit dem Entwicklungsstand am W 196 gleichzuziehen.
Die Detailentwürfe für den W 196-S waren etwa sechs Monate nach denen des W 196 fertiggestellt. Dieser zeitliche Abstand kam der Motorentwicklung zugute. Das Aggregat basierte im Wesentlichen auf dem 2,5-Liter-Grand-Prix-Motor, es war um 2 mm aufgebohrt und wies auch einen verlängerten Hub auf. Die Zylinder-Dimensionen betrugen 78 x 78 mm, womit man auf einen Hubraum von 2982 ccm kam. Dazu benötigte man neue Zylinderblöcke, die man diesmal jedoch nicht aus Stahl, sondern aus Silumin goß. Von der Sackzylinder-Konstruktion mit nicht teilbaren Zylinderköpfen wich man dabei nicht ab, daran hielt man seit mehr als fünfzig Jahren im Rennmotorenbau bei Daimler-Benz fest. Die beiden Vierzylinderblöcke wogen jeweils 17,5 kg, wobei hier die Nockenwellengehäuse einen festen Bestandteil des Gußstücks bildeten. Die Wassermäntel waren hier noch offen, sie wurden erst nach genauen Kontrollen mit Blechdeckeln verschlossen. Der Deckel auf der Auslaßseite war mit einem Anschluß für den Kühlwassereintritt versehen. Nach der Bearbeitung wurden die Blöcke zu Mahle gebracht, wo die Zylinderlaufbahnen mit einer 0,2 mm starken Chromschicht versehen und durch Honen auf das richtige Maß gebracht wurden. Die Beschichtung war als Oberflächen-Vergütung für die Aluminium-Laufbuchsen notwendig. Ein wichtiger Punkt hierbei war die Gestaltung der Zylinderwand. Die hier unvermeidlichen Kanten mußten säuberlich abgerundet sein. An den Zylinderwänden war die Oberfläche ebenfalls mit kleinen Vertiefungen versehen, die sich schraubenförmig von unten nach oben fortsetzten. Damit wurde die einwandfreie Zylinderwand-Schmierung gewährleistet. Die Ringe waren an der Düsenöffnung unterbrochen. Man hatte nie Probleme mit festgehenden

Oben: Brescia, 30. April 1955, 7 Uhr 22. Stirling Moss und Denis Jenkinson am Start zum 1600-Kilometer-Straßenrennen der 22. Mille Miglia.

Links: Gezeichnet von Strapazen, aber glücklich. Moss/Jenkinson als Sieger der Mille Miglia werden von Kraus, Uhlenhaut und Scherenberg beglückwünscht.

Rechts: Der 300 SLR in einem frühen Stadium des Rennens. Später waren dann einige „Kampfesspuren" zu erkennen…

Links: Vier Wochen nach der Mille Miglia gewannen die 300 SLR das Eifelrennen für Sportwagen.

Unten: Kling, Fangio und Moss in der Südkurve des Nürburgrings – die Konkurrenz hatte keine Chance!

Oben: Die Mercedes-Stallgefährten Moss und Fangio teilten sich die Aufgaben. Fangio wurde Formel-1-Weltmeister, Moss holte für Mercedes den Sportwagen-Titel.

Rechts: Stirling Moss bei der Tourist Trophy auf dem Dundrod-Kurs in Nordirland. Er gewann dieses Rennen mit einer Runde Vorsprung vor Fangio und Kling. Heimvorteil!

So stellte sich der 300 SLR mit abgenommener Karosserie dar. Das Chassis war dem des Grand-Prix-Wagens sehr ähnlich, jedoch im Mittelteil breiter gehalten.

Unten: Die Bosch-Achtstempel-Einspritzpumpe des 2982 ccm großen Reihenachtzylinders mit der Typenbezeichnung M 196.I.

Unten: Das Cockpit des Mercedes-Rennsportwagens; auch hier war das Lenkrad mit einem Schnellverschluß befestigt.

Kolben, auch wenn der aus den Einspritzdüsen austretende Kraftstoff stets dazu neigte, den Ölfilm an den Zylinderwänden wegzuwaschen. Aus diesem Grund konnte man es sich auch leisten, die Schmierungsfugen noch winziger zu gestalten, denn dadurch ließ sich natürlich auch der Ölverbrauch verringern. Dieser war jedoch ohnehin ziemlich gering. Das war zum einen auf ein geringeres Kolbenspiel gegenüber den Grand-Prix-Motoren und zum anderen auf den direkt unterhalb der drei Kompressionsringe angeordneten Ölabstreifring an den geschmiedeten Mahle-Kolben zurückzuführen. Im Renneinsatz bewegte sich der Ölverbrauch zwischen 8 und 20 Liter pro 1000 Kilometer.

Durch die bessere Wärmeleitfähigkeit der Aluzylinder ließen sich Wärmestaus an den Kolben abbauen, außerdem verhinderten die verlängerten Kolbenschäfte die Klemmneigung. Diese Verbesserungen trugen zu der für einen Rennmotor außergewöhnlichen Zuverlässigkeit des 300 SLR-Aggregats bei, eine geradezu ideale Voraussetzung für einen Langstrecken-Rennwagen. Einen Motor ließ man an die 10000 Kilometer im Renntempo und danach noch 32 Stunden auf dem Prüfstand laufen; außer acht neuen Ölabstreifringen nach 6000 Kilometer waren keinerlei Reparaturen angefallen. Daimler-Benz-Techniker wiesen ausdrücklich darauf hin, daß man diese Standfestigkeit ohne nennenswerte Luftfilterung erreicht hatte.

Die Zylinderblöcke waren diesmal nicht am Fußflansch mit dem Kurbelgehäuse verschraubt, sondern mit langen Stehbolzen, die von den Lagerböcken der Hauptlager bis zu den Zylinderköpfen reichten. Oben waren diese Stehbolzen mit Sternmuttern verschraubt; eine zusätzliche Versteifung erreichte man durch die Sechskantmuttern auf einem kurzen Gewindestück an der Kurbelhaus-Oberseite, wodurch die Lagerböcke noch einmal gesichert wurden. Ansonsten war die Anordnung des Kurbeltriebs und die Konstruktion des Gehäuses identisch der des Grand-Prix-Motors. Die Lagerböcke waren aus Dural gefertigt und seitlich in der Kurbelgehäusewandung verschraubt. Lediglich die beiden, den Mittelabtrieb flankierenden Lagerböcke, die auch die Ölpumpen trugen, waren aus Stahl. Die vergrößerten Zylinderbüchsen hatte man in den Kurbelgehäusehals eingesteckt. Dazu wurden die vorhandenen Öffnungen per Hand ausgeweitet und auf eine ovale Form gebracht. Wie beim Grand-Prix-Motor mußten auch hier noch nachträglich Versteifungen am Kurbelgehäuse angebracht werden.

Am Sportwagen-Aggregat verwendete man eine andere Zündfolge und somit auch eine unterschiedliche Anordnung der Gegengewichte an der Kurbelwelle. Damit paßte man den Motor besser an die beabsichtigten Drehzahlbereiche sowie an die Ansprüche der Schwingungsdämpfung an. Die ersten acht Kurbelwellen wurden von Hirth geliefert, sie wiesen acht Gegengewichte auf und wogen zusammen mit Pleueln und Lagern 46 kg. Mit diesen Wellen war man jedoch nicht vollständig zufrieden. Für die Saison 1955 wurden deshalb neue Kurbelwellen mit nunmehr 16 Ausgleichsgewichten angefertigt; das Gewicht erhöhte sich dabei auf 52 kg. Die Pleuel waren in der gleichen Ausführung wie beim Grand-Prix-Motor gehalten, der Mittenabstand betrug 145 mm. Die Motorenkonstrukteure berichteten 1955: „Unsere bisherige Erfahrung hat gezeigt, daß das Reißen der Hubzapfen lediglich eine Sache der Kurbelwellen-Drehzahl und der entsprechenden Laufzeit ist." Die bereits von den Vorkriegs-Rennmotoren her bekannten Sprünge auf den Gleitflächen der Hubzapfen, die die Instandsetzungs-Intervalle erheblich einschränkten, ließen sich auch am 300 SLR nicht völlig aus der Welt schaffen. Zur Sicherheit begrenzte man deshalb bei sehr langen Rennen, wie etwa in Le Mans, die Drehzahlen auf 7000 U/min, wodurch sich eine Lebensdauer der Kurbelwelle von etwa 5000 Kilometer ohne Schäden erzielen ließ. Für gewöhnliche Sportwagenrennen, die zumeist über 1000 Kilometer führten, setzte man das Limit auf 7600 Touren. Dabei gestanden die Techniker der Welle eine Lebensdauer von 3500 Kilometer im harten Rennbetrieb zu, bevor sie ausgewechselt oder zur Verwendung in einem Versuchs- oder Reservewagen degradiert wurde. Nach jedem Rennen wurden alle Kurbelwellen zur Überholung und Überprüfung zu Hirth geschickt. Einige Motoren hatte man 1955 indessen auch einmal auf 8400 U/min gedreht, wobei es die Konstrukteure jedoch lieber gesehen hätten, wenn man sich auf 7800 U/min beschränkt hätte.

Das Schmiersystem des 300 SLR war bis auf Kleinigkeiten mit dem des Formel-1-Wagens identisch. Der Öltank war wie beim Stromlinienwagen links neben dem Motor untergebracht, er faßte 35 Liter und belieferte Motor und Getriebe. Das gefilterte Öl wurde mittels einer Verteilerpumpe an die zehn Hauptlager gefördert. Dieses Instrument wurde vom Ende einer der Ölpumpen-Antriebswelle mit 0,27facher Kurbelwellendrehzahl bewegt. Hier hatte man das Prinzip des M 06 aus den späten zwanziger Jahren wieder aufgegriffen, bei dem jedes Hauptlager mit der richtigen Menge Öl versorgt wurde. Es strömte unter einem relativ niedrigen Druck von 0,14 at dorthin. Falls es sich hier um eine offene Schmiergalerie gehandelt hätte, wäre die Gefahr entstanden, daß ein kurzzeitig verstopfter Durchgang blockiert geblieben wäre und das Öl an die anderen Schmierstellen weiterfloß, das eine Lager jedoch trockenlief. Die Verteilerpumpe gewährleistete die gleichmäßige Schmierung aller Hauptlager.

Der Sportwagenmotor, der intern die Bezeichnung M 196.I trug, wies auch die selben Ventilgrößen als beim Formel-1-Aggregat auf. Man hatte jedoch den Ventilsitzwinkel geändert, die Einlaßventile hingen jetzt in einem Winkel von 45,5 Grad zur Senkrechten, die Auslaßventile gar 51 Grad. Durch die vergrößerten Winkel wurde Raum für Ventilsitzringe geschaffen, und außerdem konnte man Änderungen an der Kanalgestaltung vornehmen. Die Ingenieure Gassmann und Lorscheidt hatten diesbezüglich bei ihren Versuchen mit dem Test-Einzylinder einige neue Erkenntnisse gewinnen können. Die Brennraumform, eine erneut tiefer gewordenen Halbkugel, erforderte eine Änderung des Kolbenbodens, dessen Dom nun an der Spitze abgeflacht wurde. Das damit erzielte Verdichtungsverhältnis bewegte sich zwischen 9,0 und 9,5:1. Der Strahlwinkel der Einspritzdüsen wurde geringfügig auf 15 Grad von der Horizontalen nach oben abgeändert. Der Zeitpunkt des Einspitzvorgangs wurde um fünf Kurbelwellen-Grade vorverlegt, die Düse wurde nun 29 Grad nach Erreichen des oberen Totpunkts in Aktion gesetzt. Um auch auf den Bergpässen bei der Mille Miglia oder der Carrera Panamericana eine einwandfreie Funktion der Einspritzpumpe sicherzustellen, versah man diese mit einem federbelasteten Spritzversteller zur Anpassung an die Höhenlagen und den dort herrschenden Luftverhältnissen. An den Formel-1-Wagen hatte man diese Vorrichtung nicht eingesetzt.

Der Steuerzeiten des M 196.I gerieten gegenüber jenen des M 196 etwas länger, um den größeren Hubraum bei unverändertem Ventilquerschnitt ausgleichen zu können. Der Ventilhub blieb erhalten, während die Einlaßperiode verlängert und die Auslaßzeit um ein Grad vorverlegt wurde. An der A-Nocke wurde für den Auslaß ein Spiel von 0,32 mm und am Einlaß von 0,20 mm eingestellt. Damit ergaben sich dann folgende Steuerzeiten:

Einlaß öffnet	22° vor OT	Auslaß öffnet	51° vor UT
Einlaß schließt	62° nach UT	Auslaß schließt	13° nach OT

Die ersten 300-SLR-Motoren, die 1954 zu Testzwecken fertiggestellt worden waren, wiesen noch die frühere Version der Z-Steuerung auf, beim ersten Einsatz bei der Mille Miglia jedoch hatte man sie schon mit den doppelten Exzentern zur Spiel-Einstellung an den D-Nocken ausgestattet. Als man den ersten SLR im September 1954 in Monza probefuhr, wies er noch die gekrümmten Saugrohre, genannt „Schwanenhals", des Formel-1-Wagens auf. Die Motorhaube konnte damit völlig flach gehalten werden, der Lufteinlaß befand sich hinter dem Kühlergrill. Mit dieser ersten Saugrohr-Ausführung mit einer Rohrlänge von 285 mm leistete der M 196.I 282 PS bei 7700 U/min. Für den Einsatz in der Saison 1955 ging man auf gerade Saugrohre mit einer Länge von 260 mm über, womit auch die Wölbung in der Haube und der separate Lufteinlaß an deren vorderem Ende notwendig wurde. Zusamen mit einigen Abstimmungsänderungen erzielte man nunmehr 302 PS bei 7500 U/min und ein maximales Drehmoment von 30,2 mkg bei 5950 Touren. Der Benzinverbrauch lag dabei jedoch geringfügig höher. In Le Mans, wo ein Drehzahllimit von 7000 U/min einzuhalten war, konnten die Wagen mit 276 PS aufwarten.

Mit einer entscheidenden gestalterischen Änderung hatte man dem Sportwagen-Aggregat zu einer wesentlich günstigeren Führung der Einlaßkanäle verholfen. Am Anfang der Desmodromik-Entwicklung hatten es Gassmann und Lorscheidt als wichtig angesehen, die Drehrichtung der Schließnockenwelle entgegengesetz der Kipphebellagerachse laufen zu lassen, denn dadurch ließ sich ein Aufstellmoment vermeiden. Die dabei auftretenden Kräfte hätten zu einem wesentlich stärkeren Verschleiß an Nocken und Kipphebeln geführt. Auf diese Weise war also die Anordnung der Kipphebelachse durch die Drehrichtung der Nockenwelle festgelegt und umgekehrt. Bei der Verwirklichung des Grand-Prix-Motors hatte man nun aber erkannt, daß man bei der Formung der Einlaßkanäle durch die Lage der Kipphebelachse zu einer ungünstigen Krümmung nahe am Ventilschaft gezwungen war. Um mehr Raum für eine sanftere Krümmung zu schaffen, wurden die Kipphebelachsen auf die andere Seite des Nockengehäuses verlegt. Demzufolge mußte auch die Drehrichtung der Nockenwellen geändert werden. Sie drehten sich nun in der gleichen Richtung wie die Kurbelwelle, nämlich entgegen dem Uhrzeigersinn. Dies wurde durch die Einordnung eines weiteren Zwischenrades in den Stirnradantrieb erreicht, das 28zähnige Rad konnte auch die am Sportwagen benötigte Lichtmaschine antreiben. Man wählte dazu einen 8 kg schweren Bosch-Generator aus und darüber hinaus einen elektrischen Anlasser vom gleichen Hersteller, der 6 kg auf die Waage brachte. Betätigt wurde dieser durch eine Drehung mit dem Zündschlüssel, was sich für den Le-Mans-Start als die schnellste Lösung erwiesen hatte.

Ein weiteres ungewohntes Ausstattungsdetail an diesem Rennmotor waren die beiden „Schalldämpfer". Die 65-mm-Rohre waren vor dem Austritt ins Freie mit 120 mm starken Töpfen versehen und dort mit 5 mm großen Löchern perforiert worden, damit die Auspuffgase in diese Töpfe einströmen konnten. Die einzelnen Krümmerrohre an den Zylindern hatten einen Durchmesser von jeweils 49,6 mm; die beiden inneren Rohre pro Zylinderblock waren zu einem Sammlerrohr zusammengefaßt und beiden äußeren Rohre von beiden Blöcken zu einem zweiten Sammlerrohr.

Die Größe der Kraftstoffbehälter war je nach den Anforderungen sowie den Reglements der einzelnen Rennen verschieden, sie reichte bis zum 265 Liter Reservoir bei der Mille Miglia. Die Qualitäten der zur Verwendung gelangenden einheimischen Benzinsorten unterlag ebenfalls starken Schwankungen, die sich auch in besonderem Maße auf die Motorabstimmung auswirkten. Bei den stark verbleiten Sorten, wie sie in Italien und bei der Tourist Trophy verabreicht wurden, empfahl sich im Höchstfall eine Verdichtung von 9,1:1.

Bei der Verwendung unterschiedlicher Kraftstoffsorten war allerdings kaum ein Unterschied in der Leistungsausbeute festzustellen, wenngleich man auch Normal-Benzin mit geringem Bleigehalt vorzog, denn damit wurden die Zündkerzen-Elektroden nicht so stark angegriffen. Mit den bleifreien Benzinsorten, die bei anderen Rennen zur Verfügung standen, konnte man gefahrlos hochoktanige Kraftstoffgemische herstellen, deshalb war hier auch gefahrlos eine Verdichtung von 9,3:1 anzuwenden. Beim Eifelrennen bestand das Kraftstoffgemisch aus 65 Prozent Benzin und 35 Prozent Benzol. In Schweden fügte man dem Benzinanteil 25 Prozent Alkohol bei. Das beste Gemisch, sowohl von der Leistungsausbeute als auch vom Verbrauchsbild aus, gab es in Le Mans; der „Ternaire“ genannte Kraftstoff setzte sich aus 75 Prozent Benzin, 15 Prozent Methyl-Alkohol und 10 Prozent Benzol zusammen.

Das M 196.I-Aggregat wog einbaufertig 235 kg, es wurde im Chassis in einem Winkel von 33 Grad liegend eingebaut und war damit noch um 4 Grad mehr als beim Formelwagen geneigt. Gehalten wurde der Motor vorn an zwei Stellen und hinten von einem doppelwandigen Schottblech aus Aluminium, das sich zwischen Kurbelhaus und Kupplungsglocke befand und zur Verstärkung und Abstützung von Zylinderkopf und Nockengehäusen noch weiter nach rechts geführt war.

Zwischen der Kurbelwelle und der um 0,5 mm auf 20,5 mm verstärkten Kupplungswelle betrug die Übersetzung am Mittelabtrieb 1,061:1. Die Mittellinie an der Kraftübertragung war von der Kupplung aus um 205 mm nach links im Chassis versetzt. Die Kardanwelle verlief schräg unter dem Fahrersitz nach hinten zur 120 mm nach links versetzten Getriebe-Eingangswelle. Die Radsätze im Getriebe sowie die Zwischen- und Endübersetzungen waren mit jenen im W 196-Formel-1-Wagen identisch.

Die Radaufhängungen sowie die Bremsanlage wurden vom Formelwagen mit langem Radstand ebenfalls nahezu unverändert übernommen. Die Abmessungen kamen diesem auch sehr nahe, der Radstand belief sich auf 2370 mm, die Spurbreiten betrugen 1330 mm vorn und 1380 mm hinten. Auch Felgen und Reifengrößen waren gleich. Nur der Rahmen war ganz anders. Ludwig Kraus und sein Team hatten sich bei den Entwürfen mit dem Regelwerk des Anhangs J im FIA-Sportgesetz herumschlagen müssen, das heißt mit den exakt vorgeschriebenen Maßen von Türen, Sitzen und dem gesamten Innenraum. Sie entschlossen sich zu einem ähnlichen Rahmen wie beim 300 SL, gefertigt aus 25-mm-Rohren mit einer Wandstärke von 1 mm. Er wies die gleichen Querstreben über den Aufhängungspunkten auf und auch das enge Fachwerk an den Seitenteilen unterhalb der Türausschnitte. Im Gewicht lag dieser Rahmen zwischen der Renn- und der Serienversion des 300 SL, er wog 60 kg.

Die Chassisgeometrie wurde bezüglich Bodenfreiheit und Sturz der Räder neu berechnet, dies geschah unter Beachtung der zu erwartenden schlechten Fahrbahnverhältnisse bei den Einsätzen des 300 SLR. Am tiefsten Punkt des Wagens, der Motorölwanne, hatte man den Abstand zum Boden von 110 auf 175 mm vergrößert. Der Drehpunkt an der Hinterachsaufhängung rückte auf 200 mm nach oben, und der Sturz an den Hinterrädern wurde damit ebenfalls geändert. Im Stand wiesen sie einen negativen Sturz von 2 Grad auf, das änderte sich beim vollen Einfedern über 70 mm auf 8 Grad, die Spur wurde also breiter. Bei einem Ausfederweg von 62 mm wurden die Räder nach innen gewinkelt, der Sturz wurde positiv und betrug 3 Grad. Mit drei unterschiedlichen Längen für die hinteren Drehstabfedern ließ sich die Hinterachsaufhängung den Streckenanforderungen sowie verschiedenen Größen der Kraftstofftanks anpassen.

Das einsatzbereite Fahrgestell sah komplett mit allen Aggregaten hervorragend aus. Es stellte in der Tat eine sehr komplexe Maschinerie dar, so daß man den 300 SLR am liebsten gar nicht mit einer Karosserie versehen hätte...Doch es ging natürlich nicht ohne, und so machten sich Karl Wilfert und seine Karosseriebauer in Sindelfingen wieder einmal an die Arbeit. Das Ergebnis war eine perfekte Weiterführung der vom 300 SL her bekannten Linie. Das Heck war mit dem des Roadsters nahezu identisch, man hatte dort einen Handgriff in der Form des deutschen Nationalitätskennzeichens „D“ angebracht, mit dem sich die Klappe zum Stauraum öffnen ließ. Dort waren zwei Reserveräder untergebracht. Von der Seite sah der SLR etwas stämmiger aus als sein Vorgänger, er wirkte breiter und hatte auch größere Lüftungsausschnitte. Im rechten Kotflügel war ein abnehmbares Blech eingebaut, das einen leichten Zugang zu den Zündkerzen erlaubte; dies war auch an vollverkleideten Formel-1-Wagen zu finden. Bei den Meisterschaftsläufen ließ man diese Klappen schließlich in den Boxen zurück, da man den Luftstrom direkt auf die Auspuffanlage richten wollte.

An der Wagenfront sah der 300 SLR entschieden eleganter als die Serienwagen aus. Sowohl die Kühleröffnung als auch die Kotflügel-Vorderkanten waren mit fließenden Linien abgerundet. Die Zierstrebe mit dem Mercedes-Stern war indessen nur am Prototyp von 1954 und an einem Mille Miglia-Trainingsfahrzeug zu finden; an den Einsatzwagen war sie nie verwendet worden.

Der schönste 300 SLR, der die Tore des Werks in Untertürkheim verließ, war jener erste Wagen, der im September 1954 gemeinsam mit den Grand-Prix-Wagen in Monza getestet wurden. Im gleichen Jahr hätten die Wagen bereits in Le Mans laufen sollen, die Nennungen waren abgegeben und die Mannschaften nominiert. In letzter Minute entschied sich Daimler-Benz jedoch anders. Es war einfach nicht genügend Zeit und Kapazität vorhanden, sowohl die Formel-1-Boliden als auch die Sportwagen bis zum Sommer fertigzustellen. Auf die beiden ersten Meisterschaftsläufe zur Sportwagenwertung in der Saison 1955 in Buenos Aires und Sebring hatte man ebenfalls verzichtet, denn man wollte alle Kräfte auf die Mille Miglia und Le Mans konzentrieren.

1954 durchlief der erste 300 SLR in Monza auch eine Serie von Aerodynamik-Untersuchungen. Dabei wurde ein c_w-Wert (Luftwiderstands-Beiwert) von 0,41 ermittelt. In seiner damaligen Ausführung mit einer kleinen Windschutzscheibe vor dem Lenkrad umfaßte die Stirnfläche 1,28m^2, wodurch sich für den Luftwiderstand ein Gesamtfaktor von 0,52 ergab. Damit lag der 300 SLR sogar noch günstiger als die Stromlinien-W 196. Bis zu seiner endgültigen Einsatzversion kamen jedoch noch Wölbungen und andere Strömungshindernisse an der Karosserie dazu, worunter die Aerodynamik natürlich litt.

Der erste W 196-S brachte 1954 komplett mit den beiden Reserverädern ein Trockengewicht von 860 kg auf die Waage. Als „Kampfgewicht“ wurden bei der Mille Miglia mit zwei Insassen und mittleren Füllmengen in den Tanks 1145 kg angegeben. Bei den Meisterschaftsläufen in der Saison 1955 waren die Wagen mit durchschnittlich 880 kg Trockengewicht nur unwesentlich schwerer als der Prototyp. Mit zwei Mann an Bord und 167 Liter Kraftstoff im Tank lastete das Gesamtgewicht zu 41,5 Prozent auf den Vorderrädern und zu 58,5 Prozent auf den Hinterrädern.

Jaguar hatte 1953 mit einem eindrucksvollen Erfolg in Le Mans erstmals die Scheibenbremsen in den Blickpunkt des Interesses im motorsportlichen Geschehen gerückt. Gerade für diese Strecke hatten sich diese Bremsen als sehr vorteilhaft erwiesen. Daimler-Benz hatte zwar 1955 in Le Mans noch keine Scheibenbremsen eingesetzt, konnte jedoch statt dessen mit zwei anderen Lösungsvorschlägen zur Brems-Problematik aufwarten. Man verdutzte damit die konservativ denkenden Beteiligten genauso wie mit den Flügeltüren drei Jahre zuvor. Die eine Vorrichtung deutete sich bereits bei einem Blick ins Cockpit der Wagen an. Dort waren unterhalb eines Flüssigkeitsbehälters vier Druckknöpfe angeordnet, die mit aufgemalten Pfeilen in jeweils eine der vier Ecken des Wagens zeigten. Damit ließen sich blockierende Bremsen „öffnen“. Wenn eine Bremse plötzlich blockierte – eine gar nicht so selten auftretende Erscheinung –, drückte man den entsprechenden Knopf und es wurde eine kleine Dosis Öl auf die Bremsfläche gesprüht. Damit ließ sich die Bremse recht wirksam lösen.

Alle 300 SLR waren in der Saison mit dem hydraulischen Bremskraftverstärker von Ate ausgestattet, der es Moss bei der Mille Miglia auch nach der

Oben: Die Einlaßnockenwelle des vorderen Vierzylinder-Teilblockes in der verbesserten Ausführung mit enger zusammengerückten Nocken.

Oben: Das einteilige Pleuel mit dem Lagerkäfig des doppelreihigen Rollenlagers.

Oben: Der Zylinderblock in traditioneller Mercedes-Bauweise mit verschweißtem Zylinderkopf. Erstmals wurde diese Einheit am 300 SLR in Aluminiumguß ausgeführt.

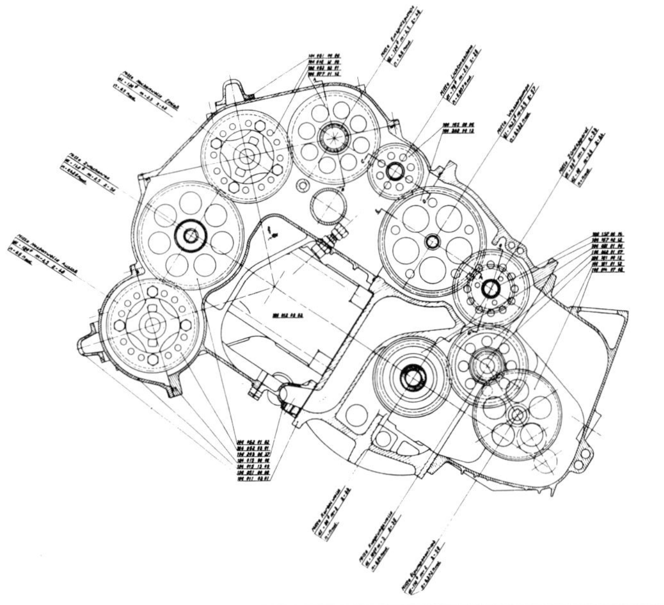

Zeichnung rechts oben: Der Zahnradtrieb zu den Nockenwellen sowie zu den Nebenaggregaten umfaßte 10 Stirnräder.

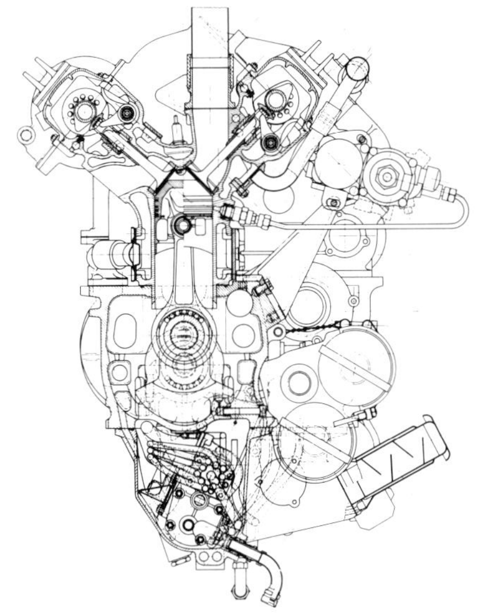

Oben: Schnittzeichnung des M 196.I. Es handelt sich hier um die Stirnseite, denn der Steuertrieb findet sich genau wie der Abtrieb in der Mitte zwischen den beiden Vierzylinder-Teilblöcken. Eines der kompliziertesten und zugleich wichtigsten Gebilde an diesem aufwendigen Motor ist die Ölpumpe unter der Kurbelwelle.

Unten: Das Leistungsdiagramm zeigt einen Vergleich zwischen den verschiedenen Entwicklungsstufen bei den Saugrohren der Einspritzanlage.

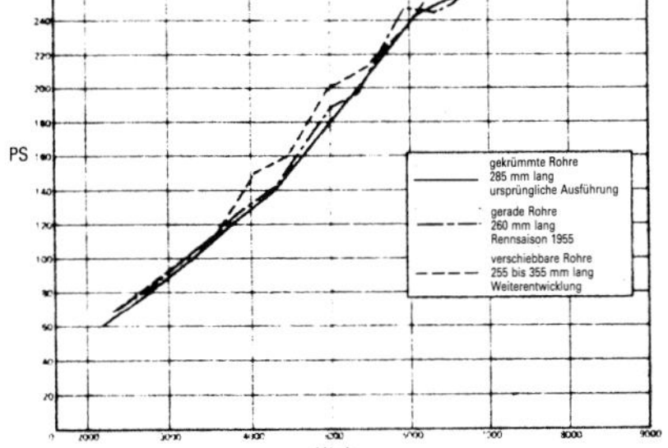

Oben: Die komplizierte Kurbelwelle des Achtzylinders. Sie ist nach dem Hirth-Prinzip teilbar und trägt 16 Gegengewichte. Die verzahnten Trennflächen befinden sich jeweils in der Mitte der Lager- und Hubzapfen. In der Mitte der Welle ist das Abtriebs-Zahnrad zu sehen.

vollkommenen Abnutzung der Beläge noch gestattete, sicher zu bremsen. Mit einer weiteren Hydraulikpumpe am Getriebeausgang wurde indessen die zweite in Le Mans präsentierte Neuerung gesteuert: die Luftbremse. Sie funktionierte diesmal ganz anders als jene Dachklappe, die 1952 im Training kurz in Erscheinung getreten war. Trotz der hohen Belastung, der sie ausgesetzt war, arbeitete sie absolut störungsfrei. Knapp hinter den Sitzen verlief die Bremsklappe praktisch als zweite Karosseriehaut über die gesamte Fahrzeugbreite. Im Ruhezustand verhinderte eine abgerundete vordere Kante, daß die Luft darunterfuhr und die Klappe unabsichtlich aufgestellt wurde. Sie war ähnlich einer Flugzeugtragfläche mit Spanten und Verstrebungen versehen und mit einer Leichtmetallhaut überzogen. An der Hinterkante war die Klappe an der Rahmenstruktur des Wagens befestigt. Zuerst hatte man nur ein einziges Plexiglas-Fenster für den Blick nach hinten eingebaut, doch bei der technischen Abnahme wurde ein zweites verlangt. Aus dem Heckblech ragten zwei Steuerstangen auf die Klappe, von denen die linke mit einem Stoßdämpfer gekoppelt war, der den vehementen Ruck beim Aufstellen etwas bremsen sollte. Die rechte Stange war mit der Antriebshydraulik verbunden. Dazu wurde das normale Motoröl aus dem vorhandenen Kreislauf verwendet und durch eine spezielle Pumpe an der Rückseite des Getriebes auf einen Druck von 15,5 atü gebracht. Von der Pumpe aus wurde das Öl zum Steuerventil am Armaturenbrett geleitet, das mit einem Umleghebel betätigt wurde und den Druck auf den Hydraulikzylinder abgab. Wenn die

Oben: Der 300 SLR in Le Mans-Ausführung. 1955 wandte man neuerlich eine Luft-Bremse an, die inzwischen jedoch erheblich verbessert worden war und auch im Rennen eingesetzt wurde.

Rechts: Eines der aufregendsten Autos, die jemals bei Daimler-Benz gebaut wurden – das 300 SLR-Coupé.

Bremsklappe flachlag, wurde der Druck am Kolben aufrechterhalten, damit sie in Position gehalten werden konnte. Beim Umlegen des Betätigungshebels bewegte sich der Kolben und ließ die Klappe aufspringen. Wenn der Wagen abgebremst worden war und die Kurve durchfahren hatte, wurde der Kolben entweder durch Zurückstellen des Hebels oder durch eine Koppelung an der Schaltkulisse – je nach Ausführung des Wagens – in die Ausgangsstellung zurückgebracht und die Klappe damit in die Ruhelage nach unten gezogen.

Das Luftleitblech, das auf der Oberfläche mit einer Kopfstütze für den Fahrer versehen war, hatte eine Fläche von 0,7 m^2. Die Fahrer empfanden die Zusatzbremse als sehr wirkungsvoll, sie lieferte aus einer Geschwindigkeit von 280 km/h eine Bremsverzögerung von 3,0 m/sec, was sich bei 240 km/h auf 2,6 m/sec verringerte. John Fitch hatte das System als erster in Hockenheim getestet, wo eine Woche vor dem Rennen mit dem einzigen vollständigen Trainings-SLR eine 24stündige „Hauptprobe“ stattfinden sollte. Der Test mußte indessen abgebrochen werden, als ein Werks-Testfahrer den Wagen „verschrottete“. Fitch hatte jedoch bereits eine wichtige Tatsache feststellen können: „Ein unerwarteter Vorzug der neuen Vorrichtung war die zusätzliche Stabilität, die sie dem Wagen in schnellen Kurven verlieh.“ Fitch schloß daraus: „Da das Zentrum der Luftverwirbelung hinter dem Fahrzeugschwerpunkt liegt, wird das Heck des Mercedes in den Kurven entgegen seiner normalen Tendenz zum Drift auf dem richtigen Kurs gehalten. Er scheint dabei von einem unsichtbaren, aber exakt geführten Seil gesteuert zu werden.

Oben: Das SLR-Coupé setzte Daimler-Benz nicht bei Rennen ein, vielmehr wurde es eine Zeitlang von Rudolf Uhlenhaut als superschneller Reisewagen benutzt. Der Wagen erreichte eine Spitzengeschwindigkeit von 272 km/h.

Links: Blick in den Innenraum des Coupés. Wie bei den Rennwagen saß auch hier der Fahrer mit gespreizten Beinen über dem Kardantunnel.

Obwohl einen der Luftstrom bei aufgestellter Klappe gehörig durchschüttelte, war das erzielte Ergebnis äußerst zufriedenstellend." Wie schon die Konstrukteure dieser Luftbremse vor ihm, war auch Fitch sich darüber im Klaren, daß diese Vorrichtung besonders auf nasser Fahrbahn von Vorteil sein würde, denn die Wirkung wurde dadurch nicht beeinflußt.
Rudolf Uhlenhaut ging noch tiefer auf die Vorzüge der „Wind-Bremse" ein. Der Engländer Rob Walker gab dessen Erklärungen wieder: „Er erwähnte die Streckenführung beim schwedischen Grand Prix. Dort gibt es eine Kurve, in die man mit relativ hoher Geschwindigkeit hineinfahren kann, die aber dann plötzlich enger wird. Wenn man hier nun in der Kurvenmitte hart bremst, gerät der Wagen nur allzu leicht außer Kontrolle. Benutzt man aber dazu die Wind-Bremse, läßt sich die Bodenhaftung durch das niedergedrückte Wagenheck eher noch verbessern, anstatt sie zu verschlechtern. Sie hatte in der Tat einen positiven Einfluß auf die Kurvenlage des Wagens."
Nach dem Einsatzplan der Stuttgarter war der Große Preis von Schweden in Kristianstad das nächste Rennen nach Le Mans. Es war zugleich die einzige Gelegenheit, bei der die Luftbremse noch einmal verwendet wurde. Hier erschien auch zum erstenmal ein anderer 300 SLR, der noch nicht richtig getestet worden war und dann auch nicht im Rennen eingesetzt wurde. Er war mit Moss' Worten „Uhlenhauts private Limousine, sein Spielzeug." Es handelte sich um eine sehr gut angepaßte Flügeltürer-Karosserie auf dem Fahrgestell des W 196-S. Während der Saison 1955 hatte man zwei solcher Fahrzeuge gebaut, sie wurden jedoch nie zu einem Renneinsatz herangezogen. Eines diente als Trainingsfahrzeug bei der Targa Florio, wo es sogar in dieser Nebenrolle nicht ohne die üblichen Beschädigungen bleiben sollte.
Auf einem der ersten Entwürfe für den W 196-S war der Wagen bereits schon einmal als Coupé zu sehen gewesen. Das war im März 1954, und ein geschlossener Wagen wäre für das damalige Le Mans-Rennen sehr gut geeignet gewesen. Der ein Jahr danach zusammengebaute Wagen wirkte sehr elegant, man hatte ihn wieder mit einem Mercedes-Stern im Kühlergrill und mit Chrom-Zierleisten an den seitlichen Lüftungsöffnungen versehen. Der Dachaufsatz war gegenüber dem 300 SL verkleinert worden, er wies keine hinteren Seitenfenster auf und hatte eine flachere Heckscheibe. Das Armaturenbrett glich dem des ersten Prototypen für den Serien-SL, auch die Zusatzinstrumente waren hier in einem Oval in der Mitte zusammengfaßt. Selbstverständlich saß man in diesen Coupés so wie in allen W 196, nämlich mit über den Kardantunnel gespreizten Beinen.
Dieser „Traumwagen" wurde von Rudolf Uhlenhaut als schneller Reisewagen durch ganz Europa gesteuert. Er war das moderne Gegenstück zum früheren 180-PS-Mercedes in der Straßenausführung, zum 200-PS-Benz-Sportwagen oder zum Mercedes SSK. Doch all diese Wagen hatte man einst käuflich erwerben können, vom 300 SLR-Coupé ist dagegen kein einziges Exemplar verkauft worden. Im Jahre 1956 stellte man einen der beiden Wagen der schweizerischen *Automobil Revue* für einen ausführlichen Test zur

Der Gewinn der Sportwagen-Weltmeisterschaft schien für Mercedes vor der Targa-Florio nicht sehr aussichtsreich. Man hätte auf jeden Fall einen Sieg benötigt, und Ferrari durfte sich dabei nicht besser als auf Rang Drei plazieren. Alfred Neubauers Generalstabsplan ging auf und der 300 SLR überstand den schonungslosen Einsatz von Stirling Moss und Peter Collins, die den lädierten Mercedes als erste ins Ziel brachten.

Bei allen Boxenstops mußte neben Reifenwechsel und Service-Arbeiten stets auch die Karosserie ausgebeult werden, denn Moss fuhr auf Biegen und Brechen, wobei er der sizilianischen Landschaft mehrmals etwas zu nahe trat... (Foto rechts).

Verfügung, gefahren haben ihn dabei Robert Braunschweig und Gordon Wilkins.

In jenem Testbericht fanden die bemerkenswerten Eigenschaften in bezug auf die Straßenlage, das Fahrverhalten und die Bremsanlage, die den 300 SLR im Wettbewerbseinsatz so erfolgreich gemacht hatten, ausdrückliche Bestätigung. Das Trockengewicht des Coupés belief sich auf 988 kg, wobei die Hinterräder mit 52 Prozent belastet waren. Mit allen Betriebsmitteln, darunter 142 Liter Benzin, erhöhte sich der Lastanteil auf 56 Prozent und das Fahrzeuggewicht auf 1115 kg. Mit einer Gesamtübersetzung, die eine Höchstgeschwindigkeit von 272 km/h zuließ, beschleunigte der Wagen von 0 auf 100 km/h in 6,8 Sekunden, in 13,6 Sekunden auf 150 km/h und in 20,3 Sekunden auf 200 km/h. Jeder, der einmal die Gelegenheit hatte, das 300 SLR-Coupé zu fahren, war nicht nur von der Leistungsfähigkeit nachhaltig beeindruckt, sondern auch von der Geräuschkulisse. Gordon Wilkins schrieb darüber: „Mit einem kurzen Druck auf den Starterknopf setzt sich der Motor in Bewegung. Er gibt einen ohrenbetäubenden Lärm von sich, welcher sich aus dem Geklapper der Ventile und der Einspritzpumpe sowie aus dem Singen der Zahnräder zusammensetzt. Durch den geschlossenen Aufbau verstärkt sich dies alles zu einem Schlagen und Dröhnen. Die Verwendung von Ohr-Pfropfen ist unumgänglich, sie reduzieren den Lärm, verhindern aber zugleich jede Unterhaltung. Man hatte für den Straßentest einen extra großen Schalldämpfer an der Auspuffseite montiert, der das Geräusch zumindest für die Passanten (und natürlich auch für die Polizei) zu einem annähernd legalen Grollen vermindern sollte.“

Während die 300 SLR im Sommer 1955 ein Rennen nach dem anderen gewannen, war man in Untertürkheim mit neuen Versuchen beschäftigt. In dem Vorstandsbeschluß vom 16. Juni, der die Einstellung der Formel-1-Aktivitäten vorsah, war zugleich die Rede von einer Weiterführung der Sportwagen-Einsätze. Man dachte dabei an sieben bis neun Rennen in der Saison 1956. Da es sich die Rennabteilung seit langem zur Aufgabe gemacht hatte, die Entwicklung niemals freiwillig zu unterbrechen, konnte man zu diesem Zeitpunkt bereits mit wichtigen Fortschritten im Hinblick auf einen verbesserten Wagen für die nächste Saison aufwarten.

Im Versuch waren einige Modifikationen an den Motoren schon erfolgreich gelaufen. Darunter befand sich auch die letzte Verbesserung zu einer perfekt arbeitenden desmodromischen Ventilsteuerung. Alle 1955 eingesetzten M 196.I-Motoren waren mit den einteiligen Schließkipphebeln mit Exzenterverstellung ausgerüstet. Beim Übergang zu diesen Kipphebeln hatte man die wegen der Unterbringung der Schließfeder und des Koppelungsmechanismus weit auseinander angeordneten A- und D-Nocken nicht näher zusammengerückt. Bei den beiden letzten fertiggestellten Dreiliter-Aggregaten hatte man nun die Gußformen der Zylinderblöcke an den Nockengehäusen dahingehend abgeändert, daß die Nocken so eng wie möglich nebeneinander angeordnet werden konnten. Die Kontaktfläche an den Kipphebeln wurde von 12 auf 14 mm verbreitert, das Gewicht konnte gleichzeitig von 210 auf 180 Gramm gesenkt werden. Die D-Nocken waren nun ebenfalls breiter geworden, man hatte sie zusätzlich mit zwei kleinen Öl-Bohrungen an den Kanten der Überhöhung versehen, wo die geringste Belastung auftrat. Eine leichte Änderung an der Nockenform gestattete die Spieleinstellung an diesen beiden Kanten, wobei zugleich gewährleistet war, daß dieses über den ganzen Weg hinweg erhalten blieb. Bisher hatte man etwaige Unregelmäßigkeiten per Hand abgeschliffen.

Auch an den neuen Kipphebeln fand sich an der Kontaktfläche eine Schmierdüse. Das Öl für die A-Nocken und die hartverchromten Stößel kam aus einer anderen Düse, die von der Hauptförderleitung entlang der Gehäusewandung versorgt wurde. Das Öl wurde mit dem verhältnismäßig geringen Druck von 0,3 at zu den 1,3 mm großen Schmierdüsen befördert. Diese neue Anordnung schuf zwischen den einzelnen Nockenpaaren etwas mehr Platz für die Sicherungsbleche und die Fixierschrauben der Einstell-Exzenter. Äußerlich war der geänderte Zylinderkopf an der anderen Verschraubung der Nockenwellendeckel zu erkennen, wo man nur noch eng nebeneinander stehende Schrauben um den Rand angeordnet hatte.

Einige einschneidende Änderungen hatte man auch am Kurbeltrieb vorgenommen. Dazu hieß es in einem Bericht der Rennabteilung: „Aus Gründen einer geringeren Reparaturanfälligkeit mußte der Drehzahlbereich bei den bisher verwendeten Hirth-Kurbelwellen begrenzt werden. Besonders bei den Sportwagen (siehe Le Mans) bedeutete dies einen Verzicht auf einen Teil der Leistung. Es ist deshalb vorgesehen, eine gleitgelagerte Kurbelwelle einzuführen." Man fertigte zwei verschiedene Versuchskurbelwellen an, wobei man jeweils die normale Zündfolge des M 196.I beibehielt. Die Pleuellager waren an beiden Wellen als Gleitlager ausgeführt. Die erste Versuchswelle lief auf Rollenlagern, doch das mittlere Hauptlager an beiden Vierzylinder-Einheiten stattete man mit einem Gleitlager aus. Von dort aus sollte auch das nötige Schmieröl mit höherem Druck zu den Pleuellagern befördert werden. Dies gelang jedoch nicht vollständig, weshalb man eine zweite Versuchskurbelwelle anfertigte. An dieser waren nun pro Vierzylinderblock jeweils die äußeren Lagerzapfen gleitgelagert und alle anderen rollengelagert. An den vier Gleitlagerstellen wurde die Hirth-Verzahnung beibehalten.

Die Versuche damit wurden Ende 1955 aufgenommen. Heinz Lamm hatte auf einem seiner Motorprüfstände eine richtungsweisende Methode zur Leistungssteigerung von nicht aufgeladenen Rennmotoren entwickelt. Schon im ersten Stadium ließen sich damit vielversprechende Resultate erzielen. Er war gerade einmal wieder mit den laufenden Änderungen an der Gestalt und der Länge der Saugrohre beschäftigt. Man versuchte dadurch stets, die Leistungscharakteristik des Motors zu verändern. Dabei kam ihm nun folgender Gedanke: „Wir könnten eigentlich einen Saugrohrkrümmer entwickeln, bei dem sich die Länge der Saugrohre automatisch an die Erfordernisse anpassen läßt." Und genau das wurde auch gemacht.

Am Anfang fertigte man den Krümmer in zwei Teilen aus Magnesiumguß, es handelte sich dabei im Wesentlichen um einen einzigen großen Luftkasten. Die Veränderung der Rohrlängen vollzog sich innerhalb dieses Gehäuses. Die einzelnen Saugrohre waren mit Teleskop-Hüllen versehen, die ausgefahren oder zusammengeschoben werden konnten. Die Steuerung geschah mittels eines Hebels von der längs außen am Gehäuse verlaufenden Einstellwelle. Die Länge ließ sich insgesamt um 110 mm variieren; da die Normallänge der Saugrohre 255 mm betrug, ergab sich dadurch ein Maximum von 365 mm.

Die kurzen Rohre brachten eine bessere Spitzenleistung, die langen ein günstigeres Drehmoment. Diese ungewöhnliche Apparatur wurde bei den ersten Versuchen noch mit der Hand betätigt. An den absoluten Werten für Leistung und Drehmoment änderte sich bei dem verwendeten 1955er Aggregat zwar nichts, jedoch standen Höchstleistung und maximales Drehmoment über einen wesentlich weiteren Drehzahlbereich zur Verfügung. Das Drehmoment wurde an praktisch jedem Punkt der Leistungskurve verbessert. Die bisher immer zwischen 6000 und 7000 U/min aufgetretene Leistungslücke, die genau in den wichtigsten Bereich fiel, ließ sich sehr effektiv auffüllen; an dieser Stelle wurde ein Zuwachs von nahezu 20 PS registriert. Man mußte jetzt nur noch eine exakte Regelvorrichtung entwickeln, beispielsweise einen auf die Motordrehzahl abgestimmten Steuernocken.

Die Fahrgestell-Spezialisten hatten sich ebenfalls schon in größerem Umfang mit neuen Vorausplanungen befaßt. Dabei ging es wie bei den Grand-Prix-Wagen hauptsächlich um Gewichtssparmaßnahmen. Nach einem 50stündigen Prüfstandslauf auf der Vibrations-Testvorrichtung und 2000 Kilometern bei rennmäßigen Geschwindigkeiten in einem Testwagen wurde eine neue Lichtmaschine genehmigt. Damit ließen sich 3,3 kg einsparen. Weit umfangreichere Maßnahmen hatte man für das Chassis selbst vorgesehen. Ludwig Kraus leitete den Bau eines 300 SLR mit außenliegenden Bremstrommeln ein. Diese bei den Formel-1-Wagen in Monaco bewährte Anordnung sollte in einem neuen Rahmen mit wesentlich leichterem Vorderteil Platz finden. Dadurch ließ sich nicht nur eine Ersparnis am Gesamtgewicht erzielen, sondern darüber hinaus auch eine weitere Verschiebung der Gewichtsverteilung auf die Hinterachse. Äußerlich sah dieser 300 SLR genau wie die bisherigen Wagen aus, nur die Wölbung auf der Motorhaube mußte man vergrößern, um die neue Saugrohr-Anlage unterbringen zu können.

An den Wagen, die die innenliegenden Bremsen beibehielten, wollte man die neuen, verbesserten Trommeln der anderen Bremsanlage verwenden. Mit der Anordnung der Bremsen hing auch die Wahl des zu verwendenden Kühlers zusammen. Ursprünglich wies der Wasserkühler am 300 SLR eine Kühlfläche von 0,25 m^2 auf, zusammen mit dem angebauten Ölkühler wog er 18 kg. Die ersten Probefahrten mit dem neuen Versuchs-300 SLR führte man zwar noch mit diesem Kühler durch, doch die Verwendung einer kleineren Ausführung hatte man bereits vorbereitet. Dieser brachte nurmehr 13,5 kg auf die Waage und hatte eine um 15 Prozent verringerte Wasser-Kühlfläche. Der Ölkühler war um 13 Prozent verkleinert worden. Man war der Meinung, daß diese kleineren Kühler völlig ausreichend sein würden, da der Kühlluftstrom und die Hitzeabfuhr nun nicht mehr durch die dahinter angebrachten Bremstrommeln behindert wurden.

Während diese Entwicklungsprogramme im Hintergrund voll angelaufen waren, erfuhren die Einsatzplanungen für die auslaufende Saison 1955 eine drastische Änderung. Nach dem Rennen in Le Mans lag Mercedes in der Wertung zur Sportwagen-Weltmeisterschaft mit nur acht Punkten weit hinter Jaguar (16) und Ferrari (18 Punkte) zurück. Da nur noch zwei Meisterschaftsläufe ausstanden, erschien der Gedanke an ein Aufholen reichlich vermessen. Das Ergebnis der Tourist Trophy hatte jedoch bei Alfred Neubauer neue Hoffnungen geweckt. Mit dem dortigen Dreifachsieg hatte Daimler die Gegner von den hohen Punkträngen fernhalten können und nun selbst 16 Punkte auf dem Konto, Ferrari führte die Tabelle jetzt nur noch mit drei Punkten Vorsprung an.

Neubauer hatte alle Möglichkeiten kalkuliert und war zu der Erkenntnis gelangt, daß man zum Gewinn der Meisterschaft unbedingt einen Sieg bei der Targa Florio brauchen würde. Außerdem durfte bei diesem Rennen kein Ferrari auf dem zweiten Platz landen, denn dies würde einen Gleichstand in der Weltmeisterschaft bedeuten. Der Griff nach dem Sieg bei der Targa Florio kam für Mercedes einem sehr unsicheren Glückspiel gleich, denn alle Vorzeichen sprachen gegen einen derartigen Erfolg. Gerade dieses Rennen wurde von jeher von italienischen Wagen und Fahrern beherrscht. Doch auch in Untertürkheim konnte man auf eine ansehnliche Targa-Florio-Tradition zurückblicken. Neubauer selbst konnte sich noch gut an die Erfolge der Jahre 1922 und 1924 erinnern, bei denen ein wesentlich schlankerer „Don Alfredo" als Fahrer, noch nicht als Teamchef beteiligt gewesen war.

Als er von Irland zurückkam, machte sich Neubauer gleich auf den Weg nach Frankfurt, wo viele wichtige Persönlichkeiten aus der Firmenleitung sich zur

Eröffnung der IAA eingefunden hatten. Dort erfuhr er, daß sich der Vorstand am Morgen entschieden hatte, die Targa „sausen“ zu lassen und statt dessen ein Sportwagenrennen in Venezuela, einem sehr wichtigen Daimler-Benz-Exportmarkt, zu bestreiten. Neubauer nahm sich daraufhin Uhlenhaut als Verbündeten mit zu Nallinger und versuchte ihn umzustimmen. Er drängte mit Nachdruck darauf, die Wagen in Sizilien an den Start gehen zu lassen und sprach dabei von einem möglichen Sieg. Er konnte schließlich Nallingers Zustimmung erreichen und damit auch die feste Zusage des Vorstandsvorsitzenden Fritz Könecke.

Dem Angriff auf die Targa Florio stand nichts mehr im Wege, doch man hatte nurmehr drei Wochen Zeit. Neubauer glich die knappe Zeit durch einen geradezu überwältigenden Eifer und persönlichen Einsatz aus. Eine Flut von Telegrammen rief die Fahrermannschaft aus allen Winkeln der Erde zusammen. Das Team traf schließlich mit acht Rennwagen, 15 Personenwagen, acht schweren Lastwagen und 45 Mechanikern in Palermo ein. Einige Leute stammten aus dem Karosseriebau, und sie hatten Tag und Nacht alle Hände voll zu tun, um die Trainingsschäden auszubessern, die bei den häufig

Oben: Die Targa-Fahrer waren von Neubauer drei Wochen vor dem Rennen aus der ganzen Welt herbeigerufen worden: John Fitch, Desmond Titterington, Peter Collins, Stirling Moss, Juan Manuel Fangio und Karl Kling.

Rechts: Juan Manuel Fangios bestritt sein letztes Rennen für Mercedes-Benz auf einem 300 SLR in der Targa Florio. Obwohl er eine Zeit lang geführt hatte, mußten er und sein Copilot Karl Kling sich mit einem zweiten Platz begnügen. Fangio hatte zwei Jahre lang den Stuttgartern die Treue gehalten und strich auch später immer wieder heraus, wie wohl er sich während dieser Zeit gefühlt hatte.

gewaltsamen Begegnungen der teuren Fahrzeuge mit der sizilianischen Landschaft entstanden waren.

Einige der Spezialvorrichtungen für die Targa-Wagen, wie etwa gepanzerte Abdeckklappen über den Scheinwerfern, wurden hier nur für zukünftige Einsätze ausprobiert, denn bei diesem Rennen hatte man andere Sorgen. Am 28. September teilte Nallinger in einer Mitteilung an Neubauer mit, daß es beabsichtigt sei, die Sportwagen 1956 in etwa acht bis zehn Rennen an den Start gehen zu lassen. Neubauer sollte nach seiner Rückkehr aus Sizilien eine Liste der in Frage kommenden Veranstaltungen zusammenstellen. Doch dieser diktierte bereits am 9. Oktober, eine Woche vor dem Rennen, von seiner Kommando-Zentrale, einer Villa bei Palermo, eine Aufstellung nach Untertürkheim.

Trotz aller Zusagen und des nachfolgenden Bilderbuch-Sieges bei der Targa Florio und damit auch in der Sportwagen-Weltmeisterschaft, entstanden bereits auf der Heimreise nach Stuttgart die ersten Gerüchte unter den Mechanikern über die Zukunft des Sportprogramms. Sie wurden am 22. Oktober auch bestätigt, als anläßlich der traditionellen Pressekonferenz zum Saisonabschluß bekanntgegeben wurde, daß sich die Daimler-Benz AG mit sofortiger Wirkung vom Motorsport zurückziehen werde. Damit waren nun nach den Rennwagen auch die Sportwagen betroffen.

Alfred Neubauer hatte bereits in Sizilien davon erfahren. Als er am Abend nach dem Rennen zu seiner Villa zurückkehrte, fand er einen Brief von Nallinger vor. Er war bereits am 12. September geschrieben worden und lautete, auszugsweise, wie folgt: „Nach reiflicher Überlegung ist der Vorstand zu der Entscheidung gelangt ... sich unwiderruflich für die nächsten Jahre ... vom Motorsport zurückzuziehen.“ Und man hielt sich an diesen Beschluß. Aus den Jahren sollten indessen Jahrzehnte werden.

Die für die Konstruktion des C111 verantwortlichen Männer verstanden etwas vom Autofahren. Sie wußten, wie man ein Auto zu bauen hatte, das nicht nur schnell sein sollte, sondern zugleich ein Höchstmaß an Sicherheit bieten mußte. Vor allem verstanden sie es, diese Kriterien in einem Fahrzeug zu realisieren, das mit seinem technischen Standard Maßstäbe für alle Zeiten setzte.
Peter Robinson

Das Erbe des Flügeltürers

Als die Daimler-Benz AG ihren Rückzug aus dem Motorsport bekanntgab, meldeten sich etliche Interessenten für die vermeintlich nicht mehr benötigten Rennwagen. Mehrere Teams hätten die unschlagbaren Fahrzeuge der Saison 1955 gern in eigener Regie weiterhin eingesetzt. Doch seit den zwanziger Jahren hatten die Stuttgarter keinen ihrer Werksrennwagen mehr verkauft, und auch beim SLR machte man jetzt keine Ausnahme.

„Gottseidank werden diese Fahrzeuge künftig nicht mehr eingesetzt", soll Stirling Moss gesagt haben. „Mir wäre gar nicht wohl bei dem Gedanken, gegen sie antreten zu müssen..."

Daß die Fahrzeuge unverkäuflich seien, bestätigte Fritz Nallinger am 28. September 1955 schriftlich. Zugleich äußerte er aber den Gedanken, daß es durchaus im Bereich des Möglichen läge, in ein oder zwei Jahren eine kleine Serie vom 300 SLR für Privatkunden neu aufzulegen, vielleicht zehn oder zwanzig Exemplare. Auch einen Preis nannte er: Nallinger dachte an etwa 100000 Mark. Doch es blieb bei der bloßen Idee; kein 300 SLR wurde nachträglich mehr gebaut.

Genau dreizehn Jahre später – eine nicht allzu lange Spanne in Daimler-Benz-Zeitläufen – begann man in Untertürkheim mit den Entwicklungsarbeiten zu einem neuen Sportzweisitzer. „Sollte er gebaut werden", sagte Rudolf Uhlenhaut zu Denis Jenkinson, „wird es sich um ein Auto handeln, das von jedermann und überall zu fahren sein wird. Es soll kein spezieller GT oder Rennwagen werden, sondern ein Auto, das Eigenschaften beider vereint."

In Serie ging der C111 nicht, aber die von Uhlenhaut apostrophierten Eigenschaften hatte die Ende der sechziger Jahre auf die Räder gestellte Fahrzeugstudie durchaus. Und in jeglicher Hinsicht übertraf der Mittelmotor-C111 den 300 SLR – in den Fahrqualitäten, in der Beschleunigung, in der Höchstgeschwindigkeit. Schließlich taugte der C111 sogar zum Weltrekordwagen, ganz in der Tradition seiner berühmten Vorfahren aus den dreißiger Jahren.

Um sie einer akribischen Analyse unterziehen zu können, hatte Daimler-Benz etliche Mittelmotorcoupés anderer Hersteller erworben, etwa von Porsche und Lotus. Doch nur durch die Konstruktion eines eigenen Wagens ließen sich sowohl die Probleme als auch die Vorzüge eines Mittelmotor-Arrangements ausloten, wie es durch Grand-Prix- und Rennsportwagen in den sechziger Jahren stark an Popularität gewonnen hatte.

Schon 1964 hatte man bei Mercedes-Benz mit diesbezüglichen Studien begonnen. Ende des nachfolgenden Jahres waren die Arbeiten indes zum Stillstand gekommen, als Hans Scherenberg im Technischen Bereich die Nachfolge Fritz Nallingers antrat. So blieb zunächst auch die Frage offen, ob man sich bei dem konzipierten Wagen für einen V8- oder für einen Wankelmotor entscheiden würde.

Eine neue Generation von Ingenieuren übernahm mit Hans Scherenberg in Untertürkheim wichtige Positionen. Endgültig vergangen waren die Zeiten, in denen man sie der traditionellen Daimler- oder Benz-Schule zuordnen konnte: Sie waren ganz einfach Daimler-Benz-Männer.

Anfang November 1968 nahmen die Arbeiten im zentralen Konstruktionsbüro, das Mittelmotor-Sportcoupé betreffend, ihren Fortgang. Der Vorstand hatte entschieden, welches Triebwerk das Fahrzeug erhalten sollte: einen Kreiskolbenmotor, denn Daimler-Benz gehörte längst zum illustren „Wankelclub". Zu denen, die sich mit dem Projekt „C101", wie der C111 anfänglich hieß, hauptamtlich beschäftigten, gehörten die Konstrukteure K. Enke und E. Löffler.

Sie entwickelten das Fahrzeug, wie sie sagten, von innen nach außen und legten als erstes die Bodenfreiheit fest, dann die erforderliche Sitzhöhe, und kamen schließlich auf eine Gesamthöhe des Fahrzeugs von 1125 mm. Das war nur geringfügig mehr im Vergleich zum 300 SLR.

Als nächstes entstand die Käfigstruktur des Cockpits mit einem kräftigen, integrierten Überrollbügel. Hinter den Sitzen sollte der Wankelmotor mit einem Fünfgang-ZF-Getriebe seinen Platz finden; daraus resultierte die Anordnung der Hinterachse. Der Abstand zu den Vorderrädern ergab sich aus der Lage der Fußpedale. Soweit die Grundparameter des Coupés.

Für den Einbau ins erste Chassis sah man einen Drei-Scheiben-Wankelmotor vor; man entschied sich für einen Radstand von 2499 mm. Danach erweiterte man den Raum für das Antriebsaggregat, um einen Vier-Scheiben-Motor unterbringen zu können, was einen auf 2620 mm erweiterten Radstand erforderlich machte.

Je nach Einsatzzweck war an eine unterschiedliche Felgen- und Reifenbestükkung gedacht. Würde es zu einer Produktion des C101 kommen, sollte der Wagen schließlich zu Straßen- wie zu Rennzwecken taugen, wie einst der Mercedes-Benz SSK oder der 300 SL.

In seiner GT-Version wollte man den C101 mit speziellen, von Michelin entwickelten Reifen der Dimension 205 VR 14 versehen. In seiner Rennausführung gedachte man dem Wagen 15-Zoll-Räder mit Dunlop-Reifen zu geben, 4.50/11.60 vorn und 5.50/13.60 hinten.

Für beide Bereifungs-Varianten sollte der C101 eine identische hintere Spurweite erhalten: 1392 mm. Lediglich vorn sollte es Unterschiede geben: 1440 mm beim Rennwagen mit den breiteren Felgen und Dunlop-Pneus, 1379 mm beim Michelin-bereiften Sportwagen.

Im Konstruktionsbüro erwog man zunächst eine Stahlblech-Bodenplattform wie auch einen Gitterrohrrahmen. Nach sorgfältiger Berechnung aller Faktoren entschied man sich für die Stahlblech-Version, weil ein Rohrrahmen durch die damit notwendige Auskleidung des Interieurs ein höheres Gewicht

Als 1969 dieses ungewöhnliche Mercedes-Coupé vorgestellt wurde, glaubten Presse und Öffentlichkeit an einen Nachfolger des 300 SL. Der C 111 sollte jedoch anderen Zwecken dienen, es war weder an eine Serienfertigung noch an einen Sport-Einsatz gedacht. Zu Anfang seiner Karriere stellte der C 111 erst einmal einen Versuchsträger für die Wankelmotor-Entwicklung dar.

Hier entstanden kleine und große Plastilinmodelle vom C111. Eine Aufnahme von 1969.

Gipsmodell vom C111, den man damals, als die Aufnahme gemacht wurde, noch als C101 bezeichnete, wie die kleine Tafel deutlichmacht.

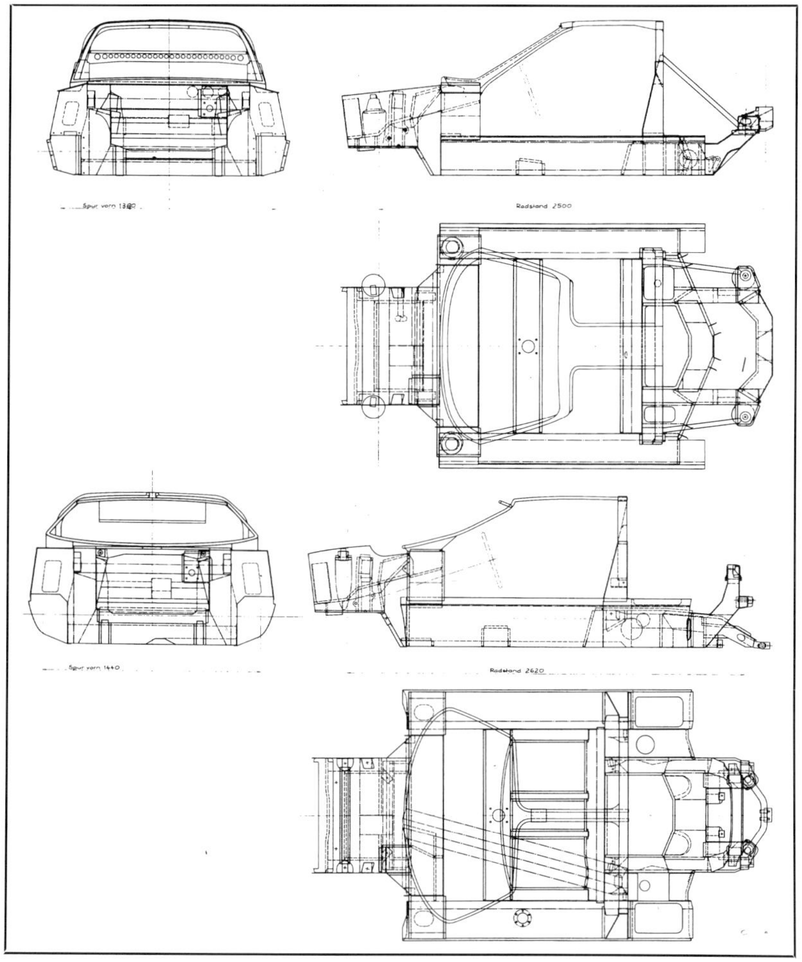

Links: Oben eine Zeichnung des Rahmens vom C111 „Hobel“, darunter die nachfolgende Ausführung von 1969.

Oben: Noch recht brutal sieht der C111 „Hobel“ aus, er diente aber auch nur als erster Versuchsträger für das Motoren- und Chassis-Konzept.

ergeben hätte; zudem bot die Stahlblech-Version einen besseren Flankenschutz für die Insassen und die seitlich vorgesehenen Kraftstofftanks.
Mit Hilfe modernster IBM-Computeranalyse – eine der ersten Anwendungen im Kraftfahrzeugbau! – ließen sich viele Detailfaktoren präzise durchrechnen, so auch die Frage nach der Zweckmäßigkeit eines Mitteltunnels zur Versteifung des gesamten Fahrzeugkörpers. Ergebnis: Die Vorteile eines solchen Tunnels hätten sich nicht gegen dessen hohes Zusatzgewicht aufwiegen lassen.
Den ersten Prototyp mit dem kurzen Radstand wollte man mit Versteifungsblechen in den seitlichen Winkeln zwischen dem Überrollbügel und dem hinteren Rahmenausleger versehen. Man kam davon ab, als sich erwies, daß diese Bleche den Zugang zu den Zündkerzen versperren würden und auch den Auspuffrohren im Weg waren. In die Stelle der geplanten Bleche traten Diagonalverstrebungen. Computerauswertungen ergaben ferner, daß das hintere Rahmenende des C101 um 18 Prozent weniger Steifigkeit aufwies als theoretisch erreichbar, was eine gänzliche Neukonstruktion des Hecks zur Folge hatte. Der zweite Prototyp und alle nachfolgenden trugen dem voll Rechnung.
Die gesamte Fahrzeugschale mit ihrem seitlich hochgezogenen Stahlblechgewand – die Materialstärke betrug 0,8 bis 1 mm – wog nicht mehr als 135 kg. Die Räume für die Kraftstofftanks zu beiden Seiten waren für je 60 Liter ausgelegt; sie saßen sozusagen in hochgezogenen Schwellern. Somit wurde der C101 zwangsläufig zu einem Flügeltürer wie das berühmte 300 SL Coupé. Unterschiedliche Kraftstoffbehälter wurden angefertigt, die man einer Reihe von Crashtests unterzog, um sie auf ihre Sicherheitskriterien prüfen zu können. So unternahm man Versuche mit diversen Hartgummitanks sowie mit Behältern aus Leichtmetall und einer inneren Wabenstruktur zur Energie-Absorption.
Die Lösung der Frage nach den bestmöglichen Bremsen ist stets eine ganz besondere Herausforderung an Sportwagen-Konstrukteure. Im Falle des C101 konnte man sich eine Neuentwicklung getrost sparen – man griff guten Gewissens auf die innenbelüfteten Scheibenbremsen des 300SEL 6.3 zurück. Die Handbremse ließ man über kleindimensionierte Trommeln auf die Hinterräder wirken. Der GT-Version wollte man einen Bremsverstärker geben, dem Rennwagen hingegen nicht.
Von Anfang an dachte man an eine Kugelumlauflenkung mit Pitman-Lenkhebel und einer dreigeteilten Spurstange. Eine Aufnahme im mittleren Spurstangenstück war für die Befestigung eines Lenkungsdämpfers vorgesehen, dessen anderes Ende rechtsseitig am Rahmen saß.
Entsprach die Art der Lenkung gängiger Bauart, so war dies bei der Radaufhängung schon weniger der Fall. Man entschied sich für eine Aufhängung mit progressiver Kennlinie, was man durch gleiche Winkel der Drehachsen der relativ weit auseinanderstehenden unteren und oberen Querlenker zueinander erreichte sowie durch einen Verlauf der Lenkachse, also der gedachten Verbindungslinie zwischen den beiden Lenkkugelköpfen, die mit der Reifen-Aufstellflächenmitte einen Schnittpunkt bildete. Mit zunehmender Einwirkung von Verzögerungskräften – also bei starkem Bremsen – wurde dadurch auch einem Eintauchen des Fahrzeugbugs entgegengewirkt; ein Anti-dive-System, das zudem Veränderungen im Nachlauf bei normalem Einfedern weitgehend verhinderte. Zudem lenkte sich der Wagen vor allem bei langsamer Fahrt und im Stand wesentlich leichtgängiger.
Einen Lenkrollradius in Richtung Nullwert zu erhalten, hatte Enke und Löffler einiges Kopfzerbrchen bereitet. Sie hatten schließlich den unteren Lenkkugelkopf so weit wie möglich zum Mittelpunkt der Bremsscheibe hin verlagert. Den unteren Führungsarm mit seinem hinteren Ausleger hatte man besonders kräftig dimensionieren müssen, um hohe Bremskräfte aufnehmen zu können. Er war aus hochwertigem Schmiedestahl. Das Kugelgelenk am oberen Schenkel des Dreiecks saß in Höhe der Reifenquerschnittsmitte.

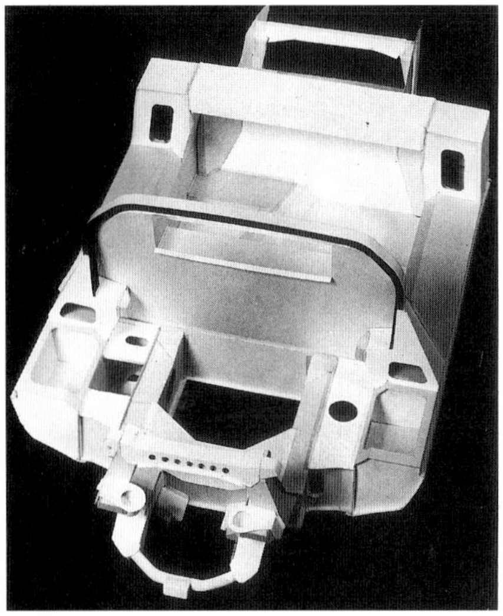

Links: Modell des Rahmens für den C111 in seiner endgültigen Ausführung (Ansicht von hinten).

Rechts und unten: Der C111 bei Strömungsversuchen im Windkanal. Die aufgeklebten Wollfäden zeigen die Führung des Luftstroms auf der Karosserie-Oberfläche an.

Das erste Antriebsaggregat im C 111 war ein Dreischeiben-Wankelmotor, der als Mittelmotor vor der Hinterachse eingebaut wurde.

Rechts oben: Hinterradaufhängung des C111, von rechts unten gesehen.

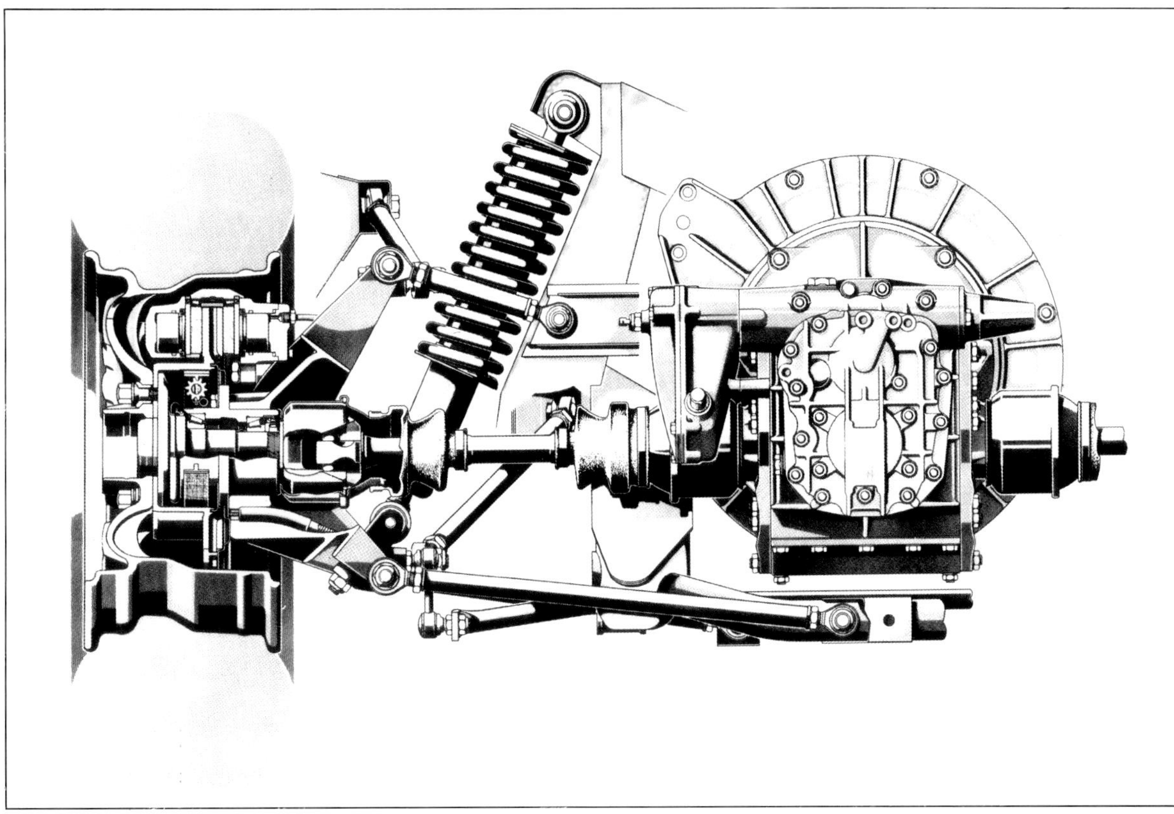

Rechts: Schema des Antriebs und der Hinterradführung und -aufhängung vom C111 (linke Fahrzeugseite).

Der weite Abstand der Querlenker erlaubte es, die oberen recht kurz zu halten; nicht zuletzt eine platzsparende Lösung ohne nennenswerte Auswirkungen auf Sturz oder Spur der Vorderräder. Ein geringfügiger Grad der Sturzveränderung durch das Einfedern wurde in Kauf genommen, um das vordere Rollzentrum nicht mehr als 75 mm über der Bodenfläche legen zu können.

In der Straßenversion limitierte man die Sturzvariable auf neun Grad, um einen optimalen Geradeauslauf zu gewährleisten – ein Wert, den schon die Avus-Rennwagen von 1937 aufgewiesen hatten. Geringere Werte setzte man bei der Verwendung breiterer Rennreifen an.

Das Einfedern der Vorderräder begrenzte man mit Straßenreifen auf 90 mm, mit Rennreifen auf 75 mm, den Ausfederweg auf 100 mm. Die Dämpfung übernahmen hohe Schraubenfeder/Gasdruckdämpfer-Einheiten im Wagenbug, geliefert von Bilstein (De-Carbon-System). Verbunden mit dem unteren Querlenker, nahe der Stoßdämpfer-Aufhängung, war ein kräftiger Querstabilisator.

Die Hinterradaufhängung entsprach im ersten Prototyp in etwa der eines Mercedes-Benz Serienwagens neuester Bauart Typ W 107, in Stuttgart Diagonal-Pendelachse genannt und im Prinzip eine echte Einzelradaufhängung. Doch nur der im Frühjahr 1969 probegefahrene erste C111 wies diese Hinterradaufhängung auf.

Diese „Jungfernfahrt“ unternahmen am 16. April 1969 Rudolf Uhlenhaut und sein Mitarbeiter, der damals 42jährige Dr. Hans Liebold, zugleich ein exzellenter Fahrer. Schon früh war er zum Projektleiter für den C101 ernannt worden, und seine gesamte Arbeit bei Daimler-Benz widmete er zu einem großen Teil der Entwicklung dieses Fahrzeugs. Auch die Testfahrten auf dem

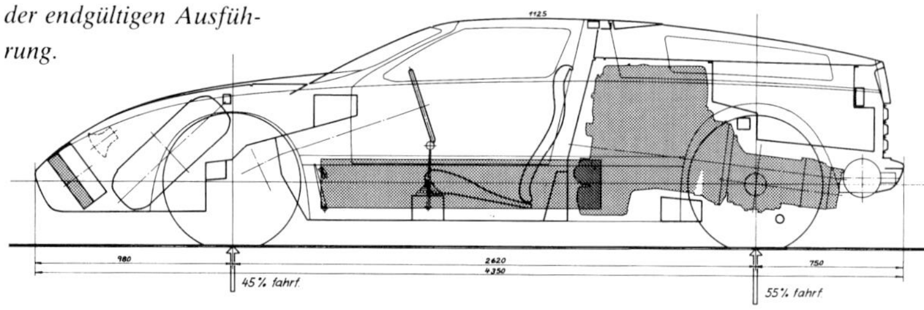

Layout des C111 1969 in der endgültigen Ausführung.

Am C111 „Hobel" wird geschraubt. Der Herr links vorn greift unter die Abdeckung des Kühlers.

Nürburgring und in Hockenheim im Mai des Jahres 1969 lagen in seiner Verantwortung.

Mit Straßenreifen bestückt, ließ sich der C101 recht gut beherrschen. Breitere Rennreifen verursachten durch spürbare Sturzveränderungen indessen ein gewisses Eigenlenkverhalten der Hinterräder. Hier mußte noch etwas geschehen, wollte man aus den vielversprechenden Rennreifen größeren Nutzen ziehen.

Mittels Computerhilfe errechnete man 300 mögliche Varianten der hinteren Radführung. Der Plotter zeichnete sie alle detailliert durch, ehe sich die optimale Konstruktion herauskristallisierte.

Die gewählte Geometrie mit einer Anlenkung der unteren Querlenker mit weniger als einem Zehntel Millimeter Toleranz beschränkte die Sturzveränderung der Hinterräder auf einen Winkel, der sich über die gesamte Länge des Radfederweges von 100 mm auf sehr viel weniger als ein Grad bemaß, nämlich auf zwei bis drei *Minuten!* Die Basiseinstellung des Hinterradsturzes setzte man bei Rennreifen auf 20 Minuten, bei schmaleren Straßenreifen auf 3 Grad negativ.

Die Naben aus Leichtmetall hatte man aus dem Vollen gedreht. Sie saßen oben an einem, unten an zwei zylindrischen, 2 mm starken Stahlbuchsen von je 20 mm Durchmesser. Die Längsführung der Naben oblag doppelten Auslegern, vorn aufwärts gekröpft und bis zu 85 Prozent der Vortriebskräfte aufnehmend; beim Bremsen kompensierten sie 74 Prozent der Eintauch-Bewegung.

Die untere vordere Ecke des Nabenträgers hatte eine Aufnahme für die Bilstein-Dämpfereinheit. Einen hinteren Querstabilisator konnte man wahlweise montieren, aber man setzte ihn nur bei der Montage von Rennreifen ein, um gewissen Untersteuertendenzen im Grenzbereich entgegenzuwirken. Während der ersten Probefahrten in jenem April zeigte sich der C101 noch recht unstabil. Die Karosserie des Fahrzeugs hatte provisorischen Charakter mit ausgestellten Kotflügeln vorn und einem kantigen Aufbau, der ihm den Spitznamen „Hobel" einbrachte...

Um auch die aerodynamische Seite nicht zu vernachlässigen, stellte man den Hobel wenig später in den neuen Daimler-Benz-eigenen Windkanal. Es war vorauszusehen gewesen, daß die ersten dort ermittelten Ergebnisse keineswegs optimal ausfallen würden. Mittels angesetzter Blechstreifen kam man nach und nach zu Formen, die keine störenden Turbulenzen mehr hervorriefen.

Inzwischen hatte sich aber Design-Chef Karl Wilfert eingeschaltet und mit seinem Team einen gänzlich neuen Aufbau entwickelt. „Unsere Aufgabe war", erinnerte er sich, „sich rein von der Funktionalität leiten zu lassen und den geringstmöglichen Strömungswiderstand zu erzielen – und zwar ohne Spoiler oder bewegliche Flügel."

Ein Modell im Maßstab 1:5 wurde angefertigt und ebenfalls im Windkanal getestet. Zwei Besonderheiten wies dieses Modell auf: Je einen großen Lufteinlaß rechts und links in den Heckflanken für die Ölkühler sowie einen vorn montierten Wasserkühler, dem Luft durch eine breite Öffnung im oberen Bugbereich zugeführt wurde, während die Abluft durch einen Grill unterhalb der Windschutzscheibe wieder austreten konnte.

Die Erfordernisse optimalen Luftdurchsatzes bestimmten zu einem erheblichen Teil die Gestaltung der Karosserie des C101, ebenso wie die Art der Vorderradaufhängung. Die verhältnismäßig steile Aufwölbung der vorderen Radkästen resultierte daraus sowie die insgesamt hohe Gürtellinie des Wagens mit ihren leicht nach innen abfallenden Flanken im hinteren Bereich.

Ein Gipsmodell im Maßstab 1:1, geformt unter Berücksichtigung sämtlicher Erkenntnisse aus den Windkanal-Tests, nahm anschließend Gestalt an und wurde nach zweimonatiger Arbeit Ende Januar 1969 fertiggestellt.

Bei der Ausarbeitung der endgültigen Karosserie für den C101 beschritt das Team um Karl Wilfert gänzlich neue Wege – zumindest im Vergleich zum traditionellen Karosseriebau bei Daimler-Benz. Man wählte nämlich glasfaserverstärkten Kunststoff (GFK), ein Material, das für kleine Serien durchaus von Vorteil ist. Die GFK-Aufbauten stellte die Rastätter Waggonfabrik her, ein Unternehmen in der Nähe von Gaggenau, wo die Firma Daimler-Benz den Unimog produzierte. Die Rastätter hatten Erfahrungen in der Anfertigung von GFK-Nutzfahrzeugaufbauten und erklärten sich bereit, am C101-Projekt mitzuarbeiten.

So schaffte man das 1:1-Gipsmodell auf einem Holzgestell nach Rastatt, wo man Formen von allen äußeren Fahrzeugteilen abnahm und den *mockup* anschließend zerstörte. Die Formen goß man erneut aus, und an diesem „Zwischenmodell" nahmen die Stylisten endgültige Retuschen in Feinarbeit vor.

Man versah das Zwischenmodell in Rastatt mit einer hochglänzeden Lackie-

Oben: Chassis des 1969er C111; das hintere Schott erhielt aber noch eine Sichtöffnung.

Links: Rudolf Uhlenhaut am Lenkrad eines C111 – ein Mann, der dieses Fahrzeug brillant zu fahren verstand.

Rechts: Der C111 „Hobel" bei einer Testfahrt auf der Untertürkheimer Werks-Versuchsstrecke.

rung, gab ihm Scheinwerfer-Attrappen, Scheibenwischer sowie Nummernschilder, um ein möglichst naturgetreues Objekt in voller Größe zu erhalten und es der Vorstandschaft präsentieren zu können.

Abermals wurden von diesem Modell anschließend Negativformen abgenommen, die als Matrix für die Glasfiberbeschichtung der Karosserieschalen dienten. In großflächigen Schichten, 2 bis 3 mm stark, entstanden die Karosseriepaneele.

Die erste Testfahrt mit einem vollständig auf diese Weise karossierten Mercedes-Benz C101 fand am 15. Juli 1969 statt. Zwar unternahm man auch mit dem „Hobel" weiterhin zahlreiche Fahrversuche, doch stellte der neue Wagen mit dem etwas längeren Radstand die Ausgangsbasis für alle nachfol-

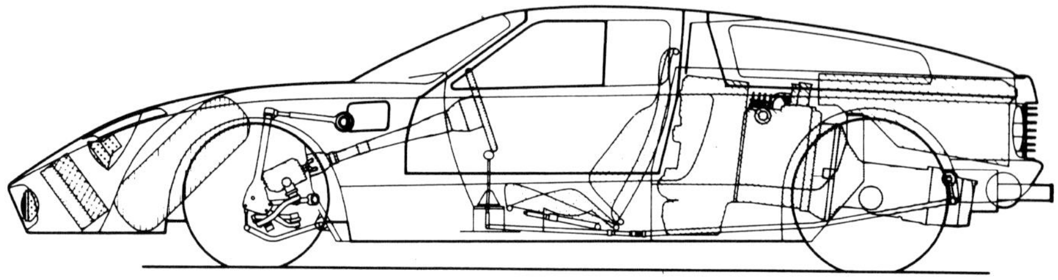

Links: Zum Vergleich: Ein 1954er Mercedes-Benz 300 SL und ein C111, Herold eines neuen Automobil-Zeitalters…

Oben: Der C111 besaß Proportionen ausgesprochen sportlicher Natur.

Unten: Abmessungen des C111 und des 300 SL Coupés (W 198), eine Studie aus dem Jahre 1970.

Maßvergleich: C 111 zu W 198 300 SL Coupé
auf Fahrbahn und Hinterkante Lenkrad bezogen

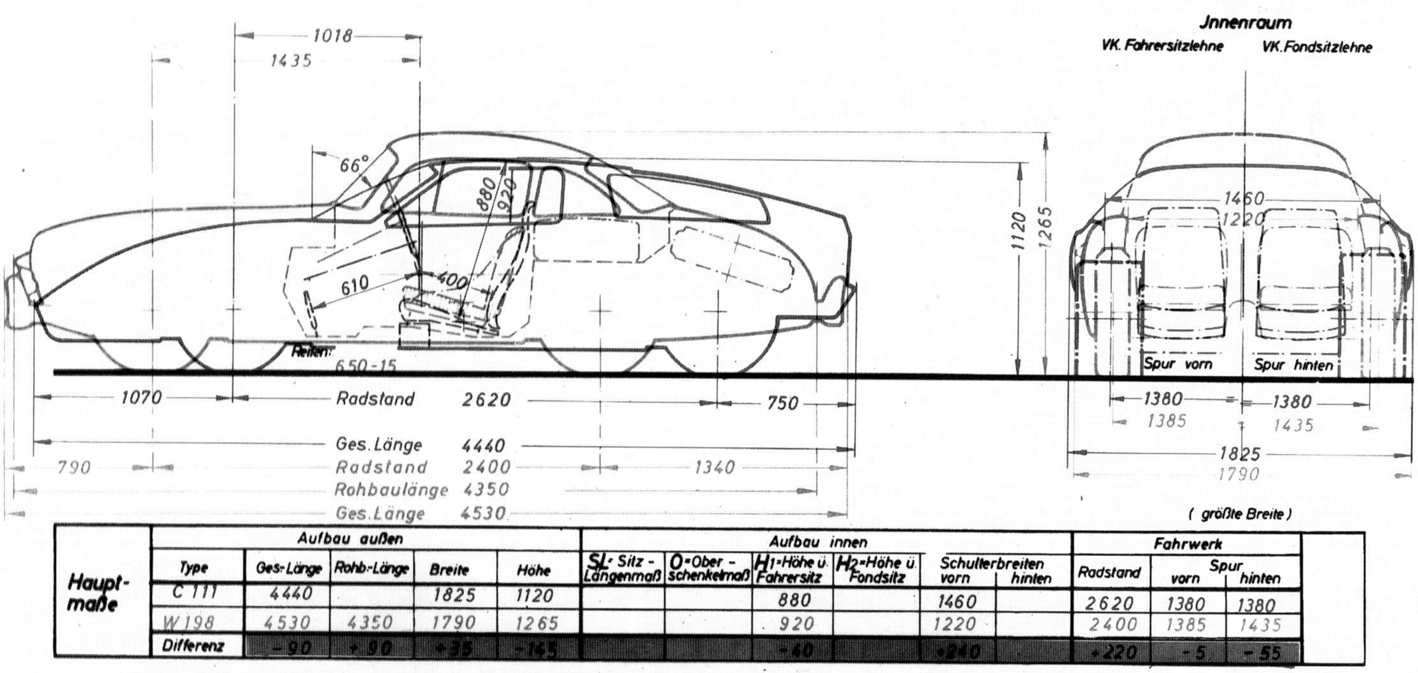

Haupt-maße	Aufbau außen					Aufbau innen						Fahrwerk		
	Type	Ges-Länge	Rohb.-Länge	Breite	Höhe	SL = Sitz-Längenmaß	O = Oberschenkelmaß	H1 = Höhe ü. Fahrersitz	H2 = Höhe ü. Fondsitz	Schulterbreiten vorn	Schulterbreiten hinten	Radstand	Spur vorn	Spur hinten
	C 111	4440		1825	1120			880		1460		2620	1380	1380
	W 198	4530	4350	1790	1265			920		1220		2400	1385	1435
	Differenz	-90	+90	+35	-145			-40		+240		+220	-5	-55

Einstieg- und Sitzmaße	Type	A = Punkt X1'-Dachrahmen	B = Punkt X1'-Fahrbahn	C = Dachrah.-Fahrbahn	D = Dachrah.-Schweller	E = Punkt X1'-Fahrerboden	G = Ok. Sitz-Fahrerboden	F = Punkt X1-Bordkante
vorn ➔	C 111		261			92	206	
			370				275	
	Differenz		-109				-69	

Einstieg- und Sitzmaße	Type	a = Punkt X2'' Dachrahmen	b = Punkt X2'' Fahrbahn	c = Dachrah. Fahrbahn	d = Dachrah. Schweller	e = Punkt X2'' Fondboden	g = Ok Sitz-Fondboden
hinten ➔							
	Differenz						

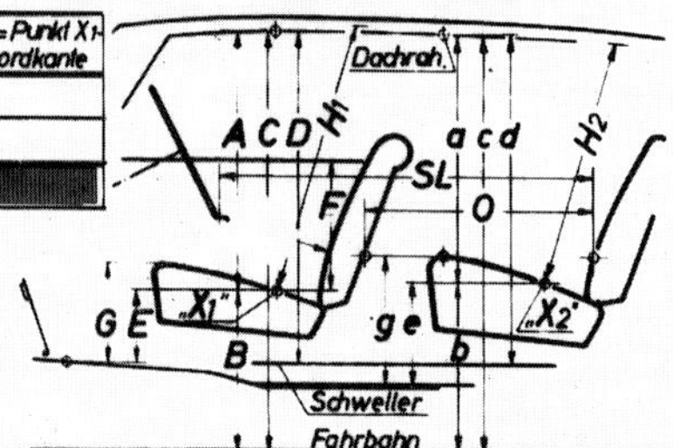

Koffer		
Stück	Benennung	dm³

II C 111 70.01 :400 II II C111 70.01

Stilisten Abt. Si.
Datum:

EPA-Ltg.

U 95112

Heckansicht des C 111-1 (links) und seines Nachfolgers C 111-2 (rechts). Man erkennt die verbesserte Rückfensterpartie. Der Blick in den Motorraum (rechtes Bild) verrät, daß es sich um einen C 111-1 von 1969 handelt: Man erkennt die drei separaten Zuführungsrohre für die Benzineinspritzung.

Die Phantomzeichnung zeigt den ersten C 111 von 1969. Neben der Motorenforschung galt das Interesse der Techniker bei diesem Fahrzeug auch der Erprobung neuer Radaufhängungs-Details.

genden Entwicklungen dar. Fünf Exemplare wurden von dieser Version angefertigt.

Zunächst führte man weitere aerodynamische Untersuchungen durch, und zwar mit einem Fahrzeug, an dessen Karosserie man hunderte von Wollfäden geklebt hatte, um im Windkanal optisch feststellen zu können, wo noch Turbulenzen auftraten. Für diese Versuche bediente man sich der alten Stuttgarter F.K.F.S.-Anlage. Mit 0,335 c_w ergab sich ein bemerkenswert niedriger Luftwiderstands-Beiwert; die Frontalfläche betrug 1,665 m^2. Bei 250 km/h ermittelten die Ingenieure ferner einen vorderen Anpreßdruck (Abtrieb) von 35 kg, an den Hinterrädern 20 kg. Wilfert hatte es tatsächlich verstanden, diese exzellenten Werte ohne die Zuhilfenahme irgendwelcher Spoiler zu erzielen...

Auch den „Hobel" versah man mit einer Bugpartie, die der des neuen Wagens entsprach, um bei Testfahrten keine allzu stark voneinander abweichenden Ergebnisse zu erhalten. Und man machte ständig neue Entdeckungen. So ergaben Langzeit-Versuchsfahrten, daß die Frischluftzufuhr der Ölkühler zu gering bemessen war und sich im Motorraum zu hohe Temperaturen entwickelten. Auch ließ der Kühlluft-Austritt vor der Windschutzscheibe das Glas zu heiß werden, und die Hitze übertrug sich auf den Innenraum. So mußte man auch hier Änderungen vornehmen.

In deren Verlauf wanderte das Reserverad, das zunächst flach im Wagenbug gelegen hatte, weiter nach hinten, so daß Platz zur Verfügung stand, um vor dem Wasserkühler noch einen Ölkühler zu installieren. Für die Luftzufuhr sorgte eine schwarz lackierte Einlaßöffnung in der um einige Zentimeter vorgezogenen „Nase", und als Luftaustritt diente jene mit einem Grillgitter abgedeckte Öffnung in der Fronthaube, durch die vorher die Luft eingetreten war. Die zunächst als Schiebedeckel ausgeführten Scheinwerfer-Abdeckungen wurden zu Schlafaugen mit aufstellbaren Klappen umkonstruiert.

Die gesamte hintere Wagenabdeckung war am oberen Dachrahmen angelenkt und ließ sich hochklappen. So gelangte man an ein kleines Gepäckabteil und hatte Zugang zum Motorraum. In dieser Ausführung, bestückt mit einem Drei-Scheiben-Wankelmotor, wurde der C101 im September 1969 auf der Internationalen Automobilausstellung in Frankfurt gezeigt.

Während jener zwei Wochen standen drei weitere Fahrzeuge in Hockenheim zu Probefahrten bereit. Zwei entsprachen der GT-Spezifikation, ein getunter Wagen wies ein straffer abgestimmtes Fahrwerk sowie Rennreifen und -felgen auf.

Die Entscheidung, den C101 in Frankfurt zu zeigen, durfte man als mutigen Schritt bezeichnen. Es gab auch einige Schwierigkeiten, zum Beispiel in bezug auf die Namensgebung. Ein internes Rundschreiben formulierte, daß man mit „Rücksicht auf einen anderen Automobil-Hersteller, der sich dreistellige Ziffernkombinationen mit einer Null in der Mitte hat schützen lassen", den C101 künftig C111 nennen werde.

Man hatte zunächst an „SLX" gedacht, eine naheliegende Chiffre, doch der Vorstand entschied sich in seiner Sitzung vom 5. August 1969 für C111. Der „andere" Automobil-Hersteller war natürlich Peugeot, der schon Ende der zwanziger Jahre mit seinem Typ 201 den Reigen eröffnet hatte. Pegaso hatte sich 1950/51 mit seinem Z-102 zwar nicht darum gekümmert, ebenso wenig

BMW mit einem 303 oder 309, später auch 501, 503 oder 507 – wohl aber hatte Porsche bei der Vorstellung des 911 auf Peugeot Rücksicht genommen: Der 356-Nachfolger hatte zu Beginn noch 901 geheißen.
Das X in SLX sollte sich natürlich auf Experimental beziehen, ein Wort, das man in Stuttgart lieber hörte als „Prototyp“: Es hätte eventuell die Schlußfolgerung zugelassen, daß der C111 in Serie gehen könnte. Und an eine solche Entscheidung wagte der DB-Vorstand nicht einmal zu denken.
Schon in Anbetracht des Antriebsaggregats, mit welchem der C111 ausgestattet war. Denn obwohl der Wankelmotor seit einiger Zeit auch bei Daimler-Benz Gegenstand intensiver Untersuchungen war und es in dieser Richtung sogar eigene Entwicklungen gab, blieben die Vorbehalte zunächst groß.
Bereits 1964 war an Fritz Nallinger die Frage gerichtet worden, ob es auf der nächstjährigen IAA einen Mercedes-Benz mit Kreiskolbenmotor zu sehen geben werde. „Mit Sicherheit nicht“, hatte er zur Antwort gegeben, „und 1967 ebenso wenig.“ Über 1969 hatte man nicht gesprochen – und nun brillierte ein Auto mit Wankelmotor und Mercedesstern vor einem erwartungsvollen Publikum. „Staunen und Spekulationen“, registrierte man bei

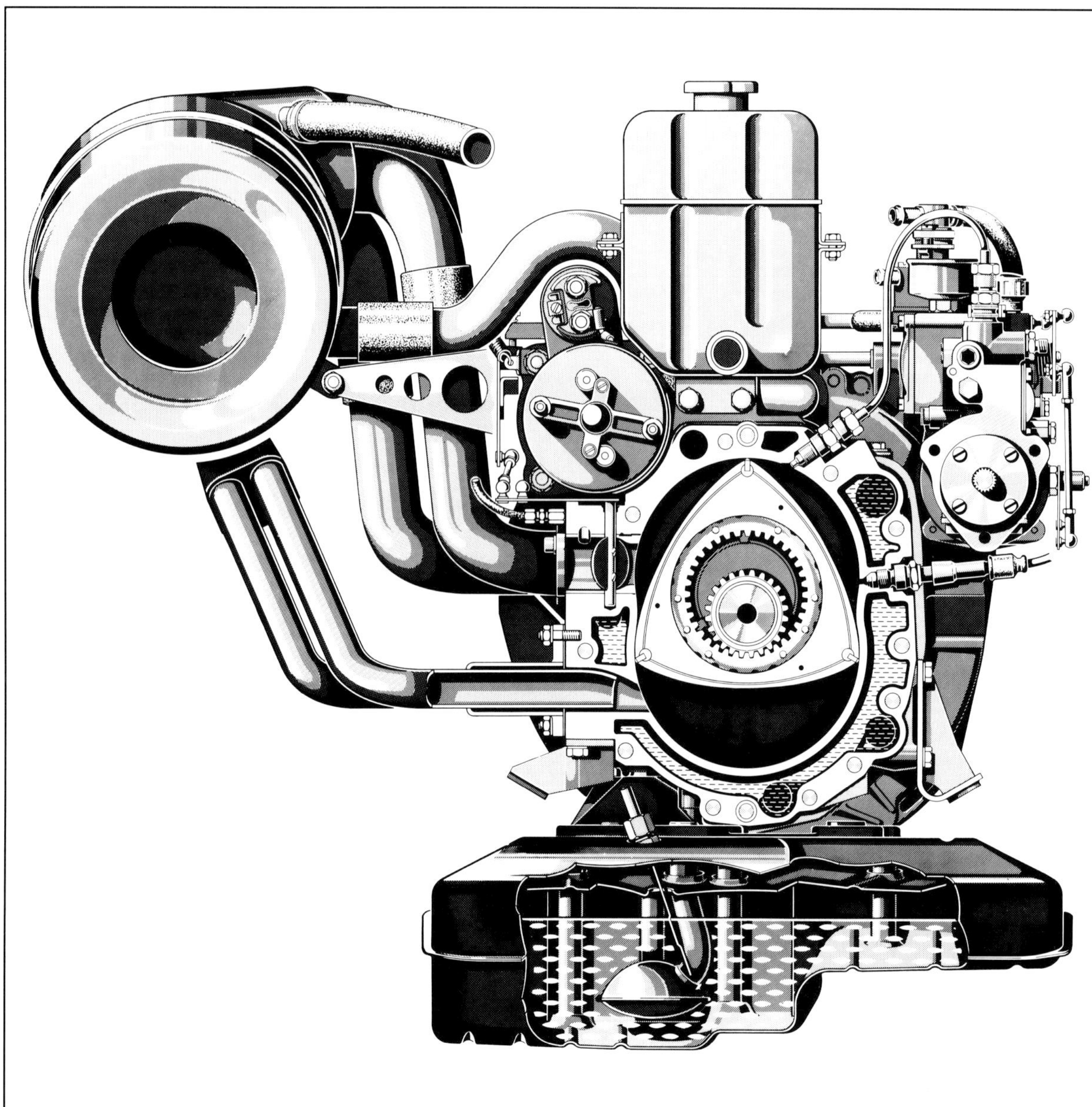

Oben: Absolut serienreif sieht dieses Fahrzeug bis ins kleinste Detail aus. Kein Wunder, daß man offizielle Dementis von Daimler-Benz lange Zeit nicht ernstnahm.

Rechts: An der Karosserie hatte man 1970 einige Änderungen vorgenommen. Der Kühllufteinlaß saß nun unten am Bug; der Luftaustritt befand sich an der Oberseite der Fronthaube.

Links: Der Vierscheiben-Wankelmotor des 1970er C111 im Schnitt. Das Aggregat hatte etwa 350 PS.

Daimler-Benz, „schon wegen der beiden Wunderkinder des Automobilbaus: Wankelmotor und Kunststoff-Karosserie." Aber in den Pressemitteilungen des Hauses sprach man betont von einem „Versuchsfahrzeug" und einem „rollenden Labor".
Die Kontakte des Hauses Daimler-Benz zu dem Wissenschaftler und Ingenieur Felix Wankel gingen auf das Jahr 1934 zurück. Damals hatte er als freischaffender Techniker mit der Ausarbeitung von Motorkonstruktionen mit Rotationsventilen begonnen und im zweiten Weltkrieg zeitweilig für den Daimler-Benz-Flugmotorenbau gearbeitet.
Das im 1969er C111 installierte Vier-Scheiben-Aggregat stellte die Sportversion der vierten, bei Daimler-Benz erarbeiteten Wankel-Motorengeneration dar. Als zuständiger Entwicklungsleiter für diesen Motor zeichnete Wolf-Dieter Bensinger verantwortlich, ein in Theorie und Praxis sehr erfahrener Ingenieur. Ihm unmittelbar zur Seite stand Hans-Otto Derndinger, während Heinz Lamm mit seiner großen Rennerfahrung aus den Jahren 1951–55 den Werkstattversuch leitete.
Wankel hatte seine Lizenz-Auswertungsrechte pauschal an die Firma NSU in

Links: Der einbaufertige Wankelmotor für den 1970er C111. Ein kompaktes Aggregat, bis ins Detail durchentwickelt ohne Rücksicht auf die Kosten.

Die drei ersten C 111 auf der Daimler-Benz-Einfahrbahn. Links die erste Prototypen-Version mit einer behelfsmäßigen Karosserie. Rechts die Ausführung 1969, und in der Mitte die auf dem Genfer Salon 1970 vorgestellte dritte Ausführung, nunmehr mit dem neuen Wankelmotor ausgestattet. Auf der Ausstellung setzte zwar schon eine rege Nachfrage ein, aber es war nie die Absicht von Daimler-Benz gewesen, diesen von vielen als „Sportwagen der siebziger Jahre“ betrachteten Wagen ins Verkaufsprogramm aufzunehmen.

Oben links: Ein 1970er C111 mit Straßenzulassung anläßlich einer Versuchsfahrt.

Oben: Das Gesicht des neuen Flügeltürers. Viele potentielle Interessenten hätten einen solchen Wagen ohne zu zögern gern erworben.

Das Kapitel C 111 schien für Daimler-Benz schon seit langem abgeschlossen zu sein, als im Sommer 1976 plötzlich wieder eines dieser Coupés auftauchte. Die radikalste Änderung hatte sich dabei im Motorraum vollzogen, denn hier saß nun ein Fünfzylinder-Dieselmotor mit Turbo-Aufladung.

Neckarsulm verkauft, wo man bisher Motorräder und Kleinwagen herstellte, ehe 1967 der NSU Ro80 erschien. Die Daimler-Benz AG gehörte zunächst nicht zu den Lizenznehmern, sondern experimentierte in eigener Regie mit Kreiskolbenmotoren. Als der Ro80 auf den Markt kam, war bei Daimler-Benz die eigene Entwicklung bereits so weit vorangeschritten, daß viele der alsbald auftretenden NSU-Ro80-Probleme keineswegs zugleich Mercedes-Probleme darstellten.

Der erste, in den späten fünfziger Jahren konstruierte DB-Motor nach dem Wankel-System trug die Bezeichnung KP (Kreiskolbenmotor-Prototyp) und hatte ein Kammervolumen von 700 cm^3. Das Aggregat war eine „modulare" Konstruktion mit separaten Abtrieben für die Nebenaggregate, um eine Vielzahl unterschiedlicher Zündsysteme, Wasserpumpen und Kraftstoff-Zuführungen testen zu können.

Im Frühstadium seiner Entwicklung lief der KP als Ein- und Zwei-Scheiben-Aggregat. Letzteres gab beachtliche 150 PS auf dem Prüfstand ab, so daß Daimler-Benz Veranlassung sah, Optimismus zu zeigen und die Option auf eine offizielle Baulizenz von NSU erwarb, nicht zuletzt, um patentrechtliche Konflikte von vornherein auszuschalten, falls ein DB-Kreiskolbenmotor eines Tages auch außerhalb der Werksmauern seine Vorstellung geben würde.

Für NSU war der Beitritt Daimler-Benz' zum Wankel-Club ein wahrer Triumph. Bewies eine solche Firma durch ihre Lizenznahme nicht ein hohes Maß an Vertrauen in das Wankel-Prinzip? NSU sowie weitere prospektive Lizenznehmer bestärkte das Daimler-Benz-Engagement nachhaltig.

So kam es am 26. Oktober 1961 zur Unterzeichnung eines Vertrages, der die Daimler-Benz AG legitimierte, Kreiskolbenmotoren System Wankel von einer Leistung über 50 PS ohne jede Einschränkung serienmäßig herzustellen und zu vertreiben. „Je länger wir warten, desto teurer wird's", soll Uhlenhaut gesagt haben. Eine zusätzliche Lizenz, einen Diesel-Wankelmotor betreffend, erwarb Daimler-Benz am 12. März 1964.

Unter Zugrundelegung der Erfahrungen mit dem KP entstand der KA mit 450 cm^3 Kammervolumen. Dieser Motor wurde im Winter 1965/66 mit der klaren Zielsetzung gebaut, in einem Personenwagen Verwendung zu finden. Man testete den KA hauptsächlich als Zwei- und Drei-Scheiben-Motor. Einige Versuche fuhr man mit Vergasern, doch 95 Prozent mit Einspritz-Systemen, die fast sämtlich von der Robert Bosch GmbH kamen. Mit der großen Zahl eingehender Versuche, ein optimales System der Direkteinspritzung (stets auf der Einlaß/Kompressionsseite, abgeschirmt von den hohen Temperaturen der Verbrennungskammer) zu finden, leistete man bei Daim-

ler-Benz einen wichtigen Beitrag zur gesamten Kreiskolbenmotor-Entwicklung.
1966 erfuhr die Wankel-Arbeit erste Einschränkungen durch neue Abgas-Verordnungen, die in den USA Gültigkeit erlangten und denen man auch in Europa große Beachtung schenkte. Es kam bei Daimler-Benz zu einer neuen Konstruktion, genannt KC. Dieser Motor wies ein Kammervolumen von 560 cm^3 auf; der Radius des Rotationskolbens (R) betrug 103, die Exzentrik (e) – gemessen zwischen den Lagermitten – 15 mm. Die Kammerweite betrug 70 mm. Diese Werte differierten nur geringfügig von denen des Wankelmotors mit 500 cm^3 im NSU Ro80 und Wankel-Spider (R = 80 mm, e = 4 mm, Kammerweite = 67 mm).
Der Basiswert R/e des KC-Motors von Daimler-Benz lag mit 6,85 ganz dicht an jenem, den auch NSU in der Anfangszeit bei seinen Versuchsmotoren gewählt hatte, ebenso der amerikanische Lizenznehmer Curtiss-Wright.
Ein niedriger R/e-Wert läßt erkennen, daß ein solcher Motor in Relation zu seinem Kammervolumen recht kompakt baut. Er macht auch deutlich, daß die Dichtleisten an ihrem höchsten Punkt in der Kammer (sie umfaßt ein 326-Grad-Segment) einen sehr steilen Anstellwinkel bilden. Aus Erfahrung wußte man, daß sich auch keine höhere Verdichtung als 17,6 zu 1 erzielen ließ. Beim C111-Motor betrug sie 9,3 zu 1.
Die Arbeiten am KC mündeten im Dezember 1968 schließich in die KE genannte vierte Untertürkheimer Wankel-Generation. Die R- und e-Werte des KE-Motors entsprachen denen beim KC, nur hatte man die Kammerweite auf 75 mm vergrößert, um ein Volumen von je 600 cm^3 zu erhalten. Neu war aber die Konstruktion des Rotorgehäuses und die Verbindung der Rotoren (Kreiskolben) untereinander. Da aber die Grundgeometrie die gleiche wie beim KC geblieben war, hatte man auch dessen Lagerdimensionen übernommen. Die Hauptlager maßen 46 mm im Durchmesser, die Rotorlager 77,5 mm. Im Vergleich zu den Lagern im NSU-Motor waren die im KE in Relation zu ihrem Durchmesser sehr breit gehalten.
Unterschiedliche Materialien wurden bei Daimler-Benz für den Wankel-Motorenbau getestet. Beim Rotorgehäuse, an welches sich von innen die Dichtleisten anlegen, versuchte man es mit diversen Aluminium-Legierungen mit Innenbeschichtungen in Nickel unter Beifügung von Kohlenstoff. In diese Untersuchungen teilten sich NSU, Daimler-Benz und der Kolbenhersteller Mahle.

Links: Die 1976 erneut auftauchende Version des C111 mit vielen aerodynamisch vorteilhaften Veränderungen.

Die „Sandwich"-Elemente des Motorgehäuses, deren innerer Teil, die Trochoide, auch die Lager der Exzenterwelle trug, stellte man aus Eisen her. Aluminium erwies sich hier – weil zu weich – als ungeeignet.
Die seitlichen Begrenzungen des Brennraums bildeten Seitenscheiben, zwischen denen der Kolben rotierte. In der Mitte der Seitenscheiben befanden sich kragenförmige Lagerflansche mit einem festen Zahnkranz, in den die Innenverzahnung des Kolbens eingriff; über diese Verzahnung wurde die gleichförmige Drehbewegung des Kolbens in der Trochoide gesteuert. Auch der Ro80-Motor war so aufgebaut.
Die Innenseite des Rotorgehäuses oder auch Trochoide, gegen die sich die Dichtleisten drückten, hatte man molybdänbeschichtet. Für den Rotor hatte man Gußeisen gewählt, obwohl Aluminium wegen seines geringeren Gewichts von Vorteil gewesen wäre und man eine geringere Schwungmasse benötigt hätte. Doch Bensinger und Derndinger entschieden sich gegen Alu, weil Eisen die Eigenschaft besitzt, Temperaturen besser speichern zu können, was ihrer Ansicht nach im Verbrennungsraum eine bessere thermische Konstanz gewährleistete.
Das so oft zitierte Verschleißproblem der Dichtleisten kannte man auch bei Daimler-Benz. Bei einigen Motoren versuchte man es mit einer dreigeteilten Leiste aus Gußeisen und machte damit gute Erfahrungen. So wiesen jene im Versuchsmotor M950 unterhalb der Andrückkante feine Bohrungen auf, in die das Gasgemisch eindringen konnte und den Anpreßdruck erhöhen half. Für die Weiterentwicklung des Wankelmotors und eine Steigerung seiner Leistung setzten die Dichtleisten zunächst stets die Grenzen. Schon eine zu Testzwecken nur geringfügig angehobene Verdichtung, etwa bei einem Hochleistungs- oder Diesel-Wankel, barg das Risiko eines Dichtleisten-Defekts. Meist entstanden feinste Gasdurchlässe von einer Kammer zur nächsten.
Mit Doppelzündung, wie sie der Ro80-Motor von NSU aufwies, ließ sich eine bessere Leistungausbeute erzielen, aber ebenfalls zu Lasten der Dichtleisten-Haltbarkeit. So beließ man es bei Daimler-Benz bei nur einer Kerze pro Scheibe.
Sowohl beim KC- als auch beim KE-Motor hatte man die Drosselklappen so weit wie möglich in die Einlaßkanäle plaziert, um den dort auftretenden, durch den Transport von einer Kammer zur nächsten zwangsläufig mitgeführten Abgasstau minimal zu halten, wichtig für den Betrieb bei niedrigen Drehzahlen.
Der KC-Motor wies einen Drosselschieber auf, in der Längsachse des Motors arbeitend, während der KE-Motor mit einem Schmetterlingsventil bestückt war, mechanisch verbunden mit dem Kettenantrieb der Bosch-Einspritzpumpe an der linken Motorseite. Mechanische Einspritzung hatte gegenüber der elektronischen den Vorteil, den Aufbau von hohen Drücken in Regionen von 7300 bis 8700 bar, mit welchem der Kraftstoff während der Kompressionsphase eingespritzt werden sollte, zu erlauben.
Lange arbeiteten die Ingenieure an der optimalen Formgebung der Auslaßkanäle, denn ihre Gestalt bestimmen in hohem Maß die Leistungskurve gerade des Wankelmotors. An der Kammerwand bekam der Gasauslaß schließlich eine ovale Form; der Krümmer folgte der Richtung des Gasflusses.
Für eine Verwendung im Personenwagen ermittelte man eine optimale Einlaßöffnung von 34 mm Weite; bei einem Kammervolumen von 600 cm^3 – bei drei Kammern je Rotor-Einheit also insgesamt 1800 cm^3 – hatte der M950 genannte KE-Dreischeiben-Motor eine Leistung von 210 bis 220 PS. Exakt wies dieser Motor also $3 \times 1800\ cm^3 = 5400\ cm^3$ auf (und bei vier Scheiben 7200 cm^3).
Sowohl bei der Besteuerung als auch der Klasseneinteilung im Motorsport legte man gerechterweise nicht das gesamte Kammervolumen, sondern nur zwei Drittel dessen zugrunde. So ließ sich der Drei-Scheiben-Mercedes-Wankel mit einem Hubkolbenaggregat der 3,6-Liter-Klasse vergleichen, der Vier-Scheiben-Motor mit einem herkömmlichen 4,8 Liter.
Eine Leistung von 220 PS wurde aber als nicht ganz ausreichend erachtet, um einem 1100 kg schweren Sportwagen vom Typ eines C111 zu den gewünschten Fahrleistungen zu verhelfen. So begann man mit dem „Tuning", optimierte durch Feinarbeit die Auslaßkanäle, erweiterte den Einlaß auf 43 mm und gab auch ihm eine andere Form. Schließlich landete man bei beachtlichen 330 Brutto-PS (270 bis 280 nach Montage aller Aggregate) bei einer Exzenterwellen-Tourenzahl von 7000/min.
Dieser Wankel-Motor des C111 gab seine Leistung aber nicht auf einem schmalen, sondern erstaunlich breiten Leistungsband ab. Schon bei 1000/min ließ sich lochfrei hinaufbeschleunigen, bei 1600 sogar unter Vollgas. Bei 5000 bis 6500 Touren war die Leistung voll „da", bevor die Kurvenspitze bei 7000 ihren höchsten Punkt erreicht hatte. Bei 7500 unterbrach ein Regler die Kraftstoff-Zufuhr zur Einspritzpumpe und wirkte somit zugleich als Drehzahlbegrenzer.
Auch mit einem speziellen Differential von ZF mit 70 Prozent Schlupfbegrenzung unter einer Hinterachs-Gewichtsverteilung von 55 Prozent konnte man den 1969er C111 zum Durchdrehen der Antriebsräder bringen, sofern man einen Rennstart zelebrierte. Im ersten Gang kam man beim Durchbeschleunigen und -schalten auf 89 km/h, im zweiten auf 145, im dritten auf 185, im vierten auf 225. Als Höchstgeschwindigkeit im fünften Gang des ZF-5DS-25-Getriebes wurden 266 km/h gemessen.
Die enorme Gas-Sensibilität der Drosselklappe machte es schwierig, sauber herunterzuschalten – schon ein geringes Antippen des Gespedals genügte, um die Drehzahlen in große Höhen zu bringen und jegliche Synchronisation unwirksam werden zu lassen.
Wie zu erwarten war, bekamen Uhlenhaut und Liebold das Problem schon bald in den Griff: Sie installierten ein zusätzliches, geringer übersetztes Gaspedal unten links im Fußraum. Es ermöglichte ein gefahrloses Herunterschalten, ohne daß man vesehentlich zu hohe Drehzahlen produzierte.
Mit dem C111 hatten Enke und Löffler letztlich jenes Fahrzeug geschaffen, wie es ihrer Vorstellung entsprach. Die Vorführungen in Hockenheim während der 1969er IAA waren für alle Beteiligten äußerst zufriedenstellend verlaufen. Mit einem Kurvenbeschleunigungswert von 1,5 g, der auf der Untertürkheimer Schleuderplatte ermittelt worden war, hatte man „mehr als in der Praxis je zur Anwendung gelangen dürfte", wie Uhlenhaut sagte, „schon gar nicht auf der Autobahn..."
Aber Uhlenhaut war der Mann, der einen solchen Wert zu demonstrieren verstand, zum Beispiel anläßlich der Vorführungen in Hockenheim. Um die Kurven jagte er in einem Tempo, das seine Beifahrer in die Schalensitze drückte, als seien sie dort festgeklebt. Einen großen Teil dieses Handlings verdankte der C111 seinem exzellenten Fahrwerk – man gab einfach Gas und erhielt höchstens durch die Reifenakustik die Grenzwerte signalisiert.
Der „getunte" C111 fuhr sich natürlich spektakulärer als die normale Version; bei ihr betrug der Seitenbeschleunigungs-Grenzwert 0,9 g. Aber auch dieser Wert dürfte von keinem anderen Tourenwagen zuvor erreicht worden sein, selbst ein Grand-Prix-Rennwagen vom Typ W196 kam auf „nur" 1,0 g. Da man es unterlassen hatte, den Touren-C111 mit einem Kurvenstabilisator zu versehen, erwies er sich als starker Untersteuerer, was ihm zwar in schnellen Kurven zum Vorteil gereichte, nicht aber in langsamen: Der Vorderwagen schob bei eingeschlagenen Rädern über sie hinweg, nur widerwillig der Lenkung gehorchend. Im Normalfahrbereich erwies sich die Lenkung als weich, dennoch direkt und präzise ansprechend.
Die Leistung des Drei-Scheiben-Motors langte nicht ganz, um das Untersteuern durch ein Plus an Schub auszutricksen. Ganz anders beim Vier-Scheiben-Motor. Ende Oktober 1969 installierte man einen solchen Motor in einen C111, um das zu beweisen.

Die offizielle Spezifikation nannte eine Leistung von 350 PS bei 7500/min; während der Versuchsphase war man sogar auf 360 bis 370 gekommen. Ihr maximales Drehmoment von 393 Nm erreichte die Maschine zwischen 4000 und 4400/min. Eine Mehrscheibenkupplung (neun Lamellen) und ein ZF-Getriebe mit modifizierten Abstufungen wurden der enormen Leistung des Motors, der einschließlich Anlasser, Lichtmaschine und Luftfilter nur 180 kg auf die Waage brachte, gerecht.

Das Team, das für den C111-III verantwortlich zeichnete: Joachim Kaden, Hans Werner, Erich Waxenberger, Dr. Hans Liebold, Guido Moch, Karl-Heinz Göschel, Kurt Obländer, Prof. Hans Scherenberg, Friedrich van Winsen.

In einem von Rudolf Uhlenhaut am 23. Januar 1970 aufgesetzten Memo heißt es, daß „das Leistungsgewicht mit 0,52 kg pro PS ungleich besser ist als zum Beispiel beim Hubkolbenmotor des Mercedes-Benz Grand-Prix-Rennwagens W196 von 1954/55, bei welchem es 0,68 kg pro PS beträgt".

Mit dem größeren Kammervolumen des Vier-Scheiben-Motors erzielte man nicht nur mehr Elastizität, sondern auch eine Verringerung des Geräuschpegels. Stand man neben dem C111, vernahm man allenfalls ein turbinenartiges Sausen. Eindrucksvoller war es, stand man hinter dem Fahrzeug – für Ohren und Augen. Denn die Auspuffgase waren durch den Aldehydgehalt der unverbrannten Kohlenwasserstoffe beißend und von ähnlicher Schärfe wie bei einem Rennwagen.

Im Vergleich zum Drei-Scheiben- war der Vier-Scheiben-Motor im unteren Drehzahlbereich nicht ganz so munter. Er zog zwar zügig durch, doch erst ab 3000 Touren drückte es einen spürbar in die Rückenlehne, und ähnlich wie beim 300 SL mit „scharfer" Nockenwelle machte die Tourenzählernadel, ließ man bei 4000 den Fuß unvermindert auf dem Gaspedal, einen gewaltigen Satz. Nach Werksaufzeichnungen beschleunigte der C111 mit Vier-Scheiben-Motor von Null auf 100 km/h in 4,9 Sekunden.

Daß sich unterhalb 3000/min wenig abspielte, nahmen die Konstrukteure bei diesem Motor in Kauf. „Jeder andere Hochleistungsmotor in Hubkolben-Bauweise verhält sich genauso", sagte Bensinger. „Daß wir uns überhaupt auf ein Hochgeschwindigkeits-Konzept eingelassen haben, hat seine Ursache in den hohen Erwartungen seitens der Presse. Die erwartete vom C111 wahre Wunder, und wir wollten den Beweis nicht schuldig bleiben, daß im C111 ein enormes Potential steckt. Für einen Serienbau würde man das Spitzentempo deutlich zurücknehmen zugunsten besserer Drehmomentwerte im unteren Bereich. Zu erreichen wäre dies durch ein früheres Schließen der Einlässe, außerdem würden wir sie, bei gleicher Durchlaßfläche, oval machen."

C111 Nummer 7 und 8 erhielten den Vier-Scheiben-Motor und eine modifizierte Karosserieform. In dieser Gestalt erhielt das Fahrzeug die Bezeichnung C111-II; gleichzeitig nannte man die Wagen der ersten Serie C111-I. Eines der neuen Autos wurde im März 1970 auf dem Genfer Salon ausgestellt, das zweite positionierte man auf der Rennstrecke von Monthoux, unweit der Stadt Genf auf französischem Boden, um Journalisten Testfahrten zu ermöglichen. Der Kurs von Monthoux ist so kurvenreich, daß der C111-II kaum über den zweiten Gang hinaus zu bewegen war.

„Eine bislang unvorstellbare Kombination von Fahrkomfort und Handling" bescheinigte der bekannte Motorjournalist und Ex-Rennfahrer Paul Frère dem Wagen. „Letzteres kommt zweifellos dem eines Rennwagens gleich. Ich registrierte eine leichte Tendenz zum Untersteuern. Aber in den schärfsten Kurven, wo dergleichen vielleicht ein bißchen heikel werden konnte, ließ sich durch etwas Gaswegnehmen das Heck gelinde herumdrücken und dann sofort durch erneutes Gasgeben herausziehen –" zumal der Vier-Scheiben-Motor dazu gewiß über mehr Potential verfügte als der C111-Motor mit nur drei Scheiben.

Am Fahrwerk hatte man den Typ II ebenfalls überarbeitet. So war die Lenkung jetzt etwas geringer übersetzt und insgesamt eine Spur progressiver. Von Anschlag zu Anschlag waren es dreieinhalb Lenkradumdrehungen. Neu waren auch die Radnaben und Felgen mit ihren fünf breiten Bandspeichen aus Leichtmetall. Die Naben der Hinterachse waren über nicht weniger als zehn Schubstreben und doppelt so viele Kugelgelenke mit dem Chassis verbunden. Waren in der ersten Ausführung noch ungeschützte, im Rennwagenbau übliche Gelenke verwendet worden, so zeigte sich nach intensivem Winterbetrieb (und während der kalten Jahreszeit wurden die Versuchswagen keineswegs geschont), daß der Stahl Korrosionserscheinungen aufwies. Deshalb ersetzte man die Gelenke durch solche in wartungsfreier Ausführung in Kunststoffkapseln und Gummimanschetten.

Im Blickfeld des Fahrers lagen Armaturen, die durchaus nicht mehr den Eindruck machten, als säße man in einem „rollenden Labor" – sie sahen verdächtig nach Serie aus. Es gab eine Mittelkonsole für Radio und Heizungs-

armaturen; die Hauptinstrumente befanden sich versenkt in der Mitte vor dem Fahrer. Luftaustrittsöffnungen waren vorhanden, die zu einer vorgesehenen Klimaanlage gehörten. In der Mitte des Schaltknaufes konnte man durch einen Druckknopf die elektrische Sperre des Rückwärtsgangs lösen.
Die tiefer angeordneten Instrumente und gleichzeitig weiter heruntergezogene Scheiben ringsum trugen Beschwerden etlicher Testfahrer Rechnung, die sich vor allem beim Befahren kurvenreicher Bergstraßen über ein zu geringes Sichtfeld beklagt hatten. Statt der bisherigen zwei Scheibenwischer gab es jetzt nur mehr einen, und in den Schwellern unterhalb der Flügeltüren saßen jetzt gummiummantelte Benzintanks.
Eine neue Fronthaube hatte auch eine Umkonstruktion der Schlafaugen-Mechanik bedingt. Statt über Hebel wurden sie jetzt elektrisch betätigt.

Vom 12. bis 14. Juni befand sich ein Ingenieur-Team von Daimler-Benz in Nardo in Süditalien und stellte mit dem Diesel-C 111 insgesamt 16 internationale Klassenrekorde auf. Dabei erzielte man Durchschnittsgeschwindigkeiten von über 250 km/h.

Die vom Wilfert-Team vorgenommenen Retuschen an der Karosserie nahmen dem C111 etwas von seiner anfänglichen architektonischen Strenge, doch ohne die geringste Einbuße in bezug auf die aerodynamischen Qualitäten. Der cw-Wert wurde sogar auf 0,325, und der Strömungswiderstand um weitere 8 Prozent gesenkt. Nach Messungen, die Dr. Liebold auf der Autobahn südlich von Baden-Baden vornahm, betrug die Spitzengeschwindigkeit des C111-II knapp 304 km/h.

Die bei den ersten Fahrzeugen nicht optimal gelöste Frage der Motorkühlung hatte man jetzt im Griff. Die Lufteintrittsöffnung vor dem Frontkühler hatte man erweitert, ebenso die Austrittsöffnung auf der Haube. Zugleich erzielte man hierdurch eine Verstärkung des Anpreßdrucks um 20 Prozent.

Die Gesamtlänge des Wagens betrug nun 4440 statt zuvor 4200 mm, wobei der Zuwachs vor allem dem Gepäckraum über dem Motorabteil im Heck zugute gekommen war; er maß jetzt fast 0,3 m^3. Er war ausreichend gegen Hitze isoliert, wozu auch ein zusätzlicher Ventilator betrug. Man konnte im C111-II ordentlich Gepäck mitnehmen... Mit 1825 mm Breite war der Wagen breiter und mit 1240 kg Gewicht auch deutlich achwerer geworden als der C111-I. Mit Straßenreifen betrug die Spur 1410/1405 mm v/h, mit Rennfelgen und -reifen 1444/1390 mm. Die Höhe lag bei 1120 mm.

Selbstverständlich wurde 1970 auch in Genf betont, daß der C111 nichts als ein Experimentalfahrzeug sei, an welchem man die Qualitäten des Wankel-Motors und die Anwendbarkeit von Kunststoffen im Karosseriebau testen wollte. Doch die Perfektion, mit welcher das Auto gebaut schien und sein gesamtes Erscheinungsbild machten es überdeutlich: Dieser Wagen mußte dazu auserkoren sein, in Serie zu gehen! Man erwartete mit Ungeduld eine entsprechende Ankündigung seitens des Werks.

Daß man den C111 vielleicht nur zu künftigen Einsätzen im Motorsport entwicklelt hatte, schien wenig wahrscheinlich, denn die Auslegung des Motors paßte in keine der zu erwartenden Festlegungen bei den Sportwagen-Kategorien. Vermutlich hätte ein Mann wie Rudolf Uhlenhaut auch einen sehr viel kleineren und leichteren Wagen gebaut, hätte Daimler-Benz ein Comeback im Motorsport geplant gehabt. So bestätigte auch Dr. Hans Scherenberg in Genf erneut: „Daimler-Benz beabsichtigt nicht, sich mit einer Werksmannschaft an Rennen oder anderen motorsportlichen Wettbewerben zu beteiligen."

Der im allgemeinen über die Absichten der Daimler-Benz AG gut informierte Paul Frère schrieb nach dem Genfer Salon: „Es spricht einiges dafür, daß der Wagen nach einer gewissen Phase der Weiterentwicklung als superschneller GT in Serie gehen könnte. Ich bin sicher, daß hunderte prospektiver Kunden darauf warten, gleich, welchen Preis sie zu zahlen hätten."

Zwei Jahre später fand sich Daimler-Benz erneut mit einem speziellen Rekordfahrzeug in Nardo ein. Bei der Entwicklung dieses C 111-III stand die Optimierung des Luftwiderstandsbeiwerts im Vordergrund. Man erreichte einen c_w-Wert von knapp unter 0,2.

Links: Erste Erprobung eines C111-III auf der Versuchsstrecke in Stuttgart-Untertürkheim.

Unten: Dem Bau des C 111-III waren lange und gründliche Versuchsreihen im Windkanal vorangegangen. Hier wird der Strömungsverlauf mit verschiedenfarbigen Rauchfahnen aufgezeigt.

Am 30. April 1978 stellten die Journalisten Paul Frère und Rico Steinemann (beide erfahrene Rennfahrer) sowie die Versuchs-Ingenieure Dr. Hans Liebold und Guido Moch neun neue Geschwindigkeits-Weltrekorde auf, die vorher von Fahrzeugen mit Benzinmotoren gehalten worden waren. Der Turbo-Diesel war dabei auf eine Leistung von 230 PS getrimmt worden, womit er den Wagen auf eine Geschwindigkeit von 325 km/h bringen konnte.

Zumindest den Motor erachtete man bei Daimler-Benz indessen als nicht serienreif. Die Quote jener KE-Exemplare, die den harten 100000-Kilometer-Testprozeduren klaglos widerstanden hatten, war zu gering. Hans Scherenberg in Genf: „Meiner Ansicht nach würde ein nicht gänzlich ausgereifter Motor, würden wir ihn dennoch in Serie gehen lassen, seinem Image mehr schaden als nützen."

Alternativ hätte man das Auto mit einem Hubkolben-V8-Motor versehen können. Einen der C111 hatte man im Verlauf des Jahres 1969 auch mit einem solchen Aggregat getestet. Zur Überraschung der Testingenieure war der V8 rauher und auch lauter als der Wankemotor, ganz im Gegensatz zur Verhaltensweise des gleichen, für seine Kultiviertheit bekannten V8 in einer Serienlimousine. Man blieb bei der Überzeugung, daß einzig der Vier-Scheiben-Wankel das Herzstück des C111 darstellte. Jeder auch noch so sorgfältig modifizierte Hubkolben-V8 hätte den C111 in eine Reihe mit dem Lamborghini Miura oder DeTomaso Pantera gestellt, was Daimler-Benz keineswegs anstrebte. Würde es also je einen in Serie gebauten C111 geben, dann nur mit Wankelmotor – zumindest darüber herrschten bei Daimler-Benz keine Meinungsdifferenzen.

Die Frage, welche Zukunft dem C111 beschieden sein könnte, wurde im ersten Halbjahr 1970 immer häufiger diskutiert. Die Öffentlichkeitsarbeit des Unternehmens schien jedenfalls in der gewünschten Richtung gewirkt zu haben, denn in einer Umfrage wurde ermittelt, daß 41 von 100 Befragten den C111 als „ein Experimentalfahrzeug" verstanden. Dreizehn erkannten ihn als Versuchsträger für neue Einzelaggregate, und nur sechs sahen in ihm den Prototyp für eine definitiv programmierte Serienfertigung. 36 Prozent der Befragten waren der Meinung, daß es im Kern der Sache um den Wankelmotor ging, der ihrer Ansicht nach auch in anderen Fahrzeugen Eingang finden sollte, während 61 Prozent glaubten, daß auch andere am C111 getestete Neuerungen bald in die Serienproduktion einfließen würden.

Auch wurde gefragt, was an dem Wagen als wirklich neu zu bewerten sei. Erwartungsgemäß gaben 65 von 100 den Wankelmotor an, 73 Prozent nannten Art und Form der Karosserie, 26 Prozent Leistung und Höchstgeschwindigkeit, 16 Prozent Sicherheit und Straßenlage.

Von den vielen Erklärungen, die im Jahre 1970 zum Thema C111 intern verfaßt wurden, betraf auch eine die Strategie zukünftiger Öffentlichkeitsarbeit, ein Ressort, das Direktor Heinz Schmidt unterstand. Vier alternative Statements standen zur Diskussion, sinngemäß wie folgt formuliert:

1. Spätestens Ende nächsten Jahres (1971) wird eine Serie von 100 bis 500 – je nach Gestehungskosten – C111 jährlich aufgelegt und für den Verkauf freigegeben.
2. Ende dieses Jahres oder spätestens mit Jahresbeginn 1971 werden alle Arbeiten am C111 eingestellt und ein Schlußbericht über das gesamte Projekt herausgegeben.
3. Die Arbeiten am C111 werden fortgesetzt, das Fahrzeug weiterhin als „Experimentalfahrzeug" deklariert. In bestimmten Zeitabständen, etwa zweimal im Jahr, wird ein Bericht über den aktuellen Entwicklungsstand veröffentlicht.
4. Vom C111 wird eine kleine Serie von 30 bis 50 Exemplaren aufgelegt. Jedes Fahrzeug wird jeweils für die Dauer eines Jahres ausgewählten Fahrern zu Testzwecken überlassen; über die Erfahrungen ist ein laufendes Protokoll zu führen. Die Auswahl der Personen muß bestimmten Anforderungen entsprechen (z.B. Konstrukteure, Luftfahrt-Ingenieure, Motorsportler usw.).

Das mit dem 24. Juni 1970 datierte Papier lieferte reichlich Diskussionsstoff und enthielt auch gleich Plus- und Minuspunkte zu den einzelnen Vorschlägen. Eine indirekte Empfehlung galt dem vierten Vorschlag: „Er hätte die geringsten Nachteile und den höchsten Grad an Glaubwürdigkeit." Und: „Den C111 einfach von der Bildfläche verschwinden oder den status quo bis in eine ungewisse Zeit weiterbestehen zu lassen, wäre für ein Unternehmen wie das unsere wohl die schlechteste Lösung."

Zunächst wurden fünf weitere Fahrzeuge vom Typ C111-II gebaut, was eine Gesamtzahl von 13 der ersten beiden Serien ergab; sieben waren C111-II. Man durfte daraus entnehmen, daß dem Werk daran gelegen war, die Arbeiten an diesem Projekt fortzusetzen.

Wichtigstes Bestandteil des C111 war und blieb der Wankelmotor, zugleich jedoch stellte er das Handicap dar, was die Entscheidung für eine Aufnahme der Serienfertigung betraf. Auf der Jahreshauptversammlung der Daimler-Benz AG im Juli 1972 kam deutlich zum Ausdruck, daß die Erwartungen des Vorstands hinsichtlich Lebensdauer, Wirtschaftlichkeit und Abgaswerte noch immer nicht erreicht waren. Und da mit schärferen Abgasbestimmungen in naher Zukunft gerechnet werden mußte, standen die Zeichen für den Wankelmotor noch schlechter.

Dennoch wurden die Entwicklungsarbeiten am C111 fortgeführt. Der britische Motorjournalist Michael Bowler war einer der ersten seiner Zunft, die im August 1972 ein Exemplar mit ABS zu fahren die Gelegenheit hatten. „Es hat mich überrascht, wie sicher sich der Wagen in Extremsituationen beherrschen läßt. Eine bessere Demonstration eines optimalen Antiblockiersystems hätte ich mir nicht vorstellen können. Schade, daß es um die Zukunft des C111 anscheinend nicht allzu rosig bestellt ist", hieß es in seinem Bericht weiter; „obwohl es Gerüchte gab, denen zufolge eine Anzahl von Wagen ausgewählte Fahrer erhalten sollten oder auch, daß eine limitierte Serie zum Verkauf käme. Doch die Zeiten des exklusiven 300 SL sind vorüber, und für einen richtigen Serienwagen nach Art des 350 SLC müssen 90 Stück pro Tag – immerhin 20000 pro Jahr – hergestellt werden."

Die Idee, eine kleine Serie aufzulegen, hätte bei Daimler-Benz so manchem gefallen. Ob man die Wagen nun ausgeliehen (wie im Falle des Chrysler Turbinenwagens) oder verkauft hätte (wie BMW es später mit dem M1 tat) – für die Reputation der Marke wäre dies gewiß zum Nutzen gewesen, schon in Anbetracht der zunehmenden Konfrontation mit BMW.

Nur ganz knapp verfehlte eine Entscheidung, als um die Frage der Herstellung des C111 in kleiner Serie ging, bei der Geschäftsleitung die Mehrheit. Damit kamen auch alle anderen Aktivitäten zum Stillstand, zumindest drangen über den C111 keine Neuigkeiten mehr nach außen.

Bis zum Juni 1976, als Daimler-Benz zu erkennen gab, daß der C111 keineswegs völlig in der Versenkung verschwunden war. Vielmehr sollte er noch einmal eine Rolle spielen, die bei Daimler-Benz eine lange Tradition hatte: Als Weltrekordwagen.

Man erkor den ersten Wagen der C111-Serie II zum Imageträger für eine neue Dieselmotoren-Generation. Die Einführung des neuen Fünfzylinders mit drei Liter Hubraum verdiente eine besondere Herausstellung seiner Qualitäten, und ein paar Weltrekorde konnten durchaus dazu beitragen, das Ansehen des Diesels in der Öffentlichkeit zu heben.

In den dreißiger Jahren hatte es die letzten absoluten Diesel-Weltrekorde gegeben, aufgestellt von Ab Jenkins mit Cummins-Motoren. Eine Reihe von Langstrecken-Rekorden hielt Porsche. In beiden Kategorien sah man bei DB Chancen.

Um die Kraft und das enorme Durchstehvermögen des neuen Selbstzünders zu beweisen, schien eine Weltrekord-Aktionswoche genau richtig. Eine Kombination von vier Faktoren machte das Unterfangen möglich: Zum einen ließ sich der Motor mit Turbolader und Ladeluftkühlung (Intercooler) auf eine Leistung von 190 PS bringen. Zweitens hatte man mit dem C111 ein aerodynamisch und fahrwerkstechnisch exzellentes Fahrzeug, für das ein Dauertempo von 250 km/h nicht das geringste Problem darstellte. Zum dritten gab es eine neue (von Fiat mitfinanzierte) Rennstrecke in Nardo, Süditalien, 12,5 km lang und für Hochgeschwindigkeitsfahrten bestens geeignet, und schließlich erteilte auch der Vorstand des Hauses Daimler-Benz diesem Vorhaben seinen Segen.

Unter der Leitung Dr. Liebolds wurde der C111-IID genannte Wagen bestens präpariert. Mit zusätzlichen Kraftstoffbehältern im Bug erhöhte man die

Der bisher letzte Auftritt eines Mercedes-Rekordfahrzeugs fand im Mai 1979 statt. Dazu war der nun C 111-IV genannte Wagen erneut im Windkanal überarbeitet worden.

Unten: Mit dem C 111-IV wollte man Versuchsfahrten im aerodynamischen Grenzbereich mit hohen Geschwindigkeiten durchführen. Dazu hatte man auch ganz spezielle Spoiler und Stabilisierungsflossen angebracht.

Grund- und Seitenriß des Weltrekordwagens C111-III mit Dieselmotor, mit dem am 29. und 30. April 1978 in Nardo 325 km/h erreicht worden waren. Die Fahrer: Paul Frère, Rico Steinemann, Guido Moch, Dr. Hans Liebold.

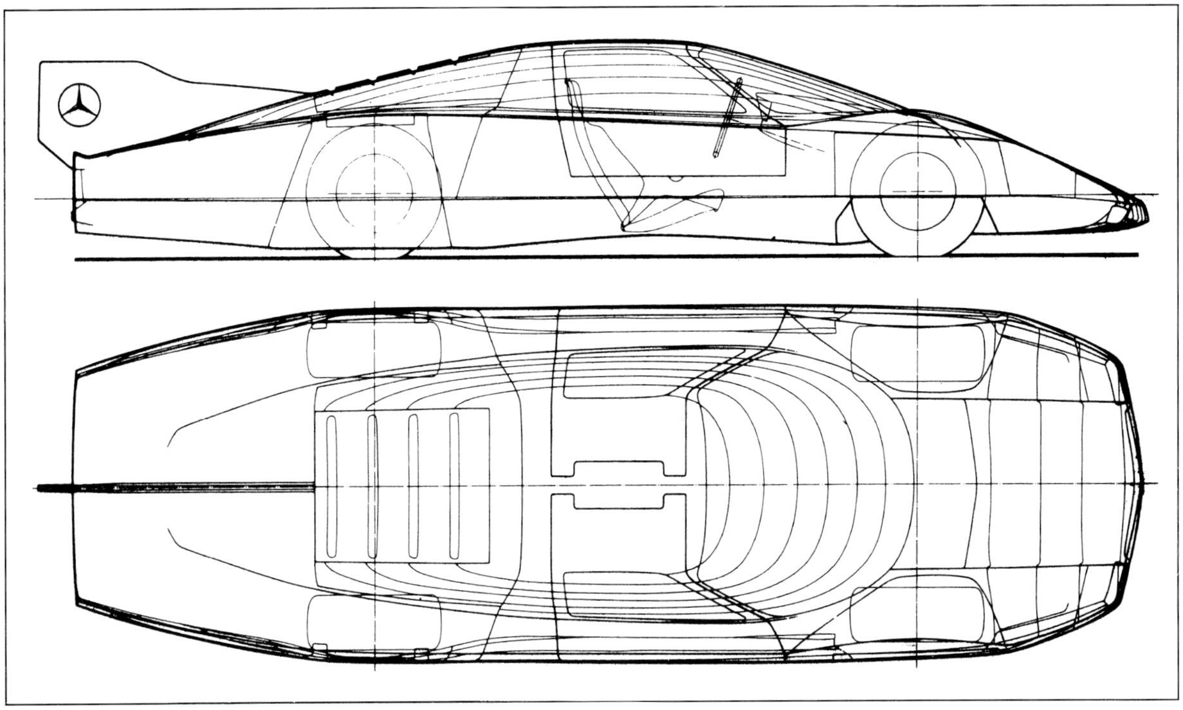

Tankkapazität auf 140 Liter, ausreichend für zweieinhalb Stunden Vollgas. Eine neue Frontpartie entbehrte der Schlafaugen, statt dessen fanden Hochleistungs-Scheinwerfer einen festen Platz im Grill.
Die Räder versah man mit glattflächigen Abdeckungen und Michelin-Gürtelreifen der Dimension XWS 215 VR 15; sie zeichneten sich durch einen sehr geringen Rollwiderstand aus. Eine neue Gummimischung wurde ausprobiert, ebenso ein neues Profil – später kamen Serienreifen dieser Art unter der Bezeichung XWX auf den Markt.
Mit einem 2,17 zu eins untersetzten fünften Gang kam man der Charakteristik des Dieselmotors entgegen, der seine 190 PS bei nur 4700 Touren abgab. In seinen Dimensionen paßte der Reihen-Fünfzylinder sehr gut in den Motorraum. Ausreichend Platz fanden auch der Ladeluftkühler, die zwei Motorenöl- und der ZF-Getriebeölkühler.
Ausgedehnte Testfahrten gingen der eigentlichen Rekordfahrt voraus, vor allem auch ein intensives Training, was die Boxenaufenthalte betraf – Auftanken und Fahrerwechsel mußten in weniger als 30 Sekunden bewerkstelligt werden. Längere Aufenthalte bedingten nur Radwechsel und Ventilspiel-Nachstellungen. Einschließlich Boxen-An- und Abfahrt kalkulierte man hierfür maximal vier Minuten ein. Für die Perfektion im Ablauf solcher Quickstops war die Mercedes-Benz-Boxenmannschaft einst weltberühmt...
Vom 12. bis 14. Juni 1976 wurde die Rekordfahrt absolviert; am Lenkrad lösten sich Dr. Hans Liebold, Guido Moch, Erich Waxenberger und Joachim Kaden ab. Der unter der Ägide Uhlenhauts „herangezogene“ Waxenberger war ein ausgezeichnetes Fahrtalent und absolvierte mit 257,93 km/h auch die schnellste Runde.
Man durfte von einem vollen Erfolg sprechen. Mit dem C111-IID errang Daimler-Benz sämtliche Weltrekorde in der Dieselklasse bis 3 Liter von 10 Kilometern bis zu 10000 Meilen mit Schnitten von mehr als 252 km/h. Die Werte in den 5000-Meilen, 10000-Kilometer- und 10000-Meilen-Klassen waren sogar absolute Weltrekorde. Bei den 24 Stunden ergab sich eine Schnittgeschwindigkeit von 252,87 km/h; die gesamte Distanz, die zurückgelegt wurde, betrug 16000 Kilometer in 64 Stunden.
Fünf Satz Hinterradreifen und nur ein Satz Vorderradreifen waren verschlissen worden. Auch Rudolf Uhlenhaut, inzwischen pensioniert, war stolz auf das gute Ergebnis, das die von ihm ausgebildeten Männer erzielt hatten. Der für den Vorstandsbereich Gesamttechnik zuständige Hans Scherenberg ernannte Friedrich van Winsen zu Uhlenhauts Nachfolger in der Personenwagen-Entwicklung. Beide waren nach Nardo gekommen, um dem Team ihre Glückwünsche zu übermitteln. Das geistige Erbe Uhlenhauts trat, so darf man sagen, Hans Liebold an, der auf dem Rennfahrersitz eine ebenso gute Figur machte wie am Motorenprüfstand oder am Zeichenbrett des Konstruktionsbüros.
Die Diesel-Rekordfahrten hatten offenbart, wozu der C111 taugte, wenn man ihn für solche Zwecke präparierte – und das besser als ein Rennsportwagen. So wurde mit Zustimmung Scherenbergs ein Konzept erarbeitet, das weitere Einsätze des C111 als Rekordfahrzeug zum Inhalt hatte.
Rekordfahrten haben, wie dieses Buch ausführlich darlegt, eine lange Mercedes-Benz-Tradition. In den dreißiger Jahren waren es die Hochgeschwindigkeits-Duelle mit der Auto Union, die Schlagzeilen machten, und bis auf wenige Fahrten auf der Berliner Avus fanden sie meist auf westdeutschen Autobahnstrecken statt – eine eigens für solche Vorhaben angelegte Rekordstrecke gab es in Deutschland nicht.
Es dürfte den Männern der Daimler-Benz AG bei den Rekordfahrten im Sommer 1976 nicht allein um eine Demonstration für den Dieselmotor gegangen sein. Zumindest spricht dafür die Tatsache, daß der C111-IID von Nardo, dachte man sich den Coupéaufbau weg, als eine Art von Sportzweisitzer gelten konnte. Ein offener Roadster mit solchen Linien wäre denkbar gewesen. Sportliche Kriterien hatten bei dem Unternehmen Weltrekord eine nicht nur zufällige Gewichtung erfahren.
Eine weitere Rekordmarke fiel am 29. und 30. April 1977. Diesmal ging es um den absoluten Weltrekord aller Klassen und Fahrzeugarten über 12 Stunden mit einem Diesel-Automobil. Die Fahrer waren Hans Liebold, Paul Frère, Guido Moch und Rico Steinemann.
Der silberfarbene C111-III absolvierte die 100 Kilometer bis zu den 1000 Meilen mit Geschwindigkeiten über 300 km/h. Den höchsten Schnitt maßen die Zeitnehmer mit 321,77 km/h über eine Stunde, den Rundenrekord mit 327,22 km/h. Dabei betrug der Gesamtverbrauch bei solchen Tempi im Schnitt nicht mehr als 16 Liter pro 100 Kilometer.

Als Versuchsstrecke hatte Daimler-Benz erneut Nardo gewählt. Der C 111-IV wurde nun von einem Fünfliter-V8-Zylinder-Otto-Motor angetrieben, den man mit zwei KKK-Abgas-Turboladern versehen hatte. Somit stand ein Leistungspotential von 500 PS zur Verfügung. Dr. Liebold erreichte mit dem Wagen Geschwindigkeiten von über 400 km/h und überbot dabei auch den Geschwindigkeitsweltrekord auf geschlossenen Rundstrecken, den vorher ein 1100 PS starker Porsche 917 gehalten hatte.

Rechts: Der C111-III in der Vorbereitungsphase. Gut zu erkennen ist der 230 PS starke Turbodiesel, der als Mittelmotor vor der Hinterachse sitzt.

Am Fahrwerk des C111 hatte man so gut wie keine Veränderungen vorgenommen – ein großes Kompliment an seine Väter. Lediglich die Radaufhängungen waren etwas einwärts versetzt worden, um die Spurweite zu verringern. Die vordere Spur betrug dadurch 1260 mm, die Gesamtbreite nur mehr 1715 mm. Die Wagenhöhe konnte man auf 1045 mm reduzieren.

Aus Gründen vermehrter Sicherheit fuhr man die Runden gegen den Uhrzeigersinn: Der Fahrer saß links, die Begrenzung der Kurvenüberhöhungen befand sich rechts von ihm. Die Fliehkräfte berechnete man auf 0,2 g, ein Wert, dem man durch etwas längere Schraubenfedern an der rechten Fahrzeugseite Rechnung trug, um bei hoher Geschwindigkeit die stärkere Fahrzeugneigung auszugleichen.

Die Fünfspeichen-Alufelgen lieferte die Firma Fuchs in Meinerzhagen. Es war das erstemal, daß ein C111 mit Zentralverschluß-Rädern ausgestattet war. Statt auf genuteten saßen die Räder auf konisch zulaufenden Naben mit einem Paßring. Großflächige, polierte Blenden deckten die Felgen ab. Die 15-Zoll-Räder waren vorn 8, hinten 8,5 Zoll breit; die Reifen in der Dimension 230/600 × 15 kamen von Dunlop. Für den Fall schlechten Wetters hatte man auch Regenreifen parat. Nur ein einziger Pneu mußte während der Rekordfahrt gewechselt werden – hinten rechts.

Die Karosserie dieses C111 unterschied sich ganz erheblich von ihren Vorgängern. Werner Breitschwerdts Designern hatte man völlig freie Hand gelassen, dem Rekordwagen eine neue Form zu geben, und so kam es zur Realisierung eines Entwurfes, den der Zeichner Heiliger ausgearbeitet hatte. Er trug das Datum vom 28. Februar 1977.

Man fertigte jedoch Gipsmodelle mehrerer unterschiedlicher Entwürfe im Maßstab 1 zu 5 an und testete sie im Windkanal. Abermals hatte man Wert darauf gelegt, die Fahrzeuge in ihrer äußeren Erscheinung annähernd straßentauglich aussehen zu lassen, obwohl ein Weltrekordwagen vorgegeben war. So schuf man zum Beispiel die Möglichkeit, einen Scheibenwischer montieren zu können, den Wagen mit Flügeltüren sowie mit einem komfortablen, zweiplätzigen Interieur auszustatten.

In seiner endgültigen Ausführung zeigte der C111-III ein keilförmiges Profil mit hohen Auswölbungen für die Vorderräder; von der schräg nach hinten auslaufenden Kanzel erhob sich eine senkrechte Heckflosse. Eine Zwei-Flossen-Version fiel bei Windkanal-Prüfungen durch.

Bei einem Radstand von 2720 mm hatte das Fahrzeug eine Gesamtlänge von stattlichen 5380 mm. Die gegenüber dem ersten C111 um mehr als einen Meter vermehrte Länge ergab hervorragende aerodynamische Werte. Die Frontalfläche von nur 1,468 m^2 war gegenüber dem ersten C111 um 12 Prozent verringert worden, und bei 0,183 cw ergab sich eine Verminderung des Gesamtluftwiderstandes um 51,8 Prozent im Vergleich zum C111-I.

Wie für alle vorangehenden C111-Versionen, baute die Rastätter Waggonfabrik auch die Karosserie dieses Fahrzeuges. Einige Partien des Aufbaus erhielten zusätzliche Einlagen aus Kohlefasermatten zur Verstärkung; das Gewicht der gesamten Karosserie betrug 200 kg. Die Radabdeckungen ließen sich seitlich hochklappen, und für die verlängerte Heckpartie hatte man eine Rohrstruktur aus Aluminium konstruiert.

Die Durchentwicklung des neuen Rekordwagens ging in knapper Zeit von-

statten, dennoch wurde er in vielen Details fortlaufend verändert. Lufteintrittsöffnungen unterhalb des Wagenkörpers sorgten für die Ölkühlung – anfänglich hatten sie oben auf dem Heck gesessen. Auch den Lufteinlaß für den Wasserkühler modifizierte man mehrfach. Schließlich gab man auch dem Ladeluftkühler eine andere Luftzuführung, nämlich vom Wagenbug her und durch ein Rohr großen Durchmessers, das man durchs Cockpit führte. Jene Vorrichtung, mit der die Einlaßtemperatur von 140 auf 50 bis 60 Grad Celsius hinuntergekühlt wurde, saß in Höhe der Rückenlehne des Beifahrersitzes. Ein anderer Lufteinlaß in der Bugspitze sorgte für die Cockpit-Ventilation.
Das Armaturenbrett des C111-III machte den Eindruck, als sei es für einen Serienwagen bestimmt. Aber kaum ein Serienwagen hatte wohl ein Instrument aufzuweisen, das die Temperertur der Auspuffgase anzeigt, den Öldruck im Getriebe oder die Druck- und Temperaturwerte der Turbocharger-Ladeluft, die an zwei Punkten abgenommen wurden. Nur ein Instrument gab es unter den 13 nicht: einen gewöhnlichen Tachometer. Lediglich für Versuchsfahrten montierte man ihn provisorisch.
Im Grunde hätte man auf die Instrumente sogar verzichten können. Sämtliche Werte wurden nämlich telemetrisch (drahtlos) einer Empfangszentrale übermittelt, die sich in den Boxen befand. Mit Sprechfunk war der Fahrer des Wagens überdies ständig mit seiner Mannschaft verbunden.
Motor und Kraftübertragung hatte man bei diesem Fahrzeug ebenfalls weiterentwickelt. Durch länger bemessene Einlaßzeiten und minimale Veränderungen der Ventilsitzwinkel sowie eine optimierte Schmierölverteilung war der Fünfzylinder noch leistungsstärker geworden, gleichwahl hatte man die Verdichtung von 22,0 auf 17,5 zu eins vermindern können. Über eine Drehzahl-Bandbreite von 3200 bis 4600/min leistete der Motor 230 PS. Der rechts neben dem Motor installierte Garrett-Lader lief mit 150000 Touren; die Auspuffgase, die durch zwei Kamine in der geschlitzten Heckabdeckung ausströmten, erreichten Temperaturen um 750 Grad Celsius.
Den Ingenieuren Obländer und Fortnagel machten besonders die hohen Temperaturen zu schaffen, der die Bosch-Einspritzpumpe ausgesetzt war. Die Auswirkungen auf die Kraftstoff-Konsistenz, so errechneten sie, wirkten leistungsvermindernd – um 6 km/h in der Spitze, wie sie meinten.
Den hohen Geschwindigkeiten des C111-III hatte ZF auch das Getriebe angeglichen. Der fünfte Gang war jetzt 1,65 zu eins untersetzt, entsprechend 71,9 km/h pro 1000/min. Das Getriebeöl durchlief einen großen Ölkühler im Heck.
Die Rekordfahrten im April 1977 verliefen nicht ganz frei von Pannen. Der erste Anlauf konnte nicht gewertet werden, weil sich an einem der hinteren Reifen der Protektor löste, vermutlich infolge von Druckverlust. Wegen einer sich daraus ergebenen Karosserie-Beschädigung mußte man den vorsorglich präparierten Ersatzwagen in Aktion treten lassen. Dieses Fahrzeug erwies sich aber als sehr viel schneller als vermutet und fügte die elf angepeilten Weltbestleistungen mit Bravour jenen hinzu, die man mit dem C111-IID erzielt hatte.
Unter den Testingenieuren in Nardo war auch Karl-Heinz Göschel. Von Adriano Cimarosti befragt, welches die Motivationen der Männer seien, unablässig mit Höchsttempo ihre Runden zu drehen, gab er zur Antwort: „Es ist eine Art von Rekordwut, die uns hier gepackt hat. Ohne diese würde man solche Leistungen wohl auch gar nicht erbringen können. Es gibt nur sehr wenige dieser Verrückten bei uns im Betrieb…“ Diese „Verrückten“ hatten mit dem C111 übrigens noch etwas anderes im Sinn.
Die schnellste Nardi-Runde, die mit dem C111-III gedreht wurde, lag mit 328,24 km/h schon sehr nahe an jenem Spitzenwert, den je ein Automobil auf einer Rennstrecke erzielt hatte. Das waren die 355,9 km/h des Porsche-917/30-Fahrers Mark Donohue auf dem Taladega-Kurs in Alabama, USA. Mit 100 zusätzlichen PS, so meinten die Mercedes-Benz-Männer, wären auch sie in Nardo an diesen Wert herangekommen.
Und sie hatten tatsächlich vor, dieser Herausforderung nachzugeben und

Oben: Das Instrumentarium im C 111-III, im Designstudio entwickelt und zugleich ein Hinweis auf die Verwendung des Wagens für Rekordfahrten.

Unten: Der C111-IV mit V8 Ottomotor, 500 PS stark und von Dr. Hans Liebold in Nardo auf über 400km/h gebracht. Die Karosserie bestand aus kohlenstoff- und borstoffaserverstärktem Kunststoff.

einen solchen Wagen auf die Räder zu stellen, sicherheitshalber mit einer Motorleistung von 500 PS. „Damals hatten wir aber noch kein Aggregat von solcher Potenz“, erinnert sich Dr. Hermann Hiereth, mitverantwortlich für die Motorenentwicklung. „Wir sahen nur eine Chance: Den M117 mit einem Kompressor zu versehen.“
Der M117 war der 4,5 Liter V8-Motor, eng verwandt mit dem 6,3 Liter des Mercedes-Benz 600. Er basierte auf dem 1969 eingeführten 3,5 Liter V8, als M116 bezeichnet, mit gußeisernem Block sowie Kopf und Ölwanne aus Leichtmetall; seine zweigeteilte Kurbelwelle aus nitriertem Stahl lief in fünf

Hauptlagern. Die konventionellen Leichtmetallkolben hatten je drei Ringe sowie Pleuel aus Schmiedestahl. Die Kolbendecke war flach gehalten und formte einen keilartigen Brennraum für eine gute Gemischverwirbelung.
Die zwei Ventile je Zylinder des M116 saßen um 22 Grad zu einaner geneigt und wurden durch je eine über Duplexketten angetriebene Nockenwelle pro Zylinderbank über Hebel betätigt.
Den M116-Motor hatte man 1971 für den amerikanischen Markt auf 4,5 Liter Hubraum vergrößert. Daraus wurde auch ein Serienaggregat für den europäischen Markt, der M117. Die Bohrung mit 92 mm war identisch mit der des 3,5 Liter, der Hub aber von 65,8 auf 85 mm verlängert worden. Die Leistung gab das Werk mit 225 PS Bei 5000/min an. Dr. Hiereth und sein Assistent Gert Withalm benötigten für ihr Projekt aber einen Motor mit doppelt so hoher Leistung!

Versuchsingenieur Dr. Hans Liebold im Cockpit des Nardo-Wagens C111-IV, kurz vor dem Start zu einer ersten Proberunde.

Wie beim Diesel, schien auch hier der Turbolader die Antwort auf diesbezügliche Fragen zu sein. Erfahrungen auf diesem Gebiet hatte der Motorenversuch bei Daimler-Benz durchaus vorzuweisen; seit der Energiekrise in den frühen siebziger Jahren hatte man sich damit intensiv beschäftigt. Doch die Forschungsziele waren bislang anders definiert und galten vorrangig der Kraftstoffersparnis und der Verminderung von Schadstoffen im Abgas.
Beim M117, der für den Weltrekord taugen sollte, ging es hingegen um schiere Kraft; um andere Parameter hatte man sich ausnahmsweise nicht zu kümmern. Dafür gab es neue Probleme, und zwar aerodynamisch bedingte, die zu thermischen Belastungen der Ventile, Ventilsitze und Kolben führten. Die Installation eines Ladeluftkühlers kam aus strömungstechnischen Gründen nämlich nicht in Betracht.
Allzu umfangreiche Erfahrung hatte man bei Daimler-Benz mit Abgas-Turbo-Ottomotoren nicht. Wegen der fehlenden Möglichkeit, die Ladeluft zu kühlen, mußte das Verdichtungsverhältnis auf 6:1 reduziert werden. Auch benutzte man eine größer dimensionierte Bosch-Einspritzpumpe, wie sie auch im 6,2 Liter V8 zu finden war. Man erweiterte den Hubraum auf 4820 cm^3 (95 × 85 mm) durch Aufbohren und installierte natriumgefüllte Ventilschäfte für eine bessere Abführung der durch Kompressorbetrieb verursachten hohen Temperaturen. Oberhalb des Motors befand sich eine Speicherkammer für das Kraftstoff-Luftgemisch, unter Druck gesetzt durch zwei Abgas-Turbolader. Sie kamen von Kühnle, Kopp & Kausch (KKK), ein Unternehmen, das auf eine gute Zusammenarbeit mit Daimler-Benz zurückblicken konnte. Der Ladedruck in der Speicherkammer war auf maximal 0,74 bar ausgelegt. Jeder Lader war, um Schäden durch eventuelle Spätzündungen zu verhindern, rückwärtig mit einem Abblasventil ausgestattet; es bestand aus einem federnden Kolbenventil.
Bei 6200/min gab der Motor 500 PS ab, das maximale Drehmoment betrug 599 Nm bei 5250 Touren. Man ersetzte die Zweischeibenkupplung durch eine mit drei Scheiben und änderte die Gesamtübersetzung auf 1,87 zu 1.
Zum erstenmal seit 1939, als Georg Scheerer auf seinen Prüfständen die Rennwagenmotoren M154 und M163 laufen hatte, fuhr man bei Daimler-Benz wieder Versuche mit aufgeladenen Benzinmotoren in solchen Leistungsregionen. Aber auch in anderer Hinsicht weckte der Wagen, in welchem dieser Motor seinen Platz finden sollte, Erinnerungen an die Zeit der 1939er Silberpfeile.
Der C111-IV entstand aus einem C111-III. In einer Reihe von Windkanaltests ermittelte man seine optimale Form für höchste Geschwindigkeiten unter besonderer Berücksichtigung etwaiger Seitenwindeinflüsse, denn die hatte man in Nardo durchaus zu gewärtigen. In den Kurven rechnete man mit Fliehkräften bis zu 0,4 g.
Im Cockpitbereich änderte man wenig, doch Bug- und Heckpartie erfuhren eine starke Überarbeitung. Eine stumpfere Fahrzeugnase brachte vermehrte Geradeaus-Stabilität und half, den Luftwiderstand zu senken. Durch einen breiten Kinnspoiler unterhalb des Lufteinlasses für den Wasserkühler verbesserte man den Abtrieb; darüber saßen rechts und links Öffnungen, die wie Scheinwerfer aussahen, aber der Luftzufuhr für die Ölkühler dienten.
Das lang ausladende Heck des C111-III hatte man beim Typ IV abermals verlängert, so daß der gesamte Wagen jetzt 6200 mm maß – ganze zwei Meter mehr als die erste C111. Zu beiden Seiten ragten vertikale Stabilisierungsflächen empor. Nach Abschluß aller Windkanal-Tests meinte Karl-Heinz Göschel: „Jetzt können auch die kräftigsten Seitenwinde den C111 nicht aus der Bahn werfen!"
Um auch hinten den Abtrieb zu verstärken, hatte man es anfänglich mit einem waagerechten Spoiler zwischen den Heckflossen versucht, wovon man aber abkam zugunsten zweier kurzer Flächen am äußersten Fahrzeugende, ein wenig an die Spoiler beim T80 erinnernd. Den linken Heckspoiler versah man mit einem zusätzlichen Seitenteil für höhere Effizienz in Linkskurven. Durch zwei Öffnungen im schräg nach hinten abfallenden Teil des Coupédaches aus Leichtmetall traten die Abgase aus.
Den Luftwiderstands-Beiwert des C111-IV ermittelte man mit 0,182. Im Vergleich zu dem Mercedes-Benz-Rekordwagen von 1937/38 hatte er eine sehr viel geringere Frontalfläche und vor allem kleinere Räder. Allerdings übertraf die Gesamtlänge des Rekordwagens vor 41 Jahren die des C111-IV um zehn Zentimeter...
Kopfzerbrechen bereitete die Frage der Bereifung. Kaum ein Pneu herkömmlicher Bauart verkraftete längere Distanzen bei einer Geschwindigkeit über 350 km/h. Michelin erklärte sich bereit, spezielle Gürtelreifen anzufertigen, deren Haltbarkeit man immerhin mit 30 Minuten garantierte. Sie hatten die Dimensionen 200/630 × 15 vorn und 230/670 × 15 hinten.
Drei weitere Monate benötigte man, um die Vorbereitungen für den Rekordeinsatz abzuschließen. Man entschied sich für eine Zeitnahme am 5. Mai 1979. In Anbetracht seiner nun zehnjährigen Erfahrung mit dem C111 erkor man Hans Liebold zu Fahrer.
Was konnte man innerhalb von 30 Minuten, die der Reifenhersteller als Maximalwert vorgab, für Weltrekorde fahren? Nun – alle, die man sich

Oben: Nardo im Mai 1979. Mit großem Aufgebot ist das Rekordteam des Hauses Daimler-Benz angetreten…

Links: Der Motor im C111-IV, mit dem die Nardo-Rekorde gefahren wurden. Rechts die Leistungskurve im Vergleich zu der eines Serien-V8 gleicher Grundspezifikation.

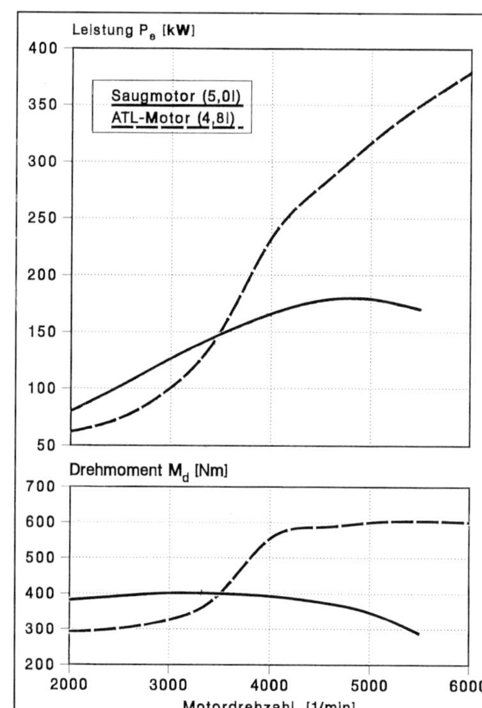

Mercedes Benz C 111. Bei seinem Erscheinen im Jahre 1969 meinten viele Mercedes-Enthusiasten, hier sei die neue Konzeption eines zukünftigen Wettbewerbswagens geschaffen worden. Indessen war der C 111 zu nichts anderem ausersehen als Versuchsträger zu sein – für alternative Antriebsarten (Wankelmotor), Bremsvorrichtungen (Anti-Blokkier-System) et cetera.

Oben: Boxenstop mit einer Präzisionsarbeit, für die Mercedes-Benz schon vor Jahrzehnten weltberühmt geworden war. Ein Sauber-Mercedes C9/88 wird versorgt.

Links: Der Sauber-Mercedes C9 der Saison 1988, hier der Schlesser/Baldi/Mass-Wagen, siegreich am 6. März in Jerez gleich zum Saisonauftakt. Ihr Gesamt-Rundenschnitt betrug 151,186 km/h.

Rechts: Ein 1991er C291 im Training. Im Suzuka-Rennen und in Autopolis (Japan) sorgte dieser Mercedes-Benz für weltweites Aufsehen.

Mercedes-Benz
2

Oben: Mexiko, Trofeo Hermanos Rodriguez, 29. Oktober 1989. Ein heißer, sonniger Tag, den 80000 enthusiastische Zuschauer nutzten, um das Sauber-Mercedes-Team Schlesser/Mass im C9 vor Porsche und Jaguar siegen zu sehen…

Rechts: Ein von Schlesser und Mass pilotierter C291 in Le Mans vor dem Peugeot der Fahrer Baldi und Alliot. Beide Fahrzeuge mußten indes mit Motorschäden abgestellt werden.

Mercedes-Benz
Mercedes-Benz
1
ESSO

Rechts: Der Mercedes-Benz C112 von 1991, ein technisches Denkmal seiner Zeit und Klassiker mit vorprogrammiertem Seltenheitswert!

Links: Sauber-Mercedes C11 im Bau. Es geht in den Räumen in Hinwil mit klinischer Sauberkeit zu…

Rechts: Weitgehend fertiggestellt sind Aufbau, Motor und Antrieb des C11.

C 112

Deutsche Tourenwagen-Meisterschaft 1993. Zwei Aufnahmen von Hockenheim, wo die Stuttgarter gegen stattliche Konkurrenz – in erster Linie durch BMW und Alfa Romeo – antraten und ihrem Punktekonto ein großes Guthaben zufügten. Nach alter Tradition sorgte die Firma AMG für die Vorbereitung und Betreuung der Wettbewerbsfahrzeuge.

„Concept by Mercedes-Benz“ stand auf den Ventildeckeln des Motors, den der Sauber C12 1993 aufwies. Es war ein Ilmor-Aggregat in V10-Bauweise. Hier fährt Karl Wendlinger den Wagen in Montreal.

Mit dem leistungsstarken 500I-Motor bestückt, war Emerson Fittipaldis Penske PC23 schnell genug, um im Indy-500-Meilen-Rennen 1994 die Nase vorn zu haben. Aber in der 145. von 200 Runden verlor der Brasilianer die Führung und mußte den Sieg Al Unser jr. überlassen.

Die roten Alfa Romeo und später auch die weiß-gelben Opel waren starke und zähe Konkurrenten des C-Klasse Mercedes-Benz in der DTM-Serie. Diese Sprintrennen liefen stets voller Dramatik und Spannung ab.

In der Saison 1994 wurde Klaus Ludwig auf AMG-Mercedes-Benz C-Klasse Champion. Ein Jahr später wanderte er zu Opel ab, kehrte dann aber zu Mercedes-Benz zurück und fuhr erfolgreich den CLK.

Diese Männer vertrauten auf den IC108D-V8-Motor und brachten Mercedes-Benz die Konstrukteurs-Weltmeisterschaft im Jahre 1997. Von links: Al Unser jr., Mauricio Gugelmin, Dario Franchitti, Patrick Carpentier, Mark Blundell, Paul Tracy, Greg Moore.

Der Kanadier Greg Moore gewann 1997 zwei CART-Rennen auf einem Fahrzeug jenes Teams, für das Jacques Villeneuve die PPG-CART-Meisterschaft gewann. Moore fuhr am Ende der Saison auch den CLK-GTR.

Als der CK-GTR eingeführt wurde, verglich man ihn mit dem Mercedes-Benz 300 SLR von 1955 (rechts). Es gab tatsächlich einige formale Übereinstimmungen, die keineswegs zufällig waren.

Die GT-Saison 1998 begann für Mercedes-Benz mit dem Einsatz des CLK-GTR V12. Die beiden blauen Wagen wurden vom Persson-Team eingesetzt und trugen ein Stefan-Becker-Outfit. Die Champions hießen Ricardo Zonta (links) und Klaus Ludwig, die hier am Wagen Nummer 2 stehen.

Die Partner Mark Webber, Australien, und Bernd Schneider bestritten die 1998er GT-Meisterschaft bis zum letzten Rennen in Laguna Seca. Nach Le Mans setzte das AMG-Team den neuen 5-Liter-V8 im CLK-LM ein.

Der Mercedes-Benz-Fotograf Wilhelm fing diesen dramatischen Moment ein, als Mark Blundell 1995 in Monte-Carlo auf den fünften Platz kam. Sein Wagen ist ein McLaren MP4/10 mit Mercedes-Motor.

Ein weiteres Monte-Carlo-Foto, diesmal von 1997: David Coulthard im silber-schwarzen McLaren-Mercedes MP4/12 mit West-Werbung im Training – noch bei schönstem Wetter. Indes, beide Fahrzeuge des Teams fielen in der ersten Runde des Regenrennens aus.

Die Fahrkunst eines Mika Häkkinen auf dem McLaren-Mercedes MP4/13 brachte ihm und somit auch Mercedes-Benz 1998 die lang ersehnte Formel-1-Weltmeisterschaft. Dieses Wilhelm-Foto zeigt den Champion bei seinem letzten Rennen der Saison in Japan.

vorgenommen hatte: 10 Kilometer, 10 Meilen, 100 Kilometer, 100 Meilen. Bester Schnitt: 375,670 km/h. Für die 100 Meilen benötigte man 26 Minuten und 18 Sekunden. In dreizehn zügig gefahrenen Runden pilotierte Hans Liebold den C111-IV über den Nardo-Ring, eine Leistung, die hohe Anerkennung fand. Mut und Erfahrung gehörten dazu; ein Routinejob war es nicht.

Das Team hatte auch eine Portion Glück gehabt. Bei der Montage des Motors im Rekodwagen war die Kurbelgehäuse-Entlüftung versehentlich blockiert worden, so daß sich dort ein hoher Druck aufbauen konnte – ausspritzendes Öl ließ dies überdeutlich werden! Nur die in ihrer Dimension vergrößerte Ölwanne, volumig genug für einen ausreichenden Ölvorrat, hatte ein Desaster verhindert.

Michelin hätte auch für höhere Geschwindigkeiten garantiert, aber für höchstens zwei oder drei Runden und mit Drücken von 4,4 statt 3,4 bar. Im übrigen waren die Reifen in ihrer Materialzusammensetzung nicht gleich: die rechten wiesen eine härtere Gummimischung auf als die links montierten. Jeder der vier Reifen war anderen Belastungen ausgesetzt, die von den Michelin-Männern präzise kalkuliert worden waren, und so war auch jeder der Pneus von unterschiedlicher Beschaffenheit.

Vor Antritt der Rekordfahrt hatte Hans Liebold noch eine Änderung an den vorderen Spoilern vornehmen lassen. Er ließ an den beidseitigen Enden kleine Klappen anbringen, die über Bowdenzüge beim Ausfedern der Vorderräder ausgestellt wurden und damit den Anpreßdruck um etwa 100 kg erhöhten, wodurch der Wagen auch an ein oder zwei notorischen „Sprunghügeln" sicher am Boden gehalten wurde.

Wenn man mit über 400 km/h die Nardo-Strecke umrundet – Liebolds beste Zeit war 403,978 km/h –, kommt einem der überaus großzügig dimensionierte Kurs „klein wie eine Kaffeetasse" vor. Liebold war es gelungen, Mark Donohues Rekordwert auf einem geschlossenen Rundkurs zu überbieten. Immerhin: Auch das Fahrzeug des Amerikaners war eines aus Stuttgarter Produktion, nur wenige Kilometer von Daimler-Benz entfernt gebaut.

Seit 1939, als Rudolf Caracciola seine letzten Weltrekorde fuhr – siehe Seite 122 bis 136 –, waren solche Geschwindigkeiten auf europäischem Boden nicht mehr erzielt worden. Mercedes-Benz hatte mit dem C111 an eine ihrer großen Traditionen angeknüpft.

Dies hätte noch nicht die Ende der Geschichte sein müssen. Die Möglichkeit war gegeben, einen C111-V folgen zu lassen, ausgelegt für 500 km/h. Der Nardo-Kurs hätte dafür getaugt, und Hans Liebold hätte es sich zugetraut, einen solchen Wagen zu bauen und zu fahren; auch Werner Breitschwerdt hatte gegen ein solches Projekt nichts einzuwenden. Entwürfe für einen einsitzigen Wagen und ein erstes Gipsmodell entstanden in Stuttgart; es wurde sogar im Windkanal erprobt. Ebenso arbeitete man an einer neuen „Wanne" und einem Fahrwerk. Unter der Regie von Gert Withalm entstand parallel dazu ein V8-Motor für Alkoholbetrieb, dessen Leistung von 800 PS gute Aussichten verhieß. Und bei Michelin war man bereit, sich erneut der Reifenfrage anzunehmen.

Dennoch: der C111-V entstand nicht. Seine Realisierung blieb eine unvollendete Idee wie die des T80, eines 1956er 300 SLR oder eines 1,5 Liter V12, wie man ihn 1951 geplant hatte. Doch auch ohne eine 500-km/h-Version hatte die C111-Ära einen würdigen und überzeugenden Abschluß gefunden.

Minimal dimensionierte Sehschlitze und zwei signifikante Stabilisierungsflossen kennzeichnen die Heckpartie des C111-IV. Es wären sicher auch 500 km/h zu erzielen gewesen, aber man ließ es bei den aufgestellten neuen Rekorden bewenden.

Nicht der Stern macht den Unterschied, sondern die Tatsache, daß wir die besseren Fahrzeuge bauen. Aber wir müssen mit jedem neuen Wagen uns den Stern auch neu verdienen...
Werner Breitschwerdt

Sternfahrten

Das Banner der Untertürkheimer Sportabteilung hatten in den sechziger Jahren Karl Kling und sein Nachfolger Baron von Korff als verantwortliche Direktoren dieses Ressorts hochgehalten. Bei den großen kontinentalen Rallies gab es hervorragende Erfolge zu verzeichnen, die sich durchaus mit denen vergleichen ließen, die im Jahrzehnt zuvor auf der Rennstrecke erzielt worden waren.
Mercedes-Benz-Wagen waren im Rallyegeschehen ein vertrauter Anblick. Ihre Robustheit und Zuverlässigkeit hatten sie schon in den fünfziger Jahren bei einigen paneuropäischen Veranstaltungen beweisen dürfen, etwa bei der Rallye Monte-Carlo oder der Fernfahrt Lüttich-Rom-Lüttich.
Die Saison 1960 begann ohne Hektik. Sportdirektor Kling hatte in letzter Minute entschieden, daß ein Werksteam an der „Monte" teilnehmen sollte, traditionsgemäß der erste und zugleich berühmteste Wettbewerb in jedem Jahr. Nur eine Woche Zeit blieb fürs Training auf den Straßen in Südfrankreich, bevor die Mannschaft sich zum gewählten Startort Warschau begab.
Alle drei Fahrzeuge hatten sich unterwegs nach Monte-Carlo durch Zeitüberschreitungen Strafpunkte eingehandelt. Vom Zielort aus pflegt stets der letzte Sonderlauf stattzufinden: 1960 galt es, 285 Kilometer über besonders steile und enge Paßstraßen zu absolvieren. „Eher ein Rennen, diese Sonderprüfung", wie Walter Schock dem Journalisten Jesse Alexander erklärte. „Eine geringe Abweichung von der vorgegebenen Zeit, und die Sache ist gelaufen." Der Copilot kann seine Arbeit dann einstellen. Walter Schock und Rolf Moll waren gegenüber ihren Konkurrenten aus dem eigenen Team im Vorteil durch Reifen, die auf trockenen Straßen geeigneter waren – die anderen hatten sich für Eisreifen entschieden.
Alle drei Mercedes-Benz durchpflügten die Bergwelt im „Mille-Miglia-Tempo". Im Endresultat sah sich das Team Schock/Moll an erster Position im Gesamtklassement wieder, Zweite wurden Eugen Böhringer und Hermann Socher, Dritte Roland Ott und Eberhard Mahle. Ein privat gemeldeter Wagen – wie die Werksfahrzeuge ein 220SE – kam auf den fünften Platz.
Angesichts einer starken Konkurrenz durch Werksteams von BMC, Ford und Triumph war Karl Kling überrascht über das hervorragende Abschneiden seiner Fahrer. Man hatte auf gute Plazierungen gehofft – an einen Sieg aber nicht zu denken gewagt!
Diesem vielversprechenden Saisonbeginn folgte die engagierte Teilnahme an weiteren Meisterschaftsläufen der Rallyesaison 1960. So kam es zu einem Sieg bei der Rallye Akropolis, erneut durch Schock und Moll, sowie etlichen anderen Erfolgen, so daß Mercedes-Benz schließlich das 1960er Rallye-Championat zuerkannt wurde. 1962 wurde Eugen Böhringer Deutscher Rallyemeister, wiederum auf einem 220SE. Er gewann Lüttich-Rom-Lüttich, die Polen-Rallye, die Rallye Akropolis.

Besondere Aufmerksamkeit in der Welt des Motorsports kam dem Gran Premio in Argentinien zu. Im Oktober 1961 hatten sich vier 220SE Limousinen am Start zu diesem mörderischen „Straßen-Grand-Prix" eingefunden, eine Rallye, die nun wirklich als Rennen gefahren wurde. 4432 Kilometer über schlechteste Wegstrecken von Buenos Aires ins Hochland der Anden hinein und zurück waren zu absolvieren.
Einer der Mercedes-Benz überschlug sich, ein anderer blieb mit einer irreparablen Panne liegen. Die beiden anderen aber holten sich den Doppelsieg – Walter Schock vor Hans Herrmann. Sie hatten einen Schnitt von 120 km/h halten können und so manchen der anfangs favorisierten Jaguar und Studebaker Lark aufgeben sehen.

Rallye Monte-Carlo 1953: Ein Mercedes-Benz 220 in den französischen Alpen auf dem Weg nach Süden.

Diese spektakuläre Veranstaltung in Südamerika, wo Mercedes-Benz wichtige Importmärkte hatte, wurde bald zur Domäne der Stuttgarter. 1962 gewannen in einem 220SE die attraktiven Blondinen Ewy Rosqvist und Ursula Wirth – sowohl sämtliche sechs Einzeletappen als auch das Gesamtklassement. Und das in einer neuen Rekordzeit!
Die nächsten zwei Jahre beherrschte Eugen Böhringer am Lenkrad eines 300SE die Szene. In Argentinien gewann er sowohl 1963 als auch 1964. Drei

Oben links: East African Safari 1960: Fritschy/Ellis mit ihrem Mercedes-Benz 219 lagen ganz vorn. Rechts daneben: Bei der Rallye Algier-Kap der guten Hoffnung 1959 wurden Kling und Günzler Sieger in einem 190 D.

Links: Das Team Schock/Moll auf Mercedes-Benz als Teilnehmer an der Rallye Monte-Carlo 1960. Sie gewannen das Gesamtklassement.

weitere Mercedes-Benz-Wagen waren ihm 1963 unmittelbar gefolgt, und die drei ersten Plätze sicherte sich Mercedes-Benz 1964. In jenem Jahr absolvierte Böhringer auch eine Anzahl von Rundstrecken-Tourenwagenwettbewerben; so erschien er mit einem 300SE in Brands Hatch zum Sechsstundenrennen und wurde Klassensieger. Nach einer weniger erfolgreichen Teilnahme an der afrikanischen Safari Rallye im Jahre 1965 stellte Böhringer seine Afrika-Aktivitäten ein.

Auf dem Genfer Salon 1963 präsentierte Daimler-Benz den 230SL als Nachfolger des 190SL, ein offensichtlich leistungsstärkeres Fahrzeug als sein Vorgänger und ein neues, wichtiges Instrument der Sportabteilung. Wieder stellte man ein Exemplar Eugen Böhringer zur Verfügung, und mit seinem Partner Kaiser gewann er prompt die Marathon-Fernfahrt Lüttich-Sofia-Lüttich.

Auch der fünf Jahre später ebenfalls in Genf präsentierte Mercedes-Benz 300SEL 6.3 durfte als ein Serienfahrzeug gelten, dessen Spezifikationen wettbewerbsverdächtig waren. Seine V8-Maschine, genannt M100, mit obenliegender Nockenwelle und 6332 cm^3 Hubraum (103 × 95 mm), hatte man ursprünglich für den großen Mercedes-Benz 600 konstruiert. Den Motor im „kleinen" 300SEL unterzubringen, war ein Kunststück gewesen.

Zu den Besonderheiten dieses Autos zählten ein Luftfederungssystem sowie innenbelüftete Scheibenbremsen an allen vier Rädern. Bei seiner Vorstellung übte sich die Motorpresse in der Formulierung von Superlativen: „Die eindrucksvollste Limousine der Welt" nannte *Road & Track* den Wagen. Tom McCahill, einer der prominentesten Autotester Amerikas, genügte dieses Attribut nicht: „Der 300SEL 6.3 ist sogar das beste Auto der Welt. Er schlägt alles, was es auf der Straße gibt."

Oben links: Großer Straßenpreis von Argentinien 1961. Hans Herrmann und Rainer Günzler auf einem 220 SE beim Erreichen eines Etappenziels.

Oben: Walter Böhringer auf einem 220 SE bei der Rallye Akropolis 1962, die er als Gesamtsieger beendete, mit drei weiteren 220 SE im Gefolge. S-JX 71 tauchte noch öfters auf, wie die Fotos beweisen.

Links: Eine „Heckflosse" bei der Fernfahrt Lüttich-Sofia-Lüttich 1962.

Oben: Rallye Baden-Baden 1962 mit Peter Lang, Karl Kling, Walter Böhringer, Ursula Wirth, Ewy Roskvist, Fritz Wencher und Hermann Kühne.

Als der 300SEL 6.3 im Juni 1968 in den USA vorgestellt wurde, demonstrierten Rudolf Uhlenhaut und Erich Waxenberger der Presse die Qualitäten der Limousine. Von dem hochgewachsenen, dunklen Ingenieur Waxenberger, damals in der Pkw-Entwicklungsabteilung tätig, sollte man später noch häufiger hören; er war auch Mitglied jenes Teams, das 1976 und 1977 mit dem C111 Weltrekordfahrten absolvierte. Waxenbergers Fahrtalent stand dem eines Uhlenhaut in nichts nach.

Waxenberger war es auch, der 1968 beim Sechsstunden-Tourenwagenrennen von Macao mit einen rechtsgelenkten 6.3 den Sieg errang. Dann bereitete er ein Team von drei Fahrzeugen für das 24-Stunden-Rennen von Spa-Francorchamps im Juli 1969 vor.

Rückblickend darf man sagen, daß sich in Spa, Austragungsort von zunehmender Bedeutung gerade für Tourenwagenrennen, die Rückkehr des Hauses Daimler-Benz zum Motorsport vollzog. Baron von Korff war der hierfür verantwortliche Mann, unterstützt von Rudolf Uhlenhaut, inzwischen Mitglied der Geschäftsleitung und zuständig für den Gesamtbereich Pkw-Entwicklung. Erich Waxenberger gehörte zu den Fahrern, ebenso wie Hans Herrmann und der neue belgische Star Jacky Ickx.

Im Training erwiesen sich die Limousinen als außerordentlich schnell, nur hielten die Reifen dem Tempo nicht stand. Bei Versuchsfahrten in Hockenheim und auf dem Nürburgring waren derlei Probleme nicht aufgetreten. Man testete unterschiedliche Fabrikate, kam aber nach gleichermaßen negativen Ergebnissen zu dem Schluß, daß es besser sei, nicht zu starten. Nur breitere Pneus, die aber auch entsprechende Kotflügelverbreiterungen erfordert hätten, wären die Alternative gewesen. Das Reglement verbot indes eine solche Modifikation.

Die Mercedes-Benz-Fahrerinnen Ewy Roskvist (spätere Baronin v. Korff) und Ursula Wirth in Monte-Carlo, 1963.

Der Entschluß, sich dem Reglement zu beugen und lieber auf einen Start zu verzichten, fiel niemandem leicht und erinnerte an die Situation im Jahre 1934 an der Avus, wo man kurz vor dem Start den neuen W25 ebenfalls zurückgezogen hatte. 1988 stand Daimler-Benz in Le Mans vor einer ähnlichen Entscheidung.
Man lernte aus dieser Erfahrung und homologierte den 300SEL 6.3 später mit seitlichen Kotflügel-Auswölbungen für breitere Alufelgen und entsprechende, neu entwickelte Reifen. Testfahrzeuge versah man auch mit einem größeren Motor, auf 107 mm aufgebohrt und auf 6834 cm^3 Hubraum gebracht.
Mit solchen Wagen unternahm man unter der Leitung Waxenbergers Fahrversuche auf fast sämtlichen Rennstrecken, auf denen Läufe für die 1970er Tourenwagen-Europameisterschaft ausgetragen wurden. In allen Fällen erreichte oder unterbot man die bestehenden Rundenbestzeiten. Die jungen Daimler-Benz-Ingenieure traten den Beweis an, daß es einen neuen, einsatzfähigen Wettbewerbswagen gab. Würde man in der Chefetage bereit sein, dies zu erkennen?
Schwierig bei einem Vorstandsvorsitzenden wie Prof. Dr. Joachim Zahn, seit 1966 im Amt und ein nüchterner Rechner, den nur Zahlen interessierten und von dem es hieß, von Autos verstünde er nur wenig. Mit einem kühlen Preußen wie Zahn hatte man Daimler-Benz keinen Promotor für neue Rennsport-Aktivitäten.
Professor Zahn war aber genau der richtige Mann, um Daimler-Benz mit sicherer Hand durch die kritische Phase der Ölkrise 1973/74 zu steuern, eine Zeit, in der das Thema Motorsport ohnedies stark in den Hintergrund treten mußte. Durch die Ölkrise erfuhr eine lange Tradition bei Daimler-Benz

Oben: Gran Premio in Argentinien, 1963. Das Damenteam Roskvist/Wirth bei einer Bachdurchquerung. Sie kamen auf den dritten Platz im Gesamtklassement.

Oben: Ewy Roskvist mit ihrem 220 SE bei der Rallye Monte-Carlo 1964 in Frankfurt am Main.

Unten: Großer Straßenpreis von Argentinien 1964. Vier 300 SE wurden im Hafen von Buenos Aires ausgeladen.

Oben: Etappen-Werkstatt beim Großen Straßenpreis von Argentinien 1964. Ewy Roskvists 300 SE wird inspiziert.

Links: Spa-Sofia-Lüttich 1964: Ewy Roskvist und Manfred Schiek auf einem 220 SE kurz vor einer Zeitkontrolle am Reschenpaß.

Links: Ein 300 SEL 6.3 in Finnland. Oben: Argentinien 1964, hoch in den Kordilleren. Unten: Böhringer/Kaiser auf einem 230 SL, Sieger der Rallye Lüttich-Sofia-Lüttich 1963.

erstmals eine von außen gesteuerte Unterbrechung. Sie hatte genaugenommen um die Jahrhundertwende begonnen und – abgesehen von den Kriegsjahren – nur 1955 eine Zäsur erfahren; in jedem Jahr hatte es stets einen oder mehrere Benz, Mercedes oder Mercedes-Benz gegeben, die mit direkter oder auch indirekter Werksunterstützung mindestens an einem bedeutenden Rennen beteiligt waren.

Auch wenn es keine Aussicht auf großartige Siege gab, hatten motorsportbegeisterte Männer bei Daimler-Benz sich stets für ihre Sache eingesetzt und bei höchsten Instanzen Verständnis und Unterstützung gefunden. 1973/74 aber sah es anders aus. Mit einer etwaigen Abkehr vom Enthusiasmus oder rein kommerziellen Erwägungen hatte die Zwangsentsagung nichts zu tun.

So kam es weder zu einer Weiterentwicklung des C111, theoretisch eine der Möglichkeiten für einen Wiedereinstieg in den Motorsport, noch zu weiteren Einsätzen des 300SEL 6.3/6.9 als Tourenwagen. Zwar avancierte der C111 zu einem Weltrekordfahrzeug, die Möglichkeit einer motorsportlichen Karriere des „Technologieträgers" zog aber niemand ernsthaft in Betracht.

„Die Frage, ob wichtige Erkenntnisse aus dem Rennwagenbau für den Pkw-Bereich überhaupt noch von Nutzen sind, ist heute sehr schwer zu beantworten", sagte Rudolf Uhlenhaut einmal. „Schließlich war dies ja früher der Fall; unsere Serienwagen haben vom Rennsport durchaus profitiert. Ich möchte auch sagen, daß die Serie nach wie vor starke Impulse aus dem Rennwagenbau erhalten könnte. Meine persönliche Ansicht – die nicht jeder bei Mercedes mit mir teilt – ist aber, daß wir auf die Umsetzung von Erkenntnissen aus dem Rennwagenbau heute nicht mehr *angewiesen* sind."

Als Uhlenhaut 1972 in Pension ging, und ein Jahr später auch Karl Wilfert, der Architekt des 300SL, erhielt die erwähnte Tradition ihren ersten Riß, den

Oben: Auch die SLC-Coupés waren für den Rallye-Einsatz weitgehend serienmäßig belassen worden. Der Fünfliter-Leichtmetall-V8 gab etwa 300 PS ab. Man rechnete sich bei den Einsätzen in der Hauptsache bei Langstrecken-Rallies, bei denen es auf Ausdauer und Zuverlässigkeit ankam, gewisse Erfolgschancen aus.

Unten: London-Sydney Marathon 1977. Andrew Cowan, Colin Malkin und Mike Broad dank bester Streckenkenntnis auf Siegestour in Australien.

Unten: Der Mercedes 280 E als Rallye-Fahrzeug. Als 1977 einige werksunterstützte Mercedes-Teams sich an der Marathon-Rallye London – Sydney beteiligten, sprach man erstmals von einem Motorsport-Comeback der Stuttgarter. Tatsächlich erschien Mercedes im März 1978 mit den leicht modifizierten 280er Limousinen bei der East African Safari.

die Ölkrise dann einschneidend erweiterte. Aber es gab zwei Männer, die außerhalb Untertürkheims dafür sorgten, daß er nicht zu einer unüberbrückbaren Schlucht wurde. Sie hießen Hans-Werner Aufrecht und Erhard Melcher und stammten aus Großaspach. Die Initialen kennt längst jeder Mercedes-Benz-Enthusiast: AMG.

Die 1967 von jenen drei ehemaligen Mercedes-Benz-Ingenieuren gegründete Firma spezialisierte sich aufs Tuning von Serienwagen. „Nur von diesen Autos verstehen wir etwas", sagten sie, als ihnen einmal die Frage gestellt wurde, warum sie sich nicht auch anderen Fabrikaten widmeten.

Eine Menge des umfangreichen Knowhows und nicht zuletzt auch Hardware fand seinen Weg in die ehemalige Sägemühle in Burgstall, wo sich die Firma AMG etabliert hatte. Mit einem 6.9 Liter 300SEL machte AMG 1971 bei den 24 Stunden von Spa Schlagzeilen, als der Wagen auf Platz Zwei das Rennen beendete, und eines ihrer Autos erschien auch zum Vortraining in Le Mans und beeindruckte durch extrem hohe Geschwindigkeiten.

Topfahrer für AMG war der deutsche Kart-Meister Hans Heyer, der 1972 sogar einen McLaren M8D Can-AM-Wagen mit Mercedes-Motor steuerte. Mehrere Motoren standen damals zur Wahl: ein 500 PS starker V8 und ein gleiches Aggregat mit zwei Eberspächer-Kompressoren und 800 PS. Ein aufsehenerregender, wenn auch nicht sehr erfolgreicher Teilnehmer in der Gruppe 7 der deutschen Interserie.

Als die Aktivitäten der Firma AMG zunahmen, ergab sich die Notwendigkeit eines Umzuges in größere Räumlichkeiten. Das war 1976 der Fall, als der Name des erfolgreichen Unternehmens bereits ein Synonym für großartige Erfolge im Zeichen des Mercedessterns stand. Heute ist der Stuttgarter Konzern an der Firma AMG beteiligt und ermöglichte ihr Anfang der neunziger Jahre auch den Bezug eines modernen, großzügig dimensionierten Domizils in Affalterbach.

AMG unterstützte zunächst Privatfahrer und -teams bei der Vorbereitung ihrer Serienfahrzeuge für den Wettbewerbseinsatz. Hin und wieder schickte auch die Sportabteilung des Werkes einen Kundenwagen nach Burgstall, wenn dieser eine spezielle „Kur" erhalten sollte.

Auch andere Tuning-Spezialisten nahmen sich serienmäßiger Mercedes-Benz-Wagen an, zum Beispiel bei der Daimler-Benz-Repräsentanz in Großbritannien. Für die Langstrecken-Rallye von London nach Sydney im Jahre 1968 wurden drei Wagen präpariert. Sie führte über annähernd 17000 Kilometer und zog sich über knapp vier Wochen hin. Es galt, die gesamte Strecke vorher zu erkunden und die Fahrzeuge für die enormen Strapazen zu rüsten. Die Karosserien mußten versteift, größere Kraftstofftanks eingebaut und die Verdichtung der Motoren herabgesetzt werden, damit sie die schlechten Benzinqualitäten mancher Länder verkraften konnten. Auch zwei weitere, ebenfalls privat gemeldete Mercedes-Wagen nahmen teil, ein 280SL (mit deutschen Zollkennzeichen) des australischen Sportfahrers A. N. Gorshenin sowie ein 200D, gesteuert von dem Australier Robert Praznovsky. Berühmtester Fahrer eines dieser Wagen war der Grand-Prix-Pilot Innes Ireland; die anderen beiden Fahrer waren Capt. F. Barker sowie R. A. Buchanan-Michaelson. Aber es gehörte auch eine gehörige Portion Glück dazu, diesen Marathon zu durchstehen – und dieses war nur einer kleinen Schar von „Überlebenden" hold. Die britischen und australischen Mercedes-Fahrer waren nicht unter ihnen.

1977 gab es noch einmal eine Neuauflage des London-Sydney-Marathon. Die von Mercedes-Benz eingesetzten Fahrzeuge präparierte diesmal AMG. Es waren 450er V8-Coupés, und man hatte den Sieger von 1968 (damals auf Hillman) als Starpiloten: Andrew Cowan. Er chauffierte seinen Wagen mit Bravour zu einem überlegenen Sieg und machte gut, was den Stuttgartern 1968 versagt geblieben war.

Zurück zum Beginn der siebziger Jahre. Eines jener Fahrzeuge, die für motorsportliche Einsätze prädestiniert schienen, war der im April 1971 vorgestellte 350SL, intern W107 genannt. Es handelte sich bei diesem 280SL-Nachfolger um einen robusten Zweisitzer, dessen bemerkenswert weit ausladender Getriebetunnel zu Spekulationen Anlaß gab, ob es wohl vorgesehen war, dieses Auto mit einem Wankelmotor zu versehen. Und es gab tatsächlich ein solches Fahrzeug, allerdings nicht in Stuttgart motorisiert, sondern in Lindau.

Felix Wankel, dem von Dr. Scherenberg mündlich die Zusage gegeben worden war, die Chance zum Kauf eines C111 zu erhalten, hatte aus Enttäuschung über eine nachträglich erteilte Absage zumindest durch einen Trick ein Vierscheiben-Aggregat erhalten. Statt – wie vorgegeben – den Motor in einem Boot zu testen, ließ Wankel den Kreiskolbenmotor in seinen privaten 350SL installieren, eine Arbeit, die unter Leitung des Ingenieurs Dankwart Eiermann stattfand. Mit einer Leistung von beachtlichen 320 PS bei 6500/min und einem Fünfganggetriebe versehen beschleunigte der Roadster von Null auf 100 km/h in 6,9 Sekunden.

Oben: Der London-Sydney-Marathon, 1977 zum zweitenmal ausgetragen, war eine Tortur für Fahrer und Wagen. Die 30000-Kilometer-Strapaze lohnte sich für die Mercedes-Benz-Fahrer: Sie belegten die Plätze 1, 2, 6 und 8.

Unten: Andrew Cowan, der schon den ersten Marathon auf einem Hillman gewonnen hatte, war 1977 am Steuer seines Mercedes-Benz 280 E bestens gewappnet…

Oben: Der Mann, der in Afrika lange Zeit als bester Rallyefahrer galt: Joginder Singh. Rechts: Erich Waxenberger, erst Testpilot im C111, dann Rallye-Fahrer und -Organisator für Daimler-Benz in aller Welt.

Aber ein 350SL tauchte weder mit Hubkolben- noch mit Kreiskolbenmotor am Start großer Tourenwagen-Wettbewerbe auf. Ebenso wenig sein Nachfolger, der 450SL Roadster. Dieser Wagen hatte einen V8-dohc-Motor von 4520 cm^3 Hubraum (92 × 85 mm), Transistorzündung und elektronische Kraftstoffeinspritzung von Bosch (D-Jetronic); seine Leistung betrug 225 PS bei 5000/min. Anfänglich gab es den M117 genannten Motor nur in Verbindung mit einer Dreigang-Getriebeautomatik; im Frühjahr 1980 ersetzte man sie durch eine Automatik mit vier Schaltstufen.

Als 2+2 Coupé mit längerem Radstand – 2815 statt 2455 mm – kam 1972 der 450 SLC hinzu. Und in dieser Ausführung trug der W107 seinen Teil zur Mercedes-Benz-Motorsportgeschichte bei.

Es war der Brite Tony Fowkes, der hierfür als erster sorgte. Bei der 1976er Tour of Britain fuhr er einen 450 SLC zum Klassensieg und holte sich mit Unterstützung der Mercedes-Benz UK ein Jahr später auch den britischen Castrol/Autosport-Meisterschaftstitel in der Gruppe 1.

Auch Erich Waxenberger, inzwischen Uhlenhauts Nachfolger in der Pkw-Entwickung, nahm sich des W107 an. Im September 1977 gehörte er zu jenen, die dabei waren, als der erste 450 SLC mit 5-Liter-Motor erprobt wurde; anschließend legte man eine limitierte Serie von 2769 Exemplaren auf. Man erkannte den 450 SLC 5.0 an seiner dunklen Lackierung unterhalb der Stoßstangenhöhe und schmalen, schwarzen Spoilern am Bug und auf dem Kofferdeckel.

Alufelgen hatte der 5.0 ebenso serienmäßig wie eine aus Leichtmetall gefertigte Motorhaube, einen ebensolchen Heckdeckel sowie einen Alu-Motorblock. Mehr als 60 kg Gewichtsersparnis wies dieses Auto im Vergleich zum normalen 450 SLC auf.

Der 5-Liter-Block bestand aus Reynolds-390-Leichtmetall mit hohem Siliziumanteil, was den Zylinderwänden einen besonderen Grad an Verschleißfestigkeit verlieh; entsprechend wiesen die Kolbenhemden eine Stahlbeschichtung auf. Ohne Schwungscheibe betrug das Gewicht des Motors nur 200 kg. Der Motor erhielt gegenüber dem 4,5-Liter-Aggregat eine Reihe von Modifikationen. So vergrößerte man die Auslaßventile von 37 auf 39 mm; den Durchmesser der Einlaßventile blieb mit 44,2 mm konstant. Eine hydraulische Kipphebeljustierung sorgte für absolut gleichmäßige Ventilarbeit bis zu 6500 Touren.

Oben: Cockpit des 1977er London-Sydney-Wagens. Darunter: Blick unter die Motorhaube eines der Safari-Rallye-Wagens von 1978.

Rechts: Südamerika-Rallye 1978. Ein 450 SLC versucht sich durch schwieriges Gelände seinen Weg zu bahnen…

Mit 97 mm Bohrung und 85 mm Hub hatte der V8-Block genau 5025 cm^3 Hubraum. Die Verdichtung betrug 8,8 zu 1, die Leistung 240 PS bei 5000/min. Die Kraftstoffzufuhr regelte eine mechanische K-Jetronic von Bosch.
Es schien offensichtlich, was man mit diesem Auto vorhatte. Seine Geräumigkeit gestattete eine Homologation als Serien-Limousine, seine Leistung einen Einsatz in den großen internationalen Rallies. Nur ein vermeintlicher Nachteil war zu registrieren: Es gab das Fahrzeug nicht mit Handschaltung, sondern ausschließlich nur mit Getriebeautomatik, die man bei Daimler-Benz als einzig geeignet für das hohe Drehmoment des Motors erachtete.
1978 gab man dem 5.0 die Chance zu einer Bewährungsprobe. Man schickte vier Coupés zur Südamerika-Rallye (an der auch vier 280E teilnahmen). Die strapaziöse Gewalttour wurde von Andrew Cowan und Colin Malkin gewonnen. Und nur einer der acht Mercedes-Benz kam nicht ins Ziel. Die anderen, sämtlich hervorragend plazierten Fahrzeuge wurden mit Jubel in Buenos Aires begrüßt, wo sie Juan Manuel Fangio willkommen hieß.
Der Rallyesport schien für Daimler-Benz interessante Dimensionen anzunehmen. Erich Waxenberger, jetzt 46, wurde zum Direktor der Motorsportabteilung ernannt; seine Nachfolge im Entwicklungsbereich trat Werner Breitschwerdt an, seit 1953 in Daimler-Benz-Diensten.
Am 1. April 1979 erhielt der W107 seine Homologation als Gruppe-4-Automobil. Eine Reihe von Fahrzeugen wurde darauf für die Teilnahme an den Läufen zur Rallye-Weltmeisterschaft vorbereitet. Ihr Erscheinungsbild wurde von einer mattsilbernen Lackierung mit schwarzer Motorhaube geprägt – ohne jegliche Werbesticker, wie sie alle anderen Fahrzeuge aufzuweisen pflegten. Deutlicher ließ sich kaum demonstrieren, daß der 450 SLC 5.0 ein echter Werkswagen war.
Ostern fand der erste Einsatz anläßlich der Kenia Safari-Rallye statt. Um die Fahrzeuge noch leichter zu machen, hatte man ihre Karosserien aus etwas dünnerem Stahlblech angefertigt und das Interieur abgespeckt. Nur die Klimaanlage blieb unangetastet – ein spürbarer Bonus für eine Rallye in Afrika. Das Trockengewicht hatte man auf 1380 kg reduzieren können, die Achslastverteilung betrug mit vollem 120-Liter-Tank 45/55 Prozent vorn/hinten.
In optimaler Form leistete der V8 jetzt an die 300 PS. Das automatische Getriebe, in seinen Schaltpunkten „verschärft", erwies sich als durchaus

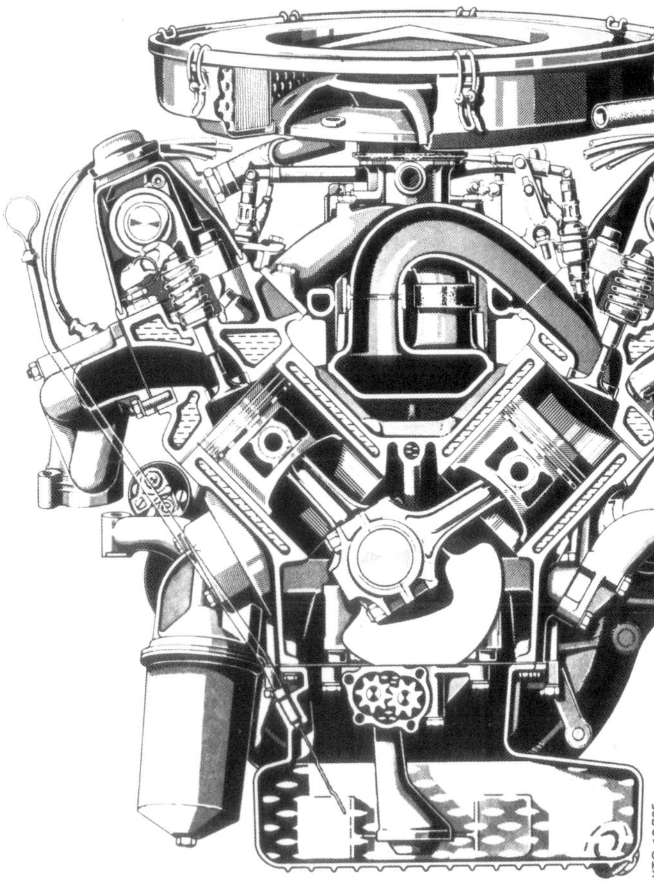

KTG 12 725

Oben: Schnitt durch den 4,5-Liter-Motor (M117), der sich als ein sehr potentielles Wettbewerbs-Aggregat erwies.

Rechts: Dies ist das Cockpit eines Rallye-Mercedes der Saison 1979/80. Man erkennt noch immer den Charakter eines Luxus-Sportwagens, ganz im Gegensatz zu den Rallye-Boliden der Konkurrenz, bei deren spartanischer Ausstattung die Funktionalität manchmal zu weit getrieben wurde.

Oben: Fünf 500 SLC und ein 280 CE vor der Flugzeugverladung zur Rallye Codasur in Argentinien 1980.

Unten: Mercedes 450 SLC 5.0 im Rallye-Trimm. Mit diesen Wagen beteiligte sich Daimler-Benz 1979/80 an der Rallye-Weltmeisterschaft.

Rechts: Zuverlässigkeit und Schnelligkeit waren ausschlaggebend für den Triumph beim Rallye-Marathon London – Sydney über 30000 Kilometer.

Rechts: Ebenso Aufsehen erregend wie überzeugend war das Auftreten der Mercedeswagen bei den East African Safari's 1979 und 1980.

Unten: Mercedes-Benz 450 SLC in der Rallyeausführung mit 5-Liter-Motor und Getriebeautomatik. Rechts daneben: Nächtlicher Service bei der Rallye Akropolis 1980: ein 500 SLC wird zur nächsten Sonderprüfung vorbereitet.

vorteilhaft, denn es gestattete dem Fahrer, den linken Fuß ausschließlich zum Bremsen zu benutzen. Im Unterschied zur serienmäßig verwendeten Hinterachsuntersetzung von 2,72 hatten die Afrika-Autos 3,46; das selbsthemmende Differential wies einen Sperrfaktor von 60 Prozent auf.

Man stattete die Autos mit speziellen Bilstein-Gasdruck-Stoßdämpfern aus, ferner mit verstärkten vorderen Dreieckslenkern und ebensolchen Schraubenfedern sowie mit einem 8 mm starken Schutzschild aus Leichtmetall unterhalb der gesamten Wagenfront. „So starke Platten haben wir noch nie zuvor verwendet", sagte Waxenberger und erklärte auch, wozu die kräftigen Griffe an den hinteren Stoßstangen gedacht waren: „Daran können wir die Wagen, wenn's nötig ist, aus den Schlammlöchern herausziehen!" Die vorderen Schutzschilde mit zusätzlichen Scheinwerfern bekamen in Kenia die Bezeichnung „cowcatcher".

Mehr als drei Monate vor dem Start begannen die Vorbereitungen zur Safari, die man genauso ernstnahm wie die Veranstaltung selbst. Mit einem 450 SLC-5.0-Testwagen wurde in Kenia ausgiebig geübt, ehe man ihn nach Stuttgart zurückflog, wo man ihn anschließend zerlegte und einer gründlichen Analyse unterzog. Mit demselben Fahrzeug ging es anschließend erneut nach Afrika zu einer weiteren 10000-Kilometer-Tortur – die doppelte Strecke der eigentlichen Rallye.

Alle Erkenntnisse aus diesem aufwendigen Unternehmen ließ man einem Wagen angedeihen, der abermals als Trainingsfahrzeug auf den schwarzen Kontinent geschickt wurde, etwa vier Wochen vor dem Start. Und erst mit den letzten Ergebnissen von dieser Fahrt ging man an die endgültige Fertigstellung der drei Teilnehmerfahrzeuge sowie drei weiterer vom Typ 280E. Ein solcher 215-PS-Wagen hatte in der vorjährigen Safari-Rallye ganz ordentlich abgeschnitten.

Ein umfangreiches Sortiment an Ersatzteilen lagerte man in Nairobi ein, darunter nicht weniger als 500 Dunlop-Reifen. Dreißig Service-Fahrzeuge stellte Daimler-Benz bereit, darunter fünf Geländewagen des damals ganz neuen G-Modells. Außerdem hatte man zwei Sportflugzeuge und einen Hubschrauber gechartert. Erich Waxenberger war mit zwölf Werksmechanikern zur Stelle.

Identische Probleme sorgten bei den Coupés von Björn Waldegaard und dem in Ostafrika beheimateten Vic Preston für Zeitverlust: Ein Bolzen an einem der hinteren Längslenker war abgeschert. Waxenberger hatte hierfür eine Erklärung: „Bei jedem Service-Stop versuchten unsere Männer, diesen Bolzen aus Beflissenheit noch ein bißchen fester anzuziehen – bis er zu fest saß und einfach abscheren mußte..." Immerhin kamen die beiden Fahrer noch auf Platz 6 und 10 ins Ziel.

Der Übereifer einiger Mechaniker kostete auch dem Mercedes-Benz-Fahrer Hannu Mikkola den Sieg. Zwölf Stunden vor dem Ziel brach die Ventilatorwelle und beschädigte dabei den Wasserkühler. „Man hätte die Ventilatorblätter ein bißchen zurechtbiegen und irgend ein Dichtungsmittel in den Kühler kippen sollen", sagte Waxenberger, der in jenem Augenblick gerade mit einem der Flieger unterwegs war. „Statt dessen baute man den Kühler aus, reparierte ihn mit aller Gründlichkeit und setzte ihn wieder ein. Hervorragende Arbeit – aber sie dauerte eine volle Stunde und ermöglichte Shekhar Mehta am Lenkrad seines Datsun den Sieg!"

Mikkola wurde Zweiter, Andrew Cowan auf einem der 280E Vierter. So

Oben: Neben den SLC-Coupés wurde in der Saison 1980 auch der kleinere 280 CE eingesetzt.
Oben rechts: Hannu Mikkola und Arne Hertz belegten beim letzten Lauf der Weltmeisterschaft 1979 an der Elfenbeinküste auf einem seriennahen 450 SLC 5.0 den 1. Platz.

Rechts: Auch auf den mörderischen Andenpässen konnte das SLC-Coupé überzeugen. Mikkola belegte bei der Rallye Codasur 1980 Platz zwei.

hatte Mercedes-Benz drei Wagen auf den ersten sechs Plätzen. Es wäre mehr drin gewesen. Enttäuscht kehrten auch Fiat, Porsche und Peugeot aus Afrika heim.
Im November 1979 trat das Mercedes-Benz-Team erneut zu einem Wettbewerb in Afrika an, der Bandama Rallye an der Elfenbeinküste. Laut Erich Waxenberger gab es inzwischen einige Verbesserungen an den Fahrzeugen, von denen eines vor der Veranstaltung wiederum dreimal die Rallyestrecke absolvierte. Es war einer der Safari-Wagen, jetzt mit niedrigerer Hinterachs-Untersetzung, um bessere Beschleunigungswerte im Bereich zwischen 140 und 180 km/h zu ermöglichen.
Der begleitende Service, für den das Werk über eine Million Mark ausgab, war abermals sehr beeindruckend. Neben vier neuen 450 SLC 5.0 stellte man zwei identische Reservefahrzeuge bereit, dazu einen 280E in Rallyeversion. Ein Hilfstrupp von sechs G-Allradfahrzeugen und sechs Lastwagen zog im Troß hinterher. Drei Flugzeuge sorgten für die Kommunikation, wobei eines dem führenden Auto stets ein Stück vorausflog und dem Fahrer über Sprechfunk Informationen über eventuell vorhandene Streckenhindernisse, andere Fahrzeuge oder umherlaufende Tiere übermittelte.
In der Bandama Rallye ließen sich stellenweise Tempi bis zu 200 und ein Durchschnitt von oft über 120 km/h halten. Die 5668-Kilometer-Strecke führte durch das regenreichste Tropengebiet Afrikas und zugleich über Straßenabschnitte, die dem normalen Regionalverkehr dienten. Ein Lauf zur Rallye-Weltmeisterschaft, der an Superlativen nichts zu wünschen übrigließ.
Die vom 9. bis zum 14. Dezember dauernde Sechstagefahrt hatte ein reiches Ausfallregister aufzuweisen. Pannenfrei war auch diesmal das Mercedes-Benz-Team nicht davongekommen: Mikkola hatte die Elektrik zu schaffen gemacht, Waldegaard die Bremsen seines Wagens, Preston der Kühlerventilator. Dennoch: Die ersten vier Fahrzeuge im Ziel waren Mercedes-Benz-Wagen! Mikkola hatte vor Waldegaard, Cowan und Preston den Sieg errungen. Es war der erste in der Geschichte des Rallyesports, der in einem Weltmeisterschaftslauf einem Achtzylinder zufiel. Und einem Wagen mit Getriebeautomatik.
„Diese letzte große Rallye der siebziger Jahre machte in beinahe erschreckender Deutlichkeit erkennbar, was in den achtziger Jahren auf uns zukommen wird", schrieb Martin Holmes in seinem Bandama-Bericht, der im Rahmen einer Rückschau erschien. „Mercedes-Benz hat nicht den geringsten Zweifel aufkommen lassen, daß dieses Unternehmen aufs Ganze gehen will. Eine Kaschierung der Aktivitäten wie früher, als man vornehm von werksunterstützten Privatfahrern sprach, gibt es nicht mehr...
Nicht der vierfache Sieg war das wirklich Bemerkenswerte, oder der finanzielle Einsatz, der ihn ermöglichte. Es war vielmehr die Gesamtstrategie, mit der die Stuttgarter vorgegangen waren. All die anderen teilnehmenden Hersteller mußten sich wie Amateure vorgekommen sein mit ihrem Aufwand, den sie bisher stets als ausreichend erachtet hatten."
In der Tat ein ereignisreicher Saisonabschluß des Jahres 1979. Daimler-Benz durfte stolz auf die Punktezahl sein, die sich zu denen addierten, mit welchen Waldegaard und Mikkola auf Ford die vordersten Plätze im Rallye-Weltchampionat errungen hatten. Bei der Markenwertung lag Ford ganz vorn, gefolgt von Datsun; Mercedes-Benz rangierte mit der Teilnahme an nur zwei von zwölf Wettbewerben an achter Stelle.
Die Geschäftsleitung der Daimler-Benz AG mußte sich überzeugen lassen, daß es einem Erich Waxenberger gelungen war, aus einem Serienautomobil ein Rallyefahrzeug mit Weltmeisterschafts-Qualitäten zu machen. Die erfolgreichen Einsätze des 450 SLC 5.0 gaben den Ausschlag für die Bewilligung eines großzügigen Etats, mit welchem die Sportabteilung in der Saison 1980 sechs der zehn angesagten Rallye-Weltmeisterschaftsläufe zu absolvieren gedachte.
Drei dieser Wettbewerbe sollten wieder strapaziöse Langstrecken-Rallies in Afrika sowie Südamerika sein, für die man die erprobten Coupés einsetzen wollte: Safari, Codasur und Bandama. Auf dem europäischen Kontinent standen Portugal und in Griechenland die Rallye Akropolis an. Zuletzt wollte man an der Rallye Montogard auf Neuseeland teilnehmen.
Mit Interesse nahm diese Planungen ein neuer Mann zur Kenntnis, der Dr. Joachim Zahn als Vorstandsvorsitzender abgelöst hatte: Dr. Gerhard Prinz. Zuvor verantwortlich für das Ressort Einkauf, übernahm Prinz, damals 50 Jahre alt, die Verantwortung für ein Unternehmen, das in aller Welt 180000 Mitarbeiter beschäftigte und einen Jahresumsatz von 30 Milliarden Mark tätigte.
Bei Daimler-Benz seit 1973, hatte sich Prinz durch jene nicht ganz unkomplizierte Operation profiliert, in deren Verlauf Volkswagen, Audi und NSU verschmolzen. Nun hatte der geschickte Taktiker den Beweis zu erbringen, daß er das Format des hochgeachteten Dr. Zahn hatte. Zehn Milliarden Mark umfaßte sein Investitionsprogramm für die achtziger Jahre – ein vergleichsweise kleiner Teil davon sollte in den Motorsport gesteckt werden.
Die Firma erwarb in Waiblingen bei Stuttgart ein Gebäude, in welches man die Abteilung Motorsport und einige andere Büros installierte. 50 Mitarbeiter waren hier tätig, im eigenen Auftrag wie für Kunden, die ihnen ihre privaten Wettbewerbswagen anvertrauten. Auch die Mercedes-Benz-Filiale in Kassel war beispielsweise ein solcher „Kunde", der einige der neuen 280 CE für die bevorstehende Rallye Monte-Carlo 1980 in die Kur gab. Ingvar Carlsson qualifizierte sich mit einem dieser Autos für den 11. Platz.
Die Sportabteilung unterstand Werner Breitschwerdts Ressort als eine Art Außenstation der Bereiche Versuch und Entwicklung. Breitschwerdt stand ein Gesamt-Jahresetat von 1,5 Milliarden Mark zur Verfügung. „Wir nehmen an Rallies teil", sagte er zu einem Redakteur der Zeitschrift *auto, motor und sport*, „weil wir der Ansicht sind, wir sollten uns wieder im Motorsport engagieren. Uns geht es da nicht anders als dem Mann auf der Straße, der mal ein bißchen Sport treibt, dann wieder eine Weile damit aufhört, um später festzustellen, daß gewisse sportliche Aktivitäten ihm vielleicht doch ganz guttun. Bei unserer Suche nach einem idealen Betätigungsfeld scheint uns der Rallyesport am meisten zuzusagen; hier können wir mit Serienfahrzeugen beste Beweise ihrer Zuverlässigkeit erbringen. Und wenn wir teilnehmen, dann letztlich mit der Verpflichtung, zu gewinnen."
Daß man es ernst meinte mit solchen Aussagen, ging schon aus der Wahl der Fahrer hervor. Man verpflichtete erneut den Schweden Björn Waldegaard und den Finnen Hannu Mikkola. Letztgenanntem war es aber verwehrt, bei Veranstaltungen in Europa an den Start zu gehen – eine Rothmans-Ford-Verpflichtung hinderte ihn daran. Später bekam er einen Vertrag von Audi in Ingolstadt.
Bei der ersten 1980er Veranstaltung, der im März anberaumten Portugal-Rallye, stieg Ingvar Carlsson zu Waldegaard in den Wagen. Erstmals traten jetzt die Fahrzeuge mit den schwarz lackierten Kotflügelverbreiterungen für die breiteren BBS-Felgen an. Die Motorleistung betrug an die 310 PS. Ohne die cowcatcher der Safari-Ausrüstung sahen die Autos deutlich besser aus.
Diese erste europäische Rallye hatte ernüchternde Effekte. Auf den engen, gewundenen Nebenstraßen, über die sie führte, waren die Fiat, Ford und Talbot-Sunbeam eindeutig im Vorteil, wenn auch der siegende Fiat-Abarth 131 nur mit einem Abstand von durchschnittlich vier Sekunden pro Kilometer vor dem besten Mercedes-Benz lag. Genug, um einen Gegner zu distanzieren! So mußten sich die Stuttgarter mit einem vierten und fünften Platz begnügen.
Einen Monat später traten die vier silber-schwarzen Coupés abermals in Kenia an. Hier hatten sie die berechtigte Erwartung, einen Gesamtsieger zu stellen. Shekhar Mehta mit seinem alten Datsun Violet 160J war der stärkste Herausforderer – und zur Überraschung aller qualifizierte er sich für den Sieg. Zwar hatten Björn Waldegaard und Andrew Cowan auf etlichen Etappen in Führung gelegen, doch an ihren Fahrzeugen waren Schäden an der Hinterradaufhängung aufgetreten. Durch notwendige Reparaturen verur-

sachter Zeitverlust ließ sie erst an sechster und zehnter Stelle im Ziel einlaufen.
Auch Hannu Mikkolas Wagen war mit Bruch eines hinteren Längslenkers stehengeblieben. Beim Verlassen des Wagens hatte sein Beifahrer Arne Hertz zudem das Pech gehabt, von einem überholenden Auto angefahren zu werden, so daß er in ein Hospital gebracht werden mußte. Hertz' Stelle nahm Waxenberger ein, aber das war gegen die Regeln – und so wurde Mikkola disqualifiziert.
Vic Preston jr. war auch mit von der Partie; er war vom Pech verschont geblieben und konnte sich immerhin für den dritten Platz qualifizieren. Wenn es ein Positivum gab, das man von der Afrika-Rallye heimbrachte, dann die Erkenntnis, daß die neue Viergang-Automatik – erstmals in einer Rallye erprobt – ihre Feuertaufe bestens bestanden hatte. So versah man auch die drei Fahrzeuge für die Rallye Akropolis mit diesem Getriebe.
Für diese Ende Mai in Griechenland ausgetragene Rallye waren den Fahrzeugen verstärkte Radaufhängungen sowie Halbwellen aus gehärtetem Spezialstahl verpaßt worden, und ein modifizierter Einlaßkrümmer hatte die Motorleistung auf 320 PS angehoben. Aber es gab ein neues Problem: Die Reifen. Die steinige Tortur der Spezialetappen wurde ihnen immer wieder zum Verhängnis. Und kurz vor dem Ziel gab es bei einem Wagen eine Lenkungspanne, bei einem anderen eine defekte Kopfdichtung. So hielt nur der von Radwechsel-Zeitverlusten gleichermaßen genervte Vic Preston durch und kam auf den 14. Platz.
Ganz in ihrem Element fühlten sich Erich Waxenberger und seine Männer aber wieder bei der Rallye Codasur, ausgetragen im wilden Nordwesten Argentiniens im Juli 1980. Die Fahrzeuge trugen jetzt die Bezeichnung 500 SLC. In ausreichender Zahl gebaut, hatte dieses Modell mit dem V8-Motor M117 eine Homologierung in der Gruppe 2 ermöglicht.
Mit 96,5 × 85 mm (4975 cm^3) geringfügig kleiner dimensioniert und 9,2 zu eins verdichtet, leistete der Motor 340 PS bei 6500 Touren. Die Wagen wurden ein wenig tiefergelegt und der Wirkungsgrad des selbsthemmenden Differentials verringert, um den Reifen – man war von Dunlop auf Pirelli umgestiegen – die Chance einer längeren Lebensdauer zu geben.
Veränderungen hatten auch die Bremsen erfahren. Sowohl die vorderen als auch die hinteren Scheiben hatte man verbreitert und mit inneren Belüftungsschächten versehen, ebenso mit neuartigen Bremszangen aus Leichtmetall, die ein schnelleres Wechseln der Beläge ermöglichten. Die Handbremse arbeitete mit Hydraulik-Unterstützung.
Erstaunlicherweise war von den drei teilnehmenden Mercedes-Benz schon nach der sechsten von 14 Spezialetappen nur noch einer unterwegs. Die anderen beiden waren mit Antriebswellenbruch ausgefallen. Mikkola kam immerhin noch auf einen zweiten Platz in der Gesamtwertung nach Walter Röhrl auf einem Fiat. Dieser Sieg sowie jene in Monte-Carlo und in Portugal machten den schlanken, großen Regensburger zum Star der Saison 1980. Schon 1974 war er Europameister geworden, und so war es kein Wunder, daß die Sportabteilung von Daimler-Benz es auf ihn abgesehen hatte.
Man ließ dem auch einst für Opel so erfolgreichen Spitzenfahrer Zeit, über ein Angebot für die Saison 1981 nachzudenken. Zunächst stand Mitte September die nächste Rallye an, unten in Neuseeland. Mit abermals verstärkten Antriebswellen ausgestattet, schickte man drei Autos in den Süden, vorgesehen für Mikkola, Waldegaard und Cowan.
Man war sich darüber im Klaren, daß die schweren 500 SLC es auf den engen, gewundenen Straßen nicht leichthaben würden. Erschwerend kam hinzu, daß diese Rallye eine nur selten geübte Praxis vorsah: Die Streckenführung blieb bis zum Start Verschlußsache. So hatte niemand vorher Gelegenheit, die Route abzufahren und genauestens zu analysieren. Dies verstieß zwar gegen die WRC-Regeln (einzige bisher gestattete Ausnahme: die RAC-Rallye in Großbritannien), aber es stand ja jedem Teilnehmer frei, ob er starten wollte oder nicht...
Mikkola schaffte es, zwei Sonderprüfungen zu gewinnen, Waldegaard eine. Reifenpannen und unplanmäßige Off-Road-Ausflüge warfen Cowan aus dem Rennen; Mikkola wurde schließlich noch Dritter, Waldegaard Fünfter.
Als es am Ende der Saison ans Zusammenzählen ging, ließ sich sehr schnell erkennen, daß sich die 1979 gesteckten Zielerwartungen für Mercedes-Benz nicht erfüllt hatten. In fünf der sechs geplanten Einsätze hatte es nur einen einzigen zweiten, zwei dritte und fünf weitere Plazierungen unter den ersten zehn gegeben. Die vielen Ausfälle aus den unterschiedlichsten Gründen trugen ebenso zur Enttäuschung bei.
„Es sind nicht allein die Erfolgsquoten im Motorsport, die für uns strenge Maßstäbe darstellen", hatte Werner Breitschwerdt noch vor Saisonbeginn 1980 gesagt, „sondern die Verpflichtung, die wir haben, wenn es um die Wahrung der Reputation unserer Serienwagen geht." Und nun dieses magere Ergebnis, das so sehr viel besser für Fabrikate wie Fiat, Ford und vor allem Datsun aussah. Mit großer Aufmerksamkeit nahm auch der neue Daimler-Benz-Chef Dr. Gerhard Prinz die Situation zur Kenntnis.
Oft genug hatten sich führende Daimler-Benz-Männer dem Vorwurf ausgesetzt gesehen, sie würden Ansätze jeglicher Opposition, aus welchem Lager auch immer, unter hohem materiellen Einsatz dampfwalzenartig überrollen. Breitschwerdt: „Der Verlauf der Sportsaison 1980 hat gezeigt, daß wir vor Unbill nicht weniger gefeit sind als andere. Die angebliche Dampfwalzen-Taktik ist eine ungerechtfertigte Kritik und entbehrt jeglicher Grundlage. Ich bin mir sicher, daß wir keinen größeren Aufwand getrieben haben als andere Unternehmen auch."
Dennoch: Die Sportabteilung hatte Sympathien eingebüßt. Die guten Karten, die Waxenberger bei den Ressorts Versuch und Entwicklung gehabt hatte, schienen fürs erste verspielt. Dort, wo er jetzt Verbündete brauchte, hatte er sich ungewollt Feinde geschaffen. „Er ist ein unglaublich guter Techniker", meinte einer seiner Kollegen, „aber leider kein ebenso guter Diplomat!"
Interne Debatten gingen einher mit einer Änderung des internationalen Rallye-Reglements. Im Herbst 1980 schuf die F.I.A. neue Definitionen der Gruppen A und B. Letztere blieb Fahrzeugen vorbehalten, die in mindestens 200 Exemplaren pro Jahr gebaut werden. 1982 sollte die Regelung in Kraft treten. Man hätte bei Daimler-Benz einen Gruppe-B-Wagen auf die Räder stellen können, es gab hierfür sogar schon einige weitgediehene Vorbereitungen. Dennoch nahm man davon Abstand, das Projekt zu verfolgen – es wäre ein unendlich teures Unterfangen geworden.
In der Vermutung, vielleicht ein letztesmal mit dabei zu sein, bereitete Waxenberger und seine Leute ihre Fahrzeuge für den abschließenden 1980er Rallyelauf vor. Es war die Bandama, jetzt genannt Ivory Coast Rallye, im Dezember. Fünf 500 SLC Coupés waren für einen Start vorgesehen. Neben den Fahrern Waldegaard, Mikkola, Cowan und Preston hatte man den Argentinier Jorge Recalde verpflichtet, der in der Codasur bewiesen hatte, daß er ausgezeichnet zu fahren verstand.
Wie üblich, hielt der 5226-Kilometer-Kurs in Afrika (nur 550 km führten über befestigte Straßen) eine Anzahl Überraschungen bereit. Für Andrew Cowan war die Rallye zuende, als er sich durch einen ihm entgegenkommenden Omnibus gezwungen sah, die Straße zu verlassen und seinen Wagen ins Gelände zu setzen: Aus. Mikkola mußte sein Coupé mit defekten Bremsen abstellen, die durch Steinschlag betriebsunfähig geworden waren.
Ausfälle gab es en gros. Von 53 Startern kamen nur elf ins Ziel. Aber die ersten beiden Plätze nahmen Mercedes-Benz-Wagen ein: Waldegaard siegte vor Recalde. Fünfter wurde Vic Preston. Wie 1979, krönte ein triumphaler Mercedes-Sieg das Saisonende.
Walter Röhrl war Rallye-Weltmeister geworden und konnte sich seinen Vertrag aussuchen. Von den 16 Marken, die um den Titel gekämpft hatten, rangierten Fiat, Datsun und Ford auf den ersten dei Plätzen.
Tatsächlich wechselte Röhrl ins Mercedes-Benz-Lager über. Er hatte keinen der branchenüblichen Verträge erhalten, sondern bekam per 1. Januar 1981

Oben: Rallye Codasur 1980 in Argentinien. Vier Mannschaften nahmen daran teil, auch der Marathon-Sieger Cowan.

Links: Der Innenraum des 450 SLC 5.0 Rallyewagens – ein bißchen anders als im Serienfahrzeug geht's hier schon zu.

den Status eines Festangestellten der Daimler-Benz AG mit allen Rechten und Privilegien. Zudem gestand man ihm sämtliche Siegerprämien zu, solange er aktiv fahren würde.
Dennoch blieb es ungewiß, wie die Saison 1981 anlaufen würde – ungewisser als zuvor. Denn gerade mit Röhrl hatte man sich einen überaus kritischen und anspruchsvollen Mann eingekauft, der aus seiner Meinung kein Hehl machte. Angesprochen auf die Chancen, die man mit dem 500 SLC bei der nächsten Rallye Monte-Carlo haben würde, soll er geantwortet haben: „Ein zehnter Platz ist vielleicht drin. Ein fünfter, wenn wir außerordentlich gut sind. Ein dritter, wenn ein Wunder geschieht."
So etwas hörte man im Hause des guten Sterns gar nicht gern. Einigen aber war es Musik in den Ohren.
Gleich nach der Ivory Coast Rallye hatte man Röhrl nach Saalbach in Österreich geschickt, wo Daimler-Benz Winterreifen für die „Monte" testete. Kaum war er dort eingetroffen, beorderte man ihn zurück: Es sei zweifelhaft, ob Mercedes-Benz überhaupt starten werde. Hatte Röhrl diese Situation selbst heraufbeschworen?

Am 18. Dezember, vier Tage nach Beendigung der Ivory Coast Rallye, gab man für die Afrikafahrer in Stuttgart einen kleinen Empfang. Besondere Ehrung wurde natürlich Waldegaard zuteil. Das ganze Team war anwesend, Werner Breitschwerdt hieß die Männer der Sportabteilung und die Vertreter der Presse Willkommen. Aber er hatte eine Hiobsbotschaft vorzutragen. Die Geschäftsleitung habe den Beschluß gefaßt, daß es ab sofort keine Rallyebeteiligung seitens des Werks mehr geben werde.
Ältere Anwesende sahen sich zurückversetzt an den Tag des 22. Oktober 1955. Damals war auf der Jahresabschluß-Pressekonferenz ebenfalls verkündet worden, daß es mit den motorsportlichen Aktivitäten – keinesfalls nur wegen des Le-Mans-Unglücks – von nun an vorbei sei. Später sollte es noch einmal eine solches Statement geben, nämlich am 28. November 1991. Wenn auch aus anderen Gründen, mehr legislativer und umweltschutzbezogener Art.
„Wir haben beschlossen, alle Mittel und Kapazitäten der Forschungsarbeit zuzuführen, um unserer Verantwortung für den Schutz der Umwelt gerecht zu werden", führte Werner Breitschwerdt aus. „Aus diesem Grunde ziehen wir uns vom Rallyesport zurück." Eine zweite Ölkrise auf den Weltmärkten hatte diese Entscheidung mitgeprägt.
Entwicklungschef Breitschwerdt sagte, daß die gegenwärtig gebauten Mercedes-Benz-Serienwagen keine geeigneten Instrumente seien, mit denen man Rallies bestreiten sollte. Die Saison 1980 habe dies deutlich gemacht. Gewiß hätte man, wie viele andere Hersteller, gern ein spezielles Rallyefahrzeug gebaut, gab er zu, doch habe man – abgesehen von der grundsätzlichen Entscheidung durch den Vorstand – dafür momentan auch gar keine Kapazitäten frei, um ein solches Projekt mit Nachdruck verfolgen zu können.
Das, was an Vorarbeiten in dieser Richtung bereits geleistet worden war, sollte indes nicht gänzlich umsonst sein. Zwar nicht für den Rallye-, aber für den Rennsport.

In den sechs besten Startpositionen fünf Mercedes-Benz von vier Teams mit drei Reifenfabrikaten, qualifiziert in zwei Trainingsläufen mit Zeitabständen von weniger als einer Sekunde...
Norbert Haug

Junges Vollblut

Als Werner Breitschwerdt den Rückzug seines Hauses aus dem Rallyesport bekanntgab, steckten seine Konstrukteure mitten in der Arbeit an einem Projekt, das sich zu einer der größten Herausforderungen seit Bestehen der Firma gestalten sollte. Es handelte sich um die Entwicklung eines gänzlich neuen Serienwagens, des „kleinen" Mercedes-Benz W201. Ein erster Prototyp war 1978 in die Erprobung gegangen. Als Typ 190 wurde die kompakte viertürige Limousine im November 1982 der Öffentlichkeit präsentiert.

Der „Baby Benz", wie ihn die Amerikaner bald nannten, basierte auf keinerlei vorangehendem Modell, stellte also in jeder Beziehung eine Neuschöpfung dar. Von besonderer Delikatesse war die Einzelradaufhängung der Hinterräder an fünf Gelenkpunkten, bei Mercedes-Benz Raumlenkerachse genannt. Erfahrungen aus dem Rennwagenbau fanden hier an einer Familienlimousine ihren Niederschlag.

Nur ein Detail hatte bereits vor der Einführung des 190 seine Bewährungsprobe absolviert: Der Vierzylinder-ohc-Motor. Ihn gab es seit längerem in dem zuvor kleinsten Mercedes-Benz, dem W123. Das als M102 bekannte Aggregat war eine Entwicklung des Teams um den Ingenieur Dr. Derndinger und hatte sein Debüt Ende 1979 gemeinsam mit einem neuen Getriebe gegeben. Dieses fand ebenfalls Eingang in die 190er Serie.

Bei gleichem Hub, aber zwei verschiedenen Bohrungen stand der M102 in zwei Dimensionen zur Verfügung: mit 1997 und mit 2299 cm^3. Der Block bestand aus Grauguß, der Kopf aus Aluminium. In ihm saßen die kettengetriebene Nockenwelle sowie die im 45-Grad-Winkel hängenden Ventile. Die Brennräume waren hemisphärisch gestaltet.

Die größere Version des Motors wies eine Bosch-Einspritzanlage auf (mechanische K-Jetronic). Damit stellte dieses Maschine ein Novum dar: Sie war der erste Vierzylinder-Ottomotor, den Mercedes-Benz serienmäßig mit Einspritzung anbot. Bei einer Verdichtung von 9 zu eins leistete er 136 PS bei 5100/min.

Der W201 mit dem Motor M102 rangierte 1979 und 1980 noch als streng gehütetes Werksgeheimnis, als sich in Untertürkheim die Erkenntnis ausbreitete, daß der große 500 SLC offensichtlich nicht das geeignete Werkzeug war, mit dem man in Europa Rallies gewinnen konnte. Ein in einer Auflage von 200 Stück zu produzierender Gruppe-B-Wagen konnte eventuell ein Projekt für die Zukunft sein, und so stellte sich automatisch die Frage: Würde der 190 das Zeug dazu haben, in absehbarer Zeit verlorenes Terrain zurückzuerobern?

Ein paar Männer hatten den Mut, vorauszudenken und kühne Gedanken in die Realität umzusetzen. Sie entwarfen einen Gruppe-B-Wagen in Gestalt eines verkürzten W201 mit leistungsgesteigertem Motor. Ihre Zielvorstellung war ein kompakter, leichter Allrounder mit einer Maschine, die annähernd die Leistung des 500 SLC hatte und einer Hinterachse, die dem zukünftigen 190 entsprach.

Es entstanden sogar Versuchsfahrzeuge mit verkürztem Radstand und nur zwei Türen, eine Art 2+2. Vielleicht hätten diese Autos als 190 K oder 190 KL in die Sportgeschichte Eingang finden können, aber man kam nie in die Verlegenheit, ihnen eine Bezeichnung geben zu müssen. Denn das Projekt wurde schon bald gestoppt.

Unter der Motorhaube hätte der „190 KL" eine hochkarätige Version des M102 haben können, und auch in dieser Richtung waren die Weichen bereits gestellt worden. Die bekannte britische Firma Cosworth Engineering hatte den Auftrag erhalten, für den Block des M102 einen Hochleistungskopf zu konstruieren. Die einst von Mike Costin und Keith Duckworth gegründete Spezialfirma war berühmt geworden für die Perfektionierung der Vierventiltechnik. Vierventiler hatte es bei Mercedes erstmals 1914, letztmals 1939 gegeben.

Bei Cosworth war man verständlicherweise überrascht, daß sich ein Unternehmen wie Daimler-Benz an sie mit einem Konstruktionsauftrag wandte anstatt ihn im eigenen Hause durchzuführen. Aber neu war diese Praktik nicht. Schließlich gab es außer Haus vergebene Mercedes-Entwicklungsaufträge seit langem etwa bei Bosch und auch bei Porsche (in den dreißiger Jahren waren hier Zweistufen-Kompressoren für Mercedes-Benz entwickelt worden, und schließlich hatte Ferdinand Porsche ja auch den Mercedes-Weltrekordwagen T.80 entworfen).

Die Vorgabe der Stuttgarter an Cosworth war eindeutig definiert: Man wollte aus dem M102 ohne Aufladung 320 PS bekommen. Damit wäre man jedem Konkurrenten der Vierzylinder-Kategorie überlegen gewesen. Verantwortlich für die Durchführung des Auftrags zeichnete Mike Hall, der auch den BDA-Motor konstruiert hatte (Basis Ford) sowie den DFV V8, auf dessen Konto bis dato 150 Grand-Prix-Siege gingen.

„Wir konnten absolut geradlinig vorgehen", sagte Mike Hall, „zumal sich der Motor als eine ausgezeichnete Basis erwies, von Haus aus auf Kraft ausgelegt. Auch war der Kopf bereits so gestaltet, als sei er von uns gezeichnet worden, mit seinen hemisphärischen Verbrennungsräumen und den schräg hängenden Ventilen. Wir hätten uns gern für 40 Grad entschieden, mußten aber 45 Grad akzeptieren, weil die Plazierung der Zylinderkopfschrauben keine andere Wahl ließ. Aus dem gleichen Grund mußten wir die Nockenwellen samt ihren Lagern versetzen. Wir positionierten sie zwischen den Ventilsitzen, was zugleich den Vorteil erbrachte, daß sie hier geringeren Schwingungen ausgesetzt waren, also höhere Drehzahlen zuließen."

Zylinderkopf und Nockenwellen-Lagerböcke bildeten eine Gußeinheit; so etwas hatte es bei Cosworth zuvor nicht gegeben. Mit Genugtuung nahm man

Links: Mercedes-Benz 190 E 2.3-16 von 1983 – hier bei der 202 Stunden dauernden 50000-Kilometer-Rekordfahrt.

Unten: Der Weltrekordwagen, den man mit einer Wechselsprechanlage ausgestattet hatte. Noch wurden die Fahrwerte nicht telemetrisch an die Zentrale gesendet, sondern vom Fahrer per Funk durchgegeben.

in Stuttgart das lebhafte Engagement der Engländer zur Kenntnis, auch den Vorteil, daß Cosworth in einer ihr angegliederten Firma den Leichtmetallguß sozusagen im eigenen Hause anfertigen konnte. Hier verwendete man Gußformen aus besonders feinem australischen Sand, der wohl Sauerstoff durchließ, aber nicht das flüssige Metall. So konnte das unter geringem Druck einfließende Aluminium gleichmäßig an alle Stellen gelangen und ebenso gleichmäßig abkühlen. Das Ergebnis war eine ausgezeichnete Oberflächen-Beschaffenheit, die kaum Nacharbeiten erforderte, sowie eine feste, gleichmäßige Metall-Strukturierung.
Mike Hall entwarf auch eine neue Ölwanne für den M102 einschließlich der Pumpen für eine Trockensumpfschmierung. Für die Kraftstoffzufuhr bediente man sich einer Einspritzanlage von Kugelfischer. Im Frühherbst 1980 hatten die Konstruktionsarbeiten in Northampton ihren Abschluß gefunden, eine große Zahl von Teilen für einen Versuchsmotor wartete auf ihre Erprobung. Und in Stuttgart begann der „190 KL" Formen anzunehmen.
Erich Waxenberger und sein Team setzten sich derweil intensiv mit dem Reglement der zukünftigen Gruppe B auseinander, wie es auch die Sportchefs der anderen Häuser taten, etwa Lancia und Ford. Dort dachte man sogar an den Einsatz aufgeladener Motoren. Per Turbolader wären die von Mercedes-Benz angepeilten Leistungswerte leicht zu überbieten gewesen...
Hannu Mikkola hatte die Gelegenheit bekommen, einen allradgetriebenen Audi Quattro Turbo zu testen; seine Erfahrungen mit diesem Wagen wurden auch bei Mercedes-Benz diskutiert. Erst seit 1979 waren allradgetriebene Fahrzeuge im Rallyesport zugelassen, und Audi hatte viel dazu beigetragen, daß dies auch künftig so blieb. Tatsächlich revolutionierte der Allradantrieb den Rallysport in der ganzen Welt.
Der Einsatz von Motoren mit Abgas-Turbolader in Straßenfahrzeugen und der Durchbruch des Allradantriebs waren nicht die einzigen Sachverhalte, die alle bisherigen Konzepte in Frage stellten. Es gab da auch ein Terminproblem. Der offiziell verkündete Serienbeginn des 190 war für Ende 1982 vorgesehen, also konnte man einen „190 KL" nicht ein ganzes Jahr vorher auf die Straße bringen. Ende 1982 würde die erste Rallye-Saison für Gruppe-B-Wagen aber bereits gelaufen sein. Auch das Ergebnis all solcher Überlegungen fand seinen Niederschlag in der von Breitschwerdt vorgetragenen Entscheidung, wonach Mercedes-Benz keine Rallies mehr bestreiten würde.
Cosworths Arbeit gipfelte in der Erprobung einer ihrer Motoren, genannt

Links: Blick unter die Motorhaube des Rekordwagens. Der Motor M102 E23/2 war etwas modifiziert worden, denn Kaltstart- und Leerlaufverhalten waren hier nicht relevant. Die Einlaßventile hatten 39 mm Durchmesser im Unterschied zu 38 mm beim Serienmodell.

Unten: Motorblock des 2.3-16 mit seinen vier Ventilen pro Zylinder. „Diese Technik erhöht deutlich die Leistung bei gleichmäßigem Drehmomentverlauf, geringem Kraftstoffverbrauch und niedrigen Abgaswerten", wie Daimler-Benz dazu mitteilte.

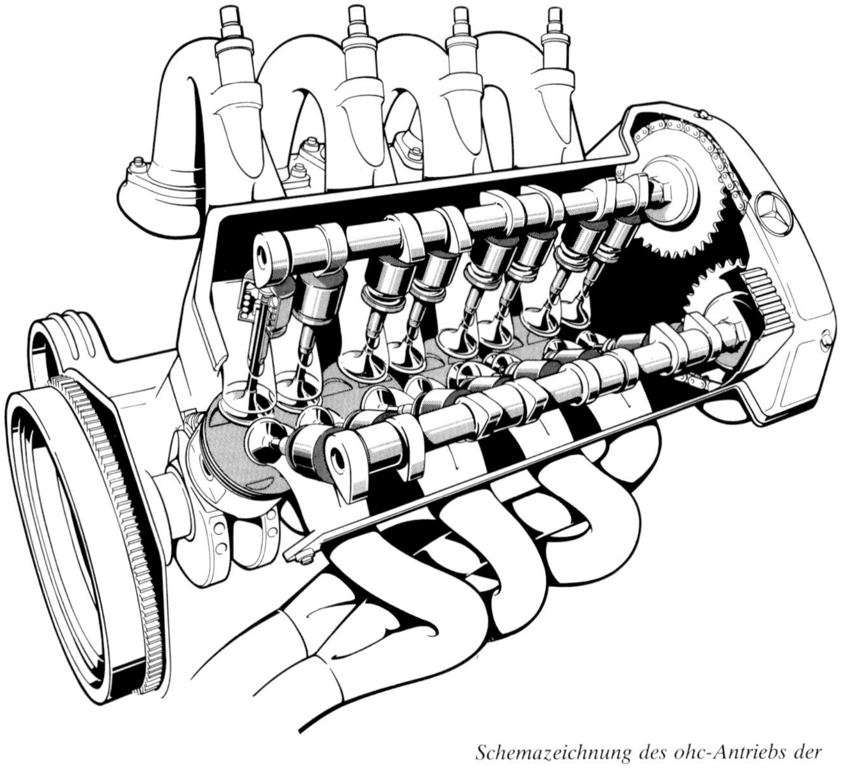

Schemazeichnung des ohc-Antriebs der 16 Ventile im 190 E 2.3-16 (M 102).

M102 E23/2, in einem der Rallye-Versuchswagen mit kurzem Radstand im Herbst 1981. Aber was sollte mit diesem Motor geschehen, wenn er nicht in einem Wettbewerbswagen Verwendung fand? Nun, auf diese Frage gab es eine Antwort: Er ließ sich in eine sportliche Serien-Variante des W201 einbauen.

Ein solches Auto hätte man als Gegenstück zu jenen Wagen aus München präsentieren können, deren besonderes Attribut seit geraumer Zeit betonte Sportivität war. Auch hätte ein sportlicher W201 die Krönung aller Verdienste darstellen können, die sich Werner Breitschwerdt mit der Kreation des „Baby Benz" geschaffen hatte. Vor allem aber hatte Daimler-Benz die Chance, mit einem solchen Wagen – jährlich in mindestens 5000 Exemplaren hergestellt – einen Gruppe-N- und auch einen Gruppe-A-Wagen auf die Räder zu stellen, um im Motorsport antreten zu können.

Mike Hall bekam den Auftrag, seinen Motor noch einmal zu überarbeiten, um ihm volle Straßentauglichkeit zu verleihen. Hall reduzierte daraufhin die Durchmesser der Einlaß- und auch der Auslaßkanäle und entschärfte die Nockenwellen. Die Serienfertigung eines solchen Motors übertrug man dem Ressort Motorenversuch/Vorentwicklung unter Dr.-Ing. Jörg Althoff und

Oben: Letzte Startvorbereitungen zur Rekordfahrt des 190 E 2.3-16. Jeder Handgriff wurde eingeübt.

Rechts: Das Fahrerteam und die Boxenmannschaft mit dem 190 E 2.3-16, der über 50000 Kilometer einen Schnitt von 247 km/h absolvierte. Ganz rechts Prof. Werner Breitschwerdt, seinerzeit Vorstandsmitglied für Forschung und Entwicklung.

Dipl.-Ing. Dag Hüttebräuker. In ihrer Regie wurde auch das Einspritzsystem geändert und auf eine elektronisch gesteuerte KE-Jetronic umgestellt sowie die originale Naßsumpfschmierung reinstalliert.

Der Graugußblock wurde zu beiden Seiten 65 mm unterhalb der Kurbelwelle verlängert und zur besseren Wärmeabführung sowie Festigkeit verrippt. Die geschmiedete Kurbelwelle lief in fünf Hauptlagern und hatte als Vibrationsdämpfer acht Gegengewichte. Auch die 142 mm langen Pleuel waren aus Schmiedestahl; sie wiesen Durchbohrungen für den Öldurchfluß auf. Die von Mahle gelieferten Aluminiumkolben hatten glatte Böden mit geringen Vertiefungen für die Ventilteller und waren mit drei Ringen versehen. Die Verdichtung betrug 10,5 zu eins, nur die Motoren für den US-Markt waren 9,5 zu eins komprimiert. Die Zündkerze saß genau in der Mitte des Verbrennungsraums.

Die Einspritzdüsen befanden sich im Krümmer weit vor den Ventilköpfen, in etwa 15 Zentimeter Entfernung, um eine besonders intensive Kraftstoff/Luft-Verwirbelung zu ermöglichen. Zugleich sorgte die Vermischung über einen so großen Bereich für einen Kühleffekt, der bis zu 20 Grad Celsius ausmachte. Der optimale Füllungseffekt trug zu einem Leistungsplus von gut 5 PS bei.

Einzelkrümmer für die Abgasableitung nach Rennmotorenart sorgten für volle Effizienz des Cosworth-Kopfes. Für die Zylinder 1 und 4 sowie 2 und 3 gab es je gleichlange Austrittsrohre. Unter dem Bodenblech des Wagens liefen sie zusammen.

Um auch Wagen mit Rechtslenkung ausstatten zu können, ohne daß die Abgasanlage im Wege war, hatte man dem Röhrensystem raffinierte Krümmungen gegeben. Die Anlage hatte Ähnlichkeit mit einem Blasinstrument und wurde intern auch Waldhorn genannt. Leider wirkte sie zugleich als Leistungsbremse: Auf ihr Konto gingen exakt 5,4 PS.

Bei 95,5 mm Bohrung und 80,25 mm Hub hatte der Cosworth-Motor 2299 cm^3 Hubraum und eine Leistung von 185 PS bei 6000/min. Das Leistungsgewicht des Motors betrug 0,9 kg/PS; mit 167 kg war er um 2 kg leichter als die Serienmaschine M102 E23. Die Gewichtsverminderung – bei 5 kg Zuwachs durch den Kopf – machten ein leichteres Schwungrad, ein leichterer Anlasser und ein nur 20 mm breiter Zahnriemen aus, der die Lichtmaschine und zugleich die Wasserpumpe, die Servopumpe für die Lenkung und – wo vorhanden – auch den Verdichter für die Klimaanlage antrieb. Das maximale Drehmoment betrug 234,6 Nm bei 4500/min.

Das Getrag-Fünfganggetriebe saß in einem Leichtmetallgehäuse und war vollsynchronisiert, auch der Rückwärtsgang. Die Untersetzungsverhältnisse: erster Gang 4,08; zweiter 2,52; dritter 1,77; vierter 1,26; fünfter 1,00 zu eins. Den Durchmesser der Kardanwelle hatte man von 80 auf 90 mm verstärkt. Das selbsthemmende Differential hatte eine Sperrfaktor von 35 Prozent. Die Hinterachs-Untersetzung von anfänglich 3,97 zu eins setzte man ab Sommer 1983 bei drei Fahrzeugen, über die noch zu berichten ist, auf 2,26 herauf.
Diese drei Wagen wurden nach Nardo verfrachtet – natürlich für einen leicht zu erratenden Zweck. Unter Erich Waxenberger, seinem Team von der Sportabteilung und Guido Moch von der Versuchsabteilung sollten einmal mehr Rekordversuche stattfinden. Letztmalig hatte man sich hier mit dem C111 zu Rekordfahrten eingefunden gehabt, zwischenzeitig aber auch immer wieder Serienwagen getestet.
Wenn es mit dem 190 Sechzehnventiler Rekorde zu brechen galt, dann jene, die in dieser Klasse zuletzt von Ford im Jahre 1956 auf den Salzseen in Utah aufgestellt worden waren.
Man installierte eine Tankstation und eine Beleuchtungsanlage, die auch Nachtfahrten risikolos ermöglichte. Erste Versuchsfahrten ließen erkennen, daß die angepeilten Rekorde zu schaffen sein mußten. So gingen die drei Versuchswagen an den Start: sie trugen deutsche Kennzeichen (S-HA 9436, 9701 und 9876) und hatten ein Soll von je 50000 Kilometern vor sich.
Leichte Modifikationen hatte die Zündanlage erfahren (Spulen/Transistor-Zündung) sowie die Einspritzanlage, die ohne Gemischanreicherung für den Kaltstart und ohne Leerlaufregulierung auskam. Für Dauerbetrieb unter Höchstbelastung hatte man andere Auslaßkrümmer aus besonders hitzebeständigem Stahl angefertigt. Auch gab es keinen Kühlerventilator; für das Fahren während der kühleren Nachtstunden hatte man lediglich eine Blende vor den Kühler zu stecken.
Die Fahrzeuge hatten 160-Liter-Kraftstofftanks erhalten, ein paar zusätzliche Kontrollinstrumente und eine Sprechfunkanlage. Auf speziell geschmiedeten Leichtmetallfelgen saßen 7-Zoll-Pirelli-Reifen der Dimension 205/55 VR 15. Ihr Rollwiderstands-Beiwert betrug 0,013 anstatt der üblichen 0,025.
Auch in aerodynamischer Hinsicht war einiges getan worden; die Verantwortung hierfür hatte Hans Götz. Bei seiner Vorstellung im Jahre 1982 hatte der 190 einen Luftwiderstands-Beiwert von 0,33 c_w, nur von Audi mit einem Wert von 0,29 c_w unterboten. Abtrieb und Richtungsstabilität ließen also noch Wünsche offen. So montierte man vordere und hintere Spoiler, wie sie auch für eine Verwendung in der Serie geplant waren, und senkte den Wagen um insgesamt 15 mm ab. Zudem montierte man ein Blech zur Schließung jener Auswölbung im Unterboden, die in Höhe der Reserveradmulde im Wagenheck vorhanden war. Dann entfernte man die Außenspiegel und die Scheibenwischer, auch die Wischer an den Scheinwerfern. Der Luftwiderstands-Beiwert kam somit auf 0,30 herunter.
Das war aber noch nicht alles. Man gab dem Wagen eine über die Stoßdämpfer wirkende hydropneumatische Höhenregulierung. In tiefster Position ermöglichten sie einen c_w-Wert von 0,285. Das laut FIA-Reglement mit vollem Tank und einigen Reserveteilen an Bord gewogene Fahrzeug brachte 1315 kg auf die Waage.
Über acht volle Tage und Nächte waren die drei silberfarbenen Limousinen in Nardo unterwegs – insgesamt 201 Stunden. Sie absolvierten drei Weltrekorde mit 153.82 mph (247,496 km/h) über 25000 km, 153.94 mph (247,687 km/h) über 25000 Meilen sowie 154.06 mph (247,883 km/h) über 50000 km. Ferner gab es neun nationale Rekorde in der 3-Liter-Serienwagenklasse über 1000 Kilometer, 10000 Meilen sowie 24 Stunden.
Je länger die Fahrzeuge unterwegs waren, deste schneller wurden sie. Ihr Schnitt betrug an die 253 km/h, wobei es Höchstwerte bis zu 264 km/h gab. Auch die Männer in Northampton waren zufrieden: Ihre Motoren erwiesen sich nach der Rekordfahrt als tiptop. „Wir stellten fest, daß das Ventilspiel die gleiche Höchsttoleranz aufwies wie zu Anfang“, sagte Mike Hall.

Äußerlich unterschied sich der Nardo-Rekordwagen nur geringfügig von der Serien-Limousine.

Journalisten der in Bern erscheinenden *Automobil Revue* gab man Gelegenheit, die Rekordwagen eigenhändig zu testen. Trotz der Nardo-Hinterachsuntersetzung ermittelten sie einen Beschleunigungswert von 9,3 Sekunden für Null auf 100 km/h und 23,2 Sekunden für 160 km/h. Den stehenden Kilometer schafften sie in 29,4 Sekunden. Dem Motor konnten die Schweizer eine enorme Elastizität bescheinigen; er drehte im direkten Gang von 1000 auf 7000 Touren. Sie lobten das neutrale Verhalten des Wagens in Kurven, selbst bei Fahrwerten bis ans Limit, und die mühelose Kontrollierbarkeit des Übersteuerns durch dosiertes Gasgeben.
Kurze Zeit später fand die Präsentation des 190E 2.3-16 (ein „Zungenbrecher“, wie *auto, motor und sport* meinte) auf der IAA in Frankfurt am Main statt. Er imponierte in seiner blauschwarzen Metallic-Lackierung (alternativ war einzig Rauchsilber erhältlich), doch es sollte ein Jahr vergehen, ehe der erste Kunde seinen Sechzehnventiler in Empfang nehmen konnte.
Die erste Serie von 7000 Fahrzeugen, die im Sommer 1984 anlief, wies geringfügige Änderungen im Vergleich zu den Vorserienmodellen auf. So hatte man die Durchmesser der Einlaßventile von 39 auf 38 mm reduziert, die der mit einer Natriumfüllung versehenen Auslaßventile von 32 auf 33 mm erweitert. Auf den Ventildeckeln war die Motorbezeichnung eingegossen, der vorderen Motoraufhängung hatte man zur weiteren Eliminierung von Vibrationen einen hydraulischen Dämpfer gegeben.
Als weitere Neuheit hatte Bosch ein elektronisches Kontrollsystem beigesteuert, das Zündung und Ventilsteuerzeiten nach bestimmten Parametern aufeinander abstellte. Konstruktiv verwandt mit der Bosch-Motronic, erhielt die „EZL“ ihre Impulse unter anderem durch Sensoren auf dem Schwungrad, im Kühlwasserkreislauf, in den Ansaugkanälen.
Die Spurmaße hatten sich auf 1444/1428 v/h erweitert. Verringert hatte man in der Serie auch die Lenkuntersetzung von 16,66 auf 15,27 zu eins sowie den Durchmesser des Lenkrades um einen Zentimeter. Hydropneumatische Höhenregulierung gab es nur mehr an den Hinterrädern, nur auf Sonderwunsch auch vorn. Eine weitere Option war ABS.
Die innenbelüfteten vorderen Scheibenbremsen (284 mm) hatten schwimmende Sättel, hinten gab es Festsattel-Scheibenbremsen. Bremsservo war serienmäßig vorhanden.
Mit seinen Spoilern aus Polyurethan sah der Sechzehnventiler vielversprechend aus; sein c_w-Wert betrug 0,32, seine Frontfläche 1,92 qm. Die niedrige Bauart ging einher mit einem zusätzlichen halben Grad der negativen Radsturzwinkel hinten. Es gab stärkere Kurvenstabilisatoren vorn und hinten, Schraubenfedern mit höherer Kennung und geringer ansprechende hintere Stoßdämpfer. Die von Pirelli gelieferten P6-Reifen entsprachen im Profil und der Geschwindigkeits-Kennzeichnung denen der Rekordfahrzeuge von Nardo.

Sein ausgezeichnetes Handling verdankte der Wagen auch einer guten Gewichtsverteilung von 53/47 Prozent v/h. Der Tankinhalt betrug 70 Liter gegenüber 55 Liter beim normalen 190. Voll ausgerüstet, brachte der 190 2.3-16 exakt 1294 kg auf die Waage.
Mit seiner 3,07 zu eins untersetzten Hinterachse konnte der Wagen besser beschleunigen als die Rekordfahrzeuge: Gemessen wurden 7,9 Sekunden von Null auf 100 km/h, 20,4 Sekunden auf 160 und 28,8 Sekunden für den Kilometer mit stehendem Start. Diese Werte ermittelte die Redaktion von *auto, motor und sport,* ebenso eine Höchstgeschwindigkeit von 231 km/h bei 6400/min.
Auto-Enthusiasten erkannten schnell, daß durch die Verbindung Mercedes-Cosworth ein Fahrzeug mit ganz besonderer Charakteristik entstanden war. Einen ersten Leistungsbeweis gab es am 12. Mai 1984, als zwanzig dieser Fahrzeuge, alle identisch, zu einem „Privatrennen" auf dem Nürburgring an den Start gingen.
Die Fahrer bildeten eine illustre Gesellschaft; unter anderem waren Niki Lauda, Carlos Reutemann, Dennis Hulme und John Surtees dabei, ferner Alan Jones, Alain Prost, James Hunt, Keke Rosberg, Elio de Angelis, John Watson. Und John Fitch hatte man auserwählt, mit einem 300 SLR „ehrenhalber" mitzufahren. Sieger des Rennens wurde der damals 24jährige Ayrton Senna aus Brasilien, noch ganz am Anfang seiner Grand-Prix-Karriere.
1985 erhielt der 190 2.3-16 seine Homologation für die Gruppen A und N, so daß man darangehen konnte, ihn für die Teilnahme an Tourenwagenrennen zu präparieren. In der Gruppe N waren nur ganz geringe Änderungen gegenüber der Serie erlaubt. Mit 205 PS ging der Wagen hier an den Start.
Für die Teilnahme in der Gruppe A waren schon weitergehende Modifikationen gestattet. Aber für das 24-Stunden-Rennen in Spa beispielsweise mußten Einlaß- und Auslaßkrümmer der Serie entsprechen – dennoch verstanden es die Tuner, die Motorleistung auf 255 PS zu bringen.
Von großer Bedeutung war die Beteiligung an der internationalen Deutschen Tourenwagen-Meisterschaft (DTM). Seit 1983 bildete sie eine eigene Rennserie, ab 1986 sorgte für die Ausrichtung und Durchführung der Läufe eine eigens hierfür gegründete Gesellschaft unter Aufsicht der ONS.
Grundbedingung für die DTM-Teilnahme ist eine Homologation nach Gruppe-A-Spezifikation, aber es gibt noch weitere Auflagen. Üblich sind Rundstreckenrennen in zwei 100-km-Läufen mit zehn Minuten Pause; die Wertung findet nach einem komplexen System statt, das dem Gesamtgewicht des Fahrzeuges in Relation zu seinem Hubraum Rechnung trägt, woraus sich Handicaps oder Boni ergeben können. Das Minimalgewicht für Fahrzeuge unter 2500 cm^3 war mit 980 Kilogramm festgelegt.
Den 190-Sechzehnventiler für die DTM zu präparieren, war eine besonders reizvolle Aufgabe für die AMG. 1986 waren Hans-Werner Aufrechts erste

Ganz oben: 12. Mai 1984. Ayrton Senna gewinnt auf Mercedes das erste Rennen auf dem neuen Nürburgring. Darunter: Ein 190 E 2.3-16 im AMG-Trimm, wie er in der 1988er DTM eingesetzt wurde.

Unten: Gegen starke Konkurrenz trat Mercedes-Benz 1988 in der DTM an. Aufs Konto der Schwaben gingen einige bedeutende Siege in diesem Championat.

Das Fricker-Team startete mit den Fahrern Demuth und Fellinger auf einem 190 E 2.3-16 in der Gruppe A bei allen bedeutenden Rallye-Meisterschaftsläufen 1988.

Fahrzeuge startklar. Zu den ersten, die auf dem Nürburgring Erfolge heimfuhren, gehörte Volker Weidler – er pilotierte seinen Mercedes-Benz in der DTM-Gesamtwertung am Jahresende hinter einem Rover V8 auf den zweiten Platz. In jener Saison und auch 1987 leistete der 2,3-Liter-Motor 260 bis 270 PS. 1987 plazierte sich BMW ganz vorn; Mercedes-Benz hatte nur wenige DTM-Siege zu verzeichnen.

Als das Reglement dahingegend revidiert wurde, daß größere Eingriffe am Triebwerk erlaubt waren, zahlte es sich aus, daß der M102 in starkem Maße ein Cosworth-Motor war. Er vertrug eine Leistungssteigerung auf 300 PS bei 8750 Touren und eine Anhebung des Drehmoments auf 270 Nm/7000. Eine Gewichtsverminderung auf 1040 kg – nurmehr 60 kg vom Minimum entfernt – war von ebenso großem Nutzen wie die Achslastverteilung von 52,8/47,2 Prozent v/h.

Speziell für Hockenheim präparierte und mit kürzeren Untersetzungen versehene Fahrzeuge beschleunigten, wie *auto, motor und sport* ermittelte, von Null auf 100 km/h in 5,2 Sekunden und auf 160 in 10,2.

Unter den etwas liberaleren Regeln der französischen Sodemo-Serie ließ sich die Motorleistung sogar auf 330 PS bei 8700/min steigern, wovon das Snobeck-Team in der Saison 1985 Gebrauch machte. Ihre speziell angefertigten Getrag-Getriebe wiesen Untersetzungen von 2,337 zu eins für den ersten, 1,681 für den zweiten, 1,358 für den dritten, 1,150 für den vierten und 1,00 zu eins für den fünften Gang auf. Je nach Streckenerfordernis betrug die Enduntersetzung zwischen 3,98 bis 5,25 zu eins.

Ein Wechsel an der Spitze des Hauses Daimler-Benz schuf die Voraussetzung für eine aktivere Beteiligung an der DTM im Jahre 1988. Am 1. September hatte Edzard Reuter Werner Breitschwerdt als Vorstandsvorsitzender abgelöst. Der Personenwagenbereich unterstand künftig Jürgen Hubbert.

Chef der Fahrzeugwentwicklung war jetzt Dr. Wolfgang Peter. Als Ingenieur in der Versuchsabteilung hatte er 1968 bei Daimler-Benz angefangen. Im Mai 1984 war er deren verantwortlicher Leiter, und im Oktober 1985 hatte er Werner Breitschwerdt als Entwicklungs-Chef abgelöst. Dr. Peter oblag es, für die technische Weiterentwicklung des Sechzehnventilers zu sorgen.

Edzard Reuter, Werner Niefer, Jürgen Hubbert und Wolfgang Peter gehörten zu denen, die im Dezember 1987 mit den Herren Dr. Obländer, Faul, Frey, Harling, Härle, Dr. Hiereth, Jülicher, Knothe, Müller, Dr. Queissner und Schick im Haus Lämmerbuckel auf der Schwäbischen Alb zusammenkamen, um das künftige Motorsport-Engagement zu diskutieren. Eines der Resultate betraf die Teilahme an Rennen in der Gruppe C, ein anderes künftige Strategien in der Deutschen Tourenwagen-Meisterschaft.

Erste Auswirkungen des letztgenannten Beschlusses zeigten sich in der Werksunterstützung von fünf Teams, die sich 1988 mit 2,3-Liter-Fahrzeugen

Oben: Der 2,5 Liter große Vierzylinder, der 1988 im 190 E zum Rallye-Einsatz kam. Mit Katalysator leistete das Triebwerk 195 PS bei 6750 Touren.

Ganz links: Rüdiger Herzog, Mercedes-Benz-Motorentechniker für die Gruppe A. Rechts daneben sein Kollege Gerhard Lepler.

an der DTM beteiligen wollten. Jürgen Hubbert äußerte die Ansicht, daß „es keine bessere Gelegenheit geben kann als die DTM-Serie, die einem Hersteller erlaubt, die sportlichen Qualitäten, die Dynamik seiner Produkte unter Beweis zu stellen" – Produkte mit absoluter Seriennähe.
Johnny Cocetto fuhr für Mercedes-Benz 1988 den ersten wichtigen DTM-Sieg heim. Auf der Avus in Berlin erzielte er mit seinem AMG-Wagen einen spektakulären Doppelsieg. Insgesamt gewannen Mercedes-Benz-Fahrer sechs DTM-Rennen und sicherten der Marke mit Roland Asch den zweiten Platz hinter Klaus Ludwig auf einem Ford Turbo-Sierra.
Ende 1988 etablierte sich in Stuttgart ein strategisches Koordinierungsteam für alle künftigen motorsportlichen Aktivitäten. Hubbert und Peter gehören dazu, ebenso Rudolf Hörnig, in der Geschäftsleitung zuständig für Entwicklung und Versuch, Forschungsleiter Ferdinand Panik sowie Bernd Harling von der Presseabteilung. Der seit 1988 für Daimler-Benz als Vertragsberater zur Verfügung stehende Motorsport-Stratege Jochen Neerpasch, einst mit großem Erfolg für Ford und BMW tätig, gehörte dem Team in der Position eines Rennleiters ebenfalls an.
Als erstes Arbeitsziel erklärte man das Ausloten von allen Möglichkeiten, die für eine Überarbeitung des Sechzehnventilers in Frage kamen. Zwei Wege standen zur Diskussion, für deren Verfolgung man zwei weitere Experten involvierte: Karl Kollmann von der Motorenentwicklung und Rüdiger Herzog, Renn-Ingenieur speziell für DTM-Motoren. Gerhard Lepler ernannte man zum gesamtverantwortlichen Koordinator aller DTM-relevanten Aktivitäten seitens der Daimler-Benz AG.

Von den zwei obengenannten Wegen sah einer die Entwicklung eines neuen 2,5-Liter-Motors auf Basis des bestehenden Sechzehnventilers vor. Als dieses Auto auf die Straße kam, deutete nur ein kleiner Hinweis auf die vergrößerte Maschine hin – nämlich der am Heck angebrachte Schriftzug „2.5-16". Bei einem mit 95,5 mm gleichgebliebenen Bohrungsmaß hatte man den Hub auf 87,3 mm vergrößert und damit genau 2500 cm^3 Hubraum erhalten. Für die Verwendung bleifreien Benzins hatte man die Verdichtung auf 9,7 zu eins gesenkt: Dieses Auto war von vornherein für eine Ausstattung mit Katalysator vorgesehen.
Beim 2,3-Liter-Serienmotor hatte die nachträgliche Montage eines Katalysators die Leistung auf 170 PS/5800 gedrückt. Beim 2,5-Liter war man deshalb auf höhere Drehzahlen aus. Man kam bei 6750 Touren auf 195 PS beziehungsweise 235 Nm bei 5500. Kollmann fixierte den Drehzahlbegrenzer auf 7000. Um einen besseren Gemischdurchsatz zu erreichen, wurden sowohl die Einlaß- als auch Auslaßkanäle erweitert. Auch den Katalysator dimensionierte man größer. Für die Kraftstoffzufuhr sorgte eine Bosch-KE-Jetronic der III. Generation. Auf den Magnesium-Ventildeckeln dieses Motors stand in erhabenen Lettern „Mercedes-Benz".
Der höhere Hub bedingte selbstverständlich andere Pleuel und neue, leichtere Kolben, die Mahle lieferte. Auch das Schwungrad reduzierte man im Gewicht. Eine neue Nockenwelle sowie eine Duplex- statt der bisher verwendeten Simplexkette für ihren Antrieb ergänzte die Summe der Modifikationen.
Abgesehen vom Motor wies der 190E 2.5-16 kaum Änderungen auf. Serienmäßig gab es ABS und ein Differential mit begrenztem Schlupf. Bekannt wurde diese Einrichtung unter der Bezeichnung ASD. Sie war computergesteuert und wurde elektronisch aktiviert, bei einem variablen Wirkungsgrad von 35 bis 100 Prozent.
All dies trug dazu bei, den Wagen zu einem exzellenten Straßenfahrzeug zu machen. Aber für einen Einsatz im Motorsport reichte es nicht. Mit 2500 cm^3 bewegte sich Mercedes-Benz exakt am Hubraumlimit, aber der Motor war drehzahlempfindlicher als der 2,3-Liter geworden.
„Auch der 2,3-Liter war ja eigentlich nicht als Rennmotor konzipiert worden", sagte Domingos Piedale, der aus Brasilien stammende Rennleiter bei AMG. „Wir haben mit ihm die Grenze des Machbaren erreicht..." So konnte der neue 2,5-Liter Vierzylinder keine weiterreichenden Erwartungen erfüllen: „Er hat nicht die richtige Bohrung-Hub-Relation." Ein kürzerer Hub bei größerer Bohrung wären ideal gewesen – „jedoch gibt der Zylinderblock das einfach nicht her", wie Karl Kollmann bestätigte.
Eine Lösung dieses Problems war der zweite Weg, den man bei Daimler-Benz verfolgte – die Entwicklung eines gänzlich neuen Sechzehnventilers. Man mußte sich lediglich an die FIA-Regel halten, wonach ein neuer Motor in einem bereits homologierten Fahrzeug nur dann akzeptiert wird, wenn er im Rahmen der Weiterentwicklung in die Serie Eingang findet, und zwar mit

Oben links: Klaus Ludwig gehörte zu den prominentesten Startern auf Mercedes-Benz in der 1989er DTM-Rennserie. Oben: Dany Snobeck und Alain Cudini sorgten mit ihrem auffallend dekorierten DTM-Wagen für viel Aufsehen…

Links: Prototyp der neuen Evolutions-Variante des Mercedes-Benz 190 E 2.3-16, wie er ab Mai 1989 um die Deutsche Tourenwagen-Meisterschaft zum Einsatz kam.

mindestens zehn Prozent Anteil. Das bedeutete, daß man bei einem Gruppe-A-Wagen, von dem 5000 Einheiten gebaut werden mußten, 500 mit dem neuen Motor auszustatten hatte.

Diesen Weg beschritt man in Stuttgart. Auch äußerlich ließ sich dieses Auto sofort ausmachen: Es hatte einen weiter heruntergezogenen „Kinnbart" mit einem einstellbaren Splitter sowie einen höheren und breiteren Heckflügel mit kleinen Endplatten. Größere Kotflügel-Auswölbungen erlaubten breitere Räder und Reifen. Verstärkt hatte man auch die Bremsen.

Ein Blick unter die Motorhaube ließ den Insider erkennen, daß hier in der Tat ein neuer Motor seine Arbeit verrichtete. Unter der Regie Kollmanns und Herzogs war ein neuer Zylinderblock für den M102 entwickelt worden, der die gewünschte größere Bohrung ermöglichte: 97,3 mm. Verkürzt hatte man hingegen den Hub, nämlich auf 82,8 mm. Das ergab einen Hubraum von 2463 cm^3. Serienmäßig mit einem Katalysator bestückt, leistete dieses Triebwerk 225 PS.

Besonderen Wert hatten die Konstrukteure auf die Drehfestigkeit gelegt. 9000/min und waren für die Rennversion ohne weiteres möglich. Zündung sowie Kraftstoffzufuhr regelte eine Bosch-Motronic. In DTM-Spezifikation leistete der Vierzylinder 330 PS bei 8500 Touren; das Drehmoment betrug 290 Nm bei 7500.

Diese neue Version des 190E 2.3-16 (der 2.5-16 war nicht homologiert worden) wurde im März 1989 vorgestellt und zwei Monate später erstmals in einem Tourenwagenrennen eingesetztt. Drei Teams traten mit Fahrzeugen dieser Art an: AMG, Snobeck Racing und MS Racing. Die beiden Buchstaben standen für Mass und Schons. Zusammen fuhren sie 1989 acht Siege heraus.

Jochen Maas und Günter Schons, aber auch die anderen beiden Teams bestritten 1990 im Zeichen des Sterns ebenfalls die DTM-Rennserie. AMG setzte vier statt der anfänglichen zwei Wagen ein, um einem „Juniorteam" Chancen zu geben. Das für diese Fahrzeuge festgesetzte Minimalgewicht von 1040 kg entsprach genau dem des BMW M3. Der Opel Omega Sechszylinder war mit 1120 kg, der Audi 3,5 Liter V8 (mit Allradantrieb) mit 1200 kg angesetzt.

Mit der Teilnahme von vier bedeutenden deutschen Automobilherstellern erhielt die DTM eine enorme Attraktivität. Allein 153 Millionen Zuschauer verbrachten im Jahre 1990 mehr als 63 Stunden vor dem Fernsehschirm, um

Der Evo II, von AMG an den Start gebracht, gibt sein Debüt: Nürburgring 1990.

die Rennen zu sehen; 581000 waren gekommen, um die elf Läufe live zu erleben. Die Tourenwagen-Meisterschaft zu gewinnen, war Mercedes-Benz' erklärtes Ziel.

Ein öffentliches Bekenntnis hierzu gab Untertürkheim anläßlich einer Pressekonferenz auf dem Genfer Salon Anfang März 1990 ab, wo der weiterentwikkelte 190E 2.3-16 „Evolution" erstmals ausgestellt wurde. In der Kurzform als „Evo II" bezeichnet, war dieses Auto seit dem 300 SL Flügeltürer wohl der spektakulärste Serienwagen unter dieser Marke.

Bei BMW war eine gewisse Überraschung nicht zu verbergen. Das ist doch ganz verrückt, soll BMW-Entwicklungschef Wolfgang Reitzle angesichts des Evo II gesagt haben: „Es kann doch zwischen Stuttgart und München keine unterschiedlichen Gesetze der Aerodynamik geben. Wenn dieser Heckflügel wirklich Sinn macht, muß BMW seinen Windkanal umbauen."[1])

[1]) Für seine DTM-Wettbewerbsfahrzeuge entwickelte BMW 1992 indes einen ähnlichen Heckflügel.

Die aufgelegte Serie von genau 502 Exemplaren (alle mit Linkslenkung) war im Handumdrehen ausverkauft. Immerhin kostete der Evo II die stattliche Summe von 119717 Mark.

Der Heckflügel war nur eines der sichtbaren Teile einer ganzen Reihe aerodynamischer Besonderheiten am Evo II. Mit beteiligt an ihrer Entstehung war Prof. Richard Läpple von der aerodynamischen Abteilung an der Technischen Hochschule in Stuttgart.

Sowohl im Mercedes-Benz-eigenen Windkanal als auch auf der Rekordstrecke von Nardo hatte man den Evo II ausführlichen Tests unterzogen. Man erzielte einen höchstmöglichen Grad an Abtrieb, zugleich eine Optimierung des Bremsverhaltens aus hohen Geschwindigkeiten und einen Luftwiderstands-Beiwert von 0,308.

Dem vielbeachteten und -gelästerten Heckflügel des Evo II kam dabei eine wichtige Bedeutung zu. Er saß hoch, wies aber auch einen tiefer angebrachten Ausleger auf. Seine Effizienz unterstützte eine auffällige Auswölbung über zwei Fünfteln des Heckfensters. Dadurch wurde im Heckbereich ein so hohes Maß an Abtrieb erzielt, daß man auch vorn etwas zulegen durfte, ohne die Gesamt-Balance zu beeinträchtigen. So gab man dem Evo II einen tieferen

Oben links: Klaus Ludwigs Evo II im AMG-Trimm, wie er in der Saison 1990 zu sehen war. An Sponsoren hat es nicht gefehlt! Oben: Heckansicht des serienmäßigen Mercedes-Benz 190 E 2.3-16 Evolution II mit seinen 17-Zoll-Rädern und dem auffälligen Spoiler.

Oben: So sahen die meisten Konkurrenten 1989 den neuen 190 E 2.3-16… Rechts: Ein aufregendes Styling kennzeichnete den Wagen. Der 1990er Evo II hatte 235 PS und war ein Auto, das ganz regulär in den Handel kam.

Frontspoiler mit Ducts für die Kühlung der Bremsen sowie einen größeren, waagerechten Splitter.

Die Kompositbauweise ermöglichte es dem Splitter, daß er ruhig Bodenberührung haben durfte, ohne Schaden zu nehmen. Insgesamt war der Evo II um 5 cm niedriger als der 2.5-16. Hydropneumatisch regulierbare Teleskopstoßdämpfer – wie bei den 1983er Nardo-Rekordwagen – an allen vier Rädern ergänzten die Ausstattung. In Anpassung an die Fahrbahnverhältnisse ließ sich die Dämpferhöhe von 15 bis 45 mm vom Cockpit aus einstellen.

Deutliche Kotflügelverbreiterungen waren durchaus erkennbar, doch ein Großteil davon war mit Rücksicht auf den Luftwiderstand nach innen verlegt worden. Die Radhäuser waren so knapp wie möglich bemessen, vor allem in Hinblick auf die Luftströmung unterhalb des Fahrzeugbodens. Das am Heck nach außen abgewinkelte Bodenblech trug zur aerodynamischen Bilanz ebenso bei wie die nach außen aufgewölbten Schweller-Verbreiterungen.

Auf den sechsspeichigen Speedline-8-1/4-Zoll-Felgen saßen Dunlop-SP-Reifen der Konfiguration D40 M2 245/40ZR17. Der vordere Bremsscheiben-Durchmesser betrug 300 mm, der hintere 277 mm. Keine Änderungen erfahren hatten die Übersetzungen des Getrag-Fünfganggetriebes, aber man ließ auch eines mit sechs Gängen homologieren. Die Standard-Hinterachsuntersetzung fixierte man auf 3,46 zu eins.

Einer Reihe von Wünschen, den Motor betreffend, hatten die Ingenieure den Rennfahrern beim Evo II ebenfalls entsprechen können. So war die Zahl der Kurbelwellen-Gegengewichte von acht auf vier vermindert worden, um höhere Drehzahlen möglich zu machen; man hatte ferner eine stärker dimensionierte Ölpumpe installiert und dem Kühler einen elektrisch statt mechanisch per Kette getriebenen Ventilator gegeben.

Leistungs- und Drehmoment-Zuwachs waren beachtlich. Das höchste Drehmoment von 245 Nm maß man über ein breites Band von 5000 bis 6000 Touren, eine Maximalleistung von 235 PS bei 7200. „Unter 3500 tut sich nicht viel“, meinte ein Tester der Zeitschrift *Autocar & Motor*, „aber zwischen 4000 und 7700 ist die Leistungsabgabe von beeindruckender Gleichmäßigkeit. Der Motor dreht 500/min höher als zuvor, und ab 6500 gibt er ein gutturales Röhren von sich…“

Für eine mit Klimaanlage ausgestattete 1340-kg-Limousine war eine Beschleunigung von 7,2 Sekunden von Null auf 100 km/h kein schlechter Wert. Die elektronisch begrenzte Drehzahl limitierte den Höchstgeschwin-

Oben: Man sieht es ihm nicht gleich an, aber der Evo II hatte einen Luftwiderstands-Beiwert, der nur knapp über 0,3 lag.

Rechts: Der Motor des Evo II. Nichts paßt mehr unter die Haube – und man läßt sie besser auch geschlossen.

digkeitswert mit 250 km/h – eine Zahl, auf die sich BMW und Mercedes-Benz für ihre viertürigen Straßenfahrzeuge geeinigt hatten.
Das Bremer Werk lieferte im Mai 1990 den 500. Evo II aus, einer Homologierung als Weiterentwicklung des 190E 2.3-16 stand nichts im Wege. Beim Eifelrennen auf dem Nürburgring im Juni des gleichen Jahres gab der neue Flügel-Wagen sein Debüt. Klaus Ludwig und Kurt Thiim fuhren unter AMG-Vertrag noch weitere Rennen, so in Diepholz, wo Thiim den ersten Sieg (von insgesamt fünf) mit dem Evo II errang. Als Newcomer der DTM-Serie konnte man Hans-Joachim Stuck auf Audi sehen, den Sohn des vor 55 Jahren auf Auto Union so erfolgreichen Hans Stuck, der seinerzeit die Mercedes-Benz-Konkurrenz das Fürchten gelehrt hatte...
Gegenüber Audi waren sowohl BMW als auch Mercedes-Benz 1991 durch Gewichtsreduzierungen im Vorteil. Zu 40 Prozent in Mercedes-Besitz, war AMG dazu auserkoren, die gesamten Rennsport-Aktivitäten wahrzunehmen, einschließlich aller weiteren Entwicklungsarbeiten an den Fahrzeugen. Es kam zu einem regen Technologie-Austauch mit den anderen Teams und zur Erstellung von Umrüstsätzen, um ältere 190E 2.3-16 nach Evo-II-Spezifikation zu modifizieren. AMG stellte vier Fahrzeuge für die 1991er DTM; drei andere Teams traten mit je zwei weiteren AMG-vorbereiteten Wagen an. Zu diesen zehn Fahrzeugen kamen fünf weitere zu Ersatzzwecken.
In der Rennausführung hatte der neue Motor 97,9 mm Bohrung, 82,9 mm Hub und somit einen Hubraum von 2496 cm3. Die Verdichtung betrug 12,0 zu eins. Zündung und Kraftstoffzufuhr regelte eine Bosch MS-2.7-Motronic. Spitzendrehzahl war anfangs 9300, in der Saisonmitte 9800/min. Die Ingenieure hatten eine Nennleistung von 373 PS bei 9500 angestrebt, was einem Plus von 20 Prozent gegenüber dem konkurrierenden BMW entsprach. Das Drehmoment betrug 300 Nm bei 7750/min. Wie bei allen 1992er DTM-Wagen, galten die Werte bei Betrieb mit unverbleitem Benzin und Katalysator.[2]) Besondere Kraftstoffmischungen waren bis 1991 erlaubt; Die Merce-

[2]) Kurt Thiim gewann mit seinem AMG-Mercedes-Benz das erste Rennen und wurde beim zweiten Lauf auf dem Norisring 1991 Zweiter. Aber er fuhr mit einem leergebrannten Katalysator ins Ziel. Zweifler, die geglaubt hatten, das Kat-Gehäuse sei von Anfang an leer gewesen, wurden eines besseren belehrt, als man die Reste des Inhalts später im Schalldämpfer fand. Über die Zweckmäßigkeit von Katalysatoren im Renneinsatz wurde stets heftig diskutiert.

Der DTM-Rennzirkus strahlte viel Faszination aus, nicht zuletzt durch die optische Seriennähe der teilnehmenden Fahrzeuge.

des-Benz-Ingenieure hatten hiervon Gebrauch gemacht, um zusätzliche 10 PS aus ihren Vierzylindern herausholen zu können.

Anfang 1992 testete der Formula-3000-Champion Michael Bartels einen AMG Evo II auf dem Nürburgring. „Bis zu 5000 Touren ist der Vierzylinder recht träge“, berichtete er, „aber bei 7000 kriegt man einen regelrechten Stoß in den Rücken, und das reicht bis hinauf zu 9400.“ Von Null auf 100 km/h beschleunigte dieses Auto in etwa 4,5 Sekunden. Bartels pries das exzellente Kurvenverhalten und das Sechsganggetriebe mit Kulissenführung: „Perfekt in seiner Schaltpräzision! Nie mußte ich lange herumsuchen...“

Die Servolenkung hatte man rennmäßig adaptiert, doch gab es unterschiedliche Beurteilungen in bezug auf ihre Notwendigkeit. Im Rennen benutzte man 19-Zoll-Räder von O.Z. oder Speedline, mit 10 Zoll Weite. Dahinter verbargen sich 335 mm große, innenbelüftete Bremsscheiben. Separate Front- und Heck-Hauptbremszylinder erlaubten ein Justieren der Bremswirkung vorn/hinten vom Fahrersitz aus. ABS gab es an den DTM-Rennwagen von Mercedes-Benz seit 1991. Gemeinsam mit Bosch hatte man hieran seit 1990 gearbeitet.

Die elektronische Steuerung fürs ABS glich im Prinzip der in einem Mercedes-Benz der S-Klasse. Sensoren an jedem Rad gaben über Mikroprozessoren Kontrollsignale an einen magnetischen Impulsgeber, der für entsprechenden hydraulischen Druck an jeder Bremszange sorgte.

Natürlich erfuhr die gesamte Einrichtung für den Rennbetrieb eine spezielle Konfiguration, schon wegen der höheren Geschwindigkeiten von 250 bis 300 km/h. Vor allem mußte sichergestellt sein, daß jederzeit die maximale Bremswirkung verfügbar blieb.

Im Sommer 1990 fanden gründliche Tests in Untertürkheim, in Rijeka und auf dem Hockenheimring statt. Als der DTM-Zirkus im November 1990 zu einem Rennen nach Kyalami in Südafrika eingeladen wurde, schickte AMG Roland Asch mit einem ABS-Mercedes hinunter – und er gewann das Rennen. Alle Renn-Limousinen erhielten künftig von Haus aus eine ABS-Anlage.

Sämtliche Karosserien der DTM-Fahrzeuge des Evo-II-Typs wurden von der Matter GmbH modifiziert. Hier erhielten sie einen integrierten Überrollkäfig aus Stahlrohr, der zugleich für strukturale Festigkeit des Fahrzeugkörpers sorgte. Annähernd 45 Meter gingen je Fahrzeug drauf. Jede Schweißnaht wurde dupliziert und verstärkt. Motorhaube und Heckdeckel formte man aus

Oben: Jörg van Ommens 190 E 2.3-16 Evo II (Gruppe A) 1991 in Wunstorf.

Oben rechts: Der 190 E 2.3-16 war der Siegerwagen der 1992er DTM. Ein Sportmodell gab es zu Saisonende in ähnlicher Aufmachung als Serienfahrzeug zu kaufen.

Versuchsfahrzeug der neuen Mercedes-Benz C-Klasse, von AMG gemäß Reglement für die Klasse 1 aufgerüstet – ein Nachfolger für den 190er, zunächst als Studie konzipiert, aber mit hoher Realitätsnähe. Maximal erlaubt waren 2,5 Liter Hubraum und 400 PS. Das Foto wurde im April 1993 publiziert.

Komposit, ebenso den 110-Liter-Kraftstofftank, der zum Teil die Wanne des Reserverades ausfüllte, was zu einem tieferen Schwerpunkt des Fahrzeugs beitrug.
Hinterachs-Untersetzungen von 3,07 bis 5,44 zu eins waren verfügbar; der Sperrfaktor des selbsthemmenden Differentials betrug 75 Prozent. Die Spur betrug 1470/1455 mm v/h, Der rennfertige 190E 2.5-16 Evo II war 4430 mm lang, 1712 mm breit und 1332 mm hoch.
In der Saison 1991 erwies sich der Evo II als voll „kompatibel“. AMG hatte einen Exklusivvertrag mit dem japanischen Reifenhersteller Bridgestone geschlossen, dessen Pneus sich indes leider nicht als optimal im Rennbetrieb erwiesen; dennoch gelang es Klaus Ludwig, zwei Rennen auf dem Nürburgring zu gewinnen.
Mercedes-Benz errang 1991 die DTM Markenmeisterschaft vor BMW; der Mannschafts-Meisterschaftstitel ging an das AMG-Team, vor Schnitzer-BMW. Nur das Fahrer-Championat ließ sich nicht an die AMG-Fahnen heften – diesen Titel erkannte man Klaus Biela auf Audi zu. Mit 166 Punkten (Biela: 174) folgte Klaus Ludwig.
Im Mercedes-Benz-DTM-Lager fand sich 1992 Erich Zakowskis berühmtes Zakspeed-Team wieder. Der Däne Kurt Thiime errang für Zakspeed in Zolder gleich zu Saisonbeginn einen Doppelsieg, und der für den gleichen Rennstall fahrende Roland Asch gewann auf dem Nürburgring das zweite Rennen. In Wunstorf kamen vier 190E auf die ersten vier Plätze, angeführt von Keke Rosberg unter AMG-Vertrag.
In Hockenheim machte die DTM Geschichte: Rosbergs Teamkameradin Ellen Lohr war die erste Frau, die ein Rennen dieser Serie gewann. Die Dominanz der Marke Mercedes-Benz war inzwischen so gewachsen, daß sie acht der ersten zehn Startpositionen besetzte. Asch gewann dann das zweite Hockenheim-Rennen.
Thiim, Asch und Ludwig führten ab Mitte der Saison 1992 eindeutig. Es war klar ersichtlich, daß die Firma Mercedes-Benz mit dem richtigen Fahrzeug in der für sie geeignetsten Rennenserie vertreten war, und sie stand – seit langer Zeit wieder – voll und ganz hinter ihrem motorsportlichen Engagement.
„Mercedes-Benz ist nicht zu bremsen“, schrieb die in Bern erscheinende *Automobil Revue* im September 1992, nachdem Bernd Schneider beide Rennen des 20. Laufs auf dem neuen Alemannenring in Singen gewonnen hatte. Ludwig, Thiim, Schneider, Cocetto und Asch lagen jetzt weit vorn in der Punktewertung – es gab keinen Zweifel mehr daran, zu wessen Gunsten die 1992er DTM-Marken-Meisterschaft ausgehen würde, wenn auch die Fahrerwertung noch Überraschungen bringen konnte. Als der Sieger mit Klaus Ludwig feststand, meinte dieser bescheiden, er habe letztlich eine Menge Glück gehabt: „Ein DTM-Auto kann nie ein perfektes Rennauto sein, sondern stets nur ein Kompromiß...“ – aber daß er diesen „Kompromiß“ zu fahren verstand wie kein Zweiter, mußte man ihm neidlos bescheinigen. Mit seinem AMG-Mercedes-Benz hatte er soviele Meisterschaftspunkte gesammelt wie keiner seiner Konkurrenten. Auch die DTM-Plätze zwei und drei wurden von Mercedes-Benz-Fahrern belegt.
Der Stern hatte erneut Glanz bekommen – „auch im Bereich des Marketing, wo es darum geht, den Image-Faktor für die Marke Mercedes-Benz zu bewerten“, wie Jochen Neerpasch in einem Interview mit *auto, motor und sport* ausführte. „Aktive Motorsport-Beteiligung ist schließlich wieder eine nicht zu unterschätzende Motivation für den Käufer eines Mercedes-Benz.“ Quod erat demonstrandum.

Erich Zakowskis berühmtes Zakspeed-Team schloß sich 1991 Mercedes-Benz an und nahm mit Beginn der Saison 1992 an der Deutschen Tourenwagen-Meisterschaft teil. Gleich zu Saisonbeginn errang der Däne Kurt Thiim für Zakspeed in Zolder einen Doppelsieg. Und im Mai 1992 gab es in Hockenheim ein ganz besonderes DTM-Ereignis zu feiern: Ellen Lohr, für AMG unterwegs, war die erste Frau, die ein Rennen dieser Serie gewann. Die Dominanz der Marke Mercedes-Benz war inzwischen so ausgeprägt, daß die acht vom Werk eingesetzten Fahrzeuge dieser Marke sechs der zehn Startpositionen besetzten.
Die Überlegenheit des 1992 ins Rennen geschickten 190E ließ es fast zu einer Formsache werden, ob nun Kurt Thiim, Klaus Ludwig oder Bernd Schneider DTM-Champion werden würde. Es war klar zu erkennen, daß Mercedes-Benz mit dem richtigen Fahrzeug zur richtigen Zeit in der richtigen Rennserie vertreten war, und das Unternehmen stand – nach langer Zeit wieder – voll hinter seinem motorsportlichen Engagement.
Am Ende der Rennsaison hieß der Champion Klaus Ludwig. Mit großem Abstand zur Konkurrenz führte Mercedes-Benz die DTM-Markenmeisterschaft an. 16 Rennsiege gegen sieben, die BMW eingefahren hatte – das ergab eine stolze Bilanz. Den Team-Preis erhielt AMG zuerkannt.
Als feststand, daß der DTM-Sieger Klaus Ludwig hieß, meinte dieser in aller Bescheidenheit, er habe letztlich nur eine Menge Glück gehabt. „Ein DTM-Auto ist ja schließlich kein richtiger Rennwagen, sondern stets eine Art von Kompromiß.“ Aber es gab eben nur wenige Fahrer wie Klaus Ludwig, die aus einem solchen „Kompromiß“ das Beste zu machen verstanden.
Noch zum Jahresbeginn 1992 hatten Redakteure der Zeitschrift *auto, motor und sport* Jochen Neerpasch gefragt, warum Mercedes-Benz sich nicht um den Titel in der DTM-Fahrermeisterschaft bewerben wollte. „Bei dem derzeitig geltenden Reglement ist dieses Ziel für uns kaum erreichbar,“ hatte seine Antwort mit Anspielung auf das Handicapsystem gelautet. „Und in der Zukunft sieht es da noch ungünstiger aus als zum Beispiel in der Formel 1. Aber mit dem 190E haben wir ja eine Menge Rennen gewonnen“ – damals waren es insgesamt 26 – „und damit den Beweis erbracht, daß wir über ein sehr wettbewerbsfähiges Produkt verfügen.“
Der anhaltende Erfolg des 190E habe vor allem die verantwortlichen Marketingmanager dazu gebracht, sagte Neerpasch, mehr in sportlichen Kategorien zu denken, was auch für die Anbieter von Zusatzausrüstungen gelte. „Das führte zum Beispiel zu der Sportline Sonderausstattung, die von unseren Kunden ganz hervorragend angenommen wurde, die bereits sportlich motiviert waren. Motorsport hat sich für Mercedes-Benz nachweislich zu einem bedeutenden Imagefaktor entwickelt.“
Wie weit es mit dem Erfolgs-Abonnement in der DTM-Serie als auch mit dem daraus resultierenden neuen Sportimage der Marke her war, sollte sich im Winter 1993 erweisen, als sich die Deutschen entschlossen, die FISA-Regeln der liberalen Klasse 1 bei den Tourenwagen zu übernehmen. Hier gab es nur ein Hubraumlimit von 2,5 Liter, ansonsten waren gegenüber der Serie zahlreiche Modifikationen erlaubt. Das kam Mercedes-Benz durchaus zustatten: In Stuttgart arbeitete man auf der Basis der für 1993 geplanten C-Klasse nämlich bereits an einem neuen Fahrzeug.
Doch noch bevor die neue Klasse an den Start gehen konnte, sah sich Mercedes-Benz allein auf weiter Flur. Audi und Opel hatten ihre Abstinenz verkündet, und auch das Haus BMW zog die Zusage seiner Beteiligung wieder zurück. So fror man in Stuttgart alle Aktivitäten zunächst ein und wartete ab. Mitte Januar 1993 beschloß man dann, einen modifizierten Evo II gegen den nagelneuen, auf die Klasse 1 maßgeschneiderten Alfa Romeo 155 mit Vierradantrieb antreten zu lassen.
„Mit einer derart schwachen Vorbereitung haben wir eine Saison noch nie begonnen,“ klagte AMG-Chef Hans-Werner Aufrecht. Nur ein einziger Testlauf hatte vor dem ersten Rennen 1993 in Zolder stattgefunden. Der Herausforderung durch Alfa Romeo hatte man in der Tat nicht viel entgegenzusetzen, und die Italiener warteten nur darauf, Revanche für die vielen Niederlagen gegen Mercedes-Benz in den dreißiger Jahren zu nehmen. So gewann Nicola Larini für Alfa Romeo die 1993er DTM-Fahrermeisterschaft vor dem AMG-Fahrer Roland Asch, der zumindest davon profitieren konnte, viele Tausend Testkilometer mit dem „geflügelten“ Evo II zurückgelegt zu haben.
Die Modifikationen beim Evo II, obwohl nur kurzfristig beschlossen und umgesetzt, waren nicht unerheblich. Dem neuen Reglement entsprechend, das die Ölversorgung des Motors freistellte, bekam der Wagen Trockensumpfschmierung; das erlaubte eine um 60 mm tiefere und um 120 mm nach hinten versetzte Einbauposition. Der Ölvorrat befand sich aus Gründen der besseren Gewichtsverteilung im hinteren Fahrzeugteil.
Die Klasse-1-Regeln gestatteten außerdem das Benutzen einer alternativen Hinterradaufhängung mit parallel angeordneten Dreieckslenkern. Einer breiteren Spur entsprechend gab es breit ausgeformte Radkästen, die aus den seitlichen Karosserielinien herausstanden. Tief angesetzte Frontspoiler und aufgesetzte Heckflügel entsprachen aerodynamischen Erkenntnissen, die man bereits mit der C-Klasse gewonnen hatte.
Acht von 22 Rennen vermochten diese speziellen Klasse-1-190E in der Saison 1993 zu gewinnen, womit sie Alfa Romeo den Vortritt ließen. Ohne das in letzter Minute erfolgte Engagement von Seiten Mercedes-Benz hätte die 1993er DTM kaum am Leben erhalten werden können.
Nach einer Saison, die unter anderem seinen 50. DTM-Sieg beinhaltete, trat der sechzehnventilige 190E in den verdienten Ruhestand. Jener Jubiläumssieg fand auf der Berliner Avus statt – dort, wo vor mehr als siebzig Jahren die Benz-Rennwagen so erfolgreich gewsen waren. Gewiß, der „Baby-Benz“ 190E war nicht als Wettbewerbswagen konzipiert worden – aber ohne Eindruck war auch sein Auftritt nicht geblieben.

Es war nicht leicht, Mercedes-Benz davon zu überzeugen, diesen Motor zu bauen. Es handelte sich ja letztlich auch um eine politische Entscheidung. Und es war ebenso schwierig für Mercedes-Benz, sich zu der Zusammenarbeit mit einer so kleinen Firma wie der meinen durchzuringen.
Peter Sauber

Gruppe C mit Sauber

Gut 33 Jahre lagen zwischen dem Rückzug des legendären 300 SLR und dem Wiedereinstieg der Marke Mercedes-Benz in den Motorsport 1988 – mehr als die Spanne einer Generation. Und es hatte auch eines zeitlichen Abstandes dieser Ausdehnung bedurft, damit völlig neue Veraussetzungen für einen solchen Wiedereinstieg geschaffen werden konnten.

Eine neue Generation von Ingenieuren und Enthusiasten mußte heranwachsen, um in der gebührenden zeitlichen Distanz zu dem, was früher einmal war, sich auf höchster motorsportlicher Ebene neuen Herausforderungen zu stellen.

Dieser Prozeß vollzog sich ganz allmählich. Es begann mit einer 1984 gegebenen Zusage, dem Schweizer Peter Sauber bei seinem Engagement im Motorsport durch die Lieferung geeigneter Motoren zu helfen. Die kleine, finanziell nicht allzu üppig ausgestattete Firma Sauber hatte einen erfolgversprechenden Wagen für die Prototypen-Sportwagenklasse (Gruppe C genannt) konstruiert und war auf der Suche nach einem potenten Antriebsaggregat. Ihm stellte Daimler-Benz einen Motor vom Typ M117 mit doppeltem Turbolader zur Verfügung – das Ergebnis war ein Fahrzeug, das 1987 so schnell war, daß Porsche und Jaguar erheblich verunsichert wurden.

Auf Anhieb war der Durchbruch nicht zu erwarten gewesen. Dem Sauber-Mercedes-Team[1]) gelang es nicht, die 1988er Weltmeisterschaft der Gruppe C zu gewinnen, und es blieb auch in Le Mans ohne Erfolg, wenn auch nur wegen eines Reifenproblems am ersten Trainingstag...

Fünf Läufe jedoch konnte das Sauber-Mercedes-Team für sich entscheiden, meist zu Lasten Tom Walkinshaws Jaguar-Equipe. Beweis genug, daß der C9/88-M117 den Erwartungen seiner Erbauer entsprach. Die vierjährige Arbeit hatte sich gelohnt, die weiteren Aussichten waren exzellent.

„Am Anfang unserer Arbeit", sagte Dr. Hermann Hiereth, verantwortlich für den Motorsport im Bereich der Motorenentwicklung, „stand jenes Aggregat, das wir 1980 für den C111-V Rekordwagen entwickelt hatten." Dieser leistungsstarke Turbolader-Achtzylinder fristete ein beinahe vergessenes Dasein, bis die Ingenieure Leo Ress und Rüdiger Faul auf den Gedanken kamen, daß es exakt ein solcher Motor sein könnte, den Peter Sauber für den von ihm gebauten Gruppe-C-Rennsportwagen suchte.

[1]) Der Autor hat sich den Gepflogenheiten der Daimler-Benz AG angeschlossen und deren Produkte vom Baujahr 1926 an in diesem Buch stets als „Mercedes-Benz" bezeichnet. Mit Beginn der Zusammenarbeit mit Sauber erschien der Name „Mercedes" zunächst allein an den Fahrzeugen. 1990 kam es im Rahmen der Konzern-Umstrukturierung auch zu einer konsequenten Identitäts-Definition, und die Fahrzeuge tragen seither den vollen Namen des Automobilherstellers: „Mercedes-Benz".

Peter Sauber hatte 1967, im Alter von 24 Jahren, seinen ersten Wagen auf die Räder gestellt. Seine damaligen Clubrenner basierten, wie oft üblich, auf VW-Käfern, gefolgt von diversen Gitterrohrrahmen-Konstruktionen und schließlich, im Jahre 1974, einem Monocoque mit Cosworth-Motor, genannt C5. Das war der Einstieg der inzwischen in Hinwil bei Zürich gegründeten P. P. Sauber AG ins professionelle Rennwagen-Business. Spezialität des Hauses: Replikate des C5 mit BMW-Motor für die Rennsportwagen-Gruppe 6.

1977 und 1978 sah man Saubers C5 Spyder in Le Mans jeweils ganz vorn bei den 2-Liter-Wagen der Gruppe 6. 1980 fuhr Sauber einen BMW M1 in der Procar-Serie, ein Jahr später baute er zwei Rohrrahmen-M1 für die Gruppe 5 („Silhouette"). Einer dieser Wagen, eingesetzt vom GS Tuning Team, gewann in den Händen von Hans-Joachim Stuck und Nelson Piquet das 1000-Kilometer-Rennen auf dem Nürburgring.

Das von der FISA neu formulierte Reglement für die Gruppe C ließ sowohl für internationale Sportwagen-Rennen als auch für die deutsche Rennsportwagen-Meisterschaft nach bisherigen Gepflogenheiten keinen Raum mehr. Man erhob zur Bedingung, daß die Motoren der Fahrzeuge von einem anerkannten Automobilhersteller zu stammen hatten, dessen Fahrzeuge von der FISA homologiert waren. Alle anderen Konstruktions-Kriterien unterlagen nur geringen Einschränkungen. Als Rennformel galt ein Verbrauchsindex.

Zu den wenigen Vorgaben zählte die Minimalhöhe der Frontscheiben-Oberkante, die mit 1000 mm angesetzt war, sowie eine Karosserie, die sämtliche mechanischen Komponenten zu umschließen hatte. Die Maximallänge eines Fahrzeugs war auf 4800 mm begrenzt, die vorderen und hinteren Überhänge sollten insgesamt 80 Prozent des Radstandsmaßes nicht überschreiten.

Die Breite limitierte die FISA auf 2000 mm, und vorgeschrieben war auch eine mindestens 1000 mm breite und 800 mm lange Fahrzeugbodenfläche innerhalb des Radstands. Das minimal 1300 mm breite Cockpit sollte zwei Sitze sowie zwei gleichgroße, symmetrisch zur Mittelachse angeordnete Fußräume umfassen. Auch das Fassungsvermögen des zentral einzubauenden Kraftstofftanks war reglementiert – mit 100 Liter.

Das Chassis seines Gruppe-C-Wagens entwarf Sauber gemeinsam mit den schweizerischen Verbundwerkstoff-Experten Seger und Hoffmann. Die Integrierung dieser beiden Männer in die Fahrzeugkonstruktion führte zu der Bezeichnung SHS (Sauber, Hoffmann, Seger) C6. Nur marginale Elemente übernahm man vom Sauber M1; mehr oder weniger begann man beim C6 beim Punkt Null. Das Monocoque-Chassis aus Leichtmetall entstand bei der P. P. Sauber AG, der Aufbau bei Hoffmann und Seger.

Drei Spezialisten standen Peter Sauber bei seinem Vorhaben zur Seite, allesamt Männer der Daimler-Benz AG. Sie vermittelten dem Schweizer

Sieger des Internationalen 1000-Kilometer-Rennens auf dem regennassen Nürburgring 1986: Mike Thackwell und Henri Pescarolo auf Sauber-Mercedes C9, gesponsort von Kouros.

Kenntnisse, die für den Bau seines C6 von großer Bedeutung waren, und halfen auch aktiv an der Realisierung seiner Pläne mit.

Für eine Umsetzung und Übertragung auf sein Projekt bedurfte es eines qualifizierten Spezialisten. Er wandte sich an die Abteilung für Aerodynamik an der Technischen Hochschule in Stuttgart, wo man ihm aber nicht behilflich sein konnte, weil ein Auftrag des Hauses Porsche in gleicher Sache (Projekt 956) Vorrang genoß. Der zuständige Professor gab Sauber aber die Adresse eines Absolventen, den aufzusuchen er empfahl: Rüdiger Faul.

Faul war bei Daimler-Benz beschäftigt und ein Gruppe-C-Enthusiast. Er und zwei weitere junge Männer erklärten sich sofort bereit, Sauber zu unterstützen. Einer von ihnen war Leo Ress, nicht ganz unerfahren im Chassis-Design – er hatte bereits „nur aus Spaß“ einen Gruppe-C-Wagen entworfen, ausgelegt für einen Mercedes-Benz V8-Motor.

Sauber dachte zu jenem Zeitpunkt noch gar nicht an einen Motor aus Stuttgart. Für ihn kam nur der DFL V8 von Ford in Frage, ein 3,95 Liter, den Cosworth für die neue Gruppe C entwickelt hatte. Für einen Großserienhersteller wie Ford war eine Präsenz in der Gruppe C nicht unbedeutend, deshalb hatte Ford der Firma Cosworth 150000 Pfund Sterling für die Entwicklung des DFL-Motors zur Verfügung gestellt. Ford war auch der erste Automobilhersteller gewesen, der sein Engagement in der Gruppe C öffentlich bekanntgegeben hatte, woraufhin auch Porsche zusagte. Nur deshalb, so gab man später bei Porsche zu, habe man sich in Zuffenhausen überhaupt entschieden, mitzumachen. Allerdings zog sich Ford aus seinen Gruppe-C-Aktivitäten viel zu früh wieder zurück, als daß die Investitionen sich hätten bezahlt machen können.

Das Ford-Cosworth-Motorenprojekt übte auch auf Peter Sauber eine große Faszination aus, und die aus dem DFV-Grand-Prix-Motor entwickelte Version für die Gruppe C schien ihm wie vielen anderen äußerst erfolgversprechend. Doch Sauber wurde enttäuscht, wie auch Rondeau, Lola und das Ford-eigene C100-Team. Die Verbrauchsformel für die Gruppe C erwies sich für den DFL als zu großzügig bemessen; selbst bei ständiger Vollast ließ sich der Treibstoffvorrat nicht zur Gänze konsumieren (ganz das Gegenteil war beim Porsche 2,65 Liter Sechszylinder-Turbo der Fall) – ein deutlicher Hinweis, daß nicht alle Kraftreserven genutzt waren. Probleme gab es ferner mit Schwingungen der Kurbelwelle, die bei hohen Drehzahlen auftraten. „Der Wagen schüttelte so stark, daß man ihn kaum noch zu beherrschen vermochte“, erinnerte sich Ress. „Uns brach fast das Chassis auseinander.“ Bei Cosworth zog man daraus Konsequenzen und ließ dem Motor Ausgleichswellen angedeihen, die aber ausschließlich die Maschinen des Ford-Teams erhielten, bevor das ganze Programm gestoppt wurde.

Links: Peter Sauber, der erfolgreiche Rennsport-Promotor aus der Schweiz.

Unten: Der Gruppe-C-Motor des Sauber-Mercedes C9 für die Saison 1988. Das mit KKK-Ladeluftkühlung versehene V8-Aggregat M117 mit 5 Liter Hubraum leistete 700 PS bei 7000/min.

Peter Sauber wandte sich daraufhin dem ihm vertrauten 3,5 Liter Reihen-Sechszylinder seines BMW M1 zu, der aber nur 450 PS abgab, während der Sechszylinder-Boxer des Porsche 956 mit 600 PS aufwartete. Für den BMW-Motor sprach allerdings eine hochgradige Zuverlässigkeit, und nicht zuletzt war das ganze auch eine Kostenfrage, denn das Abenteuer mit dem DFL-Motor hatte sehr viel Geld gekostet. Zudem hatten sich Hoffmann und Seger zurückgezogen.

Leo Ress, der bereits sämtliche Konstruktionsvorgaben für das Fahrwerk des C6 mittels Computerhilfe erarbeitet hatte, erhielt die Aufgabe, einen neuen Alu-Rahmen für die Aufnahme des BMW Sechszylinders zu entwerfen, genannt C7.

Zu jener Zeit verließ Ress Daimler-Benz, um zu BMW zu gehen. Bevor er seine neue Stellung antrat, half er Sauber bei seiner Arbeit an dem neuen Wagen. Der schweizerische Motorentuner Heini Mader stellte Sauber einige Testaggregate zur Verfügung und berechnete dafür nur die Kosten der Wartung; ebenso großzügig verhielt sich Paul Pfenniger, in dessen Firma Paucoplast die Karosserie zu Vorzugskonditionen für Sauber angefertigt wurde.

Ress hatte sich beim Design seines Rahmens zweifellos vom 956 inspirieren lassen. Wie dieser wies der C7 in der Fahrzeugmitte installierte Wasserkühler auf. Hatte der C6 noch einen flachen Monocoqueboden gehabt, so erhielt der C7 Venturikanäle, die sich beidseitig neben der vom Reglement vorgeschriebenen Mindestbodenfläche von vorn nach hinten entlangzogen. Die gesamte Form des Wagens war darauf ausgerichtet, durch einen möglichst niedrigeren Strömungswiderstand die fehlende Differenz in der Motorleistung auszugleichen.

Rüdiger Faul hatte es bei seinem Arbeitgeber ermöglicht, daß ein von Paucoplast angefertigtes Modell im Maßstab 1 zu 5 bei Daimler-Benz im

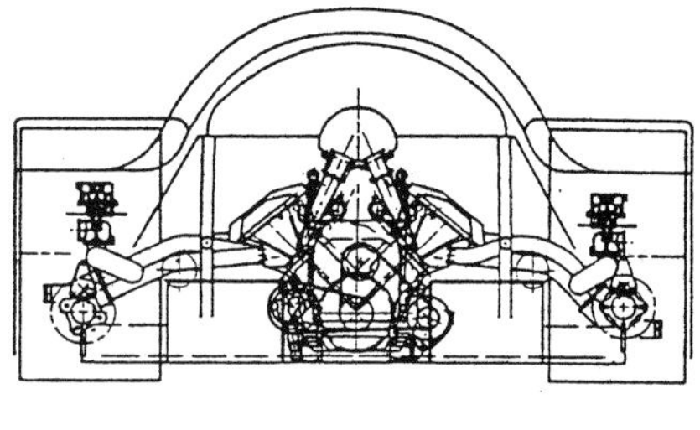

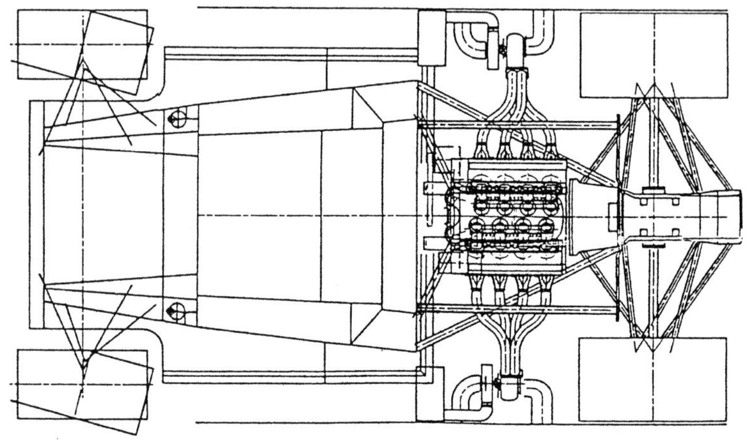

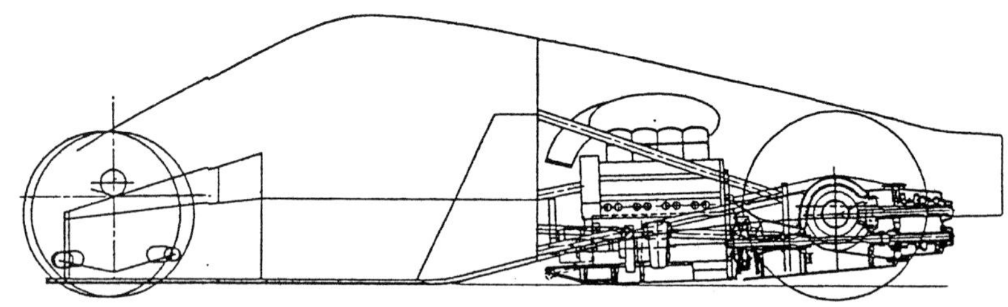

sumpf, zwei für die Turbolader; ihr Antrieb erfolgte über Zahnriemen, ebenfalls vom vorderen Ende der Kurbelwelle. Ähnlicher Art war auch der Lichtmaschinen- und Wasserpumpenantrieb.

In besonderem Maße widmete sich Willi Müller dem Kühlsystem. Er sah eine Verdoppelung der zirkulierenden Flüssigkeitsmenge vor, modifizierte dementsprechend die Pumpenkapazität und die Durchläufe, vor allem an den Zylinderblöcken. Sein paralleles Kühlsystem sah vor, daß jeder Zylinder die genau gleiche Wassermenge mit identischer Temperatur zugeführt bekam, was er auch erreichte, wie Tests bewiesen. Müller hatte es zuwege gebracht, daß eine Verdoppelung des Kühlmitteldurchsatzes ausreichte, um eine Leistungssteigerung auf das Dreifache zu verkraften.

Die mit herkömmlichen Serien-Ventildeckeln verschlossenen Zylinderköpfe wurden von den üblichen sechs Schrauben pro Zylinder gehalten und wiesen in der Serie verwendete Dichtungen auf. Den ebenfalls der Serie entsprechenden Guß benutzte man auch zur Herstellung der Zylinderköpfe, in welchen die parallel angeordneten Ventile mit 22 Grad Neigung saßen. Von der anderen Seite ragten die Kerzen in die Brennräume. Die Ein- und Auslaßkanäle waren poliert und bis auf eine geringfügige Erweiterung der Einlässe unverändert – Vorläufer dieser Verbesserungen war das Rallye-Motorenprogramm der frühen siebziger Jahre. So maßen das Einlaßventil 46,2 und das Auslaßventil 41,0 mm; letzteres hatte zur besseren Wärmeabführung eine Natriumfüllung. Die Ventilschäfte liefen in Bronzeführungen; unter Federtellern aus Titan saßen doppelte Stahl-Ventilfedern.

Die ohc-Auslegung der Ventilsteuerung entsprach der im Serienmotor; kurze Schlepphebel übertrugen die Bewegung der Nocken zu den Ventilen. Die Schlepphebel hatte man in Anbetracht der hohen Belastung durch die Nokken mit Hartmetalleinsätzen versehen. Die hydraulische Nachstellautomatik ersetzte man allerdings durch manuell einstellbare Kugelbolzen.

Jede der stählernen Nockenwellen lief in fünf großdimensionierten Lagern. Durch die Aufladung war eine leichte Änderung der Steuerzeiten erforderlich.

Der 4973-cm^3-Motor (96,5 × 85,0 mm) erhielt pro Zylinderreihe einen KKK K27-Lader sowie einen Ladeluftkühler. Über beide Zylinderreihen erstreckte sich der gemeinsame Ladeluft-Sammler, an dem an beiden Zuleitungen vom Ladeluftkühler die Drosselklappen montiert waren. Eine einfache Anordnung, mit der sich zugleich ein zuverlässiges Druck-Lastsignal für die Einspritzung realisieren ließ.

Jedes der beiden Vier-in-zwei-Abgas-Systeme verfügte über ein mechanisches Überdruckventil – ein nur wenig modifiziertes Serienzubehör aus dem Porsche-Regal. Die Kurbelwellenversetzung betrug mindestens 240 Grad zwischen den Zündintervallen an jedem Einlaß der Abgasturbine; die Druckwellen wurden mit den geringstmöglichen Verwirbelungsverlusten ins Gehäuse geleitet.

Durch das Twin-Flow-System wurde sichergestellt, daß der Ladedruck stets höher als der Rückstau ausfiel. Eine Voraussetzung für eine Spülung und Kühlung des Brennraumes während des Gaswechsel-Vorgangs und für eine kontrollierte Verbrennung.

Das Motormanagement oblag beim M117-Gruppe-C-Motor einem Motronic MP1.2-System, wie es Porsche ebenfalls benutzte. Die Elektronik steuerte

Oben: Layout des Sauber-Mercedes C9, aus welchem die Motorlage hervorgeht.

Links: Blick auf den Motor im C9 von hinten (Service in Brands Hatch 1988).

Windkanal getestet wurde – kostenlos. Sauber hätte sich solche Extravaganzen ansonsten niemals leisten können. Für Versuchsfahrten mit dem fertiggestellten Fahrzeug fehlten ebenfalls Zeit und Mittel, und so tauchte Sauber im Mai 1983 in Le Mans auf, ohne genau zu wissen, auf was er sich im Endeffekt einließ...

Der schlanke C7 erwies sich als sehr zuverlässig und für den Le-Mans-Kurs wie maßgeschneidert. Trotz seines Leistungsmankos qualifizierte sich der Wagen an neunter Stelle des Gesamtklassements – gegenüber der massiven Porsche-Konkurrenz eine beachtliche Leistung.

Aber Sauber mangelte es an Geld, um in den nachfolgenden zwei Jahren seinen Ambitionen weiterhin frönen zu können. Sein Fahrzeug mit dem BMW-Motor verkaufte er an ein amerikanisches Team, das damit in der IMSA-Serie an den Start ging. Zwei weitere, identische Wagen entstanden in Hinwil im Auftrage von Kunden, die auf Chevrolet-V8-Motoren bestanden und damit ebenfalls bei IMSA-GTP-Rennen antraten.

So wie der Schweizer Chuck Graemiger seinen Aston Martin Cheetah gebaut hatte, wollte auch Peter Sauber nun endlich seinen eigenen Gruppe-C-Wagen haben – nicht nur für einen Sommer. Aber mit welchem Motor? Der BMW Sechszylinder gab zu wenig Leistung ab. Der 6.0-Liter-V8 von Chevrolet leistete zwar 600 PS, kam für ihn dennoch nicht in Frage, schon wegen seiner Unwirtschaftlichkeit und Anfälligkeit bei Verwendung von Tankstellenbenzin, wie es die Reglements vorschrieben. Auch der 5,3 Liter V8 von Aston Martin bot wenig Chancen. Ford hatte sich zurückgezogen, so daß Porsche und Jaguar unter sich allein zu sein schienen.

Rüdiger Faul, mit Peter Saubers Überlegungen bestens vertraut, hatte ebenfalls nachgedacht und war auf den Motor des Rekordwagens C111-IV gestoßen. Er wußte auch von jener Maschine, die man für einen eventuellen Einsatz im C111-V vorgesehen hatte. Faul arrangierte einen Besuch Saubers in der Abteilung Motorenentwicklung im damaligen Forschungsbereich bei Daimler-Benz und stellte die Frage, inwieweit man wohl zusammenarbeiten könnte.

Es war die Verbrauchsformel der Gruppe C, die dem Chef dieser Abteilung gefiel: „Sie traf sich mit unseren ursprünglichen Intentionen, einen Hochleistungsmotor mit möglichst geringem Gewicht und niedrigem Kraftstoffverbrauch zu bauen“, wie Dr. Hiereth sagte.

Noch war man aber bei Daimler-Benz weit davon entfernt, in eigener Regie aktiv zu werden. Es gehörte eine enorme Überzeugungs- und Überredungskunst dazu, erst einmal „grünes Licht“ zu erwirken, um überhapt einen neuen Versuchsmotor bauen zu dürfen. Er basierte auf dem M117 mit zwei Turboladern, wie im C111-IV.

Stuttgart würde auch nicht einbaufertige Motoren für Sauber herstellen, so hieß es, sondern nur ein Muster. Man überließ es Sauber, weitere Exemplare auf eigene Kappe bauen zu lassen. Dafür benötigte Teile wollte man allenfalls Heini Mader verkaufen, der seinerseits die gesamte Motorenvorbereitung übernehmen sollte.

Zur Koordinierung all dieser Arbeiten gründete man die Untertürkheimer Motorsport-Gruppe. Verantwortlich für die Motoren-Konstruktion war Willi Müller, die Entwicklungsarbeiten leitete Gert Withalm. Müller war seit seinem Hochschulabschluß im Jahre 1962 bei Daimler-Benz tätig; zunächst hatte er an der Konstruktion von V12-Motoren für militärische Zwecke mitgearbeitet, in den siebziger Jahren erstreckte sich sein Zuständigkeitsbereich auf alternative Motorenkonzepte in der Forschung. Müller erinnert sich noch sehr gut an die Worte seines Vorgesetzten, Professor Gwinner, der für die gesamte Motorenentwickung verantwortlich zeichnete und im Jahre 1984 zu ihm gesagt hatte: „Sie haben ein schnelles Auto – Sie sollten im Motorsport tätig werden!“

Entwicklungsingenieur Gert Withalm war ebenfalls mit einer Reihe von Projekten dieser Art befaßt unter besonderer Gewichtung der Aufladetechnik. Auch am Turbo-V8-Motor des Weltrekord-C111-IV hatte er entscheidend mitgearbeitet. Man darf ihn zu einem der geistigen Väter des Gruppe-C-Programms zählen.

Die Zielvorgabe beider Männer war nun, aus dem vorhandenen 5,0-Liter-Motor M117 ein aufgeladenes Gruppe-C-Aggregat zu machen. Die Einführung von Motorblöcken aus Leichtmetall in der Serie gab diesem Vorhaben neue Perspektiven. 1977 hatte man auf der IAA erstmals einen 450 SLC 5.0 damit gezeigt, ein nur in geringer Zahl gebautes Modell; bis 1980 hatte die Herstellung von Leichtmetall-Blöcken aber größeren Stellenwert eingenommen. Bei Dimensionen von 96,5 × 85 mm kam man jetzt auf einen Hubraum von 4973 cm^3. Mit seinem sehr viel geringerem Gewicht gegenüber dem Graugußblock sowie über Kreuz verschraubten Hauptlagerböcken war der Leichtmetallblock ein echter Fortschritt.

Um in einem Gruppe-C-Fahrzeug Furore zu machen, mußte man den Motor auf eine Leistung von über 600 PS bringen und mit einem hohen Drehmomentwert ausstatten, der sich über den breitestmöglichen Bereich zog, zugleich aber auf Wirtschaftlichkeit achten. Den ebenfalls mit zwei Turboladern versehenen Porsche-956-Motor hatte man als Maßstab: Er produzierte 620 PS und schöpfte das erlaubte Kraftstoffquantum dabei optimal aus.

Die für 1985 festgelegte Verbrauchsformel sah einen Maximalkonsum von 51 Liter Superbenzin (102 RON) pro 100 Kilometer vor, das ergab bei einem 24-Stunden-Rennen wie in Le Mans einen Gesamtverbrauch von 2210 Litern.

Der im Vergleich zum Porsche-Sechszylinder fast doppelt so hubraumstarke Mercedes-Benz-Motor kam natürlich mit niedrigeren Drehzahlen als der 2,65-Liter-Boxer aus, um eine Leistung in ähnlicher Größenordnung abzugeben, was auch eine Verringerung von Reibungs- und Ladungswechselverlusten bedeutete, deren Leistungsaufnahme bekanntlich im Quadrat zur Motordrehzahl zunimmt. So ließ sich der maximale Drehzahlbereich zwischen 6000 und 7000 Touren legen mit einem Ladedruck von nicht mehr als 2,0 bar. Das verhieß Zuverlässigkeit im Dauerbetrieb, zudem sah man von vornherein eine 90-Grad-Kurbelwelle vor, um nicht jene Schwingungen zu bekommen, die das Schicksal des DFL-Motors bestimmt hatten. Dieser hatte eine „flache“, also mit um 180 Grad versetzten Kurbelzapfen versehene Kurbelwelle gehabt.

Die im eigenen Hause angefertigte, voll ausgewuchtete Kurbelwelle aus Schmiedestahl wies 64 mm starke Hauptlager und 48 mm starke Pleuellager auf. Willi Müller verwendete ebenso viel Sorgfalt auf die Konstruktion leichter Pleuel und Drei-Ring-Kolben mit möglichst kurzem Hemd. Je leichter Pleuel und Kolben, desto geringer durften folglich die Ausgleichsgewichte auf der Kurbelwelle und das Gewicht der Welle selbst ausfallen.

Die hochglanzpolierte Kurbelwelle stellte ein strömungstechnisches Meisterwerk dar und hatte Dämpfer wie bei einer Welle aus der Serie, doch in anderer Form, den höheren Drehzahlen entsprechend. Das stählerne Schwungrad maß 184 mm im Durchmesser und wies einen integrierten AnlasserZahnkranz auf.

Die aus Aluminium geschmiedeteten Spezialkolben hatte man in den Böden konkav ausgewölbt, um die Verdichtung von anfänglich 10,0 auf 7,0 zu eins zu verringern.

Der Motorblock des M117 erwies sich als Basis für einen Gruppe-C-Motor als geradezu ideal. Er war kompakt in den Abmessungen, leicht und steif. Die Lagerdeckel aus Gußstahl entnahm man der Serienproduktion, die trockene Ölwanne war eine Spezialanfertigung aus Magnesium. Im Rahmen des Sauber-Wagens hatte sie mittragende Funktion.

Das Schmiersystem des Motors lehnte sich an das Schema des Serienmotors an, allerdings mit einem höheren Durchlaufdruck von 6,0 bis 6,8 bar. Im Hinblick auf den Turbobetrieb wurde Öl zu Kühlzwecken auch an die Unterseite der Kolben gesprüht.

Wie die Nockenwellen, wurde auch die Ölpumpe durch eine Kette von einem Zahnrad auf dem vorderen Kurbelwellenende angetrieben. Insgesamt fünf Spülpumpen taten bei diesem Motor ihren Dienst, drei für den Trocken-

Die Komponenten des Rennmotors im C9 für die Saison 1988. Seine spezifische Leistung betrug 103,6 kW/141 PS pro Liter.

sowohl die Bosch-CD-Zündung als auch Zeitpunkt und Dosierung der Kraftstoff-Einspritzung der zwei Düsen pro Zylinder. Eine der Düsen war in den Zylinderkopf geschraubt wie beim Serienmotor, die andere befand sich auf der gegenüberliegenden Seite im Einlaßtrichter und trat nur bei Vollgasstellung in Aktion.

Seinen ersten Probelauf erlebte dieser Motor auf dem Prüfstand im Dezember 1984. Bei 7000/min registrierte man eine Leistung von etwas über 700 PS bei 2,0 bar Ladedruck. Als einzige Schwachstellen erwiesen sich die Zylinderkopfdichtungen, ein Problem, das sich im Handumdrehen lösen ließ. Eine Änderung in der Steifigkeit der Zylinderköpfe erfolgte ebenfalls, und sie floß auch in die Serienfertigung des M117 ein.

Besondere Bedeutung hatte natürlich der Kraftstoffverbrauch, vorgegeben durch das Gruppe-C-Reglement. Um auf optimale Werte zu kommen, wurde das Zünd- und Einspritzsystem für alle Betriebsbedingungen optimiert und das Verdichtungsverhältnis auf 8,0 zu eins erhöht. Für den Einsatz 1985 schrieb man eine Leistung von 680 PS bei 6600/min fest und einem Ladedruck von 1,9 bar.

Mit diesem Motor gedachte Sauber seinen C7 zu bestücken. Dem hohen Drehmoment der verhältnismäßig niedrigtourigen Maschine entsprach die von ihm gewählte Fünfgang-Einheit von Hewland, ein Getriebe mit integriertem Achsantrieb samt Differential.

Aus dem C7 wurde der C8 mit einer Karosserie, die einen noch geringeren Luftwiderstand bot. Zwei Ladeluftkühler saßen mittschiffs im Wagen zu beiden Seiten der Wasserkühler, und im Unterboden befanden sich auch

wieder die beiden Venturikanäle neben Motor und Getriebeeinheit parallel zur Wagenlängsachse.
Das Gastspiel des jungen Ingenieurs Leo Ress bei BMW währte nur kurz; 1985 ging er zur Firma Sauber und wurde dort Entwicklungsleiter für das C8-Projekt. Aus Zeitmangel mußte man auf einen Windkanal-Test verzichten: Das Le-Mans-Rennen stand vor der Tür. Mit nur 500 Probekilometern auf den Rädern in Hockenheim und Zeltweg erschien der C8 auf dem Place des Jocobins in Le Mans, wo die traditionelle Fahrzeugabnahme stattfand. Sauber war auf dem besten Wege, Porsche die Schau zu stehlen...
Um eine gute Trainingszeit herauszufahren, ließ John Nielsen den Wagen auf der Mulsanne-Geraden ordentlich laufen, mit gut 370 km/h. Doch in der sich anschließenden Biegung fühlte Nielsen, wie sich unter dem Wagenbug Auftriebskräfte bildeten – und schon richtete sich der C8 himmelwärts, überschlug sich mehrmals und landete wieder auf den Rädern. Ein unverletzter Nielsen konnte dem Wrack entsteigen, das an der Absperrung gelandet war.
Aus welchem Grunde es zu dem Unfall gekommen sein konnte, ließ sich nicht genau rekonstruieren. In jedem Fall wies Peter Saubers zweiter C8, im August startklar gemacht, eine Unterbodenfläche auf, die den aerodynamischen Erfordernissen für eine bessere Bodenhaftung durch eine Modifikation der Venturikanäle Rechnung trug, auch wurde das Bremssystem verstärkt. Zudem versetzte man den Ölkühler in die Fahrzeugspitze.
Für den Rest der 1985er Saison gab Sauber keine weiteren Nennungen ab, sondern konzentrierte sich auf ein intensives Testprogramm, in dessen Verlauf über 5000 Kilometer zurückgelegt wurden. Es gelang ihm, für 1986 Yves Saint-Laurent als Sponsor zu gewinnen, wodurch der Markenname „Kouros" auf dem Wagen erschien. Fünf Rennen wurden gefahren, einschließlich Le Mans, wo zwei Fahrzeuge an den Start gingen. Einen weiteren C8 hatte man gegen Saisonende fertig, setzte ihn aber nicht ein.
Beim 24-Stunden-Rennen kamen beide Wagen zwar nur über die halbe Distanz, doch eine echte Überraschung gab es auf dem Nürburgring: Auf nasser Fahrbahn qualifizierte sich ein Sauber C8 für den Gesamtsieg und sorgte damit für beträchtliches Aufsehen.
Der Erfolg in dem politisch so wichtigen 1000-Kilometer-Rennen auf deutschem Boden erbrachte den Beweis, wie vorteilhaft sich das breite Leistungsband des elastischen, großvolumigen M117 nutzen ließ dank präzise dosierter Abgasaufladung, bei der man mit verhältnismäßig geringem Druck auskam.
Dennoch war man bei Sauber mit dem Ergebnis nicht zufrieden. Das Hewland-Getriebe hatte Probleme mit dem starken Drehmoment des Motors, auch war der Abtrieb noch immer zu gering. Sowohl auf dem Nürburgring als auch in Spa, dem letzten Rennen der Saison, versuchte man es deshalb mit einem Doppelflügel, der aber auch nicht für Abhilfe sorgen konnte.
1986 mußte man mit starker Jaguar-Präsenz in der Gruppe C rechnen. Der XJR-6 war weitgehend die Konstruktion des Briten Tony Southgate, der bereits 1983 für den – nicht zum Einsatz gelangten – Gruppe-C-Wagen von Ford verantwortlich gezeichnet hatte. Auch Southgate kannte die Probleme mit unzureichendem Abtrieb und fand bei Versuchen im Campbell-Windkanal des Imperial College in London heraus, daß sich durch eine Anstellung des Diffusor-Winkels im Fahrzeug-Unterboden kurz vor dem Luftaustritt eine Verstärkung der Abtriebskräfte erzielen ließ.
Southgate stellte ferner fest, daß tiefere Schächte und eine breite Auffächerung des Luftaustritts in Verbindung mit einem Heckspoiler zusätzlich Luft von der Seite unter den Fahrzeugboden saugen helfen. Diesen Umstand konnte man sich zunutze machen, und mit Southgate hatte das TWR-Jaguar-Team genau den richtigen Mann, der hier mit wissenschaftlicher Akribie vorging. Die Aerodynamik des XJR-6 ließ sich als mustergültig bezeichnen, und nicht zuletzt aus diesem Grunde absolvierten die Briten 1986 eine Saison ganz zu ihren Gunsten. Die ihnen im gleichen Maße neu entstehende Rivalität durch Sauber-Mercedes weckte Erinnerungen an die Zeit von 1952 bis 1955, als die enorm erfolgreichen Jaguar C- und D-Types gegen die 300 SL und SLR antraten. Und die Rivalität spielte sich nicht allein auf der Rennstrecke ab: Jaguar hatte sich auch zu einem nicht ganz unbedeutenden Konkurrenten im Luxuswagen-Bereich gemausert.
Um so wichtiger war es für die Stuttgarter, daß der C8 seine Überlegenheit zur Geltung brachte. Man ermöglichte es der Firma Sauber, den C8 im werkseigenen Windkanal zu testen, nur der Hochgeschwindigkeits-Rollenprüfstand blieb den Schweizern leider verwehrt. Auf einer Konferenz, die man in Spa abhielt, kamen die Sauber-Männer letztendlich zu dem Beschluß, dem Wagen einen neuen Aufbau zu geben.
Leo Ress war inzwischen hinter das aerodynamische Konzept des XJR-6 gekommen und ging daran, beim Sauber-Mercedes C9 die Luftschächte vor dem Austritt ebenfalls abzuflachen. Allerdings konnte er die Auffächerung nicht so hoch anlegen wie beim Jaguar, weil ihm das in den Grundabmessugen vom C8 übernommene Chassis des C9 in der Höhe Grenzen setzte. Deshalb fielen die seitlichen Schürzen niedriger aus als beim XJR-6.
An einem Modell im Maßstab 1 zu 5 wurden alle Feinheiten der neuen Unterbodengestaltung im Daimler-Benz-Windkanal von Ress und Pfenninger gestestet. Die Versuche begannen im Oktober 1986, das erste Rennen war für den März des kommenden Jahres angesagt. Abgesehen von den Modifikationen im Bodenbereich des C9 hatte der Wagen einen vorn angeordneten Wasserkühler erhalten, womit er ebenfalls dem XJR-6-Beispiel folgte, aber auch dem des C111. Der Kühler lag fast waagerecht und hatte einen Warmluftaustritt vor der Windschutzscheibe.
Die Ladeluftkühler beließ man in der Fahrzeugmitte, der Ölkühler war über einen Wärmetauscher im Kühlkreislauf integriert. Die Karosserie bestand aus einer konventionellen Kevlar-über-Aluminiumwaben-Bauweise mit einer filigranen Unterstruktur. Ein aus zwei Flügelprofilen bestehender, sogenannter Spaltflügel wurde von einer zentral angeordneten Flügelstütze getragen, die das Heck überragte und an der wiederum ein winziger Spoiler klebte.
Diese Konstruktion machte den Doppelflügel entbehrlich, den Ress für das Rennen in Spa vorgesehen hatte, dennoch hatte man einen um 80 Prozent verbesserten Abtrieb erzielt. Aber er ging zwangsläufig einher mit einem vergrößerten Luftwiderstand, der 20 Prozent über dem des C8 lag.
Und der Luftwiderstand stand in enger Relation zum Verbrauchswert, der das entscheidende Kriterium bei den Gruppe-C-Rennwagen darstellte. Eine bessere Nutzung der Abtriebskräfte mußte den höheren Luftwiderstand kompensieren, etwa durch wesentlich verbesserte Fahreigenschaften in Kurven, in denen man das Gas stehenlassen konnte, ohne daß der Wagen an Bodenhaftung verlor.
Die Leistung des M117-Motors hatte man 1987 dank eines neuen Motronic-Systems von Bosch erheblich steigern können. Das MP1.7 genannte System ermöglichte eine präzisere Steuerung der Zünd- und Einspritzvorgänge einschließlich einer elektronischen Überwachung der Turbolader-Arbeit. Der Druckaufbau ließ sich optimieren, das Drehmoment in einem noch breiteren Bereich nutzen.
Mit der MP1.7-Anlage bot Bosch auch ein verteilerloses Zündsystem an, bei welchem vier Zündspulen je zwei Kerzen versorgten. Die Spulen wurden elektronisch aktiviert (ECU = electronic control unit). Die Einspritzanlage hatte man auf je eine Düse pro Zylinder geändert; die Kraftstoff-Einspritzung erfolgte in noch feinerer Dosierung.
Über das Schwungrad und Nockenwellen-Sensoren erhielt die ECU ihre Impulse ebenso wie aus einer Vielzahl weiterer Daten, die sich aus den Druckwerten der Turbolader, den Kühlwasser-, Gemisch- und Abgas-Temperaturen, der Öltemperatur, dem Öldruck, dem Kraftstoff-Zuführungsdruck und der Turbolader-Drehzahl zusammensetzten. Alle Daten ließen sich speichern und für ein Idealprogramm auswerten.
Eine derart präzise Regelung der Gemischverbrennung erlaubte näher an die Klopfgrenze zu gehen und die Verdichtung auf 8,5 zu 1 zu erhöhen. Die Ansprechverzögerung der Aufladung, ohnedies minimal, wurde beinahe bis

Linke Vorderradaufhängung mit Bremse am Sauber-Mercedes C9, aufgenommen an einem der 1988er Le-Mans-Wagen. Was von einer solchen Bremse verlangt wird, zeigen Geschwindigkeiten von 370 km/h, die auf der Mulsanne-Geraden erzielt wurden…

zum Nullwert reduziert – sie lag nach Auskünften von Testfahrern weit unter der des Porsche-Motors.
Jetzt betrug bei voller Ausschöpfung des vorgegebenen Kraftstoff-Quantums die Nennleistung des Mercedes-Sauber-Motors 700 PS. Schon ab 3000/min zog die Maschine kraftvoll durch; das Drehmoment betrug 800 Nm bei 4000 bis 4500/min und einem Ladedruck von 1,85 bar. Erhöhte man diesen Wert auf 2,2 bar, stieg die Leistung auf über 750 PS bei 7000 Touren. Die Fahrer wurden angewiesen, in diese Drehzahlbereiche nur bei Überholvorgängen vorzustoßen und es ansonsten bei 6500 bewenden zu lassen. Ab 7000/min schaltete der Drehzahlbegrenzer auf Spätzündung, bei 7200 riegelte er die Kraftstoffzufuhr ab.
Die intensive Entwicklungsarbeit am Motor sah auch eine Gewichtsreduzierung vor – mit dem Ergebnis, daß bis 1988 das Aggregat einschließlich beider Turbolader nur mehr 190 statt zuvor 210 kg wog. Um 40 Prozent allein hatte man die Ventilsteuerung leichter bauen können, woran eine neue Konstruktion der Nockenwellen – eine Leistung der Firma Mahle – besonders großen Anteil hatte. Weiterhin hatte man die Gehäuse der Lader (aus Inconel), das Schwungrad und einige Nebenaggregate leichter gemacht. Durch die Gewichtsverminderung des Motors kam man Ress' Wünschen nach einer besseren Fahrzeug-Gewichtsverteilung nach. Bei 2700 mm Radstand betrug sie beim C9 40/60 v/h. Das Trockengewicht des Fahrzeug belief sich auf knapp 900 kg; als Minimum waren in der Gruppe C 850 kg vorgeschrieben.
Hewland hatte ein kräftiger dimensioniertes Getriebe mit der Bezeichnung VGC geliefert. Eine Überarbeitung hatten ferner die Vorder- und Hinterradaufhängungen erfahren. Das Fahrzeugchassis des C9 aus gezogenem Aluminiumblech war in Hinwil entstanden. Den Erfordernissen absoluten Leichtbaus folgend, bestand die Frontspritzwand aus Magnesium, so daß man auf ein Chassisgewicht von nur 48 kg kam. Die Fahrgastzelle wies einen stählernen Überrollkäfig auf, die Verkleidungen bestanden aus Kohlefaser (Carbonfiber) über einer Wabenstruktur aus Aluminium, ebenso die Bugpartie, in welcher der Wasserkühler saß. In seitlichen „Kästen" waren die Batterie, der Öltank und das Ölkühler untergebracht. Hinter den Rücklehnen befand sich der Kraftstofftank.
Rückwärts von der Heckspritzwand erstreckten sich A-förmige Hilfsrahmen aus Stahlrohr bis zum Kupplungsgehäuse, die der Motor-Getriebe-Einheit nur eine mittragende Funktion auferlegten. An seiner Vorderseite wurde der Motor durch ein Bolzenpaar gehalten sowie von einer Momentenstütze, die von der oberen linken Ecke des Motors nach rechts unten zur Heckspritzwand verlief. Die beiden A-förmigen Hilfsrahmen lagen zusammen mit je einem größer dimensionierten, zusätzlichen Rahmenrohr, welches bis zum Getriebe-Zwischenflansch reichte, auf beiden Seiten der Antriebseinheit. Dieser Zwischenflansch nahm außerdem die vorderen Gelenke der oberen Querlenker auf.
Die hinteren Feder/Dämpfer-Einheiten hatte man soweit wie möglich nach außen verlegt; die oberen Aufnahmen waren über Hebel mit dem Rohrrahmen verbunden. Dadurch wurden die Luftkanäle des Unterbodens nicht beeinträchtigt, und man hatte Platz, um eventuell einen Einzel-Turbolader unterbringen zu können, im Falle – was anfänglich in Betracht gezogen worden war – der C9 auch in der IMSA-Serie starten sollte. Weitere Vorteile waren bessere Zugänglichkeit und Kühlung.
Die Dreieckslenker und Radträger waren aus Spezialstahl und trugen Naben aus Leichtmetall mit Timken-Kegelrollenlagern. Das radseitige homokinetische Gelenk der Antriebswelle wurde mit sechs Schrauben am äußeren Antriebszapfen gehalten, der über die Nabe und sechs formschlüssigen Bolzen, die integrierte Bestandteile der BBS-Felge darstellten, das Antriebsmoment auf das Rad übertrug. Vorteil dieser Anordnung war, daß mit jedem

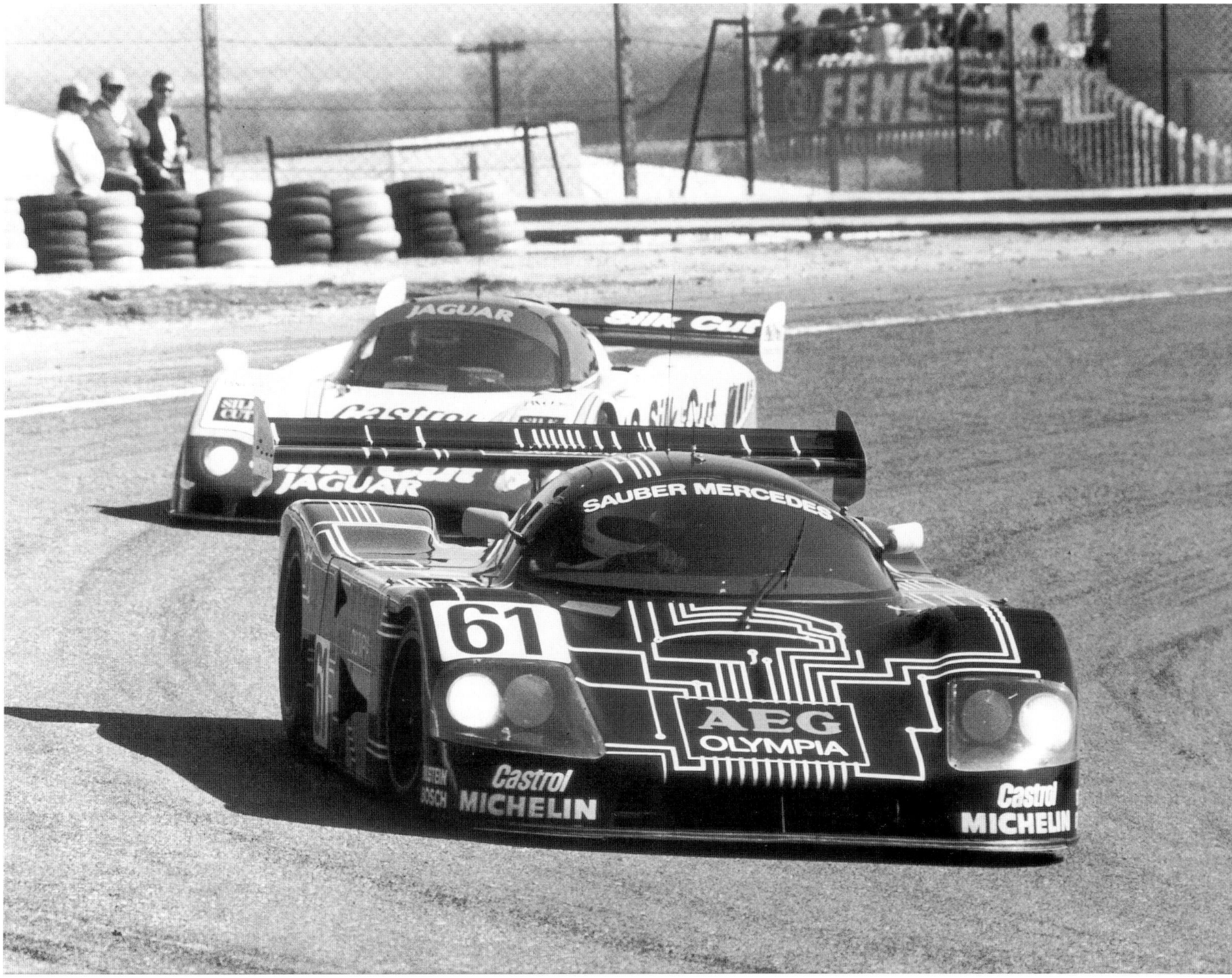

Radwechsel automatisch ein neuer Satz Radbolzen zum Einsatz kam. Die Räder maßen vorn 16, hinten 19 Zoll im Durchmesser. Die 13-zölligen AP-Bremsscheiben waren mit durch je vier Zylinder betätigten Bremssätteln ausgestattet, deren DS11-Beläge von Ferodo kamen. Die Dreischeiben-Kupplung wies einen Durchmesser von 184 mm auf, das Magnesiumgußgehäuse fertigte die Firma Honsel an. Von Honsel kamen auch die vorderen Radträger, welche wiederum Timken-Kegelrollenlager aufnahmen.
Die außenbords plazierte Voderradaufhängung profitierte von der Direktwirkung der Feder/Dämpfer-Einheiten. Etwas kompliziert war die Lage des Querstabilisators: Eine Druckstrebe vom unteren Dreieckslenker wirkte auf einen Kipphebel oben an der seitlichen Chassiswand, der wiederum über eine Zugstrebe den Stabilisatorhebel bewegte und somit den Stabilisator, der unten quer vor der Frontspritzwand montiert war, aktivierte. Durch das Übersetzungsverhältnis im Kipphebel konnte man den Stabilisator kleiner dimensionieren und somit Gewicht sparen.
Die ersten Versuchsfahrten mit dem C9 fanden im März 1987 in Form eines 100-Kilometer-Laufs auf der Hockenheim-Rennstrecke statt. Es folgte ein weiterer Test auf der Paul-Ricard-Strecke in Südfrankreich. Anschließend stand das Silverstone-Rennen auf dem Kalender, wo der C9 sein offizielles Debüt gab.
Mike Thackwell hatte einen hervorragenden Start und führte über eine Distanz von 17 Runden, ehe er ein Opfer massiver Jaguar-Attacken wurde und schließlich mit einem Defekt an der Aufhängung auf der Strecke blieb. Der C9 erwies sich zwar als ein schneller, aber auch anfälliger Wagen. So erlitten beide für die 24 Stunden von Le Mans gemeldeten Wagen Getriebe-Ausfälle (ein Rundenrekord war da nur ein schwacher Trost), auf dem Norisring blieb Thackwells Wagen mit einer gebrochenen Antriebswelle stehen. Das gleiche passierte beim Supersprint-Rennen in Hockenheim.
Differential- (beim Training) und Getriebeprobleme (im Rennen) hatte der C9 auch auf dem Nürburgring. In Spa sicherte sich der Sauber die Pole Position, hielt die 1000 Kilometer bei nassem Wetter auch gut durch, kam aber mit gebrochenen Sitzrasten und Fehlzündungen heim. Beim letzten Supersprint-Lauf auf dem Nürburgring hatte das Sauber-Team endlich das Glück: Jean-Louis Schlesser distanzierte die besten Werks-Porsche mit Längen.

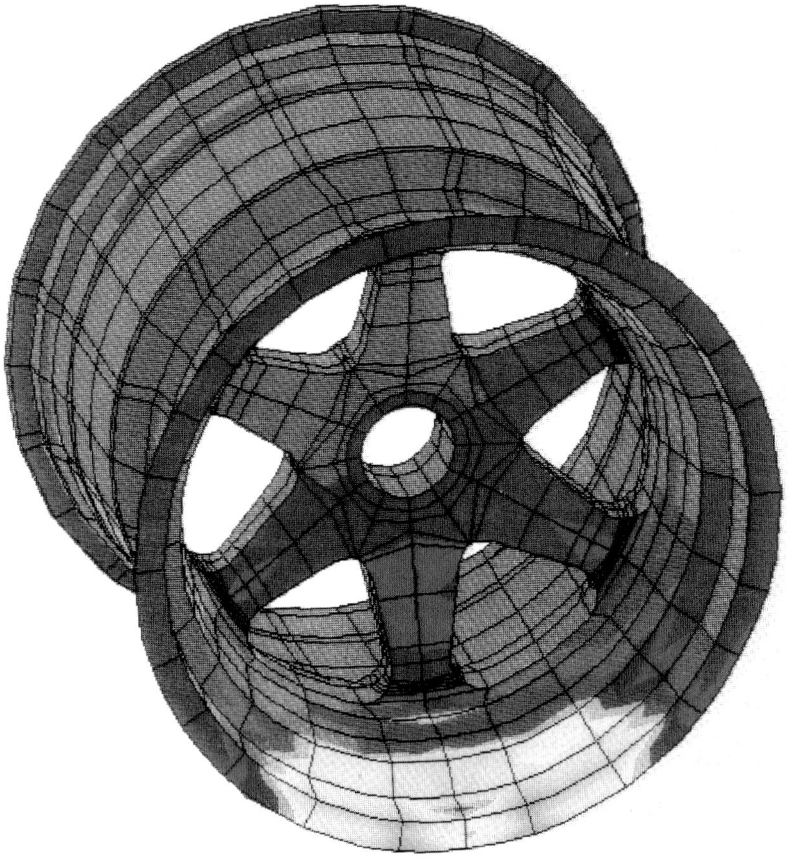

Links: Sauber-Mercedes C9 auf dem Kurs der Jarama-Rennstrecke in Spanien 1988. Nach einem Sieg in Jerez kam hier nur eine Zweitplazierung heraus.

Oben: Vom Computer errechnete und gezeichnete Darstellung der Materialspannungen bei einer C9-Felge (Radaufstands-belastung unter Querkraft bei Kurvenfahrt).

Doch Porsche gehörte 1987 ohnedies nicht mehr zu den Weltmeisterschafts-Favoriten der Gruppe C. Acht der zehn Rennen hatte das Jaguar-TWR-Team gewonnen, allerdings nicht die 24 Stunden von Le Mans. Tom Walkinshaws Männer hatten den (unaufgeladenen) V12-Motor von 6,5 auf 7 Liter vergrößert, das Drehmoment erhöht und die Drehzahl verringert. Das elastische Triebwerk ging zudem wirtschaftlich mit Kraftstoff um und schonte das Getriebe. Zwischen 4500 und 7000/min hatten die Jaguar-Fahrer genügend Volldampf zur Verfügung, um die Konkurrenz souverän abzuhängen.
Ohne das Hilfsmittel der Aufladung vermochte der Jaguar-Motor zwar nicht die gewaltige Bandbreite eines wirkungsvollen Drehmoments zu produzieren wie der M117, andererseits wurden bei den Briten kaum je Klagen über Getriebeprobleme laut. Denn ein hohes Drehmoment, nicht so sehr die schiere PS-Leistung zehrt an den Elementen der Kraftübertragung. Die Michelin-Reifen großen Durchmessers verstärkten laut Leo Ress beim C9 dieses Problem.
Sauber und die Firma Michelin, mit deren Reifen das Brun-Porsche-Team 1986 das World Endurance Championat gewonnen hatte, taten sich schwer, die hervorstechenden Eigenschaften des C9 in den Griff zu bekommen. Die Motorleistung sowie die Abtriebskräfte hatten gegenüber dem C8 in unvorhergesehener Weise zugenommen. Hatte jener Wagen bei seiner Monza-Höchstgeschwindigkeit von 290 km/h Abtriebskräfte, die der Masse des Wagen-Gesamtgewichts entsprachen, so betrug dieser Wert beim C9 glattweg das Doppelte. Den Sauber-Mercedes zu beherrschen, war angesichts dieser Tatsache ein schweres Stück Arbeit.

Damit mobilisierte der Sauber C9 sehr viel mehr Abtriebskräfte als der Porsche 962, der in aerodynamischer Hinsicht ein direkter Nachfahre des 1982er Typs 956 darstellte. Und vermutlich war der Abtrieb des C9 auch stärker als bei Southgates revolutionärem Jaguar, der sich offensichtlich besser beherrschen ließ.
Die hinteren Reifen und Aufhängungen wurden von den Auswirkungen der starken Abtriebskräfte in Verbindung mit dem hohen Leistungspotential des C9 am stärksten beansprucht. Sauber benutzte Bilstein-Gasdruckdämpfer, nachdem man mit zweifach justierbaren Penske-Dämpfern die Erfahrung gemacht hatte, daß sie nicht robust genug waren. Am Wagenheck gab es Lufthutzen, durch die man den Dämpfern Frischluft zuführte. Auf einen hinteren Stabilisator hatte man verzichtet, weil ohne einen solchen eine größere Traktion zu registrieren und auch die Lebensdauer der Reifen länger war.
Michelin dürfte in jener Rennsaison viel gelernt haben, desgleichen Leo Ress, der Mike Thackwell nicht nur als talentierten Fahrer, sondern auch als einen befähigten Instruktor kennenlernte, der dem Team sein Wissen und Können mit akademischer Gründlichkeit zu vermitteln verstand. Er kam mit dem C9 immer besser zurecht, und letztlich nahm man auf seine Empfehlung nur eine einzige Änderung am Wagen vor: sie betraf den Anstellwinkel des Heckflügels. Doch noch war Thackwell längst nicht am Ziel angelangt, was das volle Beherrschen des C9 betraf. Auch er hatte noch einiges zu lernen...
Immerhin – der Sauber-Mercedes hatte bewiesen, daß er sehr schnell war und in Sprintrennen Rekordrunden zu absolvieren vermochte. Unter voller Ausschöpfung der laut Reglement zugestandenen Kraftstoffmenge präsentierte der aufgeladene V8 eine Spitzenleistung, die sich mit der des Jaguar V12 durchaus messen konnte, wenn nicht sogar überlegen war.
Alles herauszuholen, was die Kraftstoffration hergab, war entscheidend. Würde der Sauber-Mercedes nicht nur über die kurze Distanz eines Sprintrennens, sondern auch über 1000 oder mehr Kilometer in Hochform bleiben und dabei so wirtschaftlich zu fahren sein, daß man ihm echte Chancen zugestehen konnte? Noch hatte es 1987, wie die Ausfallquote bewies, nicht ganz danach ausgesehen.
Sauber und Mercedes-Benz wurden durch das Erscheinen Schlessers in ihren Absichten bestärkt, weiterzumachen. Sein Sieg auf dem Nürburgring und die Zuversicht des jungen Franzosen, dessen Onkel Jo Schlesser im Motorsport ebenfalls eine großartige Karriere absolviert hatte, waren motivierend. Leider zog Yves Saint-Laurent zum gleichen Zeitpunkt seine Sponsorschaft zurück.
Um so stärker engagierte sich von jetzt an der Motorenlieferant. Nach endlosen Diskussionen auf unterschiedlichen Ebenen im Hause kristallisierte sich bei Mercedes-Benz die Überzeugung heraus, daß einem offiziellen Bekenntnis zum Motorsport nichts mehr im Wege stünde. Eine gewichtige firmenpolitische Entscheidung, die in einer Zeit getroffen wurde, als im Unternehmens-Management eine breite Umstrukturierung vorgenommen wurde. Werner Breitschwerdt verließ das Haus, Edzard Reuter wurde Vorstandsvorsitzender des Mutterkonzerns, Professor Werner Niefer sein Stellvertreter. Als Chef des Personenwagen-Bereichs war Niefer stets ein Befürworter des Rennsports gewesen, nicht zuletzt, weil er die Meinung vertrat, daß der motorsportliche Wettbewerb der Serienfertigung nach wie vor wichtige Impulse verlieh und seine Tradition seit jeher zum Image des Hauses gehörte.
In der Formulierung der Mercedes-Benz AG ließ sich die Zielsetzung einer Beteiligung an der Gruppe C in einem Satz zusammenfassen: „Wir sind dabei, um im internationalen Wettbewerb die Kompetenz zu erbringen sowie die technischen und synergetischen Möglichkeiten aufzuzeigen, die unsere heutige Philosophie in der Motorenkonzeption und im Motorenbau erkennen lassen, wenn es um die Erzielung höchster Leistungen bei geringstmöglichem Kraftstoffverbrauch geht.“

Jetzt konnte Sauber damit rechnen, die Unterstützung in jener Größenordnung zu erhalten, die sein ehrgeiziges Weltmeisterschafts- und Supercup-Programm erforderte. Die Farben des Hauses AEG, einer Daimler-Benz-Tochter, auf seinen Fahrzeugen machte deutlich, woher das Geld kam. Für die Motoren und den Antrieb war von jetzt an Dr. Hermann Hiereth verantwortlich, seine Abteilung wurde auf 35 Mitarbeiter erweitert. Nach außen hin verdeutlichte ein merklich angewachsener Fahrzeug-Troß an den Rennstrecken die Intensivierung der Zusammenarbeit, zu welchem auch ein Kommunikationswagen zur drahtlosen Daten-Fernübertragung (Telemetrie) sowie ein Spezialfahrzeug gehörten, das eigens mit Geräten für die Qualitätskontrolle des verwendeten Kraftstoffs ausgerüstet war.
Der Stellenwert, den der Rennsport bei Mercedes-Benz nun wieder einnahm und der dadurch aufgewertete Status des Sauber-Teams veranlaßte Hiereth, eine umfassende Analyse aller Möglichkeiten zu erstellen, deren Parameter das Reglement der Gruppe C vorgab. Auch die Konkurrenz wurde genauestens analysiert. So ermittelte man zum Beispiel das Gewicht sämtlicher Antriebsaggregate, die derzeit in der Gruppe C zum Einsatz kamen, vom 2,0-Liter-Vierzylinder-Turbomotor des Toyota bis zum großen 7,0-Liter-V12 des Jaguar. Von den Japanern hatte man erfahren, daß sie neue V8-Turbomotoren mit 3,5 Liter Hubraum in der Entwicklung hatten. Schlugen sie den richtigen Weg ein?
Der Unwirtschaftlichkeit hoher Reibungsverluste, so wußte man, konnte man nur durch ein Zurücknehmen der Motordrehzahl begegnen, wobei als Ausgleich zugleich das Drehmoment angehoben werden mußte, wollte man am Ende keine Leistungseinbuße registrieren. Es bestätigte sich die Erkenntnis, daß ein verhältnismäßig hoher Hubraum und eine Aufladung in bescheidener Größenordnung das beste Konzept darstellten.
Höherer Ladedruck hatte nicht nur größere Verbrauchswerte zur Folge, sondern veränderte auch das Ansprechverhalten. Hier genau das Mittelmaß

Supercup-Gruppe-C-Rennen 1988: Sauber-Mercedes C9 und seine starke Konkurrenz.

Windkanal auf dem Bildschirm: Computerzeichnung der unterschiedlichen Strömungsgeschwindigkeiten an der Fahrzeugoberfläche eines Sauber-Mercedes C9. Unten die Netzdarstellung der Oberfläche sämtlicher exponierter Bauteile.

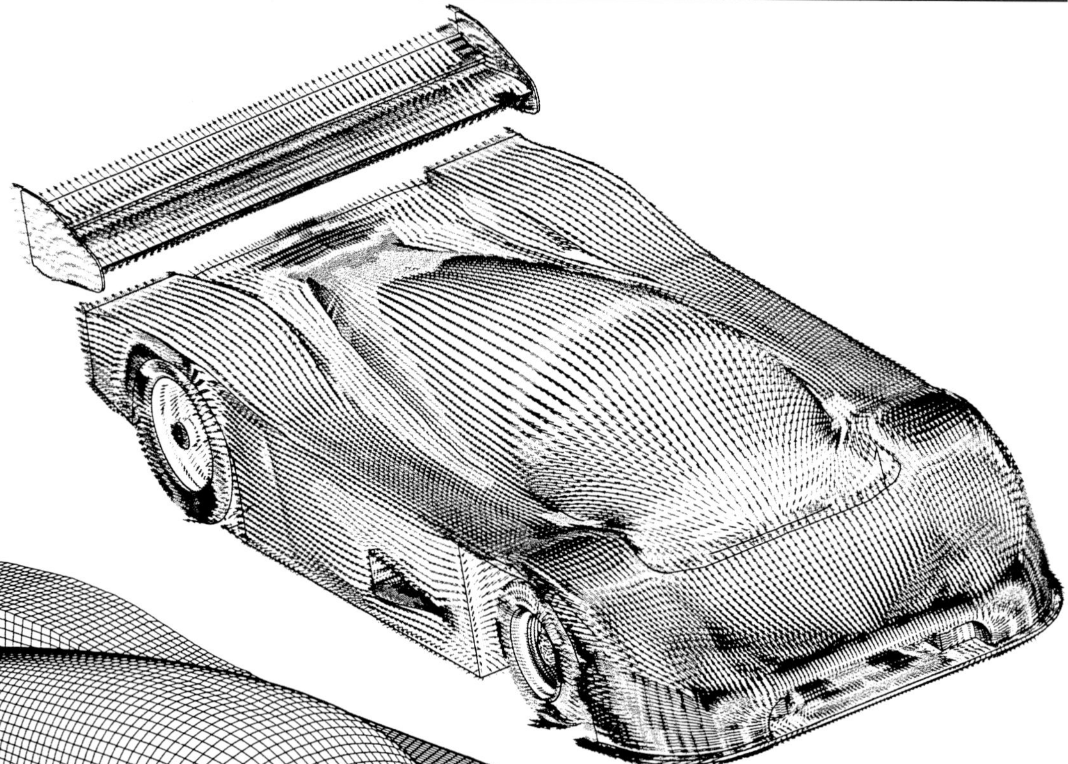

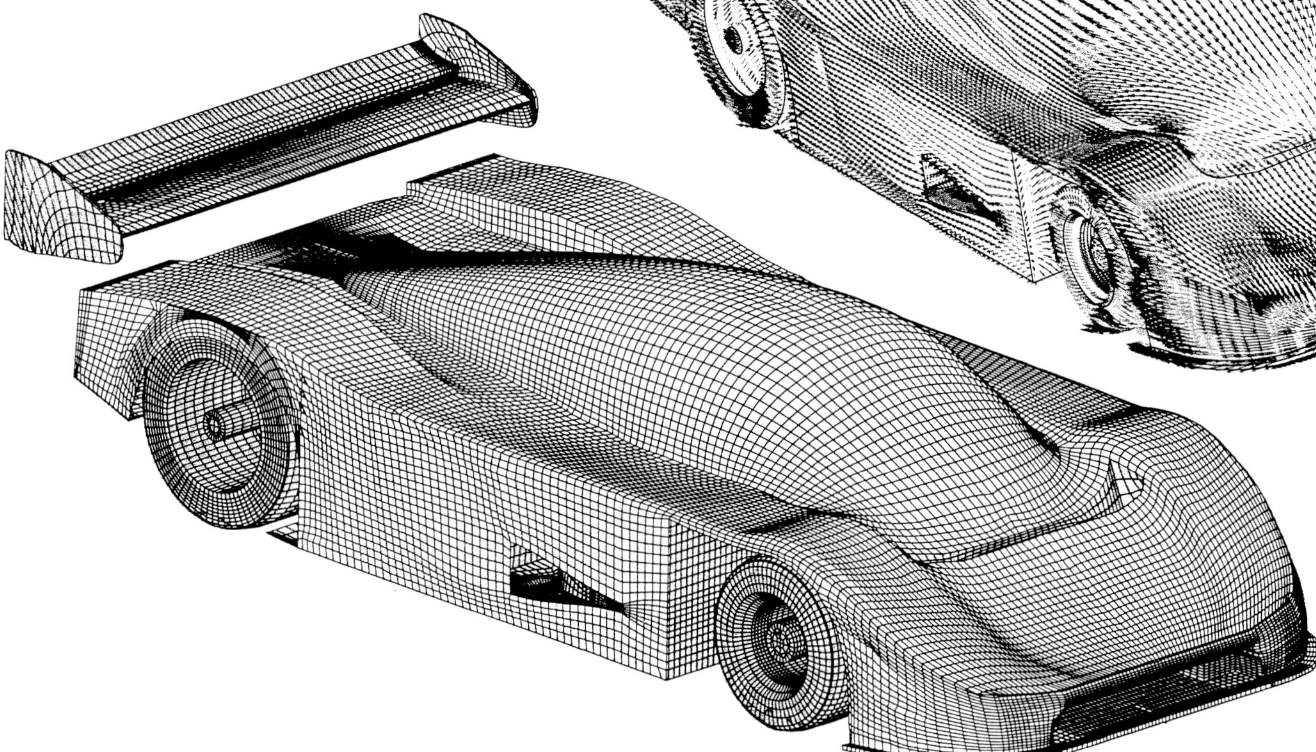

zu finden, war von größter Bedeutung, denn verzögerungsarme Lader-Aktivierung war im Hinblick auf unterschiedliche Fahrsituationen wichtig. Anpassung war das Stichwort, denn man fuhr ja nicht ständig auf Höchstleistung, sondern auch einmal langsam, etwa bei Regen oder hinter einem Schrittmacher-Wagen.

Richtig angewendete Aufladung ermöglichte eine maßgeschneiderte Verfügbarkeit der Motorleistung, jeder Situation angepaßt. Überhaupt ließen sich per Aufladung die Charakteristika eines Motors erst richtig nutzen. Beim Jaguar-Motor profitierte man zwar von der unmittelbaren Ansprechreaktion am Gas, doch mangelte es der 7,0-Liter-Maschine genau an jener Elastizität, die ihr per Aufladung über einen breiteren Drehzahlbereich gutgetan hätte. Mit einem Motor von etwa 5,0 Liter Hubraum und maximalem Ladedruck von 2,0 bar, einer Drehzahlgrenze von 7500/min und einem Gewicht von nicht mehr als 210 kg, so fanden die Mercedes-Benz-Ingenieure heraus, ließen sich die gesteckten Ziele am besten erreichen. Ihr V8-Motor brachte also alle Voraussetzungen mit, die sie als notwendig erachteten, um in der Saison 1988 weiterzumachen.

Man beließ es beim M117 bei der Verdichtung von 8,5 zu eins und einer Höchstdrehzahl von 7000 Touren. Neu waren die Kolben und erstmals H-förmigen, aus dem Vollen gearbeiteten Titanpleuel. Letztere maßen 170,5 mm von Auge zu Auge und waren damit 10 mm länger als zuvor. Dementsprechend wählte man eine kürzere Kompressionshöhe des Kolbens.

Die Kolben lieferte Mahle. Sie wiesen einen zusätzlichen Ölkanal für verbesserte Kühlung auf und waren um ein Viertel leichter als Serienkolben im M117-Motor. Bestückt wurden sie mit drei Ringen aus Gußeisen, deren Stärke geringer als in der Serie und deren oberster verchromt war. Auf Mahles Empfehlung bezog man sie von der amerikanischen Firma TRW.

Leichtere Kolben und Pleuel ermöglichten auch eine Gewichtsreduzierung der Kurbelwelle und ihrer Ausgleichsgewichte. Insgesamt kam man auf eine Verminderung um 30 Prozent gegenüber den identischen Teilen des Serienmotors.

Die Fernübertragung aller Daten des Motormanagements per Telemetrie gab der Crew an den Boxen permanent Aufschluß über sämtliche Funktionsdetails. Schon beim C111-III im Jahre 1978 hatte man sich dieser Online-Einrichtung bedient. Auch zehn Jahre später konnte man am Monitor den Zustand des Gruppe-C-Motors, seine Betriebstemperatur, seinen Kraftstoffverbrauch und zahlreiche andere, per Funk übermittelte Werte fortlaufend am Bildschirm ablesen, Runde für Runde. Gerade für die Messung der Verbrauchswerte bot das Bosch-MP1.7-System beste elektronische Übertragungsvoraussetzungen.

Auch der Fahrer vermochte den Spritkonsum exakt zu verfolgen. Der ihm angezeigte Wert am Armaturenbrett errechnete sich aus 11 Parametern und übermittelte ein Warnsignal, wenn einer der Faktoren sich negativ veränderte. Die Bosch-Instrumentierung beinhaltete auch ein Display für die Reifendrücke; die Werte wurden von einem Sensor an jeder Felge ermittelt. Nahm der Druck an einem Rad ab, leuchtete am Armaturenbrett eine entprechende Kontrolleuchte auf.

Der mit den Boxen über Sprechfunk verbundene Fahrer hatte die Möglichkeit, über einen Schalter anweisungsgemäß das Gemisch zu regeln, ebenso den Ladedruck, der im Rennen normalerweise 1,0 bis 2,0 bar betrug. Bei 1,8 bar kam man beim M117 auf ein Drehmoment von 698 Nm bei 3000/min, das sich bei 5000/min auf 773 Nm erhöhte und bei 7000 wieder auf 698 zurückfiel. Die Leistungskurve stieg von 300 PS bei 3000/min auf 660 PS bei 7000/min.

In Qualifikationsläufen fuhr man auch mit Ladedrücken über 2.0 bar, um bei 7000/min auf 1044 Nm zu kommen; das Leistungsband erstreckte sich dann von 360 PS bei 3000/min bis 770 PS bei 7000. Solchem Leistungszuwachs mußten aber auch die Elemente der Kraftübertragung gewachsen sein; für Hermann Hiereth und sein Team eine große Herausforderung.

Zunächst wurden bei der Firma Staffs Silent Gear stärkere Getriebe-Zahnräder bestellt. Zugleich erfuhr das Getriebegehäuse eine intensive Überarbeitung; die Verringerung der Wandstärke sparte Gewicht ein. Alle Teile des Getriebes und des Antriebs nahm man sich individuell vor, wobei ein internationales Teamwork zugange war: X-Trac in Großbritannien lieferte die Hauptwelle und das Salisbury-Differential, von ATA in Finnland kamen Teller- und Kegelrad, die Halbachsen und Antriebsgelenke bezog man von der deutschen Firma MAT, ein kleines Unternehmen, das ein ehemaliger Unicardan-Mitarbeiter leitete.

Leo Ress arbeitete in Hinwil an der Perfektion des Fahrzeugs gemäß den jüngsten Gruppe-C-Reglementsveränderungen, die nun eine Bodenplattform in voller Wagenbreite vorschrieben bei einer Länge von 900 mm. Auch die Maximalhöhe des Venturi-Luftaustritts hatte man begrenzt, und zwar auf 280 mm über dem Boden. Dies konnte erhebliche Auswirkungen auf den von Leo Ress erzielten Erfolg bei der Vermehrung des Abtriebs des C9 haben.

Im Mercedes-Benz-Windkanal untersuchte man den C9 auf seine Veränderungen hin anhand eines 1:5-Modells. Man kam zu der Feststellung, daß man die Luftaustrittsöffnungen am Heck den neuen Vorschriften gemäß abändern konnte, ohne Zugeständnisse an den notwendigen Abtrieb machen zu müssen. Ress brachte es sogar zuwege, den Luftwiderstand des Fahrzeugs um weitere zehn Prozent zu senken. Mit den kleineren Venturikanälen reagierte der Wagen wesentlich empfindlicher bei Nick- oder Rollbewegungen sowie auf Änderung der Bodenfreiheit. Die Abstimmung des Fahrwerks war also von noch größerer Bedeutung als zuvor.

Die Gewichtsverringerung war eines der Ziele Ress' für den 1988er Wagen, eine Verbesserung des Bremsverhaltens ein anderes. Den ersten C9/88 brachte er von 900 auf 870 kg herunter; bei den Bremsen ging er von AP zu Brembo über. Eine Entscheidung, die aufgrund ausgedehnter Tests auf dem Nürburgring getroffen wurde. Bei einer neuen Art von Bremsscheiben verwendete Brembo asbestfreie Beläge mit einem μ-Wert (Reibwert) von 0,45.

Auch wiesen die Brembo-Bremsen eine neue Scheiben-Innenbelüftung auf, die bei einem Gruppe-C-Fahrzeug bislang nicht zur Anwendung gekommen war, sondern nur bei Volvos der Gruppe A. Das Geheimnis lag in einer anderen Ausformung der Fächer zwischen den Scheibenblättern, so daß ein intensiverer Luftdurchsatz zur Kühlung gewährleistet war.

Insgesamt war die *Pioli*-Scheibe von Brembo bei 32 mm (statt 35 mm) Gesamtstärke leichter, sie wog nur 6,2 kg. Als Bremssattel wurde ein Vier-Kolben-Festsattel aus Aluminium, bestehend aus zwei aus dem Vollen gefrästen Hälften, verwendet, der nur 3,2 kg wog und noch steifer war als der AP-Sattel, außerdem verfügte er über eine bessere Befestigung am Radträger. Die gußeisernen Scheiben hatten 355,5 mm Durchmesser und erforderten 17-zöllige Vorderräder. Bei Sauber entschied man sich, von BBS zu Speedline zu wechseln. Die einteiligen Speedline-Felgen fielen zwar nicht leichter aus, aber sie brachten ein Plus an Verwindungssteifigkeit und trugen besser zur Kühlung der Bremsen bei.

Der erste Probelauf des Sauber C9 als offizielles Mercedes-Benz-Fahrzeug fand in Zusammenarbeit mit Michelin im Februar 1988 auf der Jerez-Strecke in Spanien statt. In den Augen Leo Ress' war er „ein einziges Desaster". Jerez ist eine Strecke, die bekanntlich jedem Getriebe zusetzt – „und im Antrieb brach tatsächlich alles, was nur kaputtgehen kann. Wir mußten befürchten, daß Mercedes-Benz das gesamte Projekt sofort stoppen würde. Die ganze Nacht haben wir konferiert..."

Hiereths Männer setzten alles daran, um in Erfahrung zu bringen, wo das Problem mit dem Antrieb lag. Sie installierten Dehnungsmeßstreifen, um die Stoßfaktoren an den Antriebswellen zu messen. Ziemlich schnell stellte sich heraus, daß es das hohe Drehmoment war, das die Wellen überforderte; man mußte ihre Elastizität erhöhen, um Bruch unter starkem Lastwechsel zu verhindern.

Einige Wochen später stellte Sauber den einzigen zur Verfügung stehenden C9 an den Start zum 800-Kilometer-Lauf auf der nämlichen Strecke – erste Runde um die Weltmeisterschaft der Sport-Prototypen. Und es gab Antriebsärger, wie erwartet. Nur nicht für Sauber, sondern für zwei der drei favorisierten Jaguar! Der Sauber-Mercedes drehte seine Runden ohne die geringsten Zwischenfälle – und gewann das Rennen.

Der letzte der drei in Jerez überlebenden Jaguar XJR-9 war eindeutig schneller als der C9/88 gewesen, was den Briten aber auf diesem Kurs nicht zum Vorteil gereicht hatte. Vermutlich setzten dem Sauber-Mercedes seine Michelin-Reifen Grenzen, die nur bei noch stärkeren Abtriebskräften ihre besonderen Vorteile boten, eine Erfahrung, die das Joest-Porsche-Team eine Saison später ebenfalls machen sollte. Der relativ kurze Radstand des C9 mit 2700 mm und das gewaltige Leistungspotential bei geringen Motordrehzahlen verlangten hohes fahrerisches Können, wenn aus langsamen Kurven herausbeschleunigt werden mußte.

In schnell zu fahrenden Kurven verhielten sich die Michelin-Reifen wesentlich besser, insgesamt gesehen aber ließ sich das Fahrzeug, voll ausgefahren, nur unter Schwierigkeiten beherrschen. Der einstige Ferrari-Grand-Prix-Pilot Stefan Johannson bestätigte dies: „Man muß unerhört aufpassen, wenn man schnellfahren will. Sich außerhalb der Ideallinie zu bewegen, darf man sich keinen Moment erlauben."

Leo Ress meinte, daß eine bessere Beherrschbarkeit des C9/88 zwar wünschenswert wäre, „aber ein wirkliches Problem sollte dieser Punkt für einen Spitzenfahrer nicht darstellen. Jeder schnelle Wagen ist letztlich schwierig zu fahren."

Weder in Jerez noch im nächsten, in Jamara stattfindenden Rennen vermochte der C9/88 ein Tempo vorzulegen wie der Jaguar XJR-9, der das zweite Rennen gewann. In Monza und Silverstone indessen kamen sich die Rivalen näher. Michelin hatte für Monza einen neuen Reifentyp mitgebracht, der sich aber schon im Training als fehlerhaft erwies: Einer der Pneus platzte, als Schlesser an der Ascari-Schikane abbremste, und bei Mauro Baldis Wagen explodierten beide Hinterreifen gleichzeitig bei einem kurzen Höchstgeschwindigkeits-Sprint...

Michelin zog ein weiteres Kaninchen aus dem Hut – in Gestalt eines im Durchmesser 730 mm großen Reifens (statt 720 mm) mit folglich geringerer Drehzahl bei gleicher Geschwindigkeit. Dieser Pneu wies eine andere Gummimischung sowie einen anderen Karkassenaufbau mit stärker gewölbten Seiten auf, ferner hatte er mit 340 statt 350 mm eine schmalere Lauffläche. Das Sauber-Mercedes-Team wagte einen neuen Versuch. Jetzt schien tatsächlich alles in Ordnung zu sein – diese Reifen hatten eine wesentlich bessere Haftung und neigten in kritischen Kurven nicht zum plötzlichen Ausbrechen. Das anfängliche Glücksgefühl wich neuen Enttäuschungen während des

Trainings zum Le-Mans-Rennen. Es zerriß einen Reifen dergestalt, daß sich später nicht rekonstruieren ließ, was ihn zum Platzen gebracht hatte, und Michelin war auch nicht imstande, eine Erklärung hierzu abzugeben.
Die Sache war Sauber zu ungewiß – man beschloß, in Le Mans nicht zu starten. Ein Unglück wie 1955 konnte man sich unter dem Zeichen des Mercedessterns nicht erlauben.
Michelin steckte in einem Dilemma. Daß die Franzosen ausgezeichnete Hochgeschwindigkeitsreifen herzustellen imstande waren, stand eigentlich außer Zweifel; auch der mit Michelin bestückte C111-IV, über 400 km/h schnell, hatte hierfür den Beweis erbracht. Vielleicht war es der Schmirgeleffekt des neuen Straßenbelags auf der Mulsanne-Geraden, der bei Geschwindigkeiten über 370 km/h den Pneu zum Explodieren brachte?
Eine Woche nach Le Mans brachte man einen der Sauber-Wagen nach Clermont-Ferrand zur Michelin-Teststrecke, um mit den dort vorhandenen Prüfeinrichtungen das Reifenverhalten in allen Phasen einer Rennbelastung eingehend zu untersuchen. Die fraglichen Reifen hielten „recht hohen Belastungen“ stand, wie Leo Ress bestätigte, aber selbst unter noch härterer Belastung hätte es seiner Meinung nach nicht zu jenen spektakulären Pannen kommen dürfen. So blieb es bei der Annahme, daß die Reifen sich auf dem neuen Mulsanne-Straßenbelag punktuell durchgeschmirgelt haben mußten oder durch Fremdkörper Schaden genommen hatten.
Das TWR-Team stabilisierte seine Position in der Weltmeisterschaft durch weitere Siege in Monza, Silverstone und Le Mans. Doch mit fortschreitender Saison übernahm Sauber die Führungsrolle. Der anfängliche Mangel an Erfahrung war bald kein Thema mehr. Der C9/88 war schneller in den Kurven und auch eindeutig dort im Vorteil, wo es um Beschleunigung ging, ohne daß die Treibstoffreserven übermäßig strapaziert wurden. Wo Sprit floß, um die Gesetze der Aerodynamik zu überwinden, wie in Monza, Silverstone oder Le Mans, brachte der XJR-9 die offensichtlich günstigeren Voraussetzungen mit. Doch an die enorme Elastizität des deutschen V8 kam der britische V12 nicht heran, auch nicht an dessen Sparsamkeit bei Teillast. Sein nutzbarer Drehmomentbereich beschrieb zwischen 4500 und 6500/min eine ziemlich flache Kurve, der Maximalwert wurde bei 5500/min mit 827 Nm erreicht. Bei einem Ladedruck von 2,0 bar kam der M117 auf den gleichen Wert schon bei 3000 Touren.
Ideal für den Einsatz des C9/88 war eine kurvenreiche Strecke wie die in Brünn in der Tschechoslowakei. Brands Hatch war ähnlich, nur hatten beide Sauber-Mercedes das Pech, dort in einen Unfall verwickelt zu werden; das TWR-Jaguar-Team siegte ein weiteresmal, anschließend auch in Fuji, Japan, wo der Ausfall eines Überdruckventils am Turbolader und der Bruch einer Bremsscheibe dem Sauber-Mercedes-Team die Chancen vereitelte.
Nun, in Brünn übertrumpfte der C9/88 die Briten, und nicht anders war es beim 1000-Kilometer-Rennen in der Eifel. Erfolgreich für Sauber-Mercedes verliefen auch die 1000 Kilometer von Spa und das 360-km-Rennen von Sandown Park/Australien.
Wenn es jetzt noch eine Schwachstelle gab, dann war es die Kraftübertragung, die schon einmal zu bösen Überraschungen Anlaß gegeben hatte. Man wechselte vorsichtshalber in kurzen Intervallen die Antriebswellen, um das Risiko eines Bruchs gering zu halten. So hatte es in der 1988er Saison lediglich die Ausfälle durch Unfall in Brands Hatch gegeben, einen weiteren auf dem Nürburgring, und schließlich die Panne mit der gebrochenen Bremsscheibe in Japan.
Der Scheibenbruch war die Folge eines Fehlers, der bei einem Boxenstop passierte. Man hatte die Belege gewechselt, aber offensichtlich nicht richtig. Ansonsten bewährten sich die Brembo-Anlagen während der gesamten Saison großartig. Ein vorzeitig auftretender Verschleiß, wie er in Monza registriert wurde, hatte seine Ursache in einer Fehldiagnose: Im Rennen war er beträchtlich höher als im Training.
Normalerweise reichte ein Satz Beläge vorn für 500, hinten für 700 Kilometer. In Silverstone hielten sie sogar die gesamte 1000-Kilometer-Strecke durch. Brembo bezeichnete den C9/88 als den Wagen mit dem besten Bremsverhalten als ein Ergebnis der Faktoren Gewichtsverteilung, Abtrieb des Fahrzeugs und Bremsenkühlung.
Bei TWR probierte man erstmals bei einem Gruppe-C-Wagen Bremsscheiben aus Kohlenstoff und Belege aus dem gleichen Material, aber nur in den Qualifikationsläufen. Mehrfach schien man bei Jaguar auch bessere Reifen fürs Training zur Verfügung zu haben, doch nur ein einzigesmal wurde ein C9/88 aus der Pole Position verdrängt – in Fuji, wo die japanischen Turbo-Fahrzeuge mit Reifen antraten, die eine extrem stark haftende Gummimischung hatten, eigens für den Fuji Circuit entwickelt. Ohne Turbo-Aufladung vermochte TWR hier nicht mitzuhalten.
Während des Saisonverlaufs 1988 erfuhr der Sauber-Mercedes einige Modifikationen. So gab man den Dämpfern Hitzschutzbleche, und dem Brands-Hatch-Wagen hatte man eine kürzere Nase verpaß, was zwar eine geringfügig höhere Kühltemperatur zur Folge hatte (in nördlichen Breiten kein Thema), aber Strömungsvorteile an der Heckpartie des Wagens ergab.
Zusätzliche Anstrengungen zur Gewichtsreduzierung unternahm man nicht. Einem Trockengewicht von den minimal geforderten 850 kg möglichst nahezukommen, bot für Leo Ress keinen besonderen Anreiz, denn mit dem Fahrer und dem Kraftstoffvorrat an Bord wurden die Differenzen zur Konkurrenz marginal.
Anfangs hatten die Wagen 03 und 04 ein Gewicht von 860 bis 870 Kilogramm, bei Saisonbeginn 1987 war man rennfertig auf 880 bis 890 Kilogramm gekommen. Wagen 01 benutzte man für Supercup-Sprintrennen, bei denen ein höheres Gewicht zwar ein Handicap darstellte, die Erfolge des Sauber-Mercedes dennoch nicht schmälerte.
Beim ersten Supercup-Sprintrennen hatte es einen Totalausfall gegeben. Schlesser mußte mit Kurbelwellenbruch seinen Wagen abstellen. So etwas gehörte beim M117 aber zu den allerseltensten Ausnahmeerscheinungen. Schlesser gewann anschließend drei der Supercup-Wettbewerbe und konnte somit Hans Stuck auf Porsche den Meisterschaftstitel für 1988 abnehmen. Das zählte durchaus, aber die Sportwagen-Weltmeisterschaft war Sauber-Mercedes nicht zugefallen, auch kein Sieg bei den prestigeträchtigen 24 Stunden von Le Mans – Ziele, die erreicht werden mußten, wollte Mercedes-Benz sein neues motorsportliches Engagement vor sich und der Welt rechtfertigen.

Bei Mercedes-Benz hat man es verstanden, aus einem Serienmotor ein erfolgreiches Hochleistungsaggregat für den Renneinsatz in der Gruppe C zu machen – ein Wettbewerb, bei welchem es um die Symbiose aus geringstmöglichem Gewicht, hoher Leistungsausbeute und Wirtschaftlichkeit im Kraftstoffverbrauch geht...
Hermann Hiereth

Rückkehr der Silberpfeile

1989 und 1990 nahmen die Rennen in der Gruppe C an Härte zu. Aus dem Fernen Osten traten Toyota und Nissan auf den Plan, und Porsche machte keinerlei Anstalten, sich mit dem 962 aufs Altenteil zurückzuziehen. Bei TWR arbeitete man an einem neuen Turbo-Wagen. 1989 kehrte auch Aston Martin auf die Rennstrecke zurück, und der leichtgewichtige Cosworth-Spice machte deutlich, was zukünftig von der neuen 3,5-Liter-Generation ohne Aufladung zu erwarten sein würde.
Eine Teilnahme am 24-Stunden-Rennen von Le Mans machte die FISA 1990 von einer Nennung zu sämtlichen Weltmeisterschaftsläufen abhängig. Das veranlaßte die Japaner, ein volles Programm zu fahren. So waren 1990 außer Sauber-Mercedes sechs Fabrikate vertreten: Nissan, Toyota, Joest-Porsche, TWR-Jaguar, Cosworth-Spice sowie Mazda mit einem Wankelmotor-Wagen. Mazda durfte 1991 für sich sogar die Ehre in Anspruch nehmen, das erste japanische Automobil zu stellen, das – obendrein mit einem Kreiskolbenmotor – das Le-Mans-Rennen gewann. Wankelmotor-Rennsportwagen waren bislang nur als Experimentalfahrzeuge eingesetzt worden, einmal von Chevrolet, einmal von Daimler-Benz in Gestalt des C111-II.
Aber aus dem Sauber-Mercedes war ein Rennwagen geworden, der sich in voller Legitimation „Mercedes-Benz“ nennen durfte, und unter diesem Namen ließ er die Konkurrenz spüren, welches Potential in ihm steckte.
In mattsilbernem Glanz, wie es die Mercedes-Benz Tradition gebot, gingen die C9 und C11 1989 und 1990 an den Start von insgesamt 18 Rennen, von denen sie nicht weniger als 16 gewannen, einschließlich Le Mans.
Die einzige wirkliche Enttäuschung, die es gab, hatte sich Mercedes-Benz selbst zugefügt. Das war die Abstinenz vom 1990er Le-Mans-Rennen, nachdem die FISA diesen Wettbewerb zwar nur für WSC-Bewerber ausschrieb, nicht aber als Weltmeisterschaftslauf gewertet wissen wollte. Mercedes-Benz hätte hier vermutlich konsequent „abgeräumt“ – und im Hinblick auf diese Wahrscheinlichkeit wäre das Starterfeld von vornherein recht klein ausgefallen. Woran der FISA natürlich nicht liegen konnte.
Die zwei Rennen, die Mercedes-Benz nicht gewann, waren die in Silverstone und Dijon.
In Silverstone mußte 1990 ein Fahrzeug bereits im Training disqualifiziert werden, weil sein Fahrer fremde Hilfe in Anspruch genommen hatte. Mechaniker hatten den Wagen an die Boxen zurückgeschoben, als er Getriebe-Schwierigkeiten zu haben schien. Aus diesem Grund nahm am Rennen nur ein Wagen teil, der dann zu allem Pech mit einer gebrochenen, kleinen Feder im Kettenspanner der Steuerkette des Ventiltriebs liegen blieb. So gab es am Ende nur ein einziges Rennen, in welchem ein Mercedes-Benz als “did not finish the race” registriert wurde und ein zweiter Wagen mit Motorschaden ausgefallen war.
Das anderemal hatte ein Joest-Porsche den Sieg davontragen können, weil der C9 mit seinen Michelin-Reifen nicht über die volle Distanz kam, während die anderen Stuttgarter mit ihren Goodyears offenbar mehr Glück hatten.
Von 19 Starts in der 1989er Saison, wobei drei Wagen in Le Mans liefen, hatte es insgesamt nicht mehr als zwei Ausfälle gegeben. Einmal ging Jean-Louis Schlesser der Kraftstoff aus (ein Fehler beim Nachtanken in Spa-Francorchamps), ein anderesmal mußte ein C9 infolge eines Unfalls aufgeben (Kenneth Acheson in Mexiko). Die Resultate beider Jahre addiert, ergab sich eine Summe von 36 Starts mit 33 Plazierungen und 16 Siegen, zehn zweiten und zwei dritten Rängen. Blieben fünf unter „ferner liefen“, und von denen wären ein ehrenvoller fünfter Platz des dritten Wagens (zu den beiden Erstplazierten) in Le Mans 1989 aufzuzählen, dazu ein fünfter Platz in Jarama, der sich wegen Verzögerungen durch eine Bremsenreparatur ergab. 1990 gab es nach dem Auswechseln der Black Box einen achten Platz in Spa, in Kanada einen neunten nach einer Reifenpanne als Folge einer Kollision, und in Mexiko eine nachträgliche Disqualifikation, nachdem sich herausstellte, daß einer der Wagen eine minimales Quantum zuviel Treibstoff getankt hatte.
Die Fehlerquote und Zahl der Mißgeschicke innerhalb dieser zwei Jahre ist so gering, daß sich eine Diskussion über sie erübrigt. Allein der Eins-Zwei-Fünf-Erfolg in Le Mans machte deutlich, was man bei Mercedes-Benz unter Rennsportbeteiligung verstand – wie einst. Es hätte des dritten Wagens gar nicht bedurft, er fuhr eigentlich nur aus strategischen Gründen mit.
Bei den 1989er 24-Stunden wurden alle Leistungsreserven in Anspruch genommen, die zu mobilisieren waren. Die erbitterten Rivalitäten machten aus dem Wettbewerb ein Sprintrennen in Permanenz. Der obsiegende Mercedes-Benz absolvierte in den 24 Rennstunden eine Gesamtdistanz von 5264,3 Kilometern; die anderen Rennen 1989/90 gingen jeweils über nicht mehr als 480 Kilometer im Vergleich zu den zuvor üblichen 1000. Die Länge eines Grand-Prix-Rennens betrug in der Regel 360 Kilometer.
Die neuen Silberpfeile C9 und C11 hatten Weltmeister-Format, man durfte sie als Vollblut-Rennwagen bezeichnen. Und in einem wesentlichen Punkt unterschieden sie sich von ihrem Vorgänger, dem C9/88: Ihre Motoren stammten aus einer neuen Serie, genannt M119HL (HL für Hochleistung). Es waren Vierventiler mit einem geringen, aber nicht unbedeutenden Plus an Kraftstoffersparnis.
Aus dem M117 entwickelt, hatte der M119 andere Zylinderköpfe; den Kettenantrieb der vier obenliegenden Nockenwellen hatte man beibehalten. Obwohl seine Serienfertigung nicht vor 1989 einsetzte (für den 500 SL), war man sich bei seiner Entwicklung ab 1987 darüber im Klaren, daß er im Sauber-Rennwagen sein Debüt geben würde.
Hätte man den M119 nicht schon früher einsatzfähig machen können, zumin-

Vorbereitung der Sauber-Mercedes C9 für die Saison 1989. Als Fahrer für die geplanten neun Läufe standen Acheson, Baldi, Mass und Schlesser unter Vertrag.

dest im Rennsport? Gewiß standen dem Hiereth-Team Versuchsmotoren zur Verfügung, aber man traf die Entscheidung, sie dennoch nicht einzusetzen. Erst bei Serienanlauf wollte man sich der besten Teile bedienen, um daraus Rennmotoren zu bauen.

Daß man einen Rennmotor mit einem beliebigen Serienblock bauen konnte, bewiesen Mercedes-Benz wie auch Jaguar zur Genüge. Moderne Methoden der Qualitätskontrolle eliminieren das Risiko fehlerhafter Teile zur Gänze. Probleme aus hohen Drehzahl- oder Druckwerten braucht man nicht zu befürchten. Und das Gewicht? Mit 212 kg (ohne Ladeluftkühler) für den C11 kein Thema mehr, denn das Minimalgewicht in der Gruppe C war von 850 auf 900 kg heraufgesetzt worden.

Wenn dem M119 gegenüber einem ausschließlich für die Gruppe C konstruierten Motor (wie bei Nissan oder Toyota) ein Nachteil anhaftete, dann der eines geringfügig höheren Schwerpunkts. Auch ließ sich der Ladedruck nicht allzu stark erhöhen, allenfalls kurzfristig, etwa in einer Qualifikationsrunde – die Pleuellager setzten da eine physikalische Grenze. 2,4 bar waren das Maximum. Aber es hatte auch niemand vor, höhere Drücke zu praktizieren, zumal man mit den mittlerweile erreichten 925 PS bei 2,4 bar genügend Leistung zur Verfügung hatte. Werte von 1000 PS und darüber, mit denen Toyota und Nissan in Le Mans antraten, hätten keinerlei weitere Vorteile gebracht.

Mit 925 PS kam der Sauber-Mercedes-Benz 1989 in Le Mans auf mehr als 400 km/h, womit kein Super-Turbo-Toyota mithalten konnte. Lediglich Nissan vermochte im darauffolgenden Jahr bessere Zeiten zu absolvieren. Doch die Pole Position, die Spitzen-Startposition zu Beginn eines Rennens, das sich über volle 24 Stunden erstreckt, ist nicht unbedingt entscheidend für einen Erfolg...

Bei 3000/min zeitigte der M119 einen Drehmomentwert von 746 Nm bei einem Ladedruck von 1,8 bar (M117: 698 Nm), 827 Nm bei 4750/min (M117: 773 Nm) und wieder 746 Nm bei 7000/min. Beide Motoren gaben bei 3000 Touren 300 PS ab, bei 7000 war der M119 bei 700 PS angelangt (M117: 660). In der Saison 1990 hatte man Werte zwischen 730 und 770 erreicht.

Daten von historischer Bedeutung: Die Mercedes-Benz Rennabteilung hatte letztmalig 1937/38 solche Leistungen bei einem Rennmotor registrieren können – das war der DAB V12-Motor (5577 cm^3) mit Kompressor, den man seinerzeit für Rekordfahrten einsetzte. Er hatte 736 PS bei 5800/min und einen Ladedruck von etwa 2,3 bar. Mit 295 kg war der DAB-Motor 85 kg schwerer als der mit Ladeluftkühlern versehene M119.

Bei jedem Drehzahlwert über 3000 vermochte der hubraumgleiche M119 mehr Leistung abzugeben als der M117 Zweiventiler – vor allem ohne vermehrten Kraftstoffverbrauch. Diese überdurchschnittliche Effizienz macht die Zahl von 235 bis 255 Gramm Sprit pro Kilowattstunde bei Vollast deutlich. Aufzeichnungen über solch günstige Werte ließen sich bisher nirgends registrieren, führte Hiereth gegenüber der SAE aus.

Das Hiereth-Team unter der leitenden Mitarbeit der Ingenieure Withalm, Baehrens und Müller hatten eine glänzende Leistung vollbracht.

Der bessere Füllungsgrad und eine noch intensivere Verbrennung unterschied den M119 vom M117. In den modifizierten Brennraum ragte in der idealen Mittelposition eine einzige 14-mm-Kerze. Auch hier glich der Motor dem DAB V12 und damit einer ganzen Generation von Rennmotoren der dreißiger Jahre.

Sieben unterschiedliche Modifikationen des Brennraums, dessen Ausformungsgrenzen letztlich durch den Serienkopf bestimmt wurden, unterzog man einer Prüfung, ehe man sich für die optimale Lösung entschied. Wieder

Links: Sauber-Mercedes mit dem Vierventilmotor M119, 720 PS stark, für die Saison 1989. Man erkennt die starken, waagerecht angeordneten Schraubenfedern.

Rechts: Der vierventilige Mercedes-Motor im C9. Zum Nachzählen: Vier Nockenwellen, acht Pleuel, 32 Ventile!

Oben: Mit der Höchstleistung von 925 PS kam der 1989er Sauber-Mercedes auf mehr als 400 km/h Spitzentempo, wie in Le Mans bewiesen wurde.

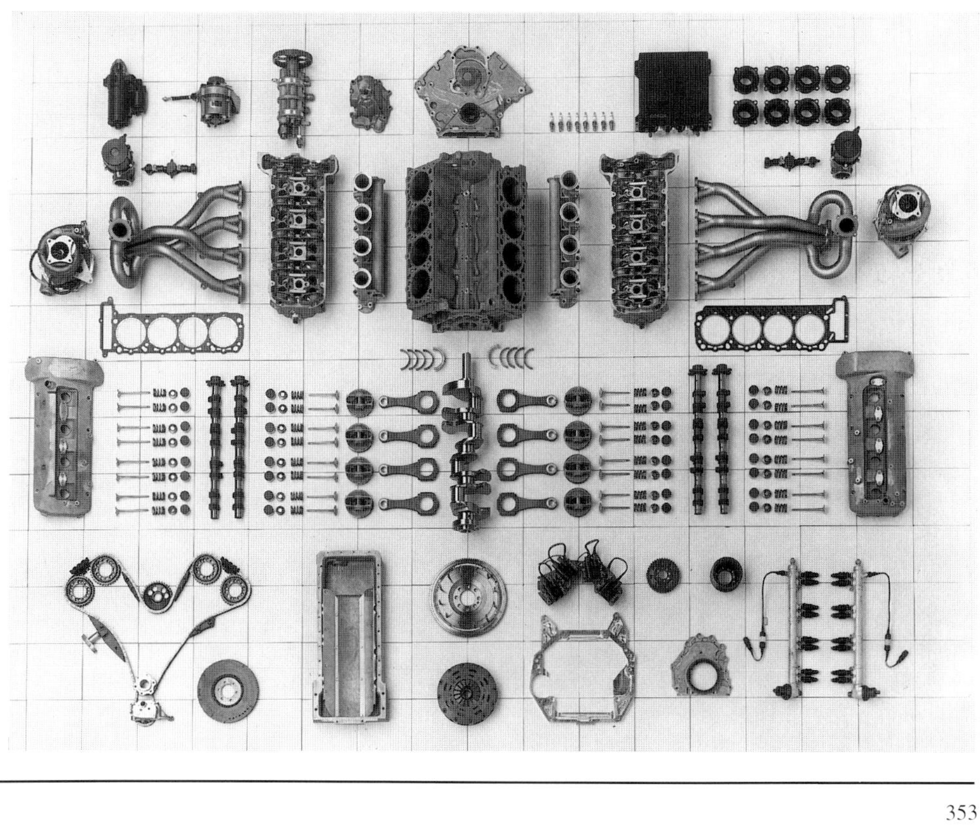

Links: Jochen Mass/Manuel Reuter/ Stanley Dickens siegten in diesem Sauber-Mercedes bei den 24 Stunden von Le Mans 1989 vor ihren Teamkollegen Mauro Baldi/Ken Acheson/Gianfranco Brancatelli.

Oben: Jochen Maass, Mitglied des 1989er Siegerteams von Le Mans, im Gespräch mit einem Kollegen, während der C9/89 im Vordergrund im Training aufgetankt wird.

Links: Zieleinlauf in Le Mans 1989. Die Zuschauer sind nicht mehr zu halten – sie stürmen die Rennstrecke, um die Helden zu feiern…

erhielt der Kolben eine leichte Vertiefung, die Verdichtung von 8,5 zu eins änderte man nicht. Der Winkel zwischen Ein- und Auslaßventilen betrug wie in der Serie 37,5 Grad; die Einlaßventile standen 23 Grad zur Zylindersenkrechten, die Auslaßventile 14,5 Grad. Erstere hatten 38, letztere 33 mm Durchmesser.
Die natriumgekühlten Ventile liefen in Bronzeführungen und wiesen Sitzringe aus Sinterstahl auf. Doppelte Schraubenfedern, hergestellt von der Firma Kauffmann, schlossen die Ventile über stählerne Tassenstößel. Die zwei obenliegenden Nockenwellen je Zylinderbank liefen in je fünf Lagern. In der Bauart glichen die Nockenwellen denen, die man für den M117 entwickelt hatte.
Die Zylinderköpfe mit ihren integrierten Stößelführungen wurden beim M119 nicht mehr durch sechs, sondern vier Kopfschrauben pro Zylindereinheit gehalten, wobei die benachbarten Zylinder sich je ein Paar teilten, was eine Summe von zehn Kopfschrauben pro Zylinderkopf ergab. Die Zylinderkopfdichtungen entsprachen im Grunde denen des Serienmotors, nur variierten sie in der Stärke und wiesen um jeden Zylinder eine zusätzliche Einfassung aus Metall auf.
Anfangs hatte es bei den Dichtungen ein Problem gegeben: Es gelangte Gemisch in den Kühlwasserkreislauf. Man begegnete dem durch eine Erhöhung des Anzugs-Drehmoments der Zylinderkopfschrauben. In der Folge kam es zu minimalen Undichtheiten nach außen, was man aber als Schönheitsfehler in Kauf nahm.
Mit 96,5 × 85 mm für Bohrung und Hub glich der M119 dem M117. Und die gleichen Modifikationen, die aus einem Serien-M117 einen Rennmotor gemacht hatten, ließ man dem Produktions-M119 angedeihen, die ihn zum M119HL avancieren ließen. Auch hier wurden die Laufflächen der Zylinder mit Nikasil beschichtet und ölgekühlte Mahle-Kolben benutzt.
Äußerlich so gut wie identisch, baute der M119 dennoch etwas niedriger, denn er hatte etwas kürzere Pleuel; sie maßen 155 mm in der Höhe.

Dementspechend war der Zylinderblock um 20 mm niedriger. Man hatte sich hierzu entschlossen, um den Schwerpunkt des Motors und damit des Fahrzeugs etwas herunterzusetzen, schon in Anbetracht des Gewichts, das die neuen Vierventil-Zylinderköpfe schließlich verursachten.
1990 erlebte der Motor einige Überarbeitungen. So verringerte man den Durchmesser der Nockenwellen und machte die Ventildeckel aus Magnesium, um Gewicht einzusparen. Die Deckel hatten eine gänzlich neue Form erhalten und wiesen eine verringerte Dichtfläche auf. Schwingungsdämpfer und Schwungrad stellte man 1990 aus Titan her, um eine weitere Verminderung des Trägheitsmoments zu erreichen; zuvor waren sie aus Stahl gewesen.
In den Wintermonaten 1989/90 widmete man sich besonders Arbeiten zur Verminderung von Reibungsverlusten. So experimentierte man mit schmaleren Kolbenringen und verringerte auch ihre Spannung. Einige Gramm ließen sich durch eine „Schlankheitskur" der Ventilsteuerung einsparen, wobei man es – bis auf die Motoren für Le Mans – mit einer Simplex- statt einer Duplexkette versuchte. Bei einer beachtlichen Reduzierung der Reibungswerte kam man zugleich auf eine Gewichtsverminderung von 40 Prozent gegenüber einem Serienmotor!
1989 lieferte KKK erstmals Turbolader in Rennspezifikation. Lader- und Turbinenräder waren nicht gegosssen, sondern aus dem Vollen gefertigt, um höchsten zentrifugalen und thermischen Belastungen noch besser gewachsen zu sein.
Weitere Verbesserungen erfuhren die Turbolader 1990, vor allem durch erfolgreiche Maßnahmen bei der Gewichtsreduzierung. Weniger Schwungmasse bedeutete geringeren Leistungsbedarf, jedes Gramm zählte. Das Verdichterrad fertigte man aus Magnesium statt aus Aluminium, und im letzten Rennen der Saison setzte man eine Turbine aus keramischem Material ein, was einer Verminderung der rotierenden Massen um 40 Prozent gleichkam. Im Endeffekt erzielte man eine Verbesserung der Ansprechzeit des Laders um eine halbe Sekunde.
Aus dem Bosch Motormanagement entwickete sich 1989 das System MP2.7 und 1990 das System MP1.8. Für das MP2.7 verwendete man zwei Einspritzdüsen pro Zylinder, je eine für jedes Einlaßventil. Für eine optimale Kraftstoff-Zerstäubung erwies sich dies allerdings nicht als ideal. Dennoch war der volumetrische Wirkungsgrad um zehn Prozent höher als beim Zweiventil-Kopf. Gegenüber dem MP1.7-System wies das MP2.7 eine Lambda-Sonde auf, die anhand von Abgas-Messungen die beste Kraftstoff-Luft-Gemischzusammensetzung ermittelte und entprechende Impulse weitergab. Das funktionierte bei Testfahrten auf der Rennstrecke aber weniger zuverlässig als auf dem Prüfstand, vor allem wegen der sehr hohen Abgastemperaturen.
1990 gab es in dieser Hinsicht Fortschritte; zumindest bei Trainingsfahrten kam die Lambda-Sonde vermehrt zum Einsatz. Doch im Wettbewerb setzte man sie noch immer nicht ein. Mit dem MP1.8 ließen sich für jeden Zylinder individuelle Zündzeitpunkte ermitteln und in Verbindung mit einer Antiklopfregelung programmieren. Jeder Zylinder besaß eine eigene Zündspule und einen eigenen Klopfsensor. Der Sensor war ein Ultraschall-Druckgeber, der als 6 mm starker Stift in der Brennraumwandung eingelassen war.
Das von der schweizerischen Firma Kistler entwickelte Gerät war in einem Rennmotor zuvor noch nie getestet worden. Es registrierte den Druck im Zylinder; der Zündzeitpunkt ließ sich somit noch exakter bestimmen, was bei Vollast ein Leistungplus von meßbaren 2,2 Prozent ausmachte.
Mit der Installation des MP1.8 kam ein EEPROM-Memory zum Einsatz, das eine komplizierte Verkabelung erforderlich machte, die sich nachträglich nicht installieren ließ. So konnte man den C9/89 damit nicht ausrüsten, sondern nur den neuen C11, und auch dort gab es anfangs Probleme. Für die Datenfernübertragung per Funk (Telemetrie) hatte Daimler-Benz in Zusammenarbeit mit Bosch zudem ein EEPROM-compatibles System geschaffen, das die Bezeichnung DARAB (Daten-Registrierung, -Analyse und -Beeinflussung) erhielt.

Der M119 erwies sich als ein außerordentlich zuverlässiges Aggregat, was auch den Chassis-Konstrukteuren in hohem Maße zugute kam. Es war geplant, den neuen Motor 1989 in einem Verbundwerkstoff-Chassis zu verwenden, was aber aus Zeitgründen nicht realsierbar war. Hinzu kam, daß bei dem als Joint-Venture-Projekt zwischen Sauber und Mercedes-Benz geplanten neuen Chassis mangels entsprechender Erfahrung mit Verbundwerkstoffen einige Schwierigkeiten auftraten. Somit mußte der M119 für 1989 in ein vorhandenes C9/88-Chassis eingebaut werden, wobei sich die Bezeichnung aufgrund etlicher Modifikationen in C9/89 änderte.
Die Gesamtzahl der von Sauber gebauten C9-Wagen belief sich 1987 bis 1989 auf sechs Stück.[1]) Der Einbau des Vierventil-Motors bereitete keinerlei Schwierigkeiten, nur mußte man geringfügige Änderungen im Bereich der Abgasanlage vornehmen, da sich der M119 hierin vom M117 durch das weitere Auseinanderstehen der Zylinderköpfe etwas unterschied, auch saß der Turbolader tiefer mit Rücksicht auf den Fahrzeugschwerpunkt. Das Kühlsystem konnte beibehalten werden, bei welchem man lediglich das Druckniveau etwas angehoben hatte, der höheren Motortemperatur wegen.
In der Fahrwerksabstimmung und der Aerodynamik gab es nur Detailmodifikationen. So war eine der erkennbaren Änderungen die Glättung der Profilansicht beim C9 vorn hinter den Rädern. Damit verringerte sich der untere Teil des Radausschnitts und brachte ihn näher an den Reifen heran. Die einzige andere sichtbare Änderung stellte die neue Form der Halterung für den Heckflügel dar.
Aber man tat auch etwas für vermehrten Komfort zugunsten des Fahrers. Durch eine ovale Öffnung in der Fronthaube ließ man zusätzliche Frischluft ins Cockpit strömen. Weitere Öffnungen im Dachbereich sorgten für den Austritt der unter höherem Druck stehenden Luft, wobei der stärkere Durchsatz zu einer spürbaren Senkung der Innenraum-Temperatur beitrug.
Hatte man zuvor mit jedem Gramm Gewicht zu geizen gehabt, so mußte man mit der Einführung des 900-kg-Minimums Ballast laden – knapp 15 kg Blei waren sorgfältig im Fahrzeug unterzubringen, um die Gewichtsverteilung in der idealen Relation beizubehalten. Eine Kleinigkeit glaubte Leo Ress der Vorderachse über das bisher praktizierte 40/60-Verhältnis hinaus zuordnen zu dürfen.
Die einigemale getestete 7¼-Zoll-Dreischeibenkupplung (184 mm) mit Carbonbelägen verwendete man künftighin regelmäßig – aber nur in Sprintrennen. Sie bot durch ihr geringeres Gewicht ein vermindertes Trägheitsmoment und weniger Belagverschleiß, die Kupplung „griff" besser und war insgesamt unempfindlicher als die mit Belägen aus gesintertem Metall. In der Fahrpraxis empfanden die Piloten indessen keinen Unterschied.
In der Saison 1989 stellte Sauber sechs Wagen des Typs 9/89 auf die Räder. Den originalen C9 benutzte man ausschließlich zu Testzwecken; er erwies sich in Vergleichs-Zeitnahmen als ein Spur langsamer als die anderen Fahrzeuge, vermutlich wegen seines nicht ganz so perfekten Karosserie-Finishs.
Wie es häufig geschieht, war der Wagen mit dem neuen Motor nicht auf Anhieb schneller als in der vorherigen Version. Als der C9, erstmals mit dem M119HL Vierventiler bestückt, im Dezember 1988 in Paul-Ricard getestet wurde, ließen sich keine besseren Zeiten stoppen als mit dem C9/88. Den

[1]) Wie an anderer Stelle erwähnt, pflegte Mercedes-Benz seine Werksrennwagen niemals zu verkaufen. Im Falle Sauber lagen die Verhältnisse jedoch grundsätzlich anders, denn Sauber stellte das Team, Mercedes-Benz war Sponsor. Im Einvernehmen mit Mercedes-Benz war Sauber legitimiert, Fahrzeuge zu veräußern und machte davon auch Gebrauch. So ging der C9/89 mit der Chassisnummer 05 an den Schweizer Enthusiasten Kox Kocher; es war das Auto, mit dem Jean-Louis Schlesser und Jochen Mass in Jarama, auf dem Nürburgring, in Donington und Mexiko gesiegt hatten. Als Kocher den Wagen ebenfalls in Rennen der Gruppe C einsetzen wollte, wurde er darauf aufmerksam gemacht, daß ihm dies durch eine von ihm offenbar übersehene Klausel im Kaufvertrag untersagt war.

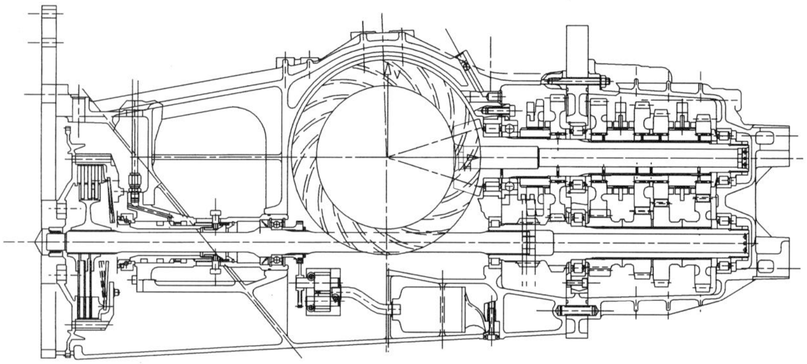

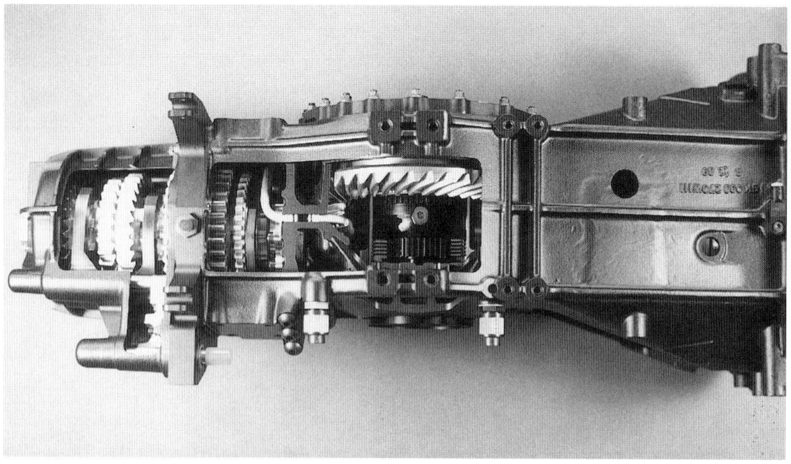

Ganz oben: Schnittzeichnung vom Fünfgang-Schaltgetriebe für den Sauber-Mercedes C11. Darunter: Blick von oben in die „Schaltzentrale".

Grund hierfür sah man in dem um 20 kg höheren Gewicht des Motors, der auch den Fahrzeugschwerpunkt und die Seitenstabilität im hinteren Bereich des Wagens beeinflußte. So galten die Bestrebungen, den Motor im Gewicht zu verringern und ihm seine Kopflastigkeit zu nehmen, was schließlich auch gelang und den M119-C9/89 schneller machte.
Der C9/89 ließ sich leichter fahren als sein Vorgänger, vor allem durch sein vermehrtes Leistungspotential. Der Vierventiler benötigte weniger Ladedruck, in seinen Grundeigenschaften benahm sich das Aggregat mehr wie ein Saugmotor. Auch dem Reifenverschleiß kam dies letztlich zugute. Am Grenzbereich zu fahren verlangte vom Chauffeur eines C9/89 dennoch ein hohes Maß an Können und Konzentration.
Vor dem Start zum ersten Rennen der Saison gehörte Sauber zu jenen Teams, die von den FISA-Abnahmeorganen darauf aufmerksam gemacht wurden, wie das geänderte Reglement bezüglich der „Abdeckung aller mechanischen Teile" verstanden werden sollte. So war angeblich das Mittelteil der Fronthaube vorn nicht lang genug, um den Kühler vollständig abzudecken. Natürlich erhöhte eine solche Korrektur den Luftwiderstand und beeinträchtigte die Strömungsverhältnisse – wenn auch nur geringfügig – am Heckflügel.
Im Verlauf der Rennsaison erwiesen sich hier noch einige Modifikationen als notwendig, nicht nur für Le Mans. So gehörten die erstmals am Nürburgring getesteten größeren Endscheiben des Heckflügels 1989 zur Grundausrüstung. Das Hauptaugenmerk galt den Reifen. Michelin hatte viel Arbeit am Prüfstand geleistet und sich bemüht, für den Sauber mit seinen starken Abtriebskräften Pneus zu entwickeln, die keine Wünsche offenließen. Die neuen Reifen für 1989 entsprachen in der Dimension jenen, die man gegen Saisonende 1988 gefahren hatte.
Dem Team standen fünf oder sechs Reifenmischungen zur Verfügung, deren Einsatz sich je nach Rennstrecke und Wetterverhältnissen richtete. Extrem heißes Wetter, wie man es in Dijon hatte, setzte die Maßstäbe, und dementsprechend setzte man auch die Feder- und Dämpferwerte fest, wobei man weniger auf aerodynamische Erfordernisse Rücksicht nahm als auf Faktoren, die auf die Lebensdauer der Pneus Einfluß hatten.
Bremsscheiben und -beläge aus Carbon testete man bei Sauber 1989 eben-

Kraft und Ästhetik: Die 1990er Version des Mercedes-Benz-Motors M119HL.

falls. Carbone Industries lieferte 355,5-mm-Scheiben (Brembo), deren Lebensdauer mit den dazugehörigen Bremssätteln und Belägen jeweils auf ein Rennen ausgelegt war. Die Bremssättel waren besonders groß dimensioniert und mit einer speziellen Abschirmung versehen, um die Bremsflüssigkeit und die Radlager gegen Hitzeeinwirkungen zu schützen.
Die Carbon-Bremsen bewirkten eine bessere Verzögerung und trugen dazu bei, daß sich der C9 noch besser handhaben ließ. Sie verringerten zudem die ungefederten Massen des Rades, was wiederum positive Einflüsse auf das Lenkverhalten hatte. Der fahrerische Vorteil lag weniger bei einem späteren Anbremsen vor Kurven als in den Reserven bei der Bremsleistung an sich.

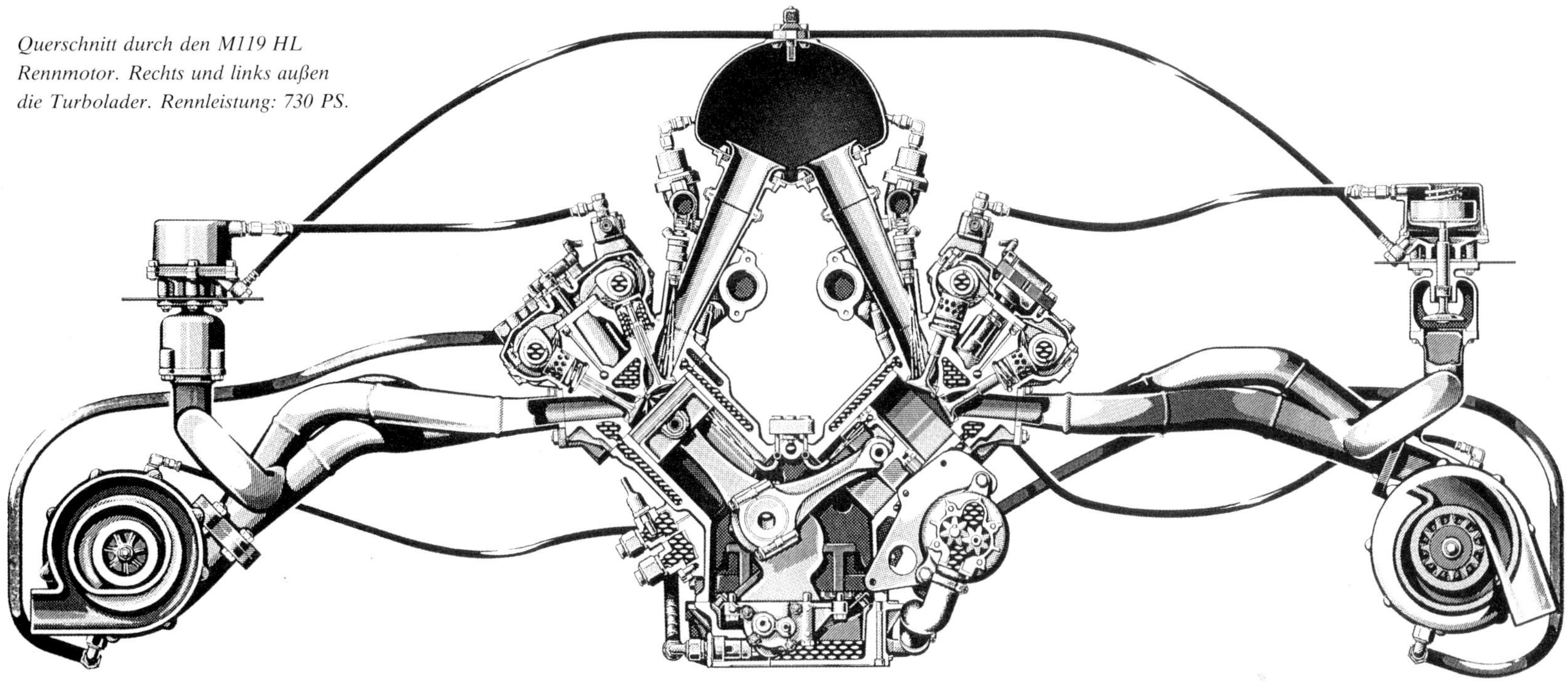

Querschnitt durch den M119 HL Rennmotor. Rechts und links außen die Turbolader. Rennleistung: 730 PS.

Nicht auf allen Strecken brachten Carbon-Bremsen nur Vorteile. Wo der Kurs kein Abbremsen aus Hochgeschwindigkeitsbereichen verlangte, neigten die Bremsscheiben zum Glasieren. So bremste der C9 in Brands Hatch entweder zu abrupt – oder gar nicht. Das Auswechseln aller vier Bremsen am Wagen nach jedem Rennen gehörte zu den Routineaufgaben des Teams.
Man gab den Fahrern Gelegenheit, die Entscheidung für die Bremsen mitzutragen. In Jarama bestand Baldi auf Carbon, Schlesser plädierte an seinem Wagen für Stahlguß. Schlesser gewann das Rennen. Baldis Pech mit seiner Bremsanlage hatte aber nichts mit dem Material zu tun, für das er sich entschieden hatte, sondern mit einem Leck in der Hydraulik.
Carbon kam weder bei den Bremsen noch bei der Kupplung zum Einsatz, als es um die Vorbereitung der Fahrzeuge für das 24-Stunden-Rennen von Le Mans ging. Bei diesen Wagen fuhr man übrigens ohne Differential: beide Antriebsachsen wurden durch einen kegelförmigen Hohlkörper direkt miteinander verbunden („starrer Durchtrieb"). Ein eventuell auftretender Schaden an einer Halbachse oder an einem Antriebsgelenk konnte dadurch nicht zu einem Totalausfall des Antriebssystems führen.
Speziell angefertigte Getriebezahnräder sollten den erhöhten Belastungen während der 24 Stunden gewachsen sein. Das Zahnrad für den ersten Gang durfte man in seiner Breite verringern, dafür erhöhte man sie beim fünften Gang. In Zusammenarbeit mit Castrol erfuhr auch der Ölhaushalt im Getriebe eine neue Spezifikation. Durch ein transparentes Rohr am Gehäuse konnte die Boxen-Crew den Ölstand visuell erkennen, und eigens für Le Mans baute man auch eine Vorrichtung zum schnelleren Nachfüllen.

Nichts überließ man dem Zufall, schon gar nicht bei Mercedes-Benz. Die für den Le-Mans-Einsatz vorgesehenen Motoren ließ man 40 bis 50 Stunden auf dem Prüfstand nach einem programmierten Lastschema laufen, welches genau dem des Sarthe-Kurses entsprach. Im März ließ man zwei Fahrzeuge in Paul-Ricard einen 24-Stunden-Trainingslauf absolvieren, ebenfalls in vollem Le-Mans-Zyklus. Besser konnte man sich nicht wappnen, und all dies war natürlich nur möglich, wenn man als Team einen Sponsor wie Mercedes-Benz in Anspruch nehmen konnte.
Eine klemmende Membran an einem der Turbolader-Überdruckventile verursachte bei einem der in Paul-Ricard getesteten Wagen einen zu hohen Ladedruck und in der Folge einen Motorschaden. Bei dem anderen Fahrzeug gab es keine Probleme, bis auf ein Leck in einer Ölleitung, das nicht sehr angenehme Dämpfe ins Cockpit gelangen ließ. Der Schaden ließ sich schnell beheben, und den etwas benebelten Fahrer löste ein Mitglied jener Crew ab, die durch den Motorschaden des anderen Wagens betätigungslos geworden war.
3800 Kilometer in 24 Stunden und 30 Minuten legte der verbliebene Paul-Ricard-Wagen zurück. Nach einer genauen Analyse aller mechanischen Fahrzeugkomponenten ergab sich nur ein einziger Punkt, den man zu verbessern gedachte; er betraf die Nockenwellen-Konstruktion, die eine leichte Veränderung erfuhr.
Die Mühe, die sich Mercedes-Benz mit der Vorbereitung von drei Motoren für den Le-Mans-Einsatz gab, praktizierte man bei Sauber gleichermaßen mit den Fahrzeugen. Zwei Optionen standen zur Wahl, die sich aufs aerodynamische Konzept bezogen: Entweder konzentrierte man sich auf eine größtmögliche Verringerung des Luftwiderstandes, um auf der 5,6 km langen Mulsanne-Geraden ein extrem hohes Tempo fahren zu können, oder man verstärkte den Abtrieb, um noch schneller aus den Kurven herauszukommen. Beide Maßnahmen resultierten in identischen Rundenzeiten.
Die erstgenannte Option versprach etwas günstigere Verbrauchswerte und weniger Belastung für das Chassis. Porsche und das TWR-Jaguar-Team pflegten sich bisher stets in dieser Richtung zu entscheiden und ihren Wagen spezielle Le-Mans-Aufbauten zu geben.
Leo Ress begann mit seinen Arbeiten für einen Le-Mans-Aufbau im Novem-

ber 1988. Zunächst fertigte er wieder ein Modell im Maßstab 1 zu 5 an, um es im Daimler-Benz-Windkanal testen zu können. Zehn Zwölfstundentage widmete er der Prüfung alternativer Bodenformen und Heckflügel. Nach Abschluß aller Erprobungen baute man einen Wagen in voller Größe auf, um ihn ebenfalls in den Windkanal zu stellen.
Mit größerer Konsequenz als die anderen Le-Mans-Wettbewerber wurde der Sauber-Mercedes-Benz auf die Erzielung hoher Geschwindigkeiten ausgerichtet. Der Wagenbug bekam anstelle des Frontspoilers einen ebenen Holzeinsatz („Splitter“ nannte man das bei den Kurzstreckenwagen), um eventuellen Bodenberührungen vorzubeugen. Die Schlitze in den vorderen Radkästen wurden verschlossen. Den einteiligen Heckflügel positionierte man möglichst weit hoch und hinten mit kleinen Endscheiben, um die Unterbodenströmung weniger zu stören

Von besonderer Bedeutung war nach Leo Ress die Konstanz des vorderen und hinteren Bodenabstands. Jede durch Fahrbahneinflüsse bedingte Abweichung wirkte sich negativ auf die Bodenhaftung aus. Das Verhältnis der Abtriebskräfte (B) zum Luftwiderstands-Beiwert (L) betrug laut Ress beim Le-Mans-Wagen 3,0 zu 1, bei einem Sprint-Fahrzeug hingegen mindestens 4,0 zu 1. Je stärker die Abtriebskräfte, desto eindrucksvoller die B:L-Relation.
Aerodynamische Messungen nahm man an den Le-Mans-Wagen nicht nur im Windkanal, sondern auch auf der Piste eines Militärflughafens und auf dem Michelin-Prüfgelände vor. Michelin legte die maximalen Belastungswerte ihrer Reifen fest, und mittels spezieller Sensoren stellte man das Auto über die Heckflügelanstellung und die Dämpferanschläge (max. Rollwinkel-Seitenneigung zur Fahrbahn) auf diese Grenzwerte ein.
Mit Reifen, die auf dem Michelin-Testgelände Geschwindigkeiten von 380 km/h klaglos verkrafteten, unternahm man dann die bereits beschriebenen 24-Stunden-Probeläufe in Paul-Ricard. Um die Reifenbelastung um eine

Der erste neue C11 wird bei Sauber in Hinwil gebaut, ein Wagen für die Teilnahme an den Weltmeisterschaftsläufen 1990.

Kleinigkeit zurückzunehmen, veränderte man später den Anstellwinkel des Heckflügels um ein Grad.
Während des Le-Mans-Rennens gab es nur eine einzige Panne: An einem der drei Wagen – es war der zweitplazierte – blockierte der fünfte Gang: Das Zahnrad des fünften Gangs war im Zahnfuß-Durchmesser kleiner als die Mitnehmerklaue – sie versagte ihren Dienst. So ließ sich der fünfte Gang beim zweitplazierten Fahrzeug nicht mehr herausnehmen, zum Glück erst gegen Ende der 24 Stunden. Doch die Motoren hatten ausgezeichnet gehalten. „Sie waren ständig in ganz hervorragender Verfassung", wie Hermann Hiereth bestätigte, „und zeigten nach dem Rennen sogar eine etwas höhere Leistung als vorher."
Inzwischen arbeitete Leo Ress an der Fertigstellung der Karosserie seiner jüngsten Kreation, die zu Ehren des C111 die Bezeichnung C11 erhielt. Schon im Sommer 1988 hatte Ress damit begonnen, doch erst im September hatte er sein Modell im Maßstab 1 zu 3 parat für Windkanal-Versuche.
Jetzt konnte er endlich auch von einem Tunnel-Rollenprüfstand Gebrauch machen, eine Möglichkeit, die man in der Schweiz entdeckt hatte. Nur geringfügige Retuschen mußte Ress an seinem C11 vornehmen, wie er sie am Prototyp, der auf einem C9 basierte, bereits vollzogen hatte. Daß es keine umfangreicheren Arbeiten mehr gab, verdankte Ress „allem, was ich beim Bau des C9 gelernt hatte... der C11 war ja nur eine Weiterentwicklung des C9, so war mir alles bestens vertraut!"
Dennoch gab es auch äußerlich eine ganze Reihe von Unterschieden. Schmaler hatte er die Kanzel gehalten, wodurch auch die Frontscheibe in der Breite zurückgenommen wurde, was sich wiederum auf die Abführung des Warmluftstroms vom Kühler her positiv auswirkte. Zwei vertikale Schlitze in der Fahrzeugnase sorgten für die Frischluftzufuhr zum Cockpit.
Wie alle modernen Rennwagen verbarg auch der C11 sein wahres Konstruktionsgeheimnis dort, wo man es normalerweise nicht sehen konnte: am Fahrzeugboden. So konnte man laut Reglement die Eintrittsöffnung des Diffusors aus konstruktiven Gründen jetzt weiter nach vorn verlegen; Ress ließ sie in Höhe des Kraftstofftanks beginnen und gab der rückwärtigen Fahrzeugpartie eine sehr kühne Aufwärtslinie. In der Symbiose mit einem noch günstigeren Bodenstruktur erzielte man eine Vergrößerung der Abtriebskräfte um 10 bis 20 Prozent bei gleichbleibendem Luftwiderstand.
Der Radstand des C11 hatte bei 2770 mm um 70 mm zugenommen, was den Trend fortsetzte, das Wagengewicht mehr nach vorn zu verlagern; auf den Vorderrädern lagen jetzt 42 bis 43 Prozent. Das bewirkte eine bessere Haftung der Vorderreifen, ein Plus gegenüber dem C9 vor allem bei Kurven mit kleinem Radius.
Für das Chassis in Verbund-Bauweise, von der bereits die Rede war, war Sauber auf der Suche nach erfahrenen Experten. So zog man bei der Anfertigung der Bodenwanne (das „Häuschen") für den Sauber C11 den Briten Dave Price hinzu, dessen Firma DPS Ltd. auf solche Arbeiten spezialisiert war. Die Zusammenarbeit mit Price hatte Sauber bereits 1988 begonnen. Unter der Leitung des englischen Fachmanns Frank Choppuck richtete man im Januar 1989 eine Verbundwerkstoff-Abteilung als Dependance in Hinwil ein, wo vier Mann mit der Konstruktion und dem Modellbau beschäftigt waren. Das komplette Chassis wurde in England hergestellt, weil dort ein geeigneter Autoclave (Backofen und Druckkammer in einem) zur Verfügung stand.
Das Chassis des C11 bestand aus Kohlefaserschichten über einem Wabengeflecht aus Leichtmetall. Kastenförmige Längskörper trugen zur Versteifung bei, und in gleicher Bauweise waren die vorderen und hinteren Querschotts gehalten.
In einer Sicherheitszelle befand sich, mittschiffs wie beim C9, der Kraftstofftank. Öl- und Kühlwasser-Kreisläufe glichen ebenfalls denen im C9, auch die Position der Kühler. Der innerhalb des Rahmens installierte Öltank hatte zylindrische Form und bestand aus Kohlefaser; der Kühler wurde von einer Art Rahmen getragen, der aus dem gleichen Material plus einer Aluminiumlage bestand und vorn mit dem Chassis verschraubt war.
Am Chassis angeschraubt war auch der Überrollkäfig, der anschließend ebenfalls an das aus Kohlefaser bestehende Dach einlaminiert wurde. Wie beim C9, bestanden auch die Radkästen aus Kohlefaser. Die meisten Karosserieteile – eine Mischung aus Kohlefasern und Kevlar – kamen wie zuvor von der Firma Paucoplast. In den Windschutzscheibenrahmen arbeitete man Luftschlitze ein, durch die das Cockpit Frischluft zugeführt bekam.
Die Verwendung von Verbundwerkstoffen erwies sich als ein voller Erfolg. Das Chassis des C11 war doppelt so verwindungssteif wie das des C9. Ihre Ergänzung fand diese Stabilität in einem ebenfalls steiferen Motorengehäuse, das beim C119HL ja auch höheren Belastungen standhalten mußte, sowie einer kräftigeren Getriebe-Antriebs-Einheit.
A-förmige Hilfsrahmen wurden nach wie vor verwendet, um die komplette Antriebseinheit mit dem Chassis zu verbinden, allerdings hatte man die Motoraufhängungen geringfügig geändert.
Vorder- und Hinterradaufhängungen unterschieden sich beim C11 vom Vorgängermodell. Die Betätigung der Feder/Dämpfer-Elemente erfolgte indirekt über kurze Stangen (Pushrods) und Kipphebel, was feinere Einstellmöglichkeiten bot. So konnte man zum Beispiel die Ausfederanschläge variieren, ohne die Fahrzeughöhe zu verändern. Die Pushrods und Dreieckslenker waren aus Stahl, nur der vordere obere Dreieckslenker und Kipphebel aus Aluminium. Die Zahnstangenlenkung war Saubers eigene Konstruktion und Herstellung.

Das neugestaltete Cockpit des Sauber-Mercedes C11 mit verbesserter Lüftung. Bis zu dreieinhalb Stunden mußte der Fahrer hier hart arbeiten.

Die vorderen Radträger waren aus gefrästem Aluminium, die hinteren aus Stahl. Radnaben, Lager und Räder des C11 entsprachen denen des C9; die Bremsen von Carbone Industries fanden mit Bremssätteln von Brembo bereits Erwähnung. Die neuen Radträger waren steifer und gewährleisteten eine bessere Durchströmung der Kühlluft, um die Vorteile der Carbonbremsen voll nutzen zu können.
Das Transaxle-Getriebe des C11 stellte eine Neukonstruktion dar, wobei lediglich die Carbon-Dreischeibenkupplung vom C9 übernommen worden

war. In erster Linie betraf sie die Getriebewellen, die zu ihrer Entlastung zwischem dem ersten und zweiten Gang eine zusätzliche Lagerung erhalten hatten. Sämtliche Gehäuseteile hatte man zu einem Stück zusammengefaßt und aus Magnesiumguß hergestellt; es gab nur eine Öffnung, um an das Differential heranzukommen. Der hinteren Zwischenplatte schloß sich ein zweites Magnesiumgehäuse an, durch dessen Deckel die vier oberen Getriebegänge zugänglich waren.
Wellen- und Zahnradschemata entsprachen dem des VGC-Getriebes von Hewland. Die Zulieferer X-Trac und Staffs hatte man beibehalten. Die Salisbury-Bauform des Limited-Slip-Differentials hatte man indessen modifiziert, und die Gangschaltung war ein Beitrag von Mercedes-Benz.
Obwohl ein C11 bereitstand, um am ersten Rennen zur Sportwagen-Weltmeisterschaft der Prototypen (WSPC) der Saison 1990 teilzunehmen, kam er nicht zum Zuge – infolge einer Beschädigung während des Trainings. So trat man in Japan noch einmal mit dem C9 an, zum erstenmal und, soweit es speziell dieses Fahrzeug betraf, zum einzigenmal mit Goodyear-Reifen. Anschließend diente der C9 nur mehr als Trainings- oder Ersatzwagen.
Die unendliche Mühe, die sich Leo Ress mit dem Design des C11 gegeben hatte, zahlte sich für das Team aus. Die aerodynamischen Qualitäten waren ungleich besser als die des C9, auch erwies sich das Auto als erstaunlich unsensibel gegenüber Roll- und Neigungseinflüssen. Die Bodenfreiheit war weiterhin kritisch, jedoch fand man beim ersten Test eine hervorragende Einstellung, die man während der gesamten Saison überall fahren konnte. einzustellen, manchmal sogar durch das gänzliche Eliminieren der Ausfederanschläge der Vorderachse. Einen Querstabilisator wie beim C9 verwendete man nur äußerst selten. Dämpfer- und Federkennungen sowie die Spur- und Sturzwerte änderte man nicht, gleichwohl vertrugen die Goodyear-Reifen eine etwas härtere Federung.
Die hervorragende Wirtschaftlichkeit, mit der sich der M119HL fahren ließ, veranlaßte Leo Ress zu weiteren Bemühungen um einen noch besseren Abtriebswert. Er machte jetzt über 2000 kg bei 290 km/h aus und veränderte die B:L-Relation in Richtung 5 zu 1. „Dem Luftwiderstand habe ich hierbei kaum besondere Beachtung geschenkt“, erklärte Ress, „denn mir ging es allein um eine Verbesserung des Abtriebswertes. Bei McLaren hatte man ebenfalls einen sehr leistungsstarken Motor, und man benutzte seine ganze Kraft, um dem Wagen ein Höchstmaß an Abtrieb zu verleihen – mit Erfolg. Das ist in etwa auch meine Philosophie.“
Lediglich bei den Le-Mans-Fahrzeugen ging man von dieser Philosophie ab. Und obwohl der C11 1990 dort nicht antrat, weil die FISA die 24 Stunden nicht der Weltmeisterschaft zurechnete, wurden drei extrem strömungsgünstige C11 gebaut und schließlich 1991 eingesetzt, um 21 der 24 Stunden ihre Überlegenheit eindrucksvoll unter Beweis zu stellen. Der Erfolg des Sauber-Teams wurde indessen durch eine Anhäufung kleiner Zufälligkeiten in Frage gestellt. Kurz vor Schluß mußte das führende Fahrzeug schließlich wegen einer gebrochenen Lichtmaschinen-Halterung aufgeben...
Mochte Mercedes-Benz das 1990er Le-Mans-Rennen auch boykottieren, so

Der überarbeitete Biturbo-V8-Motor für den C11. Er wies Einzelzündspulen über jeder Zündkerze auf.

Mit dem steiferen Heck und den jetzt verwendeten Goodyear-Reifen registrierten die Fahrer des C11 eine bessere Traktion. Michelin-Reifen hatten stets empfindlich reagiert auf abrupten Lastwechsel – man hatte den Wagen durch starkes Gasgeben leicht zum Kreiseln bringen können. In dieser Beziehung boten die Goodyears den besseren „Biß“: Der C11 klebte förmlich auf der Fahrbahn.
Die verbesserte Traktion bewirkte zunächst ein Untersteuern, wollte man mit Volldampf aus einer Kurve heraus. Das Team lernte aber bald, sich darauf war Ress doch zur Stelle, um sich gründlich mit dem Kurs vertraut zu machen. Man hatte die Strecke nämlich etwas modifiziert und der Mulsanne-Geraden ihre Brisanz durch zwei Schikanen genommen. Ress fand eine Bestätigung seiner Bestrebungen, künftig noch mehr auf Abtrieb als auf High Speed zu setzen und Carbon-Bremsen zu fahren, wie sie jetzt auch Nissan einsetzte, um die Mulsanne-Schikanen effektvoller anbremsen zu können. Für den etwas vergrößerten Heckflügel testete man verschiedene Endleisten („Gurneys“) von 3, 5 und 6 mm Höhe, die sich während des Rennens auswechseln ließen.

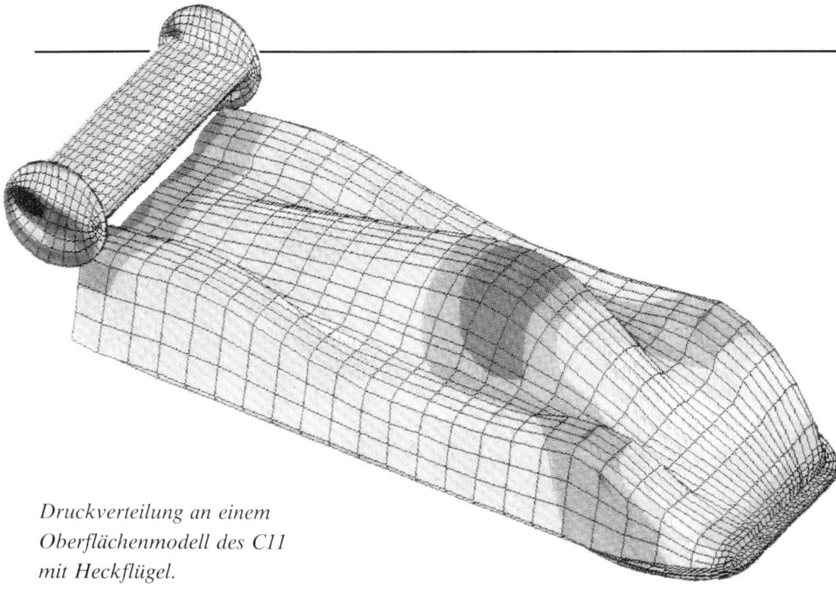

Druckverteilung an einem Oberflächenmodell des C11 mit Heckflügel.

Auch wurde das Heck noch ein wenig weiter abgeflacht und der Unterboden mit einem Diffusor versehen, den man sonst nur in Sprintrennen verwendete. So wies der Sauber-Mercedes C11 von 1991 deutlich mehr Bodenhaftung, also Abtrieb auf als der 1989er Le-Mans-Wagen.
Ob er auf dem richtigen Wege war, bezweifelte Ress so manchesmal. War er seinen Mitbewerbern einen Schritt hinterher oder voraus?
Ähnlich wie bei Sauber war man bei Joest-Porsche letztlich zu der Überzeugung gelangt, daß ein eher mittlerer Abtriebswert für die 1991er Rennen besser sein würde. Allerdings hatte die FISA für die kommende Rennsaison das Minimalgewicht abermals heraufgesetzt, es sollte für Gruppe-C-Fahrzeuge – solange sie nach der bisherigen Formel noch zugelassen waren – künftig 1000 kg betragen. Das verschob den Stellenwert der Präferenzen ganz beträchtlich. Bei einem solchermaßen vermehrten Gewicht, so überlegte man bei Joest, mußte man mehr Abtrieb erzeugen, um beim Bremsen und in der Kurvenbeschleunigung das Fahrzeug beherrschbar zu machen. Joest mottete seine bisher benutzten Stromlinien-Autos ein und holte wieder seine alten Sprint-Autos aus der Garage...

Das typische Bild der Rennsaison 1990: Die Jaguar-Katzen beim Versuch, dem Gegner das Terrain strittig zu machen...

Ress war überrascht von dem Wagen, der 1991 als Joest-Porsche 962C auf dem Place des Jacobins zur Abnahme vorfuhr. Auch angesichts des Jaguar XJR-12 mit seinem auffälligen Splitter am Bug war Ress nicht mehr ganz sicher, ob seine Entscheidung richtig gewesen war. Wie üblich, sollte erst der Verlauf des langen Rennens zeigen, mit welchem Konzept man letztlich Erfolg hatte. Bei den Qualifikationsläufen stellte sich immerhin heraus, daß der M119-C11 in punkto Tempo den Ton angab. Er absolvierte die schnellste aller 1991 registrierten Trainingszeiten.

Man hatte den Abtrieb verringern müssen, um die Reifenbelastung aufgrund des um 100 kg heraufgesetzten Gewichts nicht zu überschreiten. Dafür konnte man 1991 in Le Mans wieder mit einem Differential antreten, ohne daß die Fahrer Sicherheitsbedenken haben mußten. Das zuvor dadurch registrierte Untersteuern hatte ebenfalls ein Ende, und da der Le-Mans-Kurs durch die Schikanen zusätzliche Kurven bekommen hatte, war dies nicht ganz unbedeutend. Testfahrten hatten zudem keine Probleme mit dem Sperrdifferential aufgezeigt.

Alles lief zunächst tadellos. Dennoch kam im 1991er Le-Mans-Rennen nur ein Wagen ins Ziel, weit abgeschlagen auf dem fünften Platz. Das Getriebe „sah wie neu aus", wie es hieß, und hätte ein weiteres Le-Mans-Rennen durchgehalten. Auch der M119HL-Motor hatte ebenso wenig Schaden genommen, er lief prächtig, wenngleich einige Komponenten nach dem Rennen einen sehr strapazierten Eindruck machten und die Konstrukteure über Verbesserungen nachdenken ließen.

Die Hoffnungen, die man auf den führenden Sauber-Mercedes-Benz gesetzt hatte und sich erst drei Stunden vor Schluß in Enttäuschung umkehrten, wurden, wie schon angedeutet, durch eine Kleinigkeit zunichte gemacht: Durch den Bruch eines Lichtmaschinenträgers. Und da der Zahnriemen für die Lichtmaschine auch die Kühlwasserpumpe antrieb, fiel diese in ihrer Funktion ebenfalls aus und brachte innerhalb kürzester Zeit den Kühler zum Kochen. Der dritte Wagen hatte ein auf der Strecke liegendes Teil touchiert und sich dadurch den Unterboden sowie eine Motoraufhängung beschädigt, was zu einem Defekt am Schwingungsdämpfer des Motors führte.

Der Lichtmaschinenträger war aus Flugzeug-Aluminium und hatte zuvor nicht das geringste Anzeichen fehlerhafter Beschaffenheit gegeben. Später fand man heraus, daß das Material der Halterung einen ungeeigneten Oberflächenschutz erhalten hatte, bei dem offensichtlich durch Überhitzung eine Versprödung des Materials eingetreten war und was dann zur vorzeitigen Ermüdung geführt hätte.

Bei dem mit 1000 kg so hoch angesetzten Fahrzeug-Mindestgewicht hätte man die Lichtmaschinen-Halterung ohne weiteres aus Stahl herstellen können, schließlich mußten ja 130 kg Ballast im Wagen verteilt werden. Nun, auch nach 93 Jahren Rennerfahrung gab es selbst bei Mercedes-Benz noch Dinge, die man hinzulernen konnte...

Der Sauber-Mercedes C11 in voller Aktion, der zwar nicht in Le Mans antrat, weil die FISA das 24-Stunden-Rennen nicht als Weltmeisterschaftslauf einbezog, aber die 1990er Saison voll für sich entschied.

Im Falle des C112 gingen wir von der Annahme aus, daß dieses Automobil in die Serienfertigung gehen würde, sonst hätten wir unsere Aufgaben unter gänzlich anderen Gesichtspunkten angepackt. Denn es ist ein Unterschied, ob man am Design eines künftigen Serienwagens arbeitet oder an der Studie zu einem Concept Car, von dem anzunehmen ist, daß es über ein Prototypenstadium niemals hinauskommt.
Bruno Sacco

Technologieträger

Auf seiner Pressekonferenz vom 28. November 1991 ließ der Vorstandsvorsitzende der Mercedes-Benz AG, Professor Werner Niefer, deutlich erkennen, welchen Wert die Rückkehr des von ihm vertretenen Unternehmens zum Grand-Prix-Rennsport gehabt hätte. „Wir von Mercedes-Benz sehen in der Formel Eins eine adäquate Plattform, um zukunftsorientierte technische Kompetenz zu demonstrieren, die unserem Image nur zuträglich sein kann."
Professor Niefer äußerte die Überzeugung, daß ein von Mercedes-Benz gebauter Grand-Prix-Wagen beste Chancen gehabt hätte, vor allem in Anbetracht der Erfahrungen, die man in der Gruppe C sammeln konnte und die dem Hause schließlich zweimal die Weltmeisterschaft eingebracht hatten.
Kritik übte Professor Niefer allerdings an der Verschiebung der Gewichtung, die der Grand-Prix-Sport im Laufe der Zeit erfahren habe und den Fahrern einen ungleich höheren Popularitätswert zubemesse als den Fabrikaten, denen sie verpflichtet seien. Doch im weltweiten Wettbewerb um Marktanteile, so führte er aus, sei die Lösung technologischer, verkehrs- und umweltbezogener Fragen von wesentlich größerer Bedeutung. Und nur in diesem Umfeld sei motorsportliches Engagement von Seiten eines Herstellers wie Mercedes-Benz überhaupt vertretbar. Hier lag wohl auch die Schnittstelle, wo die möglichen Interessen der Mercedes-Benz AG mit jenen des Daimler-Benz-Konzerns abgestimmt werden mußten.
Nur wenige Wochen zuvor hatte in Frankfurt am Main die Internationale Automobil-Ausstellung 1991 stattgefunden, eine Show der Superlative, erstmals ohne Nutzfahrzeuge. Entsprechend großzügig hatte man allen ausstellenden Personenwagen-Herstellern Repräsentationsflächen zur Verfügung stellen können. In der Mercedes-Benz-Halle gab es ein Auto zu sehen, das – um es in einem Satz vorwegzunehmen – dem ambitionierten Ausstellungsbesucher erkennbar machte, wie sich die Technologie eines modernen Rennfahrzeugs auf den Bau eines sicheren und den heutigen Erfordernissen auf allen Ebenen entsprechenden Straßenwagens übertragen läßt. Die Materialien, die Anwendung von Elektronik und Aerodynamik bestätigten beim C112, daß Rennsport durchaus seine Legitimation haben kann, wenn er eine Nutzanwendung in solcher Konsequenz erfährt.
Der Sportwagen-Prototyp mit der Bezeichnung C112 wurde gut vier Wochen vor dem Sieg des C291 in Autopolis vorgestellt. Damals nahm die Branche fest an, Mercedes-Benz würde in Zusammenarbeit mit Sauber das Sportwagen-Programm 1992 zur Gänze durchziehen, um 1993 in die Formel Eins einzusteigen. Eine Reihe von Voraussetzungen hierfür waren auch bereits geschaffen.
So hatte Sauber neue Betriebsräume erstellt mit einer Nutzfläche von 6500 Quadratmetern; seine Mannschaft umfaßte inzwischen 70 Mitarbeiter. Kurz vor dem Le-Mans-Rennen war der bekannte Formel-Eins-Konstrukteur Harvey Postlethwaite zu Sauber gestoßen, der auch sofort begann, einen neuen Grand-Prix-Wagen für 1993 zu entwerfen. Vorsorglich hatte sich die P. P. Sauber AG auch die Fahrer Schumacher und Wendlinger vertraglich gesichert, wobei die Terminfrage offengeblieben war. Als Team-Manager sah man den Brasilianer Domingos Piedade von der Tuning-Firma AMG vor.
Jochen Neerpasch trat für Saubers Interessen in Stuttgart ein. Postlethwaite wünschte sich von Mercedes-Benz einen V10, aber es gab Parallelverhandlungen mit der englischen Firma Ilmor, von der sich Sauber ebenfalls einen V10-Motor anbieten ließ. Der schweizerische Ilmor-Partner Mario Illien zeichnete hierfür verantwortlich.
Beim Ilmor-Motor, dessen erster öffentlicher Probeauftritt im Oktober 1992 von Sauber – ohne Mercedes-Benz-Präsenz – inszeniert wurde, handelte es sich um ein 72-Grad-V-Aggregat, über dessen Beschaffenheit die Stuttgarter durchaus informiert waren. Für Neerpasch keine leichte Situation, denn solange ein Formel-Eins-Engagement von Mercedes-Benz keine offiziell formulierte Bestätigung erfuhr, konnte eine entsprechende Weichenstellung nicht erfolgen. In Hinwil bekam das Grand-Prix-Projekt einen zunehmend hohen Stellenwert und absorbierte Kräfte, die man zwangsläufig dem Sportwagen-Bereich entziehen mußte.
Auch die Geduld Postlethwaites wurde auf eine harte Probe gestellt. Noch operierte er in einem Vakuum. Mercedes-Benz mußte alsbald eine Entscheidung treffen.
Als es heraus war, daß Mercedes-Benz weder sein Sportwagen-Egagement erneuern würde noch die Absicht hatte, in die Formel Eins einzusteigen, beeilte man sich, die Firma Sauber mit Tröstungen zu versehen: „Wir werden Peter Sauber und seiner Mannschaft ganz gewiß nicht einfach den Rücken kehren", versprach Werner Niefer. Zumindest wurde der Schweizer beauftragt, erst einmal den C292 als Prototyp fertigzustellen, unter Berücksichtigung aller technischen Erkenntnisse, die man bis zu diesem Zeitpunkt gesammelt hatte.
Hierzu gehörte auch die Anwendung der sogenannten „aktiven Aufhängung", und diese fand auch in dem auf der IAA gezeigten Sportwagen C112 Eingang.
Mit wenigen Worten gesagt, handelt es sich bei der aktiven Aufhängung um ein System, das die Bodenfreiheit eines Fahrzeuges konstant der Fahrbahn angleicht. Es berücksichtigt ebenso alle Quer- und Längskräfte, die auf das Fahrzeug einwirken. Hochempfindliche Sensoren übermitteln alle diesebzüglichen Einflüsse einem Rechner, der entsprechende Befehle an die Radaufhängungen und Räder weitergibt, und das in einer Geschwindigkeit, die eine Reaktion schon bewirkt, wenn die sie auslösende Information erst eintrifft.
Es waren zunächst britische Ingenieure, die mit aktiven Aufhängungssyste-

Nachfolger des Experimentalwagens C111 in seinen vielen Variationen war der C112, die Überraschung auf der 1991er IAA. Oben ein Gipsmodell im Entstehungsstadium, rechts die Struktur des Fahrgestells mit gut erkennbaren Elementen aus dem Rennwagenbau.

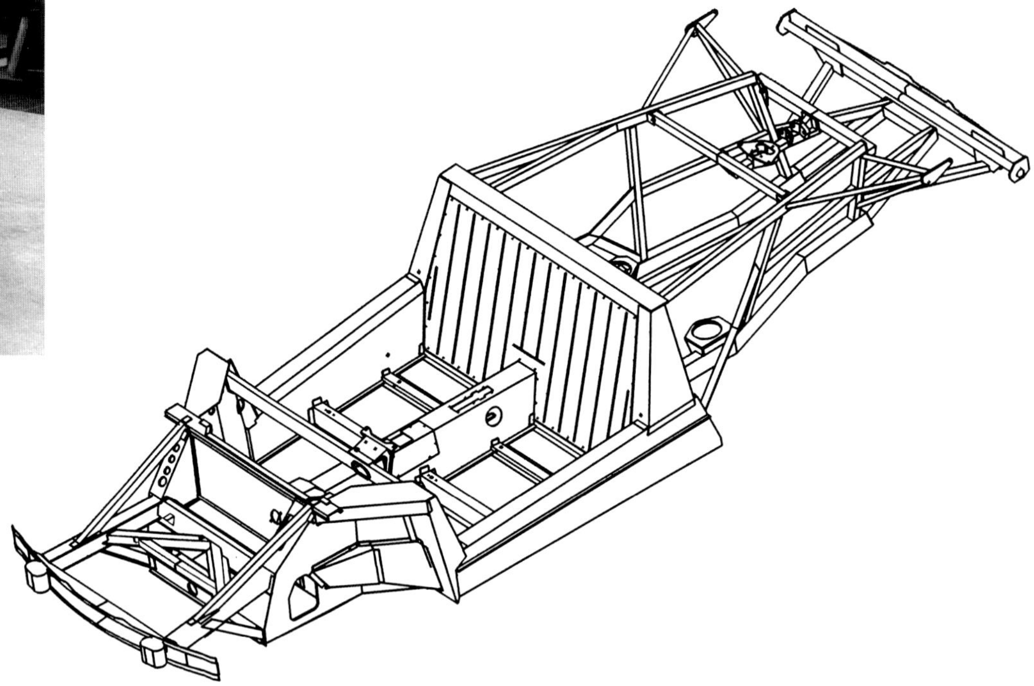

men experimentierten; so gab es einen ersten Versuch in den sechziger Jahren bei Rover durch die Firma Automotive Products. Unter Colin Chapman hatte Peter Wright bei Lotus in den siebziger Jahren ebenfalls an einer solchen Technik, die in erster Linie einer neuen Generation von Grand-Prix-Fahrzeugen zugute kommen sollte, gearbeitet. Versuchsweise fuhr 1981 damit einmal ein Lotus GP-Wagen, aber ohne Erfolg. Ein weiterer Lotus 99T – diesmal sogar siegreich – tauchte mit „active suspension“ 1987 unter Ayrton Senna in Monte-Carlo und Detroit auf.

Dieser Lotus hatte weder Federn noch Dämpfer. Alle Bewegungsimpulse erhielten die Räder über eine Hydraulik, die durch ultrasensible Geber, hergestellt von der amerikanischen Firma Moog, aktiviert wurden.

Der Kolben als „Bewegungsmelder“ in der Hydraulik übernahm sozusagen die Arbeit der Dämpfer/Feder-Einheit. Die Moog-Geber übermittelten ihre Signale dem Bewegungsmelder, der die Amplitude der Ein- bzw. Ausfederung in die erforderlichen Einzelbewegungen umsetzte. Vorgänge, die in winzigen Sekundenbruchteilen erfolgten. Das bereits erwähnte ECU-Steuersystem (electronic control unit) bewirkte eine permamente Korrektur der Fahrzeuglage nach einem zuvor eingegebenen Programm.

Jede Rennstrecke erforderte eine individuelle Programmierung des ECU, abgestimmt ferner auf den Fahrer und das variable Gewicht des Treibstoffvorrates an Bord des Wagens. Peter Wright und seine Mitarbeiter hatten hier viel Vorarbeit geleistet und 1987 auch Erfolge gezeitigt. Auf guten und gepflegten Rennstrecken zahlte sich der Aufwand jedoch seinerzeit kaum aus; einen praktischen Nutzen erzielte man eigentlich nur auf holperigen Straßenkursen, wie Senna in Detroit und Monte-Carlo demonstriert hatte.

Ein weiterer Umstand ließ den Wert der „active suspension“ in den Hintergrund treten: der zunehmend höhere Anpreßdruck und die im Zusammenhang damit erzielten Kurvengeschwindigkeiten mit hohem g-Wert, die den Aufhängungen eine Härte zubemaßen, die fast dem Nullwert gleichkam. In der Formel Eins war das Einfedern eines Rades schon wegen der präzise durchgeformten Fahrzeugböden gemäß jüngster aerodynamischer Erkenntnisse so gut wie unerwünscht.

Bei Aufhängungen dieses Härtegrades oblag es allenfalls den Reifen, ein gewisses, aus der Fahrbahnbeschaffenheit resultierendes Maß an Bewegung aufzunehmen, ohne es an den Fahrzeugkörper weiterzugeben. Lotus wie alle anderen Grand-Prix-Starter bevorzugten damals Goodyear-Reifen.

Theoretisch gab es eine Menge Vorteile, die durch eine aktive Aufhängung zu erzielen waren, und es ist das Verdienst des Lotus-Teams, einige davon in der Praxis bewiesen zu haben, vor allem unter rennmäßigen Bedingungen, wo es darauf ankommt, daß Technik nicht nur zuverlässig funktioniert, sondern auch für den Fahrer keinerlei Sicherheitsrisiko darstellt.

Einen Versuch in dieser Richtung, aber von einem anderen Ansatz her, unternahm das Williams Grand Prix Engineering Team. Bei Lotus hatte man

Der C112 nimmt Formen an: Die Rahmenanlage wird verkleidet. Modernste Techniken kamen zur Anwendung.

sich eines Systems der aktiven Aufhängung bedient, das ursprünglich für den Pkw-Bereich entwickelt und zu Rennzwecken modifiziert worden war. Patrick Head von Williams hingegen schuf sein „level control system" von vornherein und ausschließlich für den Rennwagen-Einsatz. Sein Kollege Frank Dernie, zuständig für die Aerodynamik bei Williams, beschrieb das System als „eine Niveauregulierung, die sämtliche Einflüsse aus Brems- und Beschleunigungsbewegungen, Kurvenverhalten und aerodynamischen Einwirkungen soweit neutralisiert, daß der Fahrzeugkörper möglichst weitgehend von ihnen freigehalten wird".

Beim Williams gab es im Gegensatz zum Lotus weiterhin Stoßdämpfer und Stahlfedern in Form von Belleville-Scheiben. Ihre Aktivierung erfolgte durch eine Hydraulik, die den Fahrzeugkörper in jeder Fahrsituation, unabhängig von Anpreßdruck oder Fliehkräften, in einem gleichmäßigen Abstand zur Fahrbahn hielt.

An den Aufhängungen aller vier Räder gab es Sensoren, die über hydraulisch motivierte Moog-Ventile jede Krafteinwirkung aus dem dynamischen Fahrzeugverhalten dem ECU meldeten, ein System, das bei Williams ständig weiterentwickelt wurde und 1992 einen hohen Perfektionsgrad erreicht hatte.

Die bei Daimler-Benz entwickelte Version dieser „active suspension" arbeitete nach einem ähnlichen Prinzip und war Ende 1990 erstmals bei einem C11 auf dem Hockenheimring getestet worden. Auch hier gab es Dämpfer/Feder-Einheiten, die alle Bewegungsimpulse über eine Hydraulik an einen Rechner weitergaben, der seinerseits die Bodenhöhe des Fahrzeugkörpers nach einem bestimmten Programm regulierte. Auch ein C291 lief versuchsweise mit einer solchen Anlage.

Dieser Wagen mit seinem breiten und besonders effektiven Venturischacht im Fahrzeugboden reagierte mit dieser besonderen Art der Niveauregulierung, die an allen vier Rädern für einen stets absolut gleichmäßig hohen Anpreßdruck sorgte, mit einer geradezu dramatischen Verbesserung der Fahreigenschaften. Der für die Entwicklung dieses Systems zuständige Ingenieur Thomas Becker bereitete eine Adaption für den C292 vor. Das System sah die Beibehaltung konventionell arbeitender Gasdruckdämpfer und Stahlschraubenfedern vor; die Dämpfer stellten dennoch eine Spezialkonstruktion dar, ausgelegt für Hydraulik-Anschlüsse, über die Bewegungsmeldungen zu Berechnung der jeweiligen Dämpfer-Ebene an die Elektronik weitergeleitet wurden. Die Dämpfer ließen sich ganz normal wechseln, da man ja für jede Rennstrecke eine andere Spezifikation benötigte.

Die Einstellung einer bestimmten Dämpfer-Ebene hat nichts mit der Federkennung zu tun, sondern reguliert den gewünschten Bodenabstand des Fahrzeugs an einer seiner vier Ecken. Eine permanente Abstimmung dieser Werte an allen „vier Ecken" unter Einbeziehung sämtlicher auf das Fahrzeug wirkenden Kräfte schaltet alle Roll- und Nickbewegungen aus, die der Wagen normalerweise durch die Einwirkungen der Fahrbahn auf das Fahrwerk machen würde. Ein „Active Body Control" (ABC) machte jedweden Stabilisator glattweg überflüssig.

Eine etwas abgewandeltes ABC-System installierte man in Fahrzeuge, die 1992 an Tourenwagenrennen teilnahmen, und der auf der IAA gezeigte C112 war wiederum mit einer anderen Variation bestückt. Hier gab man dem Chassis Federn mit relativ weicher Kennung, die dank ABC aber nicht die Nachteile extremer Rollreaktion zeitigten. Die Bodenhöhe war beim C112 dreimal so hoch wie beim C292, aber der Fortfall jeglicher Roll- oder Nickneigung ergab ein im Prinzip identisches Fahrverhalten. Der Dämpfer/Feder-Weg betrug nach beiden Richtungen je 60 mm; jeder beliebige Zwischenwert ließ sich als Dämpfer-Ebene programmieren.

Wie beim C292 gab es beim C112 Feder/Dämpfer-Einheiten, die zwar konventionell arbeiteten, aber Sensoren aufwiesen, die sämtliche Bewegungsfrequenzen registrierten,sie an das ECU weitergaben und als Reaktionsbefehl für die Feder- bzw. Dämpferarbeit formulierten. Elektronisch aktivierte, sogenannte adaptive Dämpfer gab es bereits bei der S-Klasse.

Das Mercedes-Benz-ABC-System gab dem Wagen eine ganz eigene Fahr-Charakteristik, denn es verarbeitete ja auch sämtliche Impulse, die sich aus den Lenkbewegungen der Vorderräder, der Fahrzeuggeschwindigkeit oder der Verzögerung durch das Betätigen der Bremse ergaben.

Die ECU-Elektronik des C112 konnte mit einem ABC-Programm versehen werden, bei welchem sich jeder Grad des Unter- oder Übersteuerns einstellen ließ, ganz nach Wunsch des Konstrukteurs oder Fahrers. Auch war eine Allradlenkung vorgesehen, die nur dann aktiviert wurde, wenn etwa starker Seitenwind oder andere äußere Einflüsse auf die Richtungsstabilität des Wagens wirkten.

Solche Systeme eines „Dynamic Handling Control" entwickelte Daimler-Benz nicht nur für Concept-Car-Prototypen, sondern auch für Serienwagen. Beim C112 sprach man bei Mercedes-Benz von einer „kybernetischen Vierradlenkung". Sie sollte nicht nur die Richtungsstabilität bei Geradeausfahrt verbessern, vor allem bei schlechter Straßenbeschaffenheit oder wechselnden Adhäsionsverhältnissen, sondern auch den Lastwechsel bei schneller Kurvenfahrt optimal ausgleichen.

Modemgesteuerte Elektronik wies der C112 auch zur Steuerung aerodynamischer Elemente auf, um bei der Definition der Fahrzeug-Gesamtform klassische Konstruktions-Kompromisse zu eliminieren. Mit einem sehr niedrigen Luftwiderstands-Koeffezienten von 0,3 c_w war der Wagen für hohe Geschwindigkeiten bei geringstmöglichem Kraftstoffverbrauch ausgelegt. Ein so niedriger Luftwiderstands-Beiwert trägt auf der Straße unter Umständen zu einer Instabilität bei, denn die Summe der Kräfte, die auf ein Fahrzeug wirken, nimmt ja im Quadrat zu dessen Geschwindigkeit zu, und das kann bei 200 km/h und darüber zu unkontrollierbaren Situationen führen.

Spoiler und Flügel erhöhen zwar den Anpreßdruck und tragen damit zur Fahrsicherheit bei, erhöhen zugleich aber in starkem Maße den Luftwiderstand. Beim C112 nutzte man die Erfahrungen, die man mit dem C291 bezüglich seiner Fahrzeugbodengestaltung gemacht hatte, so daß der Wagen einen hervorragenden Abtriebswert erhielt, ohne daß man die Quittung in Form eines hohen Luftwiderstands-Koeffizienten bekam. Nur die Hochlenker-Hinterachse hatte man nicht übernommen.

Natürlich mußte man dem für die Straße konzipierten C112 nicht die gleiche starke Bodenhaftung geben wie jene, die beim C291 für Geschwindigkeiten um 350 km/h ausgelegt war. Dennoch ließ sich der Wert beim C112 „aktiv variieren".

Den Nutzen einer aktivierbaren Aerodynamik hatte der Fahrer eines C112 etwa im Falle einer zu schnell genommenen Kurve oder bei einem extrem starken Bremsmanöver. Sensoren, die vorn und hinten sowie in der Mitte des Wagens die Fliehkräfte registrierten und diese Meldungen ans ECU-System weitergaben, verhinderten ungewollte Fahrzeugbewegungen schon im Ansatz. Das System vermochte innerhalb einer Zehntelsekunde Gegenmaßnahmen zu aktivieren, etwa durch das graduelle Ausfahren eines Frontspoilers oder Heckflügels. Die Abtriebskräfte nahmen dadurch im gleichen Maße zu wie der Luftwiderstand. Bei 310 km/h, der theoretischen Höchstgeschwindigkeit des C112, ließ sich der Anpreßdruck auf einen Wert von etwa 1000 kg bringen.

Diese aerodynamischen Hilfsmittel erfuhren ihre Aktivierung, wenn dem ECU die Gefahr eines akuten Traktionsverlustes der Reifen signalisiert wurde. Im Versuch hatte man Elektromotoren zum Ausfahren von Spoiler und Heckflügel benutzt, sie in ihrer Operation aber als zu langsam erachtet. Sehr viel schneller reagierte eine Hydraulik.

Der hintere Flügel erinnerte an die versuchsweise benutzte „Luftbremse", die man 1955 beim 300 SLR verwendet hatte. Aber sie mußte damals vom Fahrer eigens betätigt werden; eine Automatik gab es nicht. Beim C112 stellte sich der ansonsten flach im Fahrzeugheck als Brücke zwischen den Rückleuchten integrierte Flügel bei einer Notbremsung automatisch auf und bewirkte durch eine Anwinkelung bis zu 45 Grad nicht nur eine Verstärkung des Abtriebs,

Oben: Während der Aufbauphasen wird die bereits installierte Verkabelung sorgfältig geschützt.
Rechts daneben: Der unkarossierte C112. Man erkennt ihm gern den Status als einen Technologieträger zu!

Rechts: Der ausstellungsreife C112 – zur Erleichterung vieler Mercedes-Fans wieder ein Flügeltürer!

sondern wirkte gleichermaßen als Bremse. Das Ausfahren des Heckflügels ließ den Luftwiderstands-Beiwert auf 0,9 cw hochschnellen. Eine rechnerische Verkürzung des Bremsweges aus einer Geschwindigkeit von 310 km/h belief sich dabei auf etwa 100 Meter.
Selbstverständlich wies der C112 auch ein Antiblockiersystem (ABS) auf. In den frühen neunziger Jahren war ABS bis zur Perfektion entwickelt und bei allen Fahrzeugen der oberen Kategorie schon fast zum Standard erhoben. Allerdings wiesen es die Sauber-Mercedes-Benz der Gruppe C nicht auf. Das ABS des C112 arbeitete in Korrelation mit einer ebenfalls im Pkw-Bereich erfolgreich eingeführten Anti-Schlupf-Regelung (ASR), das durch ein elek-

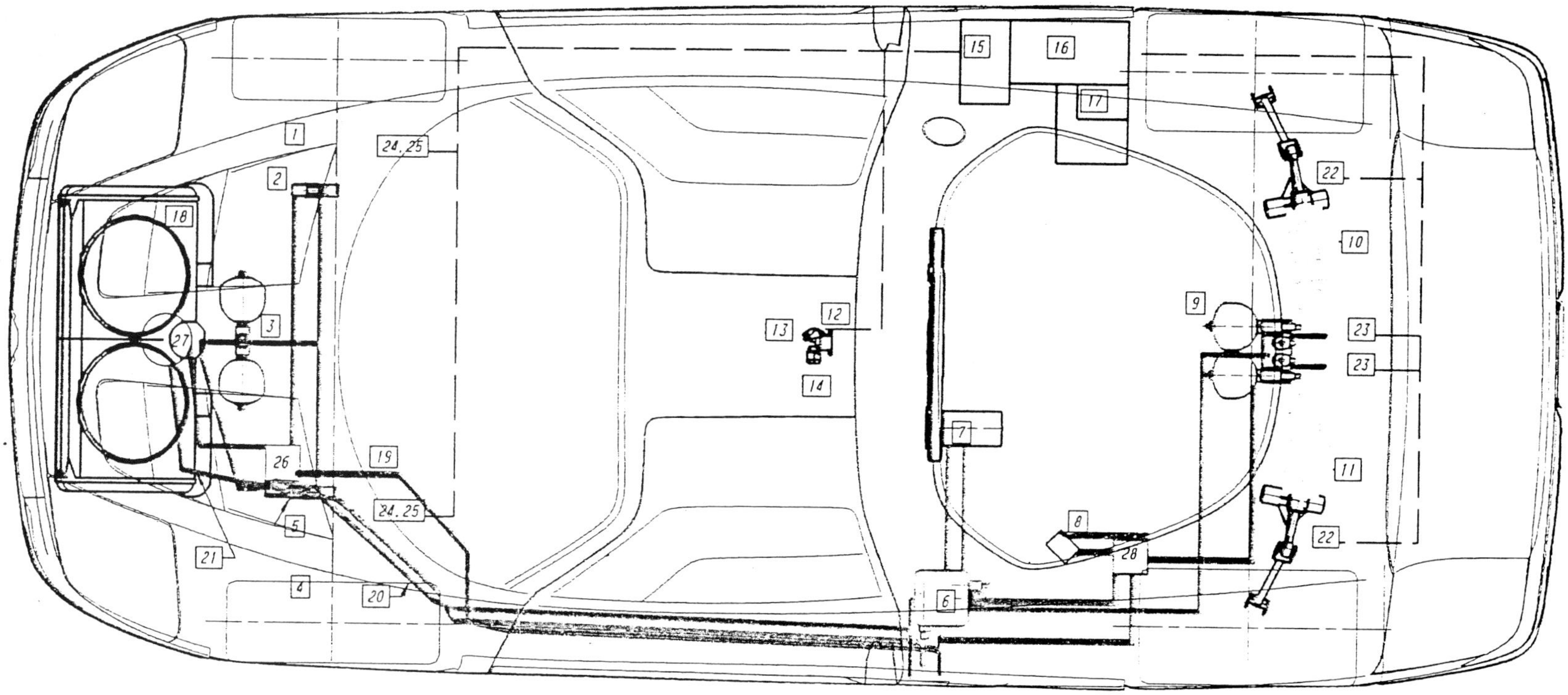

Zur obigen Zeichnung des C112:
1 Federbein vorn rechts
2 Ventil
3 Speicher
4 Federbein vorn links
5 Ventil
6 Ölvorratsbehälter mit Druckregler
7 Hochdruckpumpe
8 Ölkühler
9 Speicher/HA Ventile
10 Federbein hinten rechts
11 Federbein hinten links
12 Beschleunigungsaufnehmer
13 Beschleunigungsaufnehmer
14 Beschleunigungsaufnehmer
15 Meßwertumformer
16 Zentralrechner ABC/SNR
17 Laufwerke für Rechner
18 Lüfter
19 Rücklaufleitung
20 Vorlaufleitung
21 Vorlaufleitung Lüfter
22 Drehwinkelgeber Umlenkhebel
23 Meßwertaufnehmer f. Federbein
24 Drehwinkelgeber Querlenker
25 Meßwertaufnehmer f. Federbein
26 Rücklaufsammelblock
27 Hydro-Motor Lüfter
28 Rücklaufsammelblock

Die per Servo zu öffnenden Flügeltüren des C112 sind auch mit Infrarot-Fernbedienung zu betätigen.

tronisches Kontrollsystem ein Durchdrehen eines Antriebsrades verhinderte, ähnlich wie bei der Betätigung eines Sperrdifferentials. So bekam das Rad mit der größeren Traktion auch das dem Rad mit der Schlupftendenz entzogene Plus an Drehmoment. Zugleich sorgte die ASR-Anlage für eine Rücknahme der Zündung und Verminderung der Kraftstoffzufuhr, bis der Antrieb seine Normalfunktion wieder erreicht hatte.

Bei extrem glatter Fahrbahn mit dem Risiko des Durchdrehens beider Antriebsräder ließ sich eine Drehmoment-Umkehrung durch entsprechende Manipulation mit dem Gaspedal erzielen, so daß die Anti-Schlupf-Regelung beide Räder blockierte. In solchem Fall erhielt der Motor gerade soviel Gas zugeführt, daß er in seiner Bremswirkung für Verzögerung über den Antriebsstrang sorgte.
Der C112 hatte noch weitere elektronische Tricks im Ärmel. So übermittelten die ABS- und ASR-Sensoren zugleich Informationen an einen elektronischen Bremskraftverteiler, ein EBV genanntes System, das Mercedes-Benz in Zusammenarbeit mit der Alfred Teves GmbH entwickelt hatte. Die Mobilisierung starker Abtriebskräfte, auch unter Einbeziehung eines Heckflügels, machte nur dann einen Sinn, wenn auch die Verzögerungskräfte, die auf die Räder wirkten, in Relation zu deren Traktion standen.
Einen Ausgleich der Bremskräfte zwischen den Vorder- und Hinterrädern gab es bei Mercedes-Benz-Automobilen der S-Klasse schon länger. Im Normalfall wirkte das ABS gleichmäßig auf alle Räder, bemaß den Vorderrädern

aber eine erhöhte Wirkung zu, wenn das Kontrollsystem eine Blockierneigung der Hinterräder meldete.
Im Teves-EBV-System melden die ASR/ABS-Sensoren des Zentralrechners ständig den Grad der Hinterrad-Traktion, und zwar nicht erst bei der Gefahr einer Blockierung. Beim Bremsen wird der optimale Verzögerungswert und dementsprechend der Bedarf des hydraulischen Drucks ermittelt, der – bis zur Grenze einer Blockierung – aus dem ASR-Reservoir gespeist wird.
Die Gesamtheit dieses Bremssystems unter Einschluß der aerodynamischen Vorrichtungen, so argumentierte Mercedes-Benz, trage ganz erheblich zur Verkürzung der Bremswege und damit zur Erhöhung der aktiven Sicherheit bei.
Ein Abstands-Warnsystem gehörte ebenfalls zur Ausstattung des C112. Verborgen hinter dem Mercedes-Stern im Fahrzeugbug befand sich ein Radardetektor, der auf eine Distanz bis zu 150 Metern dem Fahrer je nach Geschwindigkeit den optimalen Sicherheitsabstand zum Vordermann meldete, wobei auch die Geschwindigkeit des vorausfahrenden Wagens einkalkuliert wurde.
Es gab noch ein Warnsystem, das gewiß auch Hans Liebold bei seinen Nardo-Rekordfahrten um die 400 km/h gefallen hätte. Es meldete Reifendrücke und -Temperaturen über Sensoren an den Radfelgen; ein System, das von Dornier entwickelt worden war.
Zahlreiche Experimentalfahrzeuge sind in den letzten Jahren in Europa, Japan und in den USA gebaut worden, und es wäre vermessen zu behaupten, daß es im C112 eine größere Zahl dynamischer Kontrollsysteme gab als in einem anderen dieser Fahrzeuge. Doch dürfte kaum je zuvor ein Konstrukteurs-Team eine solche Fülle von Funktionen, wie sie in diesem Wagen auf nicht-mechanischem Wege zur Anwendung kamen, in einem einzigen Fahrzeug vereint haben. Und da sämtliche im C112 realisierten Ideen ihre Anwendbarkeit in der Praxis voraussetzten, dürfte auch in dieser Beziehung dem C112 eine Alleinstellung zukommen. Rudolf Uhlenhaut wäre mit Sicherheit davon begeistert gewesen, wie seine Nachfolger die Technologie auf dem Stand ihrer Zeit zu nutzen wußten, um ein perfekt kontrollierbares Fahrzeug zu schaffen, mit Hilfe von ABC, ABS, ASR, EBV, der kybernetischen Lenkung und der variablen Aerodynamik.
All diese Systeme stehen keineswegs im Widerspruch zu ihrer Anwendung im Sport- oder Rennwagen. Erste ABS-Versuche hatte man bereits beim C111 gemacht, ABC wird in der Formel Eins praktiziert und wäre nach einer Durchentwicklung im C112 auch bei einem Mercedes-Benz-Rennwagen denkbar gewesen. ASR wurde von einigen Grand-Prix-Teams 1992 eingeführt und bewährte sich vor allem bei schlechten Wetterverhältnissen.
Der für das Projekt C112 gesamtverantwortliche Leiter, Dipl.-Ing. Karl Hoehl, bezeichnete die Koordinierung aller elektronischen Systeme in diesem Fahrzeug zu einer Funktionseinheit als eine der größten Herausforderungen beim Bau dieses Wagens. Er strebte die Zusammenfassung aller Operationen in einem zentralen Rechner an.
Wäre all die Technologie im C112 im Alltagsgebrauch wirklich anwendbar? Als der Wagen auf der IAA im September 1991 gezeigt wurde, hatte er noch kein volles Testprogramm absolviert. Erst mit einem zweiten Exemplar gedachte man im Sommer und Herbst 1992 auf die Straße zu gehen.
Bei der „Grundsteinlegung“ zum C112 im Jahre 1988 stand ursprünglich der Gedanke im Raum, eine Straßenversion des C9 zu bauen. Die Rückkehr des Hauses Mercedes-Benz zum Rennsport ließ ein solches Projekt sinnvoll erscheinen. Mit einem gerade in Deutschland stark zunehmendem Umweltbewußtsein gerieten Konzepte dieser Ausrichtung jedoch in Anfechtung; der Bau eines reinen Straßen-Wettbewerbswagens wäre von vielen Seiten auf Kritik bis brüske Ablehnung gestoßen. So änderte man 1989 die Zielsetzung zugunsten eines Hochleistungs-Mittelmotor-Sportcoupés, dem man zumindest Seriennähe zu konzedieren vermochte und das für die Anwendung neuer Technologien und ihre praktische Umsetzung genügend Glaubwürdigkeit mitbrachte.

Blick unter die Fronthaube des C112. Platz für Reisegepäck gibt's hier allerdings nicht.

So sollte der C112 ein Auto werden, dessen Einsatz auf der Straße nicht in Frage zu stellen war und das sich von jedermann beherrschen ließ, bei einem Höchstmaß von Komfort und Sicherheit. Es sollte alle Voraussetzungen aufweisen, um ohne Konzessionen eine Zulassung zu erhalten, in Deutschland ebenso wie in der Schweiz, wo es inzwischen hohe Auflagen bezüglich der Lärmentwicklung gab, oder in Kalifornien, wo die schärfsten Abgasvorschriften bestanden.
ABS, ASR, die automatische Reifendruck-Kontrolle und das Abstands-Warnsystem waren als Serienausstattung ebenso vorgegeben wie ein außerordentlich hoher Komfort-Standard im Interieur mit bestmöglicher Schalldämmung. Eine Klimaanlage und ein hochwertiges Audiosystem waren nicht weniger selbstverständlich. Mit der Atmosphäre eines Rennwagens der Gruppe C sollte der C112 nicht entfernt etwas gemein haben. Bremsen, Kupplung und Lenkung plante man von vornherein mit Servo-Unterstützung. Dem Gesamtkonzept des C112 mit sämtlichen Details wurde von Wolfgang Peter, zuständig für den Vorstandsbereich Entwicklung, Mitte 1990 grünes Licht erteilt. Die Arbeiten am Prototyp nahmen so viel Zeit in Anspruch, daß der Wagen erst eine Woche vor Beginn der IAA fertiggestellt wurde. Nur das

für den Einbau vorgesehene Getriebe war nicht mehr rechtzeitig fertiggeworden, so daß man als vorläufige Lösung ein ZF-Getriebe installierte, mit welchem man auch einige Proberunden auf dem Continental-Versuchsgelände drehte. Bis zum Frühjahr 1992 blieb's dabei.
Der unter Karl Hoehl und seiner 20 Mann starken Crew gebaute C112 hatte – wenngleich man es ihm äußerlich nicht ansah – in der Tat eine große Zahl Gemeinsamkeiten mit dem C9, zum Beispiel das Chassis-Layout mit dem Monocoque aus Leichtmetall und der aerodynamisch konsequent durchgestalteten Bodenplattform. Ein Komposit-Wagenkörper wie beim C11 hätte die Gestehungskosten allerdings in unverhältnismäßig hohe Bereiche getrieben und die Recycling-Fähigkeit eines zu großen Fahrzeuganteils in Frage gestellt – ein Punkt, dem ein zeitgemäßes Automobilprojekt in jedem Fall Rechnung tragen mußte.
Auf den Einbau des aufgeladenen V8-Motors, wie ihn der C9 aufwies, verzichtete man beim C112 zugunsten des neuen V12, wie ihn die Spitzenmodelle der S-Klasse inzwischen unter der Haube haben. Das 5987-cm^3-Aggregat (89 × 80,2 mm, 60-Grad-Winkel) war weitgehend aus Leichtmetall mit Zylinderlaufflächen in Nikasil. Die vier Ventile pro Zylinder wurden von den obenliegenden Nockenwellen in Rennmotorentechnik via Tassenstößel aktiviert.
Die Stößel stellten sich hydraulisch nach, auch die Kettennachstellung erfolgte über eine Hydraulik, gesteuert über ein Motor-Managament-System von Bosch. Die Benzineinspritzung und verteilerlose Zündung hatte ihre Bewährung ebenfalls im Motorsport bestanden.
Der Zwölfzylinder-Saugmotor war für die Adaption im C112 in mehrfacher Hinsicht modifiziert worden. So hatte man die Tiefe des Naßsumpfes um 50 Prozent verringern können, was einer niedrigeren Bauhöhe zugute kam. Erfahrungen mit Motoren aus dem Tourenwagensport schlugen sich hier nieder: Jedes rückgeführte Öl floß direkt in die Mitte des Sumpfs zurück; Einweg-Ventile verhinderten eine Verteilung außerhalb des direkten Pumpenbereichs.
Die Abgasanlage mit ihrem Krümmersystem, das je sechs Rohre zusammenfaßte, hatte einen Dreiwege-Katalysator pro Zylinderreihe. Großvolumige Töpfe (35 Liter) sorgten an jedem Auspuffrohr für beste Schalldämpfung.
Der V12 war für eine Höchstleistung von 408 PS bei 5200/min ausgelegt und hatte ein maximales Drehmoment von 580 Nm bei 3800 Touren. Damit gehörte dieser Motor zu den leistungsstärksten im Serienwagenbereich. Als theoretische Höchstgeschwindigkeit wurden für den C112 rund 310 km/h genannt. Für den „Normalgebrauch" setzte man den Wert auf 250 km/h fest; die Beschleunigung von Null auf 100 km/h betrug 4,9 Sekunden.
Die flache und strömungsgünstige Bauform des Wagens ging nicht auf Kosten des Komforts. Es gab für zwei – auch besonders großgewachsene – Insassen genügend Kopf- und Ellenbogenfreiheit. Die Gesamthöhe des Autos betrug 1195 mm, die Breite 1976 mm, der Radstand wie beim C9 genau 2700 mm.
Der Prototyp des C112 wies aber weder einen Kofferraum auf noch Platz für die Mitnahme eines Reserverades. Die Gesamtlänge bei eingefahrenen Spoilern betrug 4624 mm, also weniger als bei einem Gruppe-C-Wagen, bei dem die Maximallänge mit 4800 mm vorgegeben war – ein Maß, dem der C9 exakt entsprach.
Mit einem Gewicht von nur 60 kg war die genietete Bodenwanne innerhalb eines Gewichtsbereichs, das auch einem Gruppe-C-Wagen gut angestanden hätte. Die hintere Begrenzung des Cockpits bildete ein integrierter Kraftstoff-Mitteltank von 90 Liter Fassungsvermögen mit zwei elektrischen Tauchpumpen.
Die drei Hauptquerschotts vorn, hinten und in Höhe des Instrumentenbretts waren aus Leichtmetall und saßen auf einem gemeinsamen Mitteltunnenl, der zwischen den Sitzen verlief, dem Fahrzeug die erforderliche Steifigkeit verlieh und stoßabsorbierend ausgelegt war. Ein leichter Rohrrahmen über der Mittelwanne trug das Dach und die oben angelenkten Flügeltüren. Spritzwand, Seitenpaneele und das Dach hatte man an der Bodenwanne und am Rohrrahmen angenietet. Ganz vorn im Fahrzeugbug saßen der Wasserkühler und die Batterie; die Kühlwasserleitungen führten durch den Mitteltunnel nach hinten.
Der V12-Motor samt Getriebe und Differential hatte teilweise mittragende Funktion und war damit Baubestandteil des Fahrzeugrahmens. Eine nach hinten ausladende Rohrkonstruktion trug die hinteren Radaufhängungen. Sie war verschraubt, um im Reparaturfalle leicht auswechselbar zu sein.
Wie bei den Serienfahrzeugen der S-Klasse, war der Motor ringsum in Gummi gelagert und nicht mit dem hinteren Querschott verschraubt. Ein Rückhaltesystem sollte dafür sorgen, daß bei einer Kollision der Motor in seinem hinteren Hilfsrahmen verblieb, wie es auch Crashtest-Spezifikationen verlangten.
Schließlich ersetzte man das ZF-Getriebe, das schon im C111 so brave Dienste geleistet hatte, durch eine Konstruktion aus eigenem Hause, kleiner und kompakter in den Abmessungen und in Zusammenarbeit mit Getrag entstanden. Es hatte Handschaltung für sechs Gänge sowie zwei Nebenwellen und war vollsynchronisiert.
Die Kraftübertragung erfolgte über eine Einscheiben-Trockenkupplung (gesinterter Metallbelag, 250 mm Durchmesser) von Sachs. Da mit nur einer Scheibe versehen, wies die Kupplung einen hohen Federdruck auf, der entsprechende Pedalkräfte erforderlich machte. Hierfür gab es eine speziell konstruierte Servomechanik.
Das Schwungrad- und Kupplungsgehäuse stellten mit dem Hauptgehäuse des Getriebes und seinen Lagerböcken ein einziges Aluminium-Gußstück dar, speziell für den C112 angefertigt. An ihm befestigt waren auch die hinteren Radaufhängungen wie beim Gruppe-C-Wagen.
Die fünfteilige Radführungskonstruktion lehnte sich – wenn auch für den C112 aus Spezialrohren hergestellt – an jene an, die man für eine serienmäßige Verwendung im Mercedes-Benz 190 entwickelt und dann auch für die neue S-Klassen-Generation übernommen hatte. Es handelte sich im Grunde um doppelte Dreieckslenker mit einem Querlenker, hier durch eine Kolbenhydraulik des „kybernetischen Systems" ersetzt. Über Lenkhebel aktivierte Dämpfer/Feder-Einheiten gestatteten, diese oberhalb des Getriebes zu positionieren, so daß sie den Luftschächten des Unterbodens nicht im Wege waren.
Doppelte Dreieckslenker aus Stahlrohr übernahmen die Radführung vorn, wobei die unteren Lenker die Dämpfer/Feder-Einheiten mit ihrer ABC-Hydraulik aktivierten. Die Radführungen mit den Naben saßen an Trägern, die aus der Pkw-Serienproduktion stammten. Die Servolenkung im Zahnstangen-Prinzip steuerte ZF bei, wobei ein progressiv wirkendes System je nach Radeinschlag und Fahrzeuggeschwindigkeit die Servokraft dosierte – in der Branche nicht neu. Die einteiligen 17-Zoll-Magnesiumräder kamen von Speedline; hinten betrug die Felgenbreite 13, vorn 8,25 Zoll. Das Fünf-Speichen-Design, so meinten einige Kritiker, sei der einzige Schwachpunkt des C112...
Bei den Reifen handelte es ich um normale Straßenpneus von Michelin mit ZR-Spezifikation. Die Scheibenbremsen entsprachen im Prinzip und in der Bauausführung genau jenen beim C11, wenn auch mit zusätzlichem Servo und ABS.
Mit Servohilfe arbeiteten aber nicht nur Bremsen, Lenkung und Kupplung, sondern auch die Flügeltüren, die kleinen Seitenfenster, die Sitzverstellung und die Außenspiegel-Verstellmechanismen. Alles zusammengenommen, hatte der C112 eine Menge High-Tech-Gepäck an Bord und brachte, obwohl Chassis und Aufbau aus Aluminium waren, stolze 1570 kg auf die Waage; 58 Prozent davon trugen die hinteren Räder.
Chassis und Fahrwerk waren komplett in Stuttgart entstanden, während die Karosserie mit ihren Stoßfängereinheiten aus Kevlar und der laminierten Frontscheibe aus Sicherheitsglas von der Firma Coggiola kam, beheimatet in

Der auf Basis des Sauber-Mercedes entstandene C112 wies gebündelte Technologie des jüngsten Erkenntnisstandes auf, von der elektronischen Reifendruck-Kontrolle bis zur kybernetischen Hinterachslenkung.

Links: Besonders signifikant gibt sich die Heckpartie des C112, ganz nach den Gesetzen der Aerodynamik durchgeformt.

Unten: Cockpit des C112. Man könnte annehmen, es handele sich um einen Serienwagen, und mit dieser zumindest theoretischen Zielsetzung ist das Fahrzeug auch gebaut worden.

Beinasco bei Turin. Coggiola hatte einen guten Namen als Hersteller von Aufbauten für Prototypen und Designmodellen und einen diesbezüglichen Vertrag mit Mercedes-Benz. Die Koordination oblag Günter Hölzel, der beim C112 für das Design-Ressort verantwortlich war.

Auch die Innenraumgestaltung hatte man Coggiola überantwortet, wobei man besonderes Gewicht auf eine gute Geräuschdämmung legte. Wo irgend möglich, bediente man sich der Elektronik, so etwa bei den Speichern für die Sitz- und Spiegeleinstellungen (Memories). Die Instrumente beschränkte man auf Analoganzeigen für Geschwindigkeit, Motordrehzahl, Kühlwassertemperatur und Kraftstoff-Vorrat. Alle anderen Anzeigen wurden dem Fahrer über Displays mitgeteilt, sofern erforderlich, zum Beispiel der Druckverlust bei einem Reifen.

Die Design-Gesamtverantwortung trug der Mercedes-Benz-Stylingchef

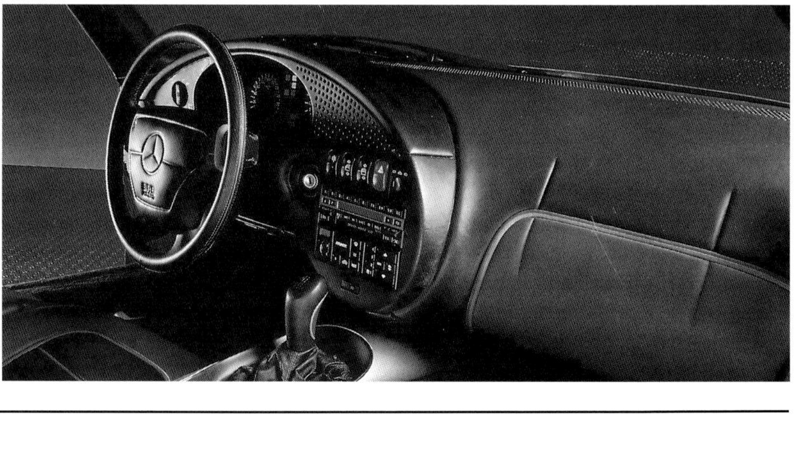

Bruno Sacco. In einem Interview fragte ihn Fulvio Cinty von der Zeitschrift *Auto & Design,* bis zu welchem Punkt das Unternehmen heute bereit sei, Design-Konzepte einer breiten Öffentlichkeit zur Kenntnis zu geben wie einst beim C111. „Ich bin davon überzeugt", gab der Gefragte zur Antwort, „daß der Vorstand unseres Hauses dem Faktor Design für die Entwicklung und den Erfolg eines Automobils jene Bedeutung zuerkennt, die ihm angemessen ist. So hat man auch keine Vorbehalte, Arbeiten auf dem Designsektor zu zeigen, die früher vielleicht einmal als nicht für die Öffentlichkeit bestimmt eingestuft wurden, auf die wir aber mit Recht stolz sein dürfen."

Sacco und sein Team waren sich darüber im Klaren, daß ihre Kreation bis ins Detail einer kritischen Öffentlichkeit vorgeführt werden sollte, und sie gingen, wie bereits erwähnt, ebenso davon aus, daß der C112 alle Voraussetzungen einer Serienfertigung erfüllen mußte. „Das waren Anforderungen, die uns enorm motivierten, denn jeder von uns hatte sich mit dem Projekt so stark zu identifizieren, daß man nicht nur nach innen, sondern auch nach außen jederzeit damit bestehen konnte."

Sacco gab Cinty zu verstehen, daß durch die gegebene Basiskonstruktion des Sauber-Merceces-Benz beste technologische Voraussetzungen für den C112 geschaffen waren. Man habe eigentlich aus einem Rennwagen nur das Design-Konzept eines Straßenfahrzeuges entwickeln müssen: „Substantiell hatten wir nicht viel zu ändern."

Das war ein Understatement, denn unter der Federführung des Designers Harald Leschke waren eine Menge anspruchsvoller Entwürfe entstanden, darunter einige äußerst unkonventionelle, die allesamt davon ausgingen, als gäbe es keinen C291 und keinen C11. Die frühesten Zeichnungen datierten von Mitte 1988. Es entstand auch eine Anzahl von Modellen im Maßstab 1 zu 10 und 1 zu 5, bei denen große Lüftungsöffnungen an den Seiten meist deutlich darauf hinwiesen, daß ein Mittelmotorwagen geplant war.

So standen zunächst auch nicht Leo Ress' Erfahrungen, die er im Windkanal gesammelt hatte, bei Leschke und seinen Mitarbeitern Pate. Sie orientierten sich an keinerlei Vorbildern, höchstens entfernt am C111-III. Die sich herauskristallisierenden Resultate zeigten eine auffallende Betonung des Fahrzeughecks. Radausschnitte, so schien es, betrachtete man als notwendiges Übel.

Als sich der C112 seinem endgültigen Aussehen näherte, entriet er all jener typischen Formen und Auswölbungen, die anfangs der neunziger Jahre etliche Concept Cars so gerne aufwiesen. Bruno Sacco sagte: „Wir vermieden ganz bewußt, herrschenden Trends zu folgen. Es gibt eine Linie bei den Produkten unseres Hauses, deren Grundlage zwar alte Traditionen zum Inhalt hat, aber in neuen Design-Konzepten ihren Ausdruck findet, wie sie in den letzten fünfzehn Jahren geschaffen wurden. Darauf aufbauend versuchen wir beim C112 unsere Design-Philosophie zu verwirklichen."

Es galt, dem Wagen einen möglichst geringen Luftwiderstand zu geben, zugleich aber auch den unterschiedlichsten Zulassungsbestimmungen gerecht zu werden. So ist zum Beispiel in fast allen Staaten die maximale wie minimale Scheinwerferhöhe vorgeschrieben. „Schlafaugen" kamen für den C112 nicht in Frage, weil sie sowohl Instabilität als auch eine Erhöhung des Luftwiderstandes bedeuten. So installierte man die Hauptscheinwerfer hinter transparenten Abdeckungen nach Vorbild des C111-III. Weitere Strahler wurden in den Stoßfängern integriert.

Die Flügeltüren entsprachen einer vierzigjährigen Mercedes-Benz-Tradition. Eine per Servokraft betätigte Hydraulik öffnete und schloß die Türen auf Knopfdruck; die Hydraulikzylinder entsprachen denen, die beim SL-Roadster das Ausfahren des hinteren Sturzbügels bewirken. Ein Sicherheitssystem garantierte den Schließmechanismus. Infrarot-Fernsteuerung war vorgesehen. Für den Fall eines Überschlags ließen sich die Flügeltüren, um ein Aussteigen zu ermöglichen, aufbiegen.

Der hintere Karosserieteil ließ sich an einem Scharnier nach oben öffnen, wodurch es den Zugang zum Motorraum freigab. Die Seitenteile waren auf einem Stahlrohrrahmen aufgenietet und umfaßten auch die Öffnungen der Luftschächte des Unterbodens. Die Abschlußstücke mit den waagerechten Schlitzen waren aus Kevlar und fungierten als hintere Stoßfänger. Darüber befanden sich großzügig dimensionierte Rückleuchteneinheiten, verbunden durch einen Heckspoiler, der sich in der bereits beschriebenen Weise ausfahren ließ.

Unterhalb des vorderen Lufteinlasses mit dem Mercedes-Stern in seiner Mitte verbarg sich in einer Auskehlung der Frontspoiler, der ebenfalls nur bei bestimmten Fahrsituationen in Aktion trat („aktive Aerodynamik"). Der vordere Stoßfänger mit dem Kennzeichenträger und den Blinkern war ebenfalls aus Kevlar.

Im werkseigenen Windkanal unterzog man den C112 aerodynamischen Untersuchungen. Aus Gründen eines günstigen Luftwiderstands-Beiwertes hatte man dem Wagen nicht mehr als drei Lufteinlaßöffnungen gegeben: Eine im Bug und je eine in den Flanken hinter den Türen. Letztere führten dem Motorraum Frischluft zu sowie dem Wasser- und dem Ölkühler. Zugleich wurde ein Teil des Luftstroms den hinteren Bremsen zugeführt.

Der breite Luftschlitz an der Wagenfront ließ Luft zum fast waagerecht liegenden Wasserkühler sowie zu den vorderen Bremsen herein. Wie beim C111, C9 und C11, strömte die erwärmte Abluft des Kühlers über Schlitze in der Fronthaube heraus und strich an den Seiten der Windschutzscheibe vorbei nach hinten.

Der Warmluftaustritt wies Unterschiede zu jenem auf, wie man ihn früher ausgeführt hatte. Dort strömte die Luft meist ungehindert ins Freie, während es beim C112 Klappen gab, mit denen sich die beiden Austrittschächte schließen ließen. Sie öffneten sich erst, wenn der Motor seine optimale Betriebstemperatur erreicht hatte. Eine moderne Variante der guten, alten thermostatgesteuerten Kühlerjalousie.

Auf dem Genfer Automobilsalon im März 1991 hatte man jede Menge zweisitziger Sportwagen besichtigen können, oft aufregend im Styling und geheimnisvoll bezüglich ihrer technologischen Konzeption. Verglichen mit jenen Raketen, wirkte der C112 auf der IAA geradezu konservativ. Seine Karosserie wies mit Rücksicht auf etwaige Produktions-Erfordernisse sichtbare Stoßnähte auf, zudem sprach es sich schnell herum, daß der Wagen über keinerlei Kofferraum verfügte...

Man mußte sich mit dem C112 schon etwas eingehender beschäftigen, um zu erkennen, mit welcher Reinheit seine Gesamtkonstruktion aufwartete, welche Logik seiner Konzeption zugrunde lag, und was seine Eleganz ausmachte. Seine technologische Besonderheit verriet der Wagen nicht auf den ersten Blick, und er kokettierte auch nicht mit einer einzigen seiner ungewöhnlichen Eigenschaften. Seine Qualitäten, die zu einem großen Teil auf einem so einmaligen Fahrzeug wie den C9 basierten, ließen sich auf einem Ausstellungsstand ja auch kaum demonstrieren. Dieses Automobil – eines der wenigen, dem die englische Sprache das kaum übersetzbare Wort „sophisticated" zuerkennen dürfte – sprach nur jene an, die sich ernsthaft für einen echten Hochleistungswagen interessierten, und gewiß nicht die, denen ein Flügeltürer allein zum Angeben taugt.

Eine Serienfertigung des C112 würde den Erfolg festschreiben, den der Sauber-Mercedes-Benz C9 etabliert hat, so wie einst der 300 SL die Rennsiege des Jahres 1952 nachvollziehbar machte. Allerdings gab es für einen 300 SL bereits einen Abnehmer, der nicht weniger als 1000 Stück bestellte: Max Hoffmann, der damalige Mercedes-Benz-Importeur in den USA. 1991 erschien kein solcher Abnehmer auf dem Mercedes-Stand auf der IAA.

Ginge der C112 in Produktion, würde das Vertriebsrisiko zur Gänze beim Hersteller verbleiben. Es bliebe natürlich völlig ungewiß, in welchen Stückzahlen ein solches Fahrzeug zu vermarkten wäre – und zu welchem Preis, der sich schließlich im Bereich des Realistischen bewegen müßte.

Als die Arbeiten zu diesem Buch abgeschlossen wurden, war das Thema keineswegs vom Tisch. Peter Sauber in Hinwil hatte inzwischen nicht nur seinem Ilmor-motorisierten Formel-Eins-Wagen (genannt 17502A) zu einem

ersten Roll-out verholfen, sondern auch seine Bereitschaft erklärt, ein Auto wie den C112 in kleiner Stückzahl aufzulegen.

„Man könnte den Versuch wagen, Peter Sauber ein paar individuell in Handarbeit maßgeschneiderte Mercedes-Benz-Autos bauen zu lassen, die vielleicht auf seinen Gruppe-C-Fahrzeugen basieren", führte Jürgen Hubbert vom Vorstandsbereich Pkw der Mercedes-Benz AG gegenüber einem Journalisten der Zeitschrift *Star* aus.

„Man könnte sie weltweit anbieten, aber ihre Zahl müßte klein bleiben. Doch bevor wir uns entschließen, ein solches Vorhaben in die Tat umzusetzen und die Öffentlichkeit davon zu informieren, müssen sehr viele Fragen geklärt werden. Gegenwärtig ist diese Sache nichts weiter als eine Idee."

Sie blieb auch eine.

Aber, wie man zugeben muß, eine durchaus verlockende...

Der Mercedes-Benz C112 auf der Internationalen Automobil-Ausstellung in Frankfurt am Main 1991. Ungeachtet eines nicht genannten Preises hätten ihn gern Interessenten aus aller Welt erworben...

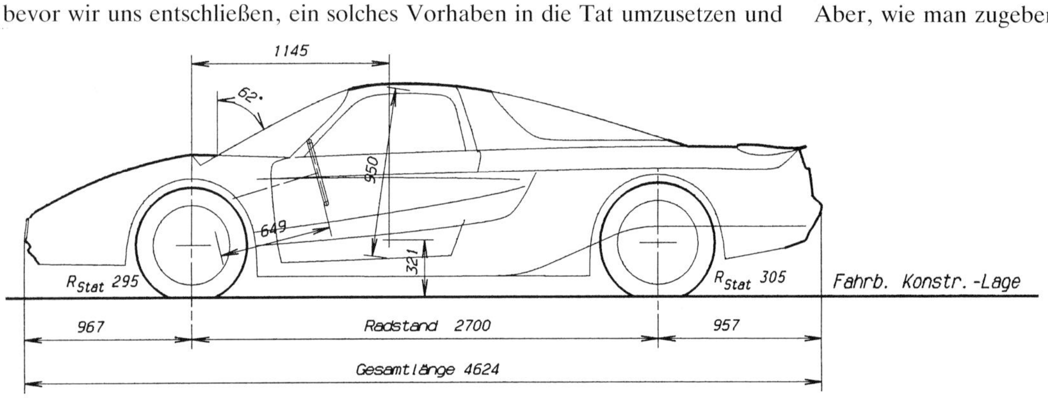

Mit einem cw-Wert von 0,29 ist der C112 einer der strömungsgünstigsten Straßenwagen, die je auf die Räder gestellt wurden. Aber das Auto ist mit 1570 Kilogramm auch kein Leichtgewicht!

Dem Team gehört von ganzem Herzen meine Sympathie und Bewunderung. Die Männer haben in diesem Jahr unglaublich viel geleistet, und es dürfte sicher nicht leicht gewesen sein, ihre Motivation über die gesamte Zeit stets gleichbleibend aufrechtzuerhalten...
Michael Schumacher

Ein Wagen für eine einzige Saison

Im Hinblick auf die Saison 1991 dürfte manch einer Zweifel gehabt haben, ob Mercedes-Benz noch einmal imstande sein würde, die hochgesteckten Ziele zu erreichen. Die Herausforderung war gewaltig. Seit 1954 war es das erstemal, daß man im eigenen Hause einen reinrassigen Rennmotor samt Antrieb baute.
1991 war die Karte, auf die man alles setzte. Der neue Sauber-Mercedes C291 mit dem Mercedes-Benz-Motor M291 schien für die kommende Saison topfit zu sein. War er es wirklich?
Was die Motorenentwicklung bei Mercedes-Benz aus dem serienmäßigen Zwei- wie auch aus dem Vierventil-V8-Motor mit 5 Liter Hubraum zu machen verstand, war in überzeugender Form demonstriert worden. Jetzt ging es darum, eine nagelneue Konstruktion hinzulegen, als unaufgeladenen 3,5 Liter, mit den Qualitäten eines Formel-Eins-Aggregats. Würde Mercedes-Benz das schaffen?
Als der C291 von einer Pechsträhne in die andere geriet und die Erinnerung an die einst unbezwingbaren Silberpfeile beinahe verblassen ließ, gab es so manchen Beobachter, der den Kopf schüttelte und bei aller Sympathie dem Sauber-Mercedes-Team keine Chancen einräumte, die Erfahrungen aufzuholen, wie sie etwa die Cosworth-Leute mittlerweile hatten.
Diese Skeptiker unterschätzten aber das Potential und die Zähigkeit des Engagements, mit der man bei Mercedes-Benz und dessen Partner Sauber die Verfolgung des einmal gesteckten Ziels aufnahm. Die Reglements-Änderung hatte bei ihnen eine technische Revolution ausgelöst, und die immer stärkere Opposition seitens TWR-Jaguar, Peugeot und Spice-Cosworth trug ebenfalls dazu bei, daß man jetzt alle Kräfte konzentrierte und Nägel mit Köpfen machte.
Die Formulierung der neuen Sportwagen-Weltmeisterschaft (WSC) durch die FISA war 1988 ausgesprochen worden und sollte von der Saison 1991 an Gültigkeit erlangen. Das Reglement näherte sich dem der Formel Eins und sah den Einsatz von 3,5-Liter-Saugmotoren vor bei einem Fahrzeug-Trockengewicht von 750 kg. Acht Qualifikationsläufe von nur 400 Kilometern Distanz – mit einer Ausnahme – waren angesagt.
Noch vor Jahresende 1988 hatte der Mercedes-Benz-Vorstand einer Teilnahme zugestimmt im Hinblick auf die erst jüngst gefällte Grundsatzentscheidung, sich wieder am internationalen Rennsport aktiv zu beteiligen. Man war sich auch im Klaren darüber, daß es galt, für 1991 ein gänzlich neues Rennwagen-Konzept zu erarbeiten, mit allen Konsequenzen, gemeinsam mit Peter Sauber.
Als verantwortlichen Direktor für alle Motorsport-Belange engagierte man den prominenten Profi Jochen Neerpasch, der sofort die weitreichenden Verpflichtungen erkannte und aussprach, die sich aus einem solchen Engagement zwangsläufig ergaben. Das WSC-Reglement zielte auf den Bau von Motoren ab, die genau der Grand-Prix-Spezifikation entsprachen, und so lag der Gedanke nahe, daß es bis zu einem Formel-Eins-Motor aus dem Hause Mercedes-Benz eines Tages nicht mehr weit sein würde.
Um die Startfelder trotz der Reglements-Änderung, der durchaus nicht jedermann so rasch zu folgen in der Lage war, ausreichend füllen zu können, ließ man die Gruppe-C-Rennwagen mit ihren 1000 kg Mindestgewicht 1991 noch weiterhin zu. So startete neben dem C291 in Suzuka, Monza und Silverstone stets ein C11, der trotz seines Gewichthandicaps in jenen 480-Kilometer-Rennen einen zweiten, einen dritten und einen vierten Platz belegte. In Le Mans war er auf sich allein gestellt.

Jochen Neerpasch, der als verantwortlicher Direktor für alle Mercedes-Motorsport-Belange die Einsätze des C291 und des C11 im Jahre 1991 leitete.

Immerhin Erfolge, die zu Lasten der neuen 750-kg-Renner gingen. Wie der Newcomer Peugeot, kämpfte auch Mercedes-Benz mit Faktoren, die Kompromisse verlangten: Hohe Drehzahlen auf der einen, hochgradige Zuverlässigkeit auf der anderen Seite. Unter Einsatz eines neuen Motors, eines neuen Antriebs, eines neuen Chassis.

TWR-Jaguar galt zunächst als Favorit. Nur eine Anlasser-Panne konnte den ebenfalls nagelneuen XJR-14 mit seinem bewährten Cosworth HB Formel-Eins-Motor davon abhalten, alle drei Rennen vor den 24 Stunden von Le Mans souverän für sich zu entscheiden. Mit durchschnittlich vier Sekunden Rundenvorsprung verfügten die Briten indes über genügend Reserven, um ihr Punktekonto dick zu polstern.
Leo Ress: „Vielleicht haben wir alles viel zu kompliziert aufgezäumt mit dem ganzen Apparat, wie er uns zur Verfügung steht", meinte er zu Michael Cotton von der in London erscheinenden Zeitschrift *Motor Sport.* „Tom Walkinshaw verfügt über weitaus weniger Organisationskapazität, aber mehr Erfahrung; er arbeitet professioneller, würde ich sagen. Und er mußte keinen Motor konstruieren. Wer so große Schritte macht wie wir, geht auch das Risiko ein, öfters zu stolpern..."
Zwischen der dritten WSC-Runde in Silverstone, wo der C291 hinter Jaguar einen hervorragenden zweiten Platz belegte, und dem nächsten 480-km-Rennen am Nürburgring lagen drei Monate, unterbrochen lediglich vom 24-Stunden-Rennen in Le Mans. Sowohl Peugeot als auch Mercedes-Benz nutzten diese Zeit, um gewaltig zu arbeiten und verlorenes Terrain gutzumachen. Die Franzosen waren etwas im Vorteil, nachdem sie bereits Ende 1990 mit ihrem neuen Motor einige Rennen bestritten hatten, als der M291 noch nicht einmal auf dem Prüfstand lief.
Die Arbeit der Franzosen und der Deutschen schien sich fürs erste auszuzahlen: Die Tempi ihrer Fahrzeuge kamen an die des TWR-Jaguar-Teams heran. Dennoch kam es anschließend wiederholt zu Ausfällen des C291; die Motoren erwiesen sich einfach als nicht standfest genug.
Sechs Ausfälle in drei Rennen gaben kaum noch zu großen Erwartungen Anlaß, als Michael Schumcher und Karl Wendlinger sich mit ihrem C291 an den Start zum letzten Rennen der Saison 1991 begaben, auf dem Autopolis-Kurs in Japan. Sie gewannen es in so überzeugender Manier, daß die Branche ihre Überraschung kaum verhehlen konnte. Ein Jahr voller Frust hatte zuguterletzt einen triumphalen Ausklang gefunden. Die Skeptiker mußten zurücknehmen, was sie an Zweifeln geäußert hatten.
Mit dem neuen Fahrzeug war auch eine neue Bezeichnung notwendig geworden. Sauber bestand auf einem „C" aus Gründen der Kontinuität, Mercedes-Benz wünschte die „91" in bezug auf die 1991er Saison. Beim Überprüfen aller jemals von der DBAG verwendeten Chiffren wählte man die erste, die unter Berücksichtigung dieser Kriterien noch frei war: 291. So entstand der C291.
Das Herzstück dieses Wagens war sein Motor, der M291. Es war ein 180-Grad-V12 mit Mittelabtrieb, konstruiert von Willi Müller. Als ein Mann der jüngeren Mercedes-Benz-Generation, war Müller großen Vorbildern verpflichtet, etwa einem Max Wagner oder Hans Gassmann. Wie Gassmann in den fünfziger Jahren, verfügte Müller zunächst über keinerlei Erfahrung im Rennmotorenbau. Die Herausforderung, aus dem Serien-V8 einen Gruppe-C-Wettbewerbsmotor zu machen, hatte indes sein ganzes Können offenbart. Auch für den Entwicklungsingenieur Gert Withalm war die Aufgabe, einen 3,5-Liter-Saugmotors zu konstruieren, für den es bislang kein Vorbild gab, von großem Reiz. Der Motor würde zum Beispiel mit doppelt so hoher Tourenzahl arbeiten müssen wie der großvolumige V8. Niemand in Dr. Hiereths Team vermochte in dieser Beziehung Erfahrungen vorzuweisen. Peugeot, vor die gleiche Situation gestellt, entschied sich fürs „Leasing" außenstehender Spezialisten mit entsprechender Erfahrung.
Die Abteilung unter Dr. Hermann Hiereth war mittlerweile auf 80 Mitarbeiter angewachsen und zeichnete nicht nur für das zu entwickelnde Hochleistungs-Aggregat, sondern traditionsgemäß auch für den Antriebsstrang und das Fahrwerk verantwortlich. Eine enge Kommunikation mit der Sauber-Crew unter Leitung von Leo Ress war die Grundlage aller geplanten Arbeiten.
In den ersten zwei Monaten des Jahres 1989 erarbeitete man nicht weniger als 15 Basiskonzepte, um erst einmal die Parameter abzustecken. „Einige waren konventionell ausgerichtet, andere bargen ungewöhnliche Lösungen", berichtete Hiereth. „Wir bildeten einen sechsköpfigen Ausschuß, der hierüber eine erste Entscheidung zu treffen hatte."
Dieser Ausschuß bestand aus den Herren Ress, Hiereth, Müller, Withalm, Dr. Butenschön sowie Sigurd Hainmüller, ein Spezialist für Getriebekonzepte. Dr. Hans-Jürgen Butenschön war der Computer-Fachmann und Analytiker. Sie machten es sich nicht leicht, sich jedem Entwurf intensiv zu widmen, sie mit einander zu vergleichen, auf die Reglements-Bestimmungen zu durchleuchten und die Möglichkeiten ihrer Leistungsentfaltung abzuwägen. Hohen Stellenwert maßen sie einer optimalen Aerodynamik bei.

Der C291 wird gebaut. Der Wagen erhielt einen Zwölfzylinder-Flachmotor.

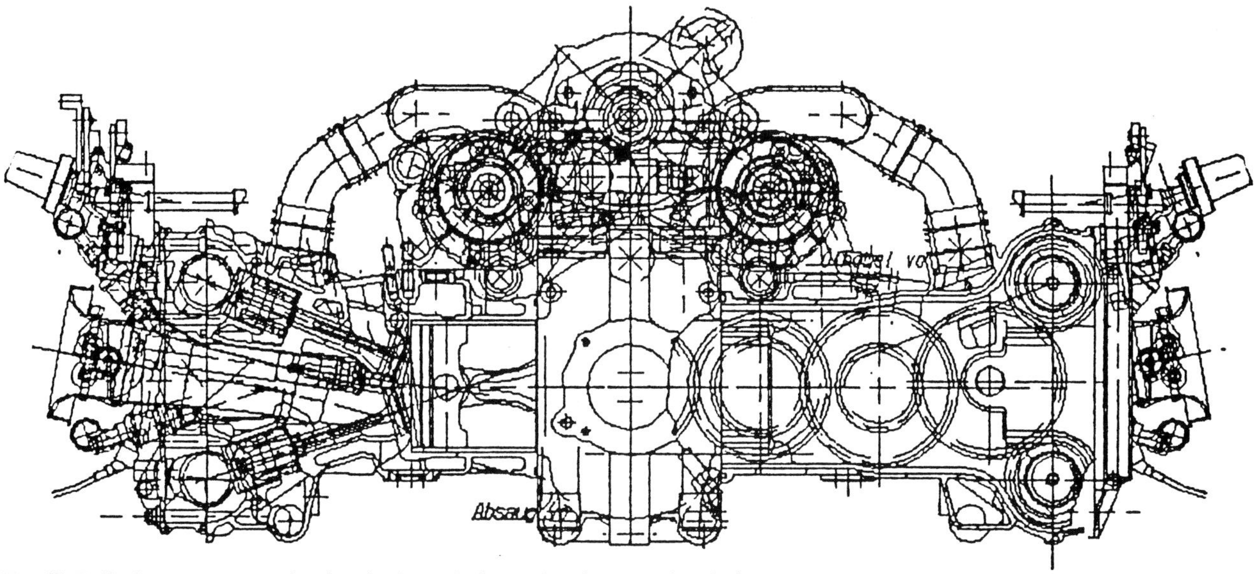

Links: Querschnitt durch den 180-Grad-Flachmotor, konstruiert für den C291, drehzahlfest für 14000 Umdrehungen pro Minute.

Unten: Zeichnung vom Zwölfzylindermotor in der Draufsicht.

Unten links: C-291-Modell im Maßstab 1 zu 5, bei Sauber angefertigt.

Zwölf Zylinder waren maximal erlaubt. „Acht und zehn standen bei uns gleichermaßen zur Diskussion. Einen kompakten V8 zu bauen, leichtgewichtig und stark belastbar, traute sich Willi Müller durchaus zu. Auch einem V10 war er nicht abgeneigt."

Dennoch votierte man für einen V12, aus verschiedenen Gründen. „Zum einen ist die Summe der Ventilflächen bei einem Zwölfzylinderr größer als bei einem Achtzylinder", führte Hiereth aus. „Das bedeutet mehr Gasdurchsatz, mehr Leistung. Dann hat jeder der zwölf Hubkolben-Einheiten nur vergleichsweise geringe Massen, was wiederum höhere Drehzahlen erlaubt."

Auch ein Langstreckenmotor, wie man ihn in Le Mans einsetzen wollte, schien ihnen mit zwölf Zylindern vorteilhafter zu sein als einer mit acht. Später bestätigte auch Willi Müller: „Der M291 ist im Hinblick auf die 24 Stunden von Le Mans gebaut worden."[1])

Wie sollten die 12 Zylinder zueinander angeordnet sein? In Frage kamen V-Formen von 90 oder 180 Grad. Letzteren würde man landläufig als „Boxer" oder richtiger als Flachmotor bezeichnen, aber da gibt es einen Unterschied.

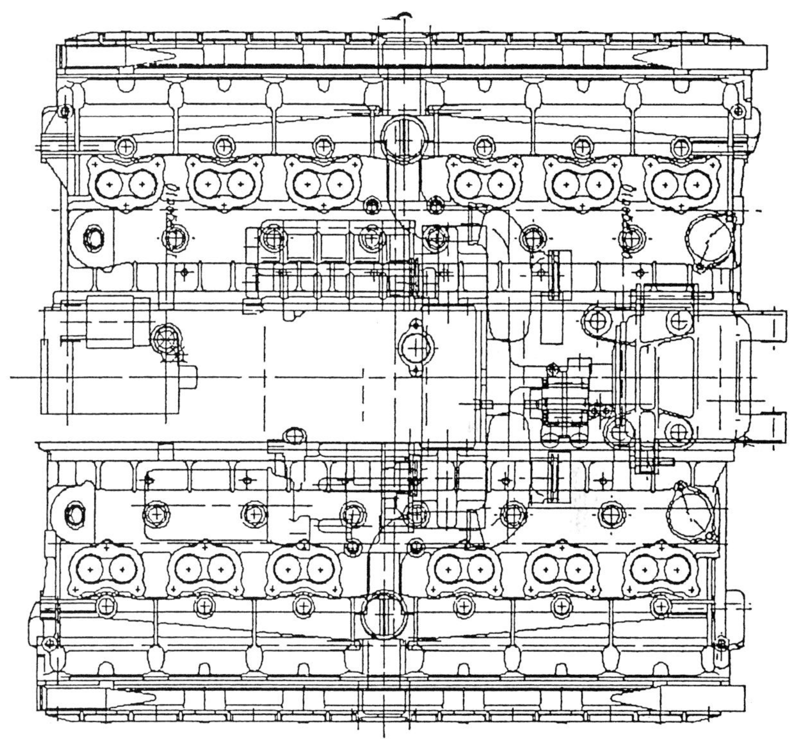

Denn beim klassischen Boxer sind die Kolbenstellungen gegenüberliegender Einheiten beim unteren und oberen Totpunkt jeweils gleich. 60-Grad-Motoren hatte es bei Mercedes-Benz ebenfalls schon gegeben, so den M154 oder M163, über die in den vorderen Kapiteln dieses Buches ausführlich berichtet wird. Theoretisch hätte sich auch ein 80-Grad-Winkel angeboten, wie ihn der alte Formel-Eins-Motor von Honda hatte.

[1]) In der Tat hatte man damit gerechnet, daß der C291 bei den 24 Stunden von Le Mans einen großen Erfolg heimfahren würde, denn sowohl der Motor als das ganze Fahrzeug waren speziell auf dieses Rennen ausgelegt. Eine 1992er Trophäe hätte sich auch gut neben jener von 1952 ausgemacht. Während dieses Buch entstand, sah es aber nicht danach aus, als würde der C291 auf dem Sarthe-Kurs je an den Start gehen.

Motor, Antrieb und Bremsen des rennfertigen C291. Jeder Zylinderreihe verfügte über ihren eigenen Kühlwasser-Kreislauf.

Die Entscheidung fiel zugunsten des 180-Grad-Flachmotors. Ein Konzept, das so ungewöhlich war wie das gesamte Fahrzeug, das es zu konstruieren galt. Denn das Antriebsaggregat war nicht das einzige Element, das mit Mercedes-Benz-Traditionen brach.

Beim C291 wurde von vornherein danach getrachtet, den Schwerpunkt so tief wie möglich anzusiedeln, eine Prämisse, die einen flachbauenden Motor geradezu als notwendig erscheinen ließ. Und auch der gesamte Fahrzeugaufbau ließ sich mit einem Flachmotor sehr niedrig halten, ebenso ließ sich der Wagenboden kompromißloser durchgestalten. Für den C291 entstand in Regie der federführenden Ingenieure Willi Müller und Leo Ress ein offener, breiter Strömungskanal an der Unterseite („Venturi"), um den bestmöglichen Abtriebswert zu erzielen. Bei allen anderen Fahrzeugen hatte man bisher mit zwei Schächten gearbeitet, die um die Ölwanne und das Getriebe herumführten.

Die Vorgaben durch den Fahrzeugboden und den flach bauenden Motor stellten Herausforderungen an die Konstrukteure dar. „Der flache Motor sorgte theoretisch für eine tiefe Schwerpunktlage, aber das Getriebe setzte ihn wieder herauf", sagte Leo Ress. „Im Windkanal haben wir das Getriebe ein bißchen in seiner Position verändert, aber das Resultat hat uns bewogen, es völlig neu zu konstruieren!"

Einen 180-Grad-Zwölfzylinder kann man äußerst kompakt gestalten, wie auch Ferrari mit seinem Formel-Eins-Motor gleicher Bauart bewiesen hat.

Bei einem vorgeschriebenen Hubvolumen muß ein zu Rennzwecken gebauter Saugmotor auf hohe Drehzahlen kommen bei gleichzeitig guter Verbrennung und geringen inneren Verlusten. In der Formel Eins hatte man Leistungen von 650 PS bei rund 13000/min erzielt, und als der M291 auf der Szene erschien, war man bei mehr als 700 PS angelangt. Mit einem Kraftstoffgemisch, das an der Spitze der Leistungskurve noch einmal für zusätzliche 50 PS sorgte, machte der beste V12-Motor 13500 Touren und fiel bis 14000 in seiner Leistung nicht ab.

So war eine hohe Drehzahlfestigkeit von entscheidender Bedeutung; man ging bei Mercedes-Benz von 14000 Touren aus. Willi Müller markierte die Sicherheitsreserve bei 15000. Die Zuverlässigkeit eines 3,5-Liter bei solchen Drehzahlen zu gewährleisten, war nicht unproblematisch, auch bei einem überquadratisch dimensionierten V12 mit nur 291,6 cm^3 Hubraum je Zylinder. Vereinfacht gesagt, mußte man dafür sorgen, daß die Kolben auf den Pleueln blieben und die Pleuel auf der Kurbelwelle, daß die Ventilsteuerung intakt blieb und das Ganze 233 Mal in der Sekunde funktionierte.

Um empirische Studien betreiben zu können, wurde erst einmal ein Versuchsmotor gebaut. Man bediente sich hierzu zweier vorhandener V6-Motoren aus Aluminium in 90-Grad-Bauweise. Man setzte diese Vierventiler mit den Stirnseiten zusammen und modifizierte sie dergestalt, daß ihr gemeinsamer Hubraum 3,5 Liter betrug.

Dieses Versuchsobjekt machte den Ingenieuren deutlich, welches Pensum sie noch zu lernen hatten. „Wir begannen mit einer Leistung von 530 bis 540 PS", berichtete Dr. Hiereth. „Das hätte jeder erzielen können, so viel war uns klar. Jetzt aber mußten wir mehr herausholen. Unser Ziel war 650 PS."

Formel-Eins-Praktiken folgend, entschied sich Willi Müller für ein extrem überquadratisches Hub/Bohrungs-Verhältnis: 86,0 × 50 mm (1 zu 0,58). Das ergab 3492 cm^3 Hubraum. Damit war dieser Motor wesentlich überquadratischer als der letzte von Mercedes-Benz gebaute Rennmotor M196 von 1954/55: 76,0 × 68,8 mm gleich 312 cm^3 Hubraum je Zylinder (1 zu 0,91). Beim M291 betrug er 291 cm^3 – sicherlich ein Zufall.

Eine erste Übereinstimmung des C291 mit dem M196 gab es in bezug auf die Leistungsübertragung zur Kupplung. So wie Hans Gassmann und sein Team die Belastungen der Kurbelwelle zunächst in der Theorie durchrechneten, taten dies auch Dr. Hans-Jürgen Butenschön und seine Mannschaft. Wie hatte eine Kurbelwelle auszusehen, die um 66 Prozent höhere Drehzahlen als beim M196 und ein diesbezügliches Torsions- Schwingungsverhalten zu verkraften hatte?

Die Torsionskräfte waren es, denen man besondere Aufmerksamkeit widmen mußte. Die Einwirkung der Gas- und Massenkräfte über die gesamte Länge der Kurbelwelle verursacht schließlich eine Be- und Entlastung in raschem, immer wiederkehrenden Wechsel bis zur Zerstörung des Werkstücks, sofern man nicht Mittel und Wege findet, dies zu verhindern.

Butenschöns Berechnungen zufolge nahm die Schwingungsamplitude zur Mitte der Zwölfzylinder-Kurbelwelle hin ab; an einem Punkt der Interferenz glichen sich die Schwingungen zu einem Nullwert aus. Und an diesem Punkt, so lautete seine Empfehlung, sollte der Radsatz für den Antrieb der Nockenwellen angeordnet sein, denn das Risiko negativer Einflüsse auf den Ventiltrieb infolge etwaiger Schwingungserscheinungen war hier am geringsten.

Müller und Butenschön gingen noch einen Schritt weiter. Wie beim M196,

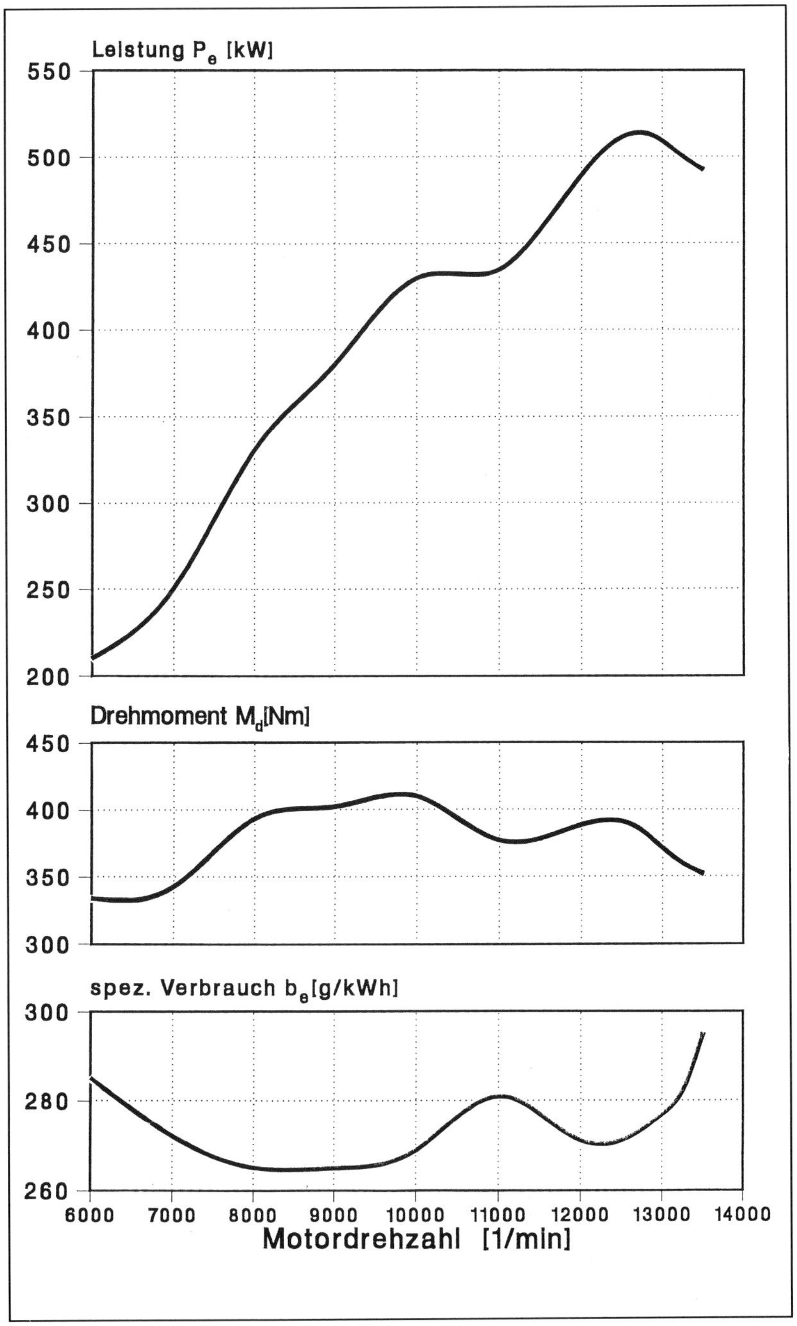

Links: Leistungskurve (oben), Drehmomentverlauf (Mitte) und spezifischer Verbrauch (unten) des C291-Motors.

Unten: Die Getriebeschaltung des C291 erhielt wegen ihrer Präzision den (inoffiziellen) Beinamen „Rolex".

verwendeten sie die Mittenabnahme auch für den Kupplungsantrieb. Auch dies trug dazu bei, daß sich der Motor wie ein doppelter Sechszylinder verhielt mit zwei kurzen, steifen Kurbelwellen. Ein Konzept, das Porsche schon vor längerer Zeit mit dem V12-Motor für den 917 ebenfalls praktiziert hatte wie auch Honda mit 1,5- und 3-Liter-Grand-Prix-Motoren.

Man hat bei einer solchen Bauform die Möglichkeit, die Drehzahl zu bestimmen, mit welcher die Kupplung arbeiten soll. Die Abtriebs-Zwischenwelle im Porsche-Motor lief mit einer um 3 Prozent erhöhten Drehzahl, um durch eine höhere Anzahl von Zähnen auf den Zahnrädern die auf sie wirkenden Kräfte besser verteilen zu können. Beim M196 hatte man sich hingegen für eine Reduktion auf 89 Prozent entschieden.

Von den Vorteilen einer geringeren Abtriebs-Drehzahl hätte man gern Gebrauch gemacht, doch ein Umstand war dem im Wege: Die elektronische Zündanlage des Motors war auf einen Impulsgeber angewiesen, der exakt der Kurbelwellen-Drehzahl entsprach. So blieb es bei einer Eins-zu-eins-Übersetzung an der Ausgangswelle.

Worin sich der M291 vom Porsche-, aber nicht vom Honda-Motor unterschied, war die Plazierung der Zwischenwelle oberhalb statt unterhalb der Kurbelwelle. Die gesamte, als genial zu bezeichnende Fahrzeug-Architektur gab dafür den Ausschlag, denn die obenliegende Zwischenwelle ließ sich genau fluchtig zur Getriebe-Hauptwelle positionieren.

Mit einer hochgesetzten Abtriebswelle und einer leichten Neigung der Motor-Getriebe-Einheit um sechs Grad aufwärts ließ sich der Luftschacht im Fahrzeugboden genau wie vorgesehen unterhalb des Antriebs hindurchziehen, man mußte ihn nicht teilen und zu beiden Seiten am Antriebsstrang vorbeiführen. Da die maximale Höhe der Luftaustrittsschächte strikt vorgeschrieben war, blieb somit genügend Raum für eine ausreichende Dimensionierung des Diffusors.

Die flache Auslegung des Motors stellte die Fahrzeug-Konstrukteure vor eine Reihe neuer Aufgaben. So ließ sich in Ermangelung eines herkömmlichen Kurbelgehäuses dieses nicht als mittragendes Bauelement einbeziehen. Nur

in bedingtem Maße nahm der M291 Kräfte auf. Ein Hilfsrahmen aus Stahlrohr oberhalb des Motors, etwa zwei bis drei Kilogramm schwer, übernahm diese Funktion in der Hauptsache. Der Mittelabtrieb schlug ebenfalls mit etwa zwei Kilogramm Mehrgewicht zu Buche.
Die Ölwanne eines V-Motors kann ein größeres Quantum bevorraten als ein Motor in 180-Grad-Bauweise. Das wußte Willi Müller ebenso gut wie seine Kollegen von Ferrari, die ihren Grand-Prix-Motor im 180-Grad-Zylinderwinkel konstruiert hatten. Und eine Neigung um 6 Grad nach vorn kam erschwerend hinzu. Müller war seiner Sache sicher, dieses Problem in den Griff zu bekommen.
Abgesehen von der Verrippung des Gehäuses zu Zwecken der Versteifung, Kühlung und Materialeinsparung sowie geringen Vertiefungen für Kurbelwelle und Zylinderköpfe, war jenes an der Unterseite vollkommen glatt. Die Auslaßkanäle zeigten nach oben und mündeten in Auspuffrohre oberhalb des Motors. Die Einlaßkanäle hatte man zwischen die Nockenwellen plaziert. Auch in dieser Beziehung gab es eine Parallele zum M196.
Theoretisch hätte man es auch umgekehrt machen können und die Einlässe von oben her führen, die Auslässe zwischen die Nockenwellen verlegen können. Die Auspuffanlage aber an die Fahrzeugperipherie zu verlegen, wäre nachteilig gewesen, mehr noch hatte man aber darauf Rücksicht nehmen müssen, das zuzuführende Gasgemisch von den heißen Auslaßbereichen fernzuhalten. Auch Gassmann und Lorscheidt hatten das 1954 als Priorität angesehen.
Schwierig war es nur, daß die Gaszuführung zu den Einlässen genau jene Positionen blockierte, wo sich bei einem Vierventiler die optimale Plazierung der Zündkerze befindet: in der Mitte. So kam man auf die Idee, zwei Zündkerzen zu verwenden (10 mm), jeweils am höchsten Punkt beidseitig im Zylinderdom. Die Zündung erfolgte zum gleichen Zeitpunkt. Wieder ergab diese Installation ein Plus an Gewicht.
Die Positionierung der Kanäle zwischen die Nockenwellen hatte zudem zur Folge, daß man diese nicht sehr dicht zusammenlegen konnte. Zu Zeiten eines M196 war das kein Problem, denn die Ventile hatten einen Winkel von 88 Grad zueinander. Doch ein moderner Vierventil-Rennmotor mit weiter Bohrung weist sehr viel enger beieinanderstehende Ventile auf; üblich sind Winkel von 25 bis 30 Grad.
Dennoch entschied man sich für einen Winkel von 40 Grad. Dr. Hiereth: „Motoren von Tourenrennwagen weisen Winkel von bis zu 45 Grad auf, und es sind Konstruktionen, die ganz Hervorragendes leisten." Mit 40 Grad war der Winkel sogar eine Spur weiter als beim M119 V8, wo er 37,5 Grad betrug.
Mit seiner dachförmigen Auswölbung entsprach der Zylinderkopf dem üblichen Layout. Die beiden Einlaßventile hatten je 35, die Auslaßventile 30 mm Durchmesser. Beim V12-Kompressor-Rennmotor von 1938/39, dem M154, betrugen beide Ventilmaße 30 mm.
Die Kolben im M291 waren für eine Kompression von 12 zu eins ausgelegt, leicht gewölbt und wiesen im Bereich der Ventile kreisförmige Auskehlungen auf. Der Mahlekolben hatte nur einen Kompressions- und einen Ölabstreifring. Kolben mit zusätzlichen Kanälen für Öl zu Kühlungszwecken setzte man nur versuchsweise ein. Durch unterwärtiges Aussprühen eines Ölnebels auf den Kolbenboden sorgte man für einen zusätzlichen Kühleffekt. Die Kraft der Kolben übertrug sich auf die Kurbelwelle über Titan-Pleuel mit I-Profil. Die Kolbenbolzen waren aus Stahl und wurden durch einen Sprengring gesichert.
Die Pleuel liefen in Lagern von Glyco, wie man sie auch für die acht Hauptlager wählte. Das achte Lager – sieben wären in einem V12 ausreichend gewesen – saß in der Mitte und trug das Abtriebszahnrad. In dieser Beziehung glich der Motor dem des Porsche 917.
Die Kurbelwelle aus gehärtetem Stahl mit dem Abtriebs-Zahnrad in seiner Mitte war ein Produkt der Maschinenfabrik Alfing Kessler GmbH, die sich für die Anfertigung und Bearbeitung des Zahnrades eines spezialisierten Unterlieferanten bediente. Die Abtriebswelle war gleichermaßen aus gehärtetem Stahl und lief in drei Rollenlagern.
Eine dritte Parallele zu traditioneller Mercedes-Benz-Bauweise wies der neue Motor in der Konstruktion der Zylinder und Zylinderköpfe auf. Sie folgten klassischer Monoblock-Bauweise, waren also aus einem Stück ohne die Notwendigkeit einer Dichtung oder Risiken thermischer Differenzen zwischen Kopf und Block. Die Mercedes-Benz-Rennmotoren der dreißiger bis fünfziger Jahre hatten sämtlich geschweißte Stahlgehäuse; die Motoren M196S (300 SLR) und M291 waren allerdings aus Leichtmetallguß.
Genau wie einst brachte die Monoblock-Konstruktion Gewichtsersparnis, Strukturfestigkeit, den Fortfall von Dichtproblemen sowie optimale Kühlung, weil die Gestaltung der Wasserdurchläufe weniger Kompromisse erforderte. Die Wassermäntel erstreckten sich über die gesamte Hublänge im Zylinder. Die Kopf/Block-Gußform legte man dergestalt aus, daß sie für alle Zylinder gleich war. In dieser Hinsicht unterschied sich der M291 vom M196S, der ja ein Reihenachtzylinder war, unterteilt in zwei Blöcke. Das war absolut in Ordnung, als nur sehr wenige Rennwagenhersteller – zum Beispiel Lancia – ihren Motoren mittragende Funktionen überantworteten. Da aber der M291 doch einen Teil der aufs Chassis wirkenden Kräfte aufnehmen sollte, mußte die Gesamtkonstruktion von größerer Steifigkeit sein und die Zylindereinheiten sich über die volle Baulänge des Motors erstrecken.
Die Zylinder selber entsprachen in ihrer Spezifikation denen im M117 und M119; sie erhielten Nikasil-Laufbüchsen. Das Kurbelgehäuse aus Magnesium war zweiteilig und wies Lagerböcke für die Kurbelwellen-Hauptlager sowie für die drei Zwischenwellenlager auf.
Die „Ölwanne" war so schmal, daß sie diesen Namen eigentlich kaum verdiente. Ihr Maß richtete sich allein nach der Größe der Lagerstellen. Oben und unten wurde das kompakte Kurbelgehäuse durch je 16 Stiftschrauben mit Muttern gehalten.
Mit ihren integrierten Stößelführungen in den Köpfen und einem kleinen Ölsumpf im Kurbelgehäuse beschränkte sich die Zahl der größeren Gußteile, die bewegliche Elemente trugen, auf ganze vier. Diese vier Gußteile hielten die obengenannten 16 Schrauben mit Muttern an den Monoblockfüßen zusammen.
Jede Zylinderreihe wurde von einem Ventildeckel aus Magnesium überdeckt. Die Nockenwellen wiesen konventionelle Bauform auf und waren aus Stahl; die Nocken betätigten über Tassenstößel die Ventile auf direktem Wege. Die Ventile liefen in Bronzeführungen und waren mit Natrium zur besseren Wärmeabführung gefüllt. Die Schließung oblag doppelten Schraubenfedern. Um die Gefahr von Ventilflattern bei hohen Drehzahlen zu vermeiden, vesuchte Mercedes-Benz Federn aus leichtem Titan zu erhalten, mit denen sich der Zeitpunkt eines möglichen Flatterbeginns sehr weit nach oben versetzen ließ. Man überlegte sich aber auch alternative Ventilsteuerungen, zum Beispiel desmodromische (Zwangs-)Schließung, die man schon für den M196 „wiedererfunden" hatte, oder eine pneumatische Lösung, mit der Renault arbeitete. „Wir prüfen alle gangbaren Wege", sagte Willi Müller und ließ offen, ob er noch an eine gänzlich andere Methode dachte.
Das Zahnrad des Mittelabtriebs war für die Nockenwellen-Stirnräder, die Abtriebswelle zur Kupplung und den Antrieb der Wasserpumpen und Wechselstrom-Lichtmaschine zuständig, die sich oberhalb des Motors befanden. Die Lichtmaschine saß hinter den Pumpen, über Zahnräder direkt angetrieben. Durch den Bruch eines Zahnriemens oder eines Lichtmaschinenträgers würde zukünftig kein Rennmotor je wieder Schaden nehmen...
Jede Zylinderreihe verfügte über einen eigenen Kühlwasser-Haushalt. Die Trockensumpf-Schmierung bestand aus einer zentralen Druckpumpe und einer Reihe von Saugpumpen; ihre Zahl variierte während der Entwicklungszeit des Motors. Die Zylinderköpfe und das Kurbelgehäuse wurden stets von separaten Pumpen entsorgt. Zwölf Liter Öl zirkulierten im System unter einem Druck von maximal 7,0 bar.

An der Spitze seiner Entwicklung: Der Flachmotor des C291, ein in vielfacher Hinsicht ungewöhnliches Triebwerk.

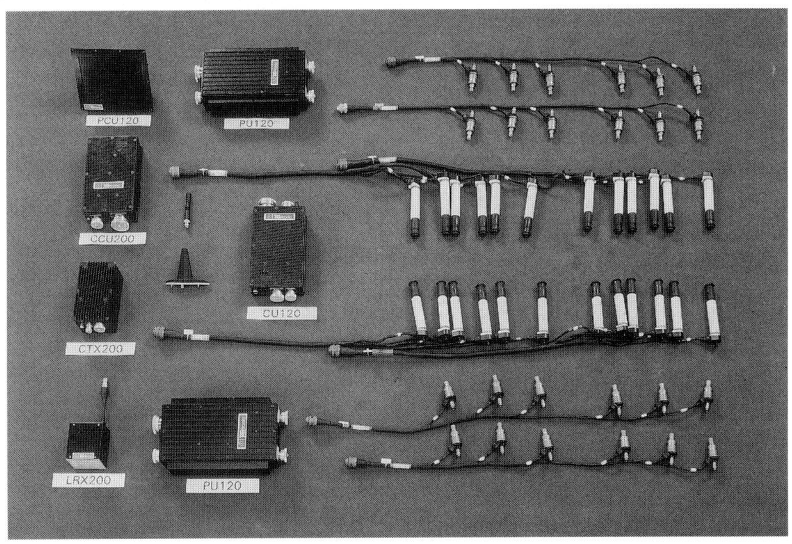

Unten: Die Bestandteile des Motormanagements inklusive elektronisch gesteuerter Zündung und Telemetrie-Elemente.

Mercedes-Benz nutzte – wie einst Porsche – den Umstand, daß die Kurbelwelle praktisch von beiden Seiten aus zugänglich war, indem man den Pleuellagern von beiden Seiten Öl zuführte. Das hatte mehrere Vorteile.
So mußte der hereinführende Ölstrom nicht gegen die Zentrifugalkraft geführt werden, und zum anderen hatte das Öl nicht erst von den Hauptlagern aus seinen Weg zu den Pleueln zu nemen, so daß man ihnen keine Nuten hierfür geben mußte. Man durfte die Lager schmaler und dafür die Kurbelwangen etwas breiter machen.
Jede Zylinderreihe wies einen Drei-in-zwei-in-eins-Auspuffkrümmer auf. Man isolierte die Rohrwindungen im Motorraum mit einem speziellen Material, um die Hitzeeinwirkung auf elektronische Bauteile zu verringern. Zwei Endrohre führten zum Heck des Wagens.
Die Einlaßwege versuchte man so kurz wie möglich zu gestalten, was besonders in Anbetracht der hohen Drehzahlen wichtig war. In der ersten Bauausführung wurde je eine Gruppe von drei Ansaugrohren von einer gemeinsamen Airbox mit einer Drosselklappe versorgt. Je zwei Drosselklappen waren pro Zylinderreihe paarweise zusammengelegt.
Bei den ersten Fahrversuchen hatte man den C291 beidseitig mit sogenannten NACA-Ducts (Lufthutzen) unter dem größeren Kühler versehen, durch die dem Motor die Verbrennungsluft zugeführt wurden. Im Verlauf weiterer Tests verlegte man diese Öffnungen hinter die Seitenfenster des Kabinendachs, was den Vorteil hatte, daß die hinteren Radabdeckungen weniger Luftverwirbelungen ausgesetzt waren. Durch eine Hutze aus Kevlar an beiden Wagenseiten wurde die Luft zu den Drosselklappen der jeweiligen Zylinderreihe geführt.
Für das Motormanagement wählte man statt der bisher verwendeten Bosch Motronic die MB-TAGtronic, ein verbessertes elektronisches ECU-120-Kraftstoff-Einspritz- und Zündsystem, entwickelt von Dr. Udo Zucker, der bei Bosch auch für die Motronic verantwortlich gezeichnet hatte. Von Bosch hatte er zur TAG McLaren Group gewechelt, wo man ihm die Chance geboten hatte, sich ausschließlich in seinem Spezialfach zu betätigen: Elektronisch gesteuerte Einspritzsysteme für Rennmotoren. Für Mercedes-Benz arbeiten zu dürfen, stellte für die Firma TAG einen hohen Prestigegewinn dar. Dr. Zuckers System, perfektioniert nach Maßgaben aus Untertürkheim, garantierte unter anderem eine noch präzisere Dosierung des zugeführten Kraftstoffs bei gleichzeitig höherem Einspritzdruck. Die Einspritzdüsen kamen von der japanischen Firma Keihin Seiki.
Das mit der Bezeichnung ECU120 versehene MB-TAG-System arbeitete mit 24 Zündspulen ohne Verteiler. Für den M291 wurden spezielle Zündspulen entwickelt, auffallend gering in den Abmessungen, aber von hoher Leistung. Die elektrische Energie ihrer Zündfunken war wesentlich stärker als der vergleichbarer, verteilerloser Systeme oder Funken, die sich über herkömmliche Verteiler produzieren ließen.

Auch ließ sich beim TAG-System die Energie des Zündfunkens steuern, ein absolutes Novum. Um den Motor nicht stärker zu belasten als jeweils erforderlich, regelte das ECU120 die Stromzufuhr nach Bedarf. Nicht weniger als 22 Sensoren an der Kurbelwelle und an den zwölf Zylindern – fünf für die Zündung, fünf für die Kraftstoff-Einspritzung – steuerten das System und ließen Daten vom Kraftstoffdruck, von der Kraftstofftemperatur, der Lufttemperatur, vom Luftdruck und der Kühlmitteltemperatur durch insgesamt 23 Prozessoren auswerten, die ihrerseits die Vorgaben für die Zündwerte und Einspritzzeiten lieferten.
Zur Sicherheit wurden die besonders leicht und dennoch robust gehaltenen Sensoren, die das ECU120 mit Daten versorgten, an den wichtigsten Stellen in doppelter Ausführung eingebaut, so daß bei einem eventuellen Ausfall eines „Melders“ das System voll funktionsfähig blieb. Bei einem Stückgewicht von 25 Gramm spielte das Mehrgewicht keine Rolle. Wenn ein Motor mit 14000 Touren pro Minute ohne nennenswerte Unterbrechung 24 Stunden lang seine Höchstform behalten sollte, so wurde argumentiert, mußte man sich diesen Aufwand leisten können.
Die zwei Zündkerzen und die zwei Einspritzdüsen pro Zylinder wurden durch je ein separates System versorgt. Es ließ sich synchron schalten, aber auch trennen und unabhängig vom anderen fahren.

Oben: Der mobile Atlas-Telemetrie-Arbeitsplatz von Mercedes-Benz. Eine unendliche Fülle von Daten wird während eines Rennens zwischen den Fahrzeugen und der Empfangszentrale übertragen.

Würde eines der beiden Systeme ausfallen, blieb zumindest der Motor funktionsfähig, um das Fahrzeug mit halber Kraft – jeweils einer Kerze und einer Einspritzeinheit – an die Boxen zu bringen. Zudem wollte man die volle Kontrolle über sämtliche Motorfunktionen haben, solange sich das Fahrzeug auf der Strecke befand. Dies geschah einmal durch Anzeigen, die dem Fahrer Drehzahl, Kraftstoffverbrauch und -Reserve, den eingelegten Gang sowie eine Reihe von Schlüsseltemperaturen mitteilten. Sehr viel detailliertere Informationen wurden der Kontrollzentrale an den Boxen telemetrisch übermittelt, eine Praxis, die man bei Mercedes-Benz schon seit langem übte. Hier erwies sich das ECU120 als eine wahres Zauberwerk: Es signalisierte nicht weniger als 850 Parameter auf die Bildschirme.
Mit dem Bosch MP1.8 und dem DARAB-System hatten sich nur zehn Prozent aller erfaßten Motordaten per Telemetrie übermitteln lassen. Jetzt konnte man nicht nur 100 Prozent aller Daten fernübertragen, sondern eine unvergleichlich höhere Zahl von Einzelmessungen insgesamt. Auch die Übertragungs-Geschwindigkeit hatte sich dank ATLAS (Advanced Telemetry Link Acquisition System) enorm verändert: Arbeitete das von Bosch entwikkelte Übertragungssystem mit 0,8 Sekunden Verzögerung, betrug sie beim ATLAS nur mehr eine knappe Millisekunde.
Nicht nur das jeweilige Befinden des Motors ließ sich durch die MB-TAGtronic mit höchster Perfektion überwachen, sondern auch Funktion und Zuverlässigkeit der EMS-Sensoren sowie ihre Übermittlungs-Genauigkeit (EMS = Engine Monitoring System). Meldete zum Beispiel einer der Sensoren die Stärke des Zündstroms an einer der 24 Zündkerzen, so oblag einem anderen Sensor, die Unbestechlichkeit des ersten anzuzeigen. Würde eine der Einspritzdüsen ihren Dienst versagen, wäre dies natürlich auch an dem ausbleibenden Wert erkennbar, der die Durchflußgeschwindigkeit des Kraftstoffes anzeigt. Übrigens wurde auch die Temperatur an diversen elektronischen, äußerst empfindlich ansprechenden Elementen überwacht.
Nur für Prüfstandläufe hatte man auch einen ECU-Klopfsensor. Die im M119 verwendeten Kistler-Sensoren ließen sich beim M291 aus Platzgründen hierfür nicht verwenden.
Mit all den Bildschirm-Übermittlungen hätte man abendfüllende TV-Sendungen gestalten können. Zur Bewältigung dieses Materialvolumens benötigte man leistungsstarke Rechner – schließlich galt es, in jeder Sekunde 5 Millionen Bits zu verarbeiten! Hätte man sämtliche Informationen aus einem einzigen Fahrzeug über einen Zeitraum von 24 Stunden beidseitig auf A4-

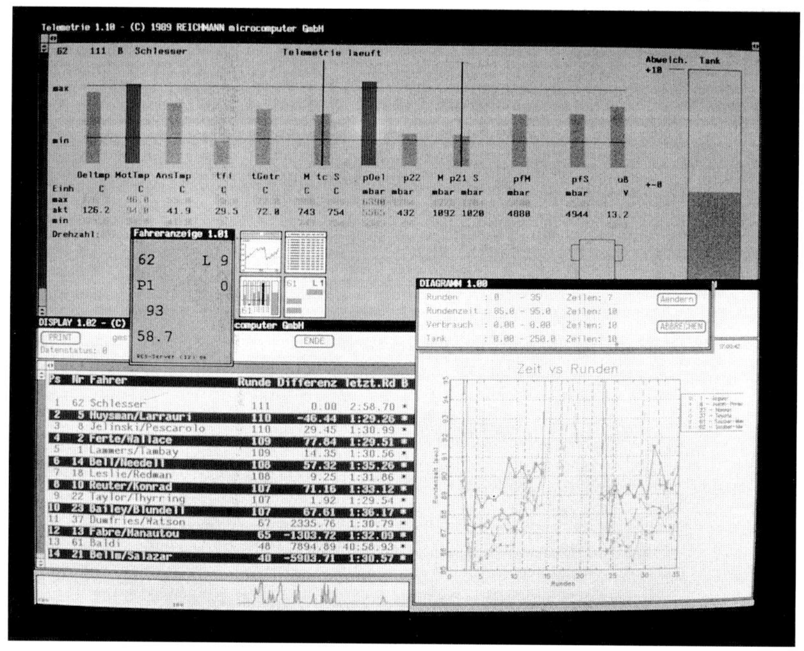

Rechts: Auf dem Bildschirm sind via Telemetrie die Rundenzeiten der eingesetzten Wgen ablesbar, Motor-, Getriebe- und Kühlwassertemperatur, Verbrauch und Tankreserve, Ladedrücke, Drehzahlen, Schaltvorgänge und vieles mehr…

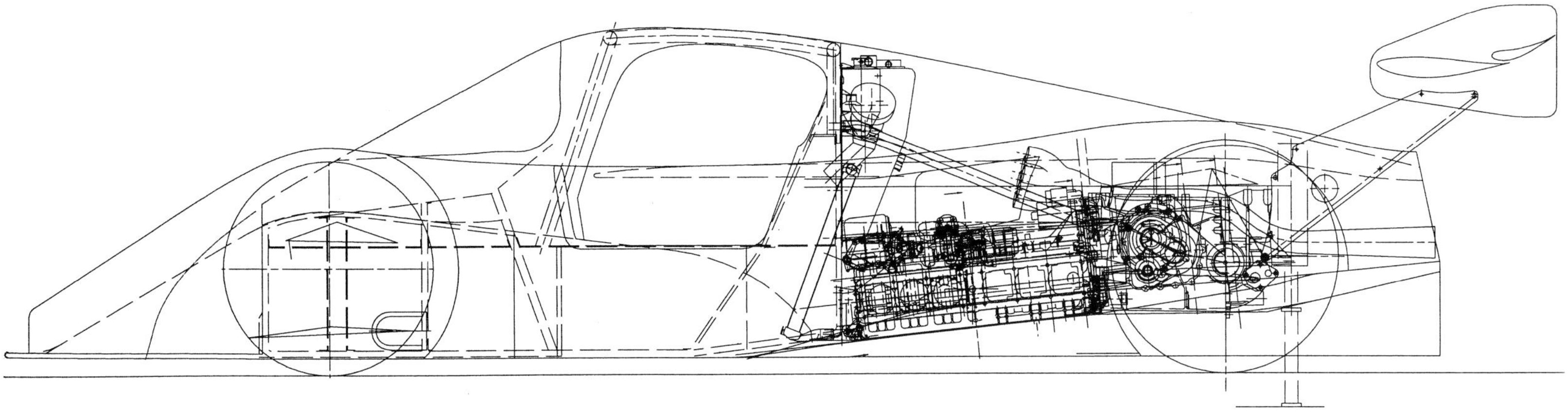

Oben: Längsschnitt durch den C291. Der Flachmotor ergab einen besonders tiefen Fahrzeugschwerpunkt. Unten: Computerzeichnung, die Berechnung der Gesamtbeanspruchung des Wagens bei Kurvenfahrt darstellend.

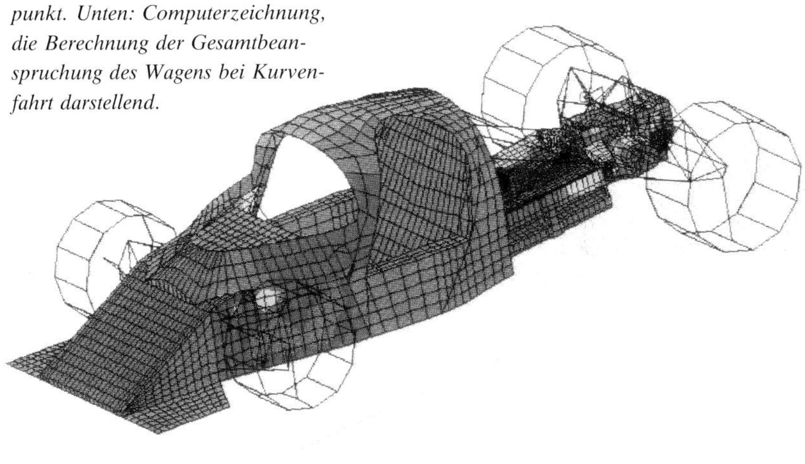

Blätter ausgedruckt, hätte dies einen Papierstapel von mehr als 1000 Meter Höhe ergeben, wie Dr. Zucker ausrechnete.
Nicht nur zur ständigen Überwachung sämtlicher Motorfunktionen, sondern auch zur Diagnose im Falle eines Schadens und Abspeicherung sämtlicher Daten, aus denen sich die Schadensursache erkennen ließ, war das ECU-System von hohem Nutzen.
Auch arbeitete das System nicht ausschließlich nach dem Prinzip einer Einbahnstraße, das den Informationsstrom in nur eine Richtung fließen läßt. ECU war dialogfähig: Man konnte von den Boxen dem Fahrer Signale ins Cockpit senden, die sich an hereinkommenden Meldungen orientierten und auf seinem Display ablesbar waren. Auch ließ sich per Fernübertragung von den Boxen aus die Funktion eines Sensors ausschalten, wenn er den Verdacht lieferte, durch einen Defekt Falschmeldungen anzuzeigen, deren Auswertung und Umsetzung möglicherweise unerwünschte Folgen nach sich ziehen konnten. Ein nicht zu unterschätzender Sicherheitsfaktor auch für den Fahrer des Wagens.
Funksignale aufzufangen ist kein Privileg Einzelner. Hätte nicht ein Konkurrenzteam die ECU/EMS-Daten empfangen oder deren Übertragung nachhaltig stören können? Nach Dr. Zuckers Ausführungen bediente man sich, um dies zu verhindern, einer Codierung, die TAG als „unmöglich zu knacken" apostrophierte. Dr. Zucker: „10000 Bits stehen uns für die Drei-Sekunden-Übertragung einer Einzelinformation von den Boxen zum Fahrzeug zur Verfügung, und nur ganze acht Bits genügen, um einem der Sensoren eine bestimmte Anweisung zu erteilen. Die Wahrscheinlichkeit, daß ein Außenstehender diese acht Bits in 10000 genau dorthin zu stecken vermag, wo sie einen sinnvollen Zusammenhang ergeben, ist geringer als die Chance, Wasser einen Berg hinauffließen zu lassen..."
Dr. Zucker äußerte die Überzeugung, daß es kein anderes System vergleichbarer Nutzanwendung gebe, auch nicht in der Formel Eins. Die Datenübertragung und -auswertung habe bei Mercedes-Benz einen Standard erreicht wie bei keinem anderen Automobilhersteller. Natürlich war der elektronische Aufwand hierfür enorm, doch dank der ständigen Minimierung diesbezüglicher Bauelemente stellte die Elektronik im Fahrzeug einen vertretbaren Gewichtsfaktor dar. Machte er anfangs noch 16 Kilogramm aus, wog die elektronische Ausrüstung im Laufe der Zeit immer weniger.
Für die Sauber-Männer bedeutete der hohe Elektronik-Anteil eine spürbare Vermehrung des Arbeitsaufwandes gegenüber früher, zumindest bei Saisonbeginn, als manches noch nicht ganz ausgereift war. Damals sagte Leo Ress nach einem ersten Test: „Allein der Wechsel eines Motors nimmt sechs Stunden in Anspruch, und weitere sechs, bis man ihn zum Laufen bringt. Eine volle Stunde benötigt man bereits fürs Isolieren aller gelösten Anschlüsse. Unser Ziel ist es, den Motorwechsel auf eine Zeit von drei Stunden herunterzuschrauben, aber das wird nicht leicht sein." Ende 1991 sah die Sache schon ganz anders aus: Beim C291, der in Autopolis siegte, ging der gesamte Motorenwechsel in weniger als zwei Stunden vonstatten.

Das Gewicht des M291 fiel höher aus als veranschlagt. „Aber das ist eine Frage der Philosophie", meinte Dr. Hiereth. „Wir können es uns bei Mercedes-Benz nicht erlauben, einen Motor zu bauen, der uns nachher im Stich läßt. Also müssen wir alles ein bißchen größer und ein bißchen stärker machen, um sicherzustellen, daß genügend Belastungsreserven vorhanden sind." Im Verlauf weiterführender Entwicklungsarbeiten brachte man das Motorgewicht einschließlich Abgasanlage, Lichtmaschine und Anlasser schließlich auf 170 kg herunter.
Dieses Gewicht bezog sich auf das Aggregat bis zum Ende der Abtriebswelle, wo allerdings nicht die Kupplung saß. Diese stellte vielmehr ein Teil des Getriebes dar, wie man Motor und Antrieb ja auch als eine geschlossene Konstruktionseinheit sehen mußte. Über Kerbverzahnung war die Abtriebswelle mit der Eingangswelle des Getriebes verbunden.
Die Dreischeibenkupplung maß lediglich 140 mm im Durchmesser, kam von Fichtel & Sachs und hatte Karbonbeläge. Die Positionierung der Kupplung im Getriebe erlaubte ihren Wechsel, ohne daß man Motor und Getriebe-Einheit voneinander trennen mußte.
Bei den früheren Sauber-Mercedes-Rennwagen hatte das Getriebe als hinteres Bauelement ein Stück herausgeragt. Damit lag es im Luftstrom, der unterhalb des Fahrzeugbodens hindurch- und am Heck ausströmte. Das neue Schema mit dem breiteren Luftschacht bedingte eine Bauweise, bei der das Getriebe zwischen Motor und Differential/Achsantrieb lag, um den austretenden Luftstrom frei von störenden Elementen zu halten.
Das Getriebe in der Längsachse zwischen Motor und Antrieb einzufügen, hätte sich als die einfachste, aber nicht ideale Lösung angeboten. Der Motor hätte zu weit vorn plaziert werden müssen und wäre der von Ress angestreb-

Foto eines ersten Tests mit dem Mercedes-Benz C291. Auch Reifeningenieure sind anwesend.

ten Gewichtsrelation abträglich gewesen. Es gab eine Alternative: Die Getriebewellen um 90 Grad versetzt zu positionieren, wie dies bei einigen Formel-Eins-Fahrzeugen praktiziert wurde. Eine daraus resultierende breitere Bauweise des Getriebes spielte solange keine Rolle, als alle Elemente oberhalb des Venturikanals lagen.

Ein quer eingebautes Getriebe mit integriertem Achsantrieb hatte erstmals auch der Mercedes-Benz-Rennwagen W25 von 1936 gehabt. Diese Bauweise half, die Fahrzeuglänge zu reduzieren und dem Fahrer eine tiefere Sitzposition zu geben. Man behielt sie bei allen Mercedes-Benz-Rennwagen bis 1939 bei.

Durch einen Kegelradsatz wurde die Kraft umgelenkt. Sie ging über die ebenfalls quer zur Fahrzeuglängsachse installierte Kupplung über ein Paar koaxiale Querwellen. Es gab sechs Vorwärtsgänge, deren Arrangement dem im Getriebe des C11 entsprach. Auch lieferten die Firmen Staffs Gears und X-Trac wieder eine Anzahl von Komponenten.

Das Getriebegehäuse aus einer Magnesiumlegierung war in Höhe der Hinterachse geteilt, so daß man direkten Zugang zum Achsantrieb hatte, und zwar beidseitig. Rechts hatte man nach Abnehmen eines Deckels außerdem Zugang zur Kupplung. Die Getriebezahnräder ließen sich nach Entfernen eines Querschotts von links her erreichen.

Neu war eine Art Linear-Schaltung, wie man sie vom Motorrad her kennt. Jeder Schaltvorgang über den Wählhebel aktivierte den nächsthöheren oder nächstniedrigen Gang. Jeder Gangwechsel war dadurch nicht nur schneller, sondern auch sicherer; ein Verschalten gab es praktisch nicht. Vorbehalten blieb die Möglichkeit, eine elektrohydraulische Einrichtung zum Gangwechseln einzubauen.

Durch Federdruck wurde der Schalthebel rechts vom Fahrer in Mittelstellung gehalten. Schob man ihn nach vorn, schaltete man herunter, zog man ihn zurück, schaltete man herauf. Das entsprach auch den natürlichen Reflexbewegungen des Fahrzeuglenkers unter Einwirkung von Trägheitskräften. Durch einen separaten Knopf am Schalthebel ließ sich der Rückwärtsgang einlegen. Der Gangwechsel vollzog sich mit einer Präzision und Leichtigkeit, die der Schaltung den intern verwendeten Namen „Rolex" einbrachte.

Die Schmierung des Getriebes erfolgte nach dem Naßsumpf-Prinzip durch eine Pumpe in unmittelbarer Nähe der Kupplung. Im System war ein eigener kleiner Ölkühler integriert. Mercedes-Benz übernahm das Öl- und Wasser-Kühlsystem für den Motor und das Getriebe, während Sauber die entsprechenden Vorkehrungen am Fahrzeug zu treffen hatte.

Der Wirksamkeit des Kühlsystems hatte man seit Anfang an höchste Aufmerksamkeit geschenkt, unter Berücksichtigung eines möglichst geringen Energieaufwandes durch Pumpen und knappeste aerodynamische Zugeständnisse. Das komplette System der Öl- und Wasserkühlung lief zur Probe auf dem Prüfstand; den Fahrtwind simulierte dabei ein starker Ventilator. Mit der gleichen Gründlichkeit wurde eine Tank- und Kraftstoffanlage gebaut und auf dem Prüfstand getestet, wobei man mehrere Varianten prüfte, um die beste zu ermitteln.

Aufwendige Laborarbeit wurde geleistet, um Vorrichtungen zu entwickeln, die ein Verdampfen von Kraftstoff verhindern sollten. Die Untersuchungen der Kühl- und Kraftstoffsysteme waren wichtig für den Erhalt einer harmonischen Arbeitsatmosphäre zwischen Mercedes-Benz und Sauber, denn diese Themen gehörten zu den typischen Streitfragen zwischen Motorenlieferanten und Fahrzeugbauer.

Die Motorkühlung übernahmen zwei Behr-Kühler, je einer für eine Zylinderreihe. Die Kühler saßen unmittelbar hinter den Türen und beinhalteten auch zwei Wärmetauscher für das Öl.
Mit vier Bolzen war der Motor am Monocoque befestigt. Ein Rohr-Hilfsrahmen mit Diagonalstreben verlief oberhalb der gesamten Antriebseinheit vom Chassis bis zum Getriebe.
Die gesamte Fahrzeugstruktur wurde auf ihre Festigkeit per Computer durchgerechnet; eine Aufgabe, die Dr. Hans-Jürgen Butenschön leitete. Festigkeit, Steifigkeit und Gewicht waren die Parameter, nach denen die Berechnungen durchgeführt wurden. Auch Einzelteile unterzog man diesem Prozess, vom Motor, Getriebe, Chassis. Sogar ein veritabler Crashtest ließ sich am Computer simulieren.
Das Butenschön-Team vermochte alle Belastungen, denen das Material in einem Rennen unterliegt, zu errechnen, unter genauer Vorgabe von Rundenzeiten und von außen einwirkenden Faktoren. Hierbei ließ sich zum Beispiel ermitteln, wie sich die Verschiebung des Fahrzeug-Schwerpunktes auf die Rundenzeit auswirkt und welche Teile am Wagen dadurch in ihrer Belastung eine Veränderung erfahren. Anhand der Rundenzeiten und Fahrzeugdaten – zumindest, soweit bekannt – der Konkurrenzfahrzeuge ließen sich aber auch computerberechnete Rückschlüsse auf deren Beschaffenheit ziehen.
Im aerodynamischen Bereich bediente man sich ebenfalls angewandter Computertechnik. Unter Einbeziehung aller Daten, die man vom Fahrzeug und seinem Verhalten auf bestimmten Rennstrecken zur Verfügung hatte, ließen sich Abtriebs- und Luftwiderstandswerte in Relation zur Rundenzeit bringen. Hieraus konnte man umgekehrt eine zumindest theoretische Optimierung der Formgebung des Auslegers errechnen – theoretisch, weil die Grenzwerte der aerodynamischen Beschaffenheit einer Karosserie-Oberfläche nach dem gegenwärtigen Stand der Technik in der Praxis den rein rechnerisch ermittelten nicht voll entsprechen können. Für zukünftige Entwicklungen waren solche Analysen dennoch von großem Wert.
Obwohl der C291 mittschiffs installierte Kühler hatte, sah seine Bugpartie so aus, als verberge sich dennoch ein solcher hinter dem Luftschlitz. Ein Design, das Leo Ress vom C11 übernommen hatte. Es trug zu einer besseren Führung der Luftströmung zu den Einlässen der Kühler in der Fahrzeug„hüfte“ bei, die sich beidseits an der unteren Windschutzscheibenkante befanden. Der Austritt der erhitzten Luft geschah durch anähernd rechteckige Öffnungen in der hinteren, abnehmbaren Fahrzeugabdeckung.
Oberhalb des verstellbaren Frontspoilers (Splitter) befanden sich Öffnungen für die Zufuhr von Kühlluft für die vorderen Scheibenbremsen. Durch eine weitere Öffnung unterhalb der Frontscheibe und der Scheibenwischerachse gelangte Frischluft ins Cockpit, durch Schlitze im Dach strömte sie aus. Zur Kühlung des Getriebes und der hinteren Scheibenbremsen gab es in der Heckverkleidung drei NACA-Einlässe.
Die sich über die gesamte Wagenbreite im Fahrzeugboden erstreckende Luftaustrittsöffnung gab Ress die Möglichkeit, auf einen Heckflügel in Doppeldeckerbauweise zu verzichten, wie ihn zum Beispiel der 1991er TWR-Jaguar trug. Ress hatte ihn probeweise bei einem Windkanaltest montieren, dann aber wieder entfernen lassen – er brachte keine Vorteile.
Das bei der Firma DPS Components Ltd in Woking, Surrey/GB, hergestellte Monocoque-Chassis des C291 und der Fahrzeugkäfig aus Titan bildeten eine konstruktive Einheit. Für das Chassis verlangte die FISA den Nachweis eines jetzt obligatorischen Crashtests: Es mußte dem Aufprall eines 900-kg-Schlittens mit 56 km/h widerstehen. Ein weiterer Test schrieb eine Druckbelastung von 8,5 Tonnen vor: Das Chassisdach reagierte mit ganzen 2,6 Millimeter Verformung, die sich anschließend völlig zurückbildete.
Mit 2700 mm Radstand entsprach dieses Maß dem des C9. Die Bremsen kamen, wie zuvor, von Brembo/Carbone Industries, die Räder von Speedline. Für die Aktivierung der vorderen Feder/Dämpfer-Elemente bevorzugte Ress eine Zug- statt bisher eine Druckstrebe; die indirekte Wirkung behielt man wegen der besseren Feineinstellmöglichkeiten bei. Das neue Chassisdesign machte Öffnungen zur Zugänglichkeit der Stoßdämpfer überflüssig.
Die von dem Mercedes-Benz-Fahrwerks-Konstrukteur F. X. Scheller eigens für den C291 entwickelte „Hochlenker-Hinterachse“ schaffte für Ress und seine Mitarbeiter die Möglichkeit, den Unterboden des Fahrzeugs in aerodynamisch so idealer Form mit einem breiten Luftschacht versehen zu können, wie sie es sich gewünscht hatten. Die in etwa parallel verlaufenden oberen und unteren Querlenker waren im Vergleich zu denen im C11 sehr viel höher plaziert, oben 5 und unten sogar 10 cm, und nur 4 cm unterhalb der Antriebswelle. Auf diese Weise hatte man erreicht, daß der Fahrzeugboden zur Gänze frei von Fahrwerksteilen blieb.
Die Kevlar/Kohlefaser-Karosserie kam wieder von Paucoplast. Im traditionellen Mattsilber lackiert, wog der Wagen insgesamt knapp über 800 kg, das waren 50 kg mehr als das geforderte Minimum. „Wir waren zuversichtlich, daß es uns gelingen würde, das Gewicht mit der Zeit zu reduzieren“, sagte Dr. Hiereth, „ebenso durften wir damit rechnen, die Motorleistung steigern zu können.“
Seinen ersten Prüfstandslauf absolvierte der M291 im Juli 1990 auf Anhieb mit 13000 Touren. Die erzielte Leistung von 500 PS übertraf die Voraussagen der Skeptiker bei weitem. Im Oktober folgten Testfahrten auf der Strecke von Paul-Ricard. Das war verhältnismäßig spät, denn bis zu dem ersten Rennen hatte man nur noch sechs Monate Zeit: Mitte April 1991 stand Suzuka, Japan, auf dem Kalender. Und es gab noch vieles, was der Überarbeitung bedurfte; neue Probleme stellten sich obendrein zur Genüge ein...
Da gab es unverhergesehene Pannen im Schmiersystem, dann bei der Kühlung, schließlich bei der Abgasanlage. Niemand bezweifelte die Richtigkeit des Gesamtkonzepts, doch die Unterbrechungen, die das Testprogramm mit 20 Versuchsmotoren durch das Analysieren und Beheben von Störungen erfuhr, warf das Team im Zeitplan arg zurück. Ein solches, in vieler Hinsicht radikales Neukonzept hätte es verdient gehabt, in einem großzügiger bemessenen Zeitraum ausgefeilt zu werden. Die ersten zwölf Monate der Motorenentwicklung vom Juni 1990 bis zum Juni 1991 wurden von Gert Withalm als „ganz normale Zeitspanne für Routinearbeiten“ bezeichnet: „Die Füllung der Zylinder war zu optimieren, die Reibung zu vermindern, das Gewicht herunterzubringen. Elementare Arbeiten, mit denen wir alle sehr intensiv beschäftigt waren.“
Viele Dimensionen erfuhren in diesem Arbeitsverlauf Änderungen, so die Brennräume in den Zylindern, die Länge der Einlaßkanäle, die Ventilsteuerzeiten, die Kompression (auch wenn sie nur um Bruchteile über oder unter 12 zu 1 variierte).
Es war vorauszusehen gewesen, daß es in Anbetracht der extrem flachen Motorbauweise Probleme mit dem Ölhaushalt geben mußte. Withalm: „Fast jeden Tag erörterten wir neue Überlegungen hierzu.“ Man installierte sogar Videokameras an Ventildeckeln aus transparentem Material, um den Ölfluß beaobachten zu können. Für den Einsatz in Silverstone im Mai 1991 schien man aber zumindest alle diesbezüglichen Probleme gelöst zu haben. Und mit welcher Gründlichkeit, bewies das spätere Rennen in Mexiko, wo eine langgestreckte, schnelle Kurve in den Motoren vieler Konkurrenten das Öl soweit „weggehen“ ließ, daß ihre Pumpen trockenliefen. Beim C291 aber nicht!
Aber erst im März 1991 hatte man bei Sauber ein zweites Chassis fertiggestellt. Der Wagen, den man im April nach Suzuka schickte, wog rund 790 kg; seine Maschine leistete bei einer mittleren Kraftstoffqualität 580 PS. Als stärkster europäischer Herausforderer erwies sich Peugeot.
Was das Sauber-Mercedes-Team in der jetzigen Phase am allerwenigsten brauchen konnte, war ein Feuerschaden am Fahrzeug – und genau der stellte sich aufgrund eines schadhaften Kraftstoffventils kurz nach einem Boxenaufenthalt ein...
Einen Hoffnungsschimmer gab es dann in Silverstone, wo Michael Schuma-

24 Stunden von Le Mans 1991: Nach einem Mazda und drei Jaguar reichte es nur für einen fünften Platz.

cher und Karl Wendlinger mit ihrem C291 nach einem schnellen Jaguar Zweite wurden. Immerhin ermutigend für den weiteren Verlauf der Rennsaison, die ja von einem C11 – zumindest nach Le Mans – nicht weiter bestritten werden sollte.

Dann stellten sich neue Probleme ein, so daß stets nur eines der Fahrzeuge einsatzbereit war. Beim Le-Mans-Training reichte es gerade für die Mindestzahl der von der FISA vorgeschriebenen Qualifikationsrunden sowie für einige Kommunikationstests, um die Reichweite der Daten-Fernübertragung zu prüfen.

Als das 24-Stunden-Rennen gestartet wurde, hatte die Abmagerungskur am C291 etwa 15 kg erbracht: 5 kg gingen auf das Konto der Glas-Frontscheibe, die man gegen eine aus Acryl ausgewechselt hatte, und um 5 kg hatte man auch das Getriebe erleichtern können. Intensive Prüfungen hatten ergeben, daß die Gewichtsreduzierungen bei einigen Teilen hier keine Nachteile erbrachten.

Beim Nürburgring-Rennen im August, nach weiteren drei Monaten harter Arbeit, hatte man die Höchstgeschwindigkeit des C291 der des bisher uner-

Der Mercedes-Benz C291 von Michael Schumacher und Karl Wendlinger, die ihren Wagen in Silverstone 1991 auf einen ehrenvollen zweiten Platz steuerten.

reicht schnellen Jaguar XJR-14 angeglichen. Zugleich war man auf ein Gewicht von 755 kg heruntergekommen; der Motor leistete 640 PS. Und zum erstenmal konnte man mit zwei identischen Wagen antreten!
Die auf dem Nürburgring erschienenen Jaguar-Rennwagen wiesen doppelte Heckflügel und den üblichen Bugspoiler auf, ganz in der Art der derzeitigen Formel-Eins-Fahrzeuge. Laut Leo Ress trugen diese aerodynamischen Hilfsmittel sehr zur Balance der Fahrzeuge bei. Das Fahrverhalten des C291 hing in der Hauptsache von seiner Bodenform ab, die einen starken Anpreßdruck bewirkte, wobei aber jede Veränderung durch Nick- und Rollbewegungen sowie der Bodenfreiheit kritisch wurde, mehr noch als beim C11. Das Verhältnis des Abtriebs zum Luftwiderstand war beim C291 eindeutig günstiger als beim C11.
Mit seiner von Goodyear gelieferten Bereifung hatte der C291 die Traktion, die er brauchte. Schnelle Kurven waren seine Domäne. So hatten die Fahrer in Monza Anfang Mai keine Schwierigkeiten, mit den rapiden Jaguar XJR-14 in den berüchtigten Lesmo-Kurven mitzuhalten. Die sorgfältig errechneten Bodenhaftungswerte und die tiefe Plazierung des Fahrzeugschwerpunkts, so hatte es den Anschein, zahlten sich aus.
Leo Ress hatte zunächst angenommen, den Luftwiderstand beim C291 weiter herunterfahren zu müssen zu Lasten des Abtriebs, als Kompensation der geringeren Motorleistung des V12 im Vergleich zu der des aufgeladenen V8 im C11. Als das 24-Stunden-Rennen von Le Mans anstand, sagte er: „Ich hatte geglaubt, in dieser Beziehung Kompromisse eingehen zu müssen. Jetzt bin ich überzeugt, daß es besser ist, bei meiner bisherigen Philosophie zu bleiben.“ Was besagen wollte, daß er mit einer errechneten Anpreßkraft von 2275 kg bei 290 km/h das klassische Abtriebs/Luftwiderstands-Verhältnis von 5 zu 1 erreicht hatte.
Es blieb die Aufgabe, durch eine aktive Aufhängung eine konstante und jederzeit einstellbare Bodenhöhe zu gewährleisten – unter allen Fahrbahnbedingungen. Dies, so argumentierte Ress, würde der Durchgestaltung des Fahrzeugbodens ihren optimalen Wirkungsgrad geben. 1991 war eine aktive Radaufhängung in der Entwicklung, und sie sollte, so war vorgesehen, eventuell nachträglich im C291 Verwendung finden, mit Sicherheit aber beim geplanten C292 für die 1992er Saison.
Die guten Leistungen des Fahrzeugs auf dem Nürburgring resultierten nicht zuletzt aus einem besonderen Kraftstoffgemisch, ferner hatte man die Durchmesser der Einlaßventile um 1 mm erweitert. Die Luftzufuhr zu den Zylindern war verbessert worden; jeder Zylinder verfügte jetzt über eine eigene Drosselklappe. Das Ergebnis waren stolze 650 PS bei 13000/min.
Gerade an diesem Kulminationspunkt traten erneut Schwierigkeiten auf, Eingeweihte stark an 1939 erinnernd, als es am W154 – ebenfalls ein Zwölfzylinder – vergleichbare Probleme gab.
Die im Juli angefertigten Motoren ließen offenkundig werden, daß die Materialstärken der Block/Zylinderkopf-Gußrohlinge Toleranzen aufwiesen: An etlichen Stellen waren die Wandungen nicht dick genug. Das war insofern enttäuschend, als der Guß eines Sechszylinder-Monoblocks eine sehr aufwendige Angelegenheit darstellte. Jeder Block, der einer exakten Prüfung unterzogen wurde, wies Fehler auf, und die Herstellung und Bearbeitung neuer Blöcke hätte mehrere Monate in Anspruch genommen. Vor Beginn des letzten Rennens der Saison im Oktober konnte man mit der Lieferung keineswegs rechnen.
Was konnte man tun, um in der laufenden Saison mobil zu bleiben? Nichts weiter, als die Blöcke mit dem geringsten Risikofaktor zu definieren, aber man kam auf eine so knappe Zahl, daß man sich es nicht leisten konnte, auch

nur einen einzigen in Qualifikationsrennen zu verheizen. 50 standen zur Verfügung, 100 hätte man benötigt, im Rennen, im Training, im Service, im Versuch. So mußte man mit dem Material behutsam umgehen. Nur die am sichersten scheinenden Motoren wurden im Rennen, nicht im Training eingesetzt, aber selbst bei vorsichtigster Fahrweise ließ sich das Künstlerpech nicht ausschalten, wie es etwa Karl Wendlinger hatte, als er im Training in Autopolis seinen Wagen abstellen mußte.

Manchmal hielten die Motoren länger als befürchtet. So gab es in Mexiko „nur" den Bruch einer Ölpumpe, keinen des Gehäuses. Aber eben auch die anderen kleinen Pannen trugen in ausreichendem Maße dazu bei, dem Team die Stimmung zu trüben, etwa durch den Ausfall der Elektronik, durch Wasserverlust im Kühlsystem infolge einer aufgesprungenen Schlauchschelle oder Ärger mit den Antriebswellen.

Der traurigste Rekord nach Le Mans waren sechs Ausfälle bei acht Starts. Abgesehen von dem Erfolg in Silverstone, kamen nur in Autopolis, wie bereits erwähnt, beide Wagen ins Ziel, auf dem ersten und dem fünften Platz. Zum Trost hatte ein C291 auch einen Rundenrekord aufstellen können, in Mexico City durch den talentierten Nachwuchsfahrer Schumacher.

Nach Saisonschluß 1991 stand endlich eine Serie neuer, einwandfreier Motorengehäuse zur Verfügung, und ohne Verzug machte man sich an den Bau und die Prüfung neuer Motoren. Noch im Dezember ergaben Prüfstandsversuche mit dem letzten Motor dieser Reihe eine Leistung von 690 PS bei 12600 Touren: Damit war die Vorgabe für das Aggregat des geplanten C292 etabliert.

Sowohl fürs Training als auch fürs Rennen hatte man in der Saison 1991 eine maximale Tourenzahl von 13500 festgelegt. Die Rücknahme von 1000 Touren war von den Konstrukteuren gewählt worden, um eine besser gesicherte Ausgangsbasis für weitere Entwicklungen zu schaffen, die nicht ausschließlich in der Erzielung immer höherer Drehzahlen zu sehen waren. Die Leistungskurve fiel nach ihrem höchsten Wert von 690 PS gegen 13500/min leicht ab.

Ein ganz entscheidender Faktor in der Erzielung der maximalen Leistung hatte die Zusammensetzung des Kraftstoffgemischs dargestellt. In der Gruppe C mußte man sich stets mit dem Stoff zufrieden geben, den der Veranstalter zur Verfügung stellte. Für den M291 laborierte man ein Gemisch, dessen Zusammensetzung die Firmen Castrol und Haltermann vornahmen. Dr. Hiereth betonte, daß es weder toxische noch krebserzeugende Bestandteile aufwies. Analysen ergaben, daß es sogar weniger Schadstoffe enthielt als bleifreies Tankstellenbenzin. Die Motorleistung des M291 basierte gegen Saisonende auf diesem Supersprit, der aber längst nicht die hochoktanige Brisanz des Formel-Eins-Kraftstoffs aufwies. Man konnte sagen, die Mercedes-Benz-Mixtur lag genau in der Mitte zwischen Grand-Prix- und unverbleitem Tankstellenbenzin.

Der Kraftstoffverbrauch bewegte sich beim M291 zwischen 260 und 280 Gramm pro Kilowattstunde, ein objektiv überraschend guter Wert. Alles in allem ließ sich mit hoher Gewißheit vorhersagen, daß der für die Saison 1992 geplante, als C292 bezeichnete Wagen bei seiner hohen spezifischen Leistung, seinem technischen Reifegrad und seiner Wirtschaftlichkeit alle in ihn gesetzten Erwartungen endlich erfüllen und ein starker Herausforderer sein würde. Seine Aerodynamik, das Verhältnis der Abtriebskräfte zum Luftwiderstand, seine aktive Radaufhängung und sein Bedienungskomfort durch ein Getriebe mit halbautomatischer Schaltung machten ihn zu einem beispiellosen Herausforderer.

Aber dazu kam es nicht. Denn wie beim 300 SLR von 1955, blieb auch der C291 ein Fahrzeug, das keine zweite Rennsaison erlebte.

Es gab bei Mercedes-Benz nämlich starke Kräfte, die zukünftige Aktivitäten nicht in Sportwagenrennen angesiedelt sehen wollten, sondern im Grand Prix. Dies um so mehr, als die FISA enorme Schwierigkeiten zu haben schien, für 1992 genügend Beteiligung in der WSC-Klasse (World Sports Car Championship = Sportwagen-Weltmeisterschaft) zu finden. So hatte noch am 11. November 1991 der neue FISA-Präsident Max Mosley verlauten lassen, daß es im kommenden Jahr keine Sportwagen-Weltmeisterschaft geben werde, weil das Interesse seitens der bisherigen Teilnehmer zu gering sei. Elf Tage später lud Peugeot alle Beteiligten nach Paris ein, um das Thema erneut zu diskutieren und eine Anullierung des FISA-Beschlusses zu erwirken. Die Abwesenheit eines Mercedes-Benz-Vertreters wurde mit großem Bedauern zur Kenntnis genommen. Erst Anfang 1992 wurde dann endgültig beschlossen, doch eine Weltmeisterschaft in der Gruppe C auszutragen, nachdem diverse Teams ihre Teilnahme fest zugesagt hatten. Einige von ihnen machten ihre Zusage leider nicht wahr.

Über einen längeren Zeitraum war unklar, ob und in welcher Form Mercedes-Benz sich künftig am Motorsport beteiligen und welche Stellung die Konzernmutter, die Daimler-Benz AG, in dieser Frage beziehen würde.

Ganz oben: Schlesser im C291 – nicht sehr erfolgreich am Nürburgring. Darunter: Mit aufgestellter Motorhaube wirkt der Wagen wie ein Flugobjekt von einem anderen Stern...

Oben: Blick ins Cockpit des Suzuka-Wagens (C11) von Schlesser/Mass.

Links: Der 1990 getestete C291 hatte noch nicht die hohen Einlaßhutzen für die Luftzufuhr. Die vorn am Bug eintretende Luft kühlte das Cockpit und wurde durch die Türen zu den seitlichen Kühlern geführt.

Der C11 (Schlesser/Mass) und der C291 (Wendlinger/Schumacher, rechts im Bild) nach dem Rennen von Suzuka am 14. April 1991.

Rückblickend läßt sich feststellen, daß der C291 zumindest über einen weiten Zeitraum der 1991er Saison eher ein Versuchs- denn ein Rennwagen war. Einige Stimmen in der Motorsport-Gruppe hatten auch dafür plädiert, den Wagen so lange nicht einzusetzen, bis er voll durchentwickelt war. Aber man war im Wort, und für Mercedes-Benz stand politisch viel auf dem Spiel, es zu halten. Ohne das Engagement der Stuttgarter in der Gruppe C wäre die World Sportscar Championship vermutlich aufgeflogen, und ohne die WSC wären auch alle weiteren Aktivitäten mit dem C291 zum Stillstand gekommen. Ein klassisches Dilemma, an dessen Hörnern man den C291 gepackt hatte…

Seit der Wiederaufnahme motorsportlichen Engagements im Jahre 1988 hatte Mercedes-Benz uneingeschränkt zu seiner Verpflichtung gestanden. Und man hatte sich das etwas kosten lassen: Die Aufwendungen für den gesamten Motorsport hatten 480 Millionen Mark betragen, für das Gruppe-C-Engagement bis an die Pforte zu einem C292 allein runde 400 Millionen. Man war sich auch absolut darüber im Klaren, daß der C291 den höchsten zur Zeit erreichbaren Standard aufwies und einen technologischen Level verkörperte, der dem Namen Mercedes-Benz nur Ehre machen konnte. Natürlich war von einem solchen Auto nicht zu erwarten gewesen, daß es vom Fleck weg seine hohe Qualifikation zu offenbaren imstande war.

Die Entscheidung fiel am 26. November 1991 – gegen eine Gruppe-C-Beteiligung wie auch gegen ein Engagement in der Formel Eins. Um mit aller Konsequenz weiterarbeiten zu können, hätte man allein für den Grand-Prix-Sport einen Etat in Höhe von 1,5 Milliarden Mark für die nächsten fünf Jahre bewilligen müssen. Indes, zu viele Vorbehalte wurden im Vorstand geäußert, wo man sich dem Vorwurf auszusetzen fürchtete, einer Verschwendung natürlicher Ressourcen das Wort zu reden – in einer Zeit, die ökologische Präferenzen erforderte. „Diesen ehrenwerten Standpunkt vertrat nun einmal die Mehrheit“, wie Jürgen Hubbert, im Vorstand verantwortlich für das Ressort Motorsport, kommentierte.

Professor Werner Niefer oblag es, dieses Resultat der Presse mitzuteilen. Der als Rennsport-Befürworter bekannte Vorstand des Unternehmens führte am 28. November aus, daß Mercedes-Benz dennoch dem Motorsport nicht zur Gänze ade gesagt habe. Vielmehr trage man sich mit der Absicht, aussichtsreiche Tourenwagen-Teams zu unterstützen, „wenngleich wir in der Gruppe C nicht mehr dabei sein und mit Sicherheit auch keinen Formel-Eins-Rennwagen bauen werden“. Wie weit man indes bereits Vorbereitungen hierfür getroffen hatte, erhellt das nachfolgende Kapitel.

Eine deutsche Grand-Prix-Beteiligung war seit geraumer Zeit Inhalt heißer Debatten gewesen, und fast hatte es so ausgesehen, als wäre Mercedes-Benz endlich soweit, wieder mitzumachen. Die Befürworter eines Mercedes-Einstiegs in die Formel Eins taten alles, um die oberen Etagen in Untertürkheim unter Druck zu setzen, und sie machten sich und anderen immer wieder Hoffnung. Ihre Erwartungen erfüllten sich nicht – der Stern aus Stuttgart sollte in absehbarer Zeit an keinem Rennwagen der Königsklasse zu sehen sein. So gab es keinen Mercedes-Benz in der Formel Eins, und der C291 war und blieb eine einmalige Erscheinung für die Dauer einer einzigen Rennsaison.

Gründliche Inspektion des Schlesser-Mass-Wagens nach dem Training. Am 27. Oktober 1991 absolvierte dieser C291 seinen letzten Einsatz im Autopolis-Rennen, Japan, mit einem 5. Platz; Sieger wurden auf einem identischen Fahrzeug Wendlinger/Schumacher. Ein gutes Saisonfinale. Sieben von 17 Teilnehmern hatte aufgeben müssen.

Komplett durchentwickelt und rennfertig auf die Pneus gestellt wurde der C292. Er hätte in der 1992er Saison für Sensationen sorgen können, doch Mercedes-Benz beschloß vier Wochen nach dem letzten Erfolg in Autopolis, auf weitere Einsätze in der Gruppe C künftig zu verzichten. Der C292 blieb den Blicken der Öffentlichkeit – vorerst – entzogen.

Die großen Automobilhersteller brauchen Erfolge im Motorsport, um ihr Image aufzubessern, um stagnierenden Umsätzen zu begegnen (die viele von ihnen schon schmerzhaft zu spüren bekamen) und um neue Segmente auf den Weltmärkten zu besetzen.
Adriano Cimarosti

Formel 1 mit Sauber

Die Übermittlung der Botschaft überließ man Werner Niefer. Er war der Chef für den Fahrzeugbereich der Daimler-Benz-Gruppe. Mercedes-Benz hatte sich vor Jahrzehnten vom Grand-Prix-Rennsport verabschiedet – aber in Niefer hatte das Unternehmen einen Anwalt für ein mehr als nur halbherziges Bekenntnis zur Rückkehr in dieses Segment.

Niefer wollte die Silberpfeile gern in ihrer reinsten Erscheinungsform auf die Rennstrecke zurückzubringen, und nicht als rasende Litfaßsäulen für Zigaretten- und Kamerawerbung. Andere Wettbewerber mochten auf die Unterstützung durch Sponsoren angewiesen sein; die Stuttgarter wollten sich von solchen Verpflichtungen freihalten.

Wenn ein Mann wie Werner Niefer verkündete, daß Mercedes-Benz im Rennsport wieder dabei sein werde, mußte man diese Botschaft ernstnehmen. Aber es war nicht Niefer gewesen, der diese Entscheidung getroffen hatte, sondern der Vorstand der Daimler-Benz AG unter ihrem Vorsitzenden Edzard Reuter. Und der hatte anfangs noch Zweifel geäußert und in der Breitenwirkung einer Motorsportbeteiligung mehr Risiken als Nutzeffekte gesehen. Seine Bedenken begründete er „aus ökologischen und unternehmenspolitischen" Aspekten.

Aber in die Entscheidung für den Rennsport war Edzard Reuter regelrecht hineingedrängt worden. Es gab ab Ende 1991 so etwas wie einen Druck von außen. Die Presse hatte von Insidern erfahren, daß es bei der MBAG zumindest Überlegungen gab, 1993 gemeinsam mit Sauber in die Formel Eins einzusteigen, und diese News entwickelten ein so hohes Moment an Eigendynamik, daß es kein Zurück mehr gab.

Die nach außen gedrungenen Hinweise ließen sich dann auch gar nicht mehr geheim halten. In Peter Saubers 6500 qm großen Werkshallen in Hinwil mit ihrem modernen Equipment arbeiteten bereits 70 Personen und manchmal auch mehr an diesem Projekt. Man berief den erfahrenen Jochen Neerpasch in die Geschäftsleitung, der zugleich Mitglied der Mercedes-Benz Motorsport Strategiegruppe war.

Kurz vor Le Mans 1991 heuerte Sauber den Formel-1-Designer Dr. Harvey Postlethwaite an, der bereits erfolgreich für Hesketh, Fittipaldi, Tyrrell und Ferrari gearbeitet hatte. Er traf im Juli in Hinwil ein und nahm unverzüglich seine Arbeit am Mercedes-Sauber für 1993 auf. Postlethwaites stark motiviertes Engagement leitete sich aus der Tatsache ab, daß Mercedes-Benz voll und ganz hinter dem Projekt stand.

Eine starke Lobby fand sich für den Entschluß, daß der Motor für den neuen Wagen ein reines MBAG-Produkt sein sollte. Andererseits wurden Bedenken laut, daß ein so großes Unternehmen wie Mercedes-Benz zu viel Zeit benötigen würde, um alle Arbeiten bis 1993 im eigenen Haus abschließen zu können. Der M291 war hierfür ein greifbares Beispiel.

Genau an diesem Punkt setzten auch die Überlegungen der Motorsport Strategiegruppe ein. Ihren Mitgliedern war klar, daß ein erfolgreiches Vorgehen ein hohes Maß an Flexibilität erforderte, und diese Eigenschaft konnte man einem Großunternehmen von der Dimension einer Daimler-Benz AG prinzipiell nicht bescheinigen. In einer kleineren, unabhängigen Firma würden sich Entscheidungen schneller und effizienter umsetzen lassen.

Die Entscheidung für einen Schritt in diese Richtung wurde auch von einer anderen Tatsache beeinflußt. In den fünfziger Jahren lagen der Serienwagen- und der Rennwagenbau sehr viel näher beieinander. Es gab Gemeinsamkeiten in der Konstruktion, in den zur Verfügung stehenden Materialien, in der Technik. So ließen sich Synergie-Effekte nutzen, die es in den neunziger Jahren nicht mehr gab. Auch Honda, Renault und Peugeot hatten eigene Firmen gegründet, in denen der Bau von Rennwagen vollkommen getrennt vom Tagesgeschäft ablief. Mit dem M291 war der Beweis erbracht worden, daß es viel zu teuer und zeitraubend war, einen Rennwagen im eigenen Haus auf die Räder zu stellen. Die Firma Porsche hatte die gleiche Erfahrung machen müssen, als sie sich mit Arrows auf ihr Formel-1-Abenteuer einließ.

So entschied die Strategiegruppe, Sauber in Hinwil als Vertragspartner für die Rennwagenkonstruktion zu verpflichteten. Als unabhängiger Unternehmer war Peter Sauber zwar kein verlängerter Arm von Mercedes-Benz, konnte sich aber trotzdem aller Forschungs- und Versuchseinrichtungen der MBAG in Sindelfingen und Untertürkheim bedienen.

Postlethwaite war sehr dafür, den avisierten V10-Motor zu verwenden. Und Peter Sauber beauftragte seinerseits einen Landsmann, den Schweizer Mario Illien, mit der Konstruktion eines solchen Motors. Illien war Mitinhaber der britischen Firma Ilmor.

Mario Illien und sein Partner Paul Morgan – daher das Kürzel Ilmor – kamen von Cosworth und hatten dort als Konstrukteure gearbeitet; 1984 gründeten sie ihre Firma. Je ein Viertel des Gründungskapitals steuerten General Motors und der amerikanische Geschäftsmann und Rennfahrer Roger Penske bei – ein großer Vertrauensbeweis in die Fähigkeiten dieser Männer.

Mit einem V10-Motor war Ilmor 1991 mit dem kurz zuvor gegründeten Leyton House Team in die Formel 1 eingestiegen. Die Grundlagen zu diesem 3,5-Liter-Motor waren im Januar 1989 geschaffen worden, der erste Einsatz auf der Rennstrecke erfolgte am 4. Oktober 1990. In der Saison 1992 wurde der Ilmor-V10 auch von Tyrrell und March eingesetzt.

Einen anderen Motorenlieferanten nahm man erst gar nicht in Betracht. Werner Niefer stattete der exzellent eingerichteten Firma Ilmor in Brixworth, Northamptonshire, einen Besuch ab und war beeindruckt von dem, was er sah. Als ein weiterer Verfechter des Rennsport-Engagements gab der Motoren-Chefkonstrukteur Wolfgang Peter der Verpflichtung Ilmors seinen Segen. Auch er war davon überzeugt, daß Ilmors 72°-V10-Motor das richtige Triebwerk für den künftigen Mercedes-Benz Formel 1 sei.

Diese Schritte schlossen aber keineswegs aus, daß man dennoch im Hause Mer-

Auf Tony Matthews Schnittzeichnung erkennt man links das Ilmor-Emblem auf dem 2175A-V10-Motor. Der Motor war leicht und kompakt und ähnelte im Aufbau dem 2175B, den Sauber 1994 verwendete.

Auf der Kurzhubversion des 2175B-Motors erschien der Sauber-Schriftzug in Anerkennung seiner Entwicklungsarbeiten, mit denen er an der Realisierung dieses Aggregates beigetragen hatte.

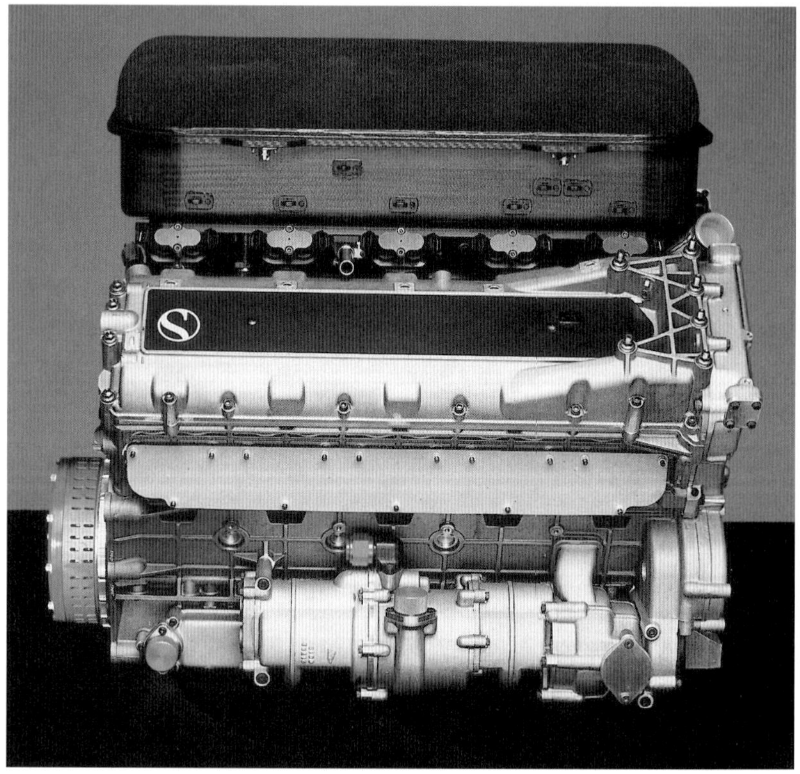

cedes-Benz Vorkehrungen für die Konstruktion und den Bau eines Formel-1-Motors traf, der einmal zu einem späteren Zeitpunkt zum Einsatz kommen könnte. Ein solches Zukunftskonzept sah einen V12-Motor vor. Diesbezügliche Studien basierten auf den Erfahrungen, die man mit dem M291 und dem M292 gemacht hatte. Doch der MBAG-Motor sollte den V10 nur dann ersetzen, wenn er sich diesem als eindeutig überlegen erwiesen hatte.
Postlethwaites Aufgabe in Hinwil nahm 1991 eine Größenordnung an, die viel Arbeitskraft und den Einsatz hoher finanzieller Mittel erforderte. Dem Konstrukteur standen zwei Landsleute zur Seite, Mike Gascoyne und Ian Thomson; weitere Spezialisten kamen Anfang Dezember und Anfang Januar hinzu.
Bei Mercedes-Benz hatte man also alle erforderlichen Vorbereitungen getroffen, um dem Start in die Formel 1 die Wege zu ebnen, als seitens der Muttergesellschaft Daimler-Benz erneut Bedenken laut wurden. Der Vorstand hatte sich von Anfang an vorbehalten, das letzte Wort zu sprechen.
Als 1991 Mercedes' Rückkehr in die Formel 1 so gut wie feststand, gab ein Firmensprecher die offizielle Verlautbarung bekannt, daß „der Vorstandsvorsitzende Reuter großen Wert darauf lege, eine Entscheidung von dieser Tragweite im Vorstand noch einmal zu diskutieren." Das klang nicht sehr gut.
Diese Vorstandsdiskussion fand vor dem unerfreulichen Hintergrund statt, daß die unerwartet hohen Aufwendungen für das C291-Programm mit seinem hohen Verschleiß an Motoren – bei nur mageren Aussichten auf Siegeschancen – und ein Fünfjahres-Engagement in der Formel 1, sollte es erfolgreich abgewickelt werden, sich auf einen Finanzbedarf von 1,5 Milliarden Mark beziffern würde.
Dieser enorme Kostenaufwand resultierte natürlich nicht zuletzt aus der Notwendigkeit, ein solches Projekt Mercedes-like durchzuführen. Auf Sparflamme zu kochen, hätte nicht der Art des Hauses entsprochen. Das eigens für die Motorsport Strategiegruppe errichtete Zentrum in Fellbach-Schmiden, einem Vorort von Stuttgart, beschäftigte 150 Mitarbeiter allein am Projekt C291, und ihr Job verlangte von ihnen so manche Überstunde.
Hoher Aufwand lag nicht nur in der Natur der Sache. Die Rennmechaniker pflegten Business Class zu fliegen und in Einzelzimmern untergebracht zu werden. Auch Sauber residierte nicht gerade in einem billigen Viertel, dennoch waren die von ihm verursachten Kosten nach Mercedes-Standard gering. Aber doch sehr viel höher als beispielsweise bei Britischen Teams. Und in Anbetracht der globalen Operationsbasis mußte ein Formel-1-Engagement sehr viel mehr kosten als das in der WSC.
Auf seiner Pressekonferenz vom 28. November 1991 gab Niefer zu, daß die Formel 1 für das von ihm repräsentierte Unternehmen unumstritten von großem Reiz sei. In der von ihm und dem MBAG-Management geführten Debatte sei aber es aber letztlich um die Frage gegangen, ob die Formel 1 die richtige Plattform sei, zukunftsorienterte technische Kompetenz zu demonstrieren, um daraus Nutzen

In der 1994er Grand-Prix-Saison zeichnete Mercedes-Benz für die Verwendung des Ilmor-Motors 2175B durch Sauber verantwortlich, obwohl der 72-Grad-V10 nicht ganz den Vorstellungen der Stuttgarter entsprochen hatte.

für das Marken-Image zu ziehen – eine Frage, die laut Niefer nicht mit Ja beantwortet werden konnte.

Gewiß, das Unternehmen habe hinsichtlich der Kompetenz für einen Schritt in Richtung Formel-1-Engagement keine Zweifel. Niefer: „Wir glauben, daß wir durchaus im Stande sind, im Formel-1-Rennsport erfolgreich bestehen zu können. Wir haben schließlich große Erfahrungen in der Gruppe C erworben, in welcher wir zweimal die Weltmeisterschaft gewinnen konnten."

Niefer führte aus, welche Überlegungen hinsichtlich einer Rennsportbeteiligung es schon in den späten achtziger Jahren bei Mercedes-Benz gegeben hatte. Wie sehr er sich selbst im Wort fühlte, hatte Niefer schon etwa zwei Wochen vor seinen Ausführungen durch einen Besuch bei Sauber in Hinwil bewiesen. Er wollte sich dort vom Stand der Dinge überzeugen, die er mit Vollgas voranzutreiben wünschte. Aber andere traten dafür nur wenige Tage später um so heftiger auf die Bremse, und nun hatte er die undankbare Aufgabe, diese Tatsache zu publizieren. Um das offizielle Statement, das Niefer den Pressevertretern vorlas, plausibel zu machen, enthielt es einen kritischen Tenor in bezug auf die in Frage kommenden Fahrer, weniger auf die in der Formel 1 vertretenen Wettbewerber. Es enthielt auch den Hinweis auf die Herausforderung in ganz anderer Beziehung, nämlich weltweit der Marke „neue Kunden zuzuführen sowie auf Verkehrs- und Umweltschutzfragen Rücksicht zu nehmen".

Parallelen zu jenem denkwürdigen 18. Dezember 1980 wurden erkennbar. Auch damals mußte ausgerechnet jener Mann den Rückzug bekanntgeben, der im Hause als der größte Promotor des Rennsports gegolten hatte. Ökonomische Gründe waren es, mit denen damals ein solcher Schritt begründet wurde, aber heute wie damals war es wieder einmal die grundsätzliche Infragestellung des Motorsports, verbunden mit einer Verbeugung in Richtung der „grünen Lobby".

Dennoch gab es einen großen Unterschied. Diesmal wurde eine Motorsportbeteiligung nicht in Bausch und Bogen abgeschmettert. Die Aktivitäten im Tourenwagensport sollten fortgesetzt werden, und da war ja auch noch die Verbindung zu Sauber.

Niefers Statement ging darauf in aller Gründlichkeit ein. „Wir wissen sehr gut, welche Bedeutung in einer solchen Partnerschaft liegt. Deshalb haben wir mit Peter Sauber einige Modelle einer zukünftigen Zusammenarbeit diskutiert." Man werde Sauber und seinem Team keinesfalls den Rücken zukehren. Ganz im Gegenteil; man würde aus dem Knowhow, aus den Fähigkeiten und Möglichkeiten des Teams weitestgehenden Nutzen ziehen.

Der als MFB bezeichnete Mercedes-Benz-Motor 2175B hatte 3,5 Liter Hubraum und leistete 745 PS bei 14.000 U/min. Im Verlauf der Saison erhielt der V10 pneumatische Ventilschließung.

In der Tat waren erst drei der fünf Jahre jenes Vertrages vorüber, den man 1989 mit Sauber geschlossen hatte. Es gab also mehr juristische als moralische Verpflichtungen gegenüber Sauber und seinem Team.

Jochen Neerpasch berührte die Entscheidung der Stuttgarter nicht sehr; er gab seinen Nebenjob in der Mercedes-Benz Strategiegruppe auf. Verantwortlicher Motorsport-Manager bei Mercedes-Benz wurde Norbert Haug, einst Motorsportredakteur bei *auto, motor und sport*, – ein quirliger, dynamischer Mann, der sein Leben ganz dem Rennsport verschrieben und seine Karriere bei der MBAG als Pressemann für den motorsportlichen Bereich begonnen hatte.

Sauber bekam den Auftrag, die drei C292 fertigzustellen, die für die Saison 1992 bestellt worden waren, und mit seinem Testprogramm für diverse aktive Rennwagen-Aufhängungen fortzufahren. Damit war Saubers Existenz aber keineswegs abgesichert.

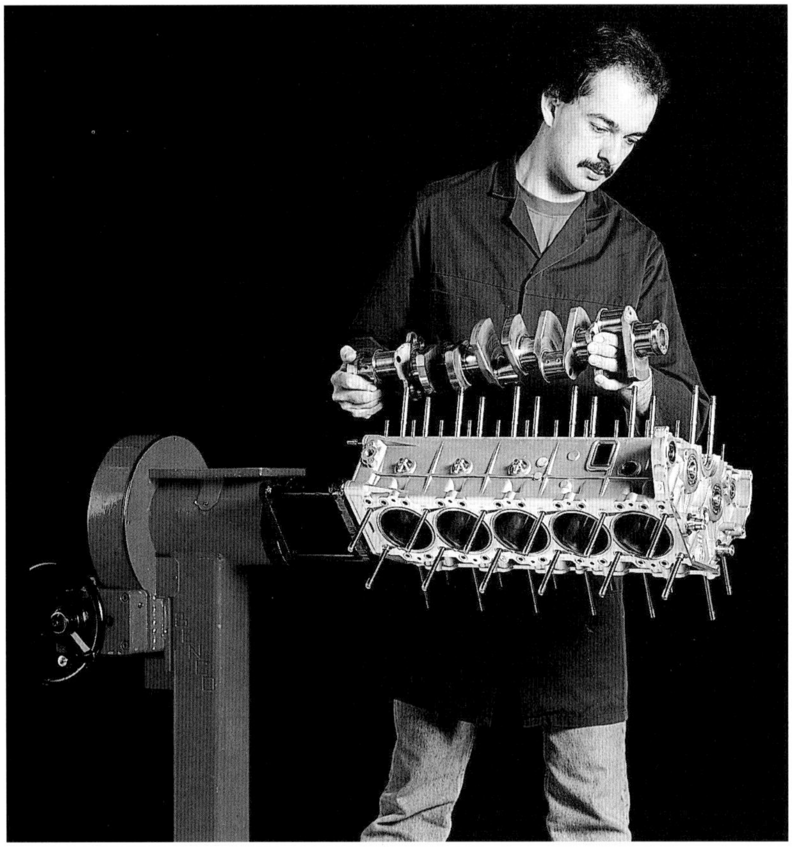

Um die Dimensionen und auch das Gewicht gering zu halten, waren die Zylinderabstandsmaße sehr knapp ausgefallen.

Der von Mario Illien konstruierte und von Sauber eingesetzte V10-Motor firmierte 1994 als Mercedes-Benz-Motor.

In den Jahren 1992 und 1993 erhielt Sauber von Mercedes-Benz jeweils rund 30 Millionen Mark. Darüber hinaus durfte er über Harvey Postlethwaites Konstruktionen verfügen und hatte Zugriff auf die Grand-Prix-Motoren von Ilmor. Sollte er sich unter eigener Flagge ins Formel-1-Business begeben?

„Man hat es Ende 1991 meiner Entscheidung überlassen, ob ich mit finanzieller Unterstützung von Mercedes-Benz ein solches oder auch ein anderes Engagement eingehen wollte," erinnert sich Peter Sauber. „Zwischen Weihnachten und Neujahr rief ich Jürgen Hubbert an und sagte ihm, daß wir's nicht tun würden." Das Risiko erschien Sauber zu groß, zu gefährlich.

„Hubbert akzeptierte meine Entscheidung. Aber ich hatte das Gefühl, daß er nicht besonders glücklich darüber war." Dann habe er sich während der Feiertage mit Leo Ress zusammengesetzt und über Alternativen nachgedacht. Zum Beispiel auch über die Weiterentwicklung des Projekts C112 zu einem Supersportwagen in kleiner Auflage (siehe Kapitel 26).

Aber auch dieser Gedanke vermochte Peter Sauber nicht zu überzeugen. „Je mehr wir unsere Situation analysierten, desto deutlicher wurde es: Eigentlich kam nur der Einstieg in die Formel 1 in Frage. Andernfalls würde unsere Mannschaft auseinanderbrechen. Also rief ich Herrn Hubbert noch einmal an und sagte zu ihm: „Wir machen es."

Es war Sauber klar, daß er sich in völlig unschweizerischer Manier auf ein Spiel einließ, das hohe Risiken barg. „In der Gruppe C standen uns enorme Budgets zur Verfügung, größer als die mancher Formel-1-Ställe. Jetzt hatten wir bei weitem nicht soviel Geld und mußten auch noch die Motoren bezahlen..."

Sauber schloß mit Ilmor ein Abkommen über die Belieferung mit jenen Motoren vom Typ 2175A, die für den von Harvey Postlethwaite konstruierten C12 Monoposto vorgesehen waren. „Mit Ilmor zusammenzuarbeiten, war mir besonders sympathisch, denn in deren V10-Motor steckte unserer Ansicht nach ein großes Potential," argumentierte Sauber. „Der Motor ist leicht, kompakt und leistungsstark. Wir erhielten das Aggregat 1993 exklusiv und haben vor, es gmeinsam mit Ilmor weiterzuentwickeln."

Paul Morgan erinnert sich: „Sauber rief Mario Illien an und sagte ihm, er wolle das Formel-1-Projekt fortführen und sei bereit, für die Weiterentwicklung des Motors Geld zu investieren. Wir erhielten zwar keinen Penny, aber seine Absicht hat uns zumindest motiviert..." In bezug auf Saubers ideellen Entwicklungsbeitrag erhielt der Motor 2175A in der Saison 1993 sogar das Sauber-Firmenlogo.

Jochen Neerpasch, jetzt ausschließlich für Sauber arbeitend, machte sich auf die Suche nach Sponsoren, um zusätzliche Gelder in die Kasse zu bekommen. Man mußte ohnedies mit der Hälfte dessen wirtschaften, was andere Formel-1-Wettbewerber als Etat hatten. So zog er, bewaffnet mit einer hübschen Broschüre im A3-Format mit dem Titel „Erfolg ist machbar" durch die Lande, um bis zum August 1992 weitere 30 Millionen Mark aufzutreiben.

Sauber und Neerpasch hatten sich hohe Ziele gesteckt. Von den führenden Unternehmen der Technologiebranche erwarteten sie sowohl finanzielle Unterstützung als auch technische Assistenz. Aber die meisten Firmen saßen im gleichen Boot wie Daimler-Benz und sprachen von einer rezessiven Wirtschaftsentwicklung. Wie schon Porsche 1960 erfahren mußte, zeigten sich zudem viele Unternehmer ausgesprochen zurückhaltend hinsichtlich eines motorsportlichen Engagements. Manche Industriebosse ließen Neerpasch unverhohlen wissen: Wenn selbst eine Firma wie Mercedes-Benz nicht voll dahintersteht – warum sollten wir dann einen Schritt tun, den nicht einmal sie sich zutraut?"

Das Geld, das bis Ende August 1992 benötigt wurde, war nicht einmal ansatzweise aufzutreiben. Neerpasch sah die Aussichtslosigkeit seines Bemühens und gab seine Position bei Sauber auf.

Auch Postlethwaite hatte seinen Arbeitsplatz in Hinwil verlassen, nachdem er enttäuscht zur Kenntnis nehmen mußte, daß es keinen neuen Mercedes Silberpfeil geben würde. Seine Konstruktion, die das Label „Concept by Mercedes-Benz" trug, sollte aber von Leo Ress vollendet werden. Leider verfügte Ress nicht über die langjährige Formel-1-Erfahrung wie Postlethwaite, eine Tatsache, die 1993 und vor allem 1994 evident werden sollte.

Wenn ein technologisches Feedback zu erwarten sei, würde Mercedes-Benz die Firma Sauber jederzeit weiterhin unterstützen, sagte Norbert Haug. „Wenn wir aus der Lösung bestimmter Probleme lernen können, wäre das für uns ein kosteneffizienter Knowhow-Gewinn." Dazu zählten beispielsweise computergestützte Forschungs- und Entwicklungsarbeiten, aerodynamische Simulationen, Belastungsberechnungen sowie Analysen von Rennstrecken.

Durch die Verbindung zu Mercedes-Benz wiederum profitierte die Firma Sauber, indem sie von Goodyear Reifen beziehen konnte. Zu denen, die zu diesen Privilegierten mit freiem Zugriff auf die jeweils neuesten Pneuentwicklungen gehörten, zählten Williams, Ferrari und McLaren. Aber darüber hinaus gab es kaum nennenswerte weitere Unterstützung. Sauber baute seine Autos und bestritt die 1993er Saison praktisch nur mit dem Geld, das vertragsgemäß von Mercedes-Benz einging.

Der von Harvey Postlethwaite konstruierte Sauber C12 zeigte eine niedrige und kompakte Bauweise. Unter Leo Ress wurde das Fahrzeug bei der Swiss Aerospace in Emmen im Windkanal untersucht. Die Wannen aus Kohlefaser hatte die englische Firma DPS Components hergestellt; jede der beiden hinter dem Fahrer angeordneten Wannen umfaßte einen 217 Liter großen ATL-Kraftstofftank. Insgesamt entstanden für die Saison 1993 acht solcher Chassis.

Mit einem Maß von 2830 mm hatte der Formel-1-Wagen einen längeren Radstand als jeder andere bisher von Sauber gebaute Rennwagen. Vorn betrug die Spur 1690, hinten 1610 mm. Die 13-Zoll-Räder wiesen vorn eine Breite von 11,5 Zoll, hinten 13,7 Zoll auf. Brembo in Italien lieferte die mit vier Kolben bestückten Bremszylinder der Karbon/Karbon-Bremsen.

Eine der ungewöhnlichsten Besonderheiten des C12 war die Auslegung des Sechsganggetriebes. Zwischen Motor und Differential positioniert, verliefen sei-

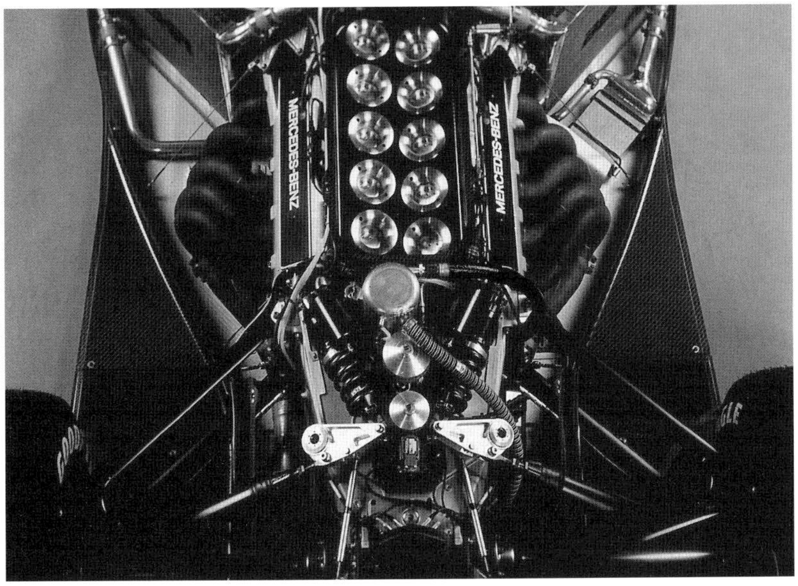

Hinterradaufhängung des 1994er Sauber-Mercedes C13.

ne Wellen in der Längsrichtung des Wagens – bei allen anderen Formel-1-Fahrzeugen waren sie quer angeordnet, wie das auch im C291 der Fall war. Postlethwaites Ziel war es, möglichst viel Gewicht einzusparen und das Getriebe schmal zu halten, schon wegen einer optimalen Auslegung des Fahrzeug-Unterbodens.

Das Getriebegehäuse war in Zusammenarbeit mit der britischen Firma X-Trac entwickelt worden, die auch weitere Komponenten für die Kraftübertragung hergestellt hatte. Trotz seiner Positionierung zwischen zwei Hauptbauelementen war es möglich, Übersetzungen ohne größeren Aufwand auszuwechseln. Von Fichtel & Sachs kamen die Kupplung und – für einen Teil der Saison – die Dämpfer der Radaufhängung.

Die Gangwechsel erfolgten auf elektrohydraulischem Wege. Ungewöhnlich genug für ein neues Fahrzeug, mit dem ein neues Team sein Debüt gab; andererseits waren damit die Fahrzeuge der führenden Teams bestückt, und gerade mit denen wollte es Sauber ja aufnehmen. Sauber und X-Trac registrierten es mit Genugtuung, daß diese Art der Schaltung schon beim zweiten Anlauf einwandfrei funktionierte.

Der Druck, mit dem die Schalthydraulik arbeitete, betrug 200 bar. Unterhalb des Lenkrads befanden sich zwei Druckschalter, die mit den Fingern zu bedienen waren: der rechte aktivierte das Hinaufschalten, der linke das Hinunterschalten. Die Schaltimpulse löste man beim Hochschalten mit dem Gasfuß aus; die Elektronik kam von Zytek.

Als Mario Illien 1990-91 bei Ilmor seinen ersten Formel-1-Motor baute, war er bestrebt, bei seinem V10 die großen Ventilebenen und die Geschwindigkeiten, mit denen der Ventiltrieb arbeitete, so wie bei einem V8-Motor auszulegen. Die Bohrung betrug 86,6 mm, der Hub 59,4 mm, was ein Verhältnis von 0,69 zu eins und einen Hubraum von 3498 ccm ergab. Unter der Bezeichnung 2175A entstand ein Aggregat, das nicht größer war als der Ford-Cosworth HB Achtzylinder. Die Gesamtlänge betrug nicht mehr als 593 mm, die Breite 519 mm, die Höhe 545 mm. Damit war dieses Triebwerk das kleinste aller 3,5-Liter-Motoren der Formel 1.

Der Winkel zwischen den Reihen der vier Ventile pro Zylinder und der doppelten obenliegenden Nockenwellen für jede der beiden Bänke war sehr eng. Der Nockenwellenantrieb erfolgte über Zahnräder an der Frontseite des Blocks. Die linke Zylinderreihe war etwas noch vorn versetzt, um den nebeneinanderliegenden Pleuel Raum zu geben. Der in der Mittellinie der Kurbelwelle geteilte Aluminiumblock wies nasse, nikasilbeschichtete Laufbüchsen auf; er war ungewöhnlich leicht und kompakt.

Obwohl die Leistungsdaten je nach verwendetem Kraftstoff stark voneinander abwichen, betrug die PS-Zahl des 2175A mindestens 670 bei 13.100 Touren. Diese Leistung entsprach etwa der des 12-Zylinder-Flachmotors im M291 von Anfang 1992, der mit 170 kg aber sehr viel mehr wog. Der kompakte Ilmor-V10-Motor wog (ohne Kupplung) nicht mehr als 126 kg.

Der Motor 1275A war für eine Tourenzahl von 14.000 im Rennbetrieb ausgelegt. Durch Verbesserungsmaßnahmen im Ventiltrieb war 1991 sogar ein Aufdrehen bis 16.000. möglich, etwa bei einem Schaltfehler, ohne daß die Ventile mit den Kolben kollidierten. Das hatte seine Vorteile, denn die Teams waren nicht imstande, all die vielen »hochgegangenen« Motoren zu reparieren…

In dunklem Schwarzblau und Silber präsentierte sich der mit äußerster Sorgfalt gebaute Sauber C12 aus Hinwil. Der erste Roll-out fand am 1. September 1992 in Lurcy Lévis statt. Einer der Teamfahrer war Karl Wendlinger, der sich schon um den C291 so sehr verdient gemacht hatte und 1991 als Juniorfahrer im Sauber-Mercedes angetreten war. Die Ilmor-Power hatte er im März 1992 verkosten dürfen. Sein Partner war der Finne J.J. Lehto.

Die ersten unter Rennbedingungen gefahrenen Runden absolvierte der erste C12 am 29. Oktober 1992 in Barcelona. Ein zweiter Wagen kam im November hinzu; ihn unterzog man ebenfalls einem aufwendigen Testprogramm sowohl in Castellet (Paul Ricard) und Estoril als auch in Barcelona. Sehr eindrucksvolle Zeiten wurden notiert – sie gaben Gerüchten Nahrung, wonach das Gewicht der getesteten Fahrzeuge weit unter dem vorgeschriebenen Minimalwert gelegen haben soll. Ein dritter Wagen wurde Ende Januar 1993 fertiggestellt.

Inzwischen trug Peter Sauber Sorge, daß auch alle anderen Vorbereitungen für die Saison 1993 in der ihm eigenen Perfektion getroffen wurden. Er war sehr besorgt, sich als Newcomer in der Formel-1-Szene keine Blöße zu geben. Ihm lag viel daran, das in ihn seitens Mercedes-Benz gesetzte Vertrauen zu rechtfertigen – oder besser noch zu übertreffen.

Im Verlauf der Saison 1992 schickte Sauber ein paar Leute mit Kameras zu Grand-Prix-Rennen. Sie machten Aufnahmen von allen Fahrzeugen, von den Boxenausstattungen bis hin zu den Wagenhebern, Kraftstoffbehältern und der Kleidung des Boxenpersonals. „Was uns am besten schien, haben wir während des Winters kopiert, vieles auch verbessert," sagte Sauber.

Diese gründlichen Vorbereitungen zahlten sich aus. Letho wurde am Lenkrad seines Sauber C12 schon beim ersten Rennen des Jahres 1993 Fünfter und holte sich zwei Punkte in der Weltrangliste. Seit 1977 war es keinem Team je gelungen, beim seinem ersten Auftritt schon zwei WM-Punkte zu kassieren (für die man das Rennen unter den ersten sechs beenden mußte).

Jeder der Fahrer qualifizierte sich in einem Rennen in der ersten Saison für einen vierten Platz, das taugte für eine Gesamtpositionierung weit oberhalb der Mitte. In sieben der ersten acht Rennen waren die Sauber-Wagen unter den ersten Zehn. Insgesamt fuhr Sauber in diesem Jahr 12 WM-Punkte ein. Gemeinsam mit dem Veteranen Lotus ergab dies einen sechsten Platz in der Rangliste der Konstrukteure. Wenn Peter Sauber am Beginn der Saison gehofft hatte, daß man ihn ernst nehme, so hatte sich diese Hoffnung erfüllt. Aber ihm war auch bewußt, welch ein Weg noch vor ihm lag, bis er sich mit den Besten messen konnte. Woran man bei Sauber noch zu arbeiten hatte, waren die Aerodynamik und die Aufhängungen.

Dramatische Ereignisse auf der Rennstrecke sorgten für Schlagzeilen, die der Formel 1 im Allgemeinen und Mercedes-Benz im Besonderen galten. Nur drei Monate nach Niefers Ankündigung, die Ende 1991 eine neue Politik im Rennsport betrafen, erfuhr er, daß ihm spätestens im Mai 1993 Helmut Werner als Vorstandsvorsitzender nachfolgen würde.

Werner war 1987 als verantwortlicher Mann für den Nutzfahrzeugbereich von Continental zu Daimler-Benz gekommen. Er hatte in der Reifenindustrie Karriere gemacht. Er galt als der „kommende Mann" in Deutschlands Autoindustrie – fraglich war nur, ob er zu Mercedes-Benz oder zu Volkswagen gehen würde. Der

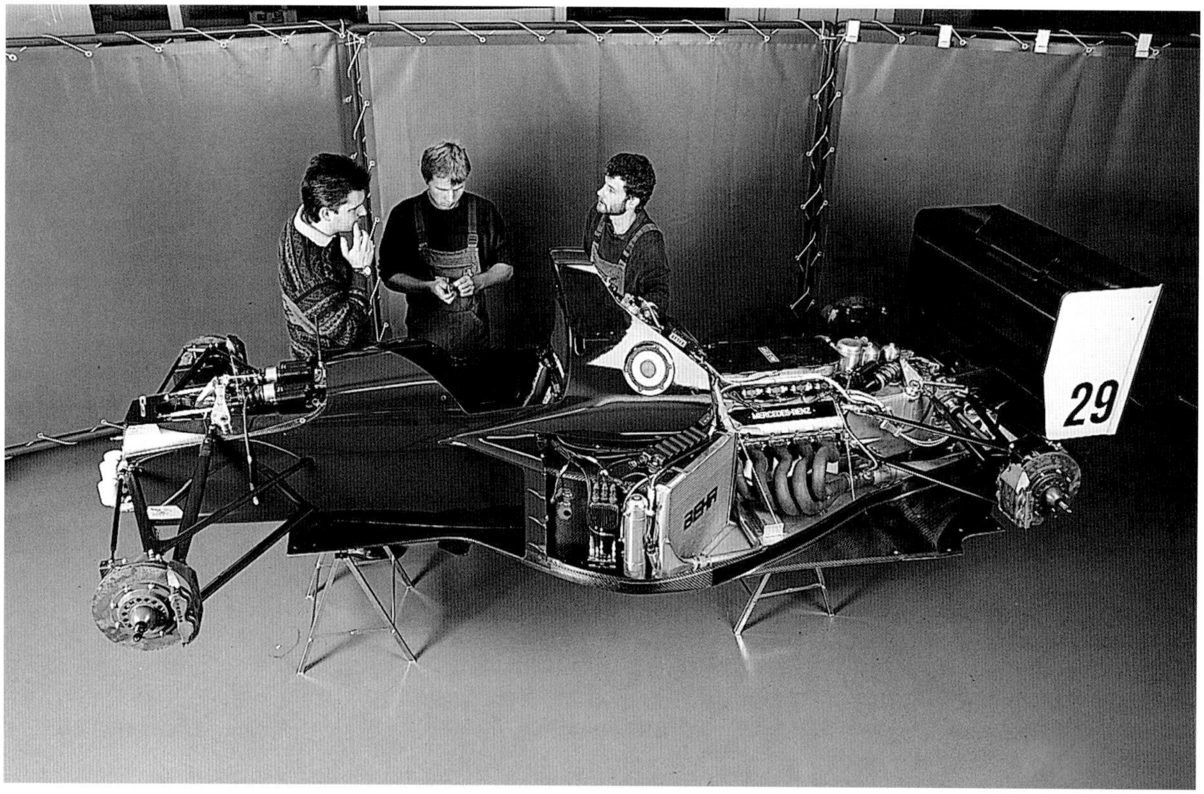

Das saubere Layout des 1994er Sauber C13 resultierte nicht zuletzt aus den kompakten Motorabmessungen und der längs eingebauten Getriebe-Transaxle-Einheit. Ein Konzept von Harvey Postlethwaite. Die Bodenwanne wurde in England aus Kohlefaser hergestellt.

damals 55jährige Helmut Werner entschied sich für Mercedes-Benz, wo er stellvertretender Vorstandsvorsitzender wurde. Daß er hier bald den Chefsessel einnehmen würde, war jedermann klar.
Und das geschah schneller als erwartet. Im April 1992 verkündete Mercedes-Benz, daß der Entwicklungschef Wolfgang Peter das Unternehmen verlassen würde und Dieter Zetsche ausersehen sei, seine Stelle einzunehmen. Der junge, schnauzbärtige Zetsche hatte in den USA die Firma Freightliner im Namen von Mercedes-Benz geführt und war zweifellos ein Werner-Mann.
Am 1. Januar 1993 übergab Niefer die Geschäfte an Werner. Was kaum jemand wußte: der robust erscheinende Niefer litt an Lungenkrebs. Im August kam er ins Krankenhaus; er starb nach einer erfolglosen Operation am 12. September des gleichen Jahres. Den Mann, der seit 1976 dem Vorstand angehört hatte und von vielen als „Mr. Mercedes“ bezeichnet worden war, gab es nicht mehr.
Mit dem Tode Niefers und dem Weggang Peters' hatte das Unternehmen zwei ihrer engagiertesten Motorsport-Promotoren eingebüßt. Wie würden sich ihre Nachfolger in dieser Beziehung verhalten? Sie sahen sich einer Herausforderung besonderer Art konfrontiert, denn zum ersten Mal hatte der Erzrivale BMW mehr Personenwagen als Mercedes-Benz verkauft. Die 7er Reihe konnte im oberen Segment größere Erfolge verbuchen als die S-Klasse.
Daß neue Konzepte gefragt waren, um die Position von Mercedes-Benz zu sichern, wurde am 16. Januar 1993 von Helmut Werner in aller Deutlichkeit öffentlich verkündet. „Mercedes-Benz muß sich radikal ändern“, sagte er: die Autos seien technisch »überzogen« und zu teuer. Das revolutionäre A-Klasse-Modell befand sich bereits in der Entwicklung, und mit Swatch verhandelte man über die gemeinsame Produktion jenes Kleinstwagens, der 1998 als Smart auf den Markt kam. Aber welche Rolle hatte man dem Motorsport zuerkannt?
Überraschenderweise gab es in dieser Beziehung neue Impulse aus dem Nutzfahrzeuglager. Während seiner Zeit als Chef der Lastwagen-Abteilung bei der MBAG hatte Helmut Werner mit einem amerikanischen Geschäftsmann zu tun gehabt, der auch im Rennsport einen prominenten Namen hatte: Roger Penske. Mit 27 Jahren war Penske aus dem Rennsportgeschäft aus- und ins Truck-Business eingestiegen. Mit seinen 70.000 Lastzügen regierte Penske über die zweitgrößte Nutzfahrzeug-Leasingflotte Amerikas, und viele seiner Trucks trugen den Mercedesstern. Und an der Firma Detroit Diesel, die viele amerikanische Lkw-Hersteller zum Kunden hatte, war Daimler-Benz mit 11 Prozent – einen Wert von 20 Millionen Dollar darstellend – beteiligt.
Penske, etwa im gleichen Alter wie Werner, profitierte von seiner engen Freundschaft zu diesem. Auch Ilmor Racing Ltd., jene Firma, die für Sauber Formel-1-Motoren herstellte, gehört zu einem Viertel Penske. Daraus ergaben sich für alle Beteiligten beste Konstellationen – auch für die Zukunft.
Daß die neue Geschäftsleitung bei Mercedes-Benz imstande war, schnelle Entscheidungen zu treffen, bewies sie am 28. Oktober 1993. Sie reduzierte den Vorstand auf Empfehlung des Aufsichtsrats von zwölf auf zehn Mitglieder. Schon am darauffolgenden Tag beschloß die Geschäftsleitung von Ilmor, einem Vertrag mit Mercedes-Benz zuzustimmen, der den Bau von Formel-1- und Indy-Motoren zum Inhalt hatte. Das dritte Signal erreichte die Öffentlichkeit am 3. November, als offiziell verlautbart wurde: Mercedes-Benz werde künftig auf drei Ebenen im Rennsport mitmischen – nämlich in der Formel 1, in Indianapolis sowie bei der Deutschen Tourenwagen-Meisterschaft (DTM).
Also hatte sich das Blatt abermals gewendet. Diese Entscheidung bedeutete nicht nur eine Wiederbelebung der engen Zusammenarbeit mit Sauber und eine Intensivierung des Tourenwagen-Motorsports, sondern auch neue Impulse für das USA-Geschäft, denn dort verhieß ein Indy-Engagement in Zusammenarbeit mit Penske eine spürbare Belebung der Umsätze.
Penske war auch Partner des NASCAR Stock-Car-Teams, und im Kernland des Stock Car Racing, in Alabama, ging Mercedes-Benz daran, ein neues Montagewerk zu errichten. Spekulationen wurden laut, daß sich Mercedes-Benz vielleicht in der NASCAR-Serie engagieren würde... Mochte dies zunächst auch abwegig erscheinen, so paßte die Idee doch gut zu Hubberts Devise, der Marke „ganz neue Kunden zuzuführen“. Und daß ein Mercedes mit hohem Tempo an der Steilwand hängen kann, ist in Nardo oder auch auf der AVUS oft genug bewiesen worden.
Für das Entrée in die Welt der Singleseater war Ilmore der richtige Partner. Mercedes-Benz schloß mit den Briten einen Sponsorenvertrag über die Entwicklung von Motoren, die 1995 durch das Penske-Team in Indy zum Einsatz kommen soll-

ten, und die auf kommerzielle Basis auch anderen Teams zur Verfügung gestellt werden sollten, wie in Kapitel 31 ausgeführt.
Ebenso verpflichtete sich Mercedes-Benz gegenüber Ilmor, die Mittel für die Weiterentwicklung des V10-Formel-1-Motors bereitzustellen und die Kosten für jene Motoren zu übernehmen, die Sauber ab 1994 gratis erhalten sollte. Man einigte sich darauf, daß die Indy-Autos die Bezeichnung »powered by Mercedes-Benz« tragen sollten, während die Sauber-Grand-Prix-Wagen den Slogan »Concept by Mercedes-Benz« erhielten. Letzteres entsprach ja auch durchaus den Tatsachen. Mercedes-Benz behielt sich das Recht vor, bei der Auswahl der Fahrer mitsprechen zu dürfen. Wie bei Penske, gehörte es zu den Aufgaben Saubers, Sponsoren für die Kosten des Renneinsatzes zu aktivieren.
Ein ambitionsreiches Programm hatte Norbert Haug in dieser Beziehung im Sinn. Er dachte an die Finanzierung des Projekts durch Daimler-Benz-Töchter wie AEG, Deutsche Aerospace und Debis. Mercedes-Benz selbst als Automobilhersteller ließ sich leider nicht ins Boot holen.
Für die dritte Sparte, den DTM-Tourenwagensport, war AMG zuständig, und zwar für den Bau und die Vorbereitung ebenso wie für die Auswahl der in Frage kommenden Fahrer. Ein erster Prototyp, basierend auf der C-Klasse, bekam bei seiner Fertigstellung den Slogan „Made by Mercedes-Benz“. Als 1993 die Reglements für die kommende DTM-Saison bekanntgegeben wurden, ging man bei AMG in die Endphase, wie in Kapitel 30 näher ausgeführt.
Das Budget für diese drei Programme – Formel 1, Indy und DTM – entsprach in seiner Höhe etwa jener Summe, die man zuvor ebenfalls eingeplant hatte, aber nur für Sauber und die DTM gedacht war: rund 100 Millionen Mark. „Nur durch die Zusage, daß wir drei Dinge für den Paketpreis von zweien bewerkstelligen würden, bekamen wir letztlich grünes Licht,“ sagte Norbert Haug.
Jürgen Hubbert bestätigte dies später: „Ein größerer Betrag wäre nicht zu verantworten gewesen. Und niemand kann sich heute mehr erlauben, ohne Aufkleber von Sponsoren an den Start zu gehen, auch wir nicht. Unser Budget mußte in jedem Fall geringer als im Jahre 1991 ausfallen.“
Silberpfeile pur – einen solchen Luxus konnte sich Mercedes-Benz nicht mehr leisten. „Reines Silber ist eine teure Farbe,“ meinte Norbert Haug. „Also mußten wir Partner als zusätzliche Finanzierungsquellen finden. Und die wollten ihre Farben natürlich ebenfalls auf den Fahrzeugen sehen. Ein Sauber-Sprecher bestätigte es: „Für Mercedes-Benz ist es wichtig, die eigenen Kosten so niedrig wie möglich zu halten.“
Mit Nachdruck wies Hubbert auf die Tatsache hin, daß die Firma sich ihrer motorsportlichen Traditionen sehr bewußt sei und diese ein wertvolles Erbe darstellten, das man auf keinen Fall aufgeben wollte. „Der Motorsport stellt einen Teil unserer Unternehmensgeschichte dar,“ sagte er, „und ist zugleich ein Teilbereich modernen Marketings. Wir müssen unserer Wettbewerbsfähigkeit Ausdruck verleihen und neue Kundenkreise erschließen, indem wir sie auf unsere Produkte nachhaltig aufmerksam machen.“
„Ganz klar – der Motorsport ist ein Promotion-Instrument für unsere Marke,“ meinte auch Haug. „Uns geht es weniger um Pokale als um neue Kunden.“
Jürgen Hubbert: „Mit aktiver Motorsportbeteiligung zeigen wir unseren Kunden eine weitere der vielen Facetten, die ein Markenbild ergeben. Man könnte sagen, daß jede der drei Spitzen auf ein bestimmtes Sportsegment und damit auf einen entsprechenden Markt gerichtet ist.“ An zwei der drei Spitzen begann es Ende 1994 zu leuchten. Die Spitze, die der Formel 1 galt, hatte noch einen Politurgang nötig.
Diese dritte Spitze ebenfalls zum Erstrahlen zu bringen, sollte nun Peter Saubers Aufgabe sein. Er gönnte sich erst einmal eine Woche Ferien auf Orpheus Island, einer winzigen Insel, auf der er und Mario Illien zwischen den Großen Preisen von Japan und Australien etwas Erholung suchten. Über das einzige auf der Insel verfügbare Telefon erreichte sie die angenehme Nachricht – Grund genug, eine Flasche australischen Rotwein zu köpfen.
Saubers Vorbereitungen für die Saison 1994 liefen sehr gut an. Mit dem speziell für Sauber von Ilmor gebauten V10, dem 2175B, wurden schon beim ersten Einsatz in Monza im September 1993 ausgezeichnete Zeiten erzielt. Schon im Mai war der erste dieser Motoren geliefert und auch getestet worden, doch es gab Schwierigkeiten mit gebrochenen Kolbenringen – ein Problem, das erst gelöst werden konnte, nachdem der Lieferant aus den Ferien zurückgekehrt war...
Der Motor besaß zwar nach wie vor seine ursprünglichen kompakten Abmessungen, denn er wies eine größere Bohrung und einen kürzeren Hub auf als sein Vorgänger auf, um noch höhere Drehzahlen zu ermöglichen. Die Bohrung betrug jetzt 92,2 mm, der verkürzte Hub 52,4 mm, was einen Hubraum von insgesamt 3498 ccm ergab. Dann setzte Illien noch einmal seinen spitzen Konstruktions-Zeichenstift an und reduzierte die Breite des Aggregats um weitere 32 mm, die Höhe um 10 mm. Das Gewicht betrug nur mehr 123 kg. Dieser Motor war der leichteste und kleinste aller Formel-1-Triebwerke.
Seinen ersten Prüfstandslauf absolvierte der erste Motor dieser Bauart 2175B am 14. April 1993. Auch die Testresultate im C12 waren vielversprechend, doch als sich das Drama mit den Kolbenringen einstellte, rückte jeder ins Auge gefaßte Renneinsatz erst einmal wieder in weite Ferne. Und vor der Rückkehr des Lieferanten aus dem Urlaub war an Abhilfe nicht zu denken.
So verschob sich der Start des neuen Zehnzylinders von Belgien auf Monza, wo am 13. September der Große Preis von Italien ausgefahren wurde. Karl Wendlinger fuhr sein bestes Resultat der Saison und wurde mit einer Runde Rückstand auf den Sieger Vierter.
Mario Illien blieb bei seinen sandgegossenen Aluminium-Blöcken und -Köpfen, ebenso bei den nassen Aluminium-Zylinderlaufbüchsen. Die Leistung des Motors betrug 765 PS bei 14.000/min. Wenn die Sauber-Männer 1994 Probleme haben sollten (und die hatten sie in der Tat), dann gewiß nicht mit der Leistungsausbeute. »Mit der dürften sie ganz zufrieden gewesen sein,« lächelte Mario Illien. Ein Hochdrehen bis 14.500 war gefahrlos möglich, ein Heraufschalten bei 13.800 bis 13.900 ohne weiteres machbar – weit über dem besten Drehmomentwert, der bei 11.650/min lag.
Von den 25 Motoren des Typs 2175B, die Ilmore für 1994 auflegte, wiesen 20 normale Ventilfedern auf, die anderen fünf hatten eine pneumatische Ventilschließung. Für Ilmor nichts Neues, so etwas hatte man bereits beim Indy-V8 angewendet. „Auf dem Prüfstand haben wir pneumatisch arbeitende Ventile eingehend an Vierzylinderbänken getestet,“ meinte der Ingenieur Geoff Oliver. „Dann haben wir das mit Erfolg auch im kompletten Motor angewendet. Leider vergebens, denn im letzten Moment wurde eine Reglementsänderung erlassen, die jegliche Ventilpneumatik ausschloß…“
Die Ende 1993 einsetzenden Arbeiten an den pneumatischen Ventilen für die Formel-1-Motoren leitete der Projektingenieur Lorenz Heer. Durch die sehr viel höheren Lateralfliehkräfte im Wagen, verglichen mit den Läufen auf dem Prüfstand, arbeitete die Ventilpneumatik und damit der Ventiltrieb jedoch nicht optimal. „Vor allem das systembedingte Eindringen von Öl bereitete uns große Kopfschmerzen,“ sagte Mario Illien. „Wie konnten wir es wieder loswerden? Das Pneumatiksystem an sich ist einfach. Und einfach, also pannensicher, sollte die Sache ja auch im Rennwagen funktionieren.“
Einer der Motoren mit pneumatischen Ventilen lief erstmals beim Großen Preis von Deutschland, der am 31. Juli 1994 auf dem Hockenheimring ausgetragen wurde. Mit seinem Verzicht auf konventionelle Ventilfedern schrieb dieser Motor für Mercedes-Benz Renngeschichte – so wie der revolutionäre Z-Antrieb vierzig Jahre zuvor.
Die Ventilpneumatik war in der Formel 1 nicht ganz neu; 1986 hatte sie Renault nach vierjähriger Entwicklungsarbeit eingeführt. Als Druckmedium hatten die Franzosen Nitrogengas mit 8 bar benutzt; das Gas befand sich in einer geschlossenen Kammer unterhalb jedes Ventilstößels. Beim Öffnen des Ventils baute sich in der Kammer höherer Druck auf, der dann ein Schließen des Ventils bewirkte. Eines der wichtigen Bauteile der Ventilpneumatik war das Reservoir von etwa einem halben Liter Kapazität; hier stand das Nitrogen unter einem Druck von 140 bar. Es floß von hier aus über ein Druckausgleichventil zu den Kammern an den Ventilstößeln über eine Ringleitung, die eine gleichmäßige Verteilung garantierte. In die Kammern einfließendes Öl wurde an deren tiefster Stelle über ein Drucksystem wieder entfernt.

Die Vorteile einer Ventilpneumatik waren nicht von der Hand zu weisen. Vor allem gab es keine Federbrüche mehr, eine im Rennmotorenbetrieb stets gefürchtete Ausfallursache. Zum anderen reduzierte die Pneumatik die Masse der bewegten Teile im Ventiltrieb, da es ja keine Federn mit ihren Niederhaltern mehr gab, was stets ein Kriterium für die Drehzahlbegrenzung war.
Auch gestattete die Pneumatik andere, optimale Nockenformen. Und die natürliche Schwingungsfrequenz der Gassäule liegt achtmal höher als die einer normalen Stahlfeder. Das bedeutet geringere periodische Resonanzen, die zu einem Aufschlagen der Ventile und damit zu Motorschäden führen können.
Der 2175B V10 erwies sich als maßgeschneidert für die Verwendung im modernen Grand-Prix-Wagen. Er hatte an jeder Seite eine Wasserpumpe, hinter der Abdeckung der Steuerzahnräder gelegen, die die beiden seitlich angebrachten Wasserkühler versorgten, eine Bauart, die inzwischen zum Standard gehörte. Die Pumpen beförderten insgesamt 11 Liter Kühlflüssigkeit durch den Motor und die beiden Behr-Kühler.
Seitlich hinter der abnehmbaren Verkleidung der Steuerzahnräder befanden sich auch die Ölpumpen und die Filter des Schmiersystems. Je fünf Pumpstöße im 72-Grad-Intervall beförderten den Schmierstoff zunächst zu den sechs Hauptlagern der voll durch Gegengewichte ausbalancierten Kurbelwelle. 8 Liter Öl faßte das Kohlefaser-Reservoir hinter dem Motor.
Die Kolben für den Motor wurden bei Ilmor selbst hergestellt. Nur die Guß-Rohlinge bezog man – aus selbst erstellten Formen – von einem Zulieferer. Der Zylinderkopf wurde durch zwölf Schrauben gehalten, die auch die Laufbüchsen sicherten, und mittels je zwei weiterer Schrauben, die beiderseits von jedem Zylinder vom Block zum Kopf führten, war für ein absolut dichtes Schließen der Flächen gesorgt. Jedes Ventil hatte seine eigene Auslaßöffnung, und die Öffnungen je Zylinder waren paarweise zusammengelegt. Der gemeinsame Krümmer war am Zylinder mit je drei Schrauben befestigt.
In den Einlaßkanälen saßen die Einspritzdüsen unterhalb der hochliegenden Schmetterlings-Drosselklappen. Sauber hatte darauf bestanden, daß im 2175B ein Motormanagement-System von Megneti Marelli Verwendung fand, zumal André de Cortanze, der Technische Direktor in Hinwil, zu dieser Firma beste Verbindungen besaß.
Allerdings war man seitens Ilmor hierüber nicht sehr glücklich. „Wir haben vorher mit Zytek zusammengearbeitet," sagte der Entwicklungsingenieur Robin Page. „Für uns gab es eigentlich keinen zwingenden Grund, zu Marelli zu wechseln. Das Zytek-System arbeitet unkomplizierter." Aber er gab zu, daß es auch Ausfälle gegeben habe. Und die hatte man mit der Marelli-Anlage nicht ein einziges Mal konstatieren müssen.
Die Leistung des Zehnzylinders wurde über Saubers längs eingebautes Transaxle-Getriebe auf die Hinterräder übertragen. Die Mehrscheiben-Karbonkupplung hatte 140 mm Durchmesser. Am Heck des Chassis gab es einen Kühler für das Getriebeöl.
Unter der Gesamtleitung de Cortanzes machte Leo Ress aus dem 1993er Chassis C12 den 1994er C13. Am Basisdesign des Wagens, zugrundegelegt von Harvey Postlethwaite, änderte sich nichts. Das Sauber-Team hätte dazu auch keine Veranlassung gehabt, denn es fehlte ihm ja noch an praktischer Formel-1-Erfahrung, und das Postlethwaite-Fahrzeug war hervorragend geeignet, diese Erfahrungen zu erwerben.
Testfahrten, die Ende 1993 auf der Strecke und im Windkanal absolviert wurden, sollten einige Probleme beheben, die man während der ersten Rennsaison festgestellt hatte. Eines betraf die Abtriebskräfte, die sich je nach wechselnder Fahrhöhe spürbar veränderten. Auch heizten sich die hinteren Reifen bei kühlem Wetter stärker auf als bei warmer Witterung.
Um diese Probleme in den Griff zu bekommen, begab sich das Sauber-Team fünf Wochen lang nach Emmen zum Windkanal der Swiss Aerospace. Leo Ress rechnete sogar damit, hier ein halbes Jahr lang Versuche zu fahren. In den ersten fünf Wochen konzentrierte man sich auf die Designoptimierung und die Positionierung des Diffusers, der die Luftströmung unterhalb des Wagenkörpers ableitete. Etwa 50 verschiedene Diffuserformen wurden untersucht, jede an 16 in Frage kommenden Stellen. Diese Tests setzten sich auf der Piste bei Versuchsfahrten vor Saisonbeginn fort. So wurden beispielsweise in Montmelò bei Barcelona am 22. und 23. Februar zwei differierende Fahrzeug-Unterseiten in Verbindung mit vier verschiedenen Diffusern getestet, und in allen Kombinationen erprobte man die Wirkung sieben verschiedener Heckflügel...
In der endgültigen Ausführung unterteilten eine Anzahl von Längsstreben den Diffuser in sechs statt vorher vier Luftauslässe. In Kombination mit einem etwas kleineren Heckflügel erreicht man beim C13 einen um 10 Prozent besseren Abtriebswert gegenüber dem Vorgängermodell ohne nachteilige Auswirkungen auf das Fahrverhalten. Bei einer Geschwindigkeit von 300 km/h betrug die Abtriebskraft 1600 kg, was eine Querbeschleunigung von nunmehr 4,0 statt 3,6 g erlaubte. Der Vortriebs-Koeffizient betrug zwischen 0,85 und 1,00 je nach Flügelstellung. Zum Vergleich: Der W 196 von 1954 hatte in seiner Ausführung mit freistehenden Rädern einen Cd-Wert von 0,62.
Weitere Verbesserungen an der Aerodynamik des C13 betrafen die Befestigungspunkte und die Form der unteren Kanten des Frontspoilers, wodurch der Luftdurchsatz im Diffuser noch günstiger wurde. Die seitlichen Auswölbungen am Fahrzeug machte man außerdem schmaler und höher, was der Aerodynamik ebenso zugute kam wie der geänderten Form der Wasserkühler. Je nach verwendetem Frontspoiler betrug die Stirnfläche des C12 1,4 bis 1,5 qm. Das war ein sehr viel höherer Wert als die 1,1 qm beim W 196 – und der war noch nicht einmal der schlankste Wagen seiner Ära.
Sowohl vor als auch noch während der Saison 1994 wurde das Reglement mehrfach geändert, was dem C13 keineswegs zum Vorteil gereichte. Ursprünglich für die Mitnahme von 225 Liter Kraftstoff ausgelegt, konnte man nunmehr mit sehr viel weniger an den Start gehen, weil ein Nachtanken während des Rennens gestattet war. So reduzierte man das Fassungsvermögen der ATL-Sicherheitstanks auf 205 Liter. Fürs Schnelltanken gab Auswölbungen an beiden Seiten.
Zu Beginn der Saison entstanden in England sieben neue Monocoques aus Kohlefaser, nur je 40 kg schwer und hergestellt vom Spezialisten Ian Thomson. Der zweite Monocoque wurde auf das Chassis gesetzt, welches in einem italienischen Labor nach FIA-Vorgaben dem obligatorischen Crashtest unterzogen wurde. Unter der Leitung von Walter Näher wurden bei Sauber ebenfalls Crashversuche vorgenommen.
Nach den tödlichen Unfällen von Ayrton Senna und Roland Ratzenberger in Imola und den Verletzungen, die Karl Wendlinger am Lenkrad seines Sauber in Monte Carlo davongetragen hatte, gab die FIA neue Vorschriften für die Beschaffenheit von Flügeln und Unterböden heraus. Das Ziel war, Abtriebskräfte und Kurvengeschwindigkeiten zu verringern. Als Folge mußten alle Formel-1-Teams, Sauber eingeschlossen, in den Windkanälen ihre Hausaufgaben noch einmal absolvieren.
Nicht vor Mitte Oktober 1994 waren bei Sauber die Arbeiten abgeschlossen. Es reichte gerade noch für den Start zum Großen Preis von Spanien und Europa in Jerez. Heinz-Harald Frentzen qualifizierte sich im Training als Vierter und wurde im Rennen Sechster – damit lag er gerade noch in der Punktwertung. Dieses Ergebnis trug erheblich zur Motivation des Sauber-Teams bei. Frentzen wurde in Japan ebenfalls Sechster, nachdem er im Training Drittschnellster gewesen war. Insgesamt war die Saison 1994 für Sauber-Mercedes eine harte Geduldsprobe gewesen. Zu allem Überfluß hatten sich auch einige Sponsoren stillschweigend verabschiedet, was zur Folge hatte, daß nun Mercedes-Benz mehr oder weniger allein in der Pflicht war, für alle Aufwendungen von Seiten Saubers aufzukommen. Hinzu kam das Pech mit Karl Wendlingers Unfall in Monte Carlo. Für ihn sprang der Italiener Andrea de Cesaris ein.
Am Ende der Saison wurde wie üblich zusammengezählt, und das Sauber-Team kam auf 12 Punkte. Das waren genau so viele wie in der Saison zuvor, und bedeutete einen mittelmäßigen achten Platz in der Formel-1-Weltrangliste. Nur Footwork, Minardi und Larrousse rangierten noch darunter, während die einst so erfolgreiche Marke Lotus nicht einen einzigen Punkt zu verbuchen hatte. Frentzen war der bestplazierte Fahrer des Teams und kam auf den 13. Platz in der Fahrerliste. Man setzte große Zukunftserwartungen in ihn.

Der deutsche Rennfahrer Heinz-Harald Frentzen war für das Sauber-Mercedes-Team ein Lichtblick und fuhr gegen Saisonende 1994 einige gute Resultate ein. Im Fahrerchampionat kam er aber nur auf den 13. Platz.

Die Verletzungen, die Wendlinger bei seinem Crash davongetragen hatte, veranlaßten Sauber, die Seitenwände des Monoposto höherzuziehen und zu polstern, um dem Fahrer künftig mehr seitlichen Schutz zu geben. Die Karosserieteile kamen nach wie vor von Paucoplast und bestanden aus einer Verbindung von Kevlar und Kohlefasern. Die Airbox wurde für den 1994er Wagen etwas höher ausgelegt, entsprechend Wendlingers großer Statur. Während der Saison wurde dann vorgeschrieben, daß die Airbox an ihrer Rückseite einen Luftauslaß haben müsse, um den Staudruck der Luftzuführung zum Motor zu verringern – eine weitere Maßnahme, Leistung herunterzufahren. Indes, diese Vorschrift wurde von der FIA später revidiert.
Systeme, die nicht vom Fahrer zu aktivieren waren, wie Traktionskontrolle (ASR), ABS oder aktive Aufhängungen, wurden 1994 in der Formel 1 rigoros gestrichen. So konnte Sauber mit seinen „passiven" Radaufhängungen weiterfahren und sie optimieren und sich den Aufwand sparen, die bereits begonnene Arbeit an aktiven Aufhängungen fortzusetzen.
Mit seinen konventionellen Nabenträgern aus Stahl für vorn (lange Dreiecklenker) und hinten (Radialarme) entsprach der C13 klassischen Vorbildern. Vorn und hinten gab es Drehstabilisatoren; der vordere war in seiner Härte vom Fahrer einstellbar.
Gegenüber dem C12 gab es beim C13 keine Änderungen am Bremssystem. Nur die Stärken der Karbonscheiben variierten zwischen 23 und 26 mm, ebenso die Formen der inneren Belüftungsschächte. Die Felgen wurden von Speedline geliefert, waren aus Magnesium und mit Goodyear-Eagle-Reifen bestückt. Der Luftdruck betrug 1,3 bis 1,4 bar.
Den Radstand hatte man auf 2930 mm verlängert. Das waren 20 mm weniger als beim SSK und ca. 150 mehr als beim Benz RH Mittelmotorwagen. Das Maß der vorderen und hinteren Spur betrug 1680 bzw. 1600 mm. Einschließlich 7 kg Ballast brachte der Sauber-Mercedes C13 ein Trockengewicht von 507 kg auf die Waage.
Die Leistungswerte des C13 waren beeindruckend. Die Beschleunigung vom Stand auf 100 km/h wurde mit 2,5 Sekunden gemessen, in 6 Sekunden war man auf 200 km/h. In optimalem Trimm erreichte der Wagen eine Höchstgeschwindigkeit von etwa 340 km/h.
Solche Werte machten nur einen Sinn, wenn die Mittel gegeben waren, sie auch demonstrieren zu können. Und über diese Mittel verfügte man in Hinwil nicht. Einer der Hauptsponsoren machte zwar große Versprechungen, hielt sie aber nicht. Ein anderer versprach noch mehr, kam seinen Verpflichtungen aber ebenso wenig nach (und landete wegen Betrugs sogar im Gefängnis). Aber ohne Geld vermochte Sauber sein ehrgeiziges Formel-1-Engagement nicht zu realisieren.
Einen kleinen Etat steuerte dann die schweizerische Uhrenindustrie bei, aber in der Hauptsache mußte Sauber sein Konto durch Mercedes-Benz auffüllen lassen. Das hatte man sich in Untertürkheim ganz anders vorgestellt. „Wir waren am Anfang der Saison davon ausgegangen, daß Saubers Status zunehmende Bedeutung erfahren würde und er lediglich Starthilfe benötigte," erklärte ein Mercedes-Sprecher. „Jetzt kostet uns das Projekt ebenso viel Geld wie das Engagement mit einem Spitzenteam."
Adriano Cimarosti bezeichnete in einem Beitrag in der *Automobil Revue* Ende 1993 die Liaison Mercedes-Sauber als eine „zweite Ehe" und sprach von einem enorm gestiegenen Verantwortungs- und Erfolgsdruck, unter welchem diese Partnerschaft stehe. „Ein Automobilhersteller dieses Formats auf dem Weltmarkt will Siege sehen," führte er aus.
Damit hatte Cimarosti, wie immer, durchaus Recht. Die nach außen so deutlich erkennbare Verbindung zu Sauber und Ilmor war für Mercedes-Benz eine Verpflichtung, und es war peinlich, 1994 schlechter dazustehen als im Jahr zuvor. Nicht zuletzt daran maß sich auch die Bereitschaft anzusprechender Sponsoren. „Glauben Sie mir," hatte Helmut Werner zu Roger Gloor gesagt, „wir haben uns nicht nur in Deutschland, sondern auch in der Schweiz sehr bemüht, Sponsoren als Partner zu finden."
Mitte des Jahres sprach Mercedes-Benz mit den Williams-Managern, doch Williams wollte seine Verbindung mit Renault nicht lösen. So kam es Ende September zu einem Ultimatum an Sauber: Für 1995 mußten neue Partner ins Boot, oder Stuttgart würde die Lieferung von Motoren einstellen.
Bei der Mercedes-Benz AG war man sich natürlich der langjährigen Gemeinsamkeiten mit Sauber bewußt. „Ohne Sauber wären wir nicht in die Formel 1 zurückgekehrt," sagte Hubbert. „Aber wir haben auch nie in Hehl daraus gemacht, daß wir nur Teams brauchen, die sich selbst erhalten können."
Neue Sponsoren waren nicht zu finden, und so endete die Kooperation mit Sauber. „Es waren zehn sehr schöne und erfolgreiche Jahre, die wir zusammengearbeitet haben," führte Hubbert aus. „Am 31. Dezember 1994 wird unser Vertrag zu Ende gehen. Bis dahin werden wir unseren Verpflichtungen voll nachkommen."
1995 sollte ein anderes Team den von Ilmor gebauten Mercedes-Benz-Motor erhalten, und auf die Wahl dieses Teams hatte Ilmor keinen Einfluß. Das war für

die Briten eine neue Situation. Gerade diese Freiheit hatten Illien und Morgan angestrebt, als sie sich von Cosworth lösten und selbständig machten. Nun wollte Mercedes-Benz also die Entscheidung allein treffen, wer den Ilmor-Motor bekam; Ilmor durfte allenfalls eine Beraterfunktion ausüben. Die Verantwortung für diesen Prozeß lag bei Norbert Haug, der bei seinen hohen Vorgesetzten in der Pflicht stand.

Die Entscheidung fiel letztlich zugunsten eines Teams, das 1994 gar nicht einmal so herausragend abgeschnitten hatte – zum ersten Mal seit 1980 hatte es sogar nicht einen einzigen Sieg erringen können. Die besten 1994 erzielten Ergebnisse waren je ein zweiter Platz in Monaco und Belgien. Mit 42 WM-Punkten rangierte das Team weit hinter dem Tabellenführer und Champion Williams mit 118. Aber wie Williams, war das von Mercedes-Benz auserwählte Team britisch: Es handelte sich um McLaren International. Würde McLaren zuwege bringen, was Sauber nicht geschafft hatte?

Der Magazin Broker hatte sich als Sponsor für Sauber gemeldet, kam aber seinen Verpflichtungen nicht nach. Karl Wendlinger vom 1991er Mercedes-Benz-Junior-Team hätte als Grand-Prix-Fahrer gute Chancen gehabt, erlitt aber in Monaco einen Unfall.

Dieser sogenannte Low-Tech-Motor war Gott sei Dank so schnell, daß sich die gesamte High-Tech-Konkurrenz im Rückspiegel verlor.
Helmut Werner

Schöner als Weihnachten

Die amerikanische Indy-Serie mit einem Motor zu bestreiten, der die Bezeichnung „Mercedes-Benz" trug, war die signifikanteste Form eines neuen Auftritts unter dem Zeichen des dreigezackten Sterns. IndyCar hieß der Mythos, den nun auch die Europäer entdeckt hatten, allen voran Porsche. In die traditionsreiche amerikanische Domäne erst mit einem kompletten eigenen Auto, dann mit einem Motor im March-Chassis einzudringen, war sehr mutig – und hatte letzten Endes ja auch zu einem kleinlauten Rückzug der Zuffenhausener geführt. Dann versuchte es Alfa Romeo mit Hilfe eines Motors, der von Ferrari stammte, aber die Italiener vermochten ebenso wenig auszurichten, vor allem mangels Power...
Der in Großbritannien entstandene Honda V8 namens Judd hielt sich wacker im Mittelfeld, schaffte aber den Durchbruch ebenfalls nicht. Nur Cosworth (für Ford) und Ilmor (für Chevrolet) schienen das Zeug zu haben, in jener ur-amerikanischen Serie mithalten zu können, deren Wettbewerbe eine Mischung aus Ovalpisten- und Straßenrundrennen darstellen.
Die IndyCar Serie und vor allem das darin enthaltene 500-Meilen-Rennen von Indianapolis hatten schon immer Außenseiter angezogen. Honda wollte für die Saison 1994 mit neuen Motoren am Start sein, und Dan Gurneys All-American Racers, in Indy einst unschlagbar, hatten gemeinsam mit Toyota einen neuen Wagen entwickelt. Auch Nissan, so hieß es, wollte künftig mitmischen. Indianapolis rangierte schon immer als der bedeutendste Single Seater Event – nicht nur in den Augen vieler Amerikaner.
Würde auch ein Fahrzeug „powered by Mercedes-Benz" Chancen haben? Helmut Werner, Jürgen Hubbert und Norbert Haug waren zuversichtlich. Denn sie hatten einen starken Partner auf ihrer Seite: Die Firma Ilmor.
Ilmor Ltd. war 1984 als Herstellerfirma für Rennmotoren gegründet worden. Von Anfang an richteten Mario Illien und Paul Morgan ihr Hauptaugenmerk auf Motoren für die IndyCar-Serie. Jeder von ihnen war mit 25 Prozent an der Firma beteiligt, die anderen 50 Prozent hielt Roger Penske, der seine Partner von Cosworth her kannte.
Penske hatte Illien und Morgan auch bei der GM-Marke Chevrolet eingeführt. Die Chevy-Leute waren von der Idee besessen, Ford-Cosworth bei der IndyCar-Serie und speziell bei den 500 Meilen von Indianapolis Paroli bieten zu können. Die sich daraus ergebende Zusammenarbeit resultierte in der Übernahme des halben Penske-Anteils durch General Motors; GM finanzierte auch die Entwicklung eines neuen Motors für die IndyCar-Serie, die damals CART hieß: eine Abkürzung für Championship Auto Racing Teams Inc.
Als die Firma Ilmor ihren neuen Motor verfügbar hatte, bot sie ihn verschiedenen Teams zum Kauf an. Natürlich gestand man Penske ein Vorkaufsrecht zu. Darüber hinaus aber war man bei Ilmor darauf angewiesen, zusätzliche Mittel hereinzubekommen, mit denen sich weitere Entwicklungen finanzieren ließen, denn Konstruktion und Bau eines völlig neuen Motors waren geplant. Der Einstieg Chevrolets verhieß denn auch frische Impulse im amerikanischen Motorsport.
Mario Illien zeichnete für den Entwurf eines aufgeladenen V8-Motors mit 2,65 Liter Hubraum verantwortlich, für dessen Realisierung Paul Morgan, zuständig für die Produktion, eigens einen neuen Betrieb aufzog. Der mit Methanol betriebene Achtzylinder hatte das Bohrungs-/Hub-Verhältnis von 88,0 x 54,4 mm und leistete 720 PS bei 10.750/min.
1986 entworfen, gab es diesen Motor bereits ein Jahr später in den Fahrzeugen von drei Teams, die damit fünf Siege errangen. 1988 gewann dieser Motor sogar 14 von 15 Rennen, und mit dem Sieg beim Indy 500 war die CART Championship so gut wie sicher. Auch in den Jahren 1989, 1990, 1991 und 1992 wurden Abkömmlinge dieses V8 mit großem Erfolg eingesetzt. Das Indianapolis-Rennen 1993 gewann dann eine neue Chevy-Motorkonstruktion. Für den Meisterschaftstitel reichte es in jenem Jahr zwar nicht, dafür war das Penske-Team dann 1994 mit neuer Ilmor-Power erfolgreich.
Mit diesem Rekord hatten Illien, Morgan und ihre 160 Mitarbeiter in Brixworth sowie weiteren sieben in Detroit den Beweis erbracht, daß sie Motoren für die anspruchsvollste amerikanische Rennserie zu bauen verstanden. Aber gleichzeitig führte diese Erfolgsserie dazu, daß man bei Chevrolet den Sinn für jegliche Realität verlor und glaubte, sich von Ilmor verabschieden zu können. Alle Vorschläge Ilmors, künftige Entwicklungen betreffend, wurden als unnötig erachtet. Der GM-Flieger hatte seine anvisierte Flughöhe erreicht, jetzt konnten die Triebwerke getrost abgeschaltet werden... Ilmor sah sich nach einem anderen Partner um. Und der sollte Mercedes-Benz heißen. Würden sich die Schwaben aber auf ein Gebiet begeben wollen, das so ausgesprochen amerikanisch war? Auf den ersten Blick schien eine solche Überlegung wenig aussichtsreich.
Aber die Deutschen hatten durchaus Indianapolis-Geschichte mitgeschrieben. Man erinnere sich: 1911 hatte hier ein Blitzen-Benz seine eindrucksvollen Rekordrunden gedreht, und beim Eröffnungsrennen war ein Mercedes als Vierter ins Ziel gekommen. Und 1912 hatte der Mercedes-Fahrer Ralph de Palma das 500-Meilen-Rennen geführt, bis er kurz vor dem Ziel aufgeben mußte. Pillette fuhr dann 1913 einen Mercedes-Knight. De Palma wollte 1914 mit einem Mercedes-Grand-Prix-Sechszylinder an den Start gehen, befand sein Auto aber für nicht schnell genug und kam erst 1915 wieder – und siegte. Wenngleich er die letzten beiden Runden auch nur mit drei Zylindern unterwegs gewesen war.
Ein Werksteam kam 1923 auf die Plätze 8 und 11. Dann war erst wieder für 1938 ein Indy-Start geplant, der aber abgesagt wurde, weil die Motoren zu viel Öl verbrauchten, und auch ein vorgesehener Start im Jahre 1939 kam nicht zustande. Rudolf Caracciolas Versuch, 1946 mit einem 1,5 Liter W 196 in Indianapolis anzutreten, scheiterte in letzter Minute. 1947 und 1948 gab es privaterseits die Meldung eines W 154, aber beide Male hielt der Wagen nicht durch. Dann hatte das Werk vor, 1951 zwei 1939er 3-Liter-GP-Wagen nach Indianapolis zu schicken,

und zum Zwecke höherer Kurvengeschwindigkeiten hatte man den Wagen sogar bewegliche Spoiler verpaßt. Doch nach dem Buenos-Aires-Rennen im Februar des gleichen Jahres waren die Rennmanager zu der Ansicht gelangt, daß die nunmehr zwölf Jahre alten Wagen wohl doch nicht mehr ganz up to date seien und annullierten ihre Indy-Meldung.

Auch im Jahre 1956 hatte es seitens Daimler-Benz Pläne gegeben, bei dem berühmten 500-Meilen-Rennen mitzufahren. Man erwog den Einsatz modifizierter, leistungsgesteigerter Formel-1-Wagen vom Typ W 196. Aber auch in diesem Fall blieb es bei theoretischen Überlegungen.

Damit schien ein Indianapolis-Engagement ein für alle Mal erledigt. Vielleicht hätte Hans Liebolds C111-IV noch echte Chancen gehabt, auf einem Ovalkurs wie dem von Indianapolis der Konkurrenz das Heck zu zeigen – aber niemand in Untertürkheim sah für einen Einsatz dieses Autos in den USA eine zwingende Veranlassung…

Bei Daimler-Benz war man damals davon überzeugt, daß sich der amerikanische Mercedes-Kunde von Sporterfolgen in keiner Weise beeindrucken lasse. Wenn Newcomer auf dem US-Automarkt wie etwa der Honda Acura motorsportliche Assoziationen herbeizuführen versuchten, so geschah dies im Hinblick auf eine sehr viel jüngere Klientel, die ohnedies jedem Mercedes auf- und davonfuhr. Doch als Mercedes-Benz 1990 Vorbereitungen traf, in einem eigenen Werk in den Vereinigten Staaten Automobile zu bauen, erkannte man die Notwendigkeit neuer Aktivitäten, um die Aufmerksamkeit künftiger Kunden zu gewinnen. Demographische Untersuchungen bei Indianapolis-Fans ließen erkennbar werden, daß deren Ambitionen sich zu einem großen Teil mit denen deckten, die man bei Käufern der Mercedes-C-Klasse und bei Interessenten am neuen, in Alabama produzierten Geländewagen („All Activity Vehicle") ermittelt hatte.

Was dabei herauskam, wurde in einer von Mercedes-Benz am 3. November 1993 veröffentlichten Pressemitteilung erkennbar. „Es ergab sich eine ausgezeichnete

Linke Seite: Hinter dem Penske PV23-Mercedes, der 1994 in Indy gewann, standen drei Architekten: Paul Morgan (links), Helmut Werner (Mitte) und Roger Penske. Ihr Stoßstangenmotor-Projekt war geradezu sensationell.

Rechts: Der drehmomentstarke 500I-Motor war ein V8 von 3,43 Liter Hubraum und baute nicht länger als der 2,65-Liter.

Kombination übereinstimmender Geschäftsinteressen," führte Paul Morgan aus. „Sie gründen sich zunächst auf die Aktivitäten Peter Saubers, der einen so bedeutenden Beitrag zu den Sportwagen- und Formel-1-Programmen von Mercedes-Benz beigetragen hat. Dann ist da Roger Penske, einer der Mitinhaber und Direktoren bei Ilmor, der über Detroit-Diesel mit Mercedes-Benz verbunden ist. Den Ausschlag gab schließlich Chevrolets Rückzug vom Motorsport, um sich künftig mehr dem Tagesgeschäft zu widmen. Schon deshalb mußten wir uns nach einem neuen Partner für Indy umsehen."

Die drei Teile des Puzzle paßten zwar zusammen, aber nicht auf Anhieb. Die Lösung von Chevrolet bedeutete, daß GM sich als Teilhaber ausbezahlen lassen wollte. „Es war eine Zitterpartie," erinnerte sich Paul Morgan, „GM war draußen, der Vertrag mit Mercedes noch nicht unterzeichnet."

Doch die Vereinbarung mit der Mercedes-Benz AG kam zustande, und damit war die Finanzierung jenes neuen Motors gesichert, der von 1996 an in der IndyCar-Serie den Namen Mercedes-Benz tragen sollte. Im ersten Jahr, so hieß es anfänglich, würde er exklusiv dem Team Penske zur Verfügung stehen, aber man einigte sich darauf, den Motor auch anderen großen Kunden anbieten zu dürfen. Das war für Ilmor nicht ganz unwichtig – aus finanziellen Gründen.

So ging Mario Illien an die Konzeption eines völlig neuen Rennmotors, der sowohl für das 500-Meilen-Rennen als auch für die IndyCar-Serie taugen sollte. „Ich hatte nichts weiter als ein weißes Stück Papier vor mir," sagte Illien später. Das Reglement begrenzte den Hubraum auf 2650 ccm und auf acht Zylinder mit Turboaufladung. Nur ein Lader, ohne Ladeluftkühlung, war erlaubt.

Als Kraftstoff pflegte man in der amerikanischen Serie Methanol zu benutzen. Mit maximal 0,52 bar war auch der Ladedruck limitiert. „Diese Vorgaben lassen dem Motorenkonstrukteur keinen allzu großen Spielraum," meinte Morgan. „Aber wir konnten auf Erfahrungen aus unserer Zusammenarbeit mit Chevrolet aufbauen. Das half uns, viel eigenes Lehrgeld zu sparen."

Die IndyCar-Teams waren in finanzieller Hinsicht allesamt nicht großzügig ausgestattet. Immer weniger Teams konnten sich in den frühen neunziger Jahren erlauben, ihre Fahrzeuge eine volle Saison lang an den Start zu bringen. Es galt die Regel, daß bei den 500 Meilen von Indianapolis maximal 33 Starter antreten durften – und meist bewarben sich sehr viel mehr. Jetzt kam nicht einmal diese Zahl zusammen. Die Qualifikationsläufe vor dem Indy-Wochenende waren einst spannende und dramatische Kämpfe gewesen, weil nur die schnellsten eine Chance hatten, beim Rennen dabeisein zu dürfen. Jetzt sah es ganz anders aus.

Um das Starterfeld auf dem Indianapolis Motor Speedway voll besetzen zu können, kamen die Veranstalter mit dem United States Auto Club (USAC) überein, auch Fahrzeuge mit Turboladermotoren zuzulassen, wie sie in der IndyCart-Serie mitfuhren, sofern der Zylinderblock des Motors von einem Serienaggregat stammte. Aber in diesem Fall durften es keine ohc-Motoren sein, und pro Zylinder (maximal acht, mit einem Gesamthubraum von nicht mehr als 3430 ccm) waren auch nur zwei Ventile erlaubt. Mit anderen Worten: Man schrieb ein sehr konventionelles Motorenlayout vor.

Die CART-Regeln für die IndyCar-Meisterschaft begrenzten den Ladedruck auf maximal 0,69 bar. Das war etwas mehr als bei den „Rennmotoren" mit 0,52 bar, was aber nur ein unwesentliches Leistungsplus brachte. Weil das auch die Sportbehörden einsahen, erweiterten sie das Limit auf 0,86 bar. Das entsprach einem absoluten Zuwachs von zehn Prozent im Ansaugtrakt bzw. 22 Prozent mehr im Vergleich zu dem, was man dem 2,65-Liter-Motor konzedierte.

Mit diesen Zugeständnissen ließen sich bei den aufgeladenen Stock-Block-Motoren auf der zweieinhalb Meilen langen Indy-Piste doch ganz ansehnliche Leistungen erzielen. Die Buick Division der GM-Gruppe förderte entsprechende Aktivitäten und belieferte Interessenten mit Basismotoren, die jenen Regeln entsprachen. 1990 hatte jeder dritte Indy-Wagen einen solchen Buick-Motor; 1991 waren zehn Buick-motorisierte Fahrzeuge am Start. Dennoch gehörten diese Autos nur selten zu denen, die das Rennen zu Ende fuhren. Der Zwang, mit einem nicht modifizierten Serienblock starten zu müssen, schränkte von vornherein die Chancen auf einen vorderen Platz ein, denn 500 Vollgas-Meilen hielten diese Motoren kaum durch. Wer gegen die Ilmor-Chevrolet-Phalanx bestehen wollte, mußte mehr zu bieten haben – zum Beispiel einen Spezialblock.

Das sahen die Speedway-Manager schließlich auch ein, und sie änderten gemeinsam mit dem USAC den Paragraphen 115-D ihrer Ausschreibung dahingehend, daß der Stock-Block (also aus der Serienproduktion) nicht mehr obligatorisch war. Und im Paragraph 118-D hieß es fortan, daß es im Ermessen des Veranstalters liege, anstelle der 0,86 bar Ladedruck einen anderen Maximalwert festzusetzen. Eine Option, von der nach dem 1994er Indy-Rennen lebhaft Gebrauch gemacht wurde.

Diese Ausschreibung ließ also offen, ob man künftig einen Serienblock wie den, der von Buick angeboten wurde, oder einen anderen verwendete. Wer dazu in der Lage war, konnte also mit einem rennmäßig konstruierten und gebauten Motorblock starten. Da aber nach wie vor nur ein seitengesteuerter Ventiltrieb erlaubt war, machte es wenig Sinn, einen aufwendigen Spezialblock zu entwickeln. Zum letzten Mal hatte 1963 in Indy ein seitengesteuerter Rennmotor Furore gemacht: Das war ein modifizierter Ford Fairlane V8 in einem von Jacky Stewart gesteuertem Lotus. Er wurde Zweiter. Überhaupt hatte noch nie ein Wagen mit Stoßstangenmotor die 500 Meilen gewinnen können. Ralph de Palma war 1912 dicht davor gewesen, bis er kurz vor dem Ziel liegenblieb. Der Übergang vom Marmon und vom National mit T-Zylinderkopf in den Jahren 1911 und 1912 direkt zum siegreichen ohc-Peugeot von 1913 vollzog sich nahtlos.

Stoßstangenmotoren im Formel-Rennsport gab es vereinzelt noch in den fünfziger Jahren. Der Sechszylinder-Grand-Prix-Wagen von Talbot-Lago war schon in den späten vierziger Jahren längst nicht mehr up to date, obwohl der Motor im Sportwagen noch Chancen hatte; ein solches Auto lag beim 1952er Le-Mans-Ren-

Die Pumpe für die Ölzufuhr zum Turbolader des 500I wurde vom rückwärtigen Ende der zentralen Nockenwelle angetrieben. Die Kupplung mußte ein Drehmoment von 755 Newtonmeter verkraften.

Eine per Elektromotor angetriebene Versuchseinheit des 500I von einem Zylinder wurde von Philip le Roux entwickelt und gebaut. Der Versuch erinnerte an die Entwicklung des Z-Triebs vor vierzig Jahren (Seite 221).

nen sogar längere Zeit vor einem 300 SL. Und im Cooper-Bristol Formel 2 tat 1952-53 mit viel Erfolg ein 2-Liter-Stoßstangenmotor seinen Dienst, der vom BMW 328 abstammte.
Sowohl der Talbot-Lago- als auch der Bristol-Motor wiesen hängende Ventile (ohv) und hemisphärisch geformte Verbrennungräume auf. Beide hatten Stoßstangen und Kipphebel zur Aktivierung der Ventile. Die einzelne Nockenwelle des Bristol-Sechszylinders befand sich unten seitlich im Block, beim Talbot-Lago waren es zwei. Ebenfalls zwei, aber etwas höher positionierte Wellen mit entsprechend kürzeren Stoßstangen hatte der Vierzylindermotor des Connaught A-Type, der damals ebenfalls in der Formel 2 antrat.
Stoßstangengesteuerte Auslaßventile waren die Besonderheit eines Rennwagens, der Mercedes-Benz in den dreißiger Jahren zu schaffen gemacht hatte. Dies war der sächsische Auto Union 16-Zylinder. Die zentrale Nockenwelle betätigte die Einlaßventile über „Finger"-Mitnehmer direkt und auf kürzestem Wege, die Auslaßventile wie erwähnt über Stoßstangen. Doch höher als 5000/min durfte man den Motor nicht drehen, wollte man den Ventilmechanismus nicht überfordern.
Für das Indianapolis-Rennen 1994 war der Paragraph 115-D Grund genug, keinen seitengesteuerten Motor zu bauen. Ein sv-Motor mit seinen größeren bewegten Massen bedeutete von vornherein eine Drehzahlbeschränkung und damit eine Begrenzung des möglichen Leistungspotentials. Zudem war die Verwendung spezieller Materialien wie Komposite oder auch Keramik nicht erlaubt. Edelstahl-Legierungen oder Titan kamen in Frage.
Aber auch das vorgeschriebene Zwei-Ventil-Layout sprach gegen die Konstruktion eines solchen Motors. Schon 1947 hatte der Indy-Sieger einen Vierventiler unter der Motorhaube, zu einer Zeit also, als selbst siegreiche Formel-1-Boliden noch mit Zweiventilern antraten. Andererseits mußte man den seitengesteuerten, eigens für Indy von Buick angefertigten Achtzylindern konzedieren, daß sie ein ordentliches Leistungspotential hatten. Das einzige, was man ihnen nachsagen konnte, war ein gewisser Mangel an Durchstehvermögen.
Als der Zwang zur Verwendung von Serienblöcken 1992 aufgehoben wurde, ging eine ganze Reihe von Konstrukteuren daran, spezielle Blöcke zu entwerfen, und etliche gaben sogar viele Millionen Dollar dafür aus. Daß auch Mario Illien sich herausgefordert sah, einen Indy-Motor zu bauen, verwundert nicht. Er war mit der Speedway-Szene eng vertraut und wußte, was sich dort abspielte. Damals gab es noch die Chevrolet-Connection, und Illien bedrängte die Chevy-Manager, der Firma Ilmor einen entsprechenden Entwicklungsauftrag zu erteilen. Aber jene lehnten ab. Für Ilmor bedeutete dies, daß ihre bisherige Reputation gefährdet war, falls ein anderer Gigant, etwa Toyota oder Ford-Cosworth auf die Idee kam, sich der Konstruktion eines potenten sv-Motors anzunehmen.
1993 kursierten dann auch derartige Gerüchte, aber entsprechende Hardware war nicht in Sicht. Das schloß nicht aus, daß in letzter Minute aus irgendeiner Ecke der „große Unbekannte" auftauchen konnte, denn in Indianapolis ging es immerhin um fast 7,7 Millionen Dollar Preisgelder. Allein dem Sieger winkten 1,2 Millionen Dollar.
Man muß weiter ausholen, um die Geschehnisse verfolgen zu können, die Mercedes-Benz wieder nach Indianapolis brachten.
Im Anschluß an die 1993er Rennsaison setzten sich Mario Illien und Paul Morgan mit Roger Penske zusammen und erörterten ihre Aussichten für die Zukunft. Das Gespräch dauerte nicht mehr als zwanzig Minuten, aber in dieser kurzen Zeitspanne wurden die Weichen für ein Kapitel Automobilgeschichte gestellt. Penske war Teilhaber der Firma Ilmor und führte den Titel eines Direktors, hatte also ein starkes Interesse am geschäftlichen Erfolg der Firma. Aber er versagte es sich, auf die Entscheidungen der Unternehmung irgend einen Einfluß zu nehmen. Seine überaus erfolgreiche Politik war es, für seine Firmen immer nur die besten Leu-

Rückansicht vom Zylinderblock des 500I-Motors mit dem Tunnel für die Nockenwelle. Gemeinsam mit dem angeflanschten Transaxle bildete das Aggregat ein mittragendes Teil des PC23-Chassis.

Der geniale Ventilantrieb trug zur Kompaktheit und zum geringen Gewicht des 500I-Motors wesentlich bei. Hier nicht sichtbar ist der auf dem vorderen Kurbelwellenende montierte Schwingungsdämpfer.

te zu engagieren, denen er es überließ, selbständig zu handeln. Also rechnete Penske auch damit, daß seine Partner Illien und Morgan wußten, was sie zu tun hatten – und nur auf der Basis dieses Vertrauens hatte er sich überhaupt mit ihnen zusammengetan.

Roger Penske war aber zugleich Chef des Penske Rennteams, das bisher mit viel Erfolg in der IndyCar-Serie und beim 500-Meilen-Rennen operiert hatte. Das Team Penske verfügte in Poole, England, über einen eigenen Fahrzeugbau mit allen Schikanen. 1986 war das Team der erste und seither der wichtigste Abnehmer des Chevrolet-V8-Motors von Ilmor gewesen. Daher war es für Morgan und Illien wichtig, welche Vorstellungen der Kunde Penske in bezug auf die von ihm gewünschten Motoren für 1994 hatte.

Im Interesse zahlreicher anderer Ilmor-Kunden arbeitete man bereits an einem neuen 2,65-Liter-V8 für die Saison 1994. Siebzig dieser Motoren sollten bei Ilmor entstehen; sie wurden als „Ilmor Indy V8“ bezeichnet, nachdem Chevrolet bekanntgegeben hatte, man werde sich in der IndyCar-Serie künftig nicht weiter engagieren. Auch Penske sollte diesen Ilmor-Motor bekommen.

Illien lag aber daran, bei dem kurzen Gespräch noch ein weiteres Thema zu erörtern: Er schlug vor, einen Stoßstangenmotor gemäß der Indy-Ausschreibung zu entwickeln, bevor jemand anderes ihnen zuvorkam. Einen Motor, der für kein anderes als das 500-Meilen-Rennen in Frage kam... Würde das Team Penske ein solches Projekt honorieren?

„Nun, über wieviel PS sprechen wir hier?“ wollte Penske wissen.

Illien bat Morgan kurz um einen Taschenrechner, tippte ein paar Zahlen ein und sagte dann: „Über etwa 940.“

Penske holte tief Luft. Er wußte, daß die Motoren seiner Fahrzeuge derzeit maximal 760 bis 780 PS hatten und Leistungszuwächse durch Feinoptimierung nur ganz minimal ausfielen. Und hier war plötzlich die Rede von 200 zusätzlichen Pferdestärken!

Das Team Penske war bekannt dafür, die Konkurrenz mit Überraschungen zu schocken. Es bot sich also offenbar die Gelegenheit, wieder einmal für Schlagzeilen zu sorgen.

Mit deutlich mehr Power an den Start zu gehen, machte auf dem Indianapolis-Kurs seit 1993 Sinn. Denn durch bauliche Maßnahmen hatte man die Strecke dahingehend verändert, daß es kaum mehr möglich war, in den Kurven zu überholen – um so mehr trachteten die Fahrer nun auf den Geraden, die letzten PS ihrer Motoren zu mobilisieren und am Gegner vorbeizuziehen. 200 Mehr-PS bedeuteten also beste Chancen auf den Sieg.

Sich für den Bau eines solchen Motors zu entscheiden, bedurfte eigentlich keiner langen Überlegungen. Auch der vermutlich hohe Verbrauch eines so starken Motors würde kein Handicap darstellen, denn mit dem gegebenen Limit von 130 Liter Methanol pro 100 Rennkilometer glaubte Ilmor auszukommen. Das Problem war vielmehr: Würde man bis zum nächsten Indy-Rennen den Motor überhaupt fertigstellen können?

Oben: *Die Kurbelwelle des 500I war aus dem Vollen gefräst und mußte die höchste Leistung verkraften, die je ein Mercedes-Benz-Rennmotor abgab. Die beiden Ausgleichsgewichte weisen eingeschraubte Teile aus spezifisch schwererem Material auf.*

Mario Illiens erster Motor hatte fast sphärische Ausformungen um jedes der beiden Ventile für optimalen Gasverlauf und bestmögliche Verbrennung. Die Kerzen saßen genau in der Mitte der Kammer.

Falls nicht, würde das Team Penske in letzter Minute auf den 4ohc-V8 zurückgreifen müssen. Konnte man es sich erlauben, für diesen Fall eine zweite Wagenflotte bereitzustellen? Eine Investition dieser Größenordnung traute sich nicht einmal ein so wohlhabender Mann wie Roger Penske zu.
Illien gab einen weiteren Trumpf in die Runde. Er erklärte sich bereit, den Stoßstangenmotor so zu konstruieren, daß er mit dem Ilmor Indy V8 austauschbar wäre. Also würde man nicht komplette, neue Autos benötigen. Ein ehrgeiziges Ziel, gewiß, und es klang reichlich utopisch.
Penske war geneigt, Illiens Angebot anzunehmen. Würde der Stoßstangenmotor fertig werden, hätte er eine starke Waffe im nächsten Indy-Kampf; falls nicht, könnte sein Team im gleichen Fahrzeug den konventionellen Motor fahren. Dieser Plan barg für Ilmor größere Risiken als für Penske. Denn zu seiner Realisierung brauchte man vor allem Geld – mehr, als Ilmor zu erhalten in Aussicht hatte, da ja von Chevrolet kein Budget mehr zur Verfügung stand. Zwar stand man bereits in Verhandlungen mit Mercedes-Benz, doch ließen sich die Mittel der Deutschen, würde man zusammenkommen, frühestens 1994 locker machen – also erst in einem Jahr.
Doch für den Ilmor-Teilhaber Illien war der Gedanke, einen seitengesteuerten Hochleistungsmotor zu bauen, so reizvoll, daß ein Weg zu seiner Finanzierung einfach gefunden werden mußte – und es war Paul Morgans Aufgabe, sich darum zu kümmern.

Schließlich faßten die drei einstimmig den Beschluß, den Motor in jedem Fall in Angriff zu nehmen. Der Schwierigkeiten, die es zu bewältigen gab, waren sie sich durchaus bewußt. Aber es galt, die Herausforderung anzunehmen. In weniger als in einem Jahr mußte der rennfertige Motor zur Verfügung stehen, sollte sein Einsatz Sinn machen.
Das Projekt mußte möglichst geheim bleiben, vor allem durfte der bisherige Partner General Motors davon keinen Wind bekommen. Jede auch noch so unbedeutende Information würde den angestrebten Überraschungseffekt gefährden. Die gesamte Branche durfte nichts von dem erfahren, was bei Ilmor geplant war.
Mario Illien nahm das Projekt 265D, das den kleinen, jetzt produktionsreifen 4ohc-V8 betraf, aus dem CAD-Speicher und begann am 16. Juli 1993 mit der Arbeit an dem Stoßstangenmotor. Als erste Tarnmaßnahme gab er dem Projekt einen zur internen Benutzung vorgesehenen Namen, der recht unverdächtig klang: 265E. Sollte je ein Außenstehender Unterlagen zu Gesicht bekommen, die mit dieser Bezeichnung versehen waren, so hätte er daraus entnehmen müssen, daß es sich um einen Nachfolger zum 2,65 Liter 265D handelte.
Das Konzept zu dem Motor, wie ihn Mario Illien im Sinn hatte, war so ungewöhnlich, daß er es auf herkömmlichem Wege, also ohne Computer gar nicht hätte realisieren können. Schon der knappe Zeitraum, der zur Verfügung stand, zwang dazu, sich der Vorteile eines Rechners zu bedienen.
Das Versprechen, der Motor sei alternativ in jenem Chassis zu verwenden, das für den 2,65 Liter V8 in Arbeit war, beinhaltete ein großes Problem – nämlich das der Begrenzung der Motorabmessungen. Illiens Einfallsreichtum war gefragt.
Er entschied sich für eine Positionierung des Nockenwellenantriebs an der Front- statt an der Rückseite in der Nähe der Kupplung wie beim Ilmor Indy-V8. Der Zahnriemenantrieb für die beiderseits angeordneten Pumpen wurde so knapp wie möglich im Steuergehäuse untergebracht.
Ein Charakteristikum jedes Ein-Nockenwellen-Motors kam Illien zustatten. Motoren mit obenliegenden Nockenwellen weisen wegen ihrer Antriebselemente für die Wellen einen gewissen Überbau an jeder Zylinderbank auf. Bei einem Stoßstangenmotor kann man den Antrieb für die zentrale Nockenwelle raumsparender ausführen. Da die linke Viererreihe der Zylinder nach rückwärts versetzt war, nutzte er den sich daraus ergebenden Platz an deren Vorderseite für den Antrieb und die Ölzufuhr. Das Gesamtmaß zwischen Kupplung und Stirnseite des Motors ließ sich fast genau dem des 4ohc-Motors angleichen.
Die Kurbelwelle im Alublock wurde für fünf Hauptlager ausgelegt; die untere Hälfte des geteilten Blocks diente zugleich als Trockensumpf. Beide Teile hatten innerhalb des Chassisrahmens mittragende Funktion.
Die Kurbelwelle war aus einem Stahlstück gefräst und wies vier Gegengewichte auf. An seiner Peripherie war jedes der Gegengewichte mehrfach ausgebohrt; in den Löchern saßen Stopfen aus Tungsten mit einem höheren spezifischen Gewicht als Stahl. Solche hochverdichteten Einsätze hatte es auch in den Ausgleichsgewichten des Reihenachtzylindermotors M196 gegeben.
Für die Konstruktion der Gußformen des Motorblocks und des Trockensumpfs zeichnete der Projektingenieur Alan Cook verantwortlich. Ihm oblag auch die Konstruktion der Lager und die Sicherstellung ihrer Schmierung durch ein ingeniöses Pumpensystem. Links vom Ölsumpf befand sich die Kühlwasserpumpe, die den linken Teil des Blocks direkt und den rechten über einen Kanal unterhalb des Sumpfes versorgte. Hinter der Wasserpumpe befand sich eine Zentrifuge, die Luft aus dem Schmieröl, aus der Druckpumpe und aus dem Ölfilter schleuderte. Alan Cook verstand es, dieses Pumpensystem dem des Indy V8 anzugleichen, nur lief der Antrieb im Vergleich zum 2,65-Liter-Motor in einem höheren Übersetzungsverhältnis, was die Differenz zur höheren Spitzendrehzahl ausglich, mit welcher der 4ohc-Motor arbeitete. Die Kapazitäten der Wasserpumpen waren identisch. Auch bewegte sich die Ölversorgung beim Stoßstangenmotor in gemäßigteren Regionen als die beim Vier-Nockenwellen-Motor.
Von einem Zahnrad auf der Kurbelwelle erfolgte der Antrieb der zentral im Zylinder-V positionierten Nockenwelle. Über ein Zwischenzahnrad wurde der Zahnriemen für die Öl- und Wasserpumpen angetrieben. Die Nockenwelle lief mit halber Kurbelwellengeschwindigkeit. Auf dem vorderen Ende der Nockenwelle gab

Die Pleuel in Illiens 500I-Motor wiesen ein doppeltes T-Profil mit breiten Flanken und Versteifungsrippen auf.

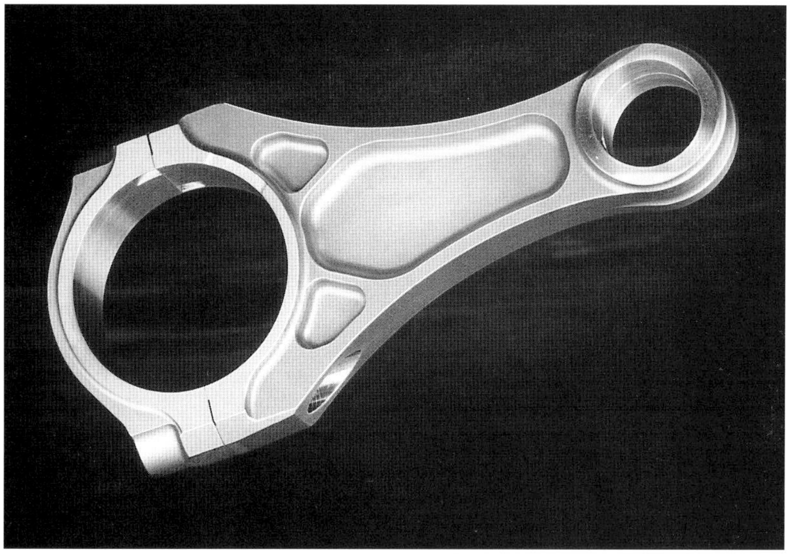

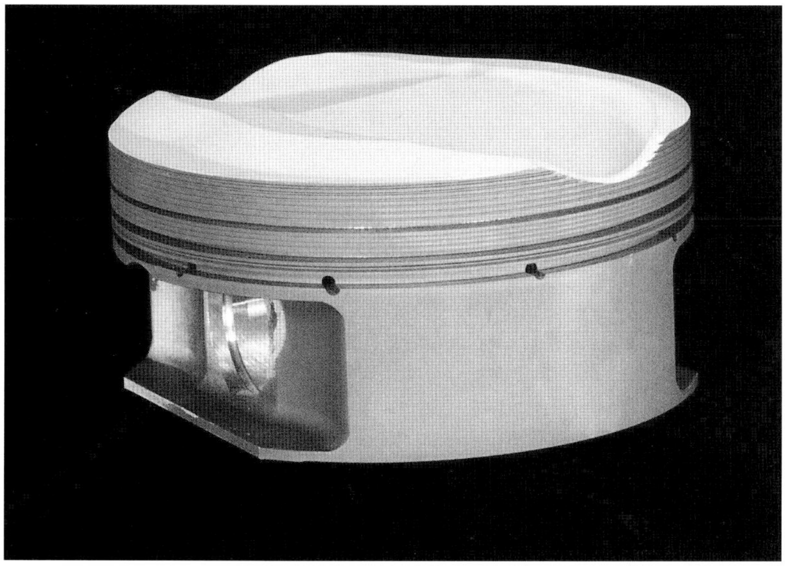

Seitenansicht des Kolbens im 500I-Motor. Es gab zwei Verdichtungsringe und einen Ölabstreifring sowie einen leicht konturierten Boden mit Aussparungen für die Ventile.

es einen Schwingungsdämpfer, das hintere Ende trieb die Pumpe des Turboladers an, der hinter dem Motor saß.

Entscheidend für die Baulänge des Motors war das Maß der Zylinderabstände. Mario Illien fixierte es auf 109 mm, ein deutlich höherer Wert als die 102,5 mm beim 2,65-Liter-Indy-Motor. Dieser Abstand gestattete bei ausreichender Bemessung der Passagen für den Wasserdurchlauf eine Bohrung von 97 mm. Bei einem Hub von 58 mm ergab sich ein Hubraum von 3429 ccm.

Als Paul Morgan diese Werte zum erstenmal sah, war er irritiert, denn 3429 ergeben rechnerisch 209,2 c.i.. „Ich dachte, die Formel ist auf 209 c.i. begrenzt," sagte er zu Illien. „Bekommen wir da nicht Schwierigkeiten?" Irrtum: Die Hubraumgrenze war exakt mit 209,3 Kubikzoll definiert, und somit gestattete sie umgerechnet 3429,8 ccm. Mit 3428,9 lag Illiens Konstruktion sogar noch einen kappen Kubikzentimeter unter der Höchstgrenze.

An die Stelle der bisher verwendeten Zylinderlaufbüchsen aus Aluminium entschied sich Mario Illien für nasse Laufbüchsen aus Stahl, deren Wandstärke dünner war. Ein Flansch an ihrer Oberkante und eine umlaufende Einkerbung mit einem Dichtring sorgte für die Abdichtung im Block. Unten saßen die Laufbüchsen schwimmend und durch O-Ringe fixiert im Block, um die Kühlflüssigkeit zu halten.

Jeder der beiden Zylinderköpfe wies zehn Kopfschrauben auf, deren Bolzengewinde tief im Block saß. An jeder Seite gab es vier zusätzliche Kopfschrauben für die Kühlwasserabdichtung.

Die Kolben waren aus geschmiedetem Aluminium und kamen von einem Zulieferer, der speziell in Ilmors Auftrag arbeitete. Auch die Gußformen kamen von Ilmor, und bei Ilmor fand auch die Feinbearbeitung der Kolben statt. Es war vorgesehen, den oberen Teil der Kolbenmäntel durch eine spezielle Ölzufuhr zusätzlich zu kühlen – eine Maßnahme, die sich aber als nicht notwendig erwies.

Jeder der acht Kolben wies zwei Kompressionsringe und einen Ölabstreifring auf. Im Kolbenboden gab es zwei Vertiefungen, den Ventiltellern entsprechend. Die Ebene dazwischen erlaubte das Ermitteln des oberen Totpunktes bei herausgeschraubter Kerze. Die Ränder der Kolbenböden hatte man zugunsten einer optimalen Gemischbildung durch gute Verwirbelung hochglanzpoliert.

Die Kolbenbolzen und die Pleuel hatten dem USAC-Reglement entsprechend aus Stahl zu sein. Das geschmiedete Pleuel maß vom unteren bis zum oberen Lagermittelpunkt genau 116 Millimeter.

Bei der Konstruktion seines neuen Motors spielte Illien sozusagen Schach an zwei Fronten. Zum ersten handelte es sich um seinen allerersten Stoßstangenmotor überhaupt. „Als Buick mit solchen Motoren kam, hatte ich mir geschworen: So etwas baust du niemals!" Zweitens hatte Illien bisher nur Vierventiler konstruiert. Warum hätte er je einen anderen Zylinderkopf in Betracht ziehen sollen?

Der Konstrukteur eines Stoßstangenmotors muß wissen, daß er sich stets auf einen Kompromiß einlassen muß, entweder bei der Führung der Stoßstangen und der Positionierung der Kipphebel und Ventile – oder in bezug auf Lage und Querschnitte der Einlaß- und Auslaßkanäle. „Bei der Führung der Kanäle wollte ich auf keinen Fall einen Kompromiß eingehen," sagte Illien. Einen im Querschnitt zunächst absolut runder und in gerader Linie nach unten führender Einlaß, wie ihn Illien zu verwirklichen trachtete, war durchaus als kompromißlos zu bezeichnen, denn er war Voraussetzung für eine optimale Verwirbelung des Gemischs während der Verdichtungsphase. Dann verfeinerte Illien die Form des Einlasses und brachte ihn in Einklang mit der Positionierung der Ventile und Stoßstangenführungen, der Kerzen, der Stehbolzen. Vor allem hatte Illien nicht allzu viel Zeit, um Experimente zu machen. Eine gute Lösung mußte schnell gefunden werden. Wenn experimentiert wurde, dann auf dem Bildschirm – dank CAD. Alle Möglichkeiten wurden durchsimuliert.

Detail der Nockenwellensteuerung beim 500I-Motor.

Illien hatte sich ein weiteres Ziel gesetzt: Beide Zylinderköpfe sollten identisch sein. Um Kosten zu sparen, strebte er an, mit einer einzigen Gußform für beide Köpfe auszukommen – keine leichte Aufgabe, vor allem bei einem konventionellen Motor. In jedem Fall bedeutete dies für die Konstruktion des 500I (wie die Bezeichnung des Motors später lautete) eine zusätzliche Erschwernis.

Die optimale Auslegung des Zylinderkopfes und des Steuerlayouts beim 500I war nicht nur dank CAD möglich, sondern basierte auch auf dem CAM: Computer Aided Manufacturing. Interessanterweise gab es nirgends einen rechten Winkel zum Zylinderkopf oder -block, weder bei den Ventilen, noch bei den Kerzenlöchern oder den Ebenen der Verbrennungräume. Einen Kopf dieser Auslegung anzufertigen, hätte auf konventionellem Wege ein Vermögen gekostet. Nur unter Zuhilfenahme von CAM ließ sich eine fabrikatorisch vertretbare Lösung finden.

Die Ventile saßen im Kopf in einem Neigungswinkel zur Senkrechten von 20 Grad. Entsprechend war die Oberfläche des Kolbens gestaltet. In der Ebene zum Zylinderkopf war das Einlaßventil um 10 Grad geneigt, das Auslaßventil um 13 Grad. Die Kerze befand sich innerhalb der engen Brücke zwischen Ein- und Auslaßventil mit einer leichten Neigung in Richtung Auslaßventil.

Der Durchmesser des Einlaß-Ventiltellers betrug 52,5 mm, der des Auslaß-Ventiltellers 39,7 mm. Mehr als bei Illiens Vierventilköpfen war der Einlaß damit besonders groß dimensioniert. Wie Illien kommentierte: „Den Zylinder zu füllen ist immer schwieriger als ihn leerzumachen…“. Die Ventildichtringe der Auslaßventile wiesen einen etwas höheren Kupferanteil im Aluminium auf, um eine bessere Wärmeabfuhr zu ermöglichen.

Um einen effizienteren Gaswechsel und damit einen intensiveren Verbrennungsvorgang zu erzeugen, gab Illien sowohl dem Einlaß- als auch dem Auslaßkanal halbsphärische Ausformungen. Dies ging zwar zu Lasten der Zylinderwandungen, war aber unabdingbar für einen guten Gasfluß. Auch die Elektroden der 12-mm-Boschkerze ragten in eine kleine Auswölbung im Kopf.

Dieser in seiner Formgebung nicht ganz unkomplizierte Zylinderkopf wurde auf Illiens eigenen Maschinen angefertigt, ausgelegt für eine Verdichtung von 10,5 zu 1. Durch Feinbearbeitung ließ sich später ein Kompressionsverhältnis von 12,0 zu 1 realisieren.

Die Ventile wurden aus Titan von Del West Engineering hergestellt. Die Ventilfedern waren zweifach, die Federteller ebenfalls aus Titan.

Auch der ohv-Ventiltrieb des Motors 500I unterschied sich sehr von herkömmlichen Baumustern und war eine „Erfindung“ des Illien-Teams unter Führung des Ingenieurs Philip de Roux. Die Nockenwelle war im Zylinderblock verhältnismäßig weit oben plaziert, was an sich nicht weiter ungewöhnlich war. Ungewöhnlich hingegen war die fingerartige Form eines Mitnehmers mit einer Rolle, die auf dem Nocken glitt. Der Mitnehmer gestattete einen Ventilhub von 1 zu 1,25. Die Stoßstangen als Verbindungen zwischen den Mitnehmern und den Kipphebeln bestanden aus Edelstahl und maßen für den Einlaß 127 mm, für den Auslaß 168 mm. Als besonders wichtige Bauelemente des Motors vergab Illien deren Herstellung nicht außer Haus, sondern ließ sie im eigenen Betrieb anfertigen. Jeder Kipphebel hatte seine eigene Welle, auf der er im rechten Winkel sowohl zum Ventil als auch zur Stoßstange saß. Je zwei Bolzen sicherten die Kipphebelwelle im Zylinderkopf. Einlaß- und Auslaß-Kipphebel differierten in den Abmessungen, hatten aber identische Multiplikationsfaktoren und kamen mit 1,74 zu eins auf die gleiche Hubhöhe. Mit der Hubhöhe des Mitnehmers auf der Nockenwelle ergab sich somit ein Gesamtventilhub von 2,175 zu eins. Daraus resultierte ein Hub beim Einlaßventil von 15,7 mm und beim Auslaßventil von 14,4 mm.

Unten im V der beiden Zylinderreihen des Motors lief die fünffach gelagerte Nockenwelle mit ihren darüber befindlichen Rollen und Mitnehmern auf den Nocken. Alle Teile in dieser Region wurden durch reichlich bemessene Ölzuführung ausreichend geschmiert.

Sämtliche rotierenden Elemente des Ventiltriebs waren reibungsarm gelagert, die Nockenwelle war rollengelagert (in Käfigen geführte Rollen), nur das vorderste Lager wies Kugeln auf. Alle anderen Lager waren käfiglose Nadellager. Die Nadeln der beiden Lager pro Mitnehmer waren je 7 mm lang, die Wellen 15 mm stark. Auch die Mitnehmerrollen, und die Kipphebelwellen waren nadelgelagert. Jeder Motor, so hatte Illien ausgerechnet, wies insgesamt an die 3000 Lagernadeln auf. Für die Lieferfirma Torringten ein interessanter Auftrag, aber für die Männer bei Ilmor nicht weniger unterhaltsam, denn als die Motoren montiert wurden, wurde jedermann zum Lagerbefüllen abkommandiert – einschließlich Illien und Morgan.

Dieser 500I genannte Motor mochte in seinem Grundkonzept konventioneller Bauart sein, doch in seiner Ausführung, besonders die Ventilsteuerung betreffend, war er alles andere als „low-tech“. Er stellte ein wahrhaft ingeniöses und mit größtmöglicher Sorgfalt gebautes Meisterwerk dar. Die aufwendige, optimale Lagerung aller beweglichen Teile gehörte zu Illiens Konzept der Risiko-Minimierung, um die es ihm vor allem in Anbetracht der kurzen zur Verfügung stehenden Entwicklungszeit ging. In Bezug auf Konstruktion und Ausführungspräzision durfte man den Ventiltrieb dieses Motors in eine Reihe mit der raffinierten Z-Steuerung stellen, die Mercedes-Benz vierzig Jahre zuvor präsentiert hatte.

Erst als die Einlaßgeometrie, der Ventiltrieb in seinen Details und damit die Plazierung der Nockenwelle feststanden, legte Illien den Winkel fest, in welchem die Zylinderbänke zueinanderstehen sollten. Mit Einführung der elektronisch gesteuerten Zündung waren die Konstrukteure in der Plazierung der Kerzen an keine festen Vorgaben mehr gebunden, und auch Illien nahm sich die entsprechende Freiheit – jede der beiden Vierzylinderbänke wurde zündtechnisch wie ein unabhängiger Reihenmotor versorgt. Aber aus dem V-Winkel ergab sich auch die Länge der Stoßstangen, und die sollte so gering wie möglich ausfallen. Es ging um eine „steife“ Auslegung mit möglichst wenig bewegter Masse im Ventiltrieb. Und die im Hubraum um immerhin 30 Prozent größere Maschine, verglichen mit dem Viernockenwellen-Motor aus gleichem Hause, sollte, wie eingangs ausgeführt, in den Abmessungen auf keinen Fall breiter als jene ausfallen, um ins gleiche Fahrzeug zu passen. All diese Parameter veranlaßten Illien, sich für einen Winkel von 72 Grad zu entscheiden. Und dies war exakt der gleiche Winkel, den der Ilmor V10-Grand-Prix-Motor aufwies.

Der gesamte Einlaßtrakt war schwarz anodisiert. Das sollte Korrosionseffekten entgegenwirken, die der Betrieb mit dem in Indy verwendeten Methanol mit sich bringt.

Auf der Oberseite des Luftsammlers saßen elektronisch aktivierte Einspritzdüsen, durch die der zerstäubte Kraftstoff jedem der acht Einlässe zugeführt wurde. Für

Tony Matthews Schnittzeichnung läßt alle Einzelheiten des 500I-V8-Motors erkennen. Seitlich unten am Motorblock befinden sich Wasserpumpe, Ölzentrifuge, Druckpumpe und Ölfilter.

eine eventuell benötigte zusätzliche Kraftstoffmenge gab es vorsorglich eingegossene Blindstopfen, in die bei Bedarf weitere Düsen gesetzt werden konnten, eine Maßnahme, die sich aber als überflüssig erwies.
Die ersten Prüfstandsversuche wurden mit einem elektronischen Motormanagement-System von Zytek unternommen. Als das Motorenprogramm lief, schaltete man auf ein System um, das von Delco geliefert wurde (General Motors) und mit dem Ilmor bereits beim Chevrolet-Motor gute Erfahrungen gemacht hatte. Natürlich war man bei Delco sehr erfreut, weiterhin mit Ilmor zusammenarbeiten zu können, schon im Hinblick auf gute Marketing-Effekte, die sich in den Vereinigten Staaten daraus ableiten ließen. Die Einspritzanlage mit ihren insgesamt 16 Injektoren kam von Rochester. Auf dem Luftsammler befand sich das laut USAC-Reglement vorgeschriebene Druckminderungsventil. Es wurde nur montiert, wenn das Fahrzeug im Rennen oder im Test lief. In der Zwischenzeit mußte das Ventil bei einem USAC-Büro deponiert werden.

Die Auspuffrohre der acht Zylinder liefen zu beiden Seiten des Motors hinter ihm zusammen und mündeten im Sammler des Garrett AiResearch Turboladers. Er trug die Typennummer TA47 und stellte mit nur 6,8 kg ein ausgesprochenes Leichtgewicht dar, abgeleitet vom Garrett-Lader TE06. Auch die Dimensionen des Laders mußten strikten USAC-Vorschriften entsprechen, die in dieser Beziehung zwischen ohc- und seitengesteuerten Motoren keinerlei Unterschiede machten. So war die Weite des Einlasses mit 2,94 Zoll und die des Auslasses mit 2,15 Zoll limitiert. Das Turbinenrad mußte einen Durchmesser von 3,60 Zoll haben, jedes Flügelblatt exakt 1,34 Zoll breit sein. Bei Radial-Ladern war der Turbinendurchmesser mit 3,50 Zoll und die Länge der Flügelblätter mit 1,42 Zoll vorgeschrieben.
Auch der Lader hatte ein Abblasventil. Es war so einzustellen, daß der Maximaldruck zwischen 4000 und 4500 U/min gehalten wurde und sich damit eine möglichst flach verlaufende Drehmomentkurve ergab. Der Fahrer konnte je nach at-

Der 500I-V8-Rennmotor auf dem Ilmor-Prüfstand, wo er sein überraschend hohes Leistungspotential erstmals zu erkennen gab.

mosphärischen Gegebenheiten den Druck vom Lenkrad aus variieren, in dem er durch Drehen eines Rädchens den Durchlaß im Druckablaßventil regulierte.

Einen Ladeluftkühler gab es nicht. Denn auch den hatte das Reglement nicht vorgesehen, aber er war auch nicht unbedingt notwendig, denn durch den hohen Verdampfungsgrad des Methanols ergab sich genügend Kühlwirkung für die unter starkem Druck zugeführte Verbrennungsluft.

Der aufgeladene V8-Motor wog nur 124 kg, aber mit 653 mm war er hoch und damit genau 90 mm höher als der letzte Ilmor Vierventiler. Mit 591 mm war die Baulänge beider Motoren – wie Illien es angestrebt hatte – identisch. Um 50 mm war der Stoßstangenmotor schmaler als sein 2,65-Liter-Gegenstück: 511 mm.

Nicht bevor Mario Illien im Herbst 1993 die Konstruktionsdetails dieses Motors festgelegt hatte, entstanden die ersten Testeinrichtungen für einzelne Elemente, so zuerst für den Ventiltrieb. Die Vorrichtung entwarf Philip le Roux, und sie wurde auch unter seiner Aufsicht angefertigt.

Die ersten Zeichnungen hierzu tragen das Datum des 6. September. Vorgesehen war eine Zweizylindereinheit in der geplanten V-Anordnung, aber nur für den Ventilmechanismus an einem der Zylinder ausgelegt. Als Antrieb diente ein 40-PS-Elektromotor, programmiert nach einem Schema, das die Geschwindigkeit einer Indianapolis-Durchschnittsrunde simulierte. Später benutzte man diesen Ventiltrieb-Tester auch bei Prüfstandsläufen des kompletten Motors und sogar im fahrfertigen Wagen. Mario Illien und Jeff Williams ermittelten damit die optimale Nockenform in Abstimmung mit dem Steuermechanismus, eine Arbeit, die viel Zeit in Anspruch nahm.

Besondere Sorgfalt verwendeten die Motoreningenieure auf die Auswirkungen der Lastwechselphasen an der Nockenwelle und am gesamten Steuermechanismus bei abrupten Drehzahlveränderungen. Arbeiten solcher Art hatten natürlich kaum Einfluß auf die Motorleistung, sie galten mehr einer Optimierung der Zuverlässigkeit unter extremen Belastungen. Diesbezügliche Tests fuhr man sowohl bei der Versuchsanordnung als auch am Motor selbst.

Die Nockenform, für die sich Illien entschied, resultierte nicht ausschließlich auf Computerberechnungen. Die Daten wurden zwar digital einer Landis-Nockenschleifmaschine übertragen, doch Illien modifizierte sie immer wieder und probierte fast jeden Tag eine neue Variante aus. Der mit großer Intensität betriebene Aufwand erinnerte an Georg Scheerers Marathon, den er im Winter 1938/39 mit den Nockenwellen für die Motoren M154, M163 und M165 betrieben hatte. Als die endgültige Nockenform für den 500I endlich feststand (ermittelt aus einer Auswahl von immerhin 16 Alternativen), offenbarte sie einen kleinen Kompromiß zugunsten der Betriebssicherheit durch einen geringfügig minimierten Ventilhub. Die Steuerzeiten betrugen:

Einlaß öffnet 87° vor OT	Auslaß öffnet 84° vor UT
Einlaß schießt 87° nach UT	Auslaß schließt 84° nach OT

Es war ein Problem, das Ventilspiel bei allen in Frage kommenden thermischen Belastungen in einer optimalen Toleranz zu halten. Die hohlen Stoßstangen waren anfänglich aus Stahl, der Block und die Zylinderköpfe aber aus Aluminium, und beide Materialien besitzen bekanntlich ganz unterschiedliche Ausdehnungskoeffizienten. Es galt daher, die dadurch entstehenden Auswirkungen auf die Arbeit der Ventile zu minimieren.

Aufgrund dieser Notwendigkeit ließ Illien die Stoßstangen aus einer magnesiumhaltigen Stahllegierung mit einem größeren Expansions-Koeffizienten herstellen, der etwa dem von Aluminium entsprach. Die Grundeinstellung sah an den Ventilen des noch nicht in Betrieb genommenen Motors gar kein Spiel vor, erst bei der erstmals betriebswarm gefahrenen Maschine ergaben sich die errechneten Toleranzen, die sich nach Einlaufen aller Teile gleichmäßig hielten.

Die Konstruktionsarbeiten konnte Illien nach etwa fünf Wochen abschließen. Er war überzeugt davon, daß sein Konzept allen Erwartungen entsprechen würde. Jetzt begann die Detailarbeit, nämlich das Anfertigen aller Bauteile. Dazu benötigte man einen größeren Stab von Mitarbeitern, die alle auf absolute Geheimhaltung des Projektes eingeschworen wurden. Illien wußte, daß es nicht

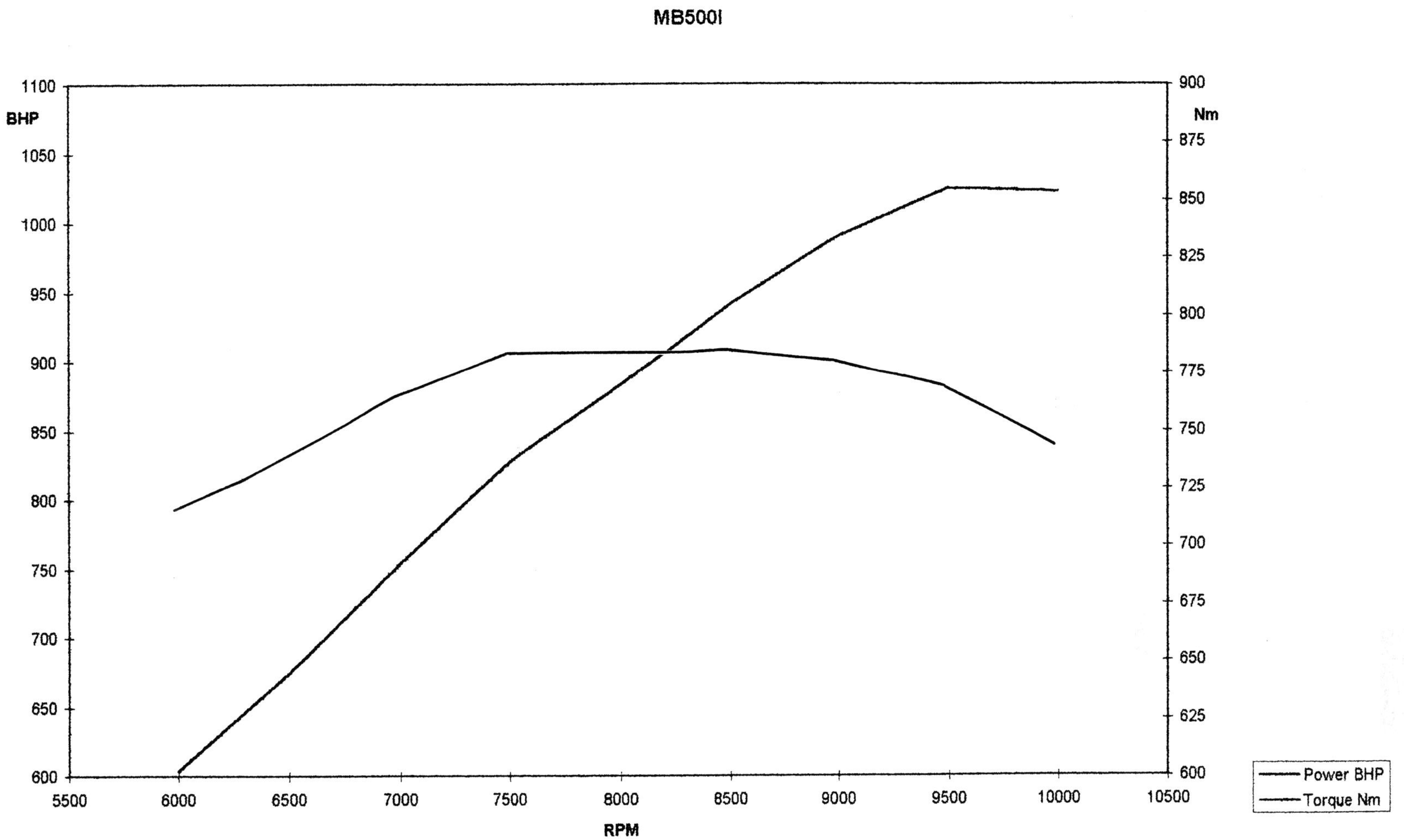

Das hohe Drehmoment des 500I erstreckte sich über einen breiten Bereich, der von 6000 bis 10.000 U/min reichte. Ab 9.200 Touren gab der V8 einen vierstelligen - PS-Wert ab. Der rote Bereich für das 1994er Indianapolis-Rennen begann bei 10.000 U/min.

leicht sein würde, diese Geheimhaltung durchzusetzen, denn normalerweise hatte jedermann in der Branche Kenntnis, woran der andere gerade arbeitete. Angesichts der stets gut kommunizierenden Bruderschaft der Rennwagen-Ingenieure Großbritanniens ein neues Motorenprojekt von der Konkurrenz unbemerkt durchzuziehen, hatte bislang noch kaum jemand geschafft.

Ende August beriefen Illien und Morgan eine Belegschaftsversammlung ein und klärten die Mitarbeiter über die Risiken auf, die der Firma entstehen würden, falls die Öffentlichkeit Informationen über das Motorenprojekt erführe. Die Ilmor-Crew gelobte Stillschweigen – und hielt dieses Versprechen bis zum letzten Tag!

Aber auch andere mußten zwangsläufig von dem Projekt Kenntnis erlangen, zum Beispiel Zulieferer wie die Firma Zeus in Birmingham, bei der die Blöcke und Zylinderköpfe gegossen wurden. Aber auch hier funktionierte das Schweigegelöbnis. Zeus war übrigens auch Lieferant der Motorblöcke und anderer Komponenten für den V6-DTM-Motor, den Mercedes-Benz in der Klasse C einsetzte.

Aber da war noch Del West, jener in Kalifornien beheimatete Hersteller von Ventilen, der auch etliche andere Konstrukteure von Rennmotoren belieferte. Ilmors Bestellung besonders großer Ventile aus Titan mußte dort automatisch gewisse Spakulationen auslösen, die schnell die Runde machen würden… Hier erwies sich Roger Penske als Gegenelement. Er war Teilhaber einer NASCAR Stock Car Renngemeinschaft, die Pontiac Autos einsetzte, ausgestattet mit stark modifizierten V8-Motoren. Niemand bei Del West kam auf abwegige Gedanken, als von Penske eines Tages ein Auftrag für spezielle „Pontiac-Rennventile" einging…

Auch beim Team Penske wußten in der Frühphase nur wenige Eingeweihte von dem Ilmor-Projekt. In den ersten Gesprächen mit Mercedes-Benz war Diskretion ebenfalls oberstes Gebot. Paul Morgan sagte, daß selbst nach der Bestätigung einer offiziellen Einbindung der Stuttgarter in das ehrgeizige Projekt dessen Geheimhaltung von allen Beteiligten als unabdingbar betrachtet wurde. Helmut Werner bestätigte: „Als Roger Penske im Oktober bei uns war, um den Vertrag zu unterzeichnen, verpflichteten wir uns gegenseitig zu absolutem Stillschweigen." Und Mercedes-Benz-Sportchef Norbert Haug bestätigte: „Hier wußten weniger Leute von der Sache als der Motor Zylinder hat…"

Mit Abschluß des Vertrages mit Mercedes-Benz war für Ilmor die Phase des „freien Falls" beendet. Die Stuttgarter übernahmen einen Firmenanteil von 20 Prozent von Ilmors Niederlassung in Detroit, wo die Fäden für das IndyCar-Programm zusammenliefen. Und an der in Großbritannien beheimateten Firma Ilmor Ltd. beteiligte sich Mercedes mit 25 Prozent; das entsprach jenem Part, den vorher General Motors gehalten hatte.

Mittlerweile hatte Penske auch in den USA die Weichen für das Stoßstangenmotor-Projekt gestellt. Er verpflichtete den jungen Ingenieur Kevin Walter zum Pro-

jektleiter in Penskes Workshop in Reading, Pennsylvania. Zuvor mußte Kevin jedoch sein Ingenieurstudium in New York beenden.
Roger Penskes Leute hatten die Aufgabe, für den 500I-Motor die Kraftübertragung zu konstruieren – und die mußte einem Drehmoment gewachsen sein, das 50 Prozent über dem lag, mit dem es die Techniker bisher zu tun hatten. Nach Mario Illiens Berechnungen lag das Drehmoment seines Motors bei 726 Nm. Wie sich später herausstellte, lag es sogar noch um vier Prozent darüber. Geplant war der Einsatz einer Vierscheiben- statt der üblichen Dreischeiben-Kupplung.
Am 20. Januar 1994 lief der fertige Motor das erste Mal auf dem Prüfstand, nach einer Marathon-Arbeitsschicht von nicht weniger als 36 Stunden. Der Probelauf in Brixworth wurde – wie bei solchen Anlässen üblich – von der gesamten Mannschaft bei einem Glas Champagner gefeiert. Einen Tag später fanden die ersten Leistungsmessungen statt. Illien und Morgan erhielten eine angenehme Bestätigung ihrer Arbeit: „Der Motor schien jede Menge Power zu haben…"
Als Spitzenleistung wurde sogar ein noch höherer Wert gemessen als der, den Illien vor acht Monaten auf dem Taschenrechner ermittelt hatte, als er von Penske danach gefragt wurde. Er betrug 965 bis 970 PS bei 9800 U/min, und in seiner weiteren Entwicklung und nach einiger Feinarbeit betrug der ultimative Wert sogar 1024 PS. Das maximale Drehmoment wurde mit 755 Nm bei 8000 Touren gemessen. Der mittlere Kolbendruck betrug beachtliche 27,7 bar; beim höher drehenden 265D V8-Motor lag er bei 24,5 bar. Zum Vergleich: Bei den kurz vor dem Kriege konstruierten Motoren M154/163 und beim M165 hatte der Kolbendruck noch bei 21,2 bar gelegen. Daß dies ein außerordentlich guter Wert war, macht ein Vergleich mit den 20,8 bar deutlich, die er im aufgeladenen 5-Liter M119 HL aufwies. Diesen V8-Motor hatte man 1990 im C11 (Gruppe C) eingesetzt. Allerdings hatte man beim C11 auf den Kraftstoffkonsum Rücksicht nehmen müssen, ganz im Unterschied zu den „Säufern" der späten dreißiger Jahre.
Daß die eindrucksvollen Spitzenwerte des 500I sogar noch steigerungsfähig waren, erwies sich im Entwicklungsprogramm dieses Motors, bei dem es nicht ausschließlich auf maximale Leistung ankam, sondern vor allem auf sein Durchstehvermögen. Denn daß der V8 jede Menge Power hatte, galt als erwiesen. Die Frage lautete also: würde sie auch 500 lange Meilen zur Verfügung stehen?
Als der Motor einsatzbereit war, begann eine Phase hektischer Aktivitäten. „Wir haben uns später gefragt, wie wir das durchhalten konnten. Aber das Team hat phantastisch zusammengearbeitet," erinnerte sich Kevin Walter.
15 dieser Motoren wurden gebaut. Eigentlich waren nur zwölf geplant, aber dann montierte man noch drei Ersatzaggregate. Vorsichtshalber legte man sich bei Ilmor 17 Kurbelwellen hin.
Für das Indianapolis-Rennen Ende Mai mußte noch fleißig getestet werden. Hier erwies sich die Partnerschaft mit Roger Penske als sehr vorteilhaft, denn dieser besaß 80 Kilometer von Reading den Nazarath Speedway, eine Privatrennstrecke, auf der man unter Ausschluß der Öffentlichkeit schnelle Runden drehen konnte. Es gab nur ein einziges Risiko: Nazareth war die Heimatstadt des bekannten Rennfahrers Mario Andretti, der ganz in der Nähe der Strecke sein Anwesen hatte. Andretti fuhr (wie auch Nigel Mansell) für das Newman-Haas-Team, das 1993 mit FordCosworth-Motoren die IndyCar-Meisterschaft gewonnen hatte.
Es war weniger zu befürchten, daß Andretti zufällig vorbeikommen würde und eines interessanten Rennwagens ansichtig werden könnte. Es war das verräterische Auspuffgeräusch von mehr als tausend Pferdestärken, das einen Kenner wie Andretti anlocken mußte, falls es von Rennstrecke zur Veranda seines Hauses dringen würde.
Zu Penskes Imperium gehörte auch der Michigan International Speedway südwestlich von Detroit. Hier gab es nicht die Gefahr argwöhnischer Anlieger, und vor allem handelte es sich um einen sehr schnellen Kurs, viel schneller als der von Indianapolis. Hier 500 Vollgas-Meilen pannenfrei zu absolvieren, bedeutete das OK für Indy.
Um die Motoren in jenen Fahrzeugen verwenden zu können, die in den Staaten zum Einsatz kamen, mußten sie in Brixham zerlegt und in Reading wieder zusammengebaut werden. Ein Unterfangen, dem Kevin Walter von der ersten Minute an beiwohnte, um den 500I in allen Einzelheiten studieren zu können.
„Karl Kainhofer und seine Männer bereiteten die Fahrzeuge für die Aufnahme des neuen Motors vor, von dem sie keine Ahnung hatten, wie er aussehen würde," erzählte Kevin Walter. „Wir hatten ein paar Blocks von Penskes Firma entfernt ein ehemaliges Warenlager übernommen und es für unsere Zwecke umgebaut. Nach drei Tagen traf der erste Motor ein, es war der mit der Nummer 002."
Ein Penske-Rennwagen mit diesem Motor erschien am 20. Februar in Nazareth. Es hatte geschneit, ein Schneepflug mußte die Strecke erst freimachen. Der erste Probelauf ging über 150 Meilen. Illien und Morgan waren anwesend – und nahmen mit großer Beruhigung die Nachricht zu Kenntnis, daß Mario Andretti ein paar Tage zuvor die Stadt verlassen hatte, um in den Bergen Ski zu fahren… Wer immer in Nazareth den sonoren Auspuffklang des neuen Rennwagens gehört haben mochte: ein Kenner wie Andretti war nicht darunter.
Die Testfahrten wurden am 25. Februar wiederholt. Das Durchstehvermögen des Motors entsprach allen Erwartungen. Aber man hatte sich zu früh gefreut. „Als wir anschließend nach Michigan gingen, gab es die ersten Enttäuschungen," erinnerte sich Paul Morgan. „Die Strecke dort war sehr viel härter. Und da es sich um einen schnelleren Kurs handelt, den man mit Vollgas fahren kann, gingen die Fahrer natürlich aufs Ganze. Mit dem Ergebnis, daß der erste Motor nur 400 Meilen hielt, der zweite nur 300… dann gab es nur noch Schrott, und wir hatten alle Mühe herauszufinden, was überhaupt zuerst zu Bruch gegangen war…"
Bei einer Analyse der Motorschäden kam man dahinter, daß ihre Hauptursache der Mitnehmermechanismus auf der Nockenwelle darstellte: Er war heißgelaufen. Auch hielten einige der Nadellager die hohen Dauerbelastungen nicht aus. „Wir setzten deshalb Nadeln etwas stärkeren Durchmessers ein," sagte Jeff Williams. „Illien ging mit Ruhe und Sorgfalt an die Sache heran. Kaum ein anderer hätte so wie er die Nerven behalten…"
Auch einige Kolbenbolzen hatten Schäden verursacht. Sie waren gebrochen und hatten damit jeweils den gesamten Zylinderblock unbrauchbar gemacht. Dann erwies sich das Motormanagement-System als nicht optimal; ein Grund, warum der hierfür zuständige Ingenieur in Brixworth, Andrew Hurley, sich für das von Delco entschied. Seine rechte Hand war Don Norton von Ilmor Detroit.
Es vergingen die Monate März und April mit unzähligen Testläufen, Pannenanalysen, neuen Versuchen und neuen Hoffnungen. Über Nacht wurden immer wieder neue Teile angefertigt und per Concorde von England nach USA hinübergeschickt. Etliche Testläufe fanden in den Nachtstunden statt: Die Zeit lief davon, jede Minute war kostbar.
„Sechs Wochen lang schickten wir fast täglich per Luftfracht Teile hin und her," erzählte Morgan. „Die defekten Teile kamen zur Analyse nach England, wurden selbigen Tags untersucht und durch neue ersetzt, die noch am gleichen Abend wieder nach USA geflogen wurden. Natürlich nur mit der Concorde, der schnellsten verfügbaren Transatlantikmaschine."
Die Motorenprüfstände bei Penske waren nur für Leistungen bis maximal 800 PS ausgelegt. „Wenn wir einen 500I mit Vollgas drehen ließen, flogen die Ziegel vom Dach, und die Absauganlage für die Auspuffgase kam nicht mehr mit," berichtete Kevin Walter. Insgesamt 14 Testläufe wurden in Nazareth und Michigan mit dem neuen Motor gefahren, insgesamt 7300 Kilometer Fahrstrecke. Am 8. Mai fand der letzte Roll-out statt, und an diesem letzten Testtag absolvierte der Motor erstmals problemlos 500 Vollgasmeilen. Noch vier Wochen zuvor schien dieser Erfolg in unerreichbarer Ferne zu liegen.
In der Vereinbarung mit Ilmor war nicht vorgesehen gewesen, daß sich Mercedes-Benz im IndyCar-Projekt finanziell engagieren würde. Das aus Deutschland beigesteuerte Budget sah ausschließlich eine Verwendung für den Bau des vierventiligen V8 der 1995er Saison vor. Der Stoßstangenmotor war nicht Gegenstand der Zusammenarbeit mit den Stuttgartern.
Doch war Mercedes-Benz Teilhaber der Firma Ilmor und daher stark an deren Geschäften interessiert – und als Mitinhaber hatten die Deutschen sogar das Recht, dem neuen Motor die Bezeichnung „Mercedes-Benz 500I" zu verleihen. Aber sollten sie davon Gebrauch machen? Man war besorgt um die negativen Folgen, im Falle der Motor nicht hielt. Und es handelte sich um einen „low tech"-Motor, ganz und gar nicht wie ein modernes MB-Aggregat konstruiert.

Nur einer der drei Penske-Wagen mit dem 500I-Motor beendete das Rennen, es war die Nr. 31 mit dem Sieger Al Unser jr. am Steuer.

In Fellbach-Schmiden sah man die Dinge positiv. In Zusammenarbeit mit Dan Luginpuhl von der Firma Penske arbeiteten Norbert Haug und sein Pressechef Wolfgang Schattling eine global angelegte Kampagne aus, für die am 13. April der Startschuß fiel. Sie stellte die Zusammenarbeit Penske-Mercedes in den Vordergrund und enthielt ein überzeugendes Bekenntnis der Mercedes-Benz AG zum Indy-Projekt. Gerade rechtzeitig vor den Vorbereitungen zum Indianapolis-Rennen hatte die Presse ihr Thema, und man konnte sicher sein, daß innerhalb von sechs Wochen niemand in der Lage sein würde, dem 500I etwas entgegenzusetzen.
Was man nun noch benötigte, war Grünes Licht von Helmut Werner. Am 6. April hatte er sich mit Roger Penske, Mario Illien und Paul Morgan verabredet, um sich über den Stand der Dinge ins Bild setzen zu lassen. Man sprach ganz offen darüber, daß der 500I zu jenem Zeitpunkt sein 500-Meilen-Soll noch nicht erfüllt hatte.
Werner war dafür, keine halben Sachen zu machen. „Roger, wenn du Vertrauen in den Motor hast, dann setze ihn in drei deiner Autos ein und laß sie alle drei starten."
Das war ein Wort. Und so wurde aus dem Illien-V8 ganz offiziell ein Mercedes-Benz 500I. Die staunende Pressewelt nahm es am 13. April im Foyer des Speedway Museums zu Kenntnis. Helmut Werner sprach von einer neuen Marktoffensive, die ihren Ausdruck darin finden sollte, daß Mercedes-Benz sich am „wichtigste Rennen auf dem nordamerikanischen Kontinent" beteiligte – den 500 Meilen von Indianapolis.
Da nun die Katze aus dem Sack war, hatte alle Geheimniskrämerei ein Ende. Die Fahrzeuge wurden in die Penske-Werkshallen überführt, wo sich Karl Kainhofer ihrer annahm und ein Team von 30 Technikern auf den Wagen einschwor. Sie sollten das Service-Team bilden und hatten knapp vier Wochen Zeit, sich mit dem Wunderwerk vertraut zu machen. Feinarbeit erfuhren derweil noch das Getriebe und das Kühlsystem des 500I. In allerletzter Sekunde, als die Transporter die Fahrzeuge schon für die Reise nach Indianapolis an Bord genommen hatten, erhielten die Renner ein abermals überarbeitetes Motormanagement-System, das Delco GEN-IV. Noch auf der Laderampe der Trucks wurden die letzten Messungen vorgenommen.
Am 8. Mai, um 13 Uhr und 43 Minuten, stand erstmals seit 1948 wieder ein Mercedes-Benz an der Startlinie der berühmten amerikanischen Rennstrecke. Viele der Konkurrenten waren davon überzeugt, daß der Motor des Newcomers nicht halten würde – aber in dieser Hinsicht wurden sie enttäuscht. Während der Test-Tage legten die drei Ilmor/Penske-Autos vom Typ PC94 eine Gesamtstrecke von 8352 Kilometern zurück, ohne die geringsten Ausfallerscheinungen. Sieben Motoren kamen zum Einsatz, und jeder von ihnen spulte 500 und mehr Meilen ab – full speed.
Und den Begriff „full speed" durfte man wörtlich nehmen. Emerson Fittipaldi gehörte zu den Testfahrern auf der Indianapolis-Strecke und absolvierte am 12. Mai eine Rekordrunde mit 370,8 km/h. Paul Tracy war auf 367,6 km/h gekommen, Al Unser jr. im dritten Fahrzeug auf 366,1. Die schnellste Runde eines 2,65-Liter-Wagens war mit 366,4 km/h gemessen worden, gefahren von Michael Andretti.
Al Unser jr. qualifizierte sich mit einer über vier Runden gefahrenen Bestzeit von 366,9 km/h für die Pole Position. Mit 358,4 km/h Schnitt bekam auch Fittipaldi eine Startposition in der vordersten Reihe. Am zweiten Qualifikationstag absolvierte dann Tracy noch einen Schnitt von 358,4 km/h und sicherte sich damit seinen Start in der zweiten Reihe.

Diese Geschwindigkeiten entsprachen aber noch keineswegs den Maximalleistungen, zu denen die Motoren bzw. die Fahrzeuge fähig waren. Die Konkurrenz mochte sich mit ihren Tempi von 355 bis 360 km/h am Limit bewegt haben, mit geringfügig höheren Werten in den Geraden. Der 500I beschleunigte den PC94 in den Geraden aber auf 395 km/h, und in den Kurven bewegten sich die Penske-Fahrer mit 350. Vielleicht wären sogar noch höhere Kurvengeschwindigkeiten erzielbar gewesen, doch die Zeit reichte nicht mehr, um am Chassis Feinabstimmungen mit dieser Zielsetzung vorzunehmen.
Es wurde den Fahrern ans Herz gelegt, ihre Motoren nicht höher als 10.000 Touren drehen zu lassen. „Bei 10.600 ließ sich keine Garantie mehr geben, was mit der Ventilsteuerung passieren würde," sagte Paul Morgan. „Es machte in dieser Beziehung durchaus einen Unterschied, ob man 10.400 oder 10.600 drehte…"
Die Motoren waren mit elektronischen Drehzahlbegrenzern ausgestattet, aber ihr automatischer Eingriff konnte mehr Schaden als Nutzen bringen, besonders bei einem Stoßstangenmotor. Schon aus diesem Grund bat man die Fahrer, strikt auf den roten Bereich auf der Skala des Drehzahlmessers zu achten, um ein abruptes Eingreifen zu vermeiden. Immer wieder wurden die Piloten darauf hingewiesen.
Die letzten Qualifikationsrunden wurden am Sonntag, den 22. Mai gefahren. Danach wurde der Speedway bis zum Rennen geschlossen. Jeder der drei PC94 erhielt eine nagelneue 500I-Maschine, die sorgfältig auf dem Prüfstand eingefahren, danach zerlegt, geprüft und wieder zusammengebaut wurde. Am sogenannten „Carburation Day" am Donnerstag, den 26. Mai durfte die gewählte Fahrzeug/Motoren-Kombination noch einmal probegefahren werden.
Einen Reservemotor hatte man in Reading am Abend zuvor letztmals auf dem Prüfstand. Dabei entdeckten die Ingenieure an den Wänden der Auslaßkanäle schwarz-fettige Ablagerungen, die von falsch eingesetzten Ölabstreifringen herrührten. Daß dieser Fehler passieren konnte, ohne daß es jemandem aufgefallen war, lag am Design der Ringe.
Hatten nun auch die bereits in den Fahrzeugen eingebauten Motoren falsch eingesetzte Ringe? Wenn dies der Fall war, riskierte man ein Drama auf der ganzen Linie. Die Männer bei Penske und Ilmor überlegten, ob sie die bereits rennfertig installierten Motoren ausbauen, per Flugzeug nach Reading holen, dort zerlegen und prüfen sollten.
„Am nächsten Morgen, also am Carburation Day, würde sich zeigen, wie unsere Aktien standen," berichtete Dave Warner. „Wir ließen die Motoren im Stand hochdrehen und waren auf das Schlimmste gefaßt. Aber es passierte nichts."
Später stellte sich heraus, daß die Ringe in diesen Motoren absolut korrekt montiert waren. „Die Motoren wären für mindestens weitere 200 Meilen gut gewesen," sagte Paul Morgan. Immerhin hatten die Maschinen ja schon eine ganze Menge Betriebsstunden hinter sich und waren in Bestform, als sie die entscheidenden 500 Meilen (805 Kilometer) absolvierten.
Al Unser führte das Rennen vom Start weg an, bis er von Emerson Fittipaldi abgelöst wurde. Nach 74 Runden hatten die beiden mit ihren Mercedes-Penske-Autos auf den nächsten Konkurrenten einen Vorsprung von mehr als einer Runde. Bei der 100. Runde, also bei Halbzeit, begann jedoch Paul Tracys Motor zu rauchen und ließ in der Leistung nach. Illien und Morgan schauten sich an. Also doch verkehrt montierte Ringe? War zu erwarten, daß die beiden in Führung liegenden Wagen das gleiche Schicksal erlitten?
Tracy fuhr an die Boxen. Sofort wurde sein Motor aufgemacht. Man mußte herausfinden, was geschehen war, um daraus Schlußfolgerungen für die anderen beiden Fahrzeuge ziehen zu können – ohne Zeitverzug. Unser und Fittipaldi hatten das halbe Rennen ja noch vor sich.
Die Ursache des Schadens wurde rasch gefunden. Beim Zerlegen des heißen Turboladers stellten die Mechaniker fest, daß dort ein Fremdkörper eingedrungen war und den Bruch eines der dünnen Rotorblätter verursacht hatte. Die dadurch entstandene Unwucht das Rotors hatte zur Zerstörung seiner Lagerung geführt. Ein falsch montierter Ölabstreifring war's also nicht…
145 der 200 Runden hatte Fittipaldi in Führung gelegen, als ihn ein Fahrfehler aus dem Rennen warf. In seinem Übereifer, keinen Gegner an sich herankommen zu lassen, war er eine Kurve zu schnell angegangen – als Folge kollidierte er mit einer Begrenzungsmauer und outete sich auf diese Weise höchst unelegant. Nichts war Fittipladi passiert, aber sein Rennen war zu Ende. So richteten sich die Hoffnungen auf den Penske-Mercedes-Piloten Al Unser jr. dem es von der 184. Runde an gelungen war, die Führung zu übernehmen und sie bis zum Ende zu behalten. Er benötigte für die 500 Meilen des Rennens drei Stunden und 6,5 Minuten, was einem Gesamtschnitt von 258,9 km/h entsprach. Nur ganze sieben der 200 Runden hatte keiner der drei Wagen mit dem 500I-Motor geführt. Dem Sieger winkte die hübsche Prämie in Höhe von 1.373.813 Dollar.
Hier und da wurden kritische Stimmen laut, die sich dahingehend äußerten, der 500I könne nicht mit Mercedes-Benz in Verbindung gebracht werden. Der frühere Rennfahrer Sam Posey schrieb, der Motor sei „nur dem Namen nach ein Mercedes-Produkt… Mercedes hat sich eingeblendet und sich finanziell an dem Projekt erst engagiert, als feststand, daß der Motor schon fertig war und seine Probeläufe hinter sich hatte."
Hier irrte Posey. Mercedes engagierte sich nicht finanziell am Projekt 500I, sondern erhielt den Achtzylinder sozusagen vorab als Weihnachtsgeschenk für die künftige Zusammenarbeit im 1995er IndyCar-Programm. Doch der Indy-Triumph war viel schöner als Weihnachten…
Posey glaubte im Mercedes-Involvement bei Penske-Ilmor eine gut angelegte PR-Aktion zu erkennen. Wie dem auch sei – fest stand, daß der Name Mercedes nach 71 Jahren erstmals wieder im Zusammenhang mit Indianapolis gebracht wurde und daß die dort im Jahre 1994 gewonnenen Erfahrungen weiteren Rennsportaktivitäten der Stuttgarter sehr zugute kamen. Die Verbindung zu Ilmor erfuhr in jedem Fall eine Festigung. Wer davon nicht überzeugt war, hatte sicher auch die Szene bei Penske nicht miterlebt, denn dort war nach dem Indy-Rennen der Mercedes-Benz-Vorstand zu Gast – und keiner der Herren versagte es sich, ein Ilmor-Mercedes-T-Shirt anzulegen, als der Sieg gefeiert wurde.
Die IndyCar-Saison 1995 wurde von Mercedes-Benz und Penske in ganzer Bandbreite durchgezogen. Allerdings ohne den 500I-Motor. Denn in allerletzter Minute beschloß die amerikanische Motorsportbehörde USAC, das Limit für den Ladedruck solcher Motoren auf 0,74 bar herabzusetzen. Das bedeutete eine Verminderung von 12,7 Prozent gleich – und ein großes Handicap für den Stoßstangenmotor, das ihm alle Chancen nahm. Für Ilmor und Penske kam diese Maßnahme völlig unerwartet. Man hatte bereits Komponenten wie Blöcke, Köpfe und Kurbelwellen für dreißig Motoren in Auftrag gegeben, die für diverse Abnehmer bestimmt waren. Ein um 5,5 Prozent reduzierter maximaler Ladedruck von 0,80 bar wäre noch akzeptabel gewesen, und in dieser Auslegung hätte der Stoßstangen-V8 in Indianapolis noch immer gute Karten gehabt.
Probeläufe mit 500I-Motoren nach den neuen Regeln liefen auf dem Prüfstand, doch die Ergebnisse reichten bei weitem nicht an jene des 1994er Originals heran. Das Projekt wurde gestoppt, alle bereits angefertigten Motorengehäuse wieder eingeschmolzen.
Noch einmal drehte ein Fahrzeug mit dem 500I-Motor ein paar Runden – das war am 20. November 1994 auf dem Prüfgelände von Mercedes-Benz in Untertürkheim. In Fittipaldis Rennwagen, den Al Unser jr. steuerte, demonstrierte der Achtzylinder vor mehreren Tausend Mitarbeitern, deren Familien und Freunden seine Leistung. Anschließend übergab Roger Penske das Auto dem Firmenmuseum, wo es einen Ehrenplatz neben einem so hochkarätigen Boliden wie dem W165 von 1939 erhielt, der bekanntlich ebenfalls einen V8-Motor hat und der in nur einem einzigen Rennen antrat, um es – wie der Ilmor-Penske-Indianapoliswagen – zu gewinnen.

Die Technologie dieses Wagens gibt dem Fahrer das Gefühl, sich in einer surrealen Welt zu bewegen, in der die Gesetze der Physik nicht gelten und die nur ein Kriterium kennt: Noch mehr Leistung, noch höheres Tempo. Eine unglaubliche Faszination...
John Watson

Erfolge in der DTM

Wer in Deutschland einen Mercedes-Benz der C-Klasse kauft, erwirbt mit ihm ein Stück Motorsportgeschichte dieser Marke. In Kontinuation eines traditionsreichen Rennsporterbes hat die C-Klasse in der Deutschen Tourenwagen-Meisterschaft (kurz DTM) des Jahres 1994 dem „guten Stern" auf Hochglanz gebracht.

Die 1994er Saison verlief für Mercedes-Benz geradezu sensationell gut. Klaus Ludwig gewann auf einem C-Klasse-AMG die Fahrermeisterschaft, Vizechampion und Gewinner des ITC-Goldpokals wurde Jörg van Ommen. Selbstverständlich fiel die Markenmeisterschaft an Mercedes-Benz; die beiden letzten siegreichen Rennen der Saison sahen 92.000 Zuschauer live und weitere 70 Millionen in einhundert Ländern am Fernsehschirm.

In Hockenheim waren unter den Zuschauern 3800 Mercedes-Händler und ihre besten Kunden. Sie saßen als Ehrengäste in den VIP-Lounges und wurden von Norbert Haug über die Vorgänge auf der Strecke auf dem Laufenden gehalten. „Bis jetzt lag das Durchschnittsalter eines typischen Mercedes-Kunden bei 50 Jahren," sagte ein Pressesprecher. „Durch unsere Beteiligung an der DTM hat die Marke einen Image-Wandel erlebt. Wir haben es seither mit einer sehr viel jüngeren Käuferschaft zu tun." Anläßlich des Rennens in Hockenheim wurde eine spezielle DTM-Edition der C-Klasse vorgestellt.

Die Konkurrenz machte es Mercedes-Benz nicht gerade leicht. BMW, Opel und der DTM-Titelverteidiger Alfa Romeo hatten starke Waffen geschmiedet. 1993 hatten die Stuttgarter den Evo II in die DTM-Serie geschickt, der durchaus eindrucksvolle Auftritte für sich verbuchen konnte, doch sein Nachfolger für die Saison 1994 war ein gänzlich anderes Kaliber. Zwar sah der Wagen – wie es die Regeln vorschrieben – noch immer wie sein Vorgänger aus, von dem er konstruktiv auch abstammte, doch waren an den Autos jetzt Heckflügel erlaubt.

Um in der DTM antreten zu können, mußten vom Basisfahrzeug mindestens 25.000 Stück pro Jahr gebaut werden, von Sonderausführungen (etwa mit Allradantrieb) mindestens 2500. Die Mindestlänge des Grundmodells durfte 4300 mm nicht unterschreiten, ferner galt ein Mindestgewicht von 1000 kg bzw. 1040 kg bei Allradversionen.

Weitere Einschränkungen betrafen den Motor, der maximal sechs Zylinder und nicht mehr als 2,5 Liter Hubraum aufweisen durfte. Der Motor durfte ein beliebiges Aggregat aus der Produktion des Herstellers sein, sofern in zwölf Monaten von ihm 2500 Stück fabriziert wurden und der Block aus identischem Material bestand. Auch die Anordnung der Zylinder (Abstand und Durchmesser) hatten dem Basismotor zu entsprechen. Nicht erlaubt waren Pleuel aus Magnesium, Wassereinspritzung und Aufladesysteme.

Auch hinsichtlich des Verbrauchs gab es feste Vorgaben insoweit, als jedem Wagen ein Kraftstoffkontingent von nicht mehr als 110 Liter konzediert wurde, für immerhin zwei Läufe, die sich auf 195 Kilometer addierten. Und mindestens drei Liter mußten am Ende des Rennens davon noch vorhanden sein. 57 Liter auf 100 Kilometer, das klang zwar nach einem großzügig ausgelegten Wert, aber unter harten Rennbedingungen konnte man das eher als knapp bezeichnen. Der Sprit war bleifrei, also mußten die Motoren mit Katalysatoren fahren.

Die Vorderradaufhängung der Wettbewerbsfahrzeuge hatte ebenfalls der des Basis-Serienwagens zu entsprechen, während die Hinterradaufhängung aus einem anderen Fahrzeug des Herstellers stammen durfte. Das Getriebe mußte Handschaltung aufweisen und sollte nicht mehr als sechs Vorwärtsgänge haben.

Gab es das Basisauto mit Vierradantrieb, durfte es in dieser Ausführung auch an den Start gehen. Von dieser Option machten Opel und Alfa Romeo Gebrauch, und die letztgenannte Marke überzeugte 1993 mit vier angetriebenen Rädern, besonders auf engen und kurvenreichen Strecken.

Die Mercedes-Benz C-Klasse-Limousine gab es nicht als 4x4. Wäre es sinnvoll gewesen, im Hinblick auf die DTM-Beteiligung eigens eine Allradausführung zu bauen und in einer Auflage von 2500 Stück in den Handel zu bringen? AMG und Mercedes-Benz führten über dieses Thema eingehende Gespräche, doch dann fiel die Entscheidung gegen ein solches Projekt. Der C-Klasse-Serienwagen war nun einmal ein Hecktriebler, und so sollte der Wagen auch im Rennen kein anderes Antriebskonzept erhalten. Optimierte Traktion und erstklassiges Handling mußten auf andere Art und Weise erreicht werden.

Einfluß auf die Konstruktion des Wagens hatten auch Teile des Reglements, die sich auf den Fahrer und seine Erfolge bezogen. So wurden der Sieger und die nächsten vier eines Rennens für ihre Erfolge regelrecht bestraft, indem sie beim nächstfolgenden Lauf Ballast in ihren Wagen mitführen mußten, dessen Gewicht je nach Plazierung bis zu 50 kg betragen konnte.

Unter diesen Regeln wurden an zehn Wochenenden des Jahres 1994 zwanzig Rennen anberaumt. Es gab noch zwei weitere Veranstaltungen mit je zwei Läufen, und zwar in Mugello/Italien und Donington/England, die aber keine DTM-Punkte einbrachten.

Das erste Rennen wurde in Zolder ausgetragen. Es fand am 10. April statt und wurde von Mercedes-Benz mit sechs C-Klasse-Wagen bestritten. Einen ersten Prototyp dieser Fahrzeug-Kategorie hatten die Stuttgarter an ihrem Stand auf der 1993er IAA in Frankfurt am Main gezeigt.

Unter der Karosserie der eher bieder dreinschauenden C-Klasse-Limousine verbarg sich High-Tech höchster Qualität, resultierend aus all den Erfahrungen, die man bei der MBAG mit der Gruppe-C-Rennbeteiligung gesammelt hatte. Zwar wies das Fahrzeug einen Frontmotor auf, er war aber, soweit es mit dem Reglement zu vereinbaren war, nach hinten versetzt, so daß sich Kupplung und Getriebe fast in der Wagenmitte befanden; dadurch war ein optimaler Gewichtsausgleich zwischen Vorder- und Hinterachse erreicht worden. Motor und Getriebe waren durch ein Zwischenstück aus Aluminiumguß verbunden.

In die Konstruktion des Wagens waren alle Erfahrungen eingeflossen, die man 1991 mit dem C291 gewonnen hatte. So sollte auch sichergestellt sein, daß sich

Mit nur Hinterrad- statt Allradantrieb, wie ihn Opel und Alfa Romeo (hier in Hockenheim) benutzten, trat der C-Klasse-Mercedes-Benz an, überzeugte aber durch sein fortschrittliches Antriebs- und Aufhängungkonzept.

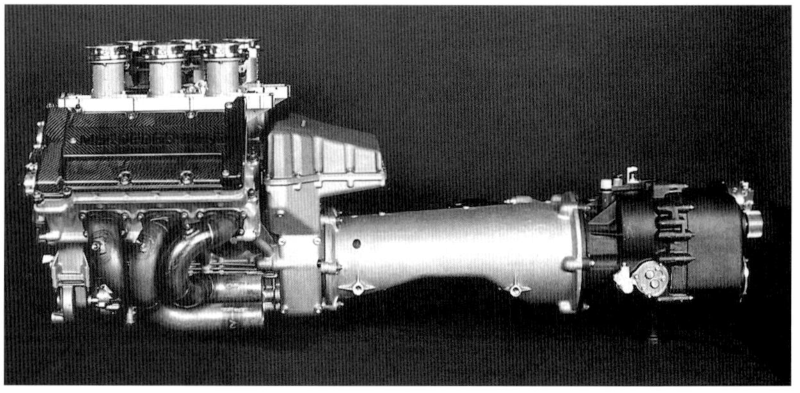

Um das Gewicht des Getriebes mehr zur Hinterachse hin zu verlagern, wurden beim Prototyp Aluminium-Distanzstücke verwendet.

ein Motorwechsel in möglichst kurzer Zeit vornehmen ließ. Und zwar innerhalb von nur 15 Minuten – denn das war genau die Zeit, die das DTM-Reglement für Arbeiten zwischen zwei Rennen gestattete.
Um einen schnellen Motorwechsel durchführen zu können, durfte die Lenkung nicht im Wege sein. Aus diesem Grunde war die Führung der mehrfach geteilten Lenksäule von großer Bedeutung. Das Lenkgetriebe hinter dem Motor gleich an der Spritzwand zu plazieren, wie man es bei den Rennwagen der dreißiger Jahre findet, kam nicht in Frage, denn die Lenkkräfte waren allein schon im Hinblick auf die Reifen sehr viel größer als vor sechzig Jahren. So entwickelten die Konstrukteure ein System herausnehmbarer Querträger, die an der vorderen Rohrrahmenstruktur des Fahrzeugs saßen und an vier Punkten mit dieser verbunden waren. Einer der Träger, 30 mm stark und aus Kohlefasern, trug das Lenkgetriebe sowie den vorderen Teil des Motors. Querträger und Lenkung ließen sich mit wenigen Handgriffen als gemeinsame Einheit aus dem Chassis nehmen. Gegen den Querträger stützte sich ein Kohlefaser-Formstück, das mehrere Funktionen in sich vereinigte. So nahm es die Lagerungen der Querstabilisatoren auf, diente als Befestigung der vorderen Karosserieteile, trug einen Öl- und zwei geneigt eingebaute Wasserkühler, deren Warmluftaustritt vor den Vorderrädern lag. Die Führung des Warmluftstroms ergab sich ebenfalls aus der Gestaltung des Formstücks.
Löste man den Karosserievorbau und vier Schrauben, ließen sich Querträger und das Multifunktions-Formstück aus dem Rahmen nehmen, damit war der Zugang zum Motor frei. An einem Modul wurde der Vorgang eines auf diese Weise vollzogenen Motorwechsels unendlich viele Male geprüft, und tatsächlich trug dieses technisch gut durchdachte Konzept während der 1994er Saison dazu bei, daß Mercedes-Benz-Wagen drei Zweitläufe eines Rennens bestreiten konnten, nachdem ihre Motoren im ersten Durchgang Schäden davongetragen hatten. Bei zwei dieser Schnellreparaturen konnten die Fahrzeuge innerhalb des 15-Minuten-Limits rechtzeitig ihre Startposition einnehmen, im dritten Fall dauerte der Motorwechsel sieben Sekunden zu lang, so daß der Fahrer von der Boxenstraße aus wieder auf die Strecke ging.
Angedacht wurde 1992 die Option, die Rennversion der C-Klasse-Wagen wie die der Gruppe C mit Rechtslenkung auszustatten. Bei Rennen im Uhrzeigersinn, so überlegte man, würde die Positionierung des Fahrers auf der rechten Wagenseite einen gewissen Ausgleich der Fliehkräfte in Kurven darstellen. Doch es waren die Fahrer, die etwas gegen diesen Vorschlag einzuwenden hatten: Sie waren es gewohnt, mit der rechten Hand zu schalten und wollten davon nicht abgehen.
Für die Ingenieure wäre dies kein Grund gewesen, auf die Rechtslenkung zu verzichten, denn ein Umbau des Schaltmechanismus hätte sich durchaus bewerkstelligen lassen. Letztlich ließ man den Gedanken aber fallen, und Mercedes-Benz trat wie die meisten anderen Wettbewerber in der DTM mit linksgelenkten Fahrzeugen an. Gleichwohl gelang es, die laterale Gewichtsverteilung zu optimieren, indem man das Auspuffsystem mit den Katalysatoren auf der rechten Seite des Wagenbodens anordnete.

Der M106 war ein 90-Grad-V8 mit einem Block von Zeus und Köpfen von Cosworth, beides englische Firmen.

Der M106-V6-Motor mit seinem ingeniösen, weil äußerst raumsparend untergebrachten Nockenwellenantrieb.

Mit der Versetzung des Motors und Getriebes weiter nach hinten rückte auch die Sitzposition des Fahrers weiter nach hinten, so daß sich sein Kopf in der Höhe der B-Säule befand. Die Säule und alle Verstrebungen des Überrollkäfigs waren mit Polypropylenschaum gepolstert. Im Lenkrad befand sich ein 63-Liter-Airbag.
Aus Gründen der Gewichtsverteilung war der Hauptbremszylinder hinter dem Bremspedal am Fahrzeugboden positioniert. Der Tandemzylinder und das unten angelenkte Pedal saßen in einer gemeinsamen Halterung aus Aluminium, deren Höhe sich je nach Größe des Fahrers verstellen ließ.
Dem Reglement entsprechend griffen die durch sechs Kolben aktivierten Bremszangen auf innenbelüftete Scheiben aus Stahl. Die vorderen Scheiben wiesen einen Durchmesser von 380 mm, die hinteren einen solchen von 300 mm auf.
Der Pedaldruck vom Fuß des Fahrers wurde durch einen hydraulischen Bremskraftverstärker multipliziert, wobei der Fahrer die Verteilung zugunsten der Vorder- oder der Hinterräder durch einen kleinen Hebel dosieren konnte. Ein weiterentwickeltes ABS verhinderte ein Blockieren der Räder bei extrem harten Bremsmanövern. Das ABS wurde auch aktiv, und zwar an allen vier Rädern, wenn der Wagen ein starkes Giermoment aufbaute, so daß die Seitenkräfte wirksamer zu werden drohten als der Vortrieb, also akute Schleudergefahr bestand.

Mit der Traktionskontrolle, ASR genannt, hatte Mercedes-Benz eine wirksame Waffe gegen die allradgetriebene Konkurrenz durch Opel und Alfa Romeo. Die ABS-Sensoren reagierten auf ein Durchdrehen der Antriebsräder – hier griff regulierend die Bosch-Motronic ein und lieferte nur soviel Motorkraft, wie sie das entsprechende Antriebsrad benötigte, ohne durchzudrehen. Wie gut das funktionierte, zeigte sich an dem Fahrzeug von Klaus Ludwig, als er das Regenrennen auf dem Nürburgring gewann.
„Mit ASR fährt es sich ausgezeichnet," sagte Klaus Ludwig, „das bewies ja auch schon seine Anwendung in der Formel 1. Leider weisen unsere Autos nicht so hohe Abtriebskräfte wie die Grand-Prix-Fahrzeuge auf, so daß ein Durchdrehen der Räder sehr viel eher geschieht, verbunden mit der Gefahr, daß der Motor stirbt."
Das ASR ließ sich zu- und abschalten, je nach fahrerischer Erfordernis und Streckenbeschaffenheit.
Die Motronic trat auch beim Schalten der Gänge in Aktion. Die Vorrichtung war eine Konstruktion des Ingenieurs Peta Appeltauer und basierte auf der Konstruktion, wie man sie im C291 angewendet hatte. Alle sechs Vorwärtsgänge des Getriebes wurden in der unteren Ebene des Getriebegehäuses indirekt geschaltet, die Kraftentnahme erfolgte über eine Übersetzung auf einer höher gelegenen Ebene. Der tiefe Einbau des Motors im Chassis machte eine solche Getriebekonstruktion erforderlich, auch wenn sie ein Mehrgewicht von 18 kg mit sich brachte.
Wie beim C291, wurde durch ein Ziehen des Schalthebels zum Fahrer hin der nächsthöhere Gang eingelegt, das Zurückschalten ging stufenweise umgekehrt vor sich. Der Eingriff der Motronic bewirkte ein leichtes Zurücknehmen der Drehzahlen beim Hochschalten und ein Gasgeben beim Herunterschalten. Beim Hochschalten mußte der Fahrer nicht auskuppeln. Das Führen der Gänge in nur einer Ebene anstatt in einer Kulisse verkürzte die Schaltzeiten erheblich. Jeder Schaltvorgang vollzog sich in 0,08 Sekunden, während man bei der H-Schaltung im Schnitt 0,20 Sekunden brauchte. Dennoch erforderte das Schalten einen gewissen Arbeitsaufwand durch den Fahrer, was auch John Watson nach einem Probegalopp im neuen Klasse-C-Renner auf dem Hockenheimring bestätigte: „Man muß allerhand Kraft aufwenden, um die Gänge dahin zu tun, wohin man sie haben will…"
Das Getriebe, mit nur 22 kg verhältnismäßig leichtgewichtig, war mit einer Druckpumpe für den Schmierölkreislauf ausgestattet. Vorn war die Zweischeibenkupplung von Fichtel & Sachs (es gab auch welche von AP) mit Karbonbelägen angeflanscht, wobei man ihren Durchmesser so gering wie möglich gehalten hatte. Mit einem Handgriff ließ sich das Getriebe von der motorseitigen Antriebswelle lösen.

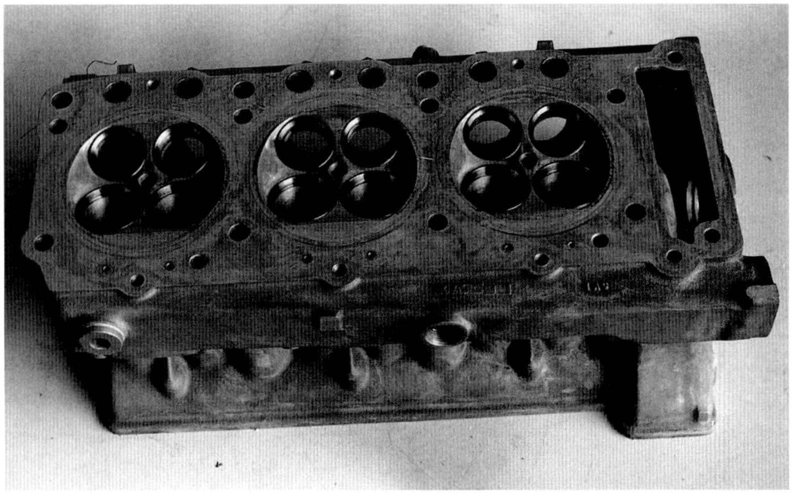

Neben den normalen Zylinderkopfschrauben wies der vierventilige M106 zusätzliche Schrauben zur Sicherung der Köpfe auf.

Die polierte Kurbelwelle mit ihren für hohe Tourenzahlen nach aerodynamischen Erkenntnissen gestalteten Kurbelwangen und Ausgleichsgewichten stellte ein wahres Kunstwerk dar.

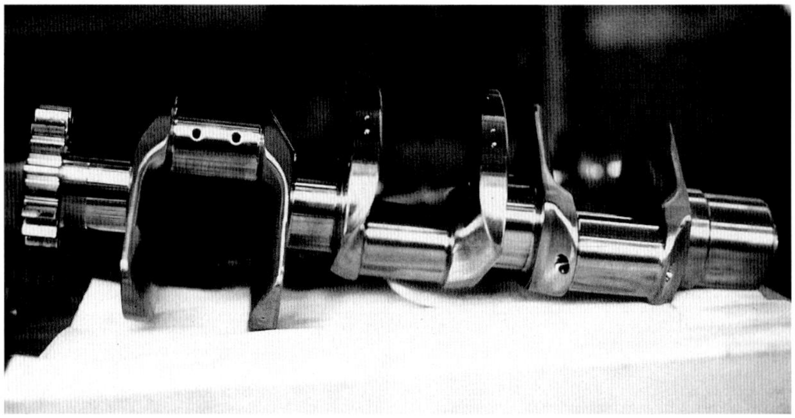

Die Lichtmaschine saß während des überwiegenden Teils der Saison 1994 unmittelbar vorn am Motor, doch Wagen für Wagen rüstete man um und versetzte den Alternator nach hinten, wo er über einen Zahnradsatz vom Hinterachsgetriebe aus angetrieben wurde. Auch diese Maßnahme geschah im Hinblick auf eine bessere Gewichtsverteilung. Eine weitere Veränderung, die im Verlauf der Saison vorgenommen wurde, betraf eine Modifikation der hinteren Aufhängungen. Hierfür waren die Ingenieur Werner Frowein und Michael Laub zuständig. Man veränderte die oberen und unteren Dreieckslenker, welche die Nabenträger aus Aluminium führten. Anstelle einer A-Form wies der obere Dreieckslenker jetzt eine Z-Form mit einer Einstellmöglichkeit des Vorlaufwinkels auf. Die vorderen Dreieckslenker aus Stahlrohr unterschieden sich von einander erheblich in der Größe – der obere war nur halb so lang wie der untere, was verhindern sollte, daß ein kurvenäußeres Rad bei starkem Einschlag einen positiven Lenkrollradius bekam.
Auch die Feder/Dämpfer-Einheiten des Fahrzeugs glichen denen im Gruppe-C-Rennwagen. Die einstellbaren Gasdruckdämpfer mit separatem Gasreservoir kamen von Bilstein. Hinten lagen die Einheiten fast waagerecht, vorn waren sie in einem leichten Vorwärts-Anstellwinkel montiert.
Alle Chassiskomponenten des Wagens hatten nicht nur unmittelbare Einwirkung auf seine gesamte Strukturfestigkeit, sondern mußten so beschaffen und positioniert sein, daß sie zu einem möglichst tiefen Fahrzeugschwerpunkt beitrugen. Es galt, beim Bremsen möglichst wenig Masse auf die vorderen Räder wirken zu lassen, ebenso bei Kurvenfahrt dem Aufbau hoher Seitenkräfte entgegenzuwirken.
Wie beim Gruppe-C- und erst recht beim Formel-1-Wagen, wurden die Dämpfereinheiten durch angelenkte Hebel aktiviert. Ihre Arbeitslänge ließ sich durch eine Gewindeschraube variieren, ohne daß sich dadurch die Kennwerte veränderten: Die Einstellung regulierten nur die Fahrzeughöhe. Die vordere Aufhängung wurde durch einen Kurvenstabilisator ergänzt, angefertigt aus einem Kohlefaser-Verbundstoff. Seine Aktivierung erfolgte über Zughebel an den oberen Dreieckslenkern. Die hinteren Stabilisatoren ließen sich sogar elektromotorisch verstellen; hierzu dienten modifizierte Scheibenwischerantriebe, die ihrerseits durch ein elektronisch gesteuertes Programm aktiviert wurden, das die an den Antriebsrädern benötigte Steifigkeit je nach Streckenbeschaffenheit permanent zu variieren vermochte.
In engen, schnell gefahrenen Kurven machte sich der hohe Aufwand an den hinteren Radführungen bezahlt, denn er maximierte die Traktion beim Herausbeschleunigen.
Mercedes-Benz hätte ein noch raffinierteres Aufhängungssystem ins Feld führen können, nämlich die „vollaktive" Radaufhängung. 1993 und 1994 war sie im Reglement nicht mit einem Tabu belegt, und man hatte sie umfassend getestet. Mit dieser wäre das Fahrverhalten der C-Klasse-Rennlimousinen sicher noch zu verbessern gewesen. Dennoch sah man von einer Fortführung dieses Experiments ab. Die aktive Aufhängung machte bei einem Gruppe-C- oder einem Formel-1-Wagen mehr Sinn, sie hätte zusätzliches Gewicht bedeutet und etliche PS Antriebskraft benötigt, automatisch verbunden mit einem höheren Kraftstoffverbrauch. Auch der Kostenfaktor spielte letzten Endes eine Rolle, selbst bei einem Unternehmen wie Mercedes-Benz.
Die von AMG betreuten Fahrzeuge bekamen Bridgestone-Reifen; das Zakspeed-Team bevorzugte Michelin-Pneus. Beide bestückten ihre Wagen mit Fünfspeichen-Alufelgen von BBS mit 18 oder 19 Zoll Durchmesser, je nach der Strecke. Der Radstand der C-Klasse-Wagen betrug 2715 mm, die Gesamtlänge 4665 mm. In ihrer Aerodynamik unterschieden sich die C-Klasse-Renner ganz erheblich von den 190er Modellen, wie sie vorher in der DTM angetreten waren. Schon das Serienfahrzeug wies ja eklatante Unterschiede auf, was an einem besseren cw-Wert erkennbar war. Mit einer Spitze von 290 km/h war der neue Wagen um gut 15 km/h schneller als die 1993er Version des 190 Evo II.
Windkanalversuche unternahm Mercedes-Benz im Tunnel der Firma Porsche. Modifikationen ließ das DTM-Reglement nur unterhalb der Achslinien zu, und so probierte man verschiedene Arten und Formen von „Bärten" unterhalb der Kühlermaske aus. Der schließlich als optimale Lösung ermittelte Spoiler hatte eine trapezförmige Öffnung in der Mitte für den Kühlluft-Einlaß und zwei weitere, kleinere Öffnungen an den Seiten für die Luftzufuhr zu den vorderen Bremsen. An der unteren Kante des Spoilers befand sich ein einstellbarer Luftstromteiler. Auf dem Heck befand sich ein Flügel, dessen Höhe und Breite durch das Reglement ebenfalls begrenzt war; er durfte die Umrisse des Fahrzeugs aus der Frontalsicht nicht verändern. Im Endeffekt wies der C-Klasse-Rennwagen einen um 50 Prozent höheren Abtriebswert auf als sein Vorgänger vom Typ 190.
Die vorderen, hinteren und seitlichen Karosseriepaneele waren aus Kevlar-Verbundmaterial. Aus diesem Material war auch die Motorhaube mit den angesetz-

ten vorderen Kotflügeln. Der Lufteinlaß, die „Airbox" unterhalb der Windschutzscheibe, die Frischluft zum Ansaugtrakt des Motors führte, bestand ebenfalls aus Kevlar-Verbundstoff.
Der Motor saß so tief im Chassis, daß man ihn unterhalb der Airbox kaum sah. Um so mehr beeindruckte er durch seine Leistung. Es handelte sich um einen V6 vom Typ TC106, der in Fellbach-Schmiden bei der Mercedes-Benz Motorsportgruppe unter Hans-Peter Kollmeier entstanden war, in enger Zusammenarbeit mit Bernd Ramler und seinem Assistenten Dietmar Kamczyk von AMG.
Gab es damals einen V6-Serienmotor im Mercedes-Benz-Programm? Keineswegs. Das war auch nicht zwingend vorgeschrieben, denn das DTM-Reglement gestattete es, daß einem Serienmotor zwei Zylinder fortgenommen oder hinzugefügt werden durften. Die Mercedes-Ingenieure entschieden sich für ersteres und trennten vom V8 sozusagen eine Scheibe ab, woraus sich ein 2,6-Liter-V6 ergab. Es war der 90-Grad-V8 M119 mit vier Ventilen pro Zylinder, wie er im E-Klasse und im S420 zu finden war.
Der vierventilige Vierzylinder war auch kein schlechter Motor gewesen und ließ sich zum Schluß bis zu 10.500 Touren drehen, aber er war an die Grenzen seiner Entwicklungsmöglichkeiten gelangt. Alternativ hätte man sich noch für einen Reihensechszylinder entscheiden können, der aber durchs Raster fiel, weil er zu lang war und damit zu viel Gewicht auf die Vorderachse gebracht hätte.
Die Idee, es mit einem „amputierten" V8 zu versuchen, war Erhard Melcher gekommen. Das Initial seines Namens ist der mittlere Buchstabe in der Firmenbezeichnung AMG. Sein Arbeitsplatz ist noch immer in der Alten Mühle in Burgstall, wo AMG einst gegründet wurde. „Alle Veränderungen am Motor sollten sich rein mechanisch durchführen lassen," erinnerte sich Melcher. „Ein Verwenden neuer Guß- oder Schmiedestücke war nicht erlaubt. Aber die Zahl der Zyinder war freigestellt." So stellte er seine Idee, aus einem V8 einen V6 zu machen, zur internen Diskussion.
„Wir haben es einfach ausprobiert, um zu sehen, wie das funktioniert," sagte Melcher, und nachdem sich keine nennenswerten Probleme ergaben, fühlten Norbert Haug und Hans Werner Aufrecht bei den Sportbehörden vor, ob gegen die Amputation etwas einzuwenden sei. Da dem nicht so war, konnte die Arbeit beginnen. Unter Hans-Peter Kollmeiers Regie entstand der TC106, seine Konstruktion und Produktion erfolgte unter der Federführung der Firma AMG.
Die Zylinderabmessungen des TC106 waren anfangs mit denen des M119 V8 identisch: 92,0 x 78,9 mm. Später verkürzte man den Hub auf 62,6 mm und erhielt dadurch ein Hubvolumen von 2498 ccm. Das Hub/Bohrungsverhältnis betrug danach nur mehr 0,6 statt 0,86 zu eins. Der Winkel der beiden Einlaßventile veränderte sich von 23,0 auf 10,5° und von 14,5 auf 12,5° bei den Auslaßventilen. Die Kompression setzte man auf 12,4 zu eins fest.
Eigentlich war dies kein modifizierter Motor mehr – das unter Kollmeier arbeitende Team schuf ein gänzlich neues Aggregat. Im Hinblick auf eine angestrebte Tourenzahl im Bereich von 13.000 wurde für den Antrieb der vier Nockenwellen auch auf einen Kettenantrieb der Motorsteuerung verzichtet, zu Gunsten eines Zahnradsatzes. Das Antriebszahnrad vorn war fester Bestandteil der Kurbelwelle. Ein weiteres Abtriebszahnrad trieb mit halber Kurbelwellendrehzahl die großdimensionierte Wasserpumpe an. Bei den ersten Fahrzeugen der Saison 1994 trieb das selbe Zahnrades auf der anderen Seite eine Riemenscheibe für die Lichtmaschine an, und ein weiteres Zahnrad war für die drei Pumpen im System der Trockensumpfschmierung zuständig.
Dem Schmiersystem des TC106 kamen Erfahrungen zugute, die man beim Zwölfzylinder-Flachmotor im M291 gemacht hatte. Die Ölversorgung der Pleuellager erfolgte durch Bohrungen am vorderen Ende der Kurbelwelle. Die Hauptlager wurden durch einen separaten Ölkanal versorgt, ebenso erhielten die Bodenunterseiten der Kolben über ein Düsensystem eine Beaufschlagung mit Öl zu Kühlzwecken.
Zum Ölversorgungssystem gehörte ferner ein Öl/Wasser-Wärmetauscher, dessen Aufgabe die Stabilisierung der Schmierstofftemperatur war. Werner Frowein gab an, daß dieses System mit relativ niedrigem Druck von 6 bar arbeitete und auch keine allzu große Ölmenge erforderte, nämlich nur 6 Liter.

Den Motor M106 hatte man so tief wie möglich ins Chassis gesetzt. Alles war so konstruiert, daß sich der V6 in wenigen Minuten aus- und wieder einbauen ließ.

Der für einen schnellen Motorwechsel konzipierte V6 war an nur vier Punkten befestigt.

Wie bei allen Rennmotoren, trug das Trockensumpf-Schmiersystem dazu bei, daß die Bauhöhe des Motors niedrig gehalten werden konnte, außerdem läßt sich hierbei der gesamte Ölhaushalt besser kontrollieren. Gerade bei Drehzahlen über 10.000 ist bei der Trockensumpfschmierung eine effizientere Versorgung möglich als bei einem Naßsumpfsystem.
Die Wangen und Gegenwichte auf der geschmiedeten und mit vier Hauptlagern versehenen Kurbelwelle von Alfing waren an ihren Kanten abgerundet und hochglanzpoliert. Die Versetzung der Kröpfungen betrug 120 Grad. Die Lager von zwei sich gegenüberliegenden Kolben saßen jeweils unmittelbar nebeneinander. Bei einem 90-Grad-Zylinderwinkel ergab sich eine ungleichmäßige Zündfolge, die bei einem Rennmotor kein Problem war, bei einem Motor für die Straße aber einen zu harten Lauf zur Folge gehabt hätte.
Wie beim Serien-V8 war die linke Zylinderreihe auch beim V6 etwas nach vorn versetzt. Die Pleuel bestanden aus Schmiedestahl; die Verwendung von Magnesium war tabu. Die Leichtmetall-Rennkolben lieferte Mahle. Sie bewegten sich in nassen Aluminium-Laufbüchsen, deren Innenflächen nikasilbeschichtet waren. Der Zylinderblock bestand aus Alugu߸ und wurde bei der britischen Firma Zeus Aluminium Products hergestellt. Zeus fertigte auch das eng verrippte Bodenteil an, auf dessen Querträgern sich die Lagerböcke für die Kurbelwellenlager befanden. Das Steuergehäuse war im Block und in den Zylinderköpfen integriert. Wie bei den vierventiligen Vierzylinder-Rennmotoren, kamen auch die Zylinderköpfe des V6-Motors von Cosworth. In jedem der beiden Leichtmetallköpfe bewegten sich zwei der stählernen, vierfach gelagerten Nockenwellen. Die Lager stützten sich in den „Sprossen" eines eingegossenen, leiterförmigen Trägers ab.
Die Zündung – eine Kerze pro Zylinder, genau oberhalb der Mitte des Verbrennungsraums – und den Kraftstoffhaushalt regelte eine Bosch Motronic 1.9, deren elektronische Elemente sich zum einen Teil im Winkel des V und zum anderen in einem isolierten Gehäuse oberhalb vom Ölreservoir an der Rückseite des Motorblocks befanden.
Auch das Auspuffsystem mußte so angelegt sein, daß es einen raschen Motorwechsel gestattete. Von jedem der beiden Zylinderköpfe verliefen drei Rohre nach unten, wie sie sich hinter dem Block zu je einem Trio vereinigten. Die drei Rohre des linken Kopfes verliefen hinüber zur rechten Wagenseite zwischen Motor und Getriebe; dort liefen sie in zwei Rohren zusammen. Gereinigt durch zwei Katalysatoren, strömten die Abgase am Heck das Wagens ins Freie.
Bis zum Krümmereingang verlief jeder Auslaßkanal der beiden Ventile pro Zylinder separat, im Gegensatz zu den Einlaßventilen, deren Zuführungswege paarweise beisammenlagen. Die Zylinderkopfdeckel waren nicht aus Kohlestoffasern wie bei den Versuchsmotoren, sondern aus einem preiswerteren Material – aus

Auch die Kardanwelle war mit ein paar Handgriffen vom Antriebsaggregat zu trennen. Als einzigen Nachteil dieser Konstruktion hatte man eine verringerte Steifigkeit des Chassis-Vorderbaus in Kauf zu nehmen.

Aluminium. Auf einem zusätzlichen Deckel, der den Mittelraum zwischen den Köpfen abdeckte und die Zündmodule der Zylinder schützte, prangte der Mercedes-Benz-Markenname.
Der tief im Chassis eingebaute Motor war 690 mm breit und 495 mm lang. Seine Höhe betrug nur 434 mm, den Luftsammler nicht mitgemessen. Mit seiner elektronischen Ausrüstung und den Auspuffkrümmern weg der V6-Motor 110 kg.
Vorgesehen war der C-Klasse-Rennwagen für einen Einsatz in der Saison 1993. Bereits am 21. Januar lief der erste Motor auf dem Prüfstand. Doch dann wurde die Entscheidung getroffen, erst im Jahr darauf an den Start zu gehen. Daher gab es eine Unterbrechung aller Arbeiten am Motor und am Fahrzeug, die man im August 1993 wieder aufnahm.
Mit 40 kg weniger Gewicht als die allradgetriebene Konkurrenz, aber mit mehr als ausgeglichenen Fahreigenschaften im Vergleich zu denen der Alfa Romeo- oder Opel-Automobile, hatten die Mercedes-Benz beste Chancen. Die Gewichtsverteilung betrug vorn zu hinten 52 zu 48 Prozent, bei gefülltem 120-Liter-Kraftstofftank sogar 50 zu 50.
Auf dem Flughafen Malmsheim, wo schon so mancher neue Wettbewerbswagen aus Stuttgart seine ersten Proberunden drehte, gab der C-Klasse-Rennwagen am 19. November 1993 sein Debüt. Roland Asch, jener Mann, der schon Tausende

Ein komplex ausgeformter Träger aus Kohlefaser trug die beiden Wasserkühler des Fahrzeugs.

von Testkilometern auf Mercedes-Prototypen aller Art absolviert hatte, probierte ein Exemplar in vollem Renntrimm fünf Tage später auf dem Hockenheimring aus. Als er sich an jenem Mittwochmorgen um 9 Uhr 17 ans Lenkrad des silberfarbenen Wagens setzte, zeigte das Thermometer 2 Grad unter Null. Es reichte für ein paar aufschlußreiche Runden, ehe es zu regnen begann und die Strecke sich in eine Eisbahn verwandelte.

Asch berichtete, der Wagen sei „sehr viel leichter als sein Vorgänger zu fahren". Er ließe sich vor allem in den Kurven ausgezeichnet beherrschen, „absolut spurtreu, wie ein echter Rennwagen. Der Motor ist eine wahre Freude, mit dem Vierzylinder nicht zu vergleichen... die Leistung steht über ein breites Band von 7500 bis 11.000 Touren zur Verfügung. Ich habe noch eine leichte Instabilität bei Bodenwellen verspürt, aber das dürfte sich ohne großen Aufwand in den Griff bekommen lassen."

Als sich Mercedes-Benz- und AMG-Mannschaften am 12. Dezember nach Estoril in Portugal begaben, um hier weitere Tests zu fahren, stand bereits ein zweiter Wagen zur Verfügung. Neben Asch war sein Kollege Bernd Schneider mit von der Partie, Weitere Versuchsfahrten fanden auf der Grand-Prix-Strecke von Estoril vom 29. Januar bis zum 2. Februar 1994 statt, ebenso vom 23. bis zum 27. Februar. Im März, drei Wochen vor dem ersten angesetzten Rennen der Saison in Belgien, tauchten auch die ersten deutschen und Italienischen Rivalen auf. Die viertägigen Vorsaison-Testfahrten mehrerer Teams gaben allen die Gelegenheit, Zeiten zu vergleichen. Man hatte bei Mercedes-Benz alle Veranlassung, recht optimistisch zu sein…

Wenn es einen Maßstab für Leistung gab, dann die Relation des PS-Wertes zum Kraftstoffverbrauch. Bereits im November 1993 wurden beim V6 stolze 408 PS gemessen. Zu Anfang der Rennsaison 1994 war man bei einem Wert von 430 PS bei 11.500 U/min angelangt. Das maximale Drehmoment betrug 305 Nm bei 9000 Touren. Drei verschiedene Programme standen dem Fahrer zur Verfügung, um den Kraftstoffhaushalt seines Motors zu beeinflussen. Dafür gab es ein Instrument, das digital diverse Motorparameter sowie eine Drehzahlkurve anzeigte. Der Ausgangswert war mit 5000 U/min markiert (obwohl die Leerlaufeinstellung bei 5000 lag). Beim Hinaufschalten konnte sich der Fahrer entweder nach dem Tourenzähler richten oder nach einem Lichtsignal, das am Armaturenbrett aufleuchtete und den optimalen Schaltzeitpunkt signalisierte. Der Knauf des Schalthebels war übrigens den persönlichen Wünschen des Fahrers entsprechend geformt. Zweitrangige Schalter befanden sich auf dem Boden neben der Schaltkonsole. Die Fußpedale waren mit sandpapierartigen Belägen versehen, um den Schuhsohlen des Fahrers beste Griffigkeit zu geben.

Zwei der C-Klasse-Rennwagen wurden 1994 vom Zakspeed-Team eingesetzt. Einst von Erich Zakowski gegründet und mit großem Erfolg geführt, ist es heute sein Sohn Peter, der die Geschäfte des Teams führt. Weitere vier Wagen liefen unter der AMG-Flagge, betreut von einer 55köpfigen Mannschaft. „Es ist das erste Mal, daß wir an der Konstruktion und am Bau eines Rennwagens von Anfang an federführend beteiligt sind," sagte AMG-Geschäftsführer Domingos Piedale. „Und zum ersten Mal gab es eine mit der Firma Mercedes-Benz perfekt abgestimmte Produktplanung, unter Einbindung ihrer Entwicklungsabteilung und ihrer Fertigung und so weiter."

Allein die AMG-Boxenmannschaft rekrutierte sich aus 45 Mann. Darunter waren vier hochqualifizierte Motorenspezialisten, zwei Getriebe- und zwei Elektronikexperten. Ihre Fähigkeiten waren besonders in der ersten Hälfte der Saison 1994 gefragt, als es an allen Ecken und Enden der Fahrzeuge noch etwas nachzubessern gab.

Der 1993er DTM-Champion und Titelverteidiger Alfa Romeo fuhr zu Beginn der Saison einen bemerkenswerten Punktevorsprung heraus. Doch nach und nach holten die Mercedes-Wagen auf, der Abstand verringerte sich zusehends. So gewann Kurt Thiim in Hockenheim, dann Klaus Ludwig einen der beiden Läufe auf dem Nürburgring sowie in Diepholz. Das danach folgende Nürburgring-Rennen gewann Jörg van Ommen auf einem der Zakspeed-Wagen.

Von der zweiten Saisonhälfte an zeigte sich die Überlegenheit der C-Klasse hinsichtlich der Kriterien Beschleunigung und Höchstgeschwindigkeit. Auf dem

Die Vorderradaufhängung des 1994er C-Klasse-Rennsportwagens mit abgenommener Scheibenbremse.

Die unterschiedliche Größe der gußeisernen Bremsscheiben ist logisch: Vorn wirken sehr viel größere Kräfte und erzeugen auch sehr viel mehr Reibungswärme.

Hockenheimring kam man auf einen Schnitt von 282 km/h; die Opel- und Alfa-Konkurrenz blieb 10 km/h darunter. Am Wagen Bernd Schneiders wurden einige Veränderungen an der Hinterradaufhängung und am Unterboden getestet, und beim Rennen in Diepholz prüfte man eine neue Flüssigkeitskühlung der Scheibenbremsen mit einem ventilatorbestückten Radiator im Fahrzeugheck.
Mit seinem Sieg im 18. Rennen der Saison 1994, gefahren am 18. September in Singen, sicherte sich Klaus Ludwig den DTM-Fahrertitel. Mit 222 Punkten lag er am Jahresende vor Jörg van Ommen mit 175 Punkten. Mit einigen Erfolgen außerhalb Deutschlands, an denen van Ommen außerhalb der DTM-Punktwertung teilnahm, gewann er außerdem den ITR Gold Cup. Alfa Romeo kam auf die Plätze Drei und Vier.
Auch das 24. und damit letzte Rennen des Jahres 1994, ausgetragen am 9. Oktober in Hockenheim, endete mit einem Sieg durch Bernd Schneider. Mit weiteren C-Klasse-Positionen auf den Plätzen Zwei, Drei und Fünf fiel Mercedes-Benz der Markentitel zu – Alfa Corse qualifizierte sich nur für das Team-Championat.
Gegen Saisonende war der Reifeprozeß des C-Klasse-Rennwagens als abgeschlossen zu betrachten. John Watson meinte: „Jetzt ist der Mercedes-Motor mit seiner linearen Kraftentfaltung einfach unschlagbar, die Leistung fabelhaft. Von Null auf Hundert in 2,9 Sekunden, und in 6,3 Sekunden ist man auf 160 km/h. Die Spitze liegt über 300 km/h. Diesen Wagen zu fahren, macht viel Spaß, und es bereitet ebenso viel Vergnügen, ihn seine Runden drehen zu sehen."
Es stand schon sehr früh fest, daß sich Mercedes-Benz, Opel und Alfa Romeo auch in der DTM-Saison 1995 gegenüberstehen würden. Das Interesse der Fernsehsender war ebenfalls geweckt. Es gab einige Änderungen im Reglement, so eine Drehzahlbegrenzung auf 12.000 U/min und die Positionierung von Kraftstofftanks innerhalb der Fahrgastzelle, was der Fahrwerksgestaltung etwas mehr Spielraum gab.
Die von AMG in der Saison 1995 eingesetzten C-Klasse-Rennwagen wiesen dementsprechend einige Änderungen auf. Im Innenraum hatte man einen 70-Liter-Tank plaziert, der half, die Lage des Fahrzeug-Gesamtschwerpunktes zu optimieren und der diesen auch nicht veränderte, wenn sich die insgesamt 120 Liter Kraftstoff während des Rennens verringerten. Auch gestattete das Reglement jetzt eine Verlagerung des Fahrersitzes mehr zur Mittelachse des Wagens hin. Getriebe und Kardanwelle wurden deshalb etwas versetzt eingebaut, der Fahrer saß jetzt etwas tiefer im Wagen. Insgesamt ähnelte diese Maßnahme jener Lösung, die man 1938 für den W154 gefunden hatte: In jenem Monoposto saßen Motor und Antriebsstrang aus dem gleichen Grund von der Fahrzeuglängsachse angewinkelt im Chassis, mit dem Getriebe an der Hinterachse.

AMG hatte 1994 zehn Fahrzeuge gebaut; vier davon wurden 1995 Privatteams zur Verfügung gestellt. Zwei Wagen bekamen Uwe Alzen und Bernd Mayländer vom Persson-Team, einer ging für Louis Krages ans Zakspeed-Team, das vierte Auto stand dem Privatfahrer Gerd Ruch zur Verfügung, der bereits an Lenkrad eines gut präparierten Ford Mustang bewiesen hatte, daß er in der DTM-Serie ein ernstzunehmender Konkurrent war.
Für die Saison 1995 stellte AMG zwölf weitere C-Klasse-Fahrzeuge auf die Räder, um genügend Reserve zu haben. Leider war Klaus Ludwig nicht mehr mit von der Partie – er war ins Opel-Lager abgeworben worden, nachdem er sechs Jahre lang Mercedes-Benz gefahren hatte. „Ich wünsche ihm relativ viel Erfolg," sagte Hans Werner Aufrecht, als Ludwig ging, „aber natürlich nicht zu viel…"
Unter denen, die dem Stern weiterhin die Treue hielten, waren Ellen Lohr, Bernd Schneider, Kurt Thiim und Jörg van Ommen.
Einen siebenten Wagen stellte man abwechselnd einigen Nachwuchstalenten zur Verfügung, so dem Dänen Jan Magnussen, dem Schotten Dario Franchitti und dem Deutschen Sandy (Alexander) Grau, der sein Können bereits mit einem privaten 190E unter Beweis gestellt hatte.

Beim 1995er C-Klasse-Wagen verliefen das Getriebe und somit der Antriebsstrang (wie einst beim W154 und beim W196) außermittig, wodurch der Sitz des Fahrers mehr in der Wagenmitte und etwas weiter nach hinten versetzt angeordnet werden konnte.

Jürgen Hubberts erklärtes Ziel war es, die nun zum zwölften Mal ausgetragene DTM-Meisterschaft abermals für Mercedes-Benz zu sichern und die Rennserie zu internationalisieren, möglichst mit Hilfe des Formel-1-Organisators Bernie Ecclestone und der FIA. Sieben Rennen auf deutschem Boden mit je zwei Läufen zählten für das Championat. Jene Rennen, die außerhalb Deutschlands für die ITC-Trophäe (International Touring Car Series) zählten, fanden in Estoril, Helsinki, Donington, Mugello und Magny-Cours statt. An ihnen beteiligten sich neben Mercedes-Benz auch wieder Opel und Alfa Romeo, die sich gegenüber der FIA verpflichtet hatten, mit je acht Fahrzeugen an den Rennen der ITC-Serie teilzunehmen, und zwar drei Jahre lang.

Natürlich stand der kommerzielle Aspekt einer Rennbeteiligung stets im Vordergrund, wie auch Jürgen Hubbert und seine Marketingstrategen bestätigten. Es wäre auch unklug gewesen, das zunehmende öffentliche Interesse am DTM-Sport ungenutzt zu lassen. „Unsere motorsportlichen Aktivitäten haben gerade bei einem jüngeren Publikum beste Resonanz gefunden, das schließlich zu 80 Prozent ein Fremdfabrikat fuhr." Umfragen ergaben, daß viele von ihnen sich durchaus für einen Wagen der Marke Mercedes-Benz interessieren würden, wenn er sportlichere Qualitäten hätte.

Man darf davon ausgehen, daß ein Motorsportprogramm für einen Großserienhersteller dann erfolgreich ist, wenn seine Rennwagen eine dem Serienwagen entsprechende Identität haben. Aus dieser Erkenntnis hatte Mercedes-Benz ja einen 190E 2.3-16 ins Programm genommen; auch die schnellen Evo-Modelle gab es mit Straßenzulassung zu kaufen.

Natürlich konnten weder Mercedes-Benz noch AMG einen straßentauglichen Wagen nach Art eines DTM-Renners anbieten, ganz abgesehen davon, daß der Bauaufwand für ein solches Fahrzeug mindestens 750.000 Mark betrug. Allein der spezielle V6-Motor, so stand in auto, motor und sport, schlug mit 130.000 Mark zu Buche.

Dennoch arbeiteten Mercedes-Benz und AMG an einem C-Klasse-Straßenmodell mit DTM-Affinität für Enthusiasten. Die Firma AMG war genau der richtige Partner für ein solches Projekt; von ihr stammte zum Beispiel auch der rasante E60, jene 6-Liter-Version der E-Klasse, sowie der SL60 mit 381 PS. Man durfte auf einen AMG-Mercedes-Benz C-Klasse gespannt sein.

Das Basismaterial für ein solches Fahrzeug war nicht schlecht. Natürlich kam der aufwendige V6-Motor nicht in Frage, aber es gab ja einen exzellenten Reihensechszylinder 2,8 Liter mit zwei obenliegenden Nockenwellen und 24 Ventilen. Der Block vertrug ein Aufbohren von 89,9 auf 91,0 mm, und es war auch Platz genug, um die Kurbelwelle für einen Hub von 73,5 auf 92,4 mm auszulegen. Daraus ergab sich ein Hubraum von 3606 ccm. Die Verdichtung setzte man auf 10,5 zu eins fest.

Der bei AMG auf diese Art modifizierte Sechszylinder erbrachte eine Leistung von 280 PS bei 5750 U/min. Der rote Bereich auf dem Tourenzähler begann bei 6400. Der spezifische Leistungswert von 77,6 PS pro Liter Hubraum lag dicht an dem von 87,3 PS/Liter des 190E 2.5-16 Evo II, der allerdings bis 7200 Touren drehte. Der Sechszylinder der AMG C-Klasse – er bekam die Bezeichnung C36 – wurde hingegen mehr auf ein starkes Drehmoment ausgelegt: es betrug 387 mkg bei 4000 U/min.

Die Redakteure von *auto motor und sport* befanden, daß der Motor des C36 die Qualitäten eines rennmäßig hergerichteten Aggregats aufweise, ohne daß seine Alltagstauglichkeit darunter leide. Auch bei niedrigen Temperaturen habe man ein zufriedenstellendes Leerlaufverhalten festgestellt, ferner einen hervorragenden Anzug aus niedrigen Geschwindigkeiten und einen völlig vibrationsfreien Motorlauf. Begeistert äußerte man sich auch über den Sound des Sechszylinders, der bei höheren Drehzahlen eine Note bekomme, die „an den legendären 300 SL der fünfziger Jahre erinnert".

Die Beschleunigung von Null auf 100 maß man bei ams mit 6,9 Sekunden; die Herstellerangabe betrug 6,7 Sekunden). Der Wert für den stehenden Kilometer betrug 26,8 Sekunden, und von 15,6 Sekunden war man von Null auf 160. Die Viergangautomatik tat ihre Arbeit vollkommen verzögerungsfrei. Die Höchstgeschwindigkeit war mit 250 km/h, wie bei allen schnellen Mercedes Personenwagen, elektronisch abgeregelt.

Bei der Herstellung im Werk Bremen, wo alle C-Klasse-Autos produziert wurden, ließ man bei den C36 gleich jene Teile heraus, die von AMG anschließend in Affalterbach eingebaut wurden, also Motor und Getriebe, die Vorderradbremsen, einige Karosserieteile und Interieur-Details. Die größeren Radkästen zur Unterbringung der 17-Zoll-Räder erhielten die Fahrzeuge allerdings gleich im Bremer Werk, weil sie in den Prozeß der Rostschutzbehandlung mit einbezogen wurden.

Nach der Aussage von Jürgen Hubbert sollte der C36 eine Klientel ansprechen, der es auf jene Dynamik und Spitzenleistung ankam, wie sie normalerweise nur

Auffallend ist im Cockpit des 1995er C-Klasse der große Schalthebel, der hier eine neue Plazierung gefunden hatte.

Die Lufteinlässe oberhalb der Hinterräder und das nach hinten versetzte Cockpit gaben dem C-Klasse-Wagen der Saison 1996 ein verändertes Aussehen.

ein reiner Sportwagen aufweist. Zugleich sollte der E36 den Komfort eines luxuriösen Langstrecken-Reisewagens bieten.
Es gab durchaus genügend Interessenten für ein solches Automobil, dessen Listenpreis immerhin 97.348 Mark betrug. Als der C36 m September 1993 vorgestellt wurde, war die Rede von einer limitierten Auflage in Höhe von 600 Fahrzeugen pro Jahr – was aber keineswegs auszureichen schien. Die Pressevorstellung des Fahrzeugs fand übrigens in Bayern statt, vor der Haustür des Rivalen BMW.
So beschlossen Mercedes-Benz und AMG, mindestens 2000 Wagen jährlich zu bauen. Die Vermarktung der „Pocket Rocket" (etwa: Rakete im Westentaschenformat) fand über das internationale Mercedes-Benz-Händlernetz statt.
Zur Markteinführung des C36 dachte man sich ein gelungenes trompe d'oeil aus. Ellen Lohrs Wagen, gesponsort von der Sektion „Mercedes-Benz Original-Teile", wies eine Motorhaube auf, die von Künstlern der Designfirma Becker in Nieder-Olm so bemalt war, daß man den Eindruck hatte, sie existiere gar nicht: Man blickte auf den AMG-Motor und alle Aggregate. Ein absolut realistischer Gag.
Jürgen Hubberts Erwartungen und die seines Motorsportchefs Norbert Haug erfüllten sich 1995 in bester Art und Weise. Die DTM/ITC-Wagen legten insgesamt 2116 Kilometer zurück: 1292 km in DTM-Rennen, 864 in ITC-Rennen. Oft führten sie vom Start bis zum Ziel. Mercedes-Benz konnte in 24 Rennen 16 Siege verbuchen, neun Pole Positions und 16 Rundenrekorde. Ein Rennen – das auf der Avus in Berlin – mußte abgebrochen werden, nachdem es zu einer Massenkarambolage gekommen war. Das war das letzte Rennen, das bisher auf der Avus stattgefunden hat. Siebzig Jahre zuvor hatte hier Rudolf Caracciola auf einem Mercedes Achtzylinder mit einem gloriosen Sieg seine Karriere begonnen…
Für seine vielen Testkilometer, die Bernd Schneider am Lenkrad des C-Klasse-Rennwagens zurückgelegt hatte, und für seine Anstrengungen im zweiten Halbjahr 1994 wurde er 1995 reichlich belohnt. Der 31jährige gewann beide Meisterschaften; Vizechampion wurde Jörg van Ommen bei der DTM und Jan Magnussen bei der ITC mit knappem Vorsprung vor Dario Franchitti, der schon in seinem allerersten DTM-Rennen aufgefallen war, als er sich vor Schneider für die Pole Position qualifiziert hatte.
Sowohl Magnussen als auch Franchitti kamen vom Formelsport. „Der Umstieg stellte sich für mich etwas schwierig dar, schwieriger als für Dario, obwohl ich ein bißchen schneller war als er. Aber an das neue Auto mußte ich mich erst gewöhnen. Es war sehr nützlich, einen Mann wie Bernd Schneider im Team zu haben, der uns allen viel beigebracht hat."
Mit 224 Punkten gewann Mercedes-Benz die Markenmeisterschaft vor Alfa Romeo (150 Punkte) und Opel (107 Punkte). Den allradgetriebenen Calibra aus Rüsselsheim hatte Klaus Ludwig immerhin in Hockenheim zweimal zum Sieg fahren können. In der Teamwertung führte AMG mit 364 Punkten vor Alfa Corse mit 241.
Eine Modifikation am System der Motoraufhängung ermöglichte in der Saison

Das veränderte Aussehen des 1996er C-Klasse-Rennsportwagens resultierte auch aus der „Hummerschere“ an der Wagenfront.

1995 einen Austausch der Maschine in nur mehr 12 Minuten. Es wurden während der Pausen zwischen zwei Rennen auch mehrere Male Motoren gewechselt, aber einen entscheidenden Faktor für das erfolgreiche Abschneiden der Fahrzeuge stellten diese Operationen nicht dar. Von größerer Effizienz war hingegen die auf 470 PS bei 11.500 U/min angehobene Motorleistung. Und auf Anraten von Imor wurde gegen Saisonende 1995 ein pneumatisches System zum Schließen der Ventile mit einem Druck von 9 bar eingeführt.

Bei einer Drehzahlbegrenzung auf 12.000 U/min ging es dabei nicht unbedingt um höhere Geschwindigkeiten bei der Ventilbetätigung, sondern um einen höheren Sicherheitsfaktor (Luft kann nicht „brechen“) sowie um eine weitere Gewichtseinsparung. „Stahl ist schwerer als Luft,“ erklärte Erhard Melcher und wies auch auf den verminderten Verschleißfaktor der Komponenten im Vergleich zu mechanisch betätigten Teilen hin.

Die C-Klasse-Wagen waren so schnell, daß Mercedes-Benz keinerlei Nachteile darin erblickte, daß im Laufe der Saison 1995 das Reglement geändert und ein neues Mindestgewicht festsetzte wurde, und zwar 1040 kg für alle Fahrzeuge, ganz gleich, ob mit Zwei- oder mit Vierradantrieb. AMG ließ das zusätzliche Gewicht der Sicherheit des Fahrers zukommen und verstärkte den Seitenaufprallschutz in den Fahrzeugtüren in Verbindung mit dem Überrollkäfig. Erstmals kamen die solcherart verstärkten Autos in Singen an den Start. Auch waren jetzt einige Karosserieteile zur wirkungsvolleren Stoßabsorbierung aus Aluminium mit Kohlefasern angefertigt.

Ohne daß es die Öffentlichkeit mitbekam, drehte vor den Testfahrten zum Rennen in Magny Cours der Formel-1-Pilot Alain Prost im S-Klasse-Wagen einige Runden. Der zweimalige Grand-Prix-Weltmeister hatte einen Beratervertrag mit dem McLaren-Team, das ebenfalls Mercedes-Benz-Motoren einsetzte. Die Versuch fanden in Zusammenarbeit mit dem Reifenlieferanten Bridgestone statt „Ich bin von dem schnellen Fahrzeug sehr beeindruckt,“ sagte Kees van der Grint, Bridgestones Renningenieur. „Prost hat noch nie einen Renntourenwagen bewegt, aber auch er war nach ein paar Runden hellauf begeistert. Wenn er am Rennen teilgenommen hätte, wäre er zweifellos unter den ersten Drei gewesen.“

Aber man mußte nicht ein altgedienter Formel-1-Pilot oder ein Rundstrecken-Routinier wie Klaus Ludwig sein, um in der DTM zu reüssieren. Junge Fahrer wie Jan Magnussen bewiesen das Gegenteil. Überhaupt gab es einige Newcomer unter den DTM-Fahrern, die großartiges Talent bewiesen.

In gewisser Hinsicht stellte das Jahr 1995 einen Übergang dar, denn es war das letzte, in welchem die Deutsche Tourenwagen-Meisterschaft ausgetragen wurde. Zwar standen 1996 noch vier Rennen auf deutschen Strecken auf dem Programm, doch die insgesamt 12 Rennen umfassende Serie lief jetzt voll unter dem ITC-Titel. Diese Serie sollte eine interessante Ergänzung zur Formel 1 darstellen mit einer intensiven TV-Berichterstattung. Bis 1998 sollten die ITC-Fahrzeuge weiter vereinfacht werden und auch keinen Allradantrieb mehr aufweisen dürfen. Für Mercedes-Benz war die Schaffung solcher neuen Voraussetzungen der Anlaß, für die ITC-Serie ein neues Auto zu entwickeln und zu bauen.

Diese Aufgabe übertrug man dem 32jährigen Ingenieur Gerhard Ungar und seinem Mitarbeiter Michael Laub. Sie nahmen ihre Arbeit Ende Oktober 1995 auf. Ihr Konzept sah vor, daß der zu entwerfende Wagen drei Hauptmodule hatte, wobei das Hauptziel konsequenter Leichtbau war. Das ließ die Möglichkeit offen, die Masse des Ballasts später dort zu plazieren, wo sie für einen Gewichtsausgleich gebraucht wurde.

So schuf Ungar eine dreiteilige Fahrzeugkonstruktion, bei der die Heckpartie ebenso schnell auswechselbar war wie bisher die Frontpartie. Sowohl Front- als auch Heckteil waren mit je vier M14-Schrauben mit dem Mittelmodul, der Fahrgastzelle, verschraubt. Vorn war der TC106-Motor ein mittragendes Element im Frontmodul, das außerdem die Befestigungen der vorderen Aufhängungen und die beiden Kühler trug.

Die Hauptkarosserieelemente glichen äußerlich denen eines C-Klasse-Serienwagens, und das entsprach auch dem ITC-Regelwerk. Darunter befand sich jedoch

Gerhard Ungars Konzept für den 1996er C-Klasse sah ein komplett demontierbares Frontmodul vor, das Radaufhängungen, Lenkung sowie die beiden Kühler enthielt.

ein kräftiger Stahlrohrrahmen, der zugleich als Überrollkäfig ausgelegt war. Den Fahrzeugboden und alle „architektonischen" Elemente des Cockpits einschließlich Kraftstofftank und Sitzmulde bildeten ein großes Formstück aus Kohlefasern. Die Sitzmulde wurde lediglich mit einem für den Fahrer maßgeschneiderten Sitzeinsatz von Recaro bestückt. Konkurrenten führten Klage, Ungar habe dem Wagen regelwidrig einen Monocoque-Rahmen gegeben, doch konnte Ungar glaubhaft nachweisen, daß der Kohlefaser-Bodeneinsatz einen Teil des geforderten Schutzkäfigs darstellte.

In diesem neuen Auto saß der Fahrer noch dichter am Mittelpunkt des Wagens. Auch der Motor war eine Kleinigkeit aus der Fahrzeug-Mittellinie nach rechts gerückt. Mit einer neuen, schon im Sommer 1995 getesteten (aber im Rennen nicht benutzten) halbautomatischen Gangschaltung wurden die Schaltvorgänge abermals schneller gemacht – sie betrugen nur mehr 0,03 Sekunden. Hierfür befanden sich unterhalb des Lenkrades zwei kleine Hebel, rechts einer fürs Hinaufund links einer fürs Hinunterschalten. Ein Lenkradknopf aktivierte die Leerlaufstellung, etwa für den Boxenstop. Rechts neben dem Fahrer befand sich der Instrumententräger mit dem Starterknopf und dem Scheibenwischerschalter, außerdem mit Schaltern für den Rückwärtsgang, für die Einstellung der Stoßdämpfer, der Stabilisatoren und der Traktionskontrolle (ASR), des ABS und der Bremskraftverteilung. Im ASR-Programm ließen sich die Stufen D1 bis D5 für trockenes Wetter sowie die Stufen W1 bis W5 für nasses Wetter wählen.

Vor allem bei nassen Witterungsverhältnissen zahlte sich das ASR-System aus. „Dennoch ist Vorsicht geboten," schrieb Dennis Robert in der *Automobil Revue*, „denn dieses ASR ist beim Eingreifen nicht so übereifrig wie im zivilen Mercedes, es sieht selbst in der sanftesten Stufe gehörig Schlupf und damit eine gewisse Marge für die Kreativität der Piloten vor..."

Die abnehmbaren Front- und Heckmodule waren in der langen Tradition des Rennwagenbaus etwas gänzlich Neues. Die Rahmen waren aus dem Vollen gearbeitet und bestanden aus Aerospace-Aluminium. Mit Hilfe computergesteuerter Werkzeuge fertigte man in Sindelfingen aus dem 100 kg schweren Rohling ein filigranes Wunderwerk an, das zum Schluß nicht mehr als 8 kg wog. Vier ko-

AP Racing hatte für die C-Klasse eine neue wassergekühlte Scheibenbremse entwickelt. Die Bremszangen waren zwecks besserer Wärmeabfuhr stark verrippt.

Die Ventildeckel des M106-Motors hatten mittragende Funktion in der vorderen Rahmenstruktur.

nisch zulaufende Stutzen verbanden des Modul mit dem Mittelteil des Wagens. Das vordere Modul war aus zwei Teilen zusammengesetzt. Durch eines war der Motor mit dem Chassis verbunden, das andere trug die Wasserkühler und ihre Zuführungen. Die zwei Teile wurden nicht nur durch den Motor, sondern durch Längsverbindungen zusammengehalten, an denen auch die Dreieckslenker der vorderen Radaufhängungen angelenkt waren. Die Elemente der Federung und Dämpfung entsprachen denen des Vorgängermodells.

Der Einfederungsweg der Räder war auf 80 mm begrenzt, die Bodenfreiheit betrug knapp 40 mm. Für die Saison 1996 hatte Bilstein ein neues Dämpfersystem mit magnetisch aktivierter Regelung des Ein- und Austauchens mit mehr als 60 computergesteuerten Einstellungsoptionen entwickelt. Die Lenkung wies eine vom Differential angetriebene Servopumpe von TRW auf; von Anschlag zu Anschlag waren nur anderthalb Lenkradumdrehungen nötig.

Das hintere Fahrzeugmodul trug das Differential mit begrenzter Schlupfregelung, die Befestigungen für die Aufhängungen, diverse Radiatoren sowie die vom Reglement verlangten Abgas-Katalysatoren. Klappen in den Endrohren arbeiteten geräuschregulierend bei Drehzahlen unter 5000, darüber öffneten sie sich automatisch.

Nicht nur wegen der Kräfte, die von den hinteren Radführungen aufs Fahrzeug übertragen wurden, mußte das hintere Modul besonders kräftig ausgelegt sein, sondern auch wegen einer neuartigen Vorrichtung, die sich die Ungar-Crew ausgedacht hatte. Im Prinzip handelt es sich um eine moderne Interpretation jener Aufgabe, die einst dem mitfahrenden Rennmechaniker oblag – der durch die Verlagerung seines Körpergewichts die Traktion oder die Kurvenlage des Wagens zu verbessern half. Das relativ geringe Gewicht des neuen C-Klasse-Rennwagens gestattete es nämlich, unterhalb vom Wagenboden ein Zusatzgewicht anzubringen, das sich hydraulisch gesteuert auf einer Art von Tablett über einen Bereich vom 560 mm bewegen ließ. Durch ein von Bosch entwickeltes Kontrollsystem wanderte das auf Kugellagern laufende Gewicht mehr nach hinten, wenn es mehr auf die Antriebsachse wirken sollte, und nach vorn, wenn gebremst wurde. Wie die Kurvenstabilisatoren konnte dieses System unterschiedlichen Streckenerfordernissen entsprechend programmiert werden.

Das Gewicht dieses Ballastes war variabel und hing von jenem 50-kg-Handicap ab, dem sich der Siegerwagen eines jeden Rennens unterziehen mußte, wenn er an den Start des nächsten ging. Das Tablett, in welchem sich das Gewicht bewegte, ließ eine Größenordnung von 20 bis 200 kg zu. Eine idealere Form des Mitführens von Ballast war kaum denkbar.

Allzu weit nach hinten konnte sich das Gewicht natürlich nicht bewegen, da der Wagenboden an seinem hinteren Ende nach oben aufgewölbt war und ein Venturi bildete, um dadurch Abtriebskräfte zu generieren. Die endgültige Heckform des Wagens hatte man in Tests ermittelt, die in Porsches Windkanal in Weissach stattfanden, ebenso bei der Firma Fondmetal in Casumaro bei Ferrara, wo man unter der Leitung des Aerodynamikers Jean-Claude Migeot Versuche mit Modellen im Maßstab 1 : 3,5 unternahm.

Ein Prototyp, bei dem alle Neuerungen erprobt und, wo erforderlich, weiter modifiziert wurden, hatte Gerhard Ungars Team Ende 1995 fertiggestellt. Mehrere komplette Karosserieschalen sowie einzelne Bauteile, mit denen des Prototyps identisch, wurden Crashtests unterzogen. Frontal- und Seitenaufprallversuche fanden mit 55 km/h statt, zwei mit Dummy-Fahrern besetzte Wagen ließ man mit 80 km/h crashen. Mercedes-Benz genoß schließlich die Reputation, Personenwagen mit einem Höchstmaß an Unfallsicherheit zu bauen, und dies galt auch für Wettbewerbsfahrzeuge.

Als alle Parameter für die Wagen endgültig festgelegt waren, erhielt die Abteilung Sonderbau im Werk Sindelfingen den Auftrag, sechs Exemplare anzufertigen. Hier waren schon Spezialversionen des alten Dreihunderters gebaut worden, gepanzerte Fahrzeuge sowie Limousinen mit verlängertem Radstand und andere Exoten. Nun entstanden hier auch die neuen Rennwagen der C-Klasse.

Das hintere Fahrzeugmodul mit dem Venturi und dem mobilen Ballastsystem. Dem DTM-Reglement entsprechend wies das Abgassystem Katalysatoren auf.

Für C-Klasse-Rennfans gab es eine Straßenversion, die AMG als C36 herausbrachte. Ein sehr schneller Rassewagen, der über das Mercedes-Händlernetz in aller Welt angeboten wurde.

Inzwischen arbeiteten Hans-Peter Kollmeier und seine Leute in Fellbach am V6-Motor und am halbautomatischen Getriebe, um diesen Bauteilen ihren letzten Schliff zu geben. Eine Änderung des ITC-Reglements erlaubt jetzt auch die Verwendung von Magnesium zur Anfertigung der Pleuel und der Ventile. Die Zylinderbohrung betrug in der endgültigen Auslegung 94,0 mm, der Hub nur mehr 60,0 mm. Die Leistung wurde mit 520 PS bei 11.700 U/min gemessen.
Bei AMG gab es einen extrem kurzhubigen Versuchsmotor von 1,8 Liter Hubraum, dessen Zylinderinhalt von 300 ccm dem im Formel-Eins-V10 entsprach. Mit pneumatischer Ventilbetätigung ließen sich bei diesem Motor Drehzahlen bis zu 17.000 realisieren. Den Männern bei AMG ging es um den Beweis, daß auch sie im Stande waren, einen Grand-Prix-Motor zu bauen.
Als der neue ITC-Renntourenwagen bereitstand, durfte ihn der Motorjournalist Denis Robert probefahren. Sein Kommentar: „Das Beschleunigungsvermögen läßt sich nicht anders als mit brachial umschreiben…"
Die Endmontage der Motoren und der Fahrzeuge fand bei AMG in Affalterbach statt. Mitte März stand der erste Wagen rennfertig auf den Rädern, vier Wochen vor dem ersten Lauf zur Meisterschaft, der in Hockenheim stattfinden sollte. Den weißen, von der Brauerei Warsteiner gesponserten Wagen sollte Jan Magnussen fahren. Hektische Betriebsamkeit kennzeichnete die letzte Woche vor dem Rennen; fieberhaft wurde rund um die Uhr gearbeitet. Die Nervosität legte sich, als der erste Wagen alle Fahrtests glänzend bestand. Bei den nächsten fünf ging es weniger aufregend zu.
Bei jenem Auftaktrennen in Hockenheim vermochte Magnussen einen der beiden Läufe zu gewinnen. Der hohe Aufwand hatte sich also gelohnt. Bei der nächsten Runde, gefahren auf dem Nürburgring, war es der AMG-Fahrer Jörg van Ommen, der einen der zwei Läufe gewann. In beiden Rennen war es Manuel Reuter, der jeweils den anderen Lauf für sich entscheiden konnte – auf Opel. Reuter war von der Konkurrenz arg unterschätzt worden, aber am Lenkrad eines gründlich überarbeiteten Calibra Coupés bewies er sein außerordentliches Fahrtalent, und mit seinen Kollegen Hans Stuck und Klaus Ludwig bildete er ein starkes Team.

Sowohl Opel als auch Alfa Romeo hatten das neue ITC-Reglement ebenso auszuschöpfen verstanden wie Mercedes-Benz und AMG. Sie kamen 1996 mit neuen, sehr leistungsstarken V6-Motoren (90°) daher, und Alessando Nannini war auf Alfa Romeo ein starker Herausforderer für Bernd Schneider, der mit zwei Siegen in Diepholz und einem in Mugello konterte. Die Saison verlief spannend, aber für die Schwaben nicht befriedigend.
Bei dem Rennen in Sao Paulo, Brasilien, stand Ende Oktober fest, daß Manuel Reuter die Fahrermeisterschaft gewinnen würde, doch erst in Suzuka, Japan, würde sich herausstellen, ob Opel auch die Markenmeisterschaft für sich entscheiden

könne. Beide Läufe in Japan gewann indessen Mercedes-Benz, den ersten Dario Franchitti, den zweiten Bernd Schneider. Damit landete Alfa Romeo mit 340 Punkten nach Opel mit 349 auf dem zweiten Platz im Championat, Mercedes-Benz mit 305 Punkten auf dem dritten.

Die ITC-Serie hatte eine enorme Akzeptanz beim Publikum und ein großartiges Medien-Echo gefunden. Hinter den Kulissen aber war die Stimmung eher gedämpft. Alle Beteiligten waren sich darüber im Klaren, daß der ITC-Zirkus viel zu viel Geld verschlang, auch beklagten sich Opel und Alfa Romeo bei Bernie Ecclestone und der FIA, daß die Übertragung der Rennen im Fernsehen zu knapp ausgefallen sei. Beide Hersteller gaben bekannt, daß sie 1997 nicht mehr dabei sein würden. Schon im September hatten sie aufhören wollen, aber die Firmen hatten sich schließlich für eine volle Saison verpflichtet.

Laurence Foster schrieb in *Autocourse,* daß es den teilnehmenden Herstellern nur an der notwendigen Geduld gemangelt habe, die interessante ITC-Serie zu einem allseits befriedigenden Erfolg zu führen. Auch sei der immense Aufwand nun erst recht vergebens gewesen, denn über mehrere Jahre verteilt, hätte er sich gewiß rentiert. Dem C-Klasse-Rennwagen von Mercedes-Benz erging es letzten Endes so wie dem C291 und dem 300 SLR: Er brillierte in nur einer einzigen Saison.

Oben: AMG in Affalterbach schaffte es, den starken 3606-ccm-Reihensechszylinder dort einzubauen, wo sonst der biedere C36 saß, wobei die klassischen Mercedes-Benz-Tugenden des Wagens keinen Abbruch erfuhren.

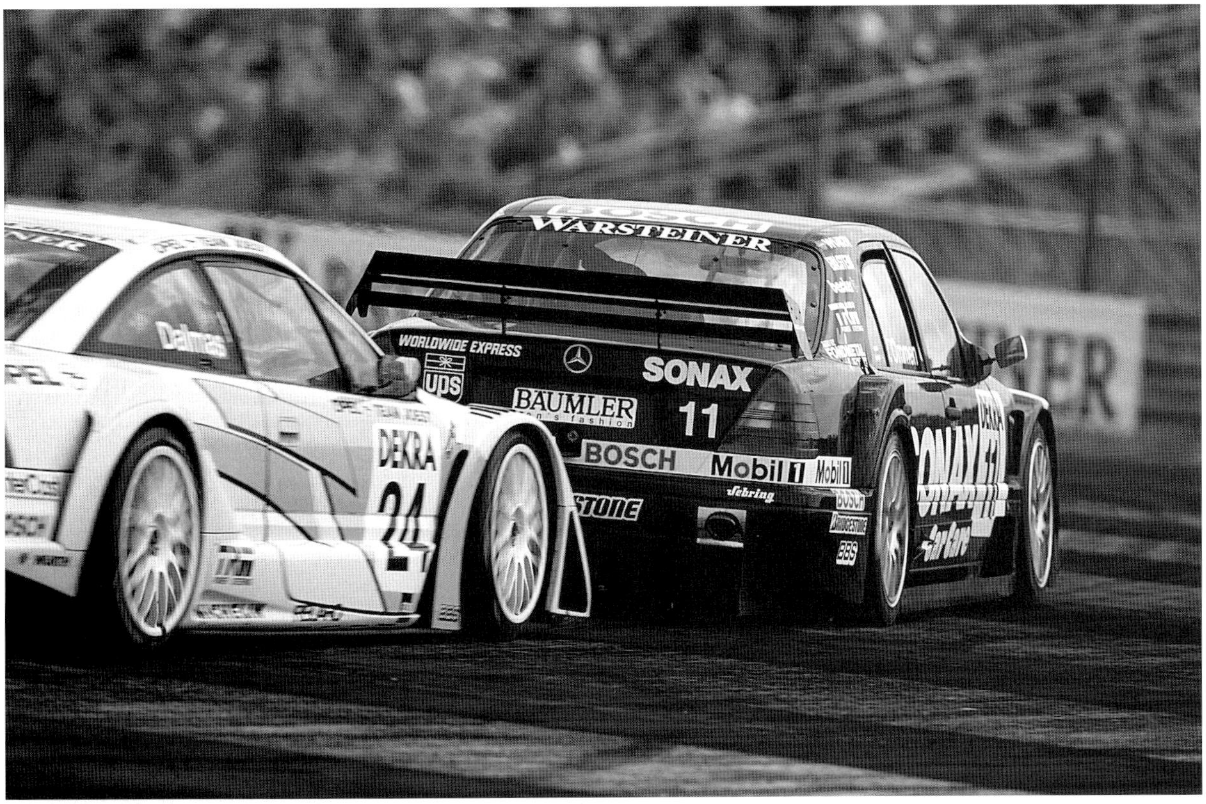

Hier setzt ein 1996er ITC-Opel einem C-Klasse-Mercedes hart zu – und die Rüsselsheimer gewannen schließlich auch die Fahrer- und die Konstrukteursmeisterschaft. Da die ITC-Serie keine Fortsetzung fand, war dem AMG-Motor nur eine einzige Rennsaison beschieden…

Mehr als 1,5 Millionen Mark hatte der Bau jedes einzelnen Wagens gekostet. Was sollte mit den teuren Fahrzeugen geschehen? „Wegen der hochentwickelten Technik," führte ein Mercedes-Ingenieur aus, „besonders bei der Elektronik, braucht es eine fortgeschrittene Infrastruktur, um die ITC-Fahrzeuge warten zu können. Es ist deshalb völlig ausgeschlossen, daß man einen C-Klasse-ITC nächstes Jahr in einer nationalen Rennserie antreffen wird." Also blieb nur der Weg ins Museum. Würde Mercedes-Benz nach einer solchen Enttäuschung jemals wieder Lust verspüren, an einer solchen Serie teilzunehmen? Würde das vorzeitige Ende des so hoffnungsvoll begonnenen Engagement auch das Ende der Zusammenarbeit mit AMG bedeuten? Dem war keineswegs so. Das Bekenntnis des Hauses Mercedes-Benz zum Motorsport war inzwischen stark genug, um ein Scheitern der ITC-Serie verkraften zu können. Und bei AMG nahm man schon sehr bald die Arbeit an einem neuen Fahrzeug auf, das sich in jeder Beziehung schlichtweg als spektakulär bezeichnen ließ.

Mit nur zwei Prozent ist die schiere Motorleistung am Sieg eines Rennwagens beteiligt. Der Ausgang eines Rennens hängt also von ganz anderen Faktoren ab –eine falsche Lenkradbewegung des Fahrers, ein falscher Handgriff an den Boxen, und der Sieg ist verschenkt.
Paul Morgan

Motoren für die IndyCar-Serie

1994 wurde in Untertürkheim auf den programmierbaren HighTech-Prüfständen von Mercedes-Benz eine neue Generation von V8-Rennmotoren getestet. Wie weiter vorn ausgeführt, hatte sich Mario Illien vorgenommen, einen 2,65-Liter-V8 zu konstruieren, der unter der Mercedes-Benz-Flagge in der 1995er IndyCar-Serie antreten sollte. Das Projekt erhielt die Bezeichnung MBIA und wurde mit großem Nachdruck vorangetrieben. „Wir hatten im Januar mit den Arbeiten an dem neuen Motor begonnen," berichtete Paul Morgan, „und bereits im August hatten wir drei Viertel unseres Weges zurückgelegt."
Die IndyCar-Serie paßte wie maßgeschneidert ins Marketingkonzept der Firma Mercedes-Benz für die USA. „Was die Zuschauerzahlen betrifft, so gehören Autorennen zu den zehn meistfrequentierten Sportarten in den USA," sagte Paul Ray von Ilmor. Es war vorgesehen, daß mindestens zehn Rennen der IndyCar-Serie im TV-Programm des Senders ABC ausgestrahlt werden sollten, und auf eine derart breite Medienwirkung wollte Mercedes-Benz nicht verzichten.
Für den Herbst 1997 war der Markteinführung des All-Activity Vehicle in den USA geplant, des neuen Allrad-Mercedes der M-Klasse. Die Einführung dieses Autos ließ sich mit einem Engagement im amerikanischen Motorsport bestens verbinden. Bevor jedoch die Mercedes-IndyCar Connection 1995 nach außen zum Tragen kam, mußte sich Ilmor erst einmal um den Motor 265D kümmern, jenen V8, mit dem Mercedes 1994 in die US-Rennszene einsteigen wollte.
Ohne es zu wissen hatte die Konkurrenz die Parameter für den neuen Mercedes-Motor vorgegeben. Im Oktober 1991 war von Ford bekanntgegeben worden, daß ein kleindimensionierter und nur 191 kg schwerer Cosworth-Motor unter der Bezeichnung XB entstehe – und genau den Ford-Maßen entsprechend (560 mm Länge, 556 mm Breite, 566 mm Höhe) entstand der Ilmor-V8. Er wog mit 123 kg allerdings etwas mehr als der Cosworth-XB – wenn es stimmte, daß jene Maschine wirklich so leicht war.
Es war für Ilmor genau das richtige Jahr, um mit einem eigenen Motor anzutreten. Roger Penskes mit viel Aufwand unterhaltenes Team von drei Fahrzeugen schnitt ganz hervorragend ab; Al Unser jr. wurde IndyCar-Meister, seine Kollegen Emerson Fittipaldi und Paul Tracy belegten die Plätze Zwei und Drei. Nicht weniger als fünf Mal hatte es einen Dreier-Erfolg gegeben. Niemals zuvor hatte ein Team die IndyCar-Serie so stark dominiert.
So hatte Mercedes-Benz beste Voraussetzungen für einen erfolgversprechenden Einstieg in der Saison 1995. Aber dann gab Tony George bekannt, welches seine Vorstellungen vom Ablauf der Motorsportsaison 1995 waren.
Tony George und seine Familie waren zu jener Zeit Eigentümer des Indianapolis Speedway. Sie stellten damit jene Instanz dar, die über die dort geltenden Spielregeln zu entscheiden hatte. George gedachte seine eigene Rennformel durchzusetzen und sprach von einem 2,2-Liter-Limit mit Aufladung. Das 500-Meilen-Rennen auf dem traditionsreichen Indy-Oval wollte er zudem aus der IndyCar-Serie herauslösen. Offensichtlich standen für George rein geschäftliche Interessen im Vordergrund, und es störte ihn nicht allzu sehr, daß er mit seinem Alleingang allerhand Konfusion in die Motorsportszene brachte.
Betroffen waren natürlich auch Mercedes-Benz und Ilmor. Hier reagierte man schnell, entwarf eine Ableitung vom 265D V8 mit 82°-Winkel und legte das MBIA-Projekt erst einmal zu den Akten: Die 500 Meilen von Indianapolis waren kein Thema mehr.
Wie der berühmte alte Hammer, der immer noch derselbe war, obwohl man viermal seinen Kopf und sechsmal seinen Stiel erneuert hatte, entstand die neue Version eines Motors, der, von Ilmor im Auftrage von Chevrolet entworfen, einst seine Karriere als 265A begonnen hatte. Jener V8 war erstmals 1986 zum Einsatz gekommen und hatte 1988 sein erstes Rennen gewonnen. Jahr für Jahr war dieser Motor mit 90°-Winkel bei Ilmor gründlichen Überarbeitungen unterzogen worden. 1992 war er zum 265B mutiert, 1993 – jetzt im 80°-Winkel – zum 265C. Weiten Spielraum, ihr Können zu demonstrieren, hatte man den Konstrukteuren nicht gelassen: Es gab eine niedrig angesetzte Grenze für den Ladedruck, ein Verbot für Ladeluftkühlung und pneumatisch betätigte Einlaßventile sowie strikte Vorschriften über die Verwendung von Methanol-Kraftstoff. „Was da verlangt wurde, hätte man auch mit Saugmotoren bringen können. Große Sprünge in bezug auf Motorleistung schienen kaum erzielbar," sagte Mario Illien.
Es kam also darauf an, einen Verbrennungsraum für optimalen Gaswechsel zu realisieren, geringstmögliche Reibungswerte zu erzielen und insgesamt viel Gewicht einzusparen. Und ein solcher Motor mußte drei Stunden bis an die Grenze seiner Höchstbelastbarkeit durchhalten.
Da die CART-Regeln maximal acht Zylinder zuließen, fiel die Wahl zugunsten eines V8 nicht schwer. Zu diesem Schluß kamen auch Honda, Ford/Cosworth und Toyota (zuvor auch Porsche und Alfa Romeo). Illien wählte so kleine Kurbelwellenlager wie möglich, um Reibung und Gewicht gering zu halten.
Mit besonderer Gründlichkeit nahm sich Illien der Konstruktion der Kurbelwelle an. Er legte sie mit 180°-Kröpfungen „flach" aus, wie in einem Serien-V8-Motor. Auch im M165 V8 des Tripolis-Rennwagens von 1939 gab es eine 180°-Kurbelwelle. Durch die Positionierung aller Wangen in einer Ebene ergab sich die Zündfolge der beiden Zylinderbänke wie bei einem Vierzylinder mit gleichzeitigen Auslaßzyklen. Die Gaswechsel-Abstimmung war damit gut in den Griff zu bekommen. Flache Kurbelwellen kann man auch geringer im Gewicht halten, und sie sind weniger streßempfindlich.
Die halbsphärischen Verbrennungsräume wurden für vier Ventile ausgelegt, mit einer 12-mm-Rennkerze in der Mitte. Die Dimensionen waren 90 x 52 mm, der Hubraum betrug 2646 ccm. Das überquadratische Hub/Bohrungsverhältnis von 0,58 zu eins entsprach dem des 265D. Eine große Bohrung ermöglichte auch großdimensionierte Ventile. Unter allen Mercedes-Benz-Rennmotoren wies ansonsten nur der Zwölfzylinder im C291 ein ähnlich überquadratisches Verhältnis auf.
Die Einlaßventile, angeordnet an der Innenseite des V-Winkels, waren etwas

Oben: Der neue V8-Motor mit 2,65 Liter Hubraum, IC108B genannt, war für die 1995er IndyCar-Serie gedacht.

Rechts: Für die Saison 1996 wurde aus dem Mercedes-Benz-CART-V8 der IC1098C. Die vordere Abdeckung für den Zahnriemenantrieb der diversen Pumpen ist aus Kohlefasermaterial.

größer als die Auslaßventile. Sie hatten eine Neigung von 10 Grad zur Senkrechten und wurden durch Kipphebel von je zwei Nockenwellen pro Zylinderkopf direkt betätigt. Durch konzentrisch angeordnete Federpaare wurden die Ventile geschlossen.

Diese Ventilfedern sollten sich im IndyCar-Rennmotor als besonders kritische Bauteile erweisen. Von ihrer Belastbarkeit hing es ab, mit welcher Drehzahl die Kurbelwelle arbeiten durfte. „Diese Federn kamen uns teuer zu stehen," meinte Mario Illien, „denn jeder Defekt an ihnen hatte einen Ausfall und eine Motorreparatur zur Folge. Pneumatisch betätigte Ventile wären die weitaus bessere und auch kostengünstigere Lösung gewesen. Jedoch hatte man sich ursprünglich für mechanische Federn entschieden, weil man meinte, sie würden einen geringeren Bauaufwand bedeuten. Sie erwiesen sich als die teuersten Drehzahlbegrenzer, die wir je hatten..."

Noch immer kennt die Technologie nur Stahldraht als Werkstoff für herkömmliche Ventilfedern. „Man hat untersucht, in wie weit Titan in Frage kommt. Aber das Problem dieses Werkstoffs ist sein höherer Grad von Abnutzung, wie sie an den Enden und an den Interferenzpunkten aufftritt."

Welchen Stellenwert die Ventilfeder-Technologie im Rennwagenbau einnimmt, geht beispielsweise aus der Tatsache hervor, daß man bei Honda jede einzelne Feder mit einer Seriennummer versieht, um einer eventuellen „Fremdverwendung" auf die Spur kommen zu können.

Um Kontrolle und Übersicht zu behalten, hatte man sich auch bei Ilmor etwas einfallen lassen. Die in der Saison 1990 an fremde Teams abgegebenen Motoren wurden ihnen nicht mehr wie bisher üblich verkauft, sondern nur noch im Leasing überlassen, womit sich Ilmor das Eigentumsrecht vorbehielt. Auf Umwegen waren nämlich zwei Ilmor-V8-Motoren im Verlauf der Saison zu Alfa Romeo nach Mailand gelangt, wo sie zerlegt, vermaßt und nachgebaut wurden. Die mit den Kopien bestückten Rennwagen blieben zwar erfolglos, bestärkten aber die Ilmor-Männer in ihrer Politik, Motoren künftig nicht mehr an jeden beliebigen Kunden zu veräußern.

„Durch diese Maßnahme, nämlich rechtmäßige Eigentümer unserer Motoren zu bleiben, taten wir im Grunde auch unseren Kunden einen Gefallen," sagte Paul Ray, Ilmor-Repräsentant in den USA. „Wir einigten uns mit ihnen über Wartungs- und Reparaturfirmen, wurden über alle Renneinsätze informiert, pflegten eine bessere Erfahrungskommunikation und einen besseren Austausch von Diagnoseergebnissen." Gleichzeitig bedeutete diese Art gegenseitiger Bindung eine Abschirmung gegenüber der Konkurrenz.

Über einen Satz Reduktions- und Ausgleichszahnräder wurden die vier Nockenwellen angetrieben, was aber nicht wie üblich von der Stirnseite des V8 aus geschah, sondern von der Kupplungsseite aus. Für einen IndyCar-Motor war dies ein Novum. Albert Heeß und sein Team hatten eine solche Bauart aber auch schon beim M165-V8 im Jahre 1939 praktiziert.

Ilmors 82°-V8-Motor war der erste, der in der IndyCar-Saison 1995 unter dem Mercedes-Benz-Signet an den Start ging. Offiziell heiß der Motor nun IC108. Die bei Ilmor intern verwendete Bezeichnung lautete indessen 108B, da es sich um den zweiten Motor handelte, der dort im Auftrage der Firma Mercedes-Benz entstanden war. Man einigte sich später auf den Namen IC108B und eine Auflage von insgesamt 30 Stück.

Gegenüber dem ebenfalls äußerst kompakt gehaltenen 265D (ohne dessen Turbolader) mit dem identischen Gewicht von 124 kg wies der IC108B eine höhere Leistung auf. Das Motormanagement für jene Maschinen, die vom Penske-Team eingesetzt wurden, bezog man von der GM-Tochter Delco. „Mit dem A-Motor hatten wir eigentlich geglaubt, das Maximum erreicht zu haben," sagte Andrew Hurley. „Drei Jahre lang waren wir davon überzeugt gewesen, daß eine Steigerung nicht mehr möglich sei. Jetzt müssen wir feststellen, daß weitere 100 PS erzielbar waren..." Das entsprach immerhin 875 PS bei 14.000 U/min. Das Drehzahlmaximum lag bei 14.200. Gegenüber dem 265D eine Steigerung von 50 PS! Das maximale Drehmoment betrug 502 Nm bei 11.000 U/min.

Mario Illien (rechts) und Paul Morgan konnten stolz sein, Ende 1996 aus ihrem Phase-II-Motor eine Leistung von 950 PS geholt zu haben. Doch Ford und Honda waren in der CART-Serie starke Gegner.

„Little Al Unser", einer der Rennfahrer im Penske-Team, meinte den Leistungszuwachs durchaus verspürt zu haben: „Für mich ist der neue Mercedes-Motor eindeutig stärker als sein Vorgänger. Die Leute haben ganze Arbeit geleistet!" Man habe den Vorsprung des Ford-Cosworth-Motor XB von 1994 aufgeholt, meinte auch Mario Illien. „Wir waren davon überzeugt, daß sich unser Aufwand auszahlte."
Man habe ein breiteres Leistungsband angestrebt und auch erreicht, bestätigte Paul Ray. „Unser Hauptziel war es, den Motor elastischer und beherrschbarer zu machen. Unsere Fahrer sollten Freude am Umgang mit ihm haben. Höchstleistung in einem schmalen Drehzahlbereich, ständig an der Grenze zum Risiko der Zerstörung – einen solchen Motor wollten wir nicht."
Den richtigen Wagen für den IC108B schuf Nigel Bennett im Auftrage des Mercedes-Benz-Herolds Roger Penske. Es entstanden zwei dieser PC24 Monoposti, und zwar für Al Unser jr. und Emerson Fittipaldi. Penske hatte sein Team von drei auf diese zwei Fahrer reduziert. „Drei Fahrer und drei Wagen zu unterhalten, war logistisch sehr aufwendig," sagte Bennett zu John Chuhran von der Zeitschrift Star. „Natürlich bedeutete es stets einen großartigen Auftritt, drei Wagen identischer Spezifikation an den Start zu bringen. Das dritte Fahrzeug sicherte ja auch eine um 33 Prozent höhere Erfolgschance; in der Saison 1994 war das für uns entscheidend."
Den PC24 testete man im Dezember 1994 auf dem Phoenix Oval Track, einer Strecke, für deren Umrundung 20 Sekunden genügten. Sich innerhalb dieser Distanz eine halbe Sekunde pro Runde zu verbessern, wertete Bennett als einen Erfolg, der zur einen Hälfte aufs Konto des neuen Motors ging, zur anderen aufs Konto des PC24.
Im Winter legten sich auch die britischen Chassishersteller Lola und Reynard kräftig ins Zeug, um ihrerseits adäquate Fahrzeuge auf die Räder zu stellen. Das Ragal/Hogan-Team setzte 1995 zwei Fahrzeuge von Lola ein, gefahren von Raoul Boesel und Bobby Rahal; weitere Lola-Mercedes-Kunden waren das Galles Racing Team (Adrian Fernandez) und Indy Regency (Arie Luyendyk). Alle benutzten übrigens Goodyear-Reifen in jener Saison, in der Firestone (jetzt zur japanischen Bridgestone-Gruppe gehörend) große Anstrengungen machte, nach langer Abwesenheit in der IndyCar-Serie wieder Fuß zu fassen.
Den einzigen mit einem Mercedes-IC108B-Motor bestückten Reynard unterhielt das Jim Hall Racing Team für seinen Fahrer Gil de Ferran, während Stefan Johansson einen 1994er Penske PC23 für Bettenhausen Motorsports fuhr.
Auf diese acht Ilmor-motorisierten Mercedes-IndyCar-Wagen konzentrierten sich nun die Hoffnungen. Es war starke Konkurrenz durch nicht weniger als 17 Fahrzeuge von Ford-Cosworth zu erwarten, ebenso von Seiten Hondas.
Vor allem die Japaner hatten nach ihrem Einstieg im Jahr 1994 viel vor, und die Tatsache, daß Mercedes-Benz in den Wettbewerb einstieg, motivierte sie ganz besonders. Ein Mann, der als Honda-Insider dies besonders gut beurteilen konnte, war Ayrton Senna, der zu Peter Wright sagte: „Wenn es für Honda überhaupt ein Motiv gab, Rennen zu bestreiten – dann nur, um Mercedes-Benz schlagen zu können! An einem Mythos teilhaben zu können, der sich wie jener der Marke Mercedes-Benz am Rennsport orientiert, hatte großen Reiz. Mercedes zu schlagen war eine Herausforderung, die solange bestand wie das 20. Jahrhundert alt war...
Die Vorsaison-Testfahrten verliefen zufriedenstellend. „Ende Januar konnten wir bereits auf 15 Testtage und 1600 Meilen auf dem Firebird East Road Course, auf dem Phoenix-Oval in Arizona und in Sebring, Florida, zurückblicken," berichtete Bobby Rahal. „Wir fuhren Motortests und Reifentests, checkten Aufhängungen und die Aerodynamik. Und der Motor laufe wie eine Schnellzug-Lokomotive, meint unser Team-Manager Tim Cindric."
Das erste Rennen der Saison in Miami erteilte all jenen Teams eine Lektion, die immer darum gebettelt hatten, von Penske „abgelegte" Motoren der Vorserie zu erhalten – in der Hoffnung, diese seien gut eingefahren und auch für den Ren-

Das Penske-Team trat 1996 mit drei neuen PC25-Fahrzeugen an. Fahrer waren Paul Tracy (links), Emerson Fittipaldi (Mitte) und Al Unser jr. Für Tracy gab es drei Pole Positions, aber Siege waren nicht drin…

neinsatz voll tauglich. Die beiden Fahrzeuge, die Penske einsetzte, waren mit dem GEN-V-Motormanagementsystem bestückt, und das spielte aus ungeklärten Gründen verrückt. Es machte einen der beiden Motoren unbrauchbar, beim zweiten mußte man neun Mal die Batterie austauschen. Zum Glück kam Bobby Rahal mit seinem Auto auf den dritten Platz – mit nur 1,31 Sekunden Rückstand zum Sieger. Helmut Werner und Jürgen Hubbert waren nach einem dreitägigen Geschäftsaufenthalt in New York ebenfalls in Miami anwesend und beglückwünschten Bobby Rahal zu seinem Anfangserfolg.

Probleme mit der Elektronik hatte der von Emerson Fittipaldi gefahrene Penske-Mercedes auch beim nächsten Rennen, das in Surfers Paradise, Australien, stattfand. Hier starteten der Penske-Mercedes-Wagen unter Marlboro-Farben. Der Bettenhausen-Pilot Stefan Johansson war der erste Fahrer eines Rennens in der Saison 1995, der einige Runden führte, ehe er wegen Schwierigkeiten am Getriebe die Boxen anfahren mußte. Ein zweiter Platz bescherte Bobby Rahal die Punkteführung.

Johanssons Team äußerte sich über den Mercedes-Motor in Lobpreisungen. „Dieser Motor ist wirklich hervorragend. Er dreht höher und leistet mehr als im Vorjahr. Mit soviel Potenz müßte es uns gelingen, Ford auf die hinteren Plätze zu verweisen", sagte Tony Bettenhausen.

Nach ihrem Auftritt in Australien begab sich das Rahal/Hogan Team zu Testfahrten nach Indianapolis. „In nur drei Tagen, vom 23. bis zum 25. März, bewegten wir unseren Wagen über eine Distanz von 605 Meilen (974 km), mit einunddemselben Motor. Es gab keinerlei Schwierigkeiten."

Der IC108b-Motor bewies seine Zuverlässigkeit unter höchster Belastung bei jenen Teams, die sich für das GEN-IV Managementsystem entschieden hatten. Nur die Variante GEN-V gab zu neuen Sorgen Anlaß, so beim Rennen in Phoenix, Arizona, als Al Unser jr. wieder einmal außerplanmäßig an die Boxen mußte, wo man ein Kontrollmodul für den Motor auswechselte. In der zweiten Hälfte bis fast zum Schluß führte Fittipaldi das Rennen, mußte dann nachtanken und kam noch auf den dritten Platz.

Das nächste Rennen ging in Long Beach, Kalifornien, über die Bühne. Es gelang Al Unsrer jr. auf Penske-Mercedes, sich ein sechstes Mal in dieser Saison ganz vorn zu plazieren. 74 von 105 Runden hatte er auf dem Straßenkurs geführt. Ein weiterer Mercedes-Sieg – es war der einhunderste für einen Ilmor-Motor! – war

Am ausbleibenden Erfolg des von Nigel Bennett konstruierten Penske PC23 von 1996 waren die Goodyear-Reifen nicht ganz unbeteiligt, während die Firestone-bereifte Konkurrenz besser dran war. Auch war die Aerodynamik der Fahrzeuge nicht auf allen Strecken optimal.

der in Nazareth, wo Emerson Fittipaldi gewann. Diesmal waren es seine Konkurrenten, die wegen Treibstoffmangels das Nachsehen hatten.

Anschließend stand das erste 500-Meilen-Rennen des Jahres auf dem Kalender, ausgetragen nach der USAC-Ausschreibung auf dem Indianapolis-Oval. „Für dieses Rennen ist unerheblich, welche Ergebnisse man bei den vorangehenden erzielt hat," schrieb Nigel Bennett im *Star*. Alles geht hier nach eigenen Regeln zu. Die Aufbauten sind anders, es wird anders gefahren, anders taktiert…"

Wie groß die Unterschiede sind, mußte ausgerechnet das Penske-Team, das aus den zwei vorangegangenen Rennen siegreich hervorgegangen war, erfahren. Keiner der beiden Piloten vermochte sich nämlich unter den 33 Schnellsten zu plazieren, die traditionsgemäß im Qualifikationstraining ermittelt werden – ein Disaster. Wieder einmal schieden sich in Indianapolis die Geister, wie schon so oft. Noch im April hatten die Penske-Mercedes-Autos Runden mit einem Schnitt von 367 km/h gedreht. 362 km/h wäre das Minimum gewesen, um sich zu qualifizieren. Im entscheidenden Lauf kam Fittipaldi mit einem von Rahal geliehenen Lola-Mercedes aber nur auf 361,5, während der Langsamste der Schnellen vier Runden mit einem Schnitt von 362,3 schaffte.

Wie stets, ging es bei den Indy 500 zwar um schiere Power, aber auch um ein „schnelles Chassis". „Wären nur vier Wagen am Start gewesen, hätte man den Lola-Mercedes als den Viertbesten bezeichnen dürfen," spöttelte ein Kommentator. Der Buick V6 Menard-Motor und der Ford-Cosworth dürften kaum stärker gewesen sein, aber die Autos, in denen sie ihre Arbeit taten, waren Indy-gerechter. Auch zwei Honda hatten sich qualifizieren können.

Es waren die Kurvengeschwindigkeiten, die den Ausschlag gegeben hatten. Fittipaldi war auf „nur" 346 km/h gekommen, hätte aber 355 km/h erreichen müssen. „Nur, wenn du in Indy in den Kurven schnell bist, macht es auch auf den Geraden Sinn, schnell zu sein," sagte er.

Nigel Bennett bestätigte: „Unser Chassis war nicht optimal. War hatten unsere Arbeit ganz auf einen guten Motor konzentriert und geglaubt, der würde letzten Endes über den Sieg entscheiden."

Bennett hatte alles in seiner Macht Stehende unternommen, um die Leistung des Motors im Penske PC24 zu optimieren. Im PC23 hatte zusätzlicher Ballast auf der Hinterachse (den man installiert hatte, um auf das geforderte Mindestgewicht zu kommen) geholfen, das Fahrverhalten zu verbessern, und so rückte Bennett auch den Motor im PC24 zum Zweck der Gewichtsverlagerung ein Stück nach hinten. Diese Entscheidung hätte sich als richtig erwiesen, wäre da nicht die Reifenfrage gewesen: Die neuen Goodyear-Pneus hatten zwar bessere Traktionseigenschaften, aber geringeren Seitenhalt, was für die jetzt etwas hecklastiger gewordenen Penske-Autos ebenfalls keine sehr günstige Kombination darstellte. „Alles in allem standen wir einer Reihe von ungünstigen Konstellationen gegenüber, deren Folgen wir erst Anfang Mai im Verlauf des Trainings erkannten,"

Viel Arbeit an den Prüfständen war erforderlich, um den IC108D-Motor auf die geringeren Drücke umzustellen, wie sie von der CART-Ausschreibung für 1997 gefordert wurden. Rechts der Garrett-Turbolader.

Computer Aided Design (CAD) war bei Ilmor zur Selbstverständlichkeit geworden. Im Vordergrund ein Zylinderkopf des IC108D-Motors.

erzählte Bennett. „Wir bekamen das Übersteuern im Kurveneingang und das Untersteuern im Ausgang nicht in den Griff."
Roger Penske wollte wissen, wo das Problem lag und wie es schnellstens zu lösen sei. Er bestand auch auf einer Wiedereinstellung Paul Tracys. Mit einem überarbeiteten Fahrzeug drehte Tracy im Oktober eine Anzahl von Testrunden auf dem Indy-Oval und absolvierte sie zwei Sekunden schneller als Fittipaldi im Mai. Seine Rekordrunde fuhr er mit 375 km/h. „Ich glaube, ich habe 30 Runden hintereinander mit mindestens 370 km/h hingelegt," gab Tracy zu Protokoll.
Die Ilmor-Männer hatten 1995 ebenfalls ihre ganz speziellen Indy-Probleme, nämlich mit dem vorgeschriebenen und vom Veranstalter USAC jedem Fahrzeug zugeteilten Ventil für den Druckausgleich des Turboladers. Es war der Leistungsdifferenz gegenüber den Konkurrenzmotoren nicht gewachsen. „Das traf uns schwer, denn ausgerechnet jetzt verfügten wir über einen Motor, mit dem wir uns in einer besseren Position als je zuvor glaubten," sagte Tracy.
Die fünf für Indy vorgesehenen Fahrzeuge reduzierten sich auf vier, nachdem der vom Jim-Hall-Team gemeldete Reynard durch einen Unfall ausfiel. Die Rahal/Hogan-Wagen erwiesen sich als die schnellsten im Zeichen des Mercedessterns und führten zeitweise das gesamte Feld an. Dann war Bobby Rahal gezwungen, die Führung abzugeben, weil er sich Strafsekunden eingehandelt hatte, und zwar durch vorzeitiges Beschleunigen in der Boxengasse nach einem Tankstop (obwohl dies vermutlich nur auf einer Fehlmessung des USAC-Radars beruhte). Dennoch sicherte Rahal sich und Mercedes-Benz einen ehrenvollen dritten Platz, nur drei Sekunden hinter dem Sieger Jacques Villeneuve.
Niemand konnte zu jener Zeit ahnen, daß dies für Mercedes-Benz die letzte Gelegenheit gewesen sein sollte, im 20. Jahrhundert bei den 500 Meilen von Indianapolis mitzufahren. Ein Rennen, das zumindest von den Amerikanern als das bedeutendste der Welt bezeichnet wird. Die neugegründete Indy Racing League, ins Leben gerufen vom Motor Speedway Management, verabschiedete sich 1996 nämlich von der 2,2-Liter-Formel mit Aufladung und entschied, daß ab 1997 nur mehr Saugmotoren von 4,0 Liter Hubraum und mit Serienblöcken zugelassen seien.
Vor allem: 25 der 33 Startplätze beanspruchte die Indy Racing League für eigene Fahrzeuge. Damit hatten nur acht IndyCar-Teams eine Chance, sich an dem Rennen zu beteiligen. Diese Maßnahme erinnerte an die Auseinandersetzungen der Veranstalter der 24 Stunden von Le Mans mit der FIA und führte dazu, daß die IndyCar-Teams sich unisono für einen Indianapolis-Boykott aussprachen. Nur ein einziger „illegaler" Mercedes-Motor kam 1996 an den Start (und verhalf seinem Fahrer zu einem zweiten Platz).
Bereits ein Wochenende nach dem Indianapolis-500-Rennen nahm die IndyCar-Saison 1995 einen weiteren und höchst spannenden Verlauf. Auf dem Milwaukee Fairground Oval wurde „Little Al" Unser Zweiter. Anschließend kam Unser auf einen fünften Platz in Detroit, nachdem Raoul Boesel schon beim Start wegen Ventilfederbruchs liegengeblieben war.
Ende Juni holte sich Unser den Sieg in Portland, Oregon, in einem Rennen, bei welchem auf den Plätzen Drei, Fünf, Sechs, Neun und Zehn ebenfalls Fahrzeuge mit Mercedes-Motoren zu finden waren. Unser war zunächst disqualifiziert worden, weil an seinem Wagen ein Teil der unteren Seitenverkleidung davongeflogen und damit die Distanz unterhalb der Seitenteile nicht mehr regelkonform war. Später wurde die Disqualifikation jedoch aufgehoben, weil das angerufene Sportgericht nachweisen konnte, daß CART bei der Konzedierung von Abweichungen vorgeschriebener Fahrzeugabmessungen ohnedies inkonsequent verfahren war.
Nur 34 Tausendstel Sekunden trennten Gil de Ferran von der Pole Position beim Vier-Meilen-Rennen in Elkhart Lake im Juli. In den ersten drei vorderen Startreihen waren drei weitere Fahrzeuge mit Mercedes-Motor – und um so enttäuschender war das Ergebnis, das Mercedes-Benz nur einen fünften und einen sech-

Die Kurbelwelle für den IC108D war komplett bei Ilmor in Brixworth hergestellt worden - in 48 Arbeitsgängen, die acht Wochen Zeit erforderten.

ser, mit seinem PC24 vom Start weg in Führung zu gehen und lag auch in der letzten Runde vorn – allerdings nicht, bis sich die Zielflagge senkte. Im letzten Moment zog sein Rivale Scott Prutt auf einem Lola-Ford an ihm vorbei und distanzierte ihn im Ziel mit nur 0,056 Sekunden Abstand. Jener Lola-Ford war übrigens der erste Wagen in der IndyCar-Serie, der auf Firestone-Reifen siegte, nach 315 Goodyear-Siegen in ununterbrochener Folge.

Das 300-Kilometer-Rennen in Mid-Ohio, das im August stattfand, verlief für Mercedes-Benz etwas eigenartig. Die gute Nachricht: Al Unser jr. gewann das Rennen auf diesem kurvenreichen Kurs auf einem Penske-Mercedes. Die schlechte Nachricht: Vier weitere Fahrzeuge mit Mercedes-Motoren hatten aufgeben müssen, und zwar sämtlich aus gleichem Grund: Pleuelbruch. Und nur eine Woche später sollte das nächste Rennen stattfinden, auf einem Hochgeschwindigkeits-Oval in New Hampshire.

„Wir mußten schnell handeln," sagte Paul Ray, „jede Minute zählte." Er ließ die defekten Pleuel per Kurier auf dem Luftweg nach Stuttgart bringen, wo sie im Materialprüflabor von Mercedes-Benz untersucht wurden.

„Es war gar nicht so leicht herauszufinden, wo die Ursachen für den Bruch gelegen hatten. Schließlich aber bestätigte sich der Verdacht, daß sie in der unzulänglichen Härtung des Materials lagen. Wir mußten also nichts anderes tun, als die Pleuel unserer Motoren unter hohen Temperaturen nachzubehandeln."

Ilmor benutzte für den IC108D sowohl eigene Prüfstände (unser Bild) als auch die in Untertürkheim.

sten Platz (Rahal und Fernandez) bescherte. Probleme am Antrieb und nachlässige Boxenarbeit des Penske-Teams waren für dieses schlappe Ergebnis die Ursachen. Dafür wurde Bobby Rahal Zweiter in Toronto und Vierter beim Flugplatzrennen in Cleveland gegenüber einer harten Konkurrenz von Ford-Cosworth. Das große Gewicht, das die Cosworth-Ingenieure auf eine Spitzenleistung im oberen Drehzahlbereich zu Lasten des mittleren Segments seiner Motoren legten, verschaffte ihnen eine hervorragende Ausgangsposition in dem einzigen weiteren 500-Meilen-Rennen der Saison, ausgetragen auf Penskes Michigan International Speedway. Auf dem ultraschnellen Zwei-Meilen-Oval schaffte es „Little Al" Un-

Rechtzeitig konnten die mit neuen, hochvergüteten Pleueln bestückten Motoren eine Woche nach Mid-Ohio an den Start gehen.

Jetzt war aber erst einmal die Reihe an Honda. Zum ersten Mal in der IndyCar-Serie verbuchten die Japaner am 20. August 1996 in New Hampshire einen Sieg. Unser kam als Dritter ins Ziel. Und ein Wochenende darauf in Vancouver, British Columbia, wurde er Sieger, dicht gefolgt von Gil de Ferran auf Jim Halls Reynard. De Ferran gewann das letzte Rennen der IndyCar-Saison in Laguna Seca am 10. September. Sein Punktestand brachte dem Newcomer den Titel „Rookie of the Year" ein.

Der 1997er Mercedes-Benz-IC108D neben dem Formel-1-V10 der gleichen Saison. Die Mercedes-motorisierten CART-Rennwagen gewannen 1997 neun von 17 Rennen und brachten Daimler-Benz die Konstrukteursmeisterschaft ein.

Ein „Rookie“, also ein Einsteiger, war ja auch die Firma Mercedes-Benz, und daß ihre Motoren sechs von 17 Rennen gewonnen hatten, war ein schöner Erfolg, auch für Unser und Rahal, die in der Meisterschaft nach Villeneuve die Plätze Zwei und Drei belegten. Für die Ilmor-Männer war das Endergebnis nicht außergewöhnlich; schon 1991 hatten sämtliche Siegerwagen und Pole-Position-Halter in allen 17 Rennen einen Ilmor-Motor im Fahrzeug gehabt. Aber dann erschienen Ford und Honda und sorgten Jahr für Jahr für größere Spannung.
Nachdem Paul Morgan und Mario Illien ihren 265D-Motor in Abstimmung mit Mercedes-Benz für einen erfolgreichen Einsatz in der Saison 1995 präpariert hatten, folgten sie nur allzu gern der Anregung Paul Rays, den V8 für 1996 weiterzuentwickeln, zumal einige Teams bereits Ende 1995 ihr Interesse bekundet hatten und auch schon in den Genuß einer überarbeiteten Version des Motors gekommen waren. „Wir sehen gute Chancen für einen noch höher drehenden Motor,“ sagte Bobby Rahal nach dem Rennen in Vancouver. „Immerhin reichte es bereits für einen dritten Platz, und für eine längere Phase haben wir uns an zweiter Stelle behaupten können. Der verbesserte Motor habe einen „bemerkenswerten Leistungszuwachs“ zu verzeichnen, dank einer Reihe von Verfeinerungen an Motorkomponenten, die „über das übliche Maß der alljährlich üblichen Maßnahmen hinausgehen“.
In Brixworth zeichnete seit 1995 Alan Cook für die IndyCar-Motoren verantwortlich. Unter seiner Regie entstand Ende 1995 der IC108C für die kommende Saison. Bereits Ende März 1995 hatten die Arbeiten begonnen, als Gußformen für einen neuen Zylinderkopf entstanden. „Man darf sagen, daß wir an einer ganz neuen Konstruktion arbeiteten,“ erzählte Paul Ray. Nur den Zylinderwinkel und die Mittellinie der Bohrungen behielten wir bei, ebenso die Ölpumpen und die Lichtmaschine. Fast alles andere wurde verändert – der Block, die Kurbelwelle, die Kolben und Pleuel, die Zylinderköpfe und die Laufbüchsen, die Nockenwellen.“ Ilmors enge Verbindung zu Mercedes-Benz begann ihre Früchte zu tragen.
Von elementarer Bedeutung für den Rennmotor sind seine Kolben. Ihre Belastbarkeit bestimmt zusammen mit dem Steuermechanismus die Drehzahlgrenze und damit die Leistung des Motors. Bei Mercedes-Benz hatte man ein computergesteuertes Programm zur Errechnung von Strukturdaten entwickelt, die erstmals bei der Entwicklung neuer Kolben für den IC108C angewendet wurden. Vorgeschrieben war der Baustoff Aluminium; Ilmor entschied sich für die Legierung RR58.
Auch das leidige Thema der Ventilfedern versuchte man bei Mercedes-Benz in den Griff zu bekommen. Und zwar mit aller Gründlichkeit. Ein Analyseprogramm mit mikroskopischen Untersuchungen, das sich über drei Monate erstreckte, sollte Aufschluß über die erlittenen Federbüche bringen. Ein großer Teil der Arbeiten wurde in Ulm durchgeführt, im Materialprüfungs-Institut der Daimler-Benz-Gruppe.
Ilmor benötigte starke Verbündete angesichts der zunehmenden Motorenkonkurrenz bei der IndyCar-Serie. „Der Wettbewerb zwingt uns leider, von den Motoren sehr viel mehr zu fordern als uns lieb ist,“ meinte Paul Ray. „Gerät man erst einmal ins Hintertreffen, wie es bei uns in Michigan der Fall war, muß man hinterher um so größere Anstrengungen unternehmen um aufzuholen. Und Mißerfolge im Rennsport sprechen sich leider sehr schnell herum!“
Die Zusammenarbeit mit Mercedes-Benz war für Ilmor also überlebenswichtig; sie funktionierte ausgezeichnet. „Die Leute von Mercedes-Benz und von Ilmor hatten großen Respekt voreinander. Gleich groß war auch die Begeisterung für die Sache. Sagt uns nur, was wir für euch tun können, hörten wir immer wieder – und das war keine Phrase, sondern kam von Herzen!“
Es war vorauszusehen, daß der Tag kommen mußte, an welchem diese Freundschaft ihre Feuerprobe erleben würde. Dieser Tag kam schon bald.
1996 hatten sechs Teams ihr Interesse an dem neuen V8-Motor angemeldet. Für acht Wagen standen 38 IC108C-Motoren bereit. Das von Marlboro gesponserte Penske-Team war mit Al Unser jr. und Paul Tracy vertreten und unterstützte den Einsatz eines Wagens, den Carl Hogan für Fittipaldi bereitgestellt hatte.
Keinem der Mercedes-motorisierten Teams gelang es, in der 1996er IndyCar-Saison einen Sieg zu erringen. In den 16 Rennen waren zwar drei Pole Positions zu verzeichnen (Paul Tracy), sieben Zweitplazierungen und ein vierter Rang in der Fahrer-Meisterschaftsliste für „Little Al“ Unser. Honda hatte elf Rennen gewinnen können; Jimmy Vasser und Alex Zanardi vom Ganassi Team waren auf die Plätze Eins und Zwei gekommen. Damit hatten die Japaner ihr Ziel erreicht – Mercedes zu schlagen.
„Man kann eben keinerlei Voraussage machen, wie lange das eine oder andere Teil halten und wo sich die Achillesferse zeigen wird. Und du weißt auch nicht, wie das Problem, das du noch gar nicht kennst, angehen sollst, wenn es auftaucht,“ sagte Paul Ray zu John Chuhran unter Bezug auf den IC108C. Motorenprobleme hatte es während der ganzen Saison gegeben, wobei der dreifache Ausfall bei den

U.S. 500 Ende Mai in Michigan besonders schmerzhaft war – ausgerechnet bei jenem Rennen, das in unmiittelbarer Konkurrenz zu den 500 Meilen von Indianapolis der Indy Racing League stand.
Die mit Mercedes-Motoren antretenden Fahrer hatten abzuwägen zwischen Tempo, Power und Durchstehvermögen ihrer Maschine. „Von Greg Moores Ausfall bei den U.S.500 haben wir eine Menge gelernt,“ sagte Paul Ray. „Den Motor seines Wagens und etliche weitere haben wir später auf unseren Prüfständen über simulierte Distanzen gleicher Länge und Dauer geschickt. Wir meinten, daß wir uns jetzt auf der ganz sicheren Seite bewegten, und dennoch mußten wir uns darüber klar sein, daß auf der Rennstrecke wieder etwas Unvorhergesehenes eintrat. Das gehört nun einmal zum Wesen des Motorsports.“
Alle in Michigan verwendeten Motoren waren mit jener neuen Generation von Zylinderköpfen bestückt worden, die bereits bei einigen V8-Motoren in Long Beach eingesetzt waren. Mehr als einhundert weitere Neuteile im IC108C hatten 25 zusätzliche PS gebracht und es ermöglicht, daß er bis über 14.000 U/min drehzahlfest war. Das Michigan-Rennen Ende Juli 1996 stellte den ersten 500-Meilen-Einsatz des überarbeiteten IC108C dar, und Bryan Herta kam nach einem Honda immerhin auf Platz Zwei, mit nur 1,38 Sekunden Rückstand. Ein dramatischer Zwischenfall in diesem Rennen hatte besondere Signifikanz: Emerson Fittipaldi verunglückte bei einem Crash so schwer, daß er seine Karriere als Rennfahrer aufgeben mußte.

Auch in den letzten drei Rennen der Saison mußten sich die Piloten Mercedes-motorisierter Fahrzeuge mit nachrangigen Plazierungen abfinden, dennoch durfte man dem IC108C in seiner Endphase beste Qualitäten bescheinigen. Das mußten sogar die Gegner zugeben, wie Robert Clarke, der führende Honda-Mann: „Ich könnte mir vorstellen, daß man bei Ilmor sehr genau weiß, was man will. Natürlich kennen wir keine Zahlen, aber uns ist klar, daß ihr Leistungspotential enorm zugenommen hat. Man darf Ilmor gratulieren.“
Paul Ray konnte dies nur bestätigen: „Uns geht es um mehr Speed und um mehr Leistung. Wir gehören inzwischen mit Sicherheit zu den Schnellsten. In der Zahl der PS können wir es sich mit Honda aufnehmen.“
Der Phase-II-IC108C hatte, Experten-Schätzungen zufolge, Ende 1996 an die 950 PS bei 14.000 U/min. Das war ein Wert, der an den des Stoßstangen-V8 500I von 1994 heranreichte. Warum also konnten die Fahrer mit Mercedes-Motoren in ihren Wagen 1996 keinen Sieg erringen?
Alle Fahrzeughersteller waren gehalten, sich im Laufe der Saison verordneten Reglementsänderungen anzupassen. Diese betrafen in erster Linie aerodynamische

Mark Blundells Reynard mit Mercedes-Motor nach einem Boxenstop für den Reifenwechsel. In der CART-Serie kam es hier auf Sekundenbruchteile an.

Das PacWest-Team von Bruce McCaw absolvierte 1997 mit vier Siegen eine sehr gute Saison.

Unten: Im Penske PC26, der sich besonders auf kurzen Ovalstrecken bewährte, errang Paul Tracy mit dem IC108D drei Siege. 1998 war der Kanadier nicht mehr mit von der Partie - er hatte zu viele Unfälle gebaut.

Hilfsmittel zur Verstärkung des Anpreßdrucks, deren Wirkung man reduzieren wollte, um die Kurvengeschwindigkeiten herabzusetzen – aus Sicherheitsgründen. Die Änderungen verlangten eine bestimmte Gestaltung der vorderen Spoiler sowie eine Verengung und tiefere Anbringung der Venturischächte unter dem hinteren Fahrzeugboden. Die Antriebskräfte sollten sich hierdurch um 18 bis 20 Prozent vermindern. Also mußten sämtliche Fahrzeuge – selbstverständlich auch die der Hersteller Lola, Reynard und Penske – eingehenden Änderungen unterzogen werden. Für Penske entwarf Nigel Bennett den PC25, der in Penskes Betrieb in Poole, England, gebaut wurde, und bei Reynard entstand in 30 Exemplaren der 96I, von dem neun den IC108C erhalten sollten.
Nur auf einem der drei Streckentypen erwies sich Penskes PC25 als ideal, nämlich auf sehr kurzen Ovalpisten, wie sie Homestead in Florida, Milwaukee und Nazareth darstellten. „Auch in Elkhart Lake erwiesen sich unsere Autos noch als sehr gut," sagte der Konstrukteur Bennett. „Aber auf hügeligen Straßenstrecken wie in Laguna Seca bekamen wir Probleme. Auf starke, rasch wechselnde Belastungen der Aufhängungen und einem daraus resultierenden Wechsel der Fahrzeugeintauchung war unsere Aerodynamik nicht ausgerichtet. Je tiefer der Wagen lag, desto günstiger waren die Werte." Der Reynard, so ergab ein bei Penske durchgeführter Test, lag unter allen drei Konditionen noch am besten: Auf schnellen Rundstrecken, auf ebenen Straßenrundkursen und auf solchen mit betont ondulierter Streckenführung.
Mehr noch als die aerodynamischen Faktoren schlug aber die Wahl der Reifen zu Buche. „Honda hatte 1996 bis auf ein einziges Fahrzeug sämtliche Rennwagen mit Firestone-Reifen versehen," zog Paul Ray Resümee. „Unsere Fahrzeuge waren sämtlich auf Goodyear unterwegs. Das dürfte die falsche Wahl gewesen sein." Wie Computer-Simulatoren erkennen ließen, kompensierten die Firestone-Reifen mindestens 100 PS. Aber es gab einen einfachen Grund, warum die Mercedes-motorisierten IndyCar-Wagen ausschließlich mit Goodyear-Pneus bereift wurden: Zu Roger Penskes Multikonzern gehörten drei Reifengroßhandlungen dieser Marke, und auch in den 750 Penske Auto Centers in ganz USA wurden ausschließlich Goodyear-Reifen vertrieben.
Wenn es im letzten Dezennium dieses Jahrhunderts in der Chefetage bei Mercedes-Benz eine ernsthafte Überprüfung des motorsportlichen Engagements gab, dann wohl am Ende der Saison 1996. Da war das aufwendige C-Klasse-Programm, das sich der starken Konkurrenz durch Alfa Romeo und Opel ausgesetzt sah und keinen Durchbruch schaffte; da war der seit drei Jahren ohne nennenswerte Erfolge gebliebene Mercedes-McLaren. Und nun die Enttäuschung in der mit soviel Elan und einem vielversprechenden Partner wie Ilmor angegangenen IndyCar-Serie.
War diese Saison ein Testfall für eine neue Generation von Mercedes-Benz-Managern, so bestanden sie ihn glänzend. Denn die Geschichte ihres Hauses selbst lieferte hervorragende Beispiele, wie viele Variationen des Begriffs „Motorsport" es gab und wie man sie zu bewerten hatte.
Siege gegen eine schwache oder fast gar nicht vorhandene Opposition waren nie des Feierns wert. Eine starke Herausforderung durch potentielle Gegner ist wichtig, wenn Motorsport überhaupt ernstgenommen werden soll. Ferner ist es nur interessant, ein gestecktes Ziel zu erreichen, wenn er Weg dahin nicht allzu leicht ist. Wenn einem jeder Sieg leichtgemacht wird, kommt keine Spannung auf, die Zuschauer langweilen sich. Um so reizvoller ist es, nach verlorener Schlacht ein Come-back einzuleiten, und wo konnten die Erwartungen höher sein als bei einer Marke wie Mercedes-Benz, die in ihrer Geschichte kaum je zu den Verlierern gehört hatte? Hier lag also die Chance zu beweisen, daß die Entscheidungsträger nicht nur gute Motoren zu bauen verstanden, sondern auch gute Nerven hatten.
Aber auch ein Mann wie Roger Penske gab sich keineswegs geschlagen, Nach 1974 und 1976 war die Saison 1996 erst die dritte, in welcher er ein Team für die

Oben: Der Brite Mark Blundell kam von der Formel 1 zur CART-Serie. 1997 errang er auf Reynard-Mercedes drei Rennsiege. Sein PacWest-Team fuhr auf Firestone-Reifen.

Rechte Seite: Mauricio Gugelmin auf der Fontana-Rennstrecke, auf der er sich Ende 1997 mit 378,7 km/h qualifizierte. Im Training kam er sogar auf Schnitte von 390 km/h.

volle IndyCar-Serie aufgestellt hatte. In Penskes gesamter Motorsportkarriere hatten seine Autos 96 Erstplazierungen eingefahren – klar, daß sich dieser Mann seinen 100. Sieg herbeisehnte, um so mehr, als keiner seiner Wagen in der IndyCar-Serie 1996 ein Rennen gewinnen konnte.

Der Test mit dem Reynard-Wagen Ende 1996 hatte zwar erkennen lassen, daß dieses Fahrzeug beste Qualitäten hatte, dennoch wollte Penske seinen Chassislieferanten nicht wechseln. Er hielt zu seinem Betrieb in Poole, der über alle Einrichtungen verfügte, um einen noch besseren Rennwagen zu bauen, vor allem, wenn dieser nur für einen einzigen Motor auszulegen war und nicht, wie bei anderen Teams, für die Aufnahme unterschiedlicher Aggregate geeignet sein mußte.

Penske gelang es, den Ingenieur John Travis von Lola abzuwerben; Nigel Bennett arbeitete weiterhin als Aerodynamiker unter David Johnson-Newell. Chefingenieur wurde Nigel Beresford; ihm oblag vor allem die dringend notwendige Verbesserung der Koordination aller Kräfte zwischen Poole und Penske USA.

Als Schöpfer des neuen PC26 für das Jahr 1997 zeichnete noch Nigel Bennett verantwortlich; es war seine fünfzehnte und letzte Konstruktion für Penske. Abermals hatte er den Wagen einigen Reglementsänderungen anpassen müssen. So war jetzt eine weitere Cockpitöffnung vorgeschrieben (die bei einem Crash das Risiko von Kopfverletzungen mindern sollte), und der Kraftstofftank durfte nur noch 132 statt 151 Liter Rennbenzin fassen. Auch für den Höchstverbrauch gab es ein neues Limit: 78,7 Liter, entsprechend 1,85 Meilen pro US-Gallone. „Durch den etwas kleineren Tank ließ sich der Gesamtschwerpunkt des Wagens etwas tiefer legen; den Fahrersitz rückten wir ein bißchen nach hinten, den Motor ein bißchen nach vorn," sagte Bennett.

In einem der großen Windkanäle der Universität Southampton wurden die aerodynamischen Eigenschaften der Karosserie des PC26 untersucht. Die Tests erfolgten an einem Modell in 40 Prozent der Originalgröße auf einem „rollenden Straßenband", durch das sich hohes Renntempo simulieren ließ. Penske trug die Kosten der 18-wöchigen Untersuchung, einschließlich der Auswertung aller Daten durch Computeranalyse.

Entwicklungsarbeit im Windkanal und im Labor braucht ihre Ergänzung durch Informationen, die nur im praktischen Versuch zu erhalten sind. „Bis auf die Lenksäule und die Bedienungsspedale unterschied sich der PC26 von seinem Vorgänger in sämtlichen Details," sagte Bennett. „Daher war es unerläßlich, das Auto auch auf der Piste gründlich zu untersuchen, zumal wir neue Vorschriften in Bezug auf die Heckflügel zu befolgen hatten, die bei Rennen auf Straßenkursen einen geringeren Anpreßdruck auf die Hinterräder ausüben sollten."

In Poole entstanden fünf PC26, die 1997 von Paul Tracy und Al Unser jr. gefahren werden sollten. Auf vier verschiedenen Rennstrecken begann man Ende Dezember 1996 mit den Testfahrten. Paul Tracy meinte, der neue Wagen benötige

zu einer Beherrschung einen geringeren Kraftaufwand als der PC25: „Das wird uns im Rennen viel nützen.“
Woran das lag, erklärte John Travis. „Das Fahrverhalten des PC25 wurde in erster Linie von seinen aerodynamischen Eigenschaften bestimmt. Bei dem neuen Wagen haben wir den Traktionskräften Priorität gegeben.“ Die Amerikaner sprachen von einem „mechanical grip“, der hohe Geschwindigkeiten in Kurven ermöglichte – ohne Griffe in die aerodynamische Trickkiste. Der „mechanical grip“ war ausschlaggebend auf Straßenkursen mit engen Kurven und setzte natürlich bestes Reifenmaterial voraus.
Da die aerodynamisch generierten Abtriebskräfte, also der Anpreßdruck bei hoher Geschwindigkeit, beim PC25 von einer möglichst konstanten Bodenfreiheit des Wagens abhingen, mußte mit extrem steif eingestellten Aufhängungen gefahren werden. Auf ebenen Ovalkursen kein Problem – nur auf den meist recht holprigen Straßenstrecken, auf denen eine ganze Reihe von IndyCar-Läufen ausgetragen wurden, gab es für die Fahrer Schwerarbeit. Hier war besserer „mechanical grip“ gefragt, wie ihn beispielsweise der Reynard hatte, der Ende 1996 von Penske untersucht worden war. Von den Radaufhängungen an diesem Wagen hatten die Penske-Techniker einiges lernen können.
Nigel Beresford erklärte die Gegensätzlichkeiten, für die es eine optimale Lösung zu finden galt: „Der Konstrukteur eines Rennwagens möchte die Motorkraft mit so wenig Antriebsverlusten wie nur möglich auf die Hinterräder bringen, gleichzeitig ein Höchstmaß an Traktion an den Vorderrädern haben. Relativ weiche Aufhängungen könnten beide Forderungen kompensieren, aber kein Rennfahrer will einen weichen Wagen fahren, weil ihm das ein Gefühl von Unsicherheit verleiht. Je straffer Federung und Dämpfung sind, desto besser hat er das Fahrzeug unter Kontrolle und desto härter vermag er es am Limit zu bewegen. Hier müssen wir also den bestmöglichen Weg finden...“ Die Erkenntnis, daß man dem Fahrer genau jenes Instrument in die Hand geben muß, mit dem er sein Können optimal zu beweisen vermag, hätte Rudolf Uhlenhaut nicht besser formulieren können.
Schon 1994 hatte man bei Penske einen innovativen Schritt in diese Richtung getan. Es handelte sich um eine dritte Schraubenfeder, die nur auf Eintauchbewegungen ansprach und nicht auf Rollbewegungen des Fahrzeugs um die Längsachse. Ihre Wirkung entsprach etwa jener Ausgleichsfeder, die an der Pendelachse des 300 SL Roadsters zu finden war. Auf holprigen Straßen bewirkte Penskes „monobump“-Hilfsfeder einen Ausgleich der variierenden Werte der Bodenfreiheit. Die Firma Penske Racing Shops in Reading, Pennsylvania, stellte die Federn her, und als man sich 1997 aufs Neue ihrer Nützlichkeit besann und eine Weiterentwicklung in Angriff nahm, verfügte Penske einen Lieferstop an Fremdfirmen, um dem Team Penske die Exklusivität zu sichern.
Roger Penske lag sehr viel an seinem Rennteam, das zu den kleineren, aber doch sehr exponierten Unternehmen seiner Firmengruppe gehörte. Das internationale Penske-Imperium beschäftigte insgesamt mehr als 25.000 Mitarbeiter und machte einen Jahresumsatz von gut 4 Milliarden Dollar. „Der Chef kümmert sich um sein Rennteam mehr als je zuvor,“ sagte Paul Tracy. „Er verlangt alle Testberichte zu sehen, und wo immer er ein Fragezeichen hinsetzt, muß die Arbeit wiederholt werden. Er will genau wissen, was wir verändert haben und mit welchem Resultat. Und er erwartet aussagefähige Informationen, ohne wenn und aber.“ Penskes

Der 1998er IC108E stellte das Ergebnis eingehender Überarbeitungen des Indy-V8 dar, an dem der von Toyota gekommene Ian Watson großen Anteil hatte.

Rechts: John Travis war Penskes neuer Konstrukteur, der für den 1998er PC27 mit dem IC108E verantwortlich war. Es gab allerdings einige Getriebeprobleme...

Geschäftsmotto lautet: „Aufwand muß Ertrag bringen". Und er war stets bereit, in einen hohen Aufwand zu investieren, wenn die Aussicht auf einen entsprechenden Ertrag dafürstand.
Den Report, den Penske über die ersten Versuchsfahrten mit dem PC26 erhielt, durfte er mit Genugtuung zur Kenntnis nehmen. Die Testfahrer bescheinigten dem Wagen, ihn mit hochgradiger Fahrsicherheit bis ans Limit bewegen zu können. Auch in der Reifenfrage gab es nur Gutes zu berichten. John Travis: „In Zusammenarbeit mit Goodyear sind wir zu hervorragenden Ergebnissen gekommen. Wir konnten große Fortschritte erzielen."
Der Motorenhersteller Ilmor hatte wie Penske durch die neuen Vorschriften für 1997 ebenfalls ein ordentliches Arbeitspensum vor sich. Um dem Wettlauf um immer höhere Spitzengeschwindigkeiten ein Ende zu bereiten, hatte die CART – und das waren letztenendes die Teams selbst – den Beschluß gefaßt, den Turboladedruck von bisher 1,52 bar auf 1,32 bar herabzusetzen. Das war ein Wert, der unter jenem lag, den viele Turbolader-Serienwagen aufwiesen. Dies führte dazu, daß Illiens IndyCar-Aggregat fast als Saugmotor zu betrachten war. Und da es auch Einschränkungen hinsichtlich des Kraftstoffverbrauchs gab, kam es darauf an, mit der Zahl der Pferdestärken besonders behutsam umzugehen, etwa durch eine noch stärkere Reduzierung der Reibungsverluste im Motor.
Die Lebenszeit eines Motors sei durch kurzfristige Reglementsänderungen immer kürzer geworden, sagte Mario Illien – aber nicht durch Verschleiß. „Wir sind heute gezwungen, einen ausgereiften Motor schon nach einem Jahr wieder umzukonstruieren. Mit dem 265A konnten wir noch fünf oder sechs Jahre an den Start gehen; so etwas gibt es heute gar nicht mehr. Die erforderlichen Investitionen in die Konstruktion und in den Motorenbau sind immens geworden." So erhielt der Mercedes-Benz-Motor IC108D für 1997 einen neuen Zylinderblock, neue Köpfe, eine neue Kurbelwelle, neue Pleuel. Manche Modifikationen waren minimal, dennoch erforderten sie neue Gußformen.
Um den Leistungsabfall durch einen verminderten Ladedruck auszugleichen, mußte die Zylinderkompression erhöht werden. Hier konnte Illien seine Erfahrungen nutzen, die er bei seinen Arbeiten am V10-Motor für den Formel-1-Wagen gesammelt hatte. Denn auch die Hubräume beider Motoren glichen sich: Beim V10 waren es 300 ccm je Zylinder, beim V8 330 ccm. Ähnlich waren auch die Bohrungsmaße.
Die beiden obenliegenden Nockenwellen waren aus Stahl, die Ventile aus Titan, ihre Führungen aus Bronze. Um sein Ziel einer minimierten Reibung zu erreichen, setzte Illien die Toleranzen und Passungen eher großzügig an, damit Platz für genügend starke Ölfilme vorhanden war. Einige Abnehmer des IC108D montierten vorsorglich zusätzliche Öltanks, um dem erhöhten Schmierstoffkonsum Rechnung zu tragen.
Die Pleuel und die „flache" Kurbelwelle wurden bei Ilmor angefertigt, letztere aus dem Vollen gedreht. Die vier Wangen der Welle wiesen Bohrungen zur Gewichtsverminderung auf. Die Ausgleichsgewichte waren so geformt, das sie seitlich neben den Pleueln etwas überhingen, aus Gründen der knappen Motorabmessungen. Um ihr Gewicht zu erhöhen, gab man ihnen Einsätze aus dem spezifisch schwereren Mallorymetall. Nach wie vor erfolgte der Nockenwellenantrieb von der Rückseite des Motor aus, doch hatte man ihn ebenfalls einer gründlichen Überarbeitung unterzogen. Die Übertragung erfolgte über eine Kombination von Zahnrädern und Zahnriemen, und über eine im V-Winkel der Zylinderbänke nach vorn laufende Hilfswelle wurden die Lichtmaschine, die Wasser- und Ölpumpen und der Wasserabscheider für den Ölhaushalt aktiviert.

Die Bauart des Abgas-Turboladers hatte nach strikten und von der CART vorgegebenen Richtlinien zu erfolgen. Das Zuführungsrohr zu jeder Zylinderbank wies das ebenso obligate Druckventil auf, das sich bei 1,35 bar öffnete.
Den Ladedruck stets bis dicht an diesen Wert zu führen und zu halten, mußte also das Anliegen des Motorenkonstrukteurs sein. Um das Drucklimit unter allen Fahrbedingungen genau einzuhalten, hatte Delco sein elektronisches Motormanagementsystem verbessert und um eine Software bereichert, die sich Boost Optimisation System (BOSS) nannte. Sie war unter Mitwirkung der britischen Firmen Pi Research und Genesis entstanden
Das Delco-System steuerte auch die verteilerlose Zündung und die sequentielle Kraftstoffeinspritzung. Eine Besonderheit war die Unterbrechung der Zufuhr für

Am Heck des 1998er Penske PC27 erkennt man an den Auspuffrohren und am Turbolader Hitzeschilde.

20 bis 30 Millisekunden, wenn der Fahrer den Gang wechselte, so daß er während des Schaltvorgangs nicht den Fuß vom Gaspedal nehmen mußte.

Mit einem Gewicht von 123 kg einschließlich der Mehrscheibenkupplung unterschied sich der IC108D nicht von der B-Version. Erste Prüfstandsläufe fanden am 1. Oktober 1996 statt. „Es lief alles programmgemäß," berichtete Paul Ray. „Nach dem sorgfältigen Einlaufen des Motors begannen wir mit Leistungsprüfungen und erhielten sehr zufriedenstellende Ergebnisse."

Mario Illien und Alan Cook hatten gute Arbeit geleistet. Paul Morgan und seine Leuten mußten jetzt sicherstellen, daß dieser Motor in der erforderlichen Stückzahl aufgelegt wurde.

„Wenn man den Prototyp eines sehr guten Motors hat, sind die Erwartungen groß, daß alle nachfolgenden ebenso gut ausfallen. Jeder Kunde verlangt, daß die von ihm bezogenen Exemplare keinen Deut vom Original abweichen und genau die gleiche Leistung haben. Das ist auch eine Frage der Zuverlässigkeit, denn jede auch noch so geringe Abweichung könnte ein Risiko darstellen. Um dem zu begegnen, muß man über erstklassige Werkzeugmaschinen verfügen." Leistungsunterschiede von nur einem halben Prozent klingen bei einem Motor, der 900 PS leistet, nicht gravierend, sind aber dennoch unerwünscht.

Der Zusammenbau der V8-Motoren erfolgte nicht bei Ilmor, sondern bei Penske in Reading, USA, wohin Ilmor in Brixworth und Mercedes-Benz in Stuttgart ihre Komponenten schickten. Motoren, die für andere Abnehmer bestimmt waren, wurden bei der Firma VDS Racing in Midland, Texas, montiert; hier wurden auch Motorüberholungen und Reparaturen vorgenommen.

Die Leasinggebühr für einen kompletten Rennwagen betrug 1997 zwei Millionen Dollar, Motorrevisionen einbegriffen, ebenso die Verfügbarkeit von vier Reservemotoren pro Fahrzeug an jedem Renn-Wochenende. Für sieben gemeldete Fahrer und für den eigenen Bedarf mußte Ilmor 1997 nicht weniger als 66 IC108D-Motoren bauen. Jeden Monat gingen 14 Kits auf die Reise.

Mit der Auslieferung war die Arbeit am IC108D keineswegs abgeschlossen. Eine Anzahl weiterer Langzeitversuche standen auf dem Programm, so auch bei Daimler-Benz. Auf speziellen Prüfständen wurden Untersuchungen durchgeführt, „die an einem einzigen Tag so viele Daten ermitteln, wie man sie in der Praxis nur in einem ganzen Jahr zusammenbekommen würde," führte Don Norton aus, der für die Koordinierung der Prüfstandsarbeiten zuständig war. „Man kann jedes beliebige Rennen simulieren, mit all seinen Besonderheiten von der Wetterlage bis zur Straßenbeschaffenheit. Wir können die Haltbarkeit aller Teile bis zum Limit testen, ebenso die Verbrauchswerte des Motors." Zur Jahreswende 1996/97 endete der Testlauf eines Versuchsmotors mit einem Brand der gesamten Anlage. „Es war wirklich gefährlich," erinnerte sich Don Norton. „wir mußten uns verdammt schnell in Sicherheit bringen!"

Indes, nicht auf alle Fragen vermochte der Prüfstand die gewünschte Antwort zu geben. „Letztlich gibt es nur einen Beweis, der wirklich zählt – und den erbringt die Rennstrecke," sagte Norton. Ein solcher Tag der Wahrheit war zum Beispiel jener Mittwoch im November, als sowohl in Homestaed als auch in Laguna Seca zwei Penske PC25 mit dem neuen Motor auf die Strecke geschickt wurden. Weitere Testfahrten folgten in der ersten Dezemberwoche, die Reifen betreffend. Am 10. Dezember 1996 schließlich erfolgte die erste Probefahrt mit einem PC26.

Wenn nach Roger Penskes Devise jeder Aufwand in einer bestimmten Relation zum Ertrag stehen sollte, dann mußte Ilmors Aufwand für den IC108D den Namen Mercedes-Benz im Jahre 1997 in die Siegerlisten zurückbringen. Hierfür sollte eine abermals weiterentwickelte Version des V8-Motors, 008 genannt Hilfestellung leisten, die erstmals beim Rennen in Rio de Janeiro eingesetzt wurde. Es war der fünfte Lauf zur IndyCar-Meisterschaft. Das Team PacWest kam in den Genuß eines solchen Motors und lancierte damit einen seiner Wagen in die Pole Position. Vom siebenten Rennen an, ausgetragen im Juni in Milwaukee, wurden alle Motoren mit modifizierten Auslaßkrümmern aus vernickeltem Leichtmetall versehen, der Satz zu 6000 Dollar. Der Leistungszuwachs betrug zehn Pferdestärken.

Auf breiter Ebene stand der 008-Motor ab dem Rennen in Portland einigen Teams zur Verfügung. Zwar gab es einige Ventilschäden zu verzeichnen, doch machte man die Erfahrung, daß der Motor 500 Kilometer pannenfrei lief, wenn er die ersten 50 Kilometer heil überstanden hatte. Der von Mark Blundell in Portland benutzte Motor lief einwandfrei und bescherte ihm den Sieg. Vom zwölften Rennen an, das auf dem schnellen Michigan-Ovalkurs stattfand, gab es für sämtliche Teams eine abermals verbesserte Version des Motors, jetzt als 009 bezeichnet. Er drehte bis zu 15.000 Touren und leistete 850 PS.

Beim letzten Rennen des Jahres, das auf dem neuen D-förmigen Kurs bei Fontana, Kalifornien, ausgetragen wurde, qualifizierte sich Mauricio Gugelmin für die Pole Position mit einer Geschwindigkeit von 378,68 km/h. Das war die schnellste je ermittelte Qualifikationszeit in der Geschichte des Rennsports. Beim Training kam Gugelmin sogar auf annähernd 390 km/h. Dieser Wert stellte einen weiteren Rekord dar.

In neun von 17 Rennen wurden Fahrzeuge mit Mercedes-Benz-Motoren als Sieger abgewunken. Da sich diese neun Siege auf vier Fahrer verteilten – Paul Tracy (drei), Mark Blundell (drei), Greg Moore (zwei) und Mauricio Gugelmin –, fiel der Fahrertitel an den fünfmal siegreichen Alex Zanardi (Reynard/Honda).

Die Markenmeisterschaft war also eindeutig ein Mercedes-Benz-Triumph, mit 316 Punkten gegenüber 290 für Honda und 230 für Ford-Cosworth. In 19 der 20 Rennen hatte es für Mercedes Erst- und/oder Zweitplazierungen gegeben. Allein der Penske-Pilot Paul Tracy hatte in den Monaten April und Mai drei Rennen hintereinander gewinnen können. Der PC26 hatte die in ihn gesetzten Erwartungen erfüllt. Vielleicht nicht ganz, denn für Penske hätte ein weiterer Sieg die magischen Hundert voll gemacht – so belief sich sein persönlicher Kontostand bei Saisonende nur auf 99... Das PacWest-Team hatte vier Siege einfahren können, sämtlich auf Firestone-Reifen.

Unter dem Strich also eine ausgezeichnete Saison für den Mercedesstern. „Die Vereinigten Staaten stellen den bedeutendsten außerdeutschen Markt für Mercedes-Benz Automobile dar," erklärte Steve Potter von der Mercedes-Benz North America Inc., „daher ist eine erfolgreiche Beteiligung an der CART-Rennserie für uns sehr wichtig. Zwar entspricht die Popularität dieser Serie nicht jener der Formel 1, weltweit gesehen folgt sie aber dicht auf. Mercedes-Benz ist sehr stolz auf die erbrachten motorsportlichen Leistungen in der Saison 1997." Potters Kollege Hal Whiteford ergänzte: „Wir sind allen Partnern, die zu diesem Erfolg beigetragen haben, zu großem Dank verpflichtet, den Team-Managern, den Fahrern, allen ihren Mitarbeitern. Ganz besonders müssen wir uns bei Ilmor bedanken, wo der phantastische Motor entwickelt und gebaut wurde. Man darf den Leuten herzlich gratulieren."

Über einen weiteren Meilenstein des Jahres 1997 wurde weitaus weniger gesprochen. Dies war der einhunderste Sieg in der IndyCar-Serie der Firma VDS Racing, herausgefahren von Mark Blundell auf einem Reynard-Mercedes am 22. Juni in Portland. Das Unternehmen war 1980 von Rudolf Graf van der Straten und Franz Weis ins Leben gerufen worden; letzterer hatte zuvor Motoren für Jam Halls Chaparral-Team in Midland, Texas, gebaut, und in Midland befand sich auch der Firmensitz von VDS. Mit Ilmor hatte es stets eine gute Zusammenarbeit gegeben, bis Morgan und Illien 1998 beschlossen, in der Nähe Detroits ein eigenes Engineering Center zu bauen, womit die Dienste der Firma VDS entbehrlich wurden. Ab 1999 sollte hier alle Motoren gebaut und gewartet werden, die Penske nicht selbst im Rennen einsetzte, sondern fremden Teams überließ.

Im November 1998 nahm die neue Ilmor Inc. auf 2400 Quadratmetern Werksfläche ihre Arbeit auf. Es gab acht Motorenmontagebänder und drei Prüfstände, einer davon elektronisch programmierbar. Der Maschinenpark umfaßte modernstes Equipment. In der kleinen Stadt Plymouth arbeiteten 43 Leute für Ilmor USA, einschließlich 14 Ingenieure, die auch bei allen Rennen zugegen waren; hinzu kam ein Stab von Technikern für Motorrevisionen. Auch allen VDS-Mitarbeitern hatte Ilmor Jobs angeboten.

Zur Saison 1998 hatte man sich bei Ilmor ein neues System der Motorenverfügbarkeit ausgedacht. Anstatt wie bisher jedem Team eine bestimmte Anzahl von Motoren zu überlassen, sollte es künftig einen Pool geben, mit dem Ilmor an den Veranstaltungsorten präsent war. Wer von den fremden Teams Motoren brauchte, erhielt sie direkt vor Ort und ersparte sich somit einen hohen logistischen Aufwand in eigener Regie. „Es lief auf eine Kostenersparnis für uns alle hinaus," sagte Paul Morgan. Insgesamt brachten es im Jahre 1998 alle von Ilmor gebauten Motoren auf eine Laufleistung von 150.000 Kilometer.

Die 1998er CART-Saison hatte für Ilmor und für Mercedes-Benz eigentlich schon 1996 begonnen, und in gewisser Hinsicht sogar noch sehr viel früher. Man muß bei Ian Watson anfangen, jenem jungen Ingenieur, der am 28. März 1984 seine Arbeit bei Morgan und Illien aufgenommen hatte. Er hatte großen Anteil an der Entwicklung diverser Ilmor-Motoren, bis er zehn Jahre später zu Toyotas IndyCar-Workshop im sonnigen Kalifornien ging. Watson sollte dort einen neuen V8-Motor entwerfen und hatte völlig freie Hand für sein Vorgehen. Er hatte durchaus progressive Ideen, doch ein Wechsel an der Spitze Toyotas und ein daraus resultierendes Sparprogramm stoppten Watsons Höhenflug. Enttäuscht nahm er im Sommer 1996 wieder Kontakt mit seinen ehemaligen Kollegen in Brixworth auf.

„Er wollte unbedingt wieder zurück," erinnerte sich Mario Illien, „und da er ein paar brillante Ideen mitbrachte, wurde er wieder engagiert." Sein Entwurf eines leichten, kompakten V8 für die CART-Serie schien außerordentlich überzeugend, und so gab ihm die Geschäftsleitung grünes Licht für die Umsetzung seiner Ideen. Watsons Motor erhielt die Bezeichnung IC108E. Nach der Mercedes-Benz-Nomenklatur hätte dieser radikal neue Motor IC208 heißen sollen, doch ganz bewußt beharrte Ilmor auf der Bezeichnung IC108E, um nach außen den Anschein zu erwecken, als handele es sich nur um eine Weiterentwicklung des IC108D (die Tarnbezeichnung IC108E hatte es schon einmal gegeben, nämlich bei jenem Stoßstangen-V8 von 1994 für Indianapolis).

Ab September 1996 war Watson wieder fester Mitarbeiter der Firma Ilmor. „Der Entschluß, Watsons Motor zu bauen, fiel nicht gerade leicht," sagte Mario Illien. „Wir arbeiteten schließlich bereits mit erheblichem Aufwand an einem neuen Motor, von dem wir sicher sein konnten, daß er überaus wettbewerbsfähig ein würde." Doch weder Ilmor noch Mercedes-Benz hatten sich je einer neuen Idee verschlossen, wenn sie erfolgversprechend schien. Und dies war bei Watsons Motor der Fall. So nahm Watson unverzüglich seine Arbeit auf. Ein knappes Jahr später, am 8. August 1997, stand der Mercedes-Benz-V8-Motor IC108E erstmals auf dem Prüfstand.

Watsons Erscheinen in Brixworth stellte die dort herrschenden Hierarchien keineswegs in Frage. „Alan Cook ist für alle Indy-Motoren verantwortlich," führte Watson gegenüber John Chuhran aus. „Aber wenn man für viele Menschen verantwortlich ist, muß die Arbeit sinnvoll eingeteilt und organisiert werden. Diese Organisationsarbeit, der niemand von uns ausweichen kann, ist im Grunde unproduktiv, und deshalb muß man sich Freiräume schaffen, in denen man losgelöst von allen anderen Pflichten in Ruhe seinen eigentlichen Aufgaben nachkommen kann. So wurde ich von allem Bürokratischem freigestellt, um mich ausschließlich um meinen Motor zu kümmern." Alan Cook ließ Watson in einem separaten Raum arbeiten und kümmerte sich derweil um das Wohlergehen des fomidablen IC108D.

Was Ian Watson ausarbeitete, war schon beeindruckend. Sein Motor sah wie eine verkleinerte Ausgabe eines „richtigen" V8 aus, war aber ein vollwertiges Hochleistungsaggregat, dessen Abmessungen von denen des IC108D bemerkenswert abwichen:

Maß	1997 IC108D	1998 IC108E	Reduzierung
Länge	561 mm	466 mm	17 %
Breite	555 mm	490 mm	12 %
Höhe	599 mm	560 mm	7 %
Volumen	187 dm	128 dm	31 %
Gewicht	123 kg	100 kg	19 %

Nicht nur die Abmessungen und das Gewicht des neuen Motors lagen beträchtlich unter den Werten des IC108D, sondern auch der Zylinderwinkel war kleiner: Er betrug statt 82 Grad nur 76 Grad, was die geringere Baubreite ermöglichte. Der enge Zylinderwinkel reichte gerade noch aus, um darin all das unterzubringen,

In Homestead, Florida, wurde Greg Moore im ersten Durchlauf Zweiter, nachdem er lange die Pole Position gehalten hatte. Mit seinem Firestone-bereiften Reynard wurde er zweimal Sieger.

was hinein mußte, zum Beispiel die Ansaugrohre. Die aber durften andererseits verhältnismäßig kurz ausfallen, weil die IndyCar-Motoren jetzt allesamt sehr viel höher drehten. Je höher die Drehzahl, desto kürzer der Ansaugtrakt für optimalen Staudruck.

Das Layout des Watson-Motors (dessen Entstehung von Mario Illien intensiv verfolgt wurde, „um sicher zu gehen, daß wir auf der Schiene bleiben") kehrte ein Prinzip um, nach welchem drei Jahrzehnte lang Rennmotoren konstruiert worden waren. Als Keith Duckworth seinen bei Ford-Cosworth gebauten DFV-V8 1967 für die Formel 1 entwarf, formte er die Ölwanne dergestalt, daß sie so dicht wie möglich die Kurbelwellenlager umschloß und möglichst wenig überschüssigem Öl Platz bot. Mit dieser Zielsetzung hatte Duckworth die Spül- und Druckpumpen außerhalb plaziert, und spätere Konstrukteursgenerationen waren diesem Beispiel stets gefolgt, auch Illien.

Davor hatten sich die Pumpen bei einem Rennmotor wie bei einem Straßenmotor stets innerhalb der Ölwanne befunden, seltener davor, und wurden über Stirnräder angetrieben. Zu diesem Prinzip kehrte Ian Watson nun zurück. Beim IC108E waren die Spülpumpen noch rechts und die Druckpumpen links am Motor angeordnet, angetrieben über Zahnriemen. Beim Watson-Motor befand sich der Pumpenantrieb hinter dem Motor, in der Nähe der Kupplung. Bei den Ilmor-CART-Motoren lag hier der Nockenwellenantrieb.

Bei der Firma Ilmor und ihren Zulieferern war man inzwischen in der Lage, sehr viel filigranere Motoren zu bauen als je zuvor. „Es ist erstaunlich, auf welch kleinen Raum man heute alle Komponenten unterbringen kann," sagte Paul Ray. „Das trägt dazu bei, die Gesamtabmessungen eines Motors äußerst kompakt zu halten. Ein Gußgehäuse oder ein Motorensegment beherbergt heute eine sehr viel größere Zahl funktionaler Teile als früher, was wiederum einen geringeren Fertigungsaufwand bedeutet."

Ilmors CART-V8-Motorblöcke pflegten in der Horizontalen geteilt zu sein, und zwar in Höhe der Kurbelwellen-Mittelachse. Watsons Konstruktion sah einen Block vor, der bis zum unteren Ende des Motors reichte, wo die Ölwanne ansetzte. Zur geringen Bauhöhe trug auch eine Kupplung von nur 114 mm Durchmesser bei. Die fünf Kurbelwellenlager saßen auf im Block eingeschraubten Böcken; ein zylindrischer Tunnel längs zur Blockachse wies Kanäle zum Auffangen des von der Kurbelwelle abgeschleuderten Öls auf sowie das von der Motorrückseite aus angetriebene Spülpumpensystem.

Wie bei den früheren Ilmor-Motoren verlief eine Hilfswelle in der Mitte des V-Winkels für den Antrieb der Wasserpumpe und der Lichtmaschine. Aber der Welle kam eine weitere Aufgabe zu: Sie aktivierte zwei Zahnradsätze, jeder für den Antrieb eines Nockenwellenpaares in den Zylinderköpfen. Diese Lösung war neu. Normalerweise kam der zentrale Abtrieb zu den Nockenwellen direkt von der Kurbelwelle; ein anschauliches Beispiel hierfür gibt der Motor M196 von 1954/55 ab. Da man die Kurbelwelle aber zu beiden Seiten des Nockenwellenabtriebs mit Lagern zu versehen pflegte, führte diese Bauweise zu einem längeren Motor, und genau das wollte man bei Ilmor ja vermeiden – der IC108E sollte kürzer, nicht länger geraten.

Ian Watsons Motor ermöglichte einen zentralen Nockenwellenabtrieb – der eine präzisere Ventilbetätigung durch minimierte Verwindungstendenz der Nockenwellen garantierte – bei einem kurzen Motorblock. Diese Verwindungen stellten immer ein Problem dar, vor allem bei extrem hohen Drehzahlen und in Verbindung mit stählernen Ventilfedern. Bei der neuen Konstruktion war kein Ventilpaar weiter als zwei Zylinder von seinem Antrieb entfernt. Die Vierventiltechnik hatte man beibehalten, und in den Ventildeckeln waren die Kühlwasser-Austrittskanäle integriert – eine kluger Einfall. Die volumige Sammel-Saugluftkammer saß wie eine schwarze Cumuluswolke darüber. Aus ihr wanden sich acht Einlaßrohre mit ihren Drosselklappen und dem Gestänge, das rechts davon zum Gaszug führte, wie er vom CART-Reglement vorgeschrieben war. Elektronische Kraftstoffeinspritzung war natürlich erlaubt, aber keine damit gekoppelte automatische Traktionskontrolle. Die fest mit den beiden Zylinderköpfen verbundene Sammel-Saugluftkammer trug zur strukturellen Steifigkeit des Motors bei und damit auch zu der des gesamten Fahrzeugs.

Mit einer Verminderung der Baulänge um 17 Prozent im Vergleich zu seinem Vorgänger stellte dieser Motor einen beträchtlichen Fortschritt dar. Da Baulänge und Gewicht sich bei einem Rennmotor meist proportional verhalten, übertraf das sogar um 19 Prozent verringerte Gewicht diese Faustregel noch. Aber ein kürzerer Motor erlaubt dem Konstrukteur auch, die Gewichte besser verteilen zu können, weil er etwas mehr Spielraum für den Kraftstofftank, für den Fahrersitz und für das Getriebe hat.
Es gab schon einmal einen Beweis dafür, daß man bei Ilmor maßgeschneiderte Motoren zu bauen versteht. Der Mercedes-V8-Motor 500I mit 3,4 Liter Hubraum mußte schließlich in ein Chassis passen, das für einen 2,65-Liter-V8 vorgesehen war. Auch hierbei hatte man eine Menge Kunstgriffe angewendet, um die Länge reduzieren zu können, wie weiter vorn in diesem Buch ausgeführt ist.
Im August 1997 lief der Watson-Motor zum ersten Mal auf dem Prüfstand, den man hierzu eigens hatte umbauen müssen. Man schätzte, daß die Leistung mindestens die seines unmittelbaren Vorgängers erreichen würde. Zu Versuchs- und Entwicklungszwecken hatte man acht Motoren gebaut; insgesamt, so war vorgesehen, sollten 73 E-Motoren im Verlauf des Jahres 1998 in Serie gehen. Acht Fahrer waren auserwählt, mit diesen Motoren zu starten.
Die Probeläufe in Brixworth führten zu einer Reihe von Konstruktionsänderungen; unter anderem mußte man die Hauptlager verstärken. In den ersten Dezembertagen baute man den ersten Motor in ein Fahrzeug ein, und zwar in einen der neuen Penske PC27 von John Travis. Am 8. Dezember begann der Wagen mit seinen Testrunden auf dem Firebird International Raceway bei Phoenix, Arizona, gefahren von Al Unser jr. Andere Teams folgten; so erhielt Mark Blundell vom PacWest Team einen mit dem neuen Motor versehenen Raynard 98I. Er fuhr ihn Anfang Januar in Sebring, Florida. „Die Leistung war ausgezeichnet," berichtete Blundell, „jetzt konnte die Feinabstimmung beginnen."
Mit dieser Feinabstimmung begann man Ende Januar auf den Prüfständen von Mercedes-Benz in Untertürkheim. Sie betraf nicht nur den neuen Motor, sondern auch das Motormanagementsystem, das von Magneti Marelli aus Italien kam. Dan Norton, Paul Ray und ihre Ingenieure hatten ausreichend zu tun.
Mario Illien war anfangs gar nicht zufrieden gewesen. „Der Motor erwies sich zuerst als sehr fragil," berichtete er. Doch schon bald erzielte man die angestrebte Zuverlässigkeit über alle Drehzahlbereiche. Doch bei den nachfolgenden Testfahrten im Februar auf dem Homestead Track in Florida erwies sich das italienische Motormanagementsystem der hohen Leistungsabgabe als nicht gewachsen – also entschied man sich wieder für die bereits 1997 verwendete Delco-Anlage.
Am Vorabend des offiziellen „Spring Training" gab Roger Penske den Namen eines neuen Fahrers in seinem 1998er Team bekannt: André Ribiero, der Paul Tracy ablösen sollte. Gleichzeitig fand die offizielle Präsentation des PC27 statt, eine völlige Neukonstruktion wie der IC108E. „Nur die Radlager sind mit denen des PC26 identisch", erklärte Travis. „Aber was den Hauptausschlag für eine neue Konstruktion gab, war der Motor mit seinen geringeren Abmessungen. Motor und Fahrer konnten tiefer positioniert werden, und das wiederum erlaubte ein neues aerodynamisches Konzept."
Ein ebenfalls neues Sechsganggetriebe, längs eingebaut, war in Zusammenarbeit mit Mike Endeans Firma Xtrac entstanden; Penskes Getriebeexperte war Geoff Ferris. Transaxle-Konstruktion und Hinterradaufhängung bildeten ein gemeinsames Modul, entwickelt von Travis; es ließ sich im Handumdrehen aus dem Fahrzeug nehmen. Das ermöglichte einen raschen Wechsel von Übersetzungen im Getriebe.
Aus der niedrigeren Sitzposition des Fahrers ergab sich eine günstigere Luftstromführung über das Fahrzeug hinweg. In einem „mock-up" des Cockpits hatte man zuvor ermittelt, ob der Fahrer sich nach wie vor frei genug bewegen konnte, und besondere Aufmerksamkeit schenkte man den hinteren Radaufhängungen, die beim PC26 nicht voll befriedigt hatten. Federung und Dämpfung waren beim PC27 etwas steifer gehalten.
„Wir begegnen der neuen Saison mit einer großen Herausforderung," führte John Travis bei der Präsentation des PC27 aus. „Wir haben nicht nur in einen nagelneuen Wagen investiert, sondern auch in einen ganz neuen Motor!"
Die Investition sollte sich für das Penske-Team nicht bezahlt machen. Der 100. Sieg war noch immer in weiter Ferne in jener Saison, in der Penske-Autos nicht weniger als acht Mal mit Defekten am Getriebe aufgeben mußten, zuletzt in Toronto. Erst danach hatte das Team das Problem in den Griff bekommen. Bei den Motoren hatten sich keine nennenswerten Pannen ereignet; nur in Rio de Janeiro hatte „Little Al" Unser Startschwierigkeiten gehabt. In der zweiten Saisonhälfte plagte sich Blundell dann zwei Mal mit dem Gasgestänge herum, während sein Kollege Gugelmin einen Ausfall wegen einer Elektronikpanne hinnehmen mußte.
Mit 225 Punkten kam Mercedes-Benz in der Markenmeisterschaft 1998 hinter Honda (365) und Ford/Cosworth (293) auf den dritten Rang. Al Unser jr. konnte einmal Zweiter (Motegi, Japan) und einmal Dritter (Milwaukee) werden.
In der vorderen Startreihe standen Mercedes-motorisierte Fahrzeuge nur in Homestead und in Nazareth. Der Reynard-Fahrer Greg Moore war beide Male mit von der Partie und errang die Pole Position auch beim Detroit Belle Isle Race.
Greg Moore, 22, fuhr seinen Reynard mit Firestone-Reifen und stellte für Mercedes-Benz einen Hoffnungsträger dar. In Homestead lag er nur 0,075 Sekunden hinter Michael Andrettis Swift-Ford. Ein verpatzter Boxenaufenthalt brachte Moore um eine verdiente Erstchance. „Es war Moores einmalige Gelegenheit, mit unserem neuen V8 gleich auf Anhieb ein Rennen zu gewinnen," trauerte Mario Illien.
In Japan wurde Moore Vierter, in Long Beach Sechster, in Nazareth Dritter – und in Rio de Janeiero Sieger. Endlich kamen Moore und der Mercedes-Motor IC108E in seinem Wagen in die Schlagzeilen der Motorpresse. „Der Motor ist einfach phantastisch," freute sich Moore. „Ob man ihn mager oder fett fährt, er läuft ausgezeichnet und ist höchst zuverlässig." Es sollte nur einen einzigen weiteren Moore/Mercedes-Sieg in dieser Saison geben, beim 500-Meilen-Rennen auf dem Michigan International Raceway im Juli. Ein knapper zweiter Platz (mit nur 0,3 Sekunden Abstand zum Sieger) ergab sich beim Rennen in Fontana im November, das sich ebenfalls über eine Distanz von 500 Meilen erstreckte. Aber abgesehen davon, kam keiner der Mercedes-Fahrer in der zweiten Saisonhälfte über einen fünften Platz hinaus.
Die CART-Saison 1998 war für Mercedes-Benz, Ilmor und Penske enttäuschend verlaufen. Dennoch hatte man mit dem IC108E-Motor ein Potential an der Hand, das aufzugeben niemand bereit war. Paul Ray meinte, daß man sich in den nächsten drei Jahren um weitere Verfeinerungen kümmern werde: „Form und Aussehen des Achtzylinders werden sich aber kaum ändern. Es stecken noch viele Möglichkeiten in diesem Motor, in den man noch eine Menge Technologie investieren könnte. Er ist leicht genug und verträgt noch eine weitere Anhebung der Drehzahlen. Wir werden die Grenzen bei der Weiterentwicklung ausloten."
Noch vor dem Ende der Saison 1998 arbeitete man in Brixworth an der 1999er Version des Motors. Die Ilmor-Ingenieure bedienten sich dazu einer neuen Einrichtung mit der Bezeichnung „Olympus Videoimagescope", die es gestattet, die Gasfüllung im Zylinder und den Verbrennungsvorgang zu erkunden. Und für Al Unser jr. entstand bei Penske in Poole ein neuer Rennwagen, der PC28.
Die CART-Serie hatte deutlichgemacht, daß ein guter Motor allein über einen Erfolg nicht entschied. Es kam auf eine ausgewogene Symbiose Motor-Fahrzeug-Reifen-Fahrer-Team an. „Wir werden es uns sehr genau überlegen, wem wir unsere Motoren in den USA anvertrauen," sagte Mario Illien Ende 1998 im Hinblick auf die nächste Saison. Die Entscheidung hierüber lag bei ihm persönlich und bei Hal Whiteford von der Mercedes-Benz Inc. of North America. „Wir müssen Siege einfahren," erklärte Illien mit Nachdruck, „das ist das Wichtigste für Mercedes-Benz. Jeder von uns muß sich das stets vor Augen halten." Illien und seine Kollegen hatten verstanden, worauf es ankam.

Bei diesem Fahrzeug gibt es nicht den geringsten Kompromiß zu entdecken. Alles ist so harmonisch aufeinander abgestimmt, daß es geradezu ein Genuß ist, sich den Wagen in all seinen Details genau anzusehen.
Peter Brock

Überraschungen aus dem CLK-Baukasten

Coupés der Marke Mercedes-Benz waren für ihre ästhetischen Linien schon immer berühmt. Ob der attraktive 500 K Autobahnkurier der dreißiger Jahre, der elegante zweitürige 220 in den Fünfzigern oder der im Dezember 1998 als Studie eines Luxuscoupés präsentierte Traumwagen der obersten Preiskategorie: All diese Fahrzeuge strahlten Faszination und Noblesse aus. Auch der für das Modelljahr 1997 konzipierte Mercedes-Benz CLK war ein sehr reizvolles und wohlproportioniertes Coupé. Es basierte auf der Plattform der C-Klasse und hatte in seiner optimalen Ausführung einen dreiventiligen V6-Motor von 3,2 Liter Hubraum unter der Haube. „Ein Fahrzeug, für das man Leidenschaft entwickeln kann," wie Helmut Werner sich ausdrückte.

Leidenschaft für dieses Fahrzeug zeigte man sehr bald auch in Affalterbach, am Sitz der Firma AMG. Dort beschäftigte man sich gerade mit der Frage, mit welchen Waffen man in der nächstjährigen ITC-Saison antreten sollte. Opel hatte in der DTM/ITC-Serie mit viel Erfolg den Calibra eingesetzt, und nun verfügten die Stuttgarter über ein wirkungsvolles Gegengewicht. „Als erstes haben wir einmal eine Stylingstudie angefertigt, wie ein ITC-Wagen auf der Grundlage des CLK aussehen könnte," berichtete Gerhard Lepler dem Journalisten Alan Lis. „Dem Vorstand mußten wir ja schließlich etwas Vernünftiges präsentieren. Wir benutzten dazu einen 1994er DTM-Wagen, den wir neu einkleideten." Doch als Ende 1996 klar wurde, daß die ITC-Serie keine Fortsetzung finden würde, ließ man von diesem Vorführeffekt wieder ab.

Inzwischen hatten Norbert Haug und seine Branchenkollegen mit der FIA Gespräche geführt und herauszufinden versucht, wie sich die Sportbehörde zu dem Gedanken wiederbelebter GT-Rennen mit geschlossenen Coupés stellen würde. Es gab so etwas ähnliches bereits seit 1994, aber auf rein privater Basis: Die Global Endurance GT-Serie. Da sie recht erfolgreich war, zierte sich die FIA nicht lange und erhob die GT-Kategorie (Grand Tourisme) wieder – wie einst – zu ihrer Domäne, sozusagen als Ersatz für die ITC-Serie.

Nach dem wenig glorreichen Ende der ITC-Serie war man bei AMG etwas aus dem Ruder geraten. Um so hellhöriger wurden die Männer in Affalterbach, als sie mitbekamen, daß es schon bald eine neue Herausforderung geben sollte. „Es schien für uns alle ein verlockender Gedanke," sagte Norbert Haug, „es mußte allerdings sichergestellt sein, daß die Serie seitens der FIA eine vernünftige Vermarktung finden und auch adäquate Fernseh-Übertragungsquoten erhalten würde. Nur unter diesen Voraussetzungen wollten wir bei einer GT-Meisterschaft dabei sein."

Das versprach die FIA. Und ebenso schnell, wie Mercedes-Benz mit einer Teilnahmezusage bei der Hand war, entstanden auch erste Konzepte für entsprechende Fahrzeuge. Man dachte an Mittelmotorwagen, abgeleitet von den Coupés CLK und SLK. „Mit dem SLK fingen wir an," erzählte Norbert Haug. „Aber aus Gründen des Marketing schalteten wir dann auf den CLK um." Und Gerhard Lepler ergänzte: „Aber wir mußten den Wagen strecken und niedriger machen. Sehr viel anders hätte ein ITC-CLK am Ende vermutlich auch nicht ausgesehen."

Bei AMG stellte man Grundsatzüberlegungen an: Wie stark sollte man sich im GT-Sport engagieren? „Es gab eingehende Gespräche mit Mercedes-Benz und unseren Partnern von Bridgestone," sagte Hans Werner Aufrecht. „Beide forderten uns auf, unsererseits Vorschläge auszuarbeiten. Nach meinem Dafürhalten sollte das Fahrzeug starke Ähnlichkeit mit einem Serienwagen bekommen, so wie die C-Klasse in der ITC." Daß dies durchaus möglich war, machten erste Designstudien deutlich.

Als die FIA am Freitag, den 6. Dezember 1996 offiziell bekannt gab, daß sie für 1997 eine GT Meisterschaft ausschreiben würde, waren Mercedes-Benz und AMG bestens vorbereitet. Noch am gleichen Tage gab der Vorstand sein OK für die Konstruktion und den Bau eines GT-Wettbewerbswagens – eine noch schnellere Reaktion wäre kaum denkbar gewesen. Aber es war auch keine Zeit zu verlieren, denn schon Mitte April sollte auf dem Hockenheimring das erste der elf angesetzten GT-Rennen stattfinden.

Kurzfristig zu realisierende Entschlüsse dieser Art hatte es bei Mercedes-Benz nicht oft gegeben. Anzuführen wäre vielleicht der am 18. November 1938 an die Konstruktionsabteilung ergangene Auftrag zum Bau des 1,5-Liter-Rennwagens, der am 9. Mai 1939 in Tripolis an den Start gehen sollte. Mario Illien hatte immerhin zehn Monate Zeit für seinen Stoßstangen-V8 gehabt, den er Ende Mai 1994 bei den 500 Meilen von Indianapolis präsentierte. Sollte man aber im Dezember mit dem Bau eines neuen Wagens beginnen, der bereits im April startbereit sein mußte?

Auf die Zeitknappheit waren dann auch einige Merkmale dieses Wagens zurückzuführen, der unter der Codebezeichnung C297 entstand. So entsprachen der vorn eingebaute Kühler und das Layout der Radaufhängungen dem beim C-Klasse-Rennwagen von 1996. Antworten auf die Fragen zu Motor und Antrieb erwartete Stuttgart von AMG.

Zwei Hauptfaktoren galt es zu berücksichtigen. Zum einen bedingte die Homologation des Fahrzeugs als GT-Rennwagen die Zusicherung seitens des Herstellers, daß dieses Auto auch als ein käufliches Straßenfahrzeug angeboten werden würde. Also mußte auch der Motor dieser Vorgabe entsprechen. Zum zweiten mußte eben dieser Motor bestimmte Bedingungen erfüllen, die im FIA-Reglement niedergelegt waren. Erlaubt waren Saugmotoren bis zu 8 Liter Hubraum oder aufgeladene Aggregate bis zu 4 Liter, ferner Zwei- oder Vierventil-Auslegungen und sogar Drehschieberventile.

Für jede der beiden Motoren-Kategorien gab es sechs Hubraum- und neun Gewichtsklassen, und für jede Art der Kombination beider Parameter wurden die Weiten der Öffnungen für die Gemischzuführung in Millimeter definiert. Die Mischrohre hatten aus Metall und mindestens 3 mm lang zu sein. Entschied sich der Konstrukteur für Drehschieberventile, durften die Abmessungen etwas größer sein, bei Vierventilern kleiner.

Oben: Bevor der CLK-GTR (intern C297 genannt) gebaut wurde, wurden von ihm verschiedene Modelle mit alternativer Formgebung angefertigt. Dieses hat Luftaustrittsöffnungen hinter den vorderen Radausschnitten, die aber keine Akzeptanz fanden.

Rechte Seite: Dieses Modell kommt der endgültigen Ausführung des C279 schon näher. Die Warmluftaustritte der vorn montierten Kühler vor den Vorderrädern entsprachen der beim C-Klasse-Rennwagen geübten Praxis.

Diese Vorgaben waren eine Herausforderung für den AMG-Motoren-Guru Erhard Melcher. Welcher Kombination würde er die besten Chancen geben? Vor allem aber: Würde AMG den Motor in relativ kurzer Zeit bauen und rennfertig machen können?

„Zunächst dachten wir an einen auf 3,2 Liter vergrößerten TC106 aus der C-Klasse mit zwei Turboladern," sagte Hans-Werner Aufrecht. „Aber da es einen solchen Motor im Personenwagen-Serienprogramm nicht gibt, verwarfen wir die Idee. Außerdem kamen wir bald dahinter, daß ein Saugmotor vom Reglement her die besseren Chancen haben würde."

Melcher war für die Verwendung eines V8. „Aber für den hatten wir keinen passenden Zylinderkopf parat." Dann wendete man sich dem M120 zu, dem Zwölfzylinder. Mit einem solchen Aggregat in einem GT-Wagen ließ sich an den C112 von 1991 anknüpfen, der ja ebenfalls den M120 besessen hatte. Bei AMG stellte man bereits modifizierte Versionen des Alublocks her – für besonders leistungsstarke 7,3-Liter-Versionen der S-Klasse Limousine und des 600 SL.

Um herauszufinden, wo die optimale Hubraumgröße lag, entstanden bei AMG V12-Motoren mit 5, 6 und 7 Liter Hubraum. Am 21. Dezember ging der erste Versuchsmotor auf den Prüfstand. „Es war ein 5-Liter, den wir auf 10.000 Touren brachten," berichtete Melcher. Doch dann entschied man sich für die 6-Liter-Version, die in all ihren Abmessungen der modularen Mercedes-Motorenfamilie entsprach, bis hin zu den Zylinder-Abstandsmaßen und der Vierventiltechnik. Die kleinste Einheit war der Vierzylinder M111, Basismotorisierung des Serien-CLK.

Vor etwas mehr als einem Jahr, als die ITC-Serie in Not geriet, hatte sich AMG sich schon einmal mit dem M111 beschäftigt und untersucht, in wie weit sich dieser Vierzylinder in der Europäischen Supertouring-Klasse einsetzen ließ. „Wir hatten zwei Motoren auf dem Prüfstand und sie auf 280 PS getrimmt." Einen dreimal so großen Motor auf 840 PS zu bringen, schien nicht unmöglich. Doch bei einem Fahrzeug mit einem solchen Motor und unter 999 kg Gesamtgewicht durfte der Saugrohrdurchmesser nicht mehr als 32,5 mm betragen, das würde die Leistungsausbeute vermindern.

„Was wir aus der Arbeit am M111 gelernt hatten, ließ sich auf den V12 übertragen," erklärte Erhard Melcher. „Zum Beispiel Nockenformen und Ventile. Alles andere war Detailarbeit." Dazu gehörten Verbesserungen am Nockenwellenantrieb und spezielle Ventilfedern der Firma Kaufmann. Die Ventilwinkel mit 25° zur Senkrechten beließ man unverändert, auch die Kurbelwelle, die Pleuel und die Mahle-Kolben entsprachen der Serie. Erst später wurde die Kurbelwelle etwas verändert.

Einbaufertig maß der Motor 760 mm in der Länge, 650 mm in der Breite und 500 mm in der Höhe. Das Gewicht von ursprünglich 295 kg hatte man auf 230 kg reduzieren können, den Öltank aus Kohlefasern ausgenommen. Ventildeckel und eine Ölwanne aus Magnesium hatten zur Gewichtsverminderung am meisten beigetragen. Später kamen leichtgewichtige Pankl-Pleuel aus Titan hinzu sowie Titan-Ventile von DelWest.

Den schweren Einlaßkrümmer aus Aluminiumguß hatte man gegen zwölf Trompeten aus Kohlefaser ersetzt. Zündung und Kraftstoffzufuhr regelte eine Bosch Motronic 1.2, die hervorragend zum V12 paßte und weniger kompliziert als das System 1.9 arbeitete. Je zwei Zündkerzen teilten sich eine Bosch-Spule.

Im Serienmotor liefen die Kolben in nikasilbeschichteten Bohrungen; für den Rennmotor wurde diese Technik übernommen. Die Bohrung von 89 mm erweiterte man auf 91 mm, was mit einem Hub von 76,7 mm einen Hubraum von 5986 ccm ergab. Die Leistung des Motors ermittelte man mit 600 PS bei 7000 U/min, und bei nur 3900 Umdrehungen ergab sich das Drehmoment-Maximum von 700 Nm.
Mit diesen Werten hatte man bei Mercedes-Benz einen Motor, der sich mit dem im McLaren F1 des Erzrivalen BMW vergleichen ließ. Das Auspuffsystem umfaßte die von der FIA vorgeschriebenen Katalysatoren, und in einem Geräuschtest wurde ermittelt, daß bei dreiviertel Höchstdrehzahl das Limit von 110 dB(A) nicht überschritten wurde.
Viel Zeit blieb nicht, um ein zu dem V12-Motor passendes Getriebe zu finden. Es mußte ebenfalls sowohl zu einem Straßen- als auch zu einem Rennfahrzeug passen., deshalb kam das für den Sauber-Mercedes C11 von 1990 schon einmal nicht in Frage. Bei AMG wünschte man sich ein möglichst kompaktes Getriebe, das möglichst keine Verlängerung des Chassis bedingte.
Auf der Suche nach einer passenden Einheit nahm AMG auch Kontakt wie Mike Endeans Firma Xtrac in England auf. Xtrac hatte bereits Getriebe für Fahrzeuge der Gruppe C und für den Sauber-Mercedes-Formelwagen geliefert. Die Briten hatten genau das richtige Getriebe im Regal: Es war vor ein par Jahren im Auftrage von Peugeot entstanden.
1993 hatte sich Peugeot entschlossen, den in Le Mans siegreichen Sport-Prototyp 905 aufzurüsten, um besser gegen Toyota gerüstet zu sein. Nach dem 1993er 24-Stunden-Rennen wollte Jean Todt zu Ferrari gehen; Peugeot wollte ihm einen ehrenvollen Abgang zu verschaffen. So gab Peugeot für die 600 PS starke Evo-II-Version des 905 V10 bei Xtrac ein neues Transaxle in Auftrag. Es entstand unter der Regie des argentinischen Konstrukteurs Enrique Scalabroni, wies sechs Gänge sowie eine sequentielle Schaltung auf. Die Getriebewellen saßen quer oberhalb des Differentials – eine kompakte, kurz bauende Einheit mit eigenem Ölkreislauf und Naßsumpf.
Würde dieses Getriebe dem Drehmoment des Mercedes-V12 gewachsen sein? Das Le-Mans-Ergebnis von 1993 ließ dies zumindest vermuten: Peugeot hatte die ersten drei Plätze belegen können. So etwas hatte es letztmals 1982 gegeben, als Porsche einen spektakulären Dreifachsieg errang. „Wir hatten Vertrauen in das Getriebe," sagte Hans-Jürgen Mattheis, „es war für eine Haltbarkeit von dreißig Stunden ausgelegt."
Mit dem Schalthebel im Cockpit wurde nach vorn heruntergeschaltet, nach rückwärts heraufgeschaltet. Für das Herunterschalten mußte man die Kupplung betätigen, für das Heraufschalten nur etwas Gas zurücknehmen. Die Kraftübertragung vom Schalthebel zum Getriebe erfolgte über Seilzüge, die mit den Wartungsintervallen regelmäßig ausgewechselt wurden. Eine Anzeige im Armaturenbrett gab über den eingelegten Gang Auskunft.

Mit Erfolg hatte man den C279 dem Erscheinungsbild des Serien-CLK angleichen können, auch wenn sich darunter ein völlig anderes Fahrzeug verbarg. Sogar den freistehenden Mercedesstern hatte der C279 aufzuweisen.

Die ersten Erprobungen des V12-Motors für den C297 fanden in einem fremden Auto statt - in einem McLaren F1.

Der M120-V12 im weißen „McBenz" war bereits vollkommen rennfertig aufgebaut. Nur bei den ersten Tests 1997 hatte er noch eine Serien-Kurbelwelle sowie normale Kolben und Pleuel.

Um das Gewicht gering zu halten, gab man dem Motor Ventildeckel aus Magnesium. Von den 295 kg, die der V12 im S-Klasse-Pkw wog, kam man auf 230 kg herunter, wobei die Leistung mit 600 PS bei 7000 U/min angegeben wurde. Vermutlich lag sie aber höher.

Die Zylinderköpfe des M120 mit ihren insgesamt 48 Ventilen brachten alle Voraussetzungen für die Verwendung in einem Rennmotor mit.

Da der Motor ursprünglich nicht für eine mittragende Funktion ausgelegt war, mußte man dem Chassis zusätzliche Stahlrohrelemente verpassen. Damit der V12 dennoch mittrug, gab man ihm eine verbreiterte Stirnfläche aus Aluminium, die unmittelbar hinter dem Cockpit deren Abschluß bildete und die Fahrzeugseiten miteinander verband. An diese Fläche montierte man auch die Wasserpumpe sowie die drei Spülpumpen für den Schmierölkreislauf.

Das nicht sehr groß bemessene Mittelstück des C297 war eine Monocoque-Wanne aus Kohlfaser; ihre Rahmenstruktur entsprach der jener Fahrzeuge, die bei AMG für die Gruppe C entstanden waren. Gerhard Ungars AMG-Team, geleitet von Martin Ens, hatte seinerzeit in eingehenden Studien die Stabilitätsanforderungen und Möglichkeiten der Ausgestaltung einer solchen Wanne ermitttelt.

Hinter den Rücken des Fahrers plazierte man den 100 Liter fassenden Kraftstofftank. Die Monocoque-Wanne umfaßte auch die Verstärkungen zur Montage des Überrollkäfigs und des Dachs, wie von der FIA vorgeschrieben. Die verwendeten Stahlrohre wiesen einen Durchmesser von 40 mm auf.

„Bei AMG gibt es keine Möglichkeiten zur Anfertigung eines Komposit-Monocoque," erklärte Lepler, „ebenso wenig hat man dort Erfahrungen in der Karbon-Technologie. Deshalb beauftragte man einen erfahrenen Zulieferer mit der Anfertigung der Wanne, nämlich Lola Composites." Diese Firma operiert unabhängig von Lola Cars und untersteht dem Lola-Gründer Eric Broadley direkt. Am 23. Dezember 1996 erhielt Lola Composites den Auftrag zur Anfertigung der Wanne, die maximal 80 kg wiegen durfte.

Für die Vorder- und Hinterradaufhängungen des C297 war Klaus Fornstein zuständig. Die oberen und unteren Parallel-Dreieckslenker waren hinten gleich lang, die oberen für eine Vorspurjustierung einstellbar. Vorn waren die oberen Lenker etwas kürzer als die unteren. Wie bei den C-Klasse-Rennwagen war der Querstabilisator ein Hohlstab aus Kohlefasermaterial. Auch die Federung entsprach der im C-Klasse-Wettbewerbswagen, nur saßen die Anlenkungspunkte der Dämpfereinheiten an anderer Stelle.

Die Zahnstangenlenkung wies Servounterstützung auf, war 12,0 zu eins übersetzt und benötigte von Anschlag zu Anschlag anderthalb Lenkradumdrehungen. Mit Drucktasten am Lenkrad ließ sich die Gemischzusammensetzung fetter oder magerer einstellen. Ferner gab es im Lenkrad vier grüne Warnleuchten, eine für jedes Rad. Leuchtete sie auf, zeigte dies die Blockade eines abgebremsten Rades an – eine ausgezeichnete Alternative zum ABS!

Das Design der Aufhängungen erlaubte die Verwendung relativ weicher Schraubenfedern, die bei hoher Geschwindigkeit infolge des aerodynamisch erzeugten Anpreßdrucks ein „Ducken" des Wagens bewirkten, wobei die optimale Fahrzeughöhe dann durch steifere Hilfsfedern geregelt wurde. Die Dämpfer lieferte die Firma Bilstein.

Aus der Notwendigkeit der Kühlluftzufuhr ergab sich die feingliedrige Konstruktion der vorderen und hinteren Nabenträger; die Kühlluft mußte in erster Linie den Bremsscheiben zugeführt werden. Die Radlager kamen von Timken, die Titannaben von Pankl, die geschmiedeten 18-Zoll-Magnesiumfelgen mit Zentralverschluß von OZ Racing.

Wie die C-Klasse-Rennwagen von AMG hatte auch der C297 Doppelkühler an der Wagenfront. Jeder Kühler war mit einer eigenen Luftzufuhr versehen, die warme Luft entwich seitlich vor den Vorderrädern. Die Luftschächte aus Kohlefaser waren Produkte der britischen Firma DPS Components, die auch schon Sauber beliefert hatte. Die Karosserie aus dem gleichen Material kam von kleineren Zulieferern in Deutschland, unter anderem von der Firma URD.

Die Anfertigung des Aufbaus für den C297 war in sofern eine schwierige Operation, als nichts vorhanden war, worauf man hätte aufbauen können. „Wir waren es durchaus gewöhnt, für jede Saison einen neuen Wagen aufzubauen," sagte Hans Werner Aufrecht. „Aber es gab immer einige Komponenten, die man vom Vorjahr übernehmen konnte, etwa die Windschutzscheibe. Bei dem neuen GT war praktisch nichts vorhanden bis auf die Türgriffe und den Mercedesstern." Nicht einmal Teile des Armaturenbretts vom CLK ließen sich beim C297 verwenden.

Die vordere Abdeckplatte des V12-Motors war mit dem Chassis verbunden und erfüllte dadurch eine mittragende Aufgabe.

Die Länge des V12-Motors verlangte von den AMG-Chassisdesignern einige Kreativität, um den Motor im Fahrzeug unterzubringen.

Es entstand also ein vollkommen neuer Wagen, der nur äußerlich entfernte Ähnlichkeit mit dem Serien-CLK aufwies. Seine offizielle Bezeichnung lautete CLK-GTR. Man hatte zunächst Modelle im Maßstab 1 zu 5 entstehen lassen, bis alle Details feststanden. „Die Modelle wurden von allen Seiten fotografiert," erzählte Hans-Jürgen Mattheis, und diese Aufnahmen bildeten die Grundlage für eingehende Diskussionen. Es verging viel Zeit, bis Hans-Werner Aufrecht endlich alle Meinungen auf einen Nenner gebracht hatte und sagen konnte: So und nicht anders wird der Wagen aussehen…"

Immerhin wies der C297 noch sehr viel Ähnlichkeit mit einem Mercedes-Benz-Serienwagen auf. Die Formgebung lag in der Verantwortung Gerhard Ungars, und er kümmerte sich auch um die aerodynamischen Untersuchungen der Modelle im Windkanal von Fondemetal in Casumaro. Zum Schluß entstand in Affalterbach als Matrix für sämtliche Karosserieteile ein Modell in Originalgröße.
Das GT-Reglement schrieben von den Vorder- bis zu den Hinterrädern einen völlig flachen Fahrzeug-Unterboden vor. Abtriebskräfte ließen sich durch raffinierte Ausformungen der Fahrzeug-Unterseite nicht erzielen. „Wir konnten längst

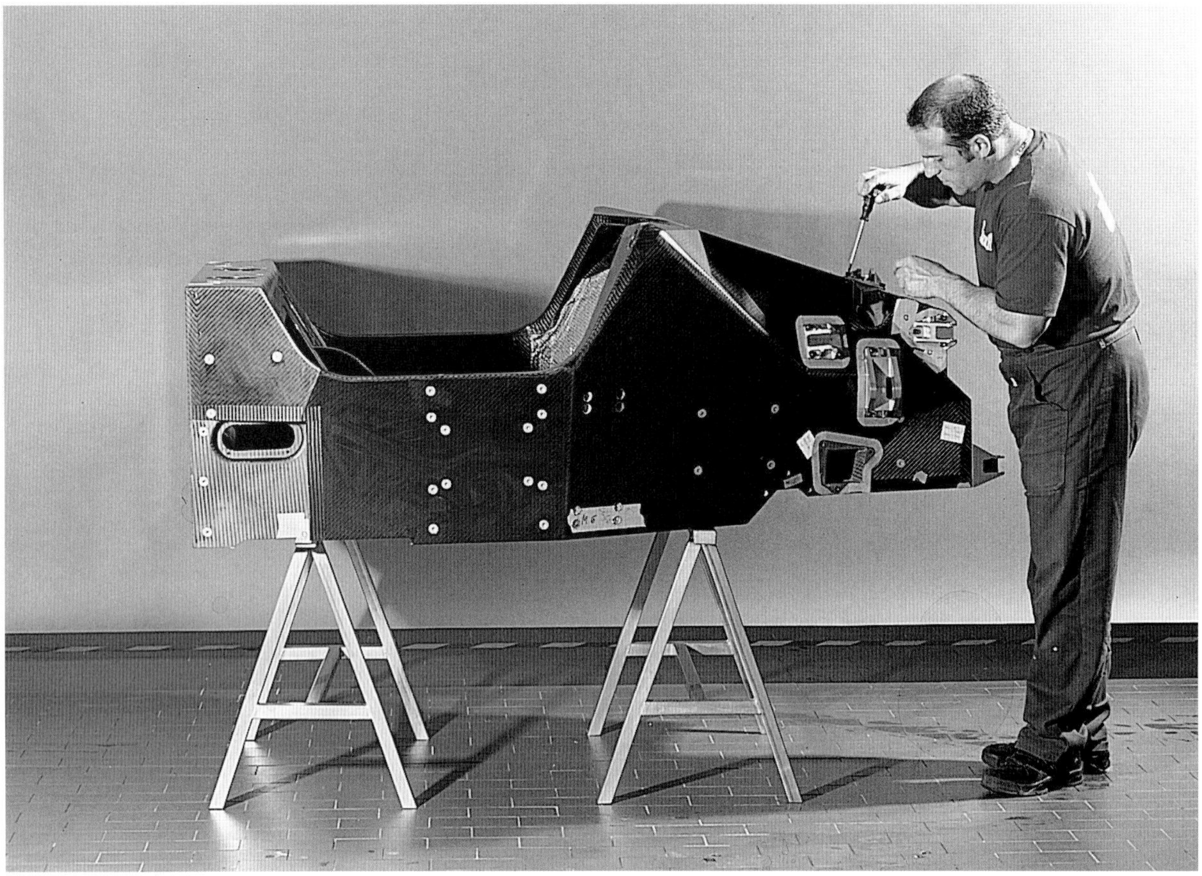

Das Monocoque des CLK-GTR war bei AMG entworfen und von Lola Composites in England hergestellt worden.

nicht so viel Anpreßdruck erzeugen wie beim ITC-Wagen," sagte Gerhard Ungar. „Bei der ITC-Serie waren die Vorschriften längst nicht so restriktiv gewesen."

Einen bescheidenen Venturi-Effekt konnte man also allenfalls durch die Gestaltung der Bugpartie erzielen, ebenso ganz am Heck des Wagens.

Der C297 war mit einem flachen Heckflügel mit zweifacher Verstellmöglichkeit homologiert. Eine davon brachte ihn in eine recht steile Position. Die Form war weitgehend freigestellt, solange der Flügel aus einem Stück bestand, nicht über die Seiten des Fahrzeugs hinausstand und auch dessen Höhe nicht überragte. Den höchsten Punkt des nur 110 mm hohen Wagens markierte ein Lufteinlaß für den Motor auf dem Dach. Der Heckflügel stellte das einzige wirklich wirksame Medium dar, um Abtrieb zu erzeugen.

Die Gewichtsverteilung betrug leer etwa 40 zu 60 Prozent; bei gefülltem Kraftstofftank und mit dem Fahrer an Bord kam man auf 45 zu 55 Prozent. Der Radstand von 2670 mm war geringer als bei jedem anderen Mittelmotorwagen, den Mercedes-Benz je gebaut hatte, den Original-C111 mit Wankelmotor ausgenommen. Die Gesamtlänge des Coupés betrug 4855 mm, seine Breite 1950 mm.

Nicht vor Ende Februar 1997 war bei Lola Composites der erste Monocoque abholbereit. In der Zwischenzeit waren aber bereits Fahrversuche unternommen worden, vor allem in bezug auf Reifentests. Da noch kein geeignetes Fahrzeug zur Verfügung stand, griff AMG auf eine Art von Ersatzfahrzeug zurück – auf einen McLaren F1. Zu diesem Zweck installierte man an die Stelle des BMW V12-Motors einen 6 Liter M120 und bestückte ihn mit Bridgestone-Reifen. Äußerlich deutete nichts weiter auf die Veränderung hin.

Am 3. März begannen die AMG-Ingenieure in Jarama mit ihren Fahrversuchen. Sie legten mit dem „McBenz" ganz erstaunliche Rundenzeiten hin, bis einer der Fahrer das Auto bei einem Offroad-Versuch außer Betrieb setzte.

In Affalterbach waren inzwischen alle notwendigen Teile beieinander, aus denen der richtige CLK-GTR zusammengebaut werden konnte. Eine fieberhafte Aktivität setzte ein, denn es waren nur mehr wenige Tage bis zum ersten Start. Und der Bau des Rennwagens bedeutete nicht automatisch seine Freigabe für den Wettbewerbseinsatz. „Im letzten Monat," sagte ein AMG-Techniker zu auto, motor und sport, „haben wie soviel geschlafen wie normalerweise in einer Woche."

Die Homologations-Experten bei Mercedes-Benz hatten ebenfalls schlaflose Nächte: Sie mußten erreichen, daß die FIA den CLK-GTR als Seriensportwagen anerkannte, nur dann konnte er in der Klasse 1 der GT-Serie an den Start gehen. Also mußte der Wagen mit der Chassisnummer 001 überzeugend als „Serienexemplar" gebaut werden, aus dem geschlossen werden konnte, daß weitere nachfolgen würden.

Für Dienstag, den 25. März hatte AMG ganztägig den Hockenheimring gemietet, um den Wagen erstmals auf der Strecke testen zu können. Indes, der Termin ließ sich nicht wahrnehmen: Der Wagen wurde nicht rechtzeitig fertig.

Norbert Haug war die Ruhe selbst und sah der Fertigstellung des CLK-GTR mit Gelassenheit entgegen. „Was die Leute bei AMG geleistet haben, ist ohnedies bewundernswert," sagte er zu dem Motorjournalisten Michael Cotton. „Sie hatten für dieses Auto nicht mehr als vier Monate Zeit – und sie mußten bei Null anfangen!"

Am Nachmittag des 26. März gab der Mercedes-Benz-Vorstand Grünes Licht für das GT-Engagement. Der erste Sieg eines McLaren-Formel 1 unten in Australien mochte hierzu den Ausschlag gegeben haben. Norbert Haug und Jürgen Hubbert hatten sich das Rennen angesehen.

Zu welchem Zeitpunkt der GT-Einstieg stattfinden würde, war noch offen. Denn noch hatten keine Testfahrten stattgefunden, und die offizielle Homologation war auch noch nicht erfolgt. Ein wichtiger Schritt in dieser Richtung erfolgte aber noch an jenem 26. März. Eine hochkarätige Jury hatte sich bei AMG in Affalterbach eingefunden, und ein Fotograf machte eifrig Aufnahmen vom 001- „Serienwagen". Auf dem Nummernschild prangte das Kennzeichen LB-RA 100. Die Bilder mußten dem Homologationsblatt beigefügt werden und sollten auch in einer

Broschüre Verwendung finden, die den Wagen ausführlich beschrieb. Mit seiner Unterschrift auf dem FIA-Formular verbürgte sich Gerhard Lepler im Namen von AMG, daß noch im April zwei weitere Exemplare gebaut würden.
Noch in der gleichen Nacht ging das Fahrzeug 001 an Bord eines Spezial-Lastwagens auf die Reise nach Jarama bei Madrid. Bernd Schneider war der erste Fahrer, der den neuen CLK-GTR pilotieren durfte. Es war am Karfreitag, dem 28. März. „Im Vergleich zur C-Klasse vom letzten Jahr ist dies ein echter Rennwagen," kommentierte Schneider seine ersten Runden. „Es ist ein schönes Gefühl, den Motor im Rücken zu haben... der Wagen ist perfekt kontrollierbar und reagiert phantastisch."
Bis auf einen weniger bedeutenden Defekt an einer Radaufhängung verlief der erste Test ohne Probleme. Messungen hatten ergeben, daß der GT in 3,4 Sekunden von Null auf 100 km/h beschleunigte, auf 160 km/h in 5,7 Sekunden. Mit einer für Hockenheim ausgelegten Endübersetzung betrug die Höchstgeschwindigkeit 307 km/h bei 7800 U/min. Der Kraftstoffverbrauch wurde mit 57 Liter pro 100 Kilometer ermittelt.
Gleich nach den Versuchsfahrten in Jarama während der Osterfeiertage gab Mercedes-Benz die ersten Fotos vom CLK-GTR frei und ließ nähere Einzelheiten bekanntgeben. Die Öffentlichkeit reagierte aufgeregt und erwartungsvoll. „Man erkennt Parallelen zum 300 SLR von 1955," schrieb die *Automobil Revue,* Bern.
Am Freitag, den 4. April stellten Daimler-Benz und AMG den Wagen offiziell der Presse vor. Mit Warsteiner- und D2-Werbung bemalt, hinterließ das silberfarbene Coupé in Hockenheim einen ausgezeichneten Eindruck. Das Auto drehte schnellere Rundenzeiten als ein von Schnitzer präparierter McLaren F1 GTR. Aber würde das schnelle Coupé am 13. April an den Start gehen können? Hundertprozentig stand dies noch nicht fest.
Dem TÜV hatte man am 14. März Gelegenheit gegeben, den Wagen in seiner Straßenausführung zu untersuchen. Es erfolgte eine vorläufige Typprüfung mit der Erteilung einer Allgemeinen Betriebserlaubnis (ABE) durch das Kraftfahrt-Bundesamt in Flensburg am 4. April. Drei Tage später trafen Monsieur Gabriele Cadringher und sein Stab als Delegierte der FIA in Stuttgart ein, um den Wagen in Augenschein zu nehmen. Die Herren Haug, Lepler und Aufrecht standen ihnen Rede und Antwort.
Es war ein feierliches Zeremoniell, und es schloß die Übergabe einer schriftlichen Erklärung ein, wonach der Hersteller sich verpflichtete, „den Wagen in einer Auflage zwischen 10 und 50 Stück zu bauen". Die Delegation nahm Kenntnis von der Existenz eines „ersten kompletten und voll fahrfähigen Serienwagens" und datierten dessen Homologation auf den 1. April 1997, verbunden mit der Auflage, daß Mercedes-Benz bis Ende des Jahres die übrigen Serienwagen zu bauen hatte.
So war der Weg frei für den CLK-GTR, wie geplant am 4-Stunden-Rennen von Hockenheim teilzunehmen. In der Zwischenzeit war ein zweiter Wagen entstanden; als Fahrer sollten Bernd Schneider, Bernd Mayländer, der Österreicher Alexander Wurz und Marcel Tiemann antreten. Wurz hatte sich beim letzten 24-Stunden-Rennen von Le Mans qualifiziert, Tiemann war Sieger des 1996er Formel-3-Rennens in Monaco geworden. Später gesellte sich Klaus Ludwig dazu, der einige Zeit bei Opel „fremdgegangen" war und für die Rüsselsheimer die DTM/ITC-Serie bestritten hatte.
Überraschend kam aber auch ein Vertrag mit Alessandro Nannini zustande. Er wechselte nach fünf erfolgreichen Jahren mit Alfa Romeo zu AMG. Er beurteilte den CLK-GTR als sehr gut – „vor allem die Bremsen sind ausgezeichnet. Nur das ABS des Alfa finde ich besser. Die Leistung des Mercedes ist hervorragend, und er hat ein äußerst ausgewogenes Fahrverhalten. Der Wagen läßt sich zentimetergenau um die Kurven jagen. Der Alfa fuhr sich unruhiger..." Nannini schätzte die Leistung de V12-Motors höher als 600 PS ein, und man durfte dem erfahrenen Italiener zugestehen, daß er das zu beurteilen vermochte. Folglich war es möglich, daß der Motor tatsächlich stärker als offiziell angegeben war.
Bei AMG war man es gewöhnt, Fahrzeuge für kurze Sprintrennen zu präparieren, wie sie bisher in der DTM-Serie üblich gewesen waren. „Wir mußten uns auf längere Rennen erst umstellen," sagte Domingos Piedale, und der AMG-Manager gab auch offen zu, daß es seiner Mannschaft an Erfahrung fehle, um einen Langstreckenwettbewerb wie das 24-Stunden-Rennen von Le Mans zu betreuen,

Vorderradaufhängung des CLK-GTR. Die Bremsen wiesen Karbonscheiben sowie Bremsklötze aus dem gleichen Material auf.

Vorn fallen die Luftzuführungen für die Kühlung der Bremsen sowie die Zuführungen aus Kohlefaser für die beiden Kühler des Motors auf, ein Konzept, das man von der C-Klasse übernommen hatte.

Von der hinteren Spritzwand zum Transaxle führten Stahlrohre. Rechts sieht man den zylindrischen Öltank.

Die Konstrukteure des C297 hatten sich bemüht, auch die Instrumente vom CLK zu verwenden, doch gab es Probleme, sie unterzubringen. Die sequentielle Gangschaltung entsprach der im C-Klasse-Rennwagen.

Auch Rennwagen wie der CLK-GTR müssen einige Crashtests über sich ergehen lassen. Hier hat man eine Tür herausgenommen, um mit der Kamera die Abläufe im Interieur des Testfahrzeugs festhalten zu können.

zumal der CLK-GTR seine Feuerprobe bis dahin noch nicht bestanden haben würde.
Auch die Anfangsvorstellung in Hockenheim war nicht gleich von einem großartigen Triumph gekrönt. Die überragende Leistung der beiden Fahrzeuge stand indessen außer Frage, und Schneider hielt sich mit einer knappen Sekunde Vorsprung auf den besten McLaren-BMW längere Zeit ganz vorn. Seine Höchstgeschwindigkeit stoppte man mit 322 km/h. Dann mußte einer der beiden Mercedes wegen eines Bremsendefektes an die Boxen, der zweite folgte wenig später mit einem Schaden am Anlasser.
Wie in Hockenheim, siegte bei den nächsten beiden Rennen in Silverstone und Helsinki ein McLaren F1 mit BMW-Motor. Gordon Murrays „ultimate Road Sports Car" absolvierte seine Karriere in der dritten Saison mit großem Erfolg. Dabei hätte es beim Rennen in England vielleicht doch noch einen Mercedes-Sieg gegeben, denn einer der CLK-GTR lag in Führung, just als das Rennen wegen schweren Regens abgebrochen wurde. Die Schlappe in Finnland war übrigens auf Verschleißerscheinungen im Getriebe zurückzuführen.
Während sich die anderen Kampfteilnehmer für die 24-Stunden-Schlacht in Le Mans vorbereiteten, nutzte man bei AMG die Zeit, sich des CLK-GTR und seiner Kinderkrankheiten anzunehmen. Zwei Testläufe fanden auf dem Nürburgring statt, einer auf dem Österreichring. Im Juni entstand auch ein dritter Wagen, der Klaus Ludwig zur Verfügung stehen sollte.
Als am 29. Juni das nächste Rennen auf dem Nürburgring stattfand, gab es für Mercedes-Benz endlich einen großartigen Erfolg. Von ihrer Pole Position aus behielten Bernd Schneider und sein Partner Ludwig die Führung bis zum Ende des Rennens und hatten am Ende sogar einen McLaren-BMW überrundet. Zwei CLK-GTR auf den ersten beiden Plätzen stellten ein grandioses Ergebnis dar. Drei Wochen später in Spa gelang es dann wieder einem McLaren-BMW, sich ganz vorn zu plazieren; Schneider wurde immerhin Zweiter. Drei weitere Doppelsiege gab es für Mercedes dafür wieder im August und September auf dem Österreichring, in Suzuka und in Donington. Bernd Schneider führte in der Punktewertung, doch die McLaren-Fahrer Steve Soper und J.J. Lehto waren ihm dicht auf den Fersen.

In Mugello überrundeten sie Schneider, als dieser auf einem Kiesbett landete und Ludwig mit einem Schaden an der Lenkung ausfiel.
Die beiden letzten Rennen der Serie fanden im Oktober in Amerika statt. Eine Chance für Bernd Schneider, dem man Klaus Ludwig zur Seite stellte. Und das Paar gewann tatsächlich beide Rennen, das eine in Sebring, das andere in Laguna Seca! Die Veranstaltung in Florida war von heftigen Regengüssen begleitet, und Schneider absolvierte einen einsamen und ungestörten Alleingang. In Kalifornien starteten alle drei Mercedes von der vordersten Reihe aus und schossen auch in Dreierformation durch Ziel – einen besseren Saisonabschluß hätten sich AMG und Mercedes-Benz nicht wünschen können.

Am Osterwochenende 1997 gab der erste CLK-GTR auf der Strecke von Jarama in Spanien sein Debüt. „Ein richtiger Rennwagen," lautete Bernd Schneiders kurzer Kommentar.

Bei GT-Rennen in Silverstone 1997 mußte sich der neue CLK-GTR noch dem McLaren F1 geschlagen geben. Später erwies sich der Mercedes als unschlagbar, und Bernd Schneider errang die Fahrer-Weltmeisterschaft.

Starke Konkurrenz erwuchs dem CLK-GTR von seiten des McLaren F1 und des Porsche GT. Hier in Spa konnte der McLaren noch einmal dominieren, doch dann war das silberne Coupé aus Affalterbach an der Reihe...

Rechte Seite: Beim 24-Stunden-Rennen von Le Mans 1998 gab der CLK-LM seinen Einstand. Es handelte sich um einen gänzlich neuen Wagen, für dessen Entstehung Gerhard Ungar vom AMG-Team verantwortlich zeichnete. Leider litten die Fahrzeuge an Ölpumpenproblemen.

Mit 72 Punkten rangierte Schneider in der Fahrerwertung vor Soper und Lehto mit je 59 Punkten. Auch in der GT-Teamwertung lag AMG-Mercedes mit 110 Punkten ganz vorn; BMW Motorsport kam mit 85 auf den zweiten Rang, das Gulf-Davidoff-Team mit 39 auf den dritten. Mit nur 35 Punkten mußte Porsche mit Platz Vier vorliebnehmen. Die Fahrer des neuen 911 GTI hatten in der gesamten Saison nur drei Mal einen Platz auf dem Treppchen erkämpfen können.
Alle Mitglieder des AMG-Mercedes-Teams durften nach dem Laguna-Seca-Erfolg mit Schneider eine Ehrenrunde über den hügeligen 3,5-Kilometer-Kurs drehen. Der Champion benötigte dazu volle drei Stunden. „Das war ich den Leuten schuldig – ihnen verdanke ich schließlich meinen Erfolg!" sagte er.
Auch der Journalist Peter Brock durfte ein paar Runden mitfahren. „Schneider hat eine absolut ökonomische Fahrweise," berichtete er. „Jede Bewegung absolviert er mit einem Minimum an Kraftaufwand. Die Stufenschaltung betätigt er dabei so schnell, daß er für drei Gänge weniger als eine Sekunde braucht. Nicht einen Zoll drehen die Räder durch, Motordrehzahlen und Reifentraktion sind perfekt aufeinander abgestimmt. Dabei setzt die Beschleunigung des Zwölfzylinders seidenweich ein – er läßt den CLK geradezu über die Piste schweben..."
Die Saison 1998 begann genauso, wie die 1997er geendet hatte: Mit einem Dreifachsieg für den AMG-Mercedes. Der erste Lauf fand auf dem neuen Rennkurs in Oschersleben statt. Sieger wurden Klaus Ludwig und sein Partner Ricardo Zonta aus Brasilien. Ludwig über den 23jährigen Newcomer: „Da haben wir einen Diamanten!"
Weitere Neuzugänge im Mercedes-Lager waren die Franzosen Jean-Marc Gounon und Christophe Bouchut sowie der 21jährige Australier Mark Webber, der 1998 Bernd Schneiders Partner wurde. Nach einigen Formel-3-Erfolgen war Webber an Norbert Haug und AMG mit der Bitte um einen Fahrtest herangetreten, und er hatte ihn auf Anhieb bestanden. Hans-Werner Aufrecht: „Er war schnell und machte nicht einen einzigen Fehler. Und da er auch ein netter Bursche war, haben wir ihn sofort in unser Team aufgenommen."
BMW hatte beschlossen, die GT-Serie künftig nicht mehr mitzufahren. Vielleicht gefiel es den Bayern nicht, daß ihr Partner McLaren im Formel-1-Segment starke Bindungen zu Mercedes-Benz pflegte. Außerdem ging Karlheinz Kalbfell, Motorsport- und Marketingchef des Hauses BMW, nicht mit den FIA-Regularien konform: „Solange nicht eindeutig definiert ist, was man unter einem GT-Fahrzeug zu verstehen hat, können wir keines bauen."
Porsche war 1997 von Mercedes-Benz ganz klar distanziert worden. Doch für die Saison 1998 waren die Zuffenhausener mit einem gänzlich überarbeiteten 911 GTI zur Stelle; ihr Wagen war jetzt niedriger, schlanker und leichter. Porsche stellte ein Werksteam, und ein zweites brachte der ehemalige Mercedes-Partner Zakspeed an den Start. Nach wie vor bediente man sich des Sechszylinder-Boxermotors mit 3,2 Liter Hubraum.
Mercedes-Benz stellte AMG ebenfalls ein Schwesterteam zur Seite. Es standen für 1998 sieben CLK-GTR zur Verfügung, damit hatte man genügend Fahrzeuge, um auch das private Ingmar-Persson-Team auszustatten. Persson war schon mit C-Klasse-Rennwagen für Mercedes-Benz in der DTM/ITC-Serie unterwegs gewesen.
Das Persson Motorsport-Team, gesponsert von Mercedes-Benz-Original-Teile, verpflichtete sich wie AMG für eine Belegung der kompletten Saison 1998. Ein AMG-Coupé gewann im Mai das Silverstone-Rennen – Porsche hatte abermals das Nachsehen. Aber dann nahten die 24 Stunden von Le Mans, und in diesem Jahr sollten die CLK-GTR nicht fehlen. Man war auf heiße Duelle gespannt.
Wie erinnerlich, hatten Mercedes-Benz und AMG den C297 zur Saison 1997 nur mit knapper Not fertigstellen können. Und wäre es nach Erhard Melcher gegangen, wäre der CLK-GTR ein Achtzylinder geworden. Inzwischen hatte man bei Porsche große Anstrengungen unternommen, den bisher nicht allzu erfolgreichen GT-Wagen auf Vordermann zu bringen, und bei McLaren war man noch vor der Trennung von BMW an eine gründliche Überarbeitung des F1-GTR gegangen. Wenn das 24-Stunden-Rennen am 5. und 6. Juni für Mercedes-Benz erfolgreich enden sollte, mußte man sich in Untertürkheim und Affalterbach etwas einfallen lassen.
„Le Mans muß man von der GT-Serie getrennt betrachten," sagte Norbert Haug zu Michael Cotton, „wenngleich das 24-Stunden-Rennen auch zur GT-Serie

gehört. Wenn Porsche und BMW mit großen Erwartungen antreten, ebenso Nissan und Toyota, dann dürfen wir auf keinen Fall abseits stehen. Mercedes muß mitfahren."

Bei Nissan hatte man sich vorgenommen, ein zweites Mal mit einem Wagen zu siegen, der für Le Mans geradezu maßgeschneidert war. Auch die Firma Toyota hatte mit ihrem GT ONE bereits demonstriert, daß sie Le Mans ernst nahm. „Als ich dem Mercedes-Vorstand den Vorschlag machte, für Le Mans einen neuen GT-Wagen zu bauen, erhielt ich zur Antwort: Wie wollen Sie gegen Toyota mit einem Wagen antreten, der noch immer unverwechselbar wie ein Mercedes aussieht?" sagte Hans-Werner Aufrecht. „Ich behauptete, das sei durchaus machbar. Aber ein bißchen nervös wurde ich doch."

Noch bevor von Mercedes-Benz die Zustimmung zum Bau eines neuen Rennwagens kam, machte man sich bei AMG an die Arbeit. „Wenn wir darauf gewartet hätten, wären wir nicht rechtzeitig fertiggeworden. Also legten wir los, genau wie 1997. Damals hatten wir auch keine Zeit verlieren dürfen." Ende März war Meldeschluß für die 24 Stunden, und da der Le-Mans-Wagen wie der C297 zuvor noch die Prozedur der Homologation durch die FIA über sich ergehen lassen mußte, war keine Minute zu verlieren.

Der neue Wagen bekam intern die Bezeichnung 298 und sollte einen Achtzylinder-V-Motor erhalten. Wie schon so oft, fanden die ersten Diskussionen über die Motorspezifikationen am Mittagstisch in der alten Mühle in Burgstall statt, geführt von Erhard Melcher und dem AMG-Ingenieur Dietmar Kamcyk. Sie entschieden sich für einen 90-Grad-V8, der kürzer und leichter als ein V12 sein mußte und von vorn herein als tragendes Bauteil ausgelegt sein sollte.

Es gab auch bereits einen passenden Basismotor, nämlich den M119 V8 mit vierventiligen ohc-Köpfen, wie er schon 1989 im Sauber-Mercedes C9/89 für einen Doppelsieg in Le Mans gesorgt hatte. Im C111 hatte dieser Motor eine Leistung von 925 PS erbracht. Nur entsprachen die Zylinderköpfe inzwischen nicht mehr dem letzten Stand der Technik. Als Saugmotor mußte der V8 engere Ventilwinkel und damit kompaktere Verbrennungsräume mit höheren Verdichtungswerten erhalten.

Aus dem V8 war unter Hans-Peter Kollmeier bekanntlich schon einmal ein V6 entstanden und mit Rennköpfen versehen worden. Melcher und Kamcyk mußten diesen Prozeß nun umdrehen und aus den Köpfen für den TC106 V6 solche für den M119 ableiten, wobei man das Zylinderabstands-Mittelmaß von 113 mm trotz größeren Einzelzylindervolumens beibehalten konnte.

Die neuen Zylinderköpfe wurden bei Mercedes-Benz gegossen. Sie erhielten eine größere Zahl von Kopfschrauben und auch eine neuartige Dichtung. Den Nockenwellenantrieb überließ man nicht mehr einer Kette, sondern übertrug ihn Stirnrädern. Die Seitenteile des Zylinderblocks reichten hinunter bis unterhalb der Kurbelwellenachse.

Sämtliche Ölpumpen wurden außerhalb der Wanne plaziert, um den Motor so tief

Bei einer Verdichtung von 12,5 zu eins und 23°-Ventilwinkeln (wie beim TC106) versprach man sich eine gute Leistungsausbeute. Die Kolben kamen von Mahle, die Pleuel waren aus Titan und wurden von Pankl geliefert.
Dieser V8-Motor wurde in einen Wagen gesetzt, der ebenfalls eine Neukonstruktion darstellte. „Wir hatten vom GTR eine Menge lernen können," sagte Norbert Haug zu Michael Cotton. „Das ist so wie beim Hausbau: Das zweite wird garantiert besser als das erste." Vom Bug bis zum Heck steckte in diesem GT all das Knowhow, das bei AMG inzwischen verfügbar war. Es schien jetzt sehr im Bereich des Möglichen zu liegen, daß in Affalterbach auch ein Grand-Prix-Wagen entstehen könnte.
Die Monocoque-Wanne des C298 bestand wie beim Vorgänger aus Kohlenstoff, wies aber ein ganz neues Design auf. Fünf solcher Wannen wurden bei der Firma DPS Composites in England bestellt. Vorn gab es keine Luftzuführungen für die Kühler mehr, da diese nun wie bei einem Formel-1-Wagen bzw. beim C291 an den Fahrzeugseiten saßen. Die Kühlluft strömte durch Öffnungen neben der Windschutzscheibe ein und wurde durch die Flügeltüren zu den Seitenkühlern geführt.
Die Hauptöffnung im Wagenbug führte Kühlluft zu den vorderen Bremsen, während der Einlaß hinter dem Mercedes-Grill Frischluft in das Cockpit strömen ließ, um den Fahrer zu erfrischen. Der hatte dank der sehr viel niedrigeren Nase des C298 eine deutlich bessere Sicht als im C297. Der Aufbau war schmaler gehalten, die Radhäuser flacher, was insgesamt einen günstigeren Strömungswiderstand ergab.
Im Windkanal der Firma Fondmetal ließ man dem Wagen noch viel Feinarbeit angedeihen, so daß er schließlich einen Luftwiderstandsbeiwert hatte, der um 15 Prozent unter dem des C297 lag. Und obwohl der neue Wagen 19 mm höher und 49 mm breiter war, wies er eine um 12 Prozent verminderte Frontalfläche auf. Der Radstand betrug wie beim V12 2670 mm; die Gesamtlänge war aber um 45 mm gewachsen.

Der CLK-LM hieß intern C278 und war eigentlich so etwas wie ein zweisitziger Formel-1-Wagen mit einem Dach drauf. Das Karbon-Monocoque kam von DPS Composites in England.

Die Bremszangen für den C298 bezog AMG von AP Racing. Die servounterstützte Zahnstangenlenkung saß oberhalb und noch vor der Mittelachslinie der Vorderräder.

wie möglich ins Chassis setzen zu können. Die Druckpumpe fand ihren Platz links am Block, die Dreifach-Spülpumpe rechts. Beidseitig verliefen Antriebe zu je einer Wasserpumpe für die jeweilige Motorseite. Der Antrieb der Ölpumpen erfolgte von der Stirnseite des Motors aus. Die Stirnradabdeckung und die damit verbundenen Nockenwellendeckel waren so beschaffen, daß sie den Monocoquerahmen vor dem Motor tragen halfen.
Auf Verlängerungen der Nockenwellen-Abdeckungen saßen zwei Zündspulen, die je vier der 10-mm-Zündkerzen bedienten. Das Motormanagementsystem war eine 2.8 Bosch Motronic. Luftmengenbegrenzung war nach wie obligatorisch.

Blick auf das Fahrwerk des Le-Mans-CLK.

Der CLK-LM genannte Flügeltürer hatte ähnlich konzipierte Radaufhängungen wie der C297, ebenso verhielt es sich bei den Karbon/Karbon-Bremsen von Hitco. Nur die Federung arbeitete nach umgekehrtem Schema: sie reagierte auf Stoß statt auf Zug. Auch gab es eine Art Längsstabilisator, der seine Wirkung dann zeigte, wenn zwei sich diagonal gegenüberliegende Räder zugleich hochschlugen, indem er diese am Boden zu halten trachtete. Der gewünschte Effekt war eine möglichst konstante Beibehaltung der Fahrzeughöhe vorn und hinten, um die Abtriebskräfte gleichzuhalten. Eine vertikale Oszillation oder ein gewissen „Nicken" des Fahrzeugbugs blieb davon unberührt; es stammte von der hohen Federkennung.
Nur für den Einsatz in Le Mans erhielt der Wagen eine zusätzliche Chassisversteifung. Ansonsten war die mittragende Funktion des V8-Motors eine seiner strukturellen Aufgaben, ebenso die des langen Ölsumpfes vor dem rechten Hinterrad. Das Xtrac-Getriebe hatte eine sorgfältige Überarbeitung erfahren; die Vierscheiben-Kupplung war eine Neukonstruktion von AP Racing. Das Le-Mans-Reglement erlaubte ausnahmsweise eine elektrohydraulisch über kleine Hebel unter dem Lenkrad aktivierte Gangschaltung, auch programmierte man die Bosch-Motronic für eine zusätzliche ABS-Funktion.
Zum dritten Mal innerhalb von drei Jahren hatte AMG einen brandneuen Rennwagen auf die Räder gestellt. Die Arbeiten hatten Anfang November 1997 begonnen, Ende Februar 1998 war der C298 fahrbereit. Wenige Tage später drehte der Wagen auf der Jarama-Strecke seine ersten Testrunden.
Während dieser Versuchsfahrten hatte das Coupé einen 5-Liter-Motor. Die Bohrung betrug 100 mm, der Hub 79,5 mm, das ergab genau 5995 ccm. Die Leistungsausbeute war zufriedenstellend, doch die höheren Drehzahlen im Vergleich zum V12-Motor, so stellte sich heraus, verlangten nach anderen Getriebeuntersetzungen. Auch verursachte die „flach" ausgelegte Kurbelwelle Schwingungen, die sich auf die Kraftübertragung auswirkten. Aus diesem Grunde gab man dem Achtzylinder eine andere Kurbelwelle mit 94,8 mm Hub, wodurch sich ein Hubraum von 5953 ccm ergab. Die Kurbelwangen waren hier um je 90 Grad versetzt angeordnet, was einen ruhigeren Lauf bewirkte. Zwar war die Abstimmung des Abgas-Staudrucks nicht mehr so ideal, was aber leistungsmäßig kaum ins Gewicht fiel.
Mit diesem Motor schickte man den CLK-LM Mitte April 1998 zu einem Langstreckentest auf die Homestead-Rennstrecke nach Florida, USA. Die kurvenreiche Strecke bedingte sehr viel mehr Schaltvorgänge im Vergleich zu Le Mans, und hier 20 Stunden nonstop zu absolvieren, bedeutete einen aufschlußreichen Härtetest. Nach dieser Erprobung fiel die Entscheidung, zwei Wagen zum offiziellen Vorqualifikationsrennen nach Le Mans zu entsenden, das dort am Sonntag, den 3. Mai stattfand. Eines der Fahrzeuge durfte als GT-Champion des Vorjahres automatisch einen Startplatz beanspruchen, der zweite mußte durch hohe Rundenzeiten erst beweisen, daß er zu den 48 schnellsten Aspiranten jener 70 gehörte, die auf der Warteliste standen.
Jener Sonntag hatte es in sich. Einer der Wagen blieb mit Motorschaden stehen, beim zweiten gab es Bruch am Fahrwerk. Bernd Schneider hatte jedoch die drittschnellste Zeit des Tages gefahren, hinter einem Porsche GTI-93 und einem Toyota GT-ONE. Bernd Schneiders Abstand zum Porsche betrug nur 0,37 Sekunden. „Herr Hubbert und seine Vorstandskollegen hatten wissen wollen, ob unsere Autos schnell genug seien. Nun, das konnten wir ihnen beweisen," sagte Norbert Haug. „Unsere Rundenzeiten waren jedenfalls ausgezeichnet."
Trotz der technischen Probleme durften die beiden Startplätze für das 24-Stunden-Rennen als gesichert gelten. Doch hatte AMG noch lange nicht den offiziellen Auftrag von Daimler-Benz, das Haus in Le Mans zu vertreten. Zuvor sollte noch ein weiterer Test stattfinden, anberaumt auf der Rennstrecke von Le Castellet bei Marseille. Hier konnte man ebenso schnell fahren wie in Le Mans. Einige Tage vor dem Le-Mans-Rennen wurden auch in Hockenheim noch Testfahrten unternommen, allerdings nur mit Ersatzfahrzeugen. In Hockenheim mit den gemeldeten Wagen zu fahren, erlaubte das GT-Reglement nicht – es wäre quasi eine Vorwegnahme des Trainings für das Hockenheim-Rennen gewesen, das im Verlauf der Saison dort stattfinden sollte.

Die Kühlung der hinteren Scheibenbremsen erforderte besondere Sorgfalt. Der Überrollkäfig war vom Reglement vorgeschrieben.

Die Hinterradaufhängung des CLK-LM.

Der Antrieb der Wasser- und Ölpumpen des V8-Motors erfolgte über Zahnräder und Wellen. Hier ergaben sich Defekte, aus denen beide Le-Mans-Wagen ausfielen.

Die drei Tage in Le Castellet verliefen absolut zufriedenstellend. „Wir konnten eine Menge Kilometer abspulen," sagte Norbert Haug, „und unsere jungen Fahrer zeigten ganz hervorragende Leistungen." Aber auch die „älteren Herrschaften" waren begeistert von den Eigenschaften des CLK-LM. Klaus Ludwig: „Es ist ein Unterschied wie Tag und Nacht. Durch den neuen V8-Motor wurde das Fahrzeug niedriger und auch leichter. Der LM fährt sich wie ein rassereiner Rennwagen. Er zeigt keine Rolltendenzen und ist in den Kurven wirklich schnell."

Am 15. Mai bekam AMG endlich Grünes Licht. Mehr als 10.000 Kilometer hatten die CLK-LM-Wagen bis jetzt zurückgelegt. Dennoch nicht allzu viel, wenn man bedenkt, daß allein der Siegerwagen im 1998er 24-Stunden-Rennen schon 4775 Kilometer abspulte.

Der Zeitplan war nicht sehr großzügig bemessen, weil man das Rennen um eine Woche vorverlegen mußte – wegen des ebenfalls in Frankreich ausgetragenen Endspiels zur Fußball-Weltmeisterschaft. Doch AMG hatte sich bestens vorbereitet. Man hatte zwei mit den beiden Versuchswagen identische Straßenfahrzeuge gebaut, wie die Le-Mans-Regeln es vorschrieben, ebenfalls mit Flügeltüren (in bester Mercedes-Benz-Tradition!); der CLK-GTR besaß vorn angeschlagene Türen. LM-003 wog 971 Kilogramm, LM-004 kam auf 976 Kilogramm.

Wie stets, galt die Pole Position in Le Mans als ein hoch bewerteter Prestigefaktor, wenngleich sie für den Verlauf des Rennens selbst – bei dem seit langem ein „rollender Start" üblich war – kaum von ausschlaggebender Bedeutung war. Noch am Mittwochs-Training schien es, als würde der Toyota GT-ONE mit seiner Rundenzeit von 3:36.522 die Pole Position für sich in Anspruch nehmen können, doch dann legte Bernd Schneider am Donnerstag eine Zeit von 3:35.544 hin, was einem Schnitt von 227,1 km/h entsprach. „Ich glaube nicht, daß er auch nur eine Tausendstel Sekunde schneller hätte sein können," freute sich Klaus Ludwig: „Es war eine Super-Runde!"

Die Toyota-Crew zeigte sich von einer besonders sympathischen Seite: Sie gratulierte den Mercedes-Leuten und brachte ihnen zwölf Flaschen Champagner an die Box. „Das war wirklich nett von Toyota," lachte Norbert Haug. „Leider waren die zwölf Flaschen viel zu schnell leer – wir waren immerhin 50 Mann..."

Der schnellste Toyota und der schnellste Porsche waren ernstzunehmende Gegner, als das Rennen begann. Doch beide Teams fielen aus, noch ehe die dritte Stunde herum war. Auch Bernd Schneider traf es in der 72. Minute im 003, Jean-Marc Gounon kurz danach. Sie fielen wegen zweier Defekte aus: einer betraf die Lenkservopumpe, der andere – und das war weitaus schlimmer – die Öldruckpumpe des Motors. Ursache war eine gebrochene Welle, die für den Antrieb beider Pumpen zuständig war.

„So etwas ist uns noch nie passiert," klagte Hans-Werner Aufrecht. Die gebrochene Welle war ein erprobtes Teil – nur war es ausgerechnet für den Einsatz im Le-Mans-Wagen aus einem neuen Material angefertigt worden, bei dessen Analyse, wie sich später herausstellte, eine fehlerhafte Auswertung durchgegangen war. Jürgen Hubbert versuchte die AMG-Mannschaft zu trösten: „Jungs, ich habe das alles schon erlebt..." Er war 1991 in Le Mans dabei gewesen, als der führende Mercedes in der 21. Stunde aufgeben mußte, weil eine Lichtmaschinen-Halterung gebrochen war.

Nach dem Le-Mans-Rennen entstanden fünf weitere C298. Sie erhielten den höher drehenden Kurzhubmotor mit 5 Liter Hubraum, den man zuerst getestet hatte, mit der „flachen" 180-Grad-Kurbelwelle und einer Verdichtung von 13 zu 1. Noch acht Rennen galt es in der Saison 1998 zu bestehen. Mit einer einzigen Ausnahme (auf der Homestead-Strecke in Florida, wo Webber ins Abseits rutschte) plazierten sich die CLK-Coupés auf ersten und zweiten Plätzen. Zum Schluß war nur die Frage offen, welchem Fahrerteam die Ehre der Meisterschaft zufallen würde.

Nur zweimal waren Wagen ausgefallen, je einer pro Team. Einen Ausfall mußte Mark Webber in Dijon hinnehmen, wo er zwischen Felge und Bremszange einen Stein erwischte, der einen Reifen durchschlug und den Wagen unkontrollierbar machte. An der Instandsetzung des durch einen Dreher beschädigten Hecks wirk-

Der Zylinderblock des 5-Liter-V8-Motors M119 im C298 basierte auf dem Serienblock. Das Reglement schrieb eine Luftmengenbegrenzung vor.

Vom C-Klasse-V6-Motor stammte die Basiskonstruktion der Zylinderköpfe für den C298. Ihre Zylinderabstandsmaße waren identisch.

Der CLK-LM hatte Flügeltüren mit Lufteinlässen, die zum Motor führten. Der Frontgrill führte Frischluft ins Cockpit, die unteren Öffnungen ließen Kühlluft zu den vorderen Bremsen gelangen.

Der C289 war niedriger und aerodynamisch noch günstiger als der C297 und dominierte - auch wenn es in Le Mans eine Enttäuschung gegeben hatte - die GT-Szene.

ten zu viele Mechaniker mit, was zu Webbers Disqualifikation führte. Den anderen Ausfall gab es in Souzuka, Japan. Hier hatte Allan McNish am Lenkrad eines Porsche den von Ricardo Zonta gefahrenen Mercedes überholt, was der Brasilianer als Aufforderung verstand, Gas zu geben und McNish ins Heck zu fahren, so daß beide im Kies landeten. Beide Ausfälle hatten also keine konstruktiv bedingten Ursachen – AMG war voll rehabilitiert.
Vier Rennen waren noch zu fahren, als die FIA den von AMG gemeldeten Fahrzeugen einen „Strafballast" von 50 Kilogramm verordnete, um einen Ausgleich zwischen den Werks- und den Privatwagen herzustellen. Zu den Privat-Teams gehörte auch das Persson Motorsport-Team, das nach wie vor den CLK-GTR mit V12-Motor einsetzte. Mit Ausnahme einer einzigen Zweitplazierung gleich beim ersten Rennen der Saison, hatten die Fahrer der blauen Persson-Autos wenig Glück und mußten Porsche den Vortritt lassen.
Noch beim Start zum letzten Rennen der GT-Saison war der jetzt 49jährige Klaus Ludwig – „eigentlich wollte ich längst aufhören" – mit Ricardo Zonta ranggleich in bezug auf den Fahrertitel. Das Rennen fand über 500 Kilometer in Laguna Seca statt. Es endete mit einem Sieg des Ludwig/Zonta-Wagens, und so fiel der Fahrertitel beiden zu. „Ich bin sehr stolz auf diese Auszeichnung, die ich mir mit Klaus teilen darf," sagte Zonta, der die schnellste Runde des Tages absolviert hatte. „Er ist ein Klassefahrer," bestätigte Klaus Ludwig, „was sollte ich anderes über ihn sagen?" Daß Zonta als „Klassefahrer" galt, stand außer Frage: Für die 1999er

Der Luftteiler unterhalb der Nase des CLK-LM hatte die starken Abtriebswerte am Fahrzeugheck auszugleichen. Durch Schlitze über den vorderen Radkästen konnte der erzeugte Druck austreten.

Formel-1-Saison wurde er als Jacques Villeneuves Partner im British American Racing Team nominiert.
Mit einem Punktestand von 146 konnten sich Mercedes-Benz und AMG sehen lassen; Porsche hatte es nur auf 49 gebracht, Persson auf 24, Zakspeed (Porsche) auf 20.
Aber es gab noch ein weiteres „Rennen" für die CLK-AMG-Coupés im Jahr 1998. Es betraf die Herstellung jener Fahrzeuge, die gemäß den Homologations-Bestimmungen in Serie entstehen mußten. Grundlage war die ABE vom Kraftfahrt-Bundesamt in Flensburg, ausgestellt für den C297 am 5. Dezember 1997. Sie umfaßte auch Verbrauchswerte, die beim CLK-GTR 33,6 Liter auf 100 Kilometer im Stadtbetrieb und 14,7 Liter auf der Landstraße betrugen, woraus ein Schnitt von 21,6 l/100 km resultierte.
Der Motor des Straßenfahrzeugs war der V12 mit 89 mm Bohrung und 92,4 mm Hub. Das ergab den ansehnlichen Hubraum von 6898 ccm. Vier Katalysatoren sorgten für akzeptable Abgaswerte. Nur ein Wagen wurde ohne Katalysatoren ausgeliefert – an einen Kunden im mittleren Osten, dem es in erster Linie auf einen markigen Auspuffton ankam.
Die offiziell angegebene Leistung des 6,9-Liter-Motors M120E69 betrug anfänglich 560 PS bei 5800 U/min, sie wurde im Laufe der Entwicklungsarbeiten aber auf 620 PS bei 6800 U/min angehoben. Das Drehmoment betrug schließlich beachtliche 775 Nm bei 5200 U/min. Das Xtrac-Getriebe hatte nach wie vor sechs

Um den Wagen für Le Mans homologieren zu können, mußten Zugeständnisse an seine „Straßentauglichkeit" gemacht und eine Serie entsprechender Fahrzeuge aufgelegt werden. Einer der ersten Straßenwagen trat im Juli 1998 im GT-Rennen von Dijon an.

Gänge, die Schaltung erfolgte elektrohydraulisch; den Rückwärtsgang legte man per Knopfdruck ein.

Die Kapazität des Kraftstofftanks reduzierte man von 100 auf 90 Liter. Die Monocoque-Wanne kam wie bei den Rennfahrzeugen von Lola Composites. Die Felgenbreite der 18-Zoll-Räder betrug vorn 10,5 Zoll, hinten 12,5 Zoll. Die Bridgestone-Experia-Reifen hatten die Dimensionen 295/35ZR 18 und 345/35ZR 18, zugelassen für eine Höchstgeschwindigkeit von 320 km/h. Die Beschleunigung des Autos wurde mit 3,8 Sekunden von Null auf 100 und mit 9,9 Sekunden auf 200 km/h gemessen. Der Wert für den Kilometer mit stehendem Start betrug 19,8 Sekunden.

In den Flanken, unterhalb der Flügeltüren gab es Stauräume für Gepäck, insgesamt 160 Liter. Zur Ausstattung gehörten ABS, ASR, Bilstein-Dämpfer, Parktronic, Klimaanlage, ein Audiosystem, eingebaute Wagenheber, einstellbare Pedale und elektrisch verstellbare Außenspiegel. Zum bequemeren Einstieg ließ sich das Lenkrad abnehmen. Einen Vorführwagen stattete man mit vorn angeschlagenen Türen aus, die anderen CLK-GTR Coupés erhielten Flügeltüren in bester Mercedes-Benz-Tradition.

Von Rennwagen abstammende Straßenfahrzeuge an Privatkunden zu verkaufen, hatte bei Mercedes ebenfalls Tradition. Schon 1909 wurden Rennwagen in Straßenausführung an private Interessenten verkauft (siehe Seite 26 dieses Bu-

Ende 1998 begann bei AMG die Herstellung der Straßenversionen des CLK-GTR. Es entstand eines der teuersten, aber auch der besten Automobile, das je gebaut und zum Verkauf angeboten wurde.

ches), und bei den späteren SS und SSK verhielt es sich nicht anders. Auch aus dem 1954er Renn-300-SL entstand ein Straßenwagen.
Nicht immer ließ sich diese Politik durchführen. Für Fritz Nallingers Idee, auch den 300 SLR in zehn oder zwanzig Straßenexemplaren anzubieten, das Stück für rund 40.000 Dollar, vermochte sich seinerzeit niemand zu erwärmen, und auch eine Straßenversion des C111-II von 1970-72 wurde nie realisiert. Und für den C112 hatte Daimler-Benz 1991 Schecks in Höhe von 1,5 Millionen Mark zurückschicken müssen: auch dieses Fahrzeug blieb unverkäuflich.
Die Festlegung des Verkaufspreises für den CLK-GTR erfolgte in Abstimmung mit der FIA, die einen Betrag von einer Million Dollar vorschlug, also rund 1,7 Millionen DM. Das langte nicht: Wer einen CLK-GTR erwerben wollte, mußte schließlich 2.650.000 Mark plus Mehrwertsteuer zahlen. Rabatt wurde nicht gewährt.
Ende November 1998 standen 25 Fahrzeuge bereit, und für jedes einzelne gab es einen Interessenten. Vier Stück behielt AMG zurück – „um welche in Reserve zu haben," wie Domingos Piedale sich ausdrückte. Händler, über die etwa die Hälfte der verfügbaren Coupés verkauft wurde, erhielten keinerlei Kommission.
Verantwortlich für den Bau der Fahrzeuge in Ludwigsburg-Ossweil war der Rennsport-Veteran Helmut Barth. Bevor er zu AMG ging, stand er in Zakspeed-Diensten. In den Räumen des AMG-Sonderfahrzeugbau waren zuvor die ITC-

Rennwagen für das Persson-Team präpariert worden, dann entstanden dort Replica-300 SL's. Als feststand, daß der CLK-GTR in Serie gehen würde, war Barth sehr erfreut: „Das war genau das richtige für uns. Denn für eine solche Aufgabe brauchen wir nicht nur Spezialisten aus dem Automobilbau, sondern Mitarbeiter, die darüber hinaus flexibel und mit hohem Engagement motiviert sind, die vor allem auch mit dem Herzen bei der Sache sind und mit Liebe zum Detail arbeiten können." Damit waren Leute aus der Rennszene gemeint.
Die Fertigstellung eines CLK-GTR nahm vier bis fünf Wochen in Anspruch. Jeder einzelne Wagen wurde vor seiner Übergabe auf der Straße und auf der Rennstrecke harten Fahrerprobungen unterzogen. Die Auslieferung der ersten Coupés erfolgte noch Ende 1998; die anderen waren Anfang 1999 an der Reihe.
Nach den für das Jahr 1999 geänderten FIA-Regeln für die GT-Serie entstand im Winterhalbjahr 1998/99 bei Mercedes-Benz und AMG bereits wieder ein neues Fahrzeug. Ausgeschrieben war eine Meisterschaft für Sportprototypen, wobei die Fahrzeuge aber weitgehend den EU-Vorschriften bezüglich Ausstattung und Beleuchtungseinrichtung zu entsprechen hatten und auch einen Crashtest absolvieren mußten. Eine für den Verkauf aufgelegte „Serie" wurde nicht mehr verlangt (was dem Werk 5 Millionen Mark einsparte).

Um die Wärmeabfuhr vom 612-PS-Motor zu gewährleisten, hatte man dem CLK-GTR im Heck jede Menge Kühlschlitze gegeben. Wie beim C112 ließ sich der Anstellwinkel des Heckspoilers verändern.

Nach diesen neuen FIA-Kriterien konnten viele Rennsportwagen mitfahren, die sonst ausschließlich für Le Mans in Frage gekommen wären, ebenso eine Anzahl von offenen Fahrzeugen aus anderen Rennsportserien. Ziel war, das Spektrum der teilnehmenden Fahrzeuge möglichst weit zu halten.
Die 24 Stunden von Le Mans bezog man in die neue Serie zwar nicht ein, wohl aber eine 1000-Kilometer-Veranstaltung und eine von 12 Stunden Dauer. Insgesamt zehn Rennen standen auf dem Programm, acht davon sollten aus je zwei 100-Kilometer-Sprintrennen wie einst bei der DTM bestehen. Die Konfiguration der teilnehmenden Fahrzeuge hatte stets dieselbe zu sein. Je zwei Fahrer mußten gemeldet werden, je einer für einen der Läufe.
Diese Sport-Prototypen-Meisterschaft verursachte den Männern bei AMG einiges Kopfzerbrechen. „Es ist vielleicht einfacher, einen offenen Sportwagen zu konstruieren," sagte Hans-Werner Aufrecht. „Aber er wird nie an die Rundenzeiten eines geschlossenen Wagens herankommen." Und außerdem stand da noch die Aufgabe im Raum, dem Fahrzeug auch eine optische Nähe zu Serienwagen zu verleihen. Beim C297 und C298 war das gelungen, bei einem C299 mußte diese Frage mindestens ebenso gut, wenn nicht sogar noch besser gelöst werden.

Wer als Mercedes-Benz-Enthusiast über die Mittel verfügte, konnte sich den CLK-GTR-Rennwagen für die Straße kaufen. So etwas hatte es zum letzten Mal beim 300 SL im Jahre 1954 gegeben.

Die handwerkliche Ausführung des CLK-GTR war exzellent. In jedem Detail spiegelte sich die jahrzehntelange Erfahrung im Rennwagenbau wider.

Mit starkem Isolationsmaterial wurde die Hitze des Motors vom Cockpit ferngehalten.

Stolz posiert Hans-Werner Aufrecht mit den Trophäen, die seine DTM- und Mercedes-Benz-GT-Fahrzeuge errungen haben. Mit seiner neuen Rennwagenfirma HWA ist er für das Jahr 2000 gerüstet, während AMG im Verlauf von zehn Jahren in die Hände von DaimlerChrysler übergehen soll.

Zum Glück stand die Existenz der Firma AMG zu keinem Zeitpunkt in Frage. Einer Übernahme durch Daimler-Benz hatte das Bundeskartellamt nicht zustimmen können, aber man hatte eine andere Lösung gefunden, um die Zusammenarbeit mit den Stuttgartern noch effizienter zu gestalten. So entstand mit Datum des 1. Januar 1999 eine Mercedes-AMG GmbH mit Sitz in Affalterbach, weiterhin zuständig für den Bau von speziellen Mercedes-Benz-Sportwagen. Mit dem AMG-Label hatten 1998 immerhin 18.000 Fahrzeuge die Werkshallen verlassen. Bis zum Jahre 2008, so war geplant, sollte die Gesellschaft komplett in den Besitz von DaimlerChrysler (DCX im Broker-Jargon) übergehen.

Eine zweite Firma, die zum gleichen Zeitpunkt aus AMG hervorging, war die HWA Motorsport. Die drei Buchstaben standen für Hans-Werner Aufrecht. Dieser Firma gehörte das AMG-Rennsportteam an, und sie war zuständig für die Konstruktion, für den Bau und den Einsatz von Mercedes-Benz-Wettbewerbsfahrzeugen auf der Grundlage eines Fünf-Jahres-Vertrages mit DaimlerChrysler. Für Aufrecht und Piedale (der bei Mercedes-AMG blieb) war es das Wichtigste, daß die Schlagkraft der eingespielten Mannschaft erhalten blieb. „Insgesamt arbeiten für uns 120 Leute, sämtlich hochqualifiziert. Wir müssen sie und ihren Enthusiasmus weiterhin an uns binden."

Es habe eine Menge Firmen gegeben, die im Verlauf der letzten Jahr an die Tür von AMG geklopft hätten, sagte Piedale. Doch die Partnerschaft zu Mercedes-Benz wurde auf keine harte Probe gestellt: „Für andere blieb die Tür verschlossen!"

In der Formel 1 stehst du ständig unter Druck. Aber diesen Druck mußt du als etwas Positives betrachten, wenn einem auch nichts geschenkt wird. Es ist ein harter Job, und damit mußt du fertigwerden.
Mika Häkkinen

Mit McLaren zur Weltmeisterschaft

Für die Formel-1-Saison 1995 hatte sich Mercedes-Benz einen neuen Partner gesucht: McLaren International. McLaren galt mit Williams und Ferrari als eines der erfolgreichsten Grand-Prix-Teams und hatte seit 1984 sieben Fahrerweltmeisterschaften gewonnen, dazu sechs Konstrukteursweltmeisterschaften. 1994 war zwar das erste Jahr ohne Siege für McLaren seit 1980, dennoch war Ron Dennis und seinen Leuten keineswegs die Professionalität abhanden gekommen. Man hatte halt sehr viel Pech gehabt, aber das stellte die Existenz des Teams nicht in Frage, denn im Gegensatz zu Sauber war McLaren finanziell bestens abgesichert. Das Team gehörte zur TAG McLaren Group, an der die Ojjeh-Familie zu 60 Prozent und Ron Dennis zu 40 Prozent beteiligt waren.
Eine engere Mercedes-McLaren-Verbindung war bereits 1987-88 zwischen Werner Niefer und Ron Dennis diskutiert worden. Die Gespräche waren nicht sehr weit gediehen, weil Dennis die Bedingungen Niefers nicht akzeptierte, der die Rennwagen in strahlendem Silber und unter dem Namen ‚Mercedes' auf die Strecke schicken wollte. Der Teammanager Ron Dennis befürchtete einen Identitätsverlust.
Die Bedingungen einer Zusammenarbeit, wie sie nachher in den späten neunziger Jahren praktiziert wurde, gefielen Dennis schon besser. Er war für sein Team auf der Suche nach einem zuverlässigen Motorenlieferanten, und der von Mercedes-Benz jetzt offerierte Ilmor-V10 erschien ihm höchst attraktiv. Nach der Ende 1992 beendeten Partnerschaft McLaren-Honda war man 1993 auf Ford-Cosworth-V8-Motoren ausgewichen, im darauffolgenden Jahr hatte es eine Liaison mit Peugeot gegeben. Ursprünglich war der Vertrag mit den Franzosen für eine Dauer von vier Jahre geschlossen worden, doch nachdem sich der Peugeot-V10 als ein nicht sehr zuverlässiges Aggregat erwiesen und McLaren eine Nullrunde beschert hatte, kam es zu einer kurzfristig anberaumten Trennung. Mit Ilmor glaubte Dennis sehr viel bessere Chancen zu haben, und so schloß er einen Fünfjahresvertrag mit Mercedes (aufmerksame Leser werden sich daran erinnern, daß es schon einmal einen McLaren mit Mercedes-Motor gab – nämlich 1972. Damals war ein M8D McLaren mit einem Mercedes-V8-Motor ausgestattet worden, der bei AMG für Hans Heyer entstanden war).
Die offizielle Ankündigung der deutsch-britischen Allianz fand am 28. Oktober 1994 im Daimler-Benz-Museum in Stuttgart-Untertürkheim statt. Helmut Werner machte den anwesenden Gästen klar, daß Mercedes-Benz auf dem Wege sei, ein neues Profil zu bekommen, geprägt von Leistung, Dynamik und Internationalität. Und Jürgen Hubbert sekundierte: „Wir wollen den Beweis antreten, daß wir wieder Rennen gewinnen können… 1995 möchten wir zu den vier besten Teams in der Formel 1 gehören." Für 1996 sollte es dann die Fahrerweltmeisterschaft sein. Auch Ron Dennis hatte seine Vorstellungen von einer „perfect season" und prognostizierte eine Spitzenplazierung seiner Fahrzeuge in jedem Rennen.

Wie in Kapitel 28 dargelegt, hatte sich Mercedes-Benz eine Zeit lang in der Formel 1 recht schwergetan. „Fünf lange Jahre haben wir daran gearbeitet," führte Jürgen Hubbert aus, „um an diesen Punkt zu kommen. Und da wir davon überzeugt sind, daß nur ein Zusammenlegen der besten Technologie-Potentiale zu einem Erfolg führt, haben wir uns mit Ron und seinem Team verbündet. Gemeinsam mit unserem Partner Ilmor bringen wir einen großen Erfahrungsschatz in diese Verbindung ein."
Auch Norbert Haug sah es so und betonte ebenfalls, wie sehr er auf eine enge Zusammenarbeit baue. „Mir war von vornherein klar, daß beide Partner zu einer Einheit verschmelzen mußten, um effizient arbeiten zu können. Mercedes-Benz hier, McLaren da – das konnte es nicht geben. Rückschläge würden wir ebenso gemeinsam zu tragen haben wie wir gemeinsame Erfolge feiern wollten. Wie in einer Familie." An dieser Philosophie orientierten sich Haug und seine Kollegen mit aller Konsequenz.
Selbstverständlich gehörte auch Ilmor zu dieser neuen Familiengemeinschaft. Man erkannt dort sehr schnell, daß die Querverbindung zu McLaren neue Herausforderungen mit sich brachte. Noch nie hatte es ein so potentielles Team als

Mit einem fünffachen Handschlag besiegelten Hans-Werner Aufrecht, Roger Penske, Helmut Werner, Ron Dennis und Jürgen Hubbert (von links) am 24. Oktober 1994 die Absicht ihrer künftigen Zusammenarbeit.

In nur 18 Wochen ab Auftragserteilung entstand bei Ilmor der FO110-V10-Motor. Seine Nebenaggregate mußten durch die aerodynamisch bedingten Vorgaben im McLaren-Chassis weiter als ursprünglich geplant nach oben verlegt werden.

Rückansicht des 1995er Mercedes-Benz FO11D-Motors. Der 3-Liter-V10 ließ sich bis zu 15.600 Touren drehen.

Der einbaufertige Formel-1-Motor, vorgesehen für den McLaren MP4/10 von 1995.

Anwärter auf den nächsten Weltmeisterschaftstitel gegeben – McLaren war sehr viel stärker als beispielsweise Sauber. Aber die Ilmor-Männer waren sich auch der Härte des Wettbewerbs bewußt, der ihnen von Seiten der Champions Ferrari, Ford-Cosworth, Renault und Honda erwachsen würde. Auch von Peugeot war noch einiges zu erwarten.
„Unsere Zusammenarbeit mit Mercedes-Benz begann Ende 1993," sagte Mario Illien. „Sie hat sich seither auf viele Gebiete erstreckt, vor allem im Bereich Forschung und Entwicklung. Alle Ressourcen stehen uns vorbehaltlos zur Verfügung." Ganz besonders schätzte Illien den Zugang zum Simulationsprüfstand, der sich mit sämtlichen Fahrsituationen eines Rennens programmieren ließ, mit allen Schaltvorgängen, Klimaeinwirkungen und so fort. Hier hatte auch der IndyCar-Motor seine Feinabstimmung erhalten. Und daß sich für Ilmor als Partner von Daimler-Benz noch viele weitere Türen öffnen würden, stand für Illien außer Frage.
Ron Dennis war beeindruckt von dem, was er bei Ilmor zu sehen bekam. „Diese Rennmotorenschmiede ist eine der besten, wenn nicht gar die beste, die es gibt." Das hörte Mario Illien sicher gern, aber er war sich auch bewußt, daß ein solches Lob eine enorme Verpflichtung zum Inhalt hatte: „Mit McLaren an unserer Seite wuchs der Leistungsdruck gewaltig..." Schließlich galt es nicht nur, hervorra-

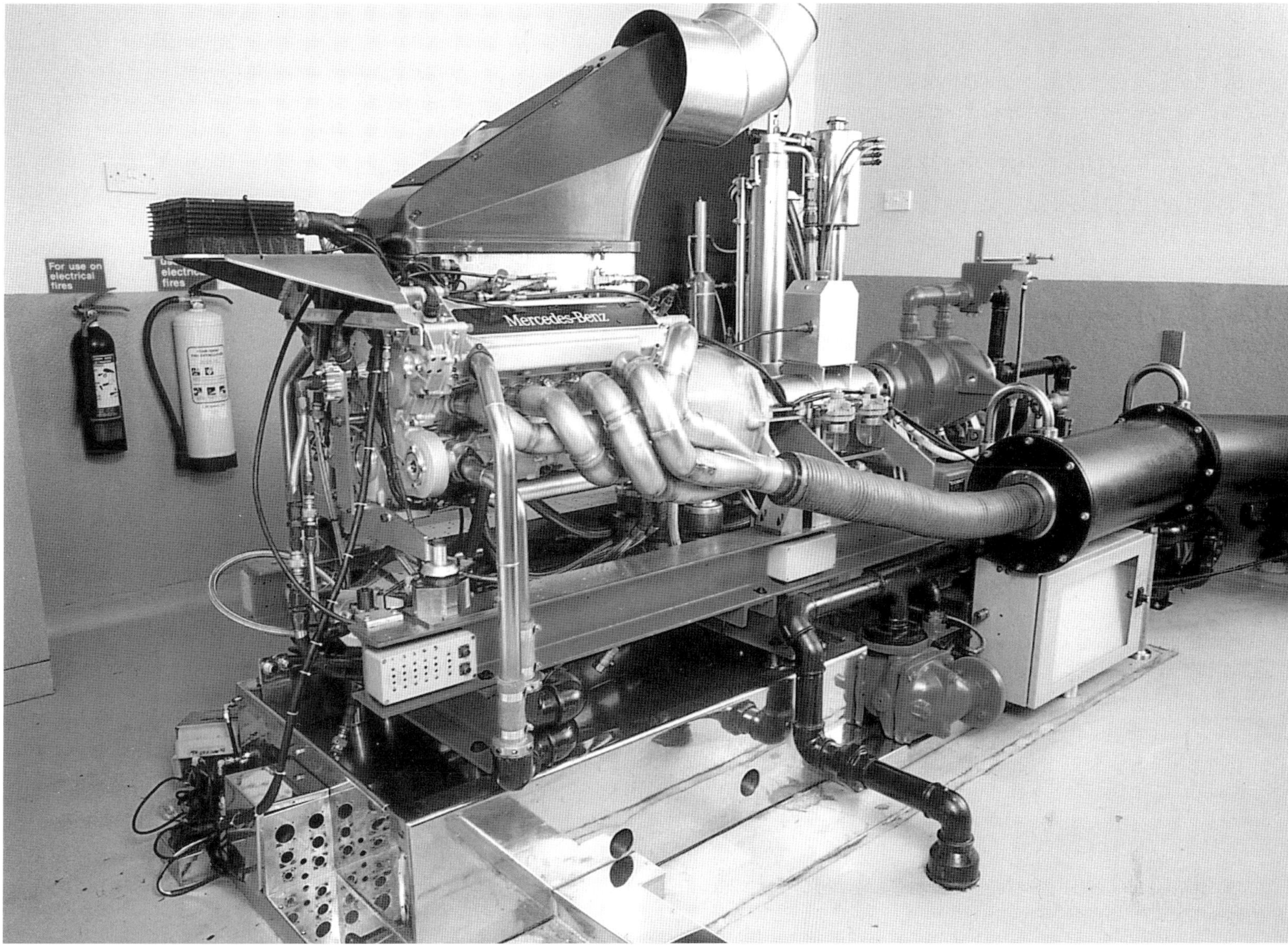

gende Motoren zu bauen, sondern sie auch in größerer Stückzahl herzustellen – sowohl zu Test- und Entwicklungszwecken als auch für die Rennwagen selbst. Hilfreich war das Kapazitätspotential drüben in den USA, wo Ilmors IndyCar-Motoren assembliert, getestet und gewartet wurden, so daß man sich in Brixworth voll auf das neue Mercedes-McLaren-Engagement konzentrieren konnte. Für jedes Rennen mußten drei neue und sieben überholte Motoren bereitgestellt werden. Noch vor dem zweiten Rennen – es war der Große Preis von Argentinien – hatte Ilmor bereits 24 Motoren gebaut, Anfang Juni waren es 34, und am Ende der Saison war man auf 52 gekommen.
Wieder einmal hatten sich die Grand-Prix-Regeln geändert. Für 1995 gab es wieder eine 3-Liter-Formel, wie sie schon 1966 bis 1986 gegolten hatte. Diese um 14 Prozent reduzierte Hubraumkapazität war akzeptabel, wobei die Urheber des neuen Regelwerks sicher der Meinung gewesen waren, daß die Motoreningenieure schon Wege finden würden, die Reduktion von 3,5 auf 3 Liter an vorhandenen Motoren ohne allzu großen Aufwand vornehmen zu können. So verfuhren auch die meisten Motorenhersteller, wobei lediglich Brian Hart einen ganz neuen V8 baute und die Firma Peugeot ihren V10 gänzlich überarbeitete. Doch Mario Illien gehörte zu denen, die einen vorhandenen Motor nicht einfach umbauten. Für ihn ergab sich aus einem neuen Hubraumlimit die Notwendigkeit eines

Auf dem Prüfstand bei Ilmor in Brixworth spielte es keine Rolle, daß der Luftsammler des V10-Motors verkehrt herum aufgesetzt war. Die freiwerdende Wärme der Prüfstände nutzte man bei Ilmor zur Beheizung der Arbeitsräume.

Die Konstruktion des 1995er McLaren-Mercedes MP4/10 stammte von Neat Oatley.

vollkommen neuen Motors. Um den zu entwickeln und rennreif herzustellen, hatte er aber nur ein paar Monate Zeit.
„Ich begann mit den Arbeiten im September," erkläre Mario Illien. „Damals hatten wir noch keinen Vertrag mit Mercedes. Hätten wir darauf gewartet, wäre zu viel Zeit verloren gegangen – also fingen wir schon einmal an." Die neue Hubraumgrenze ermöglichte Illien, sich für eine beliebige Konfiguration zu entscheiden. „Ich dachte an einen V8 oder einen V10. Ich entschied mich schließlich für zehn Zylinder, weil ein solcher Motor die besten Perspektiven bot und die geringsten Nachteile hatte." Das Optimale zu schaffen, ohne irgendwelche Kompromisse einzugehen, war auch Paul Morgans Devise. So entstand ein völlig neuer Motor, mit neuem Block, neuen Zylinderköpfen, neuer Kurbelwelle. „Ein paar kleinere Bauteile haben wir aus Kohlefaser hergestellt, aber keine aus Keramik," sagte Illien. „damit hatten wir noch zu geringe Erfahrungen."
Wäre es nicht einfacher gewesen, den vorhandenen Motor auf 3 Liter zu reduzieren? „Es war einfacher, einen neuen Motor zu bauen, als den alten 3.5-Liter umzustricken," sagte Illien zu David Tremayne. „Dies wäre genau auf jenen Kompromiß hinausgelaufen, den wir nicht wollten. Vor allem wäre der alte Motor auch etwas schwerer gewesen. So haben wir uns also für eine Neukonstruktion entschieden, mit all den damit verbundenen Konsequenzen – auch den Zeitfaktor betreffend."
Der neue Motor FO110D wurde nicht nur rechtzeitig vor dem Start zum ersten Rennen fertig, sondern auch noch vor dem Fahrzeug, in welchem er sein Debüt geben sollte. Er hatte einen Vorsprung von genau zwanzig Minuten: Der erste Mo-

tor traf an einem Samstagmorgen um 8:10 Uhr in Woking ein, der McLaren MP4/10 stand erst um 8:30 zur Verfügung. Von Grund auf einen Formel-1-Motor in nur 19 Wochen Arbeitszeit zu entwerfen und rennfertig zu machen – das hatte es in der Grand-Prix-Geschichte sicher noch nie zuvor gegeben.
„So hart hatten wir noch an keinem Projekt gearbeitet," mußte Mario Illien zugeben. „Manche Schicht dauerte 24 Stunden. Als wir 1994 den Stoßstangen-V8 gebaut hatten, war es ähnlich zugegangen, aber damals standen wir nicht ganz so stark unter Zeitdruck. Aber der Aufwand hat sich gelohnt. Am 16. Januar, um 4 Uhr 35 nachmittags, fand der erste Prüfstandslauf statt. Und schon am darauffolgenden Tag konnten wir den Motor unter voller Last fahren, wie bei einem Rennen."
Allerdings durften die Männer bei Ilmor den Motor nicht so bauen, wie sie allein es für richtig hielten. Die Firma McLaren International hatte da ein Wort mitzureden, denn als Chassishersteller bestand sie auf Einhaltung zahlreicher Vorgaben. Wie strikt diese zu sein pflegten, hatte einst auch das Haus Porsche erfahren, als es im Auftrage John Barnards einen für dessen McLaren maßgeschneiderten V6-Turbomotor baute. McLaren war bekannt dafür, seinen Motorenlieferanten strenge Vorschriften zu machen.
„Bei McLaren achtet man auch auf die geringsten Kleinigkeiten. Wir waren uns dessen gar nicht bewußt gewesen," sagte Paul Morgan. „Der Verlauf jeder Leitung, für praktisch jedes Detail gab es genaue Anweisungen. Jede Woche kamen wir zu einem Arbeitstreffen zusammen und diskutierten, warum dieses so und jenes so zu sein hatte. Es waren äußerst konstruktive Meetings." Das konnte Neil Oatley, Chefkonstrukteur bei McLaren, nur bestätigen: „Die Ilmor-Leute arbeiten zielorientiert und haben viel Enthusiasmus. Sie sind wirklich sehr gut, und die Kooperation mit ihnen klappt hervorragend. Sie stehen mit den Beinen fest auf der Erde, stellen keine unnötigen Fragen und verstehen anzupacken. Selbst die Bosse machen sich schon mal die Hände schmutzig, wenn's drauf ankommt."
So wie bei Ilmor für 1995 ein gänzlich neuer Motor geschaffen wurde, entwickelten Oatley und sein Kollege Henri Durand ein völlig neues Chassis. Den FIA-Vorgaben entsprechend mußte die Fahrzeugunterseite eine Art Längsstufe aufweisen, einen 50 cm breiten „Kiel", der vom Bug bis zum Cockpit reichen mußte; darunter war eine Holzplanke anzubringen, die sich im Rennen nur bis zu einem bestimmten Grad durch Bodenberührung abschleifen durfte. Hinter dem Cockpit durfte der Mittelkiel etwas schmaler werden, um in einen Luftkanal zur Bildung von Abtriebskräften überzugehen – sofern die Motorkonstruktion hierfür Platz ließ. Da aber die meisten Motoren, auch der Ilmor V10, zu beiden Seiten der Ölwanne Batterien von Pumpen aufwiesen, blieb für aerodynamische Raffinessen solcher Art nicht viel Raum.
Um diesem Punkt wurden die Diskussionen zwischen Ilmor und McLaren im September 1994 am heftigsten geführt, noch bevor der Deal Mercedes-McLaren überhaupt zustande gekommen war. McLaren wünschte sich einen Ölsumpf, der schmal genug war, um innerhalb des schmalen Kiels Platz zu finden. „Ron Dennis war da unerbittlich," schmunzelte Neil Oatley. Und Mario Illien konnte das bestätigen: „Wir haben den Unterbau des Motors völlig neu zeichnen müssen. Die Architektur des Fahrzeugs ließ uns gar keine andere Wahl." Oatley: „Sie hatten es nicht leicht mit uns... einen halben Motor neu zu zeichnen, ist ja schließlich kein 5-Minuten-Job..."
Der bereits sehr weit gediehene „Interim-Motor", MFC genannt (der Sauber-V10 hatte rückwirkend die Bezeichnung MFB erhalten), wurde nicht geändert, sondern gemäß den McLaren-Wünschen neu gezeichnet. Denn eine Ölwanne bedingte auch einen anderen Block. So entstand der Motor MFD, der später unter der Chiffre MF110D geführt wurde.
Es waren jetzt nicht nur die Öl- und Wasserpumpen mit ihren Antrieben an der Stirnseite des Motors weiter hinaufgewandert. Man hatte sich auch etwas einfallen lassen müssen, damit die hochgelegenen Spülpumpen nicht mit den Auspuffkrümmern kollidierten. Mario Illien schuf eine ingeniöse Konstruktion und brachte beides auf kleinstem Raum unter.
Um Platz für weitere Aggregate zu erhalten, erweiterte man den Winkel der Zylinderreihen von 72 auf 75 Grad. Zwischen den Zylinderreihen installierte man

Der Aerodynamiker Henri Durand testete verkleinerte Modellvarianten des MP4/10 im Windkanal der National Physical Laboratories in Teddington. McLaren hatte finanziell dazu beigetragen, daß die Anlagen modernisiert wurden.

die Hydraulikpumpe fürs Getriebe. Links fanden die Öldruckpumpen ihren Platz, rechts die Spülpumpen und die Lichtmaschine. Knapp unterhalb der links untergebrachten Pumpen befand sich das Reservoir für das pneumatische Ventilschließsystem, das mit einem Druck von 8 bar arbeitete. Für konstante 17 bar im Reservoir sorgte eine kleine Umkehrpumpe, die von der rechten Motorseite her angetrieben wurde, wo die anderen Pumpen saßen.

Im Gegensatz zu den einst von Sauber verwendeten Motoren, den MFB eingeschlossen, wies der FO110D eine Trennung zwischen Block und Sumpf auf, die nicht in der Höhe der Kurbelwellen-Mittellinie verlief, sondern auf einer sehr viel tieferen Ebene. Damit war die Wanne kaum mehr als ein flacher Aluminiumdeckel. „Hätten wir die höhere Trennlinie beibehalten, wäre es nicht möglich gewesen, die vielen Nebenaggregate unterzubringen," erklärte Mario Illien.

Illien und sein Assistent Stuart Groves konnten den Motor FO110D trotz des vergrößerten V-Winkels im Vergleich zum „Interim-Motor" um 11 mm schmaler halten. Die Höhe des nur 120 kg wiegenden Motors ließ sich – sehr zur Zufriedenheit des Aerodynamikers Henri Durand – sogar um 73 mm verringern.

Neu für Ilmor war die Verwendung eines Motormanagementsystems von TAG. Die TAGtronic kam von der TAG McLaren Group und hatte sich bereits 1991 im Mercedes-Benz C291 bewährt.

Mittels der TAGtronic ließen sich die Parameter der Motorleistung exakt regeln und nach Bedarf variieren, außerdem war das System telemetriefähig, so daß je-

Oben: An einem komplizierten Prüfstand bei McLaren in Woking ließen sich Chassis und Fahrwerk unter simulierten, aber sehr realistischen Bedingungen testen.

Rechte Seite: Die hochgezogene Nase des McLaren MP4/10 erregte bei den Zuschauern in Silverstone am 23. Februar 1995 viel Aufsehen. Mika Häkkinen drehte mit dem neuen Formel-1-Wagen hier seine ersten Proberunden.

de Menge Daten an die Bildschirme und Aufzeichnungsgeräte in den Boxen gesendet werden konnten. Auf 500 bis 1000 Kanälen ließ sich das Verhalten von Motor und Fahrzeug permanent überwachen.
Robin Page, der für dieses System zuständige Ingenieur, erinnerte sich an die „gute alte Zeit, als uns hierfür nicht mehr als 40 Kanäle zur Verfügung standen… Damals konnte man die Informationen auf ein paar Bildschirmen darstellen und alles bequem überwachen. Aber als es überhaupt noch keine Telemetrie gab, waren wir ausschließlich auf das angewiesen, was uns die Fahrer berichteten, und es ging auch…“ Und nur am Schleppzeiger auf dem Drehzahlmesser ließ sich erkennen, wie der Fahrer mit dem Motor umgegangen war. Die Segnungen der Telemetrie wurden von etlichen Fahrern indessen mit gemischten Gefühlen akzeptiert und von ihnen als eine Anzweifelung des Vertrauens in ihr Können betrachtet.
Die Telemetrie-Kontrollmonitore hatten senkrechte Leuchtbänder, die in grüne und rote Bereiche unterteilt waren und das Unter- oder Überschreiten gesetzter Limits anzeigten. Übermitteln ließen sich beispielsweise die Motordrehzahl, die Stellung der Drosselklappen, die Zusammensetzung des Kraftstoff/Luftgemischs, Wasser- und Öltemperaturen, Öl- und Kraftstoffdruck, der Luftdruck der pneumatisch aktivierten Ventile, die Batteriespannung. Wurde eines der für die einzelnen Parameter fixierten Limits überschritten, so daß erheblicher Schaden zu befürchten war, ließ sich der Motor per Fernsteuerung stillsetzen, etwa bei extrem ansteigender Wassertemperatur oder bei zu geringem Öldruck. Immerhin kostete ein V10-Motor schon im Jahre 1995 um die 230.000 Mark. Allerdings machte man nur bei Testfahrten von der ferngesteuerten Abschaltung Gebrauch, nicht im Rennen. Schließlich war nicht auszuschließen, daß es durch einen Sensorfehler auch einmal blinden Alarm geben könnte und ein gesunder Motor aus dem Rennen genommen würde…

Die Test- und Einlaufphase für einen neuen Rennmotor erstreckt sich bei weitem nicht über einen so langen Zeitraum wie für einen normalen Personenwagenmotor. „Uns genügen ein paar hart gefahrene Runden, um zu wissen, wie sich der Motor verhält,“ sagte Robin Page, der für das fünf Mann starke Testteam verantwortlich war. „Denn auch im Rennen werden die Motoren ja immer nur für einen kurzen Zeitraum bewegt.“ Um für diese jeweils kurzen Zeiträume aber das Maximum an Leistung zur Verfügung zu haben, begann man bei Ilmor jeden Motor genau auf die Strecke, auf der er eingesetzt werden sollte, maßzuschneidern. Auf dem Prüfstand wurden daher alle Parameter des möglichen Rennverlaufs simuliert und die Motoren darauf abgestimmt. Alle Eigenheiten der in Frage kommenden Grand-Prix-Strecken wurden im Ilmor-Computer gespeichert und in dem Testprogramm verarbeitet.
Auf zwei Arten von Strecken kam es ganz besonders an: Auf kurvenreiche Straßenkurse wie den von Monaco und auf besonders schnelle Kurse wie Monza oder Hockenheim. Fünfzehn Sekunden Höchstdrehzahl – gleich Höchsttempo – ließen sich in Monza realisieren, eine extrem harte Belastungsprobe. Und in Hockenheim konnte man einem Motor erst recht den Garaus machen: 65 Prozent jeder Runde ließen sich hier mit maximaler Drehzahl, also mit Vollgas fahren.
Vor Beginn der 1995er Saison war sehr wenig Zeit, um den McLaren-Mercedes probezufahren. Andere Teams hatten ihre neuen Chassis' und Motoren schon Ende 1994 zu testen begonnen. Erst am 23. Februar 1995 ging der erste MP4/10 auf die Strecke. Bis zum Start des ersten Grand-Prix-Rennens, dem Großen Preis von Brasilien, waren es nur noch vier Wochen.
Am 17. Februar gab es in London eine Pressekonferenz. Sie zeitigte ein unterschiedliches Echo. „McLaren hat bisher immer sehr elegante Rennfahrzeuge gebaut,“ schrieb Nigel Roebuck in *Autocar,* „aber wir sahen diesmal einen Wagen, dessen Häßlichkeit nicht zu überbieten ist. Die Nase ist hoch und spitz, und in der

Der Rennfahrer Mark Blundell fuhr 1995 den McLaren-Mercedes, während David Coulthard auf Williams-Renault schon einmal die Gelegenheit wahrnahm, sich das Auto anzuschauen, mit dem er im kommenden Jahr unterwegs sein sollte.

Auf einigen Strecken fuhr McLaren 1995 ohne Heckflügel, der 1996 jedoch dort wieder verwendet wurde, wo hohe Abtriebskräfte gefragt waren. Ohne den Flügel sah der MP4/10 zweifellos überzeugender aus.

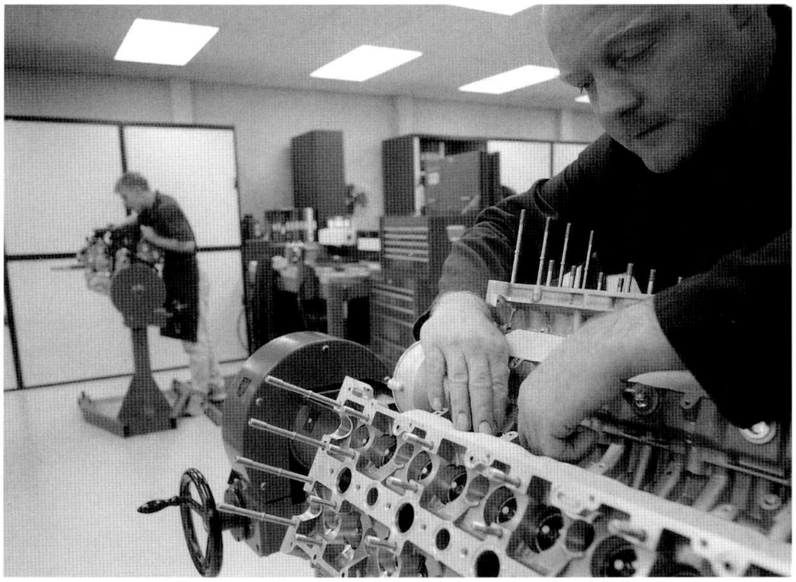

In Brixworth hatte Ilmor einen neuen Betrieb errichtet, in welchem McLaren-Motoren gebaut, überholt und gewartet wurden. 1995 entstanden hier 52 solcher Aggregate.

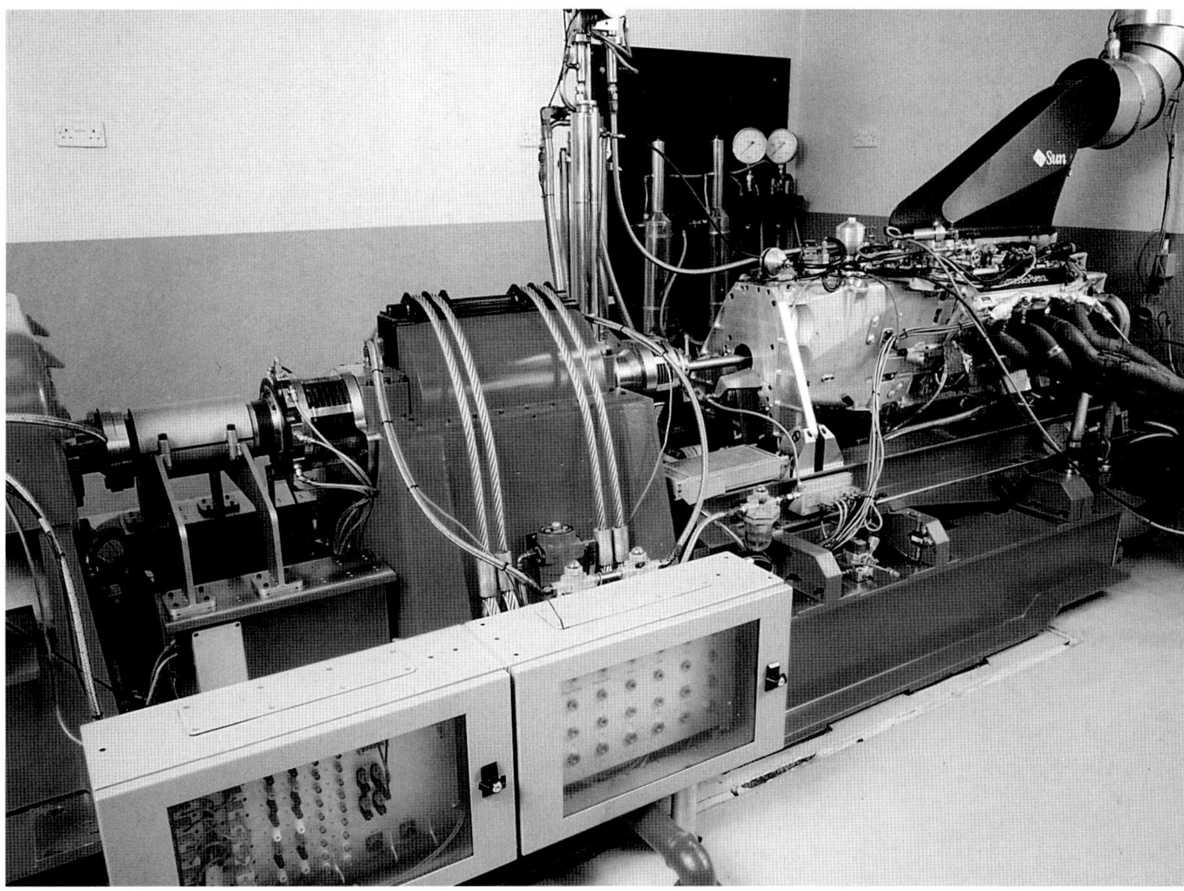

Auch die Motorenentwickler von Mercedes-Benz bedienten sich der Prüfstände in Brixworth, an denen alle Rennbedingungen programmiert werden konnten.

Mitte befindet sich ein Flügel, der wie ein Geschwür aussieht..." Auf diesen Flügel verzichtete man übrigens später wieder.
Auch die Vorstellung der Fahrer löste Überraschung aus. Ausgerechnet Nigel Mansell sollte Mika Häkkinens Partner werden – Mansell, von dessen Qualitäten Ron Dennis nie viel gehalten hatte. Mansell war auf Betreiben des Sponsors Marlboro engagiert worden, und der 41jährige Brite war verfügbar, nachdem er Ende 1994 für das Williams-Team nur vorübergehend als Gastfahrer in Erscheinung getreten war. Also bekam der ehemalige Champion einen McLaren-Vertrag. Als Testfahrer stellte man das junge dänische Nachwuchstalent Jan Magnussen vor. Wie begann die 1995er Rennsaison für McLaren-Mercedes? „Enttäuschend," sagte Norbert Haug, „denn unsere Autos waren drei Sekunden zu langsam, als in Estoril die ersten Testfahrten stattfanden." Die Fahrer stellten fest, daß der McLaren MP4/10 vorn zu wenig Bodenhaftung hatte und daher erheblich zum Untersteuern neigte. In einem Dreizehn-Tage-Marathon versuchte Mika Häkkinen, sich darauf einzustellen, während Nigel Mansell unverblümt zu erkennen gab, daß dieses Fahrverhalten genau das Gegenteil von dem sei, was er sich vorgestellt habe.

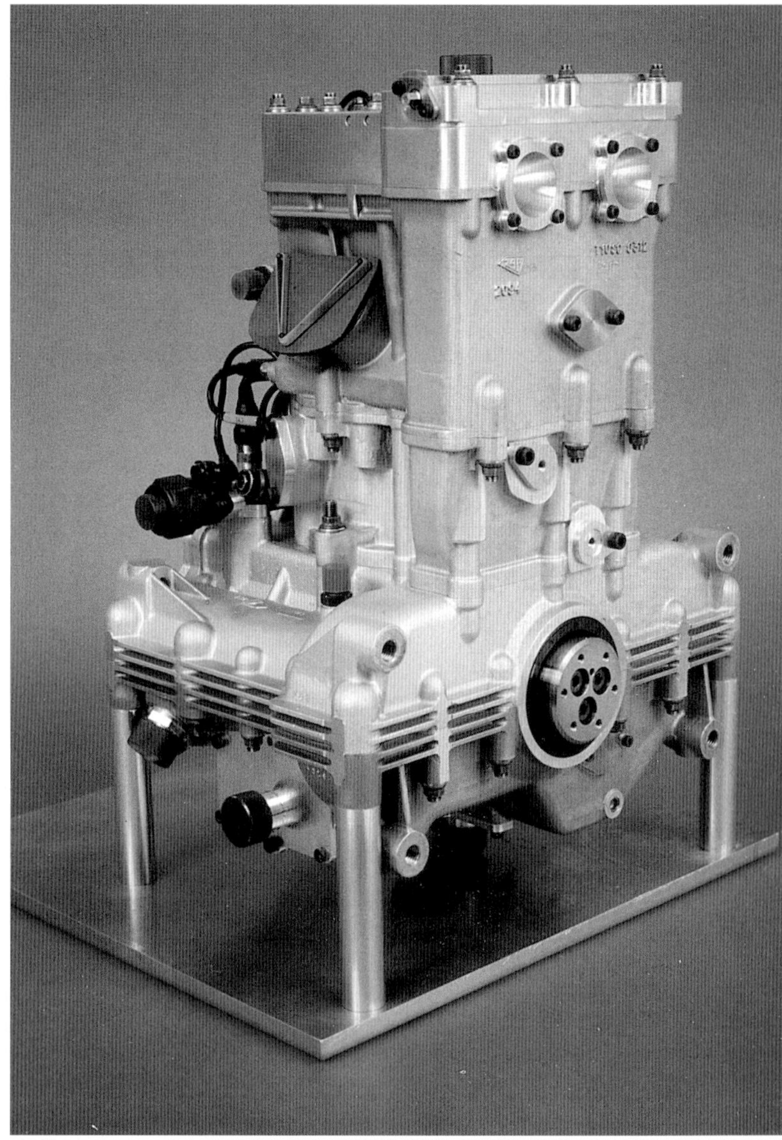

Links: Der Einzylinder-Testmotor, wie ihn Ilmor entwickelt und gebaut hatte. An ihm ließen sich Modifikationen der Ventilbestückung oder der Verbrennungsräume rasch und gründlich durchprüfen.

Rechts: Vorderansicht der 300 ccm großen Einzylinder-Testeinheit. Wie beim großen V10, gab es hier zwei obenliegende Nockenwellen und ein pneumatisches Ventilschließsystem.

Außerdem fand er das Cockpit zu eng für seine starken Arme und reklamierte mangelnden Platz, um am Lenkrad auch einmal größere Bewegungen, etwa beim Gegensteuern, vollführen zu können. Und das, nachdem er schon das kleinste Formel-1-Lenkrad erhalten hatte, das in Italien je gebaut worden war. Es hatte nur 25 cm Durchmesser. Häkkinen war amüsiert, als er das kleine Lenkrad sah, aber Mansell hatte gar kein größeres haben wollen.
Bei McLaren ging man sofort daran, für den Wagen Mansells eine größere Wanne aus Kohlefaser anzufertigen. Normalerweise hätte dies, einschließlich Crashtestprogramm, an die 70 Tage gedauert. McLaren schaffte es in 33. Nun war das Cockpit zwar 30 mm breiter geworden, dennoch blieb Mansells Kritik am Fahrverhalten des Wagens. Beim Rennen in Imola, dem dritten der Serie, kam Mansell nur auf den zehnten Platz, beim nächstfolgenden in Barcelona gab er freiwillig auf. Wagen und Fahrer paßten nicht zusammen, und so trennten sich Mansell und McLaren in gegenseitigem Einvernehmen.
Im Qualifikationslauf zum Rennen in Brasilien war Häkkinen nur eine Sekunde hinter der schnellsten Zeit seines Williams-Gegners geblieben. Immerhin kam Häkkinen dann auf den vierten Platz; Mark Blundell, der für Mansell eingesprungen war, auf den sechsten. Doch dann wurde der Punktevorsprung der Konkurrenz immer größer. Benetton, Williams, Ferrari und der Newcomer Jordan (der mit den von McLaren negierten Peugeot-Motoren antrat) füllten ihre Konten.

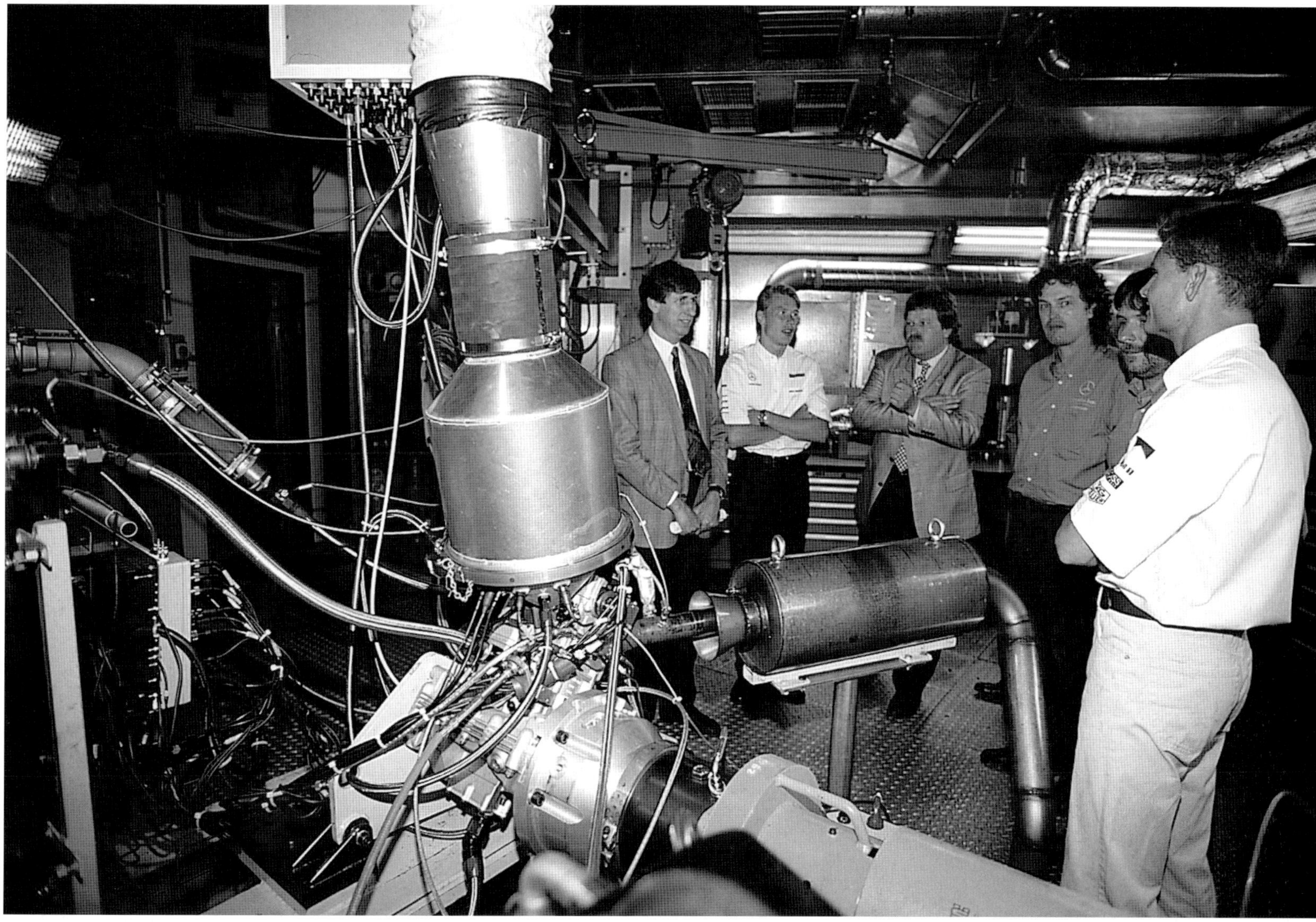

Mario Illien, Mika Häkkinen, Norbert Haug und David Coulthard beim Besichtigen von Motorenprüfständen in Untertürkheim. Der Einzylinder ist im gleichen Winkel wie eine Bank im V10-Motor montiert.

Doch von Mal zu Mal liefen die Ilmor-Motoren besser. Anfangs hatte die Drehzahlgrenze bei 15.600 gelegen. „Dabei erwies sich unser Motor als sehr zuverlässig," sagte Mario Illien. „Wir waren zwar noch nicht dort, wo wir hinwollten, aber wir hatten guten Grund, zuversichtlich zu sein."
Was der Motor auszuhalten imstande war, bewies er bei einer Getriebe-Fehlfunktion anläßlich einer Testfahrt im Juni in Silverstone, als die Tourenzahl unvermittelt auf 18.100 anstieg. Gewiß, die Ventile „küßten" die Kolbenböden, aber der Motor lief weiter. Überhaupt bescheinigten Häkkinen und seine Kollegen dem Motor hohe Qualitäten. Doch es gab immer wieder Pannen. So auch beim fünften Rennen, als in Monaco an Häkkinens Wagen eine Ölpumpe ihren Geist aufgab: Blundell wurde wenigstens noch Fünfter. Sein Motor blieb dafür in Kanada mit Kolbenbruch liegen. Beim Großen Preis von Frankreich Ende Juli wurde Häkkinen Siebenter, Blundell Elfter. Mit Getriebeschaden fiel Häkkinen dann in Silverstone aus, nachdem er in der Warm-up-Runde die schnellste Zeit absolviert hatte. An vierter Stelle liegend, mußte er schließlich aufgeben.
Beim Großen Preis von Deutschland starteten beide McLaren-Mercedes von der vierten Reihe aus, arbeiteten sich auf den dritten und vierten Platz vor – und blieben beide mit Kurbelwellenschaden liegen. Von jetzt an lieferte Ilmor nur mehr die erwähnten „maßgeschneiderten" Versionen des Phase-2.0-Motors FO110D, den jeweiligen Streckenanforderungen angepaßt.

Pech gab es auch wieder in Ungarn: Pleuelbruch. In Spa trat Häkkinen mit einem gründlich überarbeiteten Phase 2.2-Motor an, wurde im Training dann auch Drittschnellster, verspielte seine Chancen aber durch einen Fahrfehler in der zweiten Runde, der ihm einen Dreher bescherte.
Licht und Schatten brachten die letzten sechs Rennen des Jahres für den McLaren-Mercedes. Lichtblicke waren die beiden zweiten Plätze, die Häkkinen herausfuhr. Einen in Monza, wo der Finne eine Zeit lang sogar in Führung gelegen hatte und Blundell auf Platz Vier in Ziel kam (allerdings nur, weil die zwei vor ihm liegenden Ferrari ausgefallen waren), und einen in Suzuka, wo er seinen zweiten Platz nach einem siegreichen Michael Schumacher herausfuhr.
Die weniger erfreulichen Resultate überwogen leider. Zu ihnen zählten das Rennen um den Großen Preis von Portugal, wo Häkkinen mit defektem Nockenwellenantrieb liegenblieb, und der Große Preis von Europa auf dem Nürburgring, wo Häkkinen mit zwei Runden Rückstand nur Achter wurde.
Nach der Nürburgring-Enttäuschung wurde ein Meeting einberufen, in dessen Verlauf eine Zwischenbilanz gezogen werden sollte. Anwesend waren Werner

Zugmaschine und Auflieger bildeten 1996 eine aufsehenerregende Einheit, wo immer sie auftauchten. Der Aufbau war von Pocklington Coachworks angefertigt worden.

Niefer und Jürgen Hubbert, Norbert Haug, Mario Illien und Paul Morgan. McLaren war durch Ron Dennis vertreten, ferner war Roger Penske aus den USA dabei und Hans-Werner Aufrecht von der Firma AMG.
Wie Ron Dennis später dem Journalisten Alan Henry berichtete, muß es auf der Sitzung lebhaft hergegangen sein. „Penske trug seinen Groll über das schwache Abschneiden seines Teams in Indianapolis vor, ich war enttäuscht über die ausbleibenden Grand-Prix-Erfolge. so daß nur die DTM-Leute übrigblieben, die Grund zur Freude hatten. Aber auch sie waren um das spürbar nachlassende Interesse an dieser Serie besorgt. Kein Wunder, daß Hubbert und Niefer sich vorbehielten, das Engagement des Hauses Mercedes-Benz, seine künftige motorsportliche Strategie und den Einsatz der dafür aufzuwendenden Mittel gründlich zu überdenken. Es gab nur eine Antwort auf alle Fragen: Es mußten Siege auf der Rennstrecke her, sonst würde der Vorhang fallen… Die Worte, die wir vernahmen, ließen an Deutlichkeit nichts zu wünschen übrig!"
Ron Dennis bekam schon bald Gelegenheit, seine Loyalität gegenüber Mercedes-Benz unter Beweis zu stellen. Beim ersten Qualifikationslauf zum Großen Preis von Australien in Adelaide hatte der linke hintere Reifen an Häkkinens Wagen durch einen eingedrungenen Fremdkörper auf der Piste Luft verloren, das Fahrzeug war dadurch ins Schleudern geraten und seitwärts gegen die Streckenabgrenzung geprallt. Häkkinen trug schwere Kopfverletzungen davon. Gleichwohl blieb Dennis bei seiner Zusage, dem McLaren-Mercedes-Spitzenfahrer die Treue zu halten. Er sagte ihm sogar den Weltmeisterschaftstitel voraus: „Ich bin fest davon überzeugt, daß wir es mit einem Fahrer wie Häkkinen und Motoren von Mercedes über kurz oder lang schaffen werden!"

Was sich Jürgen Hubbert für 1995 gewünscht hatte, ging äußerst knapp in Erfüllung: daß Mercedes-Benz unter den ersten Vier bei der Konstrukteurs-Weltmeisterschaft landen möge. Doch mit nur mageren 30 Punkten gegenüber 137, die Benetton-Renault für sich verbuchen konnte, während Williams-Renault auf 112 Punkte und Ferrari auf 73 Punkte gekommen waren. Sauber – jetzt mit Ford-Cosworth liiert – war auf Platz Sieben gelandet. Mit einem Ford-Cosworth-Motor war Michael Schumacher 1994 übrigens Weltmeister geworden. Also konnte es wohl nicht am Mercedes-Motor gelegen haben, wenn Sauber im gleichen Jahr so wenig Erfolg hatte. In der Fahrermeisterschaft hatte sich Häkkinen für den siebenten Platz qualifiziert, Blundell für den zehnten.
Mark Blundell übergab seinen Platz Ende 1995 an David Coulthard, der den dritten Rang in der Fahrermeisterschaft belegte. Er kam vom Williams-Team und saß Mitte Dezember zum erstenmal im Cockpit eines McLaren-Mercedes: „Ein hervorragender Wagen mit einem guten Motor, fast vibrationsfrei und aus dem mittleren Drehzahlbereich stark im Durchzug. Vielleicht sollte er auch von ganz unten herauf noch kräftiger drehen, aber das dürfte wohl problemlos zu schaffen sein." Ende Dezember betrug die Leistung des 3-Liter-Motors nur 7,5 Prozent weniger als die seines Vorgängers mit 3,5 Liter, was einer Ausbeute von über 700 PS entsprach.

„Es kommt nicht allein auf Höchstdrehzahlen an," bestätigte Mario Illien die Aussage Coulthards. „Es gibt ja ohnehin nur zwei Grand-Prix-Strecken, auf denen man besonders schnell fahren kann: in Monza und in Hockenheim. Auf allen anderen Kursen kommt es auf beste Bodenhaftung an, auf ein breites Drehzahlband ohne krasse Übergänge. Natürlich ist ein 3,5-Liter-Motor elastischer auszulegen als ein 3-Liter."

Es ließ sich nicht verheimlichen, daß man bei Mercedes-Benz mit dem Ausgang der Saison 1995 nicht besonders zufrieden war. Mika Häkkinen sah es so: „Man muß sich vor Augen halten, daß 1995 ein sehr schweres Jahr war. McLaren und Mercedes haben in der ersten Saison ihrer Zusammenarbeit schon sehr viel erreicht. Sie haben in Rekordzeit einen Grand-Prix-Wagen auf die Räder gestellt und ihn dann immer schneller, besser und zuverlässiger gemacht. Wir haben gute Chancen und sind auf dem Weg zu unserem Ziel. Ich bin sehr optimistisch."

Und Ron Dennis sagte zu Alan Henry: „Mercedes-Benz wird alles Erdenkliche tun, um McLaren siegen zu helfen. Wir ziehen am selben Strang und haben gegenseitig Anerkennung vor unserer Arbeit. Natürlich hätten wir uns ein besseres Resultat gewünscht, aber nun stehen wir vor der Aufgabe, noch größere Anstrengungen als die Konkurrenz zu unternehmen, weil dies der einzig in Frage kommende Weg ist, die Überholspur zu erobern."

Also kam es jetzt auf die Saison 1996 an. Doch die vier Drittplazierungen, die Häkkinen während der Saison erzielte, bedeuteten noch keinen Fortschritt gegenüber 1995. David Coulthard kam zweimal aufs Treppchen, einmal als Dritter und einmal als Zweiter. Rundenrekorde kamen nicht zustande, die mußte man Ferrari und Williams überlassen. Wieder wurde McLaren-Mercedes Vierter in der Gesamtwertung, allerdings jetzt mit 49 Punkten. Den Sieg trug Williams-Renault mit 175 Punkten vor Ferrari mit 70 und Benetton-Renault mit 68 Punkten davon.

„Es ist wie auf einer sich sehr langsam bewegenden Rolltreppe," meinte Ron Dennis. „Jeder bleibt, wo er ist, und gelangt ganz allmählich nach oben. Ich versuche immer wieder, die Rolltreppe schneller laufen zu lassen oder ein paar Stufen zu überspringen. Aber das ist nicht zu machen."

Hinzu kam, daß Häkkinen sich von seinem Unfall in Adelaide noch immer nicht ganz erholt hatte. „Ich habe begreifen müssen, das so etwas ein ganzes Jahr dauert," sagte er zu Mike Doodson. „Für mich war es eine schwere Zeit. Nicht einmal beim letzten Rennen in Japan war ich wieder fit." Um so mehr mußte man anerkennen, was der 28 Jahre alte Finne geleistet hatte. Diese Anerkennung wurde ihm voll zuteil, nicht zuletzt von Ron Dennis und Norbert Haug, die beide die Überzeugung gewonnen hatten, daß Häkkinen im Laufe der Saison 1996 ein ganzes Stück reifer geworden war.

Bei McLaren hatte man sich sehr bemüht, ihm und Coulthard 1996 bessere Wagen zu geben. Als Technischer Berater war der vierfache Weltmeister Alain Prost zu McLaren gekommen; auf seine Empfehlung wurde die Monocoque-Wanne verstärkt, auch regte er Modifikationen am Fahrwerk an. So war der McLaren MP4/11 entstanden, den Prost ausgiebig testete.

Nur 7,5 Prozent seiner insgesamt 2500 Bauteile hatte das 1996er Fahrzeug mit dem des Vorjahres gemein. Vollkommen neu war auch das von David North konstruierte Transaxle mit dem Sechsganggetriebe, jetzt mit längs statt quer angeordneten Wellen. Neil Oatley hatte eine neue, noch steifere Fahrzeugzelle entwickelt, nach wie vor aus Kohlefaser über einer Wabenstruktur aus Aluminium, von Steve Nichols stammten die neuen Aufhängungen.

Wie schon beim 1995er MP4/10, stand nur wenig Zeit für Entwicklung, Bau und Erprobung des Fahrzeugs zur Verfügung. Aber man hatte auch viel Arbeit in den Motor investiert, ein neues Hydrauliksystem entwickelt (das man für die Betätigung des halbautomatischen Getriebes benötigte), die Bohrung erweitert und den Hub verringert. Auch steuerte TAG Electronics für den „E"-Motor ein neues Managementsystem bei, das TAG 2000. Nicht vor dem 3. Februar 1996 gab der neue Motor in Estoril seine Galavorstellung unter Aufsicht von „Professor" Prost.

Der Motor FO110E für 1996 hatte eine größere Bohrung erhalten, einen kürzeren Hub und einen niedrigeren Schwerpunkt. Obwohl an die 16.300 Touren drehend, erwies sich der Motor 1996 als extrem zuverlässig.

Die Qualitäten des Motors stellte der Schotte Coulthard eindrücklich unter Beweis, als er sowohl in Imola als auch auf dem Nürburgring einen Raketenstart hinlegte, der den Verdacht aufkommen ließ, man verwende bei McLaren das (nicht erlaubte) Traction Control System. In Wirklichkeit war es das enorm breite Drehzahlband des Motors, das ein Beschleunigen von 4000 bis 16.300 U/min ohne zu schalten erlaubte.
Die Drehmomentkurve auch bei niedriger Kurbelwellen-Drehzahl hochzuhalten, ist ein Kunststück. „Man verliert unten immer mehr Leistung, als man oben gewinnt," erklärte Mario Illien. „In den unteren Drehzahlbereichen ist es von der Gasdynamik her viel diffiziler, Einbußen zu vermeiden, als bei Maximaldrehzahl etwas zu holen. Hier behindert einen stets die höhere innere Reibung."
Der Mercedes-Motor habe jetzt seine höchste Stufe erreicht, sagte Coulthard Ende 1996. „Die Zuverlässigkeit ist beeindruckend..." Nur zwei Ausfälle hatte es gegeben, einmal wegen eines Kolbendefekts, der Häkkinen in Imola aus dem Rennen warf, zum anderen wegen Bruch des Wasserpumpenantriebs, den Coulthard in Ungarn hinnehmen mußte. Zwei weitere Ausfälle – Coulthard in Melbourne und Häkkinen in Argentinien – waren auf Ventilschäden an der Drosselklappenhydraulik zurückzuführen.
Auch während der Saison gingen die Prüfstandarbeiten bei Mercedes-Benz in Untertürkheim weiter. Auf diesen Prüfständen konnte man nicht nur den Motor, sondern auch das Getriebe und die Antriebsachsen mitlaufen lassen, was bei Ilmor nicht möglich war. So ließen sich sämtliche Belastungen im Antriebsstrang messen, wie sie auch im Rennbetrieb auftraten. Doch bevor die Erkenntnisse aus diesen Prüfungen ihre Umsetzung in die Praxis fanden, mußte der Testmotor fünf simulierte Grand-Prix-Rennen durchstehen.
Alles ließ sich auf dem Teststand simulieren: Die Warm-up-Runde, die sich daran anschließende Abkühlung, die Einführungsrunde hinter einem Pace Car, der „fliegende" Start und schließlich die gesamte Renndistanz und -dauer unter allen denkbaren Schwierigkeiten. Auch Boxenaufenthalte oder die verringerte Kühlluftzufuhr beim Verfolgen eines anderen Wagens ließen sich programmieren. Illien: „Schließlich hängen wir nach der Zielflagge noch zwanzig Prozent der Gesamtdistanz dran, um ganz sicher zu gehen, daß die Motoren die Tortour auch aushalten." Den Kraftstoffverbrauch ermittelte man mit 57 Liter auf 100 Kilometer bei einem schnellen Kurs wie Hockenheim, auf kurvenreichen Strecken à la Monaco betrug er 60 Liter. Ursache hierfür waren die stärker aktivierten Abtriebskräfte durch entsprechende Flügel auf langsameren Strecken.
Zu jedem Rennen konnte Ilmor zehn Motoren zur Verfügung stellen, von denen vier jeweils nagelneu waren. Insgesamt entstanden 1996 47 neue Motoren der „E"-Reihe. Für den Zusammenbau jedes Motors benötigte man 110 Arbeitsstunden. Alle Bauteile waren zwar neu, hatten in diesem Stadium aber bereits ein sorgfältiges Testprogramm hinter sich – über eine Erprobungsdauer, die einem halben Grand-Prix-Rennen entsprach. Dann wurde der auf diese Weise getestete Motor wieder zerlegt, mit neuen Kolben versehen, dann abermals 50 Minuten lang mit unterschiedlichen Belastungen auf dem Prüfstand gefahren. Zum Schluß gab es zwei Vollgastests von je drei Minuten Dauer. Erst jetzt konnte der Motor zu McLaren auf die Reise gehen.
Die anderen sechs der zehn Motoren dienten als Ersatzaggregate. Man baute sie aus Komponenten vorhergehender Rennmotoren zusammen. Kein Motor durfte mehr als 450 Kilometer gefahren werden, dann kam er zur Überholung. Kolben, Kolbenringe und Lager wurden grundsätzlich in keinem zweiten Rennen verwendet. Ventilen bemaß man eine Lebenszeit von 800 Kilometern zu, Pleuel eine von 1200, Zylinderköpfen eine von 2500 Kilometern. Block, Kurbelwelle und Nockenwellen tauschte man erst nach 3500 Kilometern aus. Eine ganze Reihe derart aufgebauter Motoren verwendete man ausschließlich zu Testzwecken; 1996 waren es fünfzehn Stück. Verschlissene Blöcke und Köpfe wurden wieder eingeschmolzen.

Unten: Als erster Fahrer durfte Alain Prost den FO110E-Motor im MP4/11 ausprobieren. Er war als Berater zum Team gekommen. Er fand das Fahrzeug sehr viel besser als 1995.

Rechte Seite: Alain Prost gesellte sich zu Ron Denns (links) und Norbert Haug hinter einem MP4/11 mit „E"-Motor für ein Gruppenfoto, das Anfang 1996 gemacht wurde.

Eine auffallende Erscheinung bei allen Grand-Prix-Rennen war der riesige Sattelschlepper, den Mercedes-Benz Motorsport und Ilmor bei Pocklington Coachworks in York, England hatten anfertigen lassen. Der Aufbau hinter der 530 PS starken Zugmaschine vom Typ 1853 glänzte in fluoreszierendem Opalweiß und barg eine Werkstatt, ein von Mobiloil betriebenes Öltestlabor und einen Computerraum mit zwei hydraulisch ausfahrbaren 17-Meter-Masten für die Telemetrie-Übermittlung. In von außen zugänglichen Behältern gab es Platz für ein Dutzend Reservemotoren.
Als sich der eindrucksvolle Truck zu den ersten Rennen der Saison 1997 in Bewegung setzte, befanden sich noch Motoren vom Typ FO110E an Bord. Aber sie hatten einige Veränderungen erfahren. Die Höhe des Zylinderblocks war um 17 mm verringert worden, die Breite hatte um 24 mm zugenommen. Man hatte den Schwerpunkt des Motors tieferlegen wollen, und dabei war auch ein kleines Leistungsplus herausgekommen. Daß Ilmor von diesem Motor nur 40 Stück baute, hatte einen besonderen Grund: Man arbeitete bereits an seinem Nachfolger.
Dieser neue Motor hatte mit dem „E"-Typ nur wenig gemeinsam, lediglich die Zahl der Zylinder, die Vierventiltechnik, die sechs Hauptlager und den Baustoff Aluminium für die hauptsächlichen Gußteile. In jeder anderen Hinsicht war der FO110F eine gänzlich neue Konstruktion.
Da ein neuer Motor eigentlich auch eine neue Bezeichnung verdient gehabt hätte, wäre FO210A logischer gewesen. Aber man wollte die Zahl 110 für alle Grand-Prix-Motoren mit zehn Zylindern beibehalten, deshalb erhielt das neue Aggregat lediglich das neue Suffix F.
Auch die Nockenwellensteuerung von der Stirnseite des Motors aus wurde beibehalten, ebenso das Layout der Pumpenanordnung beiderseits des Motorblocks, nur die Pumpen selbst waren alle neu. In Fahrtrichtung links befanden sich die Wasserpumpe für die linke Motorhälfte, die Öl-Luft-Zentrifuge, die Gerotor-Öldruckpumpe (System Eaton) und die Lichtmaschine. Rechts saßen die Wasserpumpe für die rechte Motorseite, eine dreiteilige Ölspülpumpe für die fünf Ölwannenkammern, die Hydraulikpumpe sowie die Druckpumpe für das pneumatische Ventilschließsystem.
Wie die Motoren der Sauber-Ära wies der „F"-Motor einen 72°-Winkel auf. Obwohl dieser Winkel für einen V10 mit um 72 Grad versetzten Kurbelwangen allgemein als konstruktiv optimal gilt, war dies für Illien nicht der ausschlaggebende Faktor, um von 75° abzugehen. Illien: „Für uns stand die Überlegung im Vordergrund, alle Nebenaggregate so günstig wie möglich anzuordnen."
Das Motormanagementsystem kam wieder von TAG; das TAG 2000 ECM sorgte für ein Kraftstoff/Luft-Gemisch, dessen Zusammensetzung sich nach Werten richtete, die ein Sensor in jedem der Auslaßkanäle ermittelte; auch bemaß sich danach die variable Länge der Kohlefaser-Ansaugstutzen. Statt der bisher verwendeten Drosselklappen mit ihrer weicheren Ansprech-Charakteristik entschied sich Illien bei diesem Motor für walzenförmige Schieber, die weniger Platz beanspruchten; ihre Aktivierung erfolgte über ein hydraulisches Steuersystem von Moog. Die Einlaßkanäle hatten ovale Querschnitte.
Die Zylinderköpfe für den Mercedes-Benz FO110F wogen noch weniger als ihre Vorgänger und waren nach den letzten Erkenntnissen der Brennraumforschung

Links: Mit einem um 66 Prozent steiferen Monocoque ließ sich der 1996er McLaren MP4/11 besser fahren als sein Vorgänger, wie David Coulthard bestätigte. Noch aber dominierten Williams und Ferrari...

Rechts: Das schlichte Cockpit des McLaren MP4/11 hätte einem Rudolf Uhlenhaut sicher auch gut gefallen. Der gewählte Gang wurde durch ein Leuchtsignal angezeigt.

gestaltet. An einem Einzelzylinder hatte man bei Ilmor lange an der Idealform gearbeitet. „Es galt, die Form einer flachen Scheibe zu vermeiden," sagte Illien, „die für eine intensive Gemischverbrennung alles andere als ideal ist, die sich aber aus einer immer höher angesetzten Verdichtung ergibt." Da die Kolbenoberfläche eben bleiben sollte, mußte der Brennraum leicht dachförmig aufgewölbt sein. Oben in der Mitte des „Giebels" plazierte man die 10-mm-NGK-Zündkerze.
Für die Kolben behielt man Leichtmetall der Sorte RR58 bei, obwohl es auch alternative Materialien gegeben hätte. „Wir haben sie alle getestet, blieben dann aber bei RR58. Wenn man diesen Werkstoff richtig behandelt, dann ist er unübertrefflich."
Ilmor schuf die Formen für den Kolbenguß, die außer Haus angefertigt wurden, behielt sich die Nachbehandlung aber selbst vor. Nur zwei Ringe waren pro Kolben vorgesehen, um Reibungsverluste gering zu halten. Unterhalb des Kolbenbodens gab es eine Ölführung zu Kühlzwecken. Die Pleuel machte man aus Titan, die Kolbenbolzen aus hochwertigem Stahl. Der Schaft wies einen I-förmigen, keinen H-förmigen Querschnitt auf.
Der Zylinderblock des FO110F stellte eine radikale Abkehr von der bisher bei Ilmor gepflogenen Bauweise dar. Seine Seiten waren nicht mehr glattflächig, son-

In Australien am Beginn der Saison 1996: Jürgen Hubbert, David Coulthard, Helmut Werner, Dieter Zetsche, Mika Häkkinen und Ron Dennis (von l. n. r). Ein Jahr später würden sie ihren größten Grand Prix Sieg feiern.

dern bildeten um jeden Zylinder eine leichte Wölbung – das sparte nicht nur Material, sondern kam auch einer besseren Kräfteverteilung zugute. Kopf und Block wurden jetzt von nur noch zwölf Schrauben gehalten, was ebenfalls zu einer Verminderung des Motorgewichts beitrug. Die im Kopf durch einen Bronzering gehaltenen Laufbüchsen bestanden aus nikasilbeschichtetem Aluminium.
Die Ein- und Auslaßventile waren aus Titan und kamen von der amerikanischen Firma DelWest und wurden, wie bisher, pneumatisch geschlossen. „Die Zuverlässigkeit dieses Systems läßt uns vergessen, welche Probleme wir einst mit den Ventilfedern hatten," sagte Mario Illien.
Die zwei obenliegenden Nockenwellen in jedem Kopf saßen unter Aluminiumdeckeln, die an ihrer Peripherie mit den Köpfen verschraubt waren. Jeder der beiden Deckel bildete zugleich ein tragendes Element und war eine Baueinheit mit dem Kühlwassersystem. In dieser Beziehung gab es Ähnlichkeiten mit dem Indy-Motor IC108E.
Die Kurbelwelle des „F"-Motors war mit der des Vorgängers identisch, ließ sich also austauschen. „Das war eine vorausberechnete Absicht," erklärte Mario Illien.
Mit nur 111 Kilogramm wog der neue V10-Motor erheblich weniger als der 123 Kilogramm schwere FO110E. Seine Abmessungen waren um 8 mm niedriger und um 55 mm schmaler. Die Summe all seiner Bauteile betrug 5775; beim Vorgänger waren es 139 mehr gewesen. Zum Vergleich: Der Ilmor-Motor 2175A V10 mit seinen mechanischen Ventilfedern und festen Einlaßstutzen hatte 4516 Teile besessen. Um einen FO110F rennfertig aufzubauen, benötigte man 141 Arbeitsstunden.
Als der „F"-Motor im Januar 1997 erstmals auf dem Prüfstand lief, erfüllte er nicht nur alle in ihn gesetzten Erwartungen – er übertraf sie bei weitem. „Der Schritt vom 'E'-Motor zum 'F'-Motor war der größte, den wir je gemacht haben." Genaue Leistungsangaben pflegte Mercedes-Benz bei seinen Rennmotoren nie zu machen, und so hielt sich auch Illien mit diesbezüglichen Informationen zurück. Aber man darf annehmen, daß der „E"-Motor jetzt an die 750 PS leistete.
Die Schaltpunkte lagen bei mindestens 16.500 U/min. Wobei laut Illien der Leistungszuwachs nicht auf einer Steigerung der Höchstdrehzahl beruhte, sondern auf einem intensivierten Gasdurchsatz und auf einer verminderten Reibung. „Und wenn man die Reibungsverluste bei hohen Drehzahlen verringern kann, verringert sich auch der Kraftstoffverbrauch – folglich auch der Kühlungsbedarf." Weniger Kühlungsaufwand ist ein Bonus für die Aerodynamik, und weniger Kraftstoffbedarf bedeutet einen größeren Aktionsradius bzw. weniger Zeitaufwand

Der Mercedes-Benz-Motor FO11F V10 war 1996/97 unter größter Geheimhaltung entstanden. Er stellte das leistungsstärkste Aggregat dar, das bei Ilmor je in einem einzigen Arbeitsgang gebaut wurde.

beim Boxenstop. Bei gleicher Strecke, so ergaben Messungen, verbrauchte der „F"-Motor 62 Liter Sprit auf 100 Kilometer gegenüber 72 Litern, die der Megachrome-Renault konsumierte. Ein bemerkenswerter Unterschied.
Während der „F"-Motor auf seinen ersten Einsatz vorbereitet wurde, begann die Saison 1997 mit dem überarbeiteten „E"-Motor. Er tat seine Pflicht in einem ebenfalls überarbeiteten (und jetzt sehr viel attraktiveren) McLaren-Chassis MP4/12. Nach wie vor hießen die Vertragsfahrer Coulthard und Häkkinen. Man konnte nicht sagen, daß sie eng befreundet waren, ihre Zusammenarbeit war von kollegialer Professionalität geprägt.
Am 14. Januar bekamen sie den neuen Wagen erstmals zu sehen; die offizielle Vorstellung fand am 13. Februar im Alexandra Palace, London, statt – vor 2800 geladenen Gästen. Unübersehbar trat der Sponsor West Cigarettes (hergestellt von der Hamburger Firma Reemtsma) an dem schwarz und silberfarben lackierten Formel-1-Wagen in Erscheinung – die Zusammenarbeit mit Marlboro hatte damit ihren Abschluß gefunden. Die Marlboro-Millionen kamen jetzt Ferrari zugute.
Noch in ihrer orangefarbenen Aufmachung hatten Testfahrzeuge vom Typ MP4/12 in Jerez und Estoril mehr als 1000 Kilometer abgespult. „Der Wagen entstand durch das gleiche Team wie zuvor," erklärte Ron Dennis, womit er den Technischen Direktor Neil Oatley, die Ingenieure Steve Nichols, David Neilson, David North, Henri Durand und den für Forschung und Entwicklung zuständigen Patrick Lowe meinte. „Sie haben härter gearbeitet als je zuvor," lobte Dennis seine Crew, „und ich bin überzeugt, daß wir entsprechend gute Resultate sehen werden." Er führte quantifizierbare Fortschritte in der Aerodynamik an, nachdem McLaren sich finanziell an der Erweiterung der Windkanalanlagen bei den National Physical Laboratories in Teddington beteiligt hatte. Hier konnte man Modelle in 40prozentiger Verkleinerung testen, wenngleich andere Teams wie Williams, Sauber, Benetton, Stewart und Ferrari mit Modellen in halber Originalgröße zu arbeiten pflegten. Die Windgeschwindigkeit in Teddington ließ sich auf Orkanstärken bis zu 180 km/h bringen.

Der Fahrer saß in dem neuen McLaren-Mercedes etwas tiefer, entsprechend niedriger waren die Kopfstütze und der darüber liegende Lufteinlaß angebracht. Die Form der Cockpiteinfassung, deren Höhe im Reglement festgelegt war, hatte man verändert, die Nase das Fahrzeugs tiefergelegt. Zu den Sicherheitsfaktoren zählte jetzt auch eine „faltbare" Lenksäule. Als Zulieferer für Chassis-Komponenten traten Penske (Dämpfer), AP Racing (Bremszangen), Carbone Industries (Bremsscheiben und Beläge) sowie Enkei (Räder) in Erscheinung. Die Reifen bezog McLaren von Goodyear.
In aller Stille war bei McLaren ein neues Bremssystem erarbeitet worden, das speziell Mika Häkkinen zugute kam, der – im Gegensatz zu Coulthard – mit dem linken Fuß zu bremsen pflegte. Wahlweise ließ sich das rechte oder das linke Hinterrad abbremsen, was der Fahrer per Knopfdruck am Lenkrad beeinflussen konnte. Dadurch ließ sich bei engen, relativ langsam zu durchfahrenden Kurven das Durchdrehen eines Rades verhindern. Aber im Unterschied zu solchen Vorrichtungen bei Rallye- oder Trialfahrzeugen (oder gar Traktoren) war die Einzelradbremse integrierter Bestandteil der Differentialbremse. In der zweiten Jahreshälfte 1997 kam diese Bremse im McLaren-Mercedes zum Einsatz. Anzumerken wäre, daß zu jener Zeit scharfe Beobachter ein „zweites Bremspedal" im McLaren-Cockpit gesehen haben wollen, was wohl ein Irrtum gewesen sein muß. Denn im Fußraum ging es so eng zu, daß ein zweites Bremspedal dort gar keinen Platz gehabt hätte...
Am 9. März 1997 fand das erste Rennen der Formel-1-Saison in Melbourne, Australien, statt. Noch waren die Williams-Renault sehr schnell, und ein junger Jacques Villeneuve startete von der Pole Position aus, Coulthard den Auspuff zeigend. Aber Coulthard blieb ihm dicht auf den Fersen und übernahm die Führung, als sein Rivale ein zweites mal zum Tanken an die Boxen mußte. Der Sieger im Rennen um den Großen Preis von Australien hieß David Coulthard, Häkkinen wurde Dritter.
Was für ein Tag für Mercedes-Benz und vor allem für McLaren! Das Team hatte nach 49 Rennen an 1218 Tagen ohne einen einzigen Sieg endlich wieder einen Grund zum Feiern und Triumphieren. Und für Mercedes-Benz war es der erste Formel-1-Sieg seit Fangios Erfolg beim Großen Preis von Italien im September 1955.
Jeder gönnte den Siegern ihren Triumph von ganzem Herzen. „Jeder freute sich mit uns. Das Fahrerlager war voller Menschen, die uns gratulieren wollten," erinnert sich Norbert Haug. Der Empfang der Crew in Stuttgart vollzog sich ebenso herzlich.
Mercedes-Benz hatte seine Glaubwürdigkeit unter Beweis gestellt. Und neue Perspektiven eröffnet – auch für einen Mann namens Adrian Newey, bislang Chefkonstrukteur bei Williams. Ein ausgezeichneter Aerodynamiker, der einen neuen Wirkungskreis suchte und ihn bei McLaren-Mercedes finden sollte. Viele Teams hatten Newey ein Angebot gemacht; jeder bemühte sich, einen solchen Spezialisten ins Boot zu bekommen. Am 1. August 1997 wechselte Newey also seinen Arbeitsplatz.
Es gab natürlich Stimmen, die das Resultat von Melbourne als einen Zufall abtaten. Der weitere Verlauf der Rennsaison sollte den Skeptikern Recht geben: In den nachfolgenden fünf Rennen kam keiner der McLaren-Fahrer aufs Siegertreppchen. Am Motor lag es gewiß nicht, bis auf Kleinigkeiten lief der FO110E tadellos.
Währenddessen arbeitete man bei Ilmor an der Perfektionierung des „F"-Motors. Jede Woche wurde auf den Prüfständen bei Ilmor und auch bei Daimler-Benz in Untertürkheim ein komplettes Grand-Prix-Programm stimuliert. Der neue Motor sollte am 27. Juli beim Großen Preis von Deutschland in Hockenheim seinen Einstand geben; bis dahin war genügend Zeit, um den Zehnzylinder über eine Distanz von mehr als 1600 Kilometern gründlich zu erproben – und er steckte auch in einem der Qualifikationsfahrzeuge für den Großen Preis von Spanien, der für den 25. Mai programmiert war. Im Rennen in Barcelona verwendete man indessen noch einmal den „E"-Motor. Die Ergebnisse des Probelaufs waren aber so gut, daß man beschloß, den Motor doch noch vor Hockenheim an den Start gehen zu lassen.

Das nächste Rennen war der Große Preis von Kanada. Hier war es Coulthard, dem die Ehre zuteil wurde, den „F“-Motor als erster McLaren-Pilot ganz nach vorn zu bringen, nachdem Häkkinen nach einer Rempelei schon in der ersten Runde ausgefallen war. Aus der fünften Reihe heraus setzte sich der Schotte mit seinem McLaren-Mercedes an die Spitze des Feldes und konnte Michael Schumacher auf Ferrari um 30 Sekunden distanzieren. Doch dann holte man Coulthard an die Boxen, um seinem Wagen neue Räder zu verpassen. Eine Sache weniger Sekunden – der Vorsprung hätte gereicht, um noch vor Schumi wieder Fahrt aufzunehmen. Aber Coulthard passierte ein Mißgeschick, an dem er keine Schuld trug: Beim Wiederanlassen des Motors funktionierte die automatische Kupplungstrennung nicht, der Motor starb wieder ab. Schumacher flog vorbei, ehe Coulthard seinen Motor erneut zum Laufen gebracht hatte. Kurz danach wurde die Rote Flagge gezeigt: Olivier Panis war verunglückt, das Rennen wurde gestoppt. So hatte Coulthard keine Chance mehr, es noch einmal mit Schumacher aufzunehmen. Bei der vorzeitigen Beendigung des Rennens lag er an siebenter Stelle.
Häkkinen hatte bei den nächsten zwei Rennen an seinen „F“-Motoren nicht viel Freude. In Magny-Cours gab es Probleme mit einem Kurbelwellenlager, in Silverstone brach ein Pleuel. Der Finne hatte sich für den dritten Startplatz qualifiziert und konnte sich schnell an die Spitze vorarbeiten, die er nicht mehr abgab, bis ihn sieben Runden vor Schluß das Pleuel-Desaster ereilte. Dafür kam er wenigstens auf den dritten Platz in Hockenheim. In Ungarn gab es wieder Pech für den Finnen: Diesmal versagte eines der Moog-Ventile. Und Coulthard fiel wegen eines Schadens an der Lichtmaschine aus.
Eine Schlappe besonderer Art, diesmal zu Lasten der für Öl und Kraftstoff zuständigen Instanzen, mußte McLaren-Mercedes beim Großen Preis von Belgien einstecken. FIA-Kontrolleure hatten nach dem Rennen ermittelt, daß das von Häkkinen, der Dritter geworden war, benutzte Benzin nicht den Vorschriften entsprach. Das kostete nicht nur 50.000 Dollar Strafe, sondern bedeutete auch – und das war viel schlimmer – eine Aberkennung der von Häkkinen eingefahrenen WM-Punkte.

Schaumbildung im Öl war die Ausfallursache eines Motors beim Training zum Großen Preis von Deutschland, und zweimal tauchte das gleiche Phänomen beim Training zum GP von Italien auf. Die fieberhafte Arbeit, die Lecks der unerwünschten Luftzufuhr am Ölreservoir zu lokalisieren und abzudichten, lohnte sich: Coulthard gewann in Monza den Großen Preis von Italien. Mika Häkkinen hatte die schnellste Runde des Tages hinlegen können, wurde dann aber aufgrund einiger Reifenprobleme aufgehalten und konnte keine Punkte sammeln.
Natürlich zog das Ärgernis mit dem aufgeschäumten Öl einen Prozeß intensiver Untersuchungen nach sich. Das gesamte Schmiersystem wurde gründlich überarbeitet. Inzwischen stand jedoch der Große Preis von Österreich auf dem Terminkalender. Coulthard konnte sich auf dem A-1-Ring als Zweiter qualifizieren, doch Häkkinen hatte noch in der ersten Runde, in Führung liegend, aufgeben müssen. Ursache: Pleuellagerbruch. Vermutlich mangels ausreichender Schmierung…
Ein gänzlich neu entwickeltes System der Öl/Luft-Separation wurde bei Ilmor entwickelt, war aber für den Großen Preis von Japan noch nicht einsatzbereit; Coulthards Wagen blieb abermals mit Lagerschaden stehen. Das letzte Rennen war das in Jerez, wo Häkkinen dann endlich und zum ersten Mal seinen langverdienten Formel-1-Sieg erringen konnte und Coulthard Zweiter wurde.
Trotz dieses glorreichen Saisonabschlusses in Jerez war die Saison 1997 für McLaren-Mercedes enttäuschend verlaufen. „Wir hatten uns gewünscht, sieben oder acht Rennen zu gewinnen,“ sagte Mario Illien, „statt dessen waren es nicht mehr als drei. Mit 63 Punkten war das Team ein weiteres Mal auf dem vierten Rang gelandet, gleich nach Benetton (67) und mit großem Abstand zu Ferrari (102) und Williams (123). In der Fahrerwertung lag Coulthard punktegleich mit Jean Alesi an dritter Position; Mika Häkkinen und Gerhard Berger (der damit eine aktive Rennfahrerkarriere beendete) waren auf den fünften Platz gekommen.
Der Verschleiß an Motoren war 1997 recht hoch gewesen. Vom „E“-Typ hatte man in der ersten Saisonhälfte 40 Exemplare eingesetzt, in der zweiten noch einmal 47 vom „F“-Typ. Nun, jetzt hatte man das Ölproblem analysiert und im Griff,

Bevor der F-Motor eingesetzt werden konnte, wurde der E-Motor für 1997 überarbeitet und ins Rennen geschickt. Auf den Prüfständen in Untertürkheim hatte er seinen letzten Schliff erhalten.

Im Januar 1997 fanden mit dem McLaren MP4/12 erste Tests in Jerez und Estoril statt. Das Bild zeigt Paul Morgan (links) und Mario Illien in einer Gruppe ihrer Mitarbeiter.

Alle Formel-1-Fahrzeuge mußten jetzt eine hölzerne Platte unter dem Fahrzeugboden aufweisen, die sich nur bis zu einem bestimmten Grad abnutzen durfte. Es sollte vermieden werden, daß die Fahrzeuge mit zu geringer Bodenfreiheit an den Start gingen.

einen hervorragenden Wagen, einen ideenreichen Technischen Direktor namens Newey und mit Häkkinen und Coulthard zwei exzellente Fahrer im Cockpit – das Jahr 1998 konnte kommen, man war gewappnet.

Doch nach dem Motto, wonach das Bessere stets des Guten Feind ist, machte sich Mario Illien noch einmal an den Motor FO110F, um weitere Feinschliffarbeiten an ihm vorzunehmen. Ihm ging es um eine Tieferlegung des Schwerpunkts. Das Formel-1-Reglement für 1998 sah eine Verminderung der Fahrzeug-Gesamtbreite von 2000 auf 1800 mm vor, was gleichbedeutend war mit einer Verringerung der Möglichkeiten, Abtriebskräfte zu generieren. Für gute Kurveneigenschaften konnte also mehr als je zuvor nur ein möglichst tiefer Wagenschwerpunkt sorgen.

Mario Illiens Veränderungen am Motor gaben ihm auch eine neue Nummer: FO110G. Um seinem Ziel näherzukommen, verlegte Illien die Kurbelwelle 7 mm weiter nach unten, und das bedeutete gleichzeitig einen neuen Motorblock mit allem, was daran befestigt war. Als Projektmanager arbeiteten bei McLaren jetzt auch die Spezialisten Simon Armstrong, Stewart Groves und Max de Novellis.

Die Zylinderköpfe beließ man nahezu unverändert, nur die Ventildeckel wurden neu gestaltet, da man sie der verringerten Wagenbreite anpassen mußte. Mit 590 mm war auch die Motorlänge gleich geblieben, aber mit 546,4 mm war die Breite jetzt geringer, auch war das Aggregat jetzt nur noch 476 mm hoch. Mit 107 kg dürfte der „G“-Motor der leichteste aller Formel-1-Motoren des Jahres 1998 gewesen sein.

Ende Dezember 1997 gab der neue Zehnzylinder seinen ersten Laut von sich. Bis zum 5. Februar liefen einige Prototypen auf den Prüfständen; in allen programmierbaren Simulationen absolvierten sie 8000 Rennkilometer. Drehmoment und Leistung erfuhren abermals leichte Steigerungen; der Motor hatte zum Schluß rund 770 PS.

Die von der FIA immer wieder angestrebte Herabsetzung der Kurvengeschwindigkeiten in der Formel 1 entsprang dem Wunsch nach mehr Sicherheit. Eine Verringerung der Fahrzeugbreite, wie sie für 1998 in Kraft trat, bedeutete zugleich eine Verringerung der Heckflügelbreite. Eine weitere Maßnahme in dieser Richtung war die Profilierung der Reifen, die jetzt drei umlaufende Profilrillen vorn und vier hinten aufweisen mußten. Die Breite der 2,5 mm tiefen Rillen mußte ins-

gesamt 12,5 Prozent der Abroll-Oberfläche des Reifens ausmachen.
Die Art der Profilierung eröffnete neue Aspekte, die den Technikern ein weites Betätigungsfeld boten. Für das McLaren-Team verknüpfte sich die Reifenfrage mit der Bindung an einen neuen Lieferanten, der vom 3. Dezember 1997 an zur Verfügung stand: Bridgestone. Goodyear hatte ohnedies angekündigt, sich Ende 1998 aus dem Formel-1-Geschäft zurückzuziehen.
Der Wechsel zu Bridgestone blieb nicht ohne Einfluß auf die Konstruktion des McLaren MP4/13 für die Saison 1998. Bei Firestone und Goodyear hatte man aus der FIA-Forderung nach einer 12prozentigen Verringerung der Lauffläche die Konsequenz gezogen, Felgen und Reifen einfach breiter zu machen, um die Einbuße auszugleichen; bis zu einer Breite von 15 Zoll – dieses Maß war maximal erlaubt – war dies möglich. Doch die Aerodynamiker hatten gegen breitere Vorderreifen allerhand einzuwenden, vor allem in Anbetracht der verringerten Fahrzeug-Gesamtbreite. Goodyear zog den Vorschlag wieder zurück, aber Bridgestone griff ihn auf und vermochte einige Teams sogar davon zu überzeugen, daß breitere Vorderreifen vorteilhaft seien.
Auch das McLaren-Team akzeptierte die breiteren Reifen, wie sie Bridgestone lieferte und veränderte das Chassis ihrer Fahrzeuge entsprechend. Man verlagerte etwas mehr Gewicht nach vorn, um den breiteren Pneus mehr Traktion zukommen zu lassen, was um so leichter fiel, als der „G"-Motor so leicht ausgefallen war, daß er Spielraum für die Ballastverteilung ließ. Vorn plazierter Ballast in dem 4550 mm langen Fahrzeug (die meisten anderen maßen 4400 mm oder sogar weniger) glich den Faktor der breiteren Reifen gut aus.
Zwei Gründe gab es, weshalb die FIA die Verwendung flüssigkeitsgekühlter Bremszangen, wie sie in der DTM benutzt wurden, verbot: Man wollte den Bauaufwand der Formel-1-Wagen nicht eskalieren lassen und mehr Überholmanöver ins Renngeschehen bringen. Auch war die Größe der Karbon-Bremsscheiben begrenzt, ihre Stärke durfte höchstens 19 mm betragen. Für die Hinterradbremsen war je Rad nur eine Bremszange gestattet, mit zwei Backen und insgesamt sechs Kolben. Bremsservo, wie von Mercedes-Benz 1955 erstmals angewendet, war nicht erlaubt.
Das selektive Bremssystem für die beiden Hinterräder war auch im 1998er McLaren-Mercedes zu finden. Aber es kam nur im ersten Rennen der Saison zur Anwendung. Proteste wurden erhoben, die sich darauf bezogen, daß ein Formel-1-Wagen keine Lenkhilfe aufweisen dürfe. Da man die McLaren-„Erfindung" durchaus in dieser Richtung interpretieren konnte, kam sie beim zweiten Rennen 1998 nicht mehr zum Einsatz. Lediglich im Training waren die Fahrzeuge damit noch unterwegs.
Änderungen gab es auch bei den Aufhängungen. Hatte es bisher vertikal angeordnete Drehstabfedern gegeben, die über Hebel mit den waagerecht plazierten Stoßdämpfern verbunden waren, so hatte man das System beim MP4/13 dahingehend verändert, als die Drehstäbe jetzt waagerecht verliefen. Eine Verlängerung

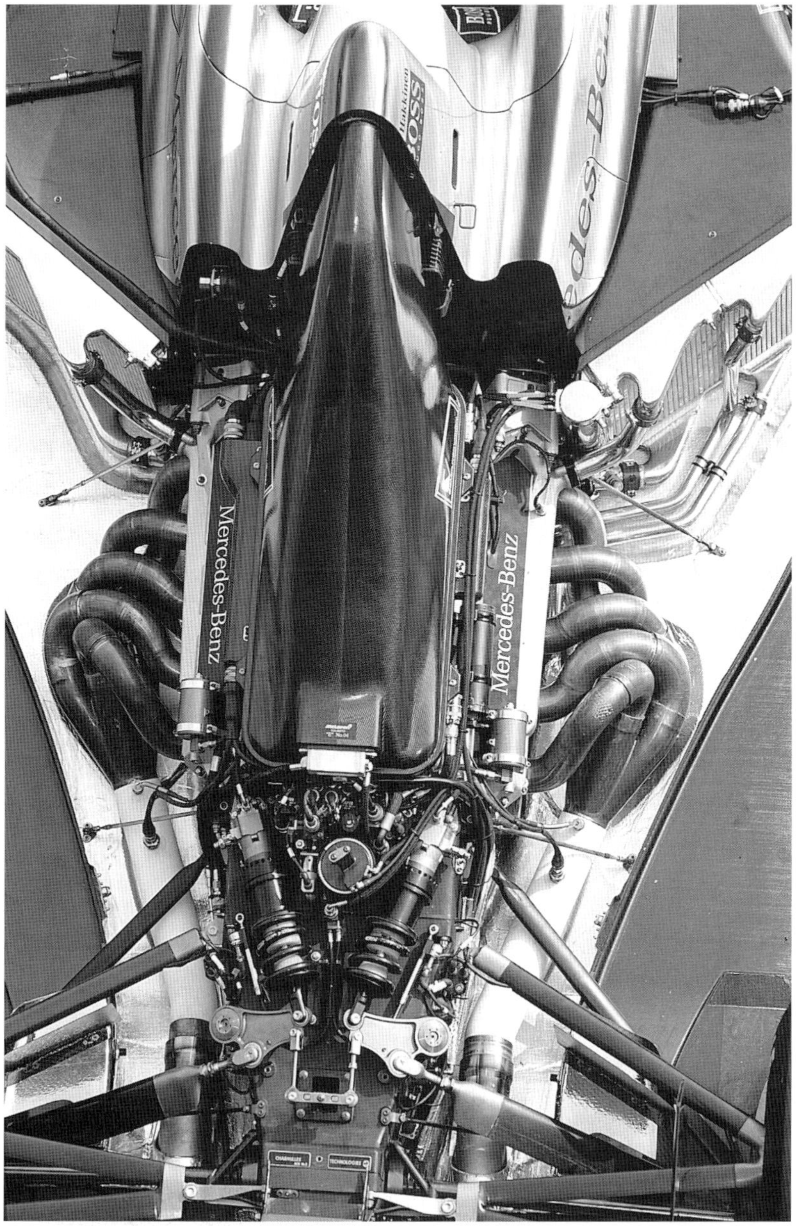

1997 erhielt der MP4/10 den Mercedes-Benz-E-Motor. Das Fahrwerk zeigte Elemente, die man auch am C-Klasse-Rennwagen fand.

Neu war 1997 die weiter heruntergezogene Fahrzeugnase und die tiefere Sitzposition des Fahrers (hier ist es Häkkinen). Die Erhebung hinter dem Helm war im Windkanal entstanden und erzeugte eine exakt dosierte Luftzufuhr zum Luftsammler des Motors.

1997 war Silber wieder die Rennfarbe, wie sie einem Mercedes-GP-Wagen zukam. Alle Teile der Aufhängung, mit Ausnahme der unteren am Heck, bestanden aus Kohlefasern.

Mika Häkkinen im Gespräch mit Adrian Newey, der viel zur Formgebung des McLaren MP4/13 beigetragen hat. Als erfolgreicher Grand-Prix-Fahrzeugdesigner war Newey vorher für Leyton House und Williams tätig gewesen.

des Anlenkhebels stand in direkter Verbindung mit dem nunmehr senkrecht angeordneten Penske-Dämpfer. Dies ergab einen höheren Einfederungswert in beide Richtungen, verminderte zugleich unerwünschte, weil energievernichtende Aufstelleffekte der Bugpartie in Kurven.

„Wir haben jetzt ein sehr gutes Fahrzeug, aber eigentlich hätte ich mir fünf weitere Monate gewünscht, um es zu perfektionieren," sagte Adrian Newey. „Es gab so viele Änderungen im Reglement, daß wir kaum Zeit hatten, unsere Anpassungen darauf abzustimmen. Man kann es so ausdrücken: Wir mußten wieder dort ankommen, wo wir bereits gewesen waren." Immerhin: Häkkinen fuhr beim Training in Barcelona mit dem MP4/13 schon in der dritten Runde die schnellste Zeit aller Teilnehmer.

Auch Frank Dernie, ein früherer Williams-Ingenieur und erfahrener Beobachter der Formel-1-Szene, meinte angesichts des neuen McLaren-Mercedes: „Dieses Team hat alles genau richtig gemacht. Der Motor hat sein optimale Phase erreicht, und trotz einiger formaler Fehler sieht der McLaren immer noch wie ein McLaren aus, obwohl sich so viel an dem Fahrzeug geändert hat. Das haben die wirklich smart hinbekommen." Und über Ron Dennis sagte er: „Der Mann hat sich den Mercedes-Motor geholt – eine kluge Entscheidung. Und er hat die richtigen Fahrer im Team. Dennis hat langfristig gedacht und liefert jetzt den Beweis, daß er damit richtig liegt."

Frank Dernie hatte Recht, und die Formel-1-Welt konnte es bezeugen: die Saison 1998 stand unter dem McLaren-Stern. Beim ersten Rennen in Melbourne überließ Coulthard seinem Kollegen Häkkinen die Führung, nachdem dieser nach einem Boxenstop zurückgefallen war, und einen Doppelsieg gab es auch in Brasilien, was an den großartigen Fangio-Moss-Erfolg dort im Jahre 1955 erinnerte.

Beim GP von Argentinien war Schumacher auf Ferrari an der Reihe, Häkkinen kam auf den zweiten Platz. In Imola mußte der Finne wegen eines heißgelaufenen Getriebes aufgeben, dafür wurde Coulthard Sieger. Ein weiterer Doppelerfolg ergab sich dann in Barcelona mit Häkkinen als Sieger, und in Monaco führte Häkkinen schließlich gar vom Start bis zum Ziel. Damit durfte er sich in Liste berühmter Monaco-GP-Sieger auf Mercedes eintragen: Fagioli 1935, Caracciola 1936, von Brauchitsch 1937.

Es gab in Monaco aber nicht nur einen 22-Punkte-Vorsprung für Häkkinen, sondern auch Probleme am Motor in Coulthards Wagen: Lagerschaden. Auch beim Großen Preis von Kanada hatte der Schotte Pech: eine Drosselklappenwelle hatte sich gelöst. Schuld daran war ein Montagefehler bei Ilmor. In Montreal war es wieder Häkkinen, der sich mit einem defekten Getriebe plagen mußte, so daß es

Oben: Wie viele andere 1998er Formel-1-Fahrzeuge war auch der McLaren-Mercedes schmaler geworden, um geringere aerodynamische Abtriebskräfte zu erzeugen, wie es das Reglement vorschrieb. Auch waren jetzt gerillte Reifen obligatorisch. McLarens Reifenlieferant war 1998 nicht mehr Goodyear, sondern Bridgestone.

Unten: Coulthard in Brasilien. Die Linien im Heckbereich des MP4/13 waren sehr viel klarer gezeichnet. Das relativ lange Chassis erlaubte eine optimale Gewichtsverteilung.

Aus dem F-Motor wurde der FO110G mit einer niedriger plazierten Kurbelwelle, die den Schwerpunkt des Motors tieferlegte - ein wichtiges Kriterium für das Kurvenverhalten des 1998 eingesetzten, schmaleren Wagens.

einen Doppelsieg für Ferrari gab. Und da es auch in Magny-Cours einen zweifachen Ferrari-Erfolg gab, durfte man das als ein Indiz sehen, daß die Italiener ihre einstige Rivalität gegen Mercedes wiederentdeckt hatten. In den frühen dreißiger Jahren hatten die Duelle Alfa-Romeo gegen Mercedes-Benz zum Spannendsten gehört, was die Grand-Prix-Szene zu bieten hatte. Auch in Silverstone holte sich der Ferrari-Favorit Schumacher den Sieg.

Es schien spannend zu werden. Das Team Häkkinen/Coulthard durfte seinen Doppelsieg in Österreich feiern, und den fünften Eins-Zwei-Erfolg gab es für die beiden schließlich in Hockenheim. Ein ebenso gelungenes Heimspiel gab es danach aber für die beiden Ferrari in Monza. Coulthard hatte zwar in Führung gelegen, blieb aber schließlich mit einem kapitalen Motorschaden auf der Strecke; Häkkinen hatte Bremsschwierigkeiten und kam nur auf den vierten Platz.

Das nächste Rennen fand auf dem Nürburgring statt. Häkkinen führte einen harten Kampf gegen Schumacher, der nach dem Finnen auf den zweiten Platz kam; Coulthard wurde Dritter. Damit war die Konstellation für das Grand-Prix-Jahr 1998 fixiert – McLaren-Mercedes führte die Weltmeisterschaft der Konstrukteure an, Häkkinen war auf dem Wege zum Champion der Fahrer. Der Sohn eines Hafenmeisters aus Helsinki hatte bis jetzt sieben Rennen gewonnen (und seinen allerersten Grand Prix überhaupt erst im Vorjahr!), neun Pole Positions gehalten, sechs Mal die schnellste Tageszeit absolviert.

Auf das letzte Rennen der Saison, den Großen Preis von Japan, mußten die Kombattanten volle fünf Wochen warten, weil der GP von Portugal ausfiel. So gab es genügend Zeit fürs Training, und die McLaren-Männer nutzten die Gelegenheit, um in Magny-Cours acht Sorten neuer Regenreifen zu testen, die Bridgestone entwickelt hatte, denn Suzuka war bekannt dafür, daß es dort oft regnete. Und in Barcelona wurden 700-Testkilometer mit verschiedenen Motoren abgespult. Man war sich in Brixworth sicher, beste Karten für das letzte Rennen der Saison 1998 zu haben.

Mit dem Suzuka-Rennen absolvierten die McLaren-Autos die letzten der 59.214 Kilometer, die sie 1998 insgesamt zurückgelegt hatten. Ilmor hatte zwölf ihrer insgesamt 61 hergestellten und sorgfältigst vorbereiteten „G“-Motoren nach Japan expediert. „Unser besonderes Augenmerk gilt immer wieder dem Material,“ führ-

Schon die ersten beiden Rennen in der Saison 1998 endeten mit einem Doppelsieg der beiden McLaren-Mercedes. Die Silberpfeile waren wieder da!

McLaren-Mercedes gegen Ferrari: das war die klassische Konstellation der Rennsaison 1998. Der Schotte David Coulthard und der aus Nordirland stammende Eddie Irvine gaben in sämtlichen Duellen ihr Bestes...

te Mario Illien aus, „vor allem bei Teilen, die wir von Zulieferern einkaufen. Wir haben da schon sehr unterschiedliche Erfahrungen machen müssen, und manche Garantie, die man uns gab, war nicht das Papier wert, auf dem sie geschrieben war. Eine personalreiche Abteilung der 334köpfigen Ilmor-Mannschaft in Brixworth war allein für chemische Untersuchungen und Spektralanalysen zuständig.

Diese Sorgfalt machte sich beim Rennen um den Großen Preis von Japan ein weiteres Mal bezahlt. In einer Stunde, 27 Minuten und 22,5 Sekunden wurde Mika Häkkinen am Lenkrad seines McLaren-Mercedes als Sieger abgewunken. Der Motor seines Wagens war der FO110G mit der Nummer 061. Michael Schumacher tat sein Bestes, um einen Teil des eingebüßten Terrains zurückzuerobern, doch ein Reifendefekt in der 31. von 51 Runden nahm ihm jede Chance. „Dies hat nicht unsere Meisterschaft sein sollen," sagte Schumi nach dem Rennen, „aber wir haben es McLaren nicht gerade leicht gemacht..."

Mit einem Stand von 100 Punkten wurde Mika Häkkinen 1998 Fahrerweltmeister. Schumachers Teamkollege Eddie Irvine beendete das Suzuka-Rennen als Zweiter, Coulthard als Dritter. Damit kam der Schotte auch auf den dritten Rang in der Fahrerwertung, mit 56 Punkten exakt dreißig Zähler hinter Schumacher als dem Rangzweiten liegend. Mit 47 Punkten wurde Irvine Vierter.

Die Liste der Konstrukteure führte McLaren-Mercedes mit 156 Punkten vor Ferrari mit 133 Punkten an. Williams Punktestand betrug 38, Jordans 34, Benettons 33, Saubers 10. „Man muß sich einmal klar machen, wieviel Arbeit die Konstrukteure und Techniker in einen Rennwagen investieren," sagte Häkkinen bei der Siegerehrung – Arbeit, über die auch dieses Buch berichtet, und die Mercedes-Benz endlich an jenes Ziel führte, um das viele Jahre lang hart und unter höchsten Einsätzen gekämpft worden war: Um die Weltmeisterschaft in der Formel 1.

sten Einsätzen gekämpft worden war: Um die Weltmeisterschaft in der Formel 1.

Eddie Irvine (links) und David Coulthard flankieren einen strahlenden Mika Häkkinen, Sieger in Suzuka und damit Formel-1-Champion des Jahres 1998.

Nach 43 Jahren hatte endlich wieder ein Wagen mit Mercedes-Benz-Motor die Weltmeisterschaft erringen können.

Epilog

Mit starken Partnern an seiner Seite und frischen Initiativen bewegt sich Daimler-Benz auf ein neues Jahrhundert zu. Die Aktivitäten des traditionsreichen Unternehmens auf dem Gebiet des Motorsports haben im Laufe der Zeit die unterschiedlichsten Ausprägungen erfahren: War der Grand Prix beispielsweise einst eine rein europäische Angelegenheit, so ist er heute ein Sport für die Welt. Das IndyCar-Programm entwickelte sich zum stärksten Engagement, das Mercedes auf dem nordamerikanischen Kontinent je eingegangen ist, und das Bekenntnis zum GT-Sport darf man als eine der stärksten multinationalen Erscheinungsformen eines Automobilherstellers werten, der seinen globalen Auftritt wirksam darzustellen weiß.

Die Globalisierung des Namens Mercedes-Benz erhielt unter der Ägide des Vorstandsvorsitzenden Jürgen E. Schrempp einen völlig neuen Stellenwert. Jürgen Schrempp löste im Mai 1995 seinen Vorgänger Edzard Reuter ab; davor hatte er seit 1989 die Deutsche Aerospace geleitet und war für Daimler-Benz in Südafrika und in den USA tätig gewesen. Auch dem Nutzfahrzeugbereich hatte Jürgen Schrempp eine Zeit lang vorgestanden.

Obwohl der Deutschen Aerospace-Gruppe verpflichtet, die so berühmte Namen wie Messerschmitt, Dornier, MTU und Bölkow-Blohm in sich vereinigte, hat sich Jürgen Schrempp stets gegen Konzerndenken ausgesprochen und Flexibilität und Unabhängigkeit im Denken und Handeln gefordert. „Es ist notwendig, die riesigen, zentral organisierten Bürokratien aufzubrechen. Kleinere, in unternehmerischer Verantwortung geführte Einheiten arbeiten effizienter und sind wettbewerbsfähiger," hat er einmal gesagt. Und diesen Standpunkt vertrat Schrempp auch, als man ihm die Leitung des Vorstandes der Daimler-Benz AG übertrug.

Am 1. April 1997 holte Jürgen Schrempp die von Edzard Reuter ausgegliederte Mercedes-Benz AG in den Schoß der Mutter zurück. Ihre beiden Hauptsegmente, der Personenwagen- und der Nutzfahrzeugbereich, erfuhren ihre erneute Integration in den Konzern. Dieser bedeutende Vorgang vollzog sich zum großen Teil unter der Verantwortung Helmut Werners, einem Mann mit Visionen – und mit den Fähigkeiten, sie auch zu realisieren.

Auf allen Ebenen erfolgten Umstrukturierungen, die dazu beitrugen, Entscheidungsprozesse wesentlich zu beschleunigen. Man habe ein Reihe von Verantwortlichkeiten dorthin delegiert, sagte Jürgen Schrempp, wo unternehmerisches Denken die schnellste Umsetzung von Ideen in die Praxis garantiere.

Heute operiert die Daimler-Benz AG in mehr als 200 Ländern; 1997 wurden zwei Drittel des Gesamtumsatzes des Konzerns außerhalb der Bundesrepublik Deutschlands erbracht. So ist auch der globale Aspekt motorsportlichen Engagements zu verstehen. „Herr Schrempp hat uns deutlich zu erkennen gegeben, welchen Wert er dem Motorsport beimißt," sagte Paul Morgan von der Firma Ilmor. „Wenn er anfangs auch etwas zurückhaltend war, so sahen wir ihn dann immer häufiger bei Rennen."

Im Dezember besuchten Schrempp und einige seiner Vorstandskollegen Ilmor in Brixworth. Sie besichtigten die modernen Werksanlagen und statteten am Nachmittag des gleichen Tages auch der Firma McLaren in Woking einen Besuch ab. Er habe die Zusammenarbeit mit Mercedes-Benz von Anfang an sehr hoch eingeschätzt, sagte Mario Illien. Seiner Firma sei stets hervorragende Unterstützung zuteil geworden – „andererseits hat man uns dort nicht dreingeredet, wo wir unsere Sache allein machen wollten. Geht alles nach Plan, gibt es ja auch keine Probleme. Entscheidend ist, daß man sich in schwierigen Situationen in gleicher Weise respektiert. Wir schätzen das große Vertrauen, das wir bei unserem Partner jederzeit in Anspruch nehmen können."

Das Potential dieser fruchtbaren Kooperation geht über motorsportliches Gebiet hinaus. So war Mario Illiens technischer Sachverstand beispielsweise bei einem Projekt gefragt, das einen Kompressormotor für den Smart betraf. „Aus Kapazitätsgründen konnten wir uns der Sache leider nicht annehmen," wehrt Illien jede weitere Frage hierzu ab.

In Jürgen Hubbert hat Mercedes-Benz einen weiteren Promotor für motorsportliches Engagement. Hubberts Verantwortungsbereich umfaßt seit 1980 den Pkw-Sektor. Er stand die Edzard-Reuter-Ära durch, überwand die Rückschläge durch den Tod Werner Niefers und sah Helmut Werner kommen und wieder gehen. Wo immer es sich mit den unternehmenspolitischen Zielen von Mercedes-Benz in Einklang bringen ließ, förderte er den Motorsport nach Kräften.

Schon in den sechziger Jahren hat der in Hagen geborene, aber in Stuttgart aufgewachsene Jürgen Hubbert so manches Solitude-Rennen besucht. Aber es war nicht Begeisterung für den Rennsport, mit der er wichtige Beiträge für das Unternehmen leistete. Er hat den Rennsport immer als ein Instrument des Marketing betrachtet. „Man kann ihn nicht als einen Fan bezeichnen", bestätigt Norbert Haug. „Jürgen Hubbert sieht den Motorsport als eine Präsentation der Marke, nicht als Spielzeug des Managements." So war der Einstieg in den Sport im Jahre 1990 auch als Teil einer langfristig angelegten Marketingstrategie zu verstehen.

Man sei von vornherein fest davon überzeugt gewesen, mit motorsportlicher Präsenz sehr viel für das Markenimage leisten zu können, sagt Haug. Der Beweis sei erbracht, daß diese Strategie vorwiegend ein jüngeres Publikum anspricht. 1997 seien zum Beispiel von insgesamt 244 TV-Stunden, in denen Formel-1-Rennen in Deutschland ausgestrahlt wurden, allein 20 ausschließlich McLaren-Mercedes gewidmet gewesen; neun von 60 TV-Stunden habe der CLK-GTR als Star die Szene beherrscht. In der PPG-CART-Serie sahen pro Rennen durchschnittlich 140.000 Zuschauer Mercedes-Benz als Motorenhersteller auf dem Wege zur Meisterschaft.

All diese Erfolge basierten auf einem neuen Partnerschaftskonzept, das unter Helmut Werner Konturen angenommen hatte. „Wir haben in neuen Kategorien zu denken gelernt," erklärt Norbert Haug. „Warum sollen wir jeden Rennkolben, jedes Pleuel in Untertürkheim selbst herstellen? Das Konzept, kleinere und hochspezialisierte Zulieferer einzuschalten, mag entstanden sein, als es uns darauf ankam, Kosten einzugrenzen. Aber die Resultate sprechen für sich. Mit Sauber haben wir in Le Mans gewonnen, mit Penske in Indianapolis, mit McLaren in Monaco, um nur die bedeutendsten Veranstaltungen zu nennen."

Die Pflege effizienter Partnerschaften stellt eines der größten Anliegen Haugs dar, dessen Ressort unmittelbar dem Vorstand zugeordnet ist. Man kann ihn nicht mit Neubauer vergleichen, der draußen an der Box jede Runde seiner Fahrer mit der Stoppuhr kontrollierte. Haug ist mehr hinter den Kulissen aktiv und kümmert sich um die Kontakte mit den Mercedes-Benz-Partnern. „Ihnen muß man vernünftige Arbeitsbedingungen bieten. Nur wenn man ihnen Spitzenkonditionen verschafft, können sie auch Spitzenleistungen erbringen."

Sauber verhalf in der Gruppe C den neuen Silberpfeilen zu internationalem Durchbruch. AMG sorgte für einen wirkungsvollen Auftritt auf dem Inlandsmarkt. Mit Ilmor, Penske und McLaren kam Mercedes-Benz zu brillanten Erfolgen bei den 500 Meilen von Indianapolis und im Grand Prix. Diese Erfolge wurden schwer erkämpft.

Dieses Buch will aufzeigen, wieviel Arbeit und Mühe es einer der größten Marken der Welt gekostet hat, um ihre gesteckten Ziele zu erreichen. Mercedes-Benz hat in vieler Beziehung ganz neue Maßstäbe gesetzt, in der Konstruktions- und Entwicklungsarbeit ebenso wie in der Fertigung und im Team-Management. Wenn man sagt, daß etwas „wie bei Mercedes-Benz" funktioniert, sei es ein Boxenstop oder die Arbeit am Prüfstand, dann ist dies eine hohe Auszeichnung, für Mercedes-Benz aber immer wieder eine neue Verpflichtung, den erreichten Standard zu pflegen. Es steckt Ehrfurcht und Anerkennung in den Worten, gerade wenn sie von Rivalen ausgesprochen werden.

In den sechziger und siebziger Jahren sind keine großen Anstrengungen unternommen worden, das traditionsreiche Rennsport-Erbe zu pflegen. Es entstand eine temporäre Kluft, die es zu überbrücken galt – kein leichtes Unterfangen. Der Begeisterungsfähigkeit einiger Enthusiasten ist es zu verdanken, daß diese Brücke gebaut wurde und daß alles so „funktioniert wie bei Mercedes-Benz".

Viele dem Rennsport mit Mercedes-Benz Verpflichtete sind mit der Legende eines großen Namens vertraut, wenige aber kennen die geschichtlichen Zusammenhänge. Auf den vorangehenden Seiten wurde der Versuch unternommen, diese transparent zu machen und eine Antwort auf die Frage zu geben, warum sich Mercedes-Benz im Laufe der Jahrzehnte motorsportlich auf so vielen Sektoren betätigt hat. Die Gegner von einst hießen Fiat, Sunbeam, Lancia, Peugeot, Alfa Romeo, Auto Union, Bugatti, Ferrari, Bentley, BMW, Maserati und Jaguar, um nur die Namen der größten Marken aufzuzählen, die gegen die Fahrzeuge aus Mannheim und Stuttgart antraten. In den neunziger Jahren hießen die Rivalen Renault, Ford, Opel, Honda, Toyota und Yamaha.

Wann immer die Firmen Daimler, Benz oder Mercedes-Benz ihre Automobile an den Start brachten, geschah dies für ihre Kunden, für ihr Vaterland, für ihr Renommee, für den Umsatz oder aus Gründen der Tradition. Mercedes-Benz hat niemals behauptet, daß eine Beteiligung am Motorsport deshalb wichtig sei, weil daraus ableitbare technische Erkenntnisse im Serienbau Anwendung fänden – wenn dies auch durchaus der Fall war. Die Mercedes-Benz-Rennwagengeschichte ist zugleich eine Geschichte menschlicher Schicksale. Werner Niefer hat einmal gesagt: „In unserem von High Tech und von Computern beherrschten Zeitalter ist die emotionale Komponente noch immer ein ganz entscheidender Faktor. Menschliches Wissen und Können spielen noch immer eine Schlüsselrolle, wenn es um Sieg oder Niederlage geht." Besser läßt sich das Motto für ein motorsportliches Engagement des Unternehmens Daimler-Benz kaum formulieren.

Kaufleute, Konstrukteure, Wissenschaftler und Techniker haben sich stets dafür verbürgt, daß sowohl die Rennwagen als auch die Serienfahrzeuge unter dem Mercedesstern an den höchsten Maßstäben gemessen werden konnten. Technische Perfektion war und ist das rationale Element ihrer Arbeit. Dem Rennsport aber gehört ihre Seele. Diese Symbiose von Intellekt und Emotion auf eine Art und Weise wirksam werden zu lassen, die als Einheit überzeugt und meßbare Erfolge zeitigt, ist hervorragend gelungen. Sie verleiht Daimler-Benz – jetzt DaimlerChrysler – an der Schwelle zu einem neuen Jahrtausend die erforderliche Kraft, sich neuen Herausforderungen zu stellen.

Bibliographie

Bellon, Bernard P., *Mercedes in Peace and War*, New York, 1990.
Bentley, W.O., *The Cars in My Life*, London, 1961.
Bertett, Luigi, *Monza 1962*, Mailand, 1961
–, *Monza 1962*, Mailand, 1962
Betts, Charles L. jr., *Auto Racing Winners*, Philadelphia, 1948.
Birkin, Sir Henry, Bart., *Full Throttle*, London, 1932.
Boddy, William, *Continental Sports Cars*, London, 1951.
–, *The History of Brooklands Motor Course*, London, 1957.
–, *World's Land Speed Record*, London, 1951.
Borgeson, Griffith, *The Golden Age of the American Racing Car*, New York, 1966.
–, *Ahrens von Sindelfingen – Creating the Classic Mercedes, Automobile Quarterly*, Kutztown, 4. Quartal 1988.
–, *Edmund Rumpler – Icarus Bound, Automobile Quarterly*, Kutztown, 3. Quartal 1984.
Bradley, W.F., *Targa Florio*, London, 1955.
Briggs, Ian, *Endurance Racing – 1981-1991*, London, 1992.
Caracciola, Rudolf, *A Racing Car Driver's World*, New York, 1961.
Chakrabongse, H.R.H. Prince Chula, *Dick Seaman – Racing Motorist*, Los Angeles, 1948.
Clutton, Cecil; Posthumus, Cyril und Jenkinson, Denis, *The Racing Car – Development and Design*, New York, 1956.
Clymer, Floyd, *Indianapolis Race History*, Los Angeles, 1946, 1948, 1948, 1949.
Court, William, *Power and Glory*, London, 1966.
Dallison, Ken, herausgegeben von Lewine, Harris, *The First Century*, Montvale, 1986.
Davis, S.C.H., et. al., *Motor Racing*, London, 1957.
Dean, Frederick E., et. al., *Power and Speed*, Los Angeles, 1944.
Dugdale, John, *Great Motor Sport of the Thirties*, London und New York, 1977.
Earl, Cameron C., *Investigation Into the Development of German Grand Prix Racing Cars Between 1934 and 1939*, London, 1947.
Edler, Karl-Heinz und Roediger, Wolfgang, *Die Deutschen Rennfahrzeuge*, Leipzig, 1956.
Emme, Eugene M., *Aeronautics and Astronautics*, 1915-1960, Washington, 1961.
Eves, Edward, *Case Histories of the 1914 Mercedes Grand Prix Cars*, unveröffentlicht, 1994.
Fangio, Juan Manuel, *Fangio*, London 1961.
–, und Carozzo, Roberto, *Fangio – My Racing Life*, Wellingborough, 1990.
Fersen, Hans-Heinrich von, *Autos in Deutschland – 1885-1920*, Stuttgart, 1965.
–, *Autos in Deutschland – 1920-1939*, Stuttgart, 1967.
Fitch, John, und William F. Nolan. *Adventure on Wheels*, New York, 1959.
Fletcher, Rivers, *Mostly Motor Racing*, Sparkford und Newbury Park, 1986.
Fox, Jack C., *The Indianapolis 500*, Cleveland, 1967.
Francis, Alf, und Peter Lewis, *Alf Francis – Racing Mechanic*, London, 1957.
Frankenberg, Richard von, *Porsche – The Man and His Cars*, Cambridge, 1961.
Frére, Paul, *Mercedes-Benz C111 Experimental Cars*, Lausanne, 1981.
Gardner, Lt. Col. A.T. Goldie, *Magic M.P.H.*, London, 1960.
Georgano, G.N., *The Complete Encyclopedia of Motorcars – 1885-1968*, New York, 1968.
Green, William, *Warplanes of the Third Reich*, New York, 1970.
Gregory, Ken, *Behind the Scenes of Motor Racing*, London, 1960.
Guichard, Ami, *Annual Automobile Review*, Lausanne, 1954.
–, *Annual Automobile Review*, Lausanne, 1955.
Hawthorn, Mike, *Challenge Me The Race*, London, 1958.
Henry, Alan, *McLaren – The Epic Years*, Sparkford, 1998.
Hiereth, Hermann; Baehrens, W.D.; Müller, Willi und Withalm, Gert, *The Mercedes-Benz Group C Engines for the World Sports Prototype Racing Championships 1989 and 1990*, Detroit, 1992.
Hillstead, A.F.C., *Fifty Years with Motor Cars*, London, 1960.
Hodges, David, *The French Grand Prix, 1906-1966*, London, 1967.
–, *The Le Mans 24-Hour Race*, London, 1963.
–, *The Monaco Grand Prix*, London, 1964.
Hollbach, O., *Deutscher Flugzeugbau*, Frankfurt, 1942.
Holmes, Martin and Bishop, Hugh, *Rothmans World Rallying 2*, London, 1980.
–, *Rothmans World Rallying 3*, London, 1981.
Hopfinger, K.B., *Beyond Expectation*, London, 1956.
Hough, Richard, *Racing Cars*, London, 1966.
–, *Tourist Trophy*, London, 1957.
–, und Frostick, Michael, *A History of the World's Racing Cars*, New York, 1965.
Howe, The Earl, et. al., *Motor Racing*, London, 1944.
Hütten, Helmut, *Schnelle Motoren*, Braunschweig, 1961.
Jellinek-Mercedes, Guy, *My Father, Mr. Mercedes*, London, 1966.
Jenkins, Ab und Ashton, Wendell J., *The Salt of the Earth*, Los Angeles, 1939.
Jenkinson, Denis. *A Story of Formula 1 – 1954-60*, London, 1960.
–, *Racing Car Review*, London, 1955.
–, *Racing Car Review*, London, 1956.
–, *The Grand Prix Mercedes-Benz Type W125, 1937*, New York, 1970.
Karslake, Kent, *Racing Voiturettes*, London, 1950.
Kens, Karlheinz und Nowarra, Heinz J., *Die Deutschen Flugzeuge 1933-1945*, München, 1964.
Kimes, Beverly Rae, *The Star and the Laurel*, Montvale, 1986.
Klein, Reinhard und Deimel, Helmut, *Der Rallyesport '80*, Köln, 1980.
Kling, Karl und Molter, Günther, *Pursuit of Victory*, London, 1956.

Koenig-Fachsenfeld, Reinhard, *Aerodynamik des Kraftfahrzeugs*, Frankfurt, 1951.
Lang, Hermann, *Grand Prix Driver*, London, 1953.
Lorscheidt, Manfred, *Beitrag zur Entwicklung optimaler Ventilsteuerungen bei schnellaufenden Viertaktmotoren*, Karlsruhe, 1959.
Lozier, Herbert, *The Car of Kings*, Philadelphia, 1967.
Ludvigsen, Karl E., *The Mercedes-Benz Racing Cars*, Newport Beach, 1971.
–, *Mercedes-Benz Guide*, New York, 1959.
–, *Prime Movers*, Isleworth, 1995
Martini, B., *Das moderne Automobil*, Berlin, 1909.
Mathieson, T.A.S.O., *A Pictorial Survey of Racing Cars*, London, 1963.
–, *Grand Prix Racing 1906-1914*, Stockholm, 1965.
Mays, Raymond, und May, Dennis, *Split Seconds*, London, 1951.
McComb, F. Wilson, *Mercedes-Benz V8s*, London, 1980.
Merlin, Olivier, *Fangio – Racing Driver*, London, 1961.
Metternich, Michael Graf Wolff, *Edmund Rumpler – Konstrukteur und Erfinder*, München, 1985.
Molter, Günther, *Juan Manuel Fangio*, London, 1956.
–, and Wörner, Kurt, *German Racing Cars and Drivers*, Los Angeles, 1950.
Monkhouse, George, *Grand Prix Racing*, London, 1953.
–, *Motor Racing with Mercedes-Benz*, Los Angeles, 1945.
Moss, Stirling und Pomeroy, Laurence, *Design and Behaviour of the Racing Car*, London, 1963.
Moss, Stirling und Nye, Doug, *Stirling Moss – My Cars, My Career*, Wellingborough, 1987.
Murray, Hugh, *Going Global*, Stuttgart, 1994.
Neubauer, Alfred und Rowe, Harvey T., *Männer, Frauen und Motoren*, Stuttgart, 1970.
Nixon, Chris, *Racing the Silver Arrows*, London, 1986.
Nolan, William F., *Barney Oldfield*, New York, 1961.
Nye, Doug, *The Autocourse History of the Grand Prix Car – 1945-65*, Richmond, 1993.
Olley, Maurice, *The Motor Car Industry in Germany During the Period 1939-1945*, London, 1949.
Pomeroy, Laurence, *The Evolution of the Racing Car*, London, 1966.
–, *The Grand Prix Car*, Abingdon-on-Thames, 1949.
–, *The Grand Prix Car, Volume Two*, London, 1954.
Posthumus, Cyril, *The German Grand Prix*, London, 1966.
–, *World Sports Car Championship*, London, 1961.
–, *Mercedes and Mercedes-Benz Racing Car Guide 1901-1955*, Isleworth, 1978.
Quattlebaum, Julian K., M.D., *The Great Savannah Races*, Savannah, 1957.
Rauck, Max und Lengerke, Friedrich B. von, *Die Renngeschichte der Daimler-Benz Aktiengesellschaft und Ihrer Ursprungsfirmen*, Stuttgart, 1939.
Riedl, C., *Automobil-Kupplung, Getriebe, Kardan, Differential*, Berlin, 1927.
Riedner, Michael, *Mercedes-Benz – Die neuen Silberpfeile*, Konstanz, 1990.
–, *Mercedes-Benz W196 – Last of the Silver Arrows*, Sparkford and Newbury Park, 1990.
–, and Engelen, Günter, *Mercedes-Benz 300SL – Vom Rennsport zur Legende*, Stuttgart, 1989.
Roberts, Peter, *Veteran and Vintage Cars*, London, 1963.
Robson, Graham, *Cosworth – The Search for Power*, Wellingborough, 1990.
Rose, Gerald, *A Record of Motor Racing - 1894-1908*, Abingdon-on-Thames, 1949.
Rosemann, Ernst, *Phänomen Geschwindigkeit*, Frankfurt/M., 1958.
Schildberger, Friedrich, *75 Jahre Motorisierung des Verkehrs*, Stuttgart, 1961.
–, *The Annals of Mercedes-Benz Motor Vehicles and Engines*, Stuttgart, 1961.
–, *Vom Motor zum Auto*, Stuttgart, 1957.
Schlegelmilch, Rainer W., *Grand Prix – Faszination Formel 1*, Koeln, 1993.
Schnauffer, K., *Vehicle and Aircraft Engine Development of the Daimler and Benz Companies*, unveröffentlicht, 1954-55.
Schrader, Halwart, und Carlo Demand: *Mercedes Kompressorwagen*, Lausanne, 1979.
–, *Mercedes-Benz Silberpfeile*, München, 1987.
Scott-Moncrieff, David, mit St. John Nixon und Clarence Paget, *Three-Pointed Star*, New York, 1956.
Sebastian, Ludwig, *Hinter dröhnenden Motoren*, Wien, 1952.
Sheldon, Paul und Rabagliati, Duncan, *A Record of Grand Prix and Voiturette Racing*, Band 3 1932-1936, Band 4 1937-1949 und Band 6 1954-1959, Bradford, 1987, 1992 und 1993.
Shirer, William L., *The Rise and Fall of the Third Reich*, New York, 1960.
Siebertz, Paul, *Gottlieb Daimler zum Gedächtnis*, Stuttgart, 1950.
–, *Karl Benz und sein Lebenswerk*, Stuttgart, 1953.
Sloniger, Jerrold und von Fersen, Hans-Heinrich, *Performance Cars from Germany - 1894-1965*, Cambridge, 1966.
Smith, Norman, *Case History*, London, 1958.
Speer, Albert, *Inside the Third Reich*, New York, 1970.
Stuck, Hans, *Tagebuch eines Rennfahrers*, Muenchen, 1967.
Taruffi, Piero, *Works Driver*, London, 1964.
Taylor, James, *The Mercedes-Benz Since 1945, Band 2: The 1960s und Band 3: The 1970s*, Croydon, 1986.
Thornley, John W., *Maintaining the Breed*, London, 1950.
Tragatsch, Erwin, *Das gro§e Rennfahrerbuch*, Bern, 1970.
Tremayne, David, *The Science of Speed*, Sparkford, 1997.
Tuthill, William R., *Speed on Sand*, Daytona Beach, 1969.
Wagner, Fred J., *The Saga of the Roaring Road*, Los Angeles, 1949.
Walkerley, Rodney, *Grands Prix – 1934-1939*, Abingdon-on-Thames, 1950.
Wiecking, K. und Gebauer, R., *Die Motoren der Personenkraftwagen*, Stuttgart, 1951.
Zeimers, Egon und Büsing, Gustav, *Mercedes-Benz Motorsport*, Stuttgart, 1994.

Die Autoren zahlreicher Zeitschriftenartikel, die zitiert werden, sind im Lauftext genannt. Hinzugezogen wurden insbesondere die Periodka *ATZ, Auto Motor und Sport, The Autocar, Automobile Quarterly, Automobile Engineer, Automobil Revue, Autosport, Car and Driver, The Horseless Age, The Motor, Motor Age, Motor Kritik, Motor Sport, Motor Trend, MTZ, Race Car, Racecar Engineering, Racing Line, Road & Track , SAE Journal, The Star* sowie das Rennwagen-Magazin *Stars & Cars.* Die Jahresausgaben *Autocourse* und *Automobile Year* boten ebenfalls wertvolles Quellenmaterial.

Technische Daten bedeutender Sport-, Renn-, Ralley- und Rekordfahrzeuge der Marken Benz, Mercedes und Mercedes-Benz 1899–1999

Baujah2r Stand:22.12.1998	Marke	Modell	Zylinder-zahl	Bohrung (mm)	Hub (mm)	Hub/ Bohrung Verhältnis	Hubraum (ccm)	Verdichtung (Verhältnis)	Einlass-druck (bar) Absolut	Engine Weight (pounds)	Motor Gewicht (kg)	Maximal Leistung (PS)	Drehzahl U/min	Peak Torque (lb-ft)	Maximal Drehmoment (Nm)	Drehzahl U/min	Peak b.m.e.p. (p.s.i.)	Maximal Mittel-druck (bar)
1899	Benz	Rennwagen	2	125	120	0,96	2827		1,00	308	140	16	1000					
1900	Benz	Rennwagen	4	130	170	1,31	9026		1,00		0	33	660					
1900	Daimler	Phoenix	4	106	156	1,47	5507		1,00	710	320	23	800					
1901	Mercedes	35 HP	4	116	140	1,21	5973		1,00	510	230	35	1000					
1902	Mercedes	40 HP	4	118	150	1,27	6560		1,00	408	185	40	1100					
1903	Benz	Parsifal	4	160	140	0,88	11260		1,00	550	250	60	1200					
1903	Mercedes	60 HP	4	140	151	1,08	9293	4,5	1,00	715	325	65	1100					
1903	Mercedes	90 HP	4	170	140	0,82	12700	4,0	1,00	790	360	90	1050					
1904	Mercedes	90 HP	4	165	140	0,85	11972	4,0	1,00	790	360	98	1150					
1905	Mercedes	120 HP	4	175	146	0,83	14065		1,00			120	1200					
1906	Mercedes	Grand Prix	6	140	120	0,86	11080		1,00	770	350	106	1400					
1907	Mercedes	Grand Prix	4	175	150	0,86	14432		1,00			120	1400					
1908	Mercedes	Grand Prix	4	154,7	180	1,16	13533		1,00			135	1400					
1908	Benz	Grand Prix	4	154,9	160	1,03	12076	4,8	1,00	755	342	120	1500					
1908	Mercedes	Semmering	4	175	180	1,03	17330		1,00			150	1300					
1908	Benz	150 HP	4	154,9	200	1,29	15095		1,00			158	1500					
1909	Benz	200 HP	4	185	200	1,08	21504	5,8	1,00	896	407	200	1600					
1911	Mercedes	37/90	4	130	180	1,38	9557		1,00			115	1500					
1913	Mercedes	Grand Prix	6	105	140	1,33	7250		1,00	388	176	91	1400					
1913	Mercedes	Grand Prix	4	140	150	1,07	9230		1,00	487	183	100	1350					
1914	Mercedes	18/100	4	93	165	1,77	4483		1,00			106	3100	209	283	2000	116	8,1
1921	Mercedes	28/95	6	105	140	1,33	7250		1,00			99	1800	315	427	1400	108	7,6
1922	Mercedes	Targa Florio	4	65	113	1,74	1499		1,41			80	4500	93	126	3500	153	10,8
1923	Mercedes	Indianapolis	4	70	129	1,84	1989		1,50			125	4500					
1923	Benz	RH	6	65	100	1,54	1997	5,8	1,00			90	5000					
1924	Mercedes	Targa Florio	4	70	129	1,84	1989	4,5	1,69			150	4800					
1924	Mercedes	Grand Prix	8	61,7	82,8	1,34	1988	5,0	1,97			170	7000					
1926	Mercedes	24/100/140K	6	94	150	1,60	6242	5,0	1,41	970	440	160	3000					
1927	Mercedes-Benz	S	6	98	150	1,53	6789	5,2	1,55	970	440	220	3000	338	458	1900	123	8,7
1928	Mercedes-Benz	SSK	6	100	150	1,50	7069	5,2	1,69	904	410	275	3300	415	563	1900	145	10,2
1929	Mercedes-Benz	SSKL	6	100	150	1,50	7069	5,8	1,83	905	411	310	3500	508	689	2000	178	12,5
1934	Mercedes-Benz	150	4	72	92	1,28	1498	7,1	1,00			55	4500	72	98	2800	119	8,4
1934	Mercedes-Benz	W25	8	78	88	1,13	3360	7,5	1,66	448	203	314	5800	311	422	3000	230	16,2
1935	Mercedes-Benz	W25	8	82	94,5	1,15	3990	7,3	1,66	455	206	370	5800	368	500	3000	229	16,1
1935	Mercedes-Benz	W25	8	82	102	1,24	4310	8,5	2,11	473	215	402	5500	441	598	3000	254	17,9
1936	Mercedes-Benz	W25 Kurz	8	86	102	1,19	4740	8,2	2,00	465	211	453	5800	465	631	3000	243	17,1
1937	Mercedes-Benz	W125	8	94	102	1,09	5560	8,9	1,86	491	223	575	5500	683	926	3000	304	21,4
1938	Mercedes-Benz	Rekordwagen	V12	82	88	1,07	5577	9,2	2,26	650	295	736	5800	725	983	3500	322	22,7
1938	Mercedes-Benz	W125	8	94	102	1,09	5560	8,9	1,95	495	225	646	5800	711	964	3000	317	22,3
1938	Mercedes-Benz	W154	V12	67	70	1,04	2962	6,0	2,38	559	254	453	8000	325	441	5000	272	19,1
1939	Mercedes-Benz	W154	V12	67	70	1,04	2962	7,2	2,31	603	274	480	7500	365	495	5500	305	21,5
1939	Mercedes-Benz	T80	V12	162	180	1,11	44500	7,4	1,60	1.778	807	2800	2700	5.000	6780	2400	278	19,6
1939	Mercedes-Benz	W165	V8	64	58	0,91	1495	7,0	2,38	418	190	246	7500	178	241	6000	295	20,8
1940	Mercedes-Benz	W165	V8	64	58	0,91	1495	7,0	2,59	430	195	278	8250	186	252	6000	308	21,7
1952	Mercedes-Benz	W194	6	85	88	1,04	2996	8,0	1,00	585	265	171	5200	188	255	4200	155	10,9
1952	Mercedes-Benz	W194	6	85	88	1,04	2996	8,0	1,40	615	279	230	6400	233	316	4200	193	13,6
1953	Mercedes-Benz	W198	6	85	88	1,04	2996	8,0	1,00	550	249	214	5960	206	279	4500	170	12,0
1954	Mercedes-Benz	300SL	6	85	88	1,04	2996	9,5	1,00	565	256	225	5800	207	281	5000	171	12,1
1954	Mercedes-Benz	W196	8	76	68,8	0,91	2496	12,5	1,00	451	204	257	8250	183	248	6300	182	12,8
1955	Mercedes-Benz	W196	8	76	68,8	0,91	2496	12,5	1,00	451	204	290	8500	189	256	6450	188	13,2
1955	Mercedes-Benz	W196	8	76	68,8	0,91	2496	12,5	1,00	451	204	290	8500	189	256	6450	188	13,2
1955	Mercedes-Benz	300SLR	8	78	78	1,00	2982	9,2	1,00	517	235	302	7500	219	297	5950	182	12,8
1955	Mercedes-Benz	300SLR	8	78	78	1,00	2982	9,2	1,00	517	235	302	7500	219	297	5950	182	12,8
1957	Mercedes-Benz	300SL	6	85	88	1,04	2996	8,7	1,00	565	256	219	5800	207	281	5000	171	12,1
1957	Mercedes-Benz	300SLS	6	85	88	1,04	2996	9,5	1,00	435	197	235	5800	215	292	5000	178	12,5
1964	Mercedes-Benz	300SE	6	85	88	1,04	2996	8,7	1,00	565	256	219	5800	207	281	5000	171	12,1
1969	Mercedes-Benz	C111-I	3-Rotor	N/A	N/A	N/A	3600	9,3	1,00	331	150	280	7000	217	294	6000	149	10,5
1970	Mercedes-Benz	C111-II	4-Rotor	N/A	N/A	N/A	4800	9,3	1,00	397	180	370	7500	290	393	4200	150	10,5
1971	Mercedes-Benz	300SEL 6.3	V8	103	95	0,92	6332	10,1	1,00	772	350	428	7000	410	556	4000	160	11,3
1976	Mercedes-Benz	C111-IID	5	90,9	92,4	1,02	2998	22,0	2,83	538	244	203	4400	268	363	3500	221	15,6
1978	Mercedes-Benz	C111-III	5	90,9	92,4	1,02	2998	17,5	3,00	538	244	230	4400	297	403	3700	245	17,3
1979	Mercedes-Benz	C111-IV	V8	95	85	0,89	4820	6,0	1,74	530	240	500	6000	442	600	5000	227	16,0
1979	Mercedes-Benz	450SLC 5.0	V8	97	85	0,88	5025	8,8	1,00	452	205	300	5000	280	380	3250	138	9,7
1980	Mercedes-Benz	500SLC	V8	96,5	85	0,88	4973	9,4	1,00	440	200	340	6500	311	422	4500	155	10,9
1986	Sauber-Mercedes	C8	V8	96,5	85	0,88	4973	8,0	1,90	465	211	680	6600	580	787	5000	289	20,4
1987	Sauber-Mercedes	C9	V8	96,5	85	0,88	4973	8,5	2,20	420	191	765	7000	660	895	5000	329	23,2
1988	Sauber-Mercedes	C9/88	V8	96,5	85	0,88	4973	8,5	1,80	420	191	660	7000	570	770	4750	284	20,0
1988	Mercedes-Benz	190E 2.3-16	4	95,5	80,25	0,84	2299	12,0	1,00	368	167	300	8750	200	270	7000	216	15,2
1989	Sauber-Mercedes	C9/89	V8	96,5	85	0,88	4973	8,5	1,80	467	212	700	7000	610	827	4750	304	21,4
1990	Mercedes-Benz	C11	V8	96,5	85	0,88	4973	8,5	2,40	467	212	925	7000	730	990	5000	364	25,6
1991	Mercedes-Benz	C112	V12	89	80,2	0,90	5987	10,0	1,00	650	295	408	5200	430	580	3800	178	12,5
1991	Mercedes-Benz	C291	Boxer-12	86	50,1	0,58	3492	12,0	1,00	375	170	650	13000	295	400	9000	209	14,7
1992	Mercedes-Benz	190E 2.5-16	4	97,9	82,9	0,85	2496	12,0	1,00	320	145	373	9500	220	300	7750	218	15,4
1994	Sauber-Mercedes	C13	V10	92,2	52,4	0,57	3498	12,0	1,00	270	123	765	14000	305	415	11600	216	15,2
1994	Penske-Mercedes	PC23	V8	97	58	0,60	3429	11,0	1,86	290	132	1.024	9800	557	755	8000	402	28,3
1994	Mercedes-Benz	C-Klasse	V6	92	62,6	0,68	2498	12,0	1,00	243	110	430	11500	225	305	9000	223	15,7
1995	Reynard-Mercedes	95I	V8	90	52	0,58	2646	12,2	1,52	273	124	875	14000	370	502	11000	346	24,4
1996	Mercedes-Benz	C-Klasse	V6	94	60	0,64	2498	12,0	1,00	243	110	520	11700	235	319	9000	233	16,4
1997	Mercedes-Benz	CLK-GTR	V12	91	76,7	0,84	5986	12,0	1,00	507	230	630	7000	516	700	3900	214	15,0
1997	Penske-Mercedes	PC26	V8	91	50,9	0,56	2646	12,4	1,35	271	123	850	14500	369	500	11000	346	24,3
1998	Mercedes-Benz	CLK-LM	V8	100	79,5	0,80	4995	13,0	1,00	375	170	650	9000	480	650	7500	238	16,8
1998	McLaren-Mercedes	MP4/13	V10	91,5	45,6	0,50	2997	12,3	1,00	236	107	770	16500	310	420	12500	256	18,0

All data presented are derived from official sources or, in some instances, estimated on the basis of contemporary technology.
Where data differs from that presented in the text, this table is to be seen as the more authoritative source.

Motor Liter-Leistung	Engine lbs/bhp	Motor kg/PS	Vorwärts-Gänge	Radstand (inches)	Radstand (mm)	Front Track (inches)	Spur vorne (mm)	Rear Track (inches)	Spur hinten (mm)	Weight (lbs)	Wagen Gewicht (kg)	Car lbs/bhp	Wagen kg/PS	Max. Speed (mph)	Höchst-geschw. (km/h)	Reifen vorne	Reifen hinten	Kapitel beschrieben	Bemerkung
5,7	19,25	8,73	4	71,0	1800	52,0	1320	53,0	1345					45	72	870 x 90	1080 x 120	1	
3,7			4	75,0	1900	52,0	1320	53,0	1345					55	88	870 x 90	1080 x 120	1	
4,2	30,87	13,91	4	81,7	2075	50,4	1280	50,4	1280					50	80	910 x 90	920 x 120	1	
5,9	14,57	6,57	4	91,6	2330	55,2	1400	55,2	1400	2.450	1111	70,0	31,8	55	88	910 x 90	920 x 120	1	
6,1	10,20	4,63	4	93,9	2385	55,1	1400	55,1	1400	2.130	966	53,3	24,2	69	112	910 x 90	920 x 120	1	
5,3	9,17	4,17	3	108,7	2760	52,3	1320	52,3	1320	1.650	750	27,5	12,5	74	120	910 x 100	910 x 100	1	Sportversion
7,0	11,00	5,00	4	108,2	2750	55,5	1410	55,5	1410	2.200	998	33,8	15,4	73	118	910 x 100	920 x 125	2	
7,1	8,78	4,00	4	105,9	2690	55,7	1415	55,7	1415	2.175	987	24,2	11,0	90	145	910 x 100	920 x 125	2	
8,2	8,06	3,67	4	105,9	2690	55,7	1415	55,7	1415	2.190	993	22,3	10,1	97	157	810 x 90	820 x 120	2	
8,5			4	115,0	2921	53,6	1361	53,6	1361	2.200	998	18,3	8,3	100	161	870 x 90	880 x 120	2	
9,6	7,26	3,30	4	105,9	2690	55,5	1410	55,5	1410	2.215	1005	20,9	9,5	95	153	880 x 105	880 x 120	4	obenl. Nockenwelle
8,3			4	112,2	2850	55,2	1400	55,2	1400	2.290	1040	19,1	8,7	100	161	880 x 105	880 x 120	2	
10,0			4	106,0	2690	55,5	1410	55,5	1410	2.460	1120	18,2	8,3	105	169	880 x 120	895 x 135	2	
9,9	6,29	2,85	4	110,0	2795	52,0	1320	52,0	1320	2.650	1200	22,1	10,0	101	163	880 x 105	935 x 145	3	
8,7			4	106,0	2690	55,5	1410	55,5	1410	2.530	1150	16,9	7,7	108	172	880 x 120	895 x 135	2	
10,5			4	110,0	2795	52,0	1320	52,0	1320	2.650	1200	16,8	7,6	114	183	880 x 105	935 x 145	3	
9,3	4,48	2,04	4	109,1	2770	52,0	1320	52,0	1320	3.190	1450	16,0	7,3	142	228	880 x 120	880 x 135	3	Blitzen Benz
12,0			4	108,0	2743	55,5	1410	55,5	1410	2.700	1225	23,5	10,6	100	161	915 x 105	935 x 135	2	
12,6	4,26	1,93	4	113,2	2875	53,0	1350	53,0	1350	2.450	1111	26,9	12,2	90	145	5.5 x 34	5.5 x 34	4	DF80 Flugmotor
10,8	4,87	1,83	4	113,2	2875	53,0	1350	53,0	1346	2.550	1157	25,5	11,6	95	153	5.5 x 34	5.5 x 34	4	G4F Flugmotor
23,6			4	112,0	2845	52,5	1330	53,0	1350	2.385	1082	22,5	10,2	112	180	815 x 105	820 x 135	4	
13,7			4	120,6	3063	53,2	1351	53,2	1351	2.780	1260	28,1	12,7	86	138	935 x 135	935 x 135	4,5	
53,4			4	122,0	3100	47,0	1194	47,0	1194	2.030	920	25,4	11,5	84	135	765 x 105	765 x 105	5	
62,8			4	107,5	2730	55,8	1417	55,8	1417	2.150	975	17,2	7,8	119	190	4.5 x 29	4.5 x 29	5	
45,1			3	109,4	2780	55,2	1400	49,0	1245	1.620	735	18,0	8,2	110	177	765 x 105	765 x 105	6	Tropfen-Wagen
75,4			4	107,5	2730	55,8	1417	55,8	1417	2.030	921	13,5	6,1	118	190	765 x 105	765 x 105	5	
85,5			3	102,3	2600	53,6	1360	53,6	1360	1.715	780	10,1	4,6	130	209	5 x 29	6 x 31	7	
25,6	6,06	2,75	4	133,9	3400	55,7	1415	55,7	1415	4.400	1996	27,5	12,5	95	153	895 x 135/150	895 x 135/150	8	
32,4	4,41	2,00	4	133,9	3400	55,7	1415	55,7	1415	4.270	1937	19,4	8,8	110	177	6.5 x 20	6.5 x 20	8	
38,9	3,29	1,49	4	116,1	2950	55,9	1420	55,9	1420	3.740	1696	13,6	6,2	120	193	5 x 30	5 x 30	8	
43,9	2,92	1,32	4	116,1	2950	55,9	1420	55,9	1420	3.490	1583	11,3	5,1	140	225	5 x 30	5 x 30	8	
36,7			4	102,3	2600	52,1	1323	50,0	1270	2.200	998	40,0	18,1	80	129	5 x 17	5 x 17	6	Mittelmotor
93,5	1,43	0,65	4	107,2	2720	58,0	1470	56,0	1420	1.625	737	5,2	2,3	170	274	5.25 x 17	5.25 x 19	9	M25A
92,7	1,23	0,56	4	107,2	2720	58,0	1470	56,0	1420	1.650	748	4,5	2,0	186	299	5.5 x 19	7 x 19	9	M25B
93,3	1,18	0,53	4	107,2	2720	58,0	1470	56,0	1420	1.650	748	4,1	1,9	174	280	5.5 x 19	7 x 19	9	M25C
95,6	1,03	0,47	4	97,0	2460	58,0	1470	56,0	1420	1.570	712	3,5	1,6	180	290	5.5 x 19	7 x 19	10	ME25
103,4	0,85	0,39	4	110,1	2800	58,0	1470	55,6	1410	1.770	803	3,1	1,4	211	339	5.25 x 19	7 x 22	10	
132,0	0,88	0,40	4	110,1	2800	58,0	1470	55,6	1410	2.608	1183	3,5	1,6	268	431	7 x 22	7 x 24	11	
116,2	0,77	0,35	4	110,1	2800	58,0	1470	55,6	1410	1.650	748	2,6	1,2	130	209	5.25 x 17	7 x 19	11	Bergrennwagen
152,9	1,23	0,56	5	107,4	2730	58,0	1470	55,6	1410	2.160	980	4,8	2,2	176	283	5.5 x 19	7 x 19	13,14	M154 Motor
162,1	1,26	0,57	5	107,4	2730	58,0	1470	55,6	1410	2.005	909	4,2	1,9	185	298	5.5 x 19	7 x 19	13,14	M163 Motor
62,9	0,64	0,29	1	139.8/190.2	3550/4830	51,2	1300	52.0/46.5	1320/1180	6.380	2896	2,3	1,0	360	580	7 x 32	7 x 32	12	
164,5	1,70	0,77	5	96,5	2450	52,7	1340	50,4	1280	1.582	718	6,4	2,9	170	274	5 x 17	6 x 17	15	
186,0	1,55	0,70	5	96,5	2450	52,7	1340	50,4	1280	1.600	726	5,8	2,6	175	282	5 x 17	6 x 17	15	
57,1	3,42	1,55	4	94,5	2400	54,4	1380	56,9	1445	1.914	868	11,2	5,1	160	257	6.7 x 15	6.7 x 15	16	300SL Coupe
76,8	2,67	1,21	4	86,7	2200	54,4	1380	56,9	1445	1.825	828	7,9	3,6	140	225	6.7 x 15	6.7 x 15	16	Kurz offen Kompressor
71,4	2,57	1,17	4	90,6	2300	51,2	1300	53,0	1345	1.773	804	8,3	3,8	160	257	8.25 x 16	8.25 x 16	17	
75,1	2,51	1,14	4	94,5	2400	54,6	1385	56,5	1435	2.381	1080	10,6	4,8	155	249	6.7 x 15	6.7 x 15	17	Sportversion
103,0	1,75	0,80	5	92,5	2350	52,4	1330	53,0	1358	1.670	758	6,5	2,9	162	261	6 x 16	7 x 16	18,19	
116,2	1,56	0,71	5	87,0	2200	52,4	1330	53,0	1358	1.607	729	5,5	2,5	191	307	6 x 16	7 x 16	19	
116,2	1,56	0,71	5	84,6	2150	52,4	1330	53,0	1358	1.410	640	4,9	2,2	150	241	6 x 16	7 x 16	19	Monaco Wagen
101,3	1,71	0,78	5	93,3	2370	52,4	1330	54,4	1380	1.940	880	6,4	2,9	179	288	6 x 16	7 x 16	20	Offen
101,3	1,71	0,78	5	93,3	2370	52,4	1330	54,4	1380	2.176	987	7,2	3,3	176	283	6 x 16	7 x 16	20	Coupe
73,1	2,58	1,17	4	94,5	2400	55,0	1397	57,0	1448	2.580	1170	11,8	5,3	143	230	6.7 x 15	6.7 x 15	17	Roadster
78,4	1,85	0,84	4	94,5	2400	55,0	1397	57,0	1448	2.134	968	9,1	4,1	150	241	6.7 x 15	6.7 x 15	17	
73,1	2,58	1,17	5	108,3	2751	58,3	1481	58,7	1490	3.200	1452	14,6	6,6	145	233	6.5 x 15	6.5 x 15	22	
77,8	1,18	0,54	5	103,2	2620	56,7	1440	54,3	1380	2.420	1098	8,6	3,9	165	265	4.5/11.6 x 15	5.5/13.6 x 15	21	Sportversion
77,1	1,07	0,49	5	103,2	2620	56,9	1444	54,7	1390	2.730	1238	7,4	3,3	188	302	4.3/11.6 x 15	5.3/13.6 x 15	21	
67,6	1,80	0,82	5	112,2	2850	66,5	1690	67,3	1710	3.605	1635	8,4	3,8	180	290	4.5/13 x 15	5.5/13.6 x 15	22	von AMG präpariert
67,7	2,65	1,20	5	103,2	2620	49,6	1260	52,0	1320	2.822	1280	13,9	6,3	160	257	215 VR 15	215 VR 15	21	Diesel
76,7	2,34	1,06	5	107,1	2720	49,6	1260	52,0	1320	2.745	1245	11,9	5,4	203	328	230/600 x 15	230/600 x 15	21	Diesel
103,7	1,06	0,48	5	107,1	2720	49,6	1260	52,0	1320	3.090	1402	6,2	2,8	251	404	200/630 x 15	230/670 x 15	21	
59,7	1,51	0,68	4 (auto)	110,8	2815	57,1	1450	56,7	1440	3.995	1812	13,3	6,0	135	217	185R 15	185R 15	22	
68,4	1,29	0,59	4 (auto)	110,8	2815	57,1	1450	56,7	1440	3.785	1717	11,1	5,0	145	233	225/70R 15	245/50R 15	22	
136,7	0,68	0,31	5	106,3	2700	63,0	1600	61,0	1549	1.830	830	2,7	1,2	230	370	24.5/12 x 16	27.5/14.5 x 16	24	
153,8	0,55	0,25	5	106,3	2700	63,0	1600	61,0	1549	1.985	900	2,6	1,2	220	354	320/620 x 16	360/720 x 19	24	Qualifikationsversion
132,7	0,64	0,29	5	106,3	2700	63,6	1615	61,0	1549	1.895	860	2,9	1,3	230	370	320/630 x 17	360/720 x 19	24	Rennversion
130,5	1,23	0,56	5	104,9	2660	56,9	1445	56,2	1428	2.293	1040	7,6	3,5	164	264	205/55 VR 15	205/55 VR 15	23	
140,8	0,67	0,30	5	106,3	2700	63,0	1600	61,0	1549	1.985	900	2,8	1,3	238	383	320/630 x 17	340/730 x 19	25	Rennversion
186,0	0,50	0,23	5	109,1	2770	63,8	1621	61,4	1560	1.995	905	2,2	1,0	250	400	25.5/12 x 17	28.5/14.5 x 18	25	Qualifikationsversion
68,1	1,59	0,72	6	106,3	2700	64,0	1626	63,0	1600	3.460	1570	8,5	3,8	192	310	235/45 ZR 17	335/35 ZR 17	26	
186,1	0,58	0,26	6	106,3	2700	63,0	1600	61,0	1550	1.665	755	2,6	1,2	239	385	25.5/12 x 17	28.5/14.5 x 18	27	
149,4	0,86	0,39	5	104,9	2660	57,9	1471	57,3	1455	2.161	980	5,8	2,6	185	298	225/635 x 18	225/635 x 18	23	Evo II
218,7	0,35	0,16	6	115,3	2930	66,1	1680	63,0	1600	1.114	505	1,5	0,7	210	338	25.5/9.5 x 13	26.0/13.0 x 13	28	
298,6	0,28	0,13	6	115,0	2920	68,0	1727	64,0	1626	1.550	703	1,5	0,7	245	409	25.5/10.0 x 15	27.0/14.0 x 15	29	Stosstangenmotor
172,1	0,57	0,26	6	106,9	2715	63,1	1603	62,4	1585	2.205	1000	5,1	2,3	185	298	345/645 x 18	345/645 x 18	30	
330,7	0,31	0,14	6		2946		1740		1638		703		0,8		378	25.5/10.0 x 15	27.0/14.0 x 15	31	Ovalrennenreifen
208,2	0,47	0,21	6		2690		1603	62,4	1585		1040		2,0		322	240/645R x 18	240/645R x 18	30	
105,2	0,80	0,37	6		2670		1600		1600		1040		1,7		325	280/35R x 18	330/40R x 18	32	
321,2	0,32	0,14	6		2972		1730		1630		703		0,8		385	26.0/9.5 x 15	28.0/14.5 x 15	31	Strassenrennenreifen
130,1	0,58	0,26	6		2670		1650		1650		1040		1,6		335	280/35R x 18	330/40R x 18	32	
256,9	0,31	0,14	6		2850		1490		1410		540		0,7		348	265/55 x 13	325/45 x 13	33	

Stichwortverzeichnis

Bildnachweis

Mercedes-Benz AG,
P. P. Sauber AG,
Ludvigsen Library Limited,
G. Molter